新発売
NEW

コピックチャオ ステップアップ36色セット

COPIC ciao

- 人気のチャオセットと色被りなし！
- バランスがいいカラーラインナップ
- インク補充ができて、くりかえし使える

コピックチャオのカラーラインナップを増やしたい方にぴったりのセットが登場！「手持ちの色を増やしたいけど、どの色を購入すればいいかわからない、おすすめの色を知りたい」という方に特におすすめのセットです

¥11,088(税込)

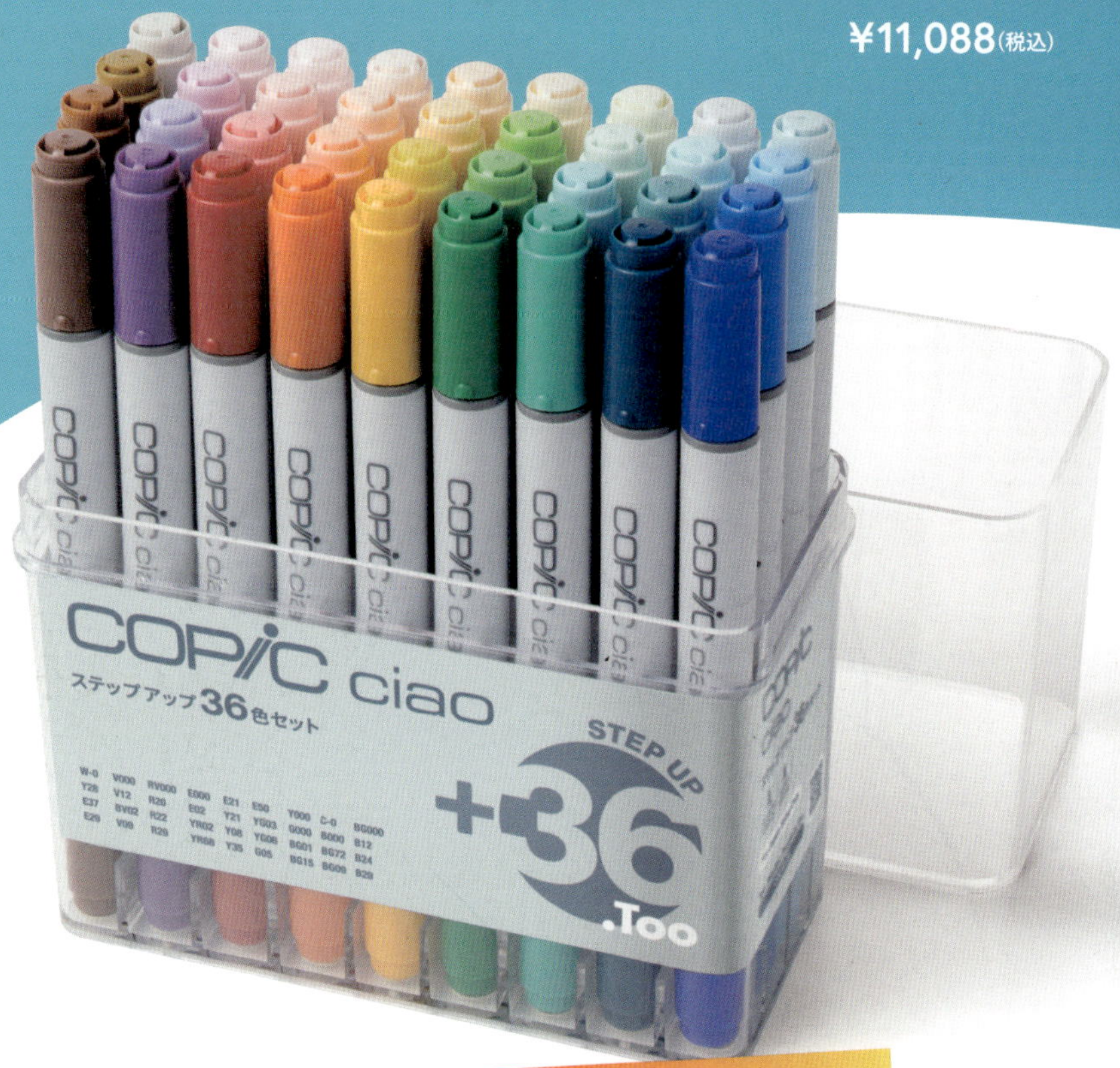

セットに入っている色

36 colors

BV02	V000	V09	V12	RV000	R20
R22	R29	YR02	YR68	Y000	Y08
Y21	Y28	Y35	YG03	YG06	G000
G05	BG000	BG01	BG09	BG15	BG72
B000	B12	B24	B29	E000	E02
E21	E29	E37	E50	C-0	W-0

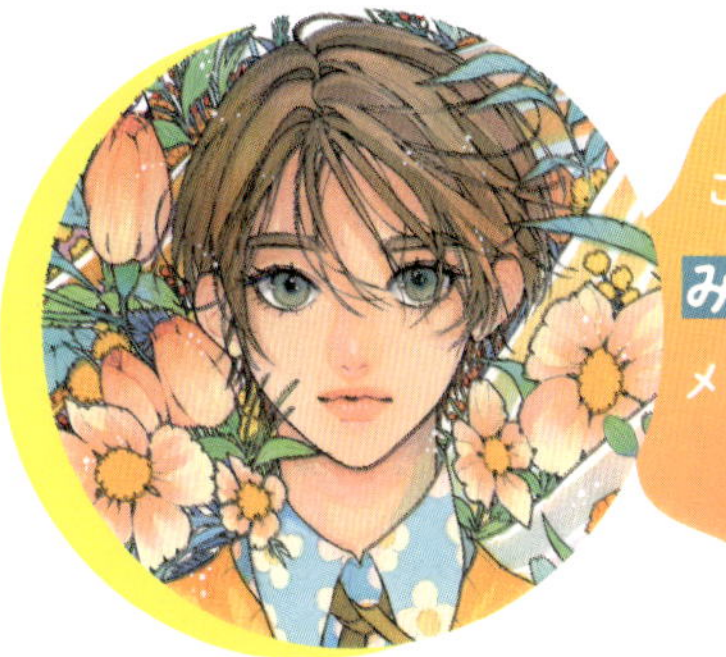

このセットを使った みやたかなさんのメイキングはこちら！ P.92

コピックチャオ12・24・36色セットをお持ちの方におすすめ！

\お店で買い物してコピック製品を当てよう！/

コピックステップアップ レシート応募キャンペーン！

［応募受付期間］2025.8.1(金) >> 10.31(金)

コピック製品を合計3,000円(税込)以上お買い上げのレシートで応募可能！

●レシート有効期間：2025年7月20日以降のものから有効 ●3,000円(税込)ご購入で1口応募可能 ●お一人さま何回でも応募可能

合計35名様に当たる!!

コピック アクレア 全色セットなど… 豪華景品が当たる!!

購入金額ごとに当選確率UP!

詳細はWEBサイトをチェック

copic.jp

PIE COMICS

パイコミックス 5周年記念

キービジュアル『星旅少年』坂月さかな

パイコミックスマンガ大賞開催決定

「自分の作品ってジャンル的にどこの賞に応募すればいいの!?」

と悩んでいる方、ぜひご注目ください!!

16ページ以上、160ページ以内の読み切り作品ならどんなジャンルでもOK。パイコミックスは、まだまだ発展途上。開拓できる土壌はたくさんあります!

プロ・アマ問わず新鮮で面白い作品をお待ちしております。

芸術書の出版社パイ インターナショナルのマンガレーベル「パイコミックス」は、5周年を記念して初の漫画作品の公募を行います。

詳細はこちらをご覧ください

マンガ大賞概要

大賞 50万円＋連載確約

特別審査員賞 10万円＋連載検討

佳作 3万円＋講評をフィードバック

作品募集	2025年8月4日(月)～2025年11月10日(月)
発　　表	2026年2月 (1次通過作品は1月上旬発表)
審 査 員	特別審査員:マツオヒロミさん ＋編集部

特別審査員

マツオヒロミ

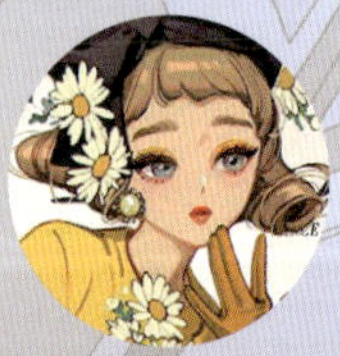

Profile 島根県松江市出身。2010年よりフリーランスのイラストレーターとして活動を開始。レトロモダン、女性、着物、装飾品などをテーマにした作品を数多く執筆している。2023年、オールカラーのコミック&イラスト集『マガジンロンド』(実業之日本社)が、第52回日本漫画家協会賞 萬画部門で大賞を受賞。2024年には、弥生美術館にて東京初個展となる「マツオヒロミ展 レトロモダンファンタジア」を開催。

X:@matuo　Instagram:@matuohiromi　HP:www.matsuohiromi.com

Comment 審査員のお話をいただき、「私でいいのかな……」という逡巡がありましたが、新しい才能が世に出るお手伝いをするのは大切なことだと考え、お引き受けしました。出版業界や読者の皆さまへの恩返しにもなることですね。どうぞよろしくお願いいたします。一読者として、いろいろな作品を読めるのを楽しみにしています!

株式会社パイ インターナショナル　TEL: 03-5395-4820／E-mail: editor@piebooks.com

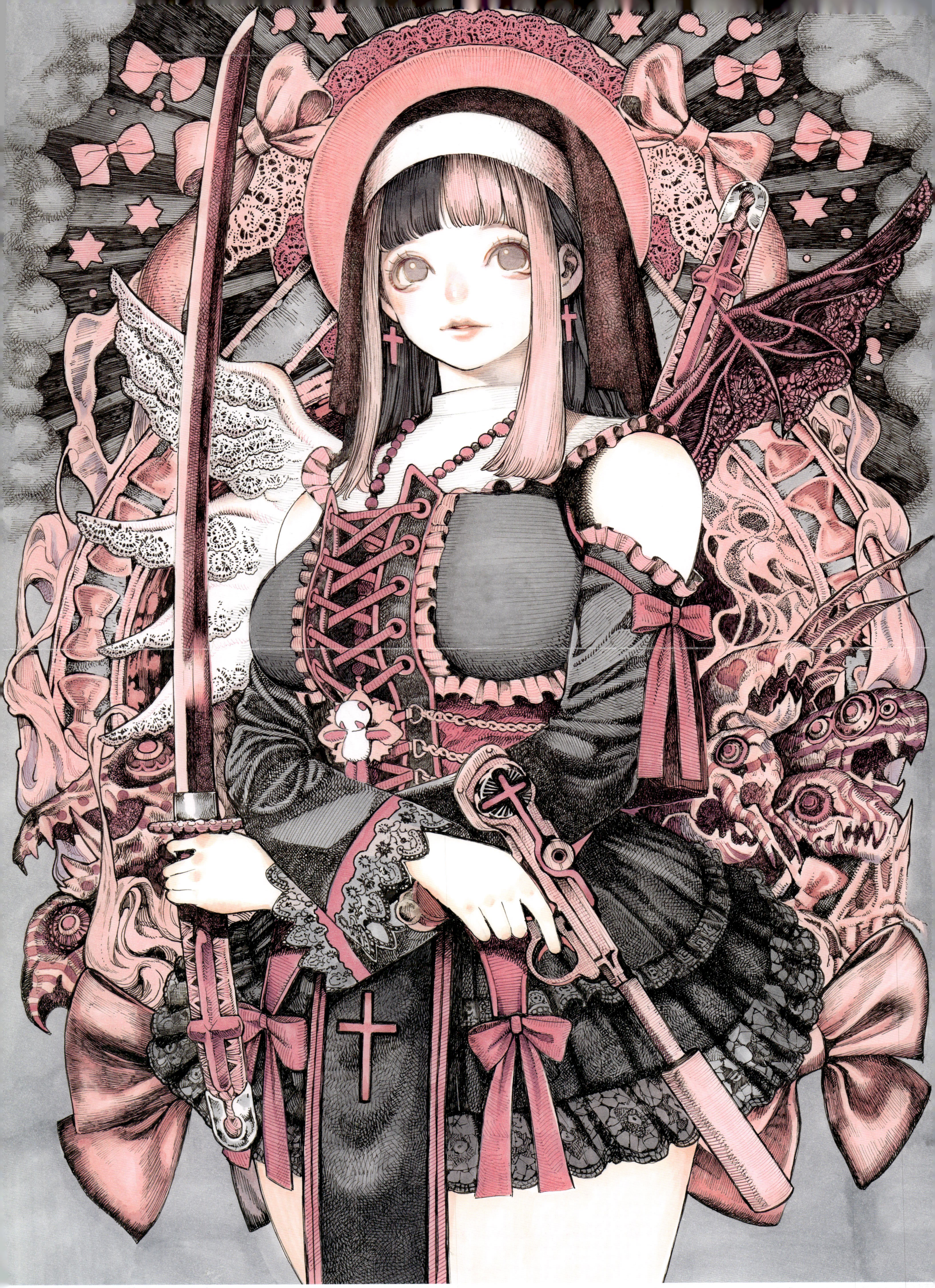

Illutration by Obata Takeshi

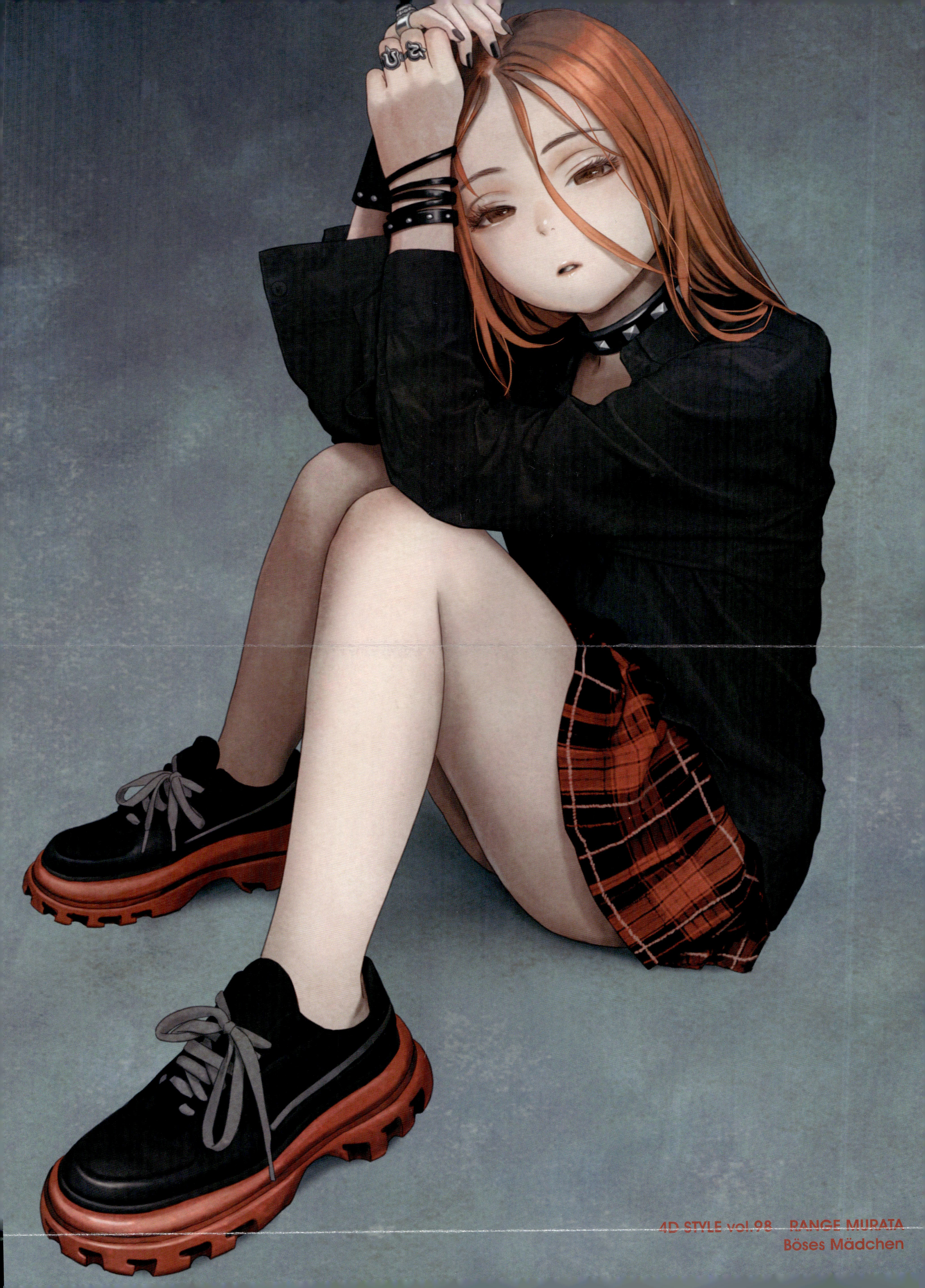

4D STYLE vol.98　RANGE MURATA
Böses Mädchen

91
季刊エス
2025 Autumn
S第91号／2025年10月1日発行　年4回発行(3、6、9、12月発売)
各界のビジュアル表現を総覧★ストーリー＆キャラクター表現の総合誌
Story & Character, See & Draw, Style, Show & Move, Sense, Spirit, Soul!

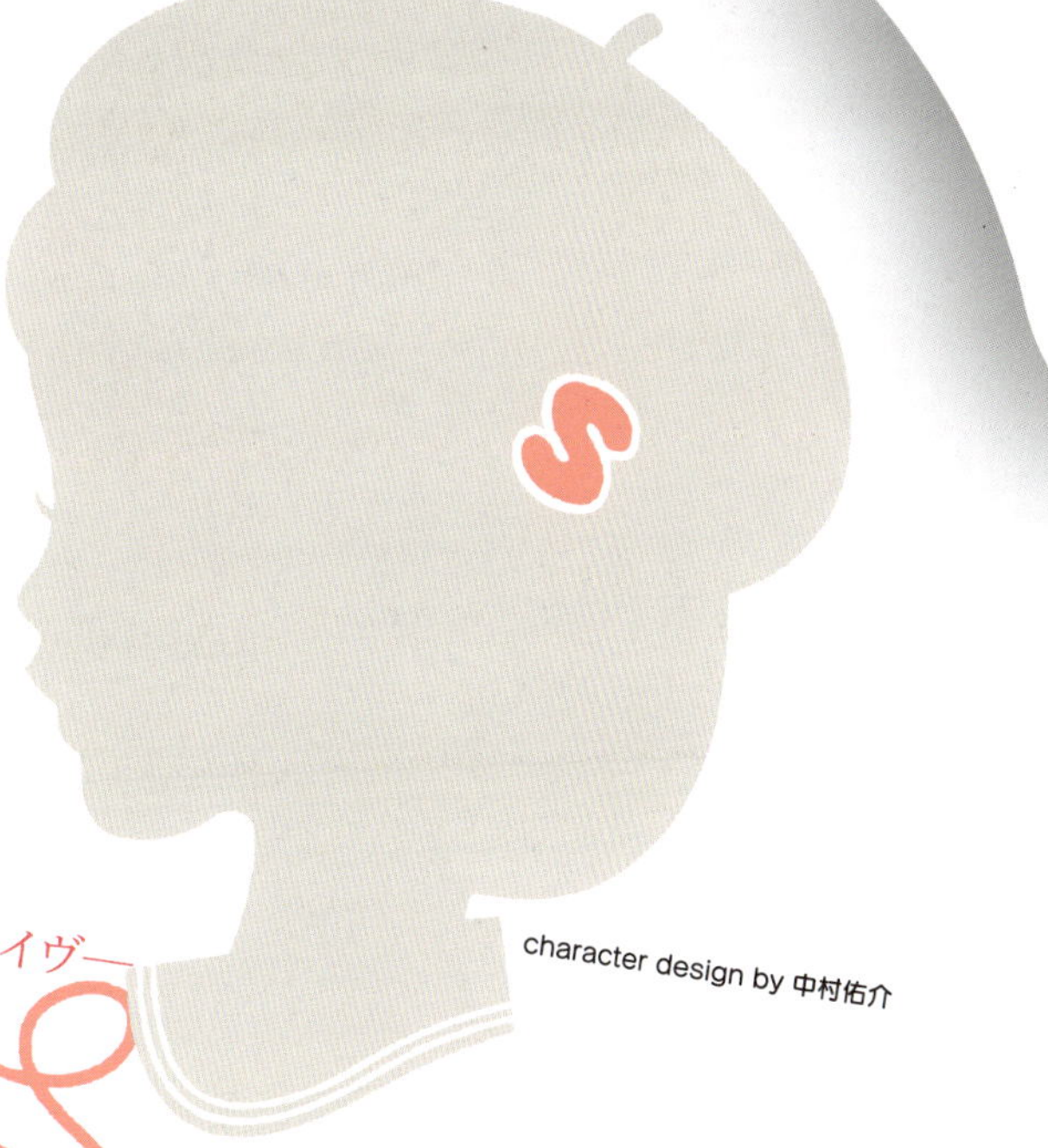

character design by 中村佑介

表紙&ピンナップ｜小畑健

Maverick—はぐれもののストライヴ—

Editor-in-Chief
天野昌直

Editor
高橋祐美
佐々木弥生
草野友美加
中村穂乃香

Contributing Editor
稲葉怜

Public Relations
杉本歩美

Support Staff
斉藤真子
紺野恵未
今井野乃歌
大城麻優見
新井日和
斎藤真帆
石黒陽南
吹野文要
夢島好美
大倉唯

Art Director & Title Logotype
佐々木暁

Designer
小嶋香織(oflo)
水谷文香

Publisher
三芳寛要

Printing Director
加藤弘貴(広済堂ネクスト)

●発売＝株式会社 パイ インターナショナル
〒170-0005　東京都豊島区南大塚2-32-4
TEL：03-3944-3981(代表)
●制作＝株式会社 パイ インターナショナル　エス編集部
〒150-0041　東京都渋谷区神南1-13-3アーク神南ビル2F
TEL：03-6455-0223(編集部直通電話)
●印刷＝株式会社広済堂ネクスト

PIE International Inc
2-32-4 Minami-Otsuka, Toshima-ku, Tokyo 170-0005
email international@pie.co.jp
www.pie.co.jp/english

Printed in Japan

Illustration 芦屋マキ
イラストレーション科卒業生

NIPPON DESIGNERS SCHOOL

Illustration
©るん太 2012年卒業

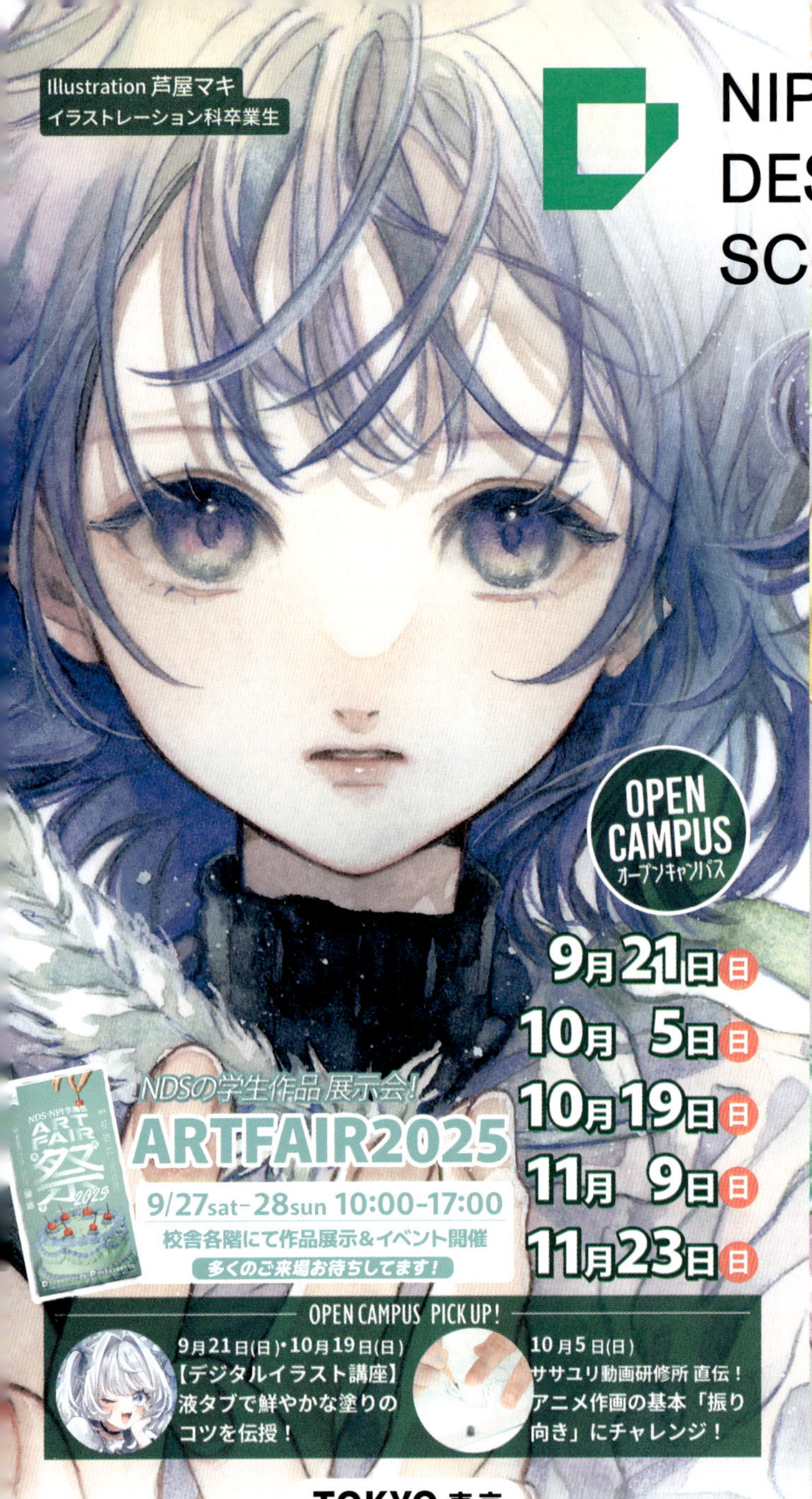

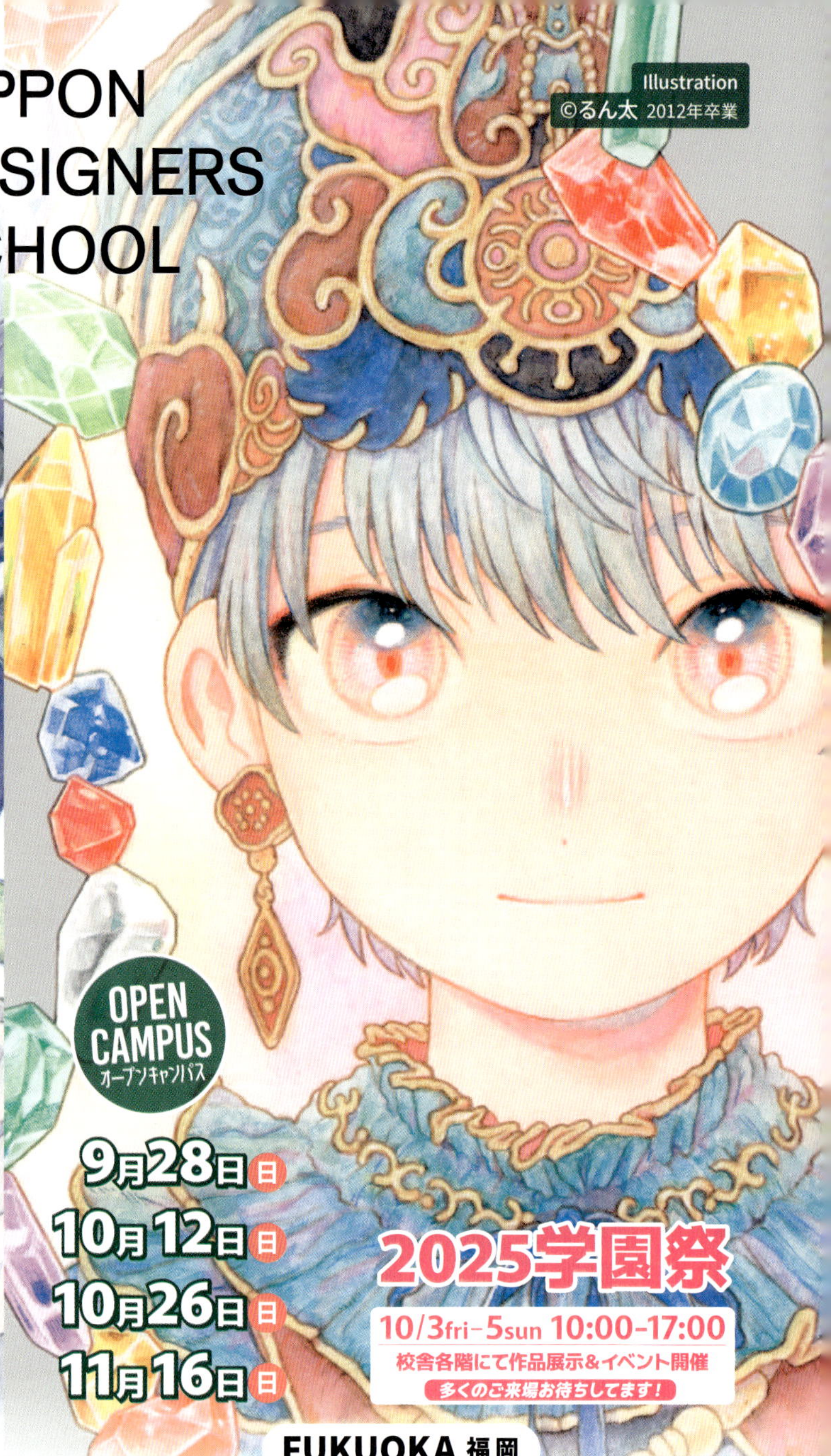

OPEN CAMPUS オープンキャンパス

9月21日 日
10月 5日 日
10月19日 日
11月 9日 日
11月23日 日

NDSの学生作品展示会!
ARTFAIR2025
9/27sat-28sun 10:00-17:00
校舎各階にて作品展示&イベント開催
多くのご来場お待ちしてます!

OPEN CAMPUS PICK UP!

9月21日(日)・10月19日(日)
【デジタルイラスト講座】
液タブで鮮やかな塗りのコツを伝授!

10月5日(日)
ササユリ動画研修所 直伝!
アニメ作画の基本「振り向き」にチャレンジ!

OPEN CAMPUS オープンキャンパス

9月28日 日
10月12日 日
10月26日 日
11月16日 日

2025学園祭
10/3fri-5sun 10:00-17:00
校舎各階にて作品展示&イベント開催
多くのご来場お待ちしてます!

TOKYO 東京

専門学校 日本デザイナー学院

2025年10月1日(水)より第2回総合型選抜エントリー&推薦型選抜出願 受付スタート!

3年制 2026年春新規開講 総合アニメ・デジタルイラスト科
3年制 総合イラストレーション科
2年制/昼,夜間部 イラストレーション科
2年制/マンガ科 総合マンガ創作専攻
2年制/マンガ科 コミックイラスト専攻
総合デザイン科 グラフィックデザイン専攻，ビジュアルデザイン専攻(3年制)
グラフィックデザイン科(2年制/昼,夜間部)

〒150-0031 東京都渋谷区桜丘町4-16
HP https://ndg.ac.jp
MAIL info@ndg.ac.jp TEL 03-3770-5581
X @ndgstaff
Instagram @ndgofficial

FUKUOKA 福岡

専門学校 日本デザイナー学院九州校

2025年10月1日(水)より出願受付スタート!

3年制 イラストレーション科
2年制 コミックイラスト科
2年制 マンガ科
グラフィックデザイン科(3年制)
くらしデザイン科(3年制)/ゲームクリエイター科(3年制)
映像・写真科(2年制)/雑貨&アクセサリーデザイン科(2年制)

〒812-0011 福岡県福岡市博多区博多駅前4-18-6
HP https://www.ndg-nbs.ac.jp
MAIL info@ndg-nbs.ac.jp TEL 092-411-6420
X @NDG_kyushu
Instagram @ndg_kyushu

日本デザイナー学院がお届けする
「ひらめき」が生まれる、
クリエイティブ情報メディア
デザイン | イラスト | マンガ | 写真 | アート

Download
iOS Android

PicoN!(ピコン!)

こんな記事が読めちゃう!

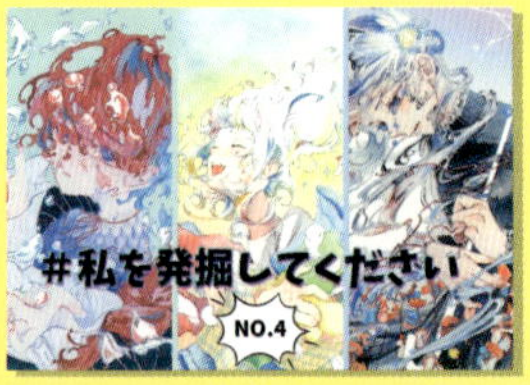

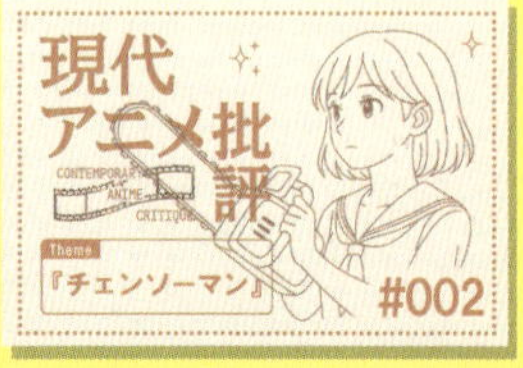

S-mono Software Hardware Materials etc

水彩画や色鉛筆などにオススメの コットン100%国産水彩紙!!

Doアートペーパー/Beアートペーパー

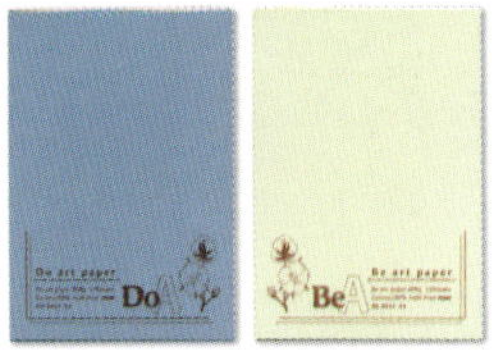

コットン100%ペーパー
209g/㎡・中性紙
ナチュラルホワイト色
(各紙共通)

パッド:
サイズ、価格、天糊・15枚入
A3規格:2,970円(税込)
A4規格:1,650円(税込)
B5規格:1,100円(税込)
シート:サイズ、価格
4/6判(1,091mm×788mm)
Y目 726円(税込)

Do art paper [ドゥーアートペーパー] (左)
適度なザラつきのある紙肌と柔軟性を持った風合いある表面が特徴で、自然な水彩表現が可能です。

Be art paper [ビィーアートペーパー] (右)
滑らかな紙肌(細目)と柔軟性を持った表面が特徴で、絵具も適度に吸い込み、発色に優れます。

ミューズ オンラインショップ

● 株式会社ミューズ ☎03-3877-0123(代)
● www.muse-paper.co.jp

muse DRAW ON OUR EXPERIENCE

必要なのは、描きたい気持ちだけ。 「Wacom MovinkPad 11」新発売!

描きたいと思ったその瞬間にすぐに描き始められるポータブルクリエイティブパッド「Wacom MovinkPad 11」は、ペンを手に取った瞬間にすぐ描き出せる手軽さと、場所を選ばず自由に使える軽快さが特長です。

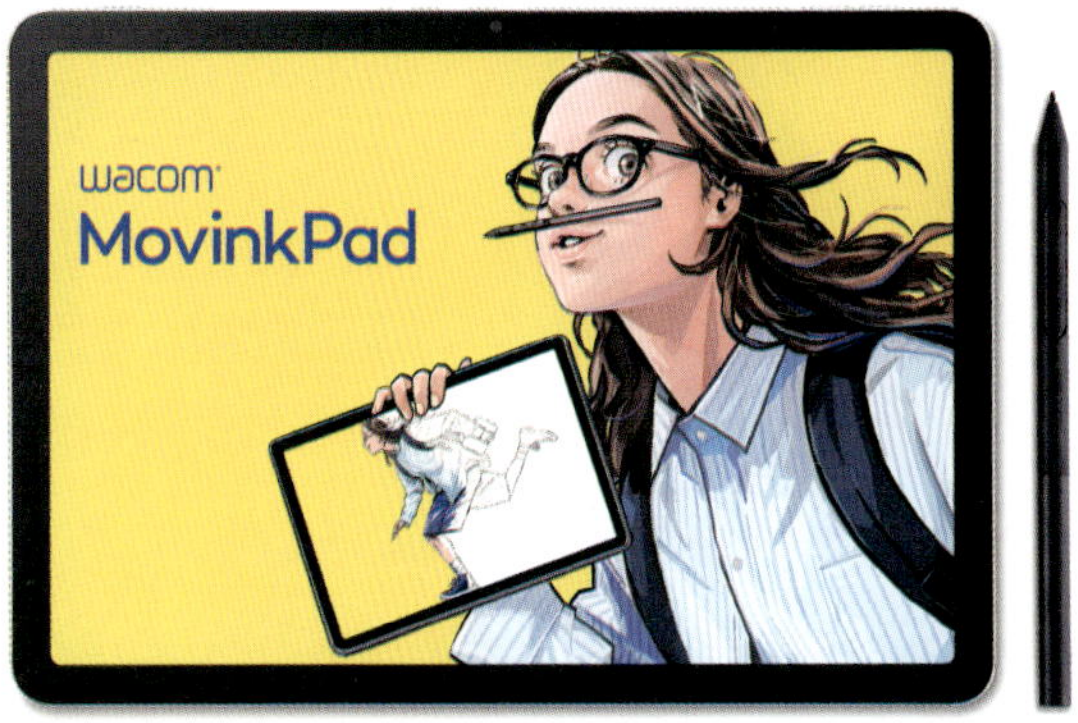

製品情報

- 製品名:Wacom MovinkPad 11
- 型番:DTHA116CL0Z
- ディスプレイ表示サイズ:11.45型
- 筆圧レベル:8192レベル
- マルチタッチ:対応(10点)
- 価格:オープン価格

対応システム

- OS:Android™ 14
- プロセッサー:MediaTek Helio G99
- メモリ/ストレージ:8GB/128GB

● 株式会社ワコム ☎0120-056-814(平日 9:00~18:00) ● www.wacom.com

特殊水性顔料「マルチインク」採用 大切な作品、もう色褪せない、ブラッシュペン

ステッドラー ピグメント ブラッシュペン

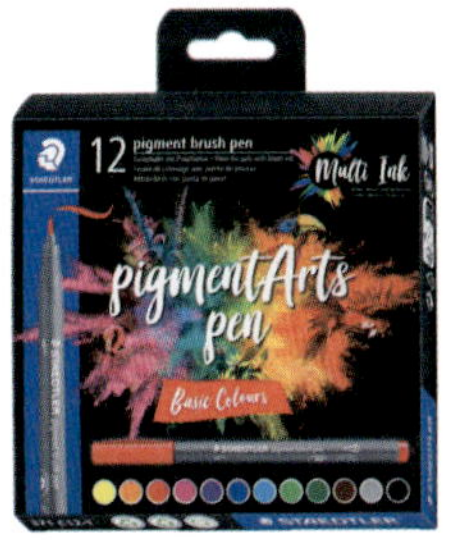

卓越した耐光性、速乾性、耐水性を兼ね備え、描いた作品も永くお楽しみいただける「マルチインク」は、APマークに準拠し、身体にも安全な無臭で長時間でも安心して描いていただける「特殊水性顔料インク」です。

色数・単色全36色　1本 価格:330円(税込)
12色セット 価格:3,960円(税込)/24色セット 価格:7,920円(税込)
36色セット 価格:11,880円(税込)*ドイツ製

●ステッドラー日本株式会社
●https://www.staedtler.jp

イラストをこれから始める方におすすめのセット 人気の限定セットが定番商品化!

ZIG ILLUSTRATION BASIC SET

ZIG ILLUSTRATION BASIC SET2
線描き、ベタ塗り、ハイライト、陰影など、あらゆる表現がこれ1つで可能な筆ぺんとペンの5本セット。
IKTB-21/5V
価格:1,430円(税込)

ZIG ILLUSTRATION BASIC SET3
硬筆・軟筆・毛筆をセット。陰影にも使いやすい毛筆タイプのグレイとアクセントにも使えるラメ入り筆ぺんも入った5本セット。
IKTB-22/5V
価格:1,628円(税込)

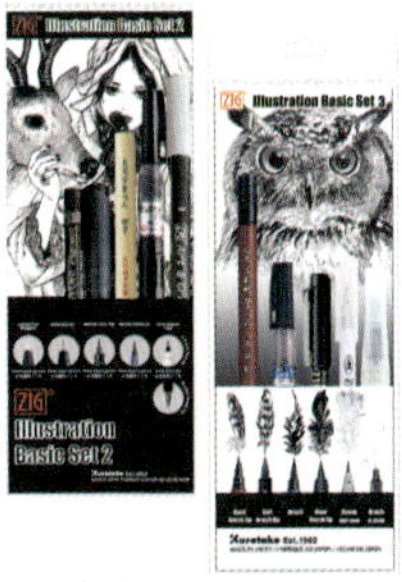

ZIG BY Kuretake　InkTober 2025　31日間、絵を描こう!

● 株式会社 呉竹　☎0742-50-2050
● https://www.kuretake.co.jp/

スマホ・タブレット パソコンで描ける

CLIP STUDIO PAINT PRO

クリップスタジオペイント プロ

Ver.4

デジタルでお絵描きするなら
みんなが使っている安心定番のペイントアプリ!

[iPad / Android / Windows / macOS / iPhone / Android Phone]

CLIP STUDIO PAINT PRO
[一括払い] Windows / macOS
6,400円(税込)
[月額利用プラン] iPad / Android / Windows / macOS / iPhone / Android Phone
初回申込み時最大3ヶ月無料
年間契約で最大7ヶ月分お得
100円/月(税込)~

- リアルで自然、思い通りの描き味
- ペンもUIも自由自在にカスタマイズ
- 無限に追加される数万点のブラシ・素材
- スマホなら毎月30時間まで無料体験!

【CLIP STUDIO PAINT 公式サイト】www.clipstudio.net/

● 株式会社セルシス　● www.celsys.com/

王室に讃《たた》えられた色

レンブラント水彩絵具

オランダ王室から「ROYAL」の称号を授けられた、ロイヤルターレンス社が誇る最高級の透明水彩絵具

グラニュレーション12色セット

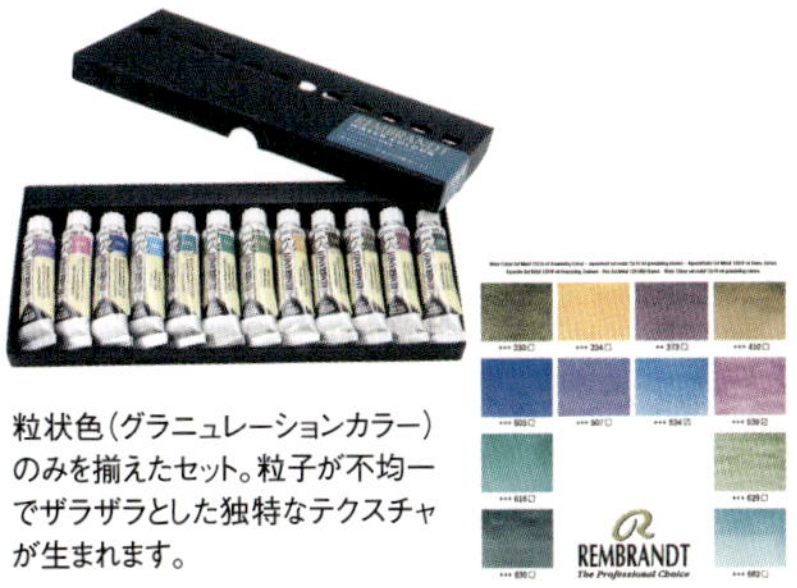

粒状色(グラニュレーションカラー)のみを揃えたセット。粒子が不均一でザラザラとした独特なテクスチャが生まれます。

10ml チューブ 12色セット　13,200円(税込)

● 株式会社ターレンスジャパン　● www.talens.co.jp/
X @talensjapan　Instagram @talens_japan

同人誌からオリジナルグッズまで 高品質・格安印刷でお届けします!

同人誌印刷・同人グッズ制作なら コミグラ

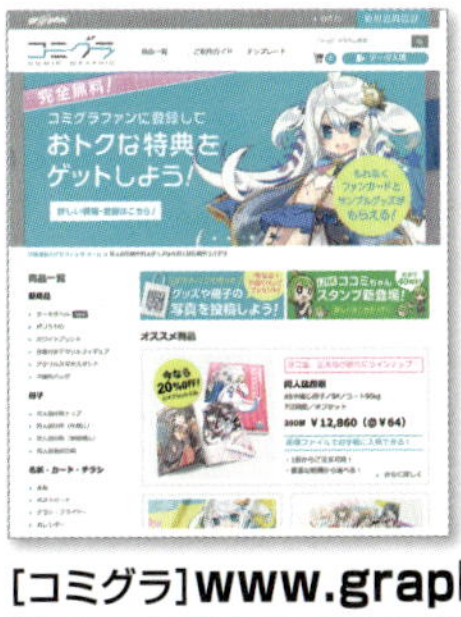

同人誌やイラスト集はもちろん、高画質で滑らかな仕上がりが特徴の各種アクリルグッズや、定番のシール・ステッカーなど、様々なグッズが作れます。イベントでも数多くのクリエイター様にご支持いただいております当社自慢のフルカラー印刷で、あなたの創作活動を応援します!

24時間いつでも
注文・入稿受付OK

[コミグラ]www.graphic.jp/comic/

今ならポイント倍増キャンペーン中!
新規会員登録ですぐに使える1000円分のポイントをプレゼント!
さらに初回ご注文納品時のアンケートに回答して1000ポイント!

● 株式会社グラフィック
● www.graphic.jp/

gr@phic®

小部屋を取って、組みかえて、 カスタマイズできる水彩パレット

ホルベイン 小部屋が取り外せる水彩パレット

小部屋(シャーレ)が取り外せるので色を並べかえることができる、まったく新しい水彩パレットが登場! たとえば同系色でまとめてみたり、制作内容によって色の並び順を変えてみたり…制作が捗ります! シャーレをすべて外して洗えるのでお手入れもカンタン!

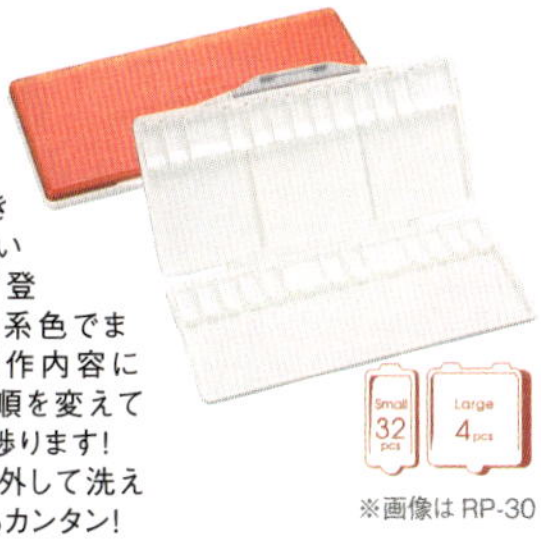

※画像はRP-30

サイズは2種類、シャーレも大・小の2種類をご用意

RP-24 24仕切(シャーレ 小:26ヶ、大:4ヶ)　3,080円(税込)
RP-30 30仕切(シャーレ 小:32ヶ、大:4ヶ)　3,630円(税込)

● ホルベイン カスタマーセンター　0120-941-423
● 受付時間:平日 10:00~16:00(土日祝日・お盆・年末年始を除く)
● https://www.holbein.co.jp/

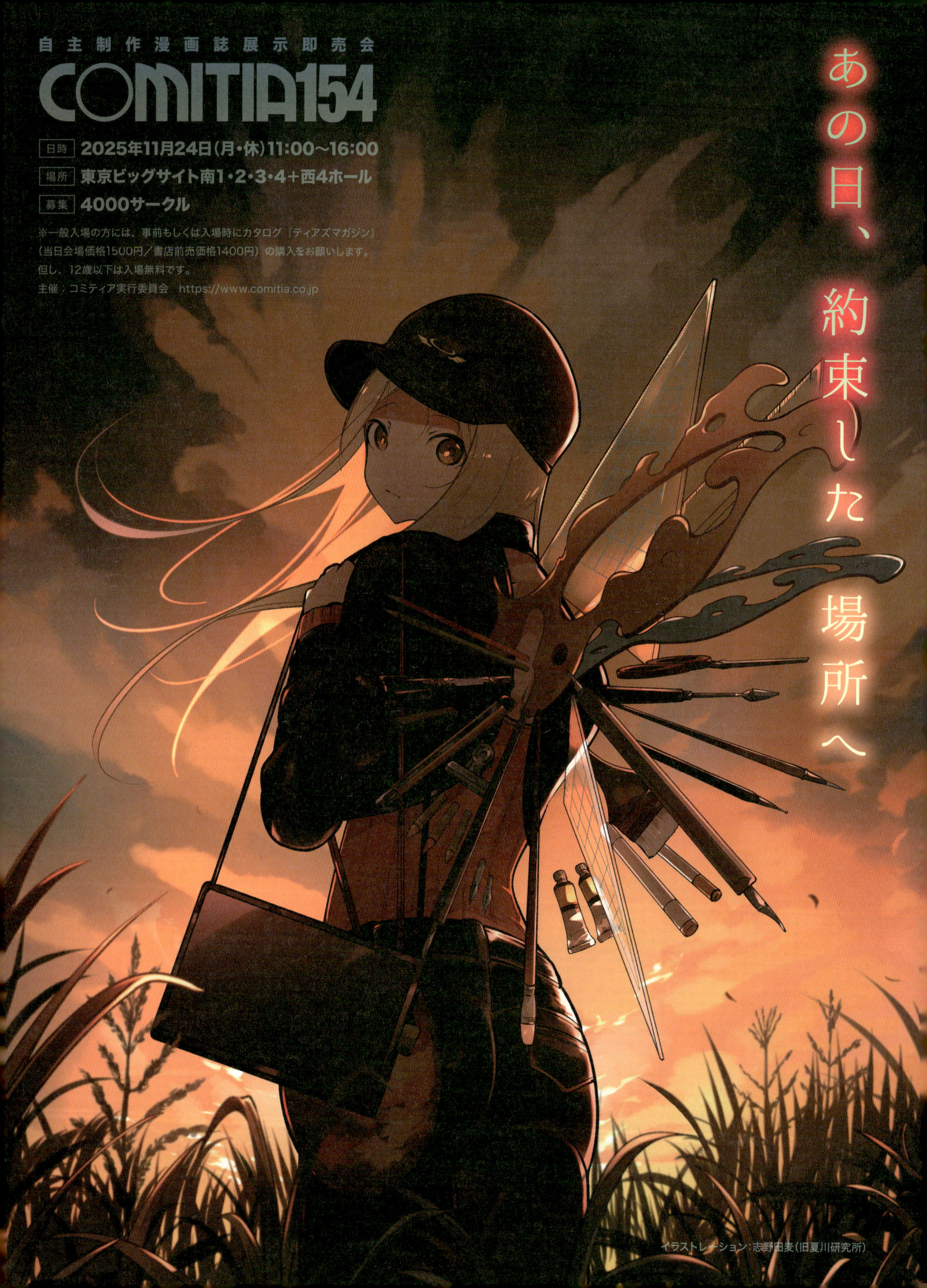

自主制作漫画誌展示即売会
COMITIA154
日時 2025年11月24日(月・休)11:00〜16:00
場所 東京ビッグサイト南1・2・3・4＋西4ホール
募集 4000サークル
※一般入場の方には、事前もしくは入場時にカタログ「ティアズマガジン」（当日会場価格1500円／書店前売価格1400円）の購入をお願いします。
但し、12歳以下は入場無料です。
主催：コミティア実行委員会 https://www.comitia.co.jp
あの日、約束した場所へ
イラストレーション：志野田麦(旧夏川研究所)

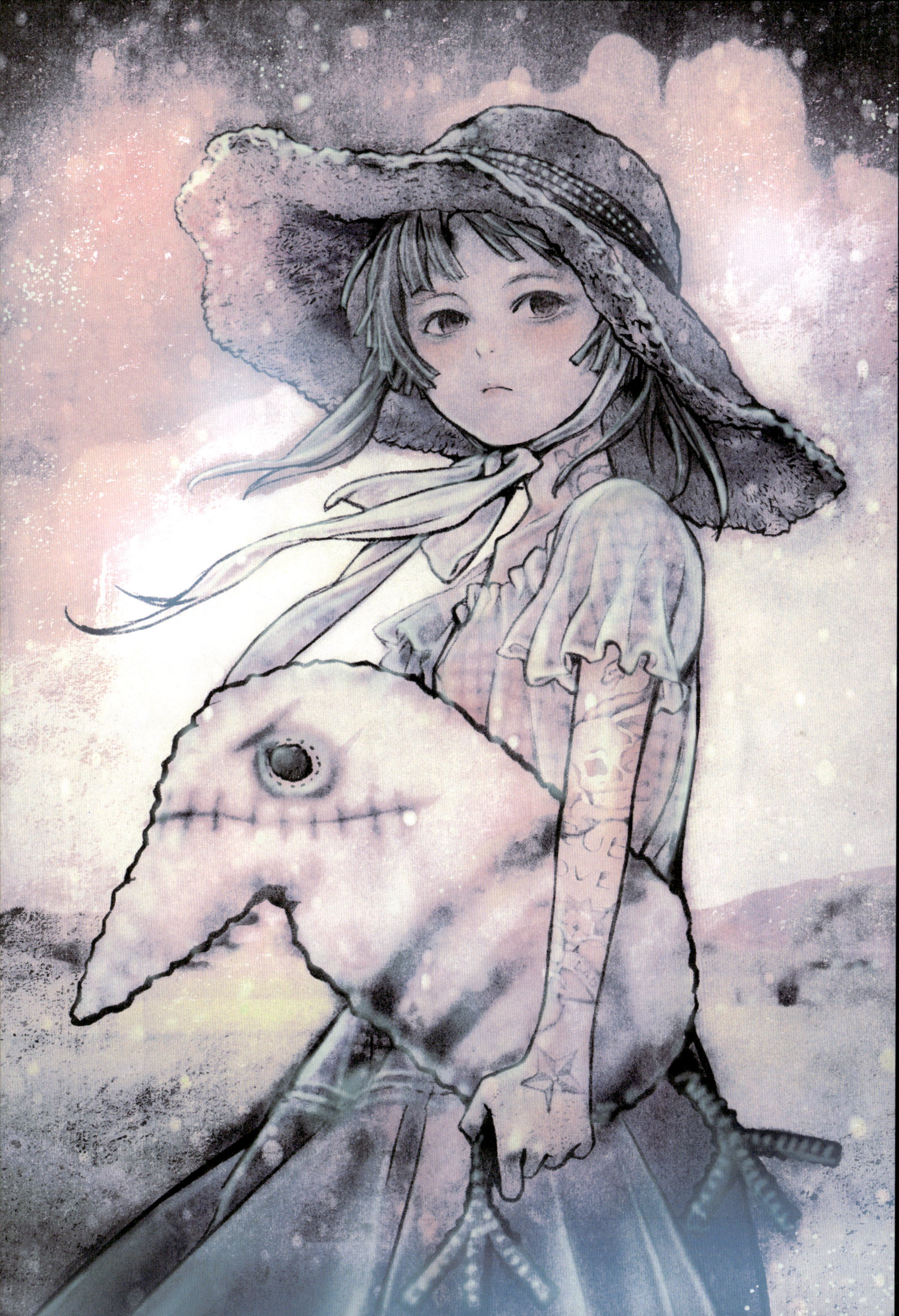

rontispiece/Illustration by 浅田弘幸「BADだね、わたし丸」

小畑健
季刊エス vol.91 表紙イラスト メイキング

今号は「バッドガール」や「二面性」というワードをヒントに、小畑健さんに表紙イラストを描き下ろしていただいた。小畑さん自身も「線描をメインにした作品に挑戦したい」と語り、主にコピックマルチライナーによるハッチングで制作が進められている。今回のメイキングでは、アナログで描かれた大ラフから下絵、ペン入れ、着彩、描き込み、そして仕上げまで貴重な工程をたっぷりと紹介する。

使用画材

使用画材:iPad／コピックスケッチ／コピックマルチライナー(ブラック…0.3、0.1、0.05、0.03／クールグレー…0.3／ウォームグレー…0.05／セピア…0.05／ブラウン…0.03／ワイン…0.1、0.05／ピンク…0.05、0.03)／鉛筆／カッターナイフ／消しゴム／コンパス／シャープペンシル／修正液 ミスノン(W-20)／定規／スティックのり／マスキングテープ／トレース台
用紙:ミューズ 色上質紙(厚口／A3)

小畑健　コピックで着彩をしたときインクの広がりがよく、描き心地もさらさらしているので塗り進めやすいです。

別案

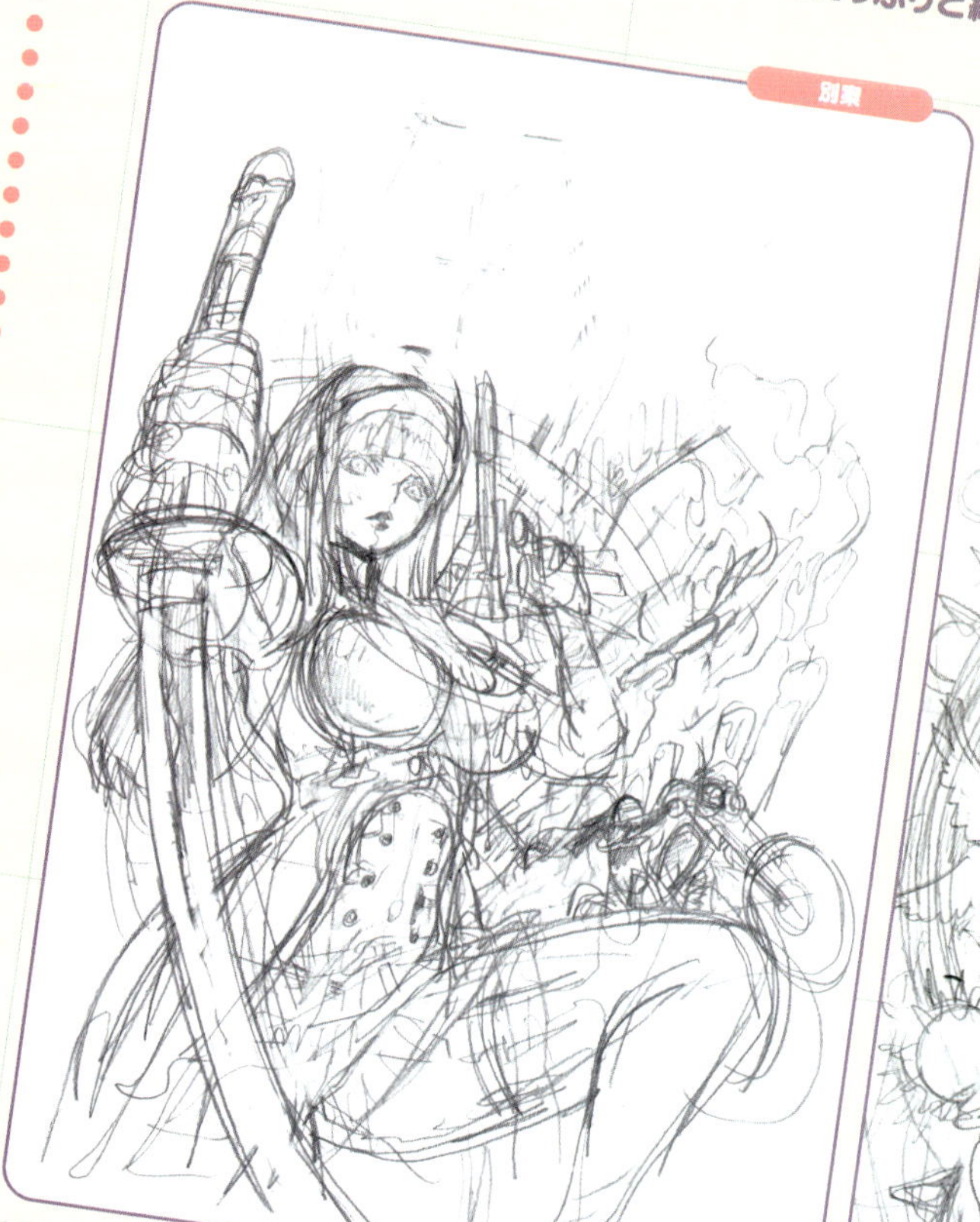

大ラフ

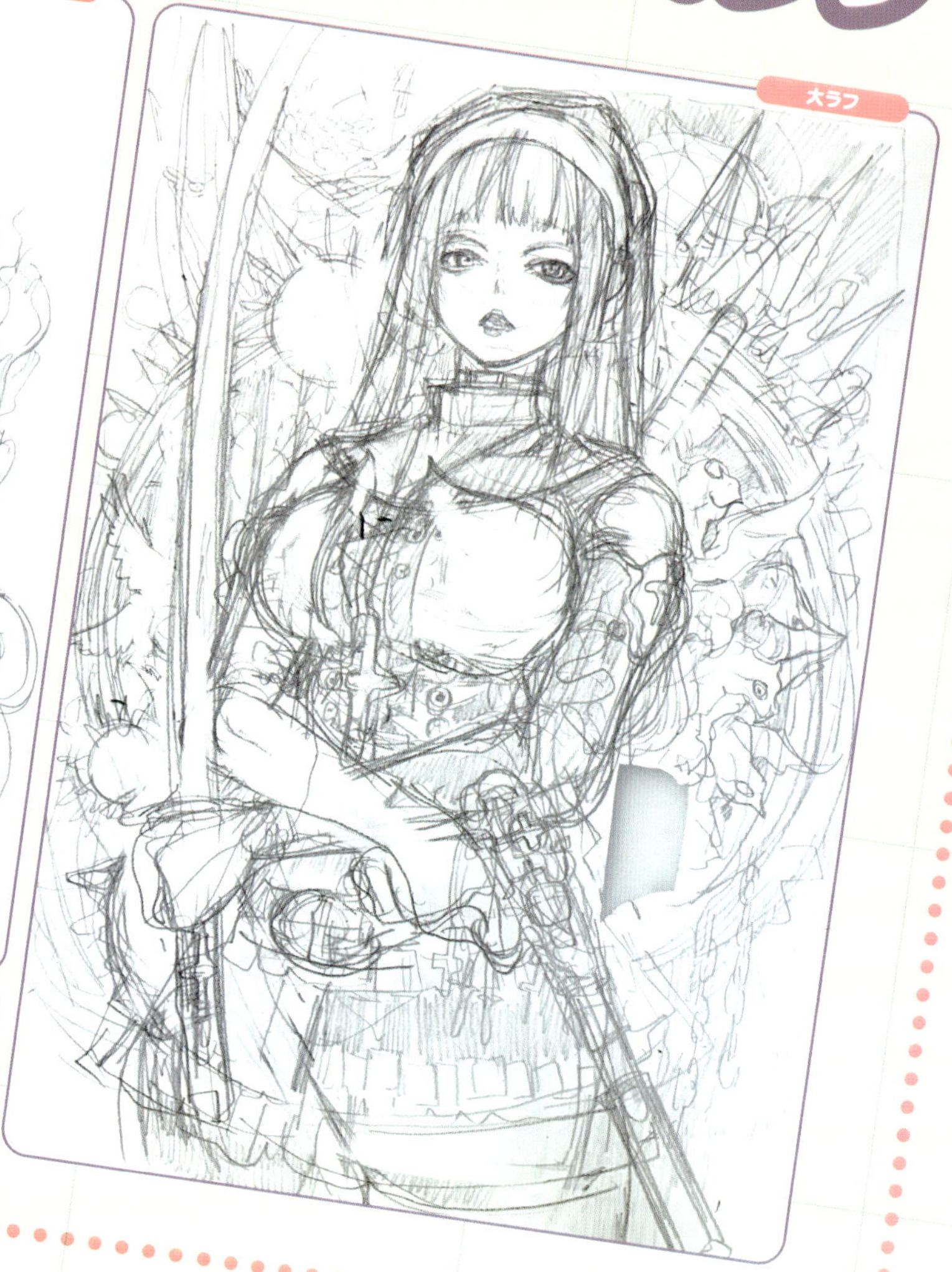

大ラフでは銃と日本刀を手に闘うシスター風の女の子が描かれている。修道服を思わせる戦闘服は金属の肩当てや編み上げのビスチェなどがあしらわれ、全体的にハードで凛々しい印象だ。機動性を意識したミニスカートにフリルのデザインもとても魅力的。また、背景は円形構図に沿って教会を思わせる建造物が立ち並び、円の中央には禍々しいゴブリンや悪霊が顔を覗かせる。左図の別案では、大ラフの女の子が動き出したイメージで、蝋燭や炎、棺、バイクが描き込まれている。ちなみに大ラフの紙に穴が空いている(肘の辺り)のは、小畑さんが手近にあった紙を使って描き始めたためだという。

大ラフをiPadで清書する

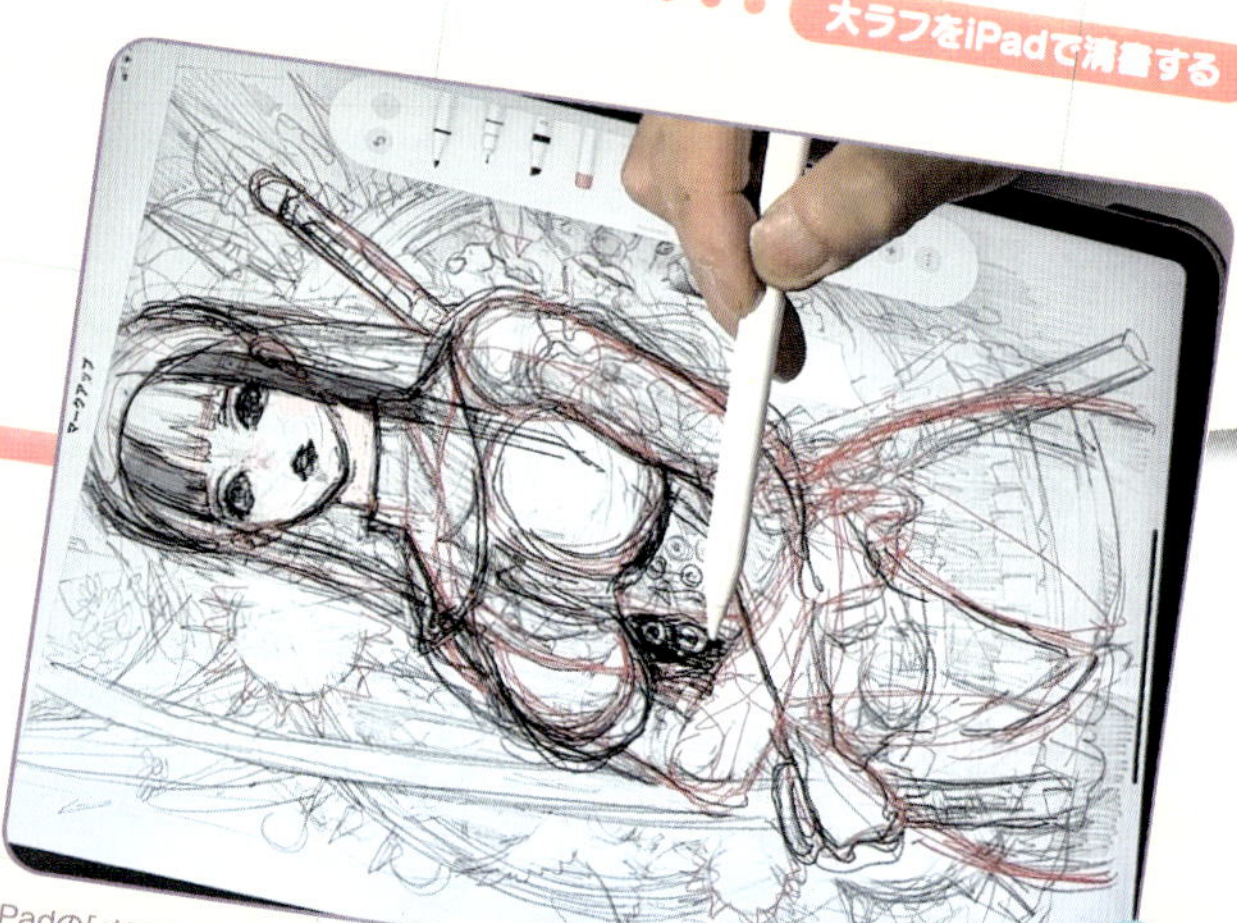

1

iPadの「メモ」機能で大ラフのスキャンデータに直接描き込む。大ラフの雰囲気を踏まえながら、表情やファッションのイメージを描き起こし、赤色でボディラインのアタリを取っていく。

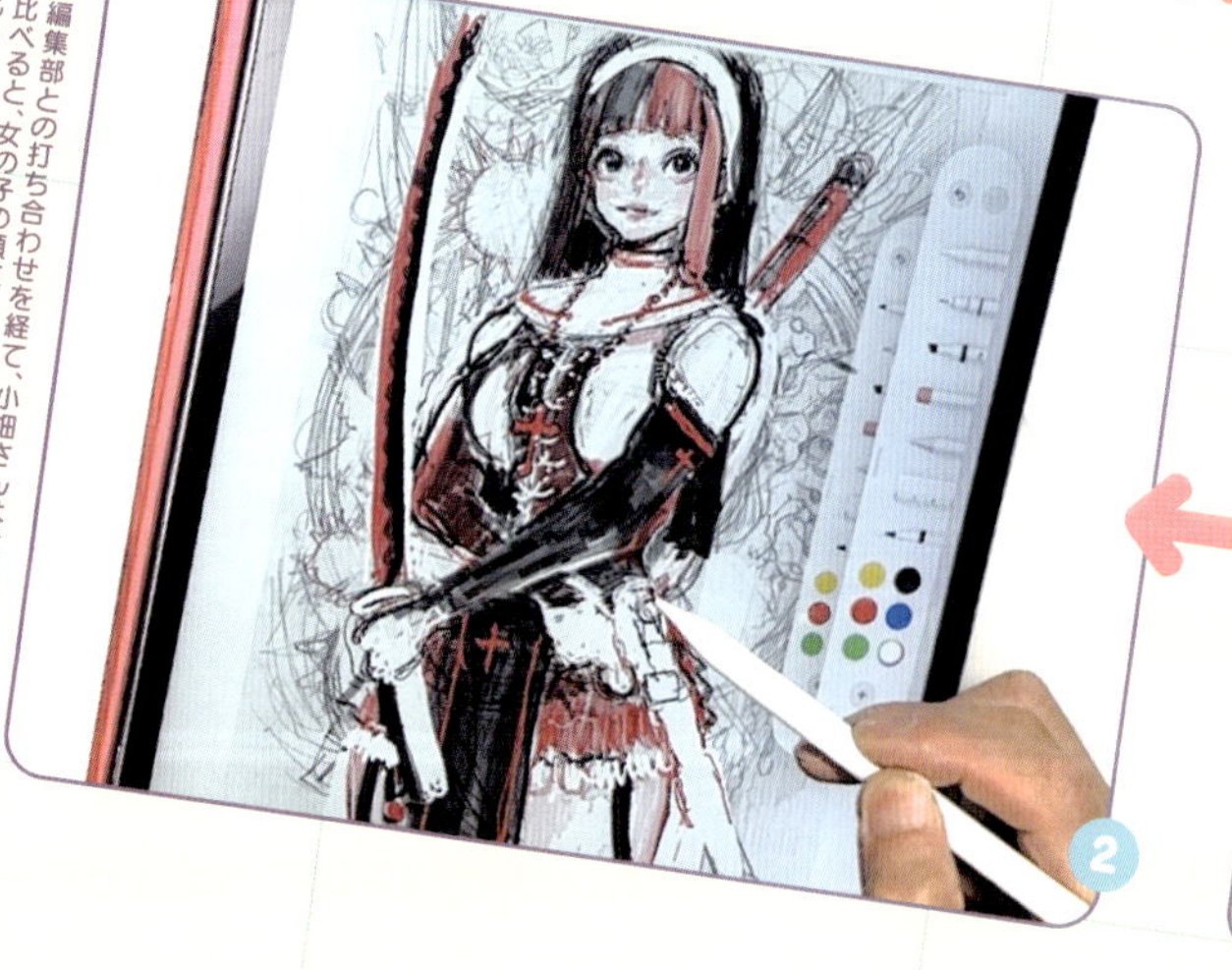

2

エス編集部との打ち合わせを経て、小畑さんは大ラフを加筆。大ラフと比べると、女の子の顔立ちはきゅるんとした可愛らしい印象へと変化している。また、この時点では服や武器は、赤色と黒色を基調とした配色がほどこされている。

表情を模索する①

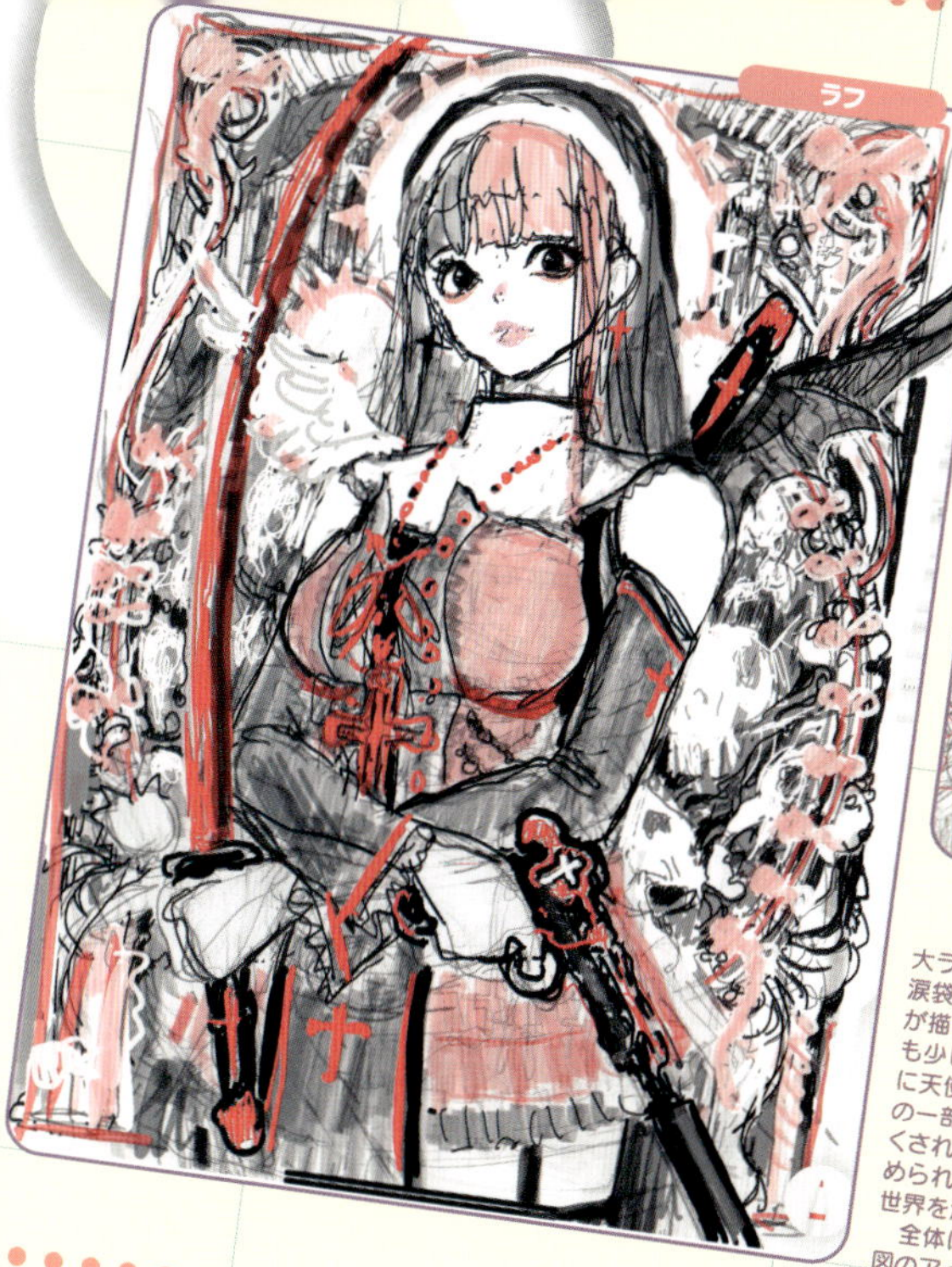

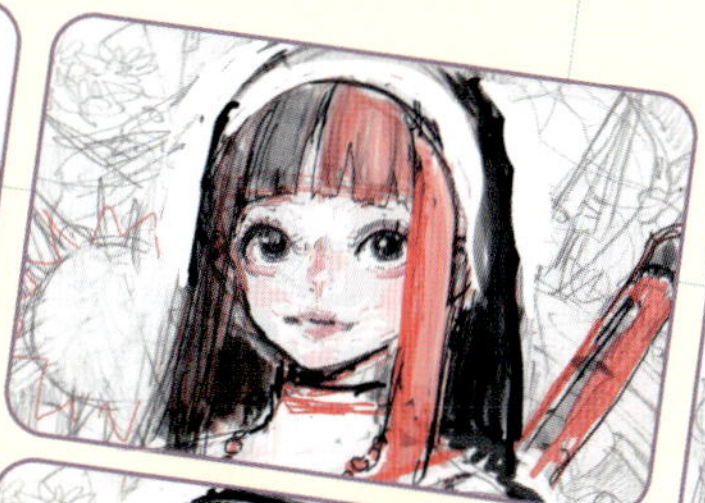

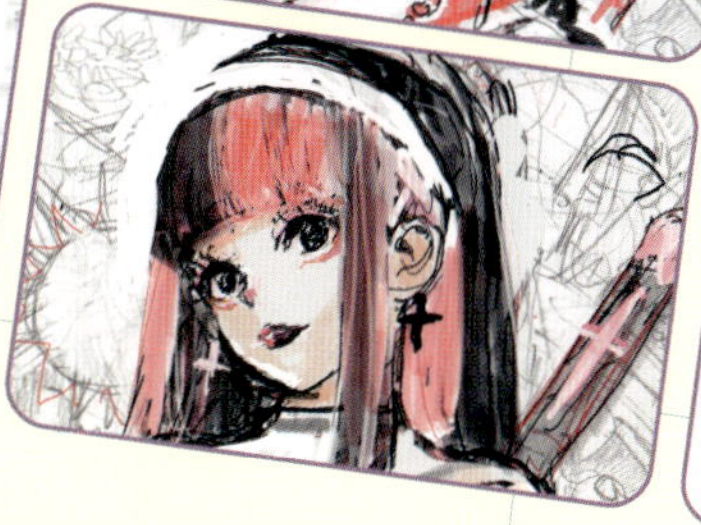

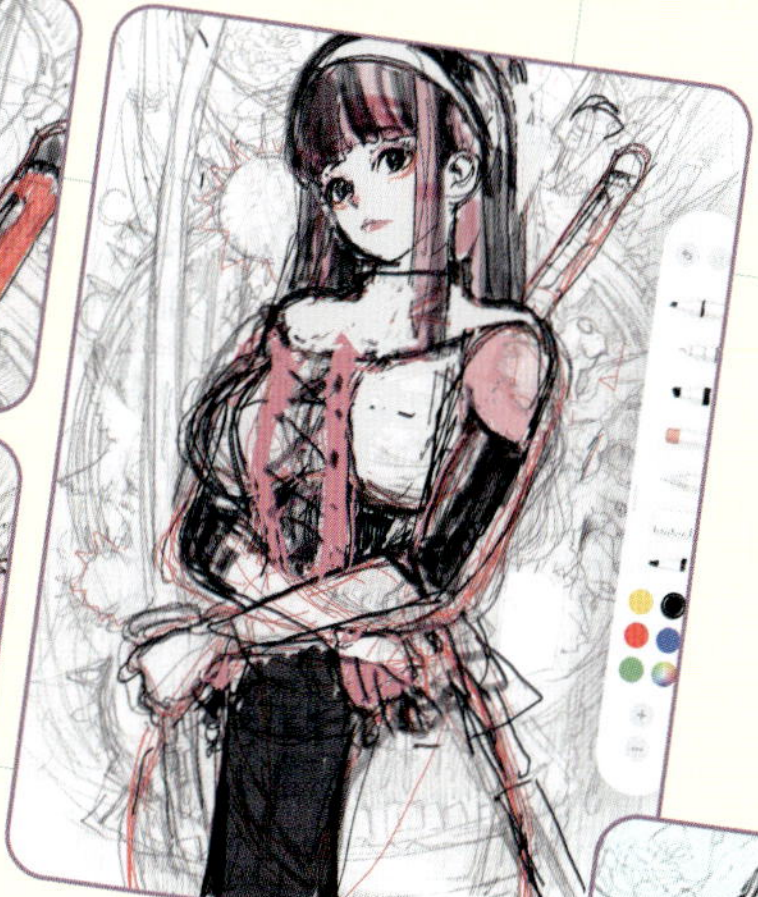

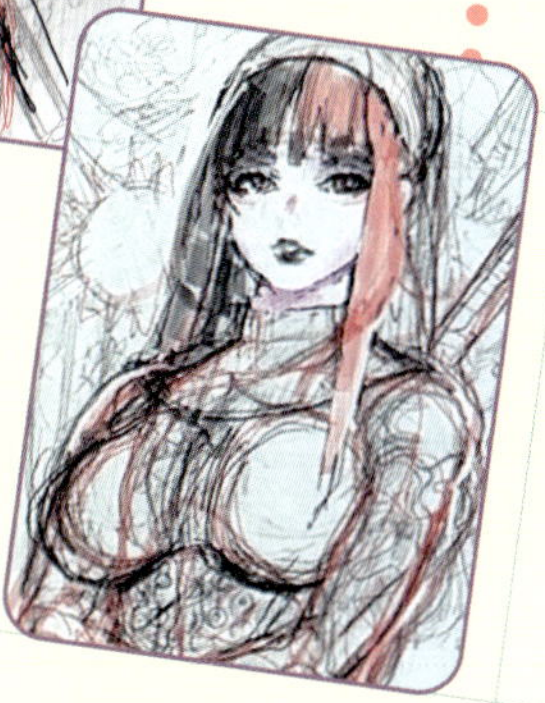

大ラフの清書を進める中で、女の子の表情がいくつか描き試されていた。地雷系メイクを思わせる涙袋のある表情（中央左図下段）や、黒口紅にクールな印象の鋭い眼差し（右図）といったアイデアが描き起こされている。今回はペンのタッチを活かした作品に仕上げるため、「漫画やアニメよりも少しリアル寄りに寄せたきゅるん顔」を目指しているそうだ。その後、左図のように女の子の背に天使と悪魔、二面性を象徴するような羽が描き加えられた。その羽が本物なのか、それとも衣装の一部なのかは見る人に解釈を委ねるデザインとなっている。背景はゴシック調の装飾で埋め尽くされつつも、狩ったゴブリンの骨や悪霊をリボンで封印するなど、可愛らしいモチーフも散りばめられている。小畑さんは描き進める中で、「教会公認のハンターが、自分の好きな「かわいい」で世界を満たしていく「無敵の地雷系」」という物語のイメージを膨らませていた。

全体は左図をベースに、表情は地雷系メイクの印象が強いきゅるっとした顔が特徴的な、中央右図のアイデアを活かしながら進める。

下絵を描く&ペン入れをする

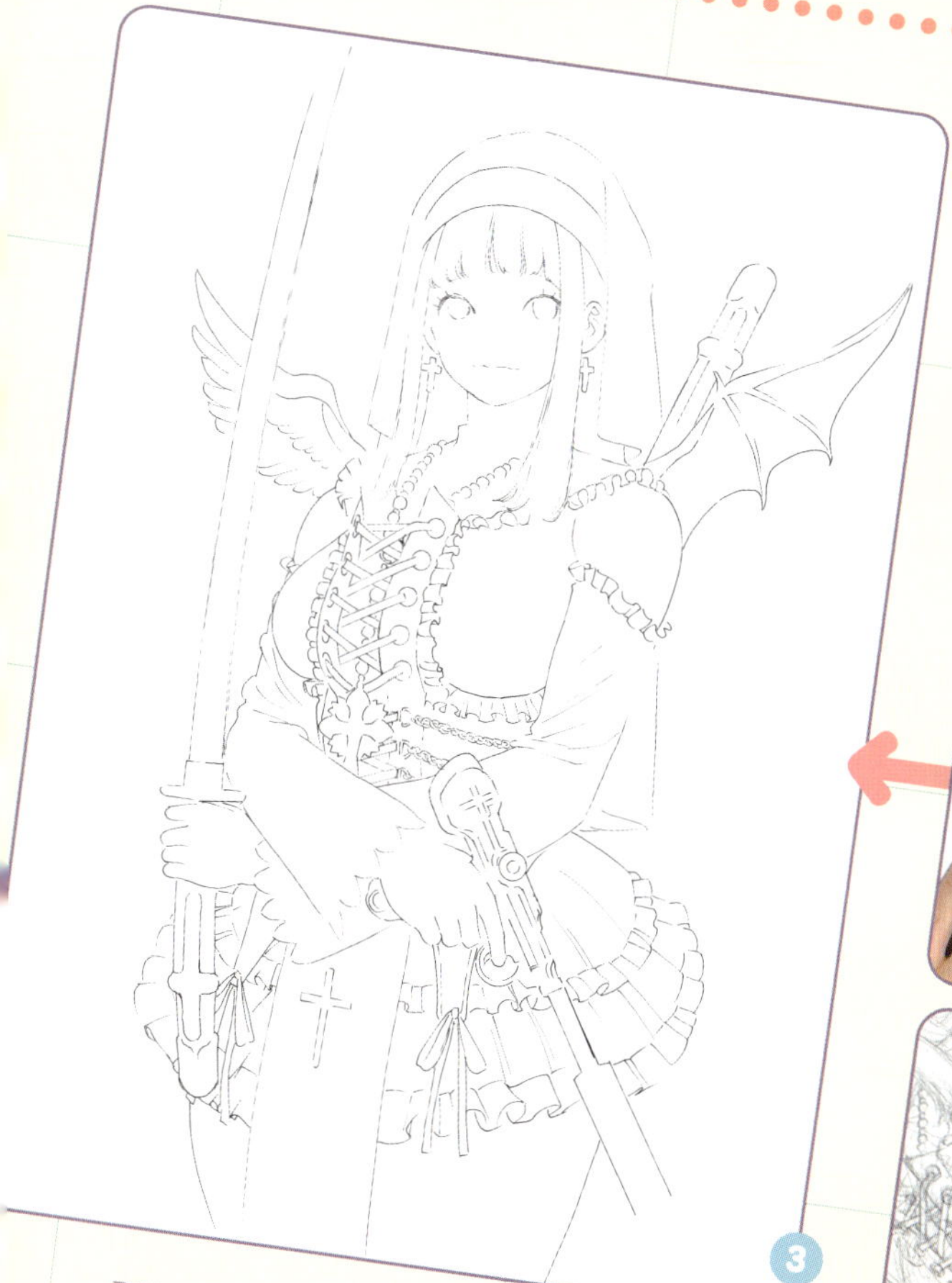

3

ラフをもとに、りんかく線のみをペン入れした状態。今後、緻密なハッチングやカケアミで濃淡を加えるため、この時点ではりんかく線だけが描かれている。特に目元は、コピックでの着彩によって表情を仕上げるため、うっすらとした線となっている。

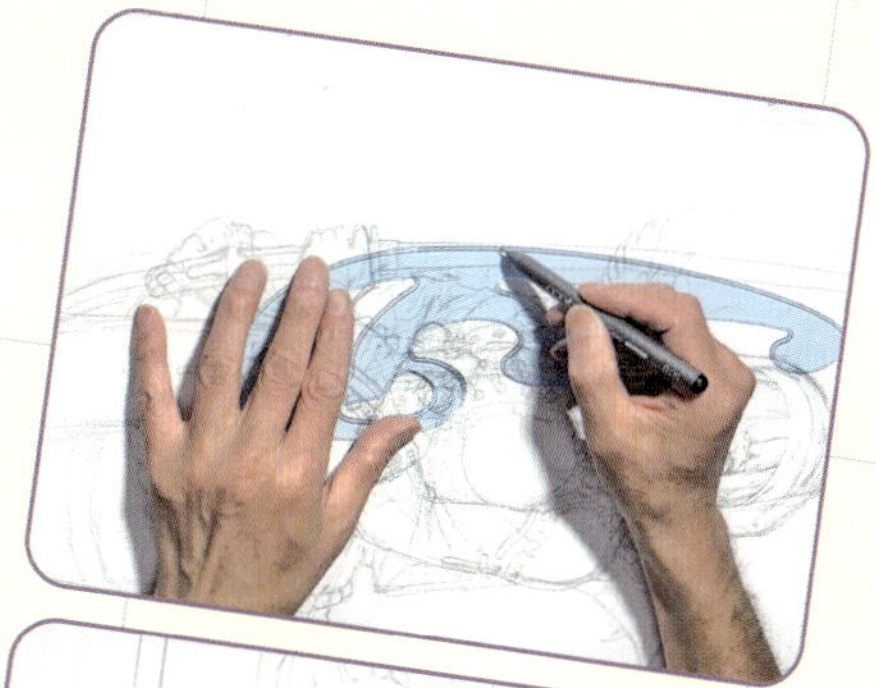

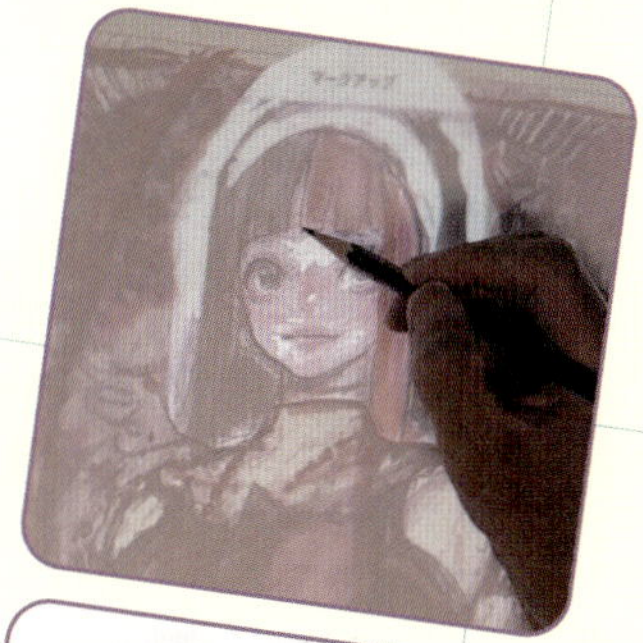

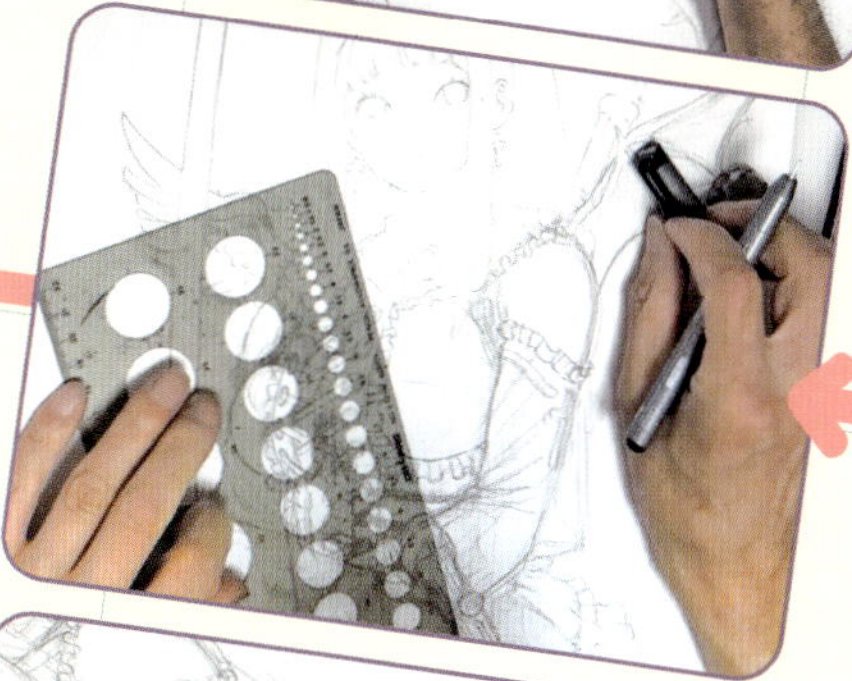

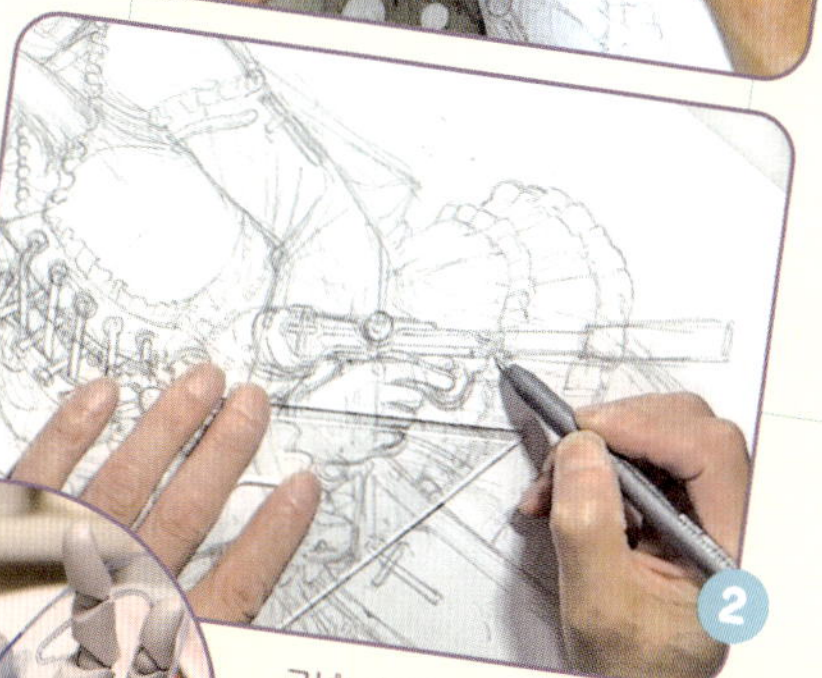

2

コピックマルチライナーのブラック（0.1、0.05）を用いてペン入れをおこなう。刀の曲線には「雲型定規」を、編み上げビスチェのハトメには「テンプレート円定規」を使用し、均一で正確な形に仕上げている。また、「三角定規」を使って線の平行を確認しながら銃をペン入れする。

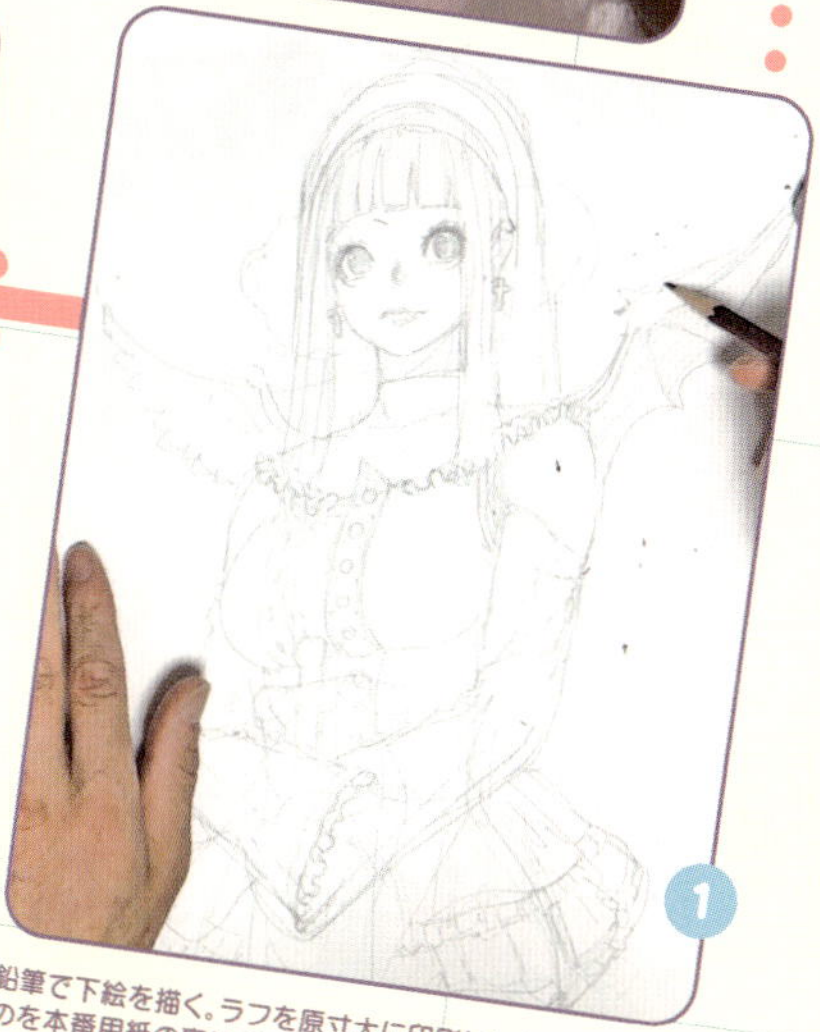

1

鉛筆で下絵を描く。ラフを原寸大に印刷したものを本番用紙の裏に置き、トレース台でトレースする。

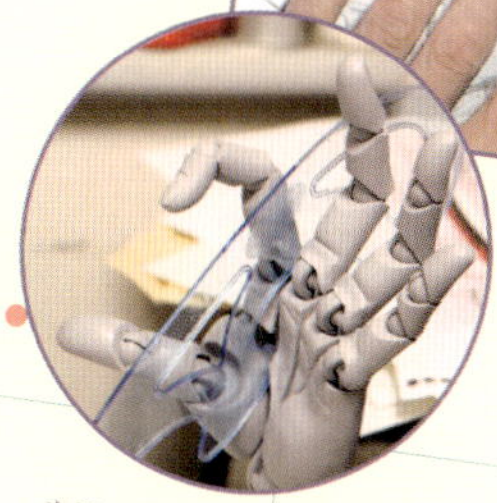

小畑さんのデスクに置かれたハンドモデルは、定規置きとしても活躍中!

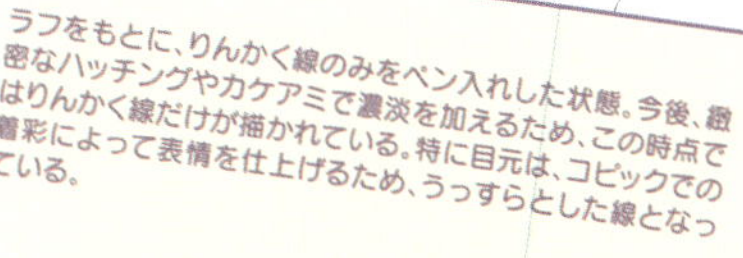

顔をコピックで下塗りする

顔のみをコピックで下塗りする。肌やまぶたにR0000を薄く入れ、目尻や唇にはR20で赤みを加える。瞳やまつ毛はV91とV93を塗る。全体をペン画で強いコントラストに仕上げるため、ここではあえて塗りを浅めに留める。

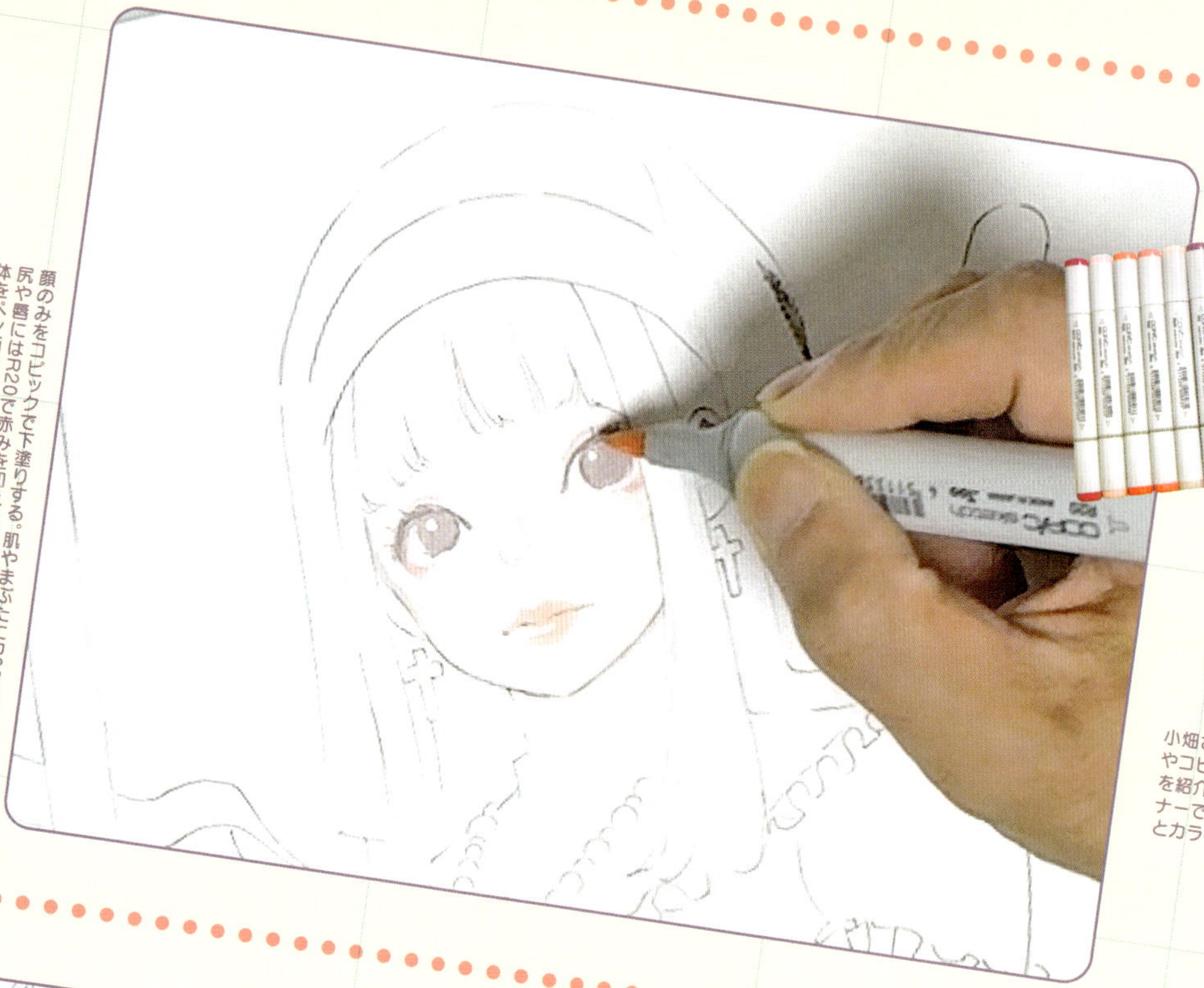

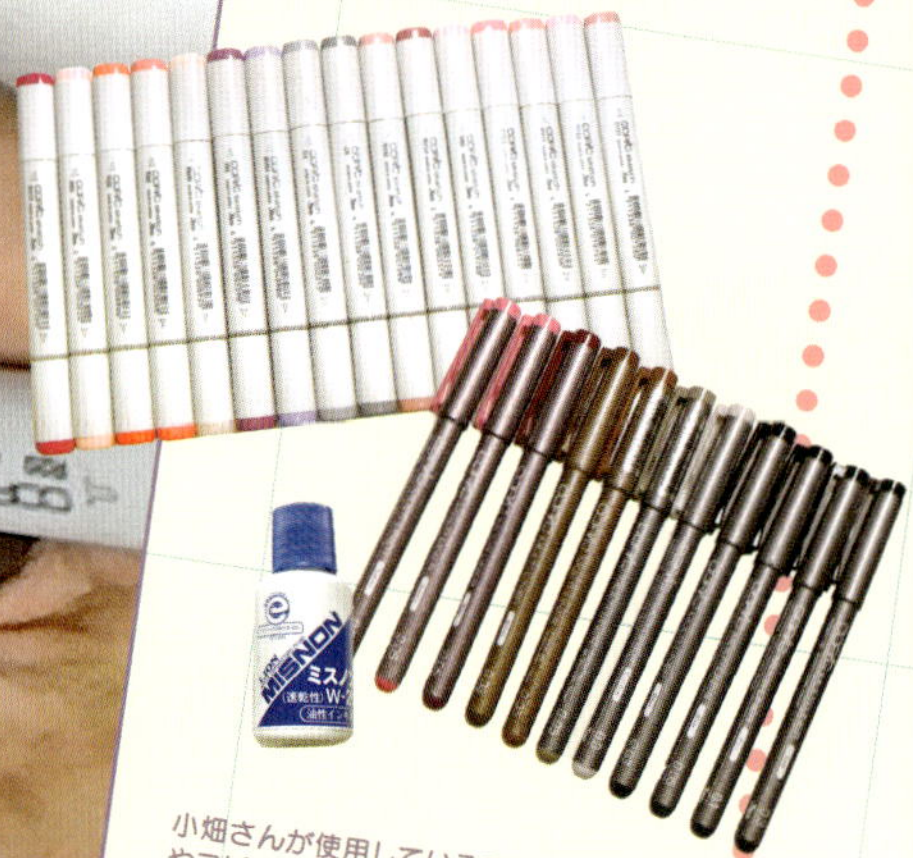

小畑さんが使用しているコピックスケッチやコピックマルチライナー、修正液 ミスノンを紹介する。今回は主にコピックマルチライナーで描き進めるため、様々なペンサイズとカラーが用意されている。

ハッチングをする①

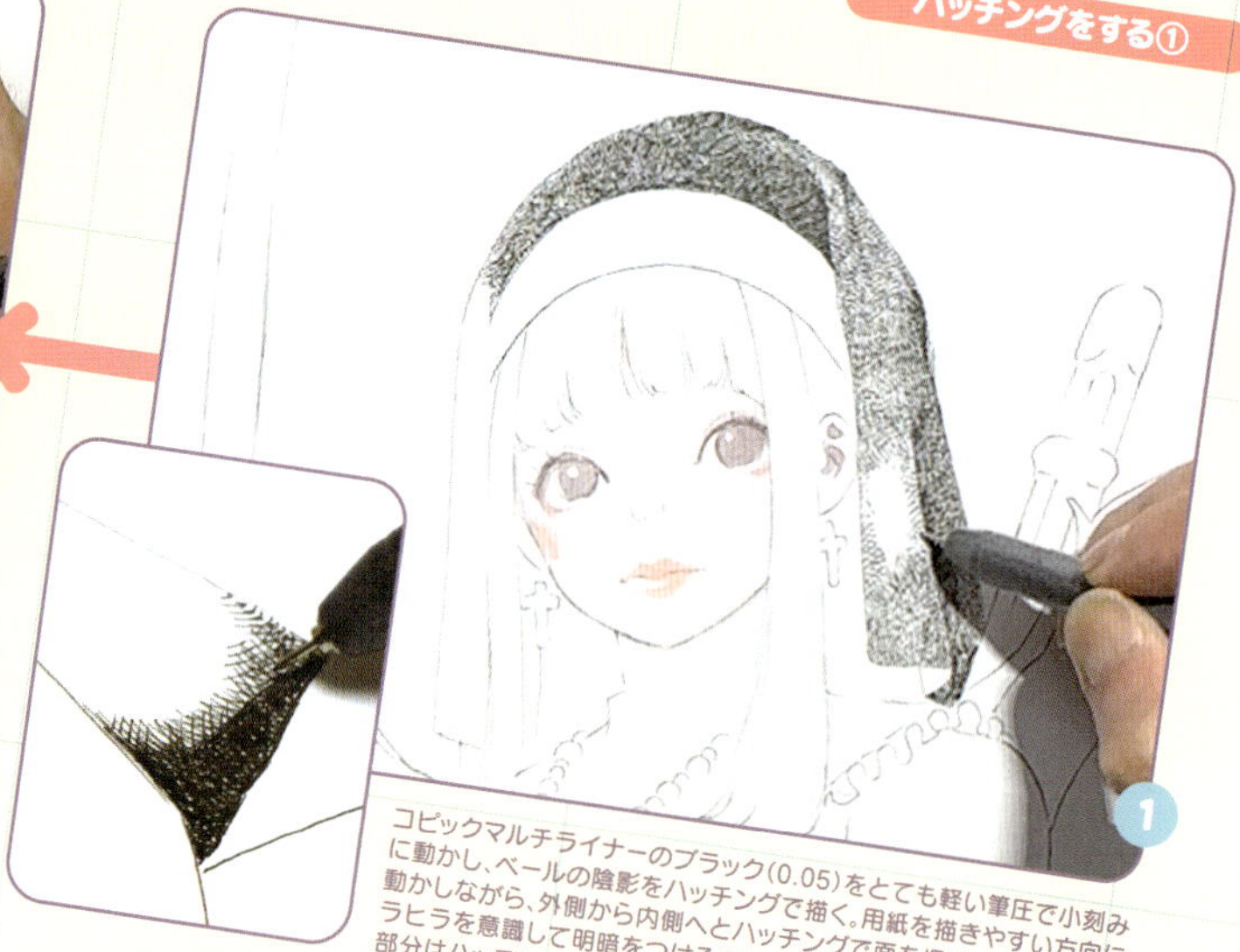

1 コピックマルチライナーのブラック(0.05)をとても軽い筆圧で小刻みに動かし、ベールの陰影をハッチングで描く。用紙を描きやすい方向に動かしながら、外側から内側へとハッチングで面を埋めていく。布のヒラヒラを意識して明暗をつけるのがポイント。また、色が濃くなる暗い部分はハッチングの線を重ねる。

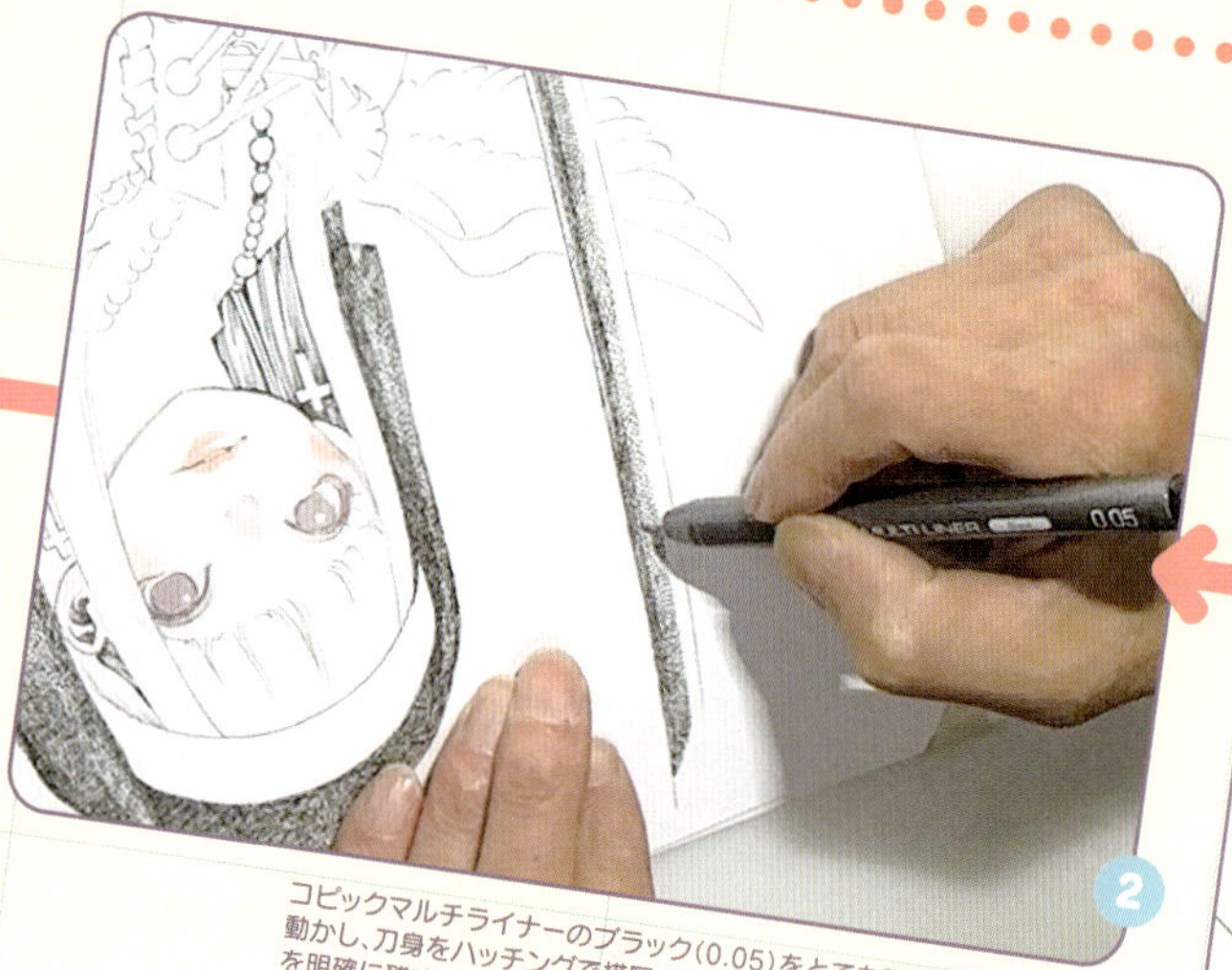

2 コピックマルチライナーのブラック(0.05)をとても軽い筆圧で小刻みに動かし、刀身をハッチングで描写。刃文はハッチングを重ねて表現し、余白を明確に残すことで刀の輝きを際立たせている。

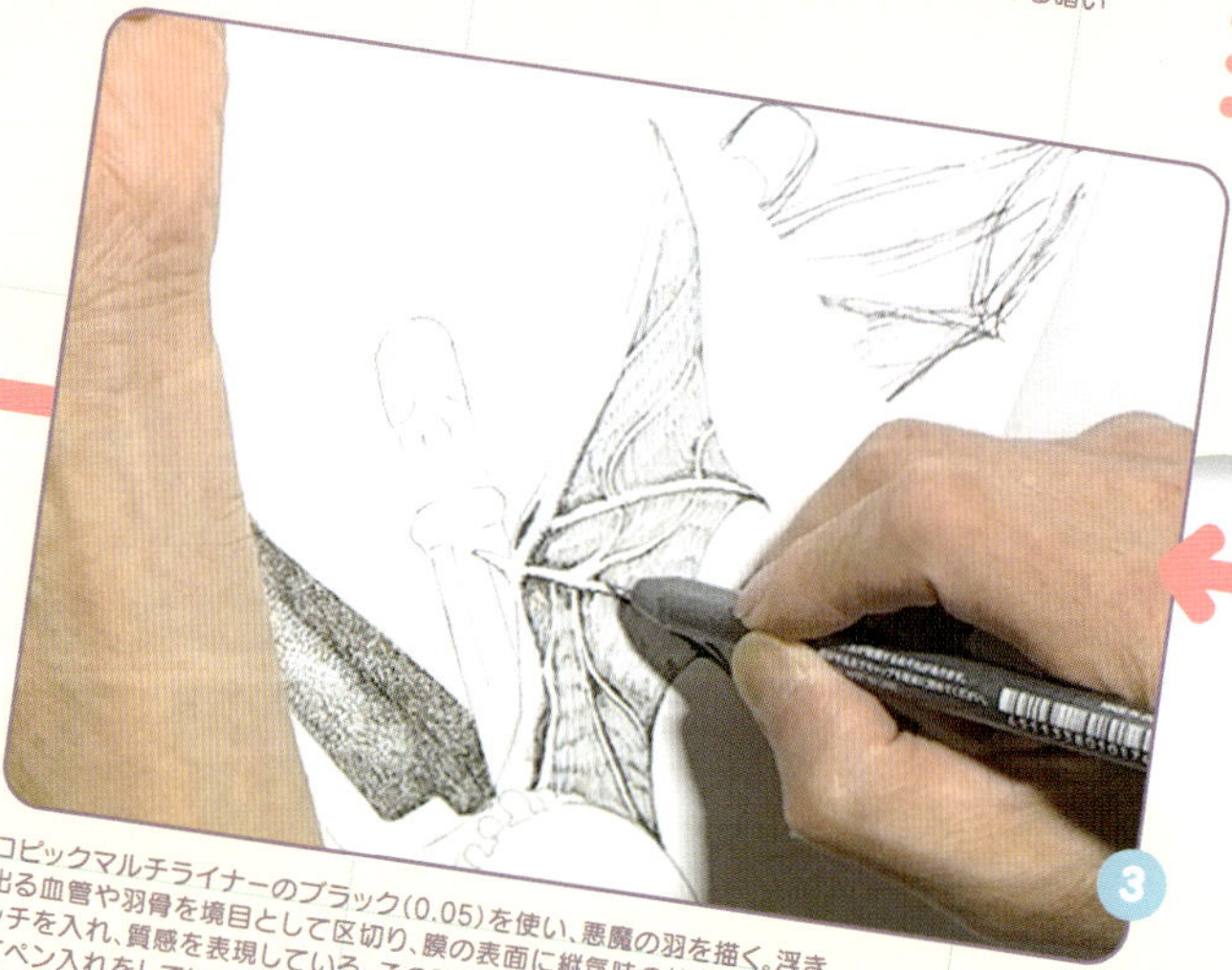

3 コピックマルチライナーのブラック(0.05)を使い、悪魔の羽を描く。浮き出る血管や羽骨を境目として区切り、膜の表面に縦気味の線を重ねてタッチを入れ、質感を表現している。この時点ではリアルな羽をイメージしてペン入れをしているが、最終的にはP12の完成線画のように、別紙に描いたレース模様の羽を切り貼りしてデザインを変更している。

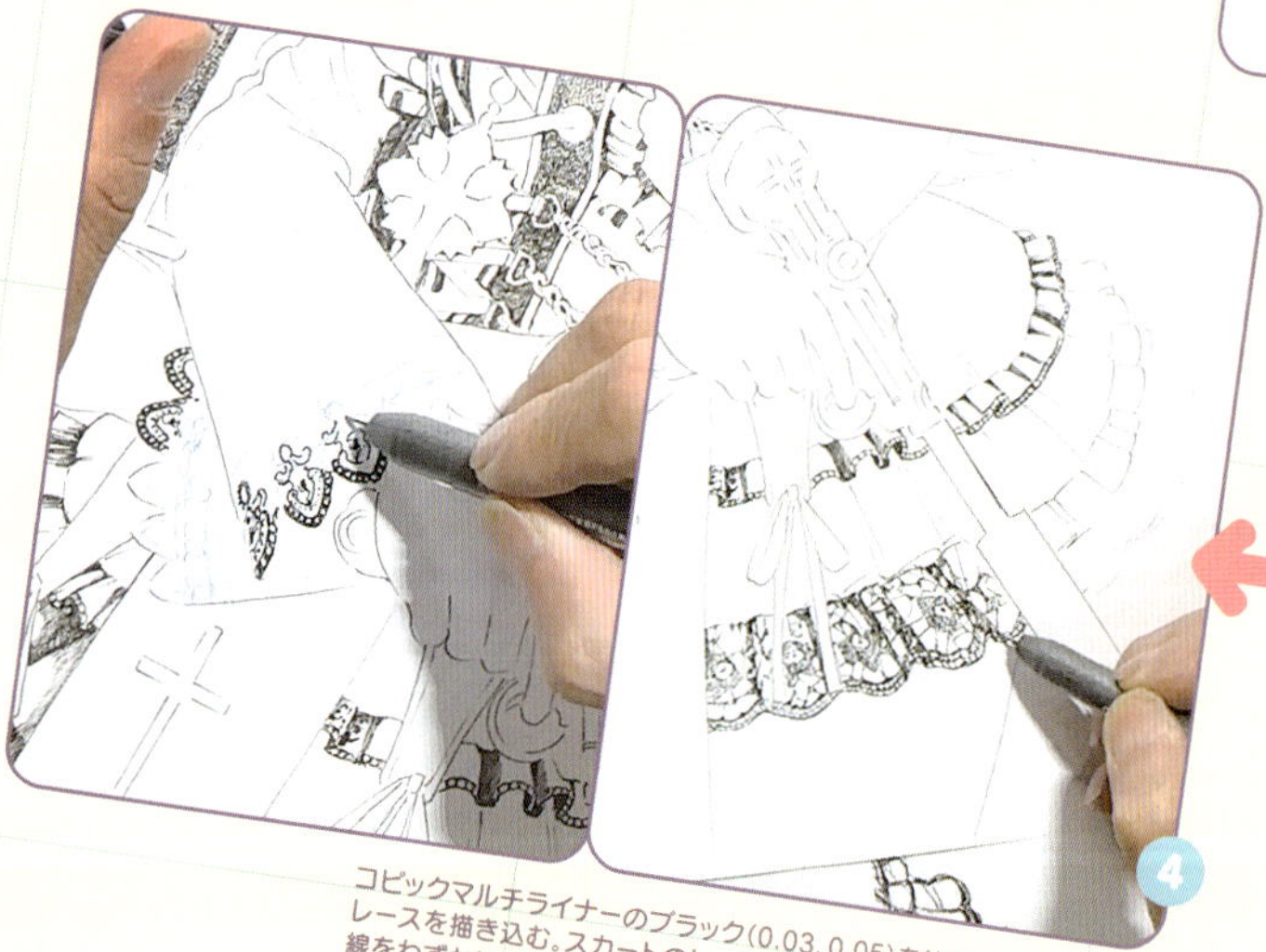

4 コピックマルチライナーのブラック(0.03、0.05)を使い、スカートや袖にレースを描き込む。スカートのレースは、ペン先を小刻みに揺らしながら線をわずかにブレさせ、とても軽い筆圧で花模様を表現する。レースが重なり合う谷の部分は、より濃く描き込むことで立体感を強めた。また袖のレースは青芯のシャープペンシルでアタリを取り、コピックマルチライナーのブラック(0.1)を使って模様を描いた。

ハッチングをする②

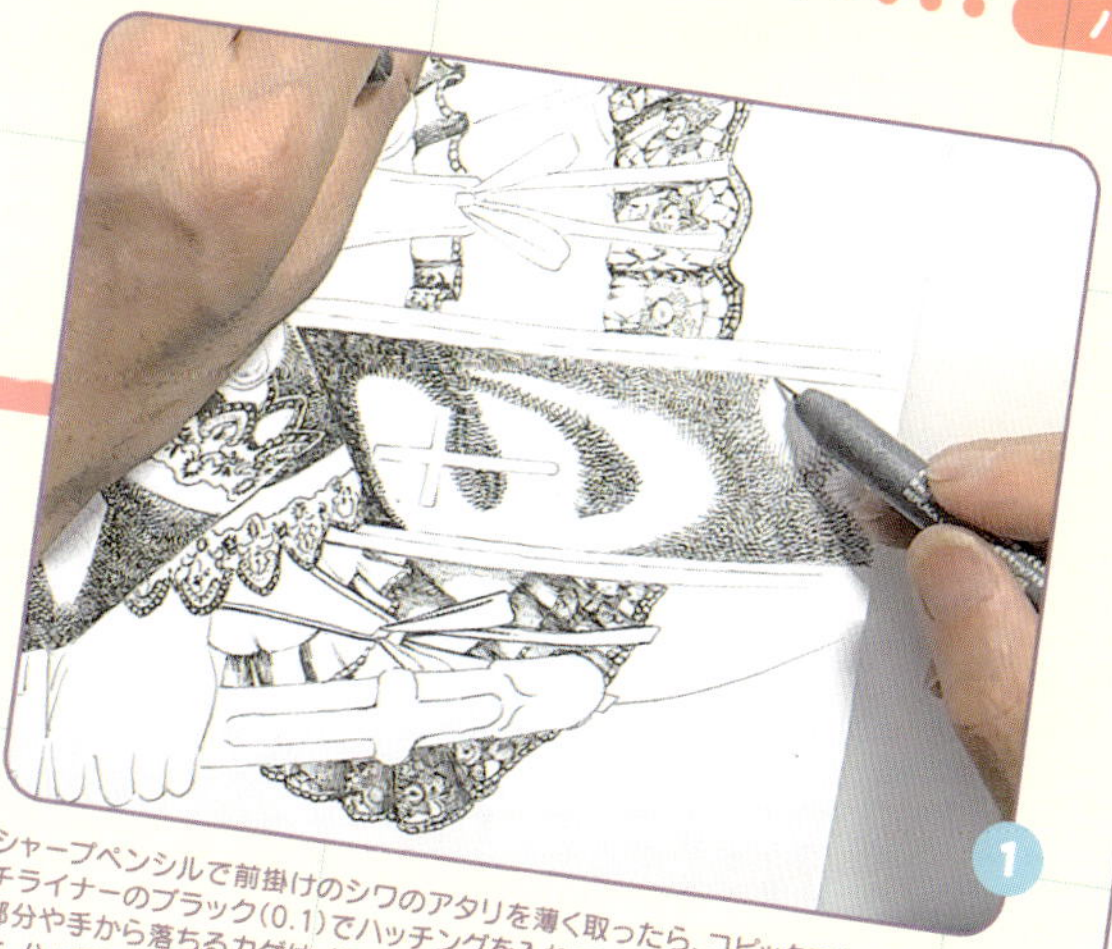

シャープペンシルで前掛けのシワのアタリを薄く取ったら、コピックマルチライナーのブラック(0.1)でハッチングを入れて描き込む。布の弛んだ部分や手から落ちるカゲは、線を濃く重ねることで強調する。明るい部分は、ハッチングの線の間隔を広く取ることで表現する。

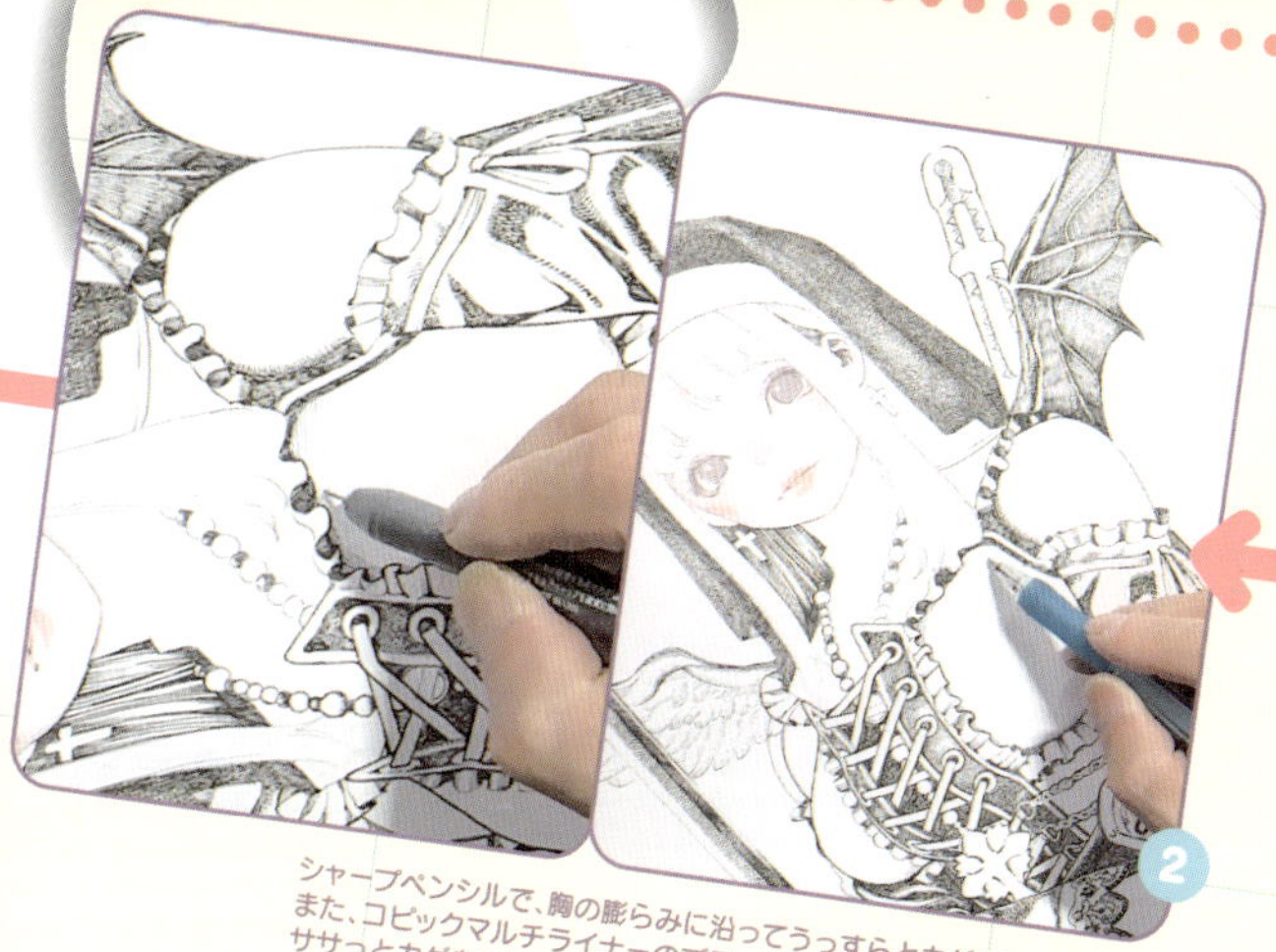

シャープペンシルで、胸の膨らみに沿ってうっすらとカゲのアタリを取る。また、コピックマルチライナーのブラック(0.05)を使い、ごく軽い筆圧でササっとカゲを入れる。

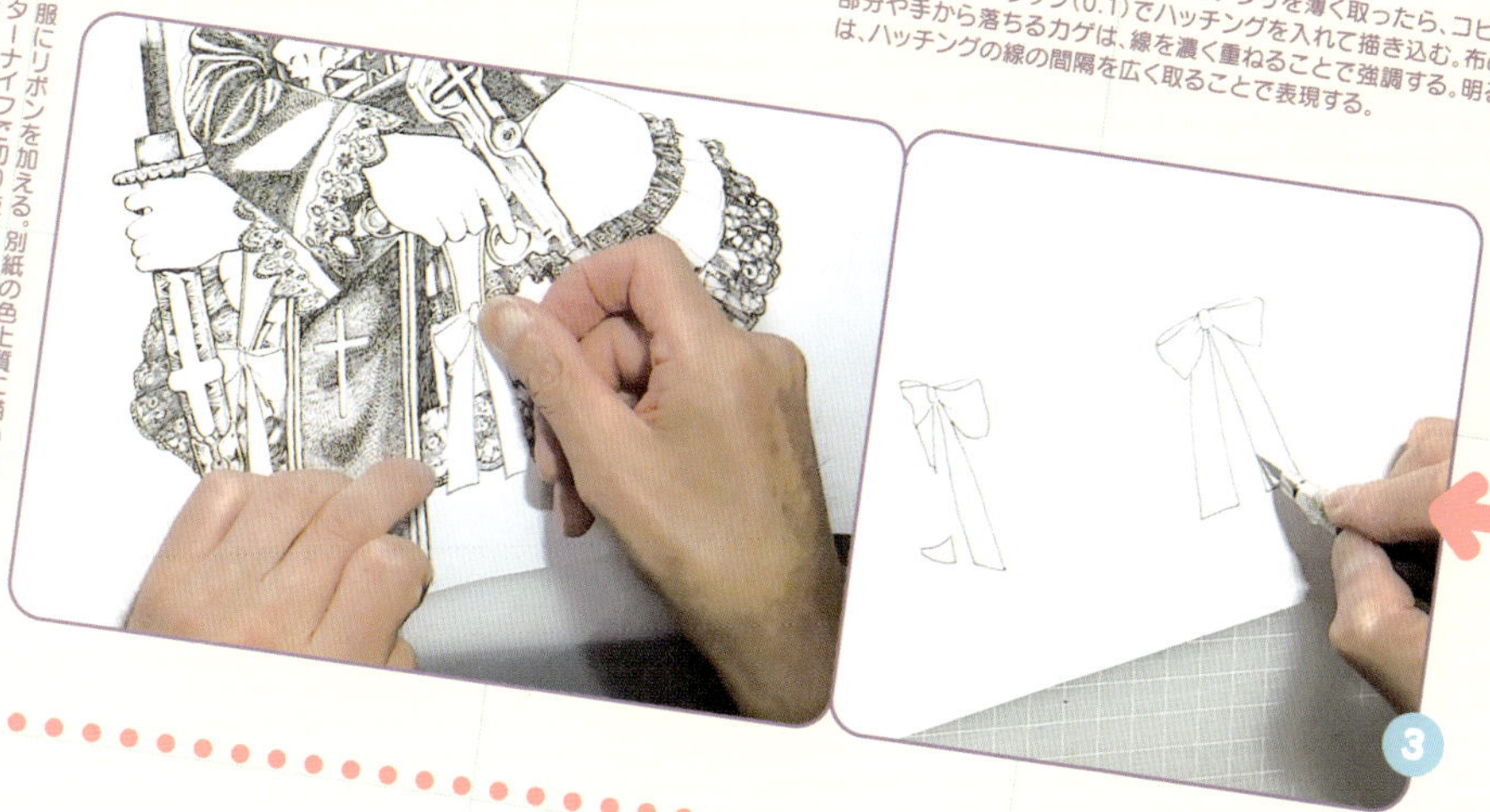

服にリボンを加える。別紙の色上質に描いたリボンをカッターナイフで切り抜き、のりで貼り付ける。貼り付けただけではリボンが浮いて見えるので、紙の段差のフチをコピックマルチライナーのブラックで塗り埋めてなじませている。小畑さんは時折こうして別紙でパーツをつくり、トーンの要領で貼り付けて、修正や加筆をおこなっている。

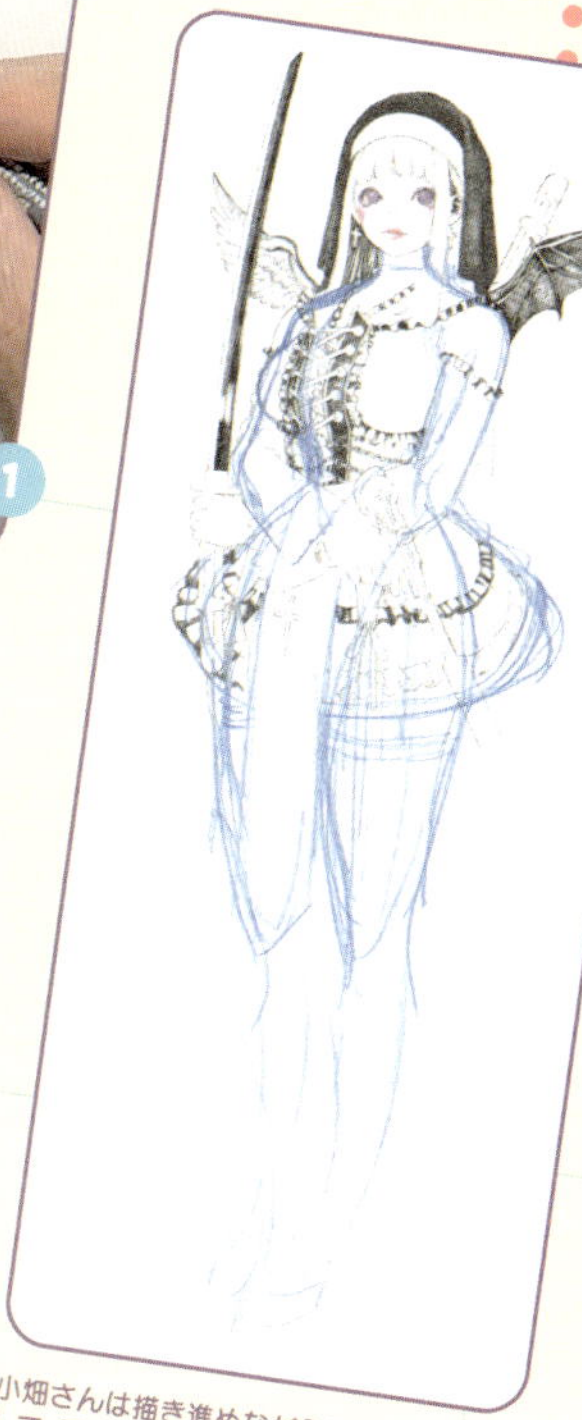

小畑さんは描き進めながら線画を縮小印刷して、足先まで描き、全身のバランスをチェックしていた。

背景のイメージを固める

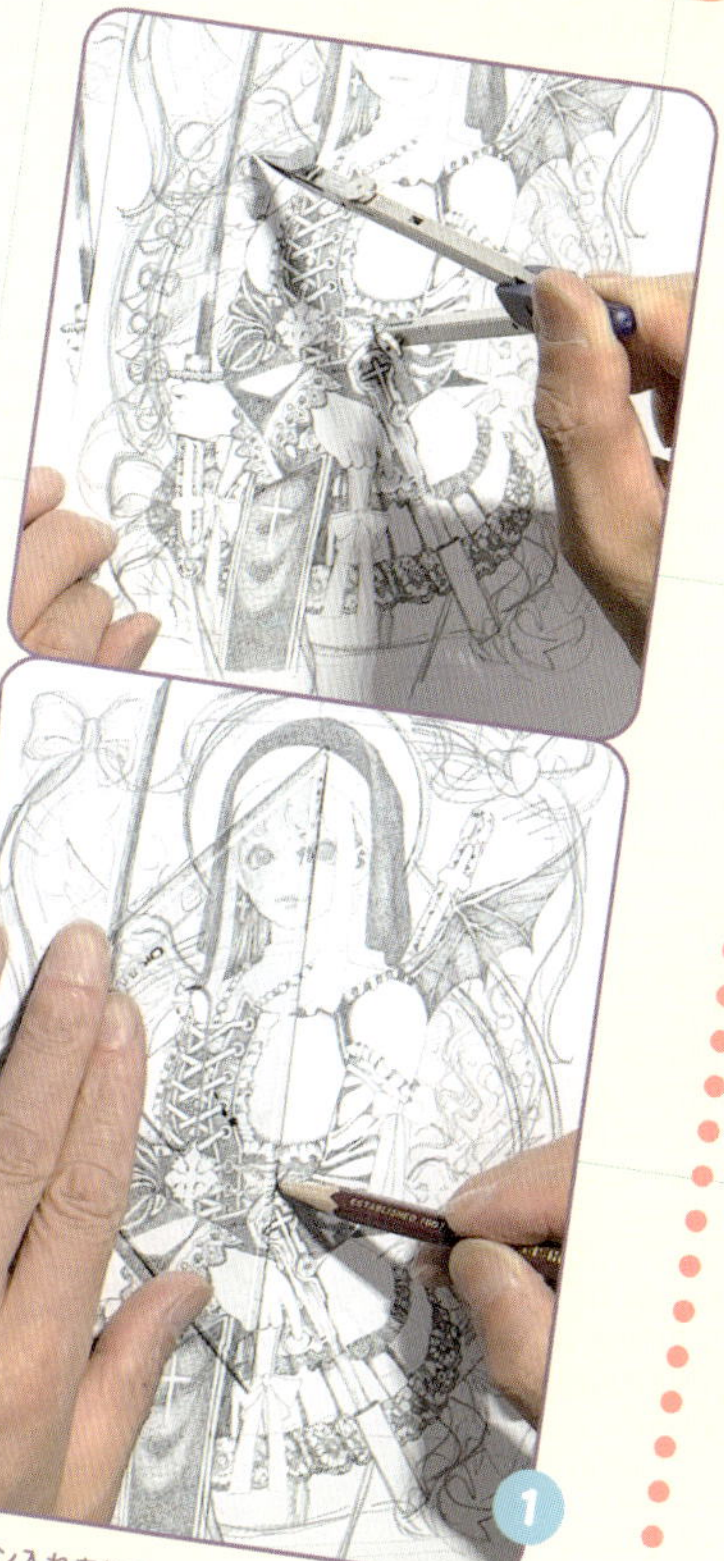

人物のペン入れを終えたら、A3サイズの原稿をB5サイズほどに縮小モノクロ印刷し、コピーしたものにコンパスや定規を使って背景の丸いフレームのガイドを描き込む。一気に仕上げるのではなく、段階ごとに確認を重ねることで作品のクオリティを高めている。

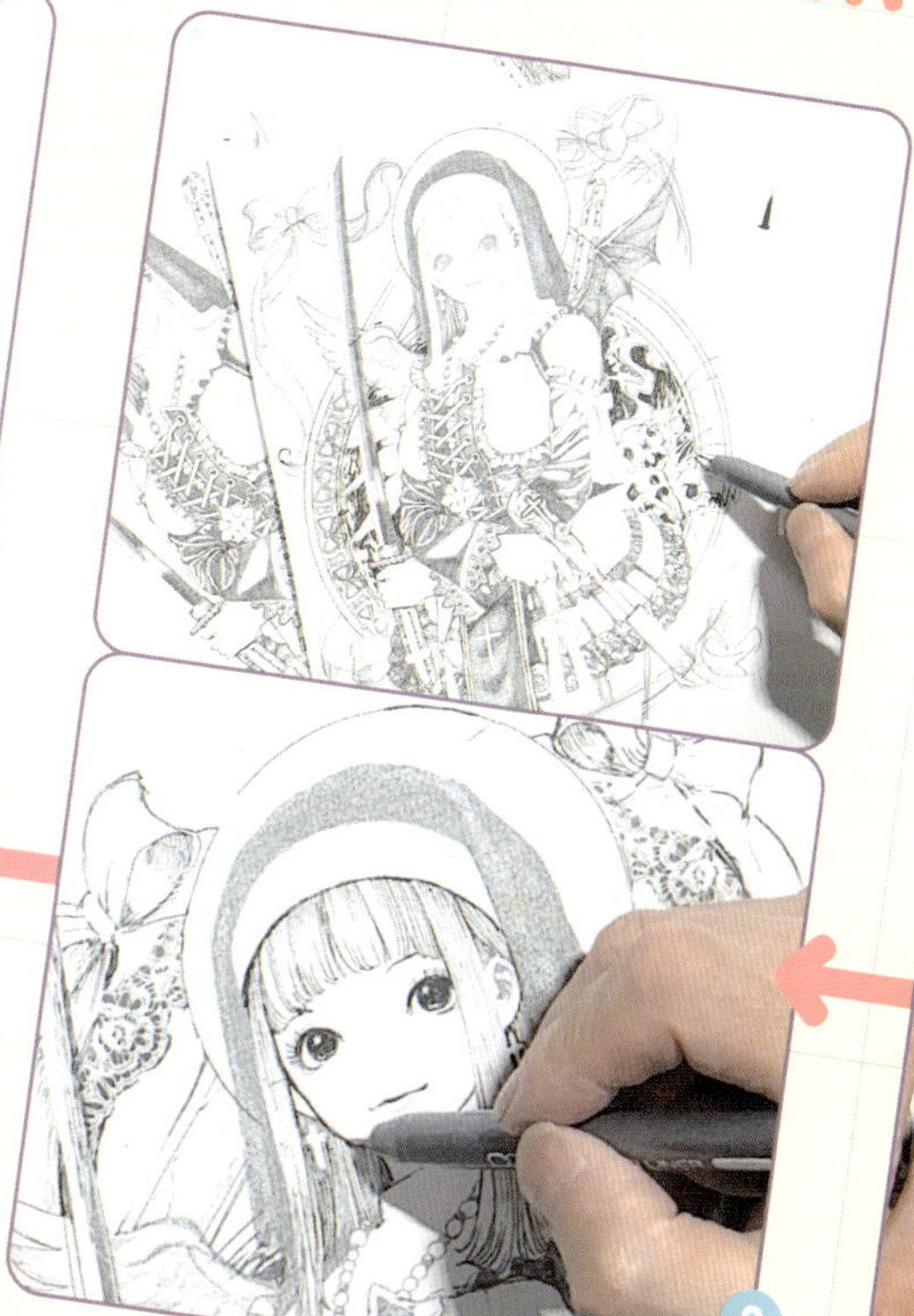

続いて、丸いフレームから顔を覗かせるゴブリンの骨や悪霊のイメージをザクザクと描く。また、女の子の瞳を黒く塗りつぶし、ハッキリさせたバージョンも検討した。

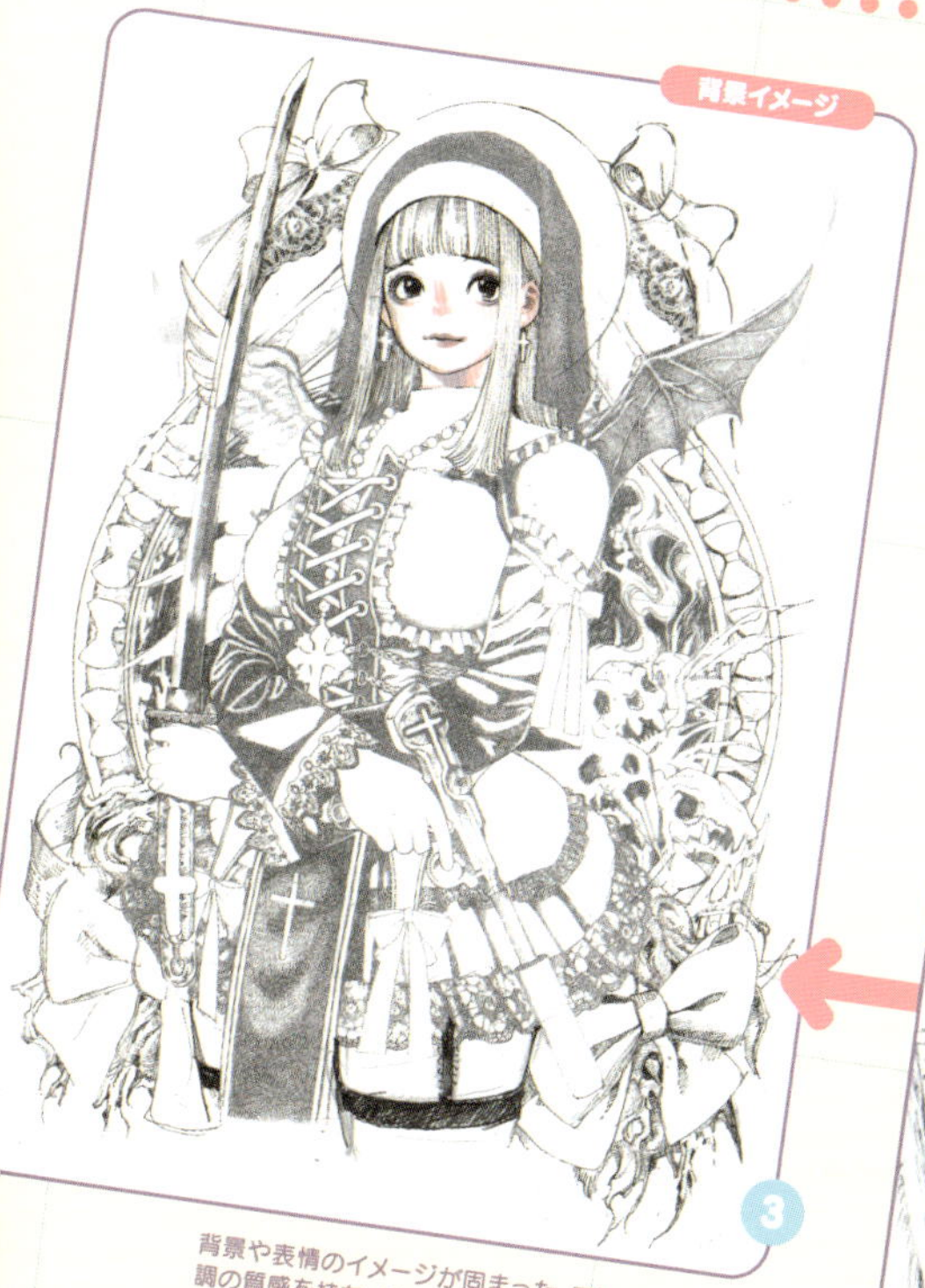

背景や表情のイメージが固まった。フレームは大理石調の質感を持ち、リボンを彫り込んだ雫型のデザインとなっている。さらに、異界から流れ込む魂の煙や大きなリボンといったモチーフが加えられ、女の子の頭上には光輪が描き添えられている。これにより、作品全体に神秘的な雰囲気が一層強まっている。

表情を模索する②

小畑さんは描き進める中で顔のバランスを見直し、P9で紹介した下絵を印刷して顔の位置をわずかに上へずらしたバージョンも試していた。ごく小さな調整でも顔の印象は変わって見える。比較してみた結果、現状の顔のイメージで進めることにした。

背景を描く

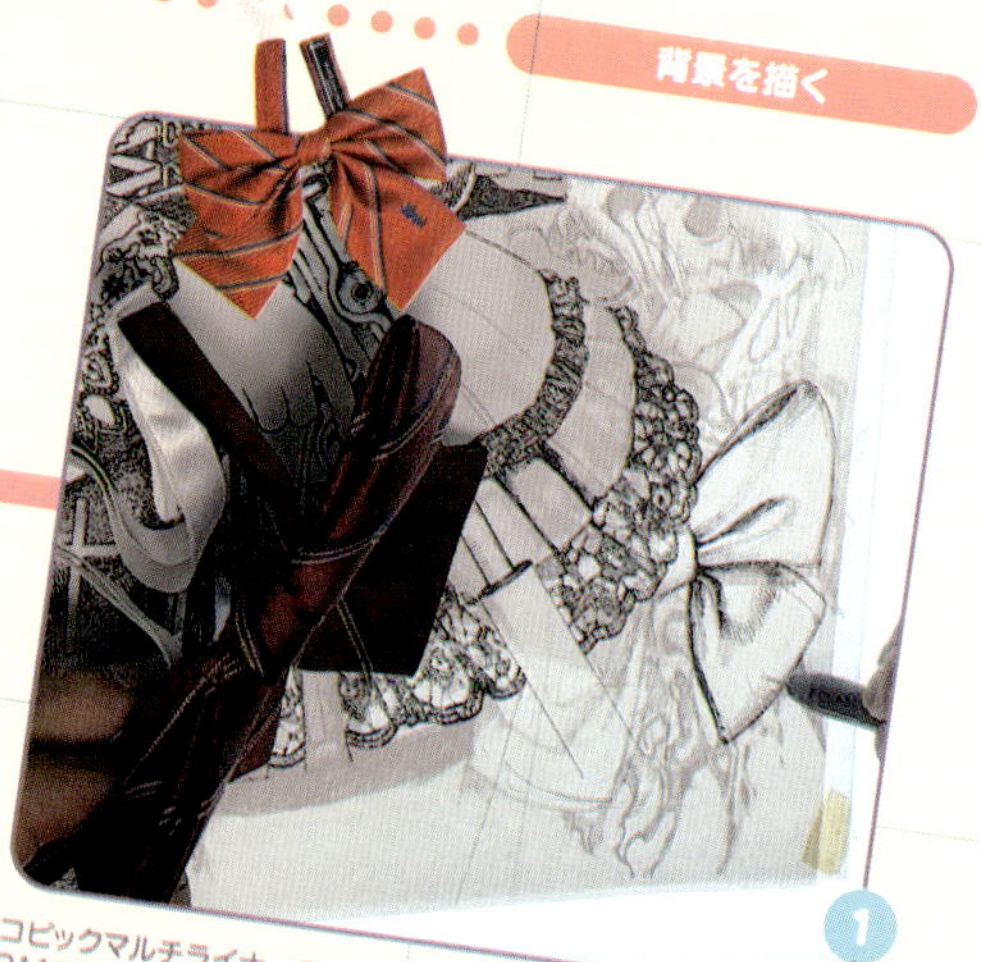

1 コピックマルチライナーのブラックを使い、背景の大きなリボンを描く。P11で紹介した「背景イメージ」を原寸大に印刷して、トレースしながら描き進める。リボンの質感を表現するために、本物のリボンを資料として手元に置いておく。

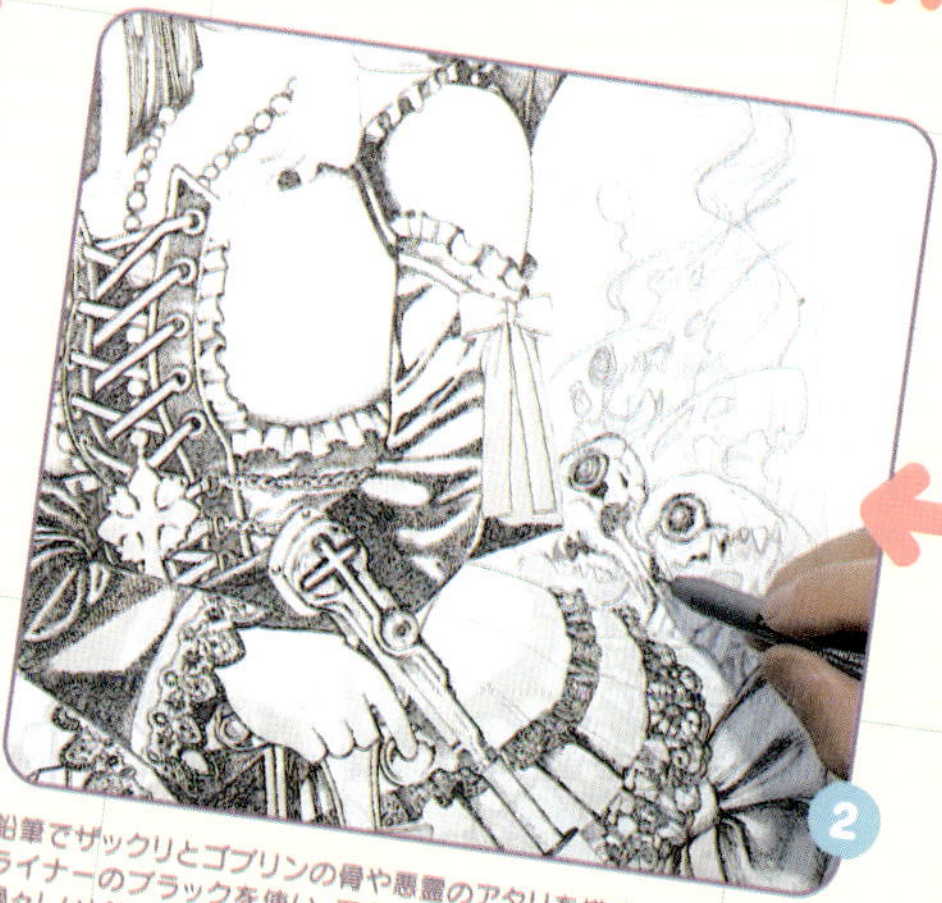

2 鉛筆でザックリとゴブリンの骨や悪霊のアタリを描く。コピックマルチライナーのブラックを使い、アタリに沿って本描きする。大きな瞳が禍々しいビジュアルだ。

完成した線画

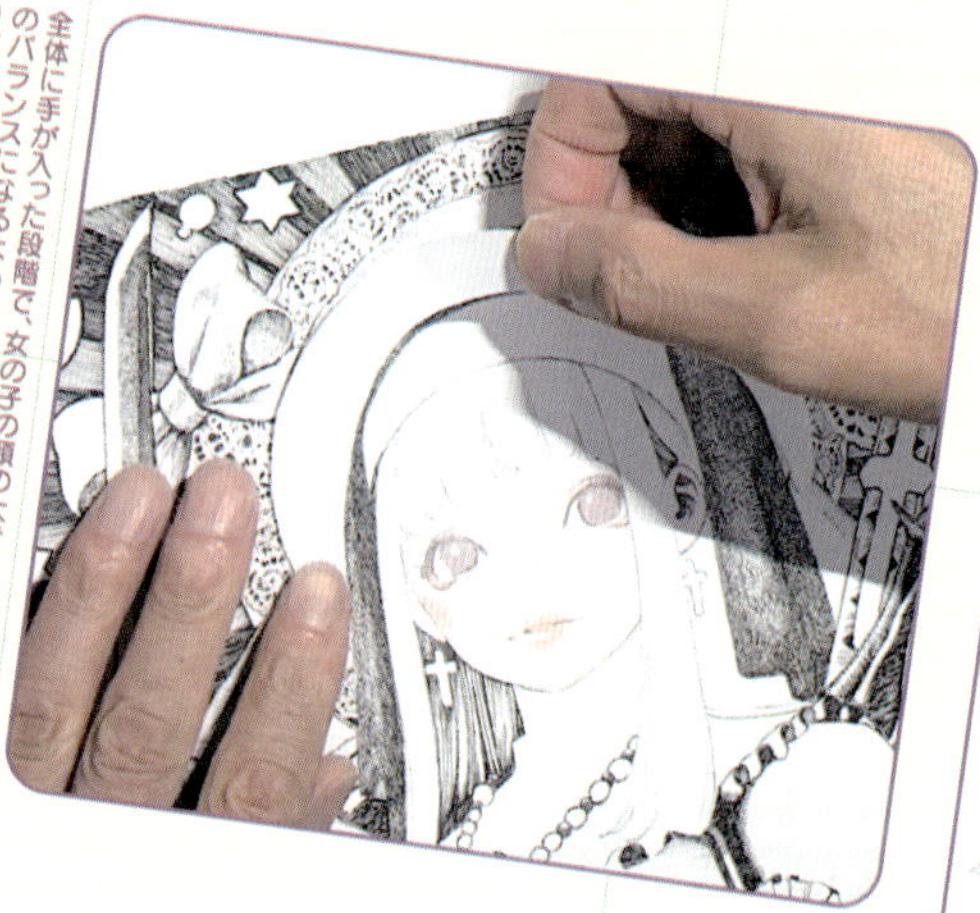

全体に手が入った段階で、女の子の頭の大きさを調整する。理想のバランスになるように、別紙に光輪となる紙を切り出し、のりで貼り付ける。頭を小さくしたことで、奥行き感が出た。

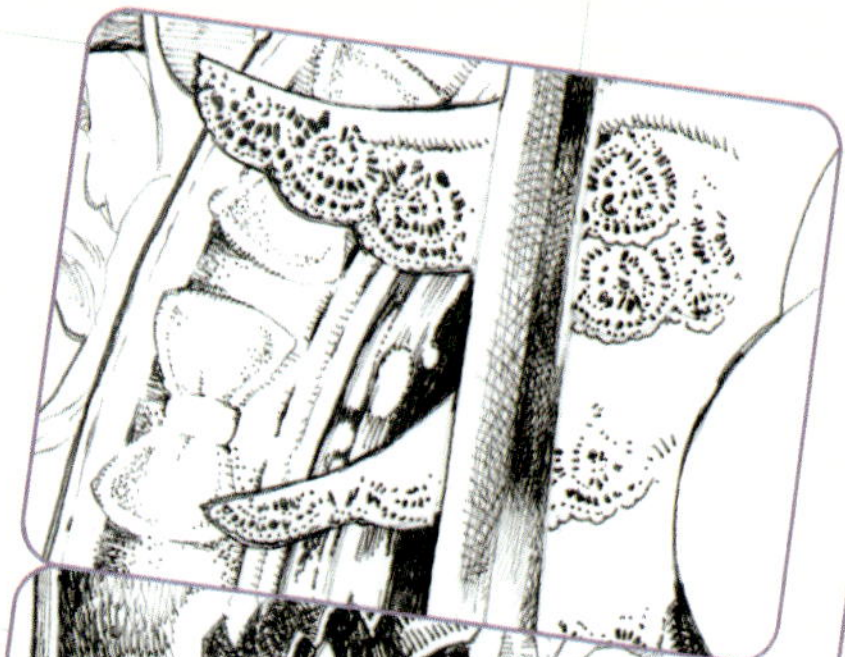

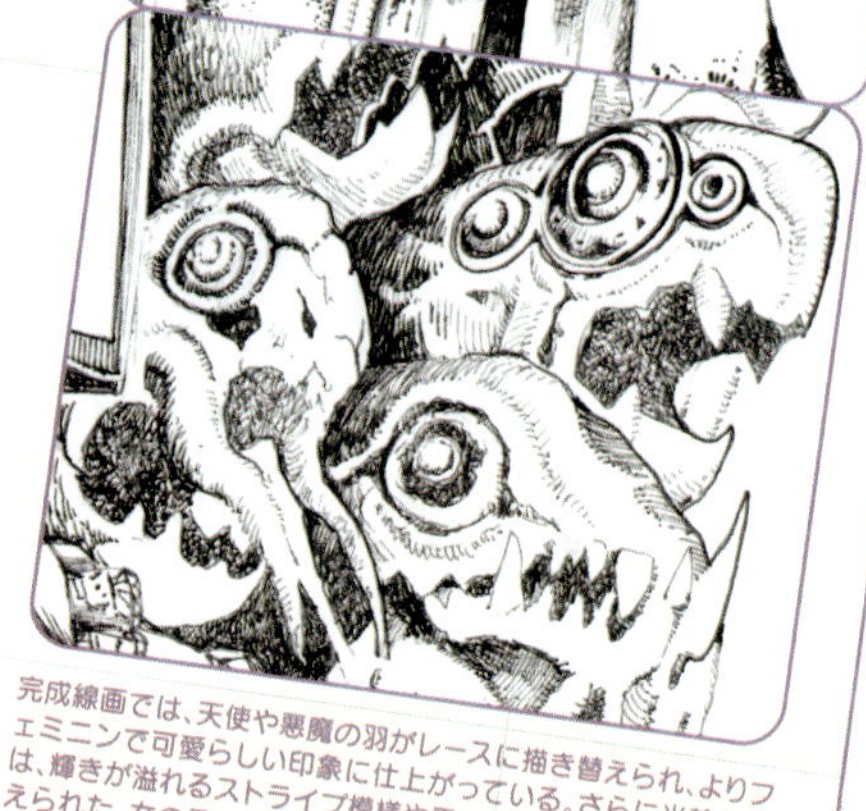

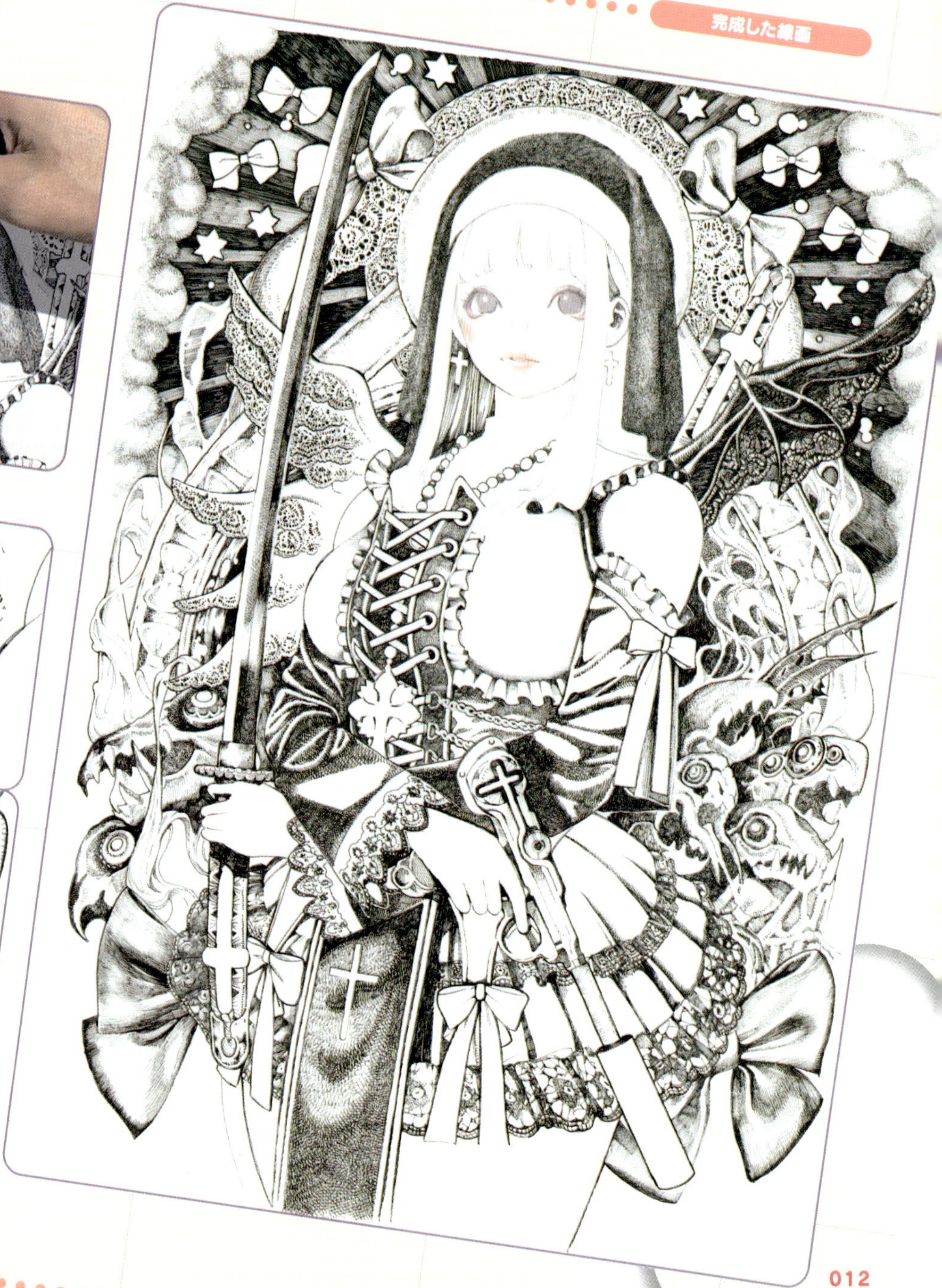

完成線画では、天使や悪魔の羽がレースに描き替えられ、よりフェミニンで可愛らしい印象に仕上がっている。さらに光輪からは、輝きが溢れるストライプ模様や雲、ポップなリボンが描き加えられた。女の子の背後にある雫型のフレームは異界へのゲートを思わせるデザインとなっており、狩られた悪霊の魂が煙のように立ちのぼって、やがて可愛いリボンへと変化していく様子が表現されている。

色のバランスを検討する

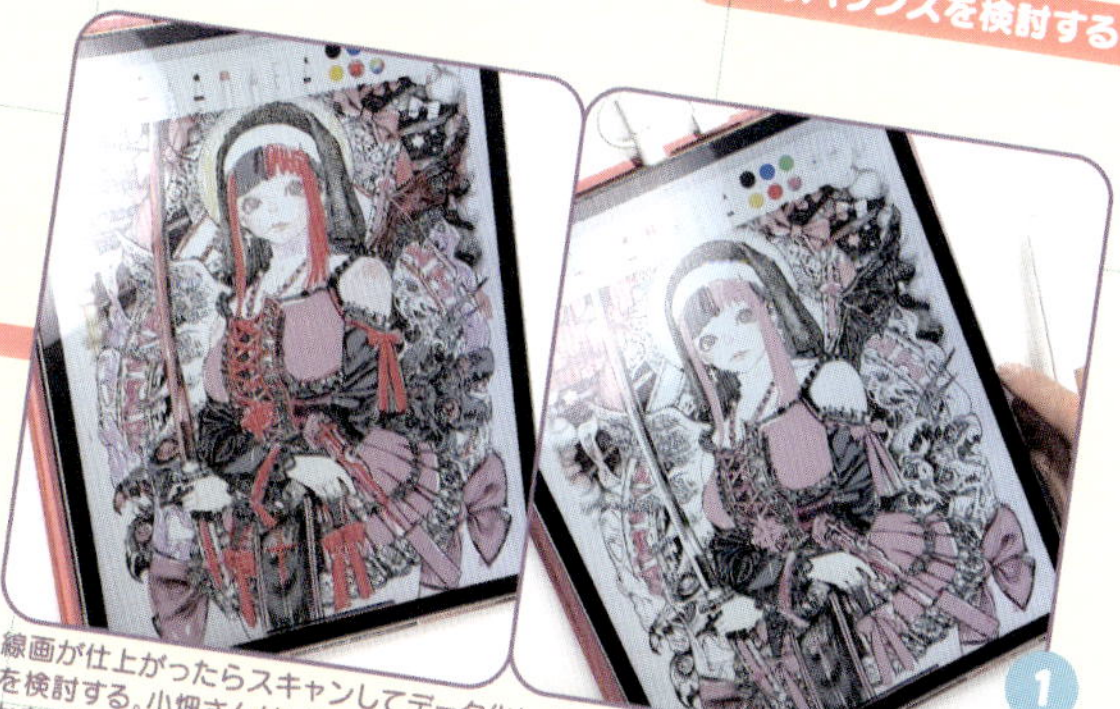

1 線画が仕上がったらスキャンしてデータ化し、iPadの「メモ」機能で配色を検討する。小畑さんは、この段階で赤系かピンク系、どちらでまとめるかを迷っていた。また黄色を光輪に置いたりと差し色も考えられていた。

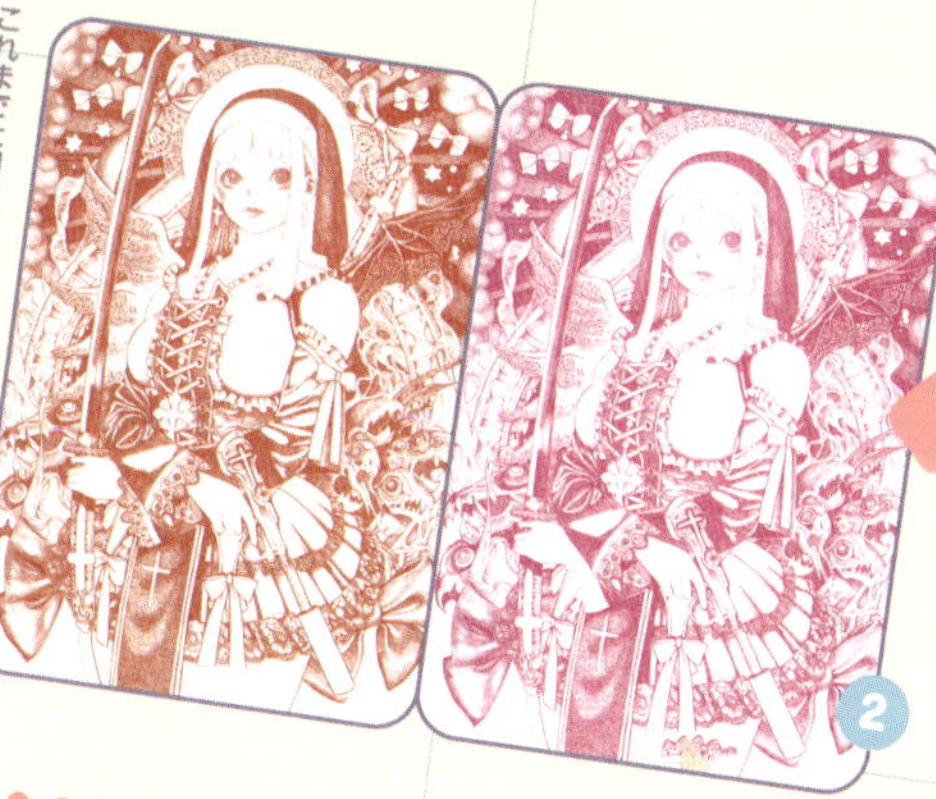

2 これまでと同様に切り貼りすることでレースの線画の一部を赤色やピンク色に変更しようと、スキャンした線画の色を調整し、原寸大で印刷した。しかし、黒一色でまとめたときのコントラストが弱まると考え、小畑さんはこのアイデアを最終的に採用しなかった。

コピックでベースを塗る

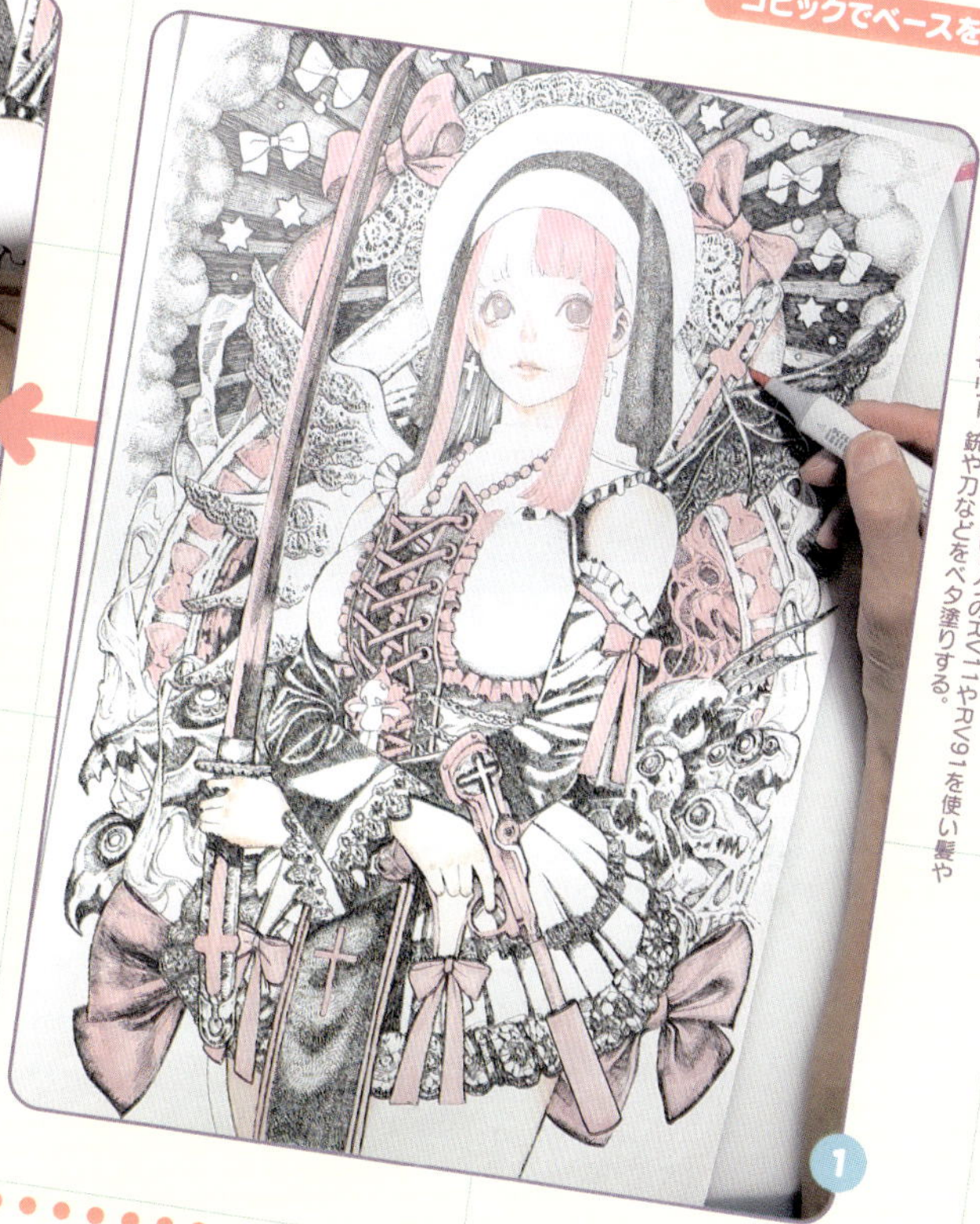

1 上記で試したカラーラフをめやすに、コピックのRV11やRV91を使い髪やフリル、リボン、アクセサリー、銃や刀などをベタ塗りする。

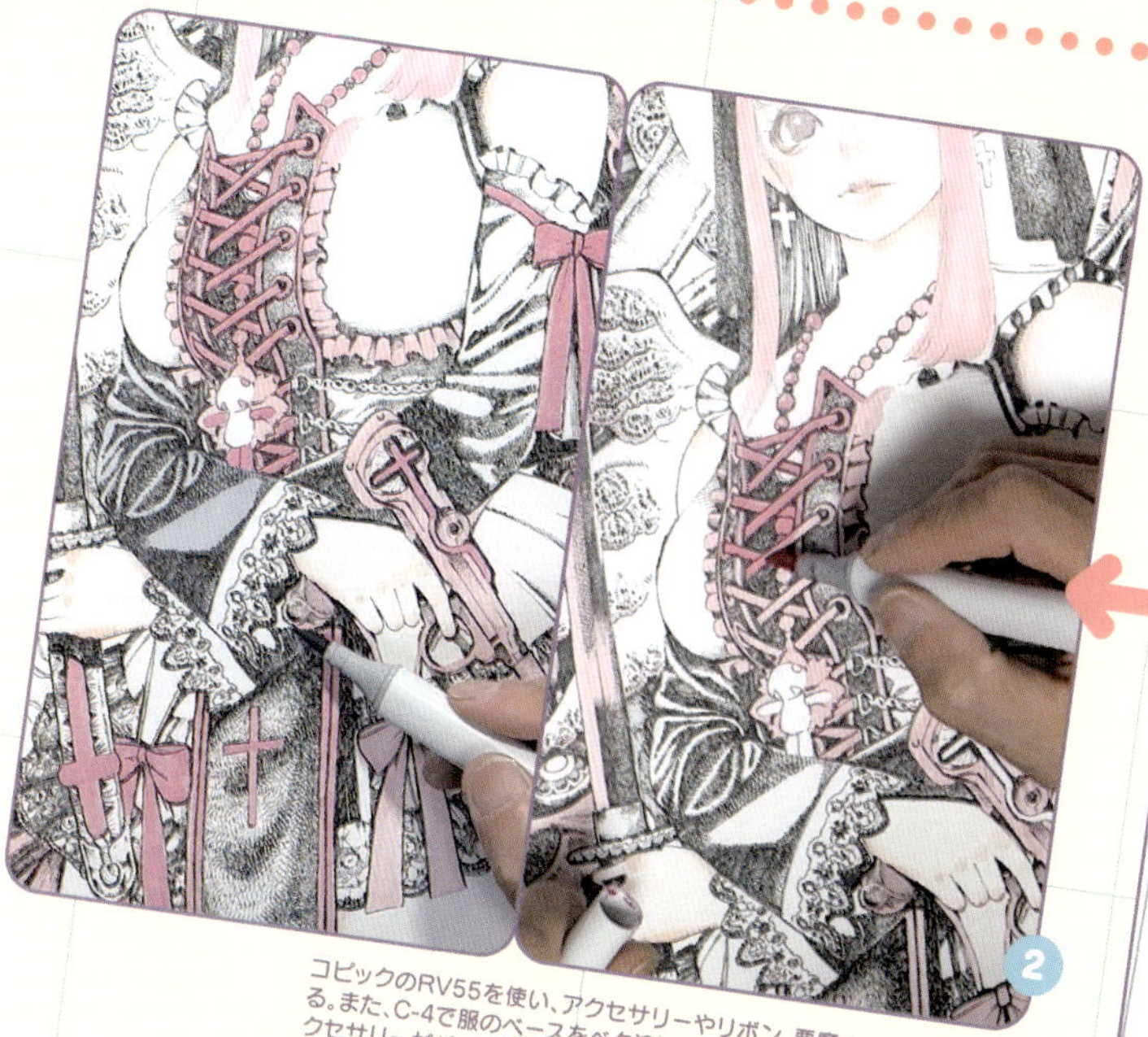

2 コピックのRV55を使い、アクセサリーやリボン、悪魔の羽などを着色する。また、C-4で服のベースをベタ塗りする。完成線画では十字架だったアクセサリーがパンダモチーフに貼り替えられている。

小畑健　十字架だと真面目すぎると感じたので、パンダに変えました。

顔を描き込む

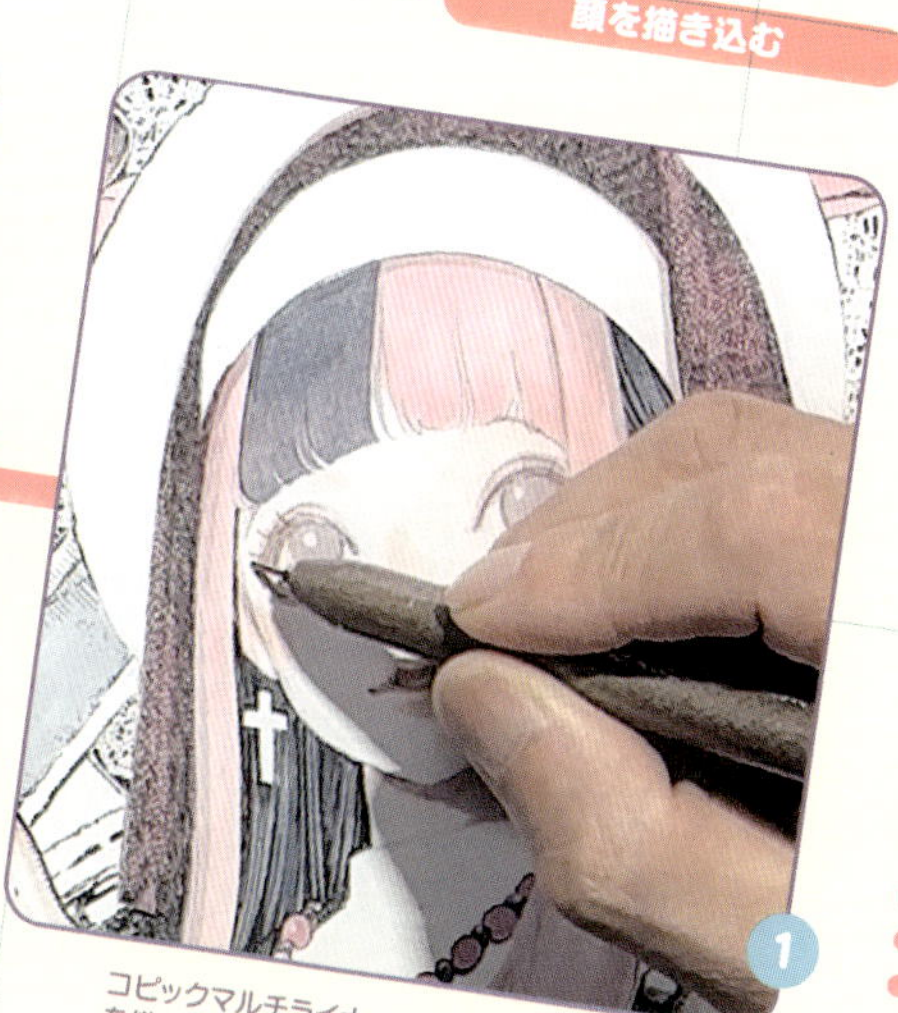

1 コピックマルチライナーのセピア(0.05)を使い、まつ毛を描いてパッチリとした印象にする。

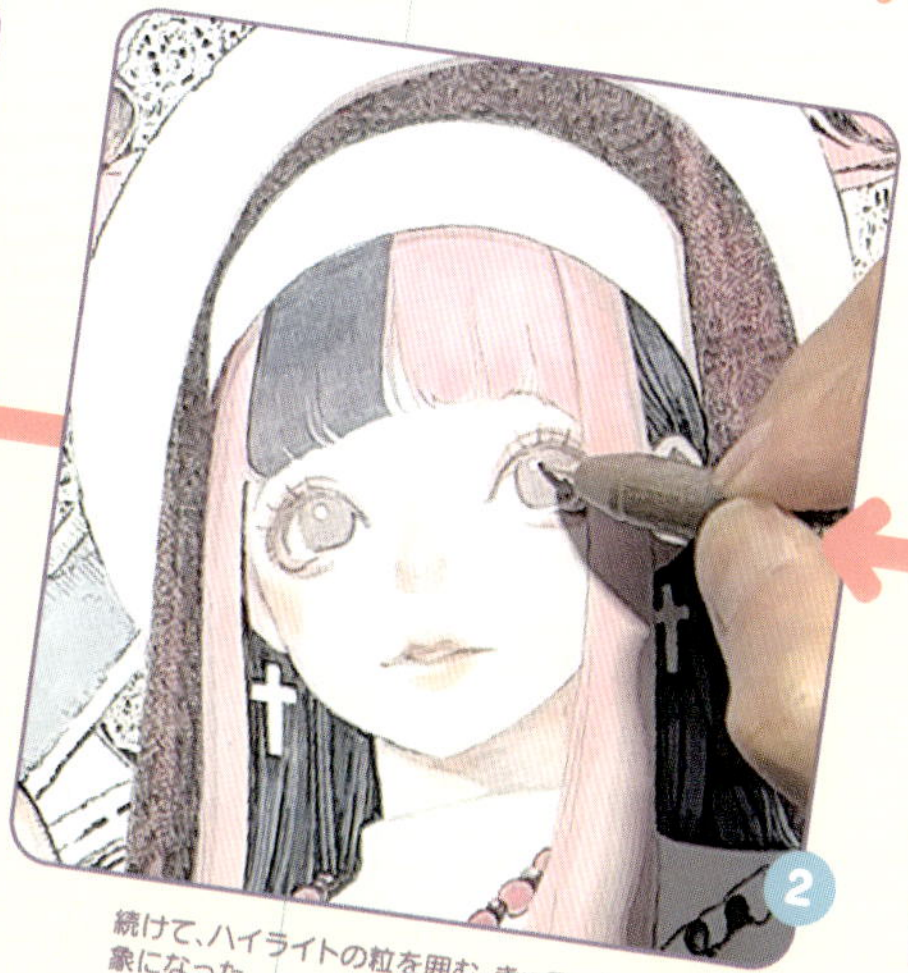

2 続けて、ハイライトの粒を囲む。きゅるっとした可愛い印象になった。

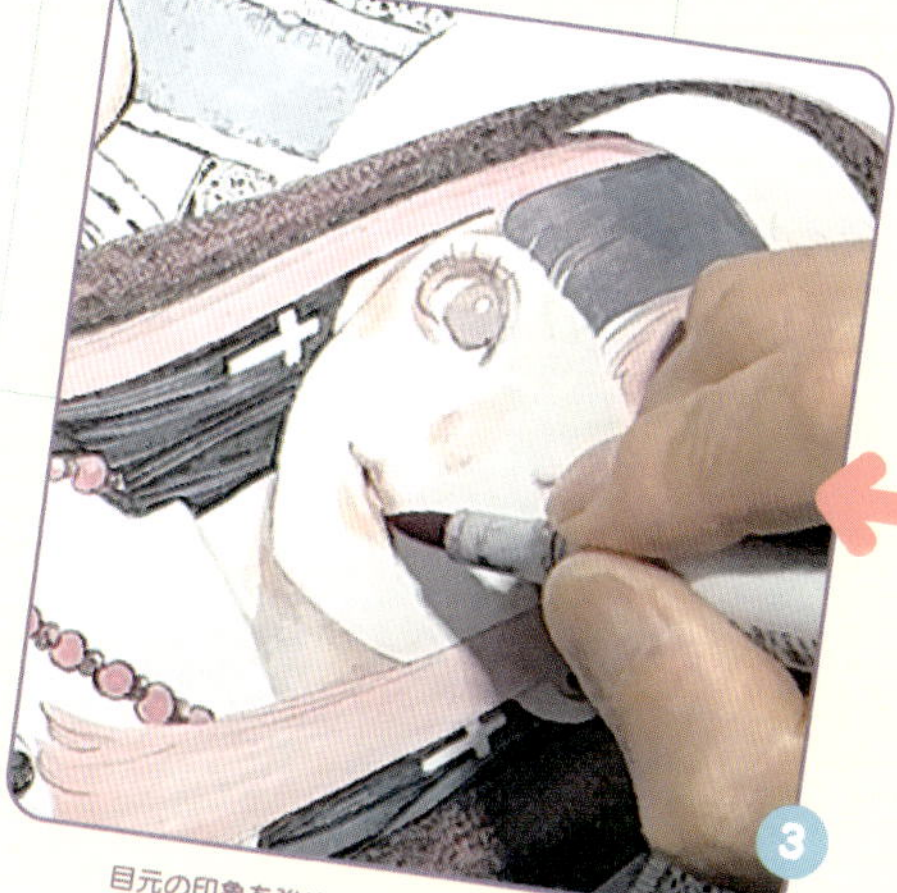

3 目元の印象を強めたので、唇の厚みもハッキリとさせバランスを取る。コピックのV93を使い、リップラインの内側をなぞった。

髪を描く

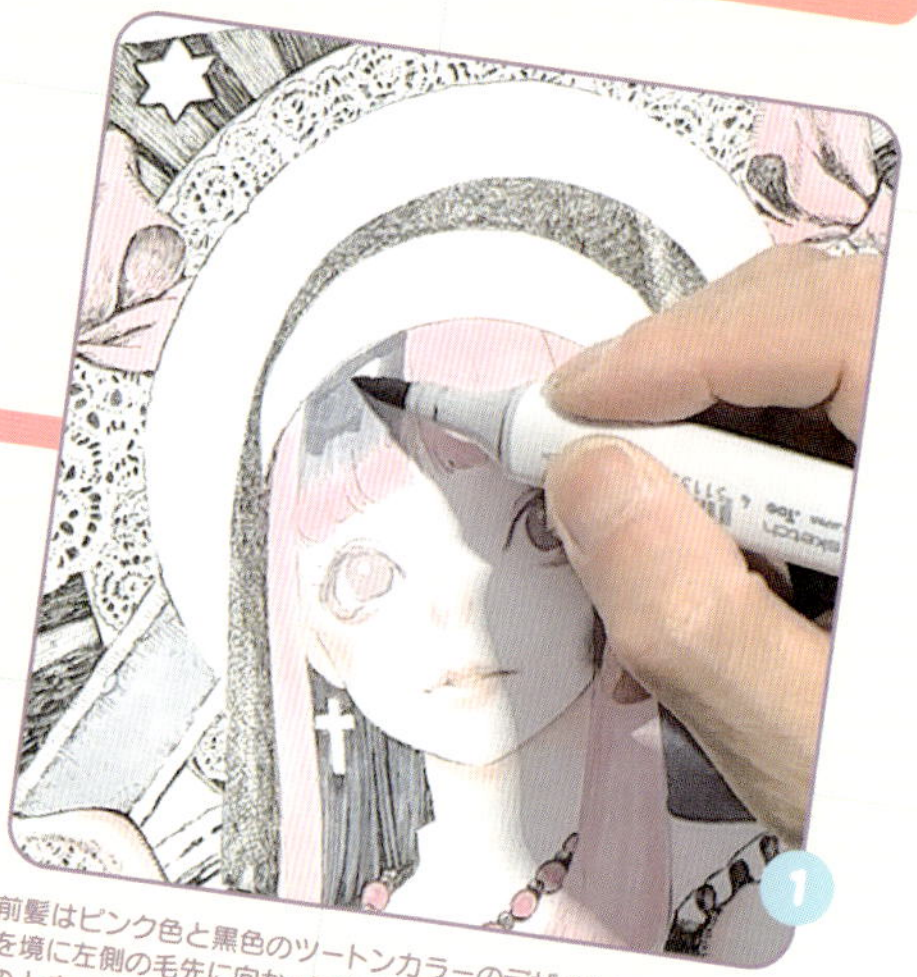

前髪はピンク色と黒色のツートンカラーのデザインにする。分け目を境に左側の毛先に向かってC-5を塗り、重みのある黒髪にする。このとき毛先は塗り残している。塗り残した毛先や二色の境目にRV11を重ねる。ほんのり色味を加えながらカールを強調している。

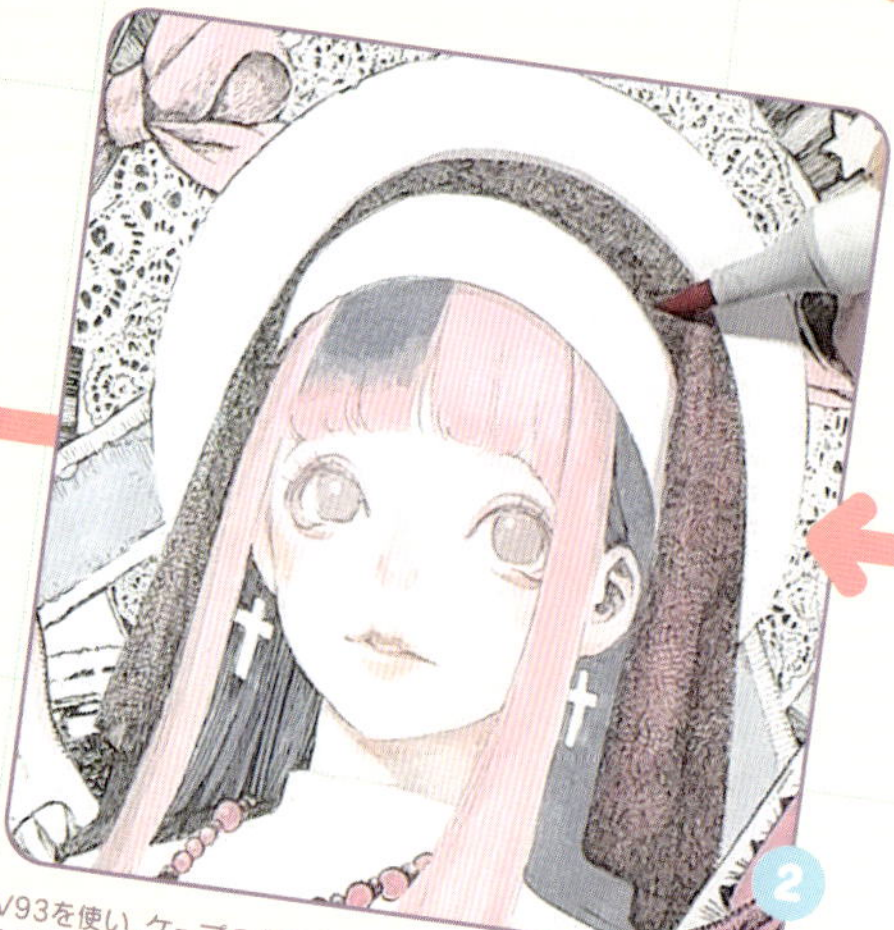

V93を使い、ケープの落ちカゲや毛流れもサッと描く。また、髪色と同じトーンのピンク色、V93やV91、RV34をケープにベタ塗りする。ケープにもピンク色を乗せることで、作品全体の印象がまとまった。

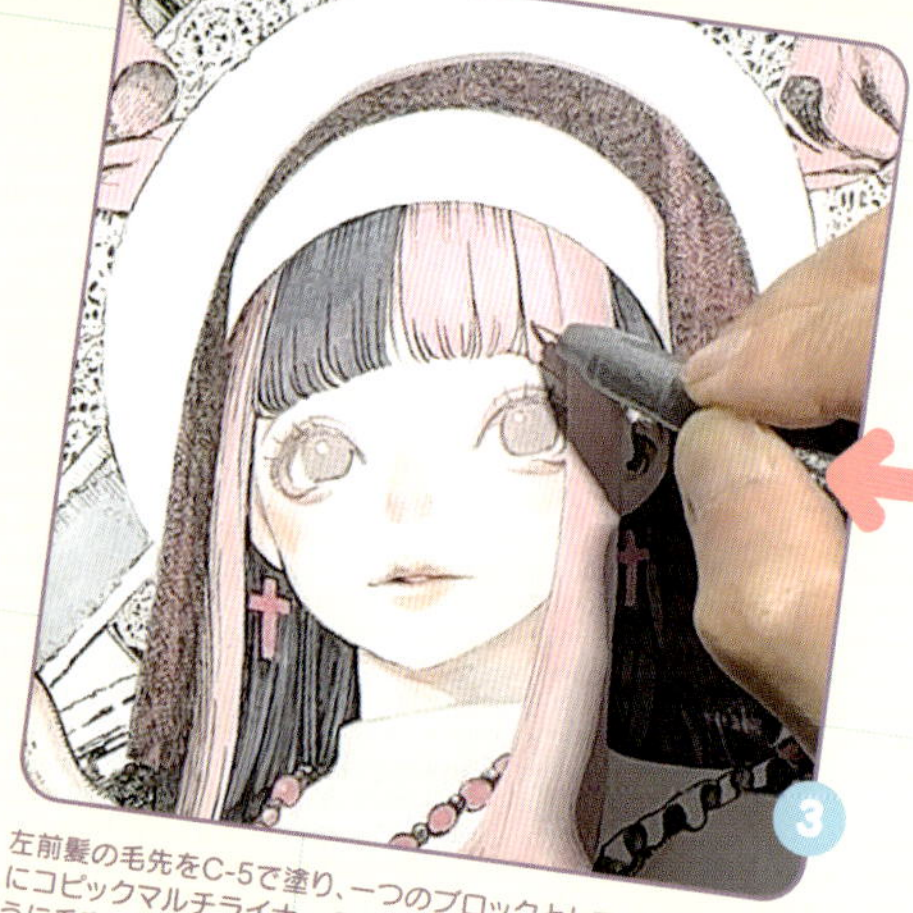

左前髪の毛先をC-5で塗り、一つのブロックとしてまとめる。さらにコピックマルチライナーのブラック(0.1)で、線画を補強するように毛束の流れを描写。少し太めのペン先を使うことで、厚みと質感を強調し、重たく崩れないパッツン前髪を表現している。

リボン化した悪霊や光輪を塗る

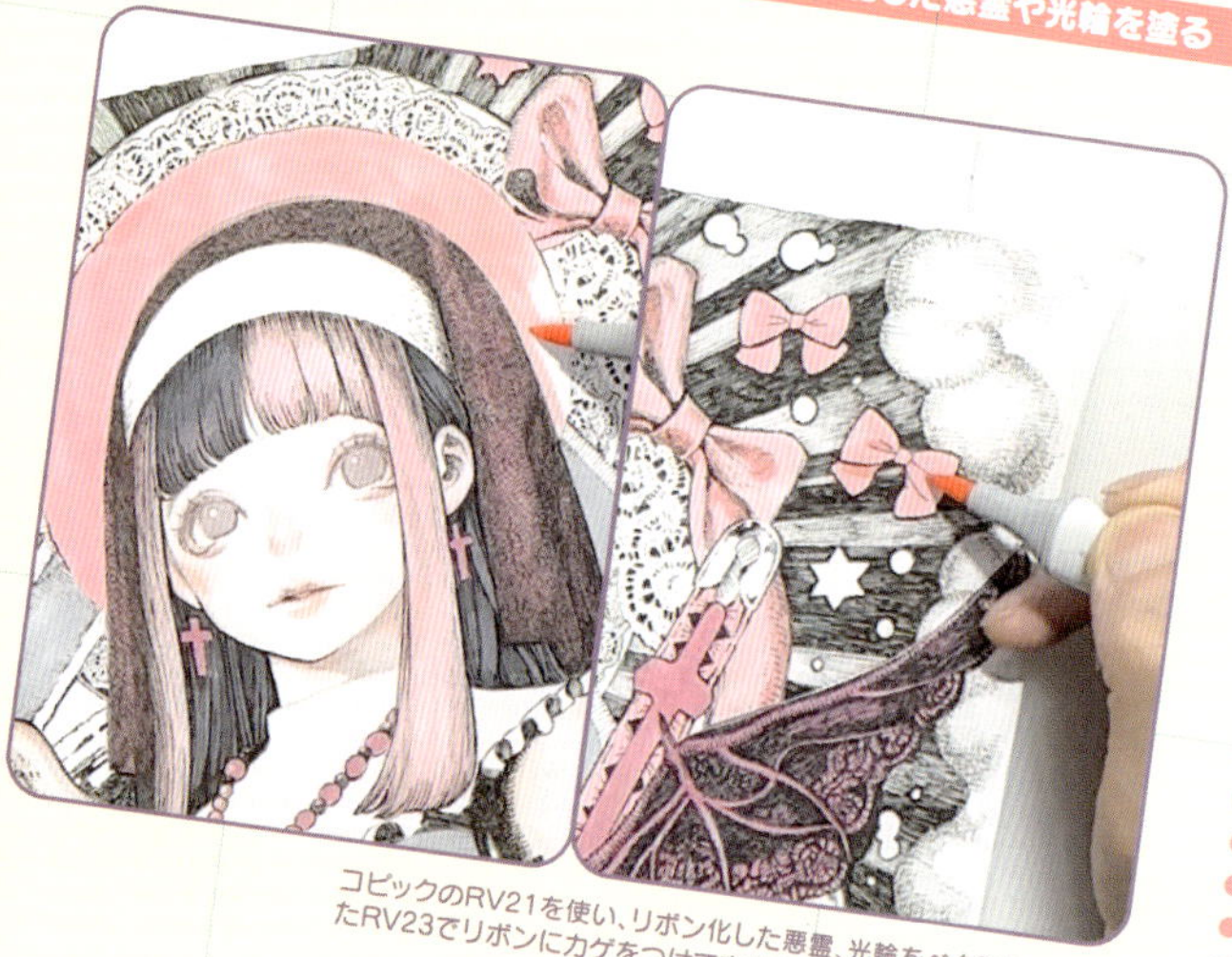

コピックのRV21を使い、リボン化した悪霊、光輪をベタ塗りする。またRV23でリボンにカゲをつけて立体感を出す。

服を塗る

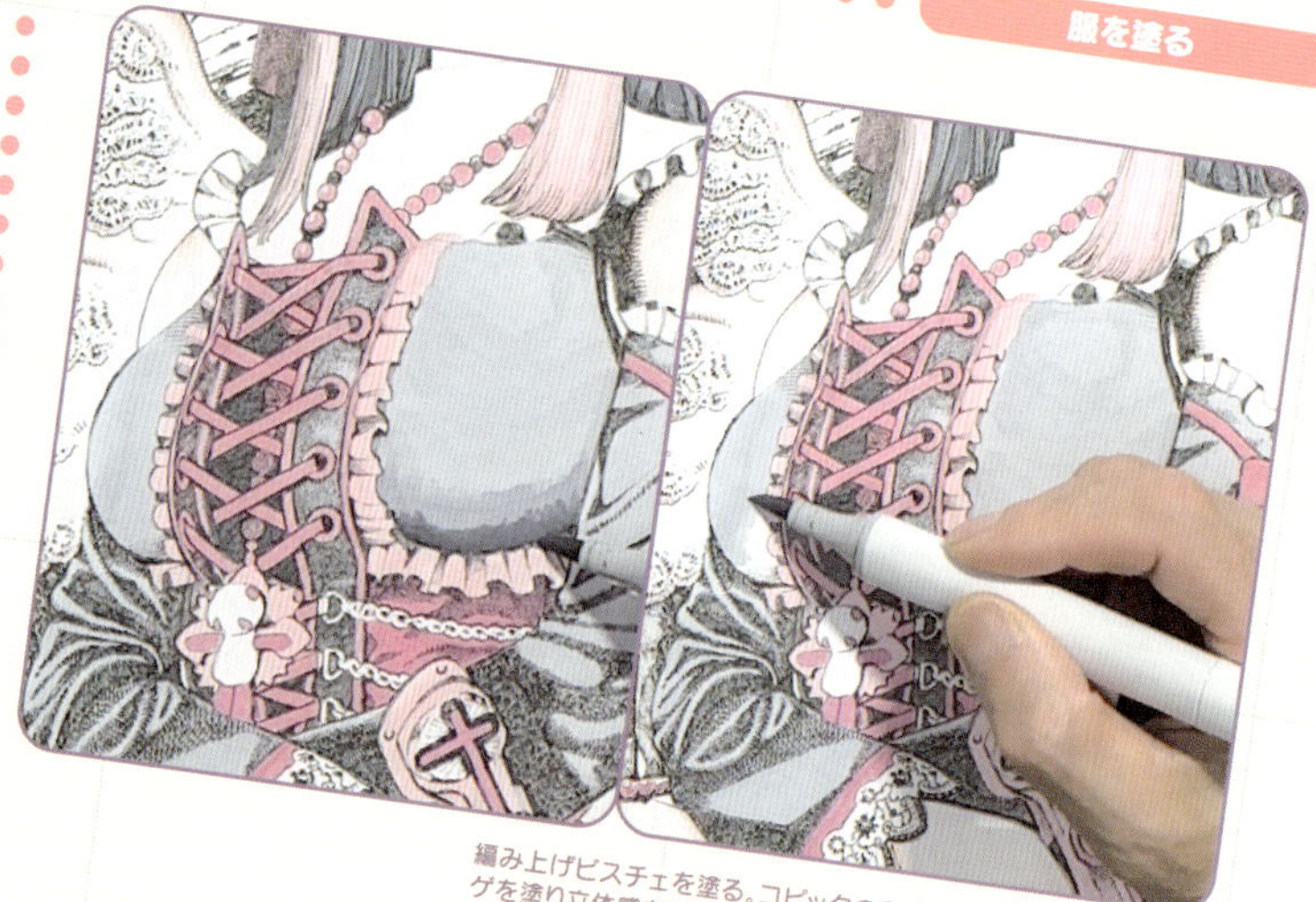

編み上げビスチェを塗る。コピックのC-4をベタ塗りして、C-5でカゲを塗り立体感を出す。境目はC-4でなじませている。P11でも胸元にタッチを加えていたが、最終的に別紙を貼り付け、タッチの入れ具合を調節している。

表情を模索する③

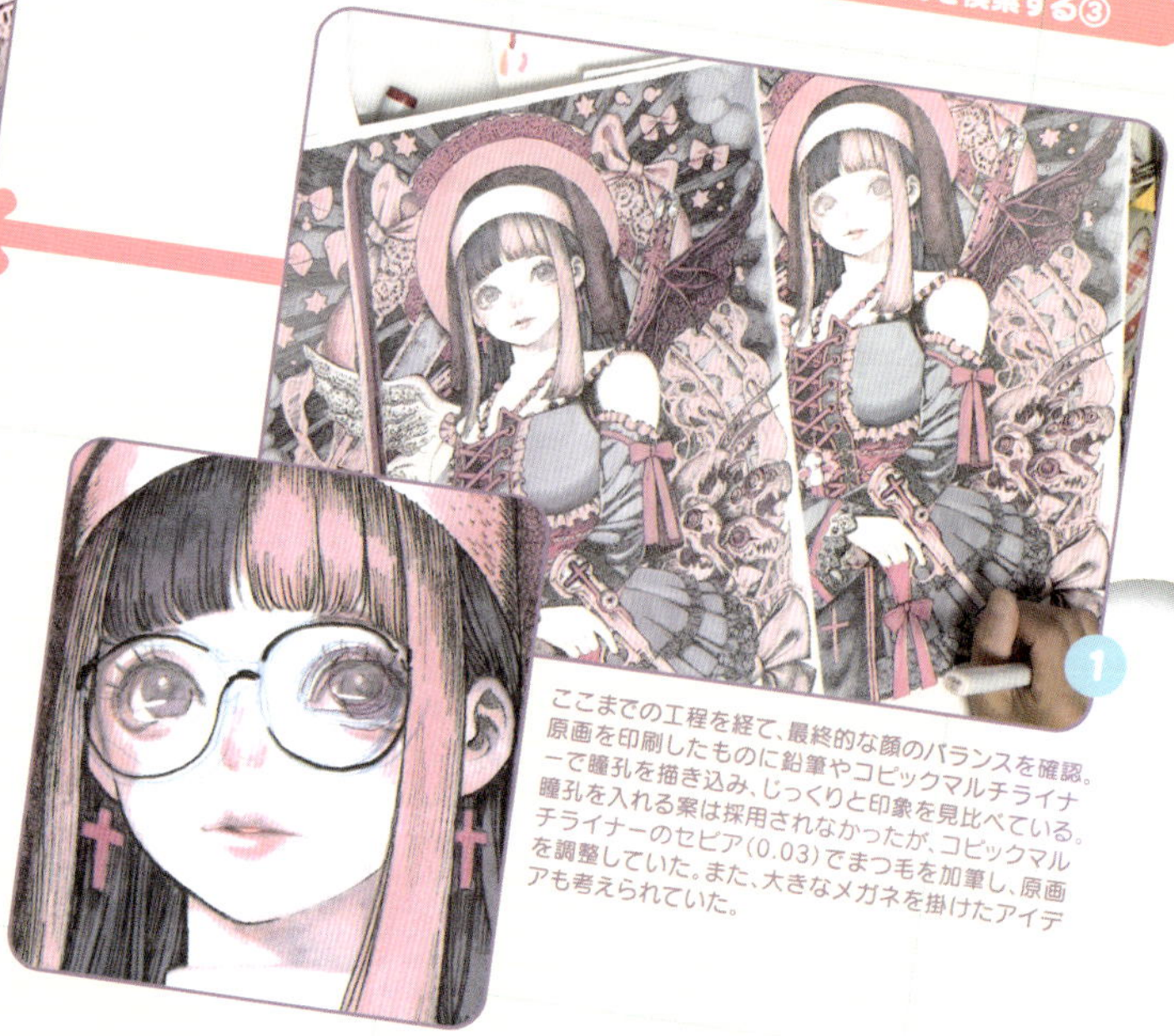

ここまでの工程を経て、最終的な顔のバランスを確認。原画を印刷したものに鉛筆やコピックマルチライナーで瞳孔を描き込み、じっくりと印象を見比べている。瞳孔を入れる案は採用されなかったが、コピックマルチライナーのセピア(0.03)でまつ毛を加筆し、原画を調整していた。また、大きなメガネを掛けたアイデアも考えられていた。

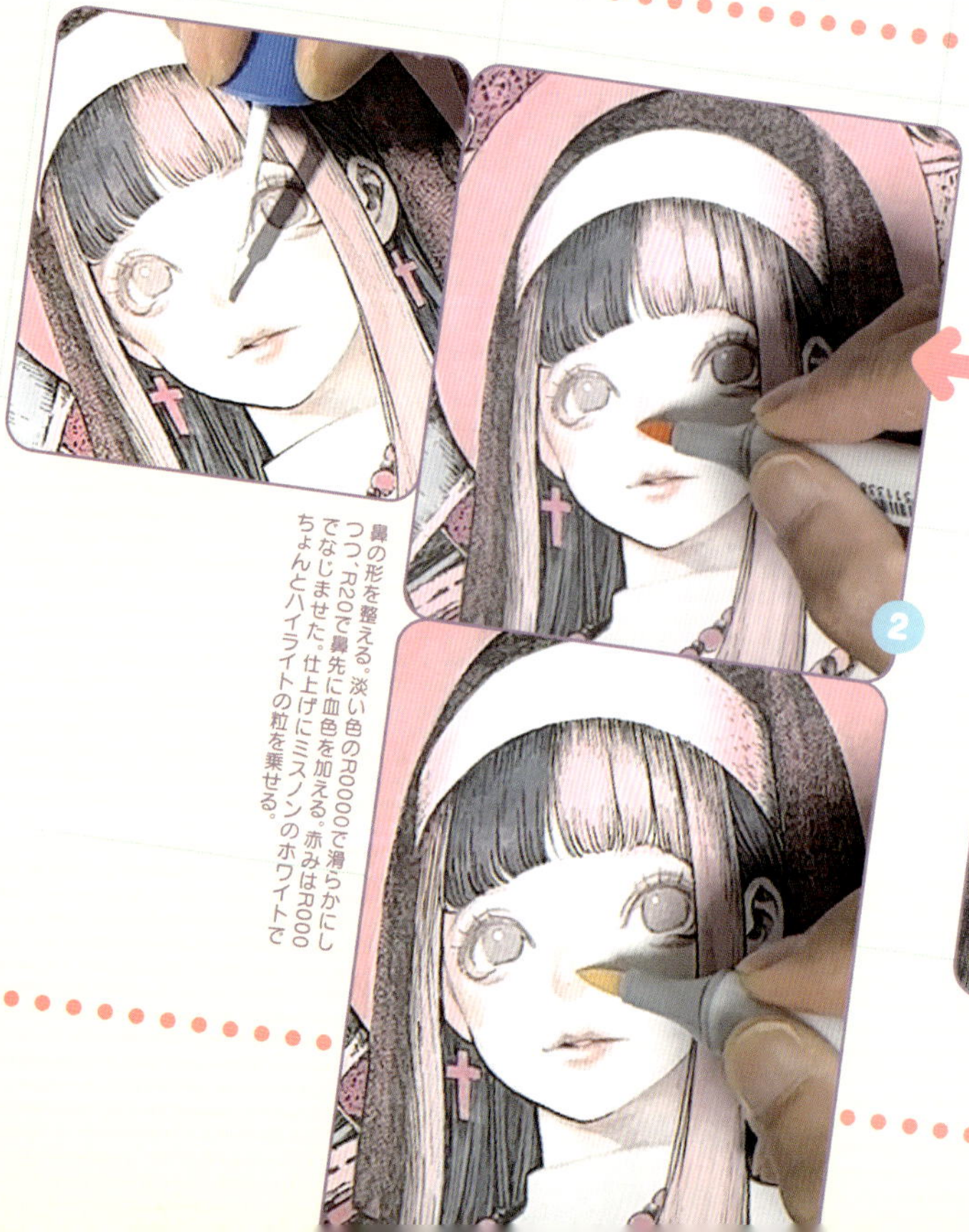

鼻の形を整える。淡い色のR0000で滑らかにしつつ、R20で鼻先に血色を加える。赤みはR000でなじませた。仕上げにミスノンのホワイトでちょんとハイライトの粒を乗せる。

仕上げ

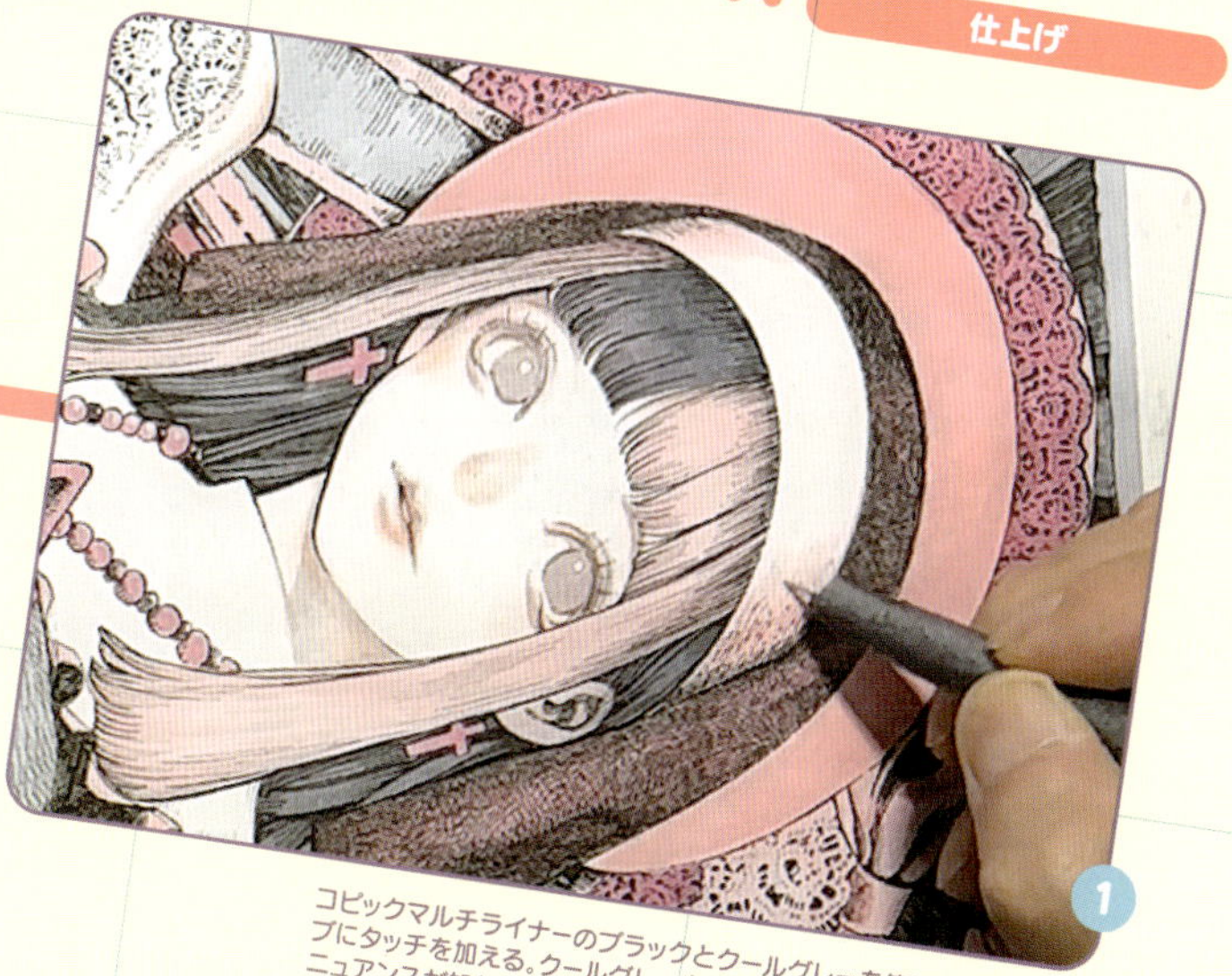

1 コピックマルチライナーのブラックとクールグレーを使い、ベールのカーブにタッチを加える。クールグレーを使うことで濃淡が生まれ、柔らかなニュアンスが加わっている。ほかの部分でも、線画を主張せず質感の表現をしたいときにクールグレーやウォームグレーのコピックマルチライナーを用いている。

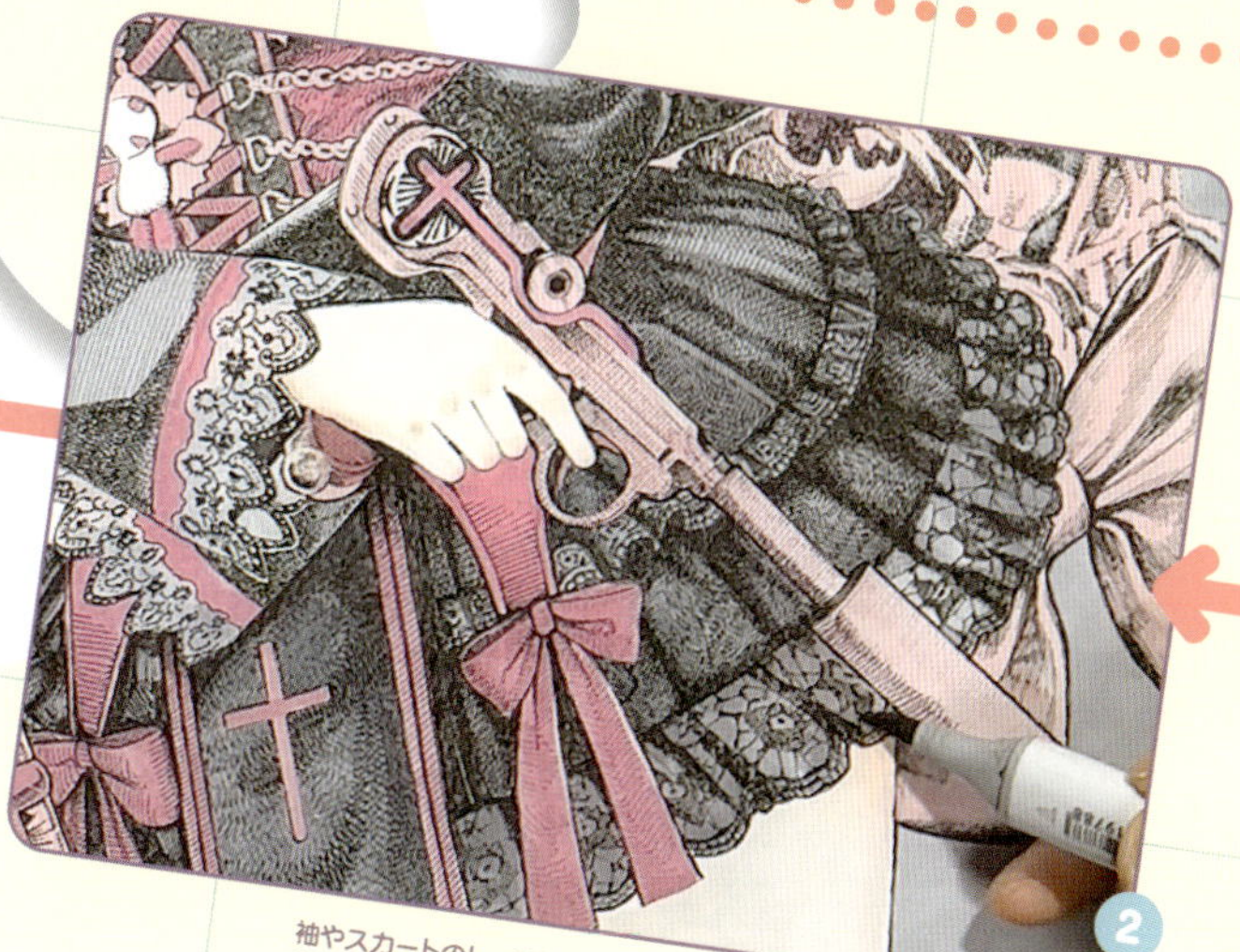

2 袖やスカートのレースにコピックの淡いピンク色のV91をふんわり重ね、作品全体に統一感を出している。あわせて、柔らかな透け感も表現された。

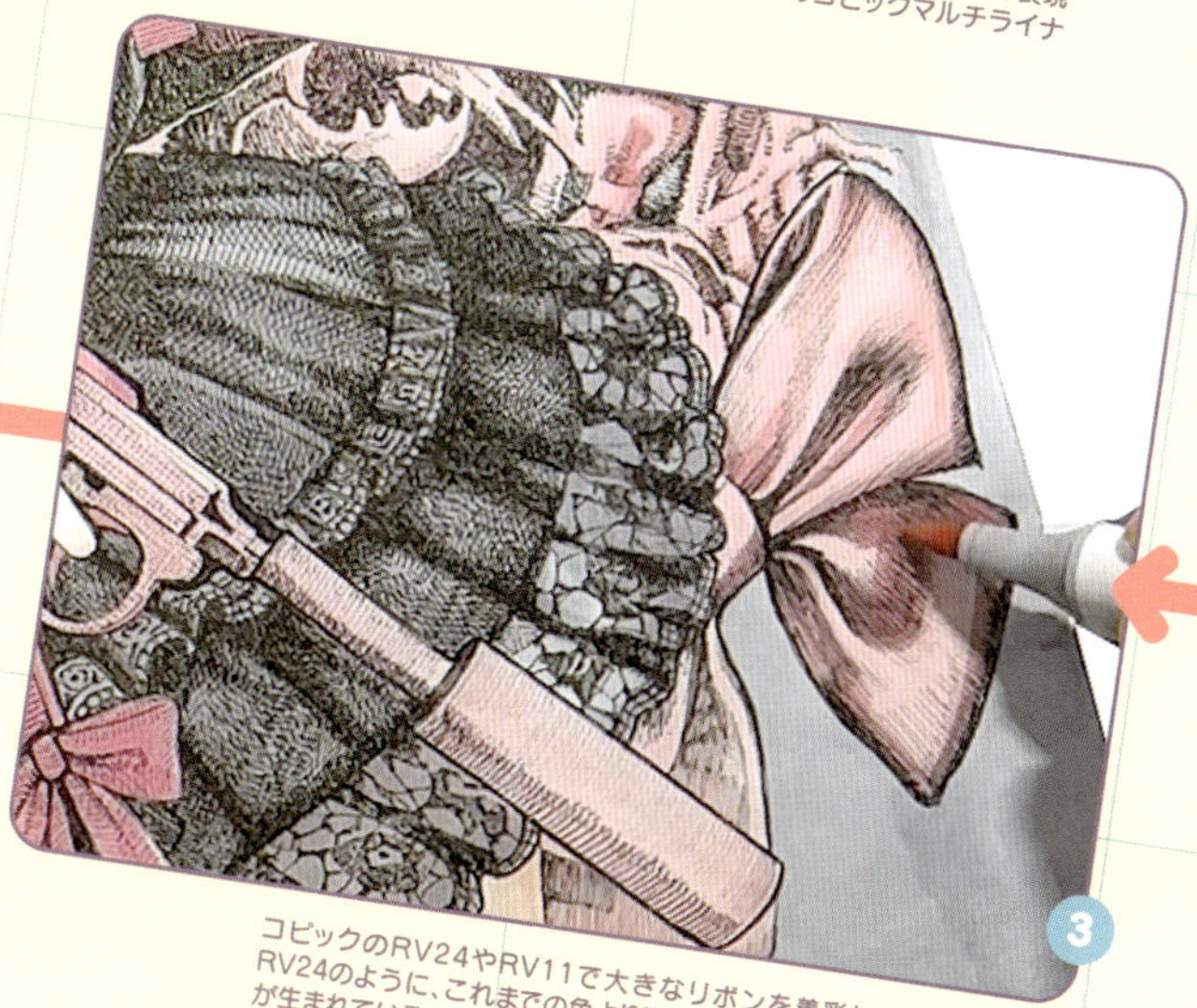

3 コピックのRV24やRV11で大きなリボンを着彩し、立体感を表現。RV24のように、これまでの色より濃いピンク色を加えることで、重厚感が生まれている。

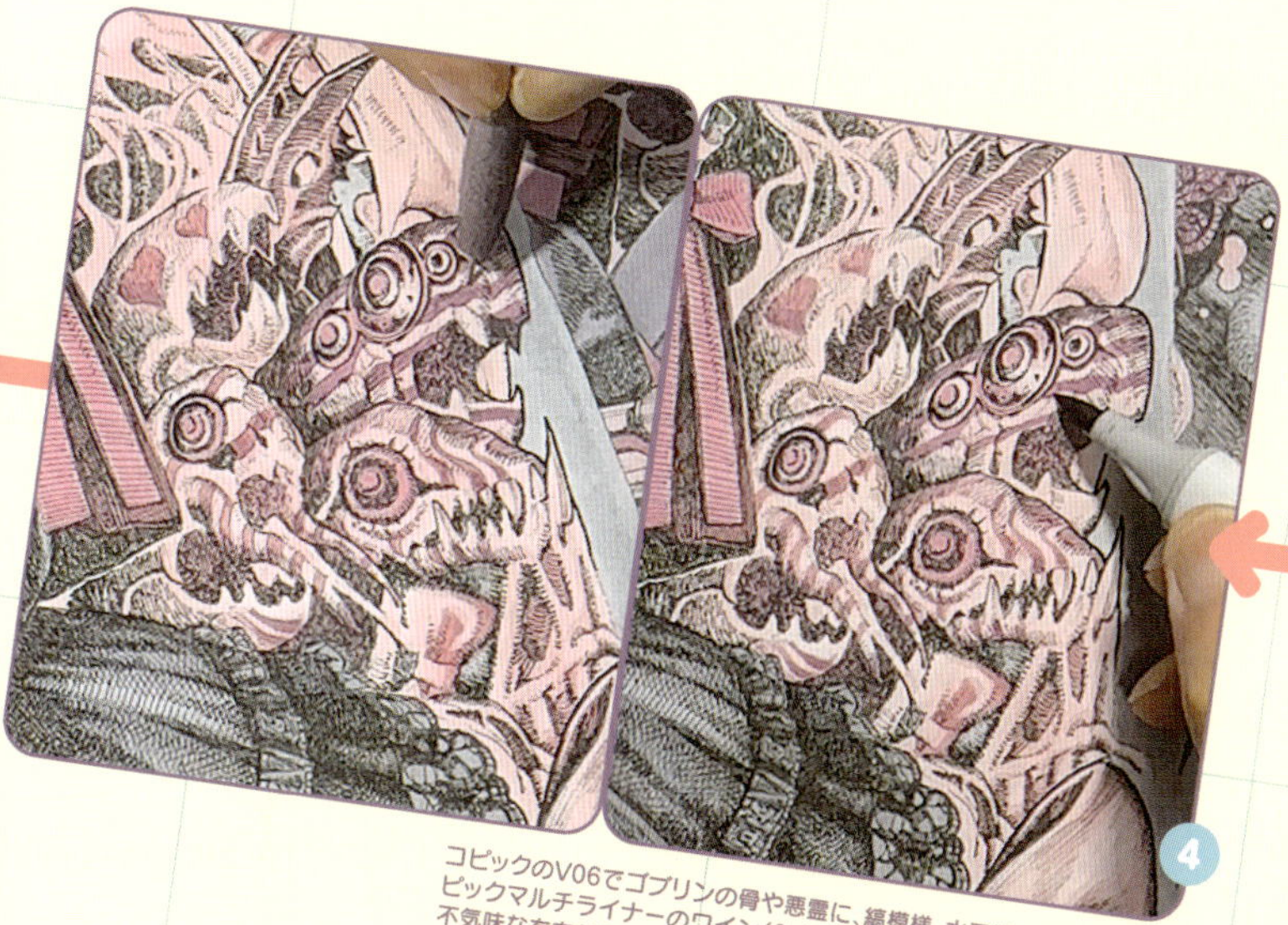

4 コピックのV06でゴブリンの骨や悪霊に、縞模様、水玉模様を描き込みコピックマルチライナーのワイン(0.1)でフチ取る。模様を加えることで、不気味な存在が可愛いリボンへと変化していく様子を表現している。また、より不気味な印象が増した。

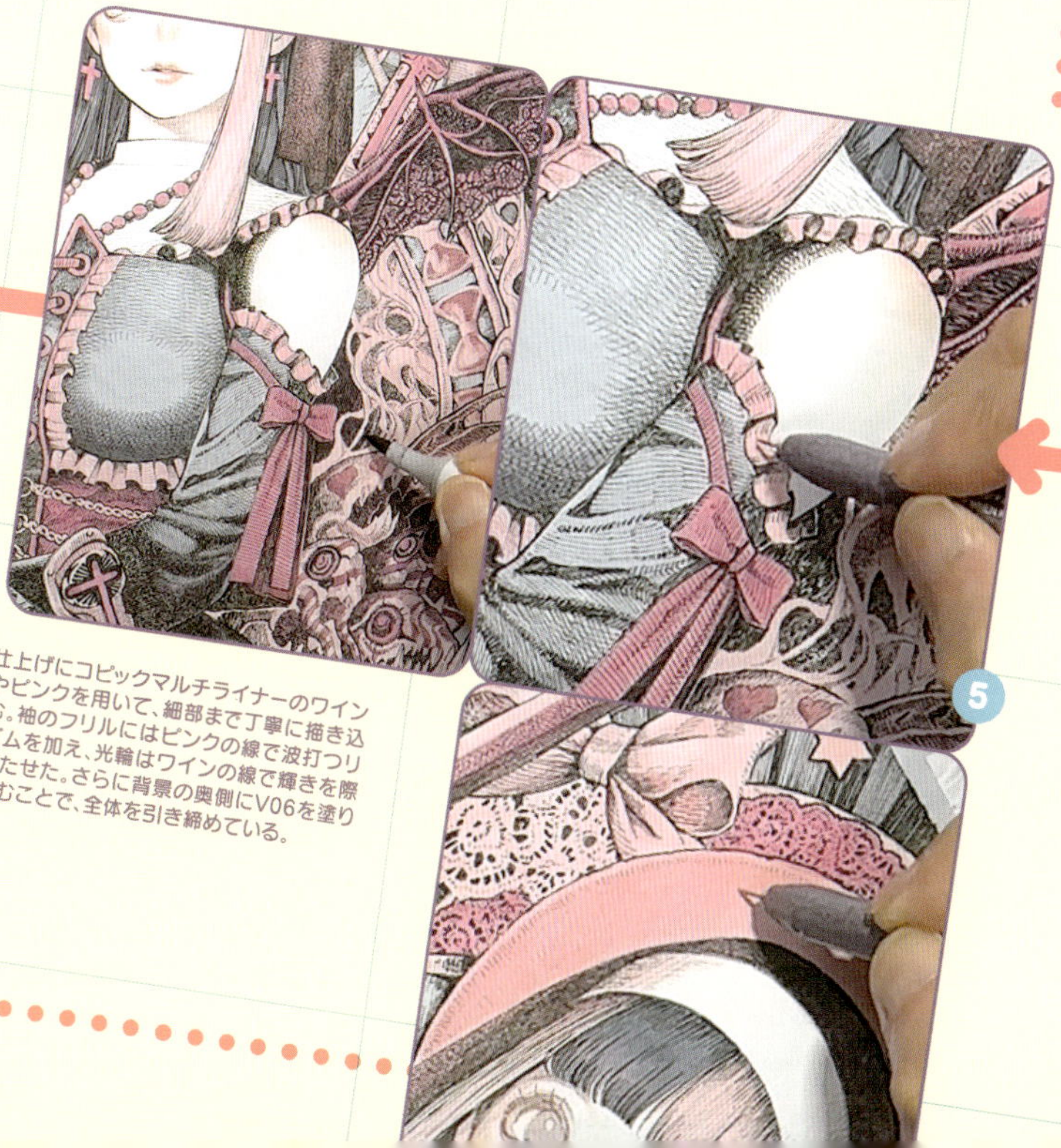

5 仕上げにコピックマルチライナーのワインやピンクを用いて、細部まで丁寧に描き込む。袖のフリルにはピンクの線で波打つリズムを加え、光輪はワインの線で輝きを際立たせた。さらに背景の奥側にV06を塗り込むことで、全体を引き締めている。

完成

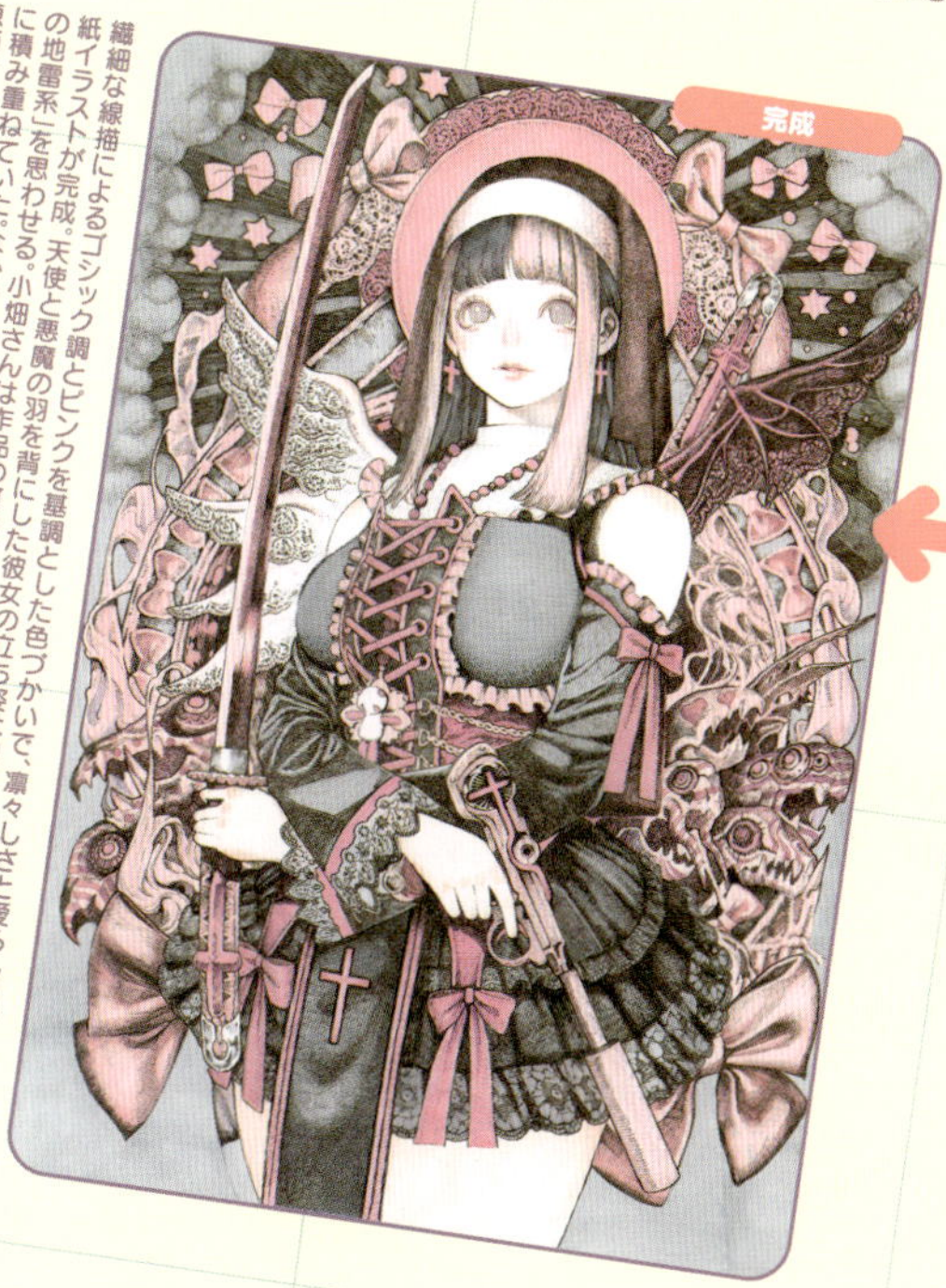

繊細な線描によるゴシック調とピンクを基調とした色づかいで、凛々しさと愛らしさが共存する表紙イラストが完成。天使と悪魔の羽を背にした彼女の立ち姿は聖なる存在のように神々しく、「無敵の地雷系」を思わせる。小畑さんは作品の可能性を繰り返し探りながら、ひとつひとつの工程を丁寧に積み重ねていた。なかでも切り貼りによる修正や加筆は、漫画家ならではの工夫と言える。実際に原画を目にすると、境目がまったく分からないほど美しく仕上げられている。今にも彼女の闘う姿が浮かんでくるような、物語性に溢れる一枚となった。

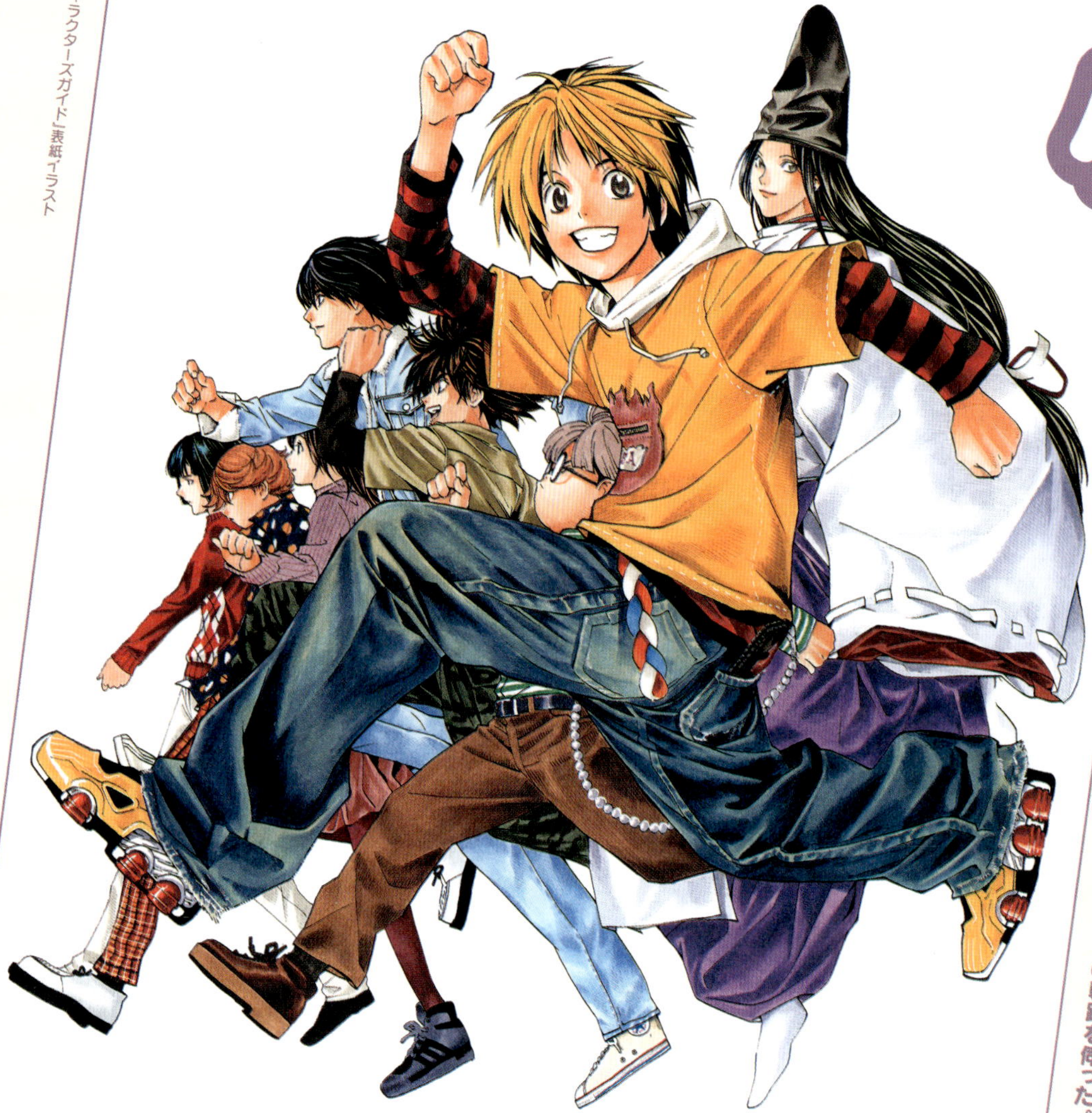

「ヒカルの碁 碁ジャス キャラクターズガイド」表紙イラスト

小畑健

1985年、集英社が主催する新人漫画家のための「手塚賞」で準入選を受賞してから、今年で活動40周年を迎えた小畑健。受賞当時は、高校生にして卓越した画力を見せて話題となり、1987年から読切で発表していた『CYBORGじいちゃんG』で1989年に「週刊少年ジャンプ」連載デビュー(この頃までは土方茂名義)。その後は様々な作品を発表して、ほったゆみが原作の『ヒカルの碁』で、コンビでの漫画制作の面白さに気付き、以降は自分の力を発揮して漫画を描きやすくなったという。続く『DEATH NOTE』、『バクマン。』では大場つぐみとのコンビで社会現象を起こすほどの作品を生み出した。作品ごとに違った世界観の題材を、絵柄を変えながら描き上げる手腕は驚くほどだ。リアルとデフォルメを組み合わせながら人物像を深く掘り下げ、名キャラクターを生み出してきた。そして2025年の夏に『ショーハショーテン!』が完結。浅倉秋成が原作を手がけ、高校生の漫才師コンビが、日本一のお笑い芸人目指す作品だ。本作でまた新しい分野を描き出し、絶え間ない進化を見せる小畑健に、今号ではロングインタビューを実施。絵を描き始めた頃から最新作に至る40年間の活動の軌跡を伺った。

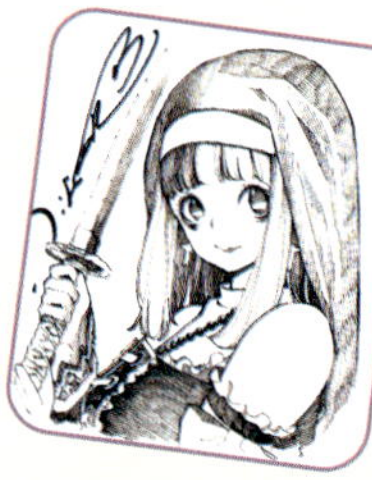

小畑健さん直筆サイン色紙
1名様にプレゼント!
詳細は巻末プレゼントコーナーへ

おばた・たけし/漫画家。新潟県出身。1985年に「500光年の神話」で16歳にして第30回手塚賞準入選。1989年に「週刊少年ジャンプ」(集英社)にて「CYBORGじいちゃんG」で連載デビュー。その後の主な連載作品はすべて集英社にて、1991年に「魔神冒険譚ランプ・ランプ」(原作・泉藤進)、1992年に「力人伝説 -鬼を継ぐもの-」(原作・宮崎まさる、企画協力・光商会)、1995年に「人形草紙あやつり左近」(原作・写楽麿)、1998年に「ヒカルの碁」(原作・ほったゆみ、監修・梅沢由香里)、2003年に「DEATH NOTE」(原作・大場つぐみ)、2006年に「BLUE DRAGON ラルΩグラド」(原作・鷹野常雄)、2008年に「バクマン。」(原作・大場つぐみ)、2014年に「All You Need Is Kill」(原作・桜坂洋、構成・竹内良輔、キャラクター原案・安倍吉俊)、2014年に「学糾法廷」(原作・榎伸晃)、2015年に「プラチナエンド」(原作・大場つぐみ)、2021年に「ショーハショーテン!」(原作・浅倉秋成)がある。

――本日は小畑さんの活動四〇周年を記念して、お話を伺っていきたいと思います。まずはじめに、幼少期からの絵にまつわる経験をお聞かせください。

小畑　幼稚園の頃から、絵ばかり描いていました。アニメに出てくるロボットが好きで描いていたのですが、動きのあるポーズではなくて、必ず正面から見た立ち絵でした。描いていると、なぜか左右のバランスが狂うんですよ。右側の手が大きかったり、左足が短かったり。それがすごく嫌で、必死に揃うように描いていた記憶があります。だから、描いてはいたけど楽しくはなくて、「なんで描けないんだろう…」という気持ちが大きかったです。それで、一緒に住んでいた親戚のおじさんが絵が上手かったので、「バランス良く描いて!」と頼んでいました(笑)。その当時は人物を描いていなくて、ロボット、虫、乗り物を描いていました。小学校の頃は、絵をよく描いている人だと周りに知られていたので、休み時間になると「絵を描いてくれ」とクラスメイトに頼まれるようになりました。休み時間は一〇分くらいしかないじゃないですか。一〇分ずっと描いていて、そのまま授業に突入するので、ずーっと座っている子供でした。

——学校で絵のリクエストを受けて描いていたエピソードがありましたよね？

小畑　ずっとそういうことをやってきたんですけど、中学の頃から、絵を描いてお金をもらうようになっていました。依頼がいっぱいきて、こなさなければいけないから、徹夜で描いていた（笑）。

——今でいう「Skeb（スケブ）」ですね！　個人からの依頼を受け付けるシステムで、一枚五〇〇〇円とかでエスの投稿者さんたちも描いていますよ。学生もお小遣いが稼げるし。

小畑　当時の僕は、一枚五〇〇円でした。

——もっと取れる！　徹夜で描いていたということは、月に何枚も依頼がきていたんですか？

小畑　そう。毎日徹夜でやっていたから、授業中はずっと寝ていました。「これも練習だ」と思って描いていましたね。映画『ロッキー』の主役を演じたシルヴェスター・スタローンとか、『機動戦士ガンダム』の映画のポスターをでっかい紙にカラーで描いてくれとかいう依頼が来ました。同じ学年の男の子からよく頼まれていたから、「学校にいる好きな女の子の顔を描いてくれ」とかもありました。リアルに描いたけど、どうだったのかなぁ。もらった人は喜んでいたけれど。あとは、車では日産のBe-1やバイクの依頼もありました。「レースシーンを描いてくれ」とか。女の子からは、紡木たく先生の少女漫画の主人公の男の子を描いてくれ、とかね。三〇人以上から頼まれていたかもしれない…。

——みんな好きなキャラクターや人物を描いてほしいと頼んできたんですね。小畑さんご自身は、好きなキャラクターやアイドルはいなかったんですか？

小畑　当時はアイドルをまったく見ていなかったので、ぜんぜん知らなかったですね。アニメだと『超時空要塞マクロス』の美樹本晴彦先生が描かれるキャラは魅力的だと思っていました。新しかったし、顔のデザインが良かったですね。

——言われてみれば、小畑さんの投稿作品時代の絵は、少し美樹本さんに近い感じもありますね…。リン・ミンメイとか…。

小畑　好きでしたね。チャイナっぽい感じが新鮮だったし。

——実物の女の子というか、絵の方で好みのビジュアルがあったんですかね。

小畑　いや、アイドルを見ていなかっただけで、普通にクラスに好きな女子はいました（笑）。確実に好きなタイプのビジュアルはあったんです。なんというか、均整が取れていて特徴がない感じ。地味とも言える。今流行っている女の子の顔にもあると思います…。昔で言えば大塚寧々みたいな。

——なるほど、パーツが派手に主張せずに均整が取れている感じですね。絵の話に戻りますが、一日一枚は絶対に絵を描き上げるようにしていた時期がありましたよね。あれはいつくらいですか。

小畑　高校の時です。部活もやっていたから、ヘトヘトでした。

——美術や漫画の部活ですか？

小畑　野球部です。高校には漫画同好会的なものもあったんですが、居心地が良いじゃないですか。自分は社会性がないと思っていたから、鍛えようと思って敢えて野球部に入ったんです。やっぱり向いてませんでしたけどね。

——高校野球って厳しそうです！

小畑　あまり強くなかったので、なんとかやれた感じです（笑）。補欠でしたけどね。今思えば美術部に入っておけばよかったのかなぁ。なんか社会性がなかったんですよね。小学校の頃から、友だちとは遊んでいたんですが、集まってみんながゲームをしていても、僕だけ絵を描いていたんです。ボードゲームとか楽しめなくて。だから、「このままでは立派な大人にはなれない。会社で働くのはムリだなぁ」と感じて、中学で「絵で食べていければ…」と思いました。中二だったから、中二病的な感じだったんでしょうね。

——エスの読者で絵を描いている人も、社交的なことは苦手という人が多いです。皆も共感するところです…。「絵で食べていくなら、漫画だ」と思われたんですか？

小畑　その頃は、どうやって絵を職業にすれば良いのか分からなかった。「週刊少年ジャンプ」の勢いが出てきた頃で、どんどんアニメ化もしていました。当時の連載作で印象的だったのは桂正和先生の『ウイングマン』です。それ以前の漫画は劇画っぽい作品も多かったと思うんです。大人っぽいイメージがあって、絵的に少し熱中しにくかったのですが、『ウイングマン』を読んで、「これだ！めちゃめちゃ良い！」と感じました。主人公が純粋に「ヒーローになりたい」と思う物語にも共感しました。僕がロボットを好きだったのも、自分には力がないけれど、強いロボットに乗ってヒーローになりたいという憧れがあったからだと思うんです。だから、「漫画でこういう世界を描いて良いんだ。好きなものを描いて良いんだ」と思いました。

——漫画と言えば、小畑さんのおじいさんをモデルにした4コマ漫画を描いて学校で反響があったんですよね。『CYBORGじいちゃんG』につながったようなもの。

小畑　小学校の時ですね。反響というほどではないけれど、壁に貼られた学級新聞だったので、みんなが見ていました。それはギャグ漫画みたいな絵だったので、漫画を描くことを意識してからは、キャラクターの練習をはじめました。漫画のキャラクターの模写をした経験はありますけど、それは他人のキャラクターだから、自分のキャラクターを生み出さなければいけない。でも、ぜんぜん個性が出なくて。僕はデフォルメ

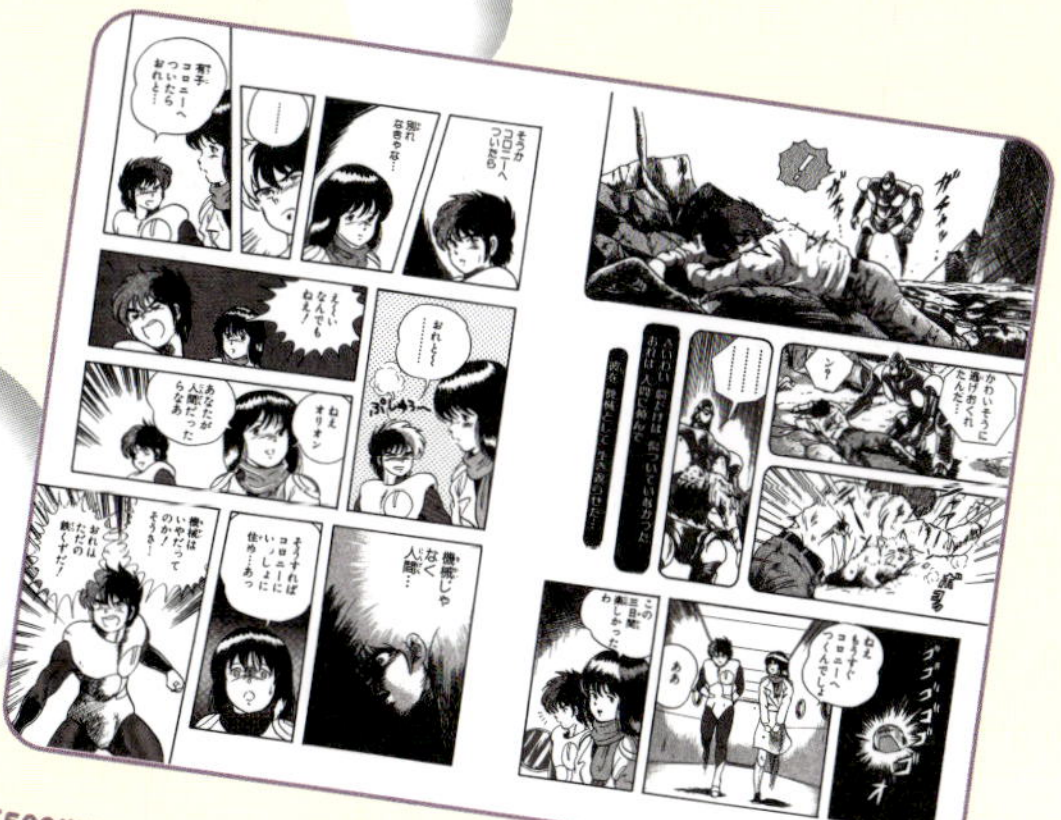

「500光年の神話」（1985年）
小畑健が高校二年生の二学期、16歳のときに「手塚賞」に応募した作品。一学期には初の応募作「マルス」がホップ★ステップ賞で佳作に入り、編集担当者からはネームを出すように言われていたが、小畑は「手塚賞」を獲りたい気持ちがあったため、自分の判断で応募したという。本作で準入選を受賞した。漫画としての完成度が高く、圧倒的な描写力で、手塚治虫からは「絵がうますぎる」との選評をもらっている。物語は、核戦争後の地球と避難先のスペースコロニーが舞台。機械の体の少年・オリオンと人間の少女・有子の心の交流を描く。暴走する怪物のようなロボットや宇宙海賊も登場するスペクタクルな展開と、不器用な愛の物語。
©小畑健／集英社

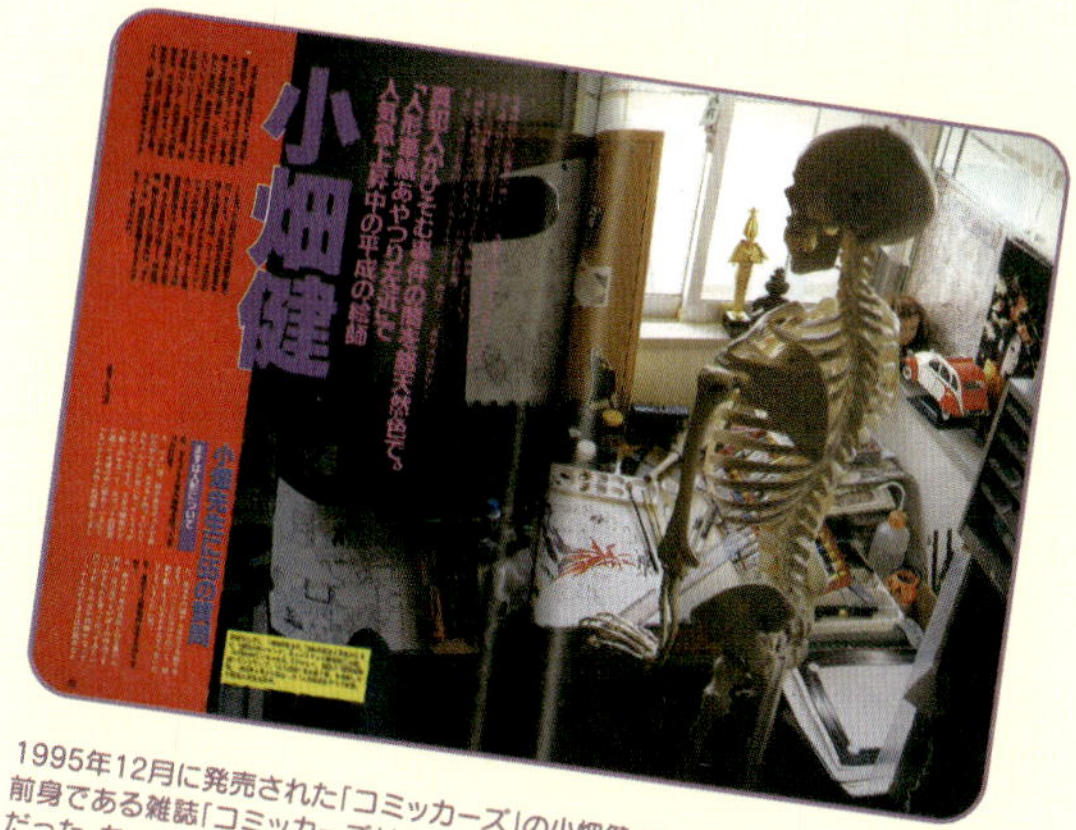

1995年12月に発売された「コミッカーズ」の小畑健の記事。「季刊エス」編集部の前身である雑誌「コミッカーズ」が、小畑健の取材を最初におこなったのがこの号だった。ちょうど30年前だ。ドイツ製の骨格標本が置かれた仕事場や、絵を描くところも少し撮影させてもらっている。「人形草紙あやつり左近」の取材をメインとしながら、カラーの特集だったため、当時挿絵を描いていた「完殺者真魅Ⅱ」のイラストも大きく紹介されていた。洋館や人形を妖しく描いた「人形草紙あやつり左近」によって、絵に注目する漫画ファンから、小畑健が熱烈な支持を集めていた頃だ。

の強い絵よりは、「ジャンプ」ではリアル寄りが好きだったので。そうすると、目や口が小さいじゃないですか。地味になってしまう。「この目のサイズで個性を出すにはどうしたら良いんだろう?」と、ずっと練習していました。言い方が難しいんですけど、「個性がない」というより、「自分の気に入る顔にならない」という感覚だと思います。それがずっとありましたね。

——なるほど。高校二年の一学期に『マルス』という作品を投稿して、「週刊少年ジャンプ」のホップ★ステップ賞の佳作に入りましたね。

小畑　あれが初めて本格的に描いて投稿した漫画です。最初から賞に送るつもりで描きました。

——戦いの神が題材でしたね。

小畑　当時はノストラダムスの予言が流行っていて、ああいうのが好きだったんです。ギリシア・ローマ神話も好きでした。あの作品で担当編集さんが付きまして、電話で「ネームが出来たら送って」と言われたんですが、「ネーム」の意味がよく分かりませんでした。それで、前から手塚賞に出したいと思っていたので、勝手に完成作品を描いて送ったんです。そしたら「もう賞は獲らなくていいから」とか言われたけれど(笑)。

——担当さんは、もう雑誌掲載用の作品を進めていこうと思っていたわけですね。でも高二の二学期に送った『500光年の神話』は手塚賞準入選を受賞しました。十六歳で受賞という快挙です。ここから余談になりますが、小畑さんは高校生の時からバイクに乗っていますよね。そのバイクを買ったのは…。

小畑　手塚賞の賞金です。

——やっぱり、賞金!

小畑　五〇万円の賞金から買いました。三二万だったかな。200CCのオフロードバイク。周りは、レーサーレプリカとか、走り屋っぽいのを買っていたのに、僕だけオフロードバイクを買ったから、「なんだそれ?」って言われましたけどね(笑)。でも、オフロードが好きだったんです。当時「パリ・ダカール・ラリー」が注目されはじめていて、「出たいなあ」とスキルもないのに思っていました。なんか変にロマンチストでした。

——「パリダカ」の冒険精神は憧れがありましたよね…。漫画では『オートバイメモリー』って短編も描かれていましたね。

小畑　あれはバイクが登場するというだけで、ラブコメみたいなものでしたけどね。本格的なバイク漫画を描くほどは詳しくなかったので。

——何作か短編を描いていた頃は、自分の絵柄をどう意識していましたか?

小畑　小学校の頃に模写していた絵が、少し前の劇画っぽさがあるタッチだったので、そういう絵が染みついている感じがあって、「自分の描くものは理想とする桂先生の絵とはぜんぜん違う…今風ではないな」という感覚がありました。投稿していた頃は、高橋留美子先生の影響を受けていましたね。その頃は、大友克洋先生をはじめ、乾いた感じの絵を描く人も活躍していて、それに対して「自分の絵はウェットだな」と思っていました。

——女の子のビジュアルで言うと、『CYBORGじいちゃんG』、『魔神冒険譚ランプ・ランプ』、『力人伝説—鬼を継ぐもの—』、『人形草紙あやつり左近』と連載作品が続くなか、『魔神冒険譚ランプ・ランプ』のライラは現在の画風を想起させるところはありますが、まだ少し違って、その後の『あやつり左近』のときは、登場人物の河合舞はもう今の小畑さんの画風だと思います。連載作品が続いていくなかで、人物の描き方はどう感じていましたか。

小畑　迷走していたと思うんですが、『あやつり左近』は漫画の描き方として、正面とか真横で人物を見せて、あまり凝らずにシンプルに描きました。意識しないと、つい見にくい構図で描いてしまうんです。ネームや下描きを描いている時、自分としては自然なんですが、頭の中でカメラを動かしているのを、そのまま描いてしまっているから、たぶん見づらいカットを選んでいるんですよね。

——つまり、映画みたいに動いている映像から静止画を一カットずつ抜き出して描いていくけれど、それが漫画のコマとして決まっているかどうかは分からなかったということでしょうか。

小畑　そう。変な場所を切り取っていた気がする。そうなるとコマとコマのつながりが変だと思うんですよ。それは面白さにもつながってきますよね。『あやつり左近』の時は、女の子を可愛く描くのは難しいと思っていました。だから、記号的に描こうかな、と思ったりもして…。その前に、小説の挿絵(『完殺者真魅ジェノサイダーまみ』)を描いていたから、その絵が抜けなくて、『あやつり左近』は好きな題材だったのに、上手く描けなかった覚えがあり

『ヒカルの碁』「週刊少年ジャンプ」2002年第21、22合併号ポスター

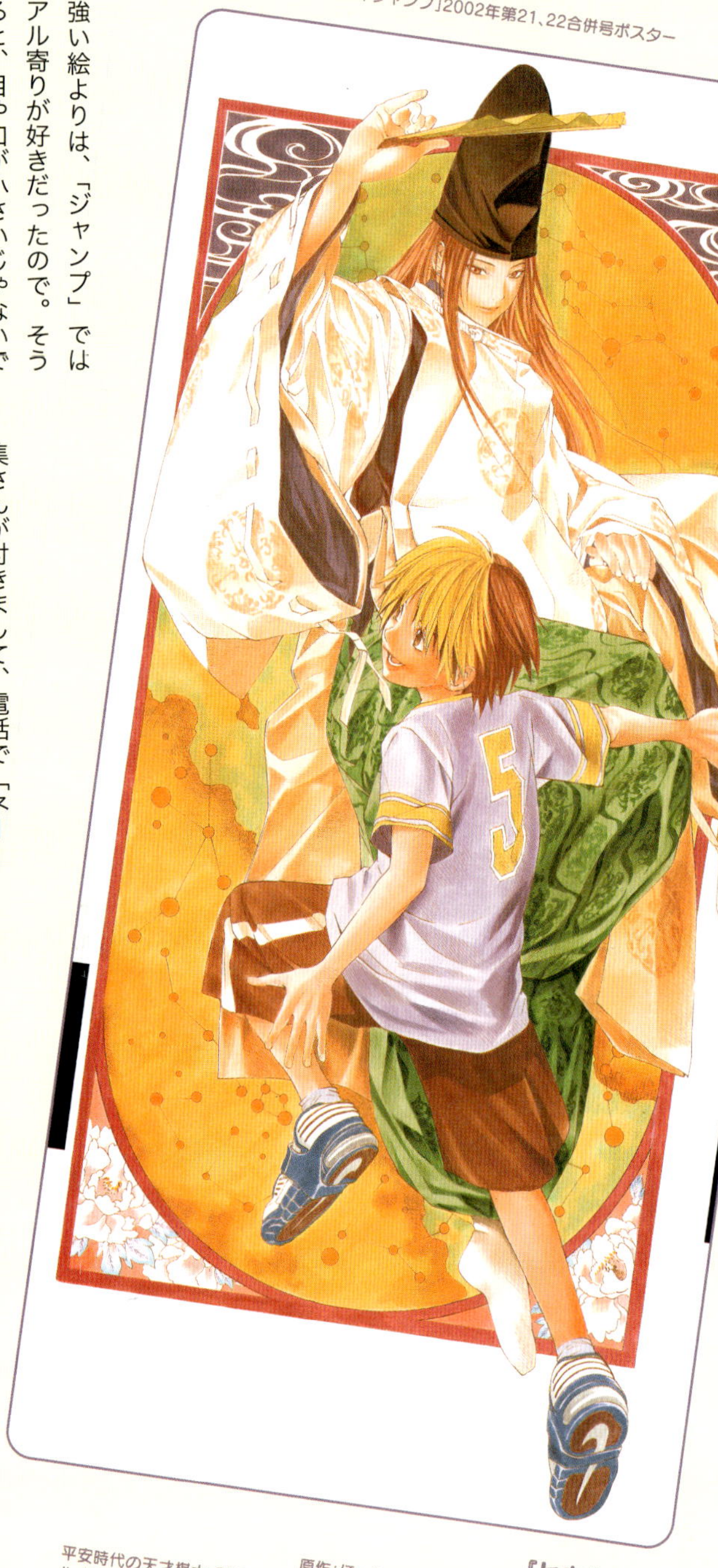

『ヒカルの碁』
原作:ほったゆみ、漫画:小畑健(1999年~2003年)
平安時代の天才棋士・藤原佐為の霊に取り憑かれてしまった小学校6年生の進藤ヒカル。「神の一手を極めたい」という思いを遂げられずに命を失った佐為の願いを受け、ヒカルは囲碁の世界に足を踏み入れる。同い年の塔矢アキラをはじめ、ライバルたちと対戦を重ねていくヒカルが、棋士として成長する姿を描く作品。長編で囲碁を本格的に描いた漫画の先駆けであり、本作をきっかけに小中学生が囲碁を始め、空前の囲碁ブームが巻き起こった。小畑健は、敢えて囲碁とはギャップのある人物をデザインしたと語っており、主人公のヒカルはストリートっぽく、アキラはおかっぱの端正な少年、佐為は性別を超えた美しさを備えていた。好きなビジュアルを重視して描くことの楽しさを得たという本作は、小畑健の転機となった作品と言える。
©ほったゆみ・小畑健／集英社

ます。

――小畑さんに、最初に「コミッカーズ」(「季刊エス」の前身となる雑誌)で取材に出ていただいたのが『あやつり左近』の頃でした。三〇年前です。仕事場に骨格標本とかがあって、写真を撮らせていただきました。あの頃、「すごく魅力的な絵を描かれる作家」というご紹介で、みんなが小畑さんをそう感じていました。

小畑　自分としては、絵に個性がないと思っていて、あがいていた時期ですね。シンプルにしてみたり、ちょっとクセをつけてみたりして、自分に負荷がかかっていた感じです。それが、『ヒカルの碁』で少し解放されるんですよ。ほったゆみ先生の描かれる原作のネームが良かったので、「自分の絵でも十分もつ、面白いんだ」と思えました。自分の絵を作ろうと悩むよりも、「この絵で良いんだ」という開き直りが出てきました。

――その前までは、画面設計と人物描写をセットで構成しなければいけなかったから、「これでは切り取り方が違うのではないか?」とか悩んでいたけれど、『ヒカルの碁』では、ほったさんの原作のネームで良い構図が出来ていたから、作画に集中出来たということでしょうか?

小畑　ほった先生のネームが優れていたんですよ。コマ割りも含めて、「上手い人というのはこうなんだな!」とひれ伏しました。それで、自分は絵に集中できるから、「ほった先生のネームの絵は、素朴で可愛らしい。漫画の絵にするときにどうしようか?」と考えていけたんです。「囲碁」という題材はビジュアルが地味になるかもしれないと思ったので、そこに「ギャップが欲しい」と思いました。囲碁から離れた格好をした男の子にしようと思ったんです。

――進藤ヒカルの髪色やストリートっぽい服装とか…。

小畑　「ちょっとやりすぎたかな」とは思いましたけれど、ああいう風に描きました。塔矢アキラも思い出深いです。最初に僕が描いたデザインは、ほった先生が「ワイルド塔矢」と言っていますけど、自分としてもあまりピンとこなくて。それを見た担当編集さんが「おかっぱはどうかな?」と言うので、「あ、おかっぱか!」と思って描いたら、自分でもハマった感じがありました。それ以降はアキラを描くのがめちゃめちゃ楽しかったです。

――アキラがピンで出てくるところは、とても美しい画面でしたね。

小畑　きれいな男の子を本格的に描いたのは、はじめてと言えばはじめてだったんですよね。憧れてはいたんです。夢枕獏先生の小説「魔獣狩り」シリーズに出てくる美空というキャラクターが好きだったので、きれいな男の顔を描きたいと思っていました。それがアキラで描けた。「好きなものを描いて良いんだ」ということを実感しました。

――そうでしたか。『ヒカルの碁』の佐為を女性だと思っていたという人がいて、男性だと分かった時に驚いて、美しい男に取り憑かれたそうです。

小畑　僕も男性という意識で描いていませんでした。「こういうビジュアル」というだけで、性別を超えて描いていた。

――『ヒカルの碁』の頃は、気持ちがノッてきた感じがあったんですね。

小畑　分業だったからこそ、キャラクターを作る余裕が出来たんだと思いますね。

――『ヒカルの碁』を描かれていた九〇年代末から二〇〇〇年初頭、田島昭宇さん、浅田弘幸さんと一緒に雑誌「コミッカーズ」の表紙を描いてもらったりしましたが、『デビルマンイラストレーションズ』(一九九九年)のイラストが衝撃でした。飛鳥了をモノトーンで描いた両性具有的な絵。あの絵を見て、絶対、小畑さんにオリジナルの絵を描いてもらわなきゃと感じました。小畑さんのキャラクタービジュアルが爆発していた時期だと思うんです。

小畑　あの辺を描いていた時は、すごく楽しかったです。中性的なキャラクターは、原作者と組んでいる漫画ではあまり描く機会がないんですが、『ヒカルの碁』は性別関係なく、きれいなものを描こうと思えたから、イラストもそういったムードを表現出来ました。

――二〇〇三年まで『ヒカルの碁』を連載していて、その後、あまり間を開けずに『DEATH NOTE』がはじまりましたね。小畑さんの好きなテイストで描ける題材だと思いました。いかがでしたか?

小畑　本当に好きな世界で、「こういうのが描きたかったんだよ! 来たんだなあ。こういうことってあるんだ!」と思いました。どこが好きかって、一言では言えないですね…、全部と言えば全部だし。あと、「ジャンプ」っぽくないところも良かったです。ちょっと邪道な物語ではあるでしょう。僕は王道が描けないと思っていたんです。自分の生き様的にも、「何かを克服して一歩上がる」とか、そういう王道路線ではなくて、逃げ道を探しながら生きてきた感じだから…。だから「この手があるんだ!」と思いました。あと、どちらが勝つかの攻防戦を細かく描くじゃないですか。それも良かったです。仕草や目線の動きで伝えていくもの。『ヒカルの碁』を描いている時に、そういう心理戦を描くのが好きだと気付いて、『DEATH NOTE』では、それをさらに描けるんだと思いましたね。

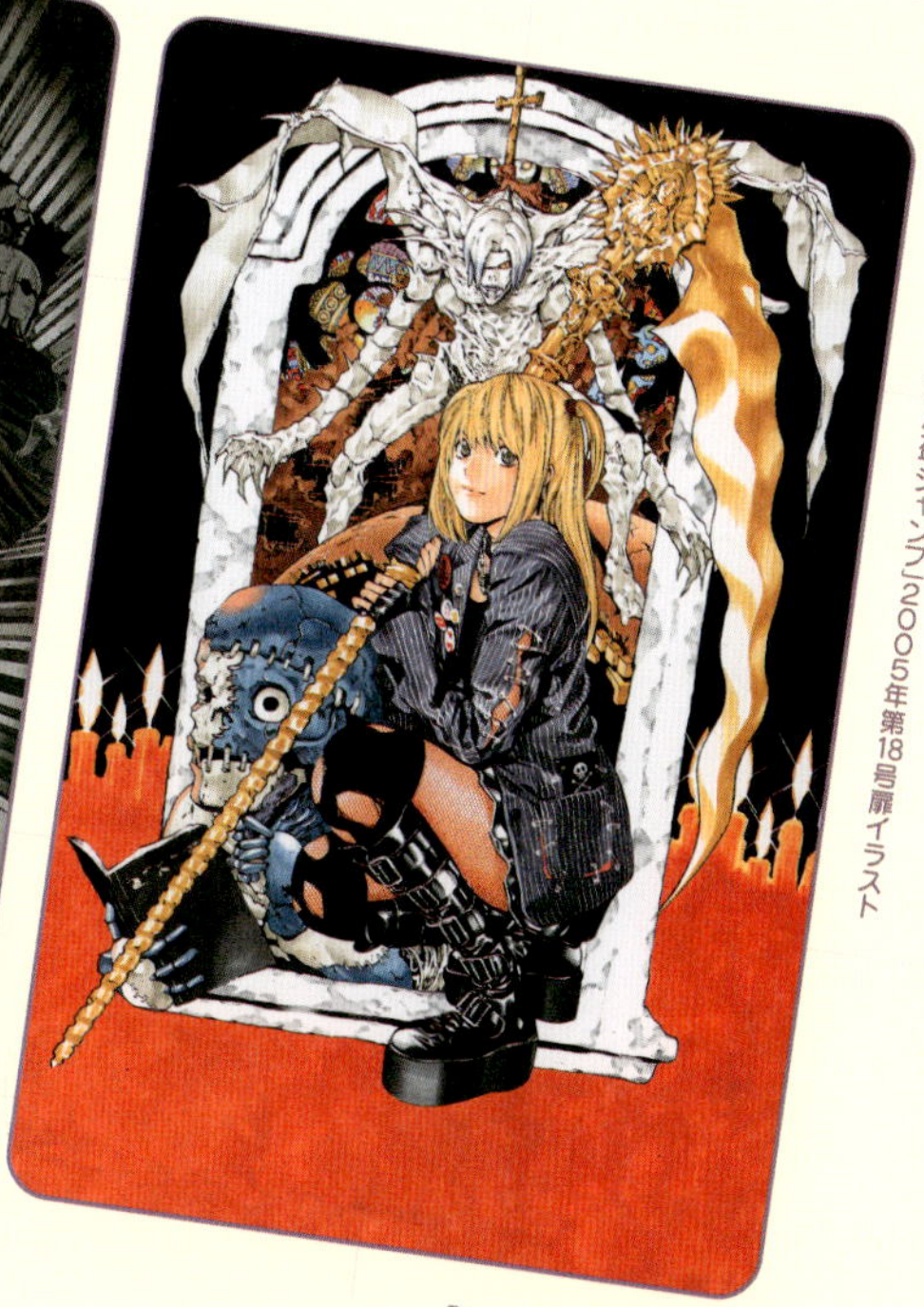

『DEATH NOTE』「週刊少年ジャンプ」2005年第18号扉イラスト

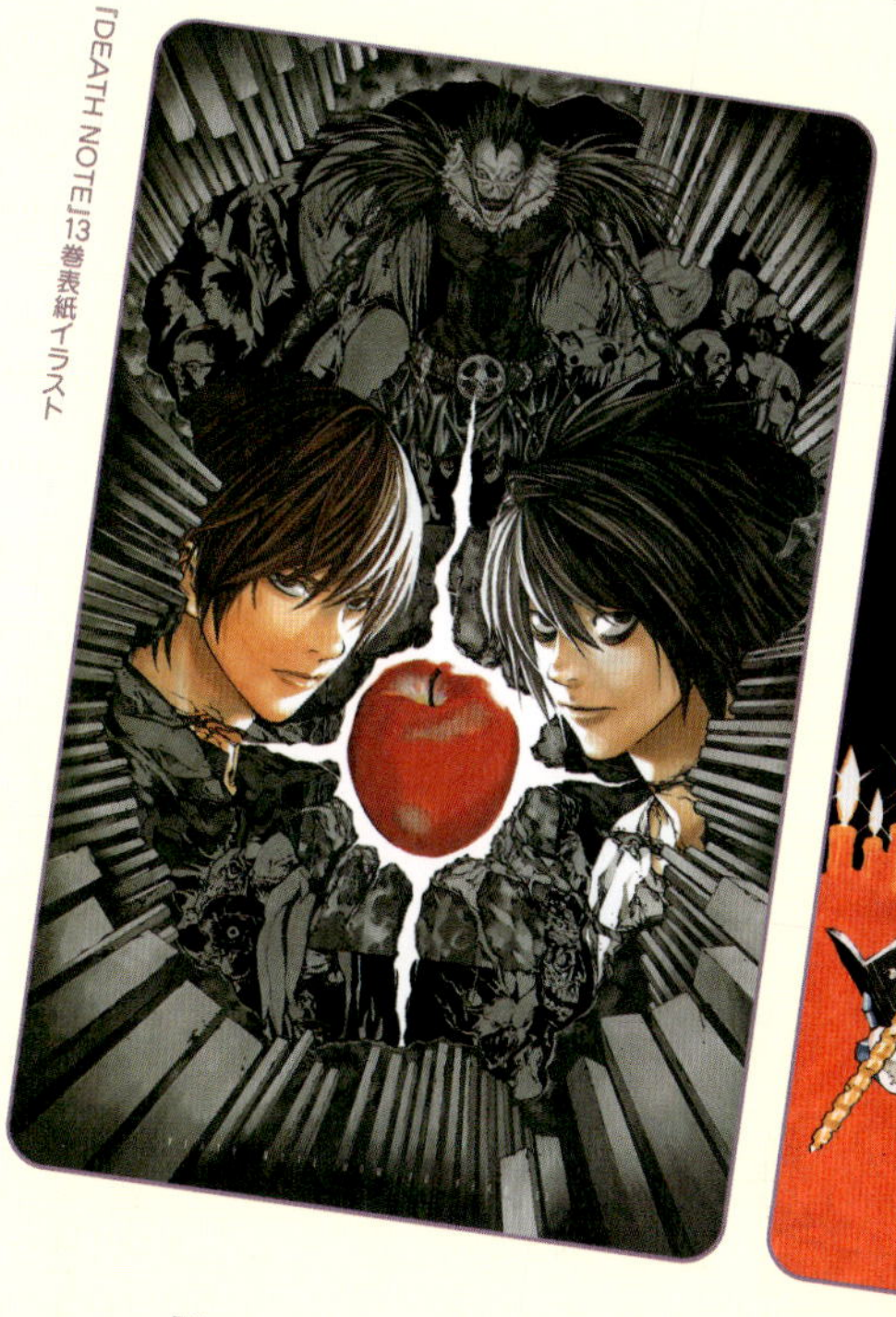

『DEATH NOTE』13巻表紙イラスト

『DEATH NOTE』

原作:大場つぐみ、漫画:小畑健(2003年～2006年)

死神リュークが人間界に落としたノートは、名前を書かれた人間が死ぬ「DEATH NOTE」だった。それを拾った「夜神月」は自分の正義に従って犯罪者の名前をノートに書き、理想の新世界を作ろうとする。一方でこの行為は国際的に知れ渡り、世界の警察も動き出した。名探偵「L」が捜査に乗り出し、高度な頭脳戦が繰り広げられる。二人が仕掛け合う巧妙なトリックや心理戦を伝えるために、文章が多い作品だが、それぞれの表情や仕草が見どころになり、絵的にも緊迫感が高い。前作『ヒカルの碁』で人物を美しく描いた小畑健が、ダークな世界観に呼応する自身の好きなテイストを存分に注ぎ込めたことで、ボルテージの高い画面が出来上がっている。耽美でゴシックなビジュアルが生きた本作は、ダークな美学を代表する漫画作品として現在も世界中に広げり続けている。

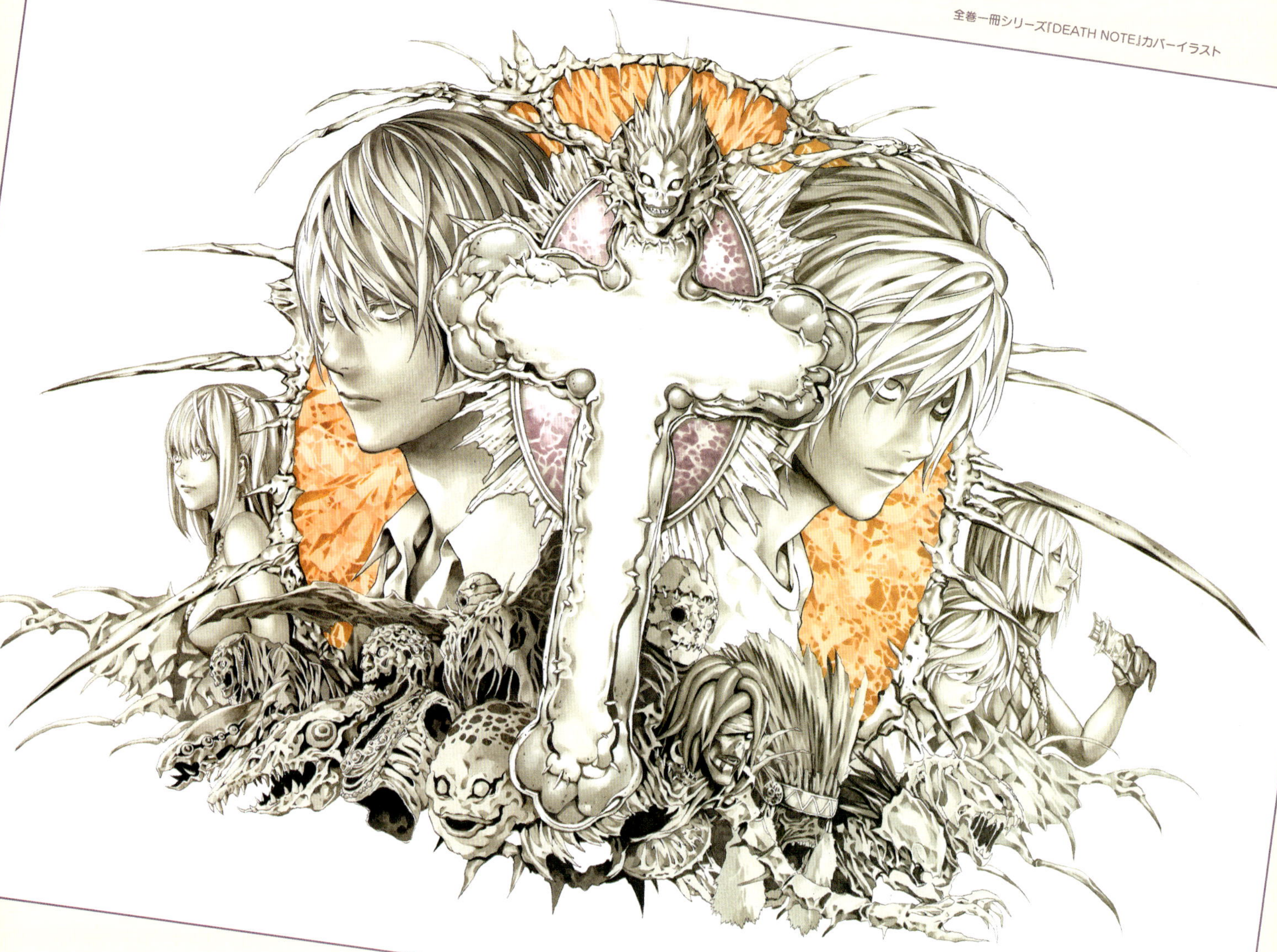

全巻一冊シリーズ「DEATH NOTE」カバーイラスト

——相手の考えの読み合いがあったり…。

小畑　ファンタジーだから、ビジュアル的にも縛りがなかったですし、大場つぐみ先生のネームは絵がそんなに入っていないから、こちらで工夫する余地がすごくありました。王道の的確なコマ割りや構図でなくて良いと思いました。セリフがすごいから、どんな絵が入っても面白い。

——題材的には、『ヒカルの碁』よりシリアスと言いますか、「リアルさの重み」も入っていないと面白くない物語だと思いますが、絵のテイストとして意識されたことはありますか。

小畑　あまり考えていないんですよね。考えなくても、迷わずに表現出来ていたのは、今思うと不思議です。

——リュークの衣装デザインなんかは、小畑さんの好きなファッションの方向でしたね。

小畑　最初は苦労しました。さっきの話で言えば美形を描きたいじゃないですか。描く前はそう思っていたけど、実際に進めると、「なんだか違うな…」と。それで、『ドラゴンヘッド』のノブオを思い出して、メイクや仮面といった方向性が良いかもしれないと考えていったら、ああなりました。あと、昔から革ジャンが好きなので、カッコ良いヤツを描きたいと思って。シルバーアクセサリーもそうですね。

——あと、Lは個性的なデザインでしたが、あんなに人気が出ると思っていましたか？

小畑　思わないし、漫画自体も、「僕は面白いけれど、王道ではなさそうなので、『ジャンプ』では真ん中くらいを目指そう」と思っていました。でも、Lは自分が描いていて気に入ったキャラでした。やっぱり最初は「美形かな」と思いましたよ（笑）。でも、また「違うな…」と思って。原作の大場先生は、ネームだから、キャラ絵は脱力して描くじゃないですか。それが内面も表しているように思えたんです。だから、そっけなくて良いな、極力シンプルに描こうかな、と思いました。

——最初は顔が部分的にしか見えないカットで出てくるじゃないですか。あのときはカッコいいんですよね。

小畑　あの頃は、まだ美形だと思っていた（笑）。だから、ああいう風に描いていたんですよ。

——え！　直前まで…。でも結局は、目の下にクマがあるあのデザインでめちゃくちゃ人気になったわけですものね。すごいことです。

小畑　人気はあまり実感していないんですよ。自分では気に入っていますけどね。描いている時は仕事場に閉じこもっているから、どの程度の反響があるのか分からなくて。だから、いまだにピンとこない。

——物語としては、Lが最後までいないことって、原作が来た時に小畑さんはびっくりしませんでしたか？

小畑　いや、特には…。そもそも、毎回先が見えない、容赦ない展開じゃないですか。そういう潔さが好きだったから、「ああ、これだ！」と感じました。そこも今までの漫画とは違うところだったと思います。

——女の子のキャラクターで言うと、ミサミサ（弥海砂）のファッションはゴシックパンクと言えますが、意識していたことはありますか？　いま TikTok では世界的にミサミサが流行っています。

小畑　黒っぽい服が好きだったし、漫画で言うと、楠本まき先生の描かれる雰囲気が好きで。昔から好きだったものを、あのタイミングで出せたんですよね。今みんながコスプレしてくれているのは驚きです。

——夜神月の表情についても聞かせてください。月はとても美形なのに、後半は醜く崩れた顔も出てきますよね。描いていて、どんな気持ちでしたか。

小畑　楽しかったです。カタルシスがまさに月の顔だったんです。「ずっと端正だけれど、ページをめくったら一気に崩れる！」というのが、描いていて快感なんですよ。それで話が動きますし。そういう意味では、最後の悪あがきとかは、もっとやらせたかった。「足りないなあ…」と思ってしまいますね（笑）。

——そうでしたか。主要キャラクターそれぞれの表現に魅力がありました。その後、二〇〇八年に『バクマン。』がはじまります。デフォルメが効いた描写もありました。漫画っぽさを意識したのでしょうか。

小畑　主人公二人のうち、高木秋人はすぐに出来たのですが、真城最高が難しかった。あまり地味でも良くないし、カッコ良くても違う。その中間が難しかったですね。だいたいどの作品も五巻くらいまでは絵が迷走するんですよ。それ以降、徐々にハマってくる。

——『バクマン。』は平面っぽい描き方を意識しましたか？　影もグラデーションではなく、ベタで描かれていましたね。

小畑　だんだんと描き方が分かってきたときに、立体感はなくて良いんだな、と気付いたんです。

——驚くシーンで、頭がバーン！と大きくなったり、ギャグ漫画っぽいところも見ていて楽しかったです。

小畑　漫画の記号や技法をいろいろ使ってみたくて、コマ割りの順番も工夫しました。漫画家を題材とした作品なので、そうした方が面白いと思ったんです。もともとは書き文字やスピード線とか、漫画の記号が好きではないんですよ。ビジュアルとしては一枚絵のような表現が好きだから、どうしても描く時に抵抗がある。でも、『バクマン。』では入れてみました。そうすると逆にちょっと楽しくなって、「これはこれで面白いんだな」と気付きました。そういう意味でも、『バクマン。』は冷静な目で描いていました。『ヒカルの碁』や『DEATH NOTE』はのめり込みすぎて、今になってみると、ちょっと見られないところもあるのですが、『バクマン。』はぜんぜん見られる。あまりにも情報量が多すぎて、描いた内容を忘れていて、「ああ、面白い」と思ったりします（笑）。

——読んだ人が「漫画を描きたくなる」と思えるところが良いですよね。私たちが話を聞く漫画家さんも、『バクマン。』がきっかけだという人がいます。そしてその後、二〇一五年に『プラチナエンド』を描かれますが、またリアルや重厚さがある作画になりました。でも『DEATH NOTE』とも少し変えていますか？

小畑　原作のイメージに合わせて毎回絵柄が変わるのですが、「リアル」に描いた後は、またデフォルメ」という繰り返しなので、ちょっと大変なんです。気分を変えて描きたい気持ちはあるんですが、進めると「あれ？　上手く描けていない…」と、やっぱり五巻くらいまでは安定しないんですね。しかも「前の描き方」は出来ないんですよ。『DEATH NOTE』の絵には戻らない。変わっちゃうんですよね。

——『DEATH NOTE』とは違う透明感がありました。

小畑　天使も好きなモチーフなんですが、最初はどう描いて良いか分からなかったです。それこそコスチュームもいろいろ描いてみたけれど、しっくりこなくて。それで、「服はなくても良いか…」と思って、ウルトラマンのようなイメージのデザインになりました。

——カラーで描くと、線がなくて、

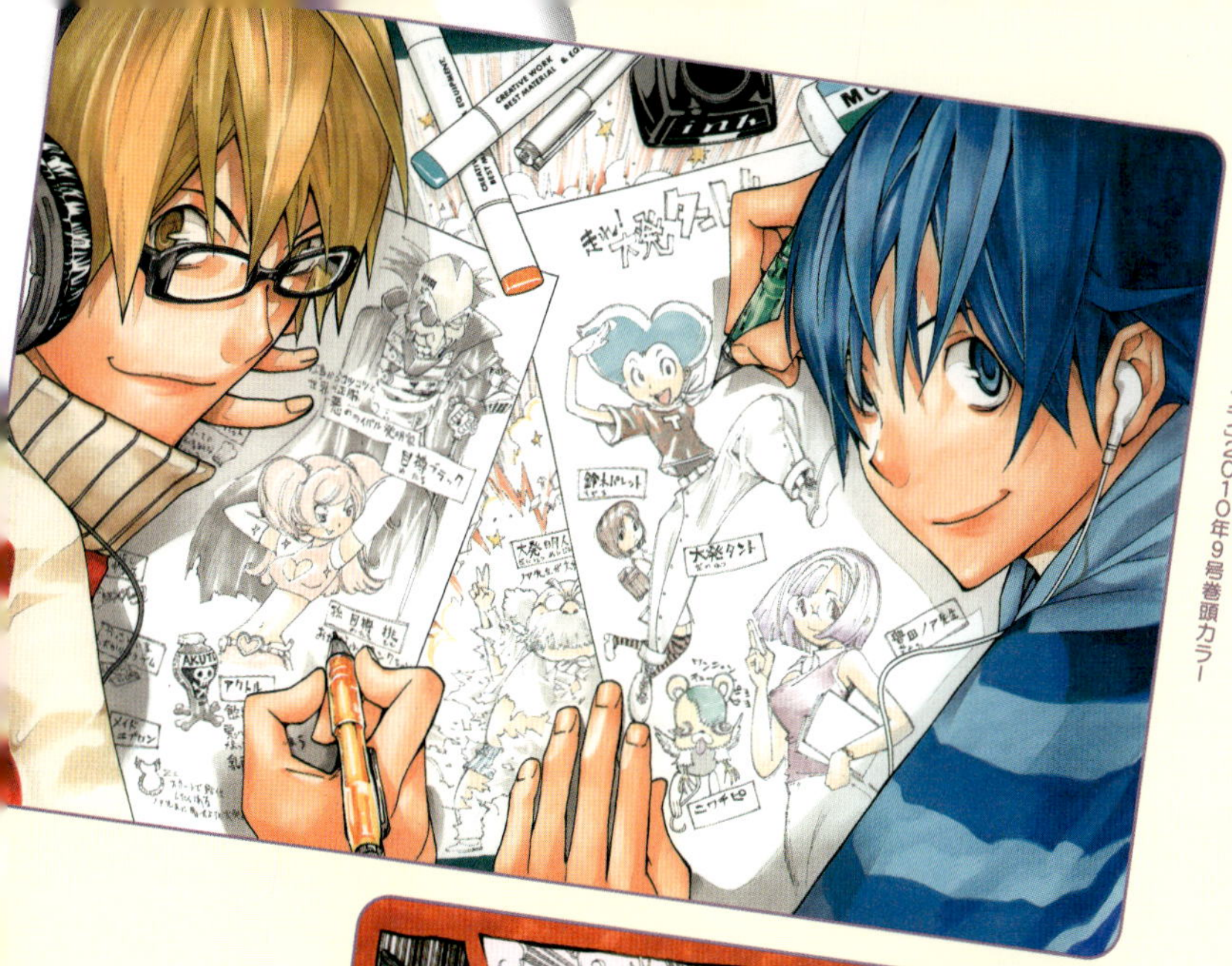

『バクマン。』「週刊少年ジャンプ」2010年9号巻頭カラー

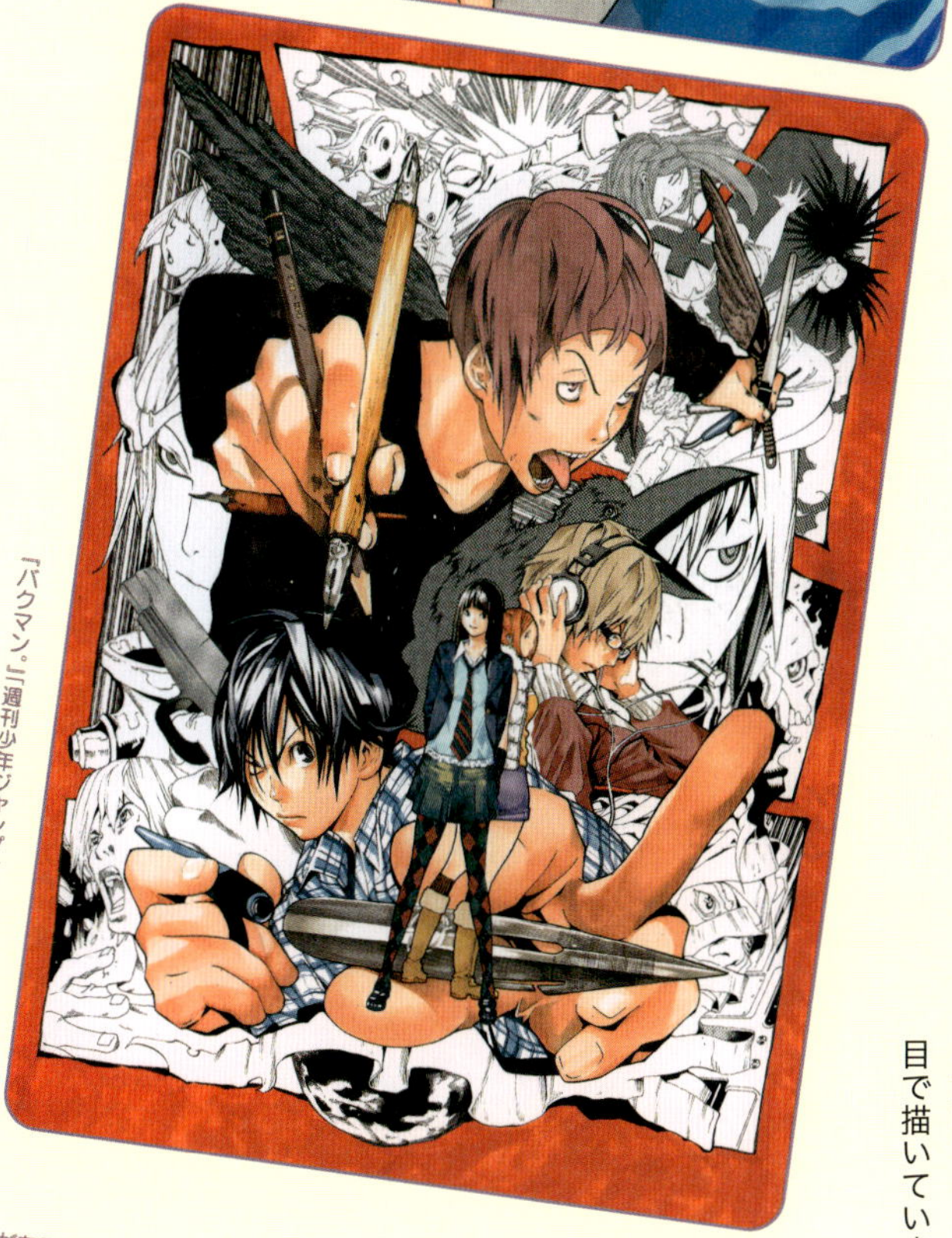

『バクマン。』「週刊少年ジャンプ」2008年50号巻頭カラー

『バクマン。』
原作：大場つぐみ、漫画：小畑健（2008年～2012年）

絵の才能がある真城最高と、漫画家志望で文才のある高木秋人が二人で組んで漫画家を目指す物語。彼らが漫画を投稿する雑誌は「週刊少年ジャンプ」であり、舞台も実際の編集部がモデルになっている異色作。二人は実際の漫画家志望者と同じように、まず「赤マルジャンプ」に作品が掲載されて、「亜城木夢叶」というペンネームで本誌連載を目指していく。同時期に掲載された幾人かの漫画家も描かれ、特に同年代の天才・新妻エイジがライバルとして活躍する。アンケートの結果、連載会議などの判断をもとに、連載や打ち切りの決定が描かれて、漫画家たちのリアルな人生が綴られた。小畑健によると、自身や大場つぐみの実体験に通じるエピソードも入っているという。また、本作では登場キャラクターによる漫画が実際に誌面に描かれたのも見どころだった。様々な作風の漫画が本格的に作りこまれて、大場つぐみの発想力と小畑健の画力に驚かされた。「バクマン。」を読んで漫画家を目指す人が増えており、漫画界にとっても記念すべき作品。

ほとんど塗りで白さを表現していましたね。そして、その後の作品は二〇二一年からの『ショーハショーテン！』で、お笑い芸人を目指す高校生の物語。シリアスな絵柄ではないですが、『バクマン。』より立体感があって、生身っぽい感じがしました。

小畑　原作の浅倉秋成先生は、ネーム段階でキャラのビジュアルをある程度描いてくださっていました。『ショーハショーテン！』はファンタジーの部分はないし、喋りで面白がらせるという、究極の現実の世界ですよね。『バクマン。』はまだ漫画の原稿においてファンタジー部分があったけれど、それもない。「ただ喋りだけ」という凄まじくシンプルなものでした。

――「アイテム」がありませんものね。現実が舞台のリアルな作品も、乗り物や道具が出てくるものですが、これは「人間だけ」ですものね。

小畑　ネームのリズムからすると、「これはあまりリアルでない方が良いな」と感じました。そうなると表情が大事。もうそれだけですね。でも、表情ってリアルに描くことも出来るし、デフォルメすることも出来る。どこに落とし込むのかを決めるのが大変でした。リアルとデフォルメの割合で言えば、真ん中よりちょっとデフォルメ寄りで描きはじめています。でも、すごくリアルな感じもやってみたんです。畦道と太陽をめちゃめちゃリアル…というか冴えないバージョンで描いてみたんですが、やっぱりリズムが合わなかった。それで、「これはやっぱり漫画のノリなんだな。その方がしっくりくるな」と思ってデフォルメに寄せました。

――単行本四巻くらいから、絵がやわらかくなったと思います。

小畑　そこで、「この感じだな」というのをつかんだんです。原作にはほぼ嫌な部分がなくて、悪い人もいないし、みんな良い感じの人たちなんですよね。それを絵で描いたら、やわらかくなった。あとは、「浅倉先生だったら、どんな絵を描くかな？」というのを考えながら描きました。「浅倉先生の人柄が出るように描きたいな」と思って。

――表情はどうやって作っているんですか？

小畑　浅倉先生のネームの表情と、自分の思う感じをベースにしています。実際の顔より漫画っぽくしているのですが、ネームで描いて、下絵で描いて、ペン入れをして、と三回描くうちに整っていくんです。

――選び抜いた線になるということですね。

小畑　最終巻の袖のコメントにも書いたんですが、三回描いているから、稽古を経た感じです。それでも納得いかない時は、単行本でまた直す。でも、あまりやりすぎると分からなくなるんですよ。その場合は、完成原稿の漫才シーンの表情だけを全部消します。その上で再び漫才の本番の表情を描き直します。背景も仕上げも終わっているので集中できるんです。まさに観客も揃い、あとは舞台に挑むだけのシチュエーションです。本当に、自分が漫才をやっている感じです。

――劇場で何度かやったネタを賞レースにぶつける感じ（笑）。学生の頃から好きなことに向かっていく姿は、やっていることは違えど、『ヒカルの碁』や『バクマン。』とも共通していますね。

小畑　意外と前向きな漫画を描いているんです（笑）。ネガティブに生きてきたけれど。

――でも実はネガティブではなくて、小学生の頃からみんなのリクエストに応えたり、絵を描くことによって良い体験をしてこられていると感じます。

小畑　そうなんですかね（笑）。

――では、今回の「季刊エス」の描き下ろし表紙についても聞かせてください。

小畑　エス編集部の若手スタッフたちが好きなファッションを紹介してくれましたよ

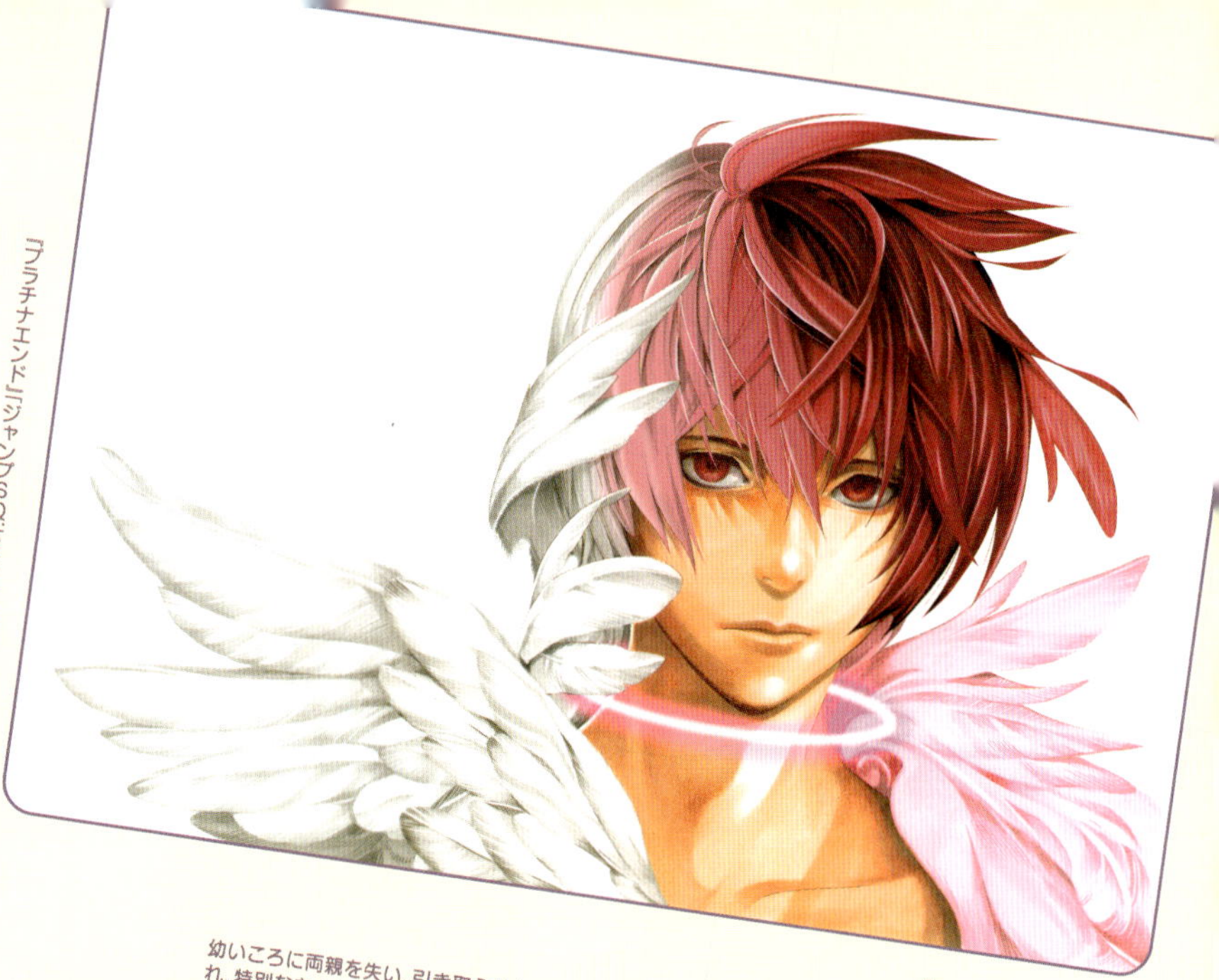

『プラチナエンド』『ジャンプSQ.』2015年12月号表紙イラスト

『プラチナエンド』

原作：大場つぐみ、漫画：小畑健（2015年～2021年）

幼いころに両親を失い、引き取られた先で虐待を受け、自殺を図った架橋明日は、ナッセという天使に助けられ、特別な力として「翼」と「矢」を授けられる。しかし実は13人の人間が同じ力を与えられており、その中から神を決めるのだと告げられる。神の候補となった一人「メトロポリマン」が他の神候補を皆殺しにすることを宣言したことにより、対立や協力関係が生まれて、事態は混迷していく。生きる希望を失った者たちが、幸せをつかむために行動する物語ではあるが、それぞれの人生や思いによって、得た力の使い道や目指す幸せも違う。その思惑が交錯するサスペンスが刺激的だ。小畑健が『バクマン。』を経て、リアルタッチの『All You Need Is Kill』、シャープながらもデフォルメの効いた『学糾法廷』の後に連載した作品で、シリアスで残酷な出来事を描きながらも、天使の神々しさも見せた意欲作。

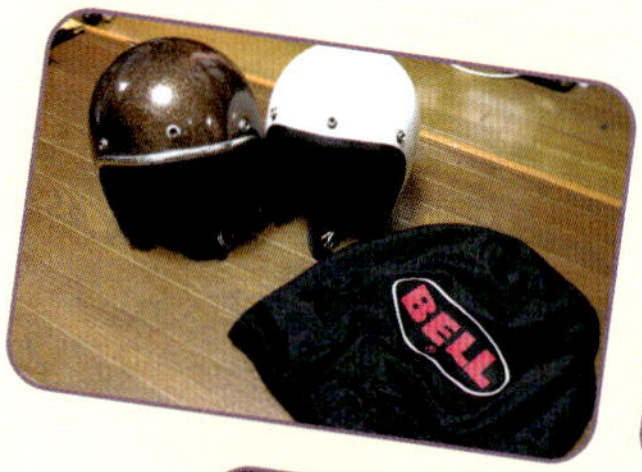

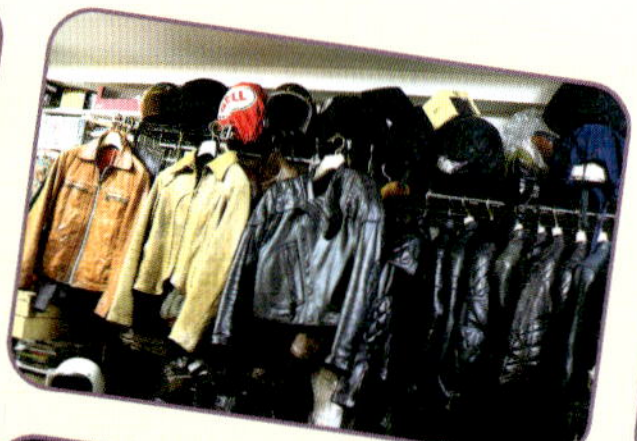

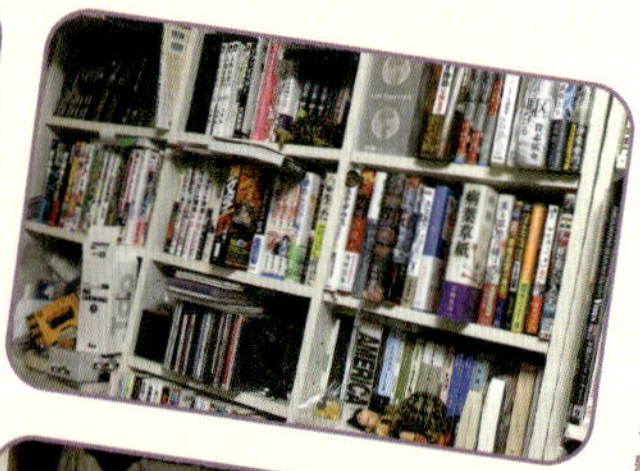

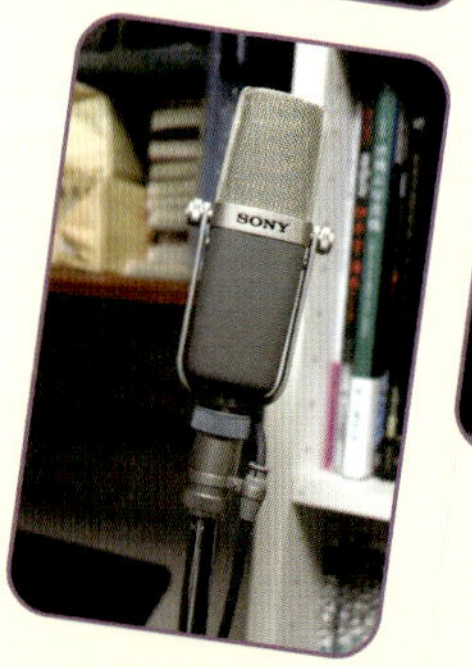

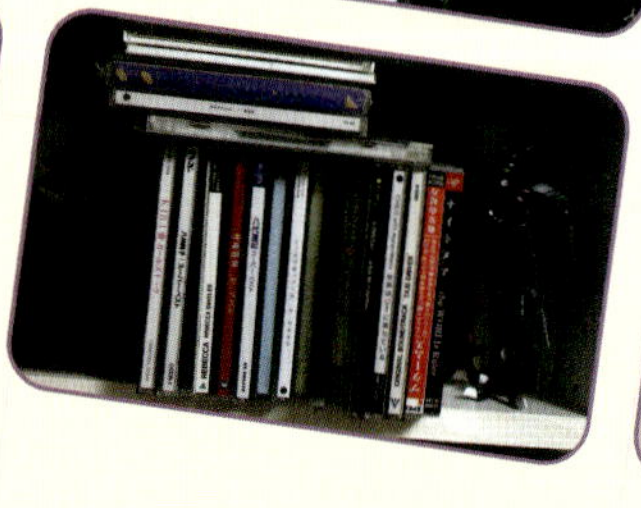

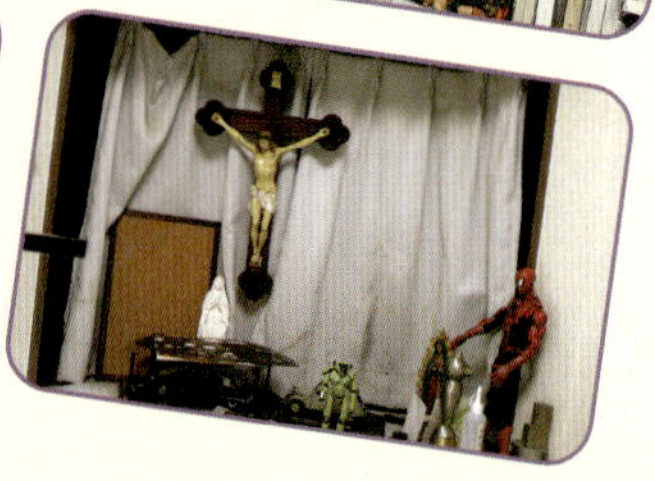

小畑健の仕事場の風景。本棚には京極夏彦をはじめ、近年の話題作である王谷晶の『ババヤガの夜』や、新人作家の逢崎遊の『正しき地図の裏側より』などが並んでいる。最近面白かった小説は浅倉秋成の『六人の嘘つきな大学生』とのこと。普段よく聴く音楽はクラシックや映画音楽だそうだが、CDではブラームスや『タクシードライバー』のサントラ、佐野元春やレベッカ、中森明菜に乃木坂46も並んでいる。アイドルはあまり知らないそうだが、乃木坂46時代の鈴木絢音が気になっていたことはあるそうだ。また、バイクが趣味でもあることから、ヘルメットは40個以上あり、革ジャンもたくさん並んでいた。エルビス・プレスリーやデヴィッド・ボウイを顧客に持ち、現在のファッションデザイナーに多大な影響を与えているレザーブランド「EAST WEST」（革ジャンの写真左側の茶色いもの）や、その影響を受けたものを好んで着ているそうだ。バイクに乗るときはラングリッツのDEATH'S HEAD CASCADE（革ジャンの写真右側の黒いもの）という伝説の名作モデルを着用。また、部屋には『ショーハショーテン！』の資料として使ったサンパチマイク（C-38B）や、今回の「季刊エス」の表紙にもパンダとして描かれている十字架彫像もあった。

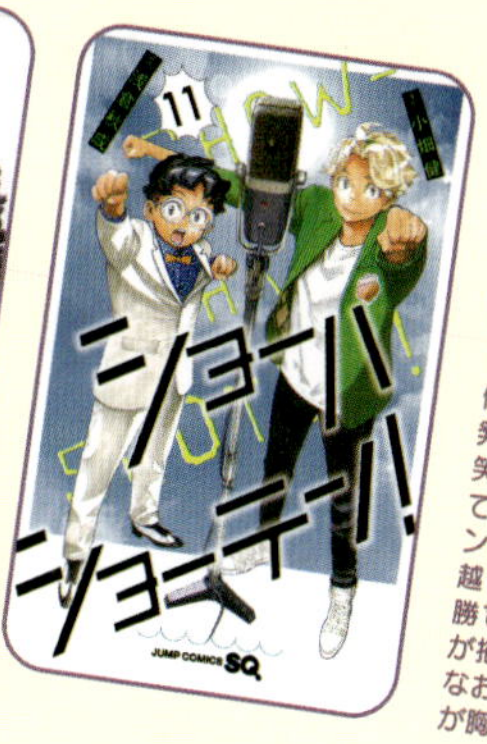

『ショーハショーテン！』
11巻が発売中！
価格：616円（税込）
発行：集英社
笑-1甲子園の勝者がついに決まる決勝戦にて、2021年の優勝者である最終組「絶唱サンドバッグ」の漫才がはじまる。登場順を見越して策略を練っていた畦道たちは彼らに勝てるのか…。大会の結果や彼らのその後が描かれる最終巻。全力で夢へ向かい、今もなお「お笑い」で頂点を目指す者たちの物語が胸を打つ。

『ショーハショーテン！』
原作：浅倉秋成 漫画：小畑健（2021年～2025年）
ラジオやテレビの大喜利コーナーの常連だが、人前では緊張してしまう内気な四十万畦道は、元天才子役でお笑い賞レース二冠を目指す東片太陽に誘われて、コンビを結成する。二人の高校生は「天頂片道切符」としてお笑いの頂点を目指し、笑-1甲子園に出場するのだった。原作の浅倉秋成は小説家だが、高校生のときにM-1甲子園（現在は「ハイスクールマンザイ」としてリニューアルされている）に出場経験があり、本作に登場する何組ものコンビのネタを見事に描いている。また、小畑健が今回の取材でも語っているが、漫才は人物が喋るだけという題材のため、人間のビジュアルのみで漫画を成立させる必要があり、作画面では表情描写に力を入れている。また、漫画のコマ割りで出来る「間」も、笑いを伝える要素となっている。登場コンビにはそれぞれ芸人を目指す背景があり、青春ストーリーとしても味わい深い作品だった。今年の9月に最終巻が発売された。

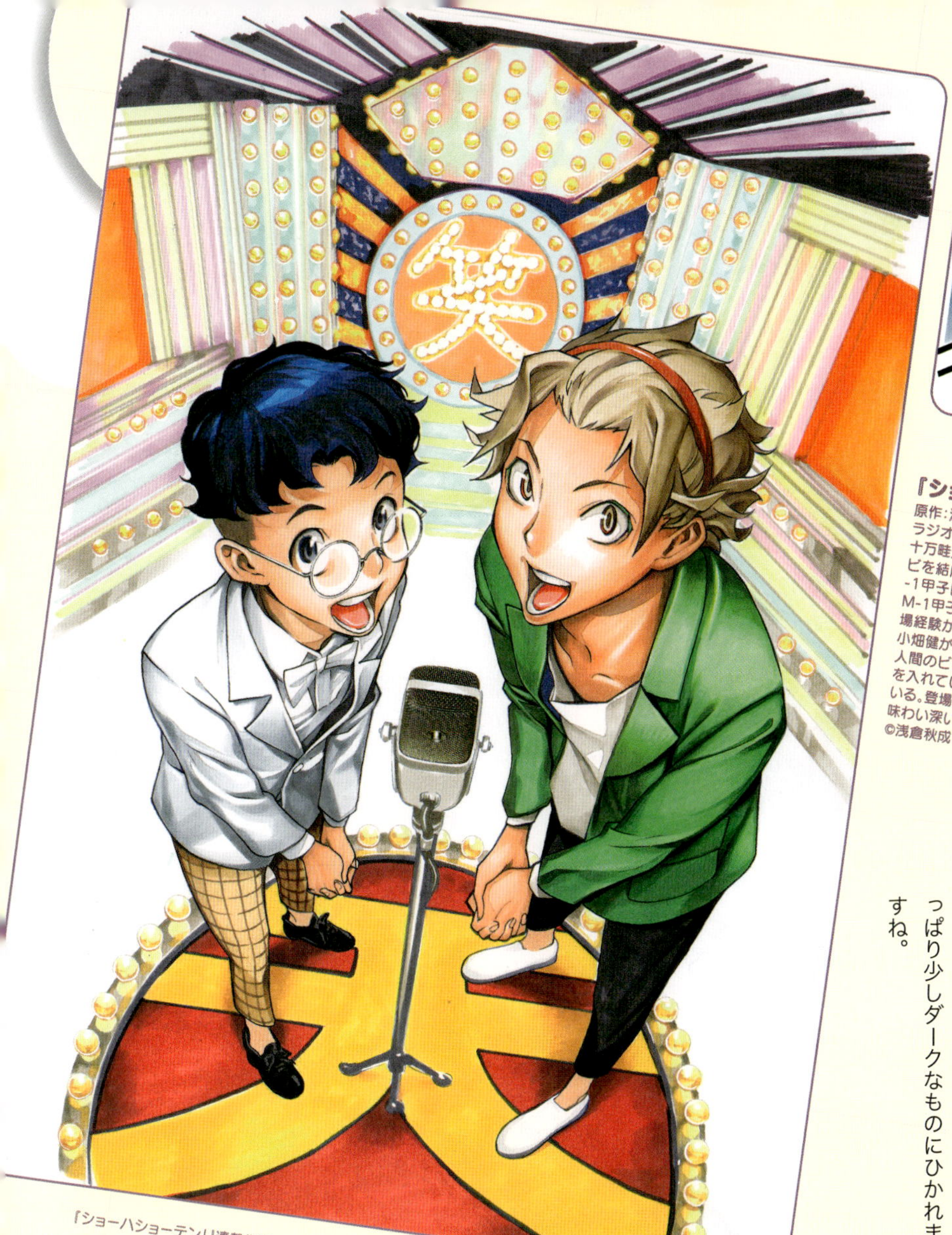
「ショーハショーテン！」連載告知イラスト

ね。全部描きたいなと思ったんですが、一番気になったのは地雷系のメイクでした。こういう表情を描きたいな、と思いました。

——どうして地雷メイクが気になったんでしょうね。地雷系やゴシックパンク、ゴスロリにしても、いわゆる多数派の服装ではなくて、少し外れた意識のある人が着ているようにも思います。

小畑　なぜ気になったのかはわからないですが、そういう生き方にはシンパシーがあります。大衆性や王道は自分でも遠く感じるというか、やっぱり少しダークなものにひかれますね。

——今回、レースなどの装飾はすべてペンによる手描きですね。かなり細かい作画ですが、いかがでしたか。

小畑　やっぱり没頭して無心になれるから良いんですよね。絵を描いていると、「ちょっと世間から離れる」というか。あと、精密な線画は昔から好きなんです。鉛筆画やペン画とか、白黒が好きなのですが、そういう絵をちゃんと描く機会がなかなかない。『デビルマンイラストレーションズ』の絵は鉛筆で描いたものですが、あれが楽しかったんですよ。「もう一回楽しく描きたいな。だったら、自分の好きな手法でやってみたいな」と思って今回描いてみました。最近の「季刊エス」の表紙はデジタルがすごいじゃないですか。そこに、ちょっとアナログのウェットな感じがあったら面白いかな？と思いました。さっき子供の頃の話で、「ロボットを正面から描く」という話題をしましたけれど、あれは設計図を描いている感じなんですよ。だから手足の長さも「正確に描きたい」という欲求があったと思うんです。その流れが今も続いているんでしょうね。

——そういった線画の作風で好きな画家はいるんですか？

小畑　挿絵は好きですね。『不思議の国のアリス』を描いたジョン・テニエルとか、日本だと伊藤彦造というカッコ良い絵を描く人がいて、好きですね。

——伊藤彦造はすごいですよね。昔の「少年倶楽部」の挿絵を描かれていた方ですね。さて、『ショーハショーテン！』の最終巻も今月に発売となりましたが、今は少しのんびりしたい感じですか？

小畑　部屋を片づけたいと思っていますね。ものを捨てたいです。

——断捨離！　今回お部屋も撮影させていただきましたが、ぎっしりといろんなものがありますね。

小畑　片づけたいとずっと思っていたんですが、連載が終わると逆に何も出来なくなるというか……。ずっとそうだったので、いよいよちゃんとやらなきゃと思っています。

——そうですか。活動四〇周年となる今年は、『ヒカルの碁 原画展』や『DEATH NOTE』関連のポップアップやゲームが発表されたり、小畑さんの過去作品も展開されています。最後に感想を聞かせてください。

小畑　目の前のことをなんとかこなしてたら四〇年描いてました。これほど長く漫画を続けられるとは思いませんでした。編集部と才能ある原作者先生、読んでくださった方のおかげです。「依頼されたら描く」。やっていることは小学生の頃から全く変わってないですね。これからもそんなマインドでやっていけたらいいと思います。次の依頼が来るまでにはなんとか部屋を片付けて、積んでいた本を読みながら過ごそうと考えています。

——これからも作品を楽しみにしています。今回は子供の頃から、各作品についてまでお話くださり、ありがとうございました。

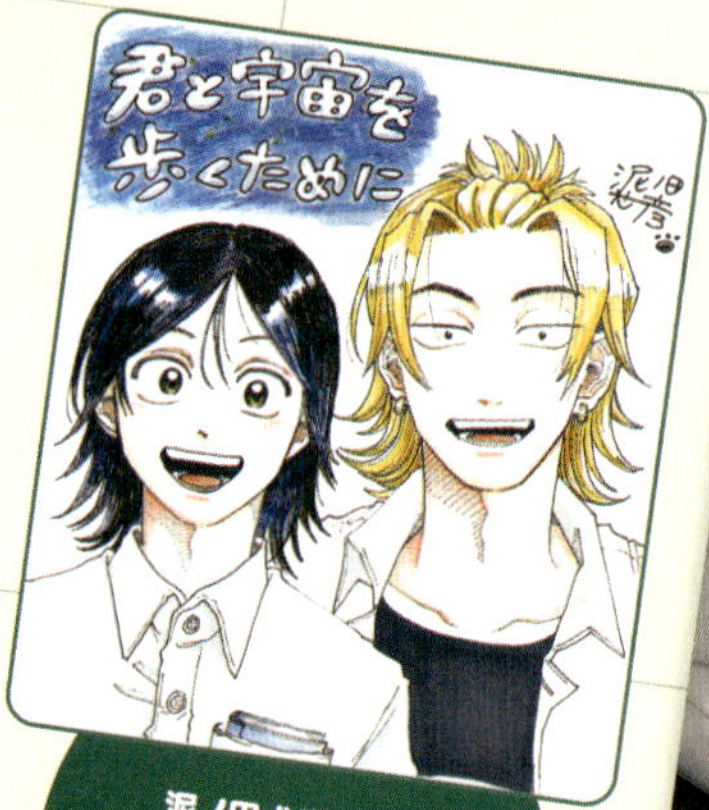

泥ノ田犬彦さんの直筆サイン色紙を1名様にプレゼント！

※詳しくは巻末のプレゼントコーナーへ。

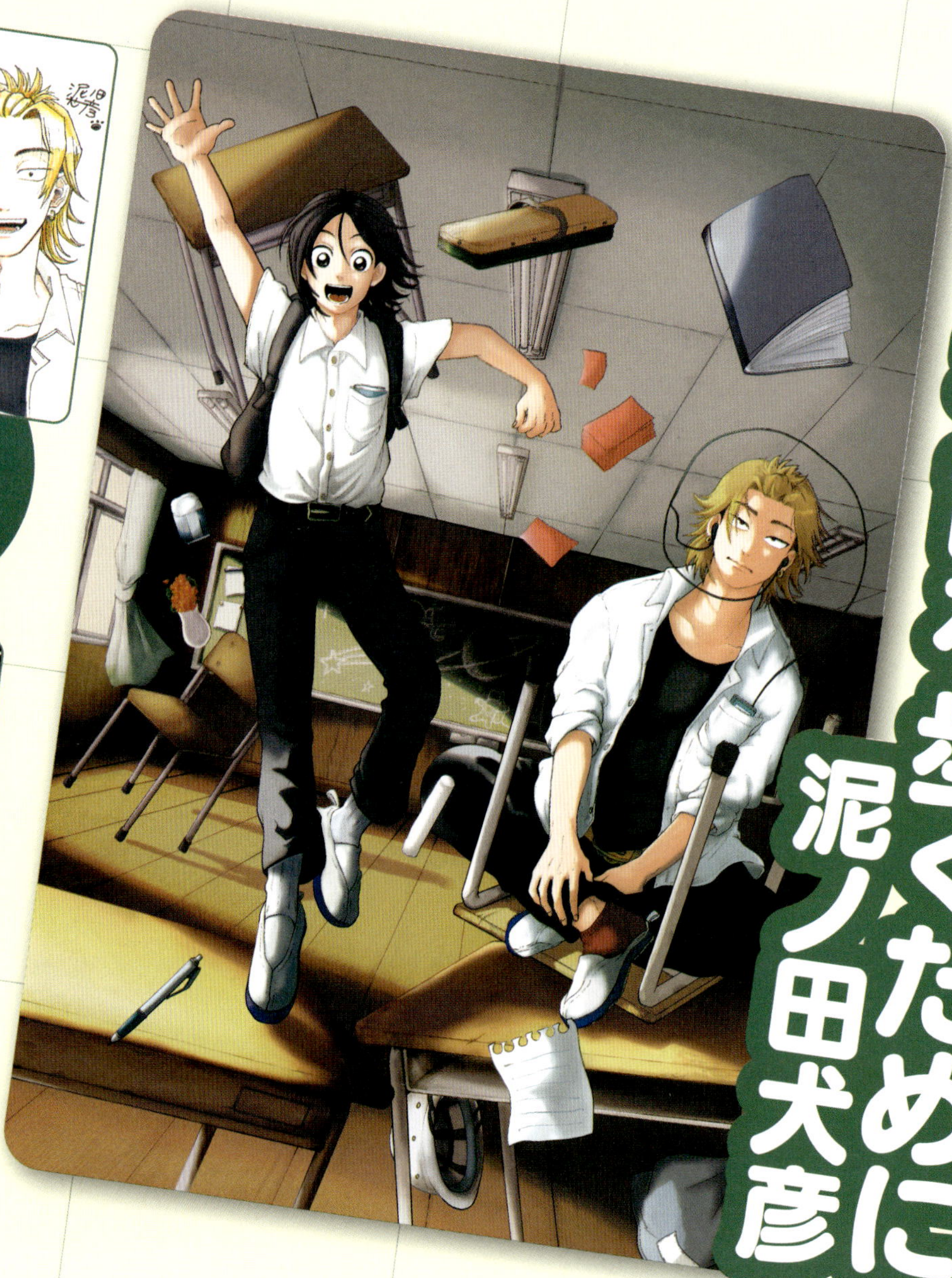

©泥ノ田犬彦／講談社

君と宇宙を歩くために 泥ノ田犬彦

ヤンキー高校生の小林は、勉強やバイトがいつも続かず、みんなが普通にできることができない自分に悩んでいた。ある日、少し変わり者の宇野がクラスに転校してきたことで、小林の日常は少しずつ変化していく——。
個性豊かなキャラクターたちが持つ、複雑で繊細な心情を丁寧に描いた『君と宇宙を歩くために』は、見る人たちの気持ちをあたたかく包み込むだけでなく、作品を通して私たちに考えるきっかけや気づきを与えてくれる。
今回は『君と宇宙を歩くために』の作者である泥ノ田犬彦さんにインタビューを敢行！　泥ノ田犬彦さんの幼少期についてから『君と宇宙を歩くために』についてのお話を伺い、その魅力を紐解く。

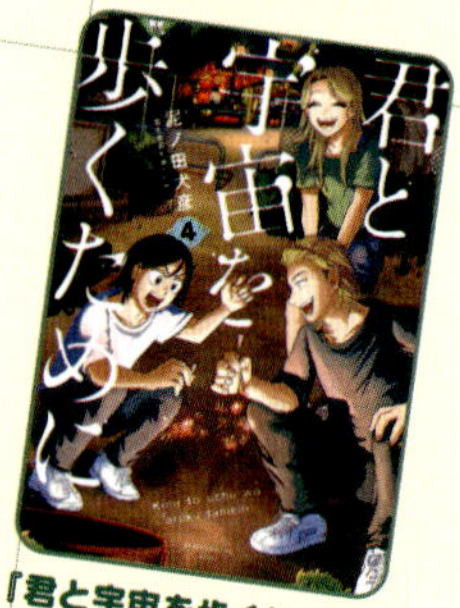

『君と宇宙を歩くために』1～4巻発売中！
発売：講談社
価格（1巻）：946円、価格（2・3巻）：759円、価格（4巻）：792円（※すべて税込）
※最新第5巻は10月23日（木）発売！

泥ノ田犬彦（どろのだ・いぬひこ）／2023年3月にアフタヌーンの「四季賞2022年 秋のコンテスト」にて準入選をした作品『東京人魚』が「コミックDAYS」（講談社）へと掲載されてデビューをする。同年6月より「&Sofa」（講談社）にて『君と宇宙を歩くために』の連載がスタート。本作は「マンガ大賞2025」大賞、「このマンガがすごい！2025」オトコ編 1位に選ばれた。
【X】@doronoda_i

——本日は泥ノ田犬彦さんへ『君と宇宙を歩くために』（以下、『君と宇宙』と表記）についてお話を伺えたらと思っております。作品についてお聞きするまえに、まずは泥ノ田さんが幼少期にどのような漫画やアニメに触れていたのかお聞きしたいです。

泥ノ田　親は漫画を読まない人だったのですが、祖父が囲碁を趣味にしていたので、小学生の頃に『ヒカルの碁』は買ってもらえて、すっかり夢中になりました。その頃別の習い事をかなり長い期間続けてやっていたのですが、やめて囲碁をやりたいと親に訴えるほどでした。実際に日本棋院に碁を打ちに行ったり、子供の大会に出場したりしました。公民館で同級生や他校の子とも囲碁を打っていましたね。家には碁盤がたくさん置いてあったので「このシミから藤原佐為が出てこないかな」とドキドキしていた記憶があります（笑）。アニメは『ヒカルの碁』のほかに、『鋼の錬金術師』や「ガンダム」の『デスティニー』『00』などを観ていました。

——その頃、絵は描かれていましたか？

泥ノ田　描いていました。小学生の頃は「コロコロコミック」を買っていたので、『絶体絶命でんぢゃらすじーさん』の絵をずっと模写していましたね。学校にラミネーターがあったので気に入った絵はラミネートして下敷きやしおりにしていました。下級生にじーさんを描いてあげたりしたこともあり、楽しかったです。

——「コロコロコミック」を読むようになったきっかけは？

泥ノ田　親戚がみんな男の子だった影響かもしれません。主な漫画遍歴としては「コロコロ」「ガンガン」「アフタヌーン」という流れだったのですが、小学生の頃は周りの女の子たちが「なかよし」を読んでいたので、一緒に買って回し読みをしていました。『ぴちぴちピッチ』『シュガシュガルーン』『まもって！　ロリポップ』『東京ミュウミュウ』などを読んでいて、『結婚しようよ』で、誰と結ばれるかで盛り上がっていた記憶もあります（笑）。

——楽しそうです（笑）。では中学高校時代はどんな漫画を読んでいましたか？

泥ノ田　小～中学生の頃は「ガンガン」を読んでいる時期で『鋼の錬金術師』が大好きでした。マスタング大佐派の私と、エド派の友達でよく盛り上がっていた記憶があります。その友達からは『キノの旅』や『蟲師』を教えてもらったり、他にもいろんな漫画を貸してもらいました。当時いろいろ読んだなかでも『BLEACH』と『おおきく振りかぶって』は特別にハマっていました。大学生になる頃からは「アフタヌーン」をよく読むようになり、市川春子先生、五十嵐大介先生は今も大好きです。

——お友達とは絵で交流などされていましたか？

泥ノ田　中高生の頃は、先程の友達と互いのマイキャラの関係性を想像しながら交換ノートを回していました。作品になるようなものは描いていなくて、少し会話をさせてみたり、自分が萌えるシーンを描きだす程度でしたね。高校時代は世界史の先生がオタクに理解が深くて教室に「ヘタリア」を置いてくれていたので、「ヘタリア」もよく読んでいました。自分でも授業の内容を踏まえて「ヘタリア」のキャラを描いてみたり。その世界史の先生は『君と宇宙』の井ノ上先生に少し似ています。

——そうなんですね！　部活動も絵や漫

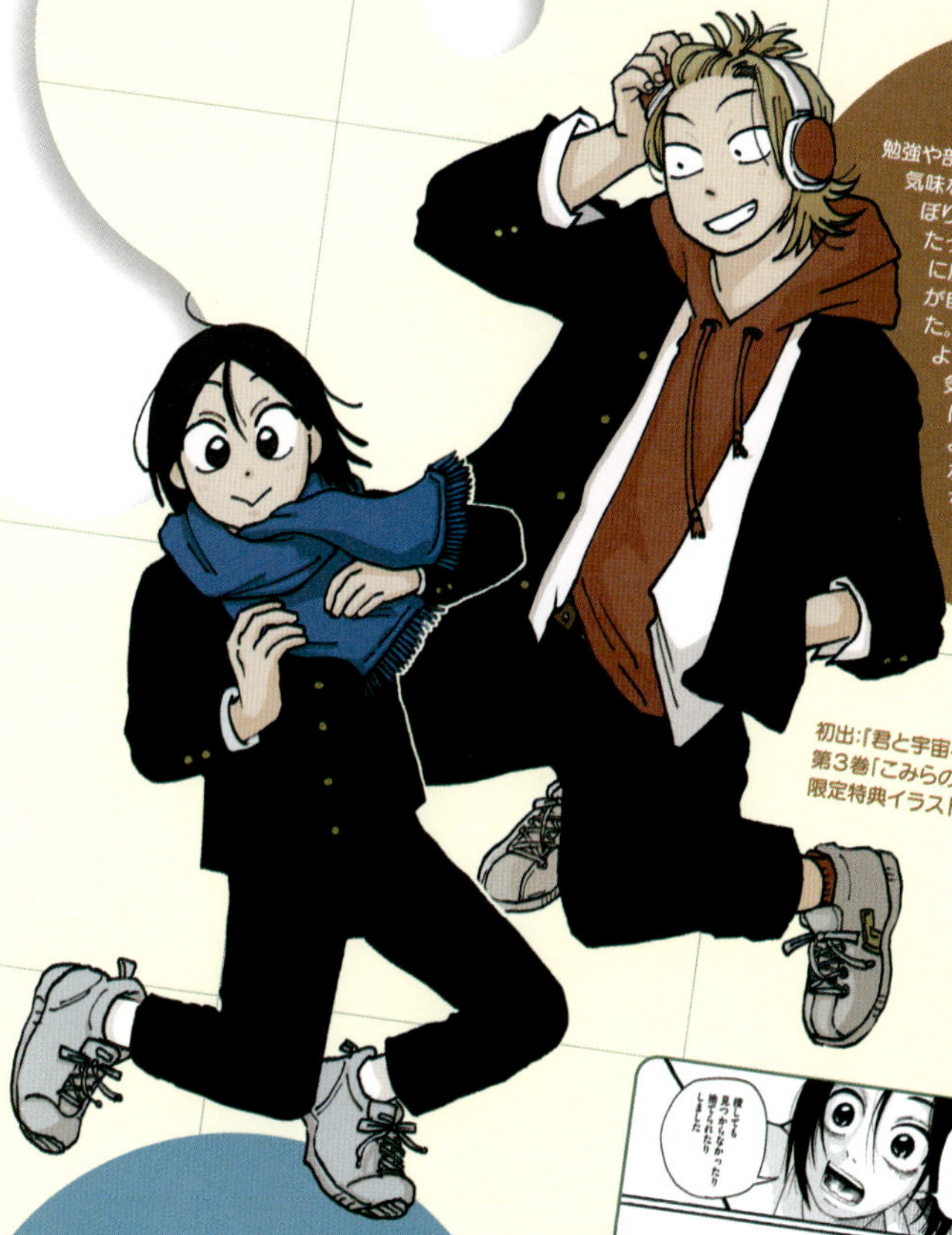

初出：「君と宇宙を歩くために」
第3巻「こみらの！」
限定特典イラストカード

小林大和《こばやし やまと》

勉強や部活、バイトが続かず、ドロップアウト気味な高校2年生。授業や学校行事もさぼりがちで、イライラするとつい物に当たってしまう。また、ヤンチャな見た目に反して、みんなが普通にできることが自分にはできないことに悩んでいた。だが、宇野と出会い、自分も宇野のように苦手なことに向き合おうと気持ちが変化する。現在は天文部に所属している。放課後や休日はよく、ゲームセンターやカラオケボックスなどで友人の朔やみっちゃんと遊んでいる。

宇野と出会い変化する小林

自分の苦手なことを理解して工夫ができる宇野は小林にとって、かっこいいと思える存在。例えばいつも宇野が持ち歩いているノートには宇野が苦手な、失敗したときの対応や、バスへの乗り方などが書いてあり、自分が焦ったときや迷ったときに見返せるようになっている。宇野の苦手なことや怖いと感じることの話を聞くことで、小林も自分にとっての苦手に気づけるのだった。また、小林は宇野と話をしたり、宇野の姿を見ることで物事の見方や考え方に刺激を受けているのがわかる。宇野が頑張っている姿を見て自分も頑張ろうと徐々に気持ちも前向きに変化していく。そんな小林の一生懸命な姿に胸が熱くなる。

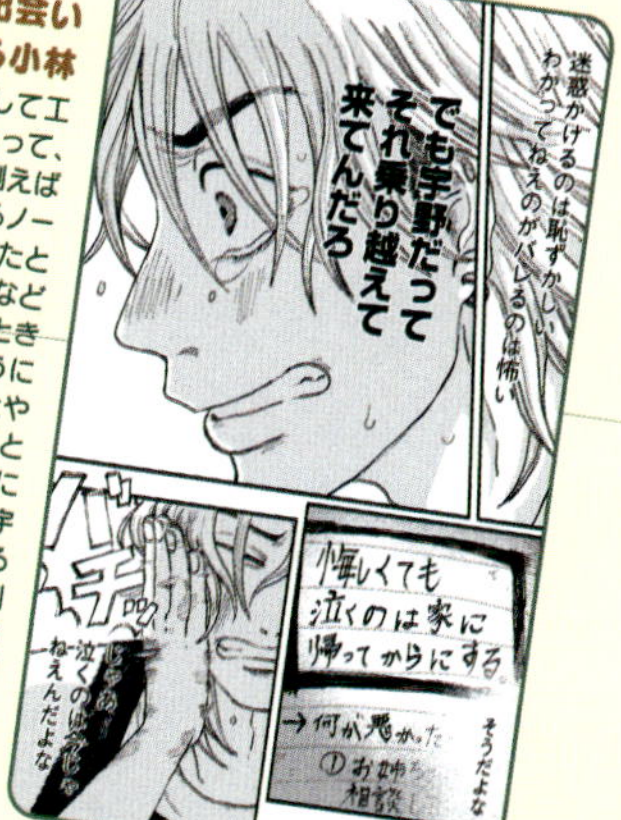

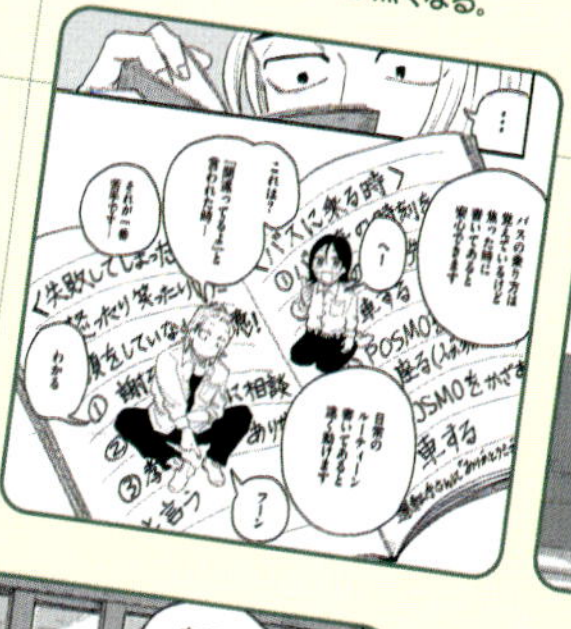

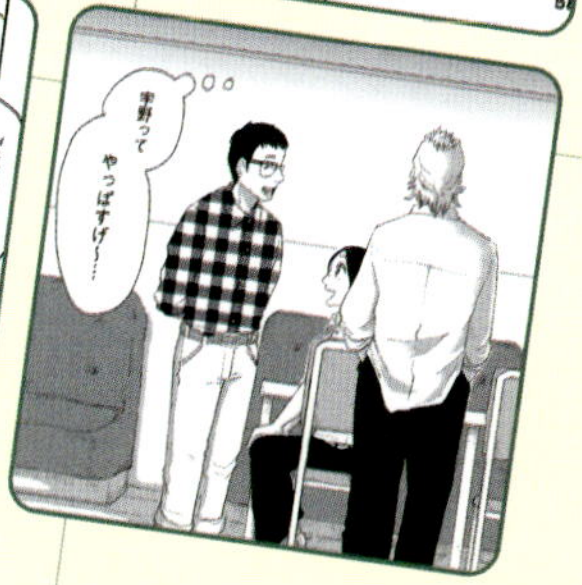

宇野啓介《うの けいすけ》

小林らのいる男子校へ転校してきた高校2年生。臨機応変な対応をする、たくさんのことを同時に行うなど、「普通」とされていることを行うのが苦手。だが、宇野は自分の苦手なことを理解しており苦手に対応するための内容が書かれた小さなノートをいつも胸ポケットに入れて持ち歩いている。また、宇宙が好きで、アニメ「土星くん」のグッズを集めている。現在は小林と一緒に天文部に所属している。

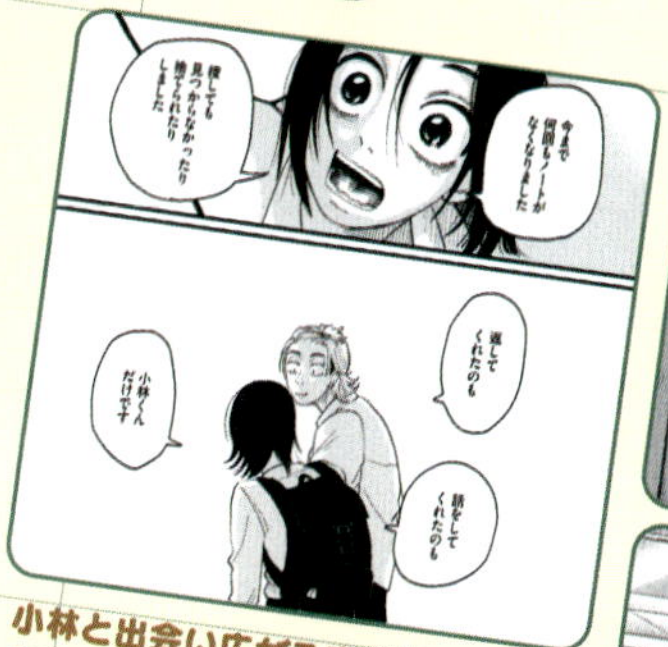

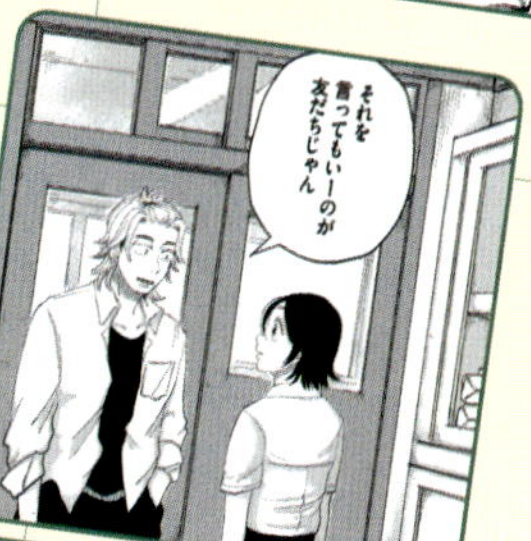

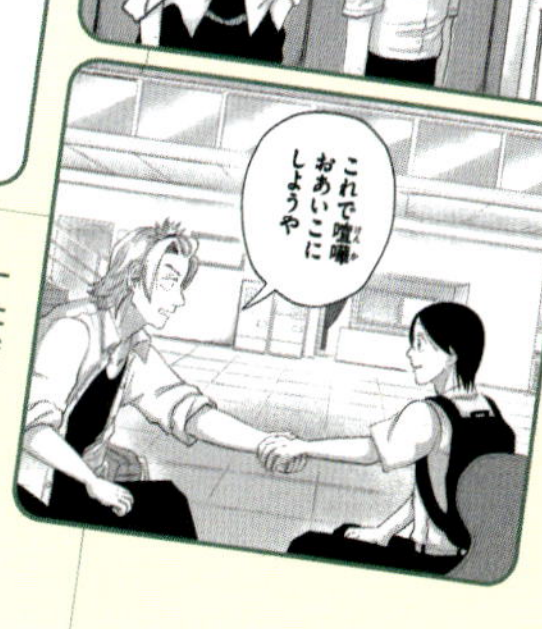

小林と出会い広がる宇野の世界

宇野にとって小林は自分が大事にしているノートを同じように大事なものとして扱ってくれたり、話を最後まで聞いてくれたりする大切な友だち。また、宇野から見た小林は自分ができないことをなんでもできるかっこいい人でもある。小林と出会ったことで、はじめて「友だち」という関係性を知っていく。

泥ノ田犬彦インタビュー

画関係でしたか？

泥ノ田　中学生の頃は運動部でした。もともと運動は大の苦手だったのですが部活を決める時に親と喧嘩して。このままだと運動と関わらずに生きることになると言われたことで、反骨精神が刺激されてしまったんです（笑）。結局、運動は苦手なままでしたが、先輩方がとても優しくて、三年の最後まで部活を続けることができました。

——運動部だと他校との交流も多そうです。

泥ノ田　確かに部活で人と関わってはいましたが、対人関係はあまり得意ではありませんでした。よく面白いねと言われたけど、何が面白いのか分からなかったというか。いま思うと「面白い」は「funny」の意味だったと思うんですが、気がつくのが遅かったんですよね。友達の家に集まってお菓子を食べている時に、なぜかみんなは笑うけど、自分ではなんで笑われているのか分からないということがあって。それが三回続いた時に「ずっと鼻歌うたってるよね」と言われたんですよ。そこで「あっ…」みたいな。だから笑われるんだ、自分の挙動って「面白い」と思われるんだ、と気づきました。そのあたりから対面だと、変なことをしてないかな？　浮いてないかな？　と気になっちゃうんです。

リアルだと相手がどう思っているかその瞬間には分からないんだなと悩み始めたのもその頃で、そういうこともあって、漫画や小説から人の気持ちを学ぼうとしていた時期もありましたね。図書館で『はてしない物語』やポケット詩集を繰り返し読んでいた記憶もあります。それが中学生。高校生は一番心を閉ざしている時期で、当時の自分の気持ちは美川先輩に投影しています。

——そのあと大学では絵を学ばれたのでしょうか？

泥ノ田　大学は美術史などを学んでいました。要はプレイヤーでなくプレイヤーを支えるための勉強をしていたんですが、なんで描く側に行かなかったんだろうとモヤモヤして。しかも自分が希望するゼミの教授に、「あなたがもしプレイヤーになりたいのなら、私のゼミには入ることはできない」と言われた時に「私は漫画家になりたいわけではないです」と答えてしまって。それがずっと心に引っかかっていたんです。本当に描く側になりたくないのかなって。けれどそのあと、別の教授に「音楽の研究者はみんなプレイヤーだよ」と言われたんですよ。そうでなければ良い研究者にも批評家にもなれないと。その言葉で、ああ、私はプレイヤーでもいいのかと思って、漫画を描き始めたんです。

——泥ノ田さんは、それ以前も漫画は描いていたんですか？

泥ノ田　描いていました。漫研には所属していなかったのですが、友達と一緒に文化祭で同人誌を出したりして。それは牛をバラバラに解体して食べるファンタジー漫画で、五十嵐大介さんの影響を強く受けたものでした。小学生の頃繰り返し読んでいた『あおいいのちの詩』という児童書にウミガメの解体シーンが出てくるのですが、ウミガメの心臓をタッパーに入れてもらい、命を感じるシーンが忘れられなくて。最初は怖いと思っていたのですが、何度も読むうちに、非常に重要なシーンだなと感じるようになりました。自分でもあの感覚を再現したくなったのだと思います。

——その後、アフタヌーンの「四季賞2022年 秋のコンテスト」へ応募した『東京人魚』が準入選に選ばれました。コンテストへ応募しようと思ったきっかけはあったのでしょうか？

泥ノ田　『東京人魚』は、今の担当の降旗さんに誘っていただいたのがきっかけで描いた作品です。オリジナルのボーイズラブを描いて久しぶりにコミティアに参加したので、アフタヌーンの出張マンガ編集部に本を持っていくことにしたんです。ですが、すごく混み合っていたので描いた本だけを投稿ボックスに置いてスペースに戻りました。そのスペースを離れているあいだに入れ違いで来てくださったのが降旗さんでした。

——降旗さんから見て泥ノ田さんの同人誌はいかがでしたか？

降旗　泥ノ田さんは、とにかく描くものに熱量がありました。持ち込んでいただいた同人誌は『東京人魚』が近いテイストかと思いますが、決め絵のようなところがすごく目を惹き、感情を見せる時の力強さや線の多さがとてもかっこよくて、この人は持っているぞ！　と思ったんです。

泥ノ田　ありがとうございます。中学生の頃、保健の授業で妊娠や女性の体に関するアンケートがあった時に、「あなたは将来子供が欲しいですか？」という質問に対して私は「いいえ」に丸を付けたのですが、それ見た

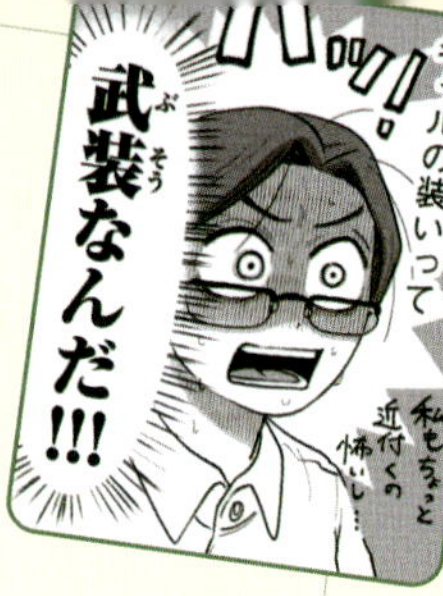

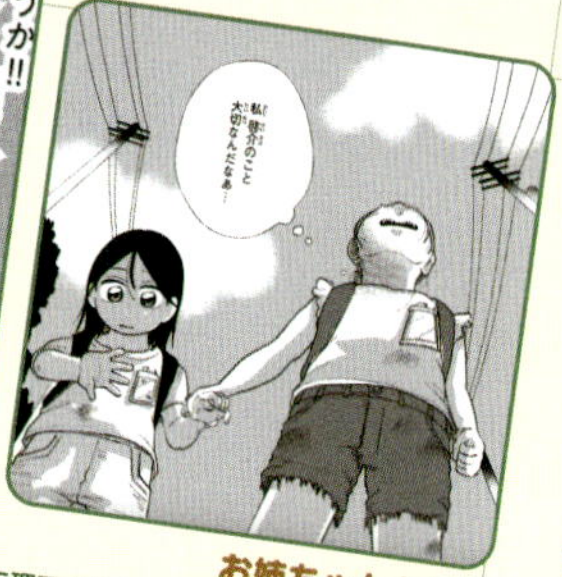

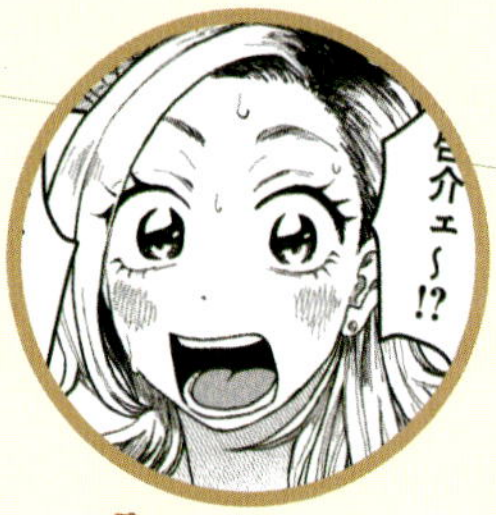

宇野さつき

宇野啓介のお姉ちゃん。弟想いで過保護すぎる一面も。初めは弟と仲良くするヤンキーな見た目の小林のことを信用できず、弟を守るために牽制していた。とにかく弟が傷つかないように、と一生懸命にお姉ちゃんとしての役割を果たそうとしている。

お姉ちゃんとして

小学生の頃に弟が同級生の子に理不尽な扱いを受けている姿を目撃してしまう。その瞬間、自分が弟のことを大切に想っているのだと気づき、弟を守ろうと覚悟を決める。同時に、見た目でナメられないようにと、良い子な見た目からは卒業してギャルになることに……！

変化する弟、戸惑う姉

当初は弟に近づく小林を警戒し牽制をしていたお姉ちゃんのさつき。小林の存在は弟に悪影響を与えているのだと思い、弟の啓介にも小林と距離を置くようにと伝える——。だが、小林とふたりで話をしてみると、実は小林が弟を見る目はフラットで、むしろ小林が弟から良い刺激を受けていたと知る。小林との出会いは、宇野だけでなく宇野の家族であるお姉ちゃんにとっても世界が広がる出会いであったことがわかる。

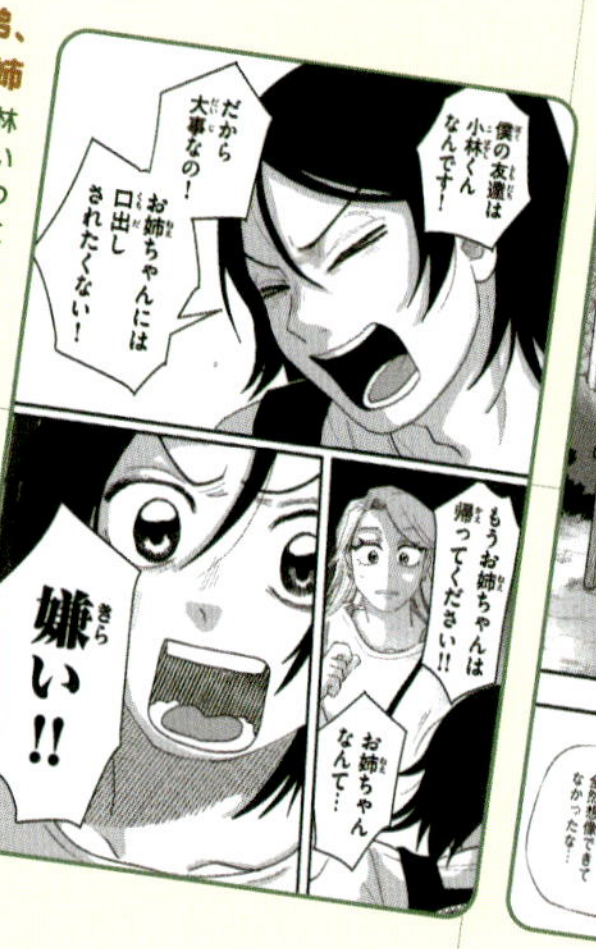

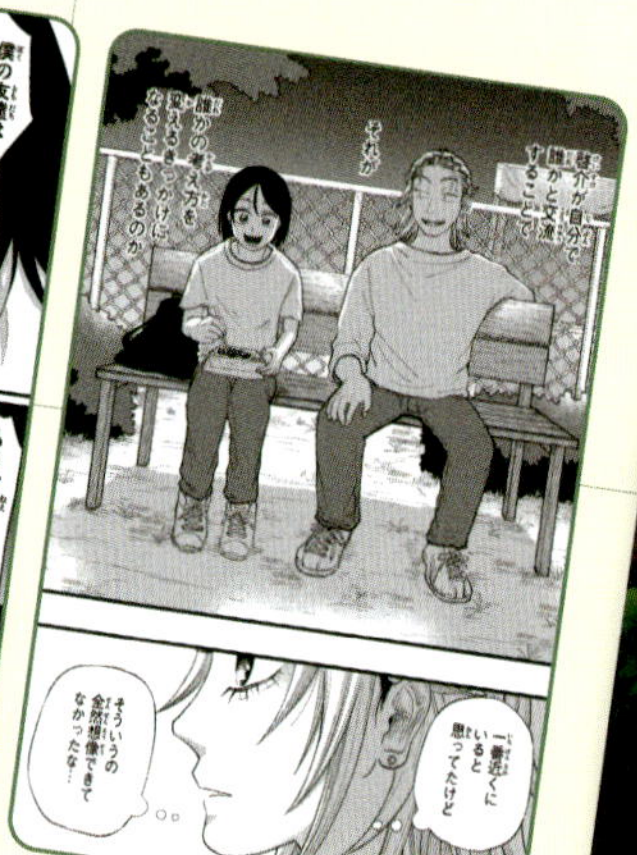

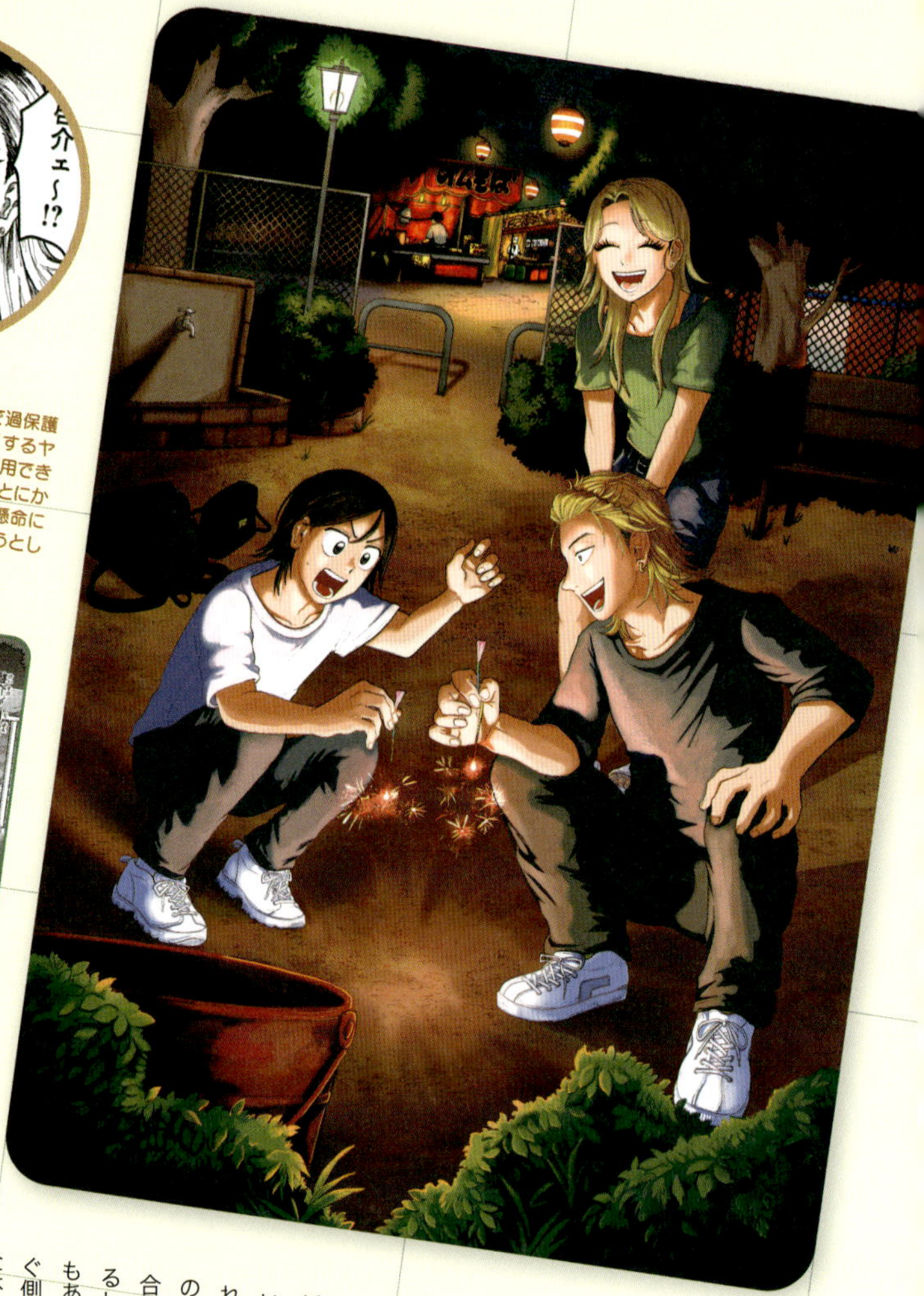

友達が「なんで子供が欲しくないの?」と聞いてきたんです。その時にその回答は少数派なのだと初めて気づきました。私にとっては例えば動物番組などで流れる感動の出産シーンもずっと怖いものでした。人格ある一人の人間の中にもう一つの新しい人格ある生命がいる状況が怖くて。それに出産って、たくさんの出血をして、最悪の場合は命を落とすこともあるし、後遺症が残る場合もある。そんなリスクがすぐ側にあるにも関わらず、全体的にめでたくてあたたかいイメージだけが強いこともずっと不思議でした。もちろん赤ちゃんは可愛いと思いますし、赤ちゃんが生まれることはめでたくハッピーなことでもあるとは思うのですが、生まれるまでの過程が怖くて…。昔は隣に妊婦さんがいるだけで緊張していました。そういう感情を一つの漫画にしてみたいなと思い、『東京人魚』を描きました。

——そうだったのですね。具体的にどのように描いていったのでしょうか?

泥ノ田　最初は舞台設定がファンタジーで、もっと暗い話でした。ですが、降旗さんから読み切りとして読者が物語に入り込めるよう「嘘は一つまでにしてください」とアドバイスいただいたんです。なので、キーとなる人魚以外は全て現代の設定に変えました。また、今はSNSが発達したことで、他人の人生が目に入りやすくなってきているように感じます。そのため漫画でヒロインにものすごく負荷をかけてもそれは読者の非日常にはならないかもしれないし、誰もが人生の中で傷つくことを体験している可能性があって、今はもうそれをセンセーショナルに描くには意味が変わってきているように思うんです。ですから、傍から見たらものすごく幸せそうだけど、本人にとってはどうなんだろうという物語を描くことにしました。

——それから『君と宇宙』はどのようにして描き始めたのでしょうか?

泥ノ田　『東京人魚』の結果を待っている二ヶ月のあいだでもう一本読み切りを描かないかと提案いただきました。『東京人魚』を提出したあとも、うまく描けていなかったかもしれない、と不安に思っていたので声をかけていただけてとても嬉しかったです。自由に描けるものをひとつ描いて欲しいと言われたのですが、思うように進まなくて。締め切りも迫っているなかで思い浮かんだのが、宇野くんと小林くんの設定でした。その時は、自分がいま一番新鮮に感じている感情を集めて物語を描きたいと思ったんです。また、当時好きだった舞台作品の新キャラクターにとても魅力的な子がいて、彼から受けた衝撃も1話に影響していると思います。その子は見た目の第一印象から内面が全く予測できないキャラクターでした。そのキャラクターが舞台に立っているだけでちょっと泣きたくなってしまうくらい強く感動してしまって…。誰かが生活をしている姿を見るだけでグッとくるようなキャラを自分でも描けたらいいなと思ったことも、宇野啓介というキャラ造形につながっていきました。宇野くんのように言動に特徴のある子は漫画や小説などの世界では、天才的なところや、ずば抜けた能力に注目されることが多いと思うのですが、現実ではみんなに才能があるとは限らない気がするんですよね。宇野くんに特別な才能や能力がなくても物語として面白く描くことができたら、新しいキャラクター像になるのではないかとも思いました。それに、自分が生きている時代の創作物に宇野くんのようなキャラクターがいて欲しいと思ったのもあります。

——小林くんはどのようなきっかけで生まれたのでしょうか?

泥ノ田　小林くんは昔の自分が思っていた感情をベースにつくったキャラクターです。一所懸命ではあるけれど、自分ができないことに対してなぜできないかが分からないでいます。人と共有すると情けなくなってしまうから誰にも言えないような失敗や悩みって誰しもあるような気がするのですが、小林くんもそれを持っています。なぜ自分ができないのかを考えた時、自分だけでは解決できないことってあると思います。しかし、周囲を見ると誰かがその解決方法に辿り着いていたり、その姿を見ることで自分が何かを発見できることもあります。その関係性を宇野くんと小林くんで描きたいなと思いました。小林くんがもし宇野くんのことをバカにしていたら「何やってんだよ」で物語は終わってしまうと思うのですが…あの時の小林くんは自分の悩みや改善したいと思う部分を宇野くんの中にも発見したので、「あ、この影響を自分も受けてみようかな」と思えた、という風に描いています。自分の立ち位置を確認することってとてもしんどいことだと思うのですが、少しずつ小林くんの心が開けていく様子を描いていけたらいいなと考えています。

——宇野くんは小林くんを見た目だけで判断することはないし、小林くんも宇野くんがノートにテザーを作っていることを馬鹿にせず、自分でもやってみようと思いますよね。そういう二人のピュアな感受性がとても素敵です。

泥ノ田　ありがとうございます。宇野くんと小林くんには、お互いをかっこいいなと思っていて欲しいんです。個々の能力や得意分野によってできることは異なりますが、できない物事に対して自分なりの対応方法を考えたり、コツコツやろうと思う気持ちがある人はとてもかっこいいよなあと思って。また、そういう宇野くんの姿を見た小林くんが「こいつかっこいいな」と思うことで、宇野くんのかっこ良さもより引き立つかなと思いました。小林くんと宇野くんはお互いに支え合うというよりお互いが勝手に、「こいつかっこいい、俺も頑張ろう」と、自然と影響され合い成長していく二人として描きたいなと思っています。

——ビジュアルはどの段階で考えられたのでしょうか？

泥ノ田　宇野くんは、最初からあまりビジュアルは変化していないと思います。少し長めの黒色のストレートヘアーで、最初はセンター分けだったと思います。ですが、ネームで簡略化した際により分かりやすくなるように、前髪のセンター部分に毛を垂らすことにしました。小林くんは宇野くんとの対比を意識して考えていきましたね。また、ずっと漫画を読んでいたこともあり、私はモノクロで見た時に金髪と黒髪が並んでいるバランスが綺麗だなと思っていたので、描くなら金髪かなと思いました。

——そうだったのですね。

泥ノ田　実は、もともと体育会系な人たちやヤンチャそうな人たちのことを、少し怖いなと感じていたのですが、ハマっていたドラマのメイキング映像を見ていたら、自分が怖いなと感じていたタイプの見た目の人たちが、休憩中に流れていた音楽に合わせて踊っていたんです。自分とはかけ離れていると思っていた彼らも、音楽が鳴れば踊るし歌うことがある。当たり前のことではあるんですけど当時の私には衝撃でした。私はそれをして浮くタイプでしたし、私の普段の日常の中では音楽を突然口ずさんだり音に合わせてその場で踊る人は希少だったので。そこで、これって私の中の偏見の一つだったなあと反省しました。そんな私自身の偏見の目線をベースにして、自分が高校生の時に苦手だと感じていたタイプの平成のギャル男のようなイメージで小林くんの造形は考えていったんです。「怖い」見た目にしようと思いました。

——泥ノ田さん自身の気づきもあったのですね。美川先輩も自分が小林くんに対して偏見を持っていたことに気づき始めてから変化するキャラの一人ですね。美川先輩は文学青年のようなイメージでしょうか？

泥ノ田　そうですね。私は梶井基次郎がすごく好きなのですが、美川先輩も梶井基次郎が好きそうだなと思います。梶井基次郎の『Kの昇天』『桜の樹の下には』が好きそうな高校生男子を描きたいなというところからイメージを膨らませていきました。もともと『君と宇宙』は読み切りのつもりで描いていたので、天文部までは初期の段階では考えていなくて。連載が決まり、天文部の部員を考えて欲しいと言われた時に、せっかくなら美川先輩は一番好きなビジュアルにしようと思いました。目が隠れるほどの長めの前髪に下を向きがちなビジュアルが大好きですね。最初はメガネ姿も考えたのですが、情報量が多くなってしまうかもと思いやめました。また、どのキャラにもステレオタイプとは別の要素を入れたいと考えています。美川先輩なら内向的で自分に自信がないタイプだけれど、他人から見たら高身長だし言動も威圧的に見える…という感じで。

——美川先輩は片頬だけ少し肌荒れしているなど、ディテールが細かいですね。

泥ノ田　思春期は肌が荒れやすいので、そういうキャラクターがいてもいいかなと。あと美川先輩は過度な身だしなみやオシャレに気をつかうような人間の魂のステージに行きたくない、という抗いもありそうな気がします。オシャレになることで人と比較されてしまうなら、いっそオシャレをしないというメンタリティでいると思いながら描いています。

——美川家は兄妹で性格が真逆そうなのも気になります。

泥ノ田　そうですね。家族はみんな明るいけれど本人だけがネガティブなキャラにしようと思っていました。いろんな人間を描きたいなと思った時に、環境で変化した人もいれば、環境はすごく整っているのに本人に抗えない何かがあって苦しんでいる人も描きたいと考えたので。美川先輩は妹から変な奴だなと思われていますが、美川先輩は美川先輩でいろいろ思うところはある。でも兄妹仲が悪いわけでもない、という感じです。また、美川先輩はお兄ちゃん、小林くんは一人っ子、宇野くんは弟なので、下に妹弟がいる人が部長でいたら楽しげな雰囲気で部活もまとまるかなという気持ちもあって、美川先輩には二人の疑似お兄ちゃんのような感じで頑張っていただこうと思いました。三人の中では一番バタバタしていますが、責任感があって部長として頑張っていますね。

——文化祭（第19話見えない空気）でも宇野くんに具体的なアドバイスをしていて頼り甲斐がありました。

泥ノ田　宇野くんは、共感で「大変だね」と言われても「大変です」で終わってしまう気がしたので、次に進むためのアドバイスを提示してあげる人が必要でした。それには美川先輩が適任かなという話になりました。すごく仲が良いわけでもないけれど、宇野くんに対して優しくし

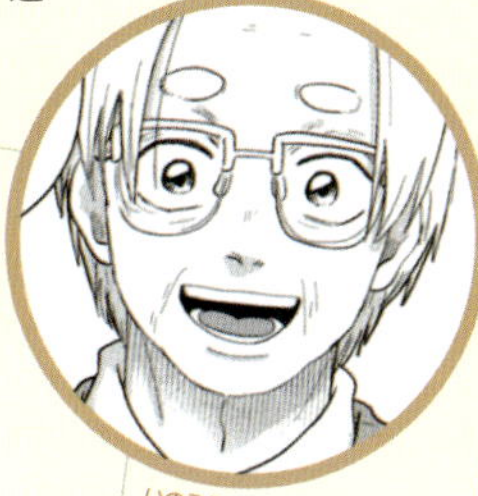

井ノ上《いのうえ》先生

理科の先生。天文部の顧問をしていて、来年定年を迎える。生徒たちのことを優しい眼差しで見守っている。

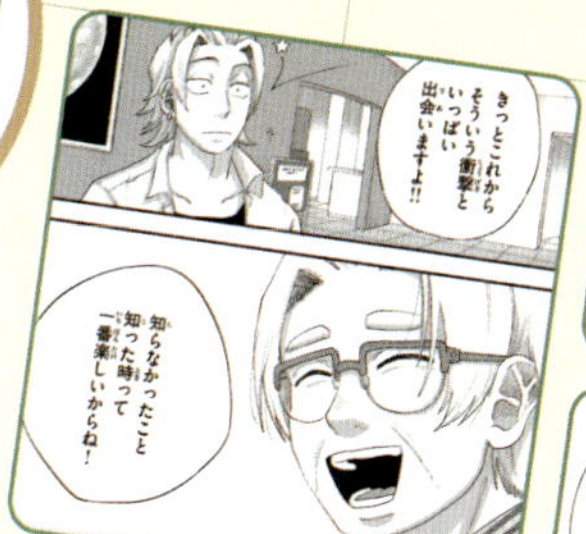

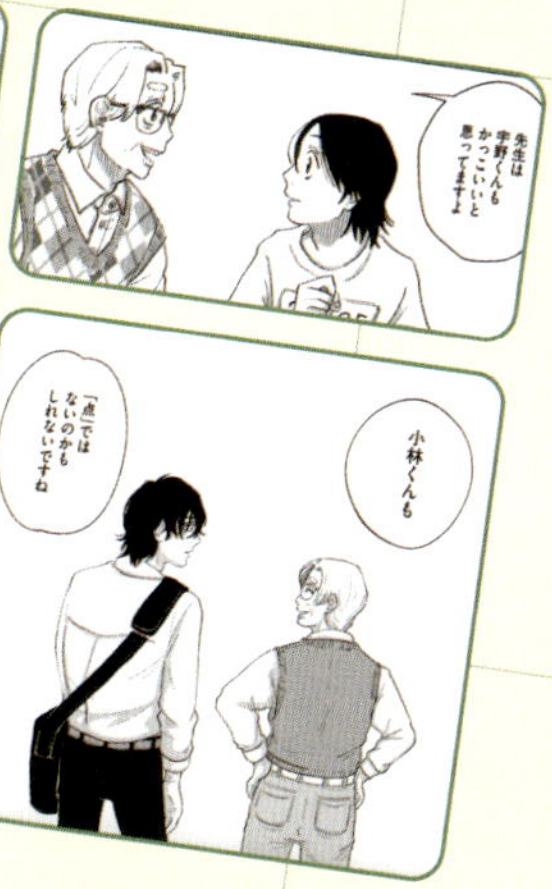

子どもを見守る優しい大人

『君と宇宙を歩くために』には、宇野や小林を見守る素敵な大人がたくさん登場する。ふたりの成長を見守る大人のひとりとして、天文部の顧問である井ノ上先生がいる。例えば、宇野が悩みを打ち明けたり、小林がネガティブに感じているものをポジティブに変換してくれたり…。さらにはヤンキーな見た目をした小林を警戒している美川に対しても、小林の見え方を変えてくれるようなきっかけとなる言葉を与えてくれる。部活の顧問という絶妙な距離感でみんなを見守ってくれる井ノ上先生は、天文部のメンバーにとっても安心できる存在だと言える。また、さまざまな教えをくれる井ノ上先生に心があたたかくなる。

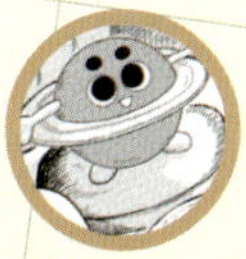

土星くん

宇野や井ノ上先生が大好きなアニメ「土星くん」のキャラ。井ノ上先生のデスクや宇野のお部屋などに登場する。

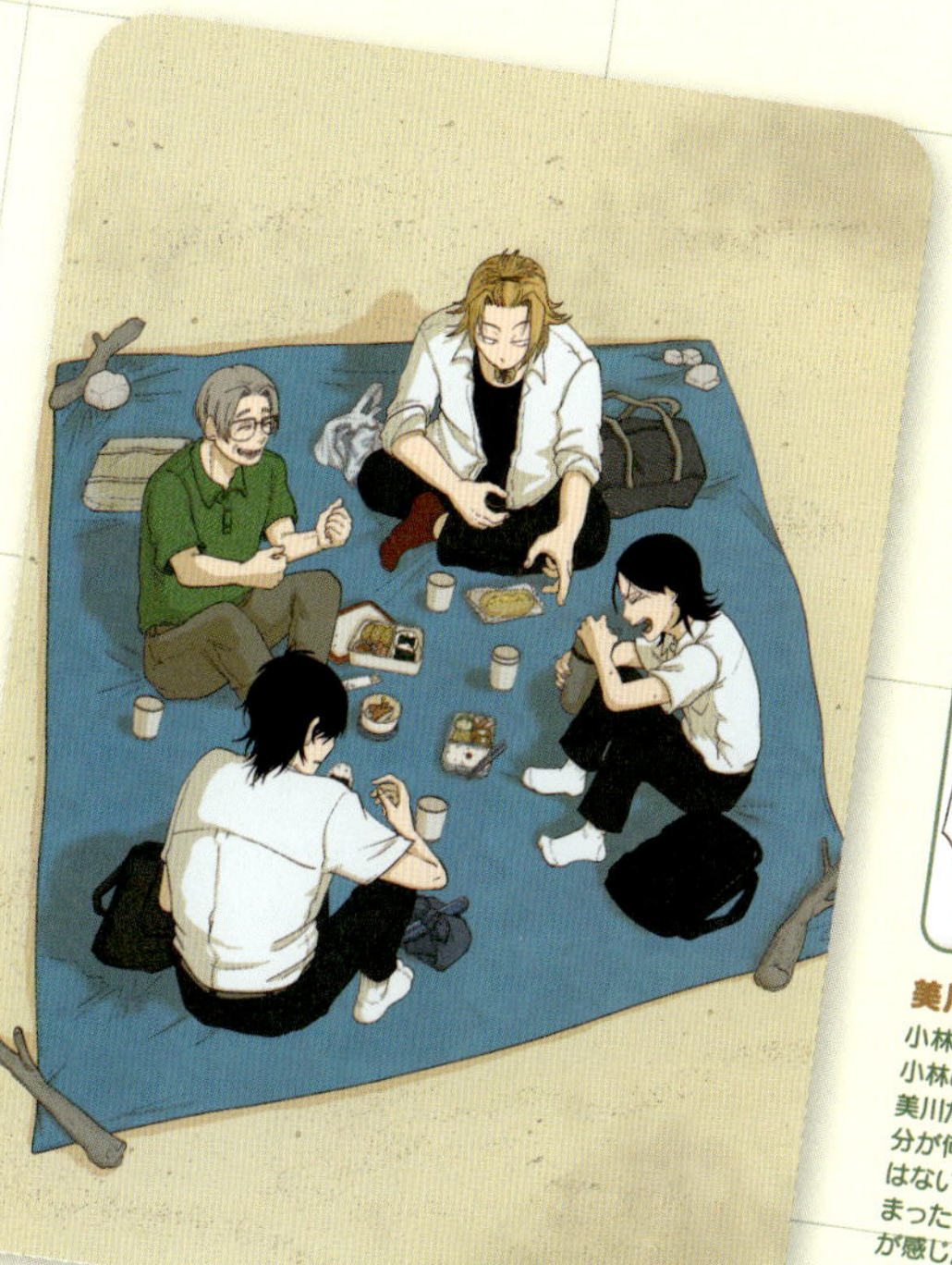

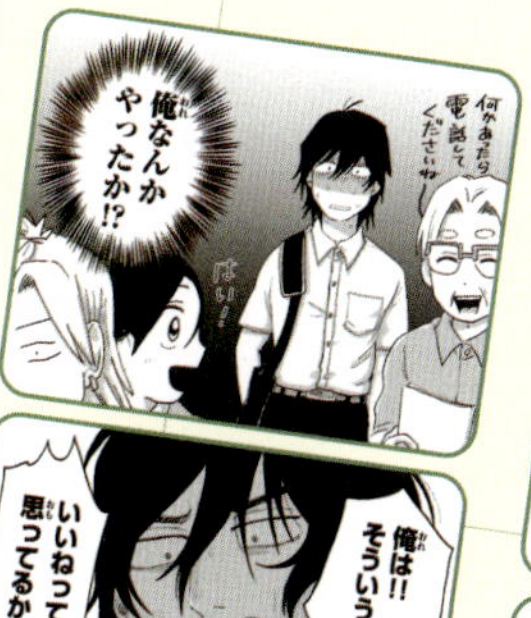

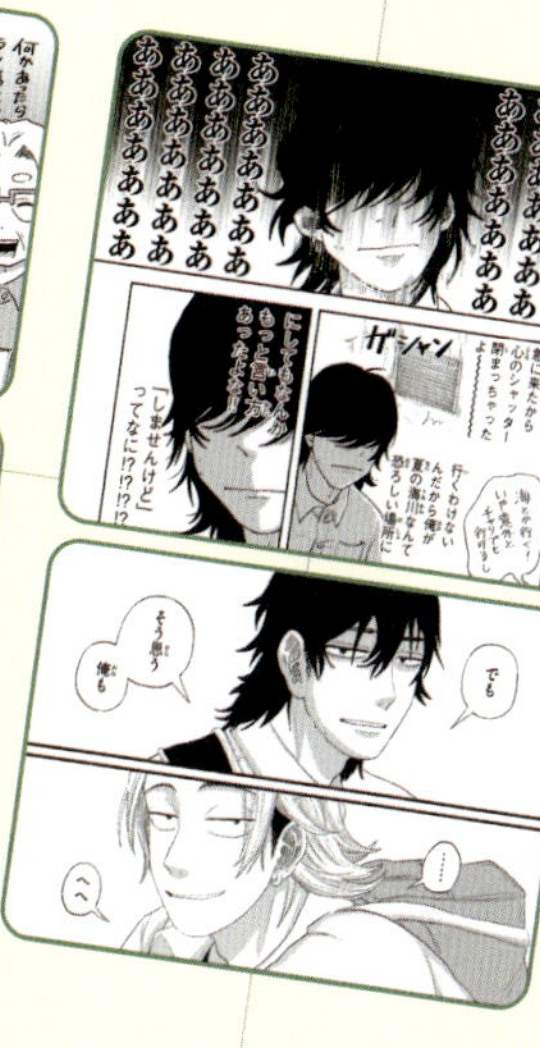

美川の変化と成長

小林の視点で見る世界を面白いと思い、小林の言葉に思わず吹き出してしまった美川だが、そのあとの何気ない仕草に、自分が何か余計なことをしてしまったのではないかと、脳内で反省をする。笑ってしまったことを小林に謝りたいと思い、自分が感じた気持ちを勇気を出して伝えにいく——。美川も、宇野や小林と関わることで少しずつ物事の見方や苦手への向き合い方が変化したひとりだといえる。

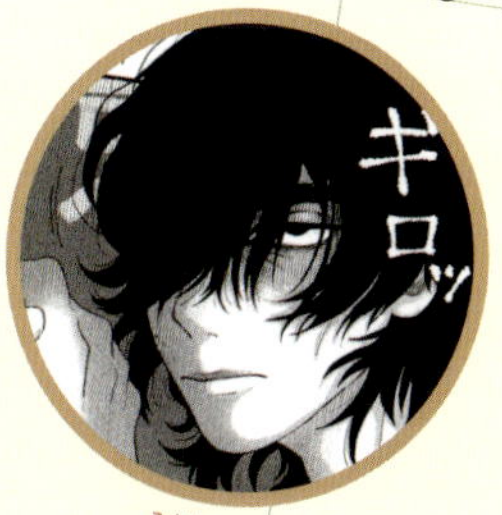

美川《みかわ》 昴《すばる》

天文部の部長。コミュニケーションが苦手で、いつも自分の言ったことを頭のなかで反芻しては後悔することを繰り返す。妹が一人いるからか、宇野が悩んでいた時には自ら声をかけ、面倒見の良さを見せる瞬間もある。また、ヤンキーにしか見えない小林のビジュアルに緊張し、苦手意識がある。だが、話をしてみると実は自分とイヤなことが一緒だったり、天文部で一緒にいると小林の感性を面白いと感じたり…。少しずつ打ち解けていく。

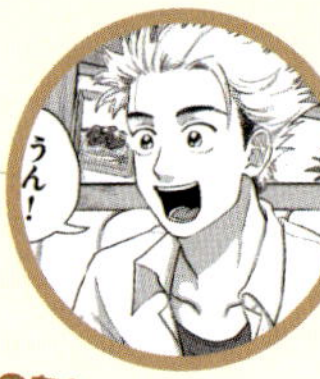

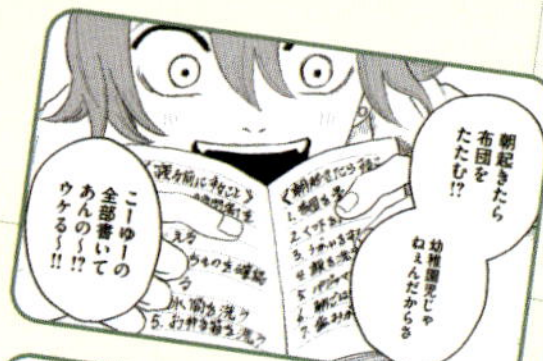

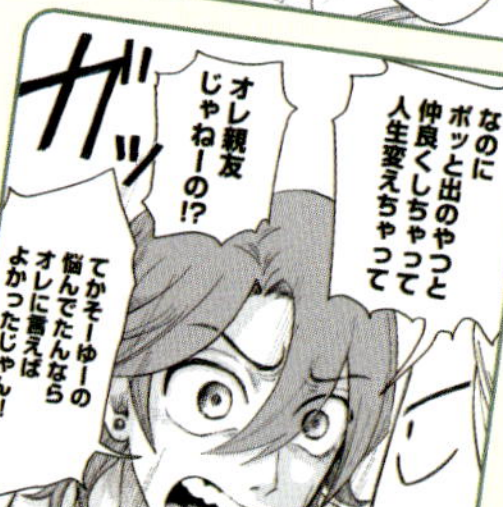

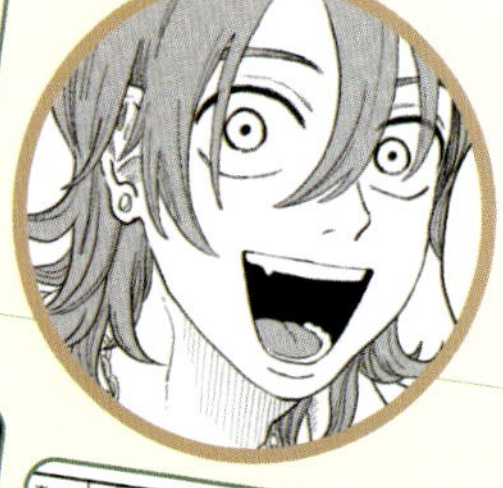

小林の友だち・小田桐朔《おだぎりさく》

小林の幼馴染。宇野が転校してきたことで小林と居る時間が徐々に減ってきた。初めて宇野に会った時は宇野に対して煽るように話をしたり、宇野の大切なテザーを見てバカにしたりしていた。宇野に影響を受けて変化する小林を見て少しモヤモヤ…。写真部でゆるっと活動しつつ、居酒屋でアルバイトしている。

小林の友だち・みっちゃん

ポジティブで楽観的。体育祭のBGMを探しに小林のバイト先へ行った際には、好きなバンド「マーメイドシバーズ」を通して初対面の望月ともすぐに打ち解ける。初めて会った人でもすぐに仲良くなれる明るさとコミュニケーション力を持っている。

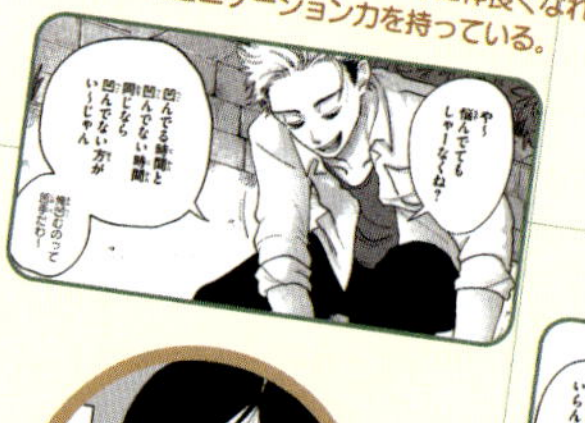

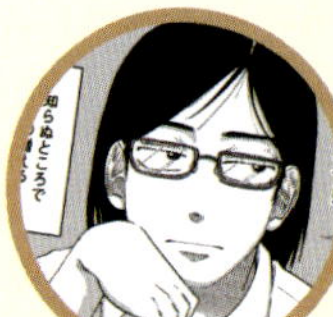

クラスメイト・村井くん

小林・宇野のクラスメイト。体育祭では、ふたりと共に組体操をする。また、小林に対しても臆することなく、しっかりと意見を伝えることができる。
泥ノ田　第1話のカラー絵を描いている時に、小林くんの後ろに村井の姿をモブで描いていました。個人的にずっとそれが気に入っていて、いつか登場させたいなと思っていたので描けて嬉しいです。

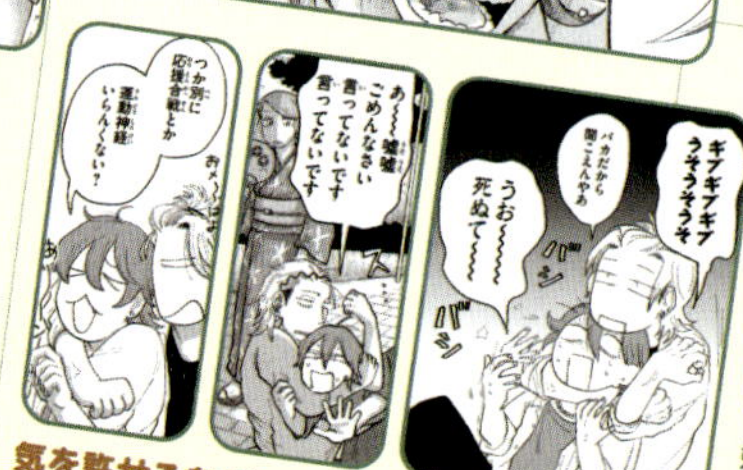

気を許せる友だち

幼少の頃から一緒に過ごしてきたふたり。小林が朔にヘッドロックをしたり、男の子ならではの砕けたコミュニケーションは見ていて微笑ましい。宇野ともまた違った形の友情があるのがわかる。

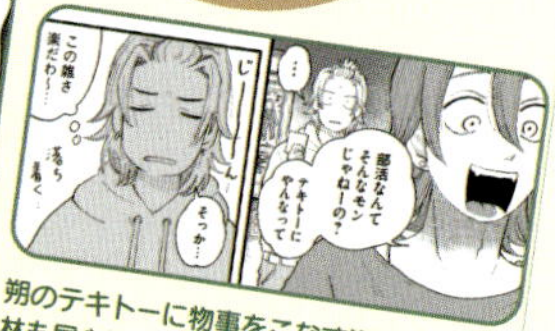

朔のテキトーに物事をこなす姿に小林も居心地の良さを感じることも。

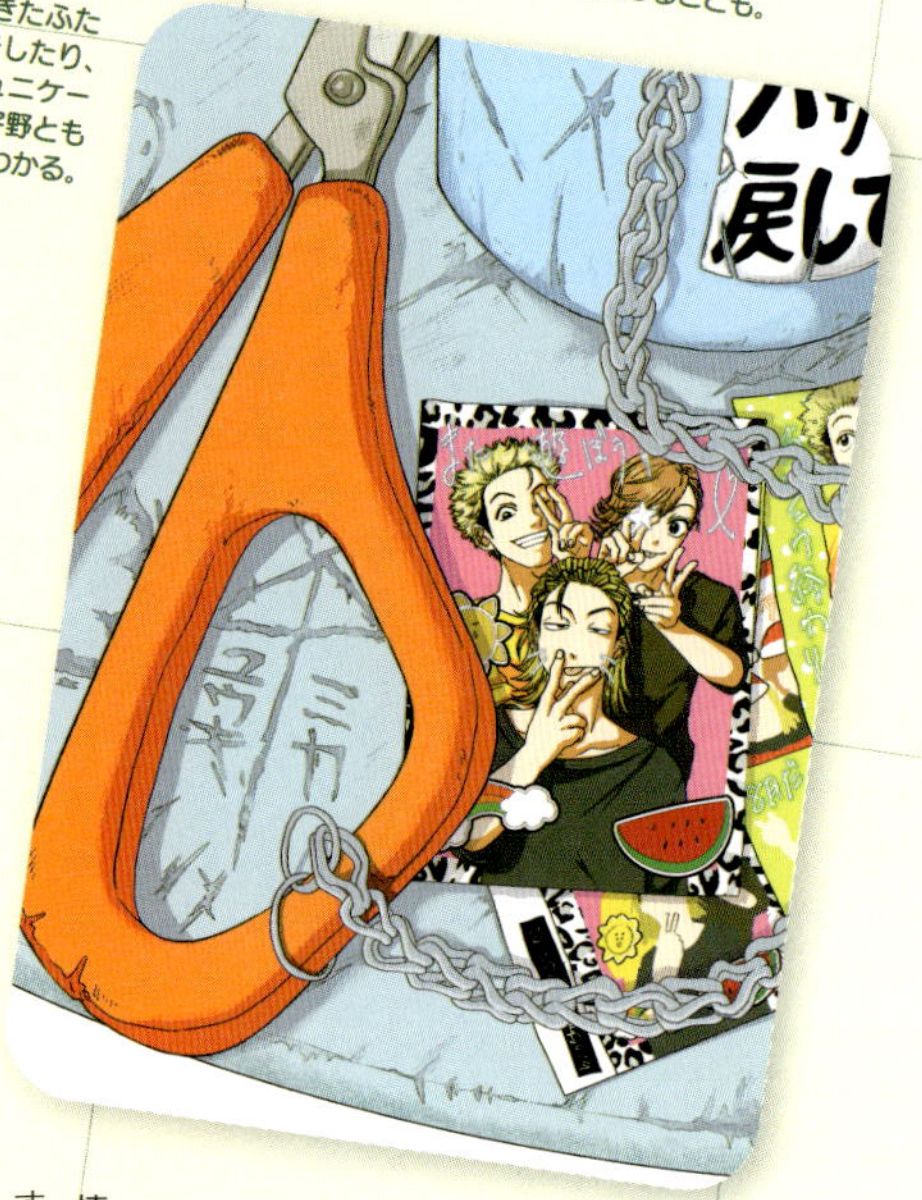

てあげたいなという気持ちもある。手を取って助けてあげるのではなく、僕はこうして立ち上がったけどね、という具体的な優しさのほうが、宇野くんは受け取りやすいかなと思ったんです。

――なるほど。では小林くんの友達である朔ちゃんはどのように考えていきましたか?

泥ノ田　朔ちゃんは、宇野くんと小林くんの二人だけの話になってしまわないように、小林くんの環境要素として登場させようと思いました。また、周囲が優しい人ばかりになってしまうとファンタジーになりすぎてしまうと感じたので。読者から最初は嫌なヤツかもと思ってもらうためにちょっと可哀想な役割を担ってもらうことになりましたが…。嫌なヤツだと思っていたキャラが、読んでて応援したいキャラのことをすごく好きだったら複雑な気持ちになってもらえるかなと思ったことと、どのキャラにもその子なりの人生がある、という二面性のようなものを描けたらなと思いました。敵キャラの暗い過去…みたいなのはある種あるあるではあると思うのですが、「他人の人生って対面してるだけじゃわからないよね」というのが作品のテーマの一つなので、描いていこうと思っています。

――朔ちゃんは八重歯も可愛く印象的です。

泥ノ田　キャラ分けのためでもありますが、スナネコのように狩りが上手そうな肉食っぽい動物をパッと見で想像させるような見た目にしたかったんです。八重歯はキュートにも見えますが、真剣に怒ったらキバっぽくも見えるかなと。

――ちなみに泥ノ田さんご自身は朔ちゃんのことをどのように捉えているのでしょう?

泥ノ田　それこそさつき(宇野姉)と対になるような存在として描きたい気持ちはありました。小林くんが読者の方に信頼してもらえなかった時に、完全に宇野くんサイドの人間が一人いるぞと思ってもらいたくて、最初に宇野くん側の環境の要素としてお姉ちゃんを登場させたんです。その後、二人の関係性が育まれていった時に「ポッと出なのに勝手にこいつの人生を変えやがって」と感じるキャラが双方にいるだろうと思って、朔ちゃんにもその役割を担わせようと考えました。それとギャルの人たちって明るい印象が強いですが、学生時代を思い返すと波瀾万丈な恋愛をしていたり人間関係や環境が不安定だった人も多かったような気がします。そういう要素を朔ちゃんの軸の一つとして描こうと思いました。それから不良漫画の男子たちを見ていると自分の弱みを見せられなかったり、相談できなかったりすることが原因で、トラブルを起こしてしまうシーンが多いなと感じました。そしてこれは現実でも起こり得るよなと。朔ちゃんもプライドがあるから素直に「心配してる、何かあった?」と聞けなかったり、小林くんも悩みを打ち明けられなかったりして、すれ違いがあるんだろうなと想像しました。思春期特有の難しさもありますが、男性同士の友情の難しさもあるよなって。友達に対する独占欲や自分が一番の友達だよねという感情は誰しもあるものですし、自分が人生の中にはそういうトラブルを見ることもあったので、そういう重量のある感情を朔ちゃんで描いてもいいかなと思ったりしています。朔ちゃんは1話と比べると一番変化したキャラでもあります。本当はもっと素直に描く予定だったのですが、そんなに簡単じゃないかもしれないと思い、今の雰囲気になりました。

――朔ちゃんは自分が相手の裏を読んだりするからこそ、小林くんやみっちゃんのように裏表のない素直で明るい人が好きなのかなと思いました。

泥ノ田　そうですね。今後少しずつ描いていこうと思っているのですが、朔ちゃんにもいろいろ悩みみたいなものはあって、小林くんやみっちゃんといるのはすごく彼にとって楽なんだろうなと思います。小林くんは特に。朔ちゃんにとって小林くんは「お兄ちゃん」的存在であり、なんかデカくてかっこいい虎みたいなイメージ…というつもりで描いています。デカくてかっこいい虎が自分と仲良くなってくれたらちょっと嬉しくないですか? そんな感じです。ですが、宇野くんが突然現れたことで、これまで自分が居た居場所が急に奪われてしまう怖さがあって必死だったというのを今後、描けたらなと思っています。

――楽しみです。宇野くんのお姉ちゃんに

小林のアルバイト先の大人たち

仕事が覚えられず、すぐにバイトを辞めそうだと思われていた小林だったが宇野に影響を受けて、仕事でわからないことを質問したり、できないことをできないと伝えられたことがきっかけで、徐々にバイト先の人たちともコミュニケーションを取るようになる。

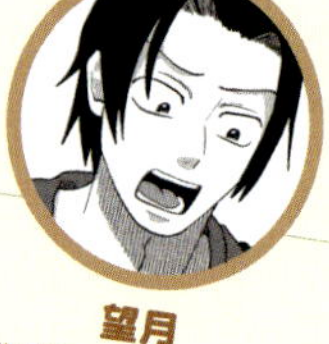

望月

気分が態度に出るタイプで、はっきり物事を言う性格。「なんで」が口癖で、無意識にプレッシャーを与えてしまう。

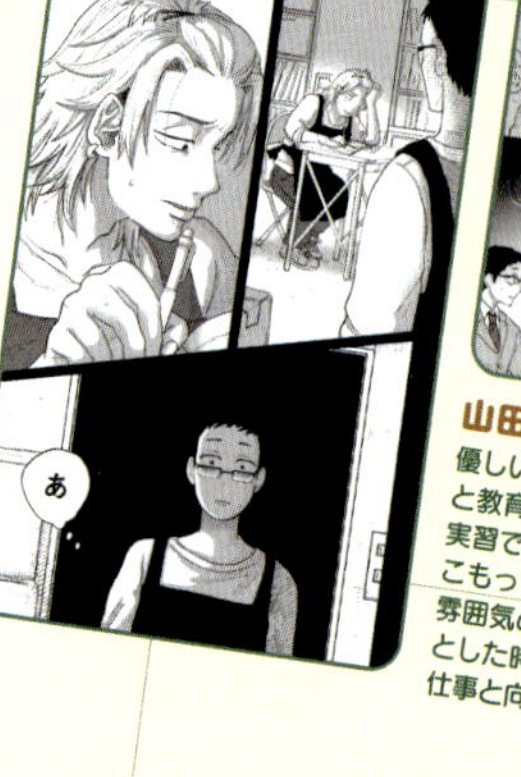

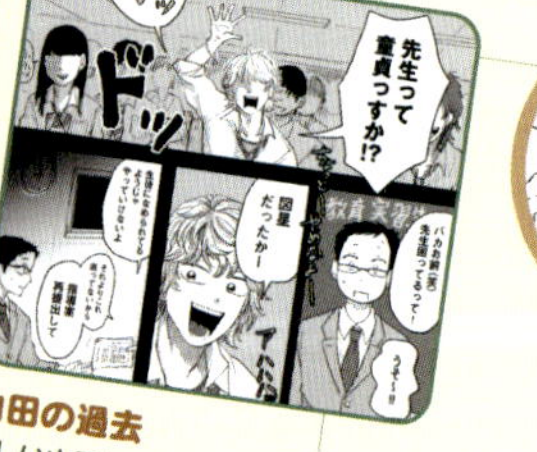

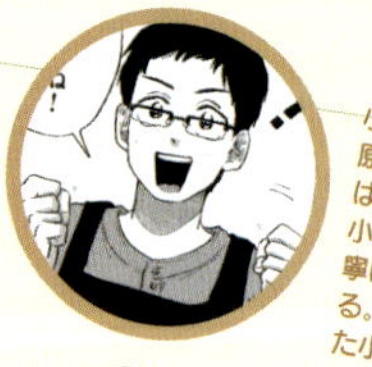

山田

小林が仕事でミスをしてしまう原因と対策を考えてくれる山田は面倒見の良い大人のひとり。小林の言葉の意味を一つずつ丁寧に引き出し、アドバイスをくれる。また、休みの日に偶然出会った小林へ勉強を教えてくれた。

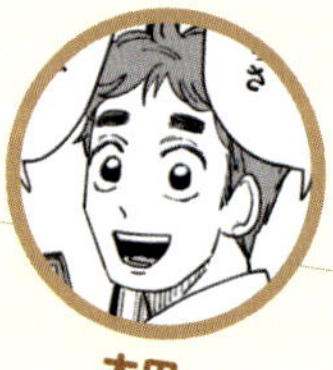

太田

みんなで仲良く一緒に仕事ができるよう、望月と小林の意見がぶつかった時にはあいだに入って話をしてくれた。

山田の過去

優しい山田にも実は暗い過去があった。もともと教育学部に通っていた山田であったが、教育実習で現場の厳しさに心が折れてしまい、引きこもってしまう。過去に自分を苦しめた生徒と雰囲気の似ている小林を見て、キツくあたろうとした時期もあったのだが、小林が一生懸命に仕事と向き合う姿を見て――。

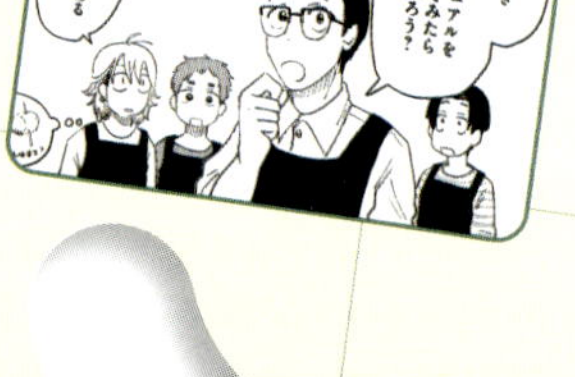

ついても教えてください。お姉ちゃんはギャルな見た目をしていますが、それも弟を守るための策略的なところがあり、その一生懸命な姿に胸を打たれます。

泥ノ田　宇野姉弟のような関係って、姉が弟に対して過保護になるか、放任になるかに分かれるだろうなと。それは幼少期に何かしらの出来事やタイミングがあって決まることなのかなと思うのですが、弟を守りに行くか弟と距離を取るかで一旦分かれると思うんです。さつき（宇野姉）は、その分岐点で弟の味方につきたいと思ったキャラクターとして描いています。そして、その気持ちが今でも続いている。弟からしたら姉の心配する気持ちが少しうるさいかも…みたいなことはあると思います。さつきは弟想いではありますが、すべてが宇野くんのためになるかと言ったら、なっていない部分もあって。こういうのって家族が頑張っていることが必ずしも全て正しい意味で作用するとは限らないと思うんですよね。でも家族は家族なりに頑張っている。その距離感の難しさを描けたらいいなと思いました。

——宇野くんはお姉ちゃんに対してはノートを見なくても、自分の思ったことを素直に言えているところから安心できる存在なことが伝わってきます。ただ、心配しすぎるあまり普段よりも遅く帰宅した宇野くんのことを責めてしまうこともありましたね（第5話もちベーション）。そこで、宇野くんが井ノ上先生に楽しいから友達と一緒にいたいのに一緒にいたら疲れてしまうと相談するシーンも印象的でした。

泥ノ田　宇野くんに限らず、光や匂い、音に対して感覚が敏感だったり苦手だったりする人、調子が良くない時に影響を受ける人などいろいろな性質の方がいると思います。その延長線で、気持ちとして楽しいけれど体調的には負担がかかって楽しめないということも、よくあることだと思うんですよ。でもその人がどのくらい苦しいのかという実際の辛さは本人にしかわからない。お姉ちゃんや井ノ上先生はそうした苦しさを一旦受け止める大人として描きたい気持ちがあります。子供の根本的なやる気にはまず安心感が必要なのでは？　と思っているので、そのための環境を周囲の大人が整えることは大切だと思います。絶対に何をしても怒られる、という状況で頑張ることはとても怖いと思うので、揚げ足を取るような大人は意図的でない限り描きたくないなと思っています。また、第5話で山田さんの過去を描いたのですが、自分がこれまで出会った優しい大人たちは、過去に傷ついた経験がある人たちでは？　と感じることが多くて、それをもとに描きました。自身が傷ついた経験を持っているからこそ他人の痛みを想像し、同じ傷を他人には与えないように自分なりに変換して伝えてくれる人たち。そういう方って本当に優しい大人だなあと思っています。キャラクターに対しても「優しい大人ってすごいよね、みんなもそういう大人に出会えたらいいね」という気持ちと、「みんなの周りにいる優しい大人は、ただ優しいだけの人じゃないのかもしれないね」という気持ちを込めつつ、大人キャラクターを描いていこうと思っています。

——井ノ上先生も優しい大人の一人です。

泥ノ田　井ノ上先生は、学生時代の恩師や習い事の先生など、私に影響を与えてくれた大人たちの集合体のような存在です。そういう先生方にもきっと、子供には見せない苦労があったんだろうなと。自分が大人になった今だからこそようやくわかることもたくさんあるので、井ノ上先生にも過去にいろいろなことがあったのかな〜と感じさせる雰囲気を醸し出しつつ描けたらいいなと思っています。

——素敵ですね。話は変わりますが、『君と宇宙』の舞台が男子校なのも気になっています。

泥ノ田　女子を前にした男子の心情を描くのは非常に難しいと思ったことと、男子校出身の知り合いに「共学と男子校では男子の心理状況は全然違うと思う」という説明を受けて納得したことが大きいです。それに女子を登場させるなら大なり小なり恋愛の話を描くことになってしまいそうなので。自分が描きたい題材に付属するにはあまりに強くて複雑なテーマなので、描くとしても「いま付き合ってる人いるんだ〜」ぐらいのニュアンスに留められるところがいいなとも思いました。

——納得です。また、『君と宇宙』を読んでいるファンの方たちのコメントを見ると、小林くんの気づきを通して励まされる方も多いのかなと思います。『君と宇宙』は時代設定を平成にしているそうですが、今の時代の子どもたちの心にも響く物語だと感じています。例えば、近年は「言語化」が流行語になるほど、学生の子もChatGPTなどを利用して自分の気持ちや感情を言葉で明確にすることで、自分について理解を深めるような傾向があるのかなと思うのですが、泥ノ田さんもそういったことを感じられたりしますか？

泥ノ田　それこそ『君と宇宙』を描き始めたきっかけが、そういったところにありました。今はネットが普及したことで、正誤判定のできないことに対して単語だけで「この人こうだよね」と、なんとなく何かに当てはめて解決した気になりがちな時代になっている印象があります。自分に対する言語化ならポジティブかもしれませんが、他者に対しても気軽に言語化や決めつけができてしまったり、それをSNSで世界にも発信することができてしまうというのは、あまり肯定的に捉えることができないです。人間として生きているといろいろなものにカテゴライズする・されることができると思うのですが、自分に新しい名前や属性、要素がつく瞬間というのはその人生の中でも大きな転機の一つなのだと思います。それを、一切の必要な段階を踏まずに、他者が気軽に名付けていいものなのか？　というのをずっと考えていました。でも「無」の中で足掻くって何よりも辛いことだと思うんです。そう思うと気軽に「言語化」することが出来る今の時代というのはとても生きやすい世界だと思います。同じカテゴリーの先駆者を見つけ出すことが出来ますから。「言語化」することを自分のものに出来る可能性が高くなればなるほど赤の他人が勝手に自分をカテゴライズする率も上がる。種類は変化しても辛さは残るのかよ！　とは思うんですが…そのどちらの辛さも踏まえて時代の変化を描けたらいいなと思っています。『君と宇宙』では時代設定を平成にすることで、今ある様々な言葉がなかった時代を経て、私たちは「今」を生きているよね、というのを確認したいと思いました。言葉や知識がなかった時代の良し悪しを、言葉溢れる時代の良し悪しを肌で感じつつ、描きたいと思っています。

——セリフでもなんでも非常に繊細に描かれていることは伝わってきます。

泥ノ田　キャラの言葉や言動は〝キャラクター〟にし過ぎないということは意識しています。可愛く描き過ぎたり、表情をデフォルメし過ぎたりしてしまうこともあるのですが、編集さんと「これだとキャラクターになりすぎるのでやめましょう」と相談して調整することもありますね。また、ステレオタイプにならないようにも意識しています。例えば宇野くんは音に敏感ですが今後一切ゲームセンターに行かないかと言ったらそうでないかもしれない。もしかしたら小林くんと一緒に遊びたいから耳栓をしたり、少しずつ音に慣れて行く機会もあるかもしれない。彼が持っている特性や性格をステレオタイプな行動に沿わせすぎてしまうと、漫画というコンテンツの中では本当に〝キャラクター〟になってしまうような気がするので、気をつけています。型にはめて「この人はこうだからこういう行動するんだよね」と思わせるのは違うかなと。「この行動をするのにはどんな理由があってどんな状態だからなんだろうか」とこちらも考えながら描くことで、キャラクターの見え方も変わったりするのかなと思います。そういう細かい部分を少しずつ作品で表せたらいいな、と思っています。

——素晴らしいと思います。それでは最後に、小林くんや宇野くんに体験させたい学校行事やイベントなど、今後の展開についても少し教えてください。

泥ノ田　学校のイベントとしては、まずは修学旅行があります。部活も美川先輩がそろそろ卒業なので、追い出し合宿をみんなでしたいなと思っています。あとは宇野くんも小林くんも三年生になると思うので、そのあたりも描けたらいいなと思っています。

——今後の二人の成長も楽しみです。本日は素晴らしいお話をありがとうございました。

かわいいおくちセレクション

感情豊かな宇野のリアクションは見ていて微笑ましい。ここでは、宇野の癒しを感じる表情から、ちょっぴり悲しい表情まで、特にお口をクローズアップして紹介する！

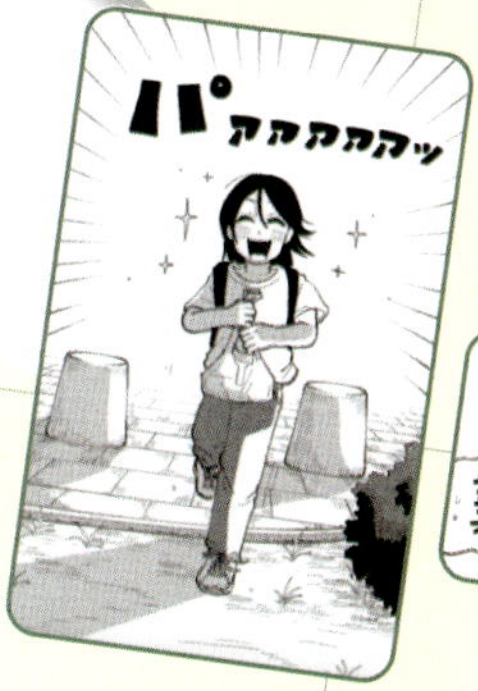

夏祭りで初のオムそばをゲットする宇野。口を大きく開け満面の笑みで駆け寄る姿は無邪気で可愛らしい。

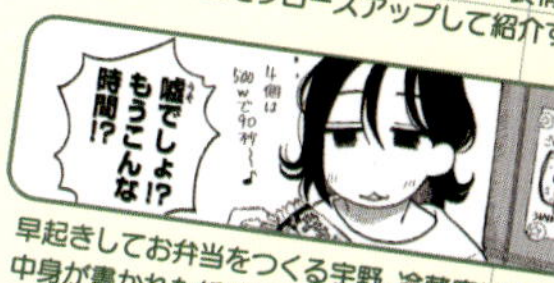

早起きしてお弁当をつくる宇野。冷蔵庫にはお弁当の中身が書かれた紙が貼られている。うにゃ口になり歌う宇野の姿からは眠たいけれど、ご機嫌な様子が伝わってくる。

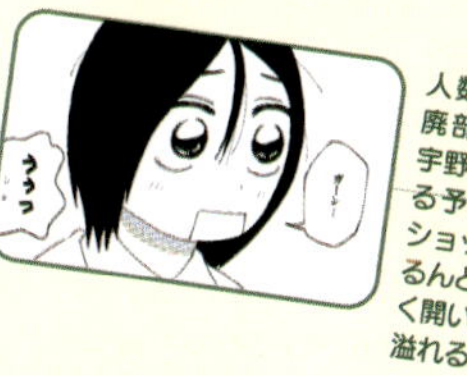

人数不足で天文部が廃部予定だと知った宇野。小林も入部をする予定がないと知りショックを受ける。まるんとしたお顔に四角く開いた口から思わず溢れるガーン…。

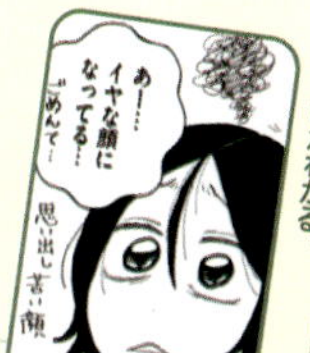

会話のなかで苦手な大きい音を思い出し、苦々しいお顔に……。眉間にはきゅっとシワが寄り、広角は下がって口もとが三角形に。下唇も力が入っているのがわかる。

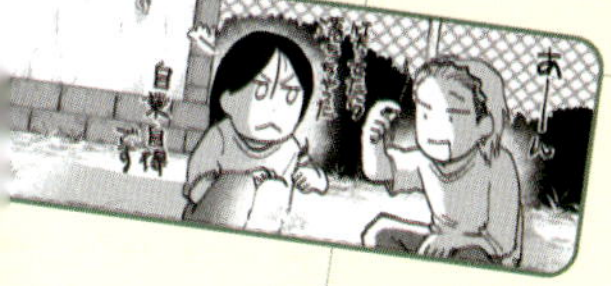

お姉ちゃんと小林の3人で一緒に線香花火をする宇野。火が強い花火を怖いという宇野に対して「ビビリちゃん」と表現する小林に、への字に口を閉ざしながらプンっと怒る。冗談を言い合うふたりの姿が微笑ましい。

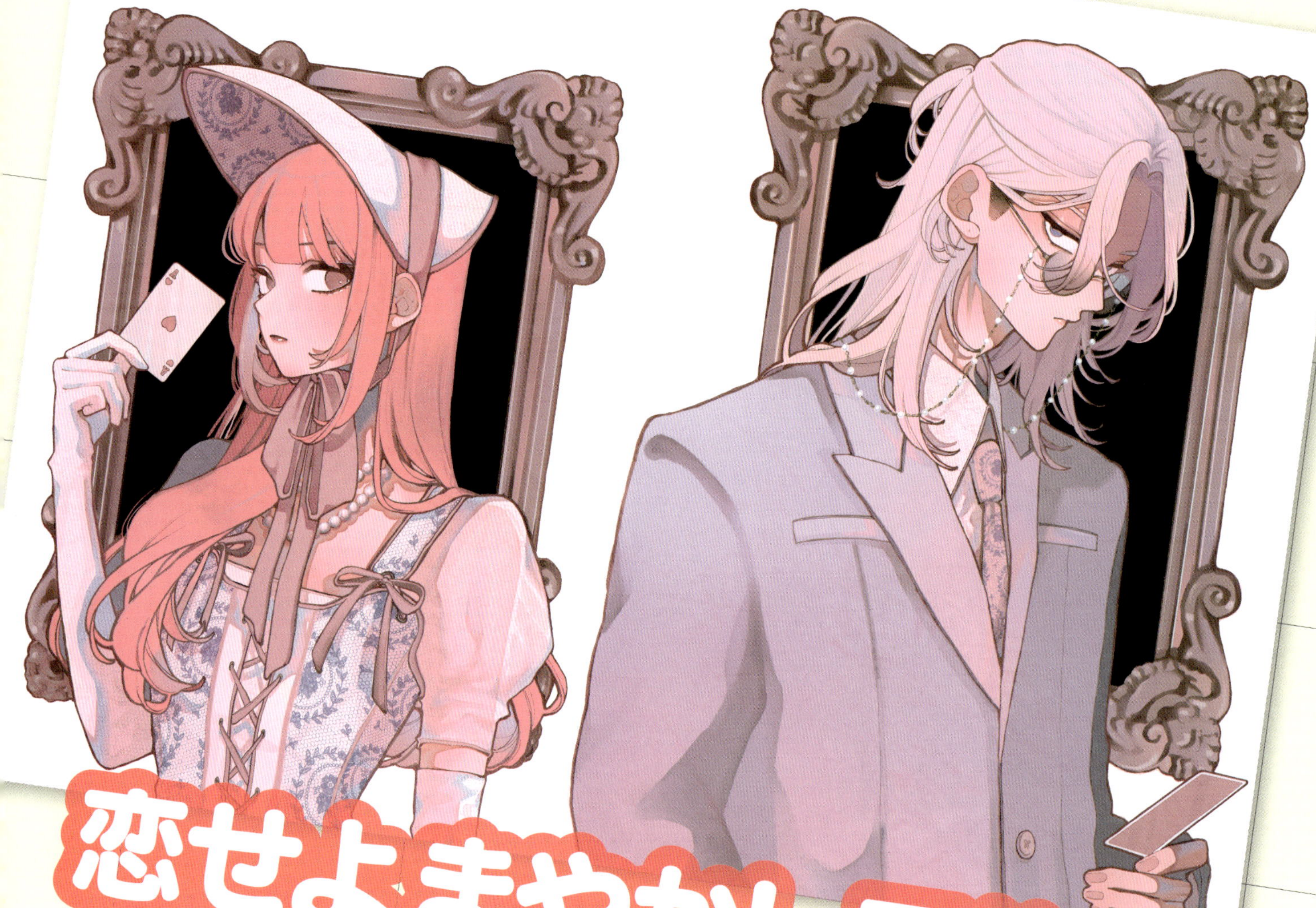

恋せよまやかし天使ども
卯月ココ

完璧美少女・桂《かつら》おとぎ×完璧美男子・一刻《にのまえとき》。ともにギャップのある裏の顔を持つふたりのピュアで不器用な恋を、瑞々しくときめきいっぱいに描いた『恋せよまやかし天使ども』。本作は初めての恋を通じて経験する特別な想いや瞬間を、丁寧かつドラマチックに紡いだ珠玉の物語だ。著者は本作が初の連載となる卯月ココさん。そんな卯月さんに本作の始まりから現在に至るまでのあれこれや、作画のこだわり、さらには幼少期の絵との関わりまで、貴重なお話をたっぷりと伺った。ネームや下絵などの作画資料も紹介しながら、『恋ども』の魅力に迫る。

卯月ココさん直筆
ミニサイン色紙を
1名様にプレゼント！
※詳しくは巻末プレゼントコーナーへ。

うづき・ここ／2019年「第一回スピカ賞」にて投稿作「わたしのメロウ」にて優秀賞を受賞。2020年「第48回デザート新人まんが大賞」にて佳作を受賞した「こいで、こがれて」で、2020年「デザート」2月号にてデビュー。2023年6月号より、初の連載作となる「恋せよまやかし天使ども」を連載中。そのほかの著書に「ほてりほてってファーストキス」（講談社）がある

――完璧美少女の桂《かつら》おとぎと、同じく完璧美男子の一刻《にのまえとき》（※おとぎのみ「いっこく」と呼んでいる）、意外な裏の顔を持つふたりのピュアな恋を描いた『恋せよまやかし天使ども』（以下、『恋ども』と表記）は、卯月《うづき》ココさんにとって初の連載作で、このたび第49回講談社漫画賞の少女部門も受賞されたばかりです。この作品は、「ギャップをメインにしたお話とキャラを描きたい」というところから生まれたそうですが、具体的にどのように始まりましたか？

卯月　連載前はキャラクターづくりに重きを置いていたので、ストーリーに関してはそこまで細かくは決めていませんでした。決めていたのは主人公が失恋するということだけ。描きたいエピソードのブロック自体はたくさんありましたが、初連載ということもあって、そのエピソードをどういう順番で出していくかと、間に入る細かいエピソードに関しては毎話、担当さんと相談しながら詰めていく感じでしたね。とにかく最初はどう覚えてもらうか、どうやって印象に残せるかを意識して、一話ごとの引きを大事にしていた気がします。だから確かにギャップがメインのお話ではあるので

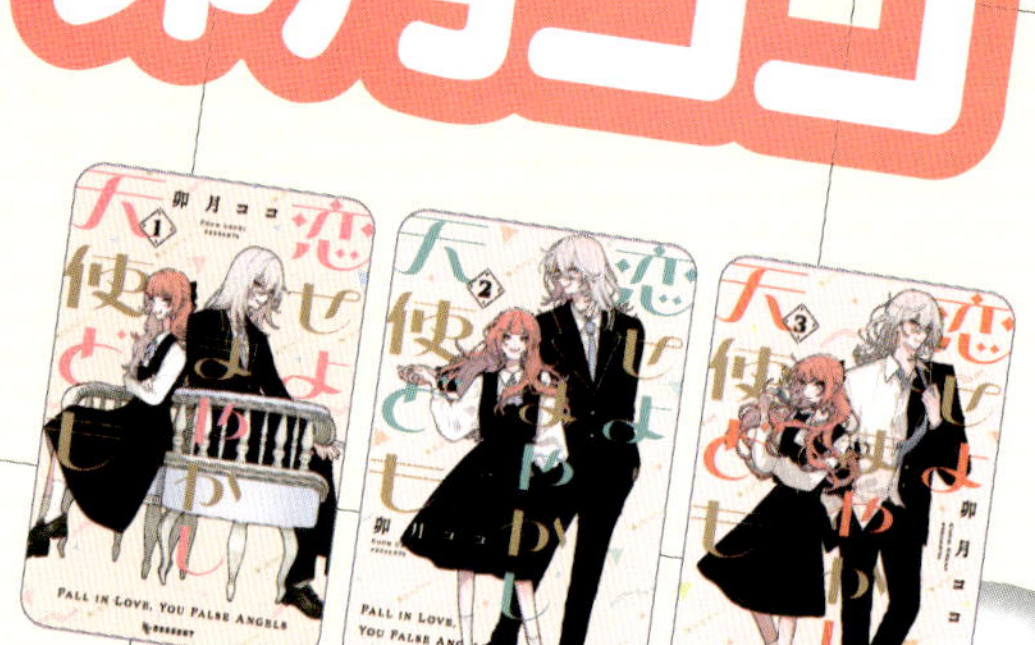

『恋せよまやかし天使ども』
①～⑤巻発売中！
デザートコミックス
●発売：講談社
●価格：
①～③巻550円（税込）
④⑤巻594円（税込）

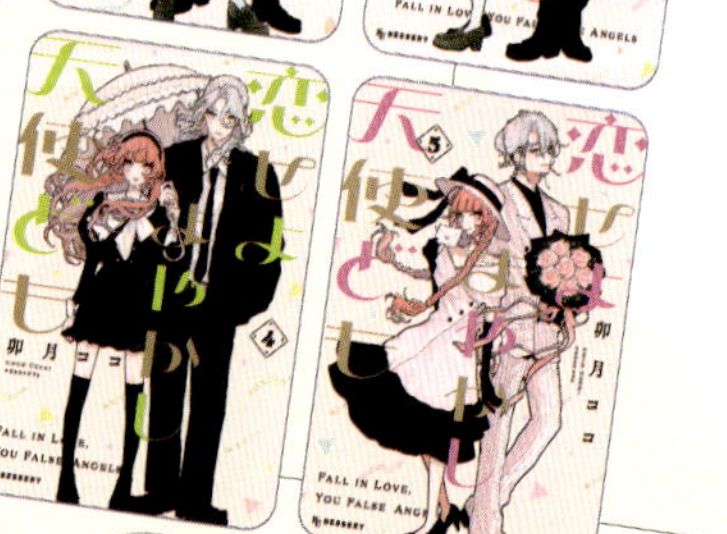

すが、そのギャップ込みの設定を活かしながらキャラクターたちの成長を描くというほうが、ストーリーとしては主軸かもしれません。

——キャラクターづくりに重きを置いていたとのことですが、主人公のおとぎに関して、描きたい照れ顔の種類から考えていった、と以前のインタビューで答えてらっしゃるのが印象的でした。自信と男気にあふれる強い姿、傷ついても自分を律して前に進むポジティブさ、そしてとにかくピュアな可愛さなど、誰もが好きになってしまうスペシャルなヒロインだと感じます。ヘアアレンジも可愛く、大きなリボンも素敵です。

卯月　ありがとうございます。キャラに関しては、いっこくとおとぎ以外は、弦兄《げんにい》も二神《ふたがみ》も実際に出すタイミングでビジュアルを決めました。それから連載を始める段階では、まだ自分がいいと思える線を掴めていなかったので、最初から描き慣れない顔立ちや髪型に挑戦すると大変だと思い、おとぎのビジュアルは描きやすさ重視で決めたところもあります。髪型はアップになった時もパッと見ておとぎだと分かるよう、ぱっつん前髪におくれ毛を多めにして顔まわりに特徴を出しました。ちょうど連載を始める頃にリボンがトレンドになりつつあったので、ロングヘアにして、リボンでいっぱいヘアアレンジもしたいと思ったんです。内面に関してはただの好みになっちゃうんですけど、とにかく強気なキャラが好きなので、絶対に強気なキャラにしようということは決めていました。やっぱり自分に自信のある女の子って可愛いので。それと、ちゃんと理由のある強さにしたかったので、可愛さだけではどうにもならない、失敗や挫折を経て成長する姿も描きたいと思いました。おとぎには私の泣き顔フェチも反映されていますね。

——では、いっこくはどうでしょう？　以前描いたお気に入りのキャラをリベンジ的に改めて描き直したそうです。見た目はいかにも王子様な完璧さで、本性のオラついた姿も格好いいですが、実は不器用で繊細な面もあります。それもあってか、度々見られる悲しそうな表情にグッときます。おそらく卯月さんの「好き」を詰め込んだキャラなのではないでしょうか？

卯月　デビュー作の一つ前の投稿作で、同じ名前の黒髪ロン毛のキャラを出していて、かなり気に入っていました。けれど実力不足もあってうまく描けなかったんです。悔しかったので、リベンジできたらいいなと思い、まずは『ほてりほてってファーストキス』という連作短編集の中で、一話目に出てくる書道部の先輩にビジュアルだけ流用しました。そして今回は初の連載ということで、いよいよ勝負時だ！　リベンジだ！　と思い、名前もそのまま「いっこく」にしたんです。髪の毛は黒から白にして、ただのロン毛じゃ特徴が出せないと思ったので、前髪をクロスさせて襟足は刈り上げました。個人的に情けない男子に萌えるので、そういうシーンも色々入れたいなと思っていて。おっしゃる通り、意外と自分に自信がなく、繊細で不器用なキャラなんです。ただ、それを最初から前面に出し過ぎると読者さんに好きになってもらえるか分からなかったので、まずはオラオラした強い面を見せてから、徐々に繊細で不器用な部分を織り交ぜていくことにしました。でも、決める時はちゃんと格好良く決める人でもあります。

——そんな、いっこくのライバルである二《ふた》神雷《がみらい》は、いっこく同様に美しいモテ男ですが、タイプとしては正反対ですよね。おとぎのあだ名「心撃の天使《エンジェル》」の名付け親でもありますが、やはり卯月さんの好みのタイプなのでしょうか？

卯月　めちゃくちゃ個人的な話ですが、私は他の作品でも当て馬キャラを好きになることが多いんですよ。恋がかなわず泣いちゃう男子を見るのが好きで……。だから当て馬にこそ自分の好みを前面に押し出したい気持ちがあるんです。もし、この二人が現実にいたら、自分は二神のほうに惹かれます。ビジュアルも自分の好みだから、そんなに悩まずスルッとできました。

——そうだったんですね！　卯月さんにとって、特に二神くんの好みのツボと言えば？

卯月　精一杯頑張るけれど、現実の厳しさに打ちのめされてしまうところですね。見た目は完璧なヒーローみたいなイケメンで、中身は人間っぽいところがいいな、と思います。

——素晴らしいと思います。では、いっこくの幼なじみである弦兄こと、白羽弦《しらはねげん》はどうでしょう？

卯月　いっこくとの幼なじみとして年上の男性を出そうということは、最初から決めていました。ただ、いっこくも二神もオラつき系なので、もう少し違った雰囲気の男の人を描きたいなと思って。それで元ヤンだった若い頃とは変わったよ、ということを分かりやすく見せるためにも、髪の毛はちょっとフワフワした感じで眼鏡をかけているキャラにしました。弦兄もビジュアル

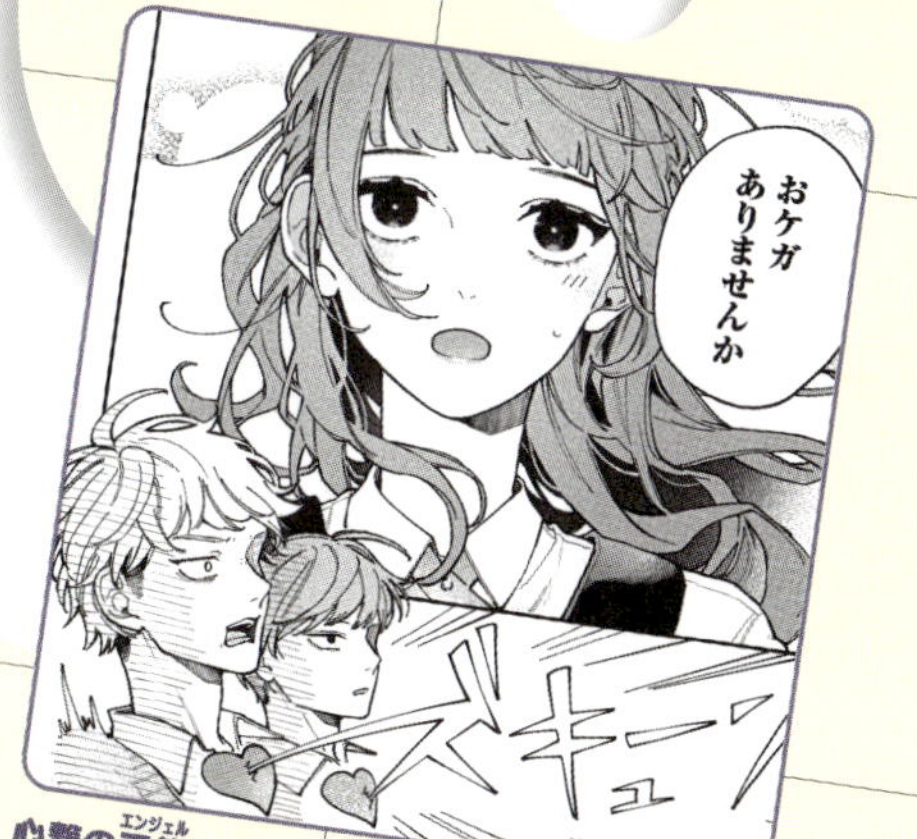

心撃の天使《エンジェル》
目があっただけで心を撃ち抜かれることから「心撃の天使」という異名を持つ学園のマドンナ・桂おとぎ。今日も今日とて、すれ違い様のたった一言で、男子たちのハートを撃ち抜くのだった。

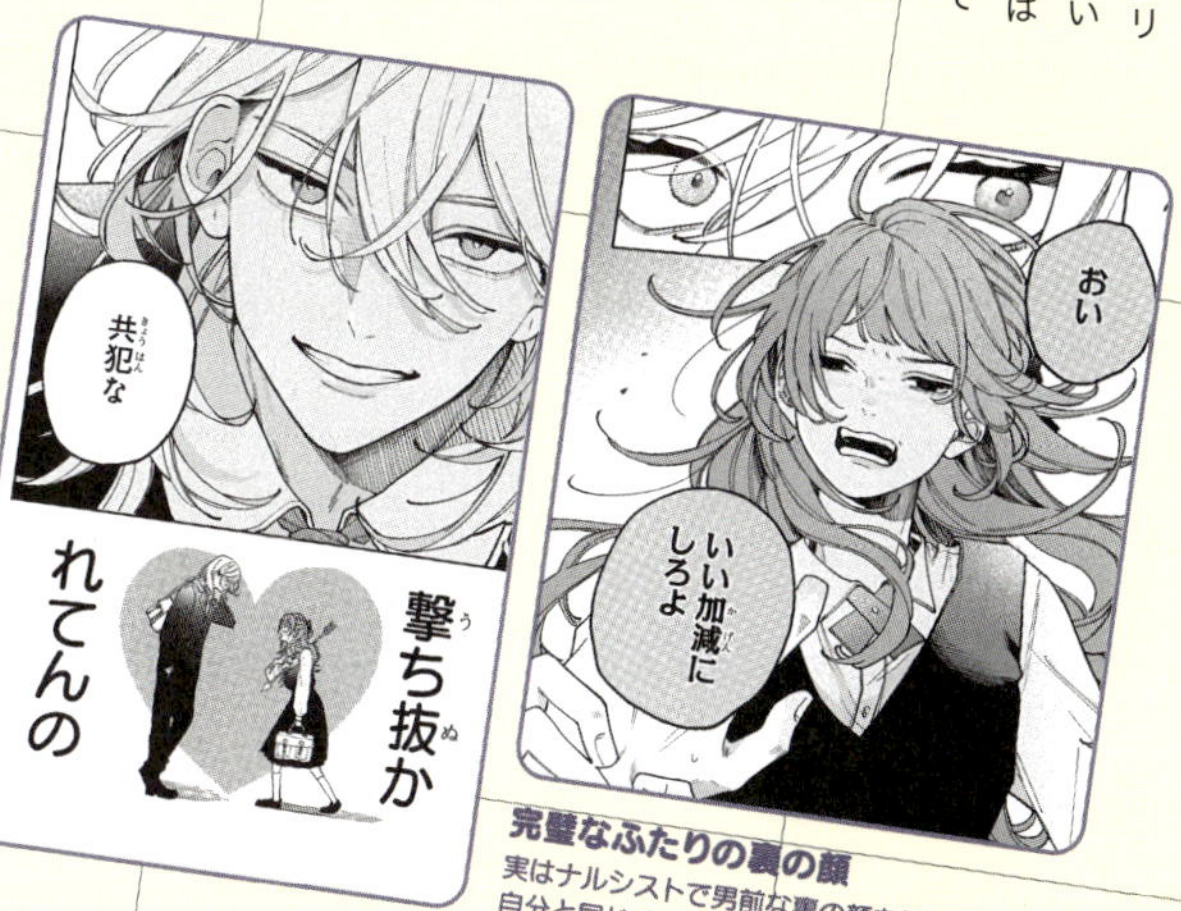

完璧なふたりの裏の顔
実はナルシストで男前な裏の顔を持つおとぎは、自分と同じく完璧な一刻こそ初彼氏にふさわしいのではないかと思い始める。そして一刻にも裏の顔があるのでは？　と疑うが、一刻はどこまでも「いい人」だった。そんなある日、見知らぬ男たちに絡まれ、一刻に手をあげられたおとぎは、思わずブチ切れてしまう。しかし、そんなおとぎを見て、一刻も自分の「裏の顔」を見せるのだった。

一《にのまえ》刻《とき》
1年A組の副委員長。ビジュアル、成績、性格、すべてが完璧に揃った王子様系・美男子。実はブラックな裏の顔を持ち、同じく裏の顔を持つおとぎに興味を持つようになる。甘党。

桂《かつら》おとぎ
1年A組の学級委員長。「心撃の天使《エンジェル》」の異名を持つ完璧美少女。実はナルシストで男前な裏の顔を持つ。同じく学級委員の一刻のことを、密かに「いっこく」と呼んでいる。

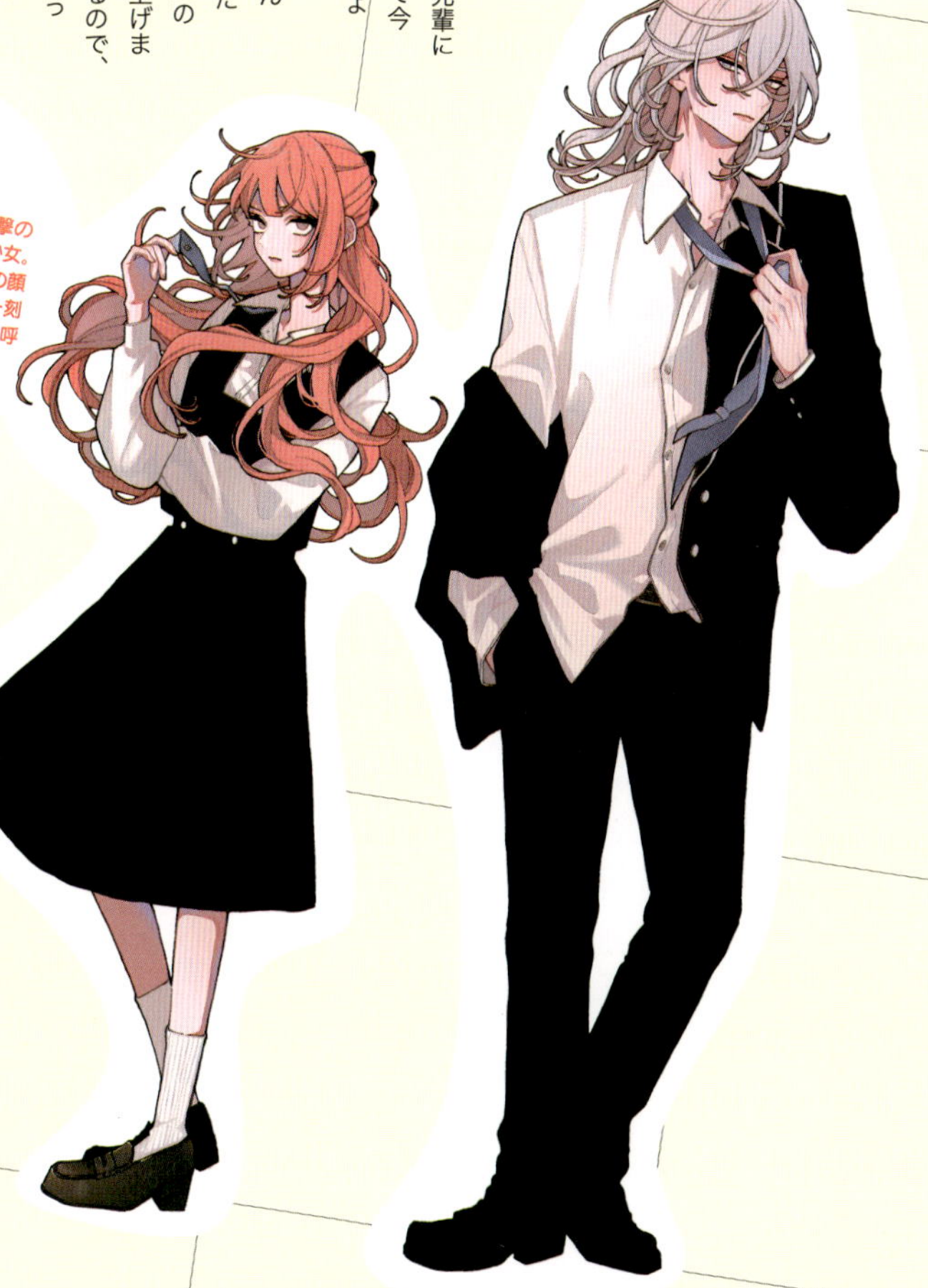

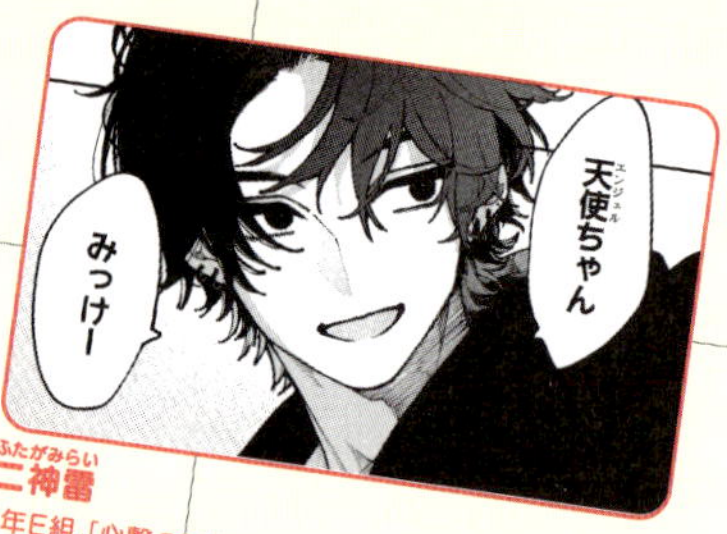

二神雷《ふたがみらい》
1年E組。「心撃の天使」の名付け親で学年一のモテ男子。おとぎに想いを寄せるようになる。

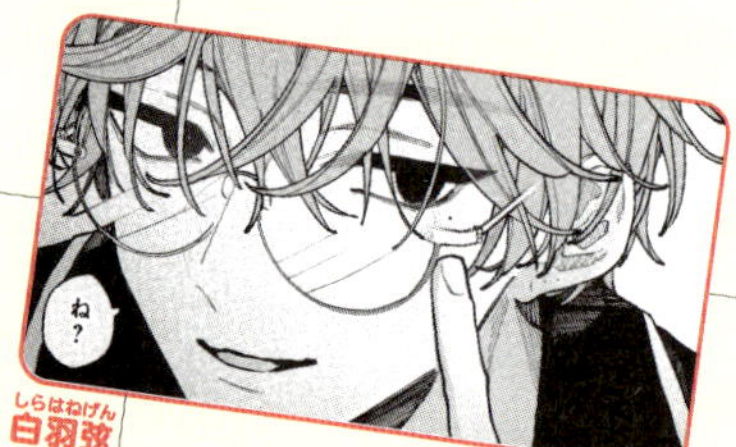

白羽弦《しらはねげん》
一刻の幼なじみ。両親から任されたカフェ「cupid」を営んでいる。昔はヤンチャだったようで…？

にはそんなに悩まなかった気がします。

——弦兄は過去に色々ありそうで……。

卯月 まだ言えませんが、色々考えてはいます…！

——いいですね！ そんな謎めく大人の弦兄に惹かれつつある紅《べに》ちゃんも気になります。強気でクールでミステリアスなイメージですが、おとぎちゃんとはまた違ったタイプです。

卯月 紅は大人っぽい感じで考え方もしっかりしてそうなんですけど、意外と繊細というか、自分に自信がないタイプではあるんです。ですから、芯から強いおとぎと比べると、ちょっと違う強さをイメージして描いています。どちらかと言うと紅はいっこくと似ているかもしれません。根本的にはネガティブなんです。もっと言えば、二神とおとぎのポジティブさは似ていると思います。ビジュアル面で言えば紅が一番、好みですね。

——そんな似た者同士のいっこくと紅を、それぞれに慕う鳳《おおとり》ネネ&ノノの双子は、どんなふうに考えましたか？

卯月 双子は確か、ビジュアルで迷った記憶があります。最初にいっこくの友達を出そうと担当さんと話していて、その時は一人の予定でした。でも、私が勝手に双子にしました。紅が弦兄を好きになることはわりと最初から決めていたので、逆に紅のことを好きになる人もつくりたいなと思って。じゃあ、双子にしてここで出してしまおうという感じでした。

——そうだったんですね。『恋ども』では、そんなふうにいろんな登場人物たちの様々な想いが交錯しますが、その中心となる、おとぎちゃんといっこくの恋の歩みについて教えてください。とにかくピュアなやりとりがとても可愛く、恋をしている時の特別な想いや瞬間が本当に丁寧にまばゆく描かれていて、胸が苦しいです！ ふたりのやり取りを描く上でどんなことを大切にしていますか？

卯月 些細なことを、すごく丁寧に描けたらいいなと思っています。例えば、ちょっと手が触れるだけとか、実際には秒単位で行われることを、漫画ならではの表現とコマの見せ方でじっくりと描いて、この秒単位のことがこんなにもときめくんだ、ということを丁寧にすくいあげたい。人それぞれに性格も考え方も違うので、もどかしく感じるところもあると思うんですけど、現実でも相手との間にある壁や距離を計りながら、「ここまで言ってもいいのかな」とか、悩み考えてコミュニケーションを取っていると思うんですよ。だから漫画でもそういうふうに描きたいですね。ただ、おとぎに関してはわりとバランスを取らずに大胆に行くことも多いんですけど。

——告白のシーンも真っ直ぐ大胆で、清々しかったです。いっこくは逆に慎重に相手との距離を計り、むしろ深読みしすぎて失敗してしまうタイプなのかなと。

卯月 いっこくは相手の反応を見てからじゃないと動けない慎重なタイプです。一番わかりやすいところだと、一話で先におとぎが本性を見せたので、自分も本性を見せることができた。おとぎは相手の出方に関係なく、何か思ったらすぐ動くタイプですね。

——さすがの男気です！ おとぎといっこくのやりとりで、特に気に入っているシーンはありますか？

卯月 告白前のエスカレーターのシーンは描いていて楽しかったです。それから二人が喧嘩しちゃったあと、夜にヒミツの楽園で会って話すところは、いっこくが一歩前に踏み出す、ふたりにとって大事な時間だと思っていて、気に入っています。

——読者としても度々いろんな感情をぐわっと呼び醒まされています。もともと描きたかった失恋シーンは描いてみてどうでしたか？

卯月 めっちゃ楽しくて、やっと描けた！ という感じでした。私としてはすごく楽しく描けましたが、読者さんのことは悲しませてしまったので、ごめんねと心の中で謝ってました。でも、この後にちゃんと描く

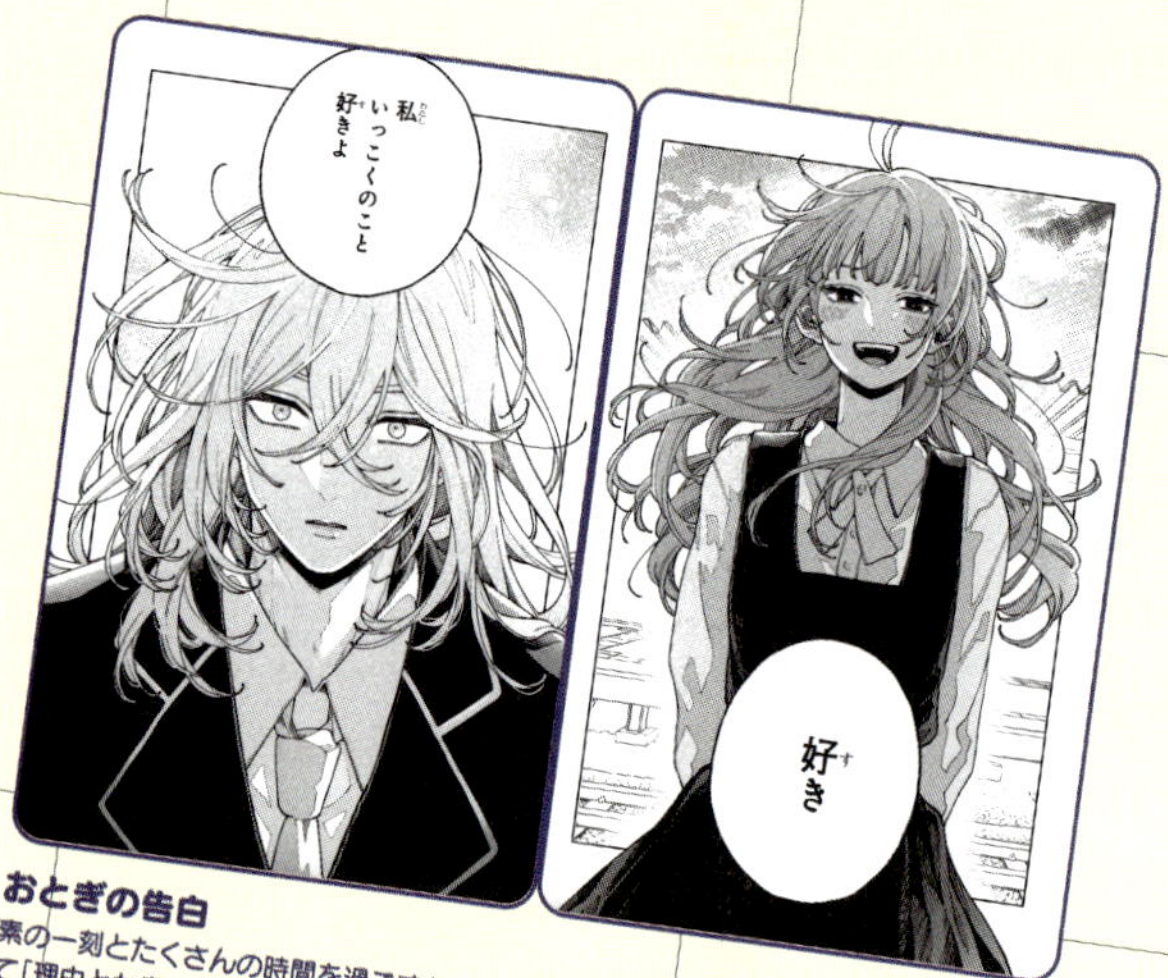

おとぎの告白
素の一刻とたくさんの時間を過ごすなかで、どんどん気持ちが募っていくおとぎ。そして「理由とか考えられなくなるくらい伝えたくてたまらなくなったから」というノノの言葉に触発されるように、ついに告白。おとぎらしい真っ直ぐな瞳と笑顔が清々しい。

幸せなシーンにつながる大事な挫折を経ての成長場面だったので、もう少しお付き合いください…という感じでした。

——失恋後に、自分の前で本性を出してくれなくなったいっこくに対して、おとぎが泣いて怒るシーンは、何度読んでも切なく涙が出ます。いっこくの深読みゆえの間違った優しさが生んだ不幸というか。いっこくは相手に聞いたり話したりすることなく、勝手に一人で考えすぎて、勝手に一人で傷つきがちですよね。ラムネを持っておとぎと二神の話を立ち聞きして傷つくシーンも……可哀想かわいい！ と思ってしまいました！

卯月 合ってます、可哀想かわいいですよね（笑）。

——逆におとぎは、泣いて怒ったあとにちゃんと自分で立ち直って、自分のダメだったところを相手に伝えるほどの強さがある。とても前向きで、まったく卑屈さを感じないし、主体的に意思を持って動いているところが本当に格好いいです。

卯月 作品内で恋するキャラたちを「流れで好きなっちゃった」ではなく「絶対にこの人じゃなきゃダメなんだ」というふうに描きたくて。それを描こうとしていたら、ここまで強くなってしまった感じはあります。おとぎが恋をするなかでの成長の核をしっかり見せたいと思っているので。そこを深く掘るために、おとぎのメンタルを表す、よりリアリティのあるモノローグを描こうとするには、描き手である自分自身が経験した感情を持ち出したほうがより良い言葉が紡げると考えています。なので、おとぎの恋を通した成長の描写というのは、私自身が漫画を描くうえで、学んだり失敗したり吸収したりする変化の過程で思ったことを、恋愛に変換して描いています。そういうことをちょっとずつやっていたら、今のおとぎの強さになった感じです。

——なんと！ ということは卯月さんご自身がとてもポジティブなんでしょうね。おとぎが恋を通して知る新しいことを純粋に楽しいと話すように、卯月さんもこの連載のなかで様々な表現に挑戦することを純粋に楽しんでらっしゃるのだと思います。というわけで漫画の演出的な表現に関しての質問です。卯月さんの独特のイメージシーンが好きです。

卯月 ありがとうございます。

——もともとのコンセプトとして「ハート」や「天使」を入れることは決めていたそうで、天使の矢にハートが撃ち抜かれるイメージシーンなども印象的ですが、他にもおとぎに追いつけない自分の想いを螺旋階段で表した二神くんのシーンが印象的です。しかもイメージシーンの階段が現実の階段につながるのも見事でした。どうやって考えたのでしょう？

卯月 あの階段のシーンは、あのまま自分の頭の中に日常的に出てくるものなんですよ。まさに、自分が漫画を描いていくうえでの成長、つまずきをポジティブに考えられるように、自分も頭の中で階段を用意していたのを、そのまま絵にしただけなんです。頭の中に浮かんでいる時も黒背景だったので、漫画の中でもそのまま黒背景で描きました。

——すごいですね！ ナチュラルにあのイメージが頭の中にあったと。

卯月 ですね。作品内の現実世界の階段に関しては後付けというか、漫画の中で描いたコテージにも螺旋階段があったから、いいね！ となって取材に行ってもらいました。自分が頭の中でそういうふうにイメージで考えるタイプなので、キャラクターたちの心情も絵で見せたら分かりやすいかなと思ったんです。

——興味深いです。このまま漫画の絵の表

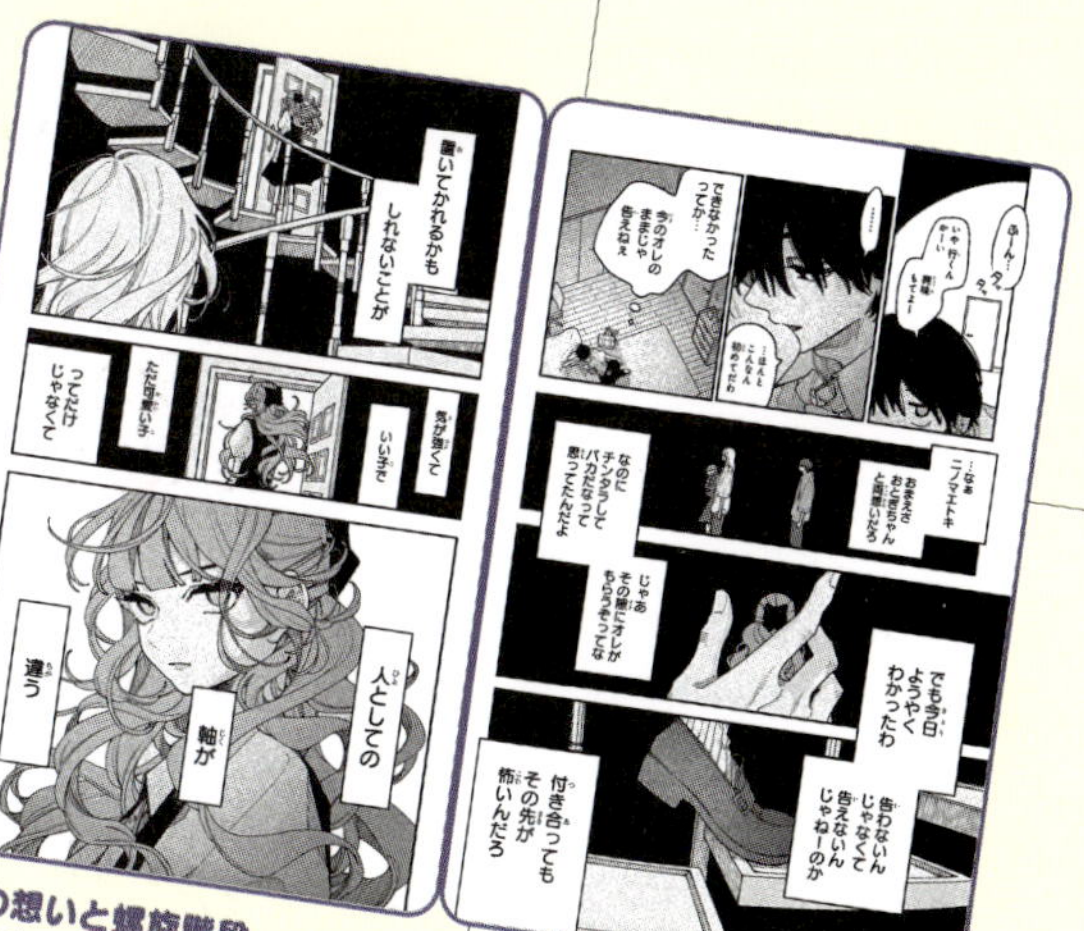

二神の想いと螺旋階段

失恋しても自力で立ち上がり、恋をするなかで出てくる新しい自分を「面白い」と言い、弱さを昇華し自分を高めていくことを「最高にたのしー…」と語るおとぎ。おとぎに置いていかれる焦燥感が、こんなふうに螺旋階段となって二神の前に立ちはだかるのだった。

現についても伺っていきたいと思います。卯月さんの絵は、特に髪と目の表現に特徴があると感じます。まず髪に関しては、イラストっぽい格好良さを保ちながらも少女漫画らしい緻密さ繊細さと感情が感じられ、デジタルですが毛先にアナログっぽいインク溜まりみたいな表現がされていること、シーンによって大胆に入れられたベタの表現などが気になっています。

卯月　ありがとうございます。まだ自分の絵柄が完全に掴めていない時に、自分が好きだなと思うイラストレーターさん、漫画家さんの絵柄を分析して、なんで自分はその絵を好きだと思ったのか、どこに一番惹かれるのかと考えたんですよ。その時に、それは髪の毛であることが多くて。じゃあ自分も髪の毛にこだわろうと思ったのが最初です。憧れで言えば、線の数も少なく軽やかなタッチで描かれた絵のほうが好きですが、自分の性格上細かく描いてしまうんです。そうじゃないと納得できない性格なので、これはもうしょうがないと諦め、自分の癖を絵柄に落とし込むほうにシフトして今の形になりました。ベタに関しては無意識ではあるんですけど、ページ全体の黒のバランスを考えていて、より表情を引き立たせたい時に顔の後ろをベタにしている気がします。

——インク溜まりをつくるのは、純粋な好みですか？

卯月　めちゃめちゃ好みです。これをやるためにクリスタのペンも色々試しました。その結果、ペンの動かし方とリンクさせて、いい感じにインクが溜まってくれるペンをやっと見つけたのが最近です。二巻の頃まではこれじゃない、これじゃない、とけっこう模索して色々変えていましたが、ようやく見つけたお気に入りを途中からはずっと使っています。ペンはほぼ髪の毛基準で選んでいて、髪の毛を描く時にいい線が描けるペンを見つけたら、他のものもだいたい描けます。

——なるほど。続いて目の表現についても伺いたいと思います。とにかくデザインのオリジナリティが高く、可愛いです。ハイライトなどの目の中の描き込みは少ないけれど、球体を感じさせる目玉の立体感や、横顔の時などのまつ毛の裏側っぽい描写なども他に見たことがなく、しかも可愛いです。感情がたかぶる時に瞳のりんかくが点線になってユラユラするのも可愛いし、イラストっぽさと、少女漫画らしい感情表現が両立されているのが凄いです。

卯月　髪を描き込んでいる分、瞳はシンプルにしようと思って、瞳の中は黒く塗るくらいの感じにしています。ただ、シンプルにしたいけれど個性は出したいと思ったので、睫毛をああいう描き方にしています。自分的には挑戦でしたし、見慣れない表現だと思うので、最初は受け入れてもらえるか心配でしたが、次第に読者の皆さんも慣れてきてくれたのか、最近は褒めていただくことも増えて嬉しいですね。自分自身も瞳の立体的な表現、睫毛の表現にようやく慣れて、角度とか描き方が分かってきた感じです。

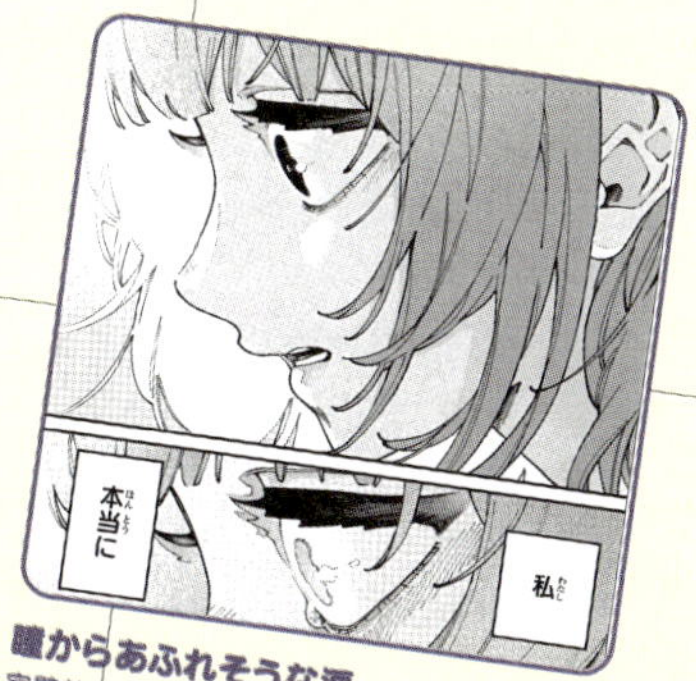

瞳からあふれそうな涙

完璧美少女であるがゆえに逆恨みされることも多いおとぎ。そんな、おとぎを貶める男子生徒に対して、イメージが崩れるリスクを背負ってまで怒る一刻。そんな一刻の優しさに触れ、おとぎの瞳から涙があふれそうになる瞬間を捉えた見事な描写。

——連載の中で、卯月さん自身もいろんな挑戦をして今に至るわけですね。

卯月　そうですね。一話ごとに絶対に何か新しい挑戦をする、というのは決めていました。

——おとぎちゃんの瞳に涙が溜まっているシーンも本当に凄くて。

卯月　ここは完全に泣かせたくない、泣きそう、というギリギリのところに収めたくて。けれど、おとぎが泣くシーンをすごく描きたかったので、その描きたい気持ちがちょっとあふれちゃった感じですね（笑）。

——感情のほとばしりが凄いです！　扉イラストも毎回とても可愛いと思います。扉絵のテーマ、モチーフはどうやって決めているのでしょう？　Xに上げていらしたお仕事部屋の雰囲気も、扉の世界観と通じるものを感じました。

卯月　扉は完全に自分の好みです。レトロっぽい西洋画が大好きなので、その雰囲気で描いています。海野弘さん監修の『366日　物語のある絵画』などのシリーズや、グラフィック社から出ている「ちいさな手のひら事典」のシリーズ、それから絵本などもよく眺めて参考にしています。仕事部屋は作業をしていて自分のテンションが上がるように。

——なるほど。ありがとうございます。さて、ここからは少し卯月さんご自身のことも伺っていいでしょうか？　卯月さんは、本格的に漫画を描き始めてから二年でデビューされています。それまでにも絵は描いていたそうですが、子供時代からこれまで、絵との関わり方がどんなものだったかを教えていただけますか？

卯月　本格的に漫画を描いたのは本当にデビューのちょっと前でしたが、絵を描くのは好きでした。ただ、上手くなろうとはしてこなくて。小さい頃の話になるんですけど、保育園の時にプリンセスを描いてくれる先生がいて、毎日お願いしていたら、ある日「自分で描いてみようよ」と言われたんですよ。そこで見よう見まねで描いたプリンセスの絵を褒めてもらえたのがすごく嬉しかった。それがキッカケで、そこから毎日、自分でプリンセスを描くようになりました。確か年中さんの頃だったと思うんですけど。

——年中さんでプリンセスを描いていたんですか？

卯月　先生に描いてもらったプリンセスと、ほぼ一緒のプリンセスを描いていました。ちょっとだけ自分でアレンジして、ハートをリボンにしたりして。お絵描きも楽しかったんですけど、たぶん褒められるのが嬉しくて描いていたんだと思います。

——可愛すぎる。そこが最初の絵の記憶だとして、そのあと本格的に絵の道に進むことはなかったんですか？

卯月　なかったです。美術部でもありませんでした。でも小学生の時も中学生の時も、修学旅行とか行事ごとのしおりの表紙は描いたりしていました。

——絶対に絵のうまい子ですよね？

卯月　中学の時は、描きたい子が自主的に描いて職員室に持っていくと、先生がその中から選ぶというシステムだったんですよ。それで「絶対に選んでもらう！」と意気込んで描いて、三年連続で選んでいただきました。でも本当にそのくらいで、日常的に絵を描くとかではなかったし、高校の時はほぼ描いていませんでした。

——少女漫画を読んでいて、自分好みの男の子がいないから漫画を描こうと思った、と以前のインタビューで答えてらっしゃいましたが、一番少女漫画を読んでいたのはいつ頃ですか？

卯月　けっこうずっと好きで読んでいました。ただ兄がいたので、初めて読んだ漫画は『ドラゴンボール』などの少年漫画でしたね。小学生くらいでアニメから入って『しゅごキャラ！』や『きらりん☆レボリューション』などを読むようになり、「ちゃお」や「なかよし」を買い始めてからは少女漫画にどっぷりハマって、そこからずっと読んできた感じです。

——それだけ読んでいたとはいえ、突然、好みの男子を描かなきゃ、と思って漫画を描き始めるって凄いですよね。

卯月　ちょうど進路に迷って、毎日これから何をしたらいいんだろうと考えながら過ごしている時期だったんです。その時に漫画を読みながら、自分の好みの普段は強気だけど、たまに弱ったり泣いてしまうヒーローってなかなかいないな、とふと思って。それで泣かなそうなのに泣いてしまう男の子を探してみたんですけど、私が探した中では見つけられなかったんです。でも、すごく見たかったから、あ、自分で描いたらいいじゃんと思ったというか（笑）。

——好みの男子って「泣いている男子」だったんですね！

卯月　そうなんです（笑）。それで描くならちゃんと漫画家を目指そうと思って母親に言ったら「いいじゃん」と応援してくれて。そこから今とは別の出版社なんですけど、初めて描いた漫画を投稿したら一応、小さい賞みたいなものをいただいて、担当もついたんです。けれど、なかなか相性が悪くて、漫画を描くのが怖くなっちゃった時期もあった。でもスピカ賞を見つけて、もう一度

ネーム

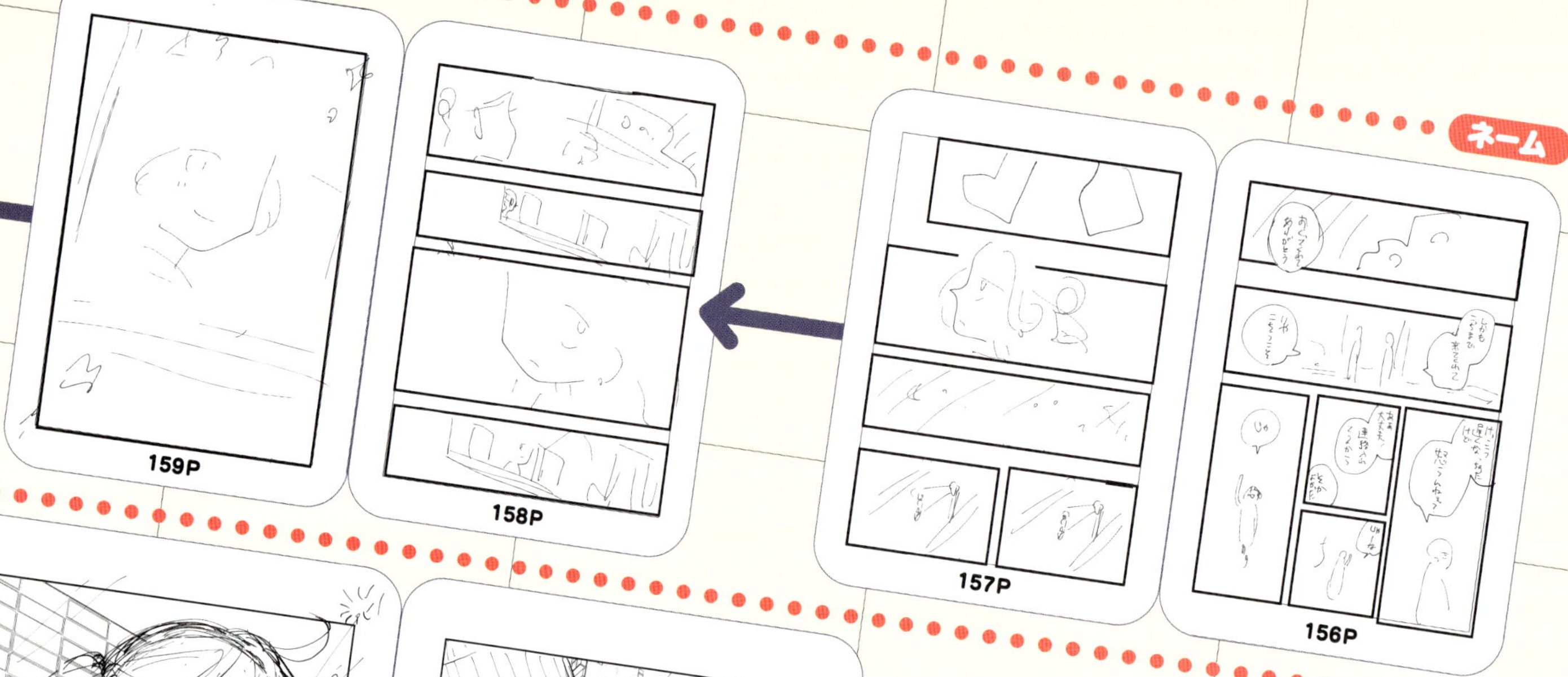

159P 158P 157P 156P

下絵

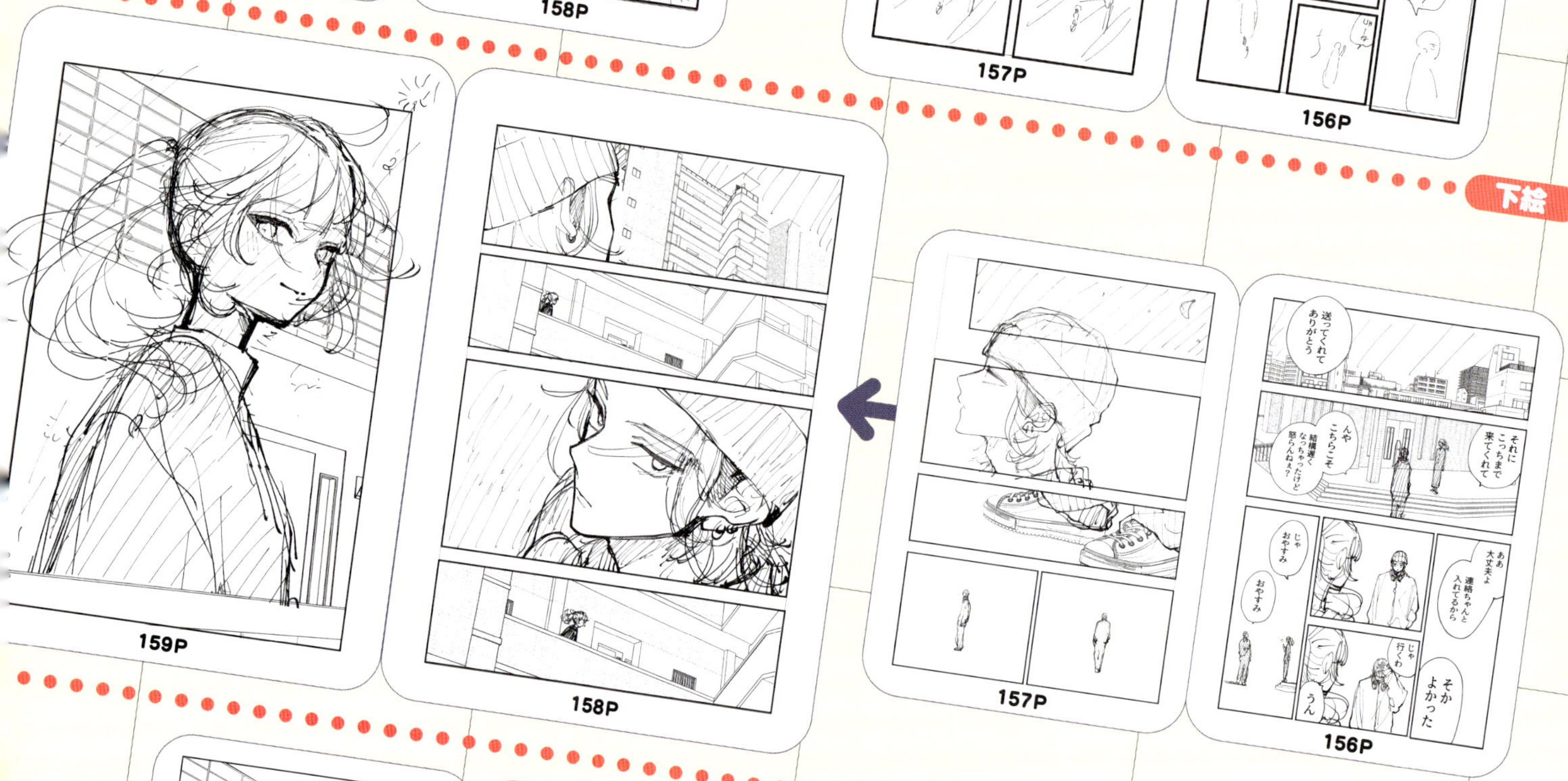

159P 158P 157P 156P

線画

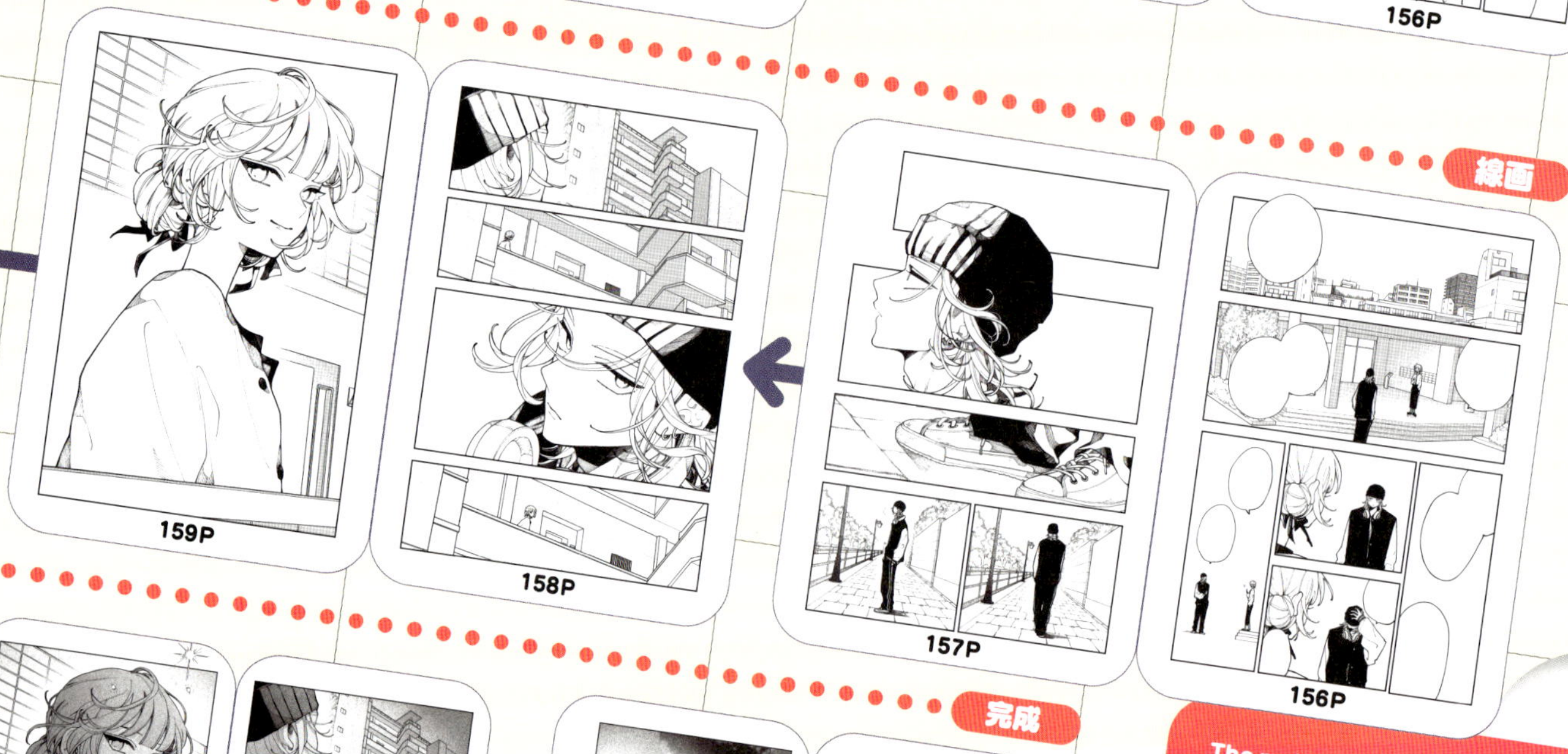

159P 158P 157P 156P

完成

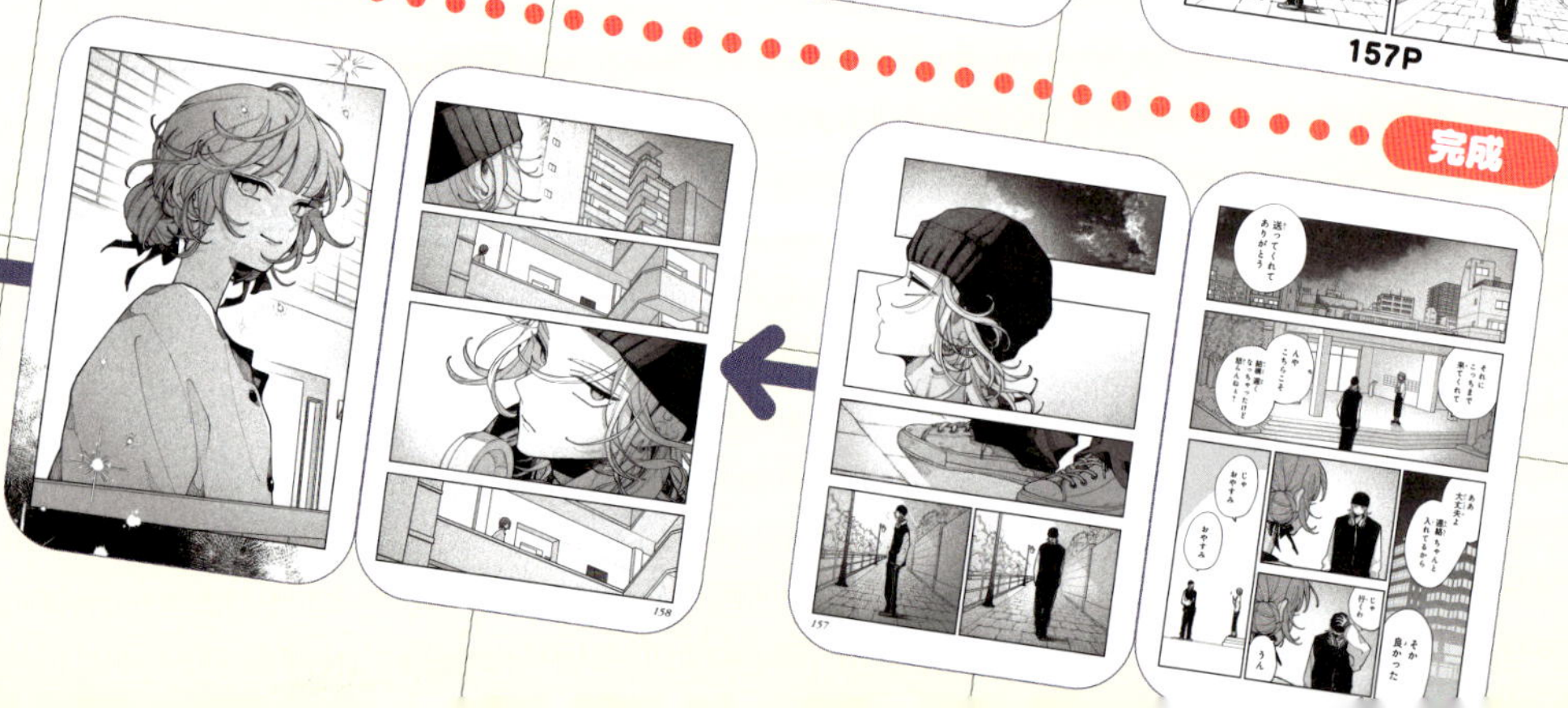

The making of EP.12「ともすれば」

卯月さんもお気に入りの「ヒミツの楽園」のエピソードより、
ネーム→下絵→線画→完成までの流れを紹介！
ネームは用紙1枚に8ページ分を区切って進める
みアナログ作業。セリフとコマ割りに注力し、絵は構図を決め
るためにざっくりと入れる程度。ネームがOKになったら、次
は下絵へ。ここからはCLIP STUDIO PAINTに移行。156ペー
ジ内でセリフを移動した。線自体はまだラフではあるものの、
表情などもしっかり描かれて、かなり絵が決まっているのが
わかる。この下絵をもとにして線画へ。この段階でベタも入れ
る。下絵と比べると、おときの髪型がポニーテールからおだん
ごに、160ページの2コマ目の一刻の顔のアングルに変化が。
このあとトーンや効果を加えれば完成！

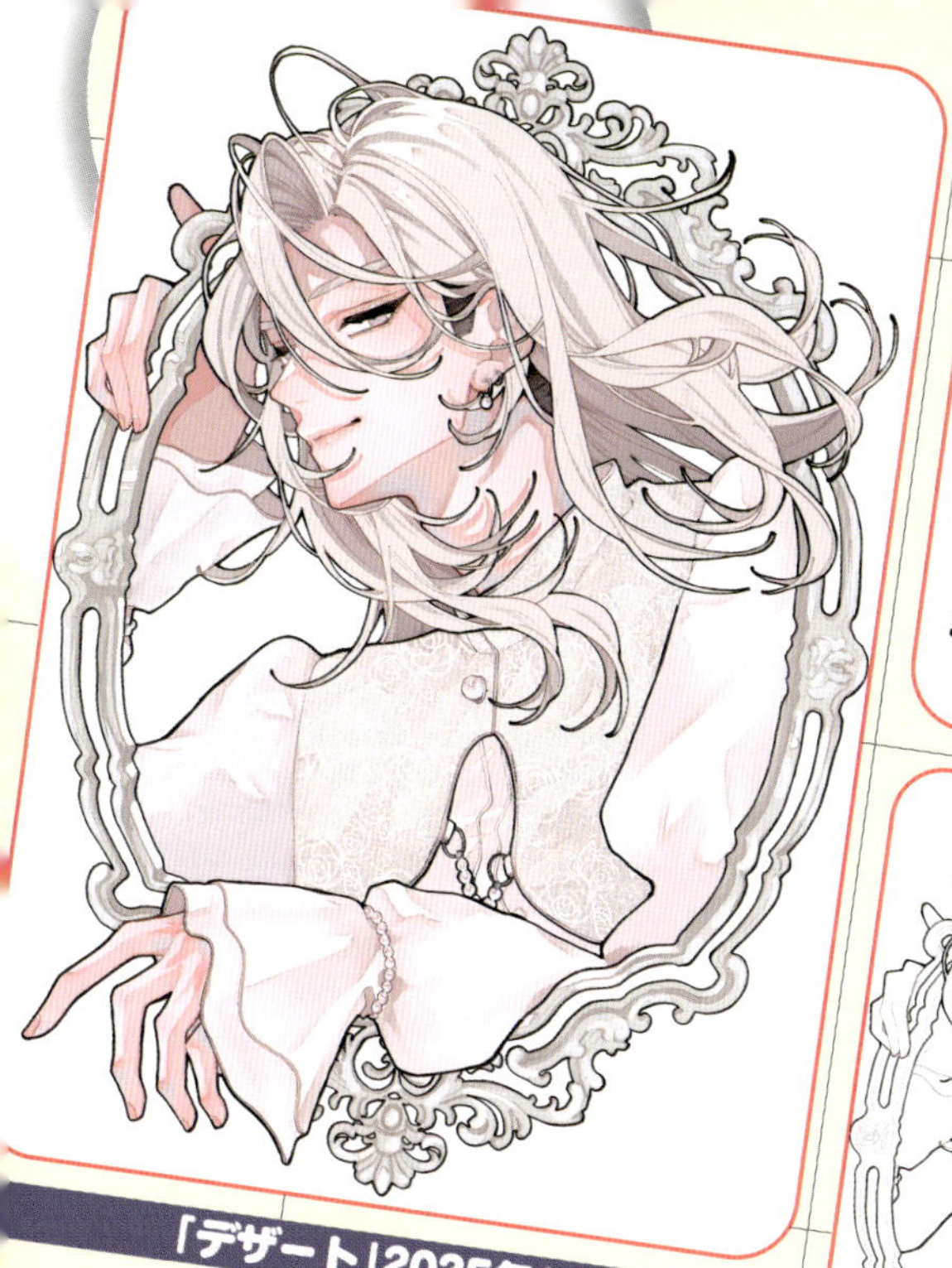

「デザート」2025年10月号表紙

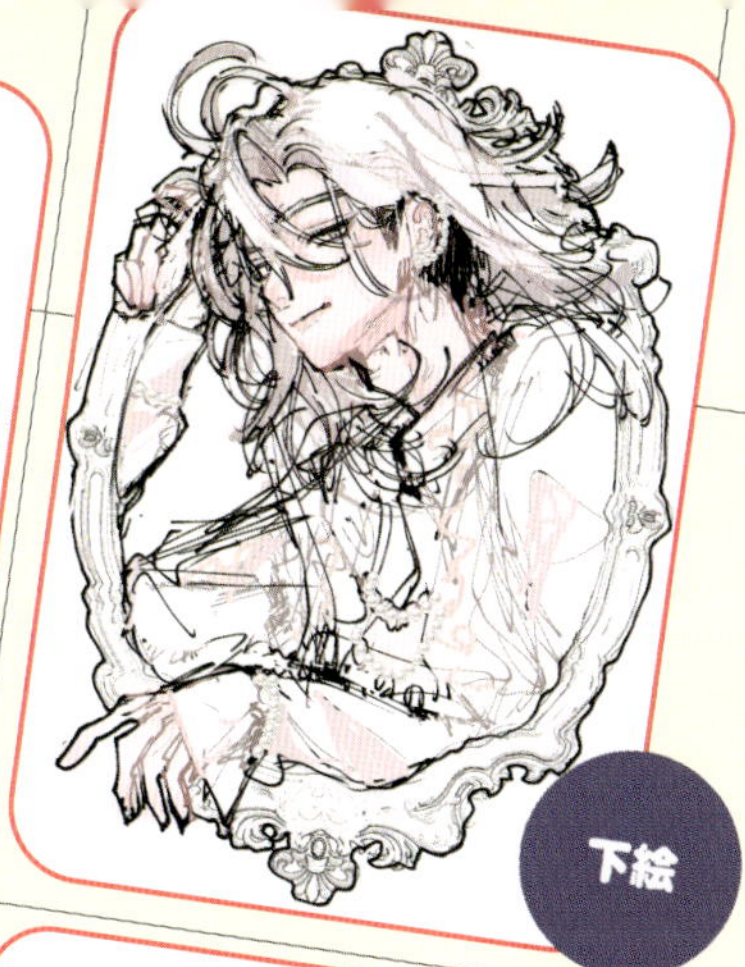

下絵

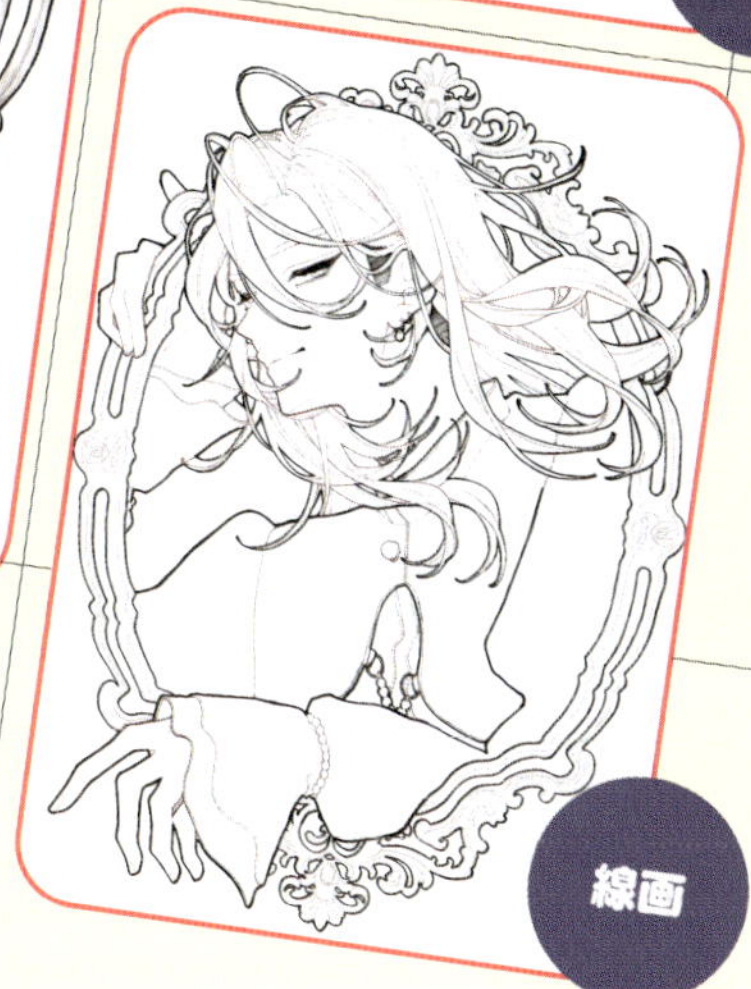

線画

「デザート」の表紙を飾る、麗しい一刻の描き下ろしをメイキング！　下絵の段階で、ほぼ白に近い淡いピンク色のグラデーションや、繊細なコスチュームの質感などをイメージして、細かく線が描き込まれているのがわかる。この下絵の線を整理して、線画を仕上げる。淡い色の邪魔にならないよう、アウトライン以外は淡いセピア色で細く線を引くのがポイント。

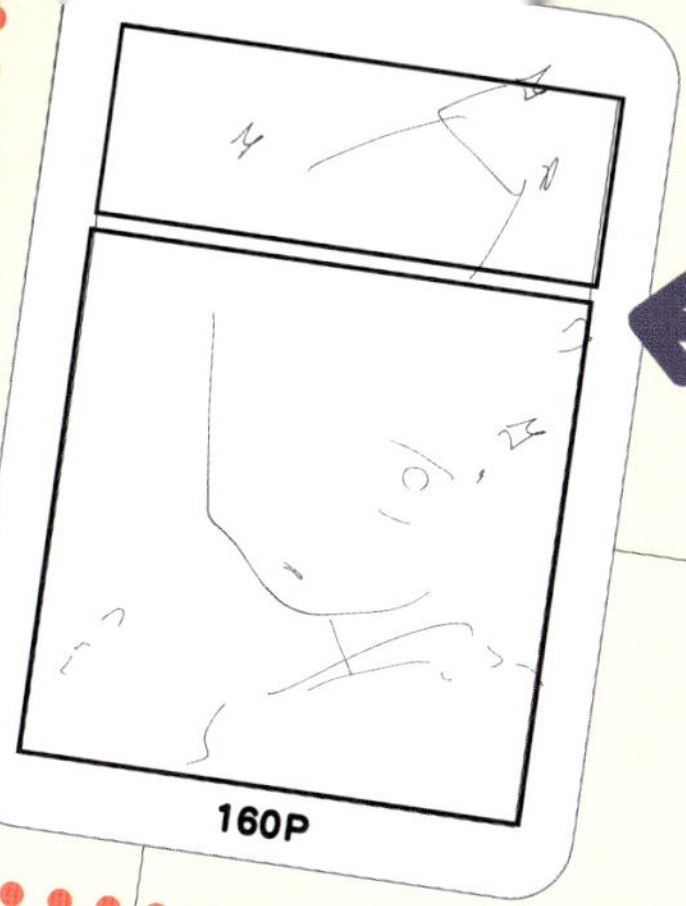

160P

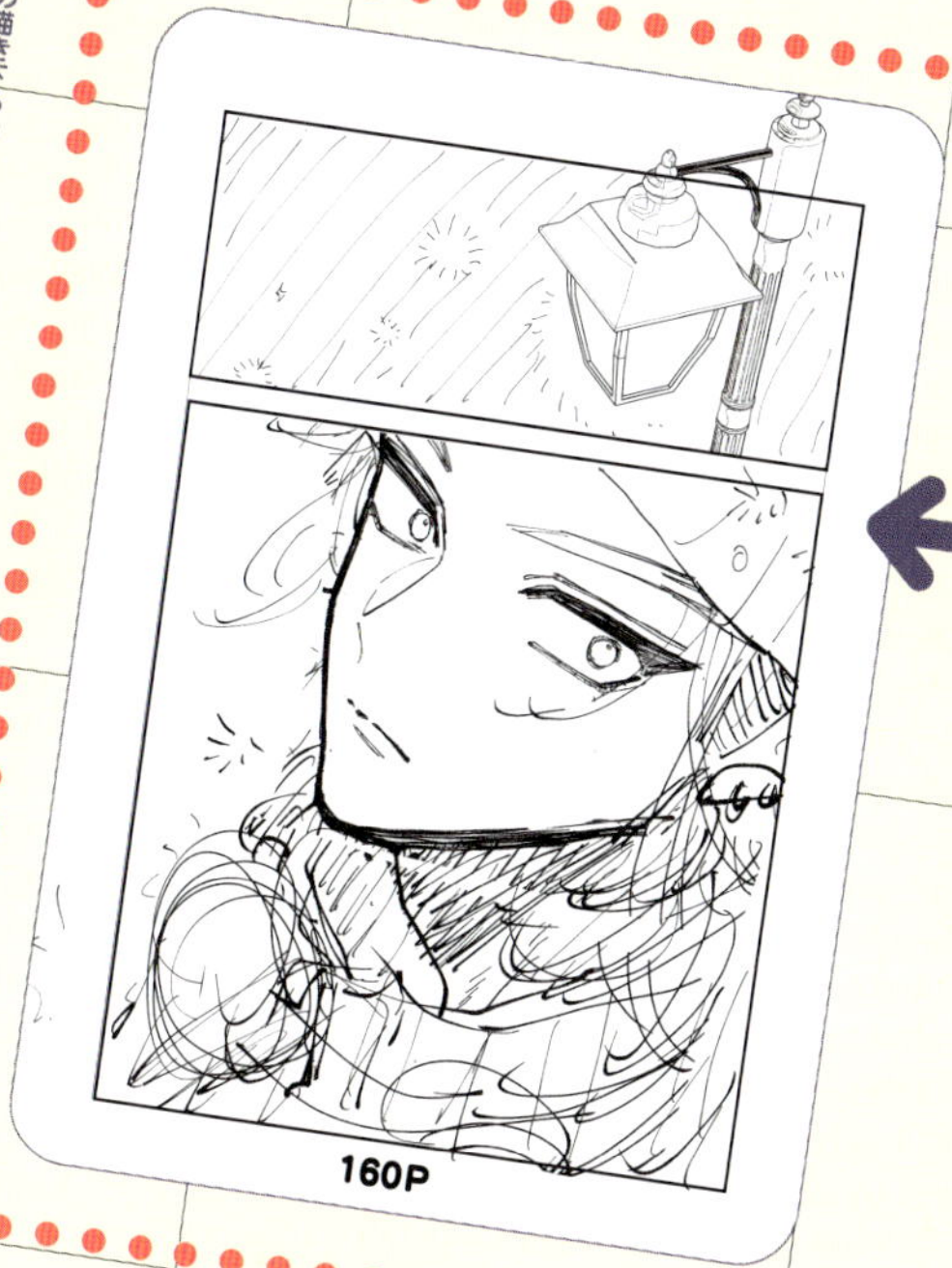

160P

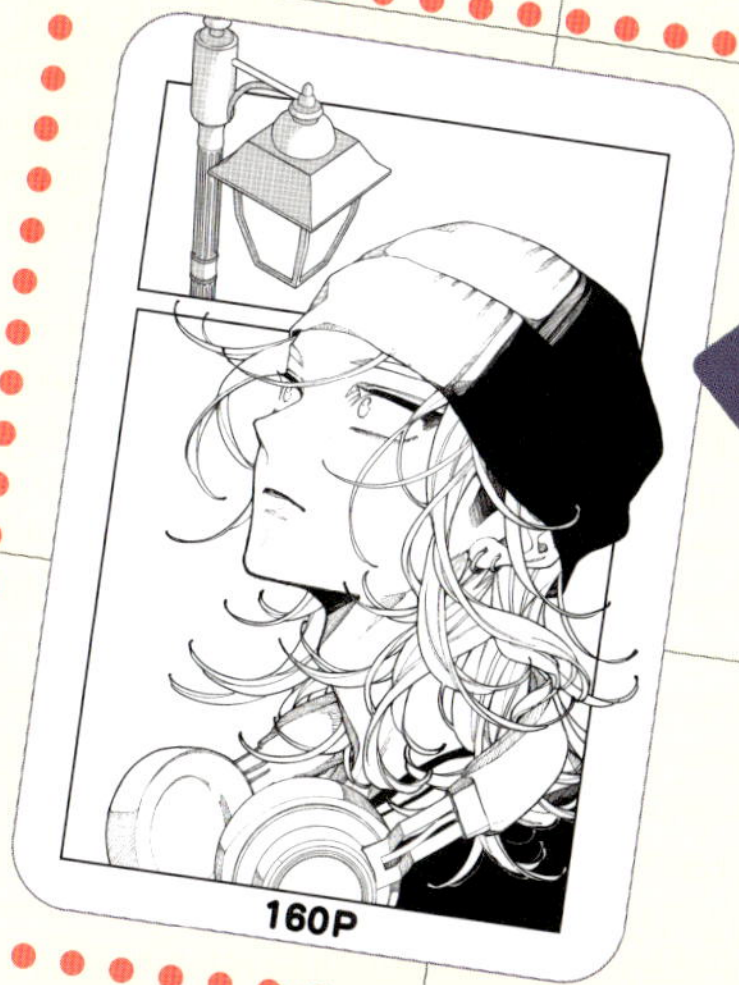

160P

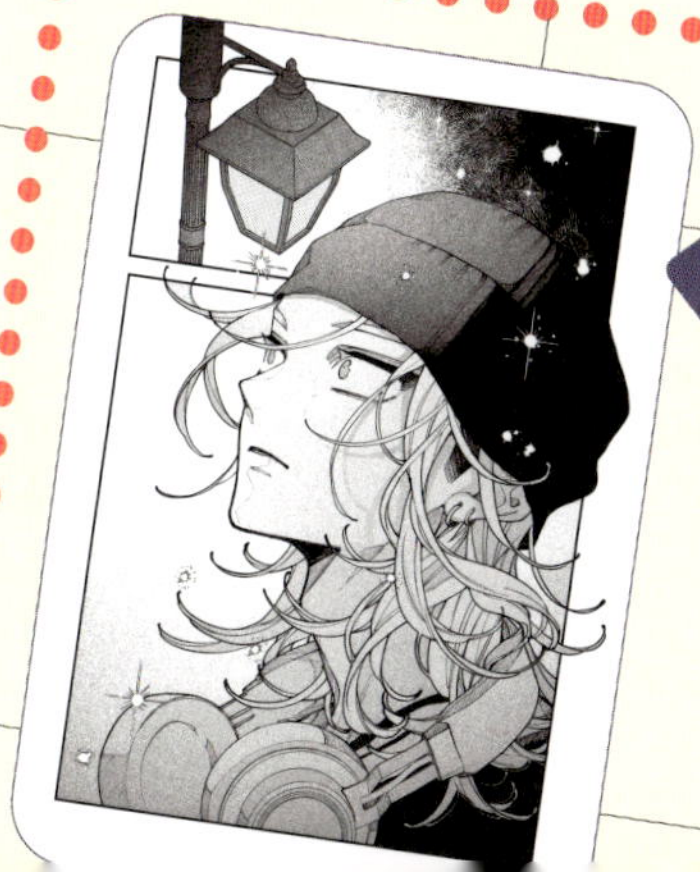

描いてみるかと描いてみたら、スピカ賞をいただけて、その一年後にデビューできた感じです。

——凄いですね。信じて応援してくれたお母さんも素敵すぎます。

卯月　母は、私が進路に迷っている時に、いろんな所へ連れていってくれたんですよ。私が何をしたいか分からないと言っていたので、じゃあ、これは？　これは？　と色々見せに連れていってくれて。だから私が自分から「漫画を描きたい」と言ったことが余計に嬉しかったのかなと思います。

——本当に素敵です。ところで今号の特集テーマ「Maverick—はぐれものストライヴ—」では、ミステリアスな二面性、はみ出しもののヒーロー／ヒロイン像などを取り上げています。『恋ども』のおとぎといっこくも二面性のあるキャラクターですが、卯月さんが日常的に二面性やギャップに惹かれることってありますか？　例えば「泣いている男子」もギャップや二面性に通じるところがあると思うんですけど……。

卯月　うーん、なんでしょう……？　実は小さい頃はどちらか言えば全部が完璧なキャラのほうが好きだった気がするんですよね。特に弱いところは見たくないというか。なんで泣く男子が好きなんですかね？　読んでいて、あ、ここで泣いてほしい！　と勝手に思っちゃってたのか…自分の中で何か積もる欲があったのか……。

——泣くって、感情が強く発露される瞬間だとも思うんですけど、例えば完璧すぎる人の感情が、死ぬほど動くところが見たいという感覚などはありませんか？

卯月　いいですね！　ただ、よくよく考えると、今は別に完璧な男子に惹かれるわけではないのかなとも思います。実は「スピカ賞」をいただいたあと、まずは自分の好みを把握するところから始めないとだなと思って、いろんなアニメを観たんです。一つの作品ごとに絶対に一人は推しを選ぶというルールを決めて。そうして一作品に一人ずつ推しを並べていくと、だいたい泣いていたり強気だったりロン毛だったり、何かしらの共通点はあって。そこでちゃんと自分の好みを知れたのはよかったなと思います。

——たくさんアニメを観ることで自分の「好き」が整理されたわけですね。

卯月　そうなんです。やっぱり漫画を描くにあたって自分の好みを乗せて描いたほうが伝わるじゃないですか。なので自分の好みを把握するところから始めました。

——大事なことだと思います。というわけで、最後に『恋ども』の今後について、差し支えのない範囲で教えていただけますか？

卯月　すれ違いには終わりが来る感じです。

——それは……ポジティブに捉えていいんですよね？

卯月　そうですね。それぞれに大きな試練は迎えていると思うのですが、それが何かしらの成長に繋がって、最終的にはみんな前を向いて、歩いていくんじゃないでしょうか。

——ありがとうございます！　引き続き楽しみにしています！

作業環境

●使用ソフト:CLIP STUDIO PAINT

●作業工程:打ち合わせ→プロット作成→ネーム

卯月「プロットのOKが出たら、ネームに入るのですが、だいたいプロットと全く違うのものを提出しがちです。読者さんを驚かせたいので、その前に担当さんを驚かせたら勝ちかなと思って。よりよくしてやったぞ、すごいの持ってきたぞ、という気持ちで進めています(笑)。もちろん、プロットも手を抜いているわけではありません。その時のベストを書いてはいるのですが、いざネームに取りかかると、こうしたほうがもっと面白いんじゃない？　と思って、勝手に変えて送るということを毎回続けています。」

●スケジュール

卯月「以前は自分の気分で描きたい時に描く、乗ったから描く、みたいな感じでしたが、だいたい締め切り前になって作業が山積みになるので、最近は計画的に描こうと思い、下絵は1日に5～10ページなどノルマを設けて進めるようになりました。」

「センチメンタルサーカス」の
15周年を祝うグッズがもりだくさん！
詳しくは「センチメンタルサーカス」公式Xをチェックしてね。

★公式SNS　X=@Senti_official
15周年特設サイトはこちら！
https://www.san-x.co.jp/sentimental_15th_anniversary/

●Maison de FLEUR(メゾン ド フルール)との
コラボ商品が9月20日(土)から発売！
コラボ限定デザインを使用したハンカチやトートバッグ、ポーチなどのラインナップとなっています♪

●ALICE and the PIRATES
とのコラボ商品が9月中旬から発売予定！
15周年デザインを使用した特別なお洋服になります♪

●アニメイトカフェGratte(グラッテ)との
コラボを2025年9月6日(土)より開催！
シャッポたちをプリントしたグラフィックラテとアイシングクッキー、そして、有償特典トレーディングアクリルコースターをアニメイト対象店舗にて販売します♪
【センチメンタルサーカス15周年×Gratte】
・アニメイト池袋本店
開催期間：2025年9月6日(土) ～2025年9月21日(日)
・アニメイト名古屋・梅田
開催期間：2025年9月20日(土) ～2025年10月13日(月・祝)

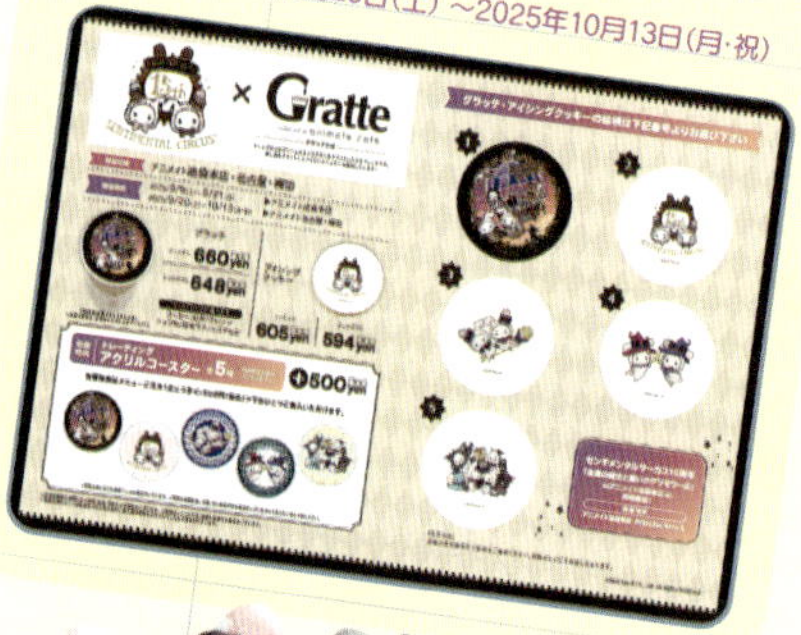

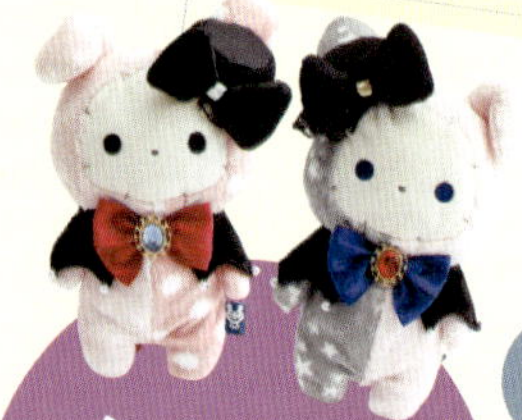

シャッポとスピカの
あつめてぬいぐるみ
特別セット
1名様にプレゼント！
詳細は巻末
プレゼントコーナーへ

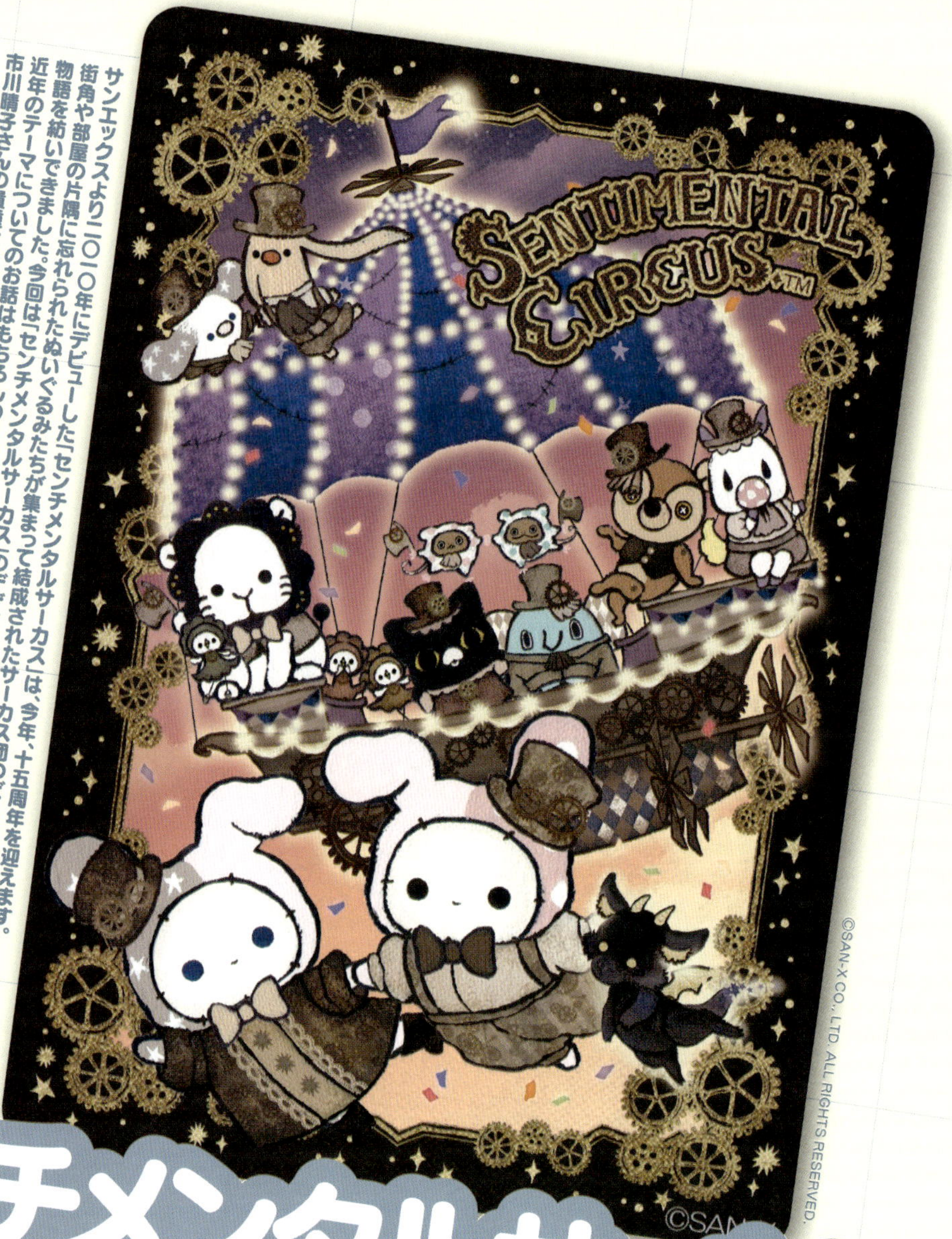

サンエックスより二〇一〇年にデビューした「センチメンタルサーカス」は、今年、十五周年を迎えます。街角や部屋の片隅に忘れられたぬいぐるみたちが集まって結成されたサーカス団のどこか切なくもあたたかな物語を紡いできました。今回は「センチメンタルサーカス」のデザイナーである、市川晴子さんへインタビューを敢行！ 近年のテーマについてのお話はもちろんのこと、現在もグッズを基本アナログで制作している市川晴子さんの貴重な原画やラフを紹介し、みなさんにその魅力をお届けしたいと思います。

センチメンタルサーカス 市川晴子

——以前は『センチメンタルサーカス』(以下、『センチ』と表記)の十周年の際にご登場いただき、ありがとうございました。今回は、十五周年を迎えた『センチ』について、近年のテーマを中心にお聞きしたいと思っています。まずは、昨年の二月に発売されたシリーズ第三五弾『リメイクは空色白昼夢の窓辺で』(以下『リメイク』と表記)について、どのようなところからアイデアを膨らませていったのか伺いたいです。

市川　以前からサーカス団ならではの、ぬいぐるみやおもちゃがテーマとなるようなものをつくりたい気持ちがありました。主人公のシャッポの手芸が得意だという設定を生かしたいと思い、チームへ相談したところリメイクをテーマにするアイデアが出たんです。また、テーマをリメイクと銘打つことで「傷ついても何度でも縫い合わせて歩きだせる」という、ぬいぐるみたちの健気さや、何があってもまた歩き出せる強さと優しさを表現できたらいいなと思いました。

——素敵ですね。『リメイク』では、解けたシャッポの腕からこぼれた綿に魂が宿った「わたのお手伝いさん」が登場します。わたのお手伝いさんはどのように生まれたのでしょうか?

市川　縫い目から綿がちょっとこぼれちゃうという描写自体は、『センチ』の初期の頃からギャグのようにコミカルなタッチで描いていたのですが、今回はテーマがリメイクということもあり縫い目から綿があふれるシーンをより生かしたいと思いました。そこで、いろいろな綿を観察していたところ、綿のふわふわとした丸い感じがすごく可愛いくて！ 綿がキャラクターとして一緒にお手伝いをしてくれる存在になったら素敵じゃないかと思いました。これまでの『センチ』は、シャッポ団長がいろいろと頑張ったり動き回ったりして、仲間たちに何かをしてあげることが多くありました。シャッポが一人で立ちまわっているようなイメージもあったと思いますので、逆にシャッポを手伝ってくれる存在として、「わたのお手伝いさん」を考えたんです。

——天使の羽をモチーフにしたり、儚い水色をキーカラーとした理由も気になります。

市川　『リメイク』は、白昼夢のようなまどろみ感や浮遊するようなふわふわとした夢心地な雰囲気をデザインとして表現したいと思ったんです。それを追求していった時に、お空が近いニュアンスを持っていると感じ、水色をメインカラーにすることを決めました。また、ふわふわとした浮遊感をより伝えるために、羽根モチーフで軽さや儚い様子を表現できるのではないかと考えました。コミックス『センチメンタルサーカス ガラクタたちの夜想曲 15th Anniversary Comics』(以下『ガラクタたちの夜想曲』と表記)に収録した『リメイク』の物語では、最後にシャッポがほんのりスピカの夢を見るようなシーンがあります。「もしかしたら来てくれたのかな? どうかな?」と匂わせるシーンが…(笑)。グッズでも同じように匂わせを入れたいと思い、青っぽいカラーリングにすることでスピカを想像してもらえたら…という気持ちがありました。

——ストーリー紹介のビジュアルも、キラキラと輝く星が空に向かっていく匂わせ表現がありますよね(笑)。そのビジュアルでシャッポはアイマスクをしていますが、お裁縫をしている時はヘッドドレスを身につけていますね。

市川　みんなをお直ししてあげる、というニュアンスから、お手伝いさんを連想させるメ

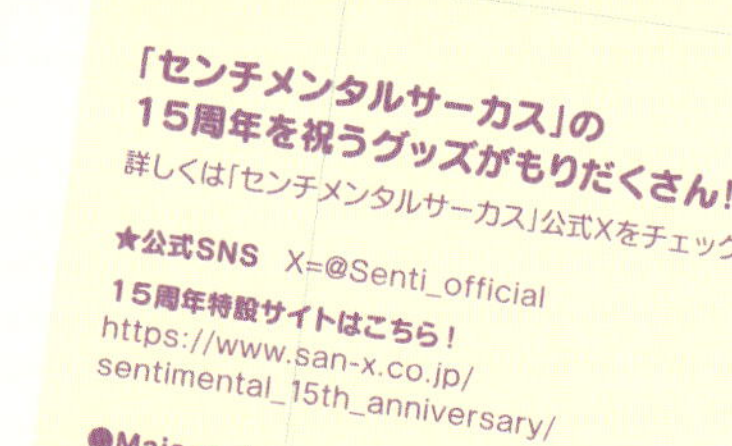

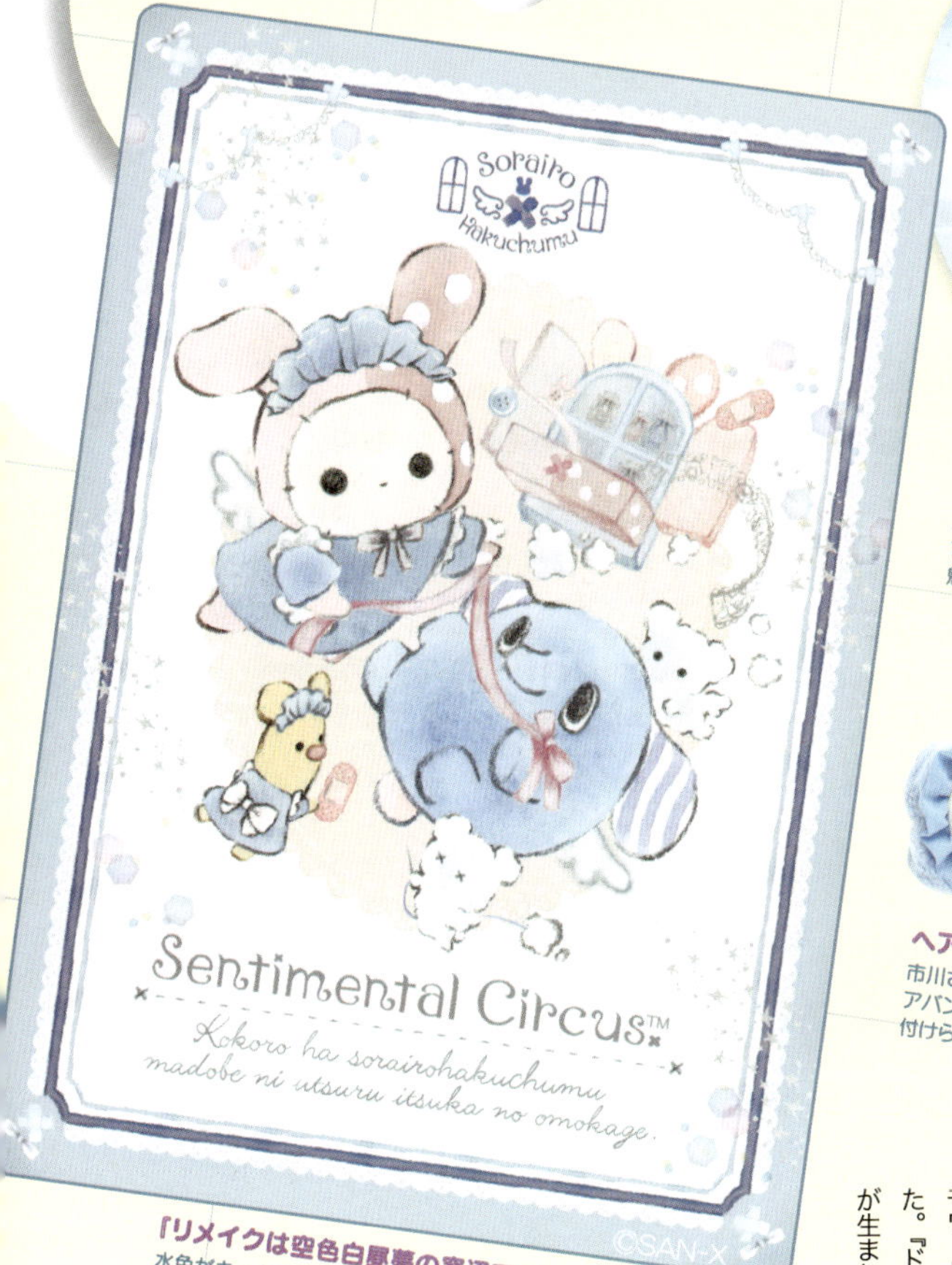

「リメイクは空色白昼夢の窓辺で」テーマ(2024年2月)

水色がキーカラーとなった「リメイクは空色白昼夢の窓辺で」の儚く幻想的な世界にときめく。シャッポのピンクなボディと水色のカラーは相性もバッチリで、キービジュアルはわたのお手伝いさんとトトに加え、シャッポのしっぽを分けた仲間のムートンも登場し、やさしく傷を癒す姿に心が和む。また、綻びた体を縫う「夢見るリメイクセット」は、シャッポとお揃いの模様の裁縫バッグとなっており、そこから飛び出た寛ぎボタンもシャッポのようなシルエットをしている。

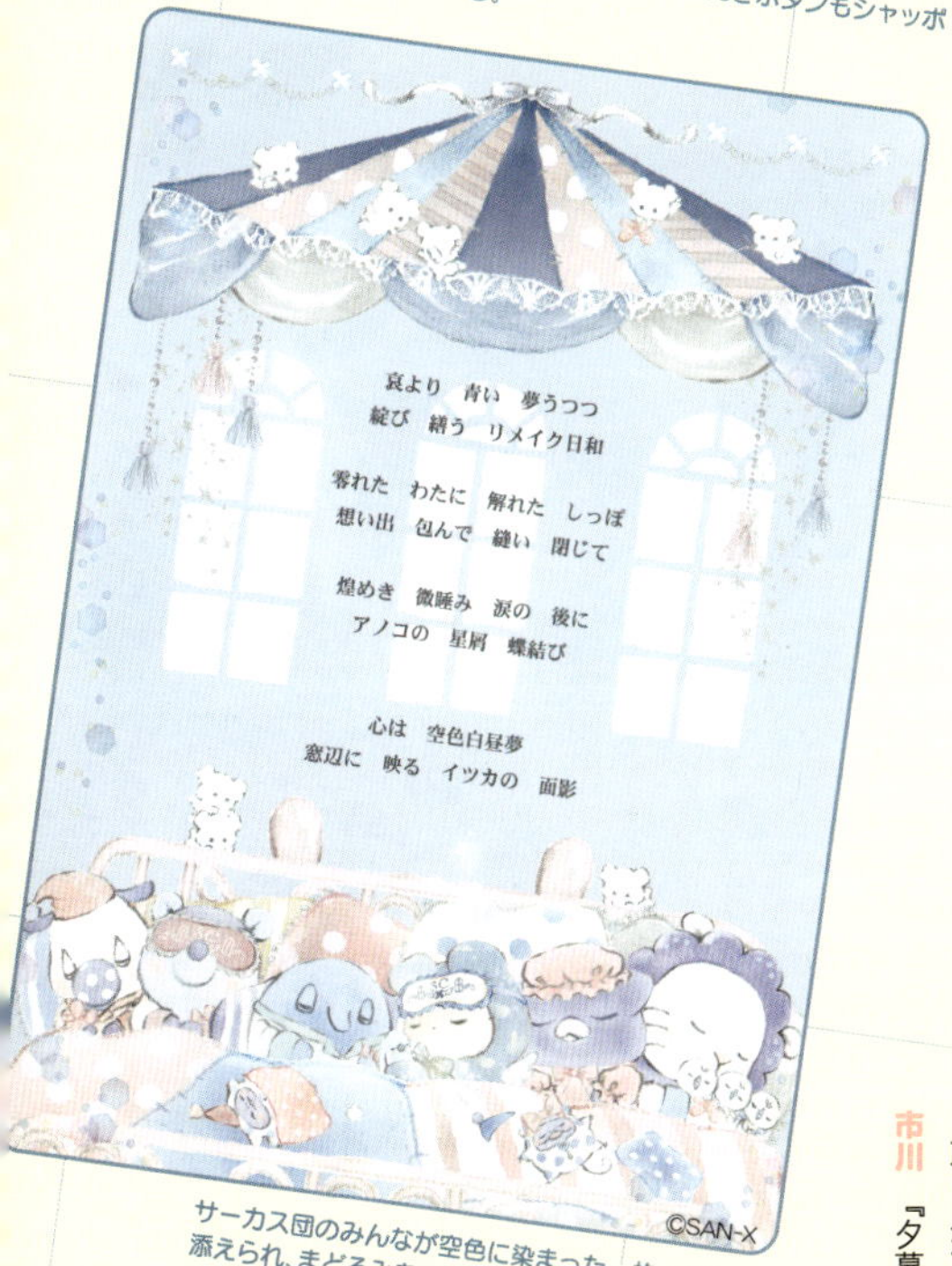

サーカス団のみんなが空色に染まった一枚。ポエムも添えられ、まどろみを感じさせる。わたのお手伝いさんはさまざまな場所を縫い合わせたり、絆創膏を貼り付けたりしている子もいれば、ベッドのフチに乗り、サーカス団を見守っている子たちもいる。また、トトを抱き寄せながらアイマスクをつけて眠るシャッポの近くにはスピカの面影がキラキラと輝く。サーカス団のみんなを見てみると、ピヨバレリーナをぎゅっと抱きしめるように眠るリオが愛らしい。Mr.ベアはアイマスクをつけながら眠っているのがわかる。手を広げながら寝そべるピグ&マーモの姿からは、無邪気な印象を抱く。それぞれの寝顔からも個性を感じる作品となっている。

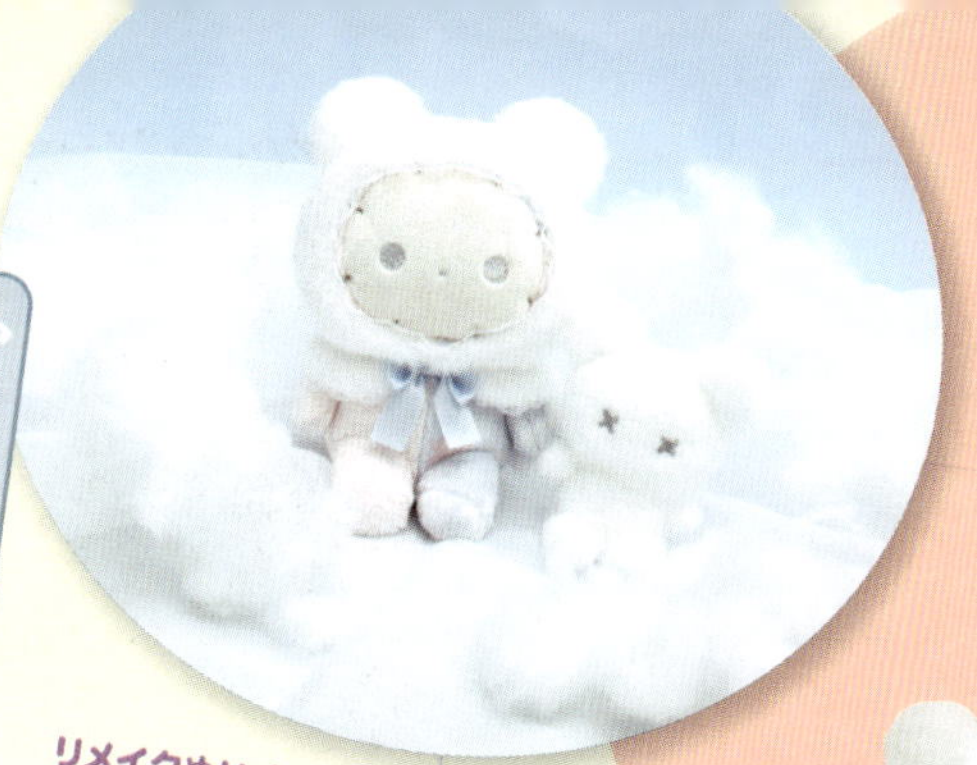
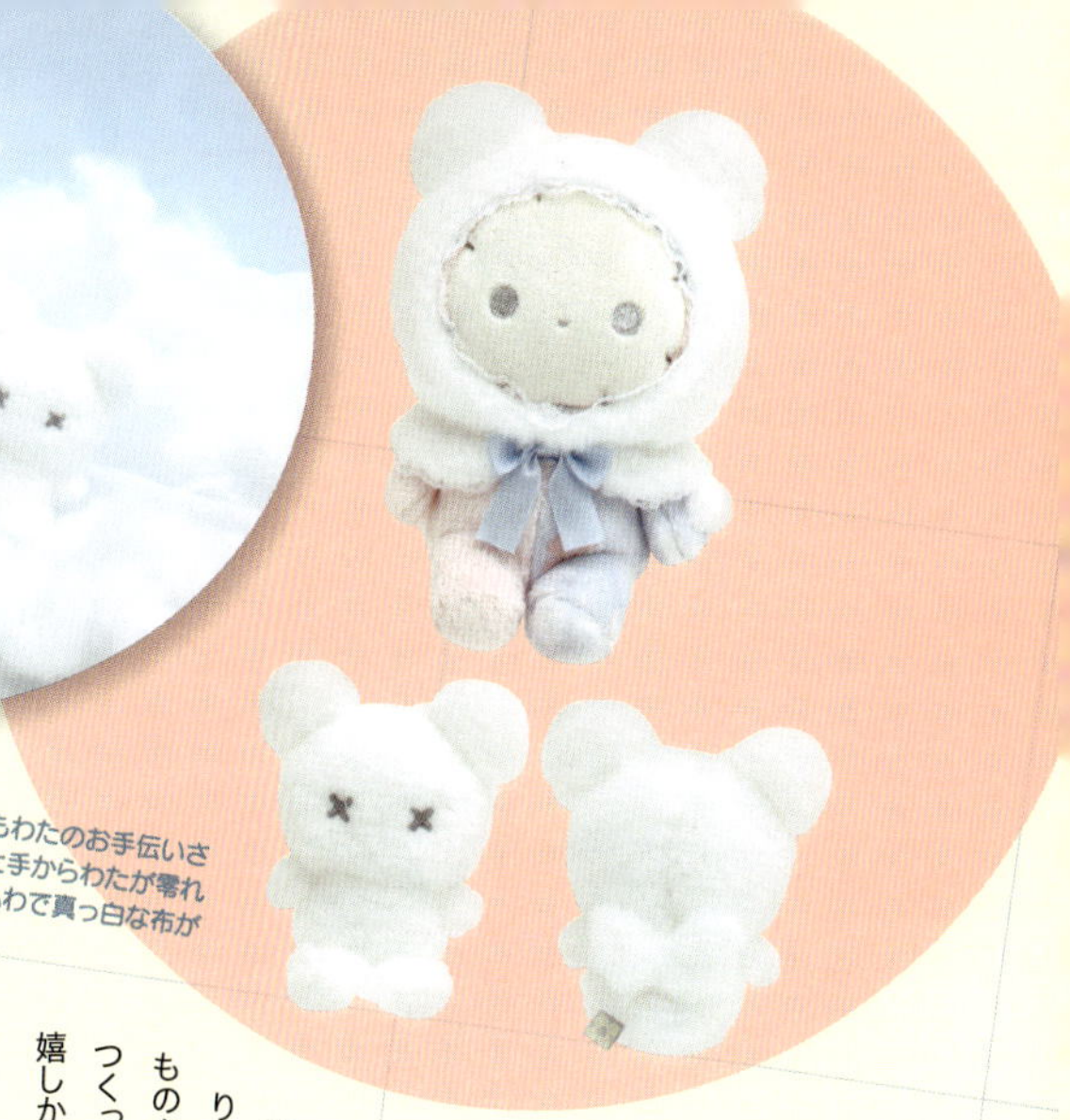

リメイクぬいぐるみセット

ふわふわのケープをかぶったシャッポ。耳の形もわたのお手伝いさんとお揃いになっている。また、左腕を見てみると手からわたが零れているのがわかる。わたのお手伝いさんはふわふわで真っ白な布が魅力的。うしろを見ると羽も生えている。

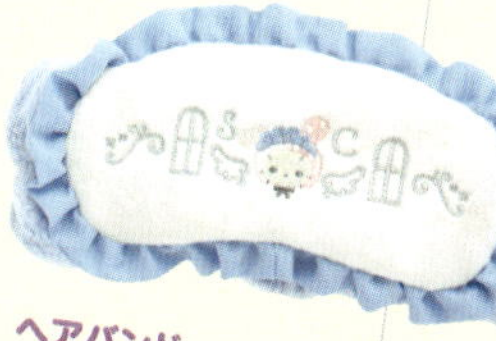

ヘアバンド

市川さんがインタビューでも話をしていたヘアバンド。シャッポとお揃いのアイテムを身に付けられる嬉しいグッズ。

イド服のようなお洋服にしました。

——グッズで最初につくりたいと思ったアイテムはありますか?

市川　わたのお手伝いさんのぬいぐるみと、アイマスクはつくりたかったです。アイマスクは最終的には使いやすさを考えてヘアバンドに変わりましたが、シャッポと同じものを身につけられるグッズはつくってみたかったので実現して嬉しかったです。

——おでかけマルチケースはシャッポたちと一緒にお出かけができる楽しさがあります。

市川　今は、ぬいぐるみたちを持ち歩いて、いろいろな場所にお出かけすることが一般的になってきたと思います。ですから、シャッポたちもいろいろな場所へと連れていってもらえたらと思い提案したグッズです。

——そうだったのですね。同年九月には『夜更かしパフェと星屑涙のドレンチェリー』(以下、『ドレンチェリー』と表記)のテーマが出ました。

市川　ここからは十五周年に繋がるお話を意識して連作のようなイメージでつくり始めました。ですから、この頃に十五周年のビジュアルも発表したと思います。十五周年のコンセプトは「十五年のありがとうの気持ちを、みなさんに伝える」ということで、十五周年を通してみなさんたちもシャッポたちと一緒に旅をするような感覚を味わって欲しいなと思い、夜間飛行をテーマにしました。また、十五周年はシャッポとスピカがまた会えるテーマがいいなと思い、そこを軸に考えながらも、二〇二四年九月の『ドレンチェリー』から、二〇二五年九月の『永遠の魔法と願いのグリモワール』までは物語を繋げることにしました。『ドレンチェリー』では、「ドコカの星の子」が生まれるきっかけとなった卵を忍ばせて、何かが始まることをアピールできたらと思ったんです。のちに控える十五周年の盛り上がりを考えて、敢えて、この時にはサーカス団の仲間たちの登場は控えて、仲間たちはパフェのメニューに落とし込みました。また、今回はシャッポとスピカの絆に焦点を当てて、ふたりの関わり合いがよく見えるように考えました。

——ドレンチェリーやパフェというモチーフを選んだのは何かきっかけがあったのでしょうか?

市川　シャッポとスピカが再会するなら二〇一七年に発表したシリーズ第二弾『シャッポとスピカのカフェ双子星』(以下『カフェ双子星』と表記)のカフェ双子星がいいかなという話になりました。カフェ双子星で、夜にシャッポとスピカがふたりで想い出を語り合いながら食べるものを想像した時に、夜の時間帯だとパフェのように甘いものを口にしながら、「ああだったね、こうだったね」と想い出を語る切ない時間を過ごすのもいいんじゃないかと思い、パフェというモチーフに焦点を当てることにしました。また、サクランボは二つで一つというイメージが一般的にあると感じましたので、ちょうどシャッポとスピカのようなふたりの関係性に合っている食べ物だと思ったんです。敢えて砂糖漬けのサクランボにしたのは、砂糖漬けのキラキラとした雰囲気が星屑を連想させると思い、スピカの存在に繋がればと考えました。

——『カフェ双子星』の時は水彩風でしたが、今回の『ドレンチェリー』は油彩風ですね。

市川　はい。真夜中の雰囲気を出したいと思ったことと、これから十五周年に向かっていくタイミングということもあり、原点回帰と言いますか…。当初の仄暗くて、黒色にピンク色が差し色として入っているニュアンスを彷彿させるようなカラーリングを出したいという気持ちもありました。

——グッズはどのようにして考えていきましたか?

市川　『リメイク』から引き続き、ぬいぐるみとお出かけできるようなものから、お仕事をされている大人の方々もお使いいただけるようなアイテムを考えられたらと思いました。また、『ドレンチェリー』ではぬいぐるみ類にもこだわりましたね。『カフェ双子星』の時は、カフェ店員をイメージした衣装でしたので、今回はメニューとして提供される飲み物をイメージしてつくりたかったんです。ですから衣装を着るのではなく、敢えてふたりの体の色が想い出の紅茶色に染まったぬいぐるみにしました。頭に乗ったドレンチェリーのサクランボの立体感も丸いフォルムになるようこだわりました。

——最近のぬいぐるみは、肌触りの良い生地も取り入れることがありますね。

市川　『夕暮れホテルから花束を』のテーマ

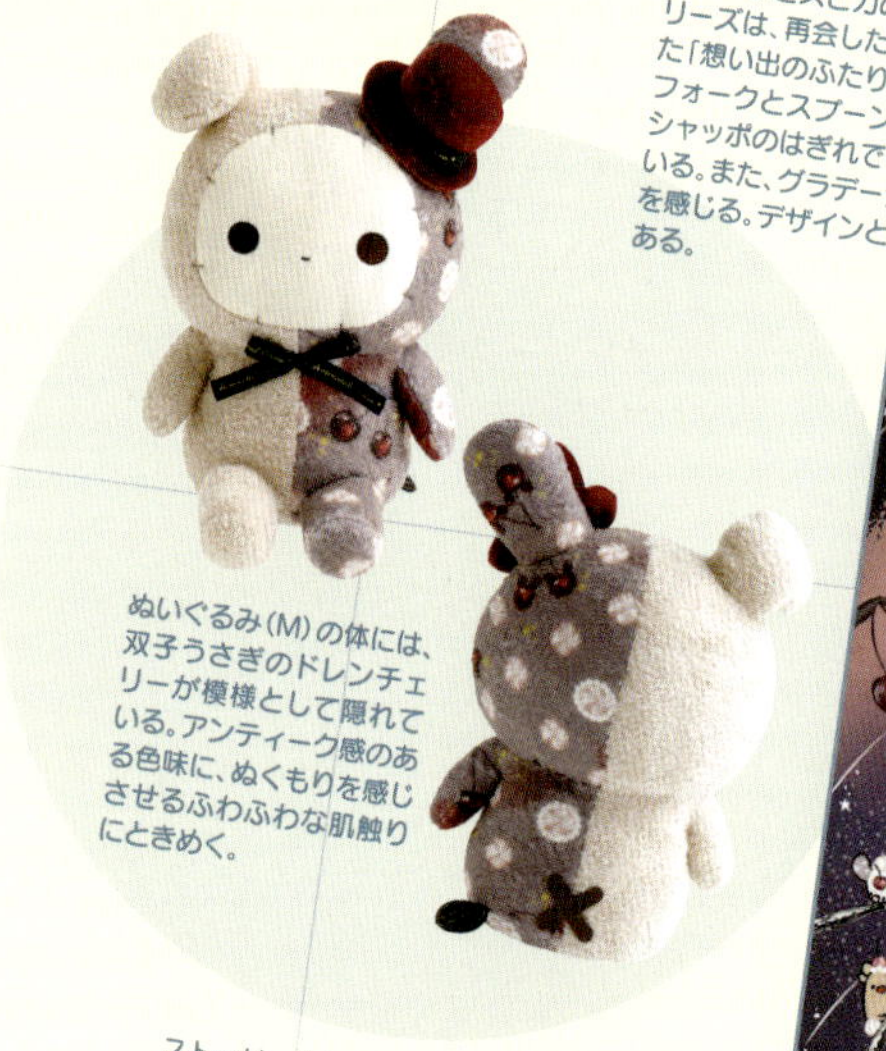

ぬいぐるみ(M)の体には、双子うさぎのドレンチェリーが模様として隠れている。アンティーク感のある色味に、ぬくもりを感じさせるふわふわな肌触りにときめく。

『夜更かしパフェと星屑涙のドレンチェリー』テーマ(2024年9月)

シャッポとスピカの再会が描かれた「夜更かしパフェと星屑涙のドレンチェリー」のシリーズは、再会したふたりの姿に胸が締め付けられる。シャッポとスピカをイメージした「想い出のふたり」のパフェには双子うさぎのドレンチェリーがあしらわれている。フォークとスプーンを見てみるとピグ＆マーモのふたりが登場しているのがわかる。シャッポのはぎれでつくったトトと、スピカの願い星を詰め込んだポポもおめかししている。また、グラデーションで彩られたシャッポとスピカの瞳からは、うるっとした印象を感じる。デザインとして取り入れられたパフェの断面をイメージした飾りも見応えがある。

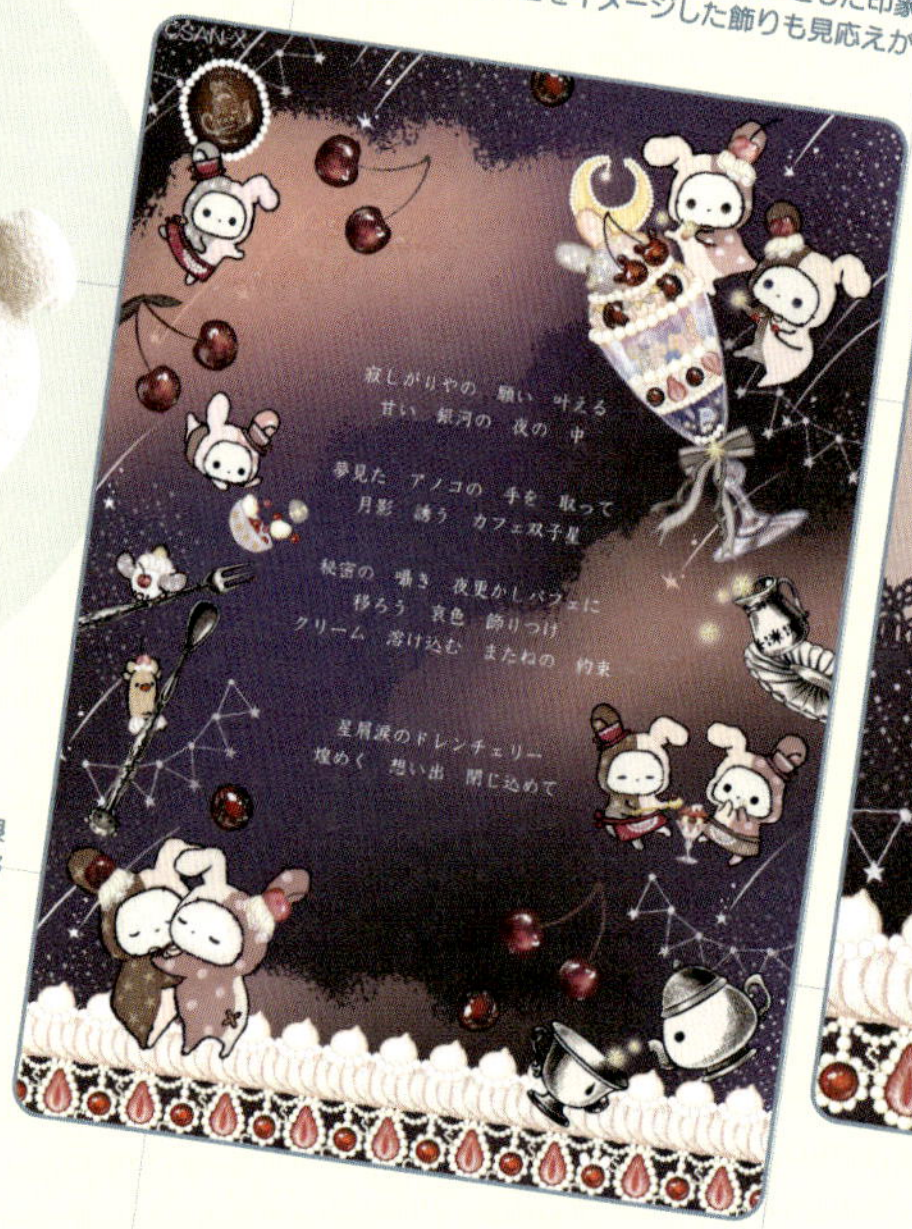

ストーリーと共に散りばめられた、ふたりの仲良しな姿が素敵。パフェを食べる姿から、寄り添う姿まで、仲良しな瞬間がさまざまに描かれている。また、左上のスピカの背景にはカフェ双子星の店内の案内図を思い出させるようなデザインも取り入れられており、ペン画で描かれた右下の食器たちも印象的。シャッポが転び、ボウルから零れた食材に注目するとこぼれ落ちてくる卵が――。

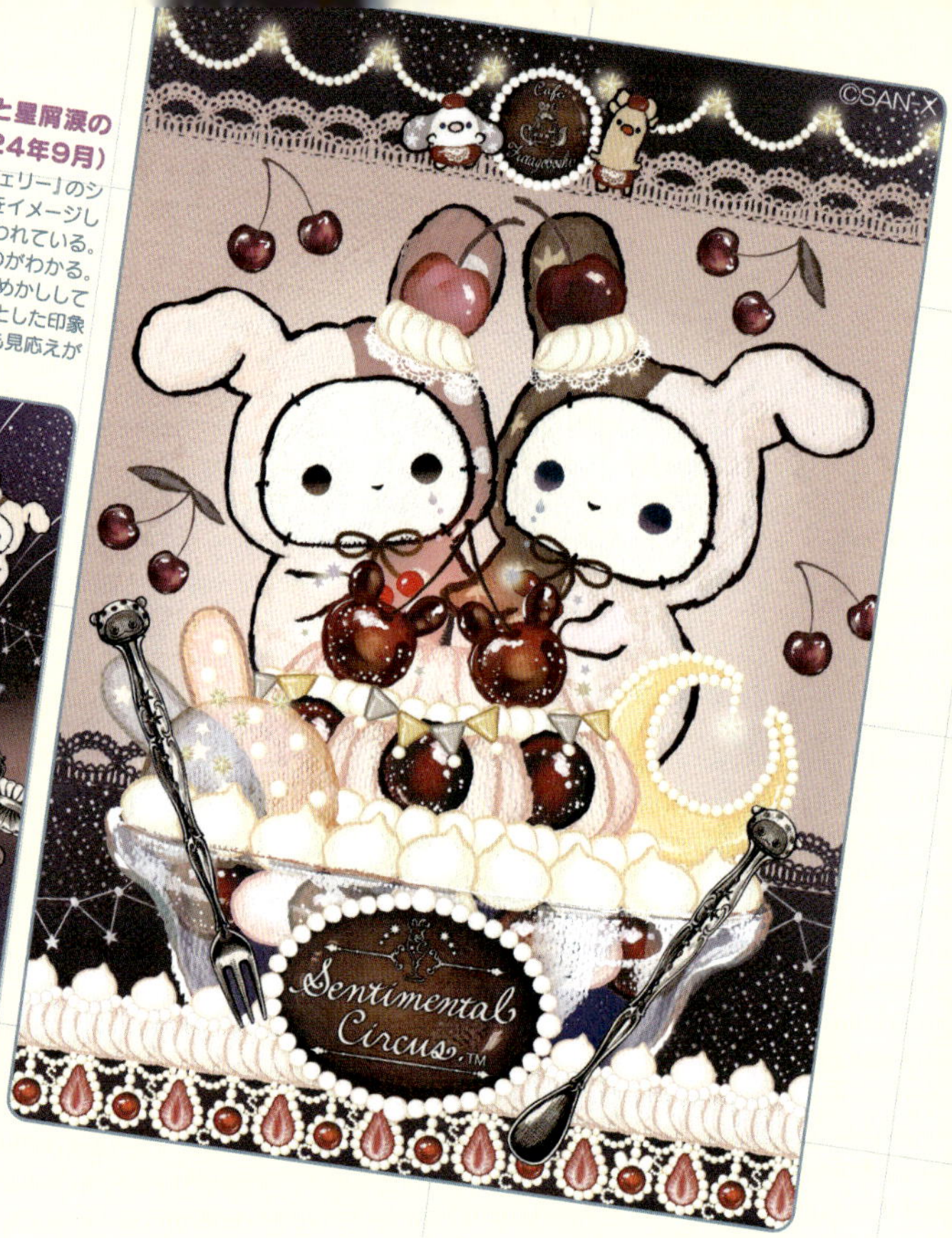

の時からふわふわな毛並みのぬいぐるみもつくるようになりました。触り心地のいい生地に出会えたので、これからも機会があったらつくっていきたいです。『ドレンチェリー』の時は、アンティークな色味の雰囲気に、テディベアのような雰囲気を出せるかなと思い、普段より少し長毛の生地をつかうことにしました。

――アンティークな雰囲気からは初期の『センチ』らしさを感じます。今年の二月には『スピカと面影星座の子』テーマが発表され、『ドレンチェリー』で登場していた卵から「ドコカの星の子」が生まれました。また、初のベビーテーマは星の子たちが可愛らしく、新鮮な印象がありました。

市川 『スピカと面影星座の子』は、十五周年イヤーがいよいよ始まる一弾目のテーマだったので、前回から繋がる要素として不思議な卵から「ドコカの星の子」が誕生するというお話を考えました。今回はスピカをメインのキャラクターとし、以前からあったスピカの「迷子の星を集めて星座を作る」という設定を生かしたテーマにしようと思ったんです。「星座をつくる」ということは、スピカは星の赤ちゃんを生み出せるということなのかと連想し、仲間たちの面影が漂う星座の子たちを登場させることにしました。このテーマでは、いろいろと新しい試みもさせていただき、いいチャレンジができたなと思っています。

――『スピカと面影星座の子』では、トートバッグに小さなリボンがたくさん付いていたり、スマートフォンストラップもチュール製になっていたり、バレエコアファッションを連想させるようなアイテムがありました。

市川 キーワードとして「ベビー」「星の子たち」がありましたので、今回は優しい色味でフワッとした雰囲気のグッズをつくれたらという話をしていたんです。ですから、黒色のリボンを一つ付けるにしてもなるべく細いものを選びました。フワッと優しい紫色だけでまとめてしまうと、ぼやけてしまうのでリボンは敢えて黒色にしてアクセントを加えま

『スピカと面影星座の子』テーマ(2025年2月)

シャッポのかたわれである夜空のサーカスの団長・スピカ。ベビーテーマである『スピカと面影星座の子』では、スピカの「迷子の星を集めて星座を作る」設定がキーとなった物語が描かれている。シャッポやスピカを始め、ムートン、ポニ、Mr.ベアたちの面影も漂う星座の赤ちゃんに目を奪われる。また、パフェからこぼれた卵から生まれたドコカの星の子も愛らしい。ドリーミーなカラーリングのなかにも賑やかで楽しい雰囲気が伝わってくる。また、まぁるいお顔に、ちまっとした手足のベビーなフォルムからは市川さんのこだわりを感じる。

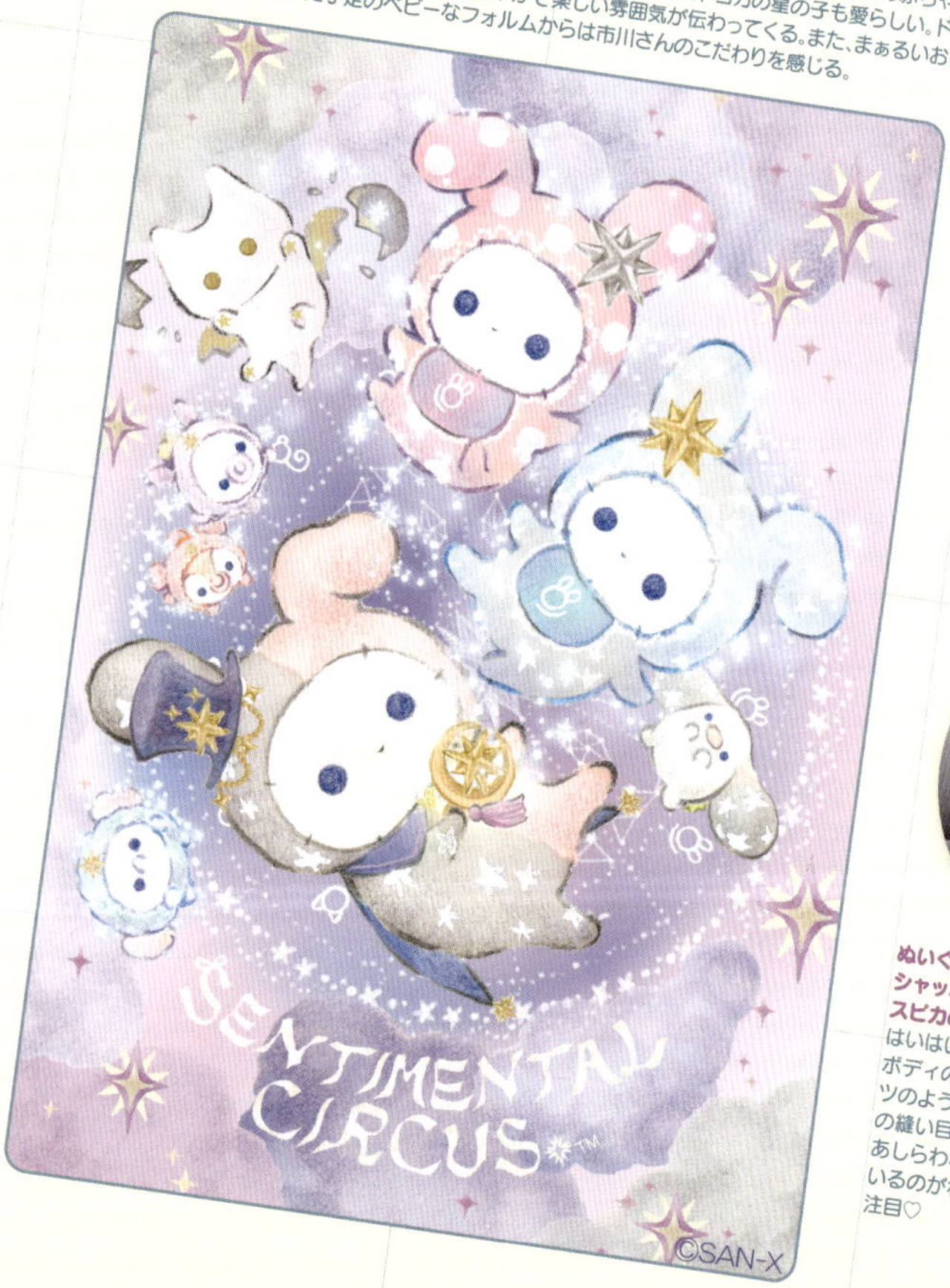

「スピカと面影星座の子」ではバレエコアを彷彿とさせるグッズも登場！「センチメンタルサーカス」が私たちの日常にも寄り添ってくれます♡

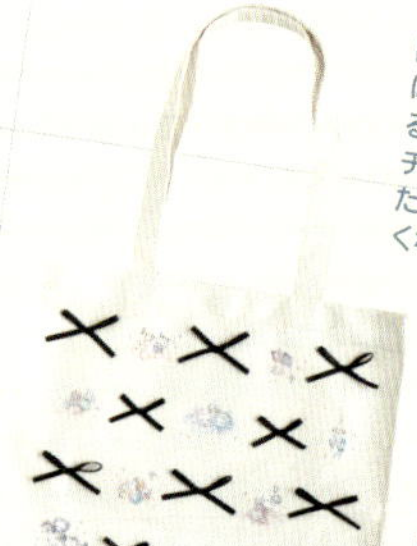

トートバッグ
小さくて細い黒色のリボンがアクセントとなっているトートバッグ。シャッポやスピカをはじめ、サーカス団の面影も漂う星座の赤ちゃんたちが散りばめられている。

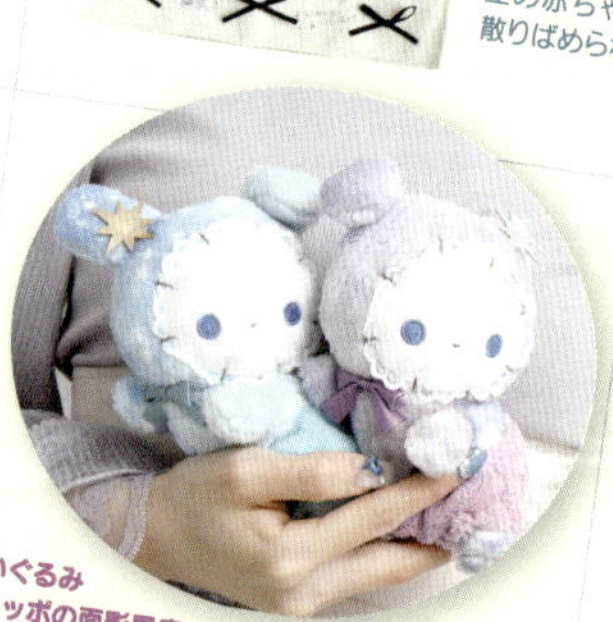

ぬいぐるみ
シャッポの面影星座　みずたま星の子
スピカの面影星座　ほしくず星の子
はいはいをしているかのような星の子たちのぬいぐるみ！ボディのきらめく星模様と耳についた輝く星が綺麗。オムツのようなおおきなパンツがチャームポイント。また、お顔の縫い目に合わせて、しゅわしゅわとした小さなフリルがあしらわれているところも、細やかに絵の世界を再現しているのがわかる。胸元につけられたおそろいのリボンにも注目♡

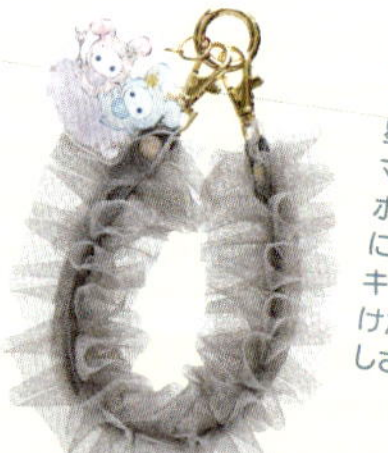

スマートフォンストラップ
シャッポとスピカの面影が漂う星の子がついたチュール製のスマートフォンストラップ。シャッポに似たみずたま星の子が手にするステッキもうさぎ形でキュート。また、スタイを身につけたファッションも赤ちゃんらしさが溢れている。

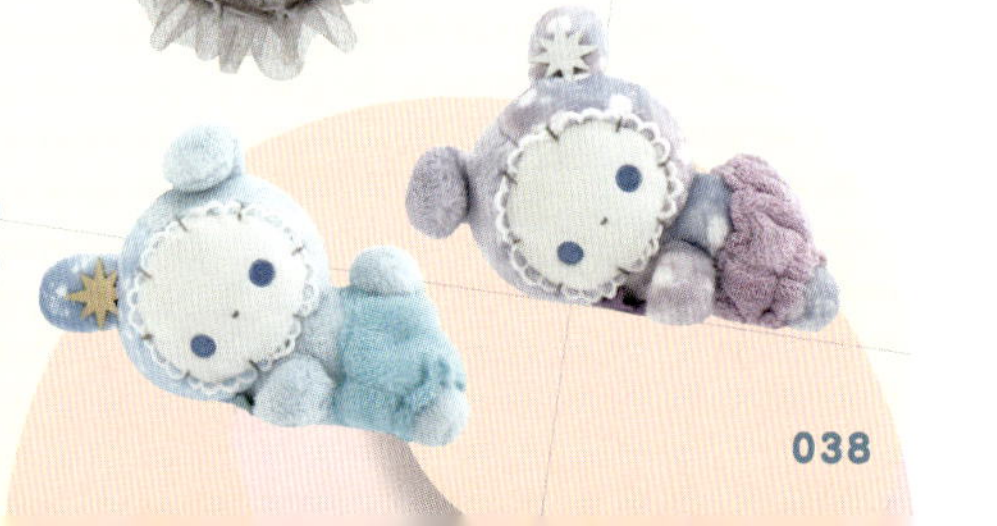

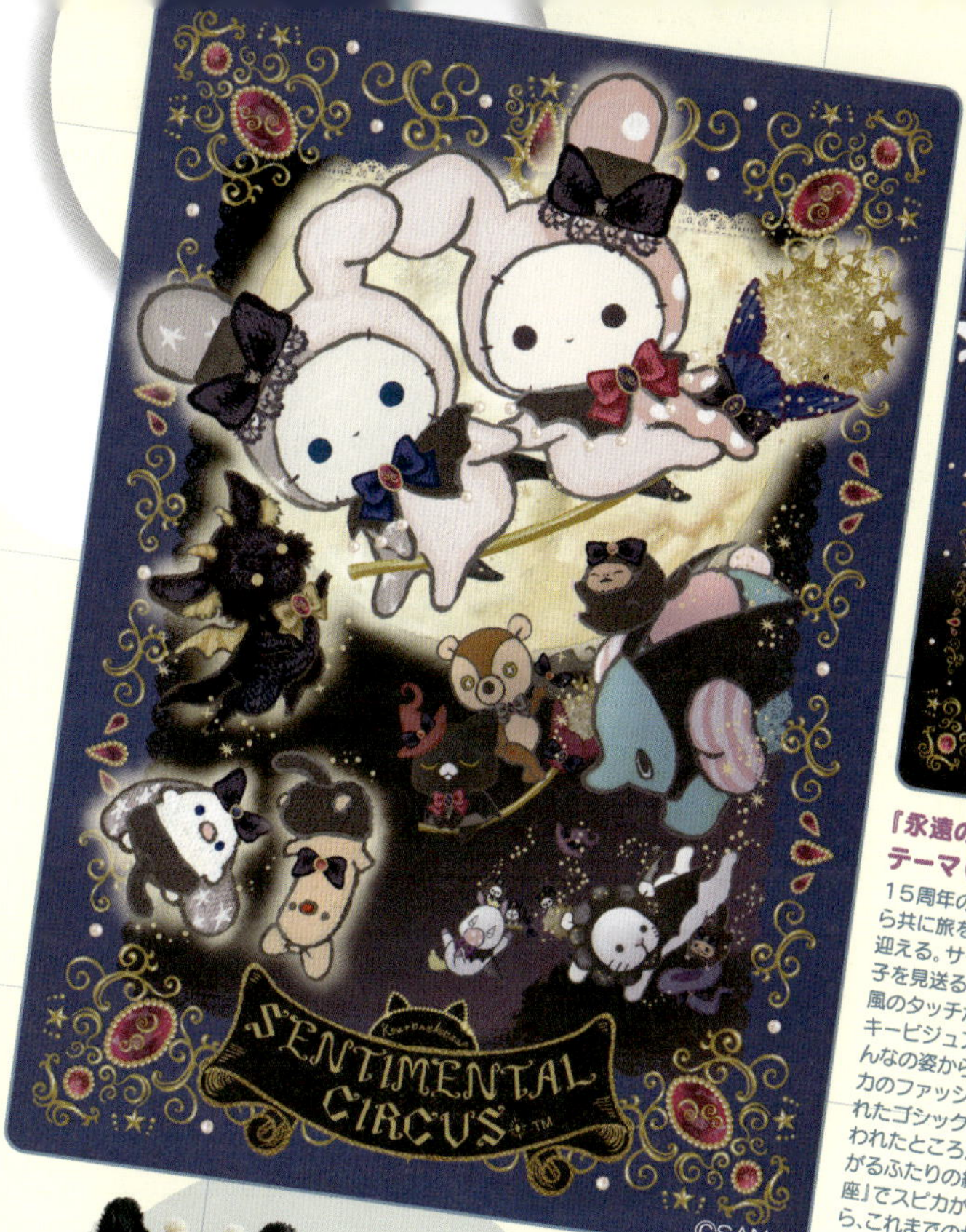

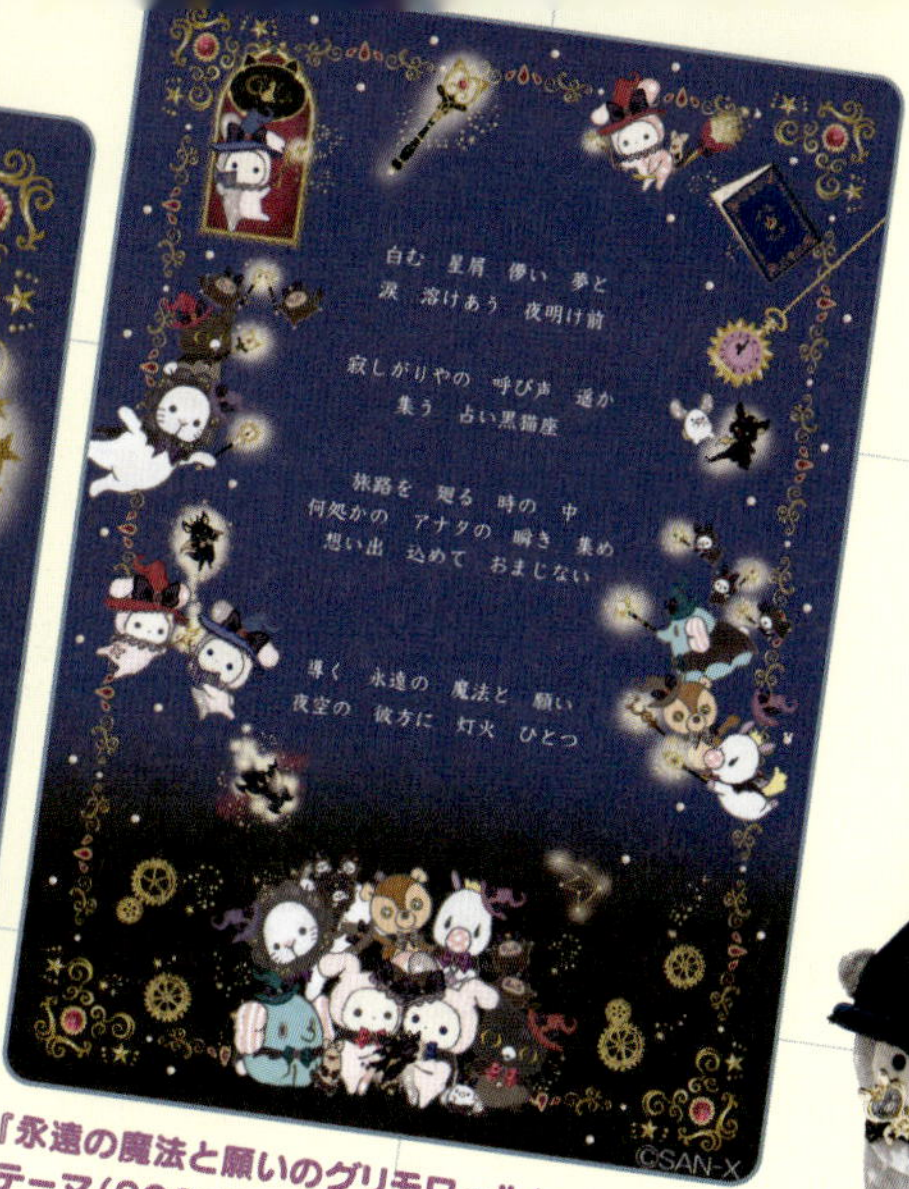

『永遠の魔法と願いのグリモワール』テーマ（2025年9月）
15周年の最後のグッズは、魔法がテーマ！　カフェ双子星から共に旅をしてきたドコカの星の子が成長し、ついに旅立ちを迎える。サーカス団のみんなも登場し、みんなでドコカの星の子を見送る今回のテーマは、重厚感のあるカラーリングに油彩風のタッチが印象的。深い青色のなかに映える赤色もリッチで、キービジュアルは光に包まれながら浮遊するサーカス団のみんなの姿から幻想的な雰囲気を感じる。さらに、シャッポとスピカのファッションを見てみると、リボンやレースなどが用いられたゴシックな装いが麗しく、ポイントとしてパールがあしらわれたところからは上品さを感じる。星が集まるほうきにまたがるふたりの絶妙な足の角度やポージングも良い。また、『黒猫座』でスピカが仲間たちに渡した魔法の杖も登場するところから、これまでのサーカス団の旅を思い出す。

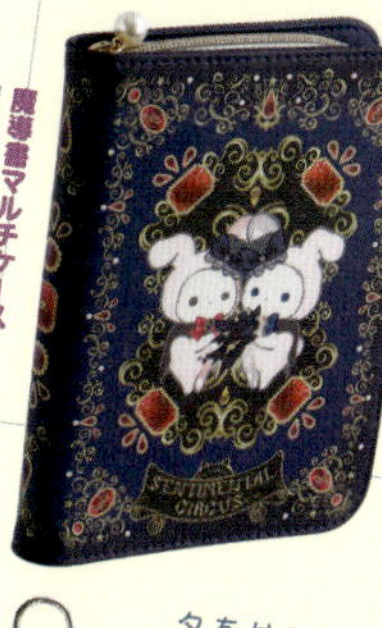

魔導書マルチケース
魔導書風デザインのA6サイズポケット付のマルチケースは本物の魔導書を連想させる。背表紙部分にも宝石が散りばめられており、華やかなデザイン。

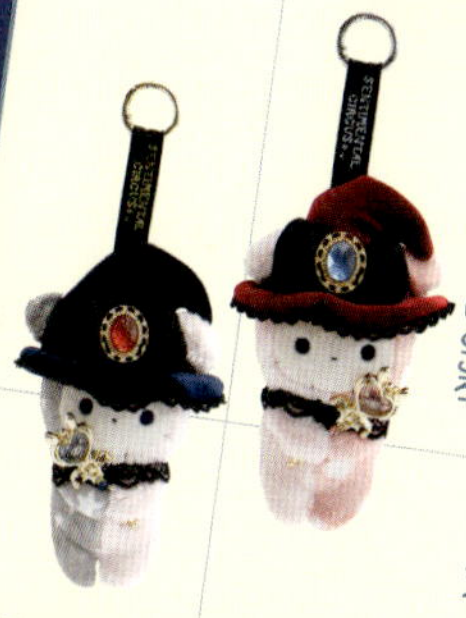

ぶらさげぬいぐるみ（全2種）
魔法使いのような帽子を被ったシャッポとスピカ。帽子のフチ、首周りにはレースがあしらわれている。手を前で合わせた仕草が可愛い。手元には、魔法のステッキチャームコレクション（別売）を持たせることもできるそう。自分なりのカスタムができるのも楽しいところ。

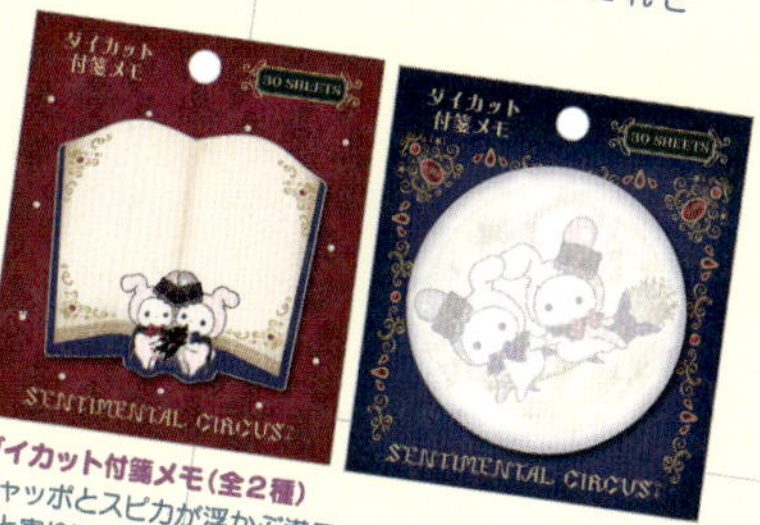

ダイカット付箋メモ（全2種）
シャッポとスピカが浮かぶ満月に、魔導書を背にドコカの星の子と寄り添うふたりがデザインされた付箋。台紙も世界観に合わせた装飾がデザインされているのがわかる。

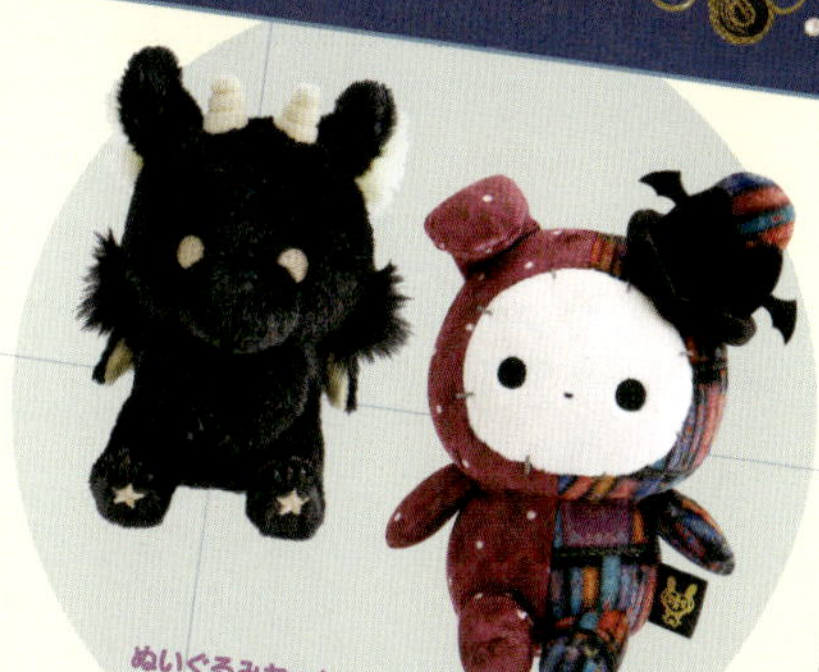

ぬいぐるみセット
ガラクタたちの願いが詰まった秘密の魔導書棚柄がプリントされているシャッポのぬいぐるみ。反対のドット柄に注目してみると、ドット模様のベースにはアンティークな模様もプリントされている。ドコカの星の子の手足のディテールも細やかに再現されているのがわかる。

した。

――ここからは、コミックス『ガラクタたちの夜想曲』についても少しお聞きしたいです。コミックスは全ページをアナログで描いていらっしゃるのですね。改めてコミック化に至った経緯をお聞きしたいです。

市川　コミックスではいくつかのテーマを一連の物語として読むことになると思うので、タッチを変えずに水彩風で描かせていただきました。十五周年の記念イヤーの企画をいろいろ考えていくなかで、グッズだけで物語を伝えることはなかなか難しくて。出し切れない要素や伝えたい内容がたくさんあったので、コミックスで一連の作品にさせていただきました。

――ストーリーも市川さんがおひとりで考えられたのでしょうか？

市川　基本的にそうですが、もちろん出版社の方々や『センチ』の制作チームのメンバーからもアイデアをたくさんいただきながらつくりました。

――そうだったのですね。また、十周年の頃から、サーカス団はさまざまな子たちに出会いますね。『月色子鹿と真夜中サーカス』では忘れ去られたガラクタたちの寂しい気持ちが生んだ幻「月色子鹿」、『リメイク』では解れたシャッポの腕からこぼれた「わた」、『スピカと面影星座の子』では「ドコカの星の子」が登場します。

市川　月色子鹿は十周年の節目のテーマでしたので、サーカス団に新たな出会いや想い出をつくってあげたいという想いが第一にあったのがきっかけで誕生した子です。『センチ』は誕生してからずっとサーカスの演目や、舞台上や舞台裏で何かが繰り広げられている姿を通してテーマの掘り下げをする機会はありましたが、サーカスを一体誰が見ているのかについては敢えて描いてきませんでした。それは、サーカス団を見てくれているファンのみなさんがお客様としてサーカスを楽しんでもらいたいという気持ちがあったからなのですが、十周年を迎えたタイミングということもあり、お客様がサーカス団に来てくれる物語があってもいいのではないかと思ったんです。

――お客様の登場によって『センチ』の世界に広がりと深みが出たように感じます。

市川　お客様を登場させるにしてもただのお客様ではなく、ぬいぐるみや捨てられてしまった子たちの想いが集まってサーカス団に来てくれた、という『センチ』にしかできない、招かれたお客様のような表現ができればと思いました。お客様に関しては一貫して切なさや儚さを入れていきたいなと思っていまして、毎回大切に考えています。

――ほかにも『センチ』は、テーマごとにポエムが添えられているところも、世界観に惹き込まれる大切なポイントのように思います。

市川　本当によく見てくださって、ありがとうございます。ポエムまでクローズアップされることはあまりなかったので、やっていてよかったなと思います。実はポエムや詩のような文字は、『センチ』が誕生した当初から入れていたんです。サーカスの浮遊感や幻想的な物語性を感じられるように、文章でも工夫を凝らしたいなと思ったのがきっかけでした。はじめは、『センチ』のイメージを固めたい時やイベントがあった時に、雰囲気に合わせて文字を添えていたのですが、ストーリー、キャラクター、モチーフの紹介があったほうが、世界観をより深められるという気づきもあり、毎回のテーマごとにポエムを用意させていただくようになりました。

――『センチ』のポエムはHPだけでなく、ぬいぐるみの商品タグなどにも添えられています。二つ折りの商品タグを開くと物語が読める。絵本のような見た目と相まって、手に取った時に、ぬいぐるみたちにも物語があることを気づかせてくれるところに感動しています。

市川　商品タグも世界観を伝えられる大切な要素のひとつだと思います。おっしゃるように、タグは絵本を開くような感覚にもなるので、そこに物語を入れることで、その子にどんな物語があるのかが伝わればと考えました。ぬいぐるみと一緒に物語を楽しんでもらうことで、手に取ってくれたひとにとってより大切な想い出になってほしいという思いでこだわっていたところなので、伝わってすごく嬉しいです。

――また、『センチ』に登場するサーカス団のみんなは、境遇は切なく孤独だったかもしれないけれど、この十五年間でさまざまな出来事や出会いを通して関係性や感情に変化があったのではないかと思います。近年の作品は特に、スピカがシャッポに寄り添う姿も多く描かれているように感じました。

市川　十五周年に向けて、より仲間たちの関係性や絆の深さをみなさんにもお伝えしたいという話を制作チームでしていました。寂しいという気持ちに寄り添いたいと思った時に触れ合いを意識したような仕草や絆を意識したようなポーズ、関わり合いを象徴させる雰囲気は増えたと思っています。特にシャッポとスピカの優しく切ない絆、関わり合いは皆さんにも響いたのではないかと思っていて。つき過ぎず離れ過ぎず、でもお互いを大事に思っているという、絶妙な絆の距離感の関係性はいつも大切にしています。

――シャッポはサーカスのなかでは団長で、

市川晴子さんはラフのみデジタルで作成し、グッズのイラストや漫画作品などは基本アナログで制作されている。画材はターナーのアクリル絵具を主に使用し、基本的には赤色、青色、黄色の３色を混色することで表現している。ここでは、「センチメンタルサーカス」のグッズのラフや原画、コミックスの原稿までをたっぷりと紹介する！　アクリル絵具の濃淡によって水彩風のタッチから油彩風のタッチまで描き分けている原画は圧巻。また、「センチメンタルサーカス」は定期的に原画も展示しているので、ぜひ公式Xをチェックしてね。

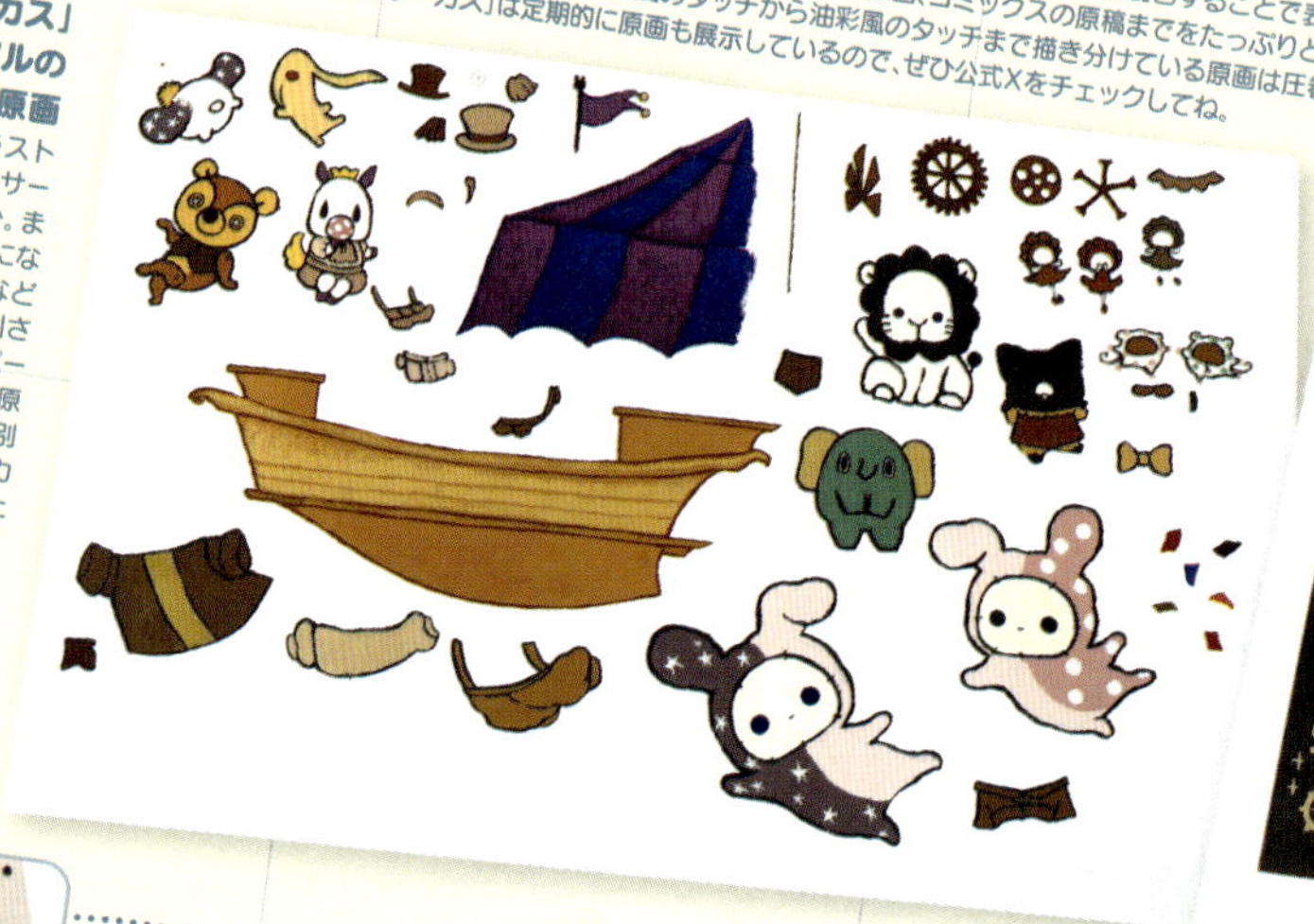

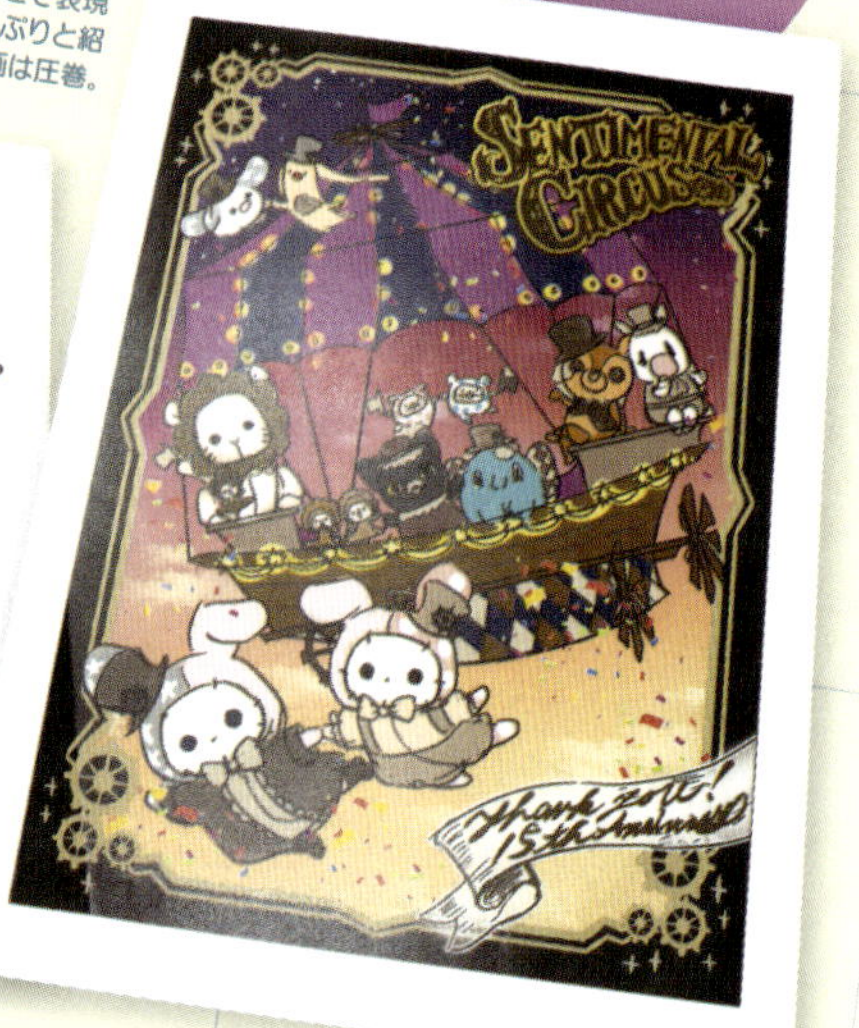

▶「センチメンタルサーカス」15周年のキービジュアルのラフと原画

夜間飛行をテーマとした15周年イラストは、スチームパンクな装いに、光り輝くサーカスのテントが乗った飛行船が華やか。また、お空の色味にノスタルジーな気持ちになる。ラフを見てみるとロゴのデザインなどもすでに描かれているのがわかる。市川さんはデジタルで描いたものを見ながらパーツ分けしつつ、原画を描いて行くそうだ。原画を見ると、シャッポやスピカはお洋服が別パーツになっている。また、紙吹雪やサーカスのテントは一部のみを描き、デジタル上で複製したりしているようだ。

転ぶシャッポに、かけよるスピカの様子。スピカの瞳の丸のなかは塗りつぶされていないこともある。

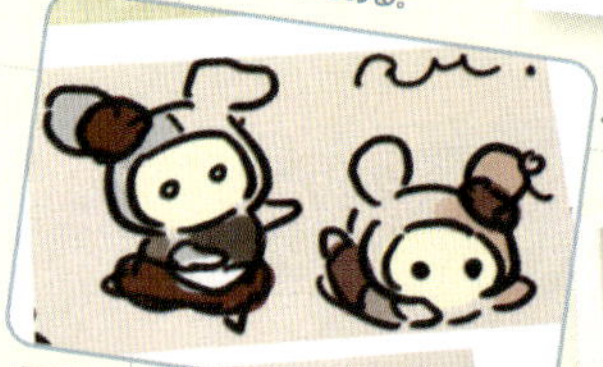

スピカがスプーンでシャッポにパフェを差し出す姿も描かれている。完成絵では、シャッポの頬張りがより強く感じられる。

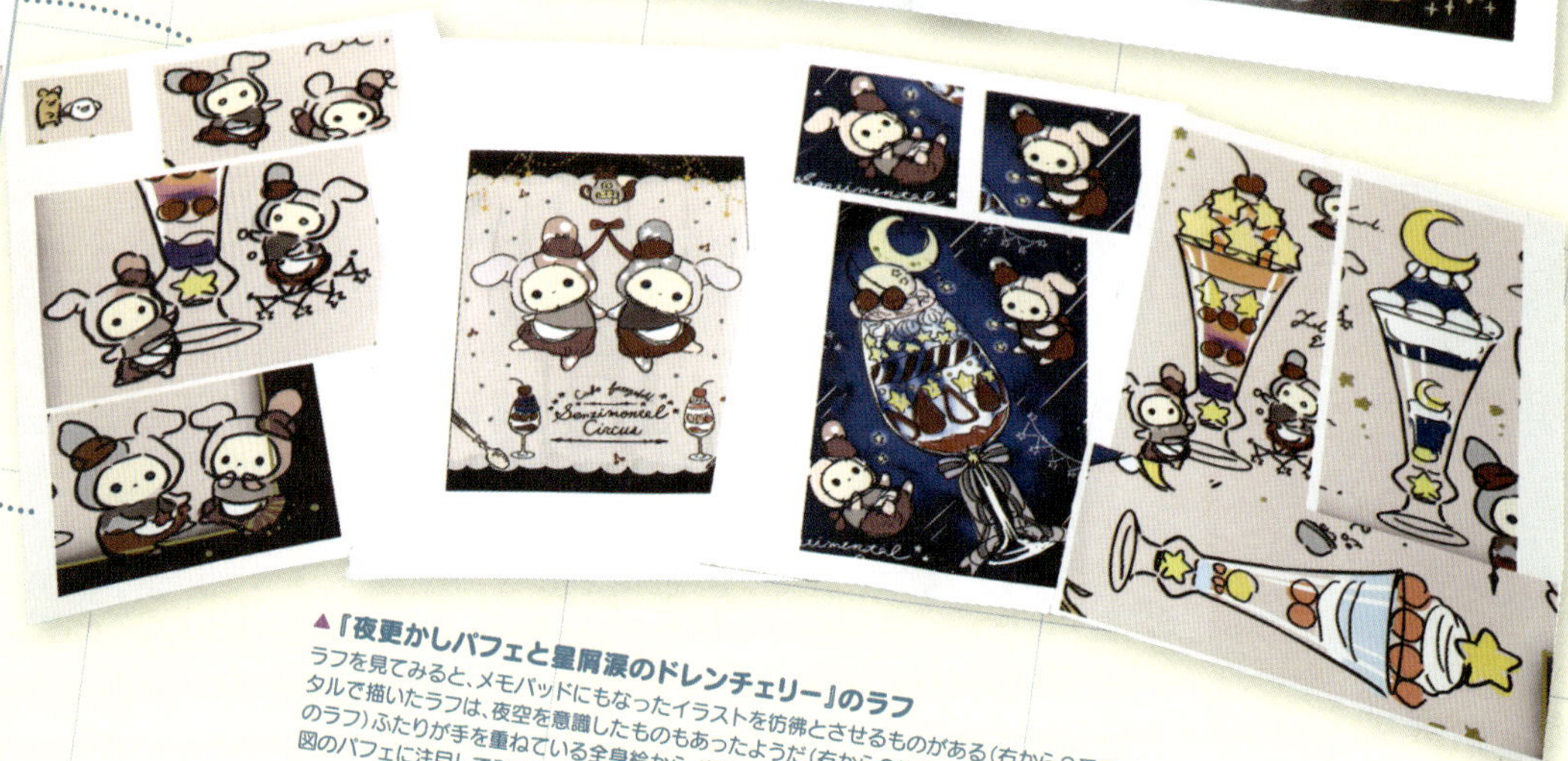

▲『夜更かしパフェと星屑涙のドレンチェリー』のラフ

ラフを見てみると、メモパッドにもなったイラストを彷彿とさせるものがある（右から２番目、３番目のラフ）。デジタルで描いたラフは、夜空を意識したものもあったようだ（右から２枚目のラフ）。キービジュアルも（右から３枚目のラフ）ふたりが手を重ねている全身絵から、表情が見やすいアップなデザインへと変化したのがわかる。また、右図のパフェに注目してみるとグッズに登場してくるデザインとは少し異なるようだ。

シャッポのピンク色の布は、明るい色を上から部分的に重ね塗りすることで、立体感を表現しているのがわかる。また、目元のまわりの布部分も何度か塗り重ねられている。スピカを見てみると、シャッポ同様に、ベースの色に少し明るいトーンの色を重ねることでガザガザとしたテクスチャが乗った。

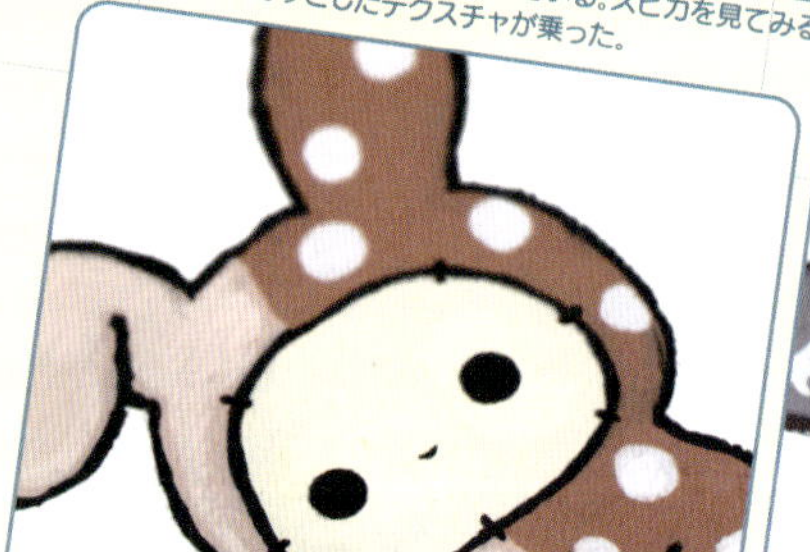

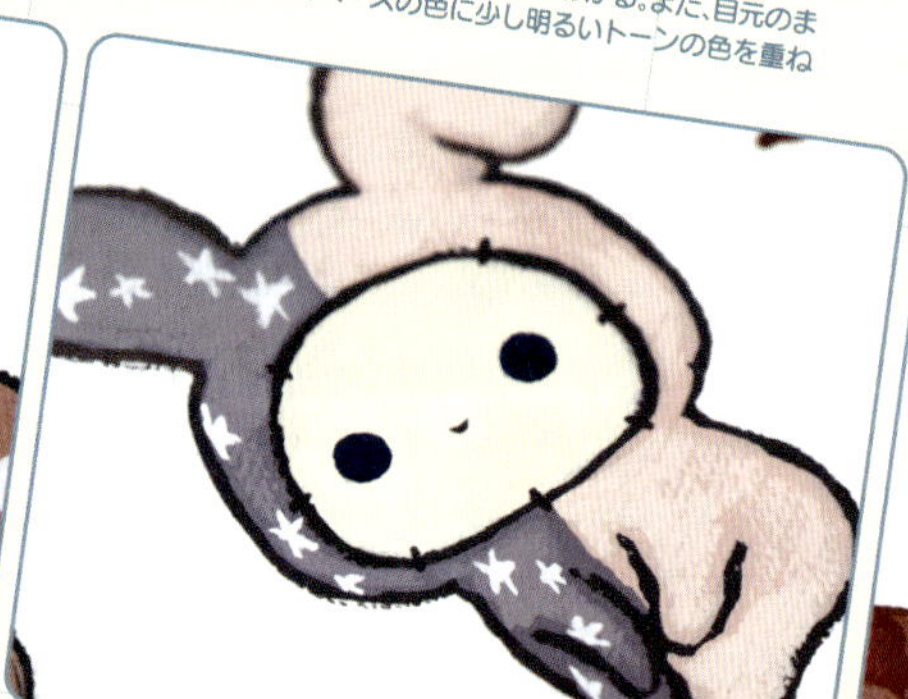

宝石も反射する光を細やかに描くことで輝く様子を再現している。神秘的に輝く深みのある色味が美しい。

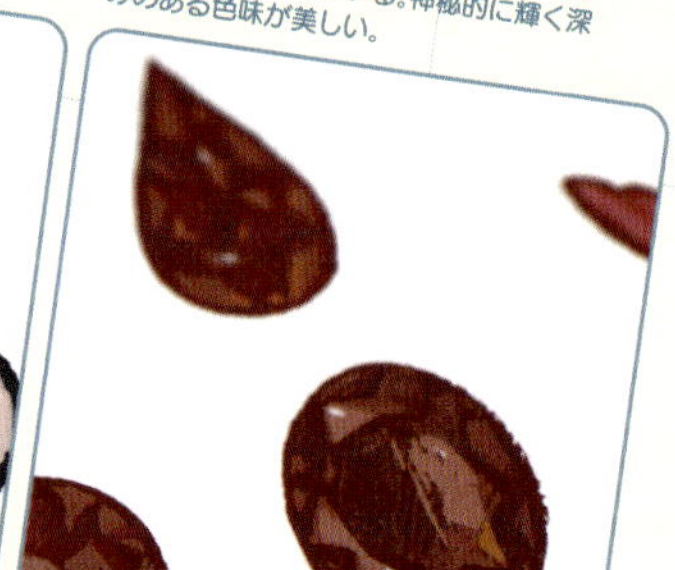

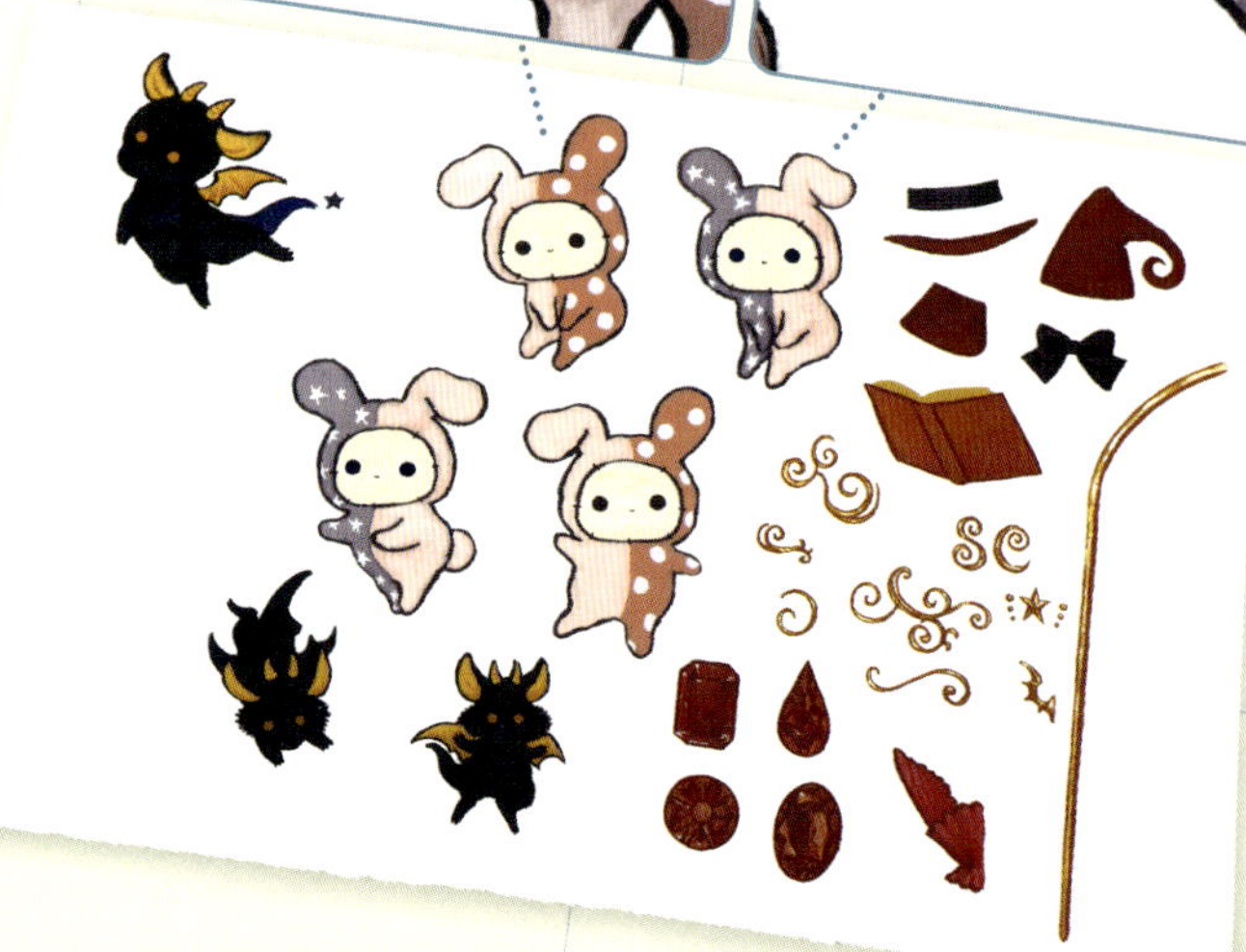

◀『永遠の魔法と願いのグリモワール』の一部の原画

今回は油絵風のタッチということもあり、キャンバス風の画用紙に描かれている。手を広げたり、腰を曲げたりするシャッポやスピカのポージングが可愛いらしく、ドコカの星の子が浮遊する様子も伝わってくる。また、宝石やゴールドのきらびやかな装飾も市川さんがひとつずつ手描きしているのがわかる。

みんなを励ますようなことが多かったと思いますが、スピカはそんなシャッポを励ますような存在なのでしょうか？

市川　そうですね。いつも先頭に立って頑張ってくれているシャッポをいたわってあげる存在がスピカです。シャッポはすごく頑張り屋さんでしっかりものなのですが、スピカの前だと、甘えん坊で心を許しています。

――素敵です。それでは最後に市川さんが今後シャッポたちに体験させたいことなどを教えてください。

市川　サーカス団としてはこれまでと変わらず、どこかの寂しがり屋の方々の心に小さな明かりをともす旅をできたらいいなと思っています。行く道のなかで、時に大きな舞台だったり、晴れだったり雨だったりするお空の上などで、いろんな出来事が待っていると思うのですがサーカス団のみんなには、そんな旅の一つ一つを大切にして素敵な想い出をたくさんつくってもらいたいなと願いながら、物語を考えていきたいです。

――いいですね。十五周年のお祝いも、その先の未来のサーカス団の物語も楽しみにしています。本日は本当にありがとうございました。

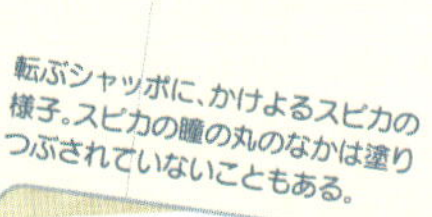

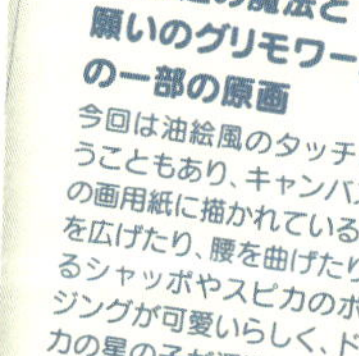

the making of ガラクタたちの夜想曲

「センチメンタルサーカス」の15年の時を紡ぐアニバーサリーコミックス「センチメンタルサーカス ガラクタたちの夜想曲 15th Anniversary Comics」。本書は『リメイクは空色白昼夢の窓辺で』のテーマから、『永遠の魔法と願いのグリモワール』につながる世界までを描いたコミックス。歴代のグッズテーマ、制作チームへのQ＆A、10の秘密なども収録した見応えたっぷりの書籍は必見！ ここでは、市川晴子さんが描いた、「センチメンタルサーカス ガラクタたちの夜想曲 15th Anniversary Comics」の原稿を一部お届けする。コミックスの原稿も1枚絵として美しい市川晴子さんの原画をご堪能ください。

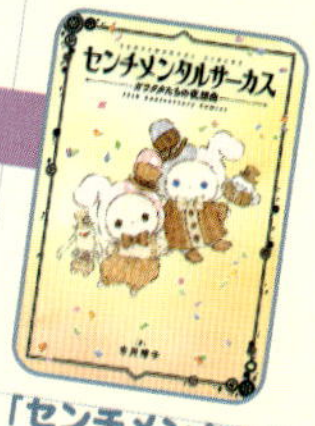

「センチメンタルサーカス ガラクタたちの夜想曲 15th Anniversary Comics」

著者：市川晴子
定価：1,540円
（本体1,400円＋税）
発行：(株)KADOKAWA

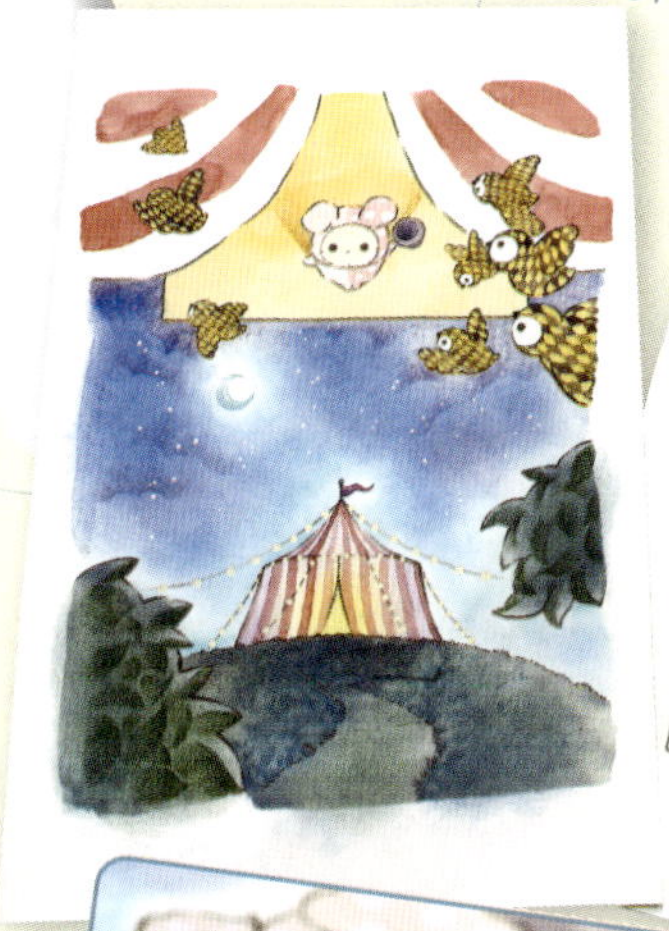

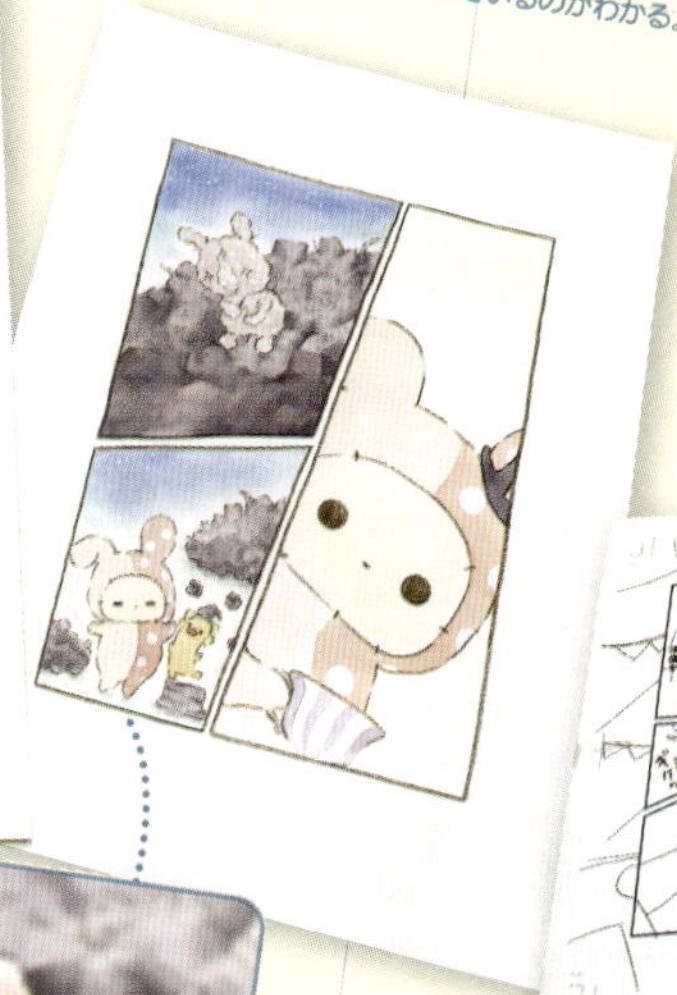

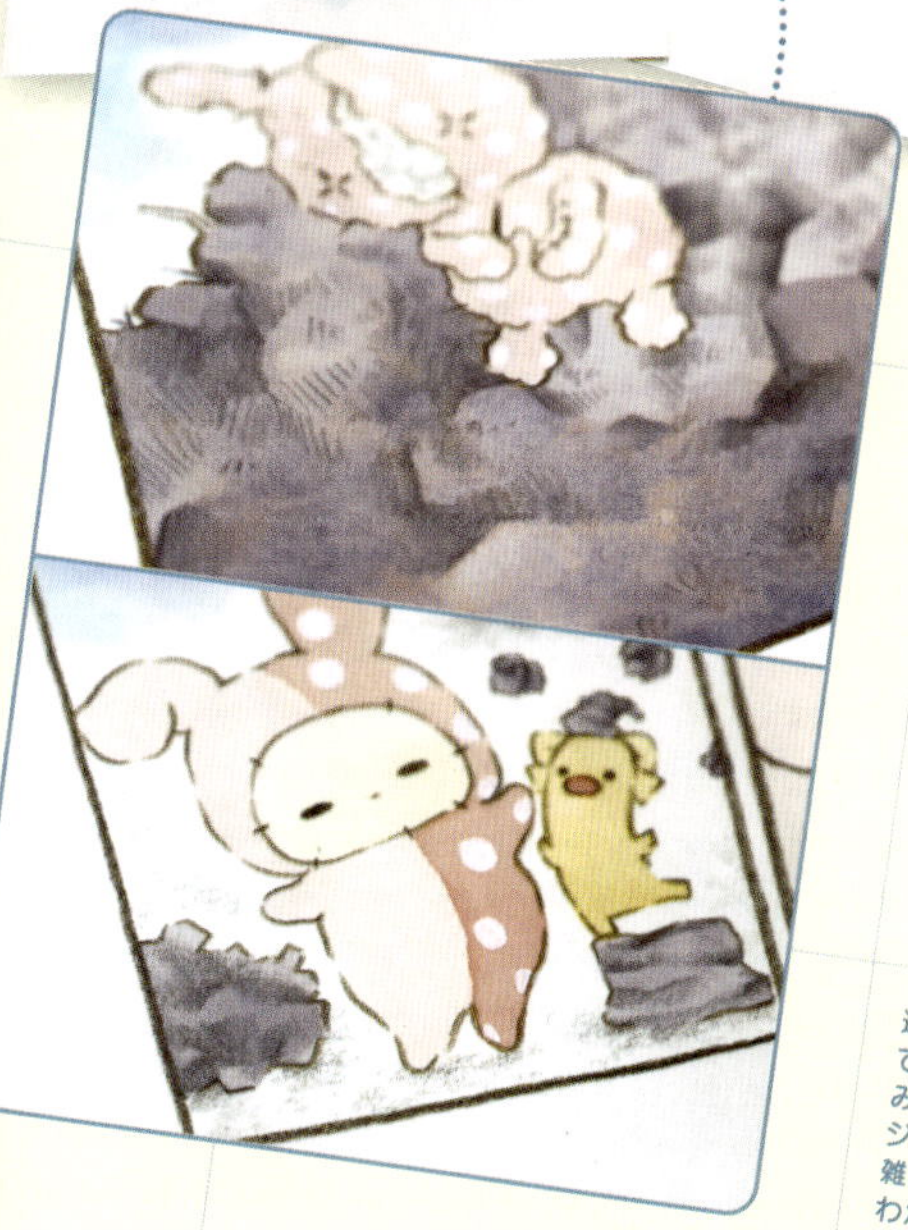

▼Day.I　いつもの夜は更けて

物語の始まりのワンシーンを描いた原画。近くで見てみると、ガラクタの山は絵具で着彩した後に、色鉛筆でタッチをつけているのがわかる。水彩風に彩っていながらも、色鉛筆でタッチと深みを与えることにより、初期の仄暗い雰囲気を感じる。また、シャッポのドット柄もしっかりとホワイトが乗せられているのがわかる。

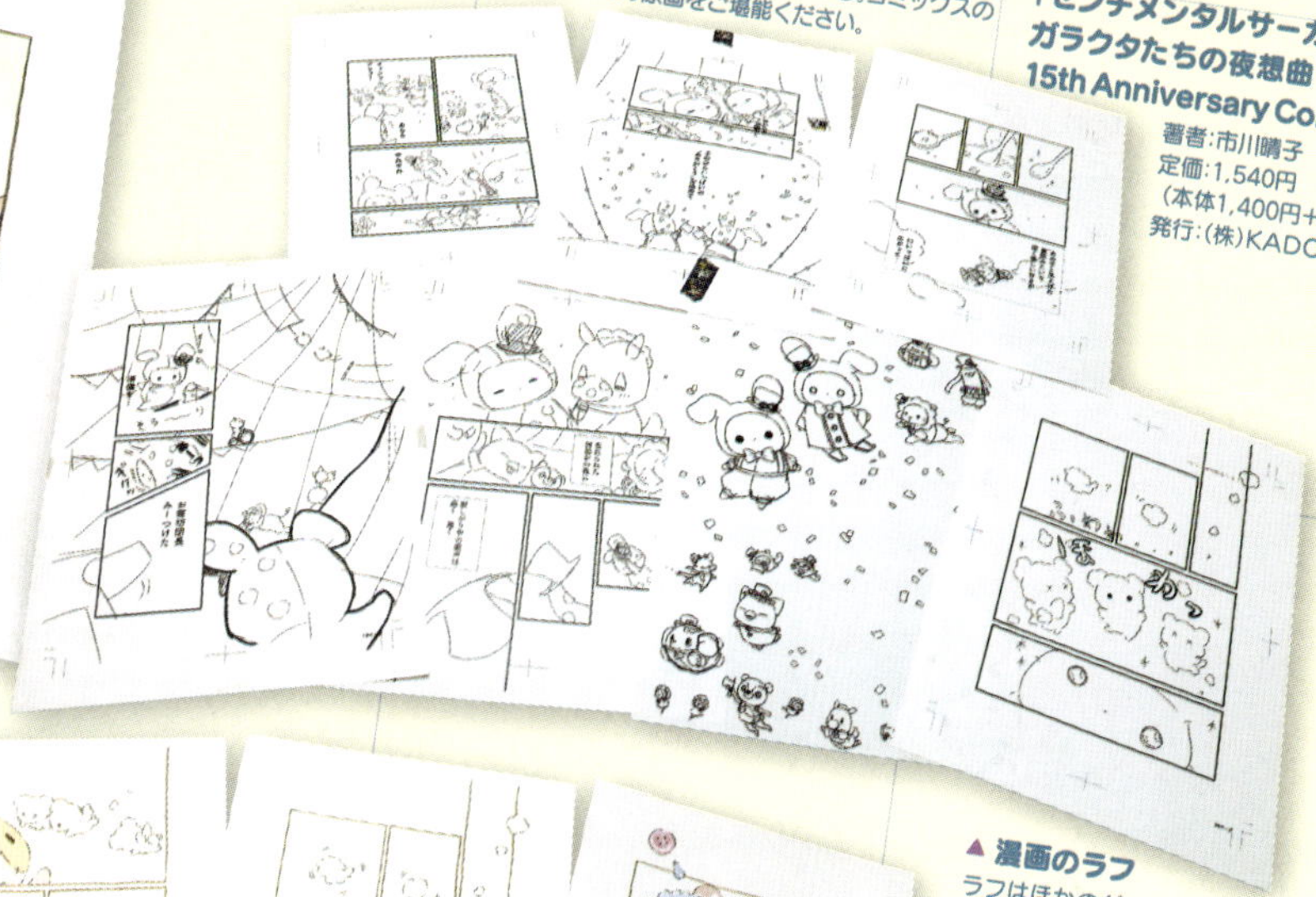

▲漫画のラフ

ラフはほかのグッズ同様にデジタルで描かれているのがわかる。それをトレースしながら描いていく。

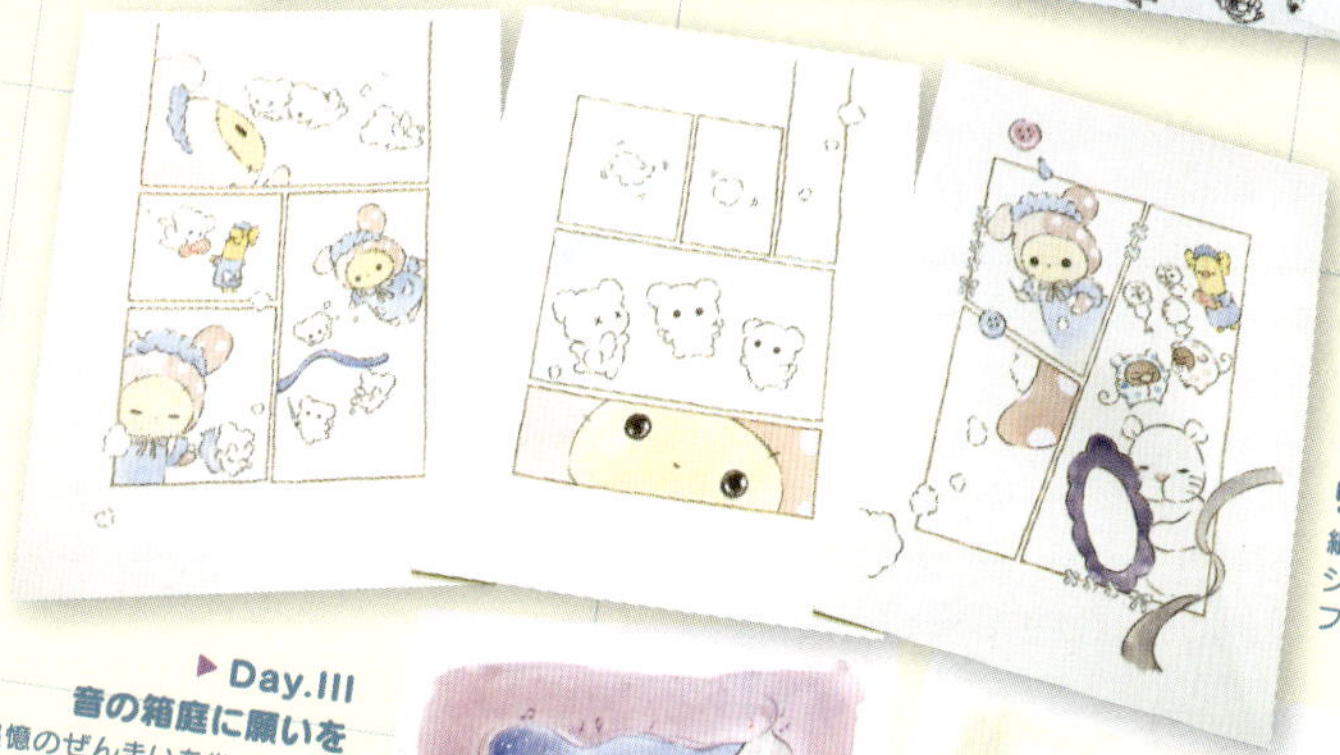

◀Day.II リメイクは空色白昼夢の窓辺で

紙の色を生かした塗りが美しい。中央下段のシャッポのうるうるとした瞳や漫画のコマのフレームは茶色の色鉛筆で描かれている。

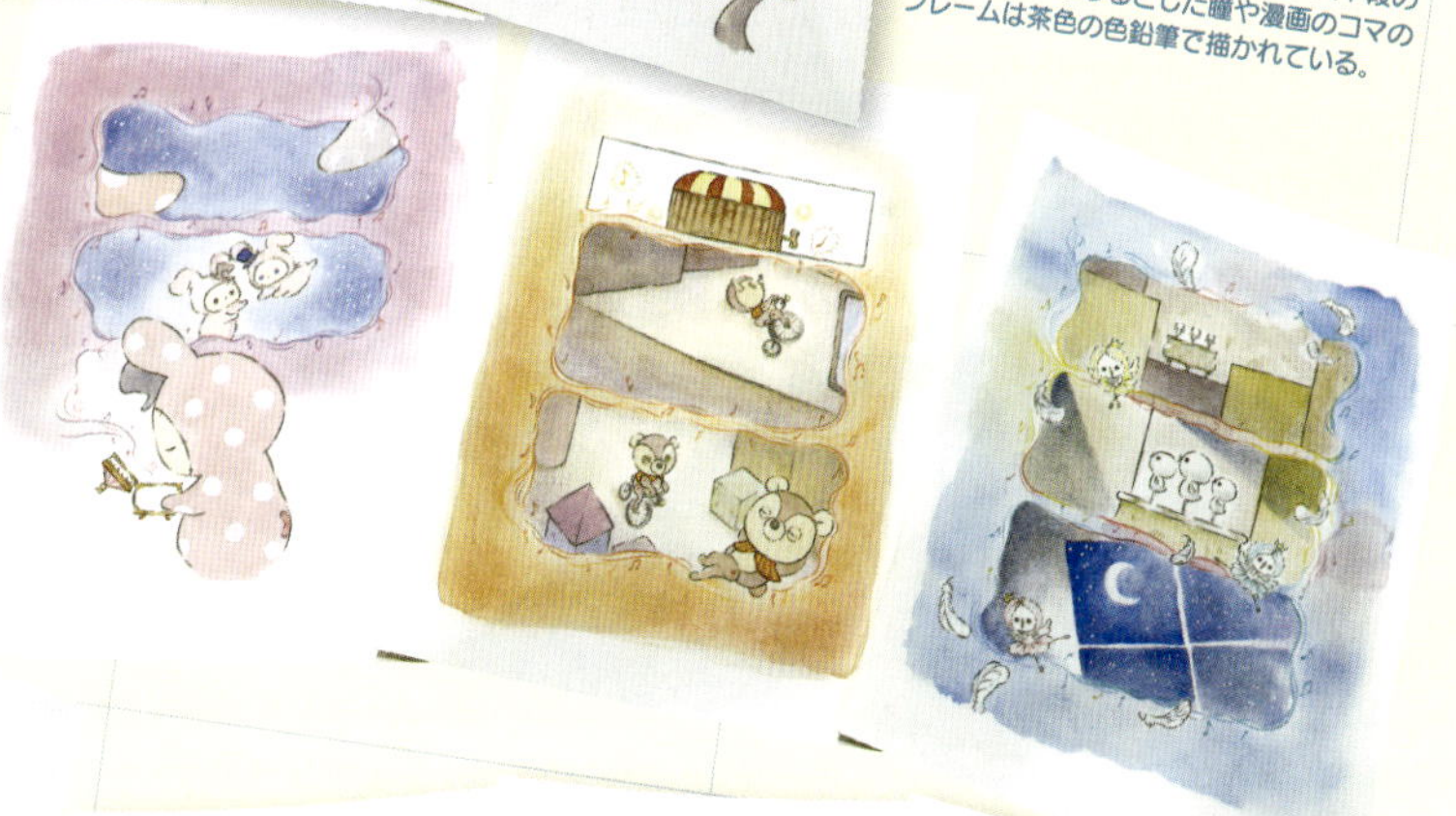

▶Day.III 音の箱庭に願いを

追憶のぜんまいを巻いたことで広がるサーカス団の過去。みんなの想い出は他のページに比べると色鉛筆を特に複雑に重ね塗りしていることがわかる。深みのある色味からは、サーカス団のみんなの寂しさと温もりを同時に感じる。シャッポのもっちりとやわらかそうなボディにも注目。

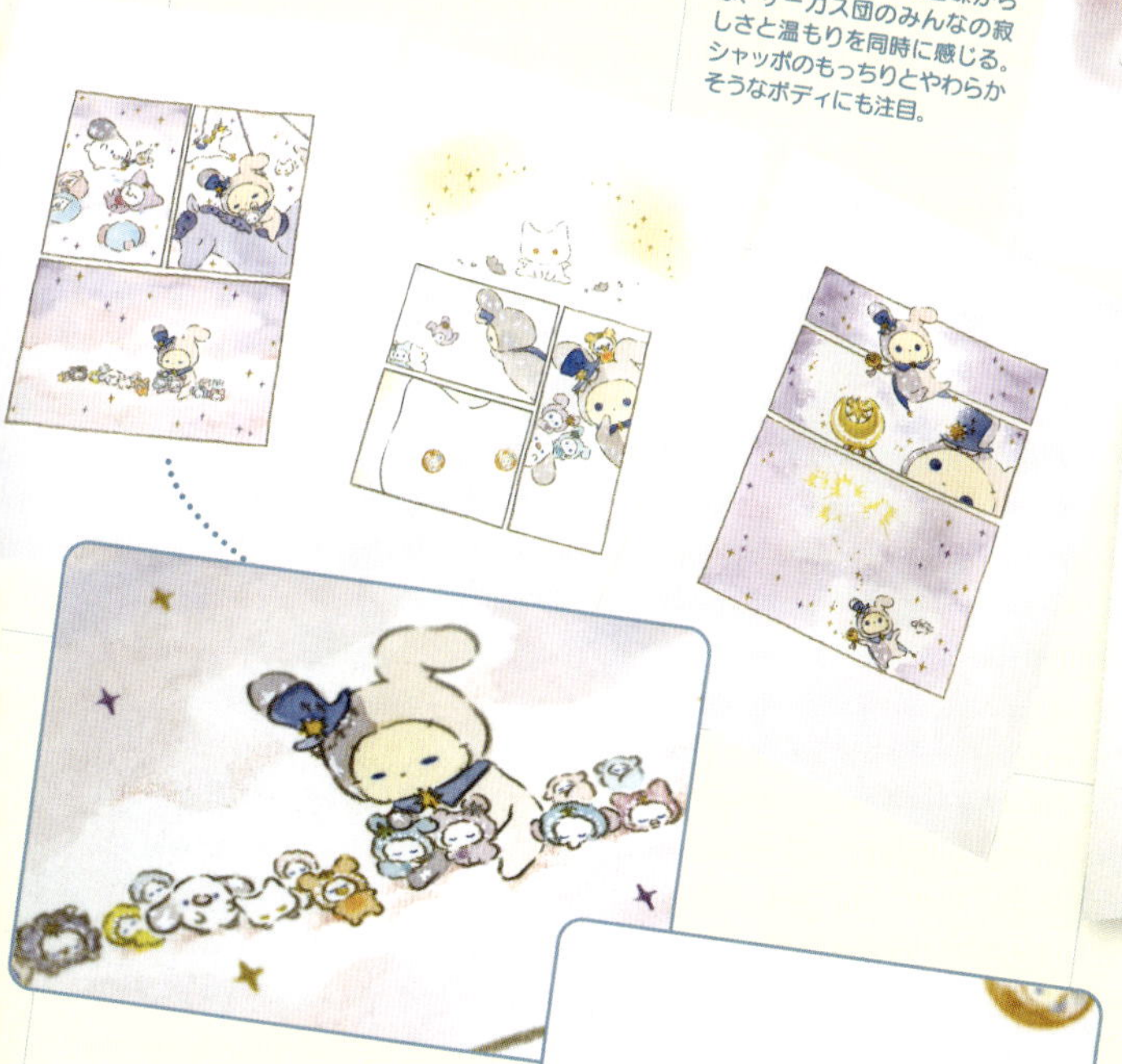

▲Day.VI スピカと面影星座の子

星や月を模したアイテムを手にして、きらめく星に囲まれたスピカの様子は華やかで美しい。また、大切なアノコたちの面影漂う星の子たちをあやすスピカとポポが素敵。背景に注目してみると、美しい紫色やピンク色で彩られた雲が目に飛び込んでくる。さらに、ドコカの星の子の瞳に映るスピカも色鉛筆で繊細に描かれているのがわかる。

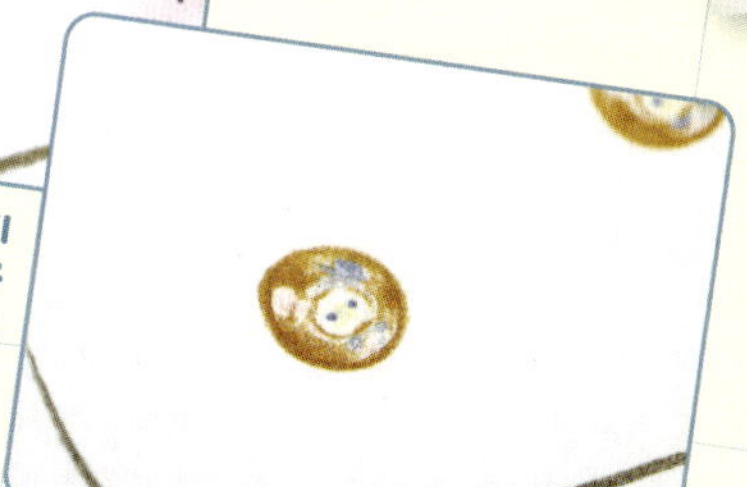

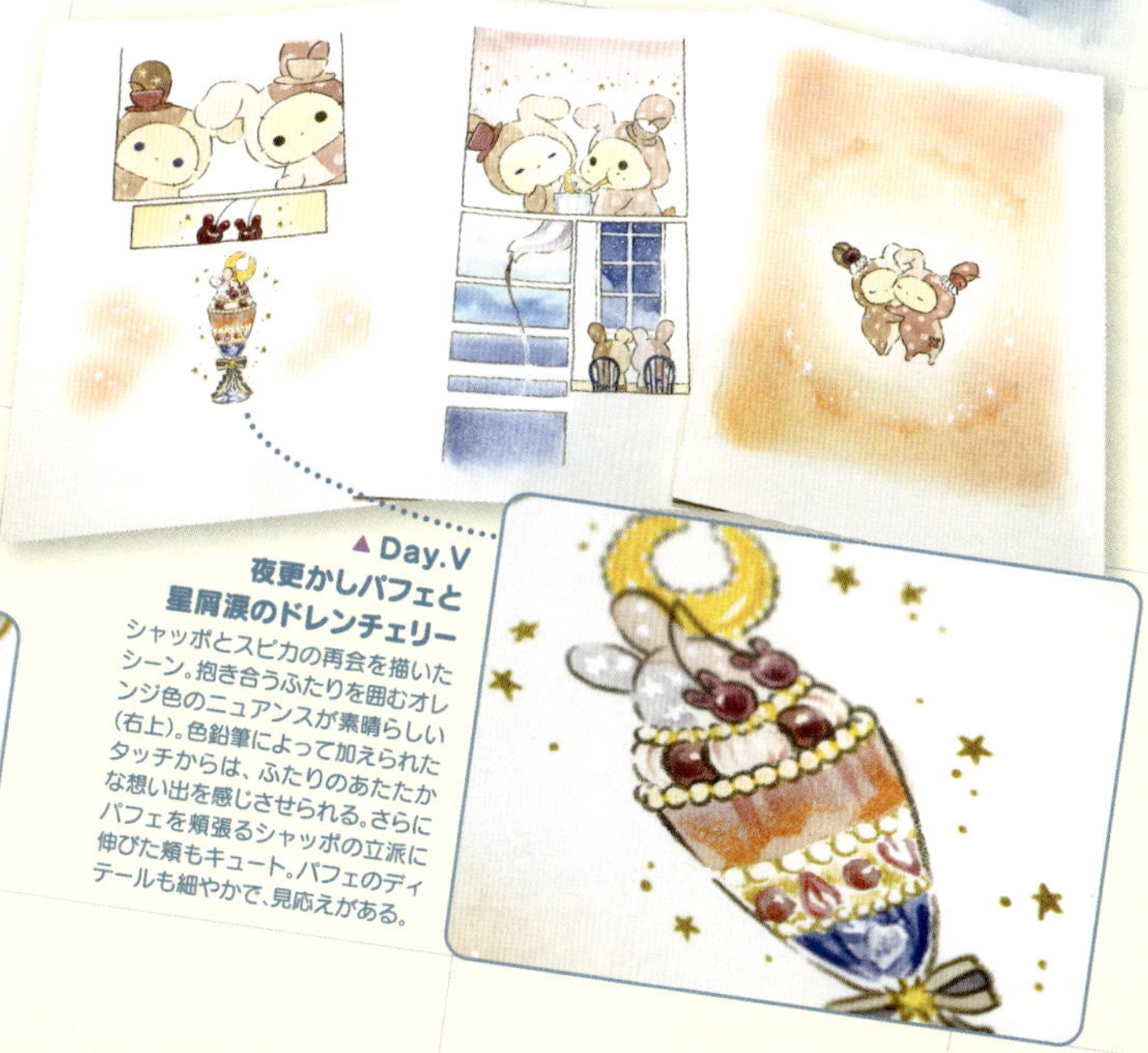

▲Day.V 夜更かしパフェと星屑涙のドレンチェリー

シャッポとスピカの再会を描いたシーン。抱き合うふたりを囲むオレンジ色のニュアンスが素晴らしい（右上）。色鉛筆によって加えられたタッチからは、ふたりのあたたかな想い出を感じさせられる。さらにパフェを頬張るシャッポの立派に伸びた頬もキュート。パフェのディテールも細やかで、見応えがある。

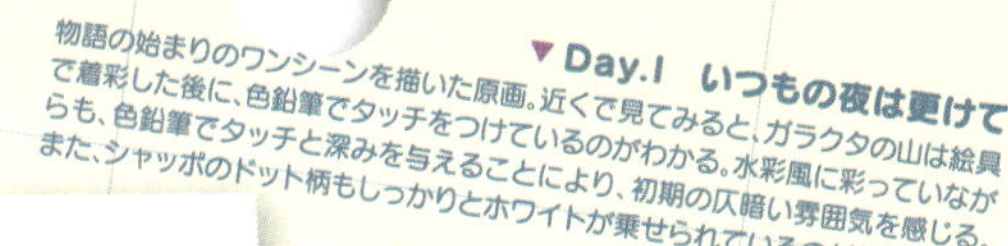

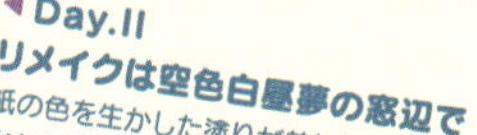

『New PANTY & STOCKING with GARTERBELT』

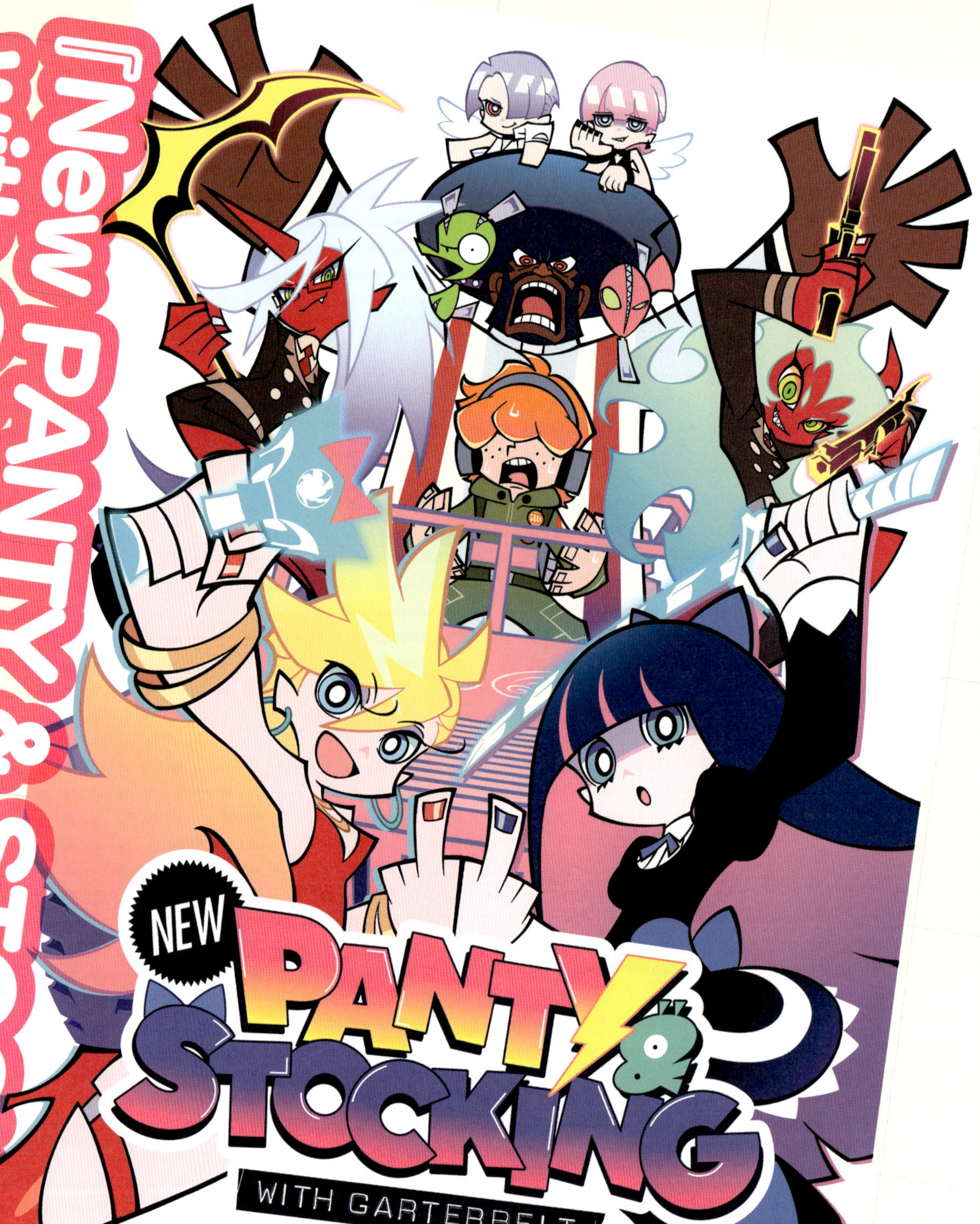

監督・シリーズ構成 **今石洋之**

シリーズ構成・副監督 **若林広海**

キャラクターデザイン・アートディレクション **コヤマシゲト**

キャラクターデザイン・総作画監督 **坂本 勝**

悪魔になったストッキングがパンティを666個に刻むという
『Panty＆Stocking with Garterbelt』の衝撃的な最終話から15年——
…ではなく、5分後の世界からフルスロットルでスタートした
『New PANTY & STOCKING with GARTERBELT』
おなじみのビッチ天使・パンティ＆ストッキングの自由奔放で欲に溢れた日常に
悪魔の姉妹・スキャンティとニーソックスも加わって、ドタバタやバトルも倍増！
さらに天使兄弟・ポリエステルとポリウレタン、
謎の下着武器商人・ガンスミスビッチなど強烈な新キャラクターも登場した新作は、
よりポップに快楽とユーモアが渦巻く世界へと進化を遂げている。
この度、今作を手がけた今石洋之監督やシリーズ構成の若林広海さん、
キャラクターデザインのコヤマシゲトさん、坂本 勝さんの
4名にお集まりいただき、座談会を敢行！
制作を終えた現在のお気持ちを和気あいあいと語っていただいた。

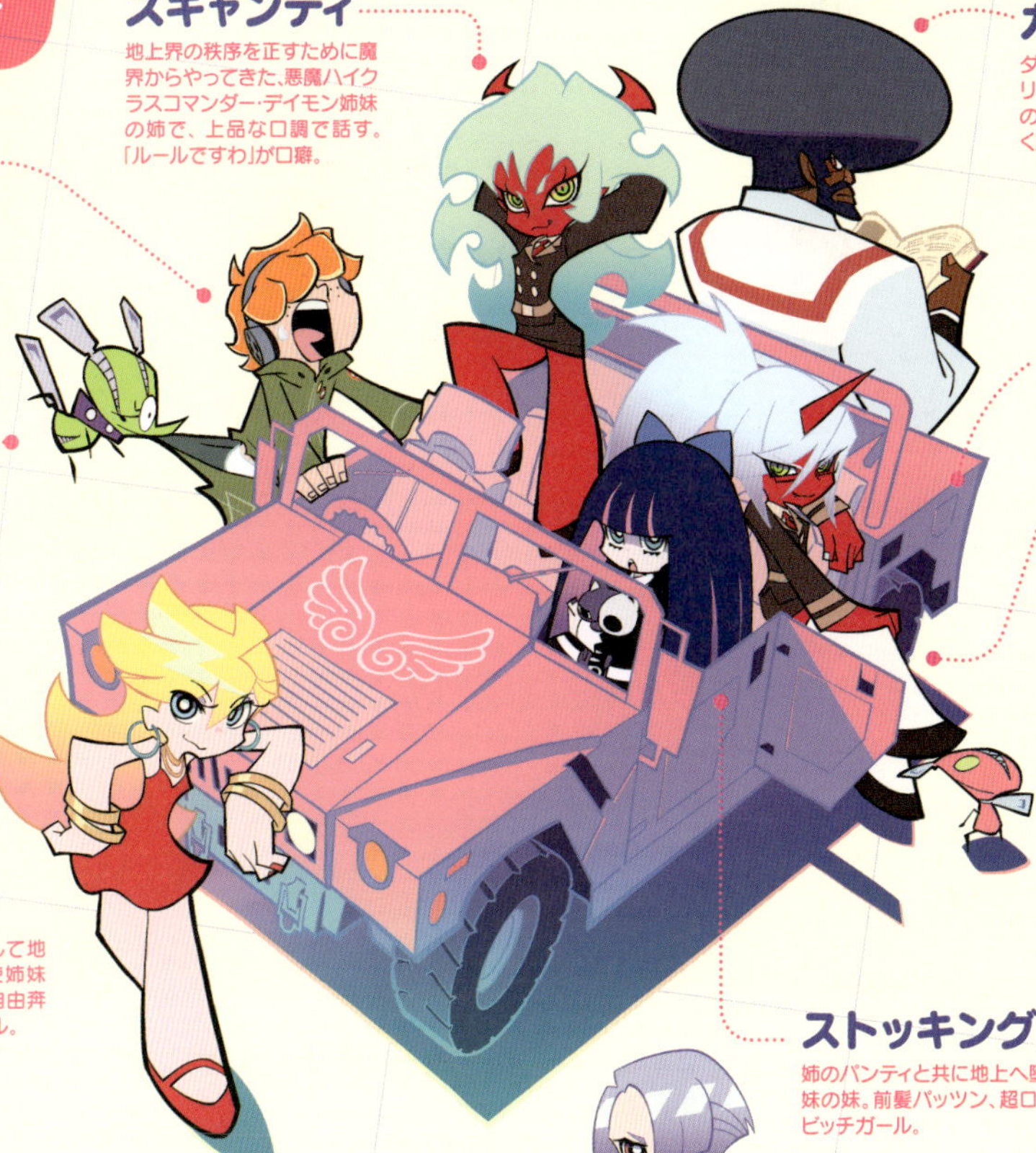

スキャンティ
地上界の秩序を正すために魔界からやってきた、悪魔ハイクラスコマンダー・デイモン姉妹の姉で、上品な口調で話す。「ルールですわ」が口癖。

ガーターベルト
ダテンシティ郊外にあるセメタリーヒルズ教会の神父。天使姉妹のお目付け役だが、天界だけでなく魔界とも繋がる謎多き人物。

ブリーフ
ダテンシティハイスクールに通う自称オカルトマニアの冴えないギークボーイ。大好きなパンティと一緒にいられるだけで幸せを感じるほどのドMな性格。

シースルー
パンスト姉妹の愛車。

チャック
パンスト姉妹に飼われているペット(?)。手荒な扱いを受けることが多い。

ニーソックス
魔界からやってきた、悪魔ハイクラスコマンダー・デイモン姉妹の妹。現在は姉妹でガーターベルトの教会に居候している。

パンティ
素行不良により、罰として地上へ堕とされた堕天使姉妹の姉。何にも囚われず自由奔放に生きるビッチガール。

ファスナー
デイモン姉妹と行動を共にする使い魔。

ストッキング
姉のパンティと共に地上へ堕とされた堕天使姉妹の妹。前髪パッツン、超ロングヘアーのゴス・ビッチガール。

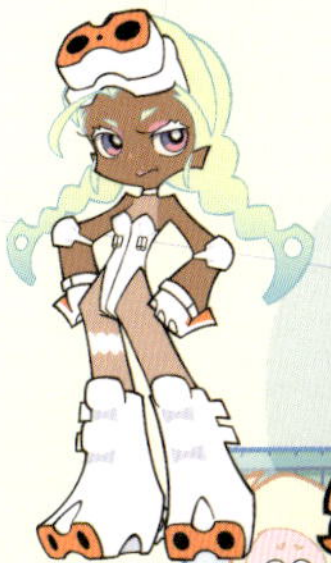

ガンスミスビッチ
謎の空間"パンツディメイション"に住む凄腕の下着武器商人。メガネをかけギークガールの姿にもなるが、どちらも本当の姿。

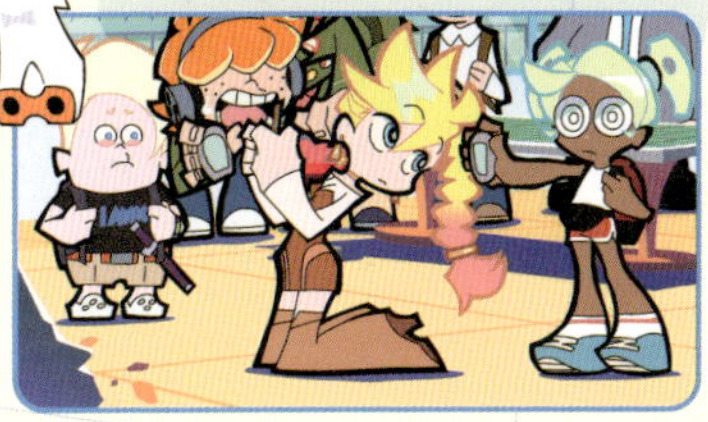

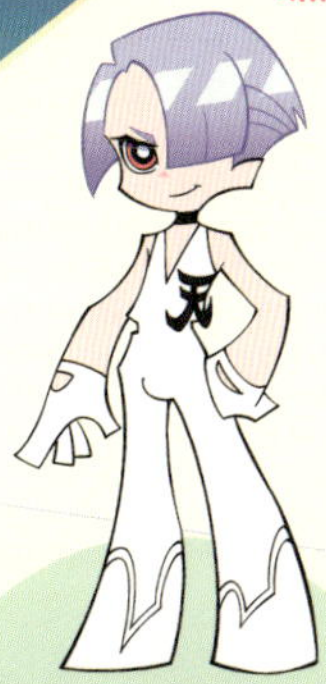

ポリエステル
天界から新たに地上へ遣わされてきた新しい天使、新天使兄弟の兄。仕事をきちんと遂行し、時間外労働はしない。

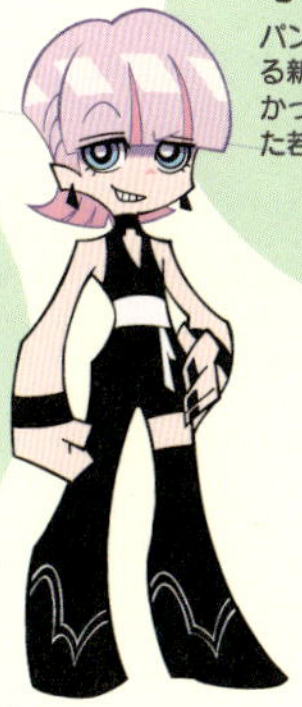

ポリウレタン
パンスト姉妹の従兄弟である新天使兄弟の弟。「どっちかっていうと」など、くだけた若者っぽい口調が口癖。

――今回は新作アニメーション『New PANTY & STOCKING with GARTERBELT』(以下、『Newパンスト』と略記)の制作スタッフである今石洋之さん(監督・シリーズ構成)、若林広海さん(シリーズ構成・副監督)、コヤマシゲトさん(キャラクターデザイン・アートディレクション)、坂本 勝さん(キャラクターデザイン・総作画監督)の四名にお集まりいただきました。『Newパンスト』の制作が決まる以前から、みなさんで「こんなことができたら面白そうだよね」と雑談されていたそうですね。

若林 新作をつくる予定がなかった頃から、海外イベントの道中などに遊びの一環で「パンスト」の新作をつくるならこういうエピソードやりたいよねとか、あの映画のネタを入れたいとか、頼まれてもいないのに勝手に考えていました(笑)。

今石 そうだね。頼まれないのにシミュレーションしてました。

コヤマ 「宝くじが当たったら何する?」みたいなノリで、アイデア出したりして盛り上がってましたよね(笑)。それが『Newパンスト』の企画にもつながったのかなと思います。

――実際にそのときの妄想は『Newパンスト』で実現されたのでしょうか?

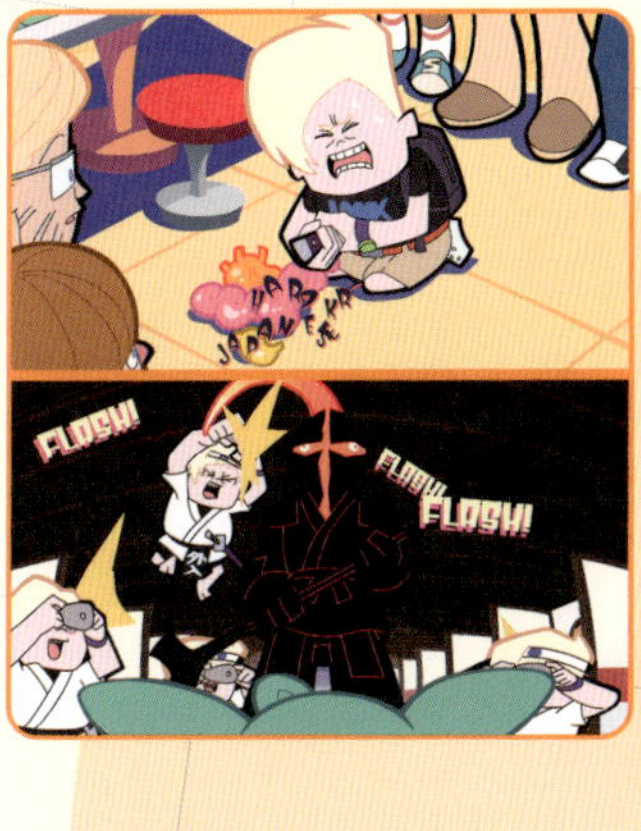

スーパーガイ・ジン
エピソードに直接関わることはないが、ダテンシティのいろんな場所に出没する謎多き少年。リアクションが大きい。

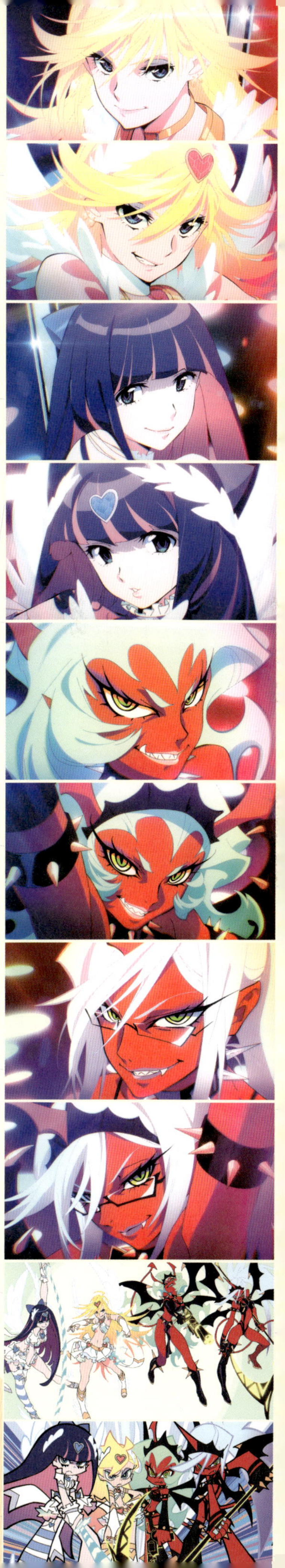

コヤマ　う〜ん、意外と入ってない……よね？

若林　全く入ってないと思う（笑）。いざ実際にやるとなったタイミングで真面目に考えはじめましたね。

――では、新キャラクターを出すということも動き始めてから決めたのでしょうか？　特に「ポリエステル」と「ポリウレタン」は登場前から注目されていましたね。

若林　旧作『Panty & Stocking with Garterbelt』（以下、『パンスト』と略記）では、天使と悪魔がどちらも女性コンビだったので、バランス的に次は男性コンビで、しかもイケメンがいいよね、って（笑）。

今石　パンティもストッキングも、デイモン姉妹だって美人設定だし、ガーターだって僕らはイケメンだと思って描いてますから。登場するキャラは美女やイケメンばかりにしたいんです。

若林　ブリーフも実はイケメンだしね（笑）。チャックやファスナーだってたぶん美男美女ですよ！

――なるほど！　キャラクターのデザインはどのように進められたのでしょう？　柔らかい中性的な色気やトゲのあるセリフ回しが特徴的です。

コヤマ　天使兄弟のデザインは、僕がデザインラフを描いて、設定を坂本くんが担当してくれました。

若林　デザイン的にも今っぽさありますよね。働き方も今っぽくて、効率重視で時間通りに働いて帰っていく。対して、パンティとストッキングは「好きなときに好きな分だけ働きたい」という、僕ら堕落した古い人種に近いマインドなんです。

コヤマ　「ノット・2・ホーム・アローン」（EPISODE 20）でパンティとストッキングが「どこだ！　どこだ！」と効率を考えずに新天使を探し続けている間抜けな姿はまさに我々そのもので（笑）。

一同　（笑）

若林　新天使のふたりって悪者ではないんですよね。彼らとしては、むしろ天使として正しい行いをしている。ただ、仕事をサボって怠惰な生活をしているパンティたちの目線で見ると邪魔をしてくる悪役のように見えているだけなんです。

コヤマ　彼らは感情ではなく、ただ事実を言ってるだけですからね。

若林　天使兄弟が当たり前としているルールは、僕らオールド世代との感覚と違っていて結構刺さるんですよね（笑）。でも若い世代に指示されるのも悪くないっていうか、だから「ちょっと子生意気だけど可愛いから許しちゃお！」と思える性格とルックスにしたかったんです。

――坂本さんはこの四名のなかでは、天使兄弟に近い世代になるのでしょうか？

坂本　どちらかと言えば僕もオールド世代なのですが、現場ではしっかりとルールを決めてほしいタイプですね。今回も設定の詳細が気になって何度も若林さんとコヤマさんに確認していました。現場では無茶な要求もあるので、僕は整理してまとめる役割が多かったですね。…そういう意味では、僕はデイモン姉妹に近いのかもしれません。

若林・コヤマ　たしかに！（笑）

――坂本さんがスタッフ間の橋渡しをされる重要なポジションも担っていたことが伝わってきます。また、旧

エピソードセレクション

「New PANTY & STOCKING with GARTERBELT」も旧作同様に1話で最大3エピソードが描かれる。作り手のこだわりや描きたいことを広く受け入れてくれる本作ならではの表現も見どころ。

EPISODE 1「パンティ アンド ストッキング ホームカミング」

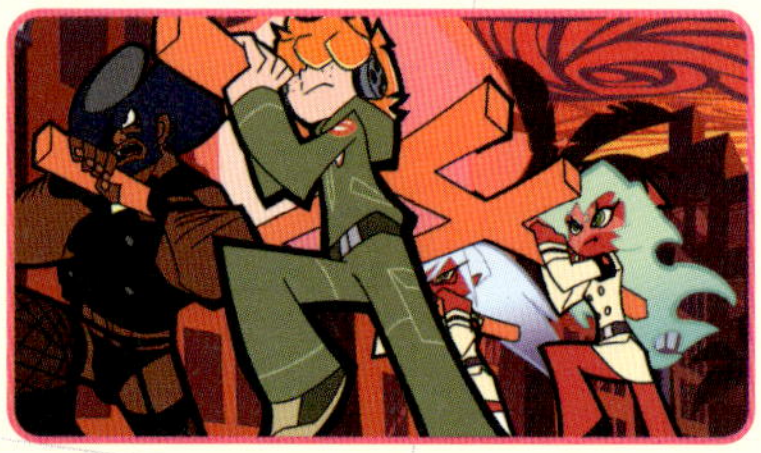

666個に刻まれたパンティの魂たるラストピースを神輿で担いで運ぶという「パンスト」でしか見られない展開が詰まっている。

ストーリー原案：若林広海、うえのきみこ
シナリオ：うえのきみこ
コンテ：今石洋之
演出：古川 晟
作画監督：坂本 勝、すしお

EPISODE 2「ビッチガールズ4ライフ」

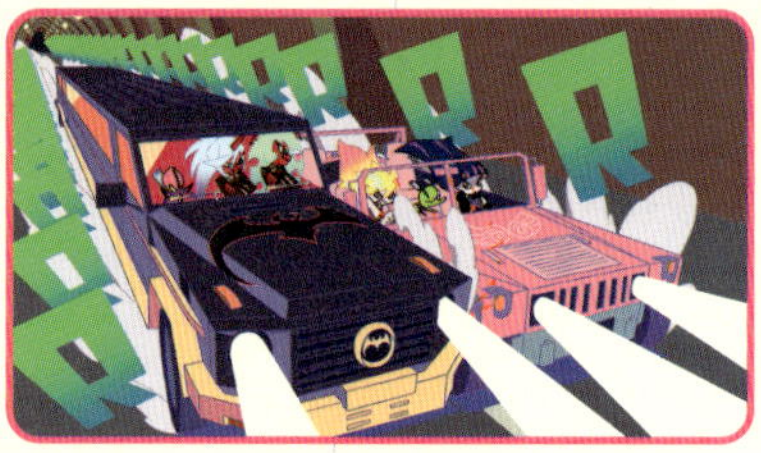

ゴーストを退治してコインを集めるという本来の目的に立ち戻る話数。カーアクションや変身シーンなど、見たかった場面が詰まっている。

ストーリー原案：今石洋之
シナリオ：今石洋之、山崎莉乃
コンテ：今石洋之
演出：下平佑一
作画監督：荒井洋紀

EPISODE 6「F*CK & FURIOUS」

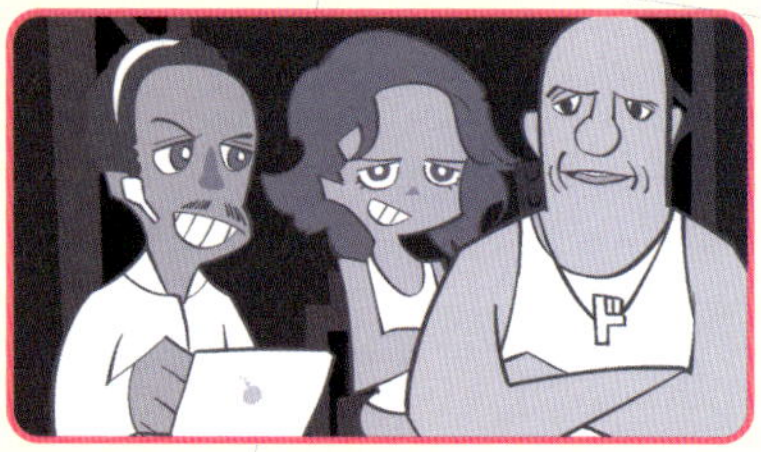

人知れず繰り広げられる壮大な物語。モノトーン世界に突如現れるピンクの"ブツ"や、ウィットに富んだセリフ回し、音楽のカッコ良さが突き抜けている。

ストーリー原案：コヤマシゲト
シナリオ：コヤマシゲト
コンテ：今石洋之
演出：中野広大
作画監督：真野佳孝

EPISODE 9「昨日に向って撃て！」

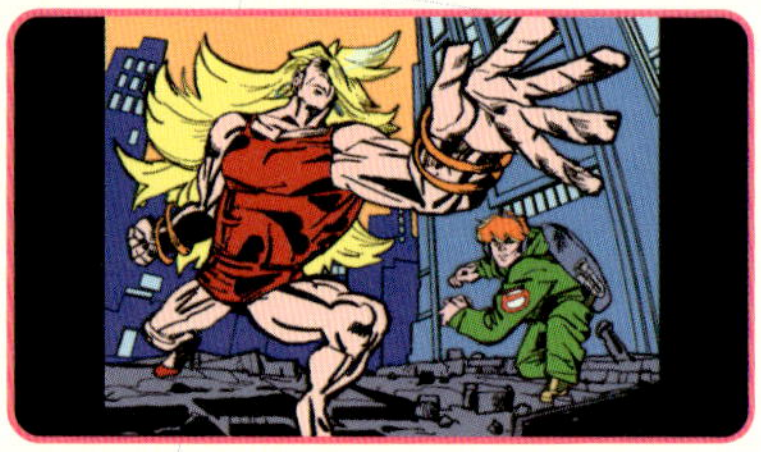

名古屋弁を操る謎の男のビームによって「ガッデス化」してしまうパンティたち。時空や絵柄の枠を飛び越えた世界観を味わえる、濃密な話数。

ストーリー原案：五十嵐海
シナリオ：五十嵐海
コンテ：五十嵐海
演出：五十嵐海
作画監督：五十嵐海

EPISODE 10「ローリング・シスターズ」

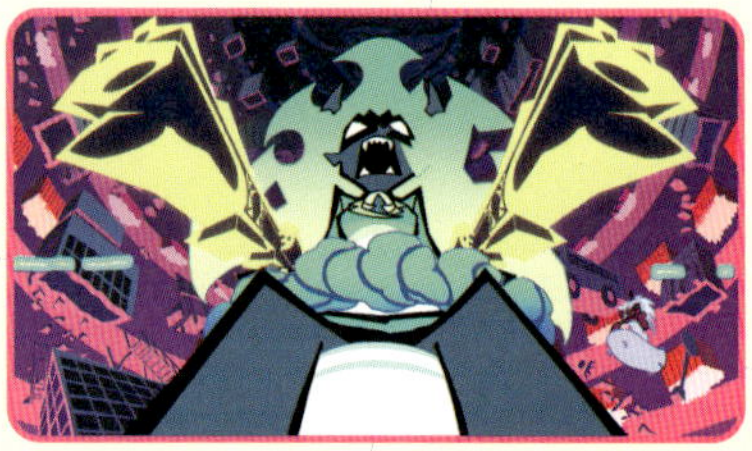

スキャンティのお便意がダテンシティを滅ぼす!?　下品さと上品さが絶妙に混ざり合う、デイモン姉妹ならではの新鮮な展開。

ストーリー原案：大井 翔
シナリオ：うえのきみこ
コンテ：大井 翔
演出：中野広大
作画監督：大井 翔、佐藤皓宏

EPISODE 12「ビッチ連続殺人！」

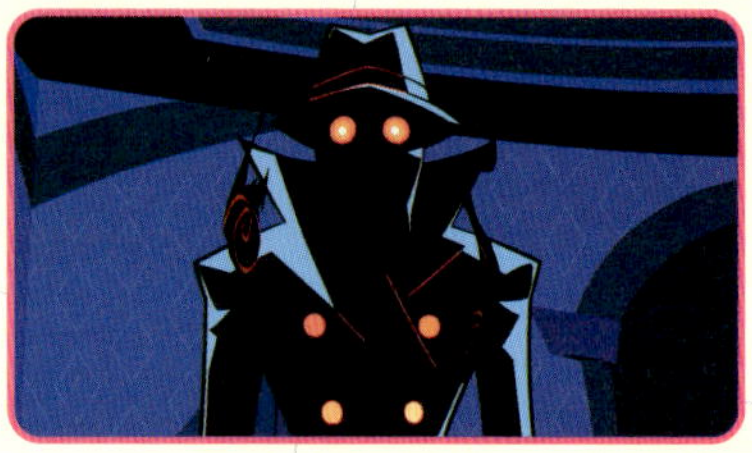

ダテンシティでブロンドビッチが狙われる連続殺人事件が発生。節々にホラー映画のセオリーが盛り込まれ、犯人逮捕にブリーフのオタク知識が役立つ。

ストーリー原案：古川 晟
シナリオ：古川 晟
コンテ：古川 晟
演出：古川 晟
作画監督：芳垣祐介、半田修平、安部 葵

EPISODE 18「ファ・ファ・フ*ック」

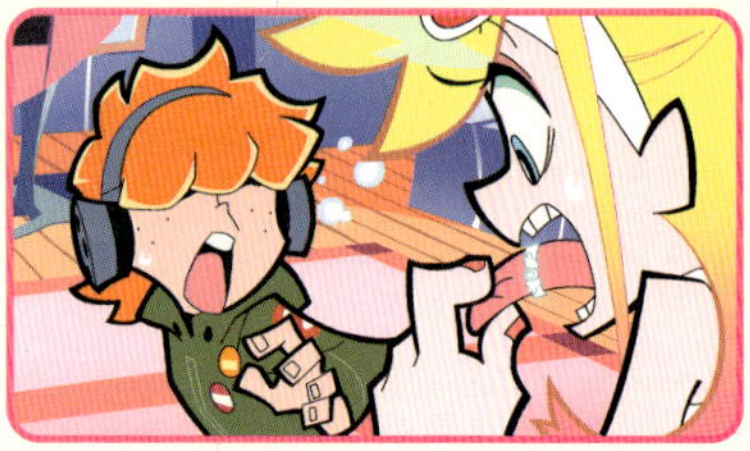

パンティの口癖「フ*ック」で舌が切断されるコミカルさと残酷さのバランスが秀逸。放送禁止用語が美声で連呼されるギャップもたまらない。

ストーリー原案：今石洋之
シナリオ：今石洋之、山崎莉乃
コンテ：今石洋之
演出：中野広大
作画監督：郡安俊兵、佐藤皓宏、真野佳孝

EPISODE 21「Six hundred Sixty Six Candles」

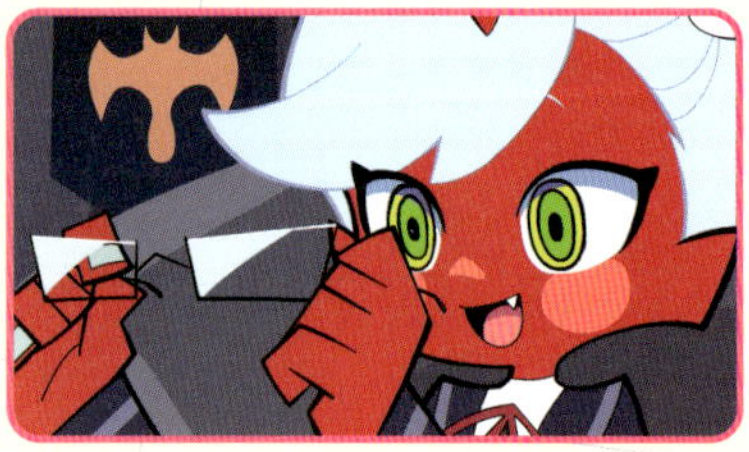

デイモン姉妹の誕生日エピソード。幼い頃から仲の良いふたりの関係性やニーソックスのメガネの秘密も微笑ましい。

ストーリー原案：若林広海
シナリオ：若林広海
コンテ：宮島義博
演出：河野友紀
作画監督：荒井洋紀、田村瑛美、坂本 勝

作に引き続きいろんなコスチューム姿が登場するのも楽しいところです。

若林 「道着」や「アロハ」とかコンセプトがはっきりしているエピソードは基本的にコヤマさんにデザインをお願いしました。各話用のお話と紐づいていない私服衣装は、全部ではないですがイラストレーターのJenny kaori(ジェニー カオリ)さんが担当しています。旧作は全部自分たちで考えていましたが、新作では違うエッセンスを入れたくて。以前からアニメの仕事を一緒にしたいと思っていたジェニーさんにお願いした感じです。

―とても華やかで可愛かったです。そして、『パンスト』ならではの変身シーンについても伺いたいです。天使兄弟は色気と肉体美が弾ける描写でとても刺激的でした。どなたが作画を担当されたのでしょう?

今石 レイアウトと第一原画は米山舞さんで、第二原画を複数人で作業しています。さらに作監でコヤマさんと坂本くんが入っています。米山さんであれば天使兄弟を麗しく描いてくれるだろうと思って担当してもらいました。僕が監修したのは筋肉の表現くらいですね。

コヤマ 筋肉の描写は今石さんのこだわりですから!

―甘い表情とのギャップにやられました! ほかにも「ガンスミスビッチ」が新キャラとして登場しますね。ブリーフとは違うタイプのギークガールですが、敵でも味方でもない新たな勢力というイメージを持ちました。

今石 「天界(魔界)兵器=下着」という設定を広げたくて、武器商人を出してみたくなったんです。あの武器が並んでいる空間は「パンツディメンション」と言います。

コヤマ 作業中にずっと今石さんが「パンツディメンション」とブツブツつぶやいていて、何のことだろう?ってなっていました(笑)。ガンスミスビッチは「パンスト」の世界の理から外れている存在なので、別の空間からいきなり出てきたりするんですよね。

今石 ストーリーに関わるようでいて大きく関わらない存在を置きたかったんです。

若林 場面に合わせてスタンスやビジュアルを変えるところが、今っぽくて気に入ってます。

―「スーパーガイ・ジン」も気になるキャラクターです。

若林 スーパーガイは僕たちが海外イベントで出会ってきたギークたちのイメージで、日本のアニメや文化が大好きなんです。そして、イベントに謎の武器を持って来るんですよ。そのビジュアルがインパクトあって、いつかキャラクターにしたかったんです。

―ちょこちょこ画面に登場するところも楽しいです。「プロジェクトS 史上最悪の道場」(EPISODE 4)に登場する道場の建物も、日本風でありながら海外テイストも入ったデザインだなと感じました。

若林 看板の文字をクセのあるフォントにしたり、「侍」の漢字が「待」になっていたりするんです。そのあたりの細かいディテールはコヤマさんにアイデアを出してもらいました。

コヤマ このデザインには心残りがあって。道場の壁に住所や電話番号

コスチュームセレクション

おしゃれな私服や特別なエピソードだけで見られるコスチュームデザインも物語に彩りを添えている。登場キャラクターも増えて、さらに華やかになった衣装の一部を抜粋して紹介します!

EPISODE 3「ボディカード」

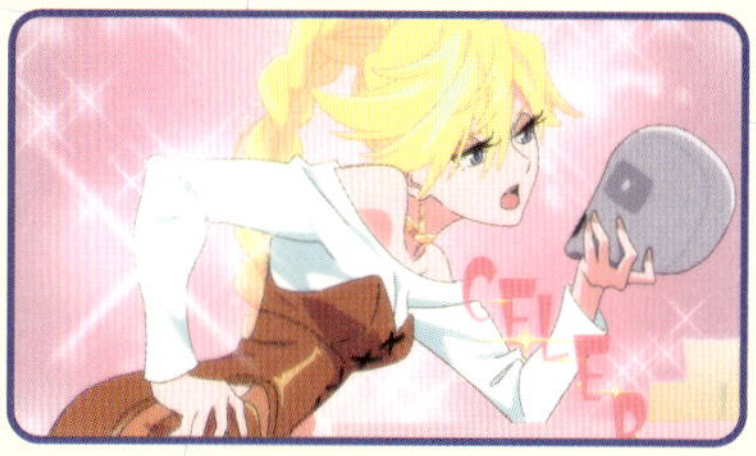

金策のためブリーフに連れられて縁遠いカードショップに来店したパンティ。ギークたちが戸惑うおしゃれな衣装デザインは、Jennykaoriさんによるもの。

ストーリー原案:若林広海
シナリオ:山崎莉乃
コンテ:雨宮哲
演出:下平佑一
作画監督:佐藤皓宏、郡安俊兵

EPISODE 4「プロジェクトS 史上最悪の道場」

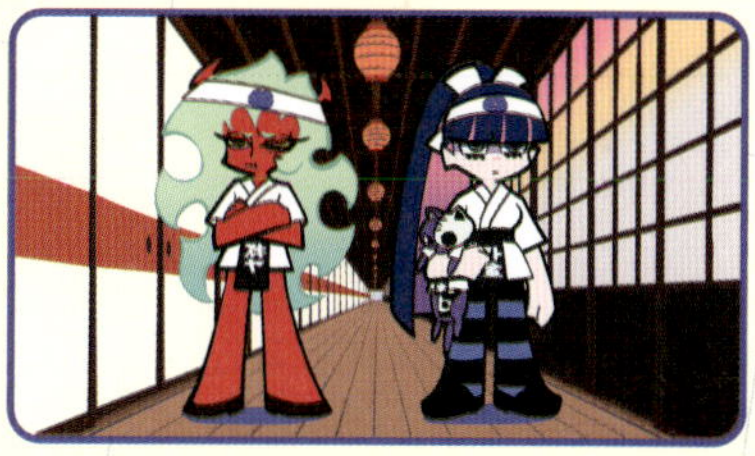

ゴースト探索のため勘違い日本風の道着姿で「SAMURAI DOJO」へ潜入調査! 垂名札のヘンテコな名前やコヤマさん&若林さんが考案した道場デザインも見どころ。

ストーリー原案:
若林広海、山崎莉乃
シナリオ:山崎莉乃
コンテ:小倉陳利
演出:河野友紀
作画監督:芳垣祐介

EPISODE 5「ビッチ・パーフェクト」

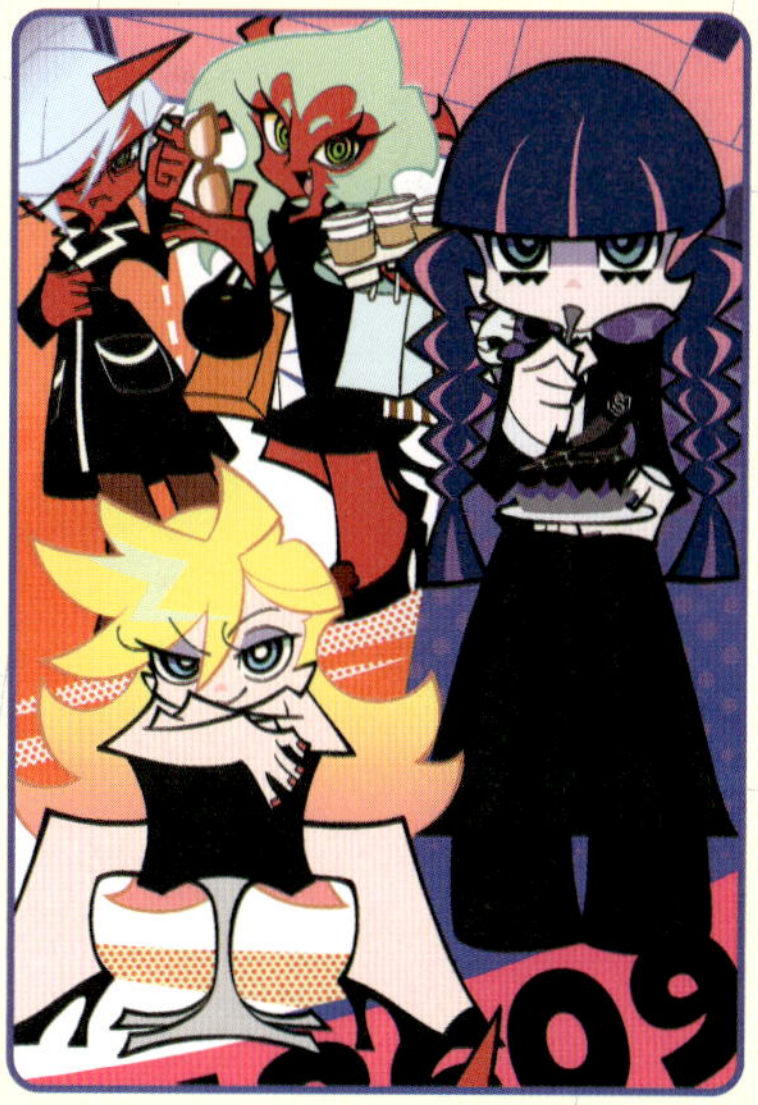

ダテンシティに流行る写真共有アプリ"Influenstagram"はハートが増えるたび、快感を得られる仕組み。ハートを稼ぐために、いろんなコスチュームが登場する。承認欲求と快楽物質とが混ざり合い、エスカレートした天使&デイモン姉妹の姿もインパクト大!

ストーリー原案:山崎莉乃
シナリオ:山崎莉乃
コンテ:大谷彩絵
演出:大谷彩絵
作画監督:安部 葵

EPISODE 13「天使兄弟現わる」

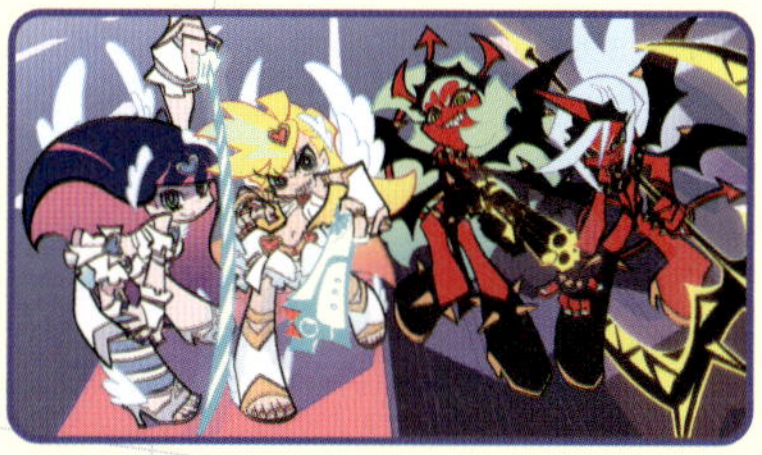

ガンスミスビッチの脱法アイテムで変身後の衣装が華やかになった。天使&悪魔の翼が大きくなったり髪飾りもついている。

ストーリー原案:
今石洋之、若林広海
シナリオ:うえのきみこ
コンテ:今石洋之
演出:河野友紀
作画監督:土肥志文、菅野一期

EPISODE 14「インデペンデンス・ディック」

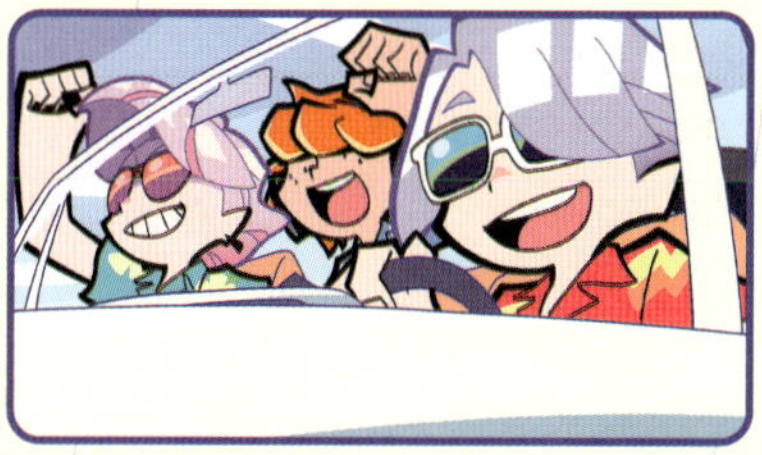

天使兄弟たちと一緒にカジノシティを目指すロードムービー。アロハシャツとサングラスのセットが休日のラフな雰囲気をさらに引き立てている。

ストーリー原案:若林広海
シナリオ:山崎莉乃
コンテ:小倉陳利
演出:中野広大
作画監督:荒井洋紀

EPISODE 15「ロンゲスト・ビッチヤード」

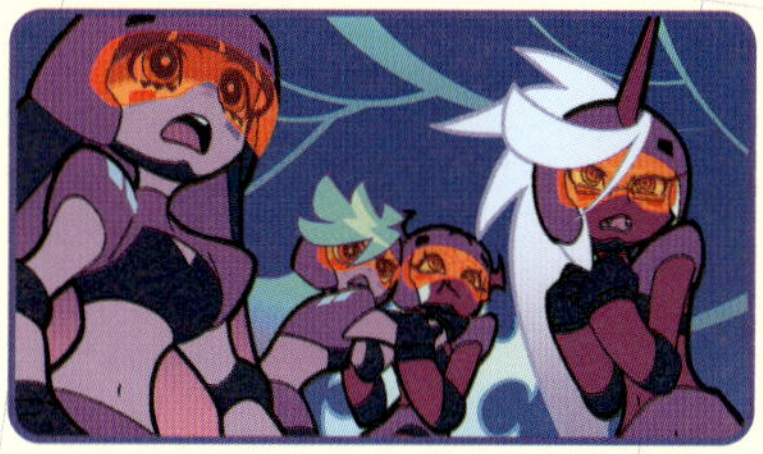

刑務所で開催されるアメリカン・フットボール大会。お腹が出ているセクシーなデザインのユニフォームを着用。目元が透けているので表情が見えやすい。

ストーリー原案:うえのきみこ
シナリオ:うえのきみこ
コンテ:吉成 曜
演出:宮島義博
作画監督:
吉成 曜、芳垣祐介、千田崇史

EPISODE 20「ノット・2・ホーム・アローン」

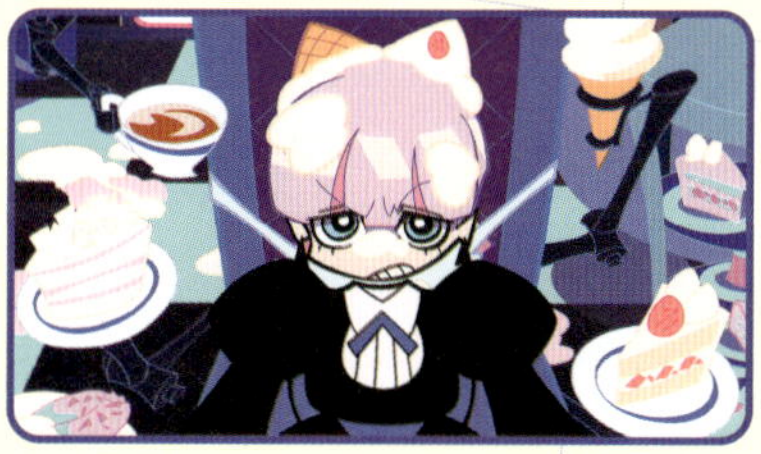

天使姉妹の部屋に侵入した天使兄弟たちが、なぜかパンティとストッキングのコスチューム姿に…。顔が良いのでどんな衣装も似合ってしまう。

ストーリー原案:
若林広海、土肥志文
シナリオ:山崎莉乃
コンテ:土肥志文
演出:土肥志文
作画監督:安部 葵

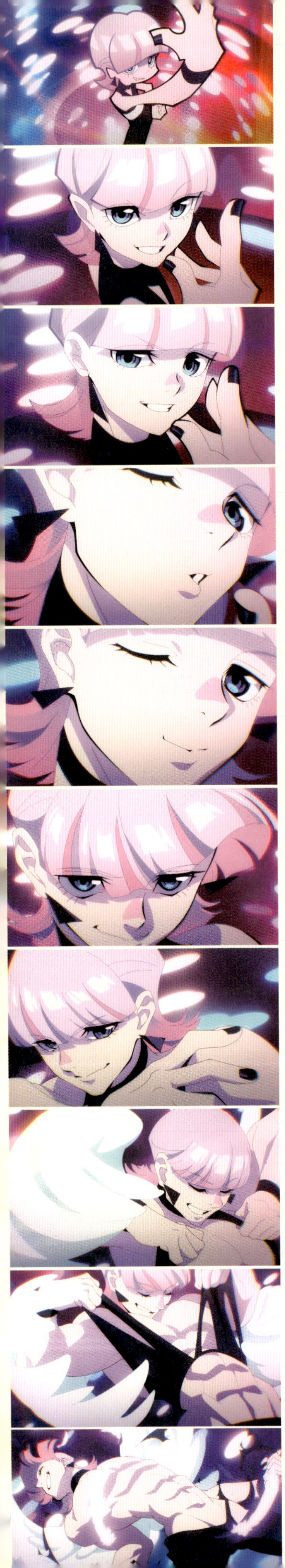

を入れてそれっぽさを演出していたら、ワカ(若林)が途中で気づいて「これオレの住所じゃん!」って(笑)。

若林 そりゃ気づくでしょ(笑)。街や建物の描き方にも変化があって、旧作からの十五年間で僕らが持つアメリカへの解像度がすごく上がりました。何度も行くなかで現地で見たり気づいたディテールを意識して描くようになったんです。ガンスミスビッチの家もそうで、『パンスト』みたいなアニメなら「銃の形をしたヘンな家」にしちゃっても良いんだけど、あえてアメリカのリアルなガンショップっぽくしてもらいました。

——そうだったのですね! つづいて、エピソードについても伺っていきたいです。『Newパンスト』ではスキャンティとニーソックスをフューチャーしたり、姉妹の組み合わせを変えた話数があるなど、新しい一面が見られるところも嬉しかったです。

若林 デイモン姉妹は、旧作では敵対するだけで個別のエピソードを作れてなかったので、今作では二人がメインになるエピソードを作りたいと今石さんと話していました。さらに、キャラの組み合わせも旧作以上にバリエーションを作りたいよね、と。「インデペンデンス・ディック」(EPISODE 14)と「ロンゲスト・ビッチヤード」(EPISODE 15)みたいに前後半で男子チームと女子チームに分かれたエピソードなんかも今作ならではだと思います。

——それぞれの青春感が新鮮です。タイトルのアレンジも含めて、各エピソードが『パンスト』らしい展開になっていたり、表現や物語の広がりに感嘆いたしました。

今石 各エピソードのアイデアはなるだけバラエティに富んだ形になるように意識しました。発想した段階では良くても、話数全体を並べてみると違うなと感じたり、逆にどこにも繋がらない展開が面白いという場合もあります。各エピソードを担当する人の得意分野にも委ねながら、組み合わせは判断していきました。

——アニメーションの表現としてもインパクトのある「昨日に向って撃て!」(EPISODE 9)はストーリー原案・シナリオ・コンテ・演出・作画監督を全て五十嵐海さんが担当していますね。

今石 彼が全力で作画まで担当することを前提にした上で、演出面でも昔の撮影の微妙にボケた感じやセルの些細なズレまで逃げずに表現しないとギャグとして成立しない、かなり高度なことをやってるんです。そういった無駄なことをやり切ることも『パンスト』の精神ですから。視聴者が見て一見意味が分からなくても「なんかすごい」となってもらえたらば。

若林 映像に込めた熱量みたいなものは絶対に伝わりますからね。

——描きたいという強い意志が伝わってきました。そして、コヤマさんは「F*CK & FURIOUS」(EPISODE 6)で、ストーリー原案・シナリオを担当されました。旧作の「パルプ・アディクション」を彷彿とさせるウィットに富んだ会話とモノトーンの世界観です。

コヤマ 今石さんとワカと、『Newパンスト』をやるならつくりたいと話していたネタなんです。なので当初から考えていたものをそのまま映像にしました。

——地上波版は【CENSORED】(センサード)で半分くらい画面が覆われていた場面もありましたが…。

コヤマ 下ネタは可能な限り排除してつくったのに、あんなに消されるとは思わなくて……あくまでアレは潜水艦ですよ(苦笑)。

若林 地上波放送に適さないと判断された部分に【CENSORED】を入れるんですが、今石さんと一緒にそのサイズや位置をチェックしているうちに画面に対する角度やサイズにもこだわりはじめちゃって。途中から、グラフィックとして画的にかっこよくなるように配置したりしてました(笑)。

今石 ぼかしたり黒で潰したりなど、隠せるなら他の方法でも良かったらしいのですが、僕らは【CENSORED】で隠す方法に統一したくて。貼っているうちに、むしろカッコいい気がしてきましたね。

——たしかに【CENSORED】はグラフィックの一部のようになっていますね。

コヤマ 次やるなら、常に画面の半分が【CENSORED】で隠れている回もありかもね(笑)。

若林 パンティとストッキングたち

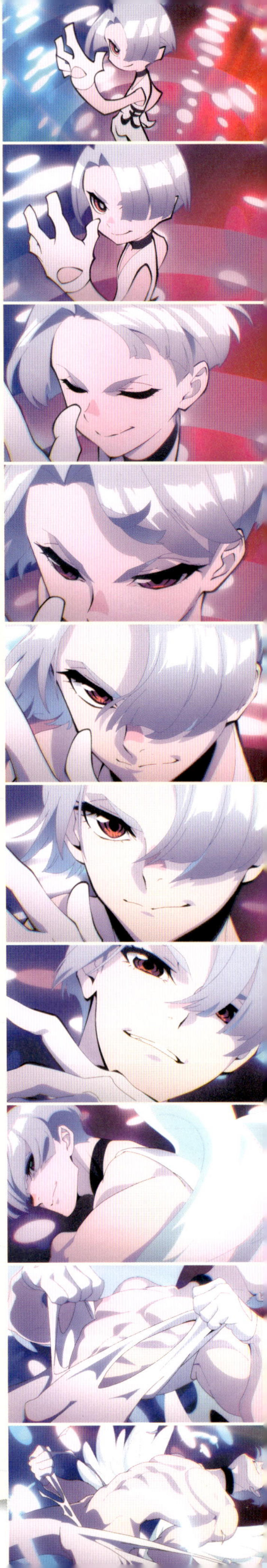

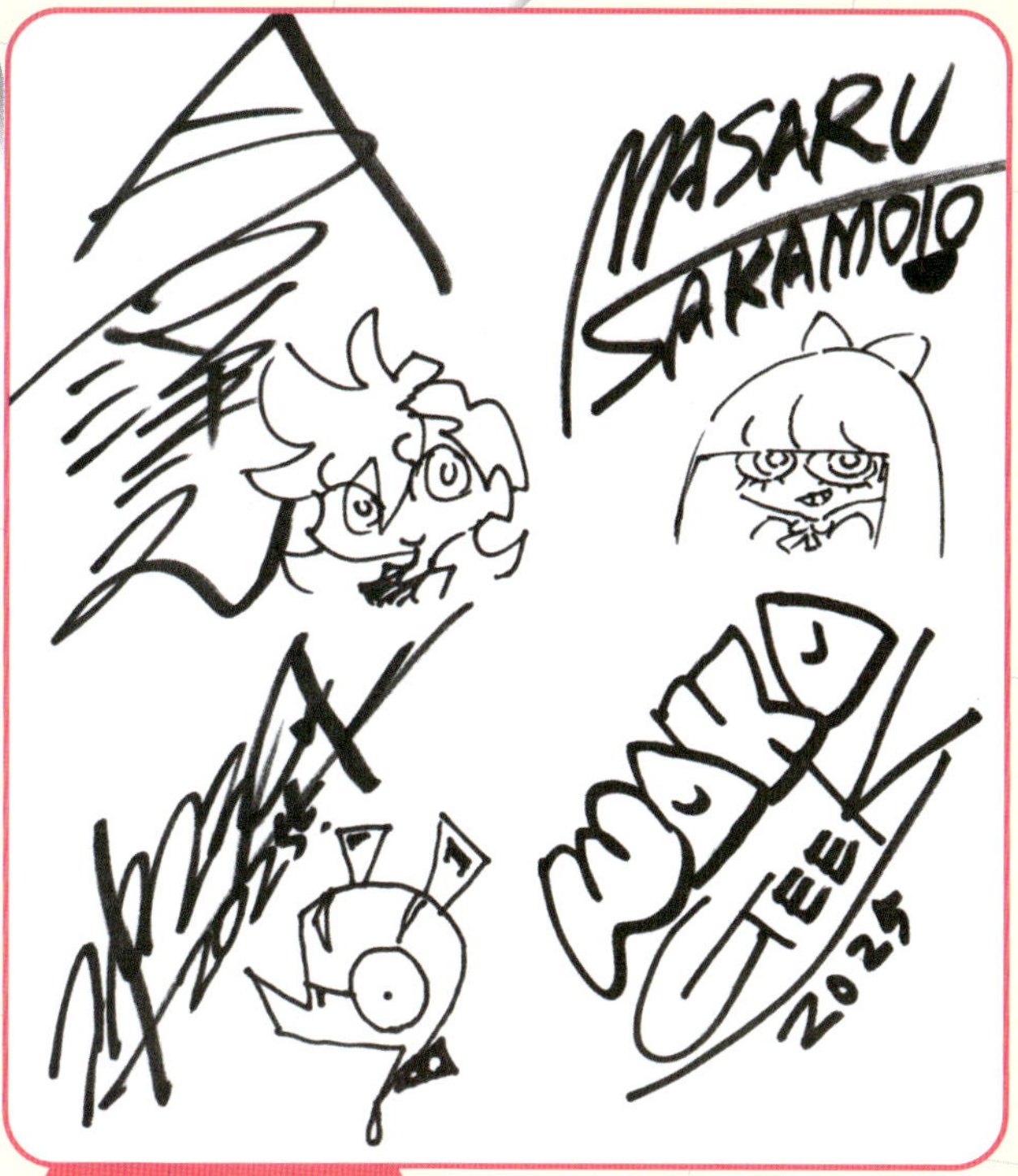

今石洋之（いまいし・ひろゆき）
TRIGGER所属。アニメーション監督・アニメーター。主な監督作品に『DEAD LEAVES』（2004・映画）、『天元突破グレンラガン』（2007・TV）、『キルラキル』（2013・TV）、『プロメア』（2019・映画）、『サイバーパンク：エッジランナーズ』（2022・WEB配信）などがある。今作も旧作に続き監督を務めるほか、シリーズ構成やストーリー原案なども担当。
【X】@shiimai

若林広海（わかばやし・ひろみ）
TRIGGER所属。主な参加作品に『天元突破グレンラガン』、『キルラキル』、映画『プロメア』、『サイバーパンク：エッジランナーズ』などがある。旧作ではコンセプトプランナー、シナリオ、演出など幅広く担当。今作でシリーズ構成を務めるほかストーリー原案や楽曲の選曲などを担当。
【X】@waka_geek

コヤマシゲト
デザイナー・アートディレクター。主な参加作品に『エヴァンゲリオン新劇場版』シリーズ（デザインワークス）、『ベイマックス』（Additional Visual Development）、映画『プロメア』（キャラクターデザイン）など。旧作ではEDイラスト、サブタイトルデザイン、シナリオなどを担当。今作でもアートディレクションやシナリオ、EDアニメーションなどを担当。
【X】@Joey__Jones

坂本 勝（さかもと・まさる）
TRIGGER所属。アニメーター・キャラクターデザイナー。主な参加作品に『キルラキル』（作画監督）、『SSSS.GRIDMAN』『SSSS.DYNAZENON』、映画『グリッドマン ユニバース』（キャラクターデザイン・総作画監督）、『ダンジョン飯』（絵コンテ・作画監督）などがある。旧作には原画で参加しており、今作はキャラクターデザインのほか、総作画監督やメインビジュアルなどを担当した。
【X】@tuki3002

が戦っているけれど【CENSORED】の裏にいて見えないとかね。

今石 見えないことで想像力が増すわけです。

――新しいアイデアがどんどん出てきます。それでは、最後におひとりずつに十五年ぶりの新作となった『Newパンスト』の制作を振り返って感想を伺えたらと思います。

坂本 僕は真面目に、求められたところを達成するので精一杯でしたね。オープニングやメインビジュアルなど、作品の入口を担当したので「表に出る画は自分が責任を持つ」という意識で取り組んでいました。本編の総作画監督を任せてもらえたことも、大きな仕事だったと感じています。描き足りなかった部分もあるので、これから版権イラストの仕事などで補えたら嬉しいです。

コヤマ テレビシリーズに携わるのが久々だったので……令和の荒波に揉まれて、辛かったのか楽しかったのか、何月に何をしていたのかをもう忘れはじめているくらいですね（笑）。

若林 ここまでガッツリ制作現場に入ったのは『パンスト』以来十五年ぶりでした。当初はこれまでの今石監督作品同様にプロデューサー的なポジションで関わることになるのかな？ と思っていたんですけど、今石さんに現場に誘ってもらえたおかげで久々にアニメ作りの楽しさを〝死ぬほど〟味合わせてもらいました（笑）。令和の制作現場に入るのもはじめてだったんですが、若い世代のスタッフたちと一緒にものづくりができたことはすごくいい経験でしたね。

今石 僕は昔からのスタッフだけでなく今の世代とも一緒につくりたいと思っていて。十五年前も、ひとつ前に作った『（天元突破）グレンラガン』は大きなストーリーがあったから、自分も含めた当時の若手も、各話で自由にやれる余地は少なかったんです。でも『パンスト』なら一話完結で個性を出しやすかったですし、今回の『Newパンスト』でも可能な限りTRIGGERの全員に入ってほしいと思いながら制作していました。普段は関わらない役職に挑戦することで新しい才能が見えたり、触れたことのないジャンルの作品からこそ得られる気づきがあったりする。そういう刺激が若い人にも届けば嬉しいし、僕ら自身も若いスタッフの仕事を見てたくさん刺激をもらいました。

――世代を越え、多くのスタッフが一丸となって『Newパンスト』を完成させたことが、皆さんのお話からも強く伝わってきました。最終話まで全力で楽しませていただきます。本日は楽しい座談会をありがとうございました！

座談会記念色紙を1名様にプレゼント！
巻末のハガキからご応募ください！

【CAST】
パンティ：小笠原亜里沙
ストッキング：伊瀬茉莉也
ガーターベルト：石井康嗣
ブリーフ：吉野裕行
チャック：中村たかし
スキャンティ：小松由佳
ニーソックス：渡辺明乃
ファスナー：夏吉ゆうこ
ポリエステル：榎木淳弥
ポリウレタン：上村祐翔
ガンスミスビッチ：青山吉能

【STAFF】
原案：GEEKFLEET
監督：今石洋之
副監督：若林広海、古川 晟
シリーズ構成：今石洋之、若林広海
オリジナルキャラクターデザイン：錦織敦史
キャラクターデザイン：
コヤマシゲト、坂本 勝、すしお
アートディレクション：コヤマシゲト
スペシャル スペシャリスト：吉成 曜
コンセプトプランナー：若林広海
タイトルロゴデザイン：野中 愛
動画統括：こすぎなほこ
色彩設計：垣田由紀子
美術監督：野村正信、市岡茉衣
撮影監督：志良堂勝規
編集：植松淳一
音響監督：浦狩裕樹
音楽プロデューサー：
☆Taku Takahashi（m-flo）
音楽制作：フライングドッグ
アニメーションプロデューサー：堤 尚子
アニメーション制作：TRIGGER

MUSIC（参加アーティスト）
☆Taku Takahashi / TeddyLoid / m-flo / TAKU INOUE / 80KIDZ / KM / TAAR / MONJOE / Yackle / Mitsunori Ikeda / Junji Chiba

【HP】https://newpsg.com
【X】@NEWPSG_official

X　HP

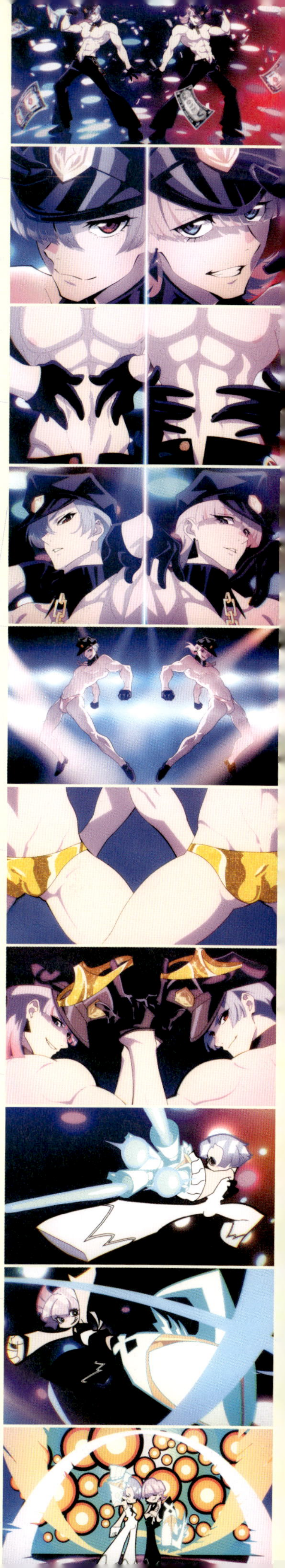

TVアニメ『ダンダダン』第2期エンディング映像 こむぎこ2000

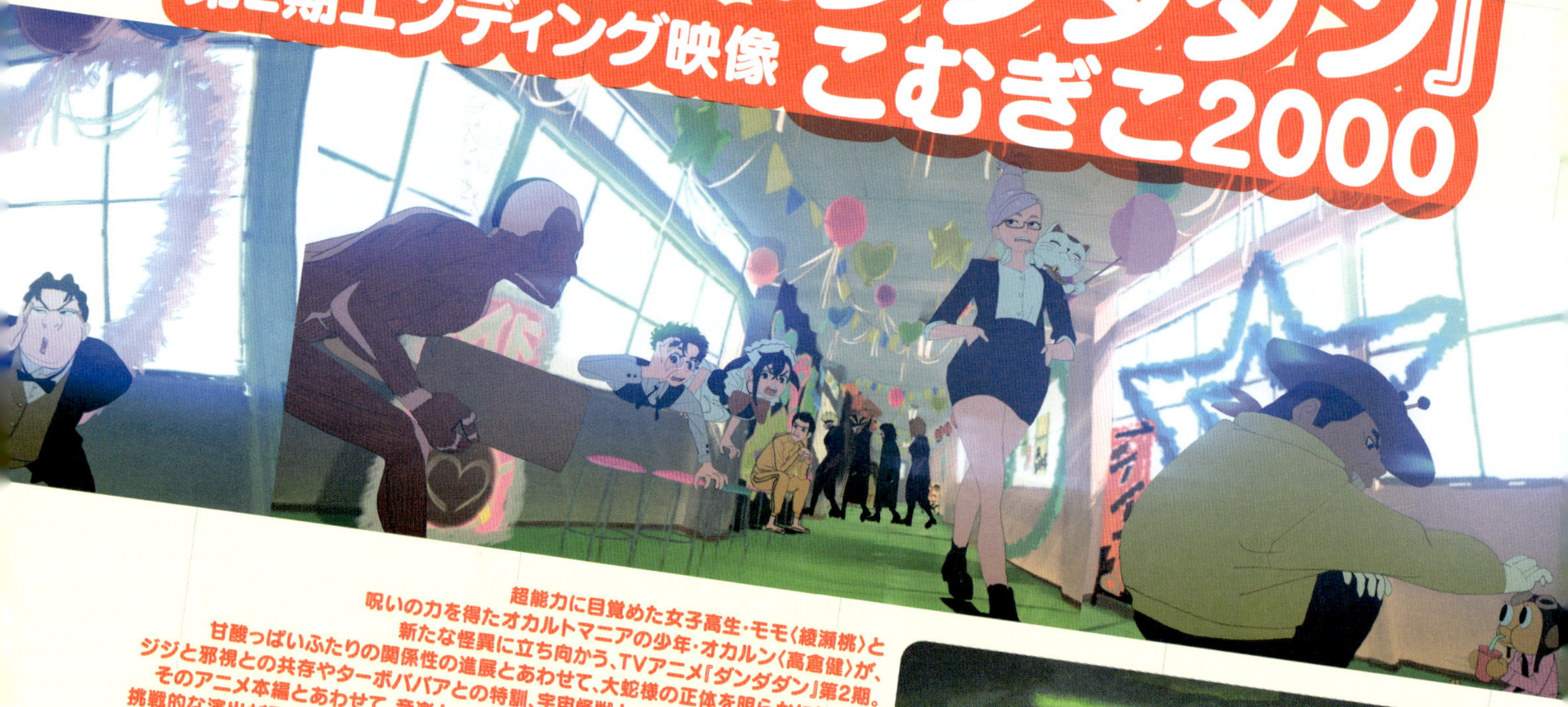

超能力に目覚めた女子高生・モモ〈綾瀬桃〉と呪いの力を得たオカルトマニアの少年・オカルン〈高倉健〉が、新たな怪異に立ち向かう、TVアニメ『ダンダダン』第2期。甘酸っぱいふたりの関係性の進展とあわせて、大蛇様の正体を明らかにしたり、ジジと邪視との共存やターボババアとの特訓、宇宙怪獣との戦いからも目が離せない！そのアニメ本編とあわせて、音楽との親和性や、作品のイメージを広げてくれる表現、挑戦的な演出が見られるオープニングとエンディングの映像も作品の楽しみのひとつ。今回はエンディング映像を手がけるこむぎこ2000さんに登場いただき、『ダンダダン』のキャラクターを描いた映像づくりと作品の魅力を掘り下げていく！

2025年7月3日から毎週木曜 深夜0:26～MBS/TBS系28局
「スーパーアニメイズムTURBO」枠にて全国同時放送中！
【公式HP】https://anime-dandadan.com

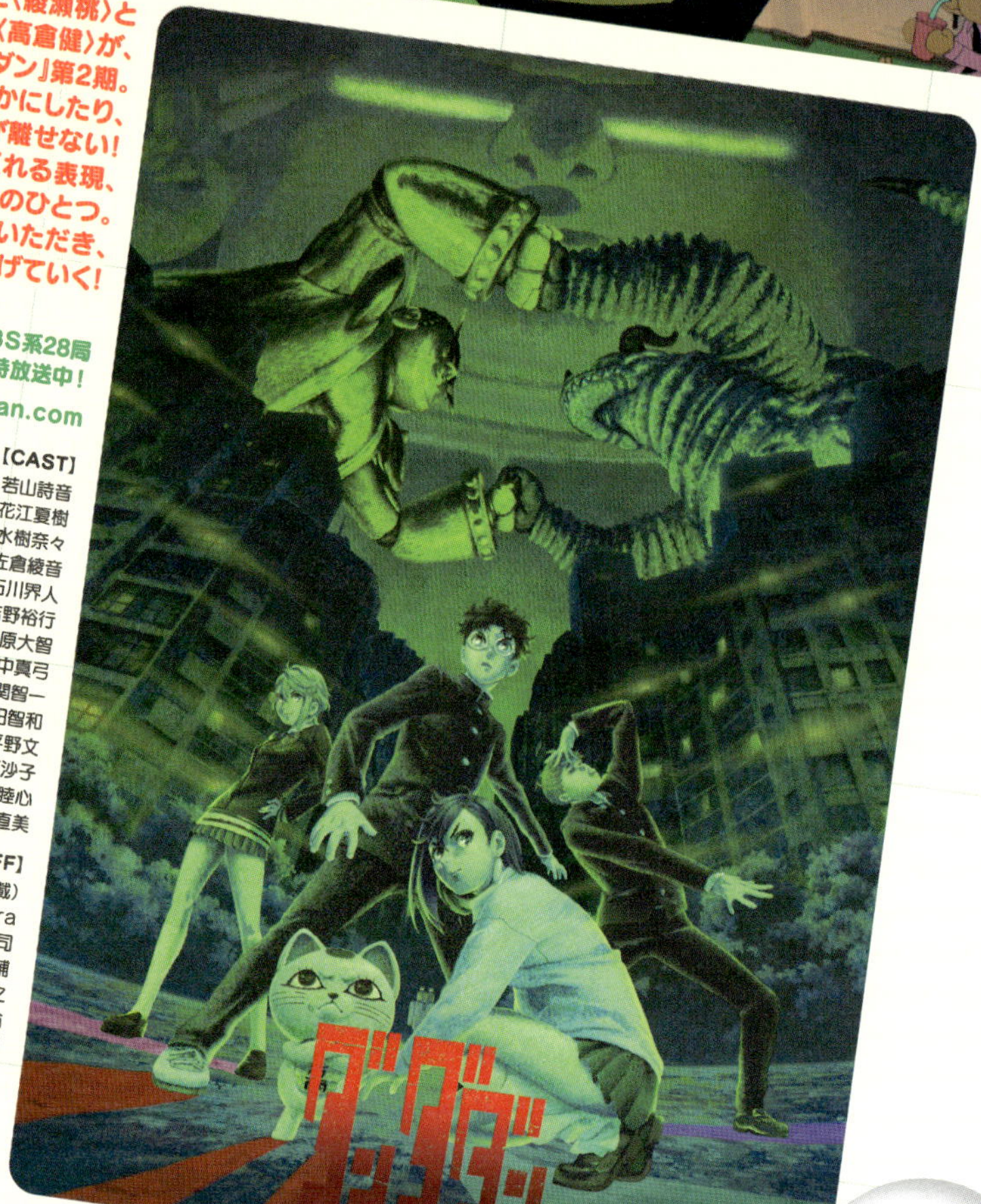

Blu-lay&DVD
ダンダダン5
2025年10月8日(水)発売
Blu-ray(完全生産限定版)｜8,800円(税込)
DVD(完全生産限定版)｜7,700円(税込)
収録内容｜本編ディスク＋特典CD／収録話数:3話
特典｜サイエンスSARU描き下ろしデジジャケット
24P特製ブックレット
オーディオコメンタリー
〈第13話〉
(若山詩音・花江夏樹)
特典CD
ダンダ談話室
～出張版～
(若山詩音・田村睦心)

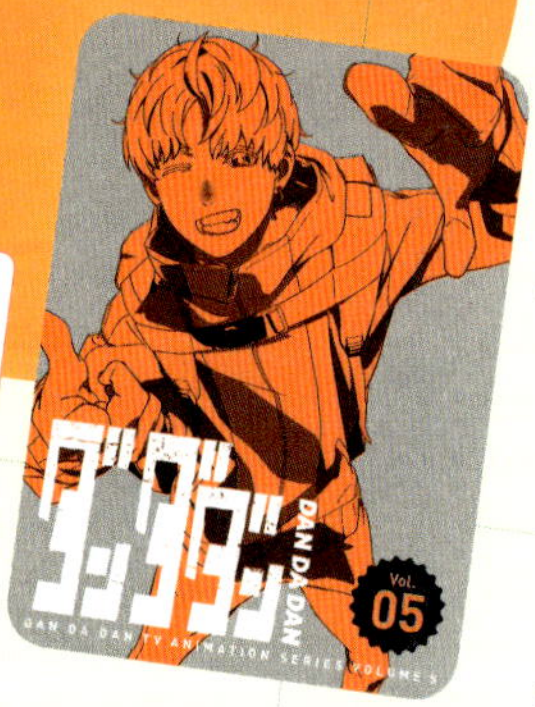

HP

ED映像

【CAST】
モモ<綾瀬 桃> 役 若山詩音
オカルン<高倉 健> 役 花江夏樹
星子 役 水樹奈々
アイラ<白鳥愛羅> 役 佐倉綾音
ジジ<円城寺 仁> 役 石川界人
満次郎 役 吉野裕行
坂田金太 役 藤原大智
ターボババア 役 田中真弓
ドーバーデーモン 役 関智一
太郎 役 杉田智和
花 役 平野文
鬼頭ナキ 役 磯辺万沙子
邪視 役 田村睦心
チキチータ 役 大空直美

【STAFF】
原作：龍幸伸(集英社「少年ジャンプ＋」連載)
監督：山代風我、Abel Gongora
シリーズ構成・脚本：瀬古浩司
音楽：牛尾憲輔
キャラクターデザイン：恩田尚之
宇宙人・妖怪デザイン：亀田祥倫
色彩設計：橋本賢、近藤牧穂
美術監督：東潤一
撮影監督：出水田和人
編集：廣瀬清志
音響監督：木村絵理子
アニメーション制作：サイエンスSARU

――こむぎこ2000さんがTVアニメのエンディング映像を手がけるのは『ダンダダン』が初となります。制作が決まったとき、どんなことに挑戦したいと思われましたか？

こむぎこ　今回引き受けたいと思ったきっかけのひとつが、作ってみたい映像とWurtSさんの楽曲「どうかしてる」がハマると思ったことでした。すごく長い大判の背景のなかでカメラをぐるぐる振る映像を作ってみたいと思っていたんです。

――楽曲のなかで、特にどんなところがハマると思ったのでしょう。

こむぎこ　アップテンポで元気な曲調だったところです。しんみりした曲調やローテンポだったら今回の構成は選ばなかったと思います。エンディング映像はMVよりも短い90秒くらいなんですが、その長さとの相性も良いと感じました。

――なるほど。エンディング映像で思い出した作品などはありましたか？

こむぎこ　エンディングではないのですが、カメラの動きなど映像づくりの法則が特徴的なMVを見返しました。擬態するメタが作ったヨルシカの「忘れてください」もそのひとつです。部屋を映したカメラの画角を全く動かさず、そこから見える日

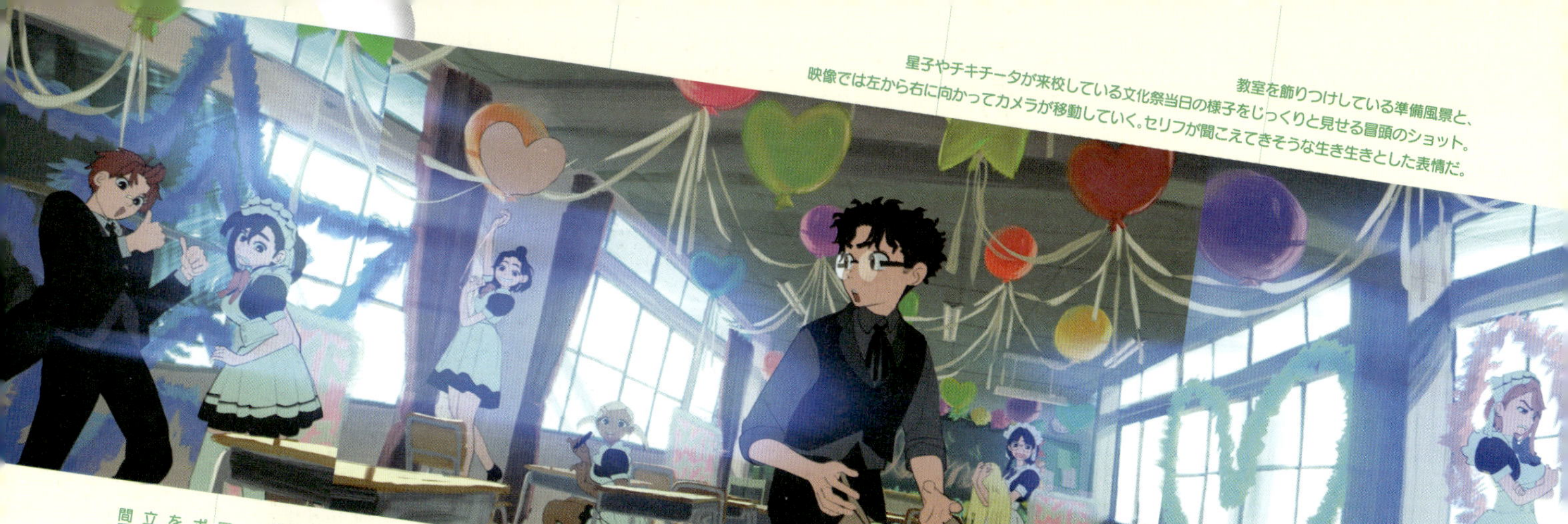

教室を飾りつけしている準備風景と、星子やチキチータが来校している文化祭当日の様子をじっくりと見せる冒頭のショット。映像では左から右に向かってカメラが移動していく。セリフが聞こえてきそうな生き生きとした表情だ。

常が描かれるんですが、カットのあいだに入る手拍子ごとに部屋にあるものが消えていくという展開も改めてすごいと思いました。coalowlさんがMVを手がけているPEOPLE 1の「魔法の歌」も、女の子を横からの画角でずっと追いかける印象的な映像で、決めた型のなかで構成する美しさがあります。

——イメージが明確にあったのですね。登場するキャラクターについてはいかがでしょうか?

こむぎこ　描くキャラは山代(風我)監督とやりとりをしながら決めていきました。いろんな場所を映す構成なので、主要なキャラは全員出せそうだなと思って、Vコンテでは鬼頭家やセルポ星人も描いていたんです。進めていくうちにワイワイした楽しい映像にしようと方向が固まり、敵役は出さないことにしました。あとは映像の顔として、モモをメインに描こうと考えて構成していきました。

——メイド姿のモモは原作でも登場しますが、アイラや佐脇凛のメイド姿やオカルンのウェイター姿も見られたことが嬉しかったです。文化祭の賑やかな雰囲気ともマッチしていますね。

こむぎこ　装飾などビジュアル面でも楽しい雰囲気になりますし、ダンスも取り入れようと考えていたので、学校を舞台にお祭りやパーティー感を出すなら文化祭だなと思いました。

——ダンスを入れることも決めていたのですね。

こむぎこ　ストーリーを見せられる時間はないので、印象に残るショットやポーズが必要でした。『ダンダダン』にはインパクトのあるポーズが登場するので、それを拾った振り付けならダンスにも必然性が出るなと思いました。モモが星子から教えてもらう「おまじないのポーズ」には、幼少期にからかわれた苦い経験や大事なことだったと気づく物語がありますよね。ダンスができるくらい気にしなくなったモモの心情の変化を表現できたら、短い時間でもドラマを描けると思いました。

——笑顔で踊る姿は胸が熱くなったところです。振り付けはこむぎこ2000さんが考えたのでしょうか?

こむぎこ　そうですね。リズムにあわせて飛んだり跳ねたりする動きのなかに、キーのポーズを入れたらダンスっぽく見えるかなと思って作画をはじめたのですが、なかなか難しくて苦戦しました。描きながら調整していったのですが、全然慣れない作業だったので自分でもどう描いたのかあまり思い出せないくらいです。

——楽曲ともあっていましたし、すごく可愛くて印象にも残るダンスでした。話が前後しますが、大判の背景についてもお聞きしたいです。とても長い絵を描かれているのでしょうか? パノラマ写真のような印象です。

こむぎこ　場所を四ヶ所(教室・廊下・トンネル・神社)決めて、それぞれ

【エンディング映像STAFF】
絵コンテ・演出・原画・
色指定・仕上げ検査:こむぎこ2000
第二原画・動画検査・仕上げ検査補佐:えーてつ
動画:えーてつ、らふしゅんた、みたまご
仕上げ:こむぎこ2000
えーてつ、みたまご、ぷろきち、海月、水上里菜
背景・撮影・編集:こむぎこ2000
エンディング制作進行:露口稜馬、えーてつ
エンディングアニメーション制作:studio ALBLE

こむぎこにせん／2000年生まれ。アニメーション作家で、現在はstudio ALBLEに所属している。主な制作MVに、ルワン『ジャイアントキリング』、NEE「不革命前夜」、ずっと真夜中でいいのに。『勘ぐれい』『綺羅キラー』などがある。ヨックモック55周年記念企画のショートアニメーションも手がけた。また、9/21(日)に開催されるABEMAアニメ祭 2025 supported by コミックシーモア「インディーアニメ アベマX！」に登壇し、『ダンダダン』のエンディング映像について話す予定とのこと。
X【@komugiko_2000】 Instagram【komugiko_2000】
YouTube【@こむぎこ2000】

映像に物語性を加える「おまじないのポーズ」

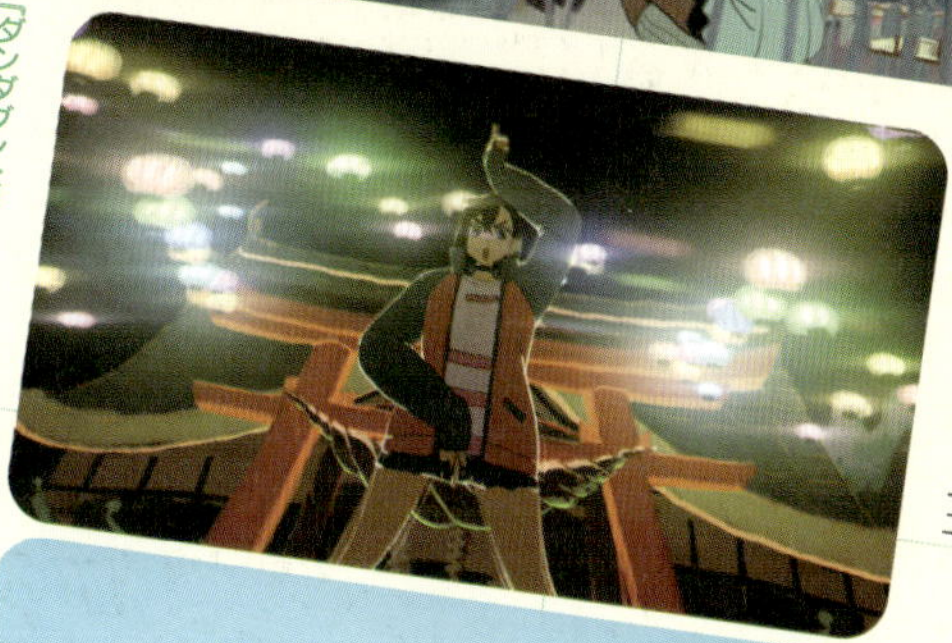

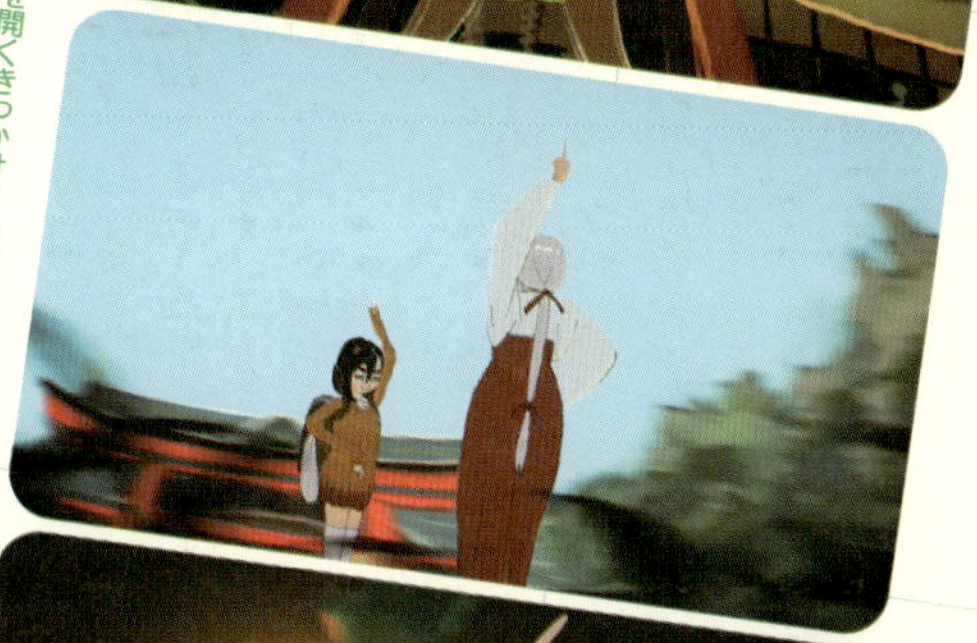

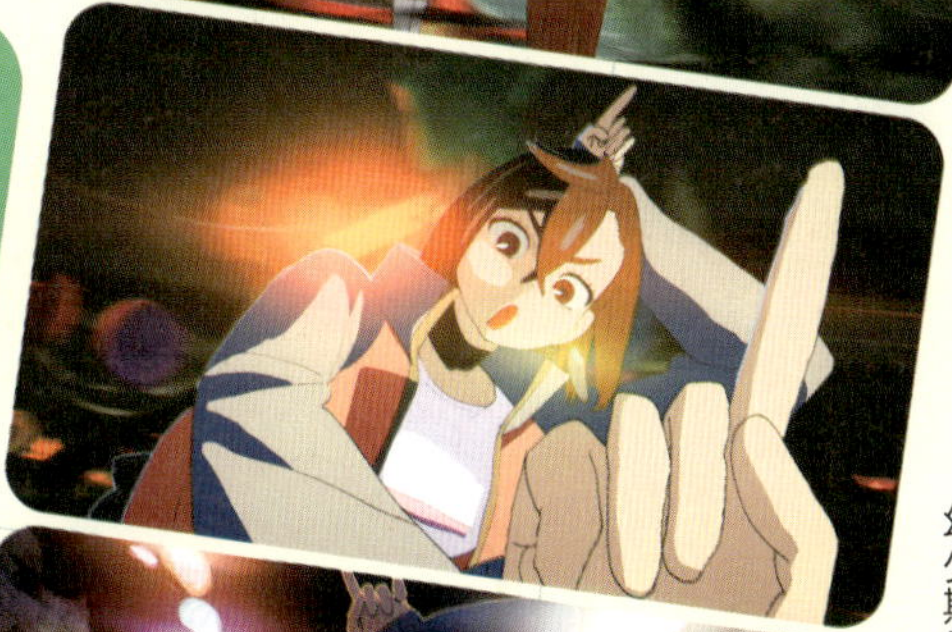

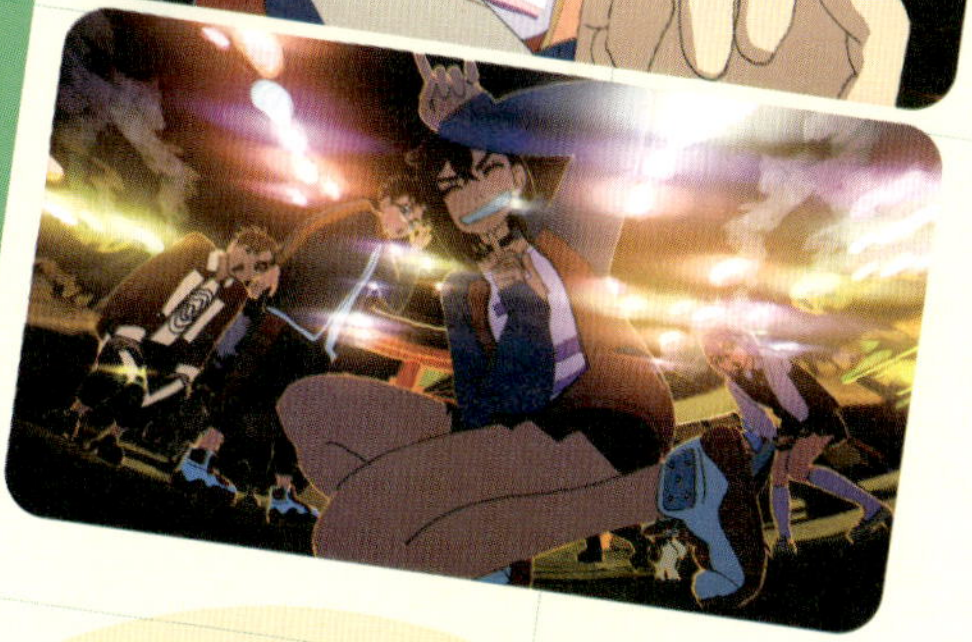

『ダンダダン』第1話で、モモがチャクラを開くきっかけにもなった「おまじないのポーズ」。霊媒師の星子から幼い頃に教えられた、悪いモノが近寄らないための〝氣〟を出す仕草だ。お腹の下に力を入れて頭の先からピーンと出すイメージを、指先を立てて表している。物語に登場する仕草を映像のキーポーズにすることで、短い時間でもドラマを描くことができる。

——こむぎこ2000さんが『ダンダダン』で印象に残っているエピソードを教えてください。

こむぎこ　いろいろありますが、やっぱり原作の1話目に心を掴まれました。僕はオカルトや怪獣、特撮はあまり深く知らないんですけど、ビジュアルとしては子供の頃から好きでした。学園ラブコメの要素もポップで、題材と絶妙なバランスで成り立っている、印象的な話数でした。

——好きなキャラもお聞きしたいです!

こむぎこ　普通になっちゃいますが、モモです。委員長の佐脇凛も、メガネとおさげの見た目を含めて可愛いなって思います!

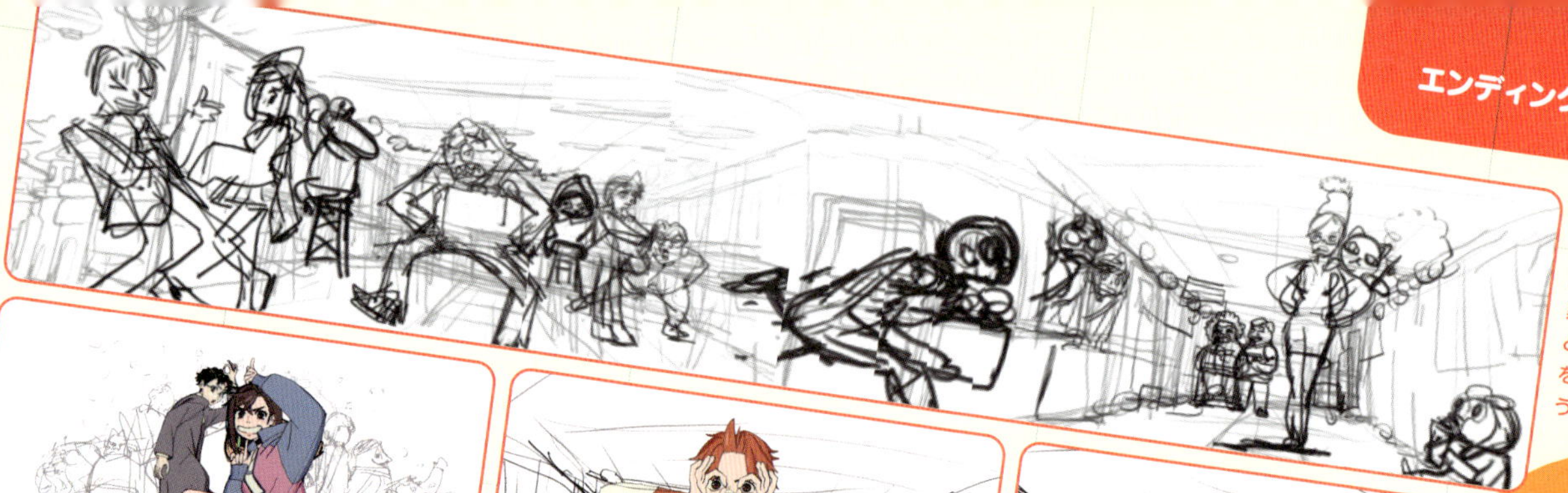

完成した映像と比べると登場キャラクターが一部変更されていたり、表情が異なる。「メイド姿のモモといちゃつくジジ／それを見て怒るオカルン」というメモが残されていた。

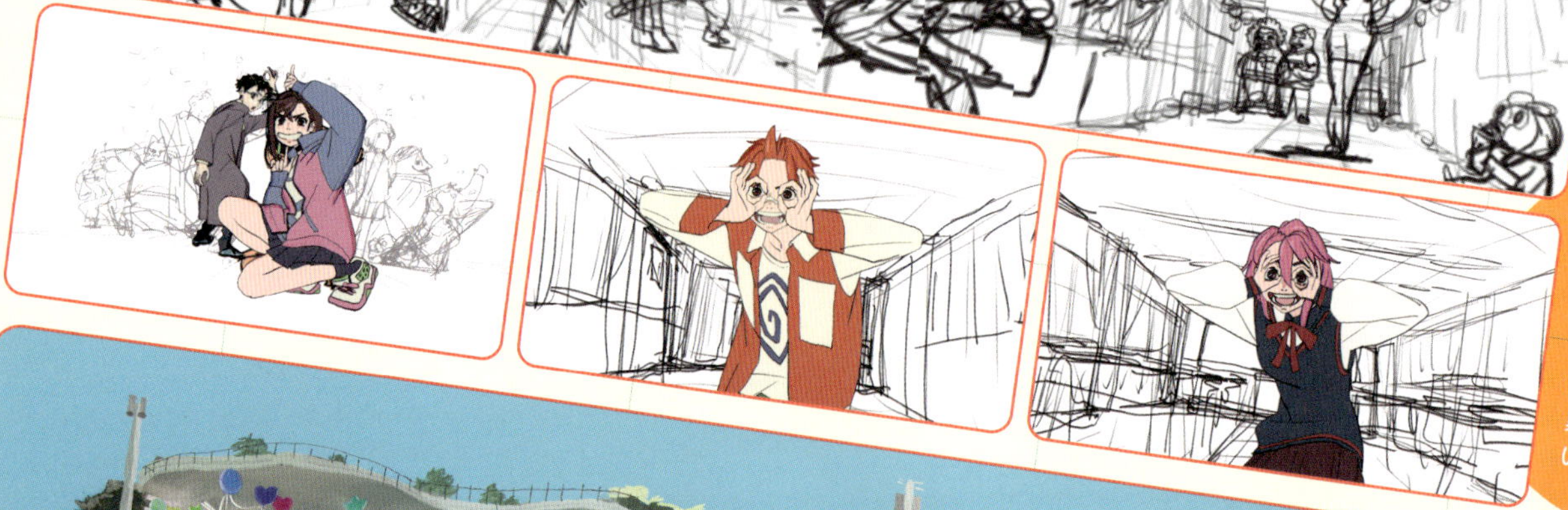

Vコンテ
絵コンテではなく映像でコンテを作成した。キーポーズには色も乗せてあり、完成のイメージがより具体的に考えられていることがわかる。

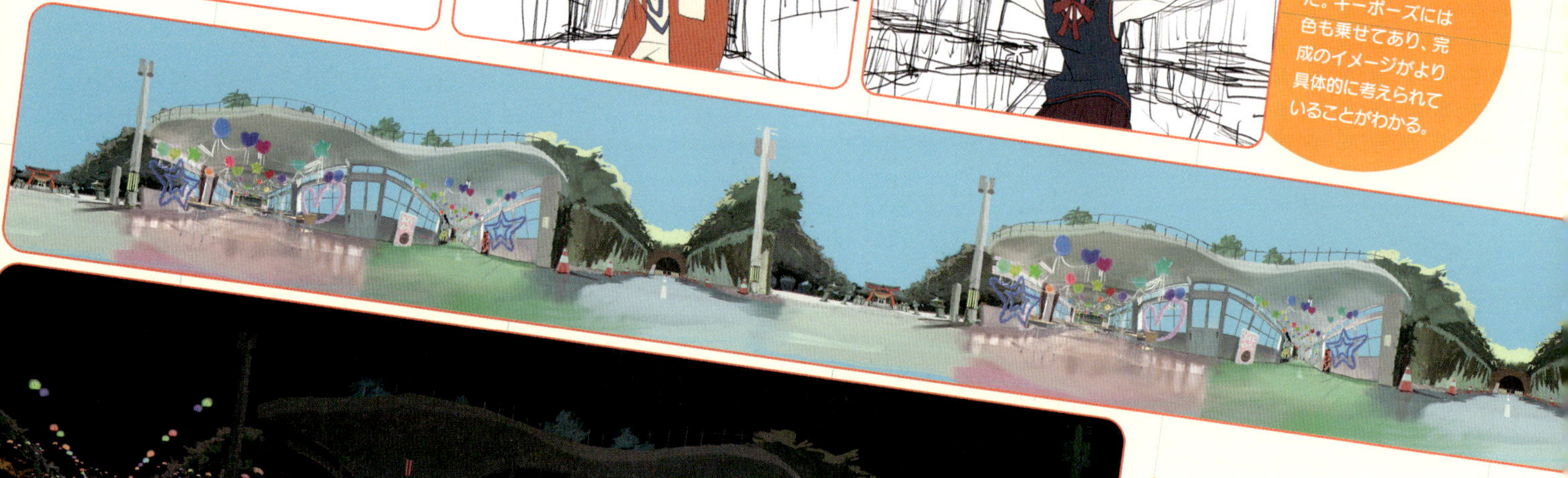

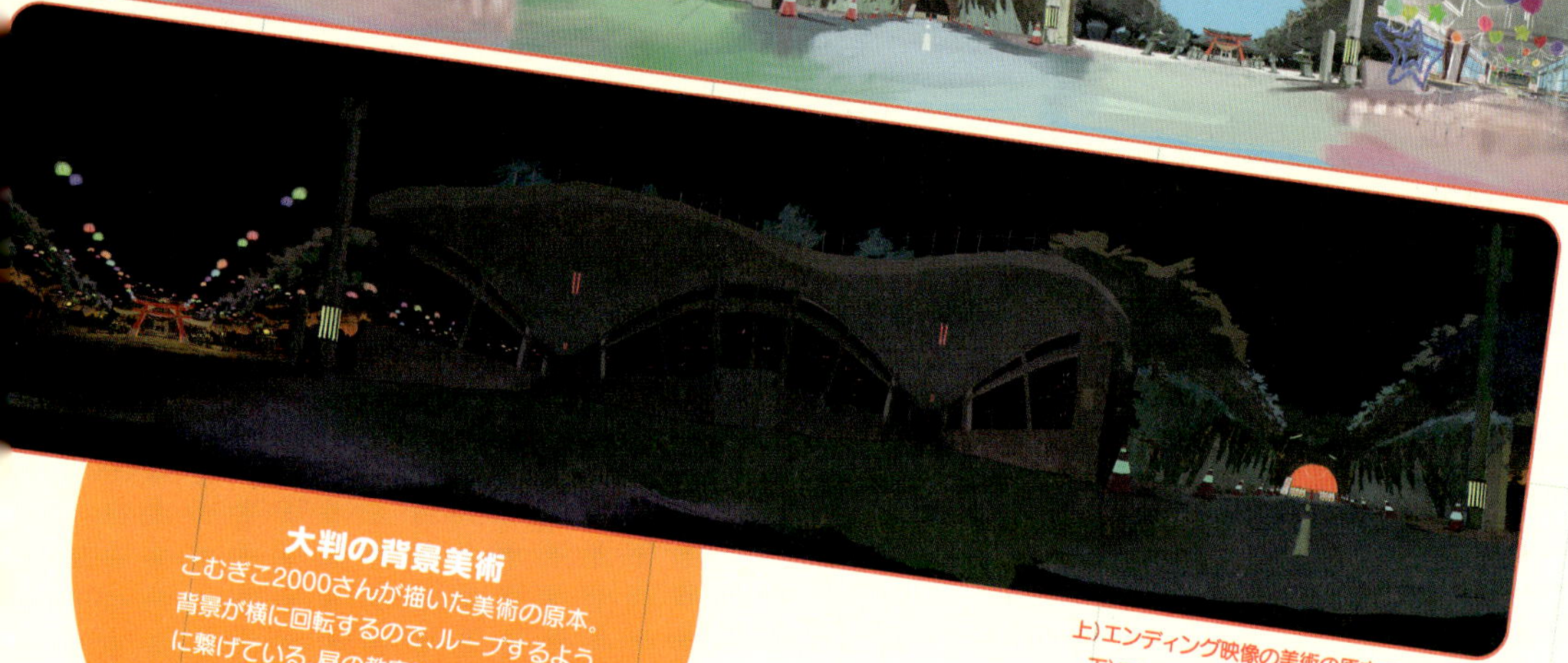

上）エンディング映像の美術の原本・昼／ラスト
下）エンディング映像の美術の原本・夜（部分）

大判の背景美術
こむぎこ2000さんが描いた美術の原本。背景が横に回転するので、ループするように繋げている。昼の教室はペールトーンでやわらかいが、夜はビビッドな赤の差し色が怪しい雰囲気を引き立てている。

正面構図で描いたものを最後に繋げています。地続きではない屋外と屋内が切り替わるところは中割りする感覚で加筆しました。電柱や三角コーンを境目に置いて強引に繋げていたので、不思議な見た目になっています。

——美術もこむぎこ2000さんが担当されたんですよね。キャラクターの作画と馴染ませたいという目的もありましたか?

こむぎこ　描ける方にお願いできたら良いなと考えつつも、パースや質感のタッチをきっちりと拾いすぎずニュアンスを出すなら、自分で描くほうがイメージ通りになると思いました。技術的には未熟だと感じますが、雰囲気は出せると判断したんです。背景の枚数を絞ったことで作画に時間を割くことができました。

——そういった利点もあったのですね。カメラは横移動ですが、キャラクターは前後に動きます。画面に動きがついて見ていて飽きさせないポイントなのかなと思いました。

こむぎこ　そこも気を付けたところです。イントロは背景だけの静かなショット、Aメロ・Bメロも止め絵ですが文化祭の様子を見栄えがするように情報量を増やして描きました。サビはダンスでキャラクターを動かすといった、楽曲のテンションと連動させて段階的に変えています。曲の構成を意識しつつ流れを考えました。

——夜が賑やかで朝になったら日常に戻っていくところも『ダンダダン』らしいと感じました。夜の場面の色と光が印象的だったので、そのお話も伺いたいです。

こむぎこ　光の演出は実写の映像から学ぶことが多くて、今回はずっと好きで見てる奥山（由之）監督の『感電』（米津玄師）のMVを参考にしています。以前からどうやったらこの光をアニメーションで使えるのだろうかと考えていたんです。

——ビビッドな色のライティングや横に伸びる光が印象的ですよね。

こむぎこ　アニメには「透過光（T光）」という、セルアニメーションの撮影で使われていた光の乗せ方があるんです。マスクを切った後ろから実際の光を透かすという技法で、それをデジタル作画でもできないかと考えたのが、今回やってみた「モニター光」です。勝手に作った造語なんですけど、モニターの光をiPhoneで撮影してキャラのセルと合成する方法を試みました。少なくとも僕は他で見たことのない撮影方法です。

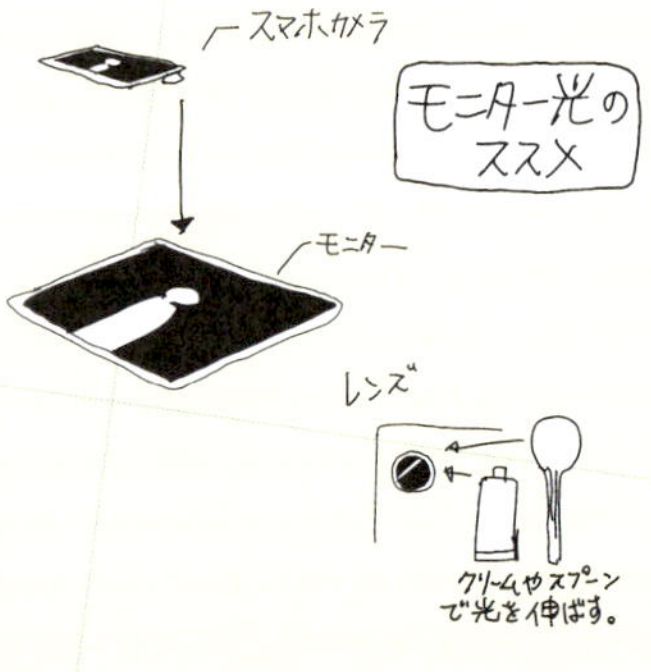

こんな感じでiPadを置いて光をモニターに映したら、水平に設置したiPhoneでそれを撮影して素材を作るんです。光を乗せたくない場所は黒くマスクを切って、キャラのレイヤーも非表示にしておきます。黒い背景に光だけが写っている映像を作るという感じです。それだけだと光の形は変わらないので、iPhoneのレンズに加工をしています。家にあるもので色々と試したんですが、横長に伸びる光はプリンを食べるときに使う透明なプラスプーンです。柄をレンズに貼り付けると、うまい具合に光が伸びました。あと、ふんわり拡散する

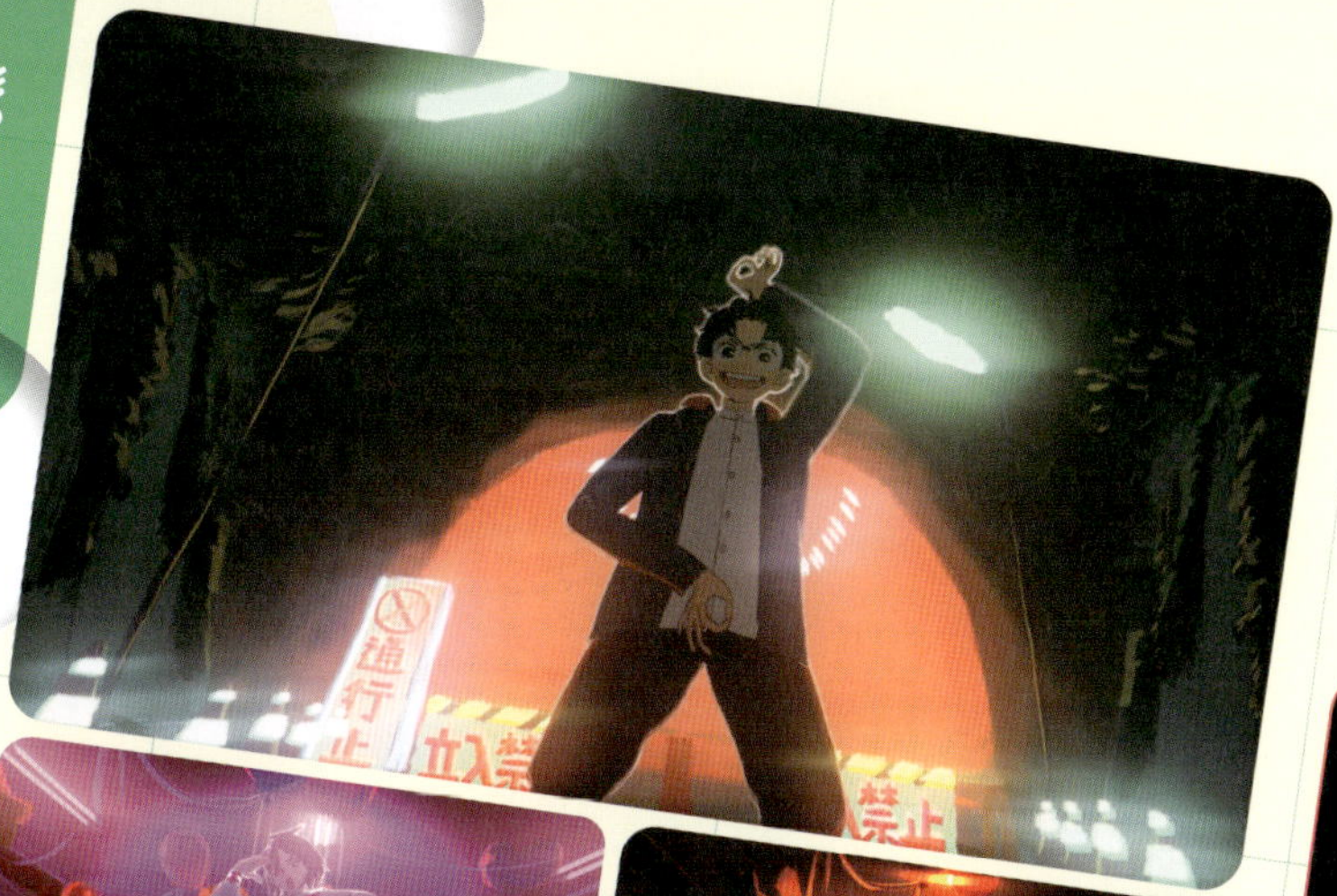

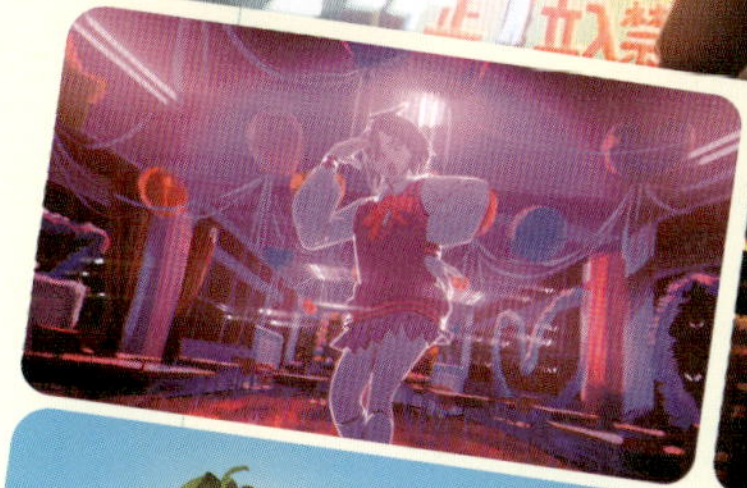

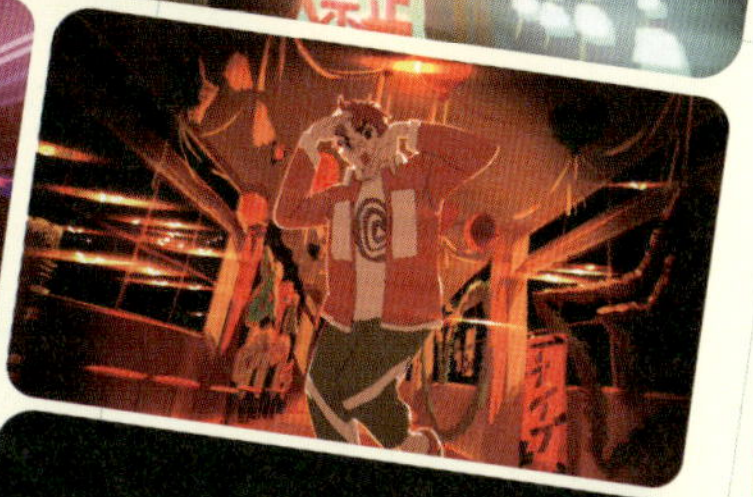

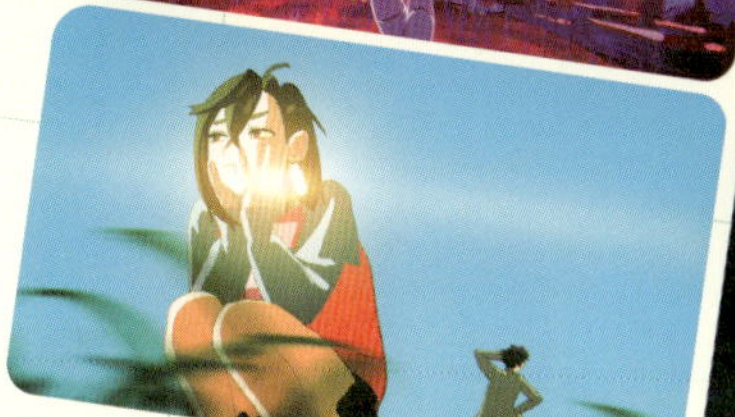

iPhoneのレンズにハンドクリームを塗ってふんわりと発光させたモニター光。色をつけたりピンポイントで光らせるなど、シーンごとに素材を変えながら作成していった。

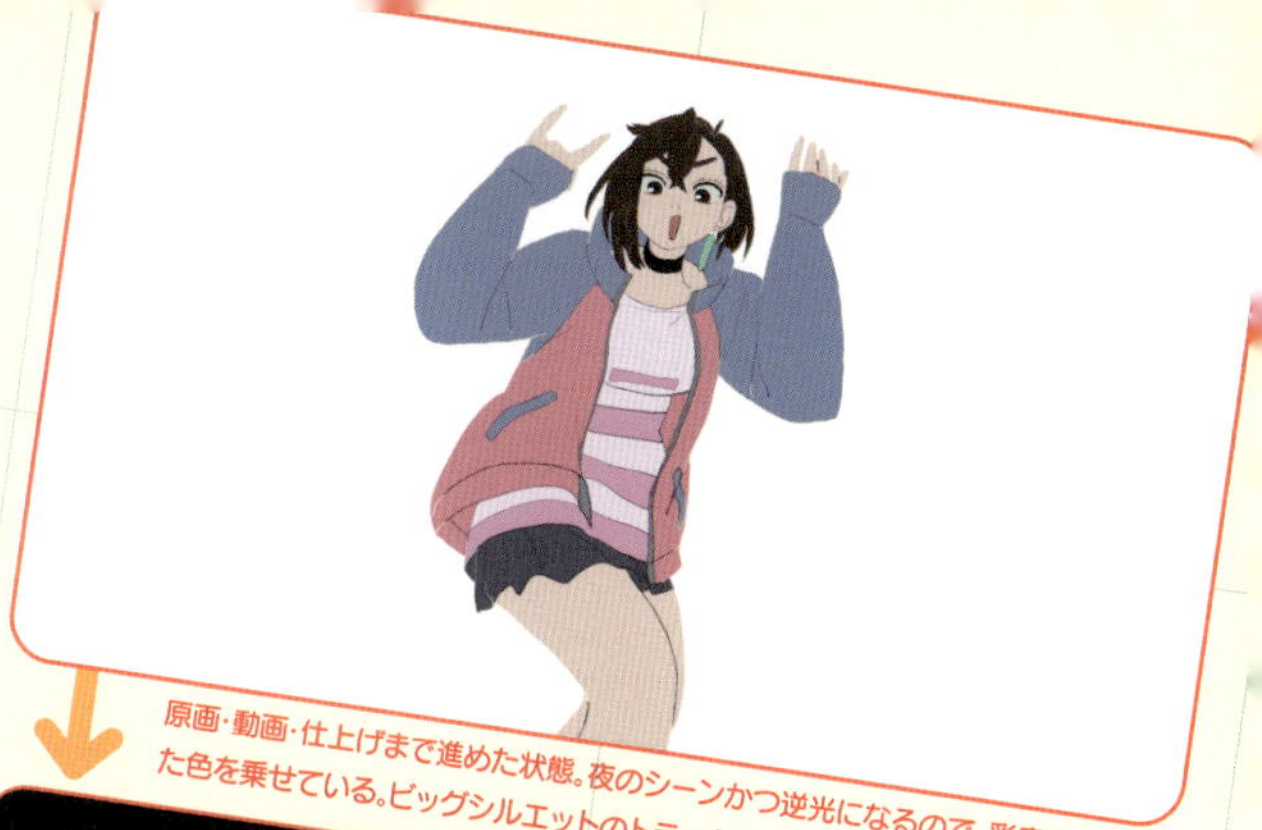

原画・動画・仕上げまで進めた状態。夜のシーンかつ逆光になるので、彩度を落とした色を乗せている。ビッグシルエットのトラックジャケット姿が可愛い。

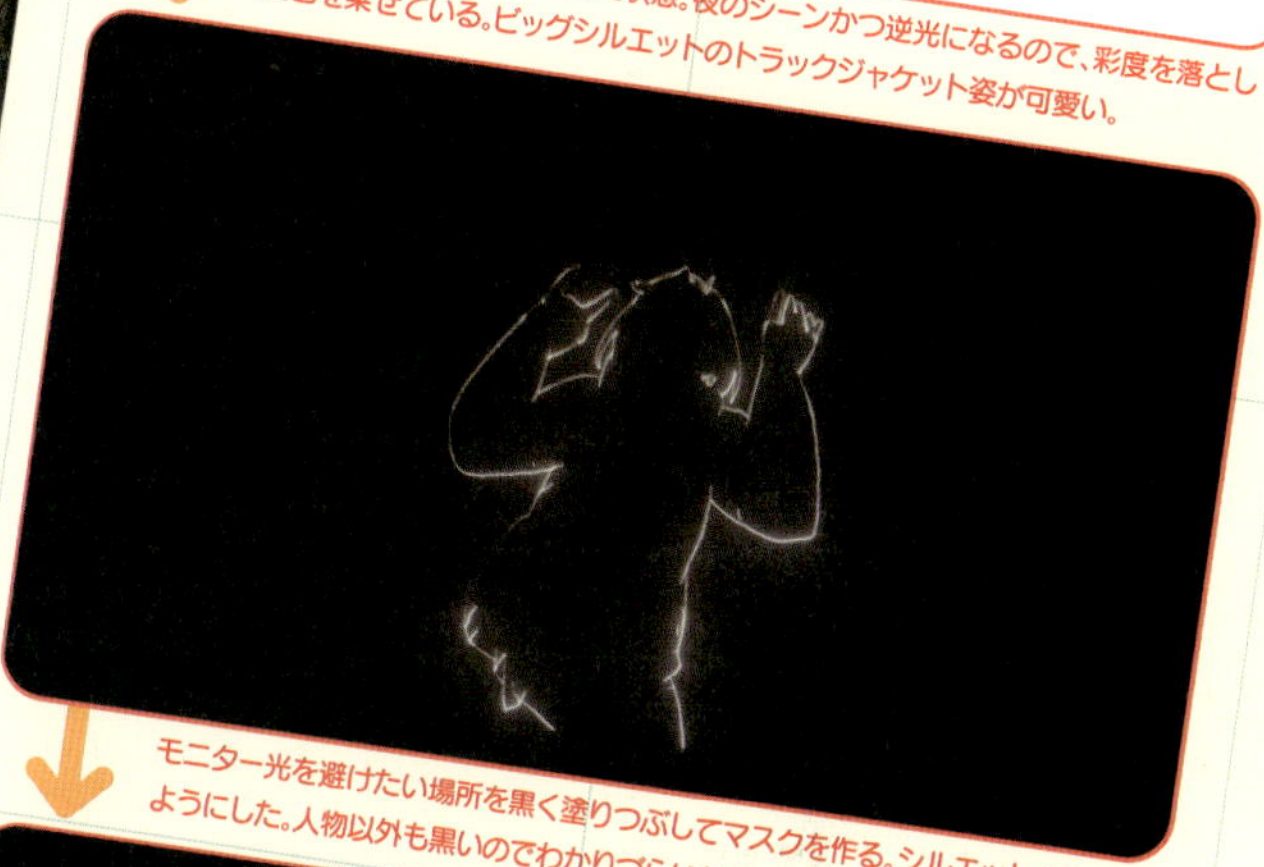

モニター光を避けたい場所を黒く塗りつぶしてマスクを作る。シルエットのみ光るようにした。人物以外も黒いのでわかりづらいが、外側にはマスクを作っていない。

光だけを表示した映像をiPadの液晶に写してiPhoneで撮影した素材。横に伸びる光はスマホのレンズにつけたプラスプーンによるもの。

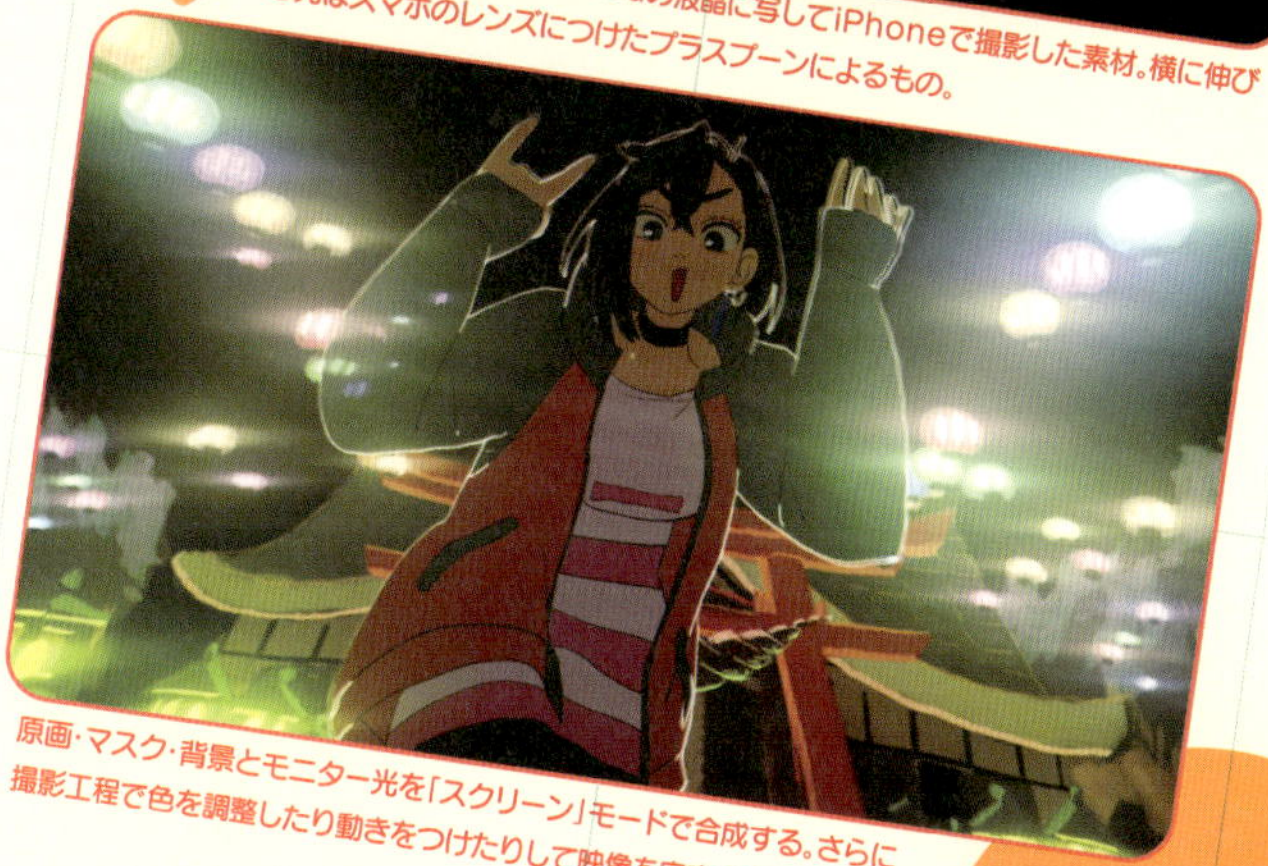

原画・マスク・背景とモニター光を「スクリーン」モードで合成する。さらに撮影工程で色を調整したり動きをつけたりして映像を完成させていく。

モニター光
透過光の仕組みをベースに試作した「モニター光」。手作業だからこそ生まれる絶妙なゆらぎがある。

光にはハンドクリームを使っています。作った光の素材は合成モードを「スクリーン」にして貼り付けています。

―大変驚きました。実際の素材をお借りしたので、51ページで解説したいと思います！

こむぎこ 今回はデジタルの光ではなく実際の光を合成しましたが、僕が手練れのAfter Effects使いだったら、近いものが再現できるはずなんですよね。専門知識が必要になるので、いくつか越えなくちゃいけない壁があって…。After Effectsはカメラを振る作業だけでも手一杯だったので、光はアナログでやるのが一番シンプルに作れると思いました。それに、透過光はロストテクノロジーみたいになっていますが、翻訳するような別の方法を提示できないかと前から思ってはいたんです。頭のなかではイメージしていましたが、実際にやってみないとわからない苦労もありました。

―具体的に大変だったところをお聞きしたいです。

こむぎこ 位置や角度がずれたら撮り直しになることです。映像のパースとずれてしまうので角度がつかないように注意しなければいけません。光の拡散をコントロールするのも難しくて、何度もハンドクリームを塗り直しながら撮影しました。あとは、フリッカーという点滅する光では、セルのフレームとタイミングが合うまで撮り直すといった、アナログゆえの大変さがありました。今回は試行錯誤しながら作りましたが、もう少し模索してワークフロー化していきたいなと思っています。

―不思議な質感の光だと思いながら見ていましたが、手作業ならではの味わいがあると感じました。

こむぎこ 動画へのコメントや質問でも、光について言及してくださる方が結構いましたね。みなさん好意的に捉えてくれてホッとしました。

―それでは最後に、完成した映像について感想を伺いたいです。

こむぎこ 公開されるまで結構ビビっていたんです。インディルックな少人数体制らしい映像なので、TVアニメの本編を見たあとに流れたときのルックの違いへの反応が気になるところでした。放送後、褒めてくれる方が多くて良かったと思う一方で、商業アニメとの違いを肌で感じたんです。整ったワークフローだけでなく、細分化されたセクションごとの精査を経たものが映るという、それぞれの作り方の良さを再認識する機会になりました。

―楽曲とマッチした映像づくりや新しい映像表現に挑戦されたお話も大変興味深かったです。本日はありがとうございました！

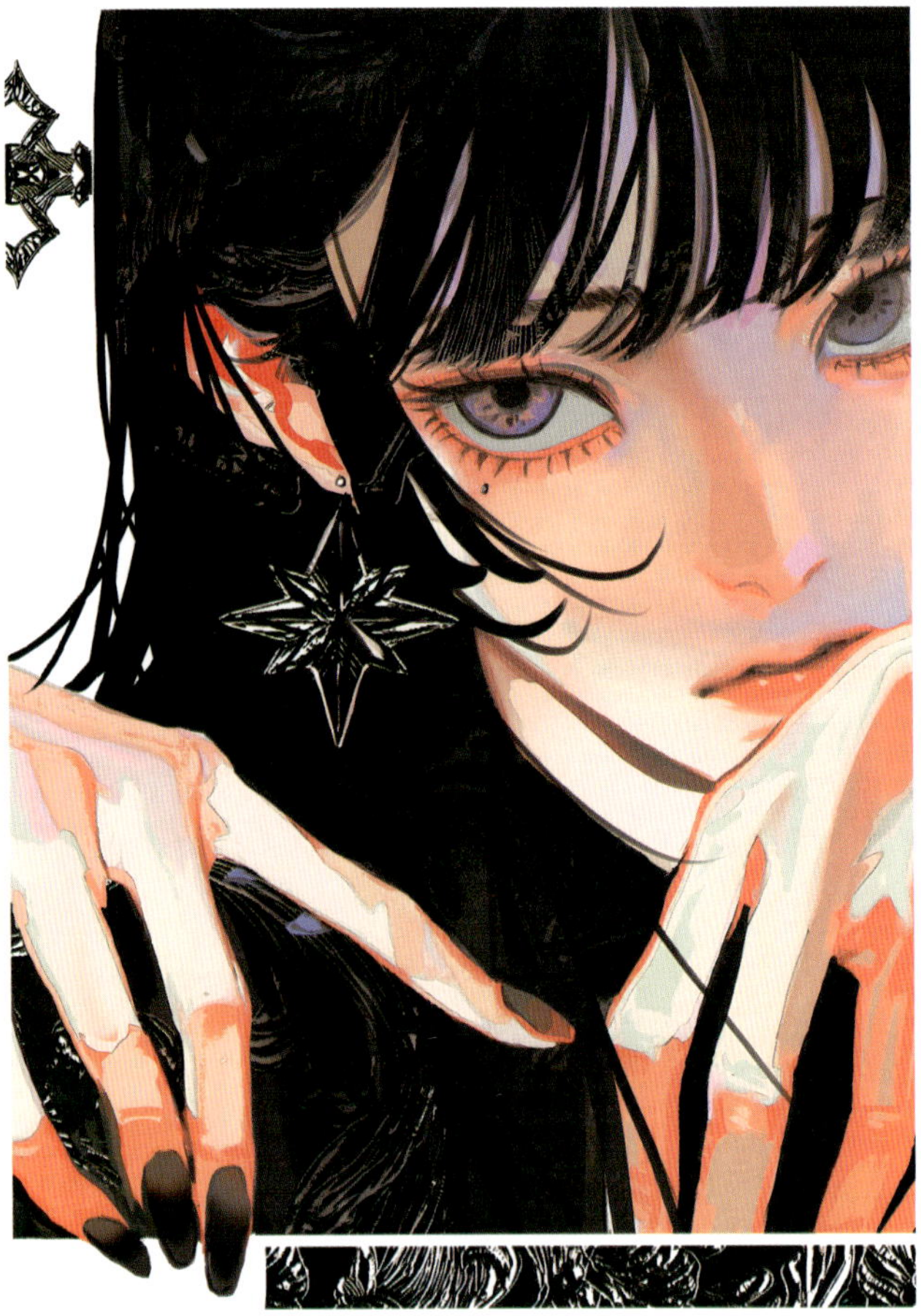

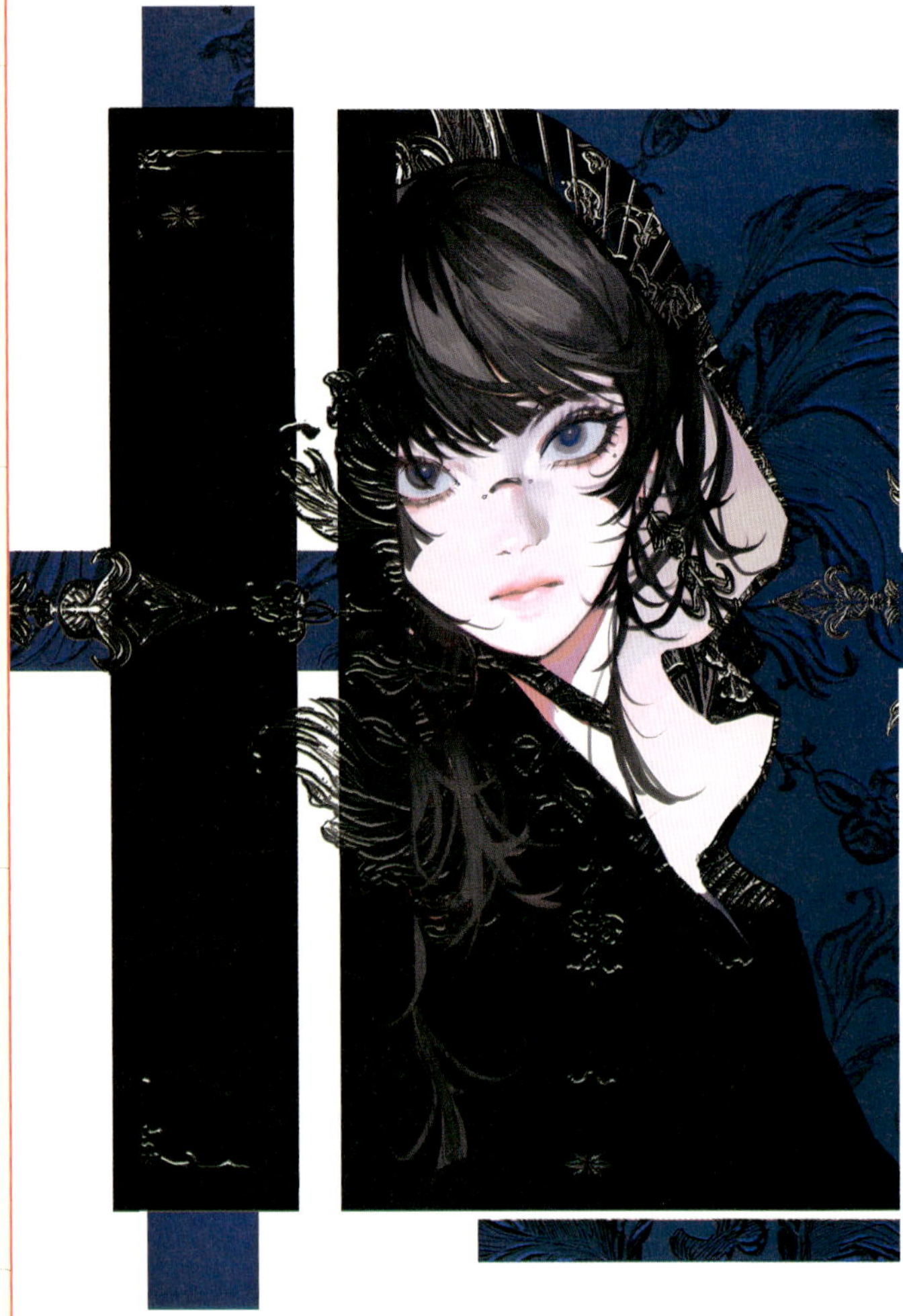

右:この見開きに掲載するのは星がアイコンとなった、同じコンセプトのシリーズ。そのうちの一つであるこの作品は、背景のコバルトブルーに、ジュエリーのように人物を彩るテクスチャ、十字架みたいに区切られた画面構成が印象的。
左:射抜くように見つめる強い眼差しに惹き込まれる作品。大胆なトリミング、こちらへ伸びる手に想像が刺激される。

John Kafka

物語る強い眼差しが印象的な女性像を、ドラマチックな光の演出、大胆な色彩と構図、シンボリックな装飾などによって次々と生み出す、韓国在住のイラストレーターJohn Kafka。革新的な表現を更新し続ける氏の活動を、創作のルーツに迫る12の質問で紐解くとともに、星を印象的に用いたシリーズなど2025年に描かれた最新オリジナル作品を紹介!

ジョン・カフカ/韓国在住のイラストレーター・デザイナー。Adoのカバー MVやhololive adventのMV、ゲームのイラストなど、幅広く活躍。2024年には東急プラザ原宿ハラカドの「BABY THE COFFEE BREW CLUB」にて日本初個展も開催。著書『肖像 John Kafka illustration book 2022-2024』(一二三書房)
X=@john_kafka02
Instagram=john_kafka02

Q1 John Kafkaさんは、子供の頃から絵を描くことが好きで、日本の漫画やアニメーションに多大な影響を受けたそうです。具体的に、子供の頃に観ていた漫画やアニメ、好きだったキャラクターはどんなものでしたか? また、その作品やキャラクターのどんなところに惹かれたのかを教えてください。さらに、アニメ以外にも日本の作品、作家で好きなものがあれば教えてください。

A1 『SLAM DUNK』や『カードキャプターさくら』といった作品を、子供の頃はよく観ていました。キャラクターの感情や個性が強烈に表現されている部分に惹かれ、それが今の自分の作品にも影響を与えていると思います。特に女性キャラクターに心を惹かれることが多く、今でも自然と女性を描くことが多いですね。最近では『SPY×FAMILY』や『チェンソーマン』といった作品からもキャラクターの力を強く感じています。アニメ以外にも好きな日本の作家さんは本当にたくさんいるので、今は特定の誰かを挙げることは難しいです。音楽家で言えば坂本龍一さんが一番好きで、アルバムやライブ映像をよく鑑賞しています。

Q2 John Kafkaさんは、美術大学に通いながら出版社で働いていたそうですが、当時の生活や活動がどんなものだったのかを教えてください。出版社でもイラスト関係の本に携わっていたのでしょうか?

A2 大学の先生の推薦で出版社に勤めることになり、そこでは主に編集の補助をしていましたが、イラスト関連の書籍に触れる機会も多く、とても勉強になりました。同時に「自分もこんな素晴らしい方々と一緒に作品を発表したい」という欲も生まれました。一方で学校では自分の絵の世界を広げていくための学びがあり、この二つの活動が互いに刺激し合っていたと思います。

Q3 作品集『肖像』や、SNSに投稿されている作品を拝見すると、絵のタッチや見せ方には少しずつ変化がありますが、どこかアウトローな魅力を持った、強い女性像を描いているところは一貫していると感じます。ご自身のなかでどんな女性を描きたいという気持ちがありますか? また、魅力的だと感じる女性像について教えてください。

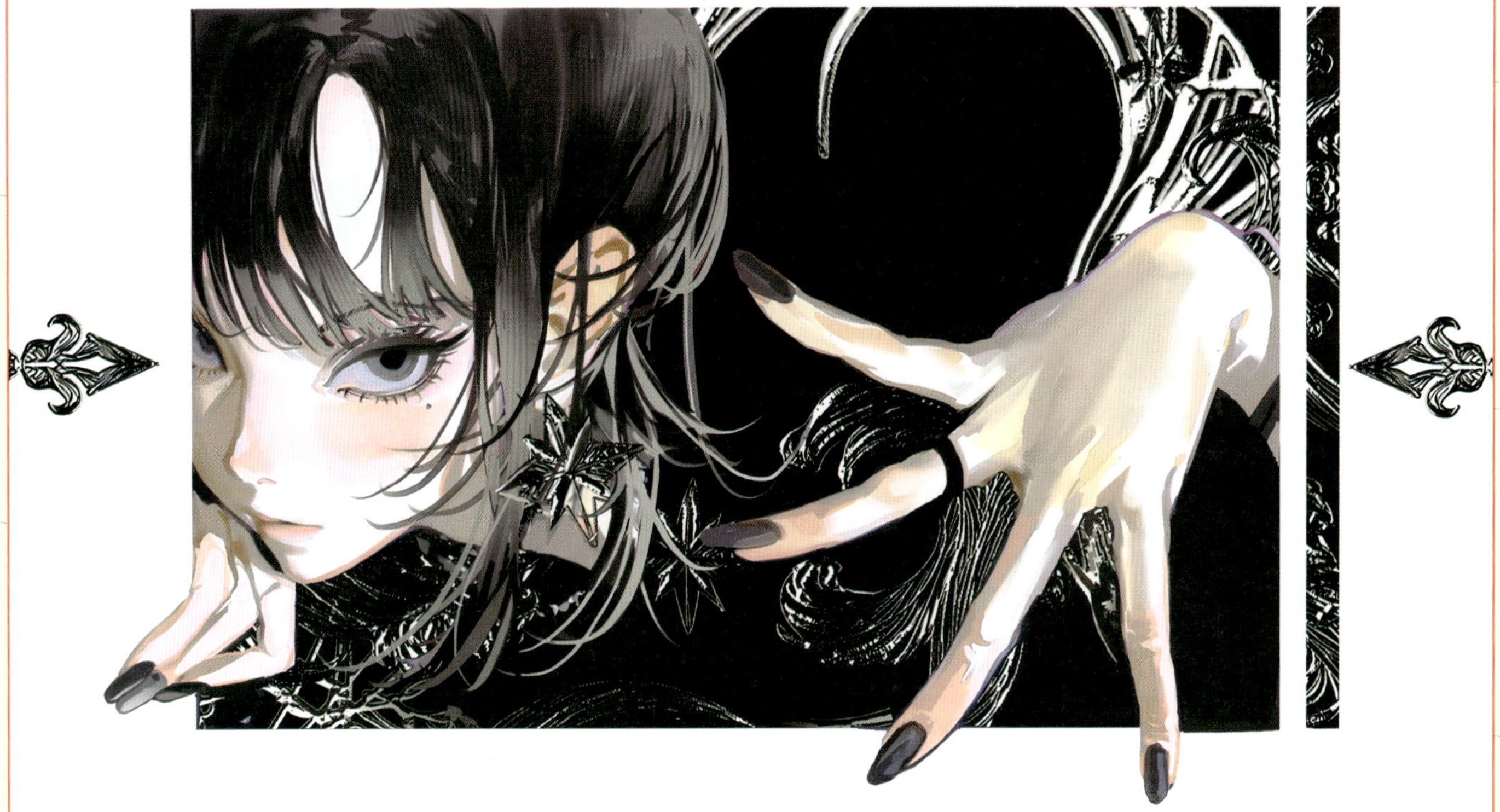

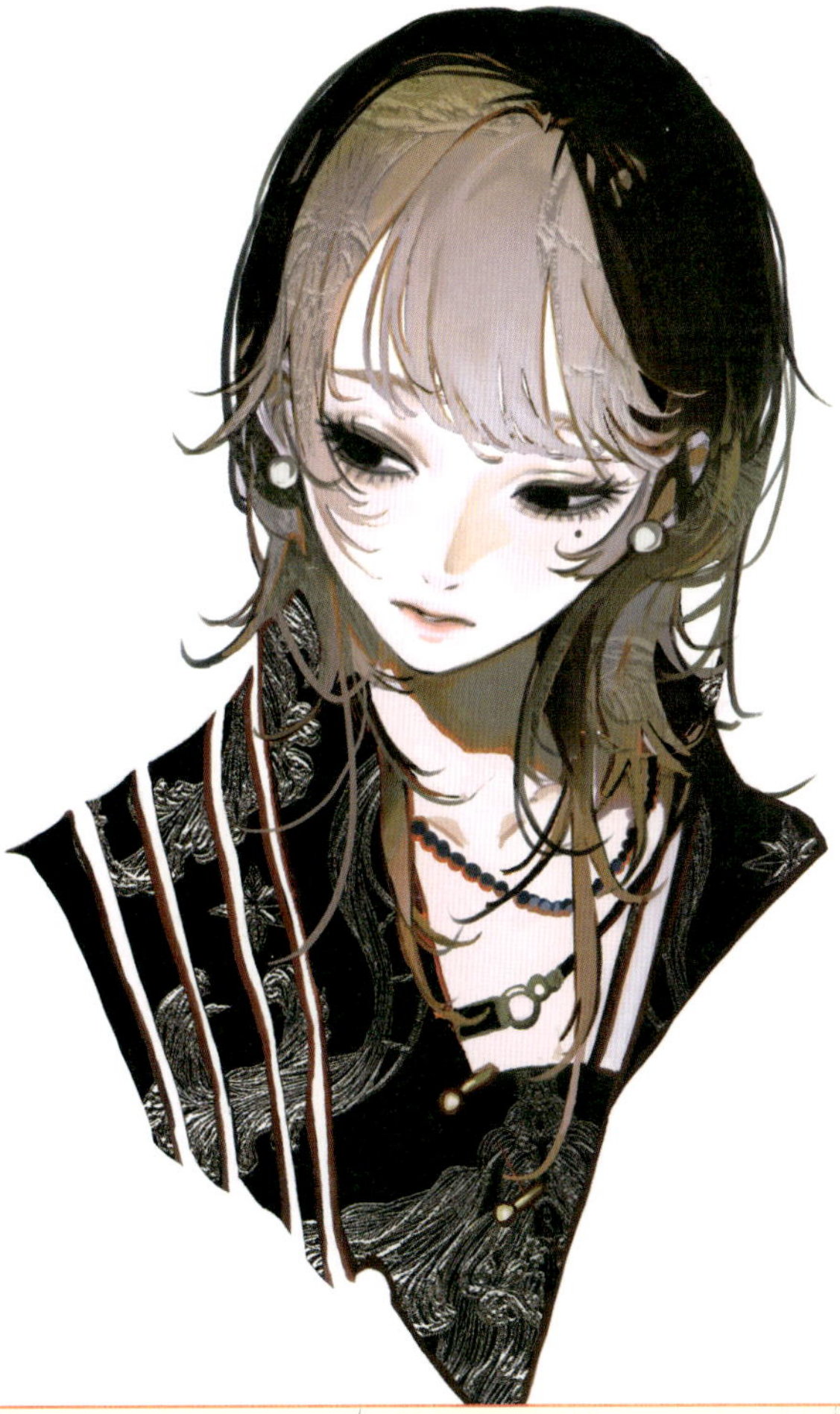

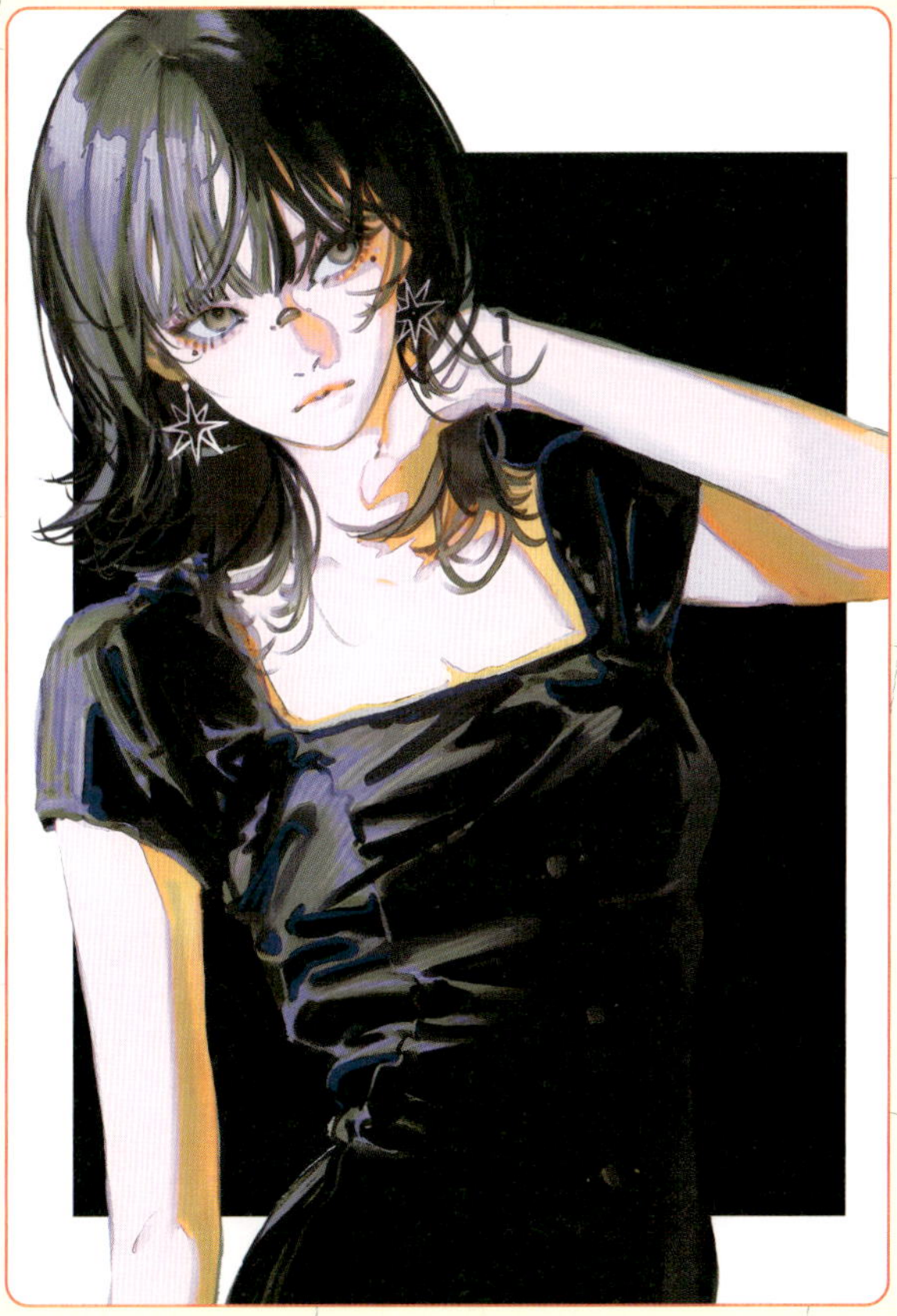

上:右ページの隣り合う作品とも通じる手の動きが印象的。画面に流れをつくるようにテクスチャが配され、スタイリッシュで美しい。
下右:ストイックに限定したモノクロのトーンに、星形のピアスとタイトなコスチュームの質感が際立つ。両目の下に描かれたホクロがチャーミング。
下左:デザイン的にトリミングした人物の見せ方と、湿度や温度も感じさせるような伏せた瞳のコントラストが魅力的。

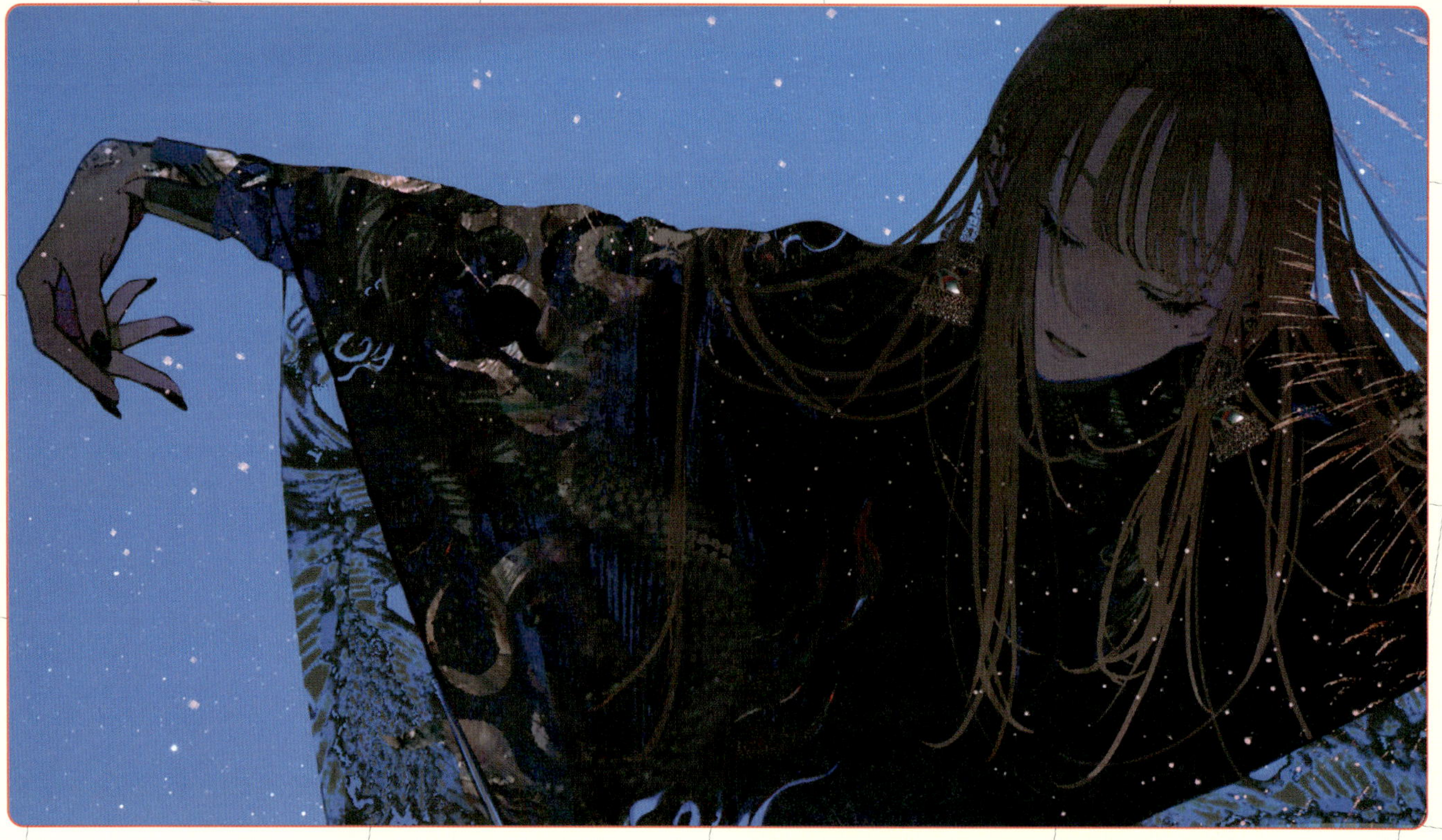

ブルーの背景に、テクスチャが活きたエスニックな衣装とアクセサリーが映える。ドラマチックな逆光の演出も美しい。

A3 私が描きたい女性像は、単に美しいというよりも、孤独や強さ、あるいは時代とずれたアウトサイダー的な魅力を持った人物です。個人的には、揺るがない眼差しを持ち、少し冷たく見えるけれど、内面の感情がにじみ出ているようなキャラクターに魅力を感じます。

Q4 様々な感情を絵の中に落とし込み、視覚的に表現したいと作品集『肖像』のインタビューで答えていらっしゃいました。確かに、John Kafkaさんの作品を見ると、瞳や表情、手の動きやポージング、構図などによって、様々な感情を効果的に表現されていると感じます。感情を視覚化する上で一番重視していることや、難しいと感じることを教えてください。

A4 感情を視覚化する際に一番重視するのは「眼差し」と「表情」です。また、目や手、身体の緊張感で微妙な情緒を表そうともしています。難しいのは、誇張しすぎずに、見る人が自然に感情を感じられるバランスを取ることですね。

Q5 John Kafkaさんは、作品ごとに様々な表現に挑戦されていると感じます。配色、絵のタッチ、構図、ライティング、テクスチャ、花・テキスト・模様などの装飾の入れ方が独特かつ、変化し続けていると感じます。なぜ、そのように様々な表現に挑戦されるのかと、それらのアイデアがどのように生まれるのかを教えてください。

A5 様々な表現に挑戦するのは、自分自身が同じ手法を繰り返すと退屈に感じてしまうからです。新しい構図やテクスチャを試すと意外な発見があり、それが次の作品へとつながります。

アイデアを生むためにできるだけ多くのジャンルに触れるようにしています。音楽、映画、ファッション、文学、映像など、さまざまな分野から無意識に取り入れたものが絵に流れ込んでくることが多いです。

Q6 イラストを描く上で、特に最近楽しいと感じる、気に入っている表現があれば教えてください。

A6 最近は色をとても制限して使う方法や、光を強調したドラマチックな演出が楽しいです。ブラシの粗い質感をあえて残して、デジタルでありながら絵画的

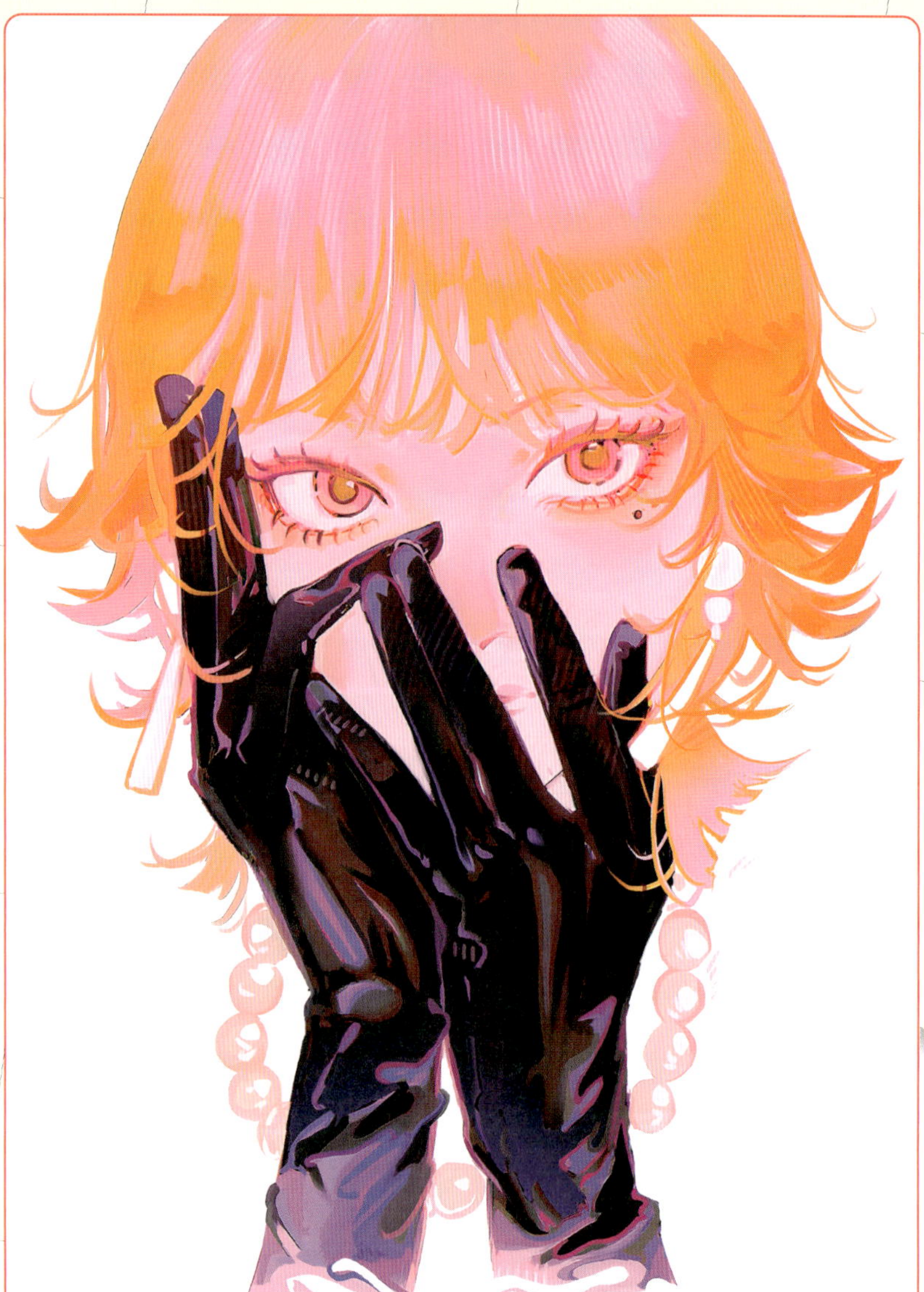

明るいトーンの瞳や髪に、黒色から紫色のグラデーションで表現されたグローブの質感が、画面をグッと引き締める。

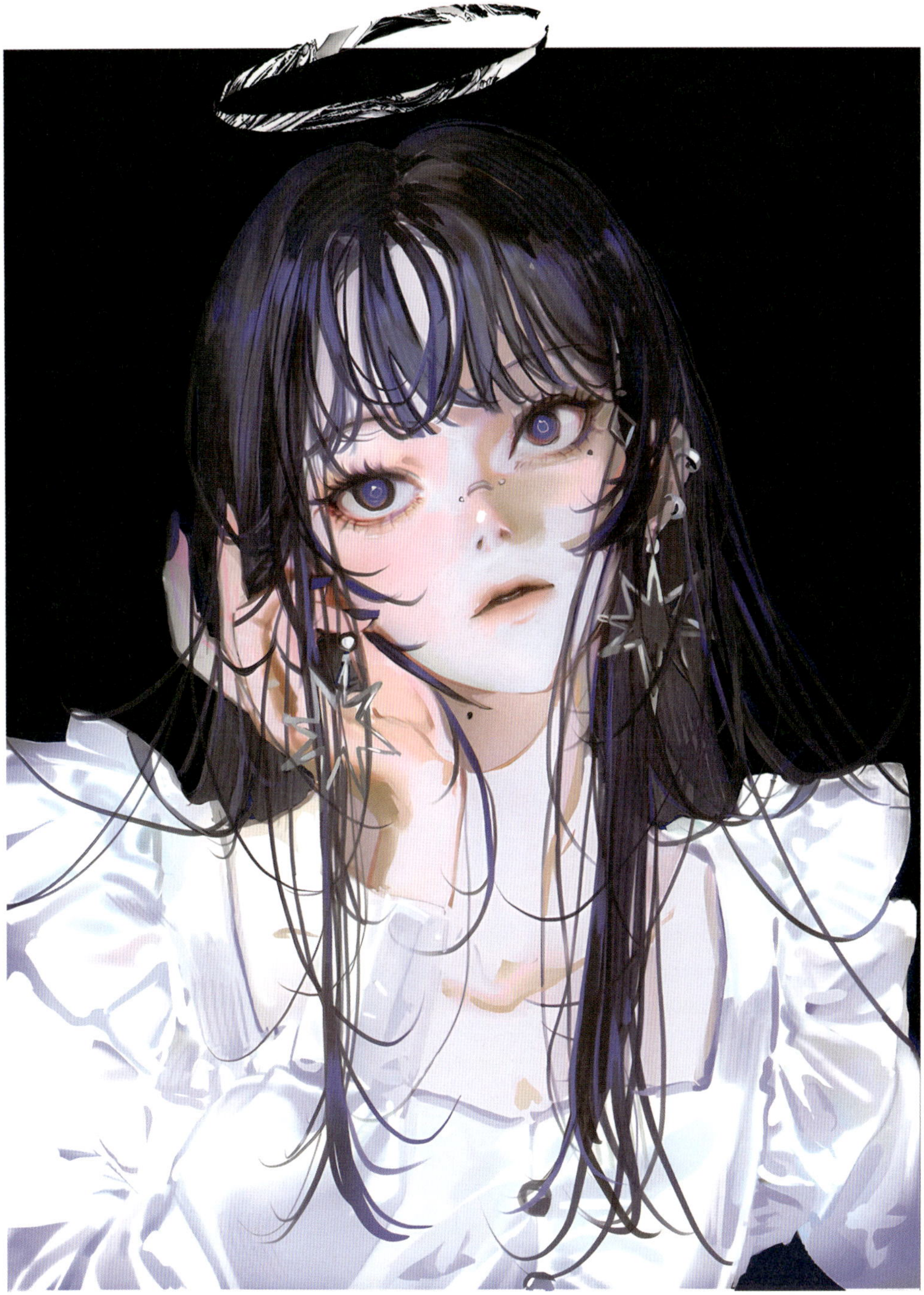

まさに天使といった趣きの乙女が美しい。黒い背景に、遠くを見つめるようなイノセントでミステリアスな瞳と白いドレスが幻想的に浮かびあがる。

な雰囲気を出すのも気に入っています。

Q7 あなたの創作意欲を刺激するものを、ジャンル、メディア問わず具体的に教えてください。

A7 私の創作意欲を刺激するものは音楽と映画、そして一番は小説です。作品の中のワンシーンやワンフレーズから強烈にイメージが思い浮かぶことも多いです。また、ファッションフォトや舞台作品からも大きなインスピレーションを得ています。さらに詩集もよく読みます。詩集は抽象的なイメージを明確な言葉で表現していることが多く、そういった表現をする時にとても役立っています。具体的には、映画だとウォン・カーウァイ監督の作品がビジュアル的にとても好きです。全ての作品が好きですが、なかでも『恋する惑星』と『花様年華』は特別に好きです。小説では、村上春樹さんの『ねじまき鳥クロニクル』と『1Q84』がとても好きです。

Q8 モチーフとして、鼻血を度々描かれている印象があります。『レオン』のマチルダが鼻血を出しているシーンも描いていらっしゃいましたね。鼻血を出している女の子の、どんなところに惹かれるのでしょう?

A8 鼻血というモチーフの「儚さの中の強烈な瞬間」というふうに感じられるところが好きです。非日常的な状況下でも鼻血を出していることでキャラクターがより人間的に見えますし、同時に感情の頂点を象徴する装置のようにも思えます。映画『レオン』のマチルダのシーンも、それがよく表れている例ですね。

Q9 描くのが好きなモチーフや、イラストを描く上で楽しい作業工程を教えてください。

A9 私がよく使うモチーフは花や模様、そして光のパターンです。制作工程ではラフスケッチのあと、色や構図を整理していく段階が一番楽しいです。それは作品が方向性を持ち始める瞬間だからです。

Q10 作業環境と普段の作業の流れを教えてください。

A10 作業環境はかなりシンプルです。iPadとPCを中心に、主にPhotoshopとProcreateを使って絵を描いています。スケッチから始めて、線画や彩色、最後のテクスチャ作業まで全てデジタルで進めています。必要があれば自分で撮った写真を参考にすることもあります。

Q11 作業のおともを教えてください。

A11 作業中は音楽を最もよく聴きます。特にDPRの楽曲や、Kendrick Lamar、SZA、Frank Oceanといったオルタナティブ R&Bのジャンルをよく聴いています。時にはK-POPやJ-POPを聴くこともあります。映画やNetflixのドラマをBGM的に流すこともありますが、集中する時は、やはり音楽が中心です。

Q12 今後の活動予定について、教えてください。

A12 これからは展示や作品集といったオフラインでの活動をもっと増やしたいです。また、自分のチームを作ってチーム活動を活発にしていくことも目標の一つです。海外での活動も広げ、アジアを中心により多くの場所で自分の絵を見せていきたいと思っています。さらに、自分の作品をベースにしたグッズやコラボレーションプロジェクトにもより積極的に取り組んでいきたいですね。

儀式

儀式(ぎしき)／イラストレーター、グラフィックデザイナー。重厚感のある刺激的なファッションを身につけた女の子とノスタルジーを感じさせる背景を組み合わせ、仄暗さのある世界観を描くのが得意な作家。2022年から自身でデザインも務めるアパレルブランド『DEATH ANGELS』を開始し、2022年10月には個展・POPUP「ガールズエンド」、2024年11月には個展・POPUP「FRIENDSHIP」を開催した。現在は、アパレルの制作を精力的に行いながら、同人イベントにも積極的に参加している。

X=@gishiki_unc
Instagram=gishiki_unc
pixiv id=16275159
shop=https://deathangels.shop

儀式さんの描く女の子はスラっとした体つきで華奢な印象がありながらも、スタッズやダメージの入ったアイテムに、シルバーアクセサリーがポイントとなる刺激的なファッションを身にまとう姿が愛らしい。彼女たちのあどけなさの残る仕草や表情に反して、そのファッションスタイルからは、どこか芯の強さを感じさせる。また、レトロな家具やアイテムが置かれた空間をグレイッシュなカラーで彩ることで作品に深みを与え、見るものを惹きつける。今回は儀式さんへ、描かれる女の子たちについての表現、ファッションの変遷、ご自身で手掛けるアパレルブランド『DEATH ANGELS』などについてをお聞きした。筆記インタビューを通して儀式さんの魅力をお届けする。

Q1 儀式さんの描く女の子は、少しあどけなさの残るお顔や、華奢さのある骨格が印象的です。儀式さんが女の子を描く際に、お顔のバランスや、体のシルエット感などで意識されていることがありましたら教えてください。また、ジャンル問わず儀式さんがこれまで好きだった作品や人物などについてもお聞きしたいです。

A1 あまりボディのシルエットを出さないように意識しています。服もピタッとしたものより、肩落ちのいいヨレた素材感やサイズ感にしています。

また、顔は幼さと大人っぽさが混在するように意識しています。等身も背の高い子供のような、背の低い大人のような。あまり年齢が特定できないようなバランスを意識しています。これまでに好きになった作品やキャラクターは、『らき☆すた』日下部みさお、『惡の華』仲村佐和、『ドロヘドロ』恵比寿、『多重人格探偵サイコ』西園弓虎です。ほかにも、『なるたる』『ぼくらの』『エヴァンゲリオン』『DEATH NOTE』『HUNTER×HUNTER』『GANTZ』『さよなら絶望先生』『けいおん!』『キルミーベイベー!』が好きで見ていました。歌手だとの椎名林檎さん、YUKIさん、芸人だとハリウッドザコシショウさん、くっきー! さんが好きです。

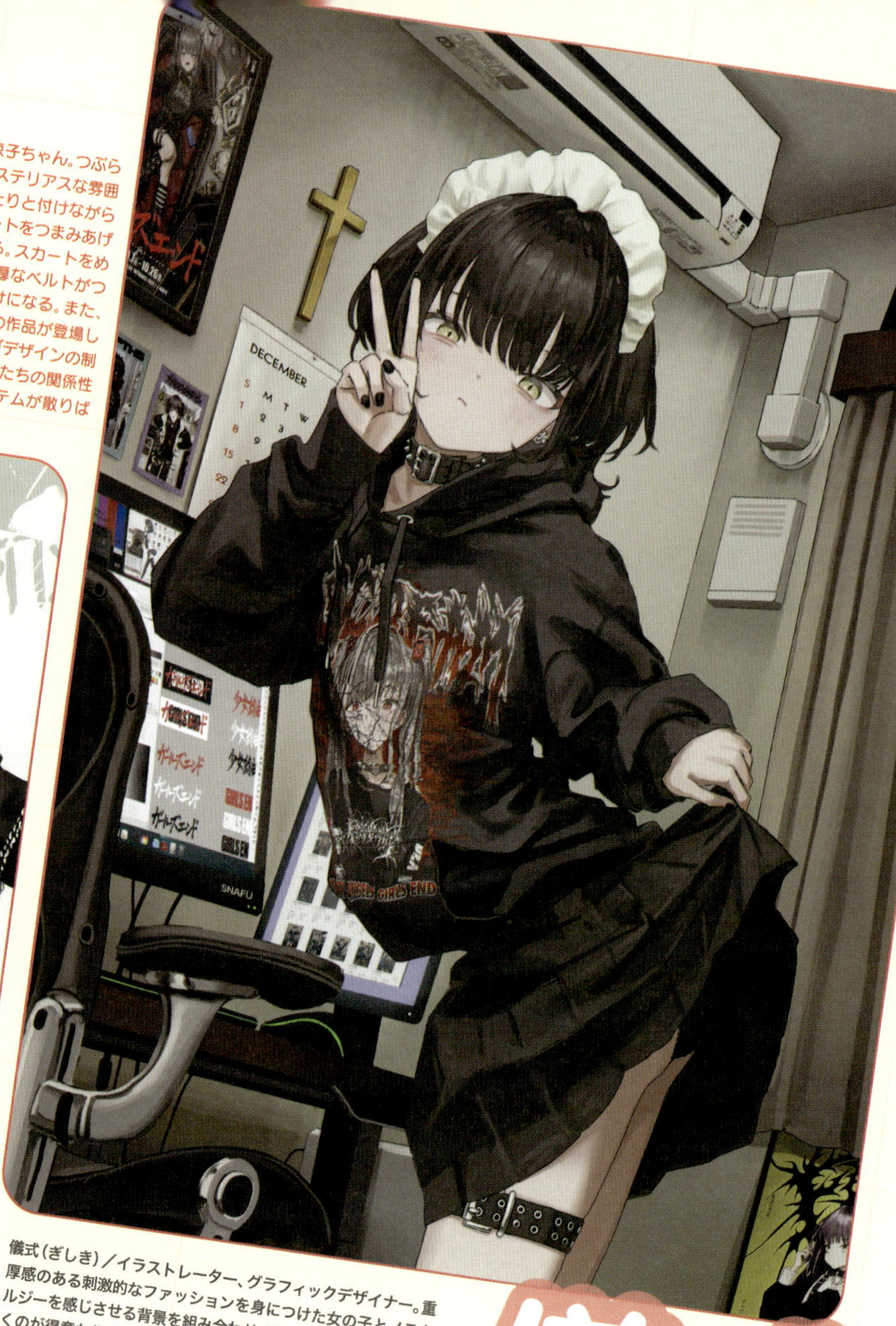

「らくがき492」

儀式さんのマイキャラである田中京子ちゃん。つぶらな瞳は猫の瞳孔のように開かれ、ミステリアスな雰囲気を放つ。一方で、ほっぺたにぴったりと付けながらピースを決める姿や、ひらりとスカートをつまみあげる様子からは、無邪気な印象も感じる。スカートをめくったことによりちらりと見える重厚なベルトがつけられた柔肌な太ももに思わず釘付けになる。また、背景に注目してみると、壁紙には過去の作品が登場していたり、パソコンのモニターにはロゴデザインの制作画面が映し出されていたりと、女の子たちの関係性やバックグラウンドを想像させるアイテムが散りばめられているのがわかる。

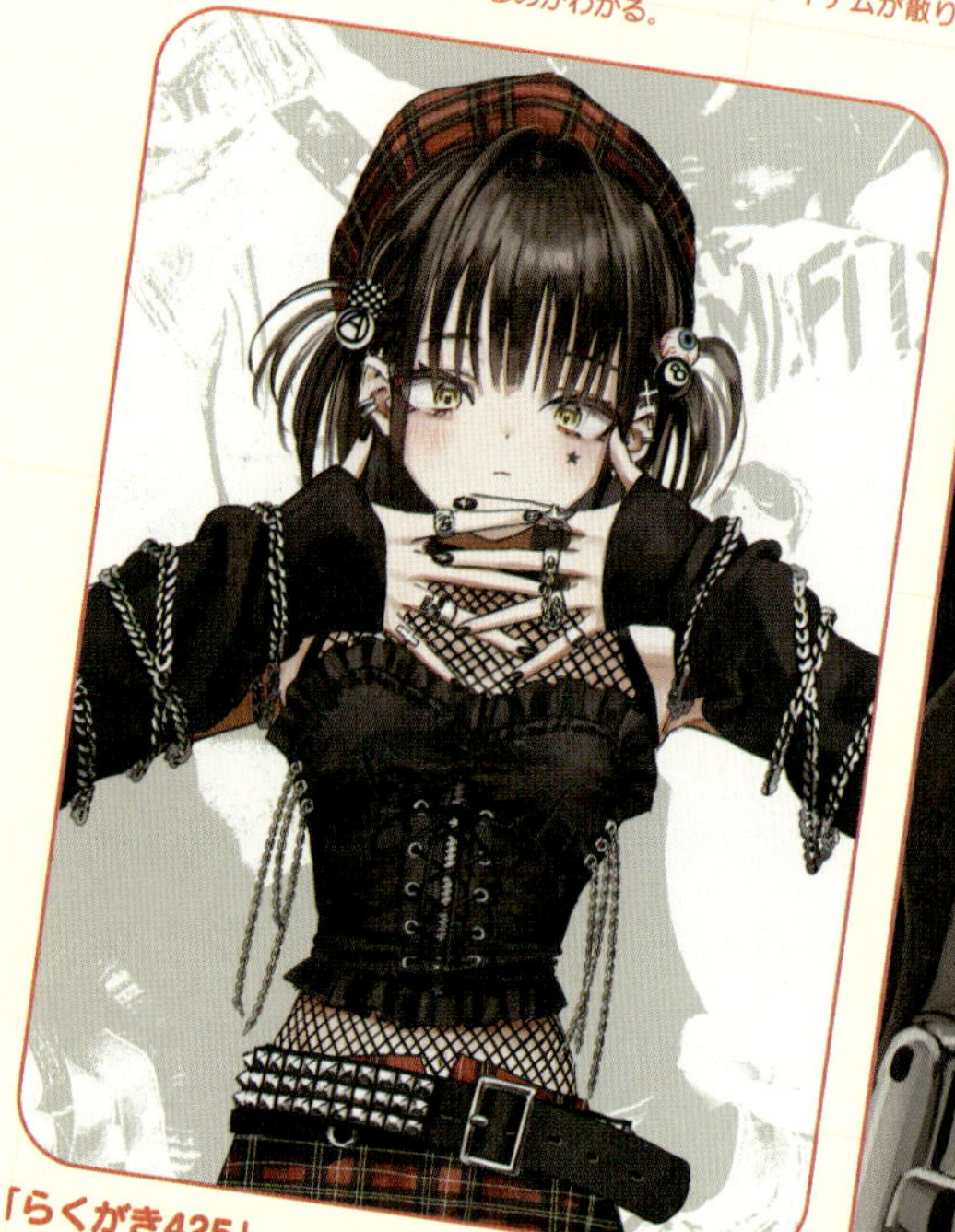

「らくがき425」

黒色×赤色×銀色の組み合わせによって生まれるコントラストが印象的。チェーンやスタッズの金属が豪華にあしらわれており、そのギラリとした光と赤色のタータンチェックがアクセントとなりかっこいい。また、アームウォーマーから覗くスラリとした指には、ワイルドなリングがはめられており、女の子自身の強さと儚さが同居しているよう。そして、キュッと締まったウエストに編み上げデザインをほどこしたビスチェや、細い腰に巻かれた重厚なベルトによって引き立つ人物のシルエットが美しい。

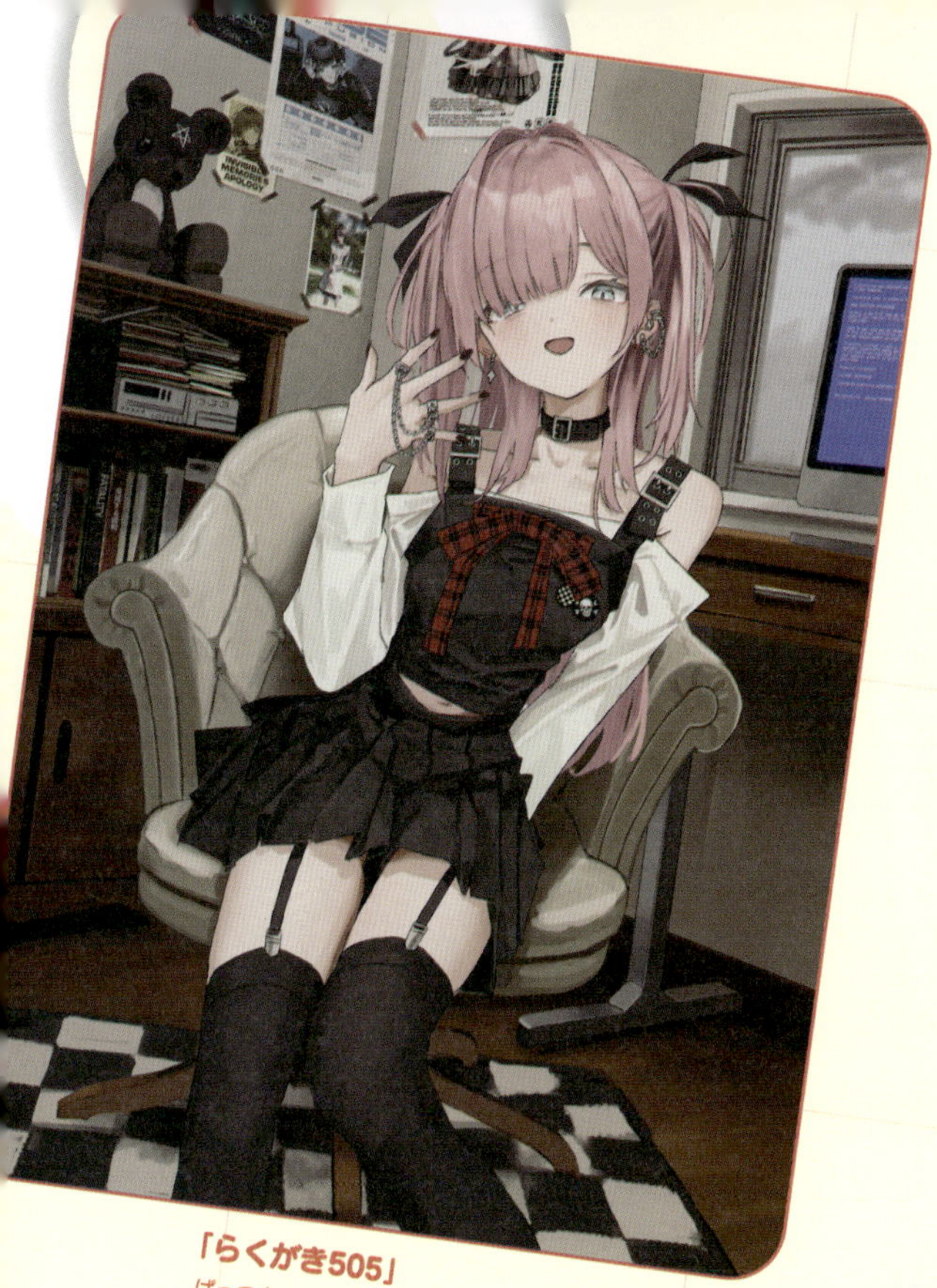

「らくがき505」

ぱっつんの前髪に隠れた生き生きとした表情は小悪魔的な魅力を放つ。スモーキーなピンク色が可愛らしいハーフツインのヘアスタイルの、ぴょんと跳ねた髪の束感や散らばる毛先から遊び心を感じる。また、グレイッシュな世界に自然と髪が溶け込む表現が素晴らしい。棚の中のCDの積み重ね方からもリアリティを感じ、女の子の性格が現れているようだ。

Q2 儀式さんの描く女の子の表情は、ミステリアスさと無防備さをあわせ持っていると感じております。猫のような瞳は秘めやかな印象を残しつつ、下がりぎみの眉や小さなお口の女の子からは儚げな雰囲気も感じ、とても惹かれます。儀式さんはどのような女の子の表情を描きたいと考えていますか？

A2 いろんな感情が入り混じっているようで、何も考えていないような、捉えどころのない表情が好きなので、それを目指しています。自分の描く女の子は全員厨二病なので、そんな雰囲気が出せればと思っています。あと暗い表情ばっかりだと暗い人間だと思われそうなのでたまに笑顔も描いています。この子達は、根はみんな明るいんです。多分。

Q3 儀式さんは、めいっぱい腕を大きく動かしたポージングで無邪気で愛らしい女の子の姿を写し出すこともあれば、自然体でありながらも静かにポーズを決める女の子たちを描き出すこともあると思います。伸び伸びとした姿の女の子から、アンニュイな印象の女の子まで様々に描かれる儀式さんがついつい描いてしまう女の子の仕草やポージングがありましたら伺いたいです。また、見る人にとって女の子はどのような存在でありたいと考えていますか？

A3 ポーズは自撮りをしてSNSにあげているイメージを意識しています。また、おしゃれすぎず、あまり凝っていないインスタントでチープなイメージになるようにポーズを決めています。つい描いてしまうのは、顔付近に手を持ってくるポーズです。腕周りのアクセサリーが描きたいからだと思います。服のしわがいい感じに出るようなポーズも好きです。見る人には、なんかよくわかんないけど可愛い！ くらいに思ってもらいたいです。

Q4 儀式さんにはオリジナルキャラクターの田中京子ちゃんという子がいますね。田中京子ちゃんは、グレイッシュなレモン色をした瞳に黒色のウルフヘアーが印象的で、顔まわりでふわっと軽やかに揺れる毛束から可憐さを感じます。田中京子ちゃんは、趣味が絵だったり、お姉さんがいたりするところも気になっております。改めて、田中京子ちゃんが誕生した経緯について伺えたら嬉しいです。

A4 自分がよく描いていた女の子です。いままではあまり名前などを決めずにいたのですが、あまりにも同じ子を描きすぎているので、せっかくなので名前をつけました。これまでは、あまりキャラに設定をつけるのは自由度が下がりそうな気がして好きではなかったのですが、ちょっと自分の活動にマンネリ化してきたので、ここからなにか広がりができたらなと思って、考えてみました。今後の田中ちゃんの活躍にご期待ください。

Q5 儀式さんの作品の魅力として、刺激的なファッションが強く印象に残ります。ファッションをメインに据えて描こうと思ったきっかけを教えてください。また、絵を描き始めた頃と現在で描きたいファッションに変化はありましたか？

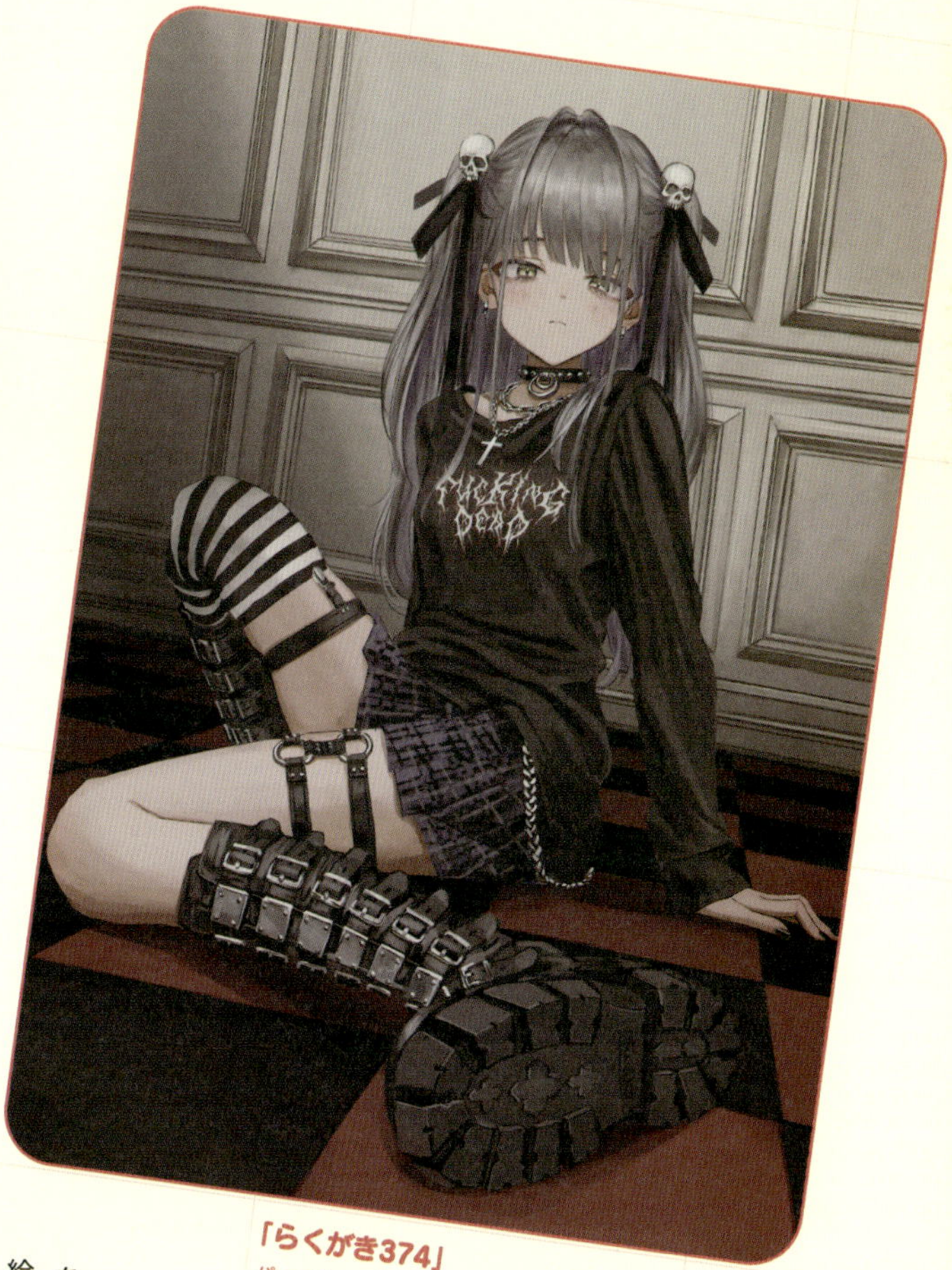

「らくがき374」

パープルのインナーカラーが入ったシルバーアッシュの髪の毛は、クールで幻想的なムードを漂わせる。スカルが付いたリボンなど、ダークな要素を含んだ装いも合わさって、女の子の人物像を想像させられる。さらに、ロングTシャツのゆるやかなシワや、ブーツのベルトの厚み、硬質なソールのディテールなど、黒を基調としながらも細やかな色味や質感のニュアンスを丁寧に落とし込んだ表現は圧巻。

A5 もともと古着やバンドTシャツが好きだったので。またファッション雑誌を古本屋で買い漁って、それを参考に描いていたのがきっかけです。絵を描き始めた頃は今よりカラフルな色合いが多かったのですが、今は落ち着いた色合いが多いです。あと単純に自分の服の好みの変異の影響もあります。前はスニーカーが好きでしたが、今はブーツなど革靴が多くなりました。でも描き初めの頃の方が自由に描いていた感じがあって前の自分が羨ましいです。

Q6 ファッションアイテムの組み合わせについても聞かせてください。描かれるファッションは、ベルトやスタッズなどの重厚感がありつつも、ビスチェや大きな襟、スカートから覗くフリルなど、女の子らしさを感じるアイテムとの組み合わせも魅力

右:「らくがき454」
出かける直前の振り向き姿を描いた一枚。女の子の短い眉にちょんとつむぐ口は愛らしく、太ももにある星形のタトゥーも目を引く。また、ふわっと広がる髪に加え、パーカーのフードやブルゾンのオーバーなシルエットからは女の子らしさも感じる。背景を見てみると、錆びた扉や年季を感じさせる洗濯機が置いてあり、暮らしの気配や日常のリアルさを感じる。

左:「らくがき369」
本棚や時計、額などが置かれたシックな雰囲気の部屋。女の子の秘密めいた微笑みからは、ミステリアスなオーラが漂う。仄暗さを帯びた絵に、ピンク色のアイテムや瞳がそっと遊び心を与えている。また、オーバーサイズのパーカーの内袖や胸部分のデザインはクールで、内側に入り込むシワからは布の厚みや質感までも伝わってくる。

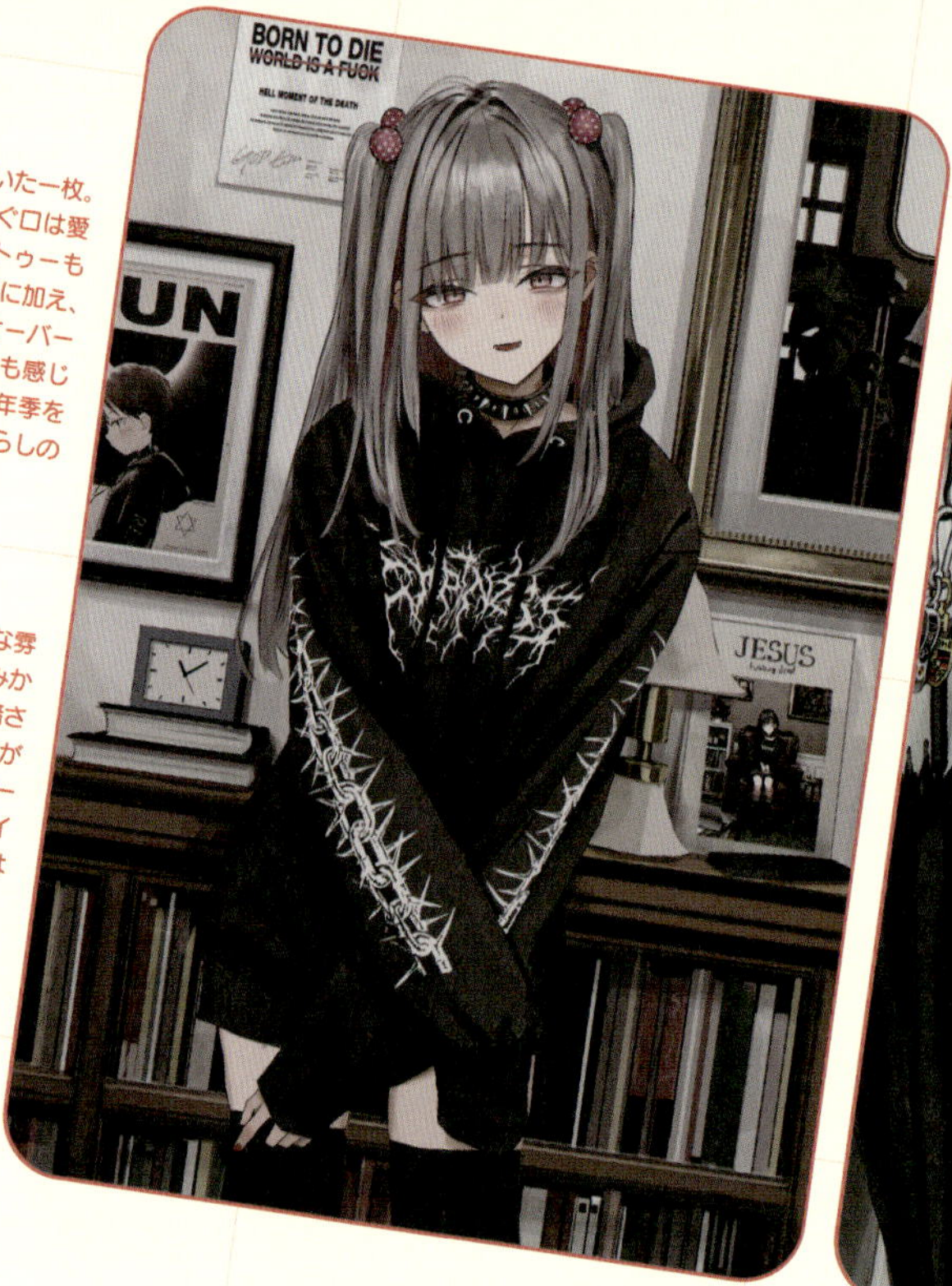

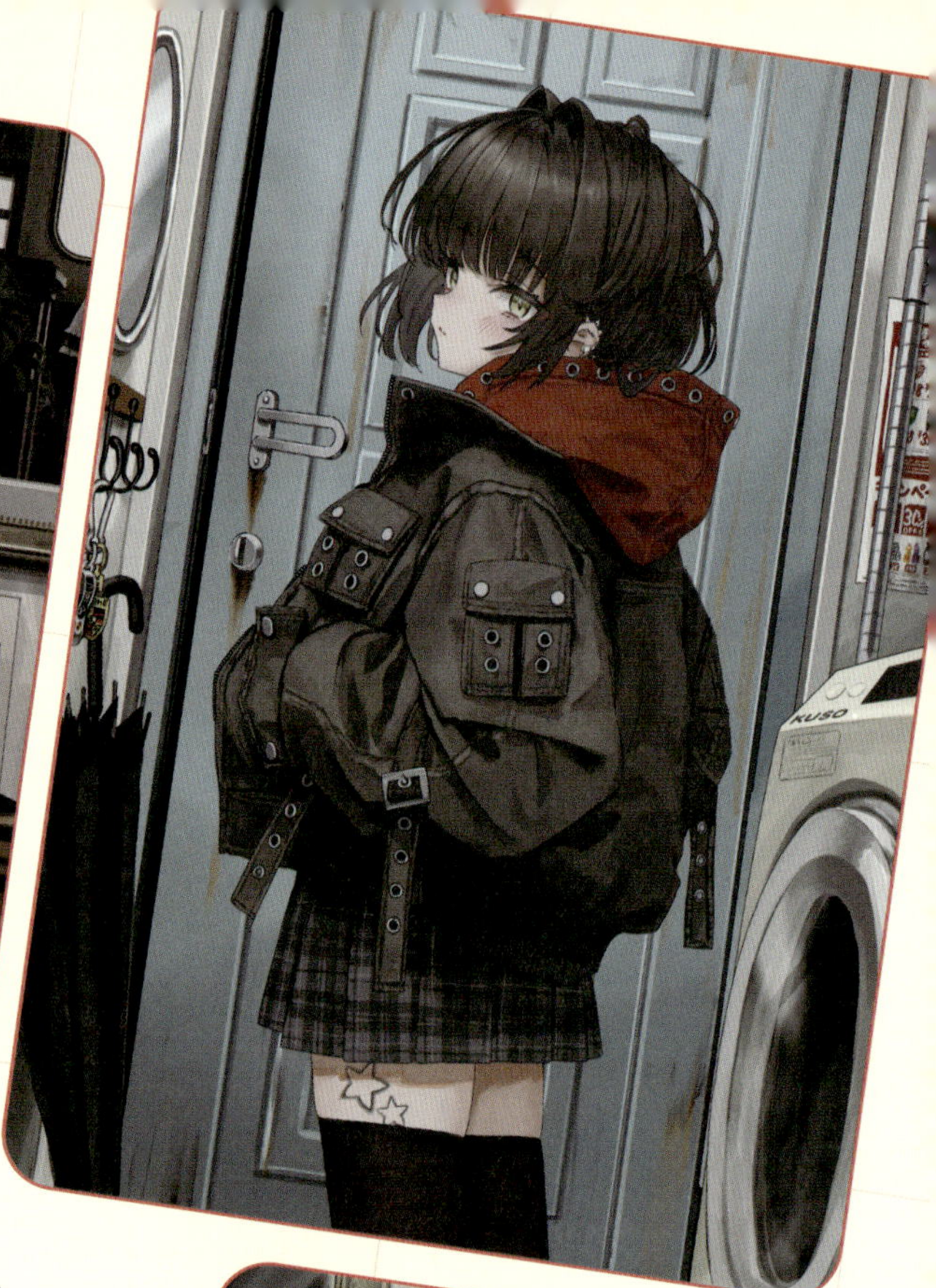

的で大好きです。ひとつひとつのアイテムがインパクトのあるファッションだと感じておりますが、デザインや、コーディネートをされる際に心がけていることはありますか?
儀式さんが女の子たちのコーディネートを考える際に、組み合わせたくなるアイテムや、お好きなファッションのスタイルについてお聞きしたいです。

A6 パンク、地雷系、古着、平成、クラブ、アニメなどの要素を雑誌やネットで拾った画像などを参考にしながら描いています。ただ、なるべくそのまんまにならないように、何かしら別の要素をMIXしたりするのを心がけています。たとえば地雷ファッションでも、ブラウスは少し黄ばんだ生成り風の生地、黒は色落ちしたコットン生地のように、古着っぽい要素を入れて綺麗すぎないように意識しています。また、レザーやシルバー系のアイテムは必須です。アクセサリーは付ければ付けるほどいいです。ただイカつくなりすぎないよう、星やハートをモチーフにしたかわいいアイテムもどこかに入れるようにしています。

Q7 儀式さんが描かれるファッションはディープな音楽を彷彿とさせる印象があります。女の子たちは、あどけなさやお茶目さがある表情やポーズをしていますが、着ているファッションからは、ハードさや意志を感じます。彼女たちのファッションと内面性はどのようなつながりを持っていますか? また、儀式さん自身が聴かれる音楽が影響されていくこともあるのでしょうか?

A7 「自分は他の人とは違うんだ」みたいな感情があるんだと思います。厨二病なので。あと内面の弱さを外見で武装してカバーしているイメージもあります。普通の女の子なので、「洋楽とかよくわからん」とか内心思っていると思います。また、自分自身が普段聴く音楽との関連性はあまりないと思います。よく聴くのは、J-POPや、アニクラ系、邦ロックなどのいわゆるサブカルに寄った音楽です。よく学生のときに、ヴィレッジ・ヴァンガードに行っていたので、サブカル系を聴くようになったのも、そういう影響もあるからなのかもしれないです。

Q8 アパレルブランド『DEATH ANGELS』についてもお聞かせください。儀式さんの描く世界や女の子たちをアパレルという形を通して、身近な存在に感じられるところも嬉しいポイントです。まずは『DEATH ANGELS』を立ち上げた経緯について伺えますと幸いです。また、お洋服のデザインを考えられる際に、意識されることもお聞きできたら嬉しいです。

A8 まずグッズの一環でTシャツを作っていて、そちらが好評で。通販サイトを新しく作る際にブランド名が必要だったので後付けでブランド名をつけました。作り始めた当時

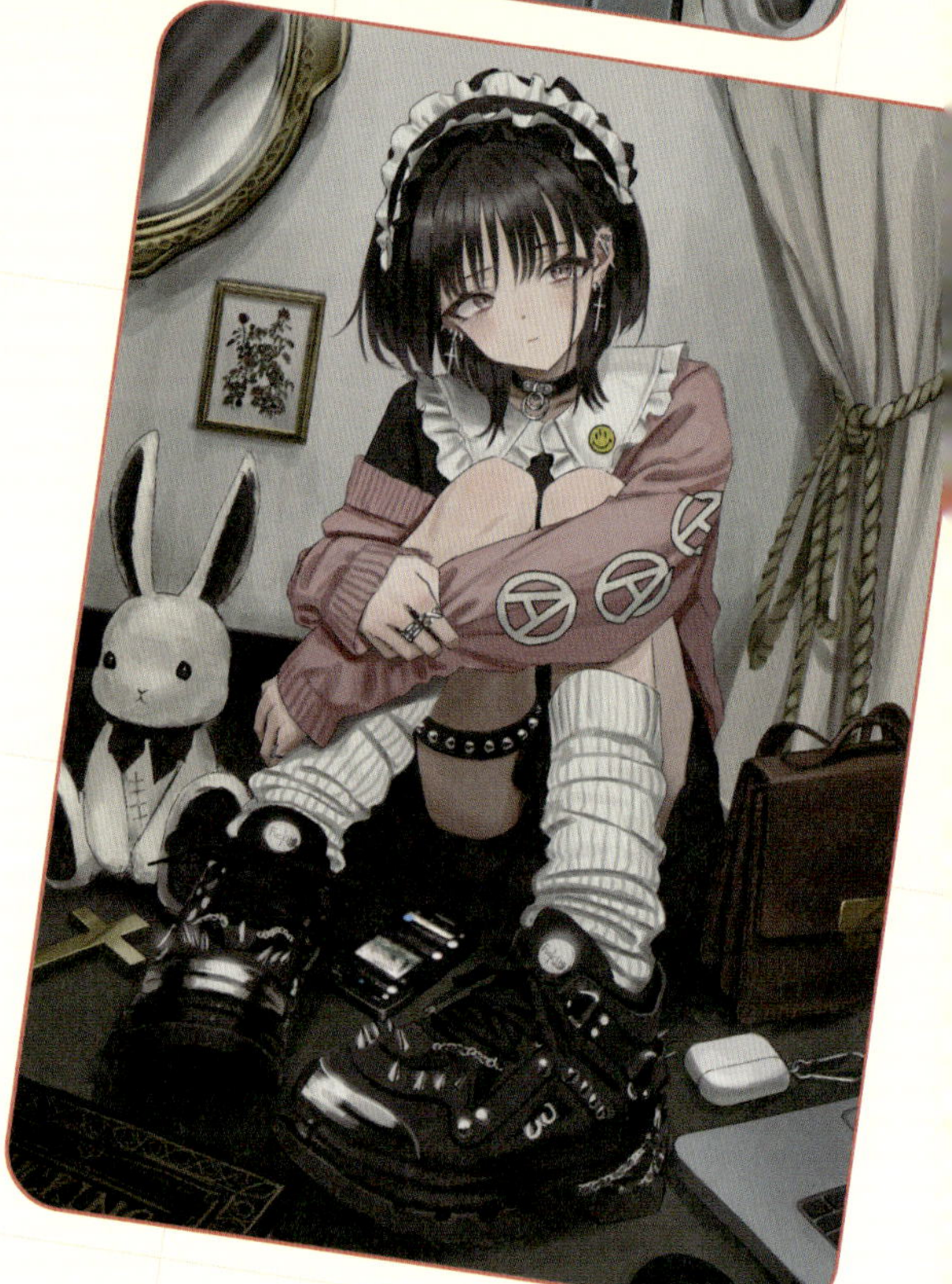

「らくがき367」
こちらの様子を伺うかのように見つめてくる表情や、脚をきゅっと胸に引き寄せて座るポージングがいじらしく可愛らしい。また、フリルがほどこされた大きな襟など、甘いデザインのエッセンスが少女性を高めており、女の子にますます愛おしさがつのる。アンティークを感じさせられるアイテムが描かれた背景からは上品な印象が伝わってくる。黒い色のスニーカーのカジュアルでハードさを感じさせるデザインとのギャップも素敵。

は、萌え系のアニメイラストでちゃんとかっこいいTシャツが少なかったと思うので、「だったら自分で作ろう」と思ったのがきっかけです。デザインは古着のバンドTシャツや、昔のクラブのフライヤーなどを参考に制作しています。気をつけていることは、あまりおしゃれすぎない、現代っぽくなりすぎないことです。ある程度の野暮ったさやちょっとダサいくらいが大事です。

Q9 儀式さんは、日本や海外のレトロな電化製品や家具から、アンティーク感のある内装など、懐かしさのある空間を描かれていらっしゃるように思います。それらのアイテムに囲まれた女の子たちがどのような生活をしているのか、気になっております。儀式さんが背景を描く際にイメージされている生活やシチュエーションなどがありましたら教えてください。

A9 アニメをあえてDVDで、ノートパソコンを使って観たり、ガラケーが置いてあったり、何かしらノスタルジーを感じるように心がけています。ただ現代の子なので、レトロな部屋やアンティークの家具のなかに、普通にスマホやタブレットなどの現代のものも置いたりしてギャップを出せたらと思っています。その時々で描くものは違いますが、なるべくツッコミどころみたいなのを出せるようにしています。統一感をだしすぎず、「なんでここにこんなものがあるの?」みたいな、見た人のリアクションがあるよう意識しています。

Q10 儀式さんの作品は、グレイッシュなカラーリングが印象的だと感じております。ダークな色づかいからはミステリアスな雰囲気を感じ、惹かれております。儀式さんが一枚絵を描かれるうえで、作品全体のトーンや、キーカラーとなる色味の取り入れ方で気をつけていることを伺いたいです。

A10 真っ白な部分を作らない、真っ黒な部分を作らないことを意識しています。また、黒は黒でも黄ばんだ黒、色落ちした黒、コットン生地、ナイロン地、レザーのように色や質感の差が出るように気をつけています。全体的に、色を使うときは、彩度に気をつけます。さらに色のトーンとしては、なんとなく曇りの日の室内でスマホをつかって適当に撮った写真のイメージです。絵を描く際には色を塗る前に必ず背景に五〇%ほどのグレーを引いて色のバランスを見ながら着彩しています。色を入れるときは、なるべくアクセントカラーがバレないよう、他の色も織り交ぜたりして作為的にならないよう意識しています。

Q11 イラストを描いている合間にしていることや最近趣味でハマっていること、集めているものなどがありましたら教えてください。

A11 イラストを描いている合間にしていることは、音楽を聴いたり、コーヒーやお酒を飲んでいます。最近ハマっていることは、『クレヨンしんちゃん』『カービィのエアライダー』(予定)です。集めているものは、ボロいデニム、かっこいいTシャツ、インテリア系の古本、平成のファッション誌です。

Q12 今後、儀式さんが描きたいと考えているものや、チャレンジしたい活動について教えてください。

A12 田中ちゃんをいっぱい描いて知ってもらいたいです。他にもキャラクターを二人ぐらい考えているのでそのうち出せたらなと思っています。あと今まではキャラクターの内面は出さないよう心がけていたのですが、意外と需要があるのが分かったので、そういうのも出していければと思っています。

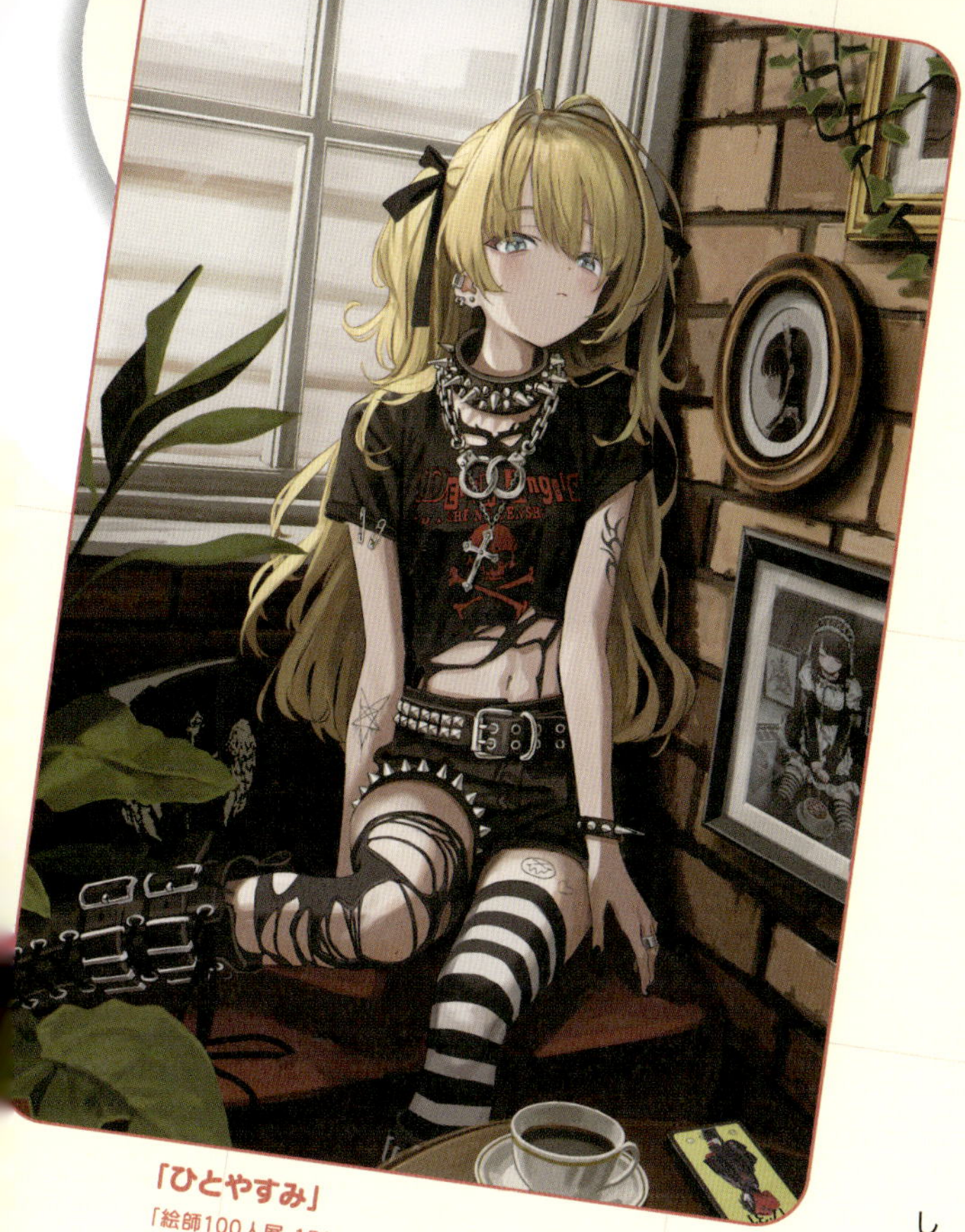

「ひとやすみ」

「絵師100人展 15」にて、「晴れ」をテーマに描き下ろした作品。逆光が当たることでカゲを帯びた女の子に、エモーショナルな気持ちになる。緑青色に輝く瞳は神秘的で、ウェーブがかったゴールドベージュ色の髪、重ね付けされた首元のアクセサリーが目を引く。さらにダメージが効いたTシャツとニーハイが印象的で、肌見せ具合も巧み。また、壁に飾られている額縁やスマホのロック画面にうつる女の子との関係性についても気になる。

初出:「絵師100人展 15」(2025年4月)　©産経新聞社/儀式

「BIRTHDAY」

ガーランドやプレゼントが置かれた、お祝いムードな空間が、賑やかな印象を与える一枚。原色に近い鮮やかな色が差し色として効いており、カラフルでポップな雰囲気を感じる。また、フリルのエプロンに身を包み、ぬいぐるみをぎゅっと引き寄せながら、ウインクをする田中ちゃんが可愛らしい。さらに、胸の辺りに付けられたの心臓のピンや、壁に貼られたモノクロに加工された女の子たちの張り紙などが作品に深みを与えている。

初出:「阪神梅田本店　ILLUSTRATORS EXPO ILLUST. POSTER EXPO」(2025年6月18日)

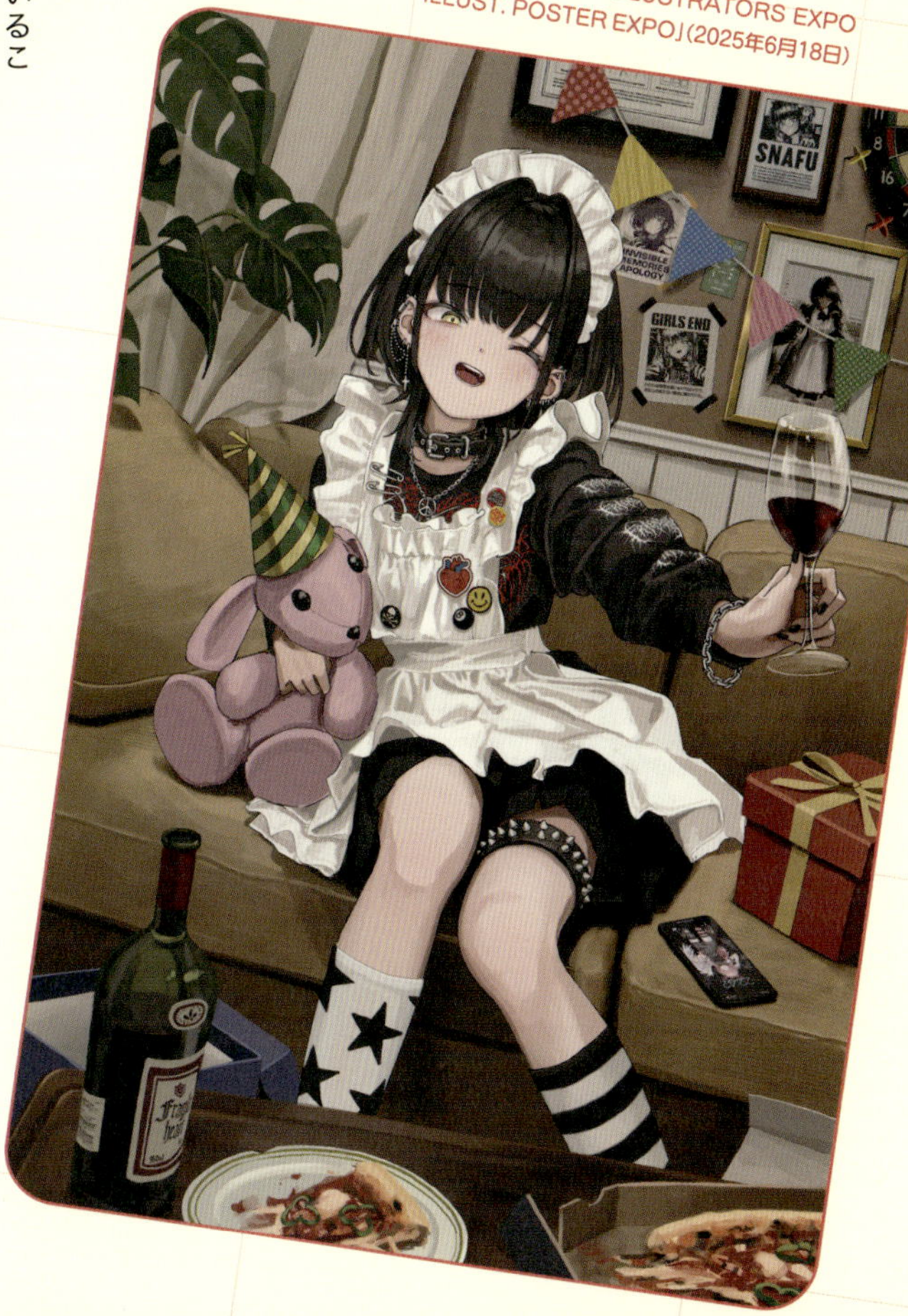

およ

『Fate/Grand Order』『アークナイツ』『プロジェクトセカイ カラフルステージ！ feat. 初音ミク』『刀剣乱舞』に『18TRIP』まで、多数の人気ゲームやVTuberにイラスト、キャラクターデザインを提供するイラストレーター・およ。作品ごとに、ファンが望むキャラクターの魅力を、独自の色気とセンスで彩り最大限に引き出す。そんなおよさんの活動を12の質問と、仕事＆オリジナル両作品で紹介します。

およ／イラストレーター。にじさんじ（NIJISANJI）所属のVTuberや、ゲーム『18TRIP』『Fate/Grand Order』『アークナイツ』『プロジェクトセカイ カラフルステージ！ feat. 初音ミク』など、人気コンテンツに多数のイラストやキャラクターデザインを提供。
X=@ohyg3
pixiv id=2151477

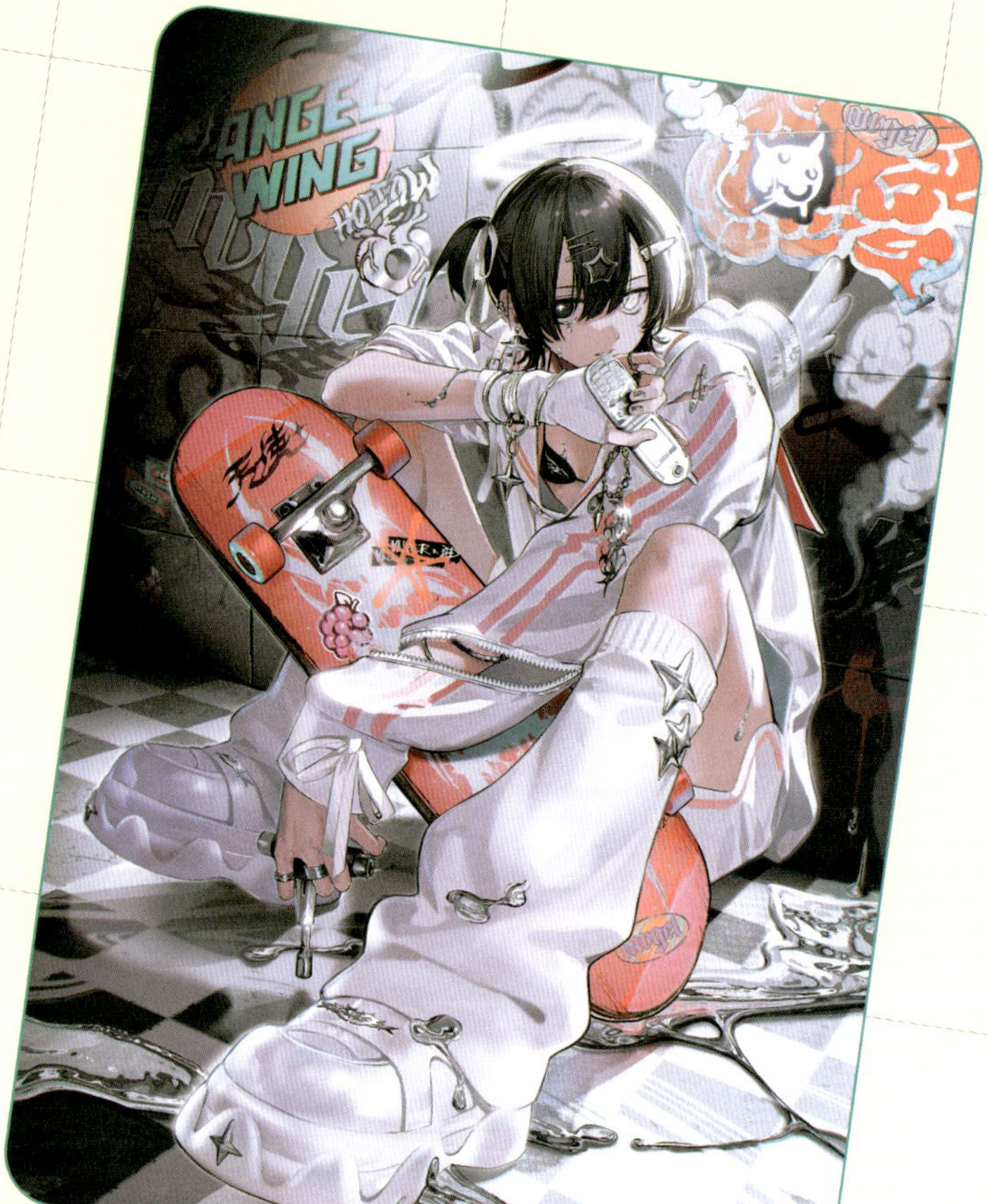

「Dying halo」初出：「絵師100人展 14」（2024年4月）

ストリート感あふれる不良天使スタイルが魅力のオリジナル作品は、およさんには珍しく女の子を描いたもの。細部までこだわり抜かれたファッションをはじめ、グラフィティやリアルな質感表現など、とにかく見応えたっぷり。キュート＆ワイルド！

Q1　『18TRIP』、VTuber のキャラクターデザインに、『Fate/Grand Order』『アークナイツ』『プロジェクトセカイ カラフルステージ！ feat. 初音ミク』など、およさんは様々な作品でたくさんの魅力的なイラストを描かれています。もともと、どのようにして絵を描くようになったのか、子供時代の絵との関わり方から、プロのイラストレーターとして現在の活躍に至るまでの経緯を教えてください。

A1　小さい頃は一人遊びとしてお絵描きをしていました。架空のファッションショーのために様々な衣装のデザインを考えることに没頭していた時期があり、かなりの枚数をファイリングしていました。以降は漫画を描くことに熱中しており、友人と交換日記の要領で漫画の合作をしたり、かなり本気で描いて漫画雑誌に投稿しようとしたこともあります。長い間一枚絵よりも漫画を描くことのほうが多かったのですが、大友克洋さんの漫画に出会ってから、さらに漫画熱が加速しました。二次創作をするも当初は漫画がほとんどで、なぜ一枚絵を描くようになったのかは覚えていません…。今では一枚絵も楽しく描いているのですが、漫画を描きたい欲は常に抱えています。

Q2　およさんが手がけた、たくさんの衣装デザインは、ファンタジーからフォーマル、ストリートまでとても幅広い方向性のデザインだと感じます。それでいて、およさんらしい格好良さは共通していると感じます。どのような点を意識してデザインされているのか、教えてください。

A2　キャラクターや衣装など、ビジュアルのデザインでは細部よりも大枠のシルエットや色に気をつかっていることが多いです。三頭身程度のデフォルメにした時でも個性があるかどうか、識別性があるかどうか、などは常に気をつけていたい点です。

Q3　およさんは、可愛くポップな雰囲気からクールでアウトローな雰囲気まで様々なテイストの男性を描かれていますが、どの男性キャラクターからも、およさんでなければ出せない独特の色気を感じます。その色気が今回の「Maverick ―はぐれもののストライヴ―」という特集で注目する反逆性、ミステリアスな二面性、はみ出しもののヒーロー／ヒロイン像とどこか通じる部分もあるように感じています。およさんは男性の色気を、どのようなものと考えていますか？

A3　ダイレクトに表現された色気よりも「文学的な色気」というものが好きで、受け取り手の想像力に委ねる部分がある絵を非常に魅力的に感じます。なので意味深な無表情や見切れた存在など、想像する余白がある絵を描きたいと思うことが多いです。アウトローな雰囲気を好む傾向はあるのですが、はみ出しものや反逆的な目立つ存在から感じる「主流に流されない、自分に対する信頼感」に憧れを抱くからかもしれません。

Q4　『Fate/Grand Order』の太公望のキャラクターデザインをする上で、どんなところを大切にしたか、こだわったところや大変だったところ、楽しかったところなどを教えてください。

A4　かなり知名度の高い人物なので強そうな印象を衣装で表現しようとした結果、最終的にはかなりの重ね着になりました。いただいた設定からすでに胡散臭い雰囲気が読み取れましたので、ビジュアルからも「いい人とも悪い人とも言えないけどなんか胡散臭い」ような感じが出せたらなと、にこにこ顔のお兄さんになったと記憶しています。お供につれている「シフソウくん」という摩訶不思議な生き物がいるのですが、バクのような形態も麒麟のような形態もどちらも愛着があり気に入っています。こういった人間以外のデザインも実はかなり好きで、とても楽しく制作させていただきました。

Q5　『アークナイツ』ではドラマチックな光の演出と美しい色彩

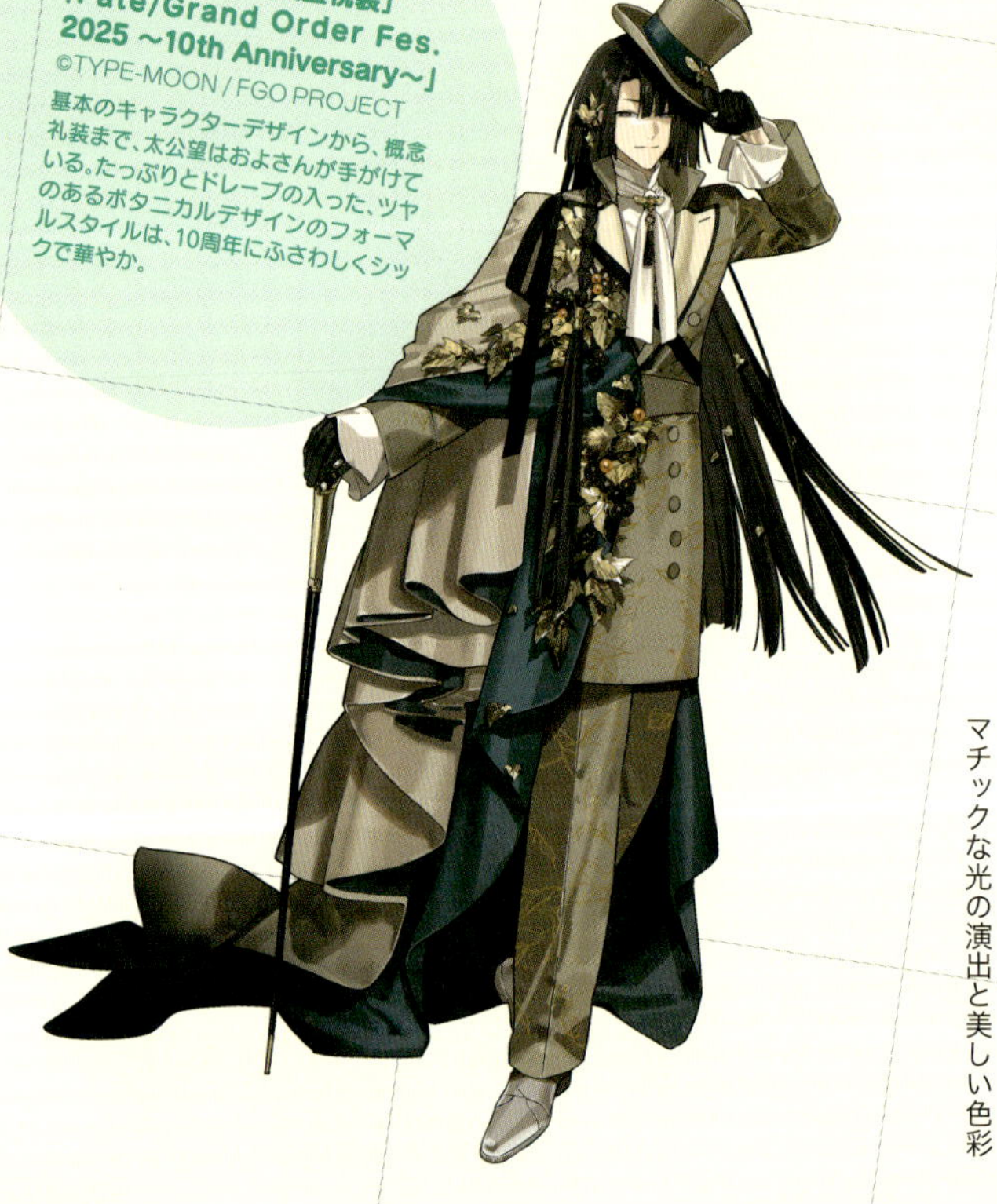

太公望 概念礼装「英霊祝装」「Fate/Grand Order Fes. 2025 ～10th Anniversary～」

基本のキャラクターデザインから、概念礼装まで、太公望はおよさんが手がけている。たっぷりとドレープの入った、ツヤのあるボタニカルデザインのフォーマルスタイルは、10周年にふさわしくシックで華やか。

が印象的なEP、イラストをたくさん描かれていますが、『アークナイツ』のキャラクターたちを描く上で大事にしているところ、こだわっているところ、楽しいところなどを教えてください。ファンが見たい『アークナイツ』のキャラクターたちをちゃんと描いてくださった上で、およさんらしい魅力も溢れており、そのおよさんらしさと、キャラらしさがぶつからずどちらも最大限の魅力を放っているのが凄いと感じます。

A5 どのコンテンツでもそのコンテンツらしさというものをかなり大切にしています。「らしさ」にはファンの方たちがそのコンテンツを好きな理由が詰まっているので、出来うる限りその「らしさ」を表現に取り入れたいと考えています。一方で「自分らしさ」については長い間悩まされているので、どういった部分で「らしさ」を感じていただいているのかを伺いたいと思うくらいです…。

Q6 男性のキャラクターデザイン、イラストを描かれることが多いおよさんですが、にじさんじ所属の海妹四葉さんのキャラクターデザインをどんなふうに考えていったのかと、女の子をデザインする楽しさを教えてください。また、絵師100人展で描かれていたオリジナルの女の子は海妹四葉さんとは真逆のややダークでワイルドなムードがとても気になりました。

A6 海妹さんのデザインについてはかなり当時の「VTuberらしさ」を意識していたように思います。今思うと、良くも悪くも自我をかなり抑えたデザインになっているように感じます。新衣装のワンピース姿などのほうが、より海妹さんらしさと自分の好むスタイルをバランスよく取り入れられたように思います。そういった意味ではオリジナルで描く女の子は自分のための絵としてかなり「好み」がわかりやすく、女の子にしてはワイルドなポーズが多いのは、男女の描き分けをポーズや仕草に頼りたくないと考えているからかもしれません。

Q7 およ家をはじめ、にじさんじ(NIJI

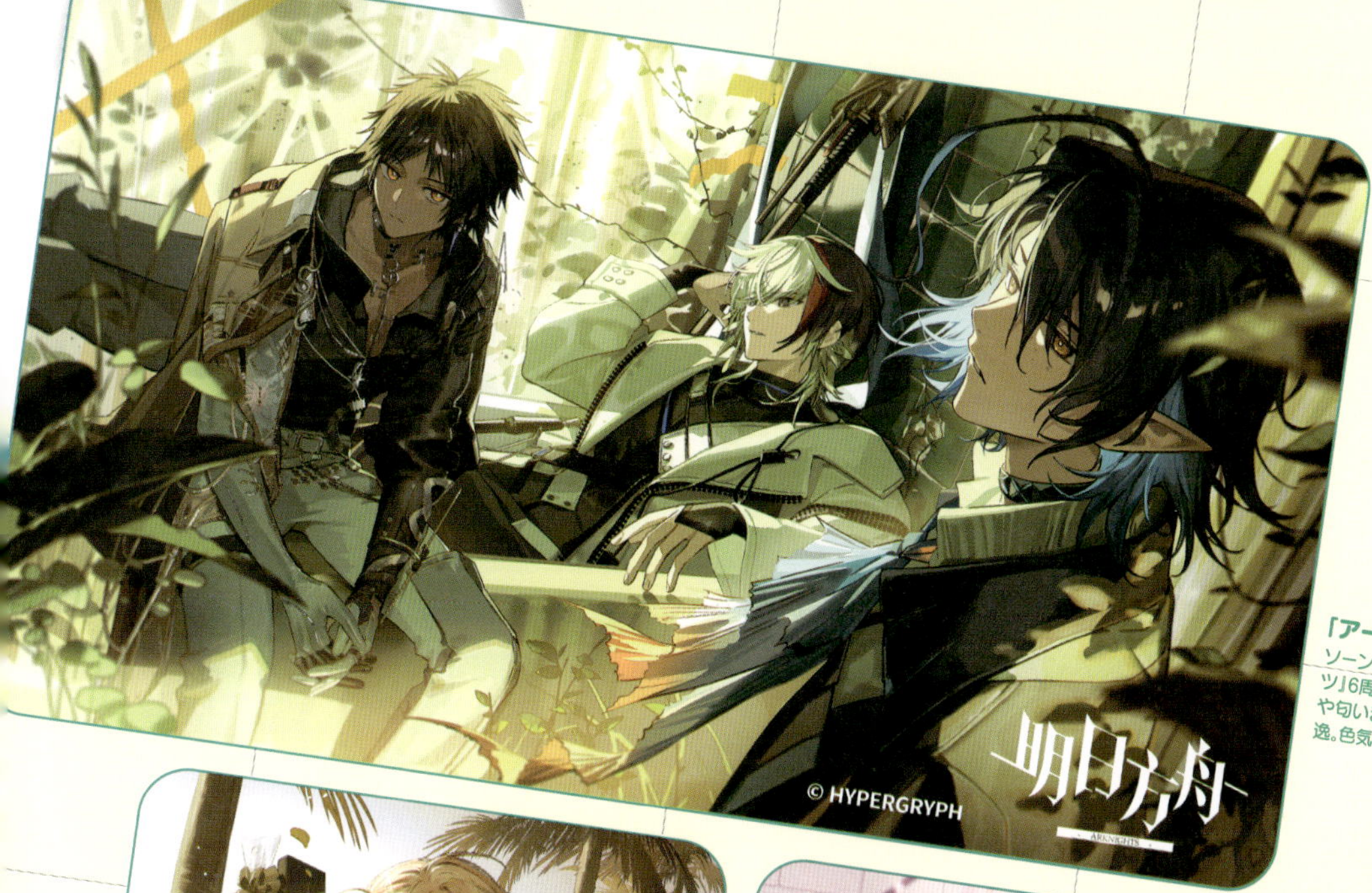

「アークナイツ」6周年イラスト(2025)

ソーンズ、エリジウム、ルーメンを描いた「アークナイツ」6周年のイラスト。ドラマチックな光の演出と風や匂いまで感じられそうなシーンの切り取り方が秀逸。色気あふれる男たちの静謐な美しさが際立つ。

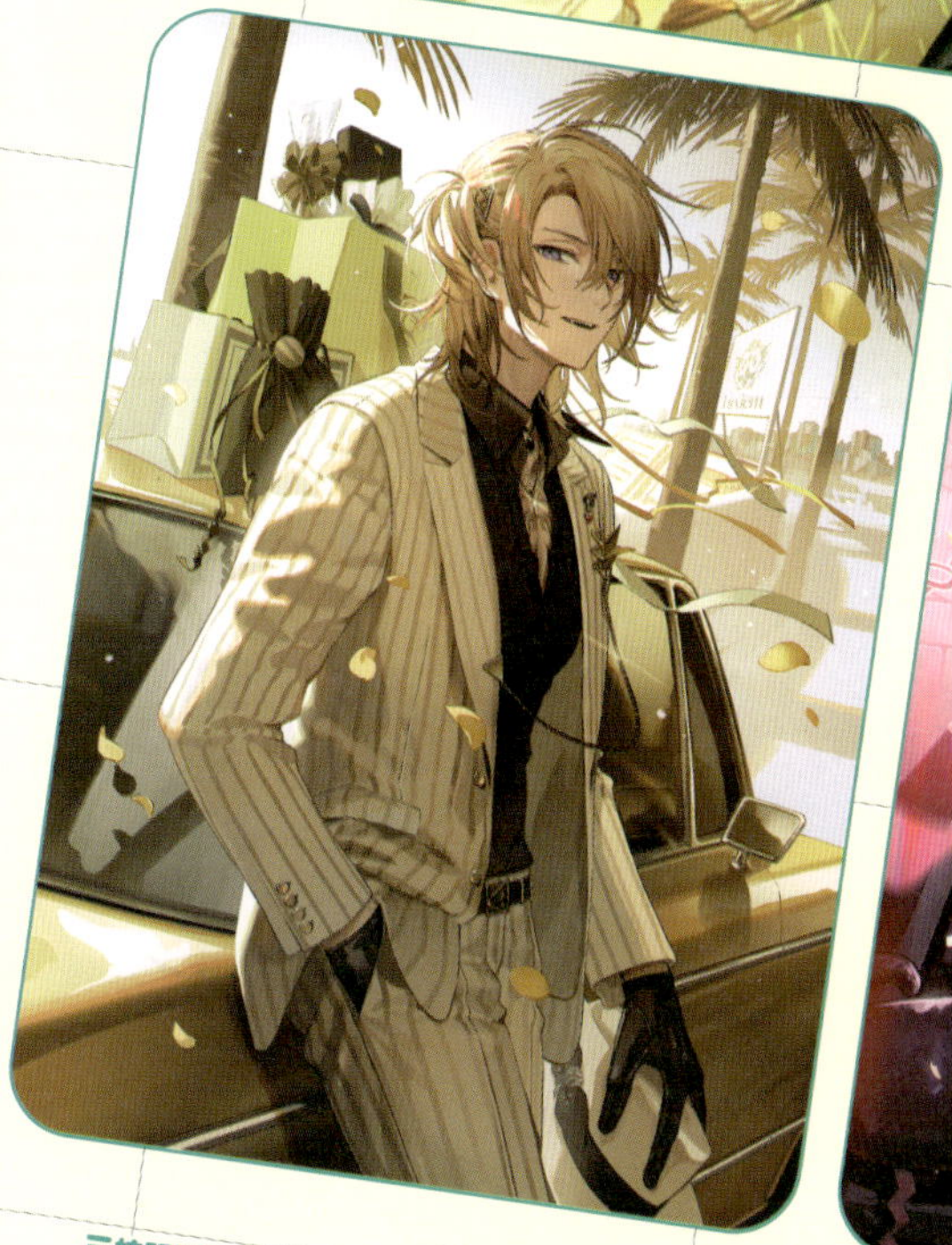

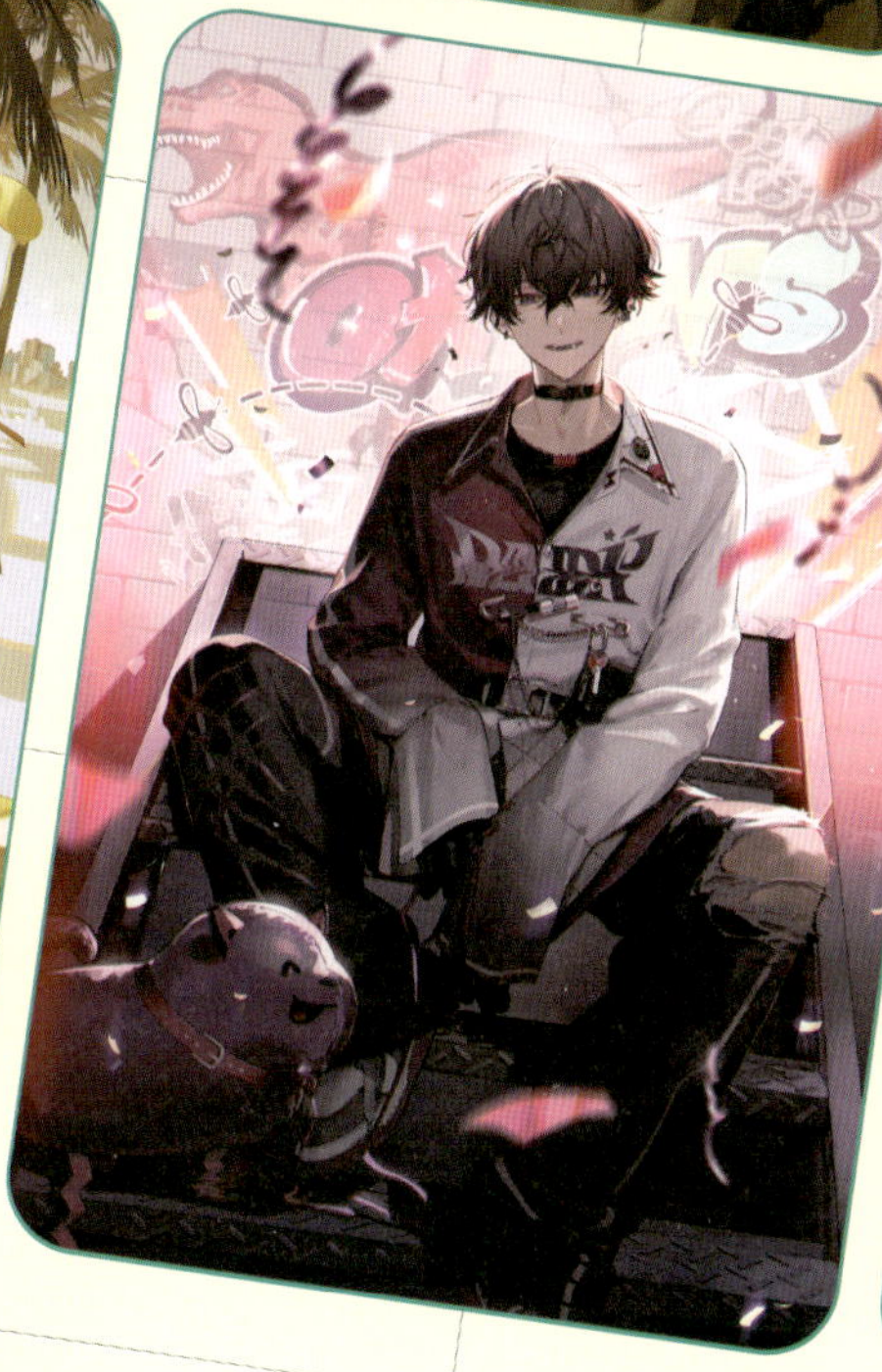

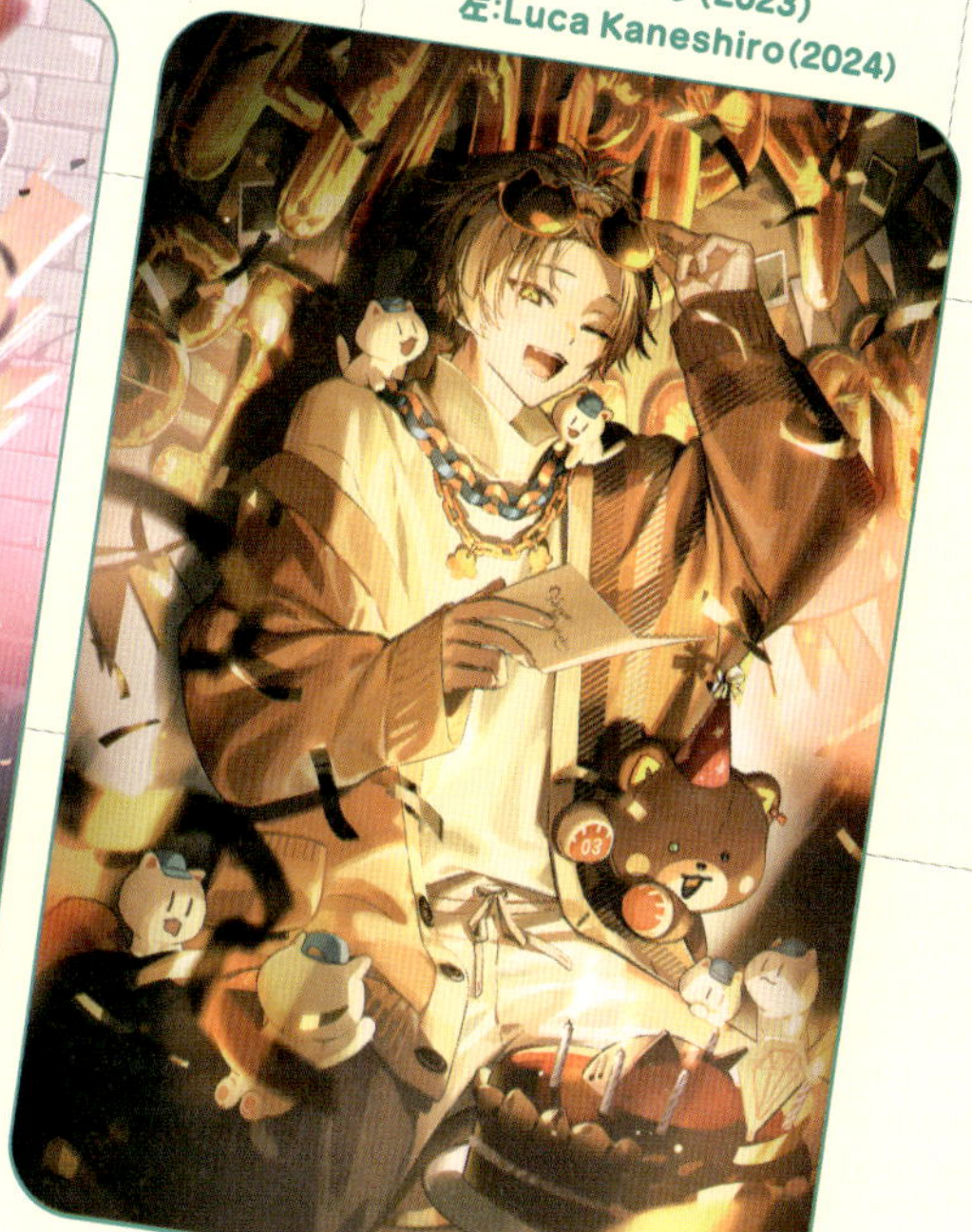

右:Alban Knox(2024)
中:佐伯イッテツ(2023)
左:Luca Kaneshiro(2024)

三枝明那(2023)

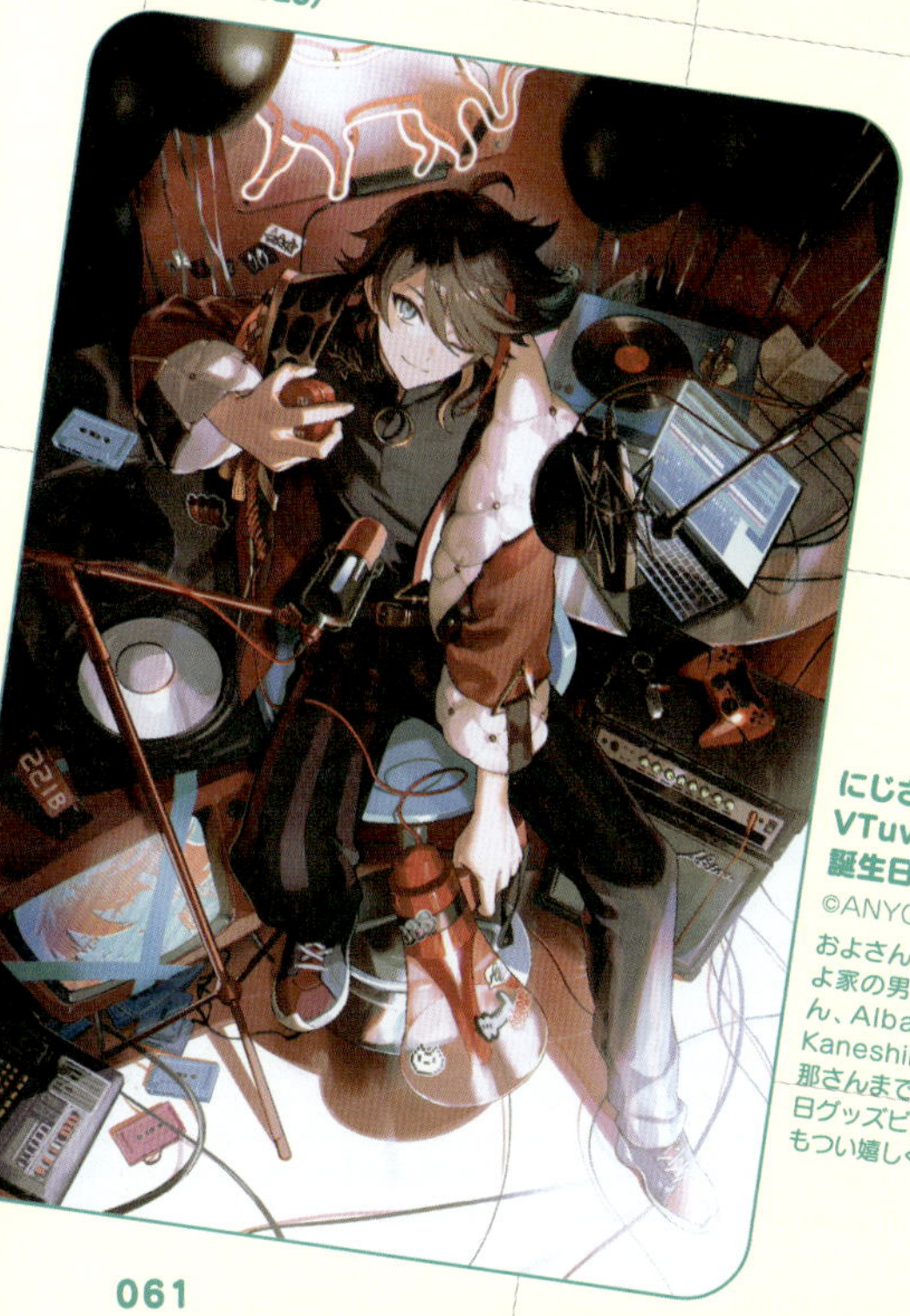

にじさんじ(NIJISANJI)
VTuver
誕生日グッズビジュアル

およさんがママである、通称・およ家の男たち、佐伯イッテツさん、Alban Knoxさん、Luca Kaneshiroさんの3人に、三枝明那さんまで、それぞれらしい誕生日グッズビジュアルには、見る側もつい嬉しくなってしまう。

上:【プロジェクトセカイ カラフルステージ！ feat. 初音ミク Vivid BAD SQUAD 「エゴイスト」2DMVイラスト】(2024)
実力派ストリートユニット・ビビバスことVivid BAD SQUADに、衣装デザイン、ジャケットビジュアルなどで携わるおよさん。イラストごとに様々なメンバーの一面を見せてくれるのが楽しい。「エゴイスト」の2DMVイラストは楽曲に合わせて、ややダークなテイストに。モノクロカラーにイエローが映える。

下:オリジナルイラスト(2023)
©およ
ちょっとワルそうなスケボー男子の何気ない日常を切り取ったオリジナルイラスト。こちらにまで煙が漂ってきそうなスモーキーな空間で、仲間と地べたに座り込み、だるそうに棒付きキャンディを舐める姿が可愛い。キャラクターの生活感が伝わる一枚。

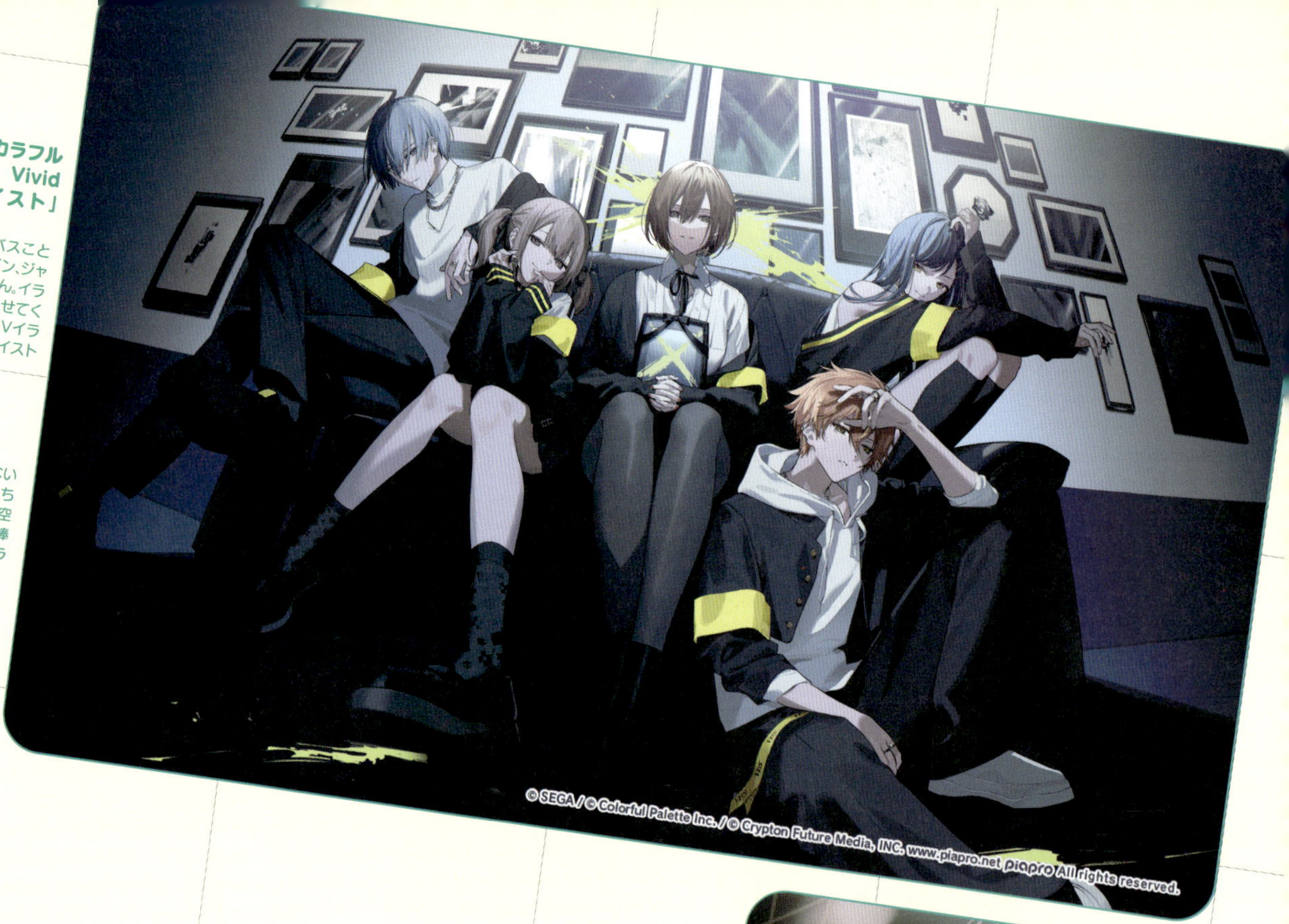

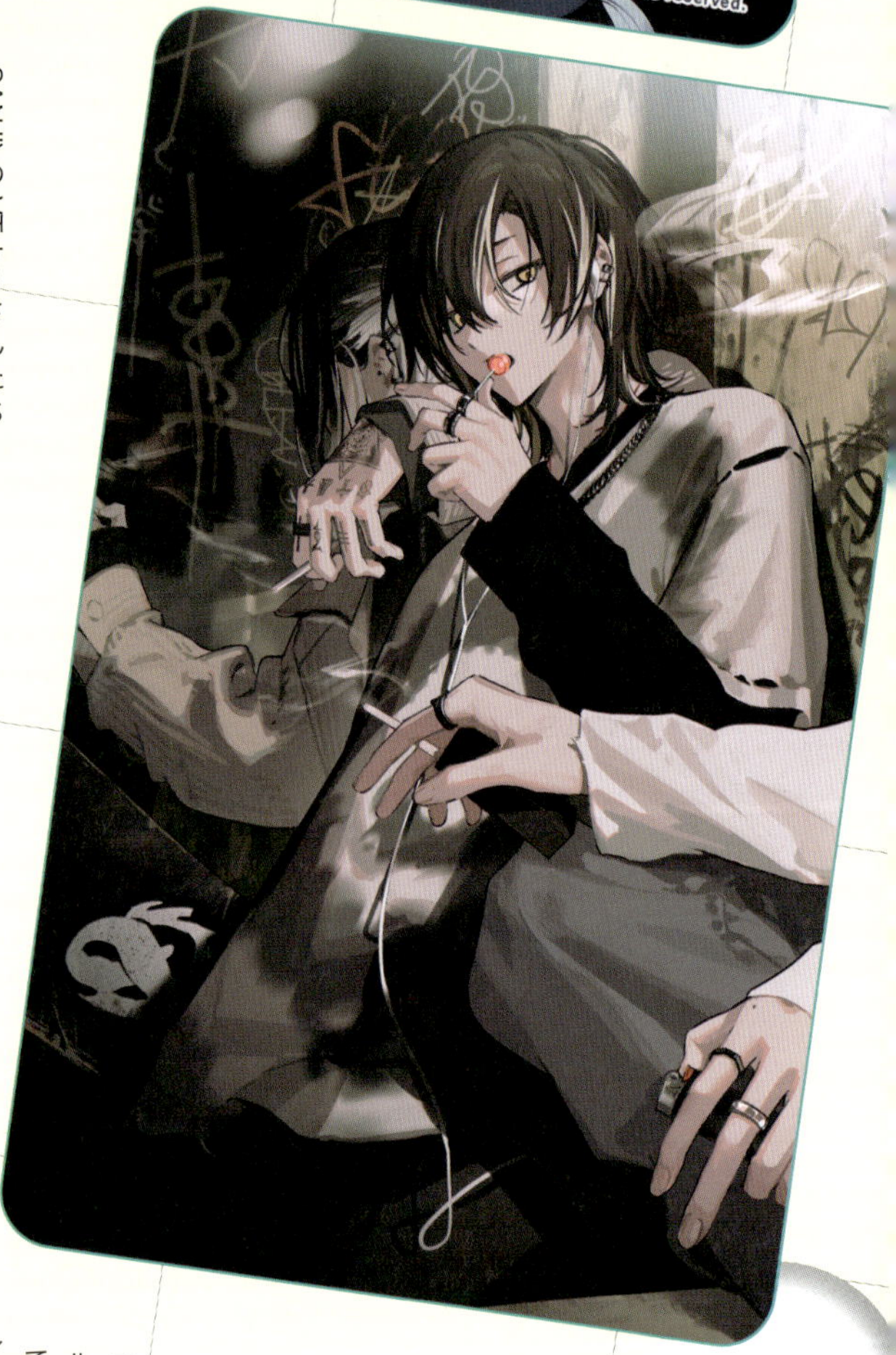

SANJI)のVTuberさんたちの誕生日グッズビジュアルはどんなふうに描かれているのでしょう？　意識していること、大事にしていることを教えてください。例えば二〇二三年、二〇二四年、二〇二五年では絵のタッチも微妙に変えられていて、毎年「今」が旬の、みんなが好きなタッチで描かれていると感じています。

A7　絵のタッチが少しずつ変化している感覚は自分の中にもあるのですが、特定の絵柄に固執はせずに、クライアントさんやコンテンツごとの味に合うように幅広く対応できる柔軟さを大事にしています。ビジュアルを担当させていただいたVTuberさんもそうでないVTuberさんも、ファンの方が期待する姿に少しだけ新しい部分をプラスできればと考えており、必要であれば絵柄などガラリと変えてしまっても良いと思っています。

Q8　『18TRIP』では、タイプの違う魅力的な男性キャラクターをたくさんデザインされています。エイトリのキャラクターたちをデザインする上でこだわったところや楽しかったところを教えてください。　もともとのおよさんの好みとしては、髪の長い、色気のある、ややアウトロー感のある男性がお好きでは？　と感じているのですが、エイトリは全体のイメージとしてポップなイメージも強いと感じました。

A8　キャラクター数がとにかく多いので、なるべく目元だけでも判別できるようなデザインにすることを心がけていました。かなり奇抜で斬新な特殊設定も多く、そういった固有の特徴をデザイン上でもほのめかすことができないか試行錯誤するのは楽しかったです。サブキャラクターのほうがデザインの自由度が高かったので、おそらく「好み」がよりわかりやすく反映されていそうだなと思います。

Q9　ビジュアルを担当された『18TRIP Cassette'HAMA Nice Trip'』の朝、昼、夕、夜班それぞれの集合イラストがとても可愛いです。およさんには珍しい色味やタッチが新鮮で、それぞれの日常の描写もとても楽しいです。これらの集合イラストをどう描いたか教えてください。

A9　『18TRIP』にはいつも明確なデザインコンセプトがあり、それにお応えしていくなかで今まで自分の中になかった表現方法をいくつも引き出していただきました。漫画を描くのも好きなので、モノクロの漫画に色を入れた、くらいの感覚で制作していたように思います。非常に楽しかった記憶があります。

Q10　およさんは様々な作品で集合絵を描かれていますが、例えば情景をドラマチックに描いた『アークナイツ』のようなイラストから、スタイリッシュなVivid BAD SQUADのビジュアルまで、多様な見せ方をされていると感じます。複数人のイラストを描く時に、気をつけていることを教えてください。

A10　集合絵はカメラの有無をかなり意識します。一人だけカメラの存在を無視していたり逆に目線を向けていたりすると違和感があり絵の説得力を欠いてしまうと感じるので、指定がない限り統一するように気をつけています。とはいえ印象的にしたい人物がいる時はあえて目線を逆にしていたりもします。

Q11　およさんの作業環境と普段の作業の流れを教えてください。

A11　基本的には立ってモニターを見ながら絵を描いているのですが、今でもベストの体制や機材の配置を模索し続けています。同じ絵を描き続けていると良し悪しがわからなくなってしまうので、異なる工程のイラストを同時に進めていることが多いです。

Q12　作業のおともを教えてください。

A12　知的好奇心を満足させることができる動画を流していることが多いです。宇宙や考古学、歴史、生物、秘境にすむ人々の生活、陰謀論やオカルトまでさまざまです。文学作品や小説の朗読もよく聞いています。

『18TRIP Cassette』各班集合イラスト（2024）

レトロポップなムードが可愛いカセットの集合イラストは、それぞれ思い思いに過ごすのどかな1シーンが、ずっと見ていられる楽しさ。普段はしっかり光や質感を表現するおよさんには珍しい、コミックタッチのイラストが新鮮。

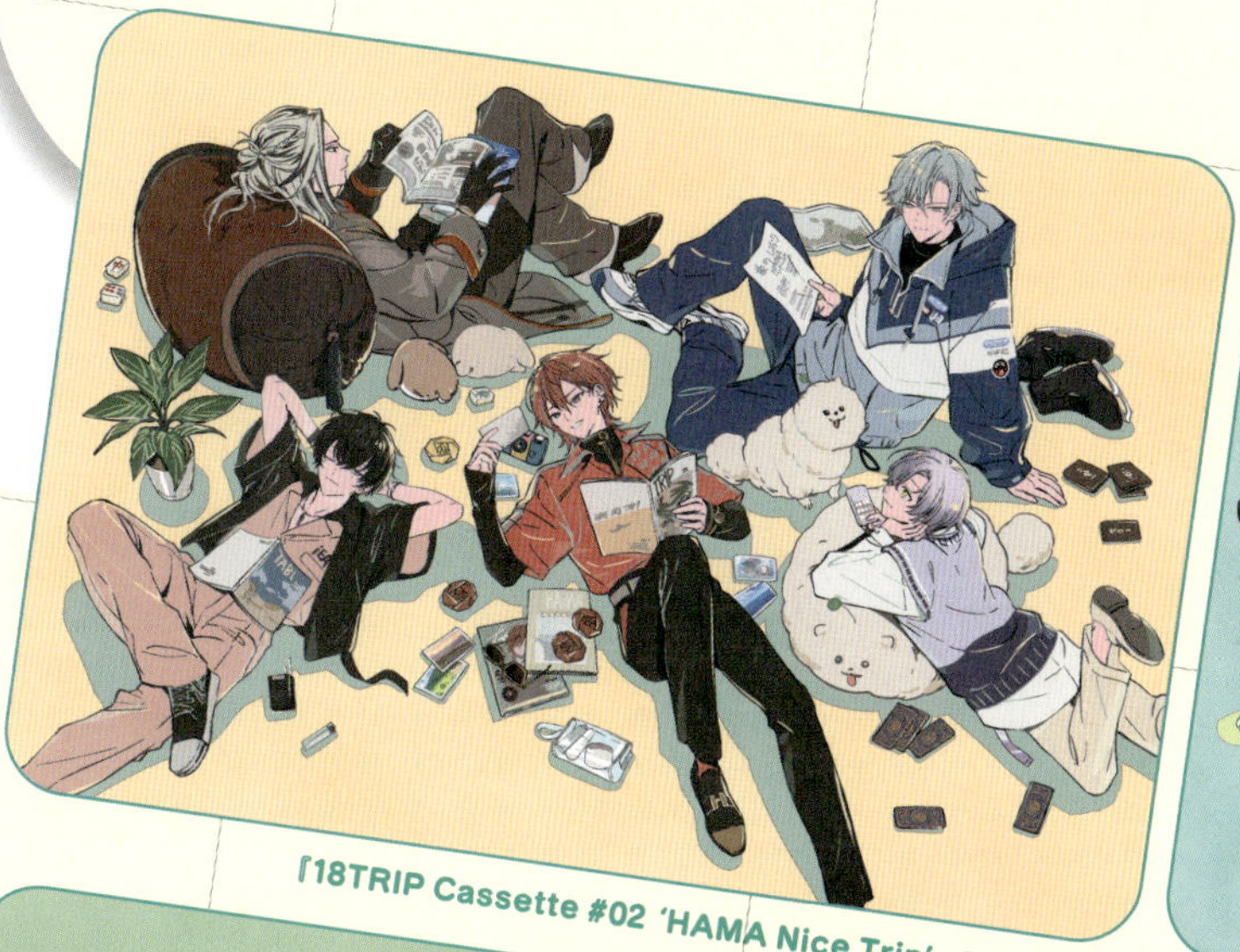

『18TRIP Cassette #02 'HAMA Nice Trip' -R1ze-』朝班

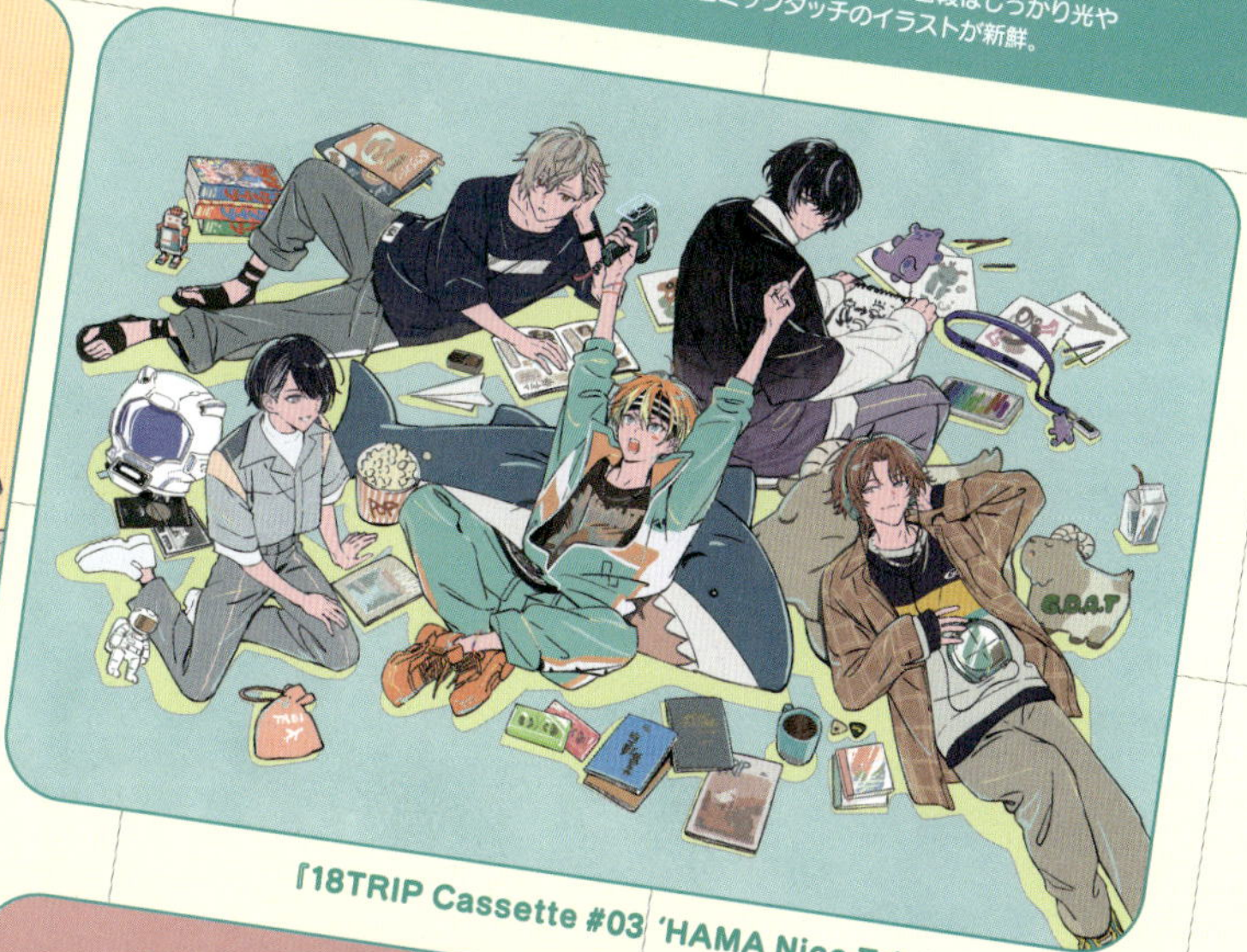

『18TRIP Cassette #03 'HAMA Nice Trip' -Day2-』昼班

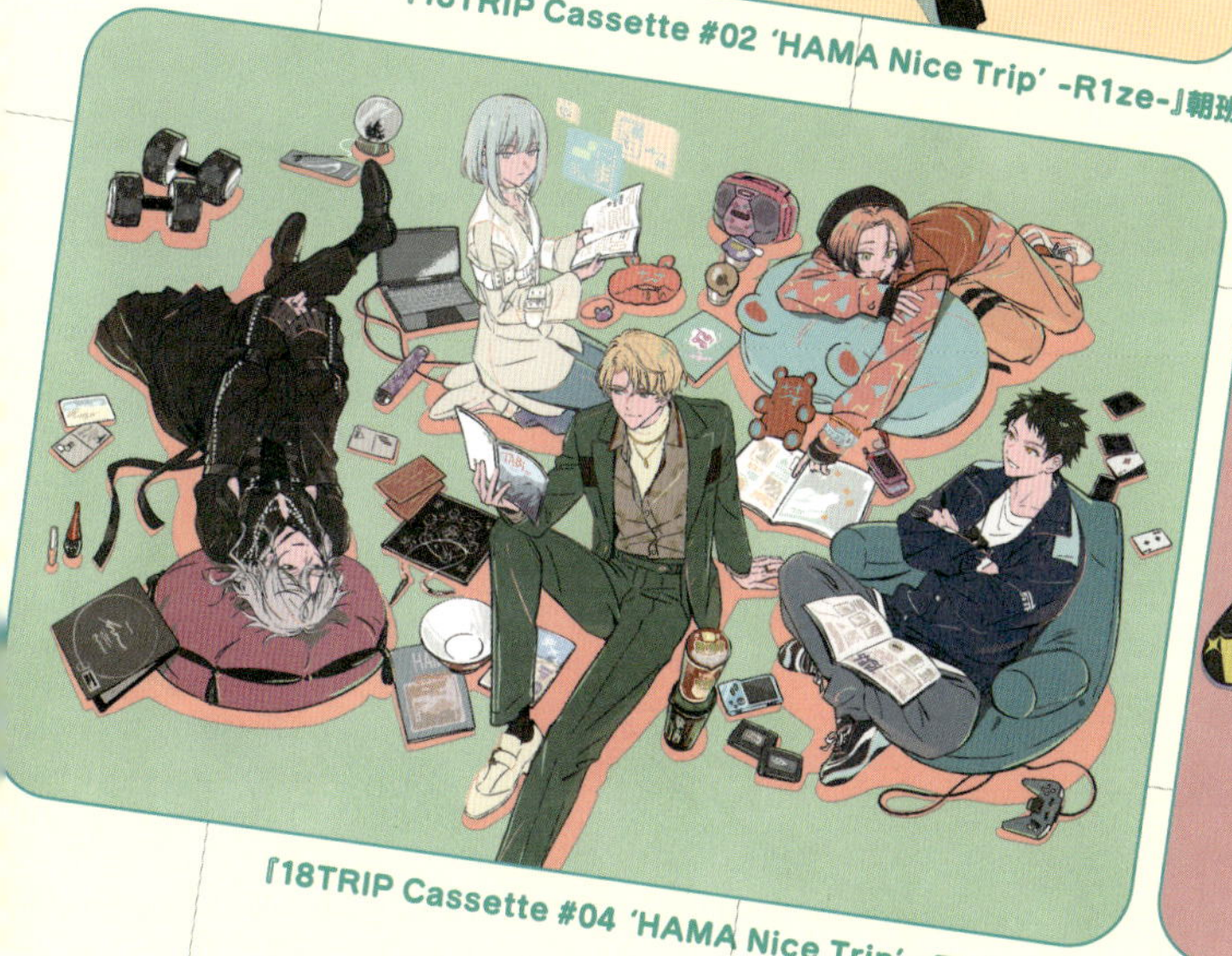

『18TRIP Cassette #04 'HAMA Nice Trip' -Ev3ns-』夕班

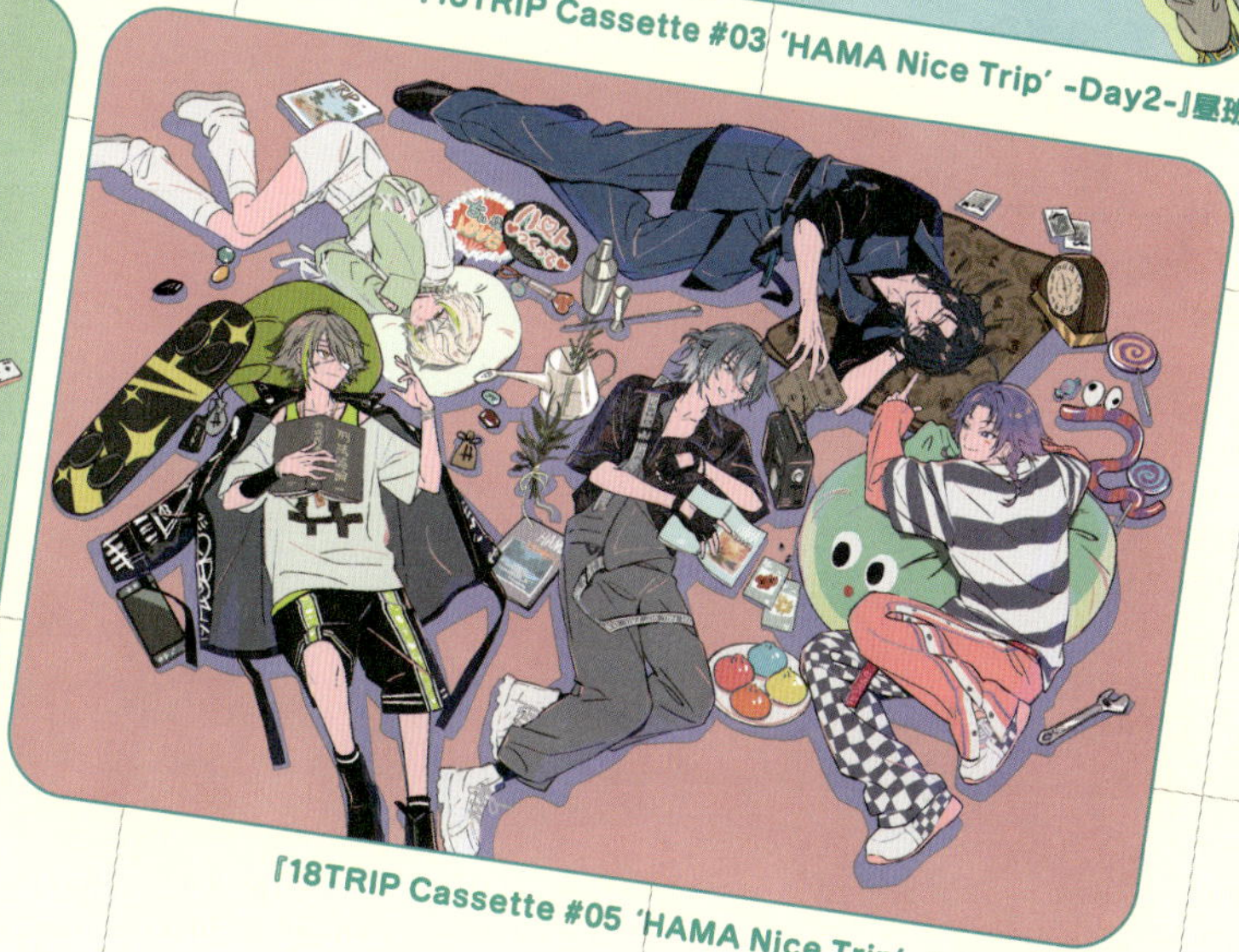

『18TRIP Cassette #05 'HAMA Nice Trip' -L4mps-』夜班

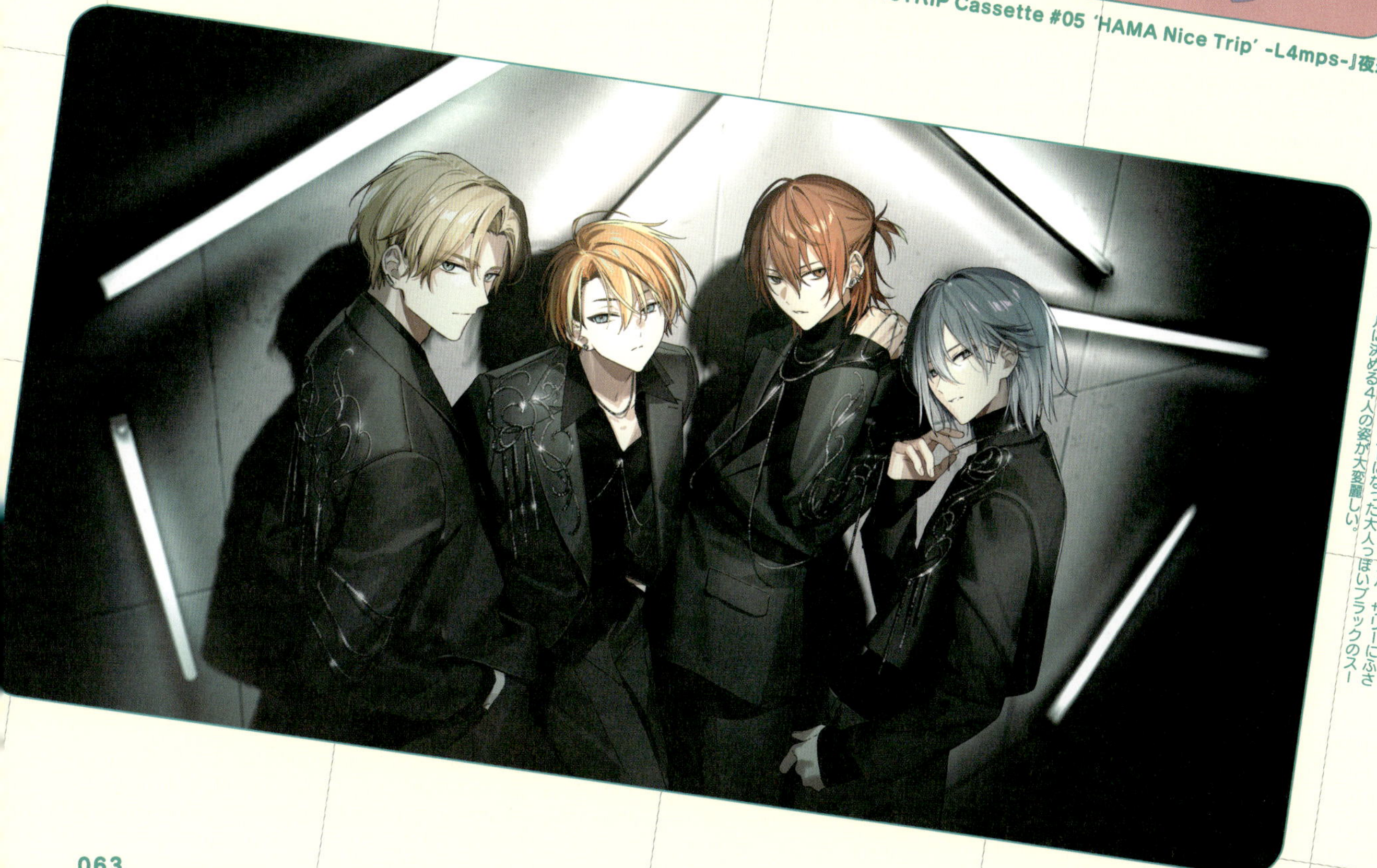

『18TRIP』1周年記念描き下ろしイラスト（2025）

1周年を記念した各班リーダーの描き下ろしイラスト。アニバーサリーにふさわしく、キラキラと光る装飾がアクセントになった大人っぽいブラックのスーツに身を包み、クールに決める4人の姿が大変麗しい。

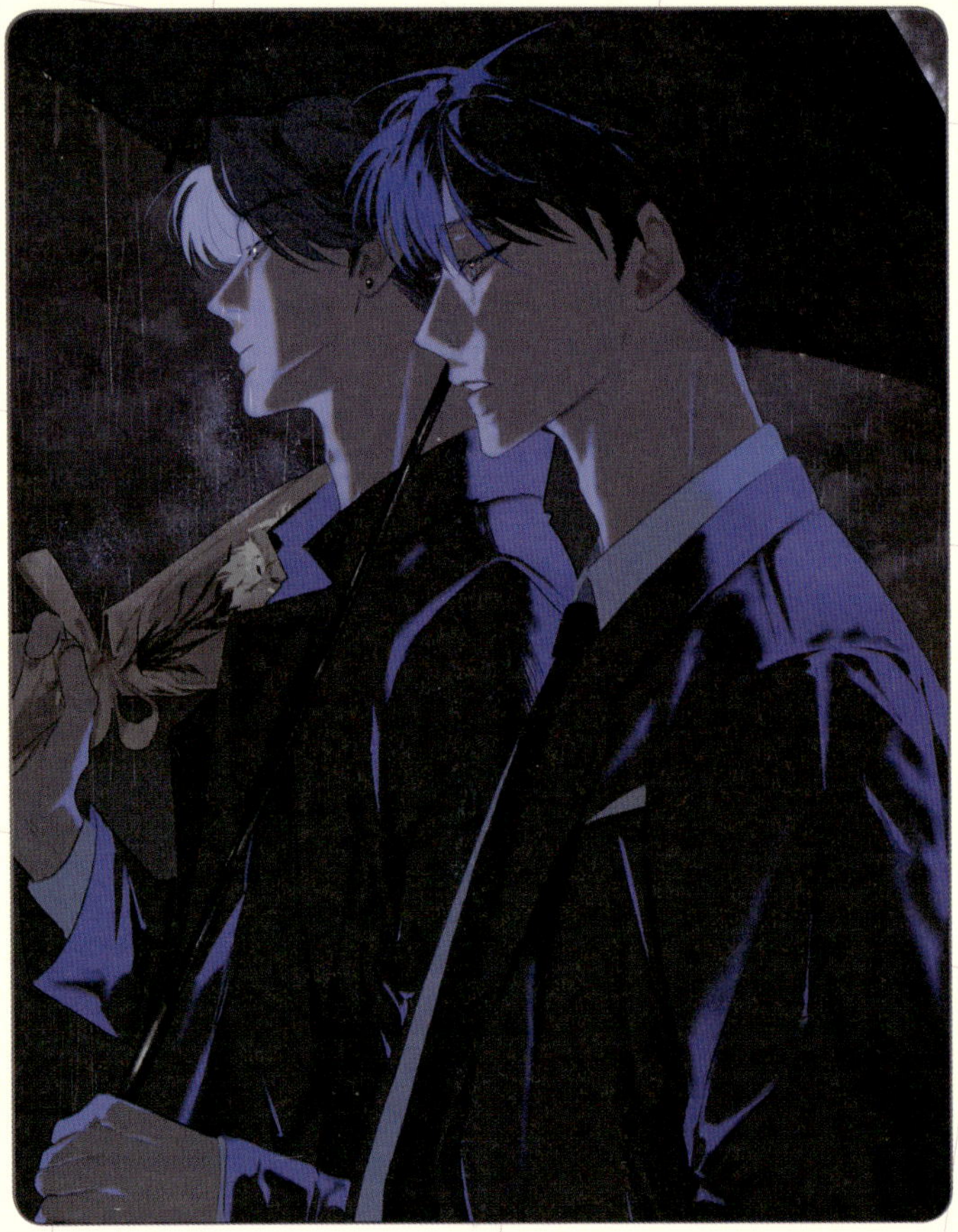

右図：「君の香り」／左図：「命日」

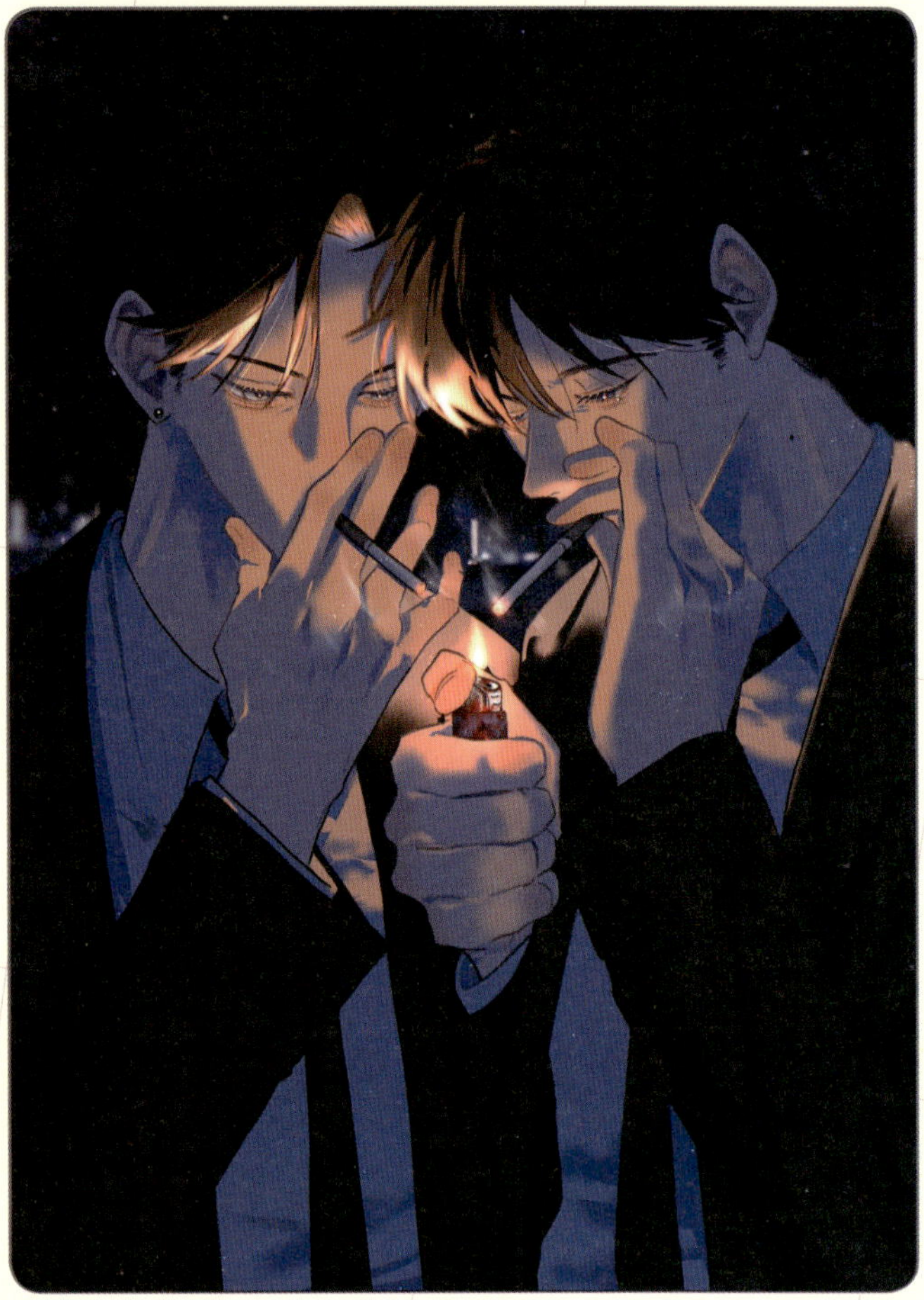

オリジナルBL作品「Bad Buddy」。裏社会で活躍する殺し屋のバディ「透」と「明」の物語が描かれている。

「後処理」

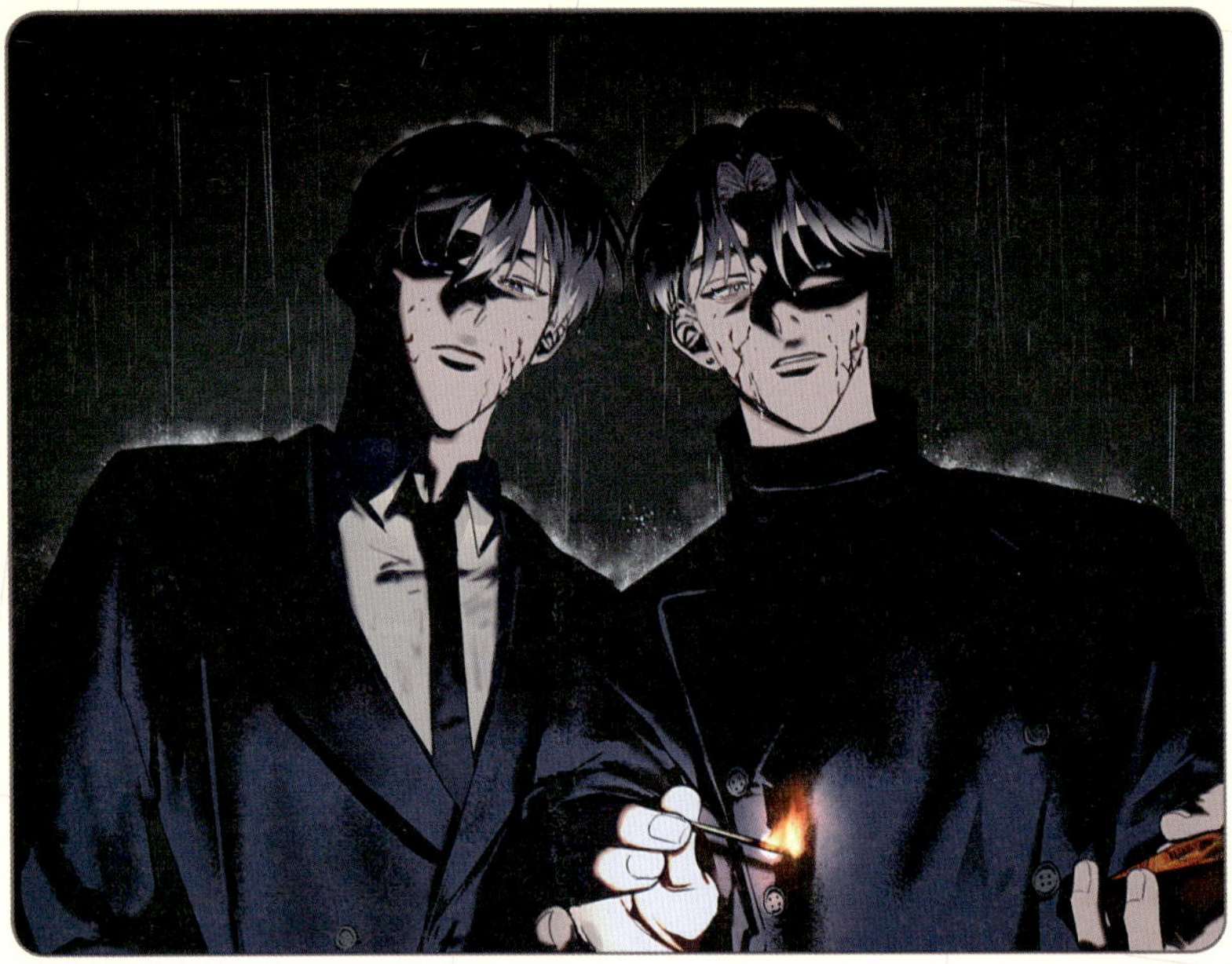

visual selection

TSUMOI

X = @pafujojo
Instagram = tsumoi808
HP = https://xfolio.jp/portfolio/tsumoi808

Q1 TSUMOIさんの描かれる男の子たちは、涼しげな眼差しや潤んだ唇が艶めいて美しく、血管が浮かぶ筋張った手の甲や逞しい体つき、前髪の生え際の流れなど、思わずときめいてしまいます…！ TSUMOIさんが「描きたい」と思う男の子のビジュアルには、どのような魅力がありますか？ また、好きな男の子像についてもお聞かせください。

A1 私は「2次元でしか見られない理想像」ではなく、「世界中を探せば本当にいそうな男の子」を描くことをモットーにしています。そのため、アクセサリーや小物の描写もできる限り現実味を纏わせることを大切にしています。中でもホクロは、私にとって最大の武器です。ホクロひとつで「どこにでもいる男の子」から「世界にひとりだけの男の子」になる。ホクロはそんな可能性を秘めた〝夢〟なのです。細かい装飾を描くのが得意ではない私にとって、キャラに個性を持たせる上でとても重宝しているディテールです。

また、キャラクターを描く際には必ず「テーマ」を意識しています。例えば、最近描いたシルバーアクセサリーを身につけた男の子は、細身でありながら〝男性らしさ〟を感じる腕を組み合わせることで、アクセの魅力を最大限に引き出せるようにしました。見る人に「この男、メロい…！」と思ってもらえるよう、髪型・骨格・体型まですべて計算して描写しています。

さらに、キャラクターには必ずバックボーンや設定を与えるようにしています。オリジナル作品「Bad Buddy」の透と明は幼なじみであり殺し屋ですが、2人の名前を合わせると「透明」になります。ニコイチで支え合いながら生きていく意味を込めつつ、同時に「殺し屋として生きる世界で〝透明であり続ける〟ことは最も難しいことである」という残酷な対比を表現しています。そうやって意味を重ねていくことで、キャ

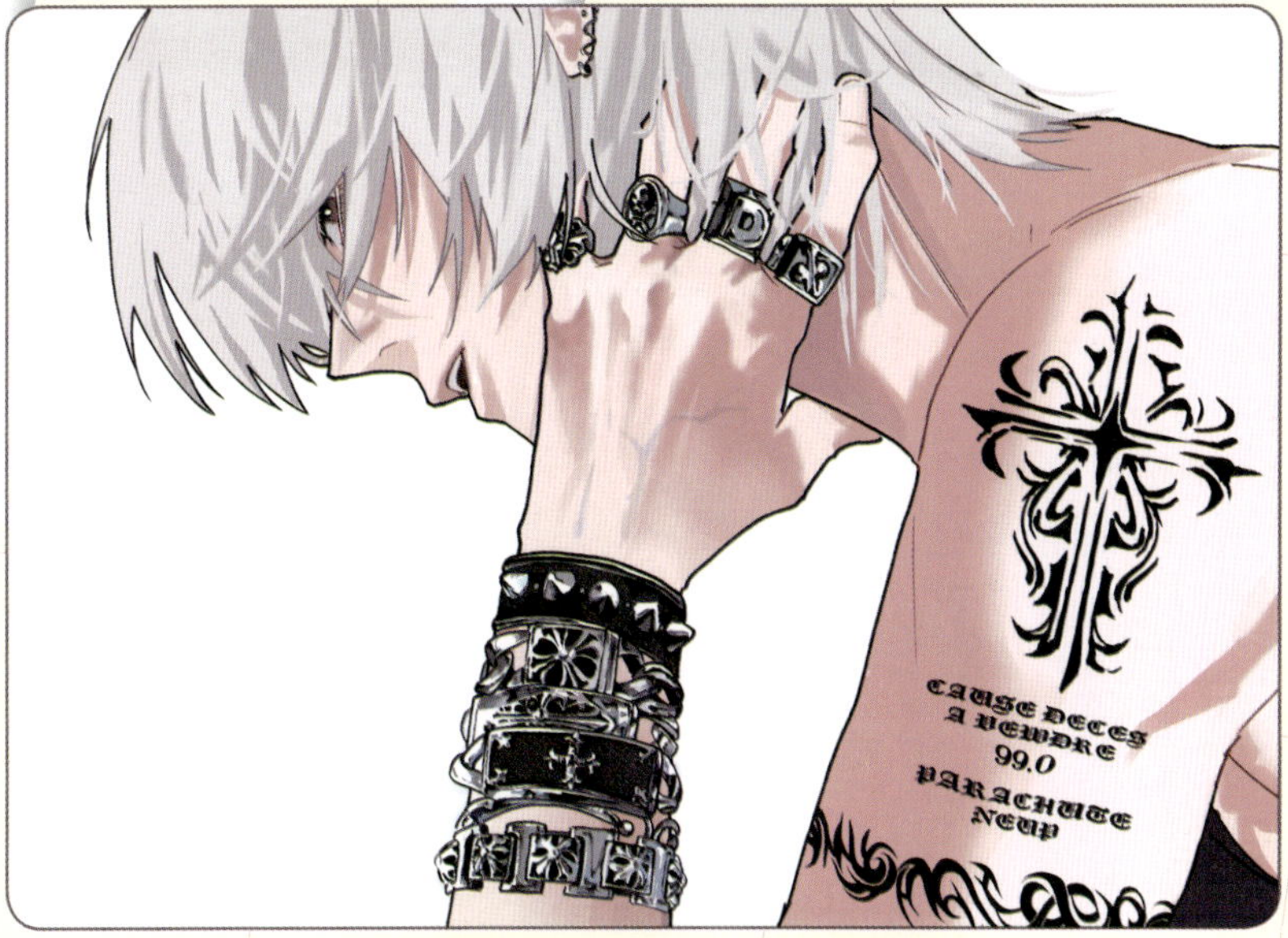

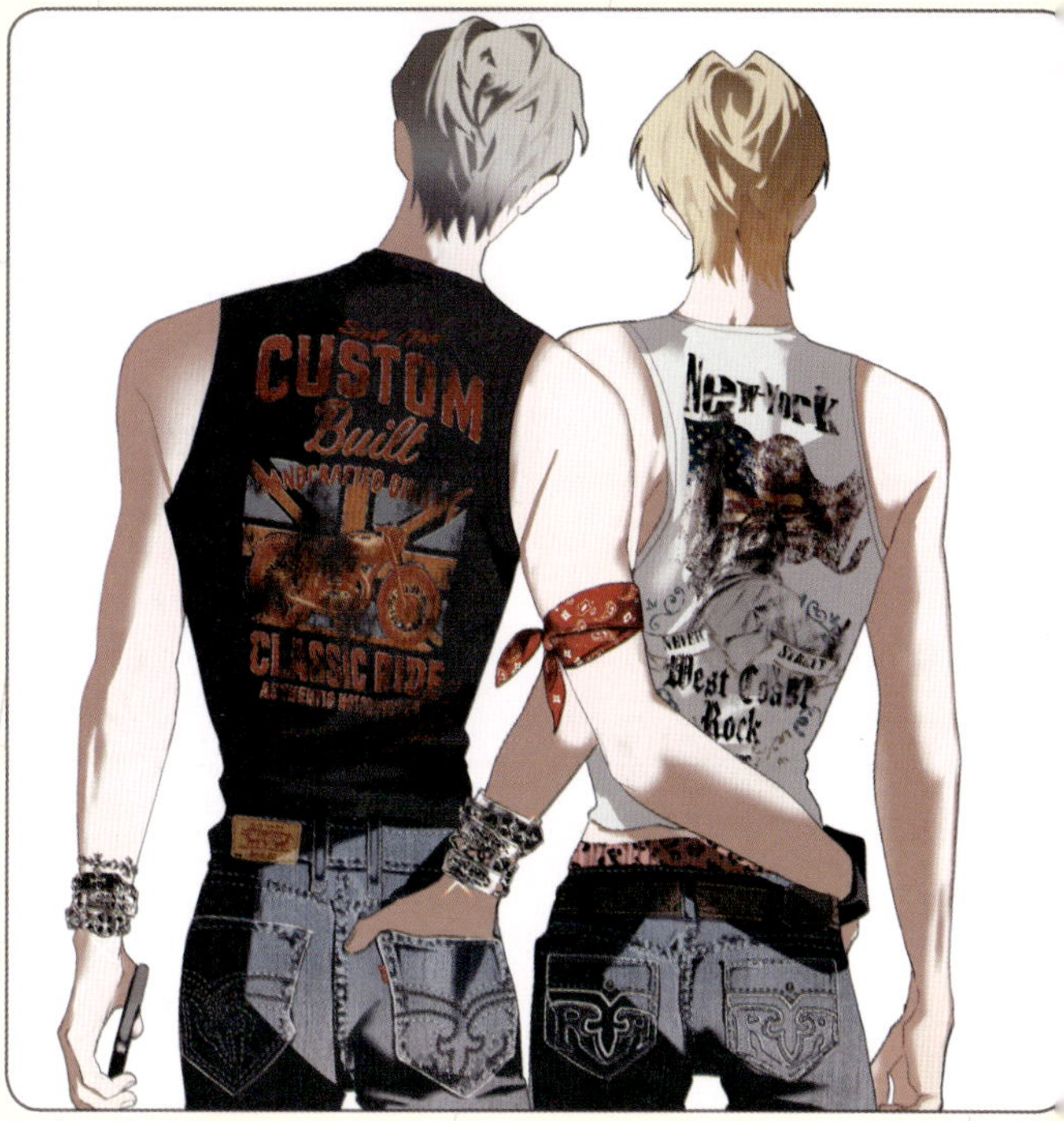

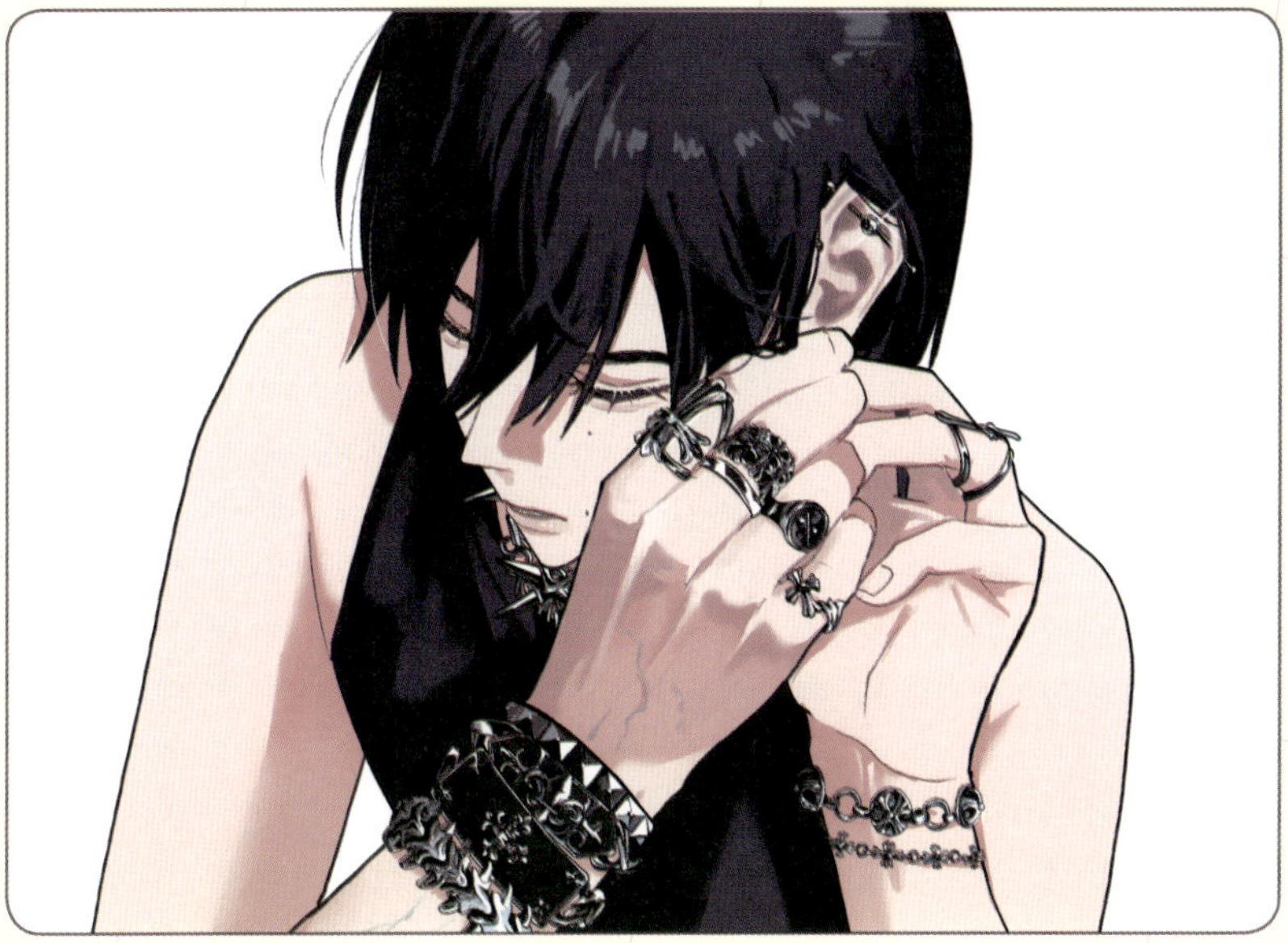

右図：「SUMMER」
左上段図：「DEEPEST」
左下段図：「Edge」

ラクターそのものに深みが生まれ、様々な視点から楽しんでもらえると考えています。

Q2　また、TSUMOIさんは黒スーツやレーサー、宇宙飛行士、カウボーイなどの多彩なファッションも描かれていると思います。男の子たちの美しさを際立たせるような、厳ついシルバーアクセサリーや、フェミニンなピアスなどアクセサリーのあしらいも印象的です。TSUMOIさんが好きなファッションや、描いていて楽しいファッションについて教えてください。

A2　実際の私自身はカジュアルな服が好きだし、シンプルなファッションをした男性に惹かれることが多いです(笑)。でも「自分が着たい服」と「キャラクターに着せたい服」はまったく別で、そこに大きな楽しさを感じています。

　たとえば、現実で彼氏が着ていたらちょっと引いてしまうような派手なファッションでも、私のキャラクターならどんな装いも美しく着こなしてくれます。そうやって現実ではなかなか見られない姿を描けるのは、創作ならではの魅力だと思います。

　また、私はガジェット系やメカ系の装飾があまり得意ではないので、デニムやレザーといった素材感のあるアイテムを描くのが特に好きです。色をのせた瞬間に質感や個性がちゃんとついてくるので、描いていてとてもテンションが上がります。

Q3　TSUMOIさんが今後、描いてみたいテーマがありましたら教えてください。告知できることもありましたら教えてください。

A3　これからは、もっと多くの方に私の「メロい男の子」を知っていただけるよう、キャラクターデザインのお仕事を増やしていけたらと思っています。さらに、そのキャラクターがVTuberとして動く日が来たら……と夢見ています。また、活動の場も少しずつ広がってきており、アジア圏でのご縁も増えています。来年は中国で二度目のサイン会を開催予定です。これからも世界に向けて、自分の描く男の子たちを広めていけるよう挑戦していきたいです。

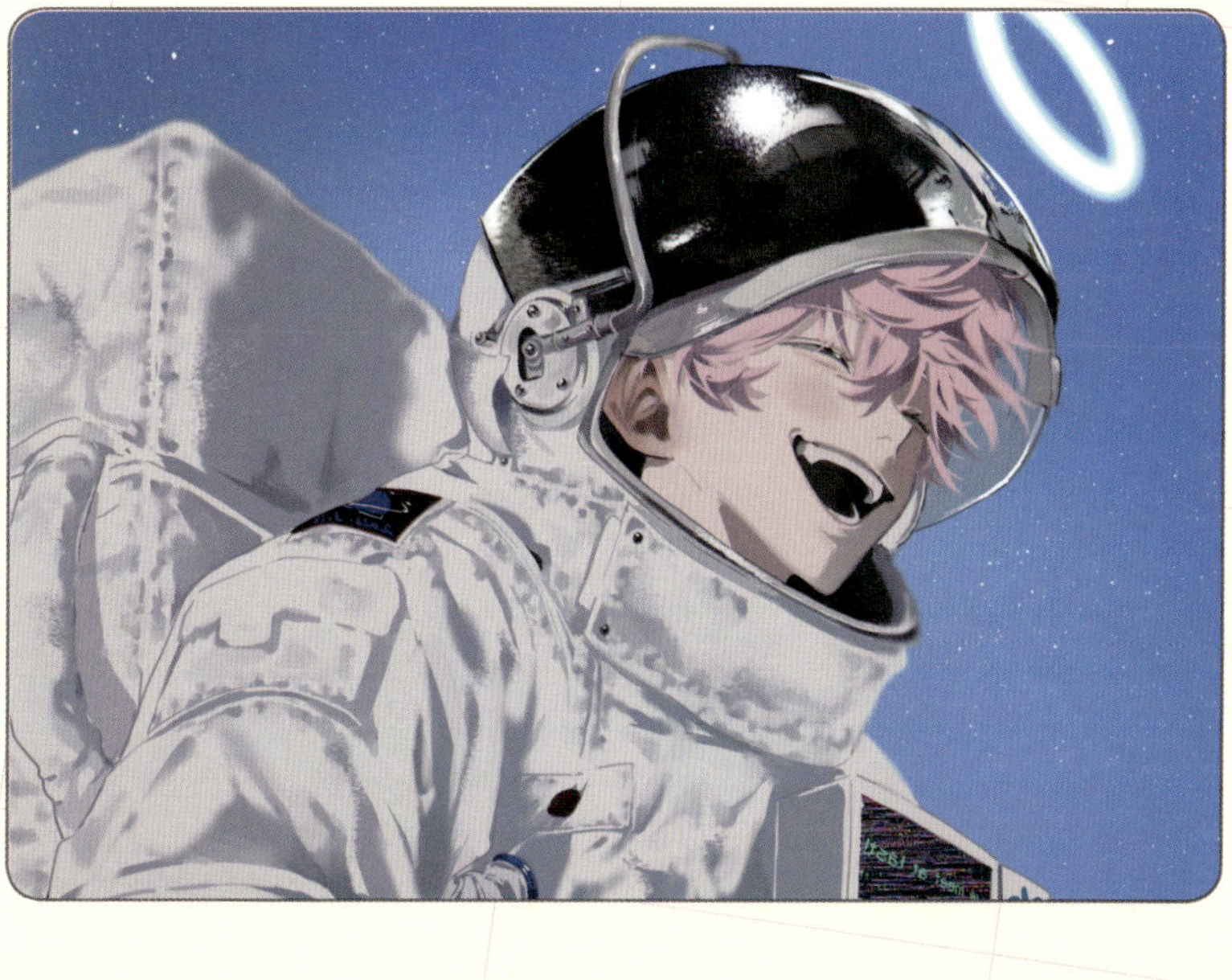

「やっと逢えた！」

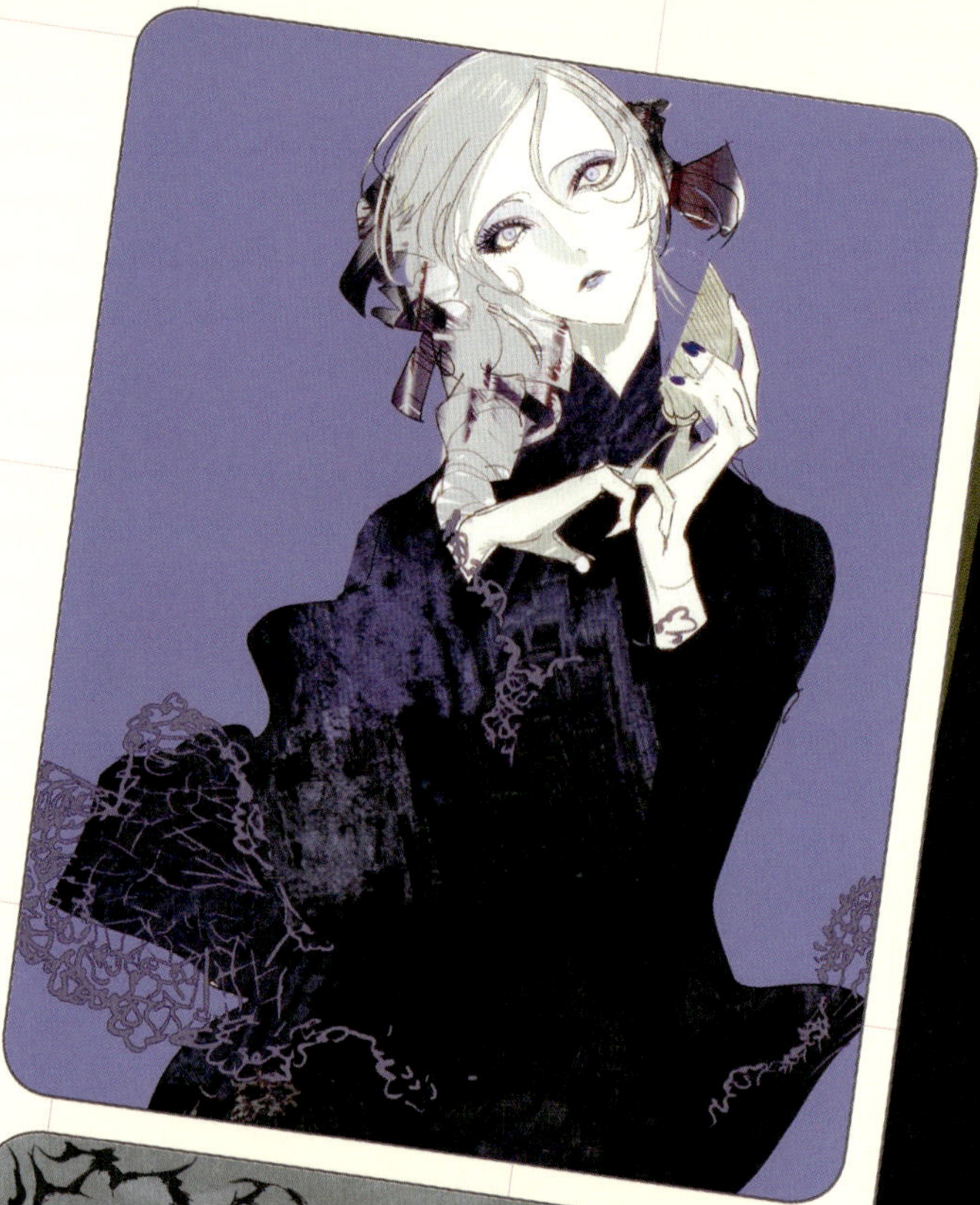

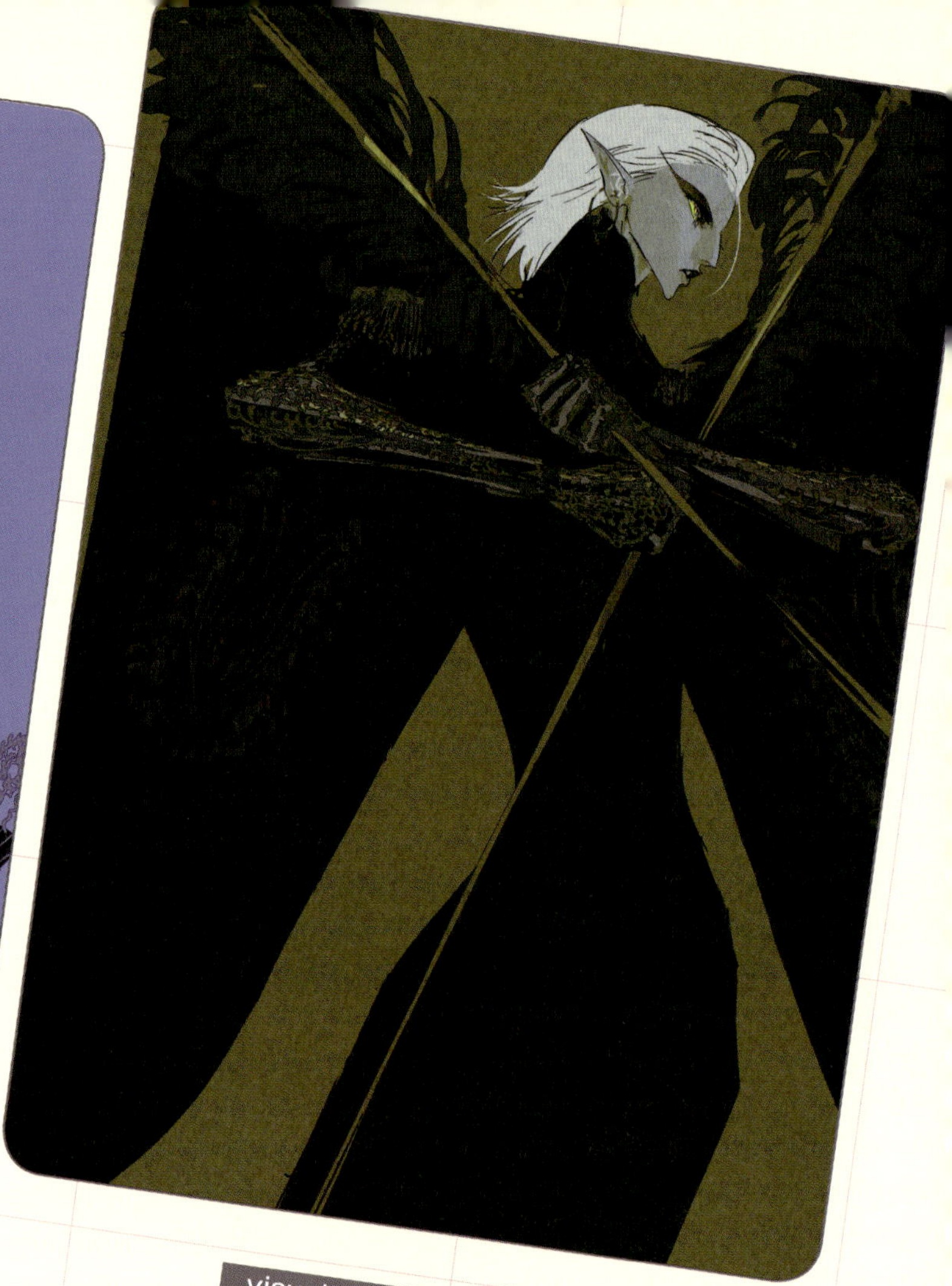

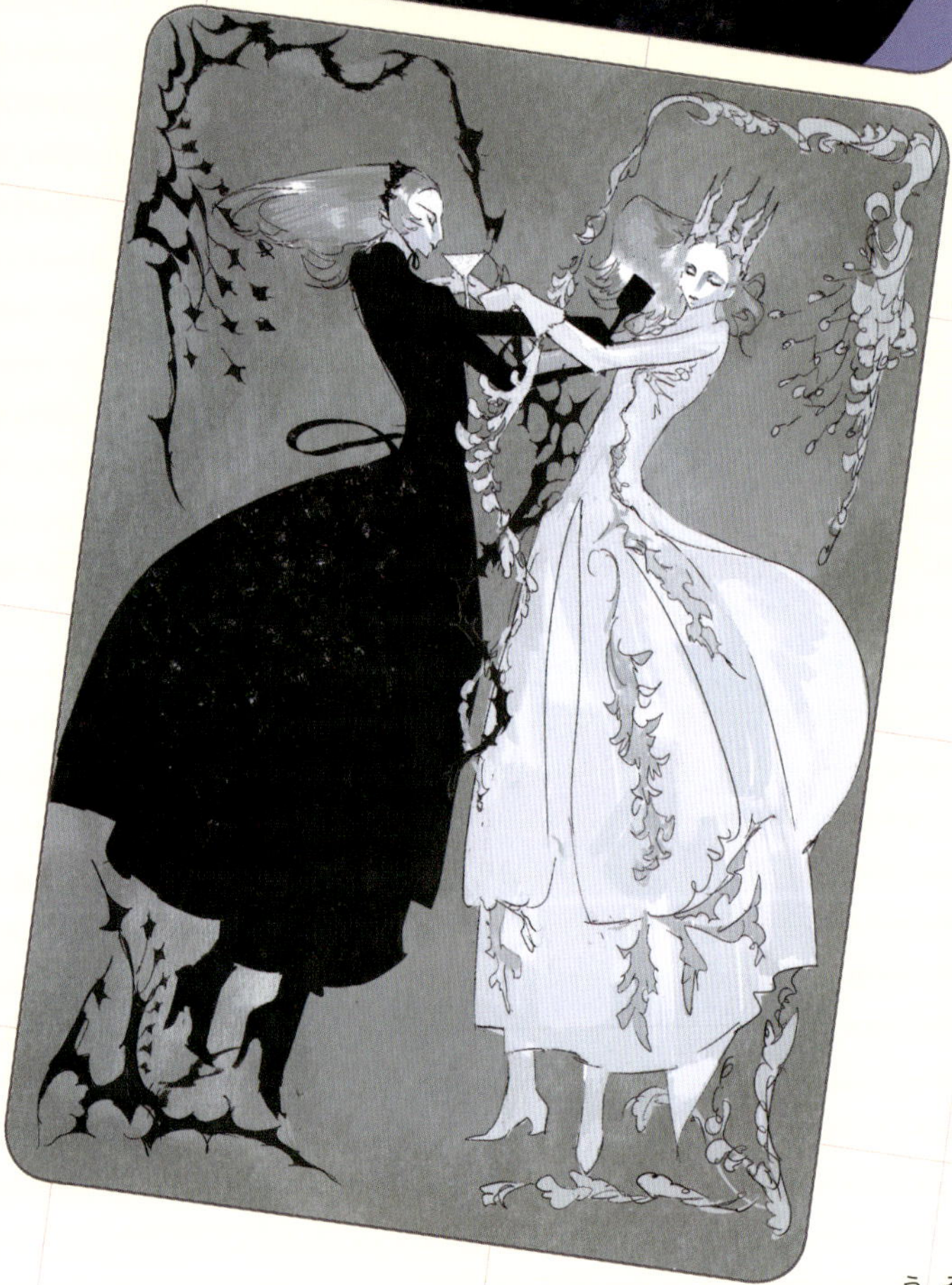

visual selection

Toduring

X = @Toduring

Q1 Toduringさんの、呼吸を感じる流れる筆致がとても美しいです。また、眼差しに心を奪われます。ほかにも、ローブやアクセサリー、翼などモチーフからも、神秘感の中に漂う退廃のムードも感じられます。Toduringさんが作品を描く上で大事にしていることについて教えてください。

A1 全体の画面について言うと、最も気にしているのは「簡潔さ」かなと思います。版画の効果や、平面的な装飾画に近い雰囲気がすごく好きなんです。壁画もそうですが、そういう表現は落ち着いた空気を伝えてくれるし、画面にバランスが出る感じがあって。ちょうどよく「平面化」することで、細かすぎて必要ないディテールを削ぎ落としつつ、それでも印象に残る“魔力”みたいなものを残せるんです。個人的にも神秘主義っぽいものが好きなので、平面化と神秘感はすごく相性がいい組み合わせだと思っています。技法的なところで言えば、平面構成を意識しているのですが、それが「完成度」にこだわっていう意味ではなくて(笑)。私が普段発表している作品の中には、実は描ききっていないものもけっこう多いんです。描いた時点で、自分が表現したいことがもう十分に伝わっていると感じたら、それ以上「完成させなきゃ」とは思わないんですよ。欲しい雰囲気が出せたらそれで満足です。だから、私が言う「簡潔さ」には、かなり気まぐれな部分も含まれていると思います。具体的な画面内容については、例えばキャラクターのイラストだったら、その人物の持っている雰囲気や服装のスタイル、それらがそのキャラクターの独自の魅力につながっているかどうかを一番大事にしています。もちろん、今話したことはあくまで私自身の主観で、一番気にしていることとその理由にすぎないのですが、この2年くらいは特に、そういうことをやっていきたいと強く思うようになりました。

Q2 Toduringさんが描かれる、黒と白で対となるオリジナルキャラクター「abee」と「hillar」に惹かれています。重めの前髪から見える美しい顔立ちにドキドキします。二人はどのようなキャラクターなのでしょうか?

A2 AbeeとHillarのビジュアルは、もともと二〇二一年に発表した日常的な習作から始まりました。当時はまだ、自分のキャラクターをどうデザインするか模索していた頃です。ただ、二人を具象化する前からDark Wave系の音楽(ゴシックや民族、新世紀要素を含んだジャンル)をよく聴いていましたし、美術的にも興味のあったゲーム『DARK SOULS』に触れていたこともあって、彼らをあえてゴシックな雰囲気の中に置こうと考えました。

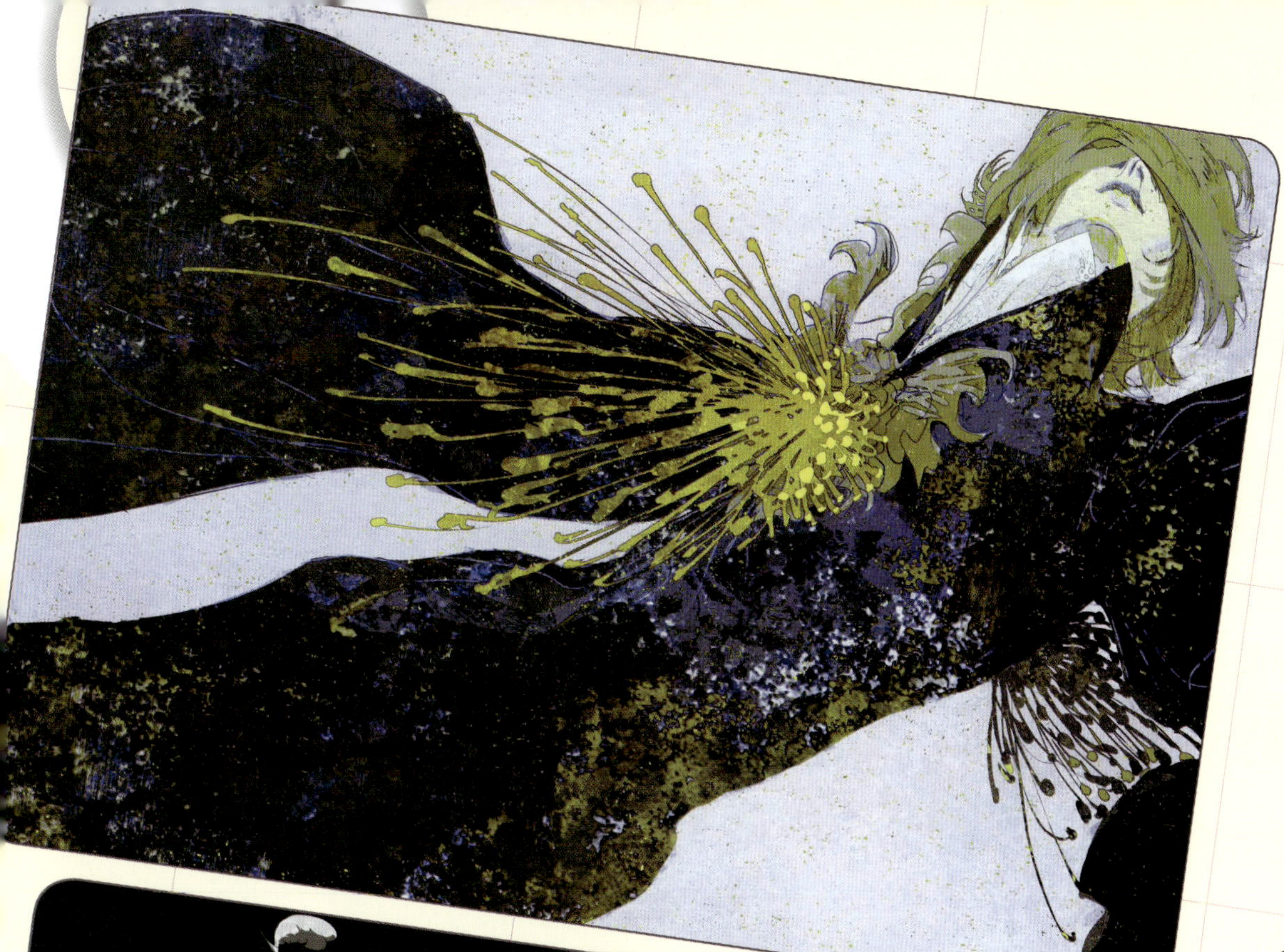

それが二人の基調になっています。私が一番気に入っているのは、彼らの衣服に施された装飾模様です。詳しい構造を描いたことはないのですが、なんとなく描いているうちに華やかになっていきました(笑)。前髪のデザインは、神秘的な感じを出したかったので、顔の大部分を隠しています。設定としては、彼らは自分の目を摘み取っており、もし直接視線を交わすと相手の思考に侵入されてしまい、自分と相手の考えの境界が曖昧になっていきます。そのままではやがて独立性を失い、一体化して石像のように退化してしまう――そんな"バッドエンド"へと進む物語になっています。性格面では、実はとても分かりやすく「外向型」と「内向型」の組み合わせだと言えると思います。もちろん、その背後に二元論や対立原理といったテーマを意識した部分もありますが、これはあくまで自分の遊びとしての設定なので、そこまで厳密な理論づけはしていません。ざっくり言えば、Abeeはおしゃべりで、直感的に動くタイプ。判断も素早く、行動力もあります。一方のHillarは無口で思慮深く、クールに見えるけれど実際は優柔不断。要するに、一方に強く現れる性格特徴はもう一方には出ないようになっていて、二人はあえて差を広げることを楽しみ、「相手とまったく違う存在になる」ことを一種の遊びのルールとしているんです。 世界観に関しては、AbeeとHillarにはまだ明確な物語の時間軸はありません。ただ、彼らの役割は「虚無の裂け目」の中に立つ傍観者で、他の世界観に属するキャラクターたちの特質を観察することになっています。もっとも実際にはそれほどシリアスな任務ではなく、要は他の世界で死んだキャラクターの魂を裂け目に連れてきて、その特質に応じて陣営に分ける。そして最終的には互いの陣営が争い合い、分類できない魂を奪ったり、相手の魂を取り合ったりする……そんな構図です。 さらに、AbeeとHillarはそれぞれ「花名冊」(ノート)を持っていて、自分が得た死者の魂とその生前の物語を記録しています。争いが休戦しているときには、そのノートを交換して静かに相手のことを知ったり、そこに書かれた物語をもとにロールプレイのようなゲームをしたりもします。Abeeは戦いごっこが好きで、Hillarは日記の交換や物語の再現に興味がある。二人の関係は競争が基本にありますが、同時にロールプレイを通じてさまざまな関わり方を体験してきたんです。正直に言うと、こうした設定を作ったのは、いつか友人をこの世界観に招き入れて一緒に遊べたら面白いな、と思ったからでもあります。私自身、まだ構築中の世界観をいくつも持っていて、それらを全部つなぎ合わせたいんです。もし各キャラクターに、この世界に入ったときの"もう一つの姿(オルター版)"を与えられたら、まるでチェスを指すみたいに戦略性が生まれて、大乱闘のように楽しくなると思います。

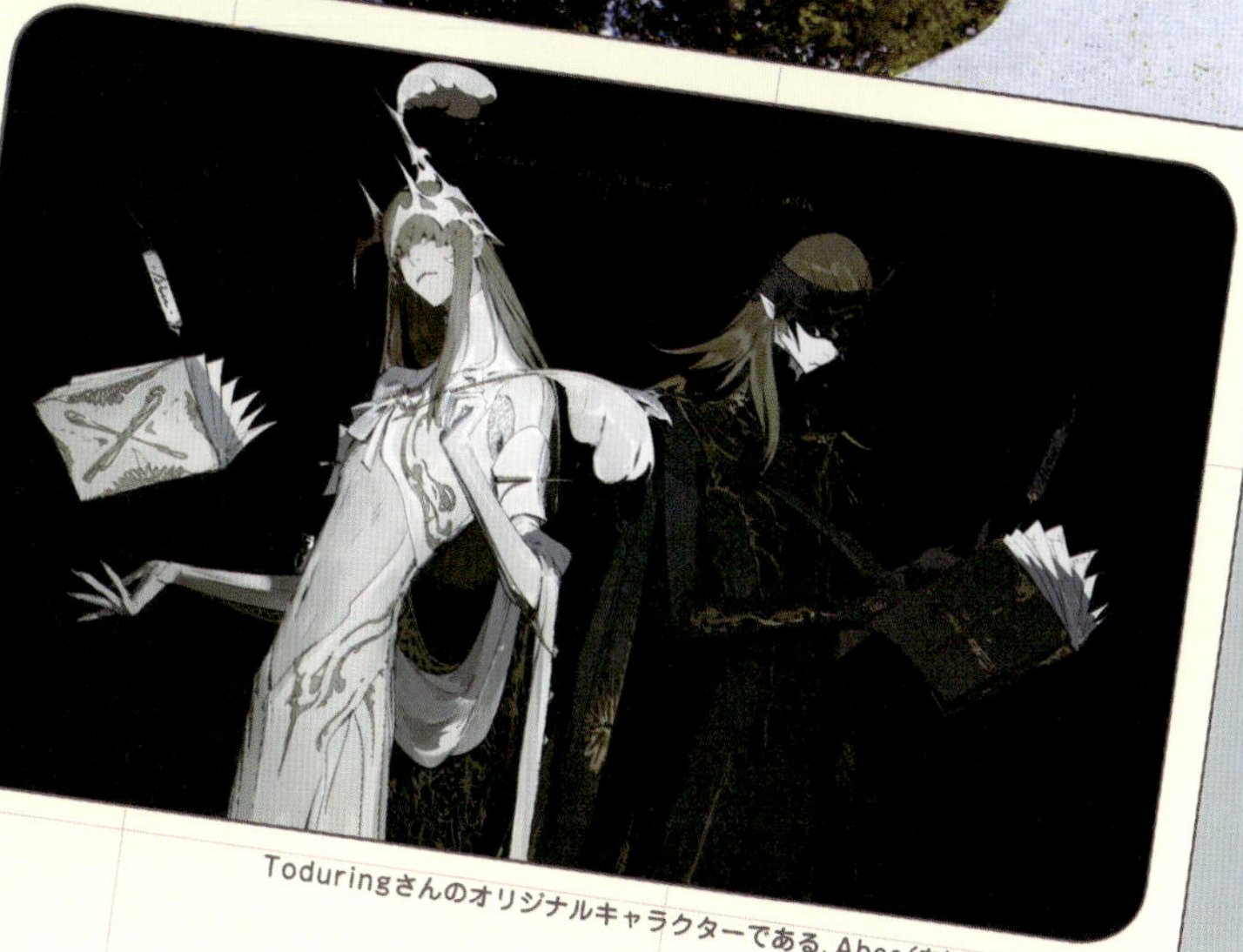

Toduringさんのオリジナルキャラクターである、Abee(左)とHillar(右)。

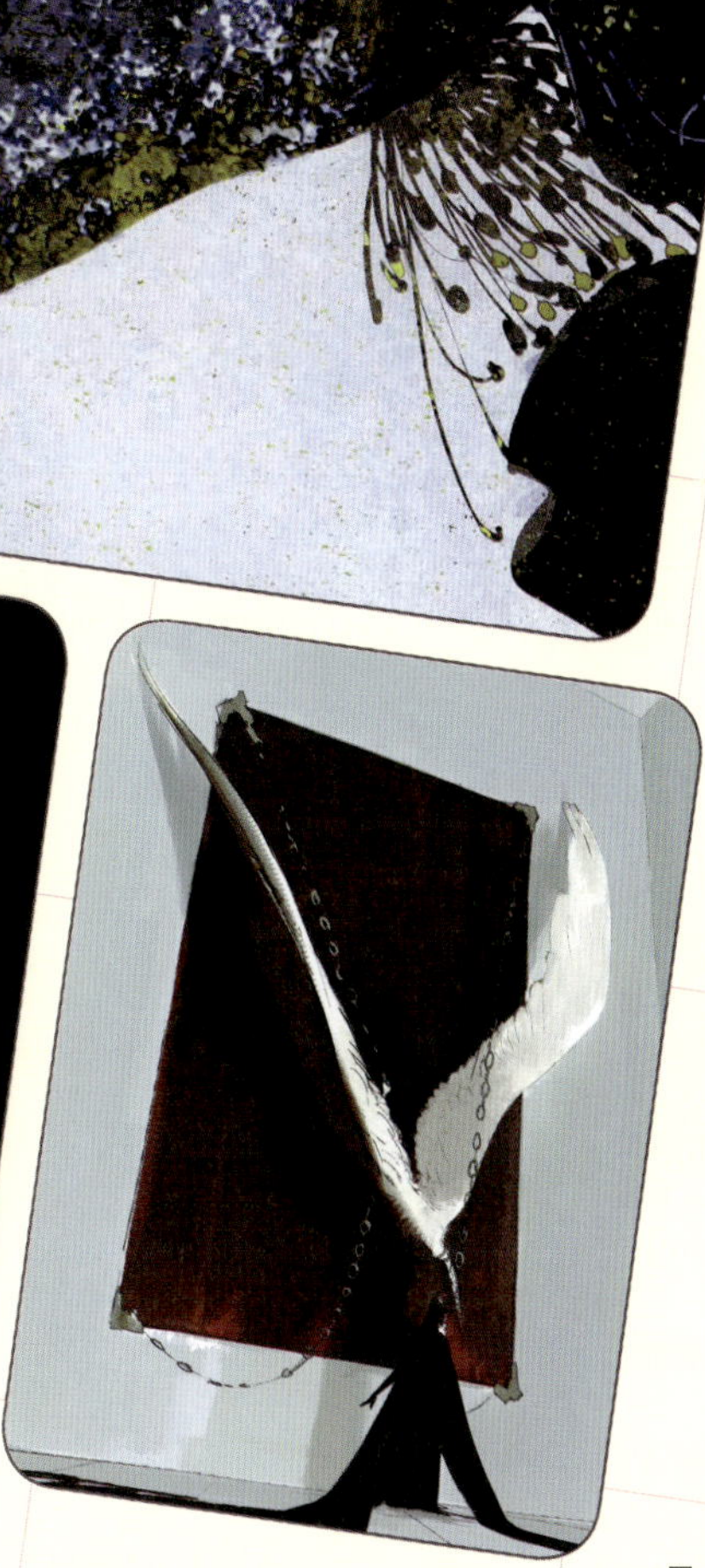

Q3 Toduringさんが今後、描いてみたいテーマがありましたら教えてください。

A3 題材としては、自分の「機械美学」に対する認識をもう少し広げていきたいなと思っています。電子音楽やメタルをよく聴きますし、ロボットやSFをテーマにした映画もいろいろ観てきました。だから、機械が伝えてくるあの疎外感とか冷たさには興味があるんです。でも、それ以上に見てみたいのは、そういう特質が別の側面に変わっていく過程なんですよね。たとえば、人間のように複雑な性格を持つようになるとか。たぶん、私自身が「感情が表に出る瞬間」を見るのがすごく好きだからだと思います。だからこそ、性格を強く感じさせるような機械や半機械のキャラクターをデザインしてみたいんです。そうすれば、彼らが"冷たさ"だけじゃない面を見せてくれるんじゃないかって、期待してもらえると思うんですよね。気質の奥に「変化の可能性」が透けて見えるようなキャラクターを描くことは、私にとってずっとすごく大事なことなのです。

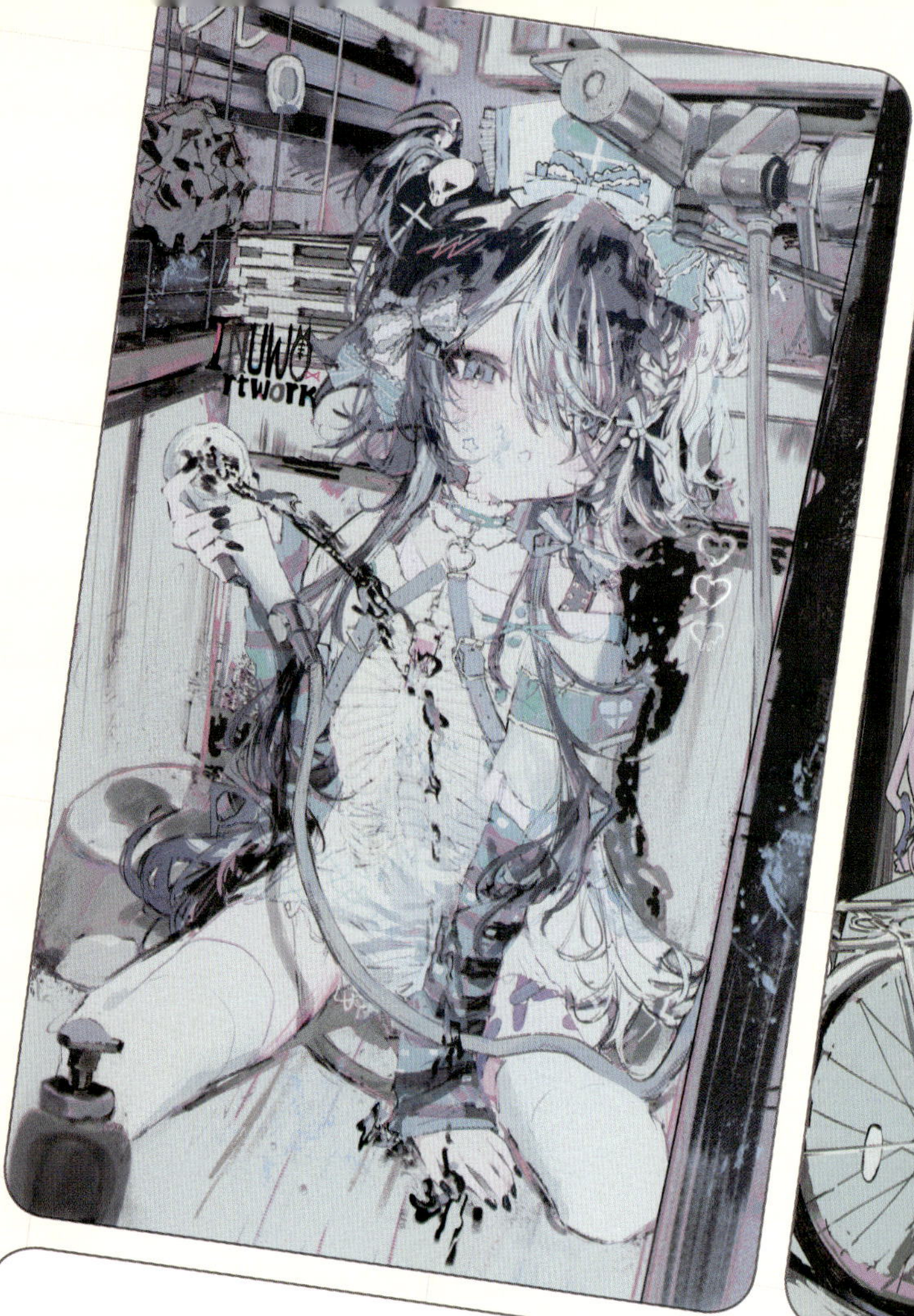

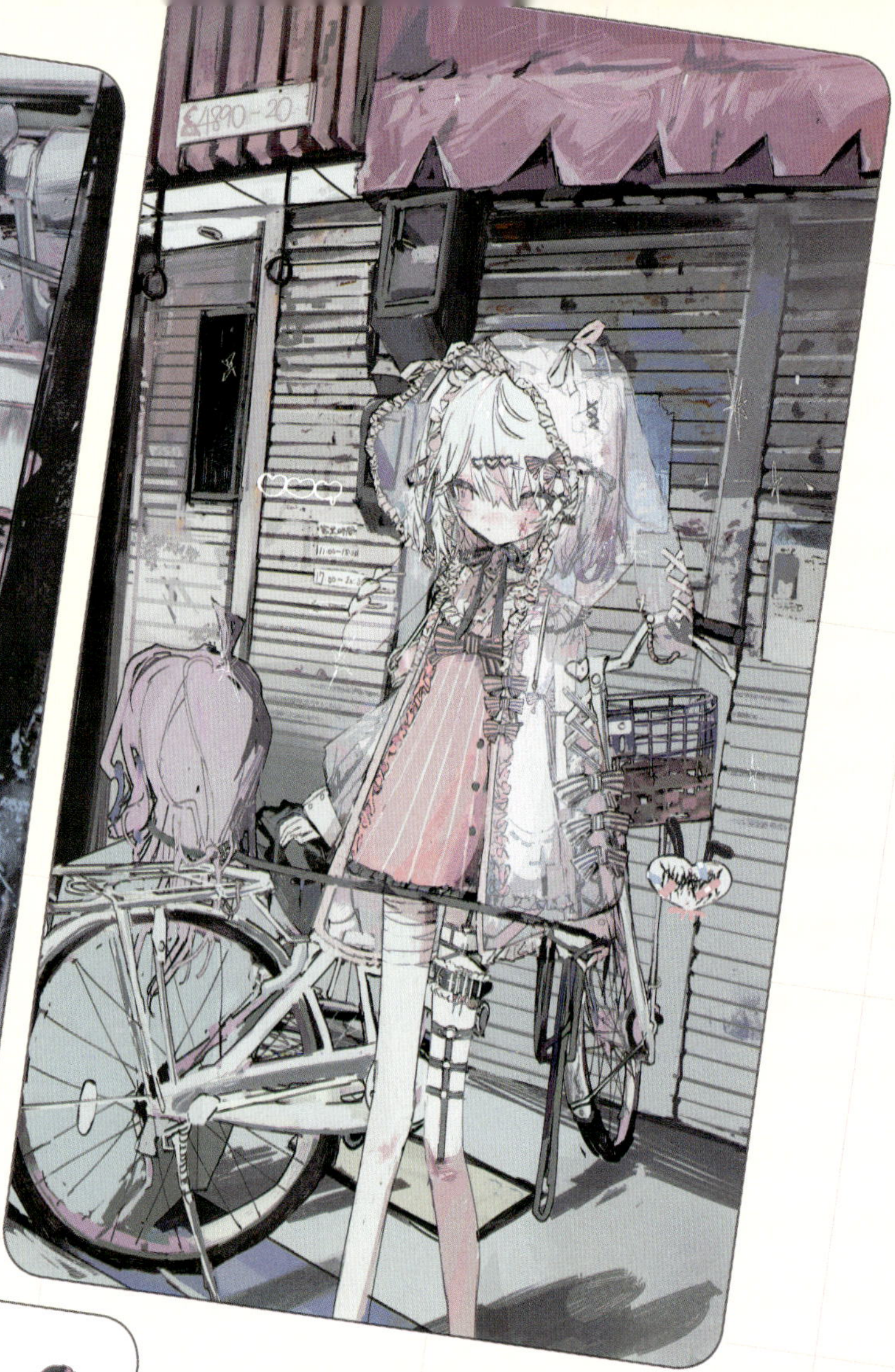

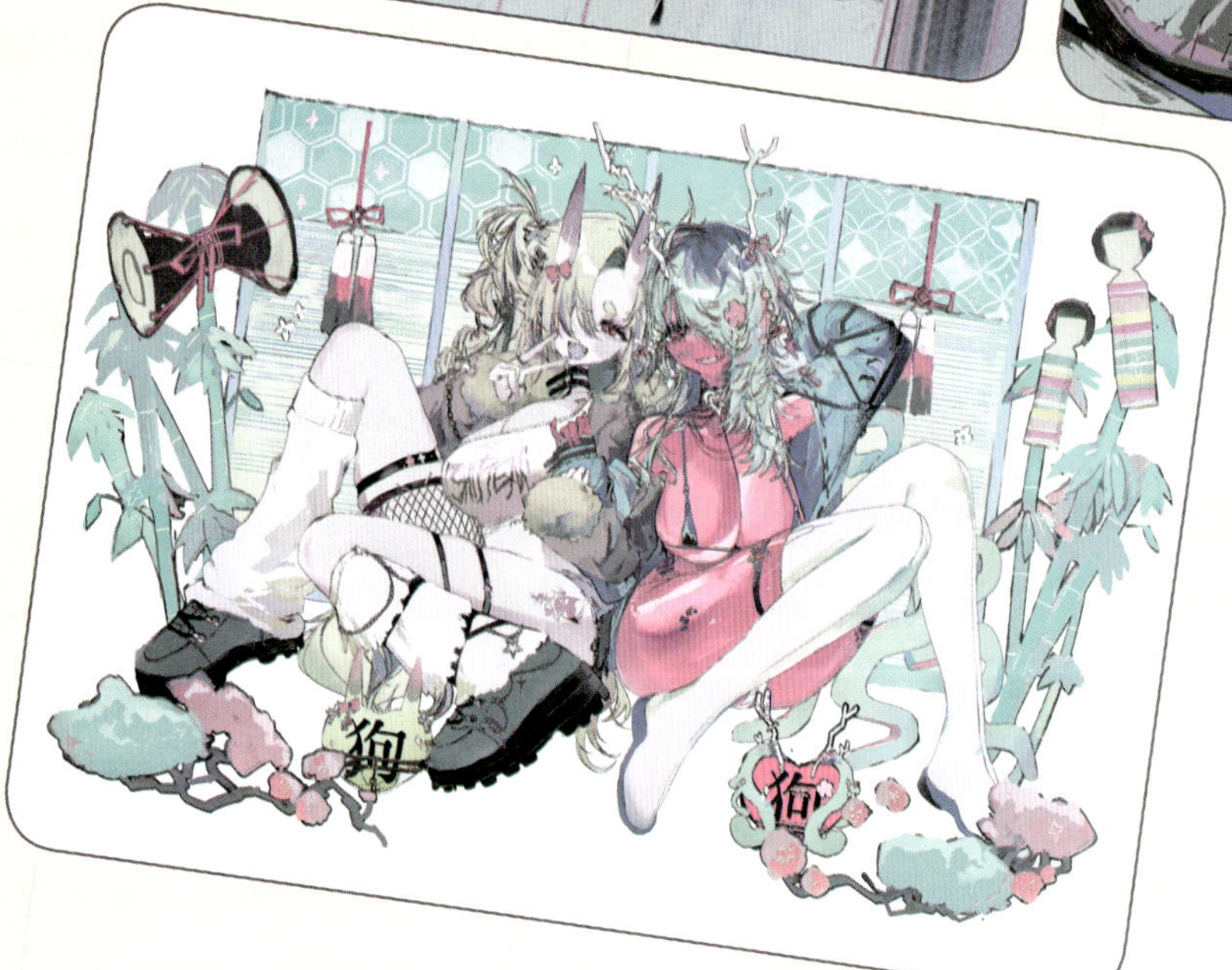

visual selection

狗ヲ

X =@inuwoartwork
Instagram=inuwoartwork
pixiv=78057315
BOOTH=https://inuwoartwork.booth.pm

Q1 狗ヲさんが描かれるキャラクターには、華奢でダークな雰囲気を持つ「蛇毒巳子」のような子もいれば、ムチムチビッグボディの酒酔い神様「クシナ」、おにロリな地雷系の「せれんちゃん」など、さまざまな魅力があります。どの子もどこか危うげなムードがあり、強く惹かれております…！

狗ヲさんが描きたいと感じるキャラクターのビジュアルや性格について教えてください。　また、キャラクターを生み出す際にどのようなことを意識されているのかも気になります。

A1 インタビューありがとうございます！　イラストレーターの柴呉狗ヲ（しばくれ いぬを）と申します。キャラクターもたくさん知っていただけていて、とても嬉しいです!!　改めて、描きたいと感じるキャラクターについて考えてみましたが、やはりこれだけキャラクターを抱えていると普段新たに自分のキャラを描こうとした時よくどの子にするか悩んでおります。1枚絵として描くなら、フリルやリボンの似合うキャラクター、髪の毛の束をたくさん描けるキャラクターを描くことが多いです！　クシナなどのキャラクターは髪の毛をばさばさと細かく描けるので、とても楽しいです。また、以前は基本蛇毒巳子やせれんちゃんのような華奢な子しか描いていませんでしたが、最近はクシナなど豊満な体型の子も描けるよう練習しています。

描きたいと感じるキャラクターの性格は、特に決まったものはないのですが、片目に少し涙が溜まっている表情（蛇毒巳子やせれんちゃんでよく描く）や口が半開きになっている表情（クシナ、その他一部の男キャラクターでよく描く）が好きなので、そういう顔はよく描いていると思います。キャラクターを生み出す際に気をつけているのは、「生み出したあとも継続して描きたいキャラデザになるかどうか」「ある程度限界はあるが顔パーツだけでそのキャラクターとわかる顔立ちになっているかどうか」の2点が大きいです。作り出したあと描くのが楽しいキャラを作る、というのは結構昔からのモットーで、「このデザイン楽しいと思って作ったのに描くのが難しい!?」といった現象はよくありました。キャラクターを生み出す時はビジュアルが先の時も設定が先の時もどちらもあります！ ビジュアルが先の時は、普段過ごしている中でデザインの案がビビっと生まれた時などで、設定が先の時は、元いるキャラに他の人物との関係性（家族、友人、恋人、敵など）を足したい時が多いです。たくさんのキャラクターがひとつの世界を構成しているのがとても好きなので、相関図にするとわりと複雑です（笑）。

Q2 狗ヲさんが描かれる、肋骨をイメージするボディハーネス、太ももに食い込むガーターベルトやニーハイソックス、華奢な足を引き立てるレッグウォーマー、超ミニ丈のワンピースやマイクロビキニ、ニットカーディガンの萌え袖など、ファッションの随所にフェチを感じております…！ また、ピンクや紫、アッシュグレーの色づかいも好きです。狗ヲさんがつい描きたくなるファッションについて教えてください。

A2 つい描きたくなるファッションは、提示していただいたようなフェチみのあるものですね！ どちらかと言うと描きたくなるというよりも、"見たくなる"ファッションを描くことが多いです。露出度の高い衣装、ピンクが使われた衣装、ボディハーネスがあしらわれた衣装、装飾の多い衣装を見ているとなんとも言えない多幸感に包まれるため、それを自身でも描けるよう頑張っています！ また、カーディガンやパーカーをゆるめに羽織っている絵が好きで、よく描きます。そして、ナース衣装がとても好きなので、改造しまくってナース衣装だと言い張っております！ ナースはピンクを合法的にたくさん使えますし、タイトなものもふんわりしたものもどちらもいけるので、本当に大好きです！ ほかだとシスターやポリスなども改造して描けるようになりたい所存です。

Q3 狗ヲさんが今後、描いてみたいテーマがありましたら教えてください。告知できることもありましたら教えてください。

A3 今後はもっとクシナのようなむちむちなキャラクターも描きつつ、華奢な子も描きつつ、ピンク・黒・白の絵も描いていきたいです！ オリジナルキャラクターはみんな大好きなので、中には地雷系スタイルが似合わない子もいますが、その縛りの中でも目を引くイラストを描けるよう精進していきたいです。また、オリジナルキャラクターの中でトップクラスに気に入っている人物が男性なので、いつか男性のイラストも描けるようになりたいです。また、背景のあるイラストにもたくさん挑戦したいです！ BOOTHにて同人誌のデータ販売とグッズ販売を行っておりますので、もしよければ覗いてみてください！ また、フィギュア化のお仕事をしてみたいと思っております！ 自分のイラスト（キャラクター）がフィギュアになったら、もう言葉に表しきれないくらいの幸せだと思います！

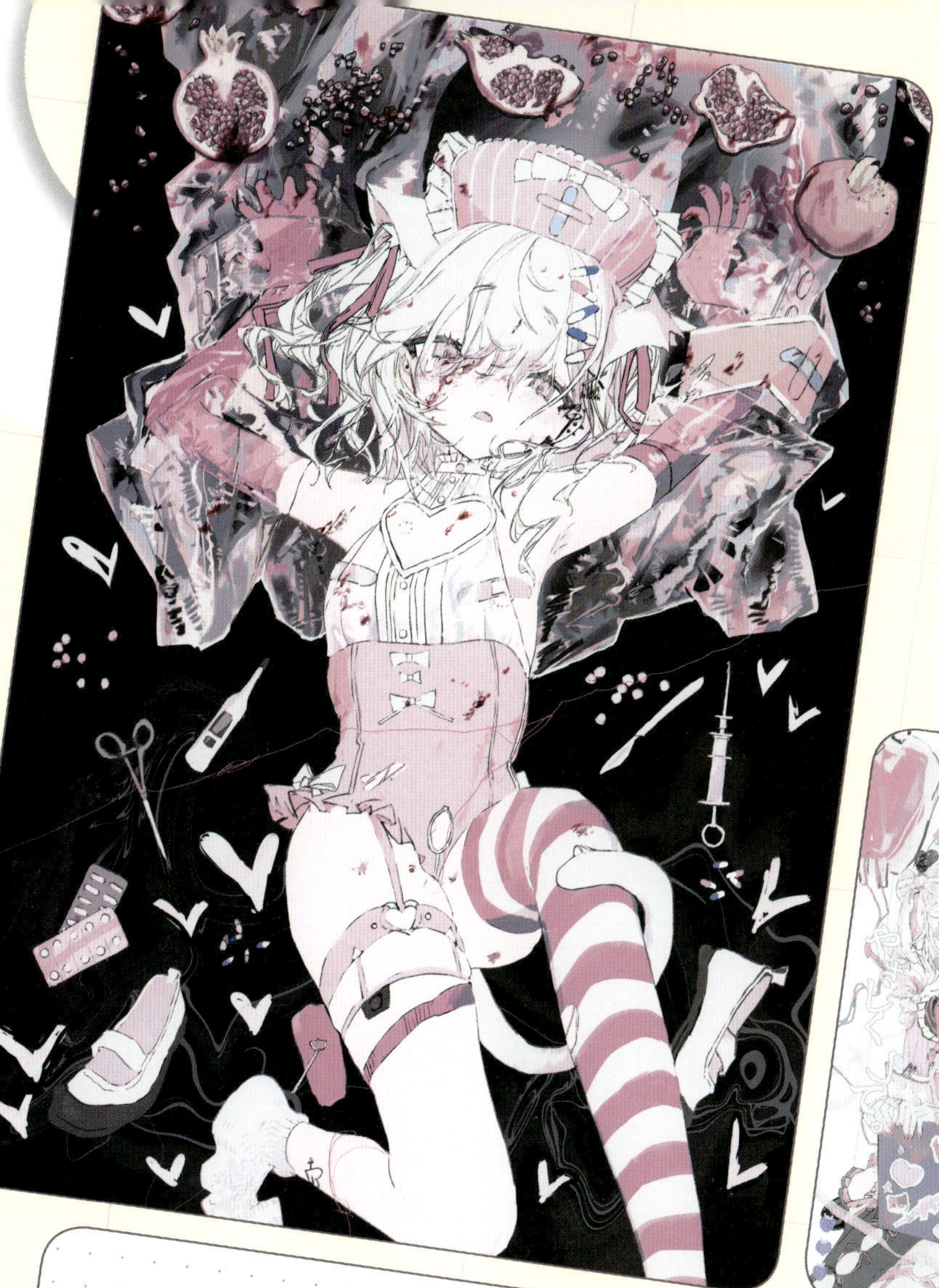

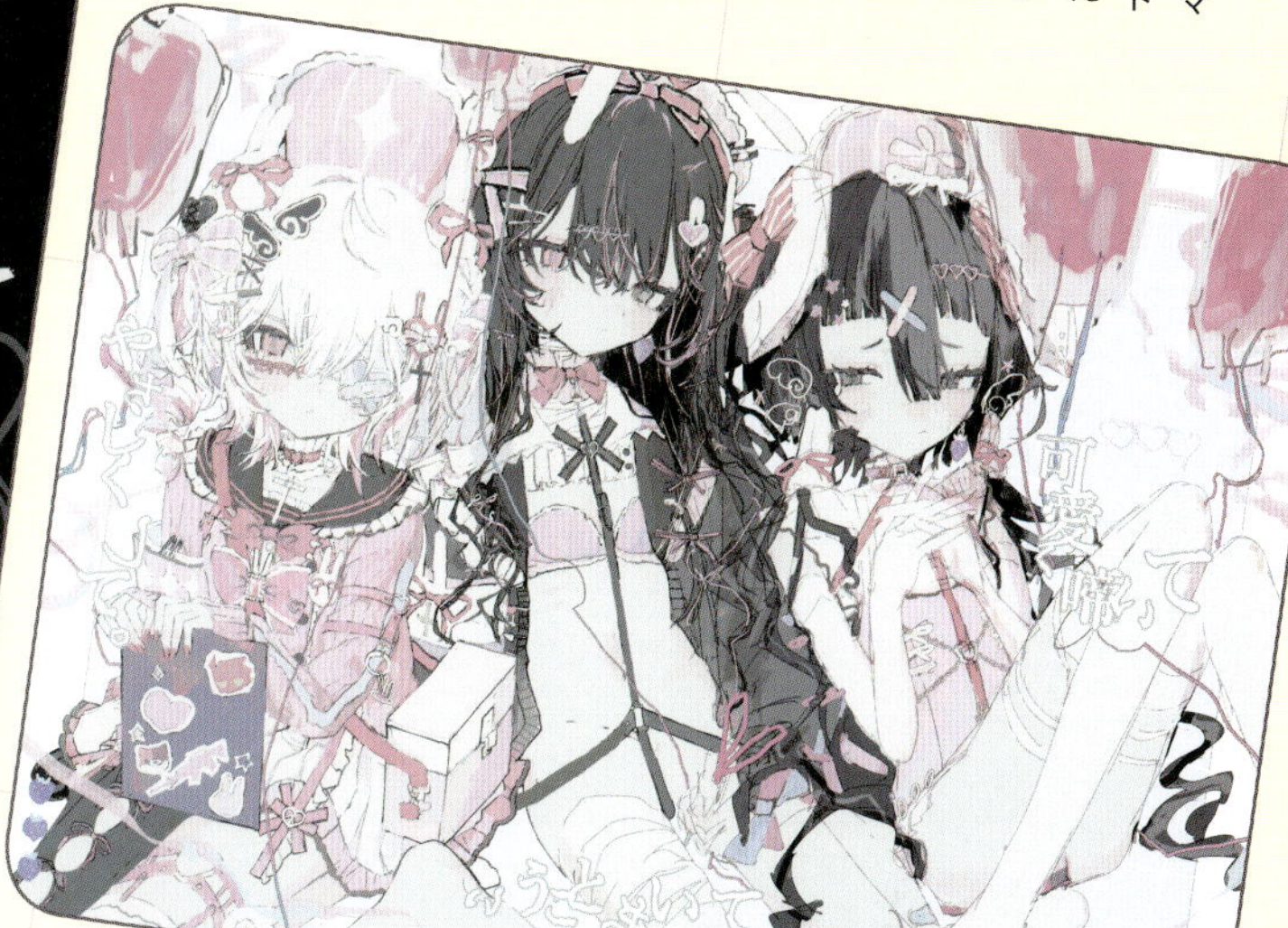

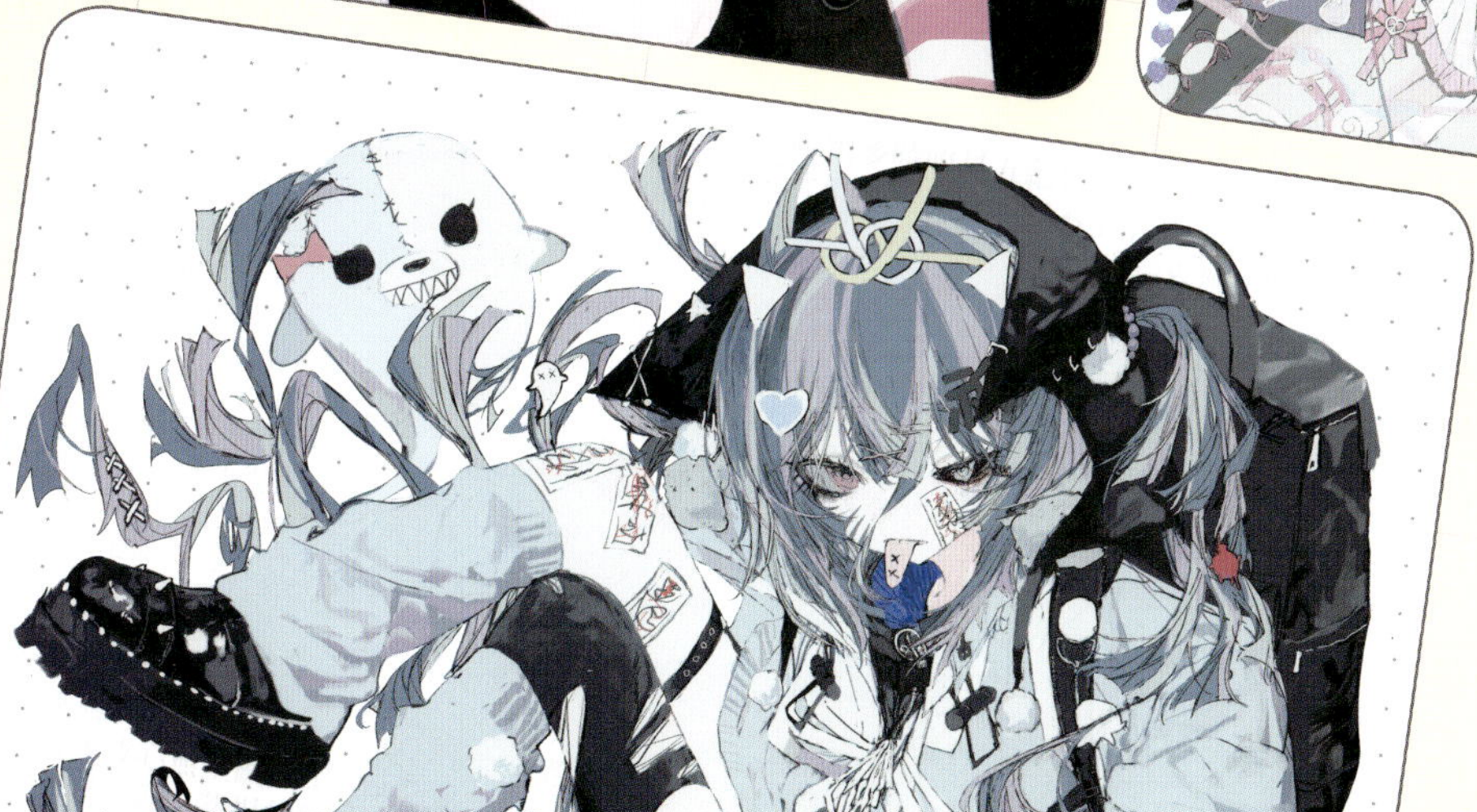

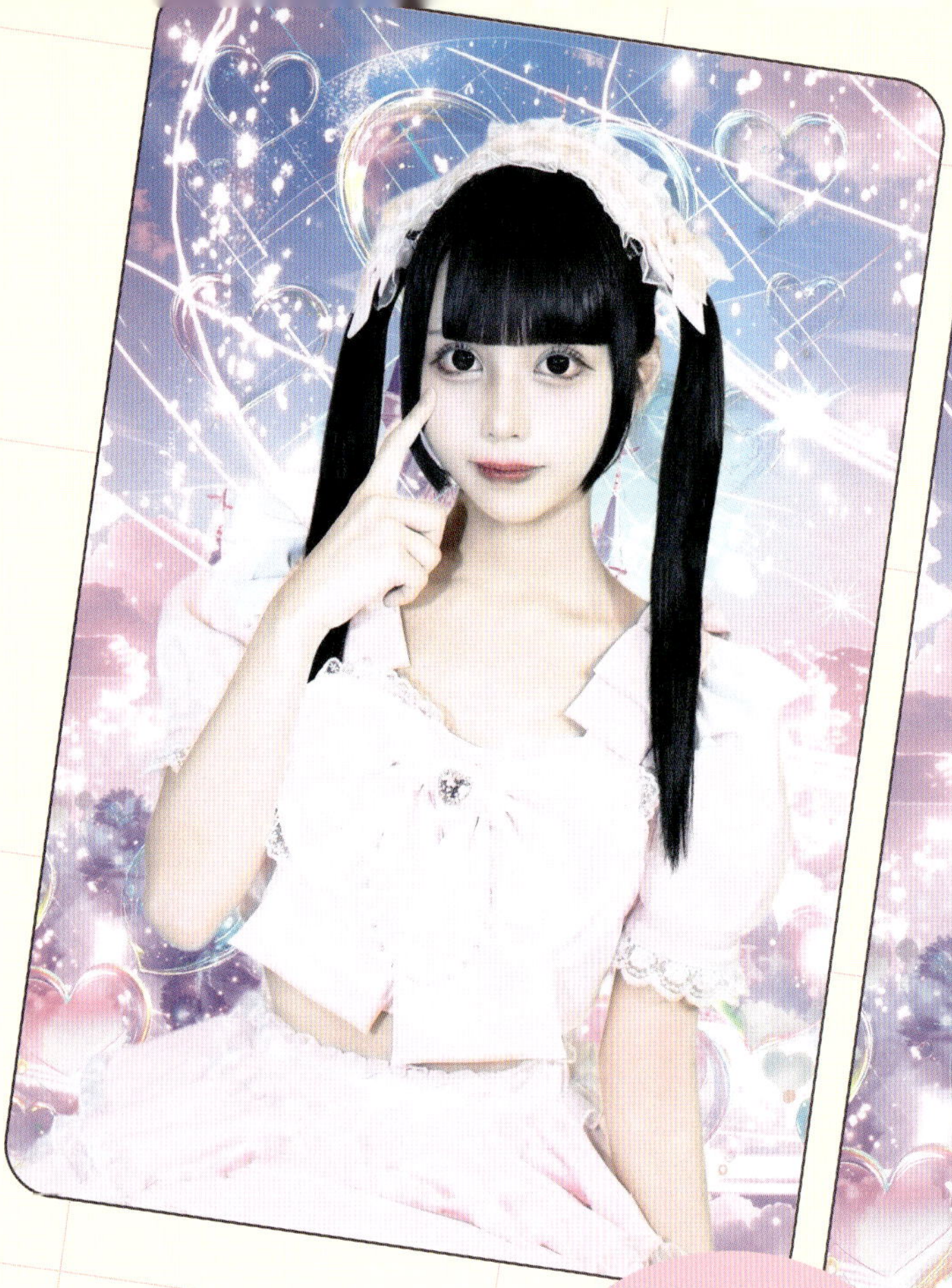

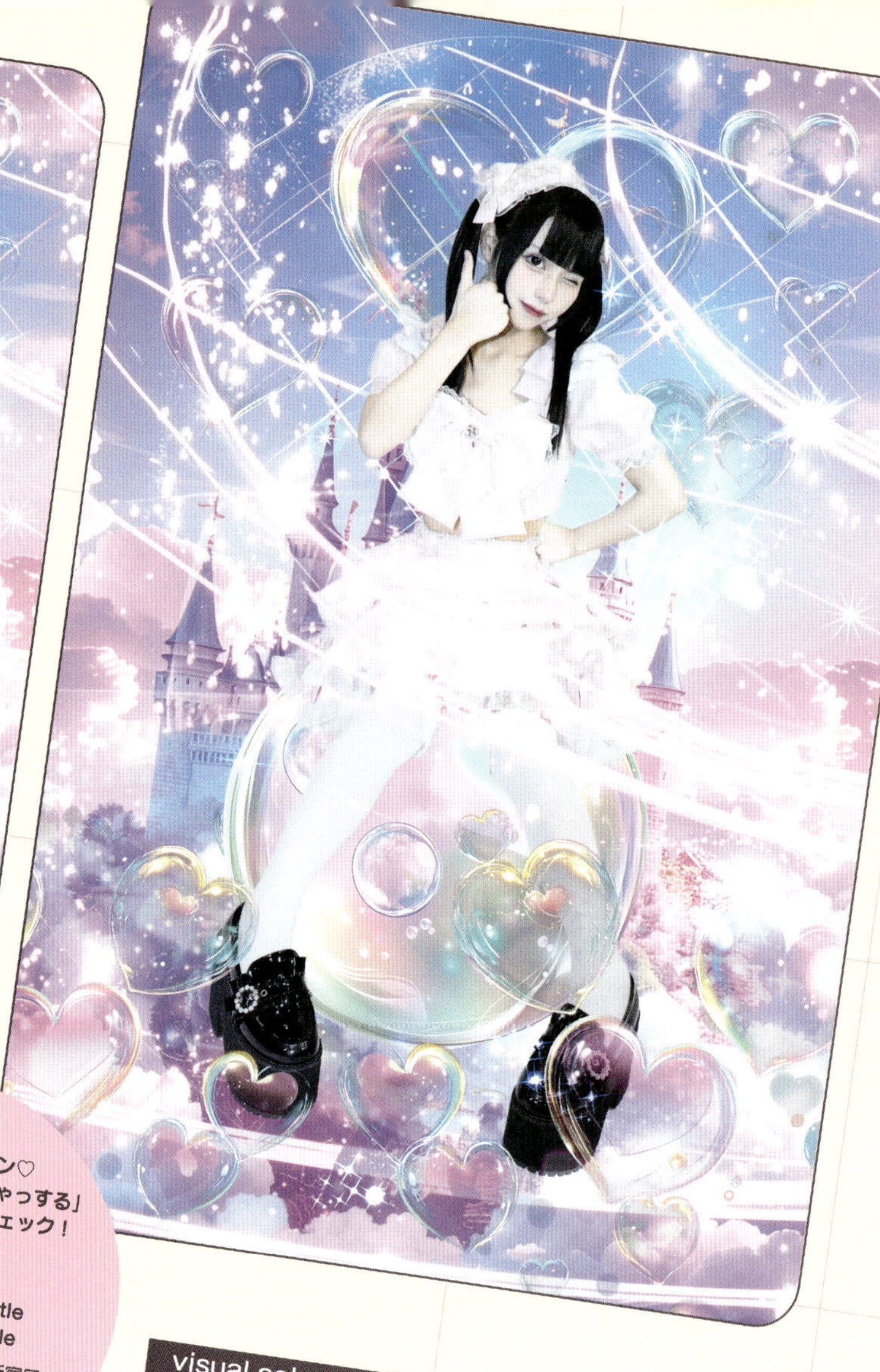

9月4日にオープン♡
コンカフェ「すりーぷきゃっする」
の最新情報は SNS をチェック！

X = @SlpCastle
Instagram = slpcastle
TikTok = sleepcastle

住所：〒160-0021東京都新宿区
歌舞伎町1丁目23-12
第10NKビル 5F

visual selection

ねむいのねむ

TikTok（実写）＝kawaii_yasan
TikTok（アニメアカウント）＝nemuinonemu
Instagram＝nemuinonemu
X＝@nemuinonemu_zz

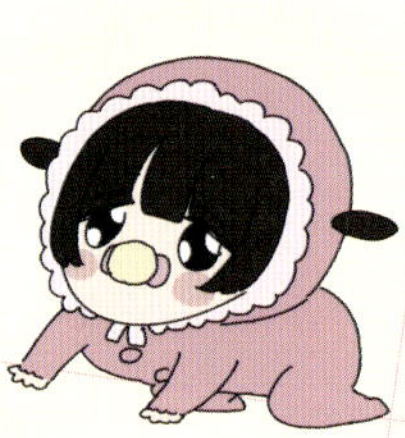

Q1　ねむいのねむさんは、現在SNSを中心に活動されていて、ファンからは「ねむちま」という愛称で親しまれています。ねむちまさんの黒目が大きな瞳にツインテール、オーバーサイズのお洋服を組み合わせたビジュアルは愛らしく、言葉の末に「でち」をつけながらトークするねむちまボイスは、ちょおえけえけで堪らないです！　動画では美声を活かした企画から刺激的な企画まで様々にチャレンジをしています。はじめに、ねむちまさんが現在の活動に至った経緯について伺いたいです。また、現在の活動についてもお教えください。

A1　ねむちまは3さいでちが、地元の高校を卒業した後に声優を目指して徳島のくもの上から東京のくもの上に上京しまちた。最初は声優の養成所に通いながらバイトをする日々でしたでち！　でちが、養成所でのたくさんの厳しいご指導でねむちまはかなしいやさんでしょんしょんする日々、バイトでお仕事が覚えられずたくさん怒られてまたしょんしょんする日々。途方に暮れて、ねむちまには何かもっと向いているお仕事があるのではとたくさん悩んで調べた末、コンカフェというお仕事が出てきまちた。そこで、なにかあんまりわからないけど自分にもできそう！　と思い、さっそく「コンカフェ　バイト」で調べて一番上にでてきたコンカフェの面接を受けて合格し働き始めましたでち。最初は慣れないことも多かったでちが、自分のペースで楽しく働くことができておともだちもできてちょおえけえけでちた！　そして、当時働いていたコンカフェにお誘いを受けて、お店のアカウントのTikTokに出演した際に、思っていたより多くの反響をいただき、そこで動画クリエイターに向いてるのでは！　と気づき、個人のTikTokを開設し動画投稿を始めましたでち！　激辛や大食いに挑戦してみたり、声真似してみたり、また、声優のお勉強を活かしてアニメーションを作成したり、TikTokを主に実写での動画活動とアニメーションでの動画活動を二刀流で行っていますでち。また、九月四日からねむちまプロデュースコンカフェ「すりーぷきゃっする」もオープンして、コンカフェプロデューサーとしても大奮闘中でち！　自分が好きなことをお仕事にできている今では、きらきらでバイブスがとってもたくさんたくさん上がる生活を送っていますでち。

Q2　ねむちまさんの重めのぱっつん前髪にツインテールのヘアスタイルはアイコニックで、黒目が大きな瞳に目尻に引かれたアイラインからはきゅるんっと可愛らしい印象を感じております。ここでは、ねむちまさんが好きなメイク、ヘアスタイル、ファッションについてお聞きしたいです。また、ご自身がときめくアイテムや世界観についても知りたいです。

A2　ちいまは、とにかくメルヘンでファンシーな世界観がだいすきなんですでち♡　できるだけメイクやファッションもふわふわなイメージがつくものを好んで選ぶようにしていますでち。ずっと髪型をツインテールにしていたりファッションやメイクの路線を統一していたりするのは、出来るだけねむちまはこういう子だ！　っていう印象をこどもたちのみんなにインプットしてもらって覚えてもらいたいなっていうきもちが大きくてずっと貫いているのが理由でもありますでち。ねむちまのロールモデルはパイロットインキのメルちゃんなので、メルちゃんのたくさんかわいいやさんなお顔やお洋服を参考にメイクやファッションを決めたりもしていますでち！　ちょおえけえけでち！

Q3　ねむちまさんは時々、ご自身にとって肯定的ではない発言であったり、ネガティブに見えるような言葉を引用したりして、新しい動画を生み出されることがあるかと思います。それは「ねむちま」というキャラクターだからこその企画や言葉だなと感じ、見るたびに衝撃と感動を覚えています…。ねむちまさ

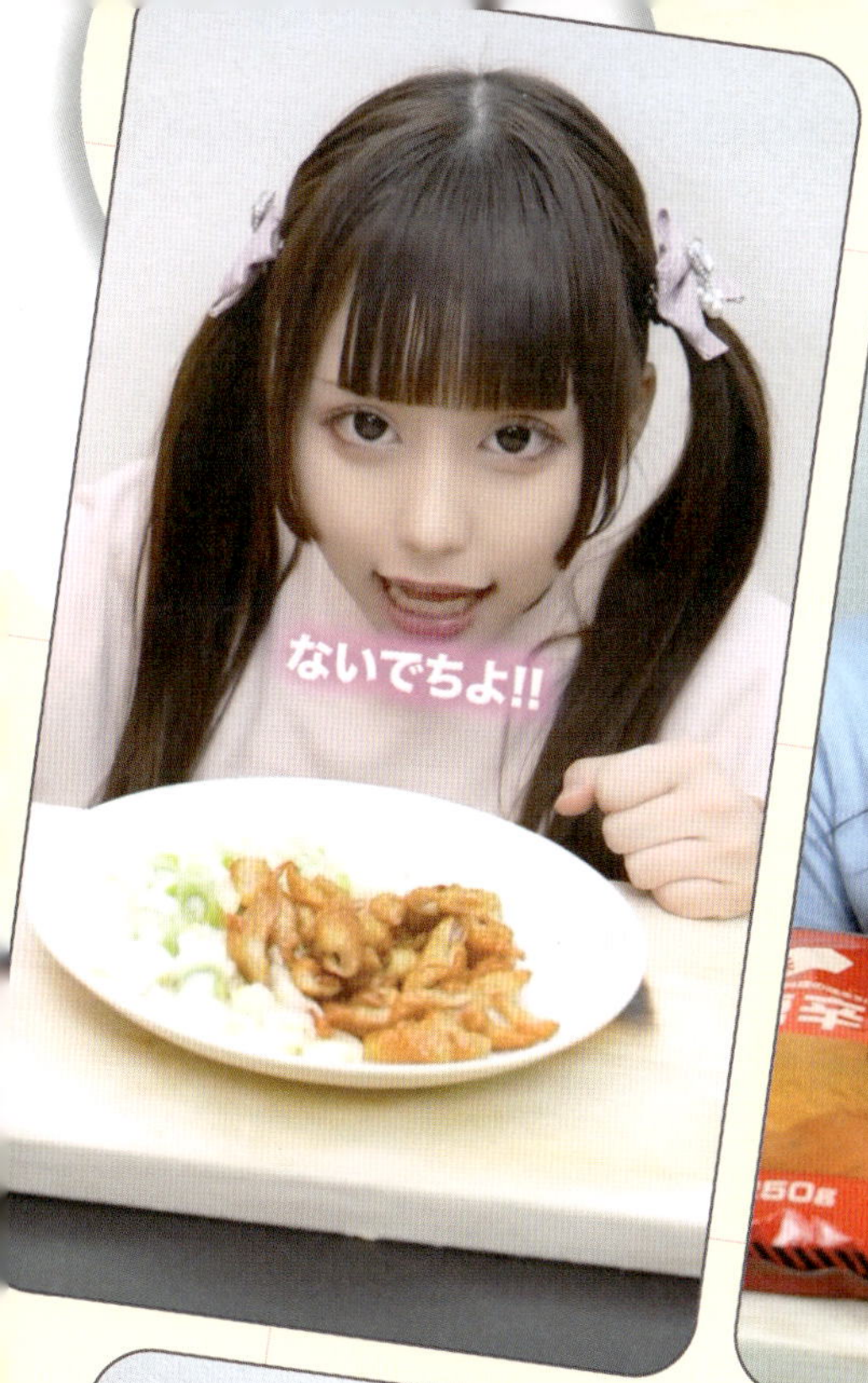

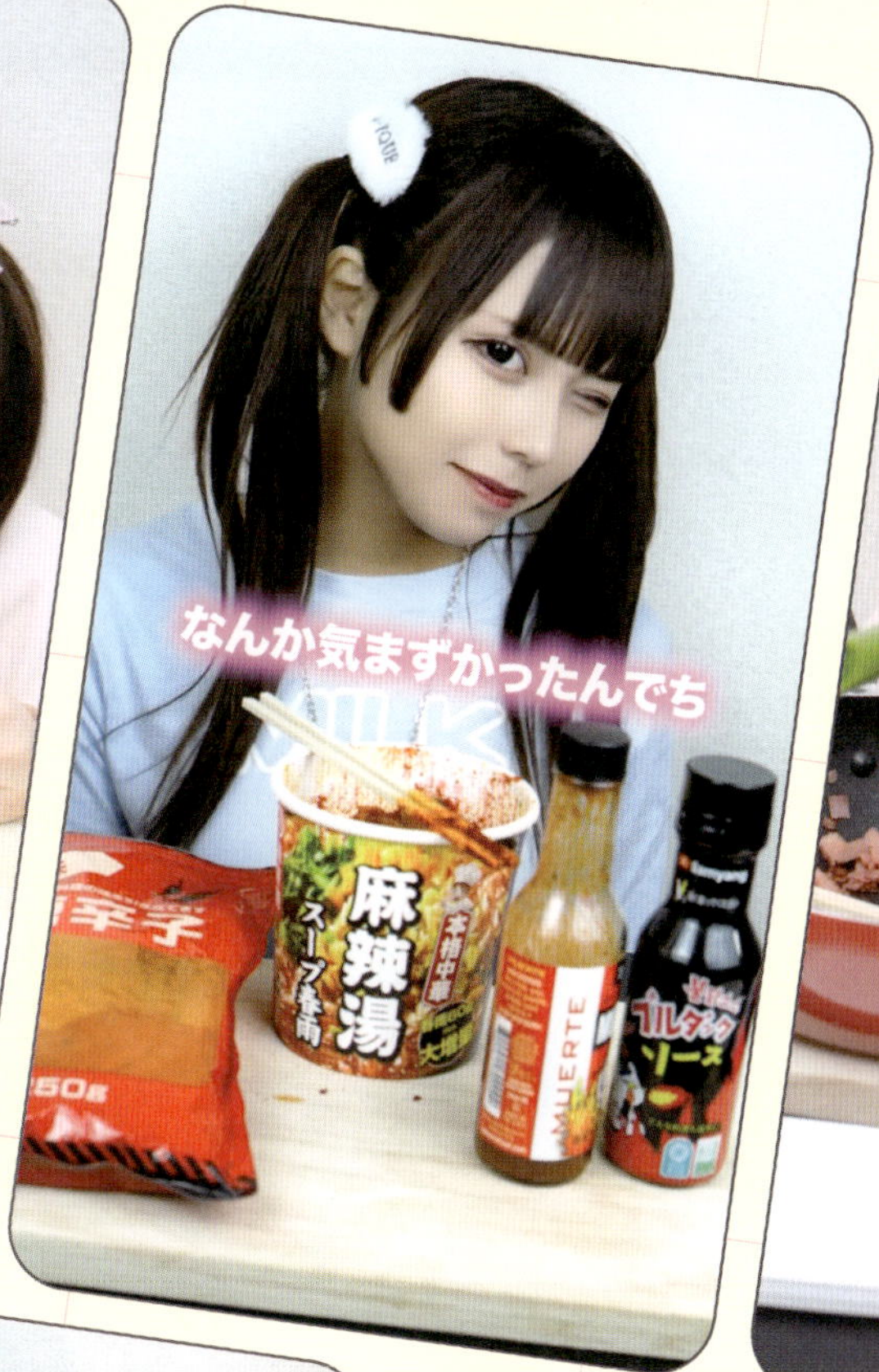

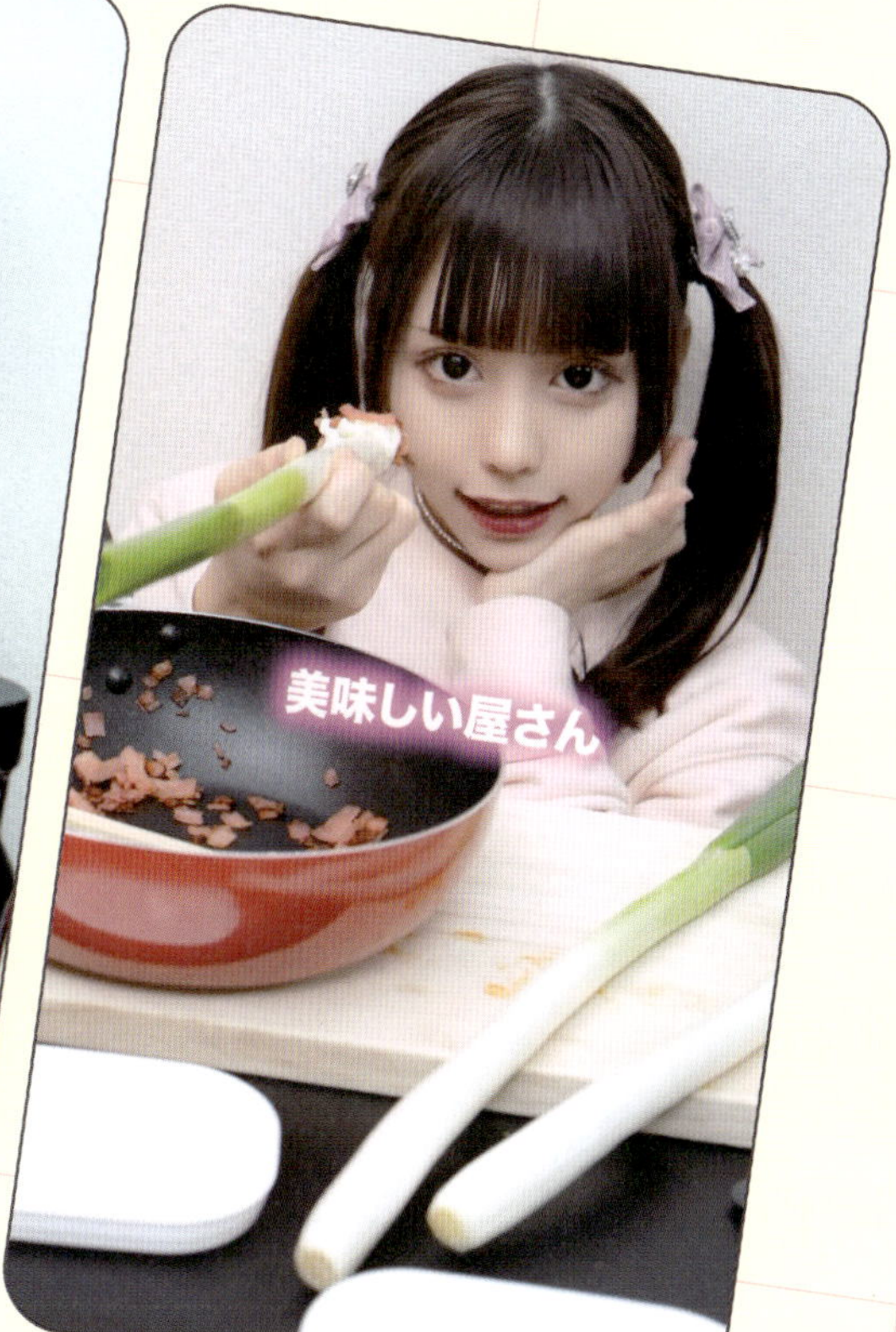

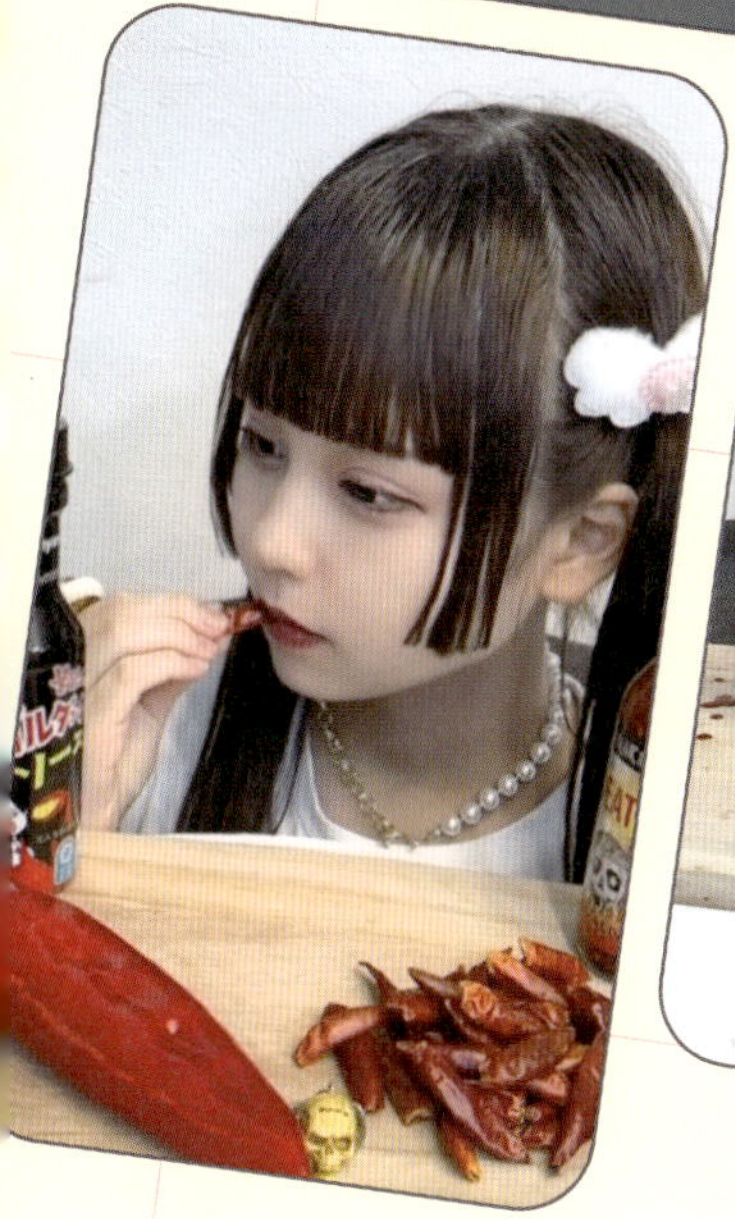

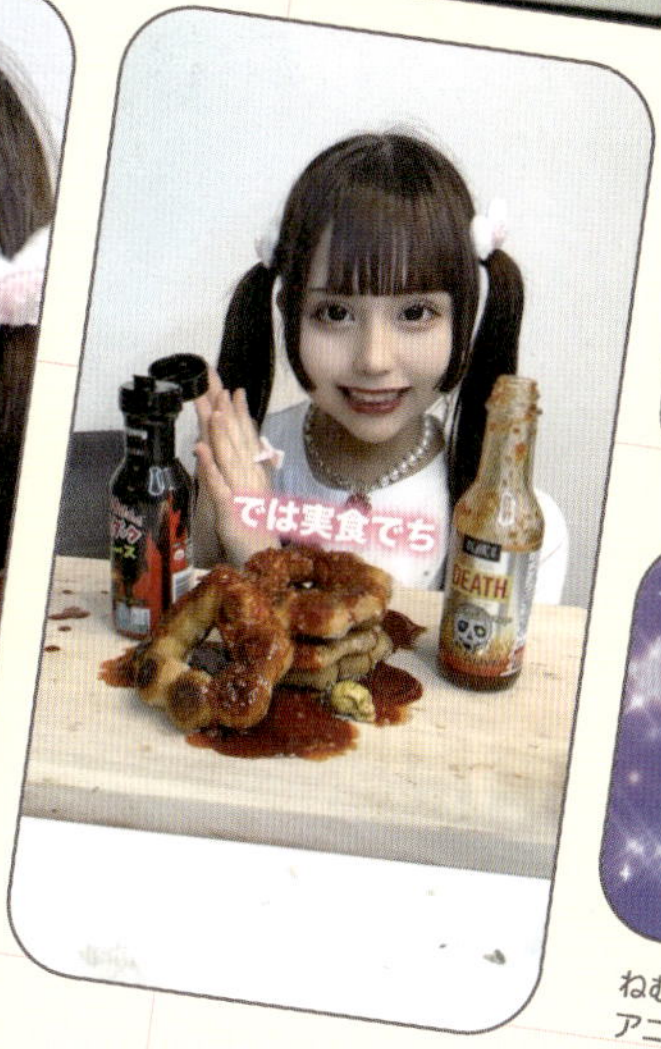

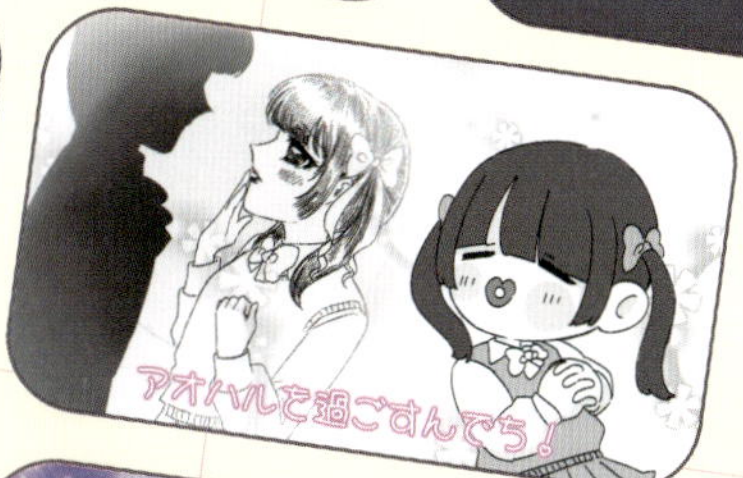

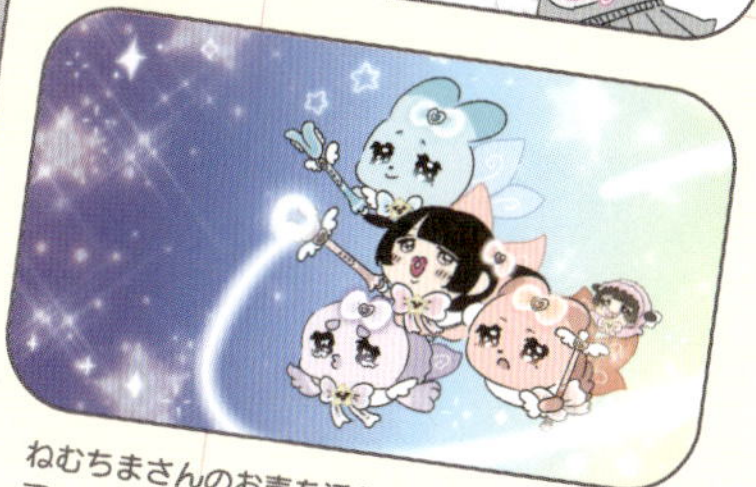

ねむちまさんのお声を活かしたアニメもぜひチェックしてね！

んは相手を責めたり、傷つけたりすることなく、笑える動画としてネガティブなコメントをエンタメに昇華してくれるように思います。そうしたエンタメ力がねむちまさんを特別だと感じるポイントでもありますし、明るく転換した企画として発信している姿を見ていると、前向きな気持ちにさせられ、力をもらうこともできます。ねむちまさんは、

そうしたお声を引用して動画にする際、どのようなことを考えられているのか伺えたら嬉しいです。

A3 とってもいいところに気づいてくれまちた！ 実は、ねむちまがとっても意識していることなんですでち。やっぱりSNSを主に活動しているとネガティブなコメントって付き物なんでちよね。でも、やっぱり言ってもらえるうちが花というか、いろんな意見があることで話題性もどんどん生まれてたくさんのこどもたちに届くんだと思いますち、全然関心を持ってもらえない方がちいまもさみしいなって思っちゃうのでむしろオールオッケーですでち！ こどもたちには、ねむちまの動画を見ることによってポジティブなきもちになってほしいので、ちいまはできるだけ前向きなことばをかけることを意識していて、エンタメとして見てもらえることが一番ねむちまもうれしいやさんでち。誹謗中傷で悩んでいるこどもたちも多いと思うのでちが、極端な意見や好感度が別れやすいほど、話題性が出たりニッチな層に熱狂的になってもらえる要素が増えると思うので、ポジティブシンキングですでち☆

Q4 ねむちまさんはアニメーションという形でも、ご自身の世界を表現されていると思います。美声を活かしながら、メルヘンでファンシー、そして時々ユーモアを交えたねむちまワールド全開のアニメは見ていて微笑ましいです。アニメーションはどのようなきっかけで始めたのでしょうか？

A4 アニメーションの動画投稿は、とにかく養成所での声優のお勉強を活かしたことを何かしたい！ と思ったのがきっかけでちた。小さい頃から、いろんな声のレパートリーを発見したり朗読したりするのが好きだったので、それも活動の一部にできたらいいなと思っていまちた。実写での動画投稿の活動を通じて、イラストが得意でアニメーションもできます！ という超パワフルで天才やさんなおともだちと出会い、今ではソウルメイトとなって一緒に制作に励んでいますでち。ねむちまが台本を作成して録音をし、それを天才やさんにアニメ化していただく！ という流れで今は制作していますでち。最初のねむちまのキャラクターデザインの打ち合わせの際は、とにかくちいまは丸いお顔に大きなきらきらおめめとおちょぼ口なキャラクターがだいすきなので、そこは強いこだわりをもってオーダーしましたでち！ どや！

Q5 九月四日にはねむちまさんがプロデュースされるコンカフェ「すりーぷきゃっする」もオープンしました！ 「すりーぷきゃっする」のこだわりについて教えてください。また、今後ねむちまさんがチャレンジしたい活動などについても一言いただけたら嬉しいです。

A5 なんと！ 九月四日にねむちまプロデュースコンカフェ「すりーぷきゃっする」がオープンしましたでち！ コンセプトは、ねむりひめですでち。ずっとずっと夢に思っていたコンカフェプロデュースができてねむちまもとってもうれしいやさんで誇りに思っていますでち。「すりーぷきゃっする」というお店の名前も内装もたくさんこだわりましたち、そして衣装もねむちまがいちから考えたふりふりお姫様衣装でカラーと種類も2パターン！ 腕によりをかけまちた。ちなみに、大きく載せてもらっているねむちまの「すりーぷきゃっする」衣装のお写真は、プロデューサー特権のねむちま専用衣装カラーのパステルピンクでち♡ ぷぷ♡ ねむちまは週五日のペースでほぼ毎日ねむりひめとしてお給仕して待っているので、たくさんのこどもたちに会えることをとってもたくさんたくさんたのしみやさんにしていますでち♡ 今後も、動画投稿を通じてたくさんのこどもたちにねむちまのことを知ってもらいたいですでち、おうたもだいすきなので歌ってみたや他にも声に特化した活動に挑戦してみたいですでち。そして、とにかくオープンしたばっかりのねむちまプロデュースコンカフェ「すりーぷきゃっする」を大きくしていきたいですでち！ えいえい！ おーーー！

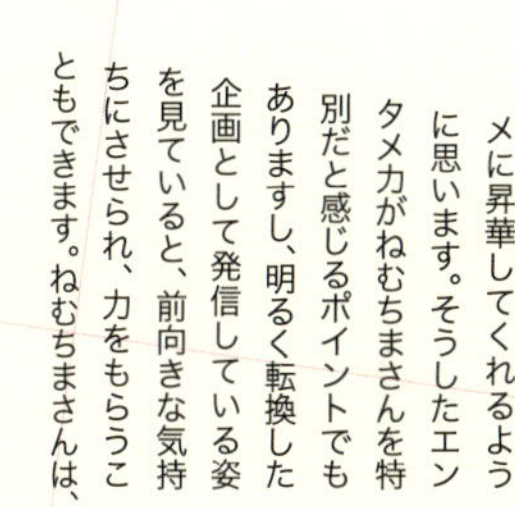

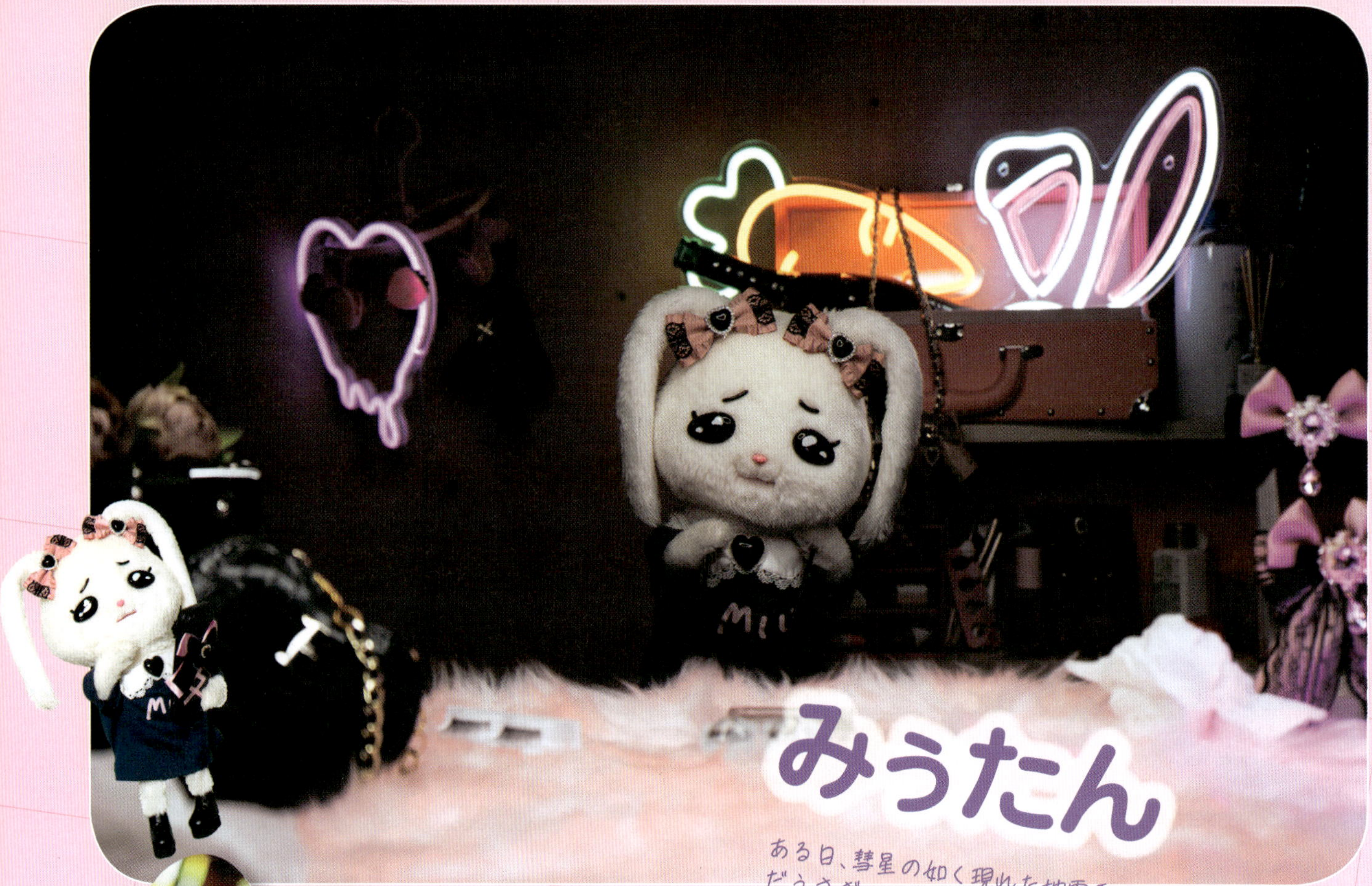

みぅたん

ある日、彗星の如く現れた地雷系ファッションに身を包んだうさぎの女の子、みぅたん。彼女がSNSで発信している「みぅたんのいいおんなきょうしつ」では、みんなから寄せられた恋愛相談に、やさしく寄り添い、ときに鋭い視点でお答え中♡ 今回、エス編集部はみぅたん初となるインタビューを敢行！ だこちて界隈の新星・みぅたんのはみゅなトークをお届けします♪

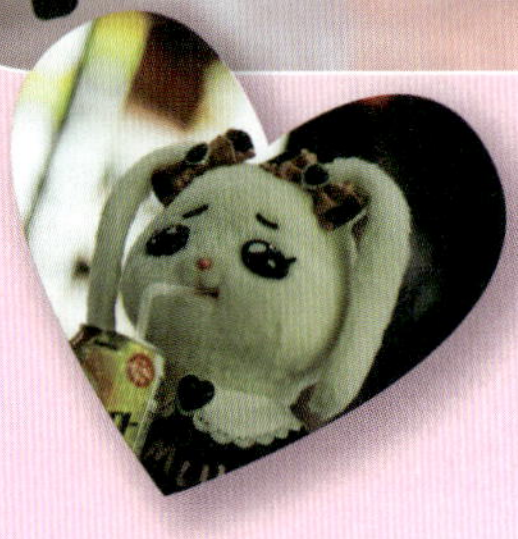

みぅたん
X = @miutan_hamyu
Instagram = miutan_hamyu
YouTube = @miutan_hamyu
TikTok = miutan_hamyu

——みぅたんこんばんは！ 季刊エス編集部です。まずは「季刊エス」を見ているみんなに、自己紹介をお願いします！

こんばんはっっっっっっ!!!!!!!!!!!! みぅたんです！ はみゅみみゅ～。えーっと、みぅたんは、恐れ多いのですが、みんながいいおんなになるための！ 動画をアップしている！ うさぎです！ よろしくおねがいしますっ！

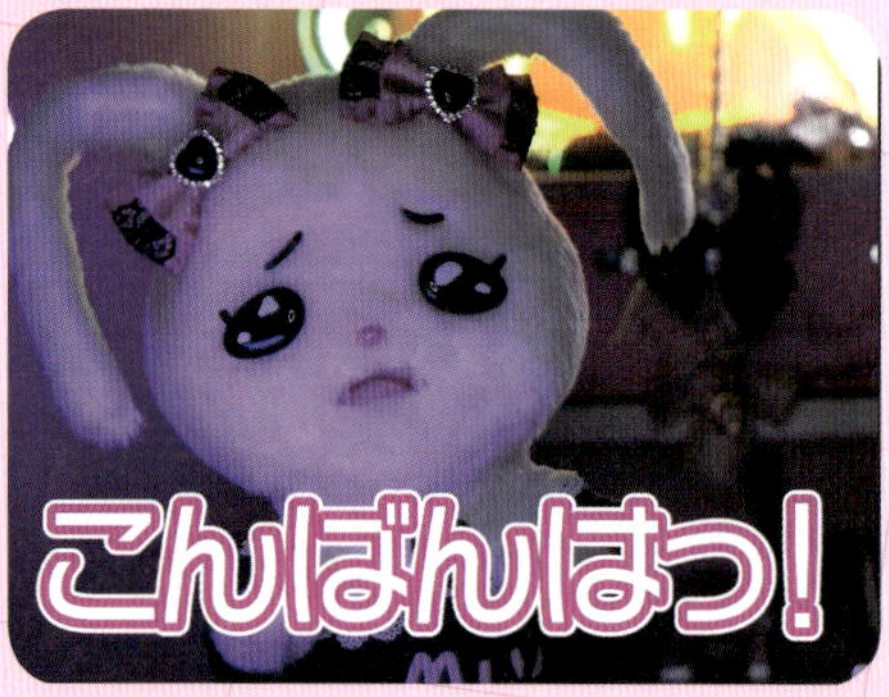

——「みぅたんのいいおんなきょうしつ」を観て、自分の価値観を大事に、自分を大切にしようと心に刻みました…(泣)。みぅたんが配信を始めようと思ったキッカケについて教えてください！

これは、はみゅですねぇ～。みぅたんはこの前まで普通におしごとしてたんだけど…クビになっちゃって…やることがなくて！ 動画の配信をはじめましたっ！ インターネットには、最近かおだしするようになったんだけど！ 少しずつ応援してくれる人が増えてきてとっても嬉しいです！

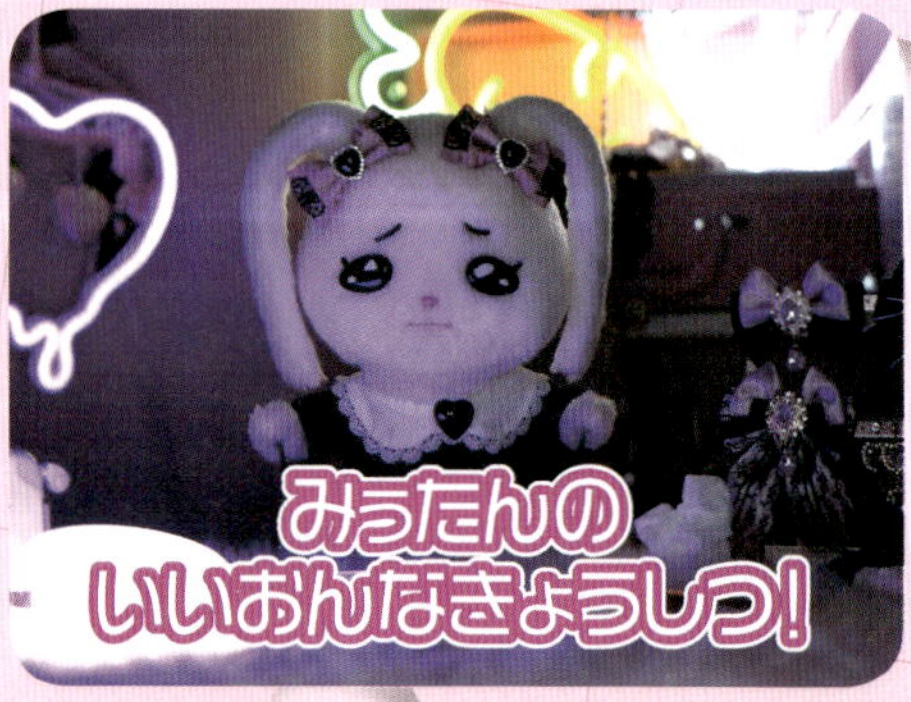

——みぅたんのタレ眉にウルウルな瞳、ながいツインテールがとっても可愛いです♡ 可愛くなるための秘訣について教えてください！

はみゅ！ お化粧はちょっとすきなので、学生のときからアイドルさんとか、インフルエンサーさんを見ながら！ 頑張っています！ お肌が白いね、って言ってもらえることが多いんですけど、多分、なんかステマ？ のサプリメントみたいなのを！ 高値で買っちゃって！ だからそれのおかげだと思うようにしてます…はみゅみゅ…。

——みぅたんみたいに、ピンクのアイテムに囲まれたお姫様のようなお部屋に憧れています♡ みぅたんのお気に入りのアイテムはありますか？ また、こだわりのアイテムがあれば知りたいです！

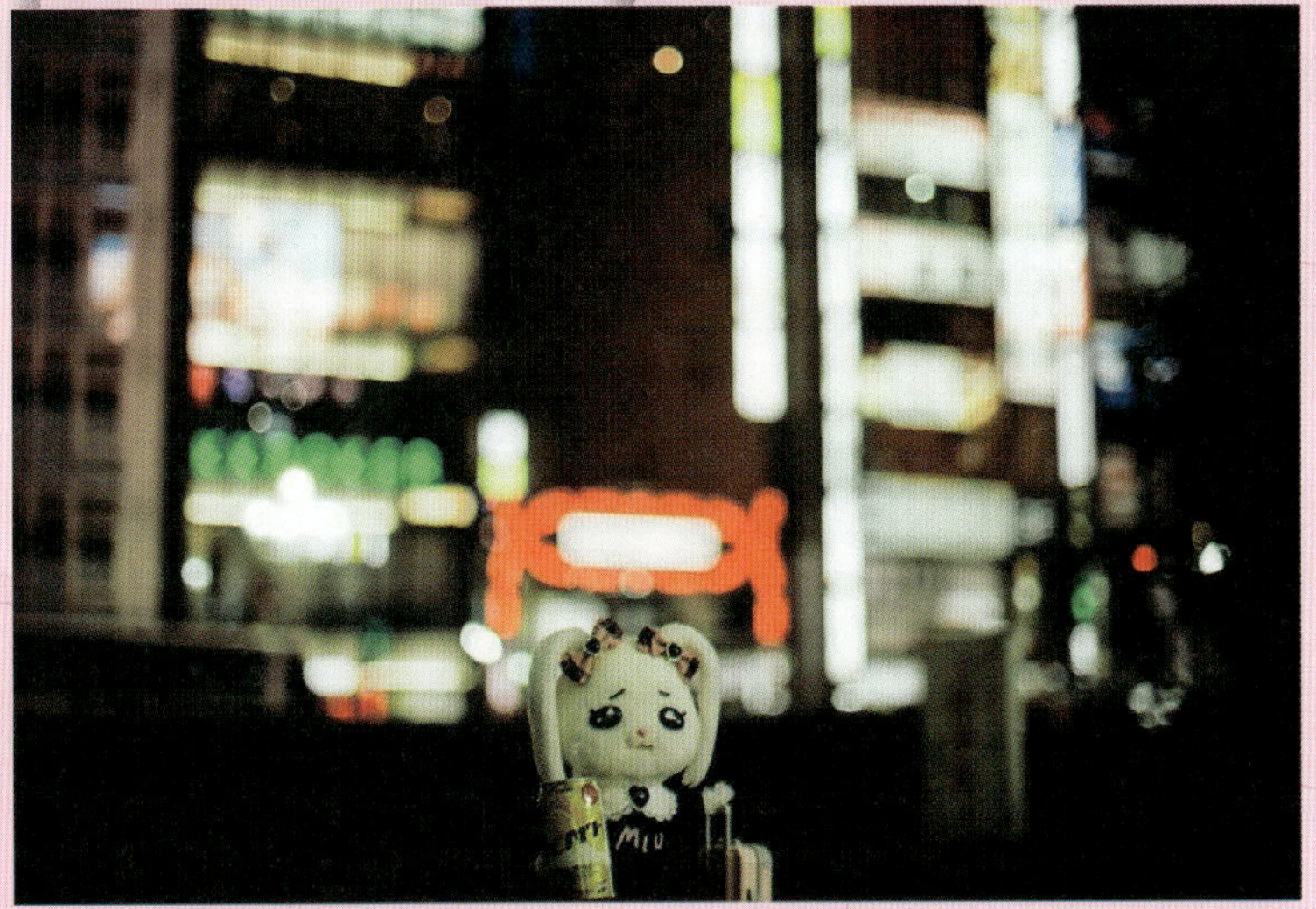

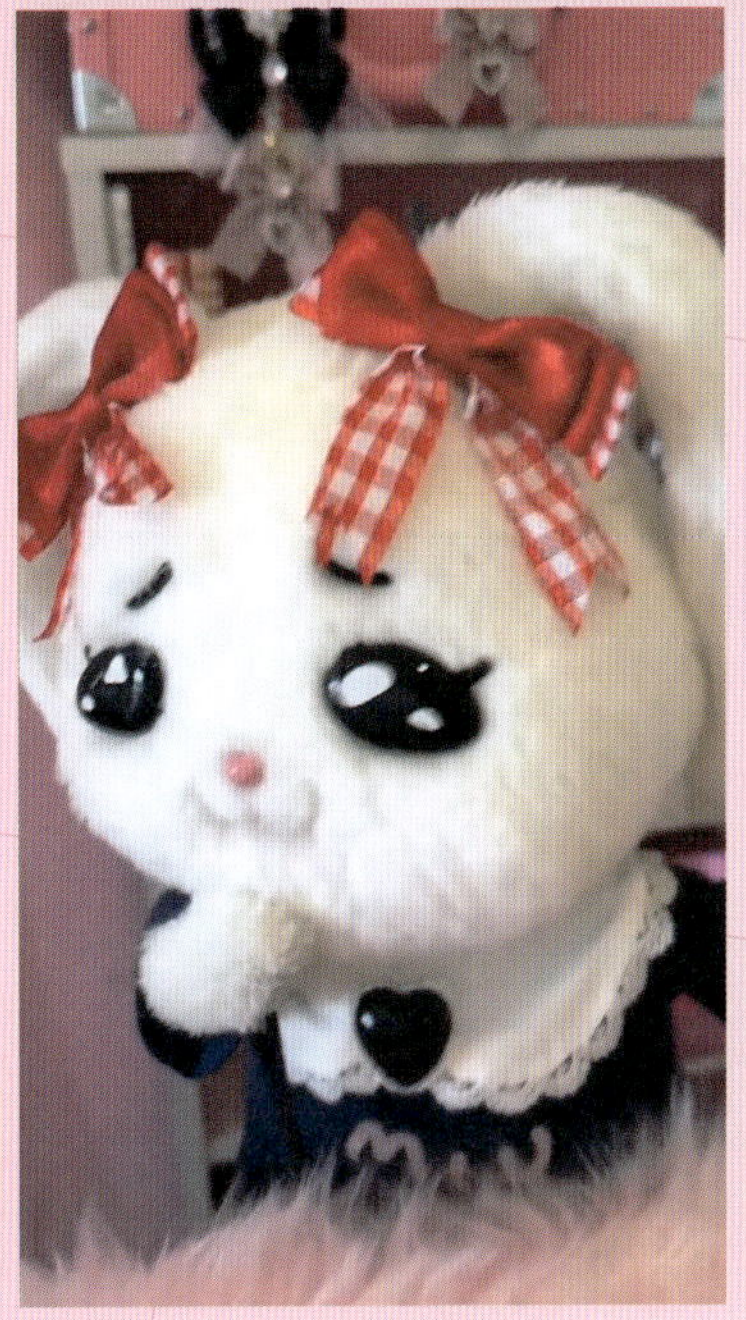

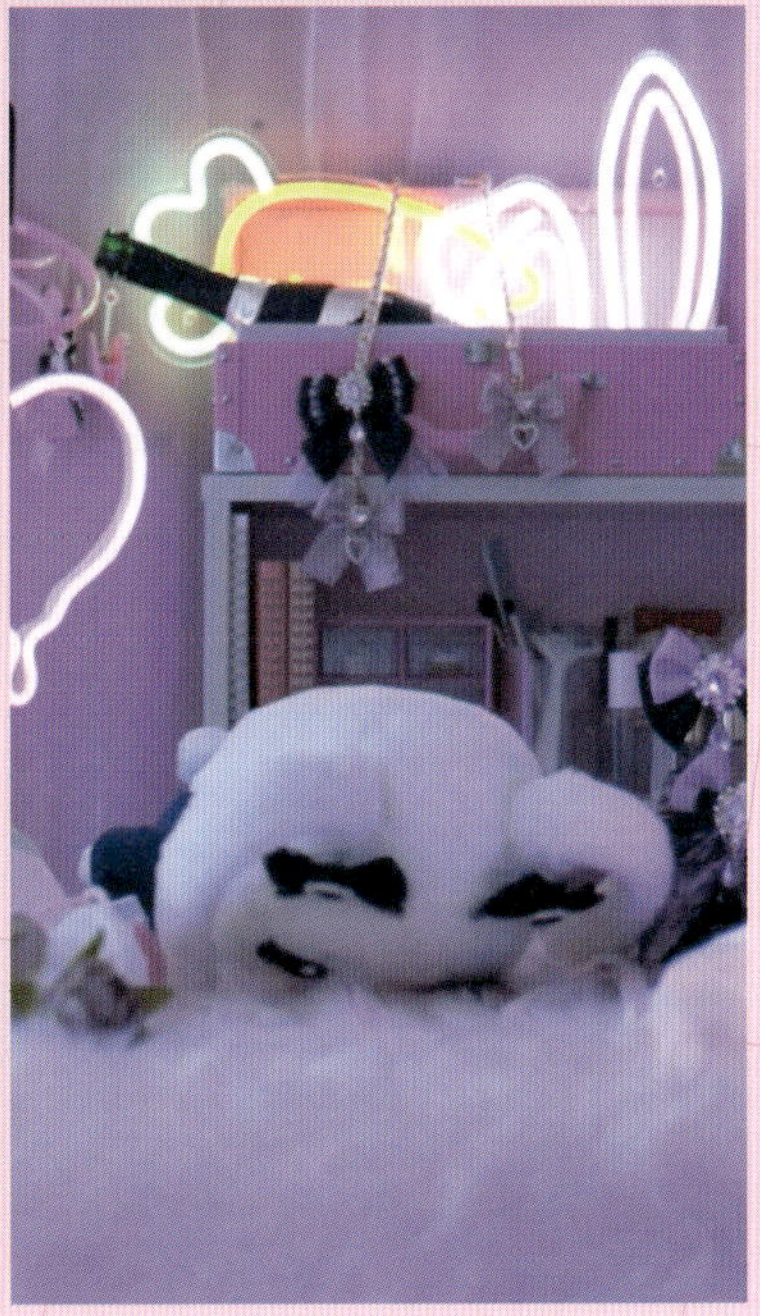

お気に入りなのは、うしろのうさ耳のライトとにんじんのライトです！　うさぎだから一応買っとくか〜、と思って購入したんですけど、結構気に入ってます！　こだわりは、やっぱりピンクで揃えることです！　みぅたんは！　お片付けが苦手で！　お部屋に使ったあとのティッシュとか、パリパリのカラコンとか、落ちちゃってるんですけど、なんか全体的にピンク色なので、それで誤魔化せてるからよかったです！

——みぅたんには女の子のお友だちはいますか？　また、みぅたんが最近ハマっていることもあれば教えてください！

お友だちは、いるにはいるんですけど！　よく、音信不通になっちゃうお友だちばっかりなので、一人になっちゃうことが多いです！　最近はだいたい歌舞伎町にいます！　普通にホストとか行ってます！　はみゅ〜。

——みぅたんの恋バナにはいろんなタイプのすきぴが登場しますが、ここ最近で特にみぅたんに刺さったタイプの男性がいれば教えてください！

これは、はみゅな質問ですねぇ〜。最近のすきぴは！　何の仕事をしているかは！　教えてくれないんだけど！　髪色や服装の！　規定がなさようなお仕事をしているっぽい人です！　かっこいいねっ！

——みぅたんが過去に恋愛で「やってしまったな…」という黒歴史はありますか？　元カレで忘れられないエピソードがありましたらお聞きしたいです！

位置情報共有アプリをお互いにいれてて！　元カレが！　なんかホテルにいたから！「なんでホテルにいるの!!　浮気でしょ!!!」って問い詰めちゃって!!!　そしたら！「そのホテルでバイトしてるよ」って返ってきて！　疑っちゃってごめんね！　って思いました！　でも！　その日しかそのホテルにいなくて！　不思議でした！　タイミーやってるのかな？　はみゅみゅ〜。

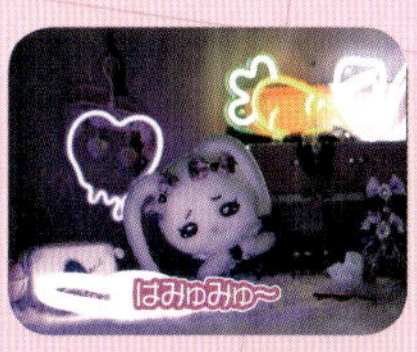

——みぅたんに恋愛相談があります…。この夏、プールで突然イケメンにナンパをされました。交換したインスタを見たら、シックスパックの半裸姿をアップしていて、ブロマイドを売っているというストーリーもありました。顔はカッコいいんですけど、こんな男の人と付き合ってもいいのでしょうか？

まず！　ブロマイドを！　たくさん買ってあげましょう！　1枚ではなく！　様子をみながら！　在庫が0になるまで！　買いましょう!!　それで！「ありがとう」って言われたら！　優しい人なので！　付き合ってもいいと！　思います!!!!　はみゅみゅ〜！

——もう一つ、私の友だちの恋愛についても相談させてください！　その子はどんなイケメンでも「ご飯に行こう」と誘われると、「え、キモチ悪い…」と感じてしまうそうです。恋愛をしたい気持ちはあるけれど、グイグイ来られると引いてしまう自分がいて、なかなか恋に踏み出せないことに自分でも困っているみたいなんです。「季刊エス」の読者にも恋はしたいけれど、同じような気持ちを持っている子たちがほかにもいますが、こういう時はどうすればいいですか…？（泣）

みぅたんは！　イケメンは好きなんだけど！　イケメンだったら何でもいいわけじゃなくて！　髪の毛が長めのイケメンじゃないと！　ごはんに行きたくないから！　ごはんに行きたくなるタイプの！　イケメンに出会えるまで！　待ってもいいと思いますっ！　みぅたんは！　みんなの恋を！　応援してますっ！　はみゅみゅ〜。

——最後にみぅたんから「季刊エス」の読者へ一言メッセージをお願いします！

なんか！　雑誌とか！　文字を！　読んでる人って！　かっこよくみえちゃって！　カフェとかで！「季刊エス」っていう！　センスのある雑誌を読んでる人を見つけたら！　すごい仕事が出来そうな人だなって！　思っちゃいます！　みぅたんは昔、カフェで競馬新聞を読むタイプの人と付き合ってたんだけど！　その時は！　最後の方、カフェに行くお金も無くなっちゃいました！　みんな、自分を大切にしようね！　はみゅみゅ〜。

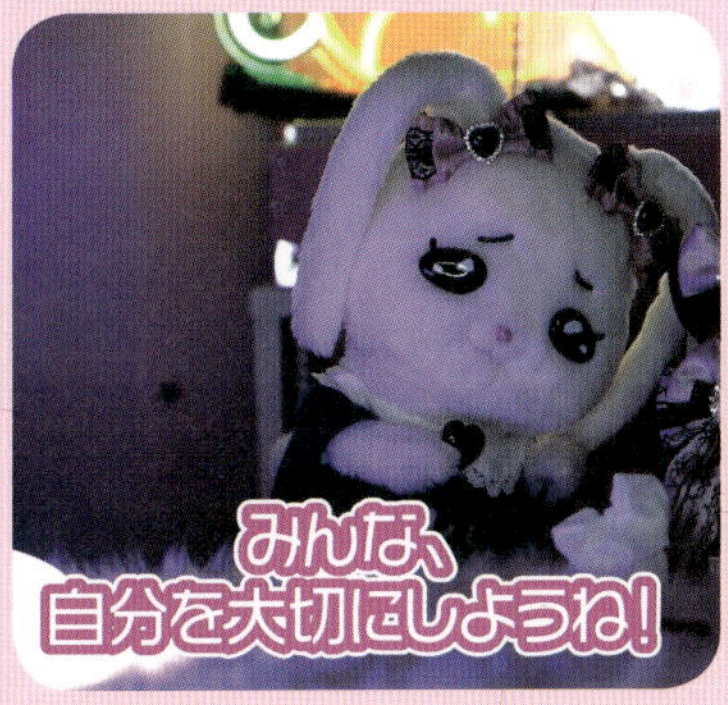

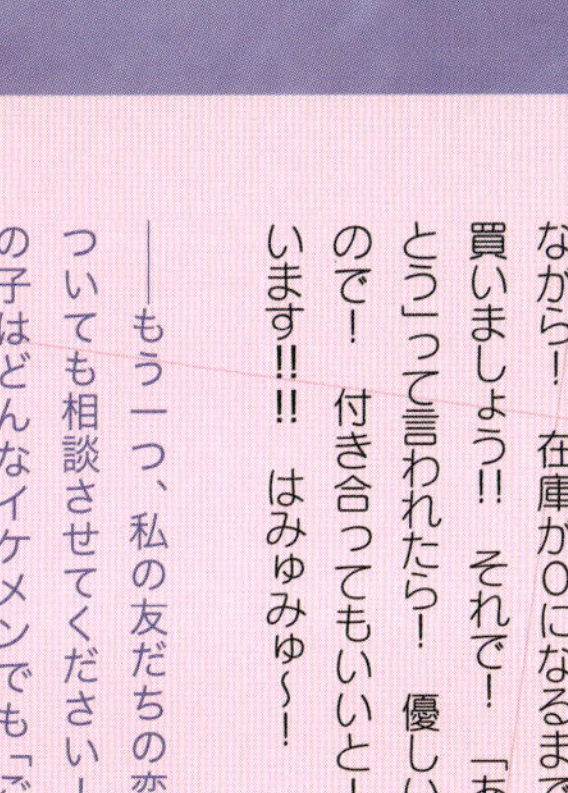

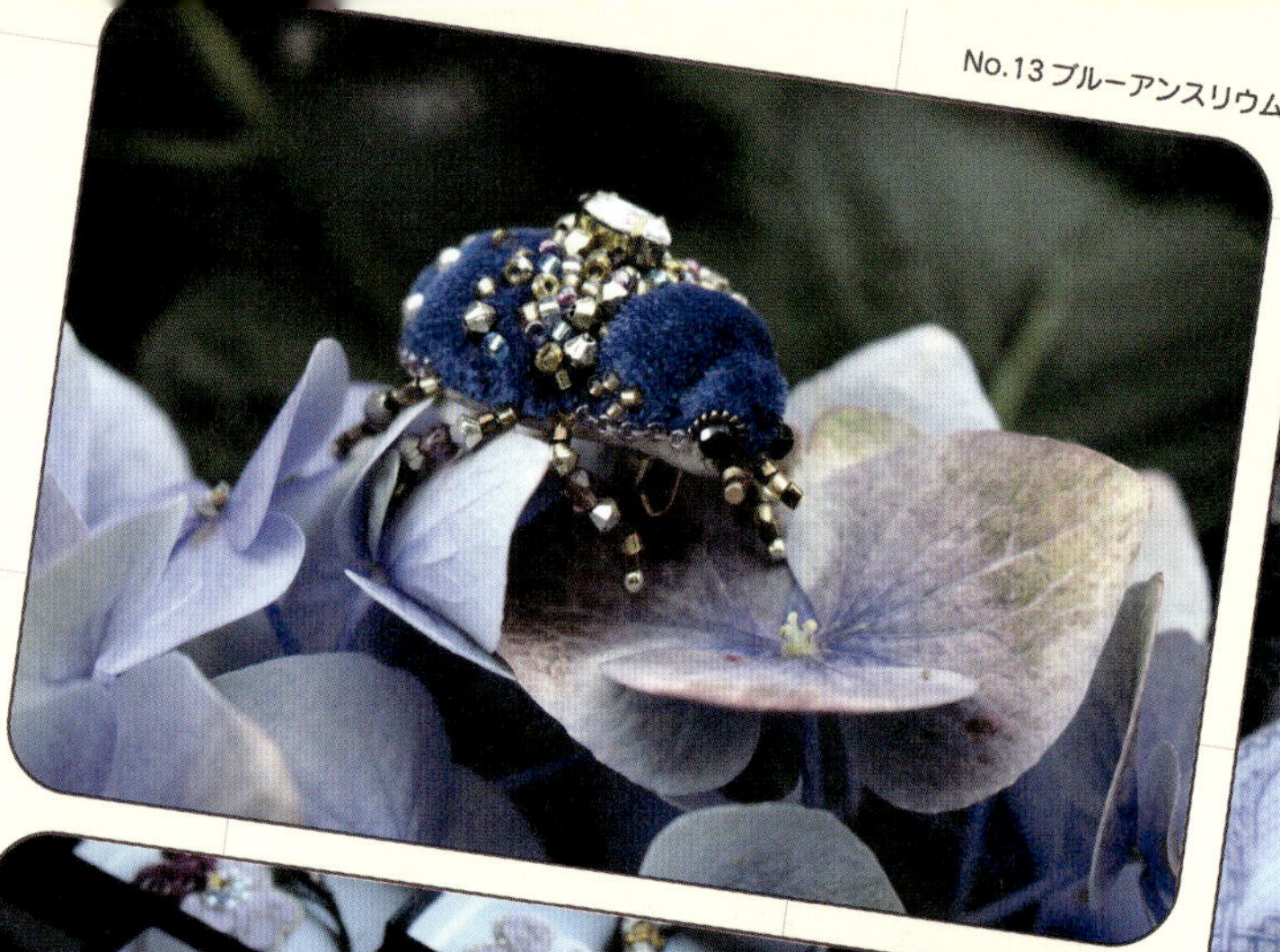

No.13 ブルーアンスリウム

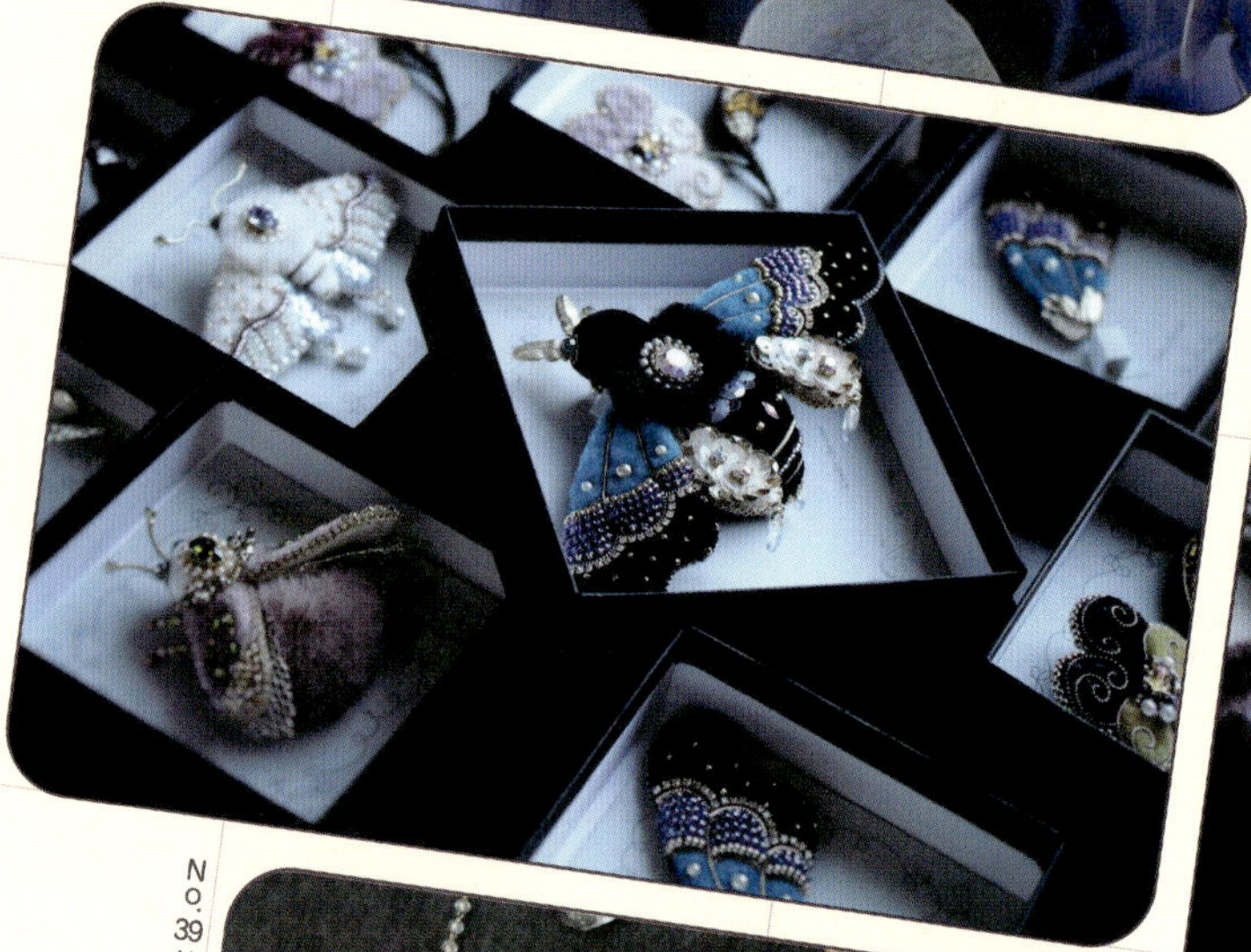

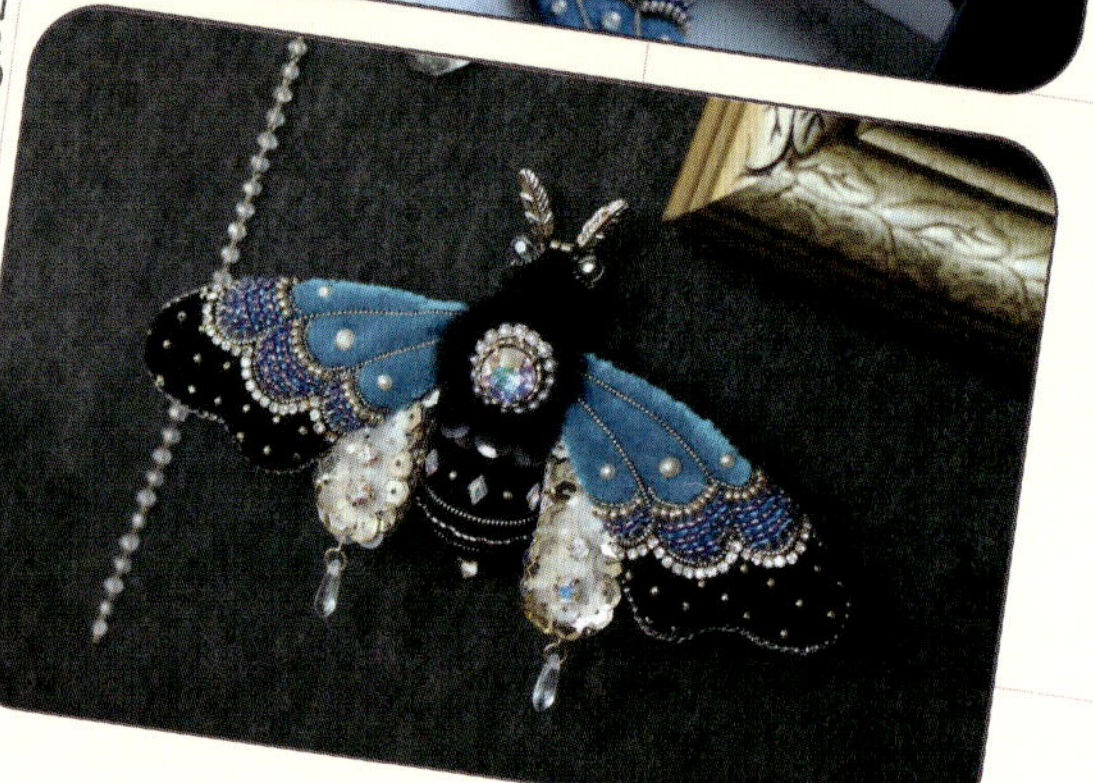

No.39 サフィール

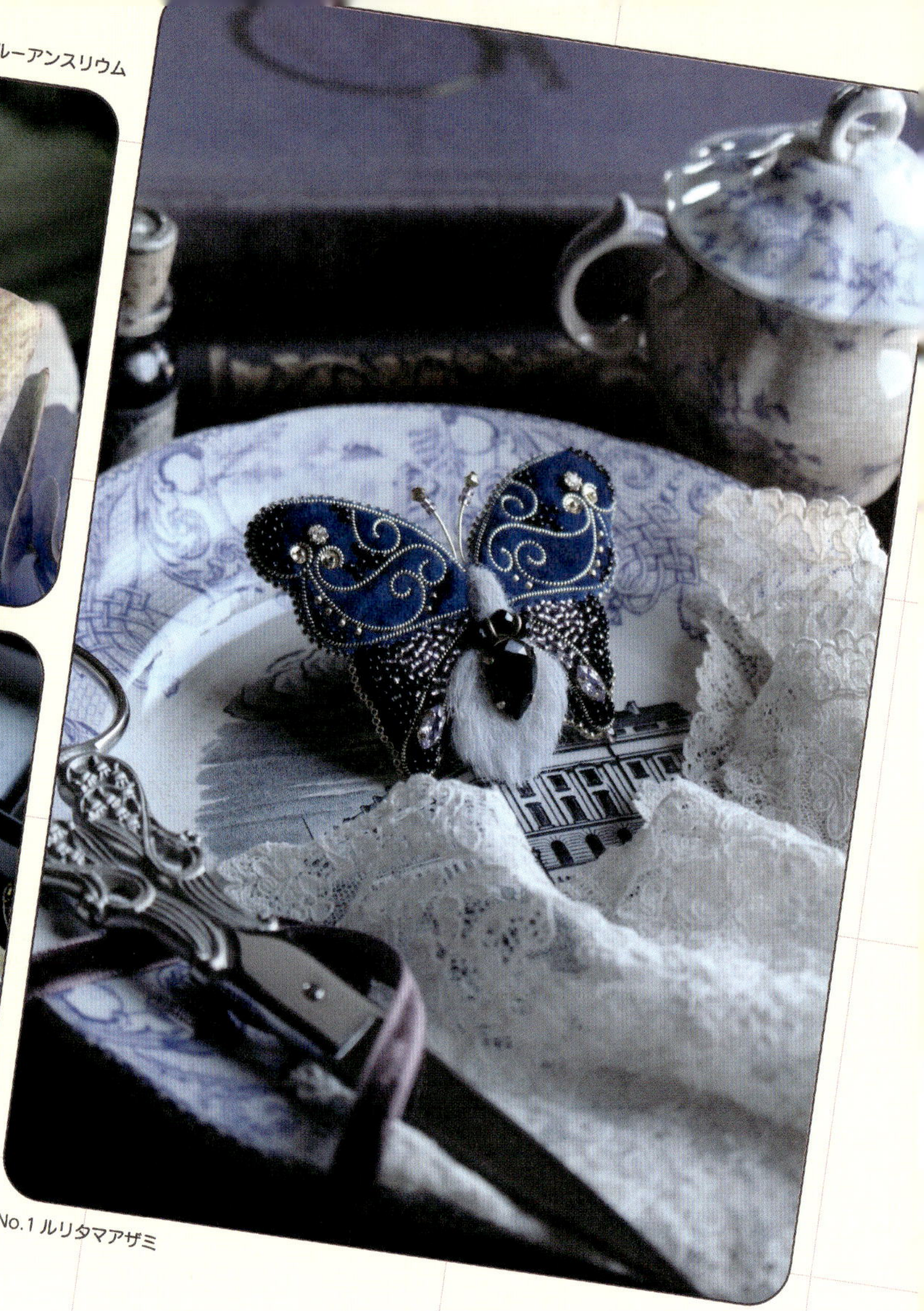

No.1 ルリタマアザミ

visual selection

Under the rose

天野葉子

X＝@Rose10The
Instagram＝under_the_rose1010

Q1 まずは天野葉子さんが手掛けるアクセサリーショップ「Under the rose」のコンセプトについて教えてください。また、現在の活動や世界観に至った経緯についても伺えたら嬉しいです。

A1
碧い茨に隠された
“Under the rose”
という名の宝飾店。
月が差し込む硝子ケースの舞台には
天鵞絨で着飾った
多様な動植物が集う
ミラの星が輝く晩
仮初の自由を手に
一夜限りの宴が始まる…

「Under the rose」はそんなひとつの物語のもとに生まれた空想の宝飾店です。ビーズ刺繍で着飾った動植物のアクセサリーを通して、華やかで不可思議な世界を皆様へお届けしています。

当店の始まりは二〇二〇年。自身の「好き」を確かめ、挑戦する場所として活動をスタートしました。小さな頃から物作りが好きで、イラスト・編み物・お菓子作りなど、何にでも挑戦していましたが、なかでも針仕事は、幼少期から社会人に至るまで、コンスタントに縫っていたように思います。大学ではデザインを学び、卒業後は憧れていた菓子メーカーに勤めました。販売促進や企画の仕事をして、大好きなブランドの商品に携わったり、海外出張の機会を得られたことは、今でも非常に良い経験となっています。また、当店の定番となっている昆虫ブローチは、海外の昆虫作品との出会いがきっかけで誕生しました。日本と比較すると、アクセサリーや人形など、ロマンティックなアイテムも多く、色・形・素材、全てにおいて自由でモチーフとして愛されている。学生時代に蜜蜂のブローチを愛用するほど、昆虫アクセサリーの魅力に惹かれていたこともあり、私自身が欲しいという思いに駆られ、独学で作り始めました。

「Under the rose」は慣用句で、「秘密」「内緒」といった意味があります。薔薇の下の秘密とは、一体どんな甘やかなものなのでしょう。生い茂る茨の下には、まだ見ぬ美しい昆虫や植物が隠れているのかもしれません。そんな好奇心を擽るミステリアスな魅力を大切に、今後もこの秘密の物語を紡いでいきたいと思います。

Q2 「Under the rose」の作品は、ビーズ刺繍で着飾ったきらめく昆虫や植物たちが美しいです。特に丸いフォルムでデフォルメされた昆虫たちは愛らしく、ふわふわな生地に輝くビーズやスパンコールからは上品な印象を感じます。また、昆虫たちが羽を広げている姿から

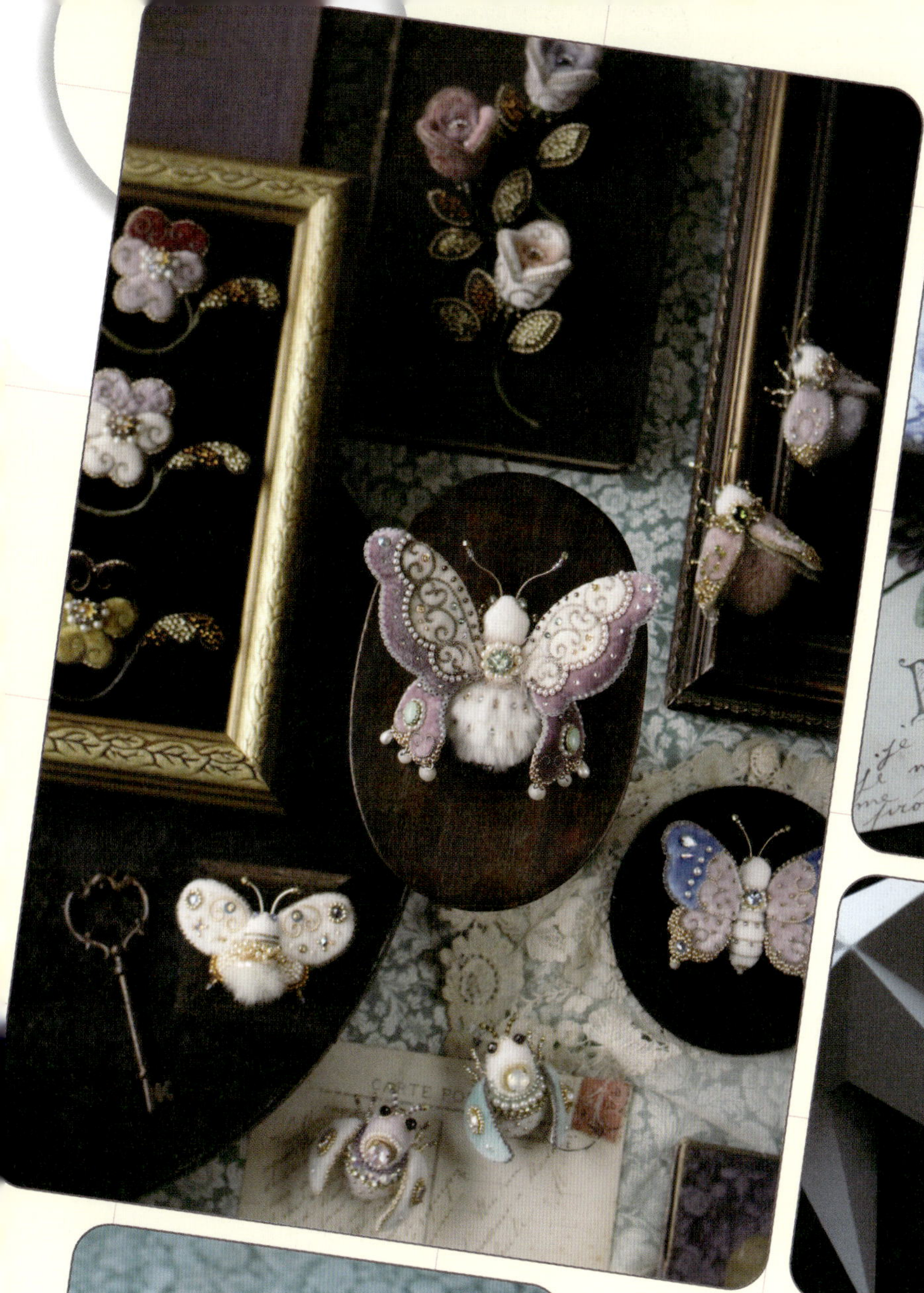

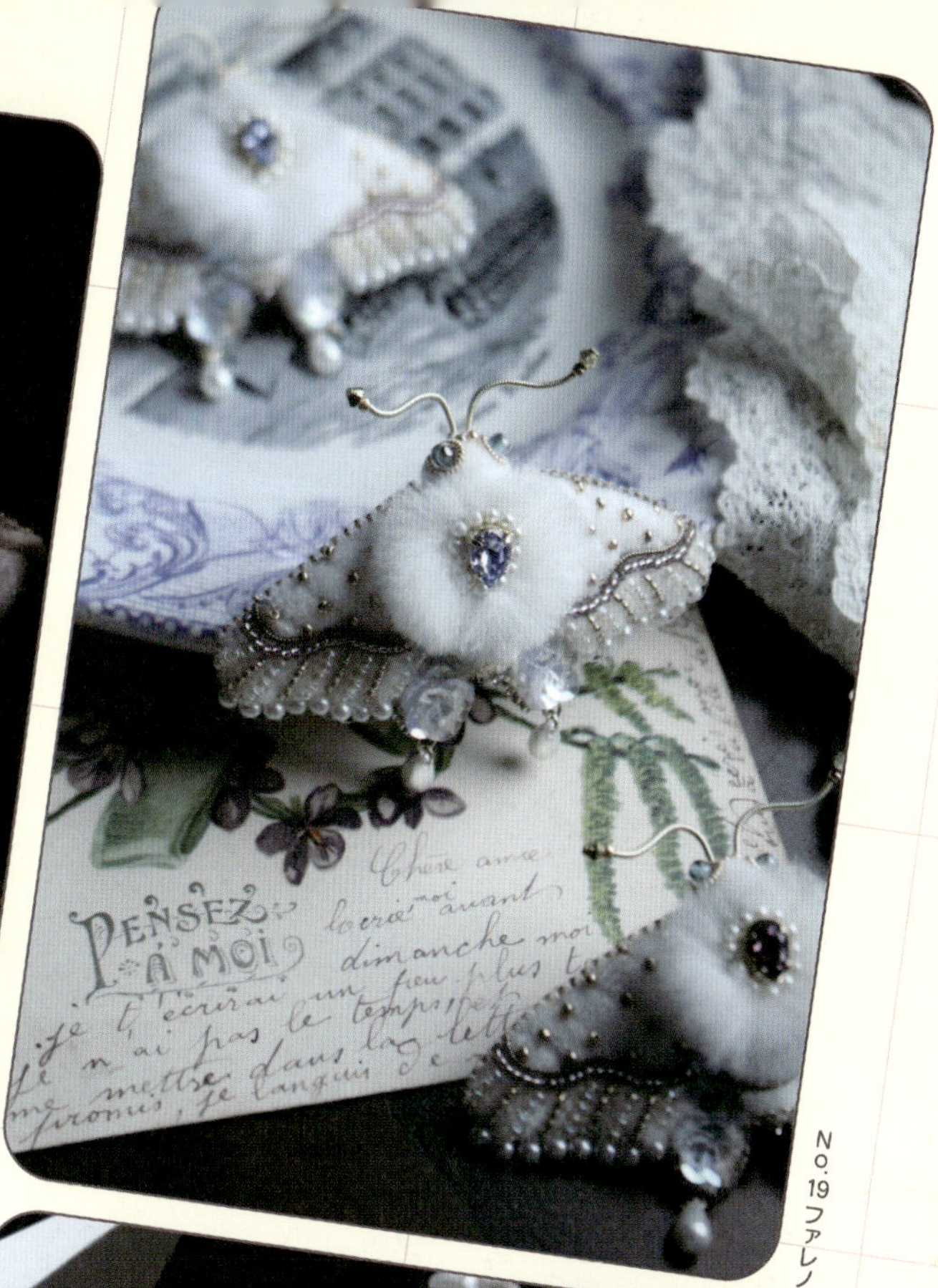

No.19 ファレノ

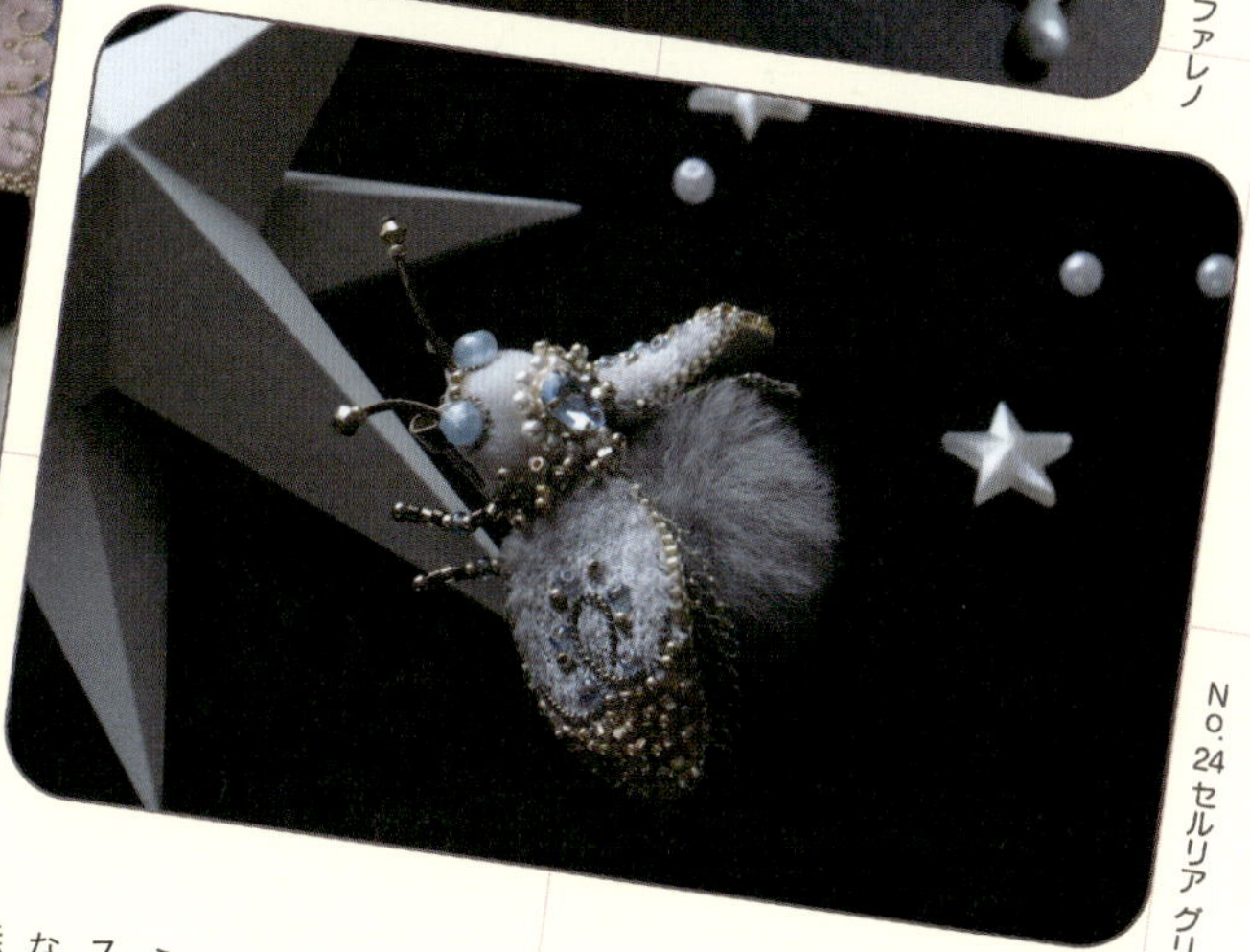

No.24 セルリア グリ

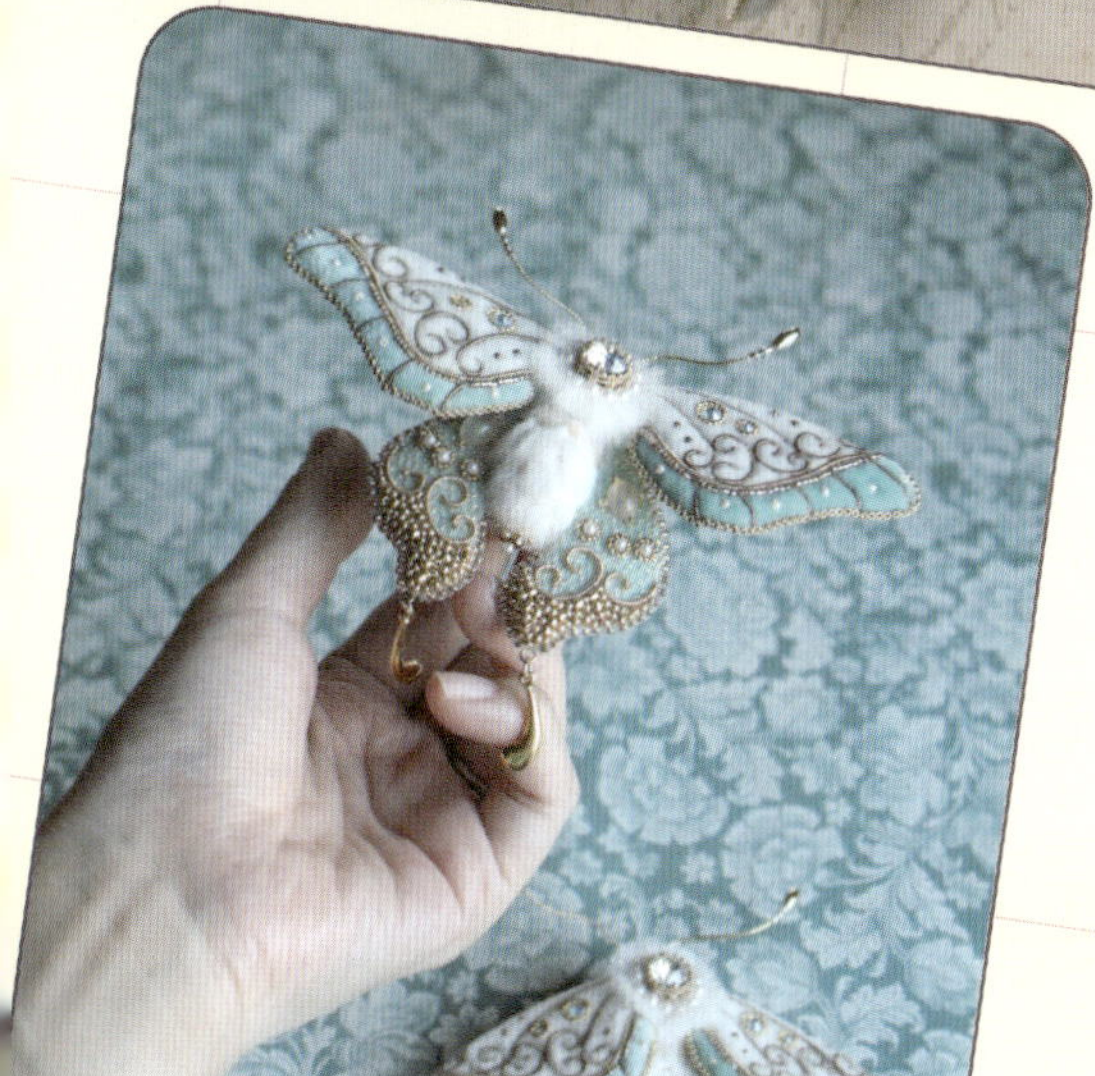

No.42 フォルモント

は華やかな印象も抱きます。天野さんが昆虫などのアクセサリーを作る時、生地やビーズ選びはどのようにされているのでしょうか？　また、昆虫たちのどのような姿をアクセサリーとして作りたいと考えていますか？

A2　作品を作る際は、コレクションのアンティーク雑貨やテディベアなどをヒントに、アクセサリーとしての美しさを追求しつつ、今にも動き出しそうなリアリティを大切にしています。やわらかな光沢が美しいベロア生地をベースに、実在の昆虫を参考にしながら、ビーズやスパンコール・クリスタルガラスといった、質感の異なる煌めきを縫い止めていきます。無機質なパーツで生き物らしさを損なわないよう、ファーを要所使いして一体感をもたせたり、揺れるパーツで動きを出したり。都度その作品に相応しい方法を試行錯誤しています。また、フレンチワイヤーを使用していることも当店の作品の特徴です。主にオートクチュール刺繍に用いられるこの素材は、角度を調節しながら縫い止めることで、自由なラインを描くことが出来ます。目の縁取りや曲線模様など、アンティークゴールドの繊細な装飾は、高級感と独創性を高める上で欠かすことが出来ない素材です。ひと針ずつ装飾を縫い止めていく工程は、昆虫を美しく装っているようで、私の大好きな作業のひとつです。輝きを増す度に、作品もどこか誇らしく喜んでいるように感じます。真夜中にこっそりとケースを抜け出して、自由に夜空を羽ばたいているかもしれない。思わずそんな想像をしてしまうような、生き生きとした作品を作り続けていきたいです。

Q3　今後作りたい題材やチャレンジしたい活動などについてお聞かせください。

A3　レースやヴィンテージパーツを使用した一点物の昆虫作品や、絵画のように楽しめる半立体的な作品に挑戦してみたいです。また額装など、既存作品のインテリアとしての楽しみ方も提案していけたら良いなと考えています。

visual selection

jardin'k

X=@jardin_order
HP=https://lumierekstudio.wixsite.com/jardin-k
写真：大森和幸
X=@ooxo_web
Instagram=@ooxo

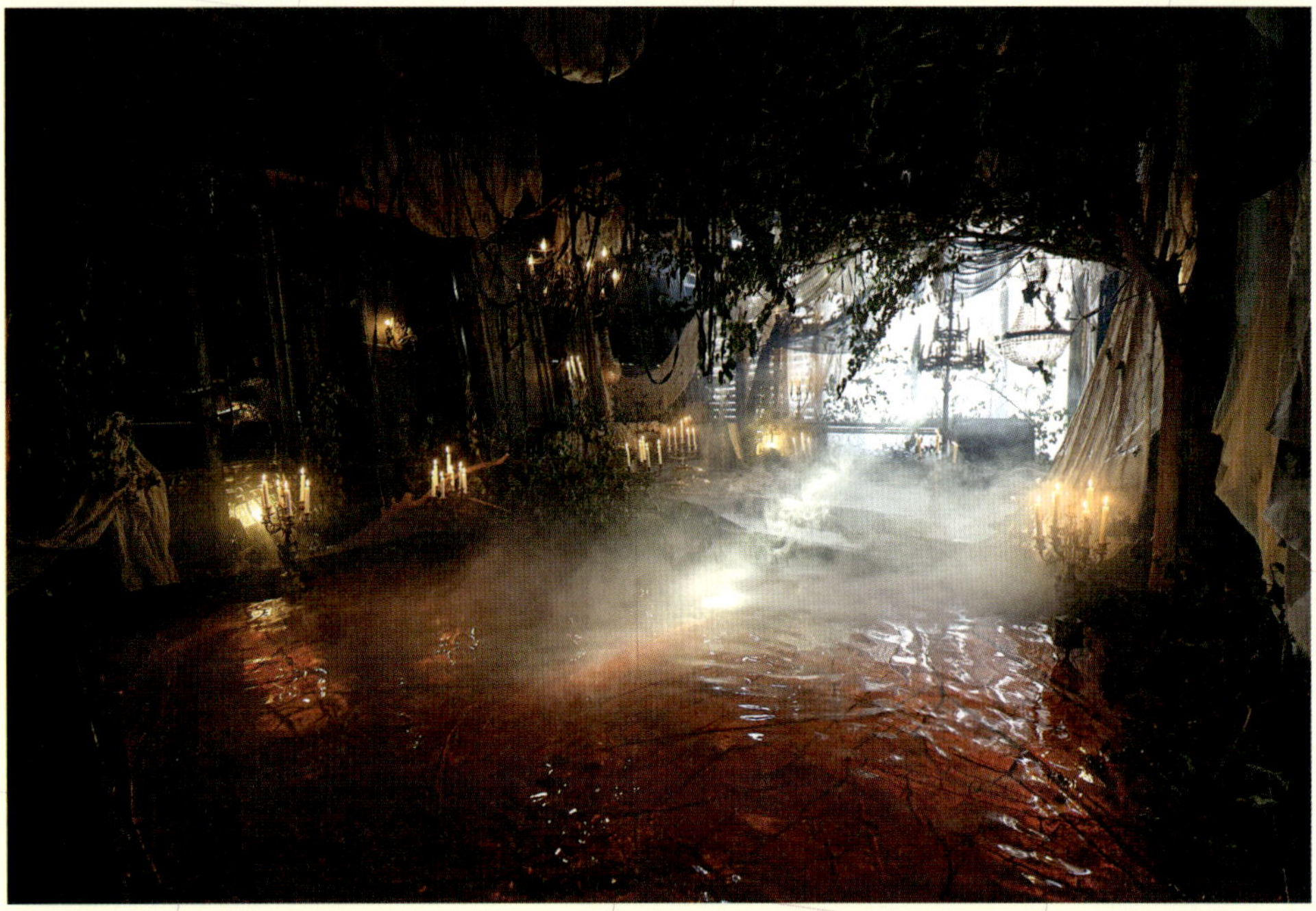

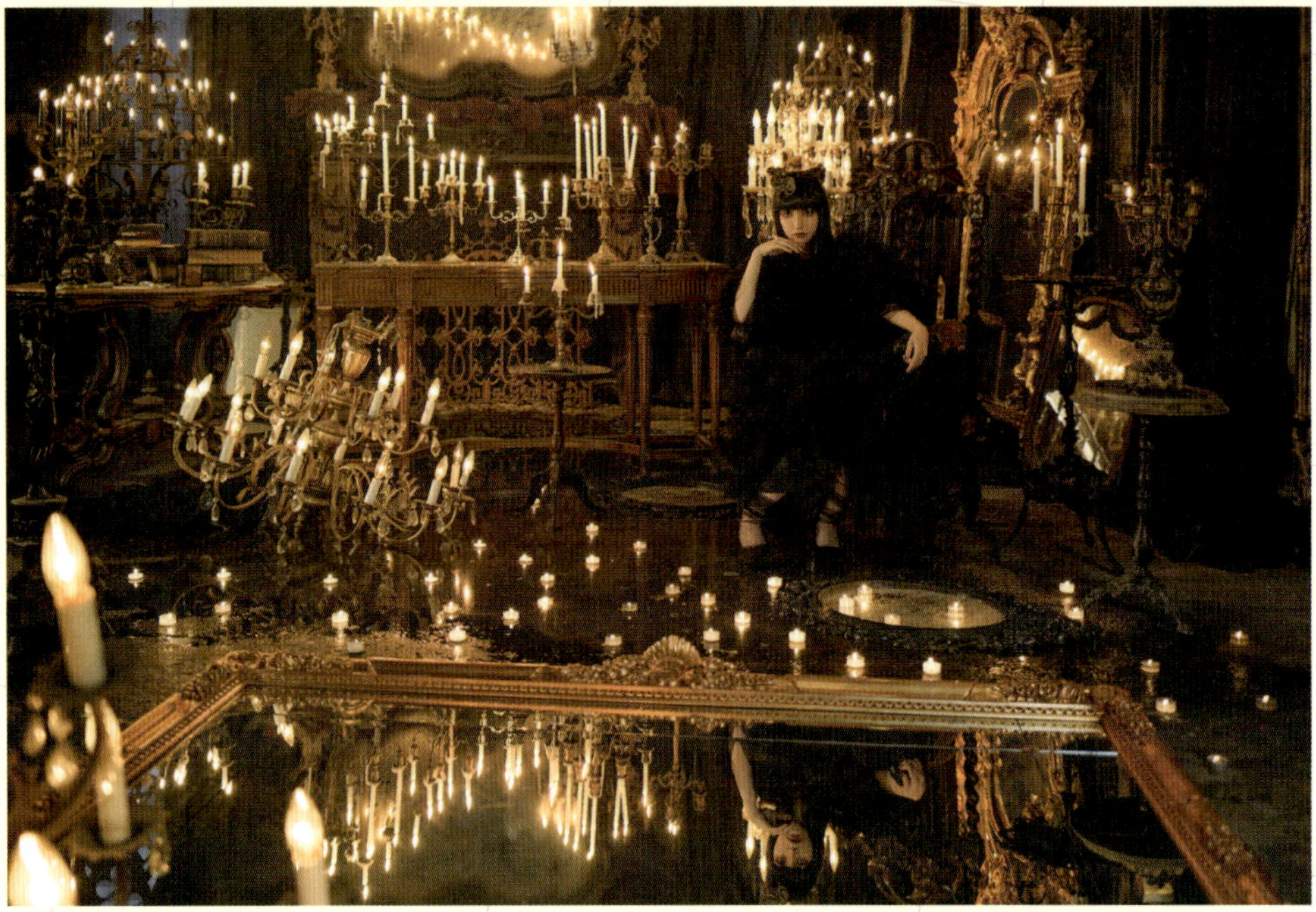

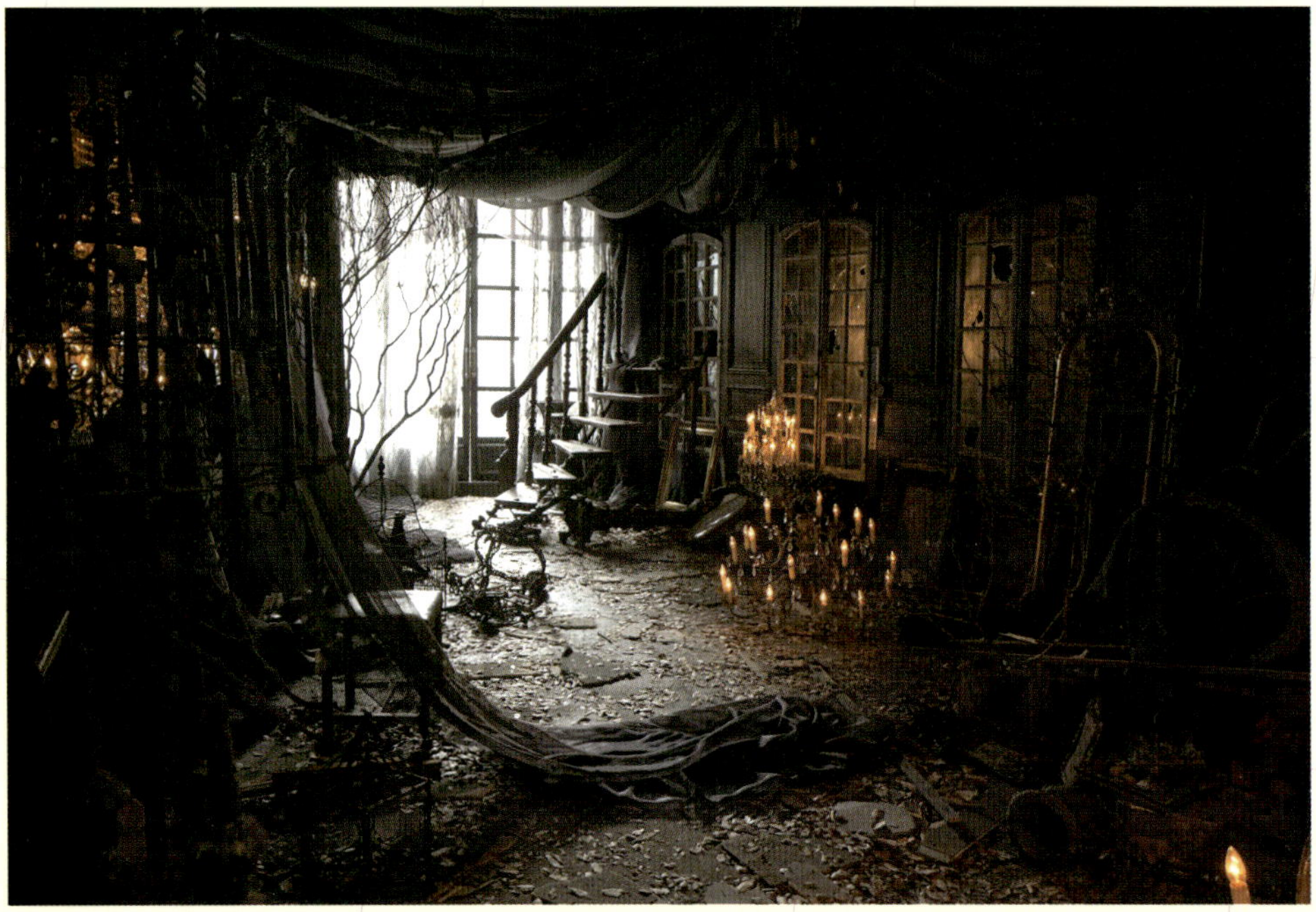

Q1 jardin'kをはじめ、六つのスタジオを展開するLumiere'kは、今年でスタジオをスタートしてから一〇周年を迎られたそうです。Lumiere＝リュミエールとはフランス語で「光」という意味で、「天窓からの自然光を取り入れよう」「シンプルでありふれたスタジオではなくて独創的な空間をつくったら沢山の人が共感してくれるはず」との思いで、スタートされたそうです。もともと、なぜスタジオをつくろうと思ったのでしょう?

A1 もともと私は長い間、映像の現場に関わってきたのですが、当時は白い壁や単調なスタジオがほとんどで、撮る側も撮られる側も想像力をフルに働かせないと作品が成立しないような環境でした。そこでふと「空間そのものがインスピレーションをくれる場所をつくれたら、きっと誰かの心に残る体験になるんじゃないか」と思ったんです。

趣味で自分の部屋を洋館のようにつくっていたことも重なって、スタジオ制作は私にとって天職と思っています。名前に選んだ《Lumiere(光)》には、単純に明るさのことだけでなく、人を照らし、導くような意味を込めています。最初のスタジオには天窓を設け、自然光が差し込む設計にこだわりました。時間とともに光が移ろい、一期一会の表情を与えてくれる…その美しさを取り入れたかったのです。結果的に、多くの方が「ここでしか撮れない」と共感してくださり、現在は六つのスタジオへと広がっていきました。振り返ってみると、「自分が心から欲しいと思う空間を形にした」――それが今の

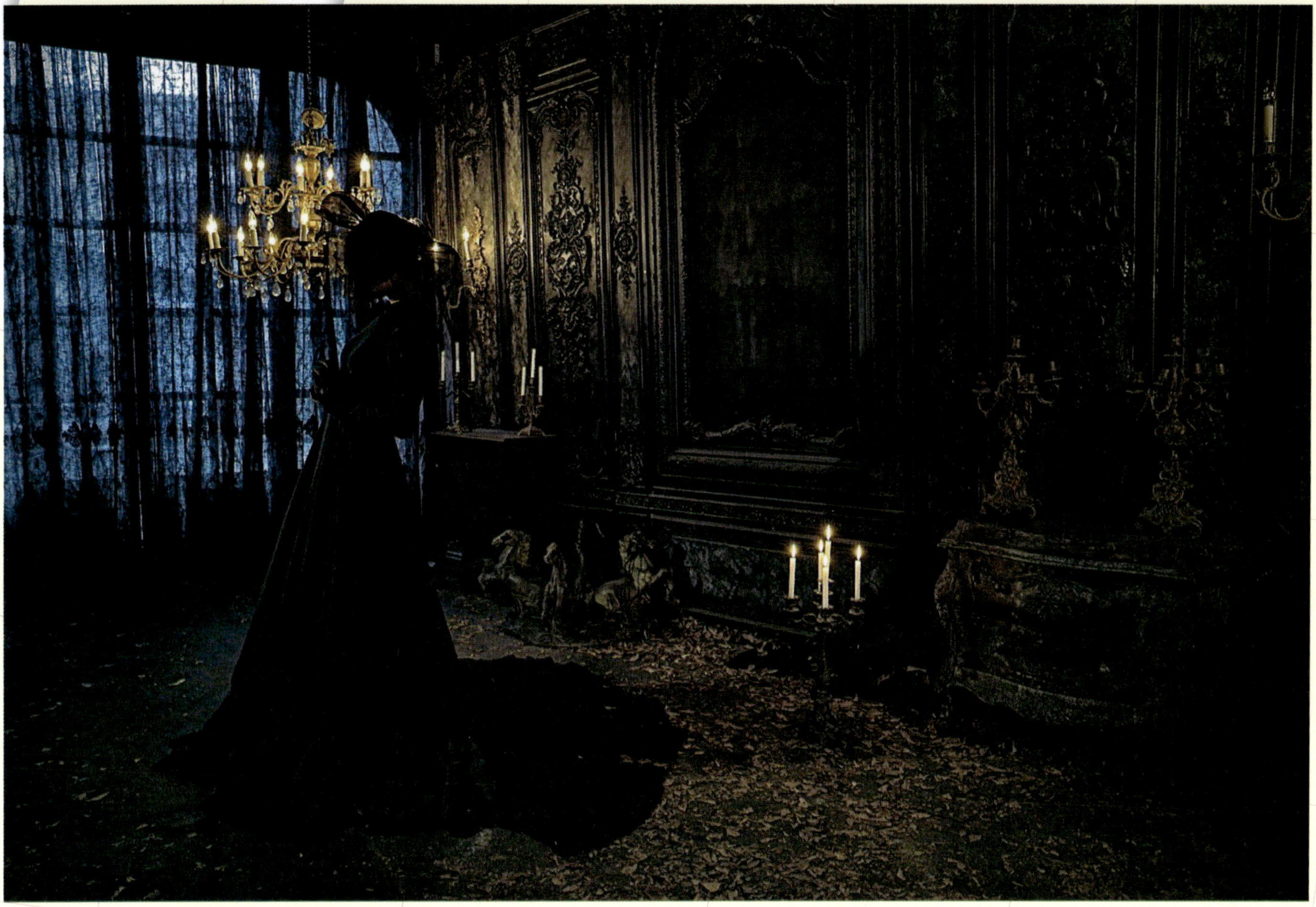

Lumiere'kの始まりだったんだと思います。

Q2 季刊エス六九号「アンティーク」特集にて、jardin'kで撮影をさせていただきました。とても美しくデカダンな世界観に驚き、感動した記憶があります。jardin'kというスタジオをつくりあげる上で、具体的にどんなふうにコンセプトを立て、どんなところにこだわり、どんなふうに家具や装飾品を集めていったのかを教えてください。

A2 Lumiere'kが光で導く場だとすれば、こちらは闇が人を魅了する場所です。人の死生観に強く惹かれていたこともあり、その対比として「黒い空間」をテーマに据えたのが、jardin'kでした。《jardin（庭）》という名に込めたのは、〝心の領域〟という意味です。庭は所有であり、同時に内面の投影でもある――その人の心をどう表すかを象徴するものだと思っています。

スタジオは一から自分の手でつくり上げましたが、完成するまで自分自身もどんな姿になるのか分からなかったところがあります。家具や装飾品は、まるで巡り合わせのように出会った〝一度きり〟のものばかりで、それらが偶然に集まることで全体の輪郭が浮かび上がっていく。音楽や時代の空気から刺激を受けながら、少しずつ形を帯びていく――そうした積み重ねがあり、完成までに一年半を要しました。個人的には、敬愛するアーティストの方に使っていただく際、決して〝ダサい空間〟であってはいけない、という思いも強く持っています。その緊張感こそが、jardin'kを磨き続けてきた原動力になっているのだと思います。

Q3 これまでjardin'kをはじめとするスタジオではどんな撮影が行われてきましたか？ もし特に印象的な撮影などあれば教えてください。

A3 実際にご利用いただく方々は本当に多種多様で、その意外性には飽きることがありません。ご利用の中心は企業案件が多いのですが、一般利用のポートレートや作品撮り、コスプレ撮影もあります。なかにはユニークなケースもあり、バラエティ番組であえてjardin'kで撮影してみたり、ワンちゃんの撮影会、さらには「社員を驚かせたい」という社長さんのおもしろ企画など……独創的な空間だからこそ、独創的なご依頼をいただけるのだと思います。

印象的な撮影を一つ挙げるとすれば、やはり自分が長く敬愛してきたアーティストの方がスタジオを訪れ、MV撮影を行い、その場で評価してくださった瞬間です。あの体験に勝る喜びは、今のところないかもしれません。

Q4 Lumiere'kは二〇二七年でスタジオの役割を終えるとのことです。今後の予定を教えてください。

A4 実は今も何とか道はないかと交渉を続けていますが、現実的には継続は難しく、閉じる可能性が高い状況です。とはいえ、せっかく十数年をかけてつくり上げてきた空間を、ただ静かに終わらせてしまうのは惜しいですから、残された約一年半はスタジオ主催のイベントを通じて、これまで訪れたことのない方や、撮影以外のお客様にもぜひ触れていただける企画を進めています。

二〇二七年以降については、まだ具体的な計画はありません。時代そのものが大きく変化しているなかで、一〇年間続けてこられたこと自体が何より幸せで、一区切りがつくのも自然なことだと感じています。ただ、私にとって「空間をつくること」は人生そのものです。最終的には、自分の理想を凝縮した〝お城〟を建てたいと考えてきました。既にお城のエントランスに使う特大のシャンデリアも用意してあり、構想も少しずつ形になっています。仕事としてではなく、趣味の延長として、これまで培った経験をすべて注ぎ込み、自分がいなくなった後も残り続ける空間にできれば――それが、一〇年、二〇年先の未来に叶えたい夢です。

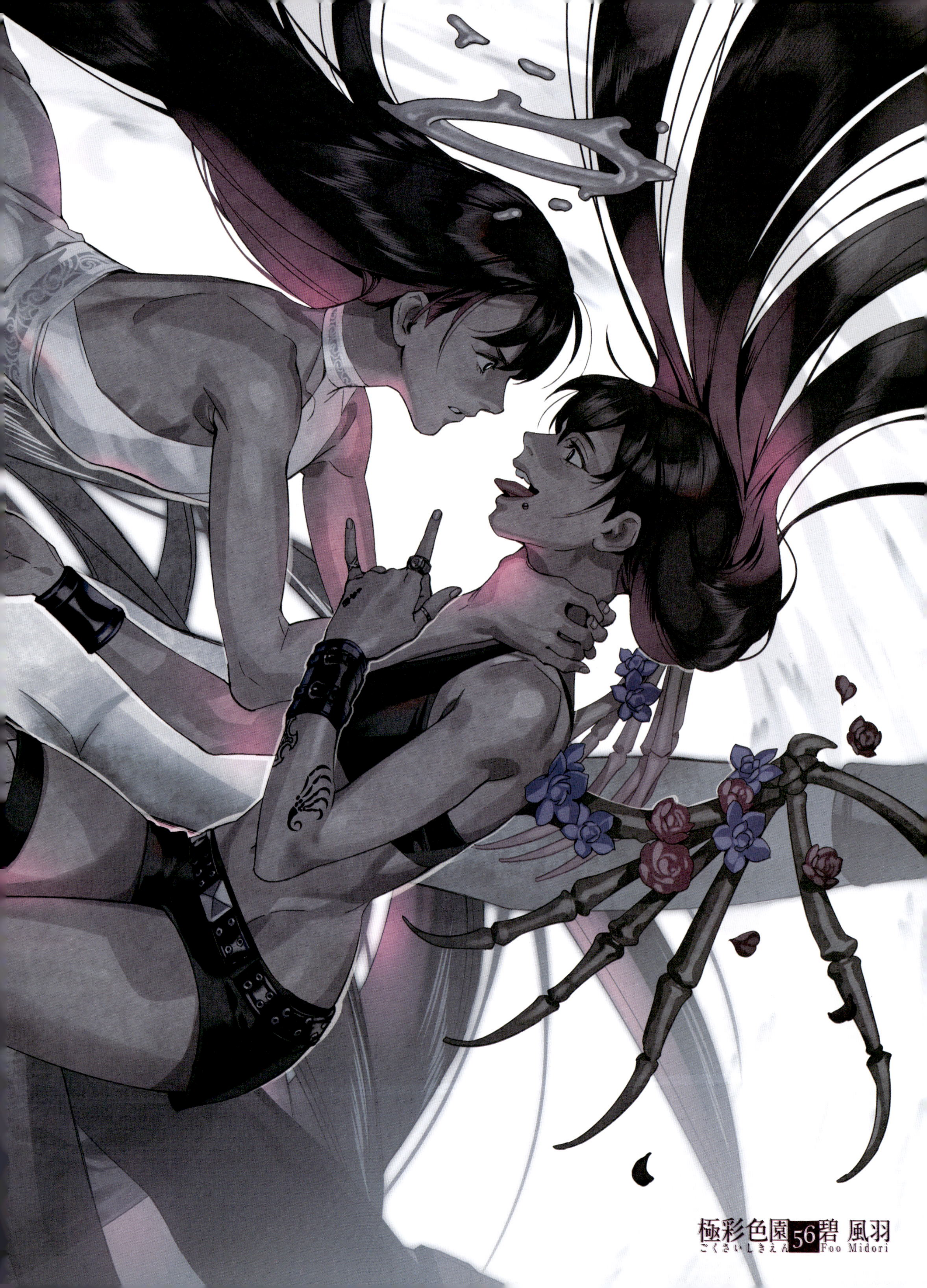

極彩色園《ごくさいしきえん》 56 碧 風羽 Foo Midori

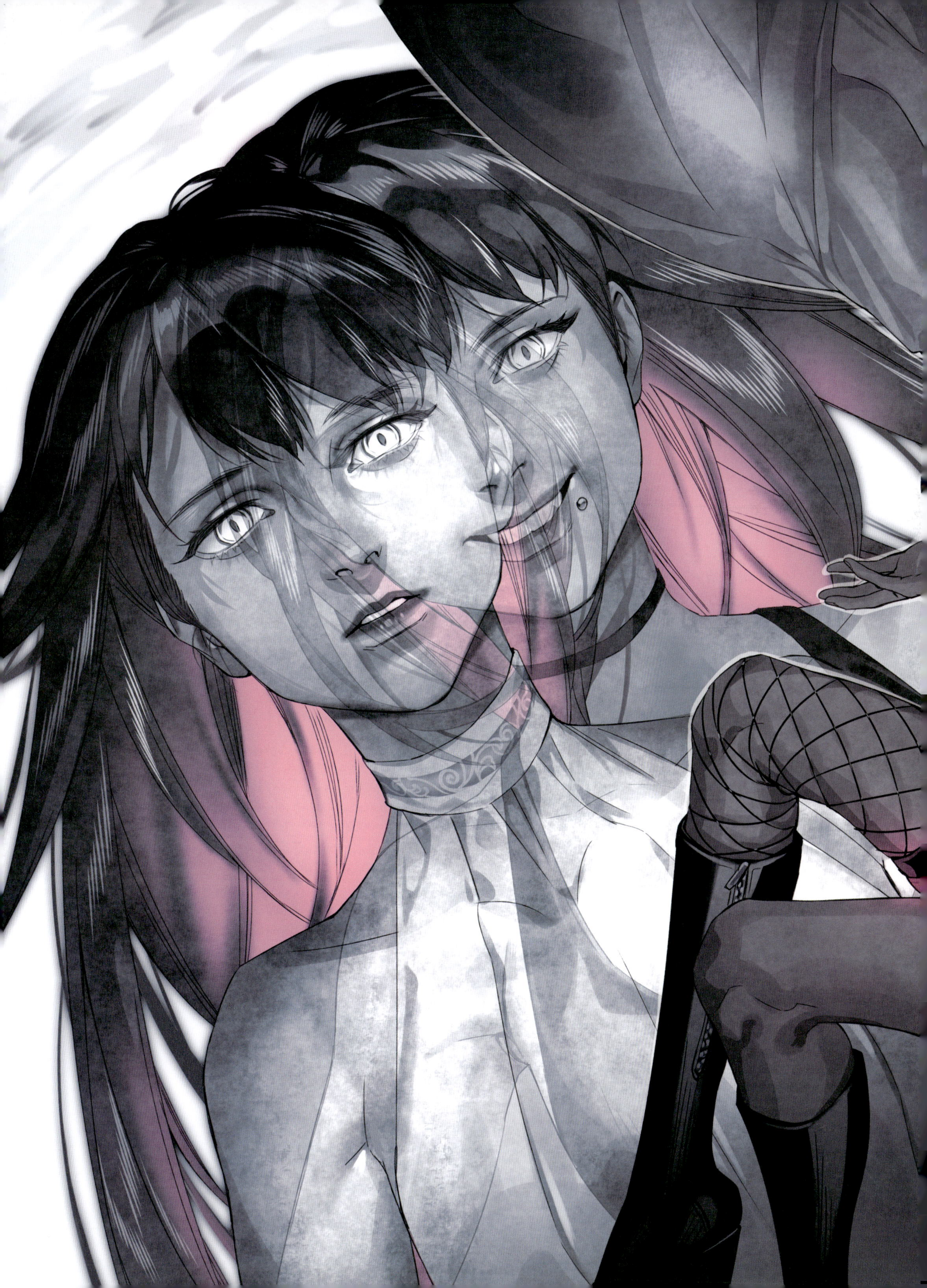

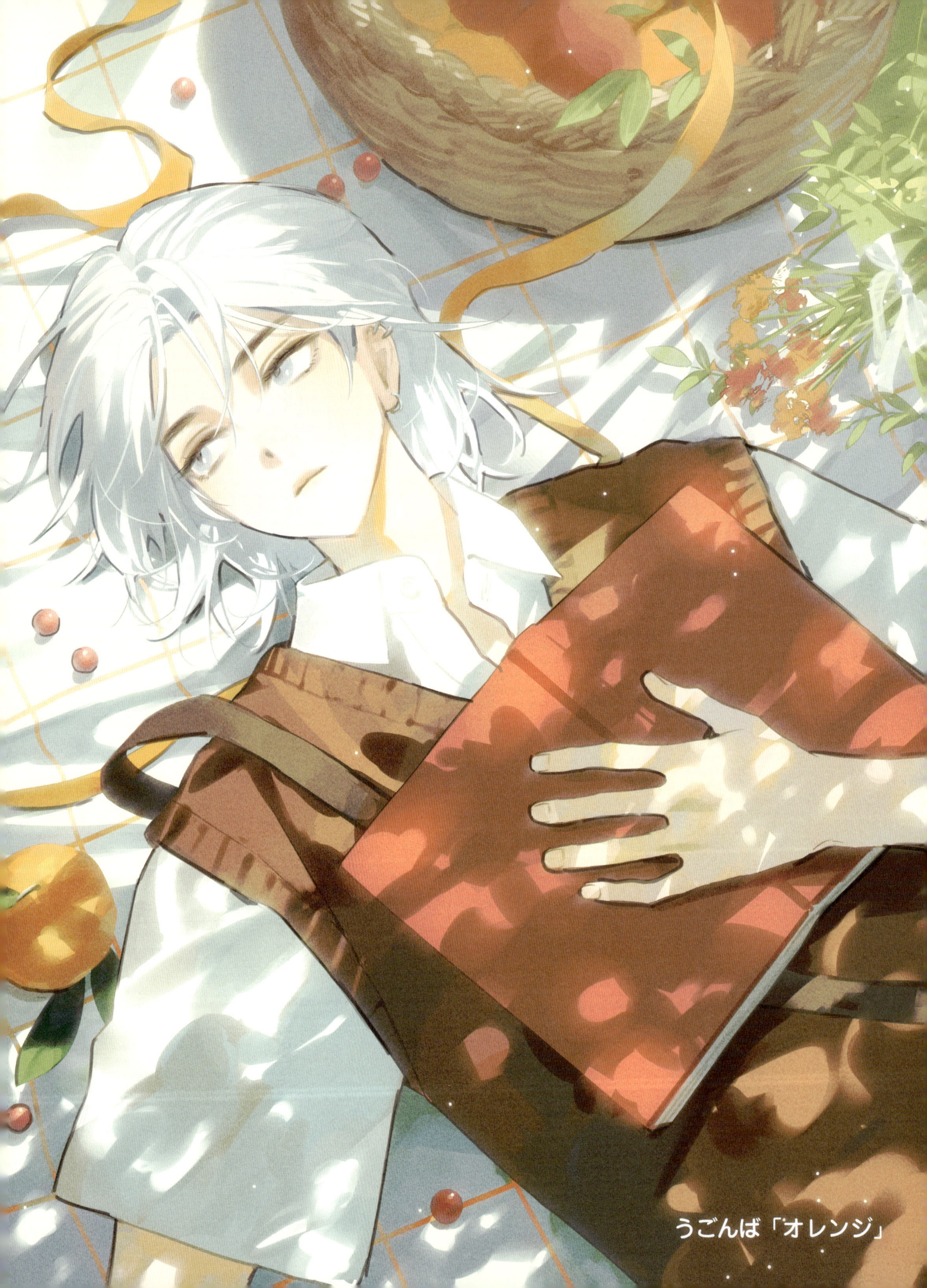

うごんば「オレンジ」

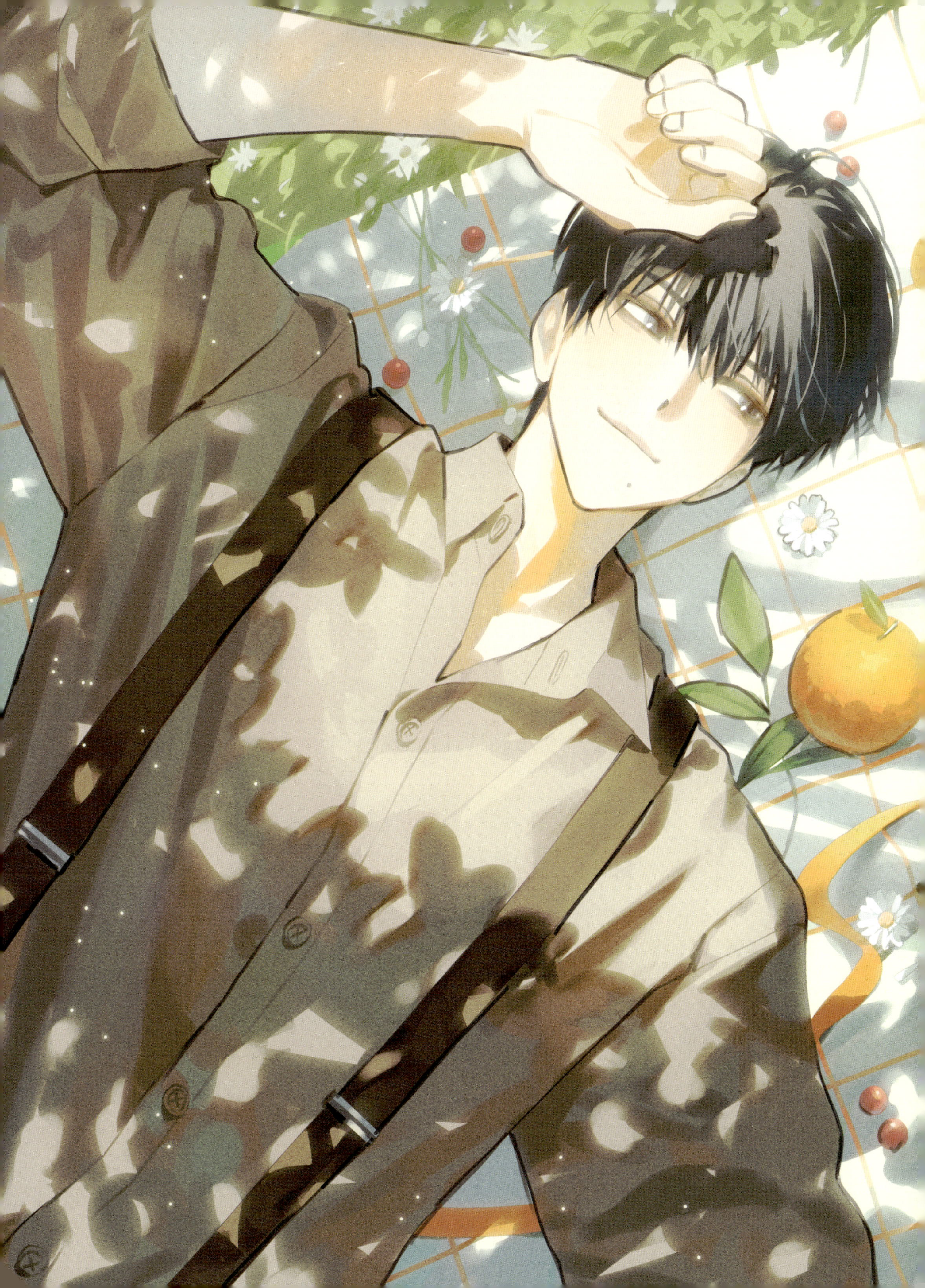

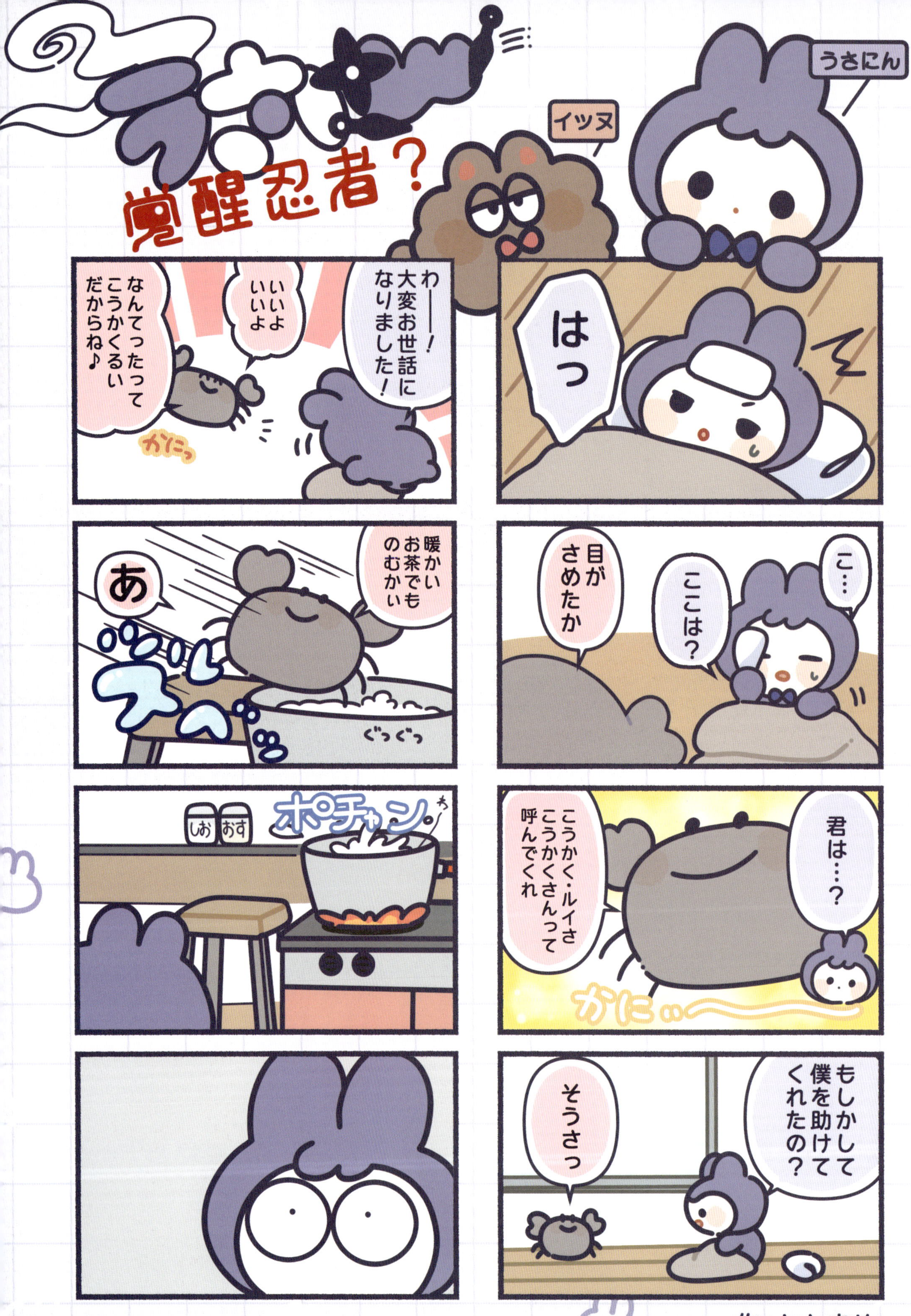
うさにん
覚醒忍者？
イツヌ
うさにん
はっ
こ…
ここは？
目がさめたか
君は…？
こうかく・ルイさ
こうかくさんって呼んでくれ
かにっ〜
もしかして僕を助けてくれたの？
そうさっ
わーー！大変お世話になりました！
いいよいいよ
なんてったってこうかくるいだからね♪
かにっ
暖かいお茶でものむかい
あ
ツルスベッ
ぐつぐつ
ポチャン
しお
おす

作・ととまめ

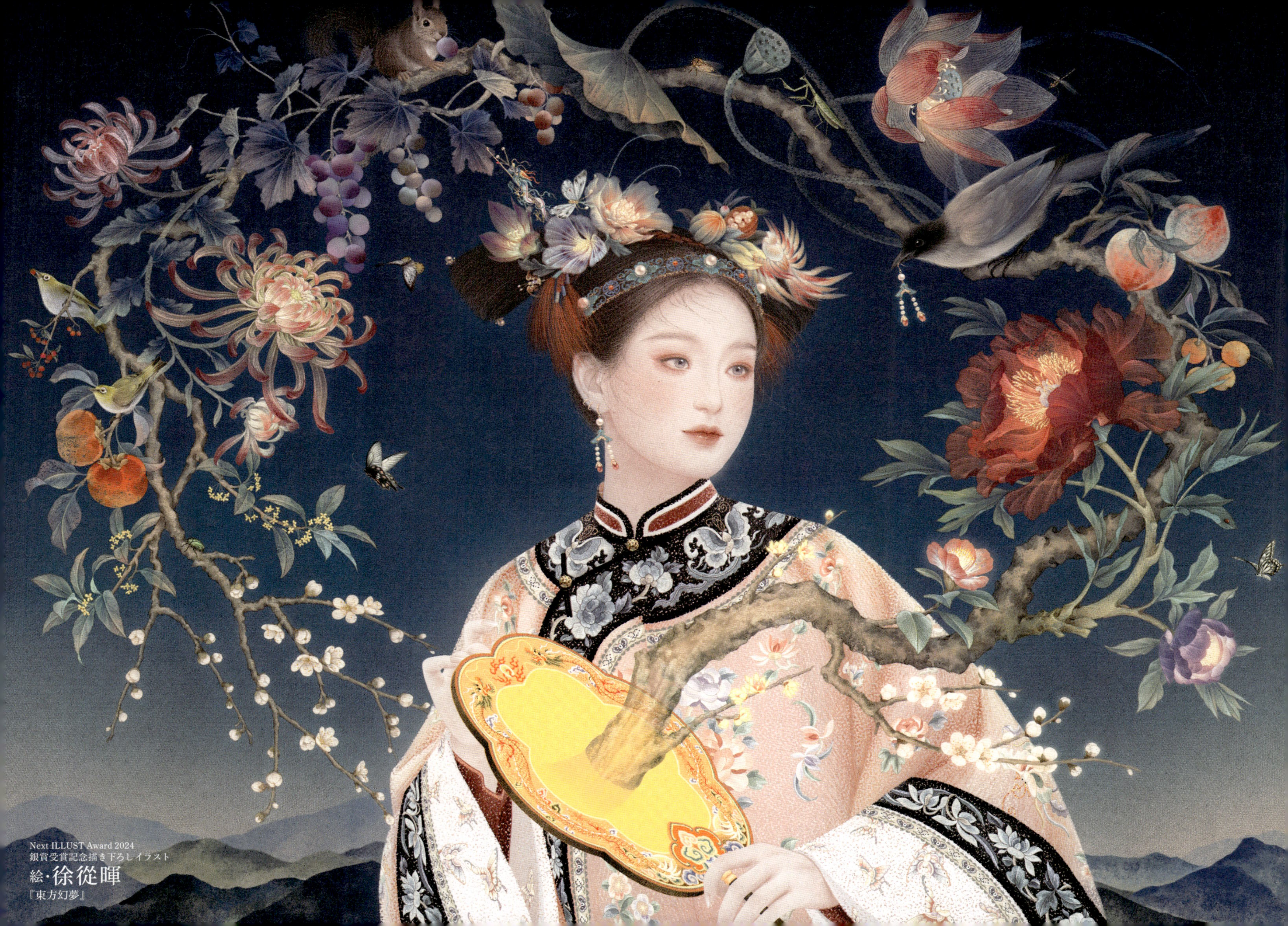

Next ILLUST Award 2024
銀賞受賞記念描き下ろしイラスト
絵・徐從暉
『東方幻夢』

絵描きのためのタロット講座 No.2

タロットカードという魅惑的な題材、でもカードの意味がわからなくて何を描けばいいのか迷う…という「季刊エス」のペインターズや占い初心者のためのレッスンページです！

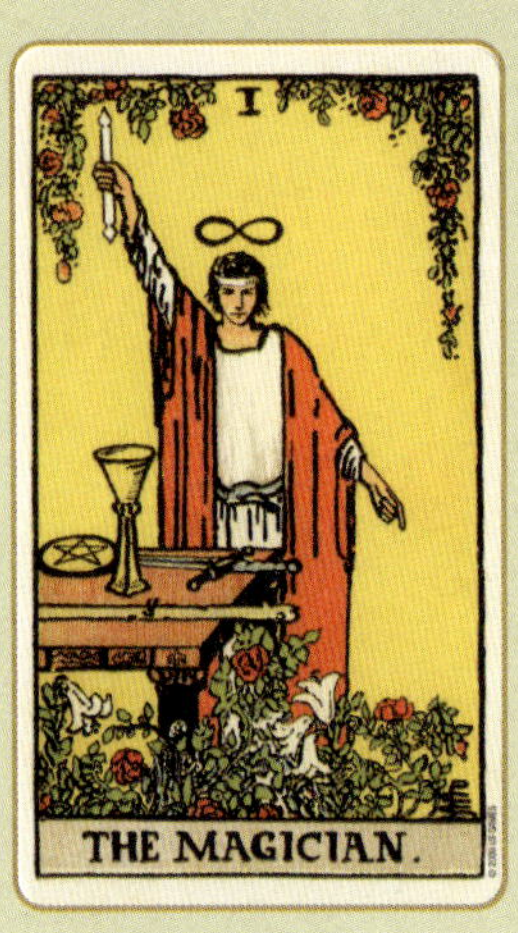

今号のいちまい

1番
魔術師
Magician

連載では【ライダー版タロット】に準拠する形で進めていきます。タロットカードは、「大アルカナ」とよばれるカード群が22枚、「小アルカナ」とよばれるカード群が56枚あり、全78枚で構成されます。

描き手

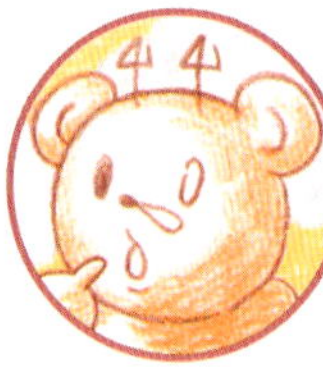

D[di:]
ディー

2020年に東京から北海道に移住し、スピリチュアルに目覚めたり、田舎暮らしを満喫ちゅう

instagram◆deeth

占者

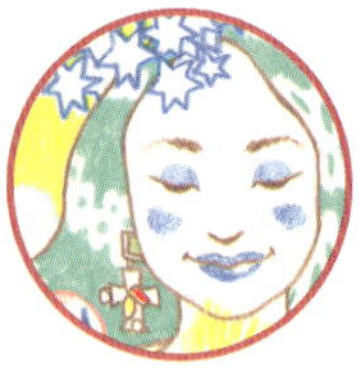

Aeryn
愛鈴／アイリン

サイキッカーの血筋で、幼少期からタロットに慣れ親しむオーストリアと日本のハーフガール

instagram◆aeryn.tarot

タロットカードの正位置、逆位置は考慮すべきかな？

D[di:]　タロットの教本を見ていて、必ずというほど出てくるのが、「正位置」「逆位置」。Aerynは、そこをあんまり気にしないでもいいという考えなんだよね？　正直に言って、覚えることがそもそも多いのに、逆位置についても考えないといけないんだ…と萎えてしまって。

Aeryn　もちろん、いきなり全てを覚えるのは大変だから、簡単なルールとして正位置のカードの意味の「〜じゃない」と覚えておくのが簡単かもしれないね。そもそも全てのカードの意味を頭に入れるよりは、パッと見た時の直感を大事にしてほしいかな。例えば今回紹介するMagicianの逆位置が出た時は、「自分を見つめ直していない／インスピレーションを受けたのに、それを行動に移していない／自分のオリジナリティを大事にしてない」みたいな感じ。

D[di:]　なるほど！　あと、ただ我々のような普通の人にとっては、「直感」といっても、なかなか難しいのよ。どう使えばいいの？

Aeryn　そうだよね。だとしたら、まずは考えすぎるのをやめて、自分の心と体を繋げるように感じてみて。そして最も目に入ったモチーフや、気になった色などをピックアップする。タロットカードは一枚の絵のなかにいろんなメッセージが込められていることは前回の解説からも伝わったよね。直感は、そこで思い浮かんだ一言みたいな感じ。私の場合、カードをめくった時に、突然、プンと匂いがしたり、感情が込み上げたり、音や言葉が聞こえたりするの。急に煙のニオイがしてきたから、お客さんに「このとき、何かが焦げたり、燃えたりした？」と聞いたら、「相手がタバコをよく吸う人だった」なんてことも。だから、カードを見た時に感じたことや五感、見えた映像や景色は、「このカードとは関係ない」と、なかったことにはしない。あえて言葉にしてみると、大きなヒントにもつながるの。もちろん、ぜんぜん該当しないこともあるけれど、いちおう口にして伝えると、そこから糸口が見えることが多いよ。

D[di:]　例えば、そのカードに直接描かれていないことでも言葉にするの？

Aeryn　カード自体には「水」が全く描かれていないんだけど、自分の頭のなかに水が見えてきたことがあって。お客さんに「水が気になってしょうがないんだけど？」と伝えたところ、占っていた質問が湖に面している家のことだったの。だから、すべてが大事なメッセージだと思ってほしい。

D[di:]　いきなりレベルが高い（笑）！　とにかく、タロットカードを使うときには、メッセージを受け取るためのアンテナを高くしておくことで、感じられるのかな。

Aeryn　そうそう。だけど、あんまり神経質にならないでね。例えば、自分のタロットカードを他人が触ったらもう使えないとか、コーヒーやアルコールを飲んだり、ジャンクフード食べたら占いはできないとか、音楽がかかっている環境ではタロットができないってことをよく聞くけど、私はそういうのは関係ないと思う。もちろん、気になる人は、定期的にタロットカードをセージや水晶などで浄化するのもいいとは思うけど、あんまり神経質になったら逆効果だよ。それはアンテナを逆にブロックさせていることだと思う。

Spotlight Tarot Card Etceteras

魔術師に関するエトセトラ

「1」は数秘において、アルファベットの「I」と酷似していることから「I am=自分、自我のアインデンティ」を表します。自分のアイデンティティを成形したり再確認する、はじめのステップがこのカードです。

0番でFOOLだった彼が、旅をはじめて安全な場所を見つけ、Magicianとなり、自分の持ち物をテーブルに広げています。四つ足のテーブルは、安定と創造、考える=ブレインストーミング、自分のアイデアの具現化をする場所が得られたことを意味します。バッグに入っていたものは、人が持って生まれたものであり、ワンド（情熱、行動力、意志）、カップ（感情、愛情、潜在意識）、コイン（体、お金、物質的なもの）、剣（知性、好奇心、意識、意見）を表します。この4つの要素に加えて、人物そのもの=その個人の持つ個性が5つ目の要素となります。自分が持って生まれたもの、自分が大切にしているもの、これからやりたいこと、なりたいものを再確認するステージです。

本当の自分を認識することが、重要なカギとなります。今は白いキャンバスの前にいるように、この人生において自分の生き方をどう描いていこうかを考える時です。「1」は、アクション=行動、自分で始めるタイミング、意識の番号でもあります。自分の能力に気が付く時期なのです。人が何かを決断するとき…例えば、転職を考えているときに、今の仕事を辞めれば新しい出会いや、やり甲斐を見つけられるかもしれません。しかし、転職先で良い人間関係の構築や金銭的にグレードアップが本当にできるのか、という危惧や不安も生まれるでしょう。

←

D[di:] による 1番 魔術師／Magician

ワンド（聖杖）

ここでのワンドは小アルカナにおける「棒」ではなく、天からの力を引き下ろすための「魔法の杖」です。このMagicianのポーズは、錬金術の「ヘルメスのエメラルド・タブレット」に記述された「上の如く、下も然り／すべてはひとつ、ひとつはすべて」、あるいは、ブッダの「天上天下唯我独尊」を連想させます。

机の上の道具たち

小アルカナの剣（ソード）、カップ、ワンド（棒）、ペンタクル（コイン）に対応しており、前回の0番のカードで出てきた、FOOLのバッグに入っていたものたちです。これらは、錬金術の4つのエレメント、風、水、土、火を象徴しています。

シャロンの野薔薇から、薔薇へ

ライダー版タロット原案者のウェイトさん公式解説書「The Pictorial Key to the Tarot」によると、シャロンの野薔薇:日本語名「ムクゲ」が、人が手を入れた庭の花:薔薇へと変化していく様子を描いています。一重の花びらを持つちょっとハイビスカスちっくな野花ムクゲから、庭に咲く花びらの、色も濃い八重咲きの栽培種である薔薇への華麗な変身です。これは、この魔術師が野の植物に、栽培による品種改良をしている様なのだそうです。つまり、「強い願望を洗練し、高い目的へむかうこと」であり、錬金術の営み、精神とも呼応します。

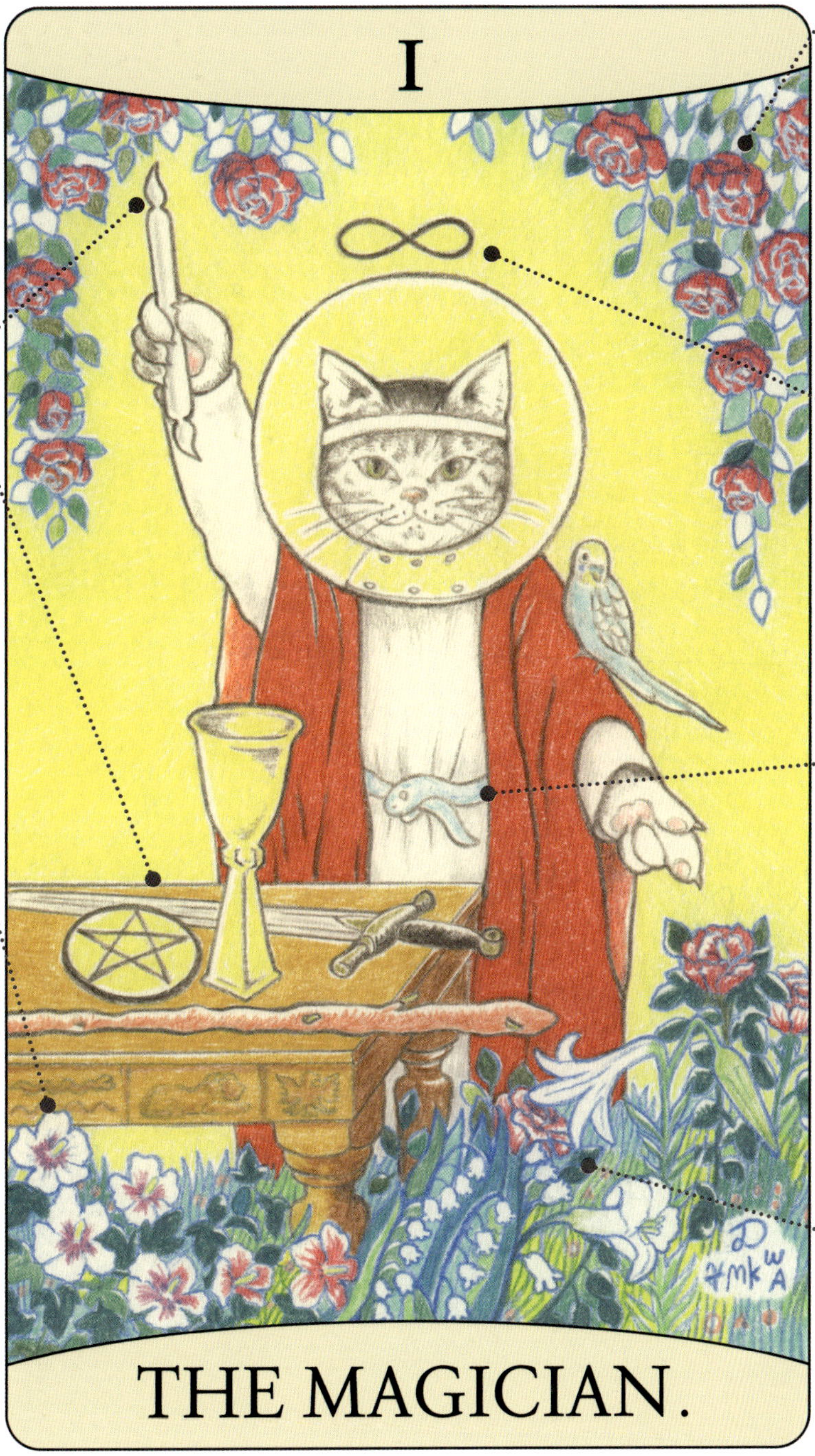

薔薇

バラは棘をもっていることから、男性性の象徴とも。また、キリストの殉教の象徴でもあります。古代ローマでは、バラの花を天井からつるした宴会の場では、そこでの会話は口外してはならなかったんだそう。いまでも英語で「under the rose／内緒に、秘密に」と慣用句にもなっており、バラは秘密の象徴だとか。

頭上の∞マーク

このインフィニティーマークは言わずもがな、無限大の印ですが、聖霊の神秘の印、生命の印とも言われています。このマークを縦にすると8になりますが、8はキリスト（救世主）の数字だそう。

ウロボロスの蛇のチングルム（聖帯）

キリスト教の祭服であるアルバ（長白衣）を結ぶ帯紐が、自分の尻尾を噛んで円形になっているシンボル「ウロボロスの蛇」となっています。ウロボロスの蛇は永劫回帰、無限、永遠を表し、ここでは「魂は肉体の生死を超えて、永遠に進化を繰り返す」という人の魂の輪廻について表現しているそう。

谷の百合から、庭の百合へ

シャロンの野薔薇同様、谷の百合:野生のスズランが、庭の百合に華麗な変身をとげています。

このカードのキーワード

自分を見つめ直す時期｜自分が何がしたいのかという再確認｜インスピレーションを受けて行動に移す時期｜自分のオリジナリティを持ち表現するとき｜頭の中にあった抽象的アイデアを具現化するとき｜ピュアな原動力を受けてそれを形にするタイミング｜自分とは誰であるかを思い出す｜俯瞰で自分やその状況を見る｜インスピレーションのアンテナ的役割｜Who am I?

頭上にあるインフィニティマークは、この天とのコネクションは永遠であることを表します。どんな人も、生きている間は絶えず、さまざまな事象からインスパイアを受け、自分の中のフィルターを通して、自分らしさを付け足して表現し、言葉にしたり行動に移したりするのです。咲いている白い花は「純粋さ」、赤い花は「情熱」を表します。そして彼が着ている服の、白と赤は、正直さと行動力を表しています。今は、自分らしく生きて、ピュアな気持ちで創造する時なのです。

このように、大小にかかわらず、同時に犠牲がともないます。 ←
とはいえ、素直に正直さをもって、自分がどうなりたいのか、何を作りたいのか、何がモチベーションとなり、どこをゴールとするのか…「本当の心の声」を表すのがこのカードです。カードの中の人物は、片手で棒を振り上げ、もう片方の手は地を指しています。これは、宇宙からのアイデアやインスピレーションをクリエイティビティの棒というアンテナで受け、自分の体を通して、この地に形として残すという様子を表現しています。

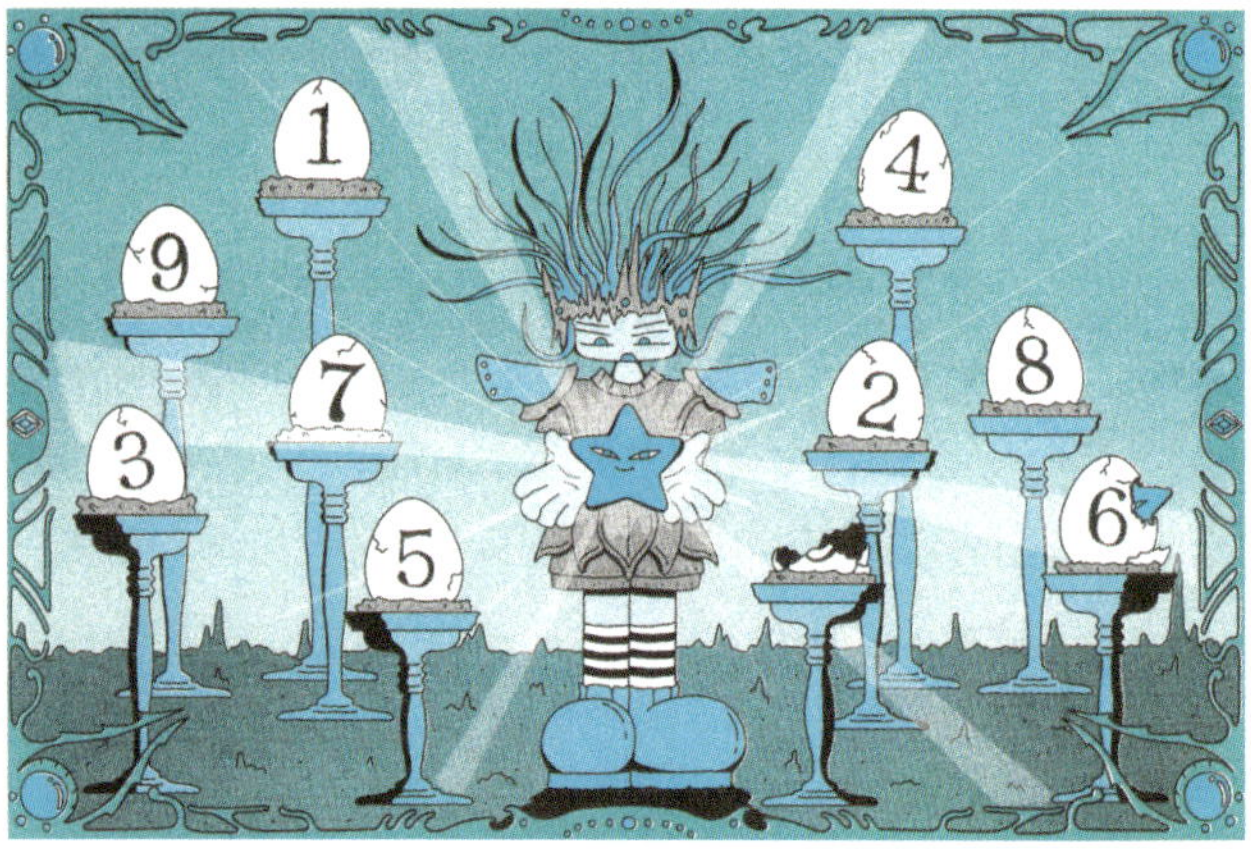

Aeryn Tarot 数秘術

2025年 10月～12月の運勢

占い｜Aeryn
メインカットイラスト｜N O Y
星座カットイラスト｜D[di:]

10月～12月のキーワード「柔軟性」

感じ取る力とやる気がUP！ 決断ができなかったり、焦りを感じたりした時は一旦休憩！ 逆にマンネリを感じたら、それは自分のミッションの道から外れてしまった印かも！ 行動と思考を自己分析すれば、何に集中するべきかが見えてくる！ とにかく今は頑固になったり、責めたりしないように！ 理想を高く設定してしまうと逆にやる気が無くなるから、小さな目標を少しずつこなそう！ 大事な学びの期間だよ。

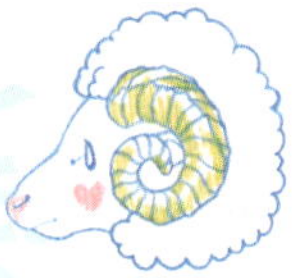

牡羊座
3/21～4/19

「自分の弱い部分を克服する」がテーマ。なんでも後回しにしないで、目の前の問題やモヤモヤと直ぐに向き合わないと、のちのち大変になっちゃう。周りとの意見が一致しなかったり、自分のキャパオーバーで疲れたりした時は外の空気で Refresh！

Lucky item｜自然の中

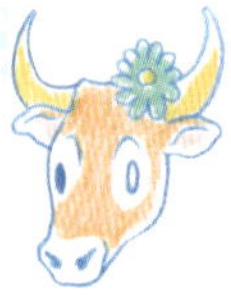

牡牛座
4/20～5/20

いま抱えている悩みは自分が具現化したものなのだと気づくでしょう。自分のパワーを信じれば解決できるよ！ 考え過ぎる事が多くなりそうだから、積極的に休む時間を作ってね！ 変化を取り入れて、新しい生活リズムを見つければ、心も体も喜ぶよ！

Lucky item｜鳥、羽

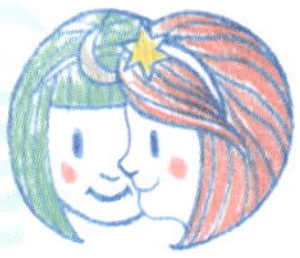

双子座
5/21～6/21

良い意味で忙しくなりそう！ やる気に満ちていて、自分らしさが発揮できる！ いろんな事を経験するからこそ人はどんどん強くなり、自信がついていくから、今までやったことのない事にも挑戦してね！ 進むべき道も明確になる、楽しい時期。

Lucky item｜黄色

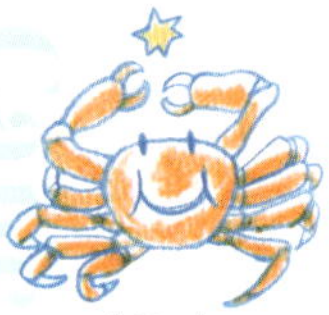

蟹座
6/22～7/22

1日10分でもいいから1人でいられる時間を取り入れましょう。新しいルーティーンを作ってみたり、毎日決まった時間に新しいホビーに取り掛かってみたりすると運気が上がるよ！ あまり敏感になったり、神経質になりすぎないように気をつけてね！

Lucky item｜8

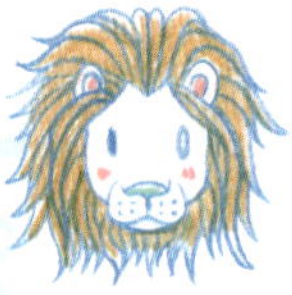

獅子座
7/23～8/22

一旦、STOP！ 一度足を止めて、深呼吸！ 冷静になって、自分の行動と思考を客観的に見つめ直してみましょう。このまま進むとバーンアウトしてしまうから、たまには自分へご褒美をしてあげて、リフレッシュする事も取り入れてね！

Lucky item｜自分の好きな飲み物

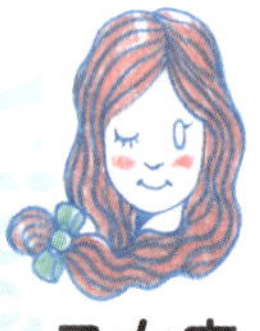

乙女座
8/23～9/22

望むようなスピードで物事が進んでいなくて、ガッカリしているのでは？ でも全ては天の完璧なタイミングで起こるようにできているから、あせらずに。ポジティブに目の前の事に取り組んで、純粋に楽しむ気持ちを忘れないでね！

Lucky item｜左の方向

天秤座
9/23～10/23

次のステージへとレベルアップするために、まずは自分の長所と短所をよく知る事が大事！ 感情的な判断よりも、今は頭とロジックを使いましょう。数字やデータ、効率的かどうかで決めてから進むべき。自分なりの myルールを作るのもいいよ！

Lucky item｜ランプ／光／明かり

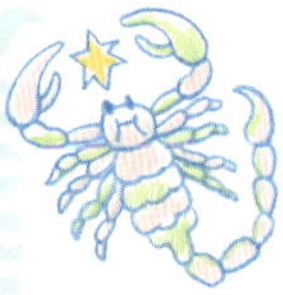

蠍座
10/24～11/22

今まで1人で悩み、抱えていた問題が、良きパートナー、又はチームからの協力により解決&解放されるよ！ チームワークを通してみんなとの仕事が久しぶりに「楽しい！」と感じられて、今後のやりたい事や新たな方向性もどんどん明確になる！

Lucky item｜ライオン

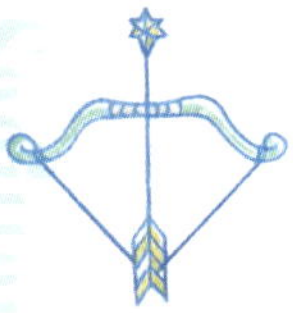

射手座
11/23～12/21

これまでちゃんとルールに従い、マニュアルに沿って動いて、みんなの期待を裏切らないように判断してここまで来たあなた。突然、新しい「自分」を表現したくなる時期に突入。どんどん自分らしさを出して、周りの意見を気にせず自己アピールしてね！

Lucky item｜スカーフ／ハンカチ

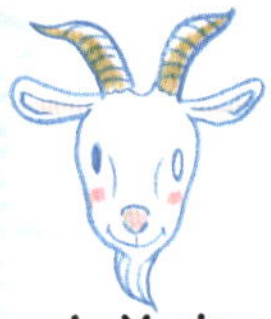

山羊座
12/22～1/19

思うように物事が進まず、感情的になったり焦ったりしがちに。「足りない」と感じるのは、ただの思い込みだから、あまり深刻に心配しないでね！ 今は感謝の気持ちを胸に抱いて、逆に何が「有る」かにフォーカスしてみると発見があるよ！

Lucky item｜夕方から夜の間の時間

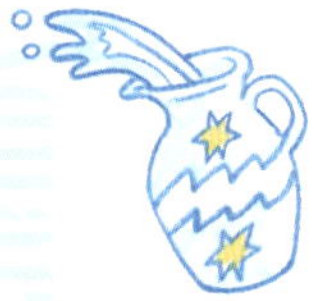

水瓶座
1/20～2/18

何かの終わりがさらに良い事の始まりだったりするように、「最悪だー」と思っても実は最高なキッカケとなる事も。大きな変化が訪れて、あなたをもっと楽しくて、もっと自分らしい方向に導いてくれるよ！ 無意味な事なんてない！

Lucky item｜たくさんの種類の花

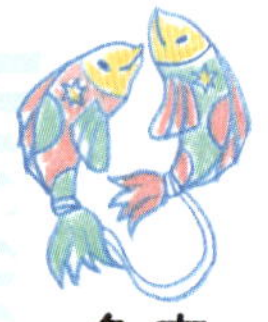

魚座
2/19～3/20

健康と金運がアップ！ 今は家族や大事な仲間と沢山の時間を過ごすべき時期だよ。心の内を話し合ったり、普段は話さなかった事や、いつもよりもディープな話題についてシェアするとより◎。みんなと美味しい食べ物をどんどんシェアしてね！

Lucky item｜レストラン／カフェ

どちびニュース vol.29

このニュースは、どちびさんの近況や、白身魚さんのお仕事関連のおしらせ、堀口悠紀子さんが参加する作品、進行中の企画などについて取り上げていきます。

22/7（ナナブンノニジュウニ）の15thシングル「あなたでなくちゃ」のジャケットイラストを堀口悠紀子が担当。「西條和 卒業コンサート ～存在の証明～」のために描いた滝川みうのドレス姿も紹介します！

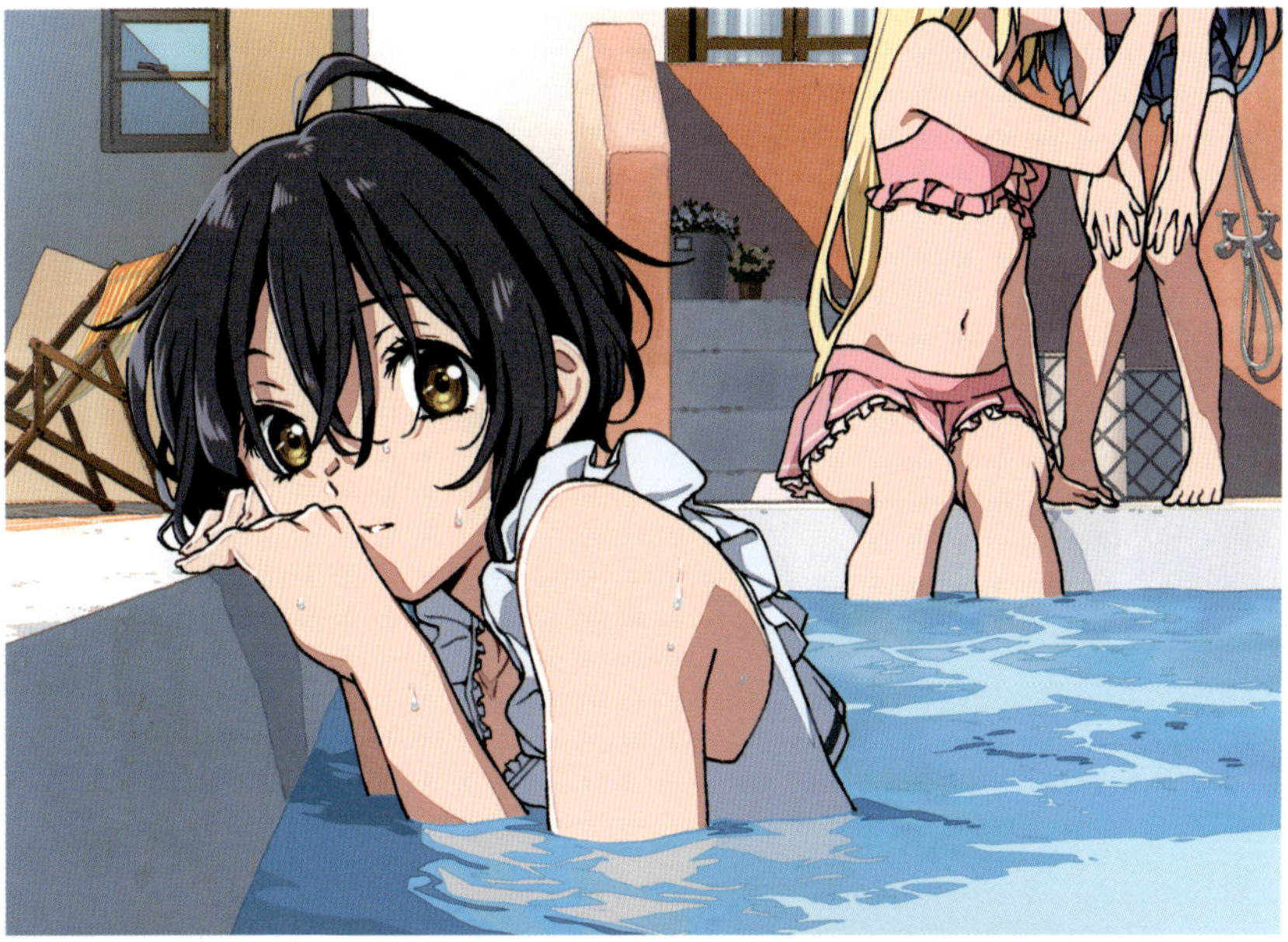

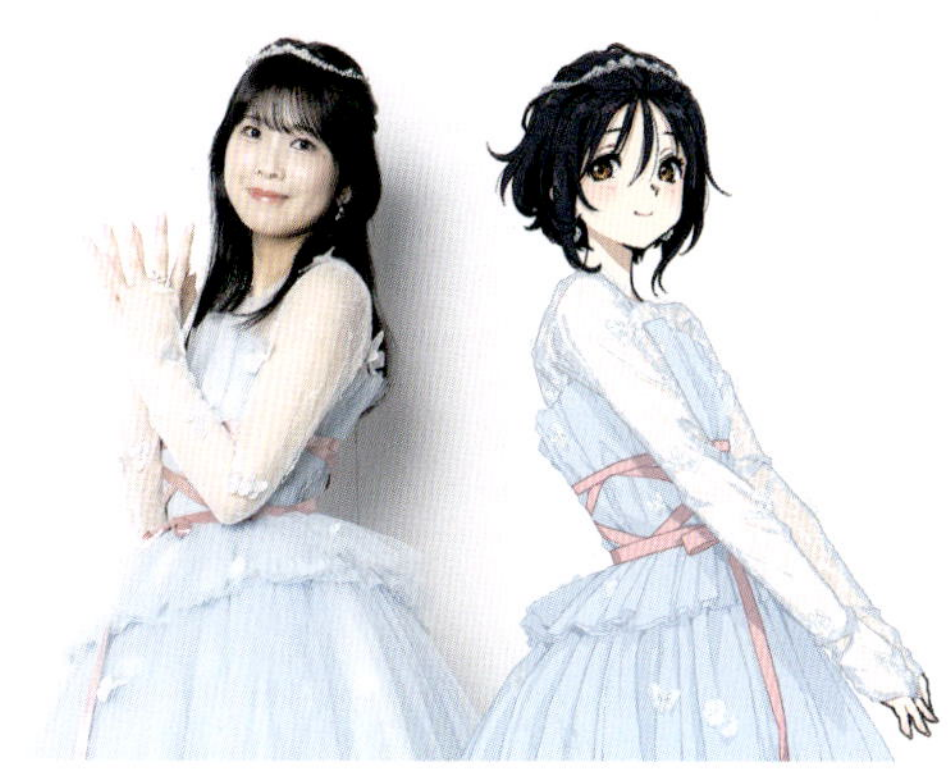

©22/7 PROJECT

8月28日に開催された「西條和 卒業コンサート ～存在の証明～」に合わせて描き下ろした滝川みう。可憐なドレスは卒業公演で着用したもので、蝶のモチーフやアクセントのピンクのリボンが淡い水色とマッチしています。やわらかい表情のみうにも胸が熱くなります。卒業コンサートの最後には、この日のために制作された「あの日の彼女たち」（監督：若林 信 ／キャラクターデザイン・作画監督：堀口悠紀子）もお披露目。映像はYouTubeでも見られます！

描き下ろしイラストを使用した卒業コンサートの事後通販は9/21(日)23:59まで！

YouTube

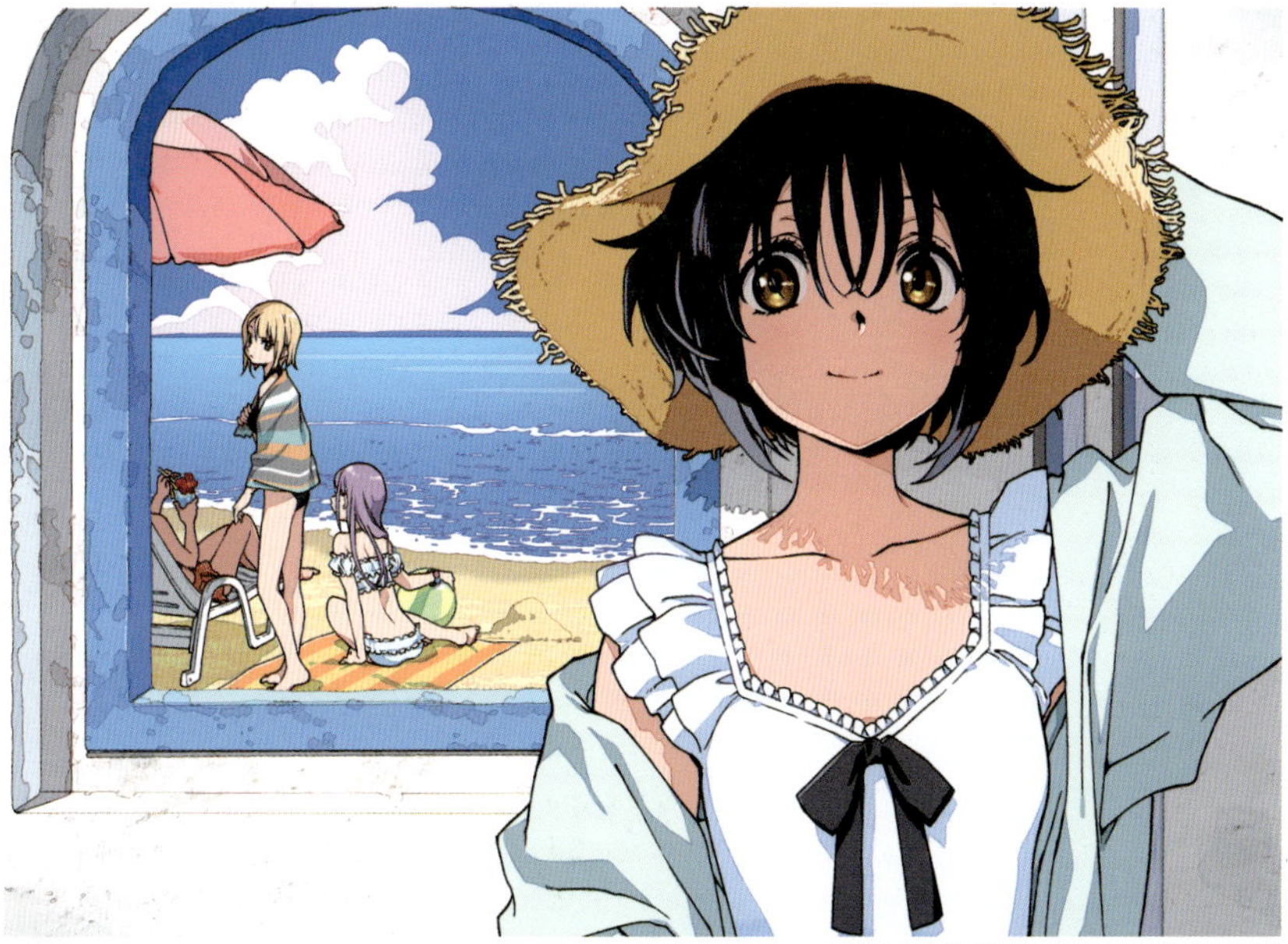

上図）完全生産限定盤A／下図）完全生産限定盤B

22/7 15thシングル
あなたでなくちゃ
各種音楽配信サービスでも配信中！

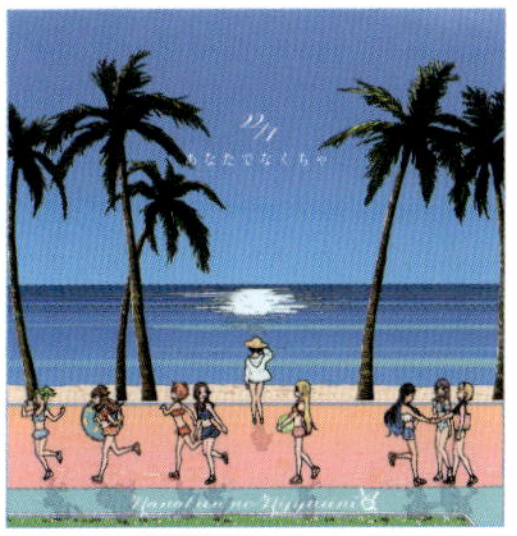

通常盤　©22/7 PROJECT

TVアニメ『カッコウの許嫁Season2』エンディングテーマに起用されている、15th single「あなたでなくちゃ」が発売中！　ナナニジ初となる水着衣装のメンバーを堀口悠紀子が描きました。夏らしいカラーリングとグラフィカルなタッチで仕上げた彩色も新鮮です。このシングルで卒業する滝川みう（CV.西條和）は、2016年からの初期メンバーで、キャラクターデザインを堀口さんが担当しました。通常盤でひとりだけ海をみつめる姿が印象的です。また、ダンスビデオのテニスウェアをモチーフにした爽やかな衣装も素敵なので、あわせてチェックしてみてください！

CD+Blu-ray【完全生産限定盤A】¥10,000円(税込)
CD+Blu-ray【完全生産限定盤B】¥10,000円(税込)
CDのみ【通常盤】¥1,350円（税込）
CD+Blu-ray【期間生産限定盤（アニメ盤）】¥1,850円（税込）
CD+Blu-ray【完全生産限定フォトブック盤（西條和盤）】
¥10,000円(税込)

22/7

ダンスビデオ
MV
HP

好評発売中『―白身魚 自選イラスト集― 真昼の月 愛蔵版』

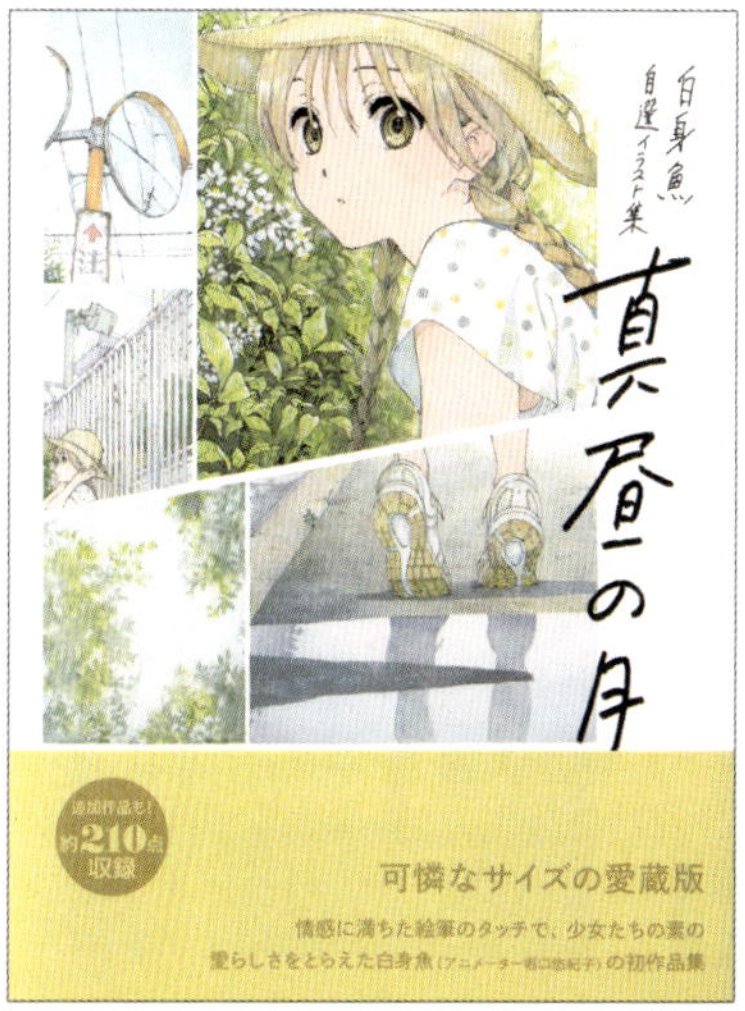

手に入りにくい状態が続いていた白身魚さんの貴重な初作品集『―白身魚 自選イラスト集― 真昼の月』。判型を少し変え、近年の作品を10点ほど追加した「愛蔵版」として発売中です。小ぶりなサイズも可憐なイラストとマッチしています。表紙に登場する女の子の通学風景が愛蔵版用に描き下ろしたイラストも収録されています。

判型：B5判変型（200×150mm）ハードカバー
154ページ　定価：2,750円（税込）
発行元：PIE International
ISBN：978-4-7562-5827-4 C0079

PIE
紹介ページ

amazon
販売ページ

楽天ブックス
販売ページ

もっと教えて…♥

七神マナのイラスト開発テクニック

おでと × 七神マナ

七神マナがゲストの作品づくりの裏側に迫る ここでしか聞けないディープなトーク♥

イラストレーターの七神マナが気になるクリエイターへ、ビジュアル表現についてのヒミツを尋ねていく連載企画がS66号よりスタート！ いまよりも上手くイラストを描きたい、魅力的に表現したい人のために贈る対談＆メイキング記事です。第24回はイラストレーターのおでとさんへインタビューを敢行！ 愛らしいキャラクターにどこか懐かしさを感じるレトロなカラーリングやモチーフを落とし込むおでとさん。今回はそんな、おでとさんにイラストの色づかいからグッズデザインについてなどお聞きしました。

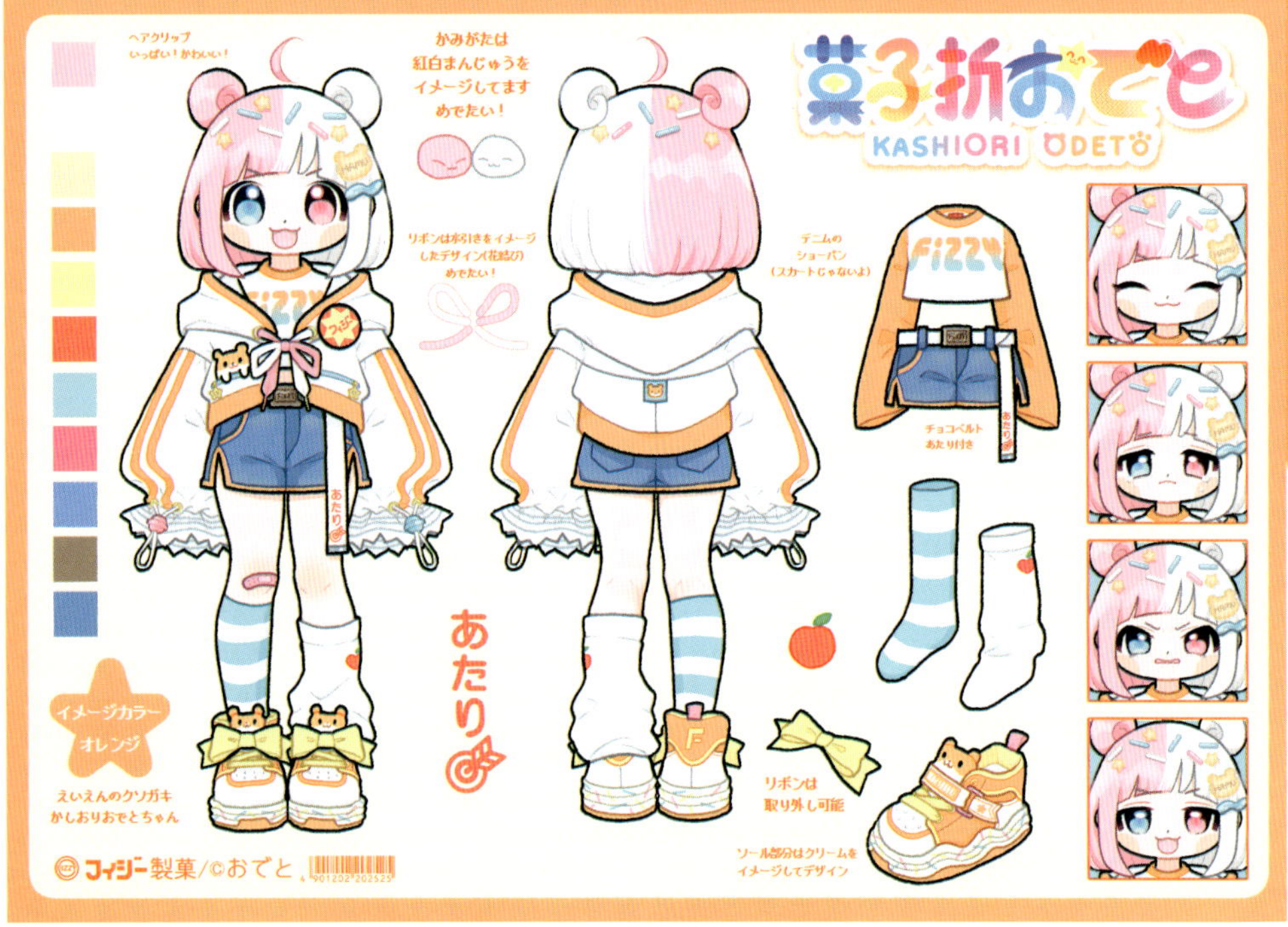

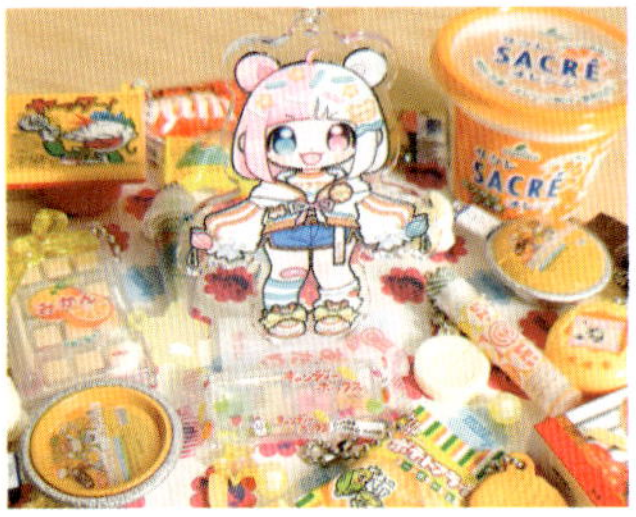

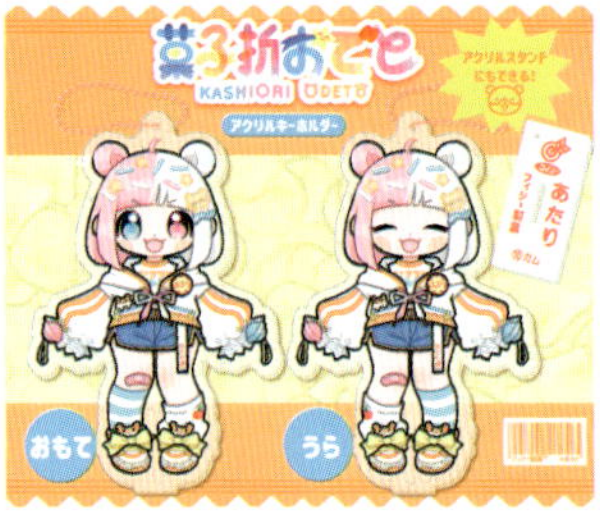

おでとさんのマイキャラ・菓子折おでと。オッドアイの瞳に猫のような口が愛らしい。また、イメージカラーであるオレンジがお洋服に散りばめられている。

下段右図：アクリルキーホルダーの宣伝画像はスナック菓子のカプセルトイを思い起こすような背景デザインが印象的。台紙にも同じデザインが使用されていた。

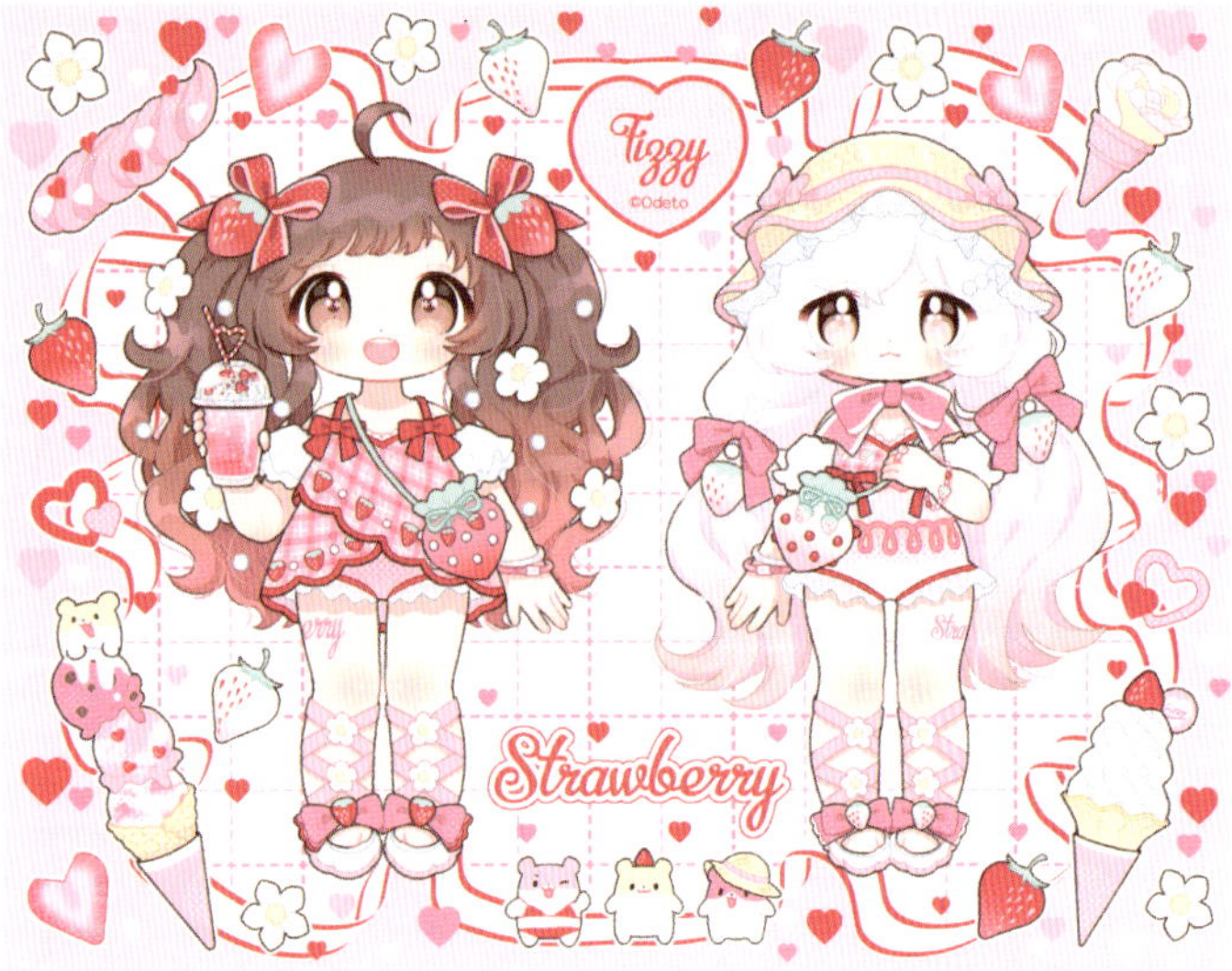

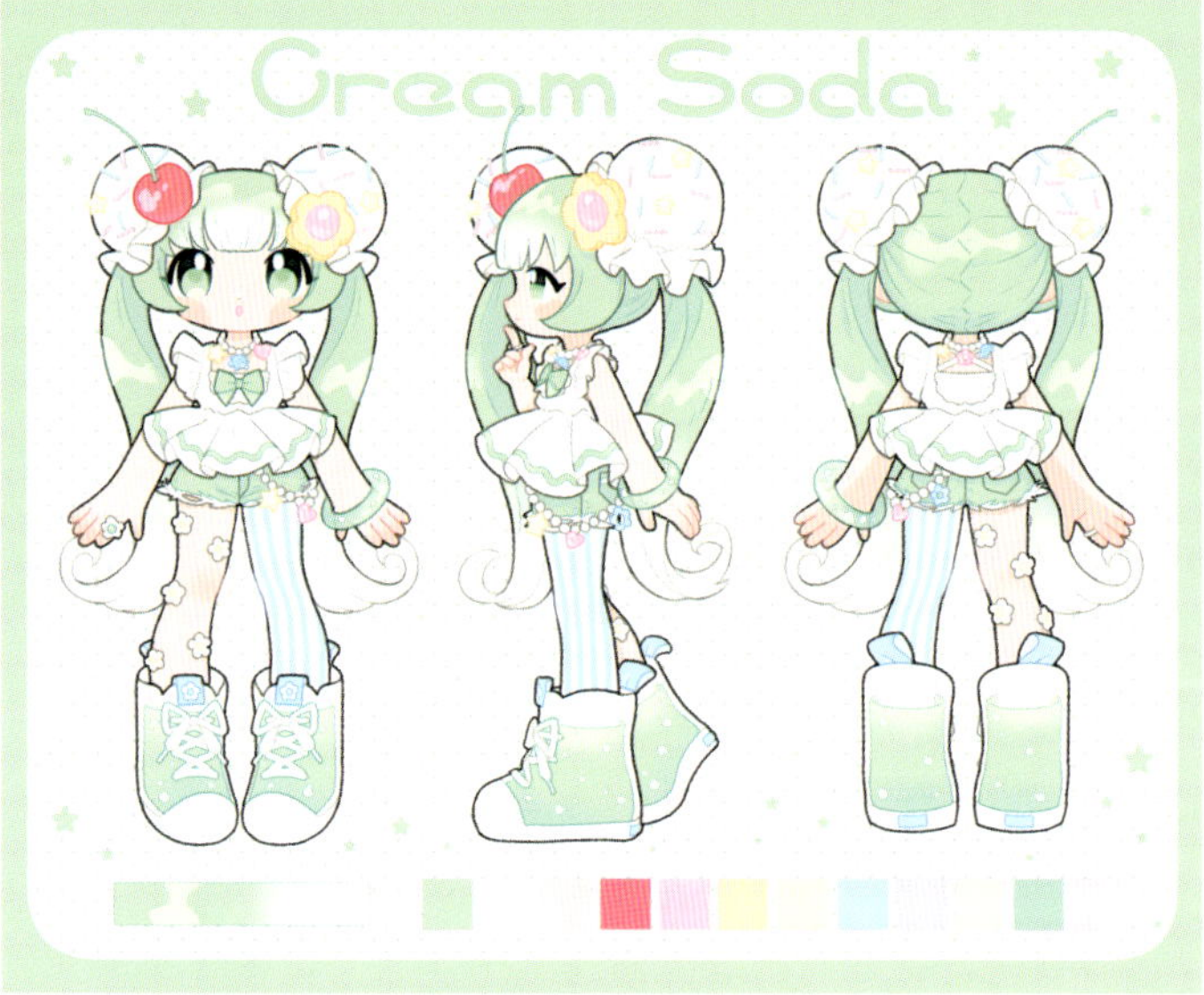

プリっとしたエプロンドレスから伸びる脚のフォルムが素敵。デニムはすそがダメージ加工されており、細やかなデザインにときめく。おでとさんがデザインしたクリームソーダの衣装は、現在BOOTHで発売中！ 詳しくはVRChat向け衣装ショップ『Яi-bon*2』をチェックしてね。

X＝@riapiVRM　販売先＝https://ri-bon2.booth.pm/items/7255788

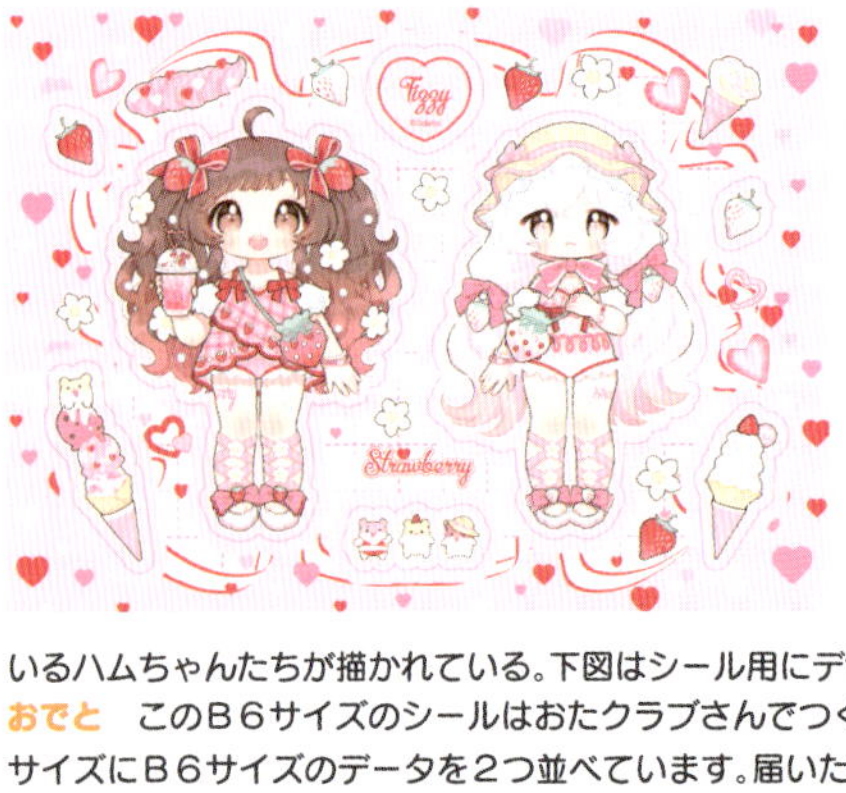

ピンク色のステッカーがつくりたい、というところからアイデアを広げていった作品。緑色が差し色として効いているのがわかる。女の子のもちもちの脚も、それぞれ絶妙に角度が異なっている。中央には、水着を着たり麦わら帽子をかぶったりして夏をエンジョイしているハムちゃんたちが描かれている。下図はシール用にデザインし直したもの。

おでと　このＢ６サイズのシールはおたクラブさんでつくりました。入稿はＢ５サイズにＢ６サイズのデータを２つ並べています。届いたシールを自分で半分に切ると倍の量がつくれてお得です。

——本日はイラストレーターのおでとさんにご登場いただきます。おでとさんの作品は、どこか懐かしさを感じさせるようなデザインやカラーリングが印象的で、描かれる女の子たちはもちっとしていて可愛らしいです。今回は七神マナさんと一緒に色づかいやグッズデザインなどについてお話を伺えたらと思います。まずは七神さんから見たおでとさんの印象を教えてください。

七神　おでとさんのイラストやグッズはお菓子の元ネタが分からなくても、自分が小さい頃に欲しかったな、集めたかったなという子供心が刺激されます。特に菓子折おでとちゃんの、アクスタにもなるアクキーは台座部分が十円ガムのなかに入っていた「あたり・はずれ」の券のようなデザインになっていて、感動しました。絵を見たときに可愛い以外の感情を思い起こさせることはすごく難しいことだと思うのですが、おでとさんの作品を見ていると何かに思いを馳せたり、この子はぷにぷにしていそうだなぁなど想像を刺激されます。

おでと　嬉しいです、ありがとうございます。まさか七神さんに知っていただいているとは思わず驚きました。七神さんはアナロ

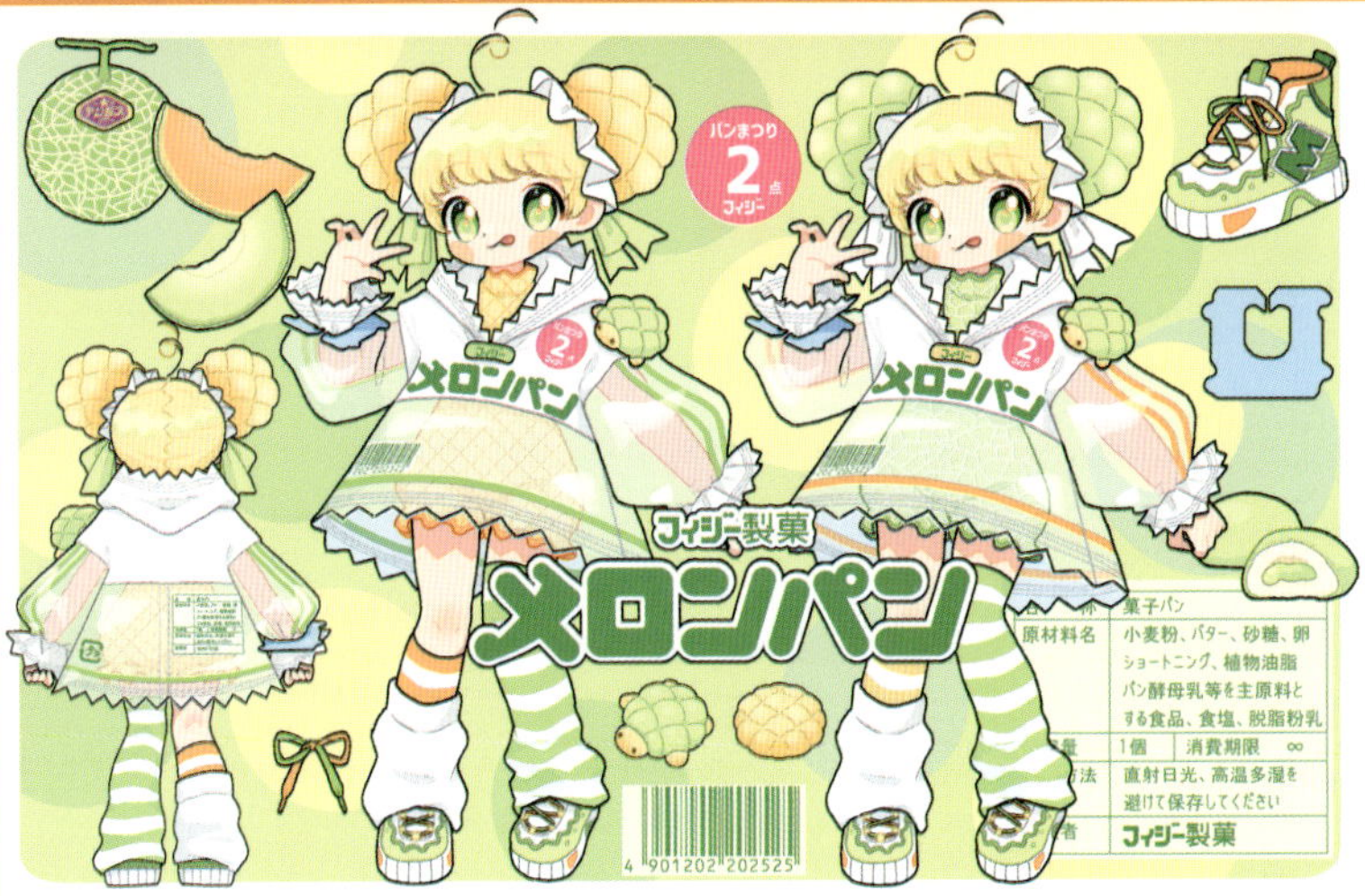

メロンパンをイメージした女の子。ポージングや表情がチャーミングで、左肩にはカメの形をした小さなメロンパンが乗っている。黄色と黄緑のクッキー生地をイメージして2パターンのデザインがある。背景には成分表やバーコードを始め、「フィジーのパンまつり」の台紙にもつかえる「パンまつり2点」のシールや、食パンを止めるバッグ・クロージャーも配置されており、遊びの効いたデザインにワクワクする。

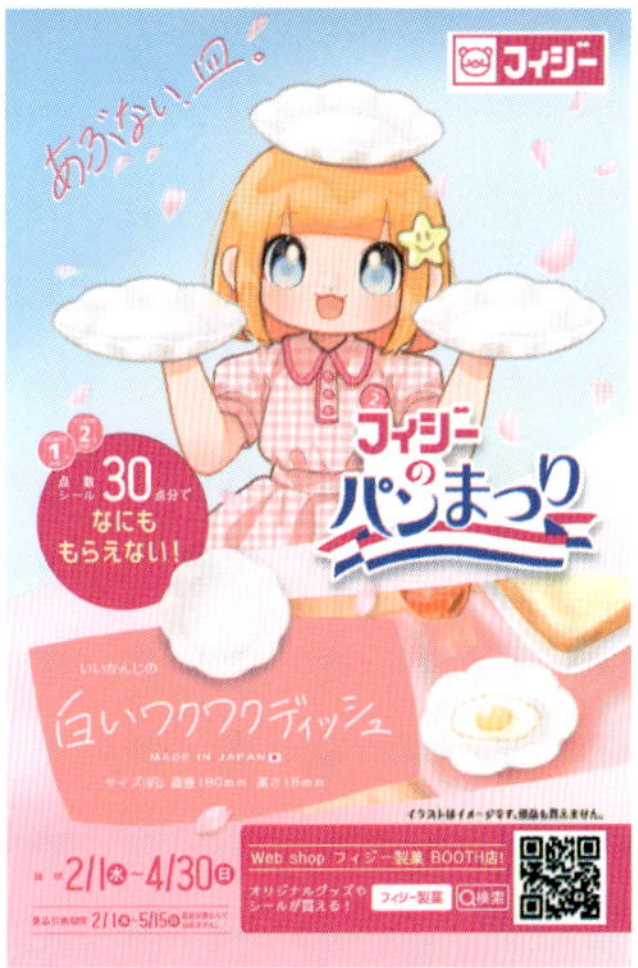

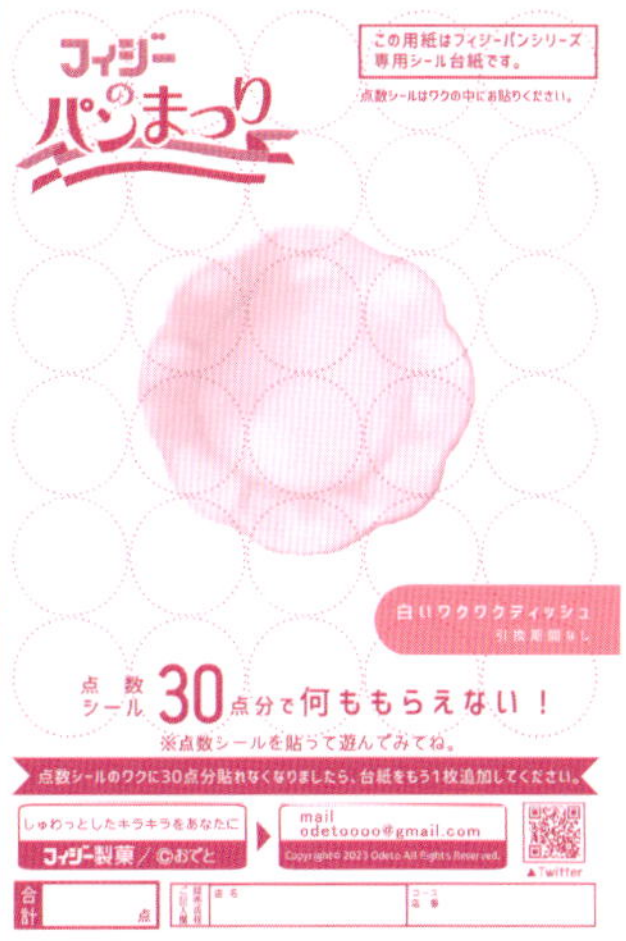

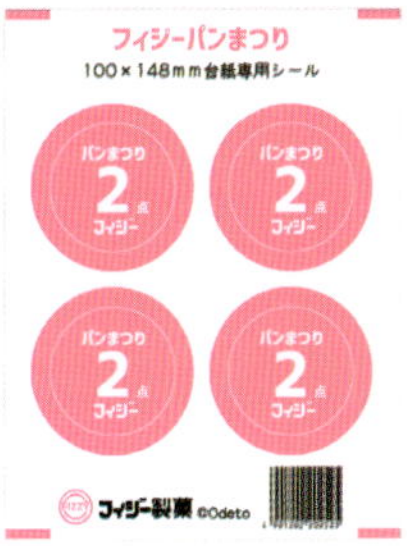

ヤマザキ春のパンまつりをオマージュした「フィジーのパンまつり」。ポストカードサイズで両面印刷された台紙(上図)とシール(左図)がセットになっている。また、実際に台紙にシールを貼って遊ぶことができるそう。

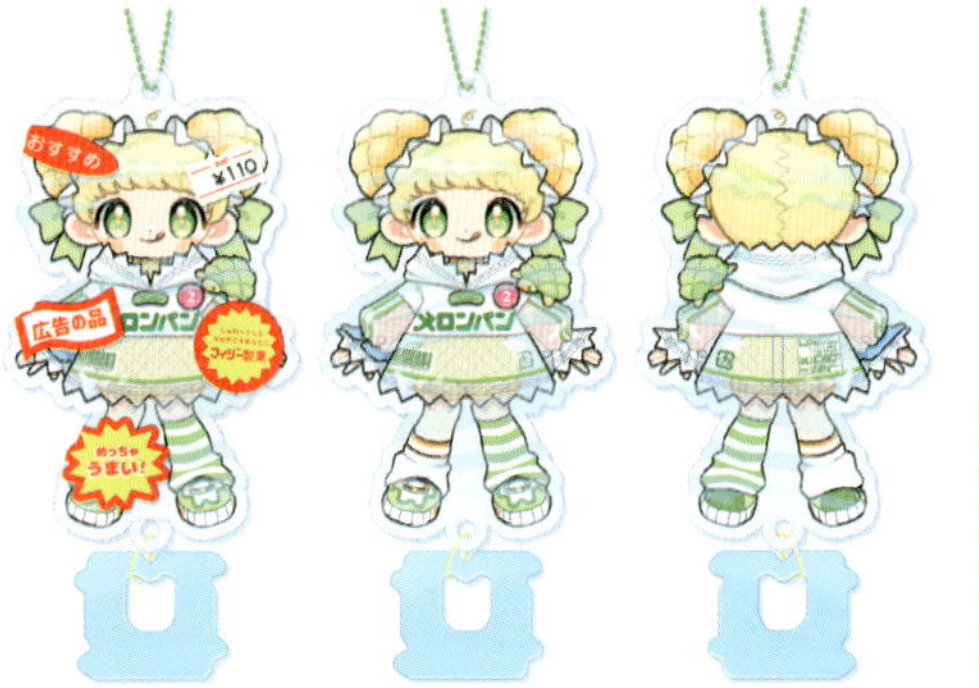

メロンパンちゃんのアクリルキーホルダー。バッグ・クロージャーは別途制作して、ひとつずつ手作業で組み合わせている。またアクリルは2枚重ねになっており、スーパーのチラシを思い起こすシールがアクリルと重なると印象も変わる。おでとさんのアイデアと工夫が効いたアイテムだ。

グがすごいお上手な印象がありますし、描かれる女の子たちの服やネイルも可愛いです。また、フェチがいっぱい詰まっている作品を描かれる方だなと思っていました。

――七神さんがおでとさんのグッズで最初に気になった記憶のあるものを教えてください。

七神　お惣菜フェアのチラシ風の台紙が印象的でした。一色刷の微妙な赤色が、地元のスーパーのチラシを彷彿とさせます(90ページ掲載)。私はあまり色選びが得意ではないので、無数にある色のなかから、この赤色をピンポイントに選ぶことは自分には難しいと思いました。活版印刷をしているかのようなレトロさを一人の人間のセンスだけで再現していることに衝撃を受けたのを覚えています。おでとさんは可愛くて現代的な絵柄でありながらも、赤色の色選びでレトロなバランスに落とし込んでいるところが素晴らしいなと思いました。おでとさんはどのように色選びをされているのですか?

おでと　私はもともとレトロな物がすごく好きで、お菓子の復刻パッケージなどもよく集めています。そうした好みの影響もあり、自然といまのレトロな色づかいになりました。普段はCLIP STUDIO PAINTをつかって絵を描いているのですが、カラーパレットにはたくさんの色を登録しています。自分のなかで赤色はこれ、ピンク色はこれだという色味が決まっているんです。ですから、おでとちゃんのアクスタの土台の赤色もお惣菜フェアのチラシの赤色も同じ色です。

――色を選ぶ際には印刷のことも考えられているのでしょうか?

おでと　むしろ印刷の方を重視していますね。RGBで絵を描いて、最後にCMYKに変換をしているのですが、最初からグッズにすることを想定して絵を描くことが多いので、変換時に色味があまり変わらないような色選びをしています。普段から、入稿するCMYKのデータとお品書きなどに使用するRGBのデータを2種類つくっています。

七神　おでとさんは私たちとは見えている色数が違いますよね。絵は努力や積み重ねだと言われているけど、おでとさんの見る力は才能だと思いますよ。また、おでとさんは、多彩な色を取り入れるけれど絵のイメージはブレることなく、まとまりのある作品を描かれているところも特徴的だと思いました。おでとさんの描く作品は全色入っていると言っても良い。例えば菓子折おでとちゃんの(88ページ掲載)立ち絵の左側にはカラーパレットが並べられていますが、彩度も明度も色も違う。その色選びを見て気を失いかけましたよ(笑)。でも、パッと見た時にみかんヨーグルトっぽいカラーリングだなと思う印象は変わらない。カラーパレットが載っていなかったら、こんなに多くの色数が入っているとは思いません。バラバラな色たちも、おでとさんがつかうとまとまって見えるのはどうしてなのか、コツがあれば知りたいです。

おでと　でも、おでとちゃんの色を決めるのはとても時間がかかりました。普段は色を決めるだけなら一日程度で終わるのですが、この時はピンク色の髪だけど、どうしても大好きなオレンジ色をテーマカラーにしたくて。オレンジ色の配色が難しくて三日もかかってしまいました。

七神　色を決めるのがすごくはやいですね…! テーマカラーに合わせて髪をオレンジ色にするのは違ったんですか?

おでと　そうするとめちゃくちゃ可愛くないんですよ(笑)。オレンジ色の面積が多いと色の主張が強すぎて絵がうるさくなってしまって。また、髪はどうしてもお団子ヘアにしたかったので紅白まんじゅうのイメージから、ピンク色と白色のツートーンにしたいという気持ちもありました。無理矢理かもしれないけれど、自分の描きたいものを取り入れて描いています。

――紅白まんじゅうもレトロで懐かしい、という和のイメージから選んだモチーフなのでしょうか?

おでと　いえ、紅白まんじゅうは「めでたくしたい!」と思い取り入れました。めでたくてハッピーなものと言えば紅白まんじゅうだと思ったんです。

七神　おでとちゃんは、「めでたい」がテーマだったんですね。また、胸元に付けている割引シール風のバッジも可愛いです。おでとさんには「割引=ハッピー」なイメージがあるのでしょうか?

おでと　そうです! 割引って嬉しいし、タイミングが合えばラッキーですよね。

七神　たしかに、このシールを貼っている瞬間に出会えた時は、特別に嬉しいですよね。

――ほかにも食べ物が色々描かれていますね。

おでと　おでとちゃんにはお菓子をふんだんに入れたいなと思っていました。例えば袖のひもには飴ちゃんを入れたり、靴のソールの底にはカラースプレーを練り込んでみたり。靴下には青森のりんごも入れています。

七神　青森県産のりんごなんですね(笑)。あと、メロンクリームソーダの子のデザインについてもお聞きしたいです(88ページ掲載)。メロンクリームソーダの子はパッと絵を見た瞬間に黄緑色のキャラだなと思うのですが、カラーパレットを見てみると実際につかっている色数はとても多いですよね。こんなにも多くの色数をつかって描いているはずなのに、色の調和が取れているのがすごいです。

おでと　色を置く時には、隣り合う色面がぶつからないように意識しています。隙間なくカラフルな色が隣り合っていると見ていて気持ちよくないなと思いますね。色がぶつからないように絶妙にあいだに白色を置いたりして隙間をつくっています。例えばメロンクリームソーダの子はショートパンツのすそのダメージ部分を白くすることで、色を切り離しています。

七神　カラフルな色が隣り合うとダメなんですね。

おでと　そうですね。おでとちゃんも同じように考えて色を配置しました。おでとちゃんの場合はデニムを履いていますが、デニムはどんな色とも相性がいいので白色の扱いです。肌の色は白いので脚も白色だと考えると、ショートパンツと脚は白色が続いてしまうので、二色の境目であるショートパンツのすそ部分にオレンジ色のラインを入れました。オレンジ色でデニムを囲うことで色を切り離してメリハリをつけています。ほかにも着ているTシャツの首もとにオレンジ色を入れているところもポイントです。白い肌に白いTシャツが続くと、どうしてもぼんやりした印象になってしまいます。相性のいい色だったら隣り合わせに配置してもいい場合もありますが、基本的にはとにかくカラフルな色が隣接しないように白色を挟むように気をつけていますね。

七神　なるほど、めっちゃ参考になりますね。

――隣接してもいい色味もあるのですね。

おでと　例えば水色とオレンジ色、緑色とピンク色は意外と相性がいいです。ですから、おでとちゃんのTシャツのロゴはあ

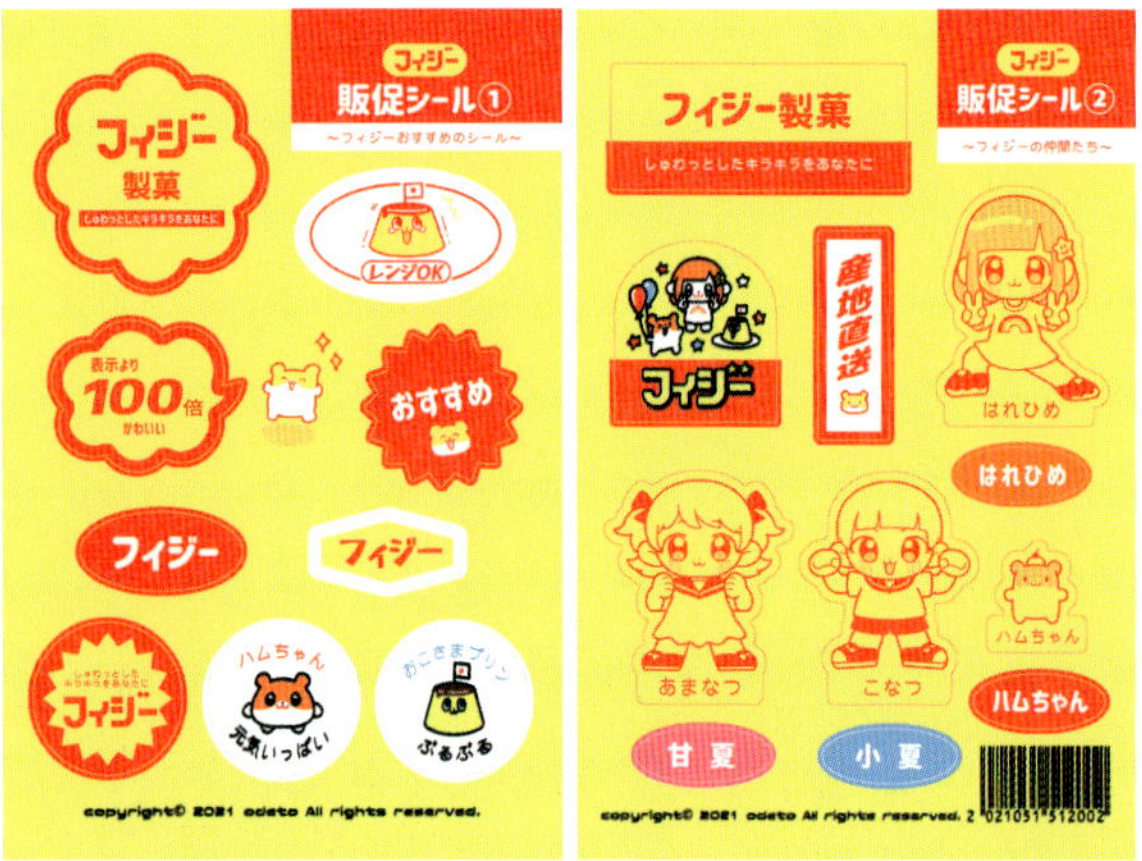

フィジー製菓の販促シールは、スーパーの割引シールを思い出すような絶妙な黄色と赤色が印象的。レトロな色味は、デフォルメが効いたキャラとも相性バッチリ☆

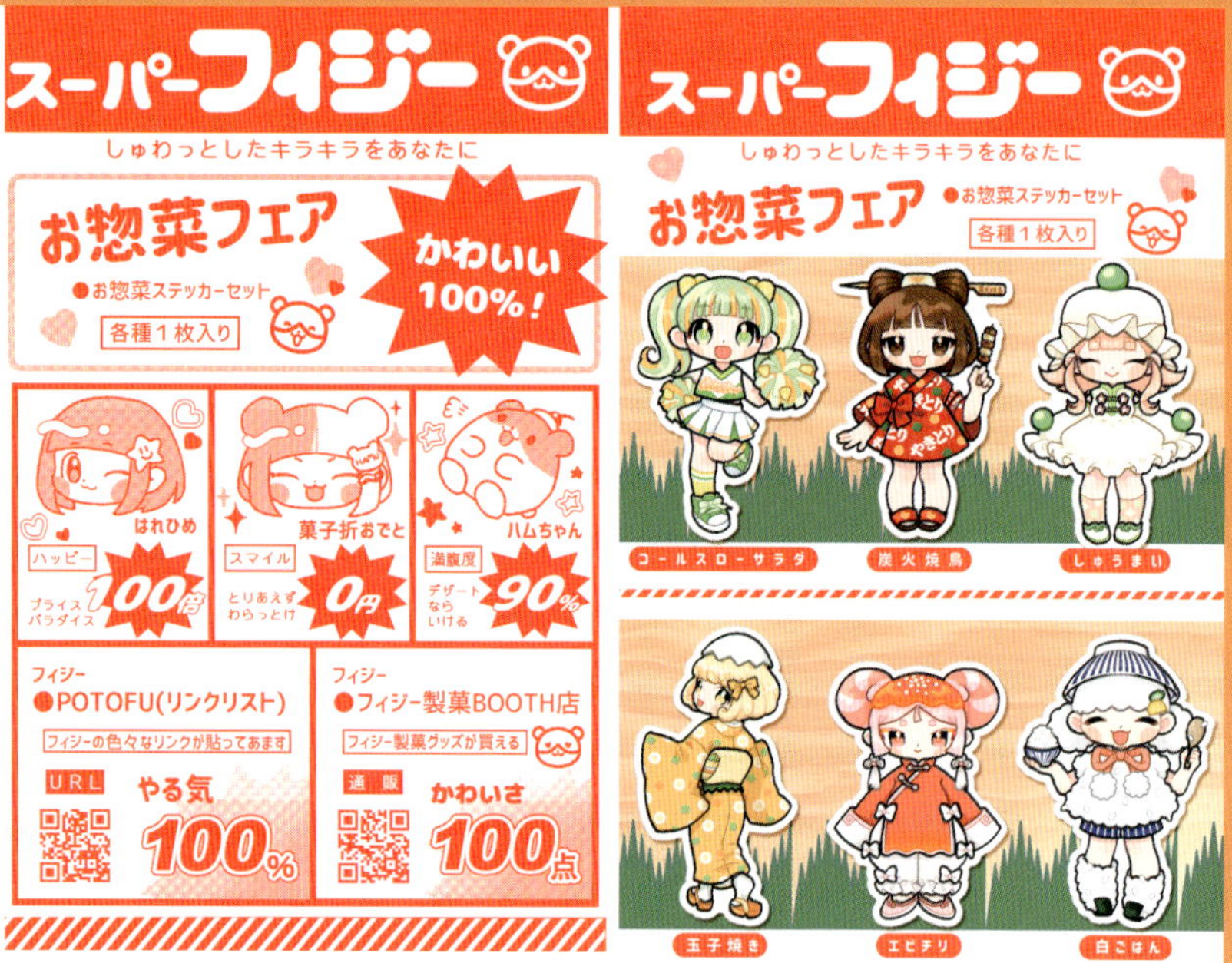

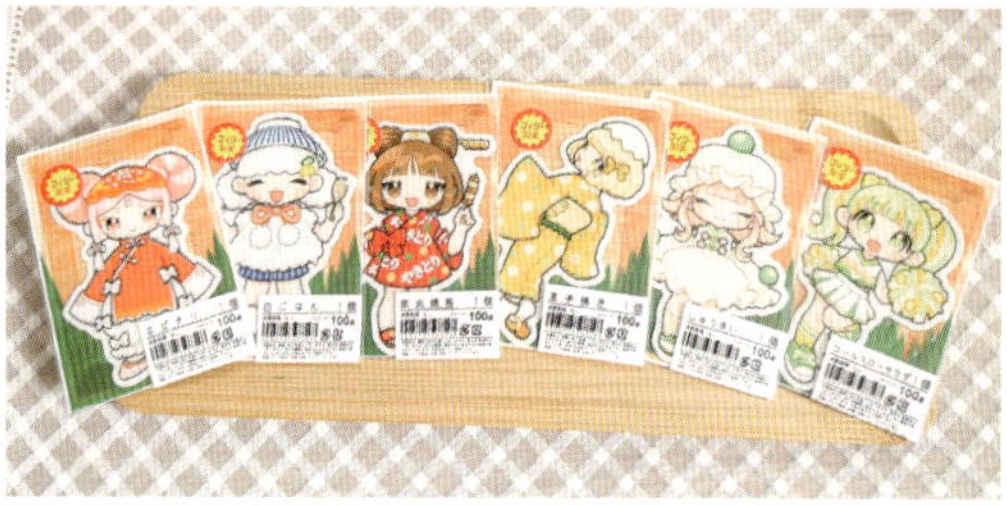

「フィジーお惣菜ステッカー2024」のステッカーセットの告知画像（右上）と、「スーパーフィジー」のチラシ風の台紙（左上）。台紙で、やる気、かわいさ100%のフィジー製菓をPR♡　地方のスーパーのチラシ風なデザインとなっており、独特な赤色（金赤）が再現されていて素晴らしい。また右下の写真はステッカーを個別包装したもの。

おでと　ステッカーはおたクラブさん、台紙はグラフィック印刷さんでつくっています。ステッカーの背景には本物のバランを敷いています。

えてオレンジ色と水色の二色がグラデーションになるようにしています。ただ、反対色を組み合わせる配色はワンポイントに抑えておくのがコツです。

――他に引き立て合うと感じる色の組み合わせはありますか？

おでと　お惣菜の炭火焼鳥の子（90ページ掲載）につかっている赤色と緑色も相性が良いです。自然界にある色の組み合わせは、基本的には相性がいいと言われていますよね。赤色と緑色もチューリップやバラなどの花と同じ。水色とオレンジ色も夕焼けのイメージがありますよね。学生時代に美術先生が教えてくれて、なるほどと思った記憶があります。

七神　確かに。おでとさんの話を聞いていると、イメージカラーがオレンジ色のおでとちゃんの瞳が水色とピンク色のオッドアイな理由がわかったような気がします。きっとおでとさんが色で遊んでいるなかで出会った綺麗な組み合わせだったんだろうなと思いました。また、おでとさんはオレンジ色自体が好きというのも、他の人とは違うところだと感じました。多くの人はオレンジ色をしたモチーフの方が好きだと思うのですが、おでとさんは色が主役になっている。それが他の人とは違うところだと思いましたね。

おでと　そうかもしれないですね。ピンク色のステッカーがつくりたい、青色のステッカーがつくりたい、というところからグッズを考えることがよくあります。

七神　その発想は無かったです。色で悩んでいる人はモチーフに縛られ過ぎているのかもしれないですね。それをやめてテーマカラーからモチーフを考えてみるといいのかもしれないなと思いました。

――具体的に色から考えてつくったグッズを教えてください。

おでと　いちごのシール（88ページ掲載）は「ピンク色のシールがつくりたい」というところから白と赤のいちごを連想してつくったグッズです。

七神　いちごのシールは、シールと一枚絵でデザインが違うと思います。シールの方は、印刷されるサイズに合わせて周囲のハートを大きくしたり、配置を変えたり、小物の位置を細かく調整されていますよね。また、人物をピンク色で囲っているところもシールとしての可愛さがアップしているように感じて好きです。このシールは自宅で印刷をして、サイズ感を見てから入稿するのでしょうか？

おでと　いえ、昔は試しに印刷してサイズ感を見ていましたが、今はもうしていません。

七神　グッズのスケール感は慣れるまで想像することは難しいと思うのですが、おでとさんはどのくらいで慣れましたか？

おでと　三回ほどですね。いまは、デザインデータを一〇〇%でモニターに表示して、画面を定規で測っておおよそのサイズを感じています（笑）。

七神　いいですね！　私も真似しようと思います。また、グッズについてもお聞きしたいと思っていました。おでとさんはグッズだけでなく、パッケージや台紙まですべてご自身でつくられていますよね。「パンまつり2点」「¥一一〇」のピンバッジも初めて見た時はとても驚きました。こうしたこだわりが「フィジー製菓」というブランド力を高めているように思います。そもそもメロンパンちゃんはどういったきっかけで誕生したのですか？

おでと　数年前まで地元パンのシールのシリーズを毎年つくっていました。その流れで二〇二二年につくったのがメロンパンの子です。

七神　なるほど。メロンパンちゃんと一緒に「ヤマザキ春のパンまつり」のような、パンについたシールを集めて台紙に貼る「フィジーパンまつり」の台紙カードもつくられていたと思います（89ページ掲載）。おでとさんのつくる「パンまつり2点」の丸いシールや台紙につかわれているピンク色も独特な色をしていますよね。

おでと　ありがとうございます。「フィジーのパンまつり」の台紙の裏面は、実際に「パンまつり2点」のシールが貼れるようになっています。アクキーを包んだ袋などに貼られた「パンまつり2点」のシールを剥がしてもらえたら「フィジーのパンまつり」のポイントを集められます。

――アクキーに割引シールや値札シールを貼り付けるアイデアはどのように思い付いたのでしょうか？

おでと　普段は接客業をしているので、よく値引きシールを貼っているんですよ。働いている時に、値引きシールが可愛いなと思ったので自分のグッズにも付けようと思いました。

七神　そうだったんですね。話は変わりますが、SNSを拝見していると、フィジー製菓のハンコもつくられていましたよね。

おでと　出来心でつくっちゃいましたね（笑）。

七神　おでとさんはアイデアもすごいのですが、何よりそれを実行する力がすごいですよね。アイデアが思い浮かんだ時になかなか行動できない人も多いと思います。

おでと　う〜ん。自分が考えたものが実際どのようになるのかを見てみたいという好奇心が強いんだと思います。それだけの気持ちでつくっていますね。

七神　レシート風の納品書も夢があります。

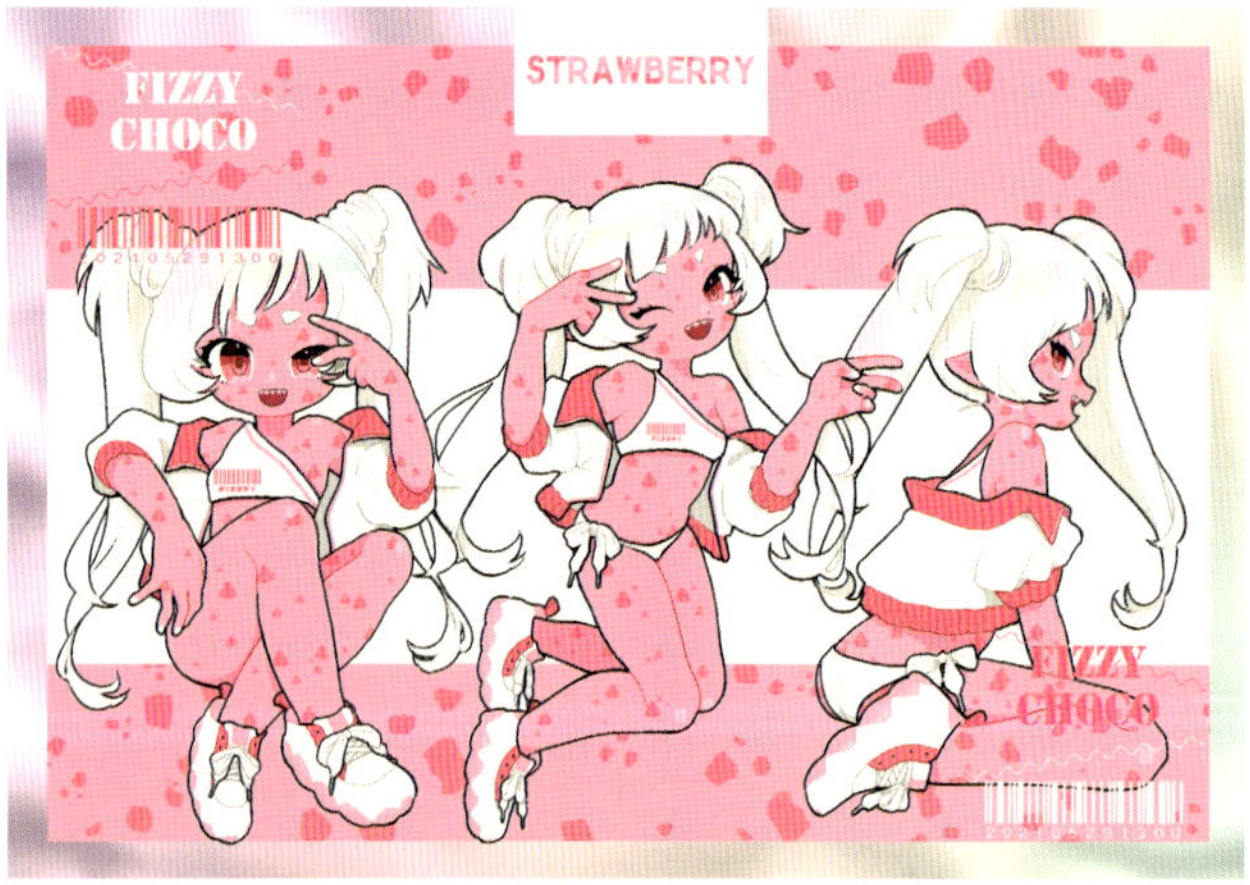

ストロベリーラッシュをイメージして描いた一枚。ピンク色の肌にホワイトカラーのヘアスタイルが目を惹く。また、生き生きとしたポージングにいたずらな笑みからは、ストロベリーラッシュを食べた時の味を思い出させる。おでとさんはレトロなカラーやアイテムを描かなくても、誰かの記憶に寄り添い、懐かしみを与えてくれる。

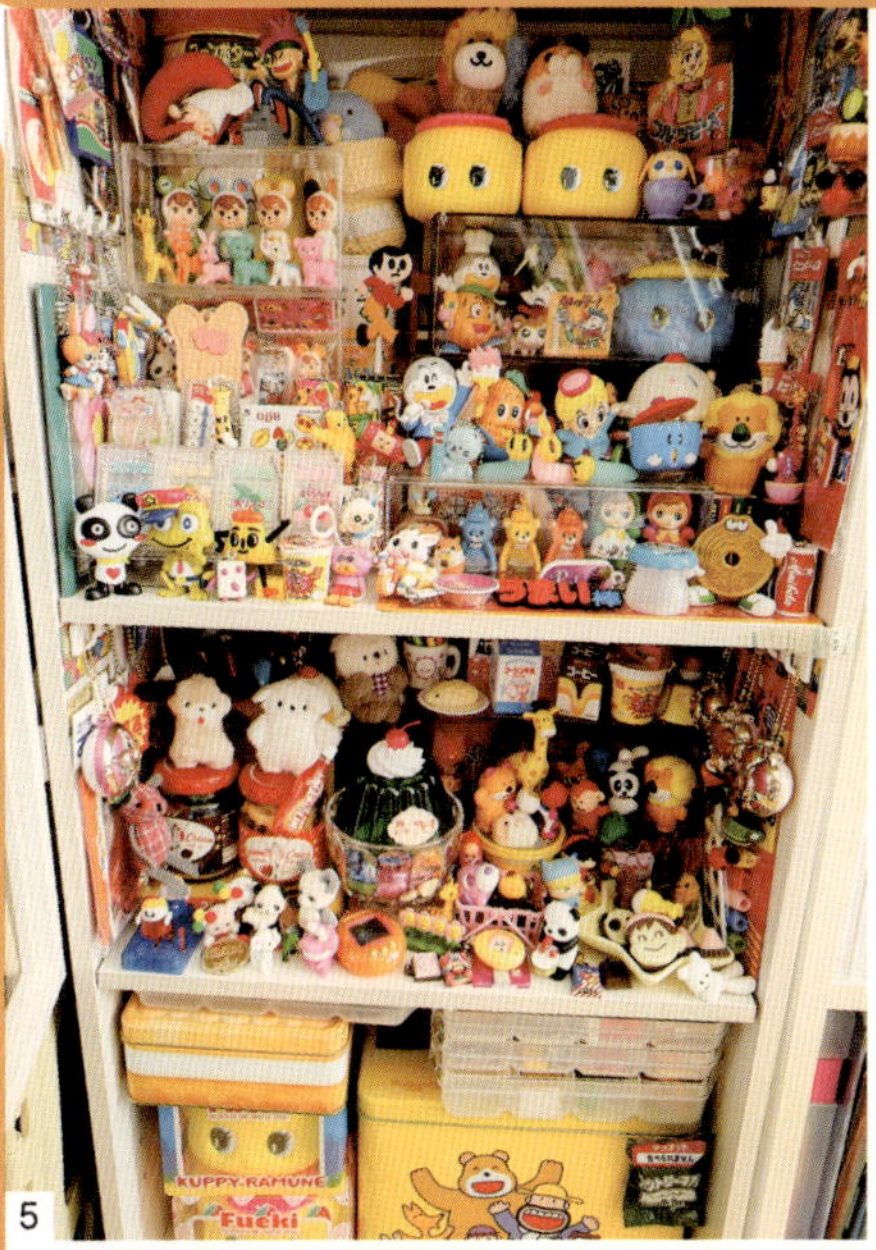

5

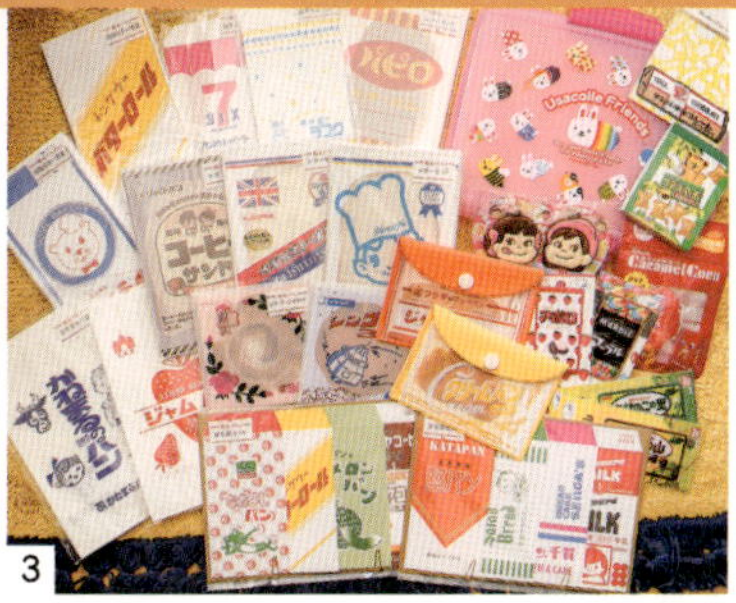

3

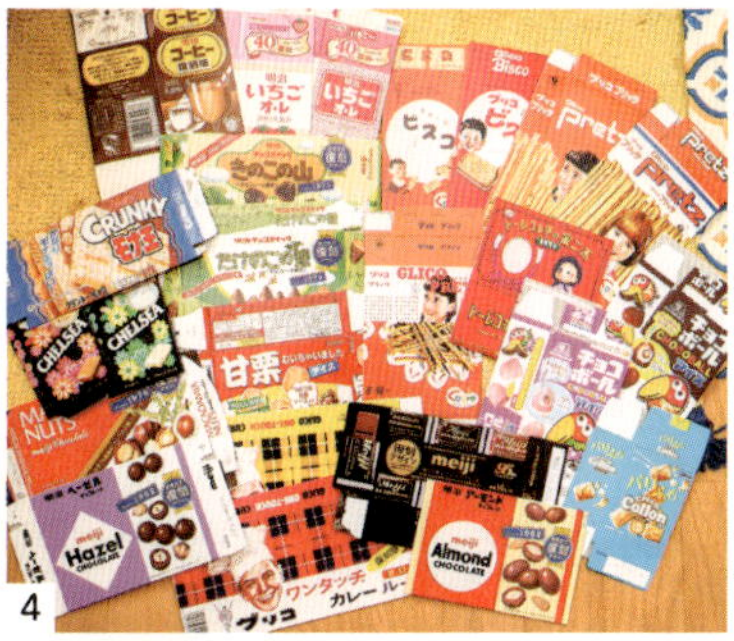

4

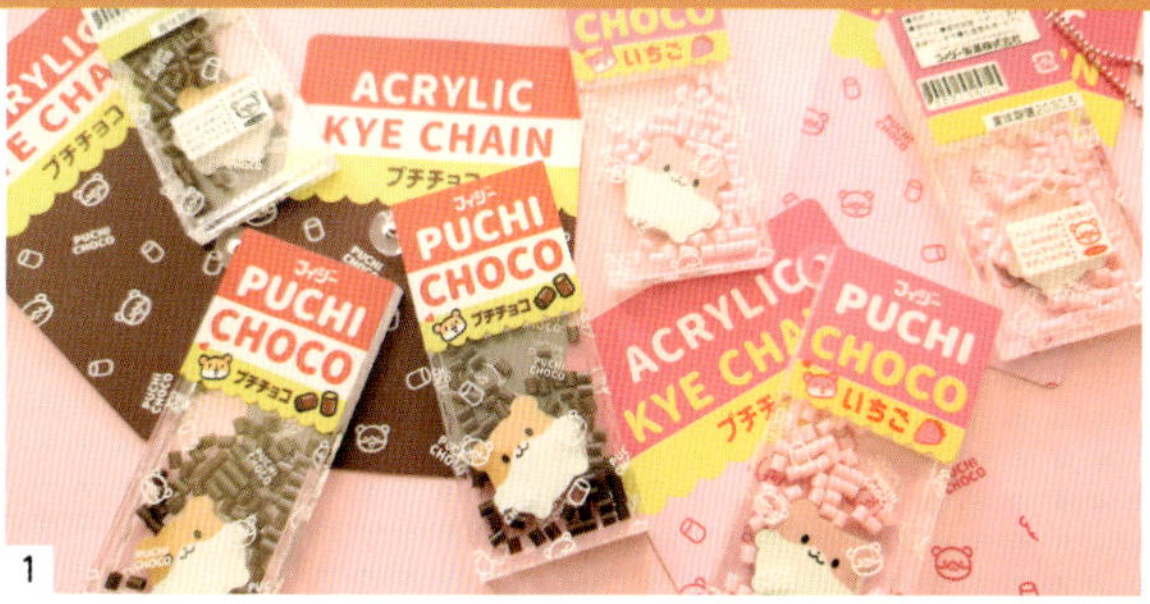

1

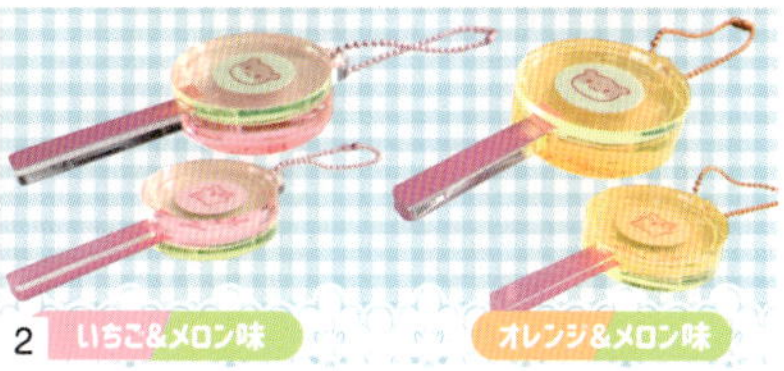

2

おでと　アクリルグッズはいくつかのパーツに分けて入稿をして、最後は自分で組み立てることもあります。例えば、プチチョコはYosei印刷さんでつくったのですが（写真①）、実は三層に分かれています。デザインが印刷された表面＆裏面に加えて、チョコのパーツを入れるために四角いフレームをあいだに挟めています。また、チョコ部分は通常よりも小さなサイズのアイロンビーズを入れて表現しています。アイロンビーズがシャカシャカと動くように、二層目のアクリルのフレームは少し厚めにして奥行きを出しました。逆に表面と裏側のアクリルはなるべく厚みがないものを選んでいます。そうすることで、重たくなりすぎないように気をつけています。また、写真②のグッズは「かわりんぼ」という飴をオマージュしてつくっています。これも、なかのハムちゃん、表面、中枠、裏面の4つにアクリルをパーツ分けしました。

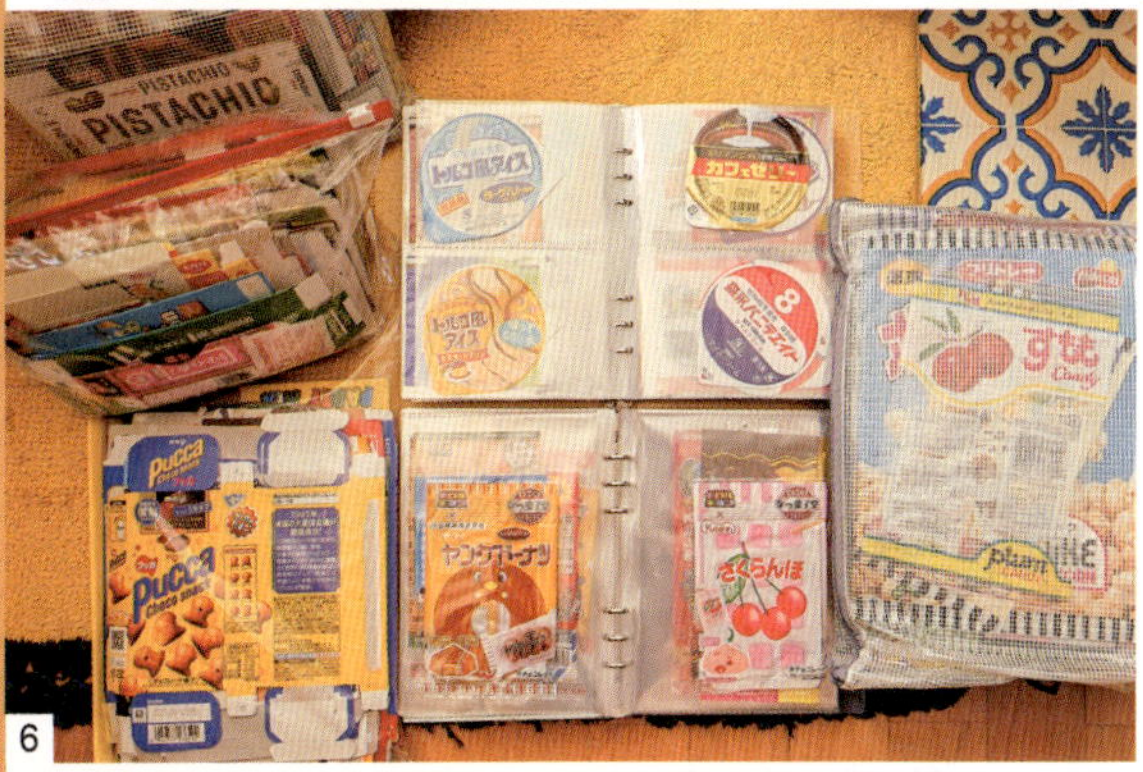

6

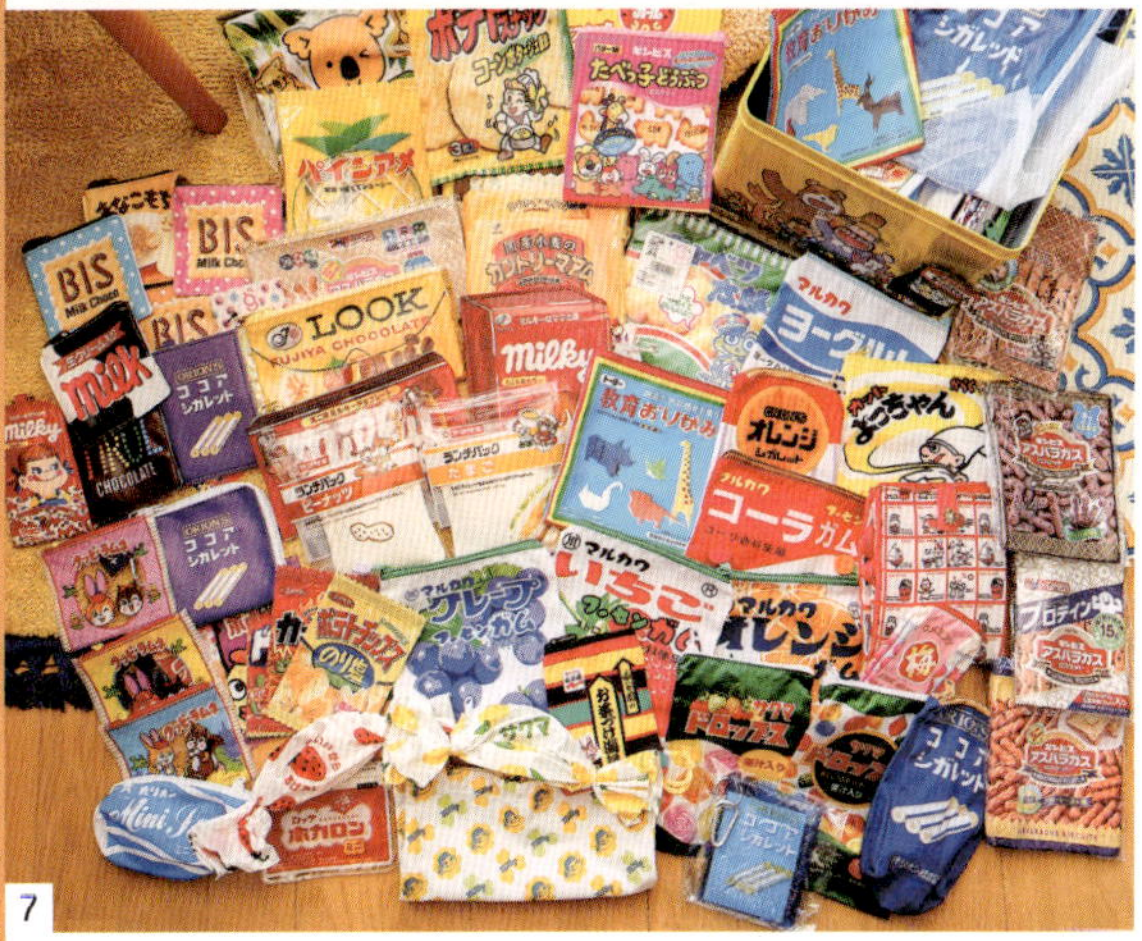

7

おでとさんが集めているお菓子のパッケージや雑貨を紹介する！　部屋の棚には普段から集めているカプセルトイやフィギュアなどがぎゅっと並べられている（写真⑤）。他にも、お菓子のパッケージも集めていて、ひとつずつファイリングなどをしている（写真⑥）。近年はお菓子のパッケージが雑貨に展開されることも多く、おでとさんも集めているそうだ（写真⑦）。また、雑貨屋や文具屋に置いてあるレターセットなどもついつい買ってしまうそう（写真③）。

おでと　これは普通紙に印刷をして、一枚ずつ自分でカットしてつくっています。

七神　すごい！　手づくりだったんですね。左右につくられた余白が本物のレシートだと思わせてくれます。このバランスが少しでも狂ってしまうと、手づくり感が出てしまうと思うのですが、おでとさんは全くそれを感じさせないですよね。

おでと　ありがとうございます！　本物の可愛いレシートをたくさん集めて、参考にしながらつくりました。特にパン屋さんのレシートは可愛いデザインが多い印象があります。

七神　わかります。私も好きなブランドのレシートを見て可愛いなと思うことがあります。おでとさんはそもそもレシート自体を可愛いと思っていますよね。生活のなかでレシートがどうなっているのかを見る時間がありますよね？

おでと　ありますね。レシートは印刷具合やフォントなど、自宅のコピー機では出せない味があって良いなと思いますし、紙の質感も好きです。

七神　わかります。私もレシートの字の隙間が好きです。

おでと　私は自分が可愛いと感じたものは、ノートに貼ったりファイリングしたりして残しておくようにしています。

七神　私も袋で売っている飴のパッケージを展開して保管していた時期がありました。

――今日はおでとさんが集めているパッケージ類を撮影してくださったんですよね（91ページ掲載）。

おでと　はい、折りたたみコンテナのなかにぎっしり集めています。この（91ページ掲載の写真⑥）アイスの蓋は、森永バニラエイトという福岡限定で復刻されたアイスです。どうしても欲しかったので、福岡のイラストレーターさんにお願いをしてパッケージだけを送っていただきました。

七神　すごい！　お菓子博物館だ～！　寄贈した方がいいレベルですよ。pucca（プッカ）の旧パッケージは主役のお菓子が背景になじんでいますね（笑）。

おでと　お菓子の色に対して背景を近しい黄色にしていることに驚きますよね（笑）。

七神　そういえば、おでとさんはカプセルトイもたくさん集めていらっしゃいますが、カプセルトイはいま流行っている影響で、毎月すごい数の種類が発売されますよね。カプセルトイだけでも発売情報を追いかけるのはすごく大変だと思うのですが、おでとさんはどうやって情報収集をしていますか？

おでと　私はXでカプセルトイの発売情報を発信している人を複数フォローしてチェックしています。

七神　なるほど。でも、レターセットなどはあまりネットで宣伝されないですよね。

おでと　これ（91ページ掲載の写真③）はたまたま好きな雑貨屋さんに行った時に売られていましたね。

七神　やっぱり店舗へ足を運ぶのも大切なことですよね。

――少し話は変わりますが、おでとさんは実際に販売されていたチョコレートをモチーフにイラストも描いていらっしゃいましたね。

おでと　ストロベリーラッシュの絵はあまり受け入れてもらえないだろうなと思いながら描いていました。

七神　（お菓子の名前を検索して調べる）この板チョコ、SNSでバズってましたね！

おでと　そうです。めっちゃ美味しいんですよね。いまは販売されていませんが、パッケージも中身の板チョコの模様も可愛いなと思って描きました。

七神　おでとさんが感じている美味しさがキャラデザから伝わってくる気がします。おでとさんはパッケージの見た目ではなく、食べた時の味や食感をもとに絵を描かれていますよね？

おでと　伝わって嬉しいです。七神さんがいうようにこの絵は、ストロベリーラッシュの味をイメージして描いていました。

七神　やっぱりすごいですね。見ているポイントが違うというか。おでとさんはモチーフよりも色を見ているし、パッケージやデザインなどの見た目ではなく味を大切にしているから、何かに縛られたり引っ張られたりすることがないのだと思いました。本日はありがとうございました。

七神マナ／イラストレーター、漫画家。好きな市販菓子はブルボンのホワイトロリータ、推しの根本凪ちゃんはシャトレーゼのチョコバッキーが好きだと言っていました。根本凪ちゃんの好きなお菓子最新情報を随時募集しております。
【X】@h654r1

おでと／イラストレーター。少し懐かしさのあるポップなテイストのイラストを得意とする作家。CLIP STUDIO PAINTをつかい、イラストとグッズデザインをおこなう。現在は「フィジー製菓」として、自身で描いたイラストを活かしたグッズを定期的にイベントやBOOTHで販売している。
【X】@odetooo
【通販サイト】
https://fizzy.booth.pm/

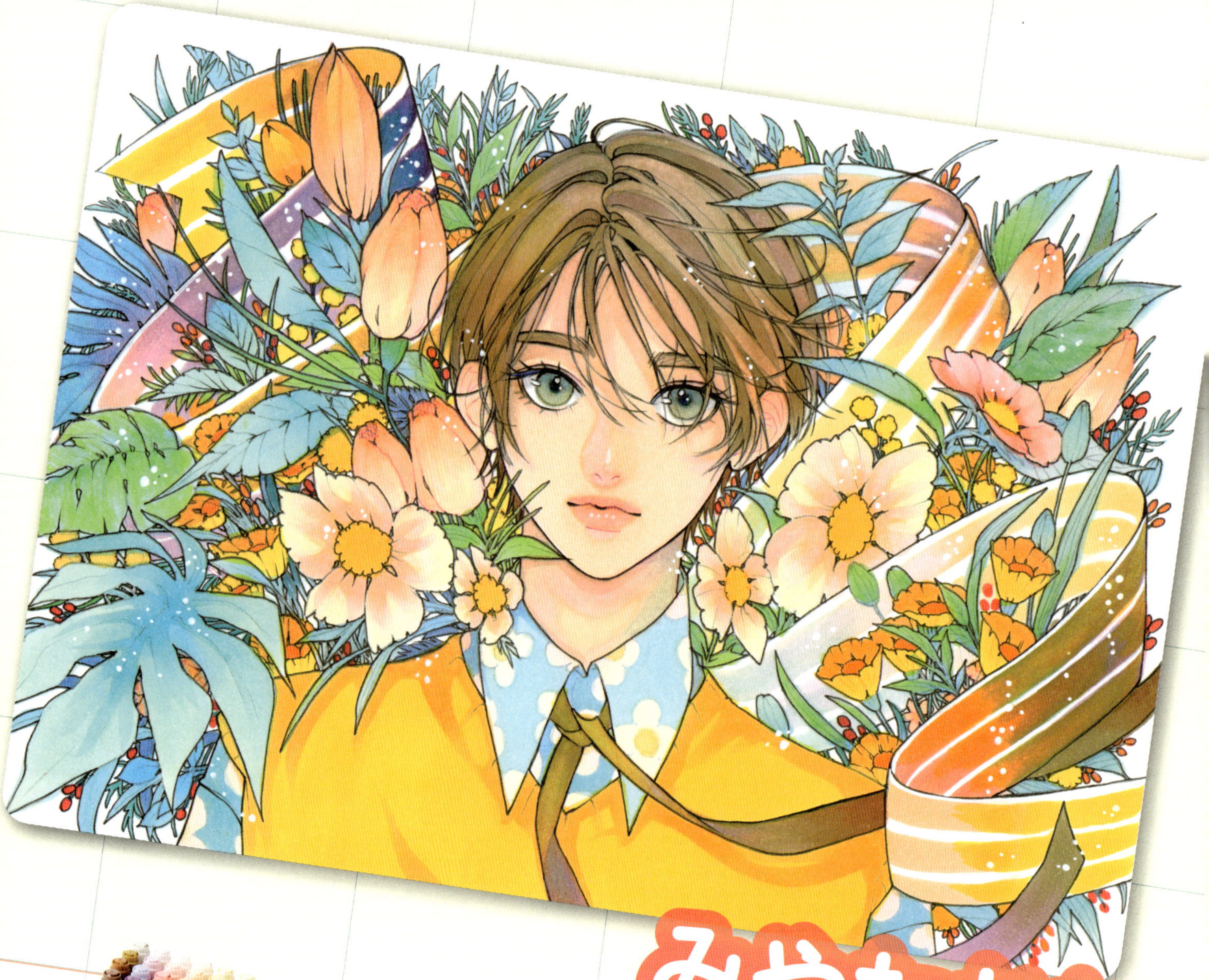

みやたかな

2025年7月25日から新発売の「コピックチャオ ステップアップ36色セット」の全色を使用して、美しい植物に彩られる中性的な男の子のイラストをみやたかなさんに描いていただきました！　うるわしい眼差しと、ぷっくりとした赤い唇の描写に心惹かれます。生命力を感じられる鮮やかな色づかい、繊細なタッチの生み出し方にぜひ注目ください。

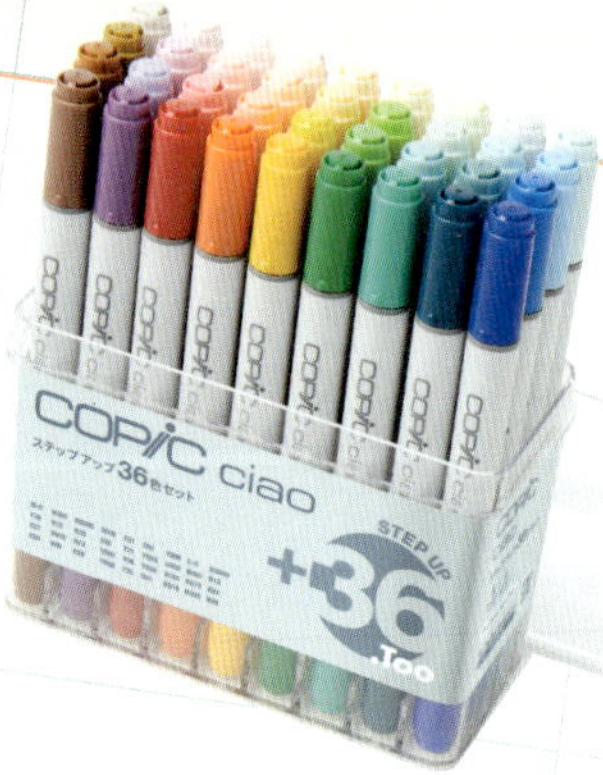

コピックチャオ ステップアップ36色セット

色数：36色

各価格11,088 円（税込）

●アルコール染料インク

●ニブはコピックスケッチと同じ「スーパブラシ」と「ミディアムブロード」の2タイプ

●色の明暗がつけやすいラインナップ

●ステップアップセットのみでも、イラストやデザインの制作が十分可能

発売元

株式会社トゥーマーカープロダクツ

https://copic.jp

2025年7月25日（金）より、「コピックチャオ」の新しい定番セット「コピックチャオ ステップアップ36色セット」を発売中！　薄く淡い色や、ハッキリとした濃い色を含んでおり、「コピックチャオ スタート12色／24色／36色セット」や「コピックデビューセット」と被らないセット内容です。

「コピックチャオ ステップアップ36色セット」のカラーラインナップは以下の色になります。

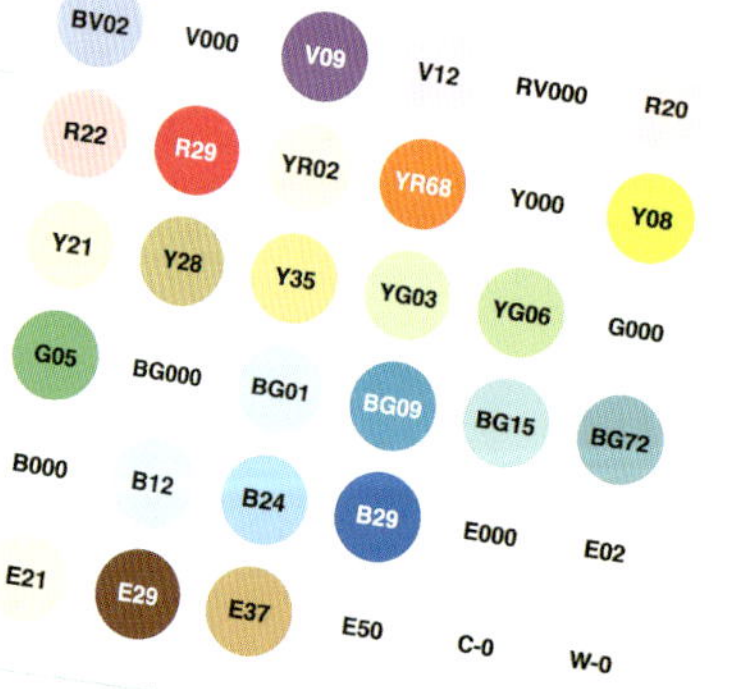

BV02/V000/V09/V12/RV000/R20/R22/R29/YR02/YR68/Y000/Y08/Y21/Y28/Y35/YG03/YG06/G000/G05/B000/B12/B24/B29/BG000/BG01/BG09/BG15/BG72/E000/E02/E21/E29/E37/E50/C-0/W-0

みやたかな／主にコピックをつかい、花や植物に彩られた中性的で儚げな男の子を描く。これまでに2024年9月「コピック原画展」にて、作品を展示。書籍では『コピック×色紙の基本』（マイナビ出版）がある。

X＝@orion_x01

使用画材：コピック チャオ/コピック マルチライナー/コピック アクレア（スノーホワイト）

用紙：マルマン ソーホースケッチ　パッド（B5）

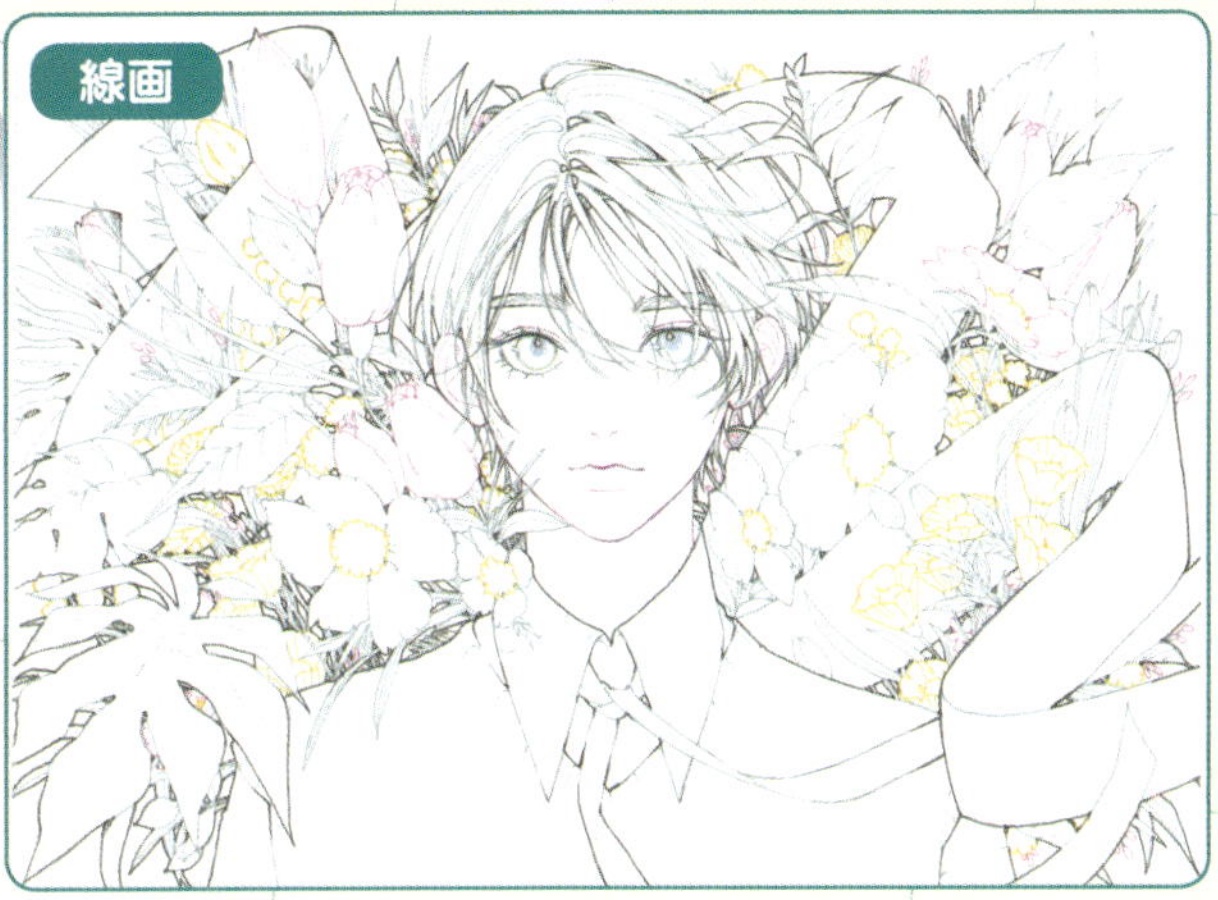

ラフ①をもとにコピックマルチライナーで描かれた線画。背景の植物はオリーブやピンクなどを使用し、固有色となじみやすくしている。手前に配置されているものや人物のアウトラインなどはブラックで描かれておりハッキリとした印象だ。瞳のりんかくはうるおいを表現するため、淡い色で描かれている。

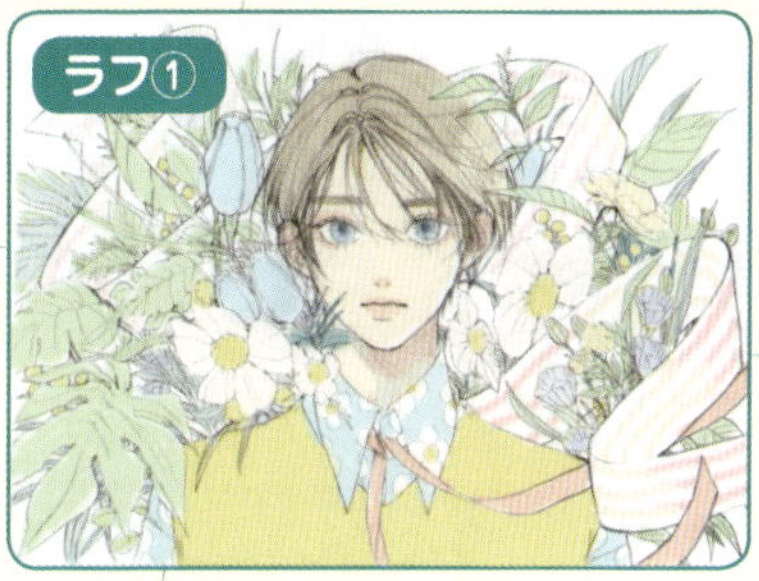

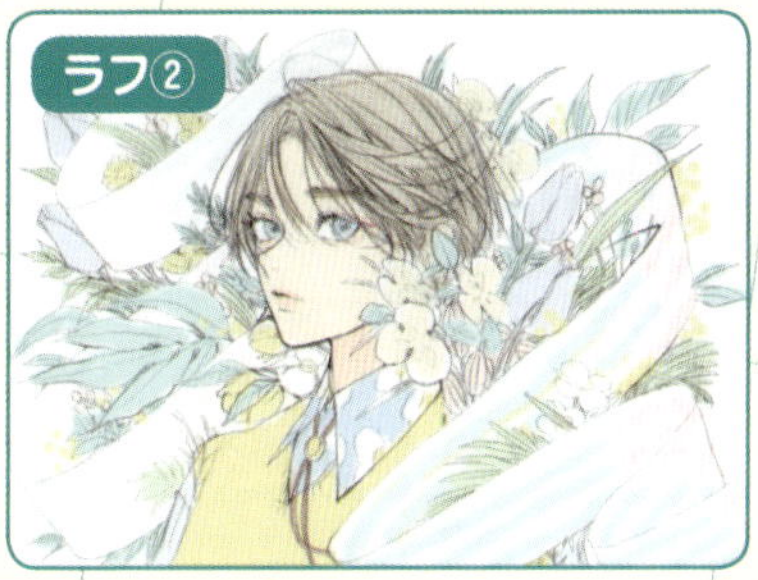

全体像の線画はアナログで描き起こし、カラーはデジタルで着彩している。背景に配置されている植物と大きなリボンが華やかな印象だ。全体的に淡い色づかいがイメージされており、儚げな印象がある。植物は彩度が低く、人物とリボンを引き立てる構成になっている。

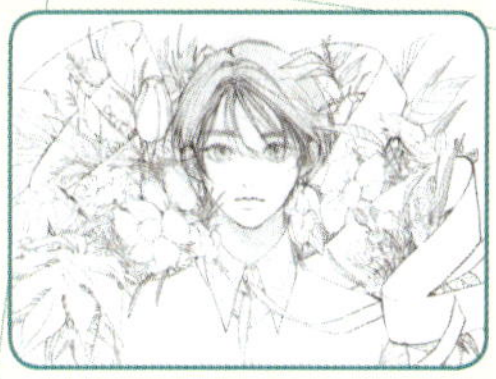

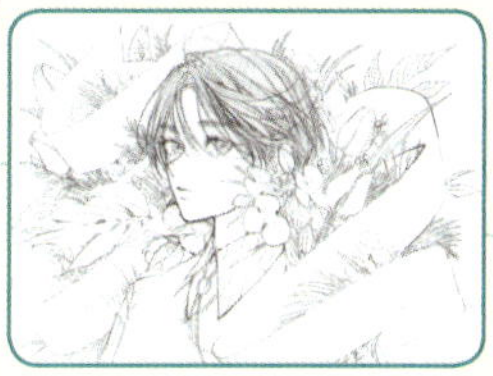

肌と唇を塗る

コピックチャオ使用色…R000／R20／E000／E50／V000／BG000

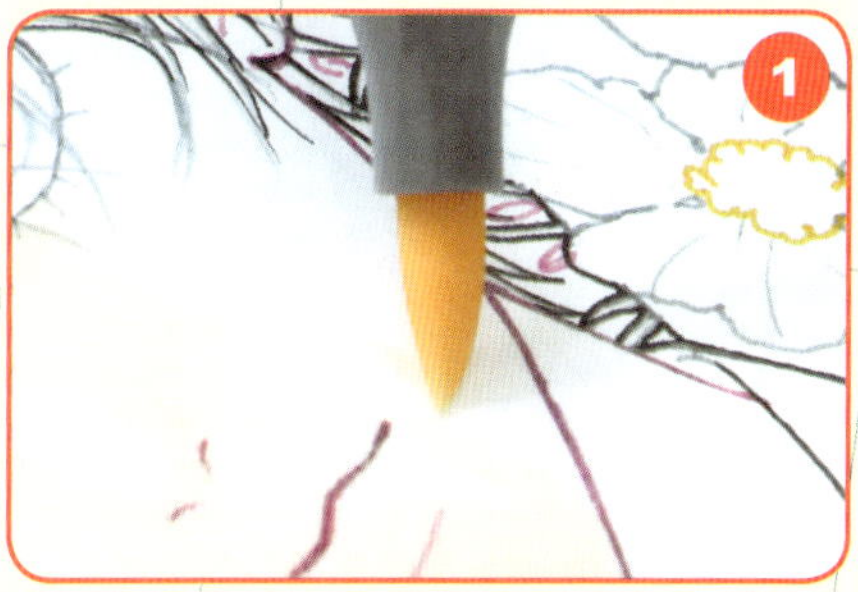

E000をつかい肌のベースを塗る。鼻のハイライトと白目を残しつつ一定の筆圧で肌全体にムラなく下塗りをする。

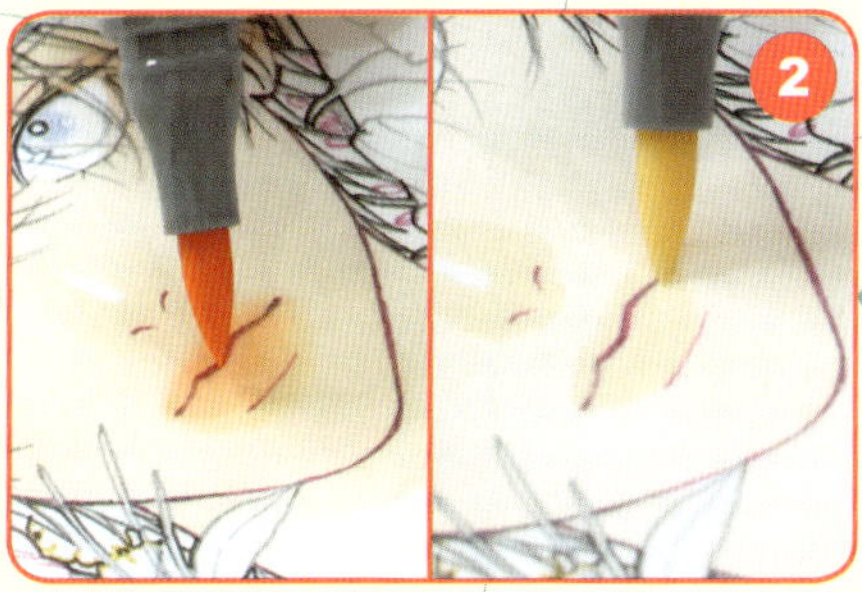

E50で鼻筋と唇にカゲを塗り立体感を出す。また、E50とR20の両方を重ね、唇の血色感とよりぷっくり感を表現する。

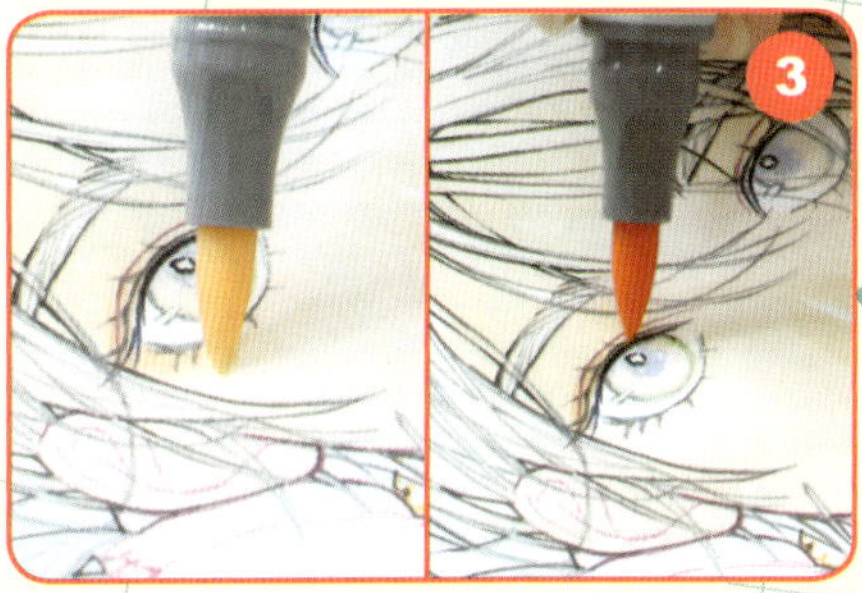

まぶたのラインと目尻をR20でなぞり、インクが乾かないうちにE50を重ね、ぼかす。男の子の目力が強まった。

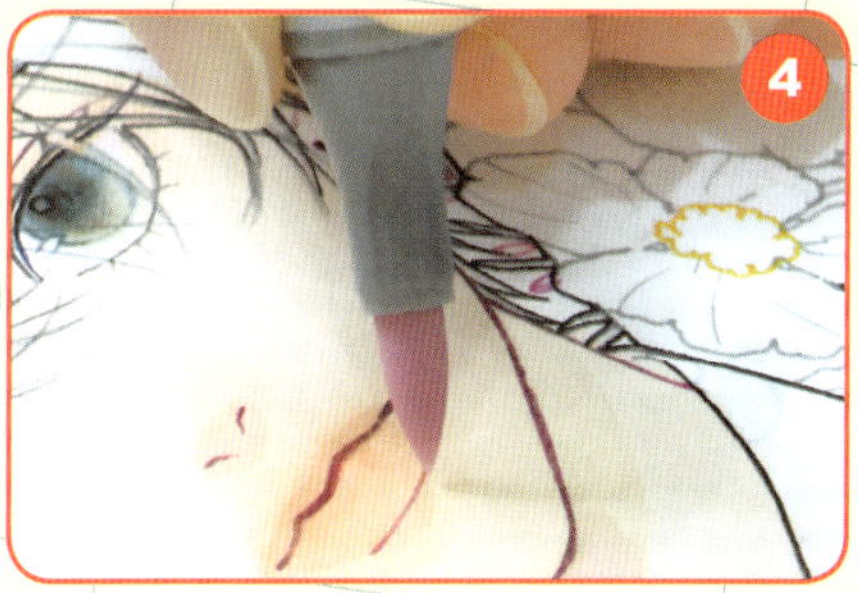

鼻先と唇のカゲにV000を塗り、立体感を出す。ベースの肌の色から赤紫色が目立ち、より凛とした顔立ちになった。

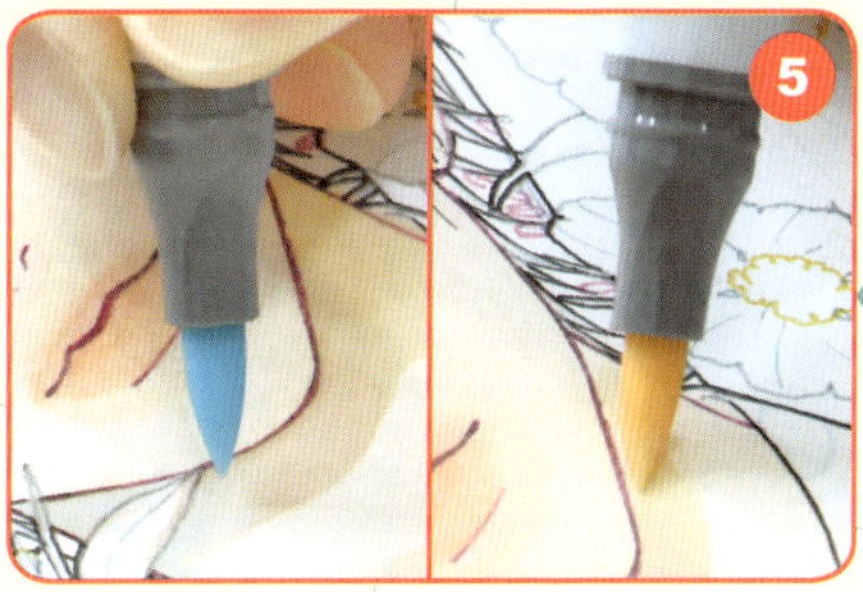

首元のカゲはE50とV000をつかい、グラデーションで表現する。さらに首の奥側のカゲにBG000を塗り重ね空気感を出す。水色を重ねることによって透明感が出た。

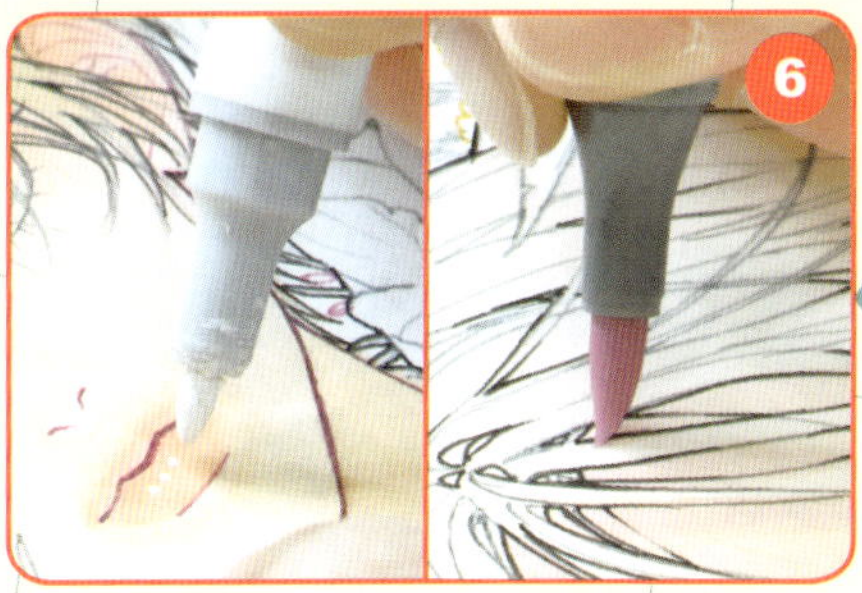

E50をカゲのアタリとして描く。アタリを目安にV000でおでこに落ちる前髪のカゲを入れる。仕上げにコピックアクレアのスノーホワイトでちょんちょんと唇にハイライトの粒を乗せる。

髪を塗る

コピックチャオ使用色…E000/W-0/Y000/Y21

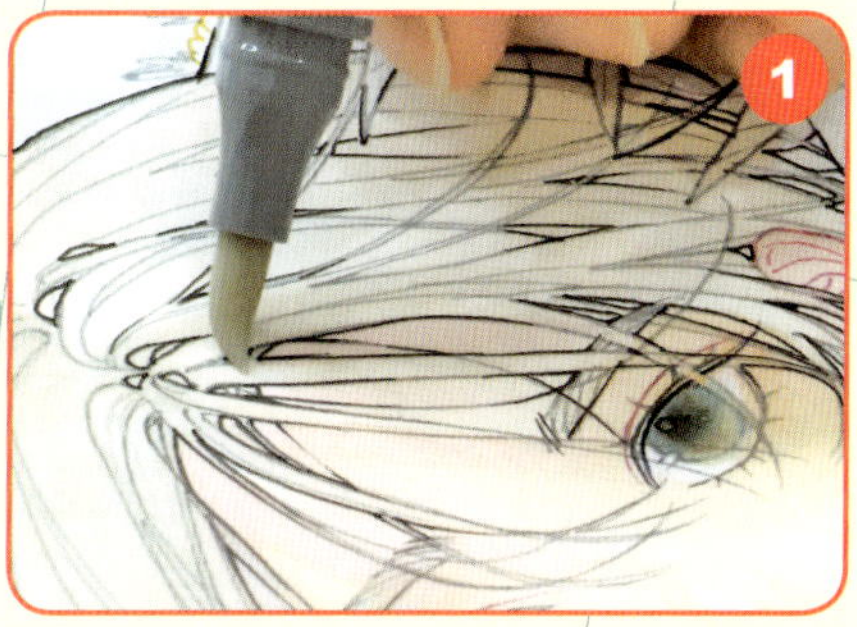

E000をつかい、髪全体のベースを塗る。イラスト全体に統一感を持たせるために、肌のベースと同じ色を使用している。続いてW-0をつかい、毛束の流れを意識しながら髪の固有色を乗せる。

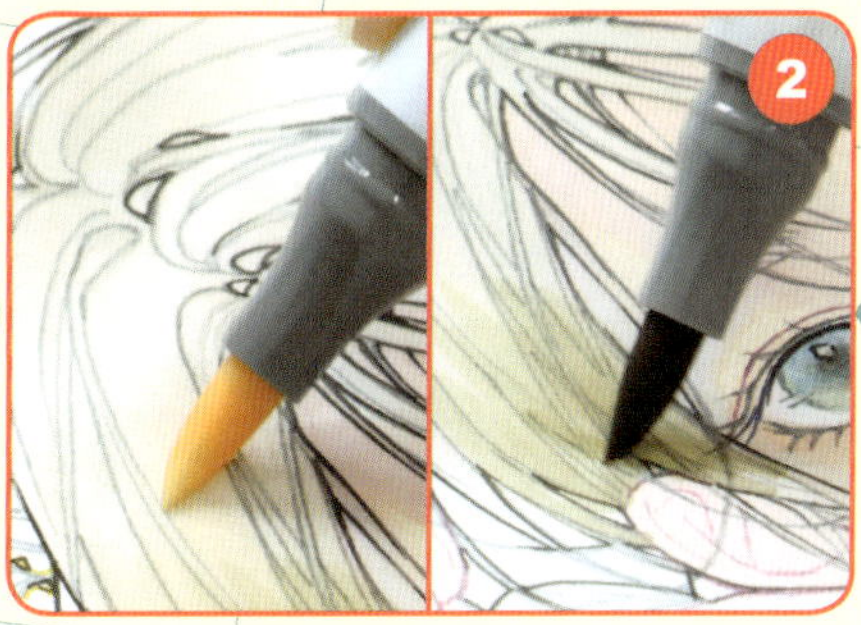

Y21をつかい、毛先からつむじに向かってペン先を動かして毛束を描く。インクが乾かないうちにE37できれいなグラデーションにする。同じ過程を髪全体に繰り返す。

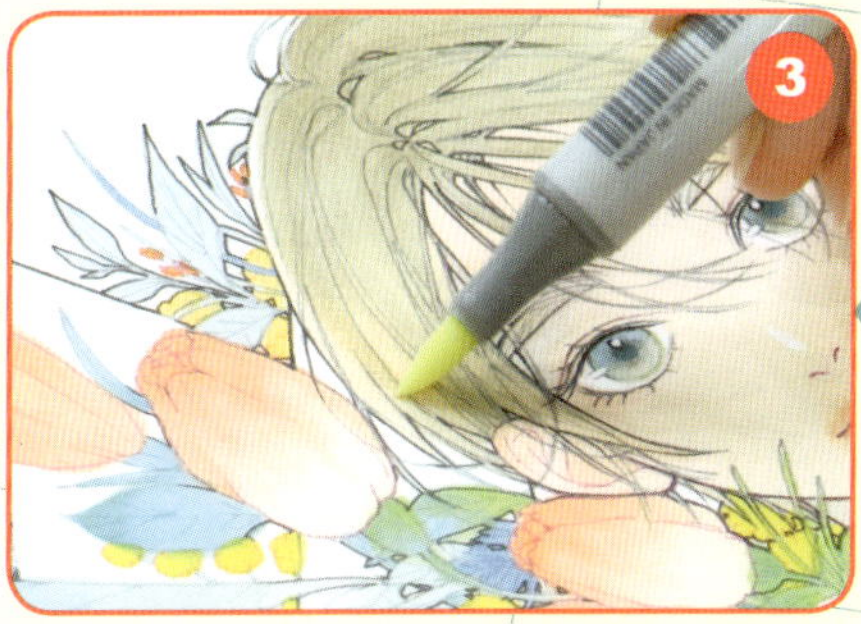

髪の側面にY000とY21をつかい、隣接する植物の反射光を塗る。明るさを調整したおかげでより華やかな印象になった。

瞳を塗る

コピックチャオ使用色…B12/BG09/E000

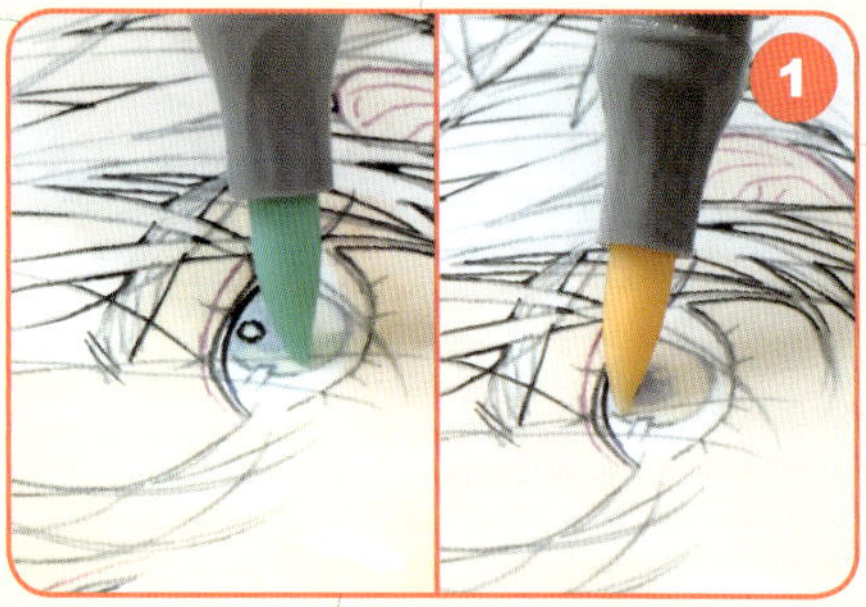

ハイライトを避けながら瞳全体にE000をベースとして塗る。続いてB12をつかい、瞳を着色する。あらかじめ瞳のりんかくの線画をオリーブ色にしていたことでB12がなじんでいる。

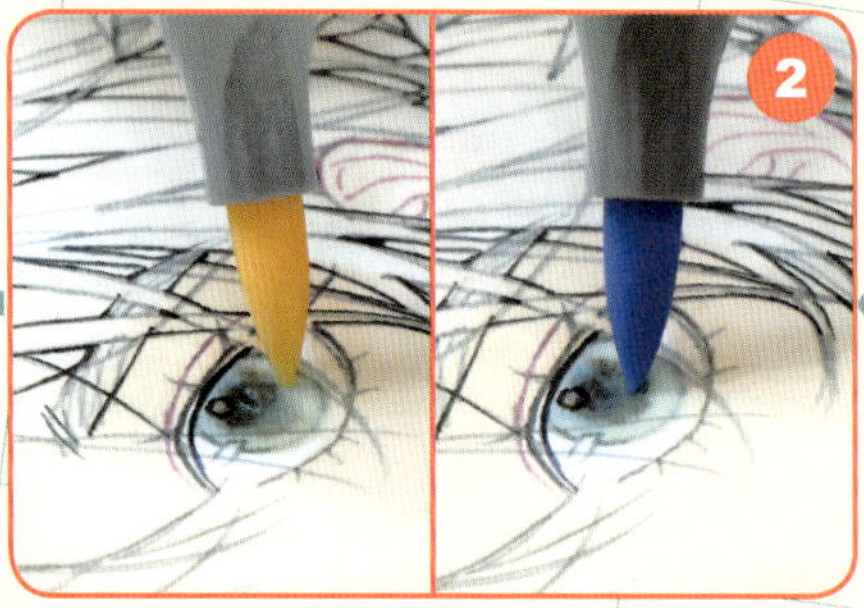

BG09をつかい、瞳孔を塗る。E000でフチをじわっとぼかし重ねた。BG09のインクを溶かすことで瞳によりうるおい感を出す。

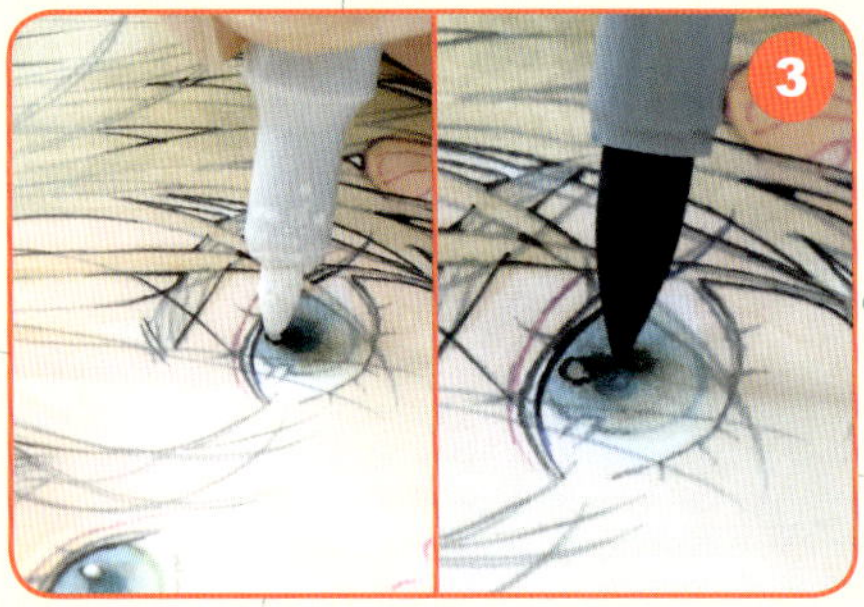

BG09で、さらに瞳孔に深みを出す。また、瞳の仕上げにコピックアクレアのスノーホワイトをつかい、小さな粒を乗せてハイライトを表現する。

服を塗る

コピックチャオ使用色…B000/E50/V000/Y08/Y21

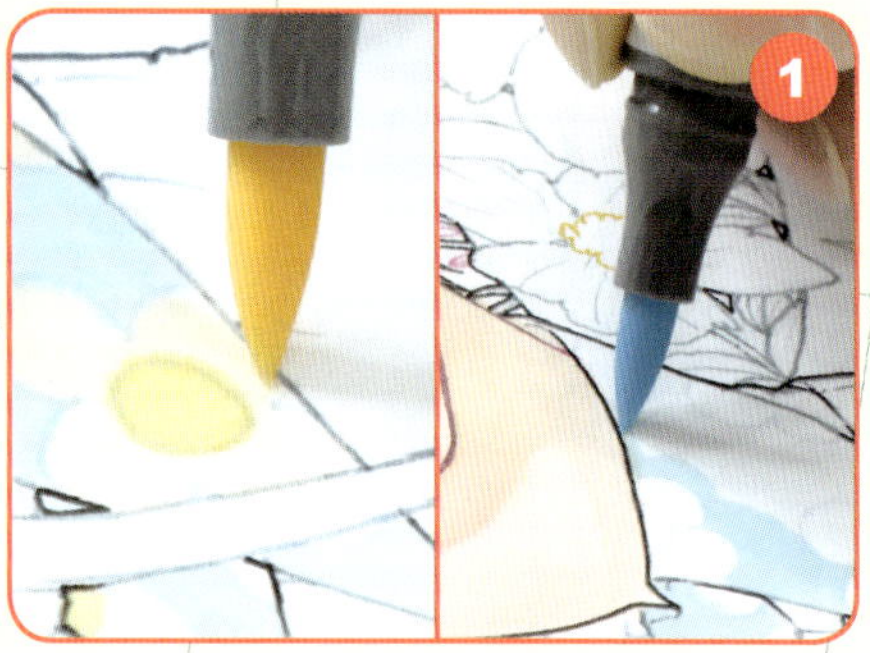

B000をつかい、花柄を避けてシャツを塗る。続いてE50で柄の花びらを、Y21で花芯を塗る。青色と黄色は補色の関係にあたるため、美しいコントラストが生まれている。

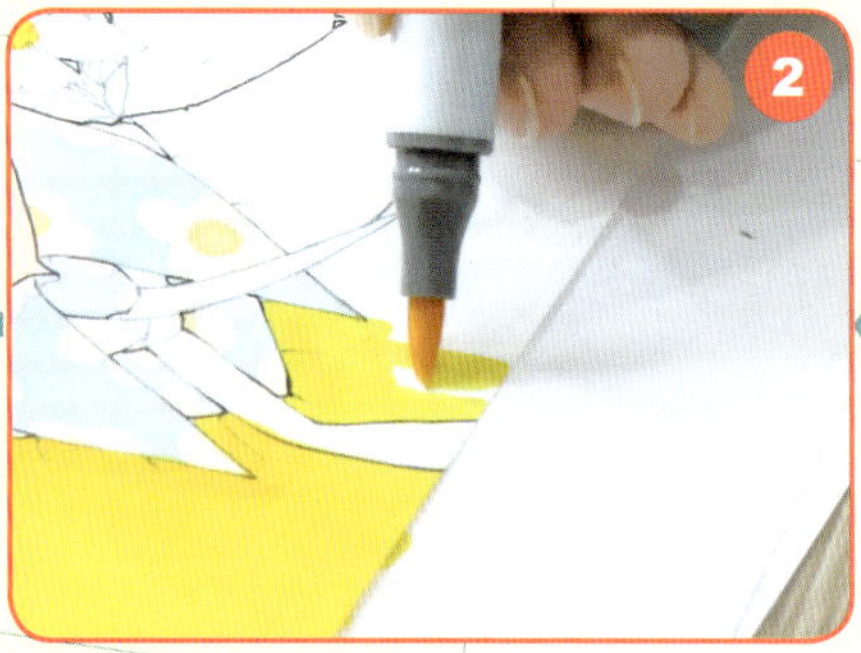

ベストを塗る。コピックのペン先を寝かせて、Y08でベスト部分を均等に塗る。ムラを出さない方法はP87で解説！

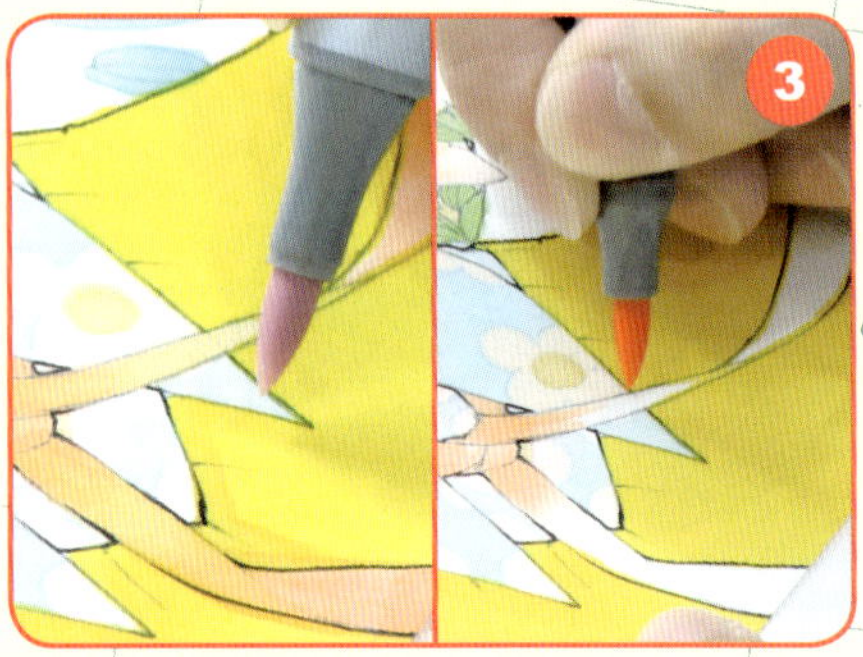

Y08をつかいネクタイを塗る。V000で背景にある植物から落ちるカゲや、服のシワなどを描く。ベストは厚い生地のため、少ないシワで質感を表現する。

花を塗る

コピックチャオ使用色…E50/R20/R22/RV000/Y08/Y35

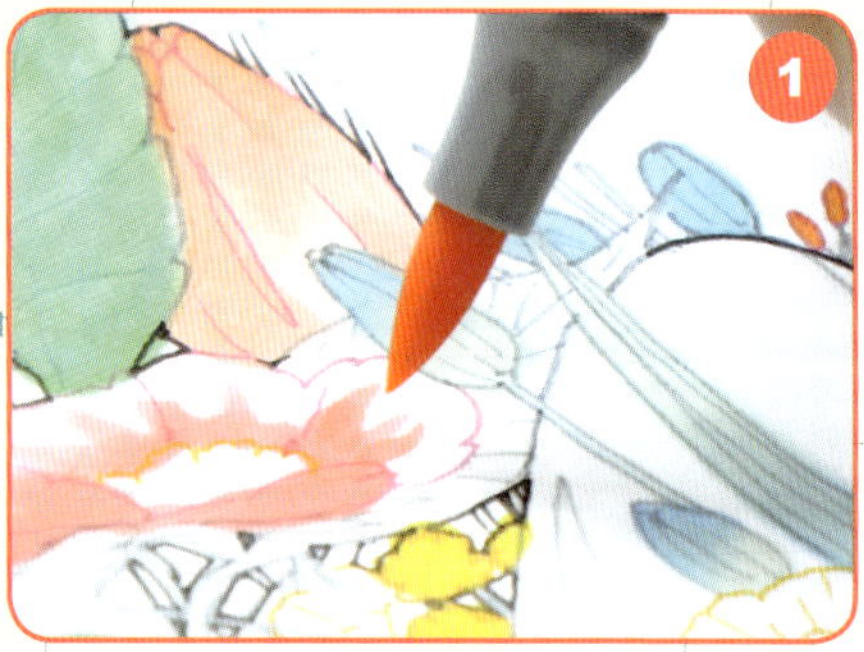

赤い花を塗る。R22をつかい、花びらの根本から先に向かってペンを動かし花脈を描く。手の力を抜き、はらうように塗るのがポイント。

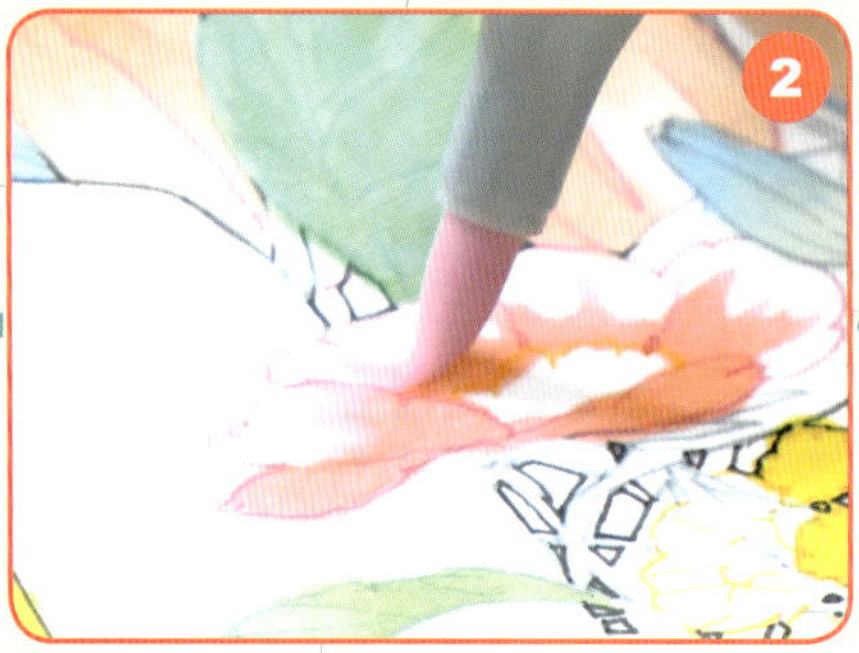

①が乾かないうちにR20をつかい、濃い色から薄い色へとグラデーションにすることで、表面のなめらかさを表現する。少し花脈を残すことでリアリティが増す。

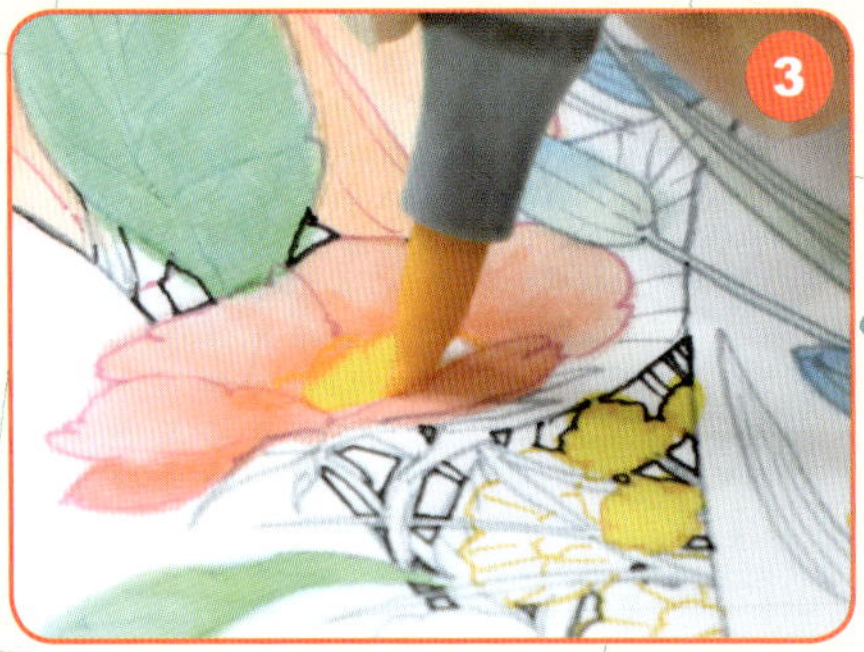

Y08をつかい、花びらの生えぎわを少しぼかしながら花芯を塗る。ふわっと咲く、可愛らしい花が描けた。

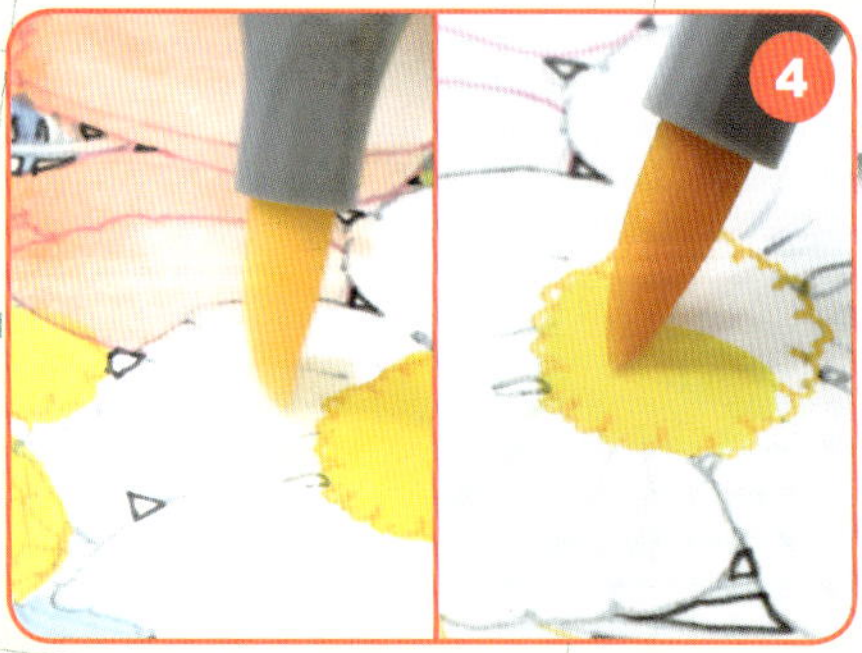

手前にある大きな花を塗る。Y08をつかい、花芯から塗り進める。また、E50で花びらの中心から外側にかけてベースを塗る。

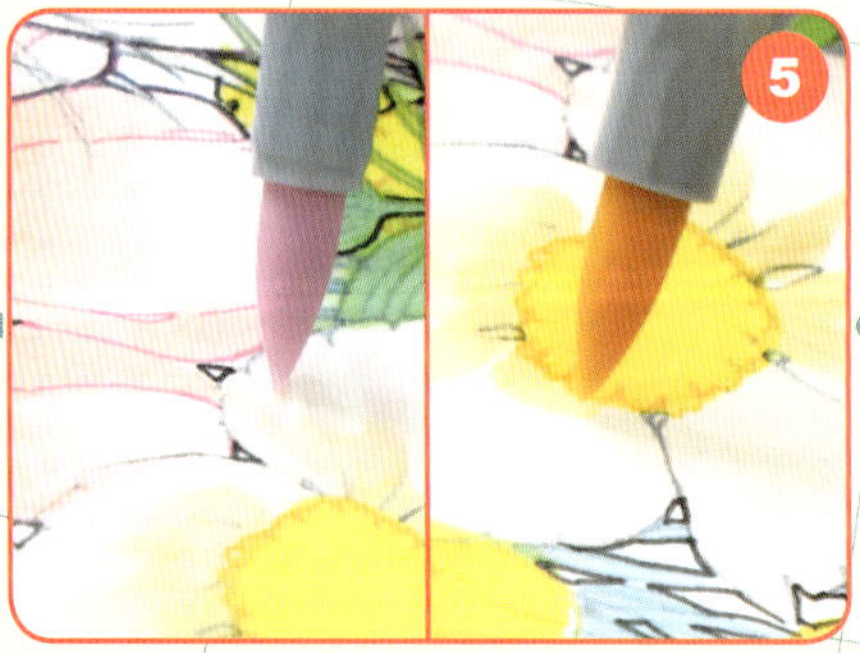

Y35をつかい、花びらの生えぎわに深みを出す。さらにRV000をつかい、なじませながら伸ばし、グラデーションにする。

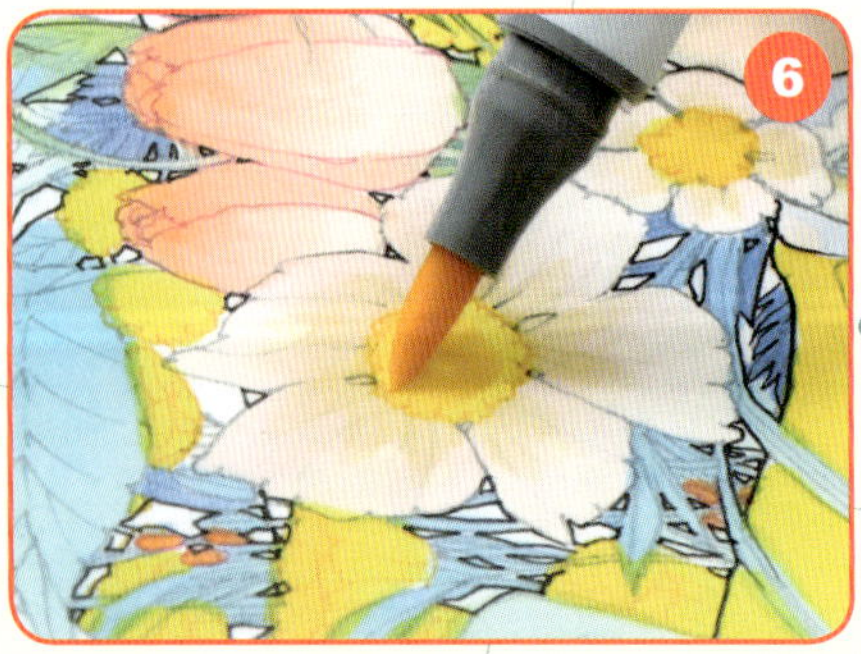

E50をつかい、全体のカゲを描く。淡く柔らかい印象の花が描けた。

チューリップを塗る

コピックチャオ使用色…B12/E21/RV000/YR02/YG03

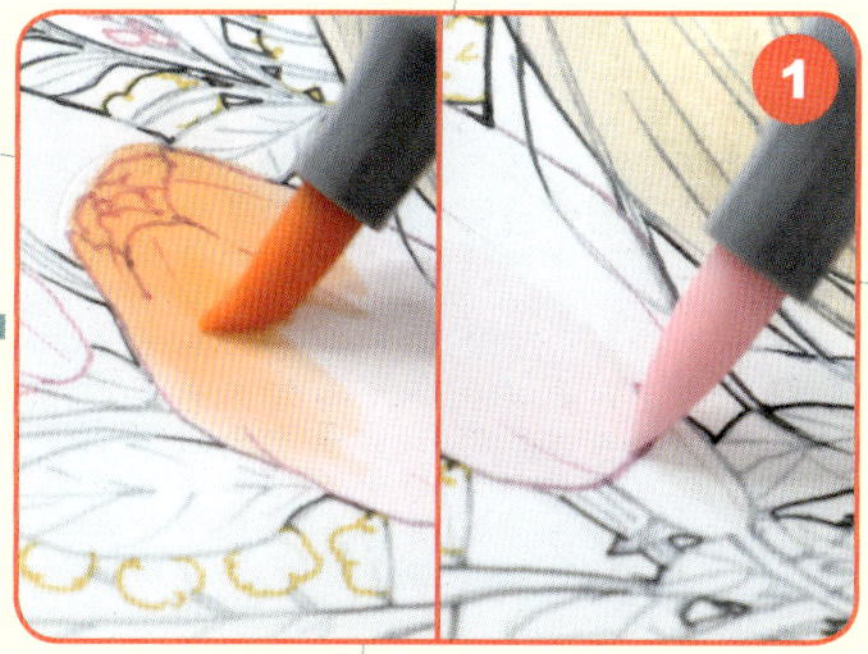

チューリップを塗る。RV000をつかい、花びらの下から上の方向へと力を抜きながら色をつける。また、YR02で花びらの先を塗る。この際は反対に、上から下の方向へと力を抜きながら塗るのがポイント。

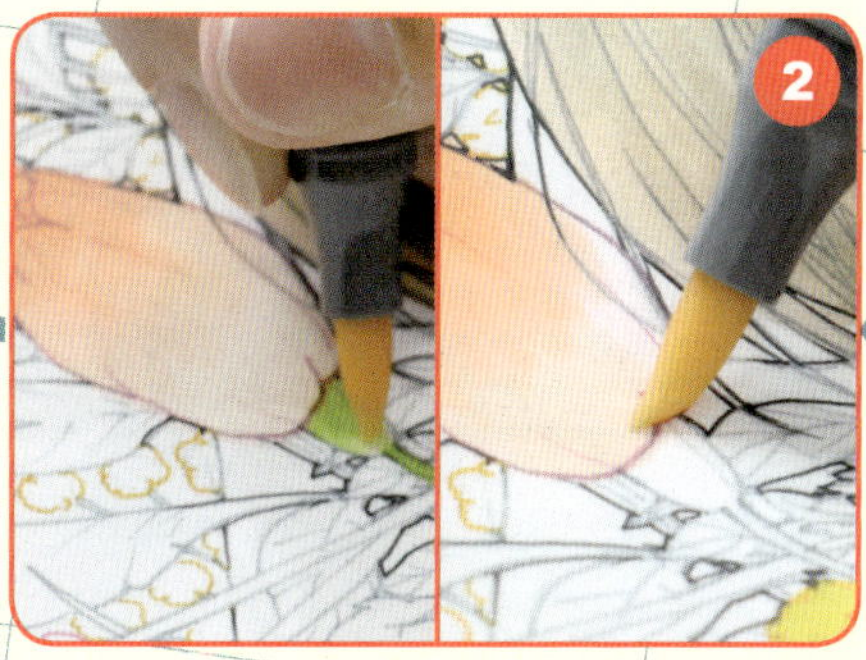

E21をつかい、花びらの下の部分に淡い色を塗り重ね、深みのある色にする。①のインクが乾かないうちに中間層に向けて筆を動かしふんわりとしたグラデーションにする。

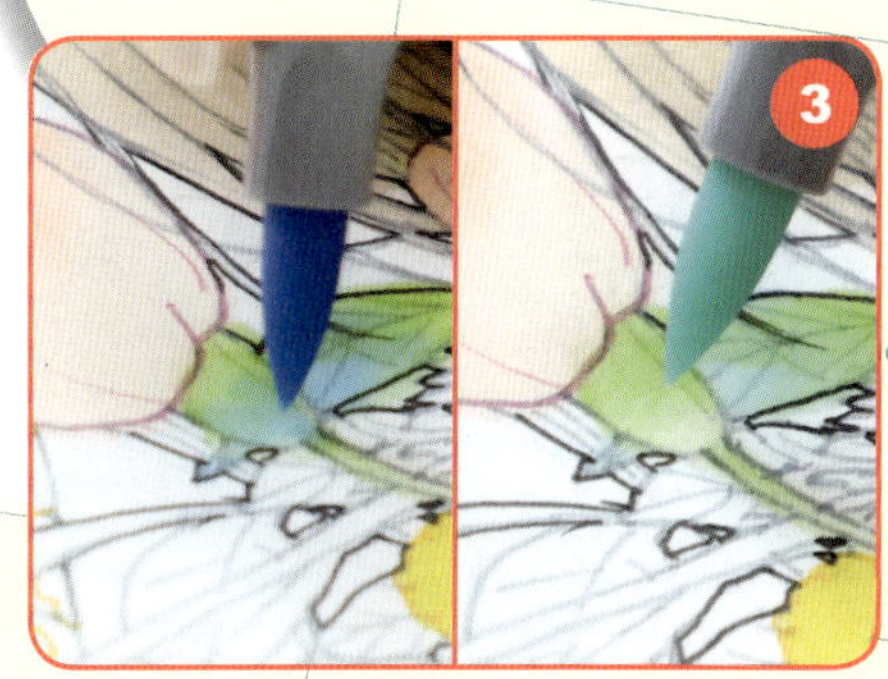

YG03をつかい、茎を塗る。B12もつかい、色彩を増やしていく。二色を使用することで、よりフレッシュな深みを表現する。

葉っぱを塗る

コピックチャオ使用色…B12/BG000/BG05/BG15/G000/YG06

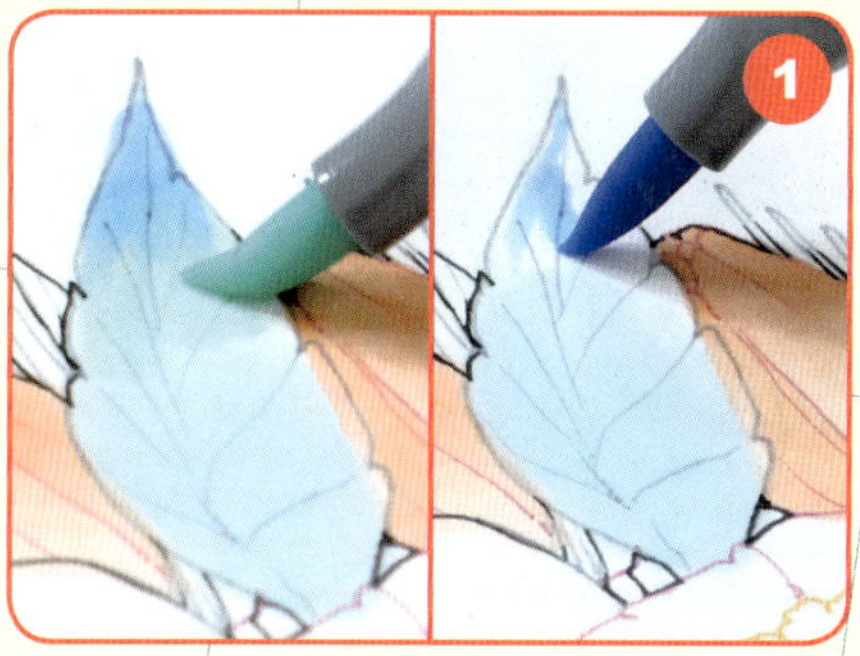

YG06をつかい、葉のベースを塗る。また、葉の先にB12を塗り、光の変化を表現する。二色の中間層はG000で色をなじませている。

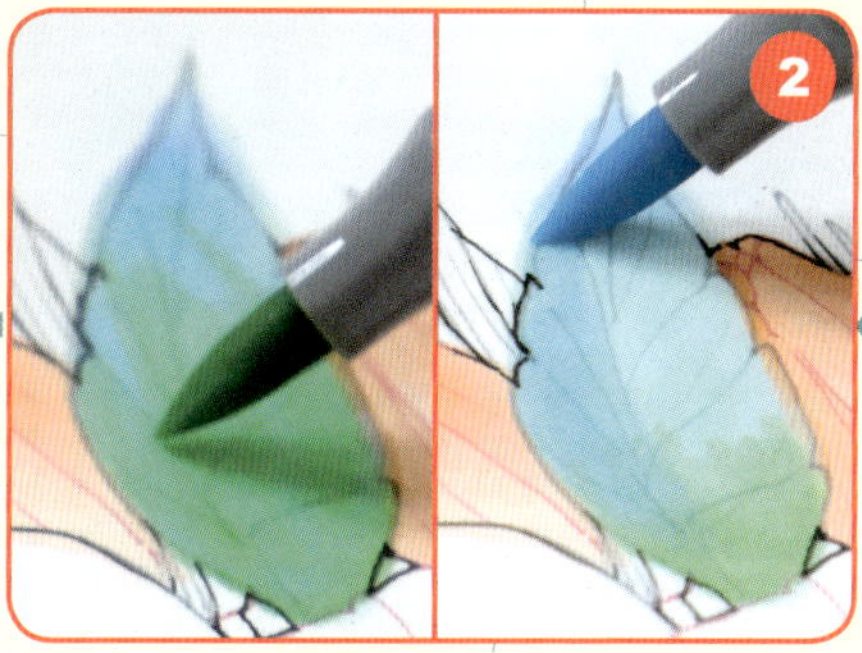

BG000をつかい、より葉に深みを加え透明感を生み出す。BG05を下から上に向かって重ねたことで鮮やかな葉になった。

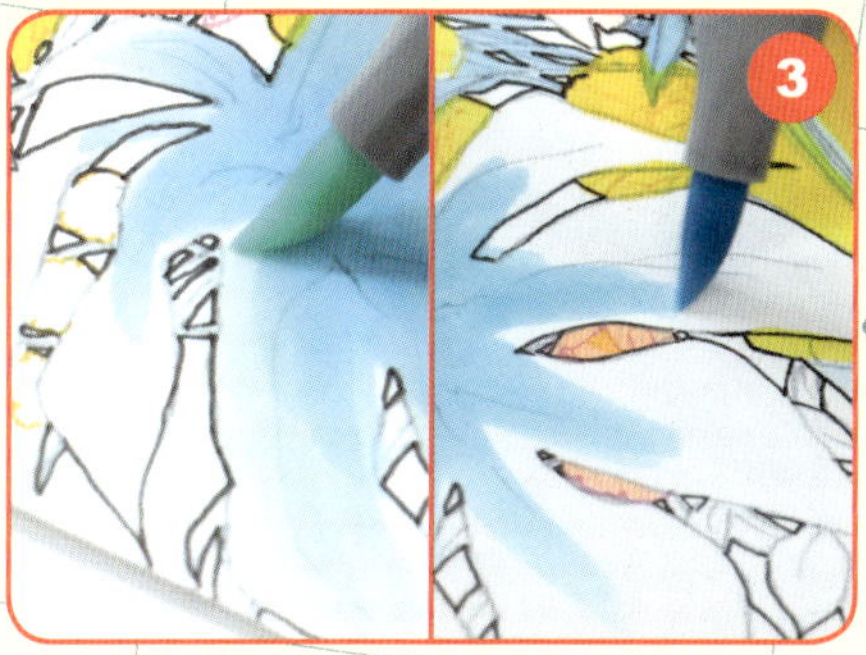

手前にある大きな葉を塗る。B12をつかい、葉脈部分をなぞる。インクが乾かないうちにBG15をつかい、流れに沿ってグラデーションにする。

背景のリボンを塗る

コピックチャオ使用色…BV02/R20/V000/Y21

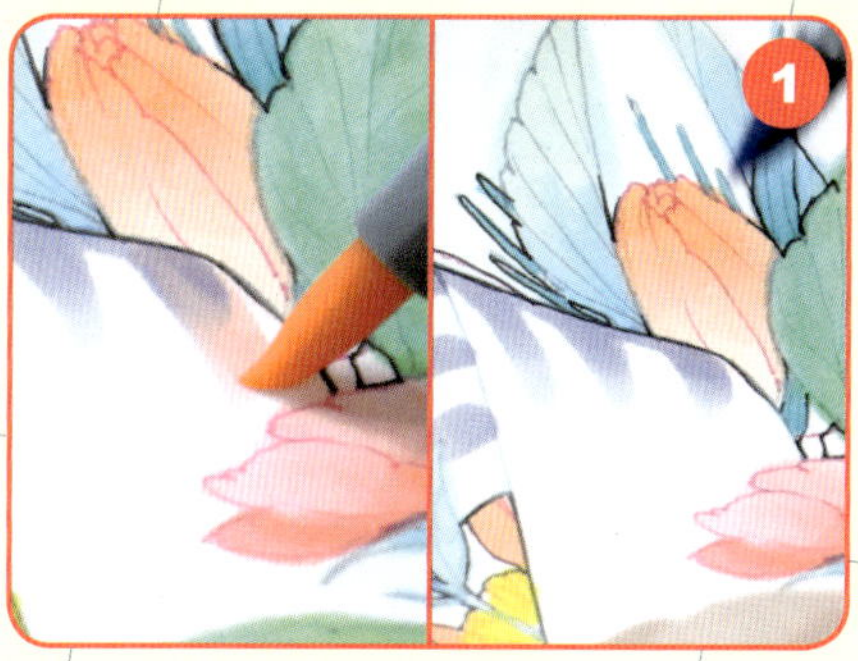

リボンを塗る。BV02をつかい、リボンのストライプ柄を描く。インクが乾かないうちにR20でグラデーションにする。近くにある花と類似色を使用することで一体感が出る。

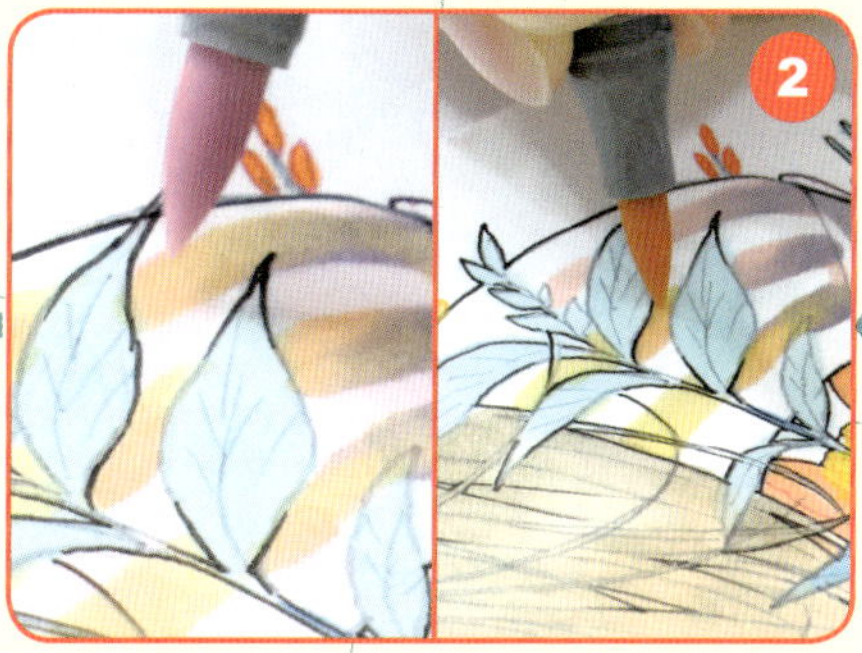

Y21をつかい、ストライプ柄の続きを描く。また、V000で奥行き部分をベタ塗りをし、リボンのなびくカーブを表現する。

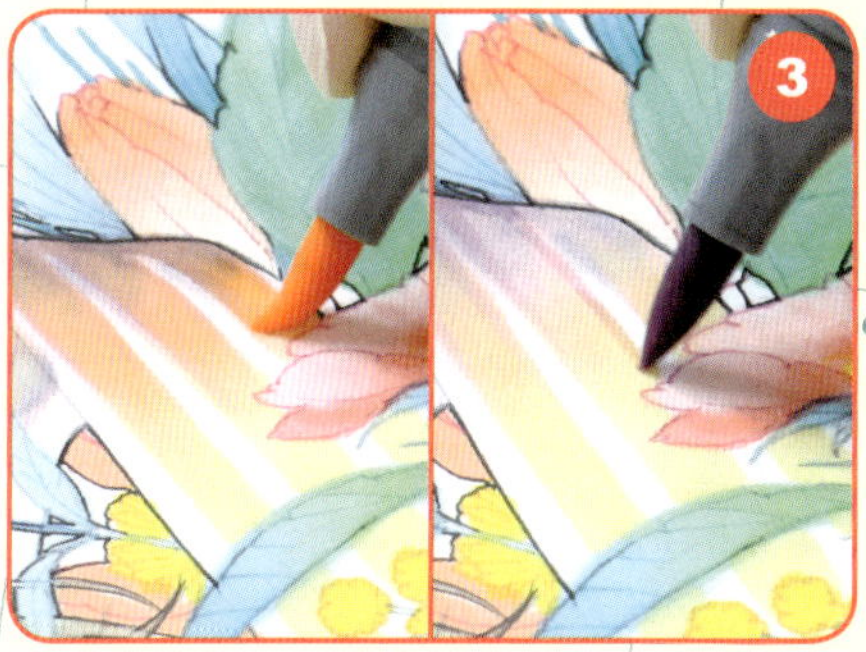

BV02をつかい、ストライプのフチにラインを入れる。その上からR20をつかい、色を重ね、柔らかなにじんだタッチを加える。

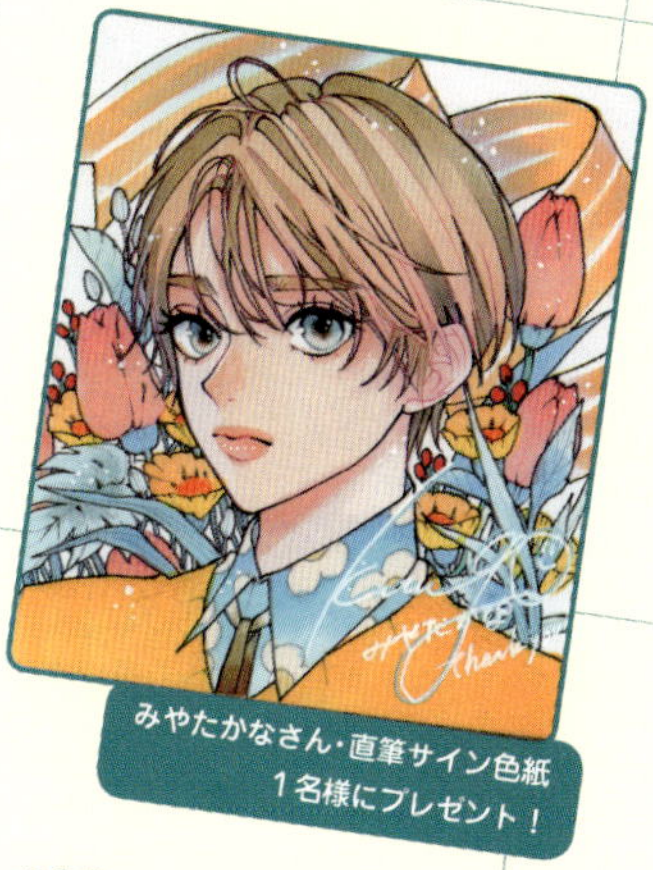

みやたかなさん・直筆サイン色紙
1名様にプレゼント！

まとめ

「コピックチャオ ステップアップ36色セット」の全ての色を使用して、魅力的な作品が描かれました。何度も淡い色を重ねることによって光の変化や、柔らかい空気感を表現しています。また、植物の透明感溢れる、豊かな色づかいがとても美しいです。みなさんもみやたかなさんのメイキングを参考に、凛としたうるわしい男の子を描いてみてくださいね！

ONE POINT

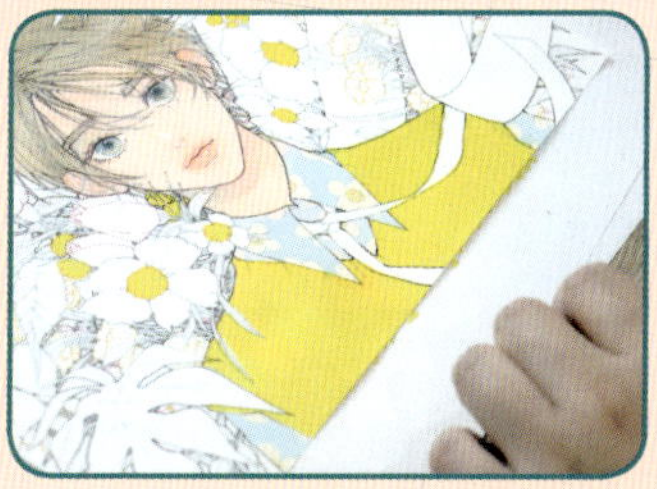

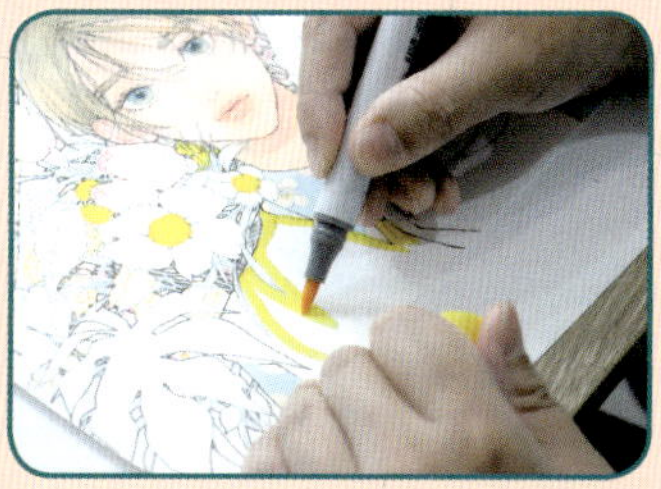

みやたかなさんは塗りのはみ出し防止のため、はじめにベストの内側を囲んだ。囲んだ線が乾かないうちに、ニブ先を少し寝かせながら一定の筆圧と速度で全体を塗り、インクを染み込ませる。全体を塗り終えるまでニブを離さないことで、ムラのない綺麗なベタ塗りにする。

第18回「ペンタブレットdeアート投稿コンテスト」
銀賞受賞記念

デジタルイラストメイキング

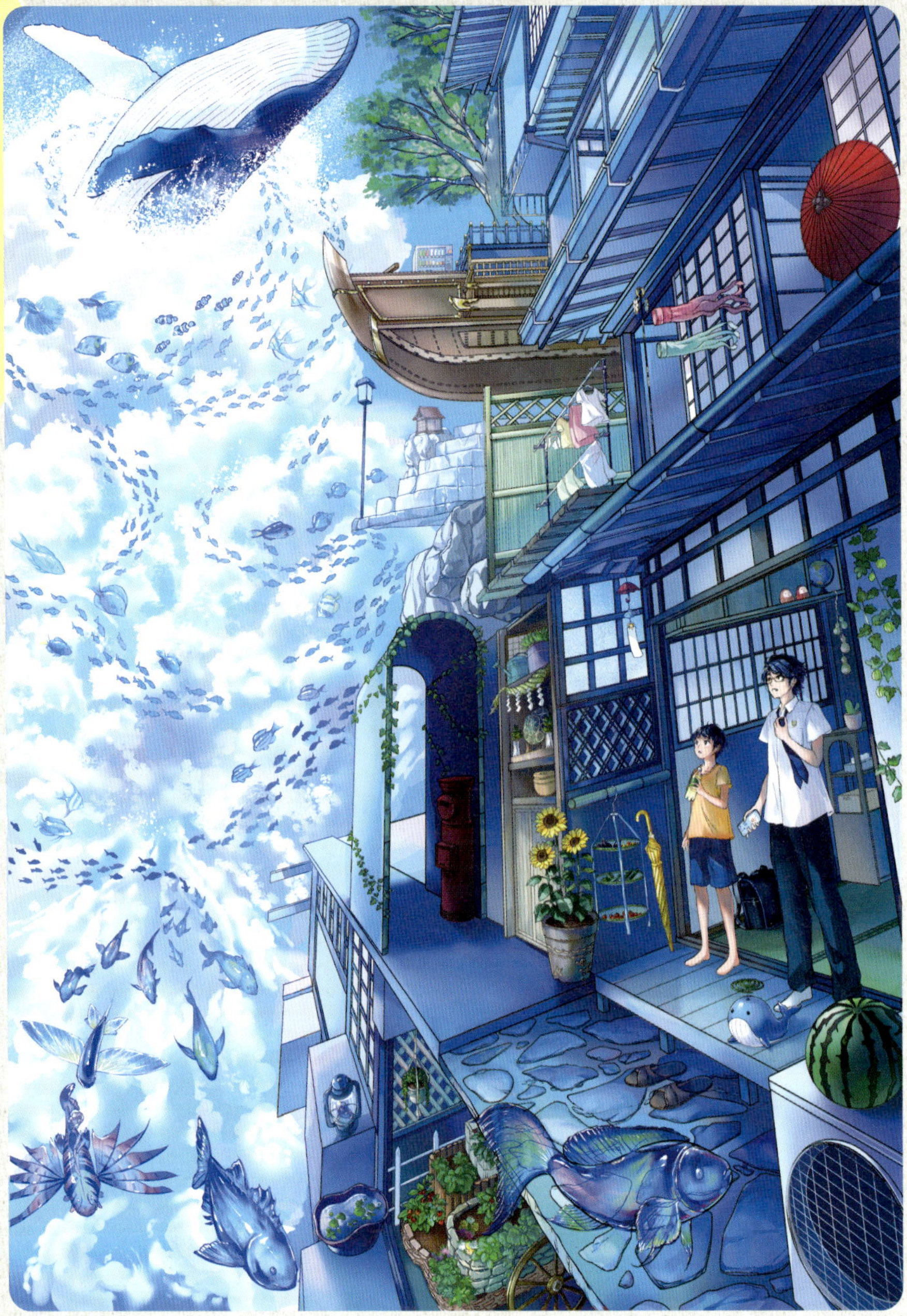

今号は第18回ペンタブレットdeアート投稿コンテストで銀賞を受賞した朧月さんのイラストメイキングです！日常と非日常がドラマチックに溶け合う空中都市を、丁寧に描く工程を紹介します。朧月さんへのインタビューもお届けします！

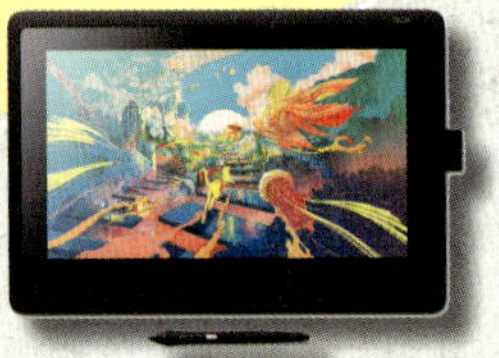

【使用ペンタブレット】
Wacom Cintiq 16
（DTK1660K0D）

最新の製品情報はコチラから
https://tablet.wacom.co.jp/

朧月さんの使用感想

――受賞賞品の液晶ペンタブレット「Wacom Cintiq 16」のサイズ感や描き心地はいかがでしたか？

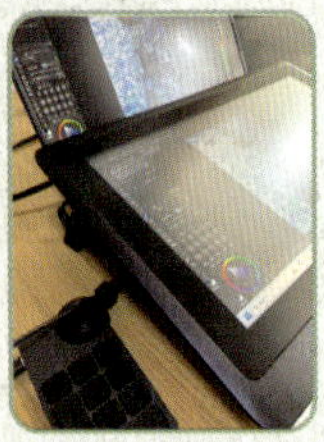

朧月　画面は大きめですが、デスクの場所を取りすぎない、丁度良いサイズ感だと思いました。ペンを走らせてもツルツルと滑りすぎず、ペン先が画面にほどよくフィットするのでなめらかに線を引くことができます。紙に描いている時のような自然な感触で、とても良い描き心地です。

――受賞作品制作の際に使われているペンタブレット「Wacom One」との違いを、どんな点で感じましたか？

朧月　ペンの感度がとても高く、繊細なコントロールができる点です。細かな筆圧の強弱を感じ取ってくれるので、思い通りのタッチで絵を描くことができます。また、タブレット自体にスタンドが内蔵されているところも、大きな違いだと思います。角度調節もできてコンパクトなので、快適に作業をすることができました。

――さまざまな端末や画材があるなか、ペンタブレットで描く良さとして感じることを教えてください。

朧月　アナログに近い感覚で、本格的なデジタルイラストが描けるところが一番の良さだと思います。直感的に操作できるので、頭の中にあるイメージをスムーズに表現できる点もとても魅力的です。

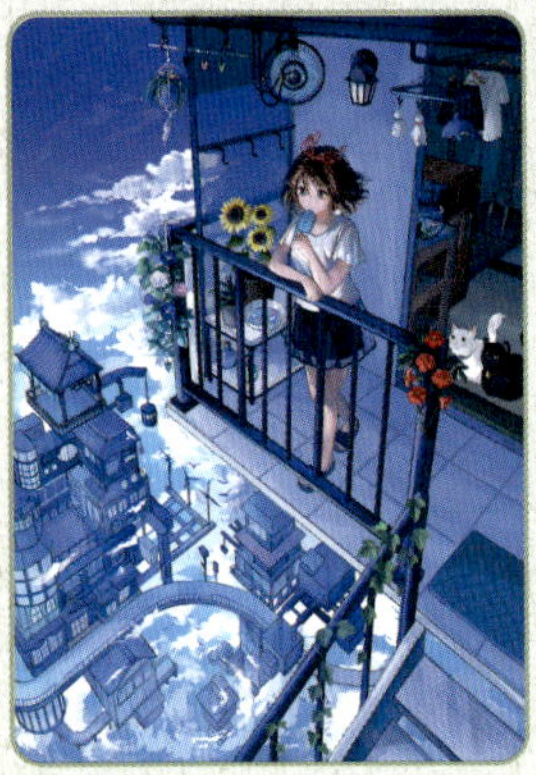

第18回
ペンタブレットdeアート
投稿コンテスト・
銀賞受賞作品

――描き下ろしてくださった作品は受賞作品と共通する空中都市の構想やビジュアルを意識されたと伺いました。空中都市や夏の景色で惹かれるところをお聞きしてみたいです。

朧月　空中都市の構想は「こんな場所があったら住んでみたい」という憧れから生まれました。ノスタルジックな日本家屋を描いたのは、この世界の生活感や暮らしを連想してもらいたかったからです。空中都市は現実には無いけれど、この絵の中にはたしかに存在している。見る人にそう感じてもらえるようなビジュアル作りを心掛けました。夏の景色で一番惹かれるのが青空です。壮大で爽やかな空に入道雲が浮かんでいるのを見ると、ファンタジックな世界がそこに潜んでいるんじゃないか、とつい想像してしまいます。

――日常と非日常が交わる世界観がとても素敵です。朧月さんはデジタル画材だけでなく、アナログ画材でも作品を描かれますね。それぞれの画材ならではの楽しさをお聞きしたいです。

朧月　レイヤーを使って描くことがデジタル画材ならではの表現だと感じます。デジタルでは絵の要素ごとにレイヤー分けをしながら制作していきます。光、陰影、塗り重ね…などレイヤーごとに繊細な描き込みができるので、すべてを重ね合わせたときにデジタルならではの深みのある絵になると思います。アナログ画材は、デジタルにはない「想定外」があり、そこが楽しさのひとつでもあります。思わぬ失敗をすることもありますが、想像していたよりも綺麗なグラデーションが作れたりと嬉しい想定外もあります。失敗や成功を重ね、試行錯誤しながら描くことがアナログならではの楽しさだと思います。

――ありがとうございます。朧月さんが作品のイメージを深めたり、創作意欲を高めたりするときに、見たり、聴いたり、行っていることを教えていただけますか？

朧月　自分のお気に入りの場所に行ったり、好きなものを見ます。私は博物館や科学館に行くのが好きなので、展示を見ながら絵のヒントになりそうなものを探しています。自分の感性と共鳴するようなものを見つけたとき、創作意欲が刺激されてアイディアが沸き上がってきます。

――これから描いてみたいモチーフや、やってみたいお仕事、活動をお聞かせください。

朧月　本の表紙を描いてみたいと思っています。昔から小説の表紙を描くのが憧れだったので、機会があればぜひ挑戦してみたいです。画集を出すことも、今後やってみたい活動のひとつです。いつか本という形で皆さんに私の描いたイラストを見ていただけたらと思っています。

作業環境
PC: Windows
描画ソフト:CLIP STUDIO PAINT PRO
ペンタブレット:Wacom Cintiq 16

step 1 > ラフを描く

季節の描写を意識しながら、世界観の異なる3つのラフを構想した

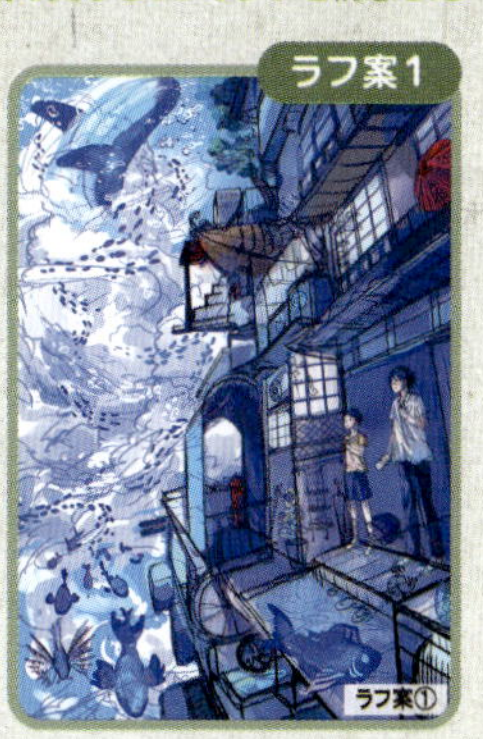

朧月　コンテストで銀賞をいただいた作品に雰囲気を寄せて制作しました。夏の積乱雲と、空中の建物を描いたイラストです。今回のイラストはこのラフをもとに描いていきます。

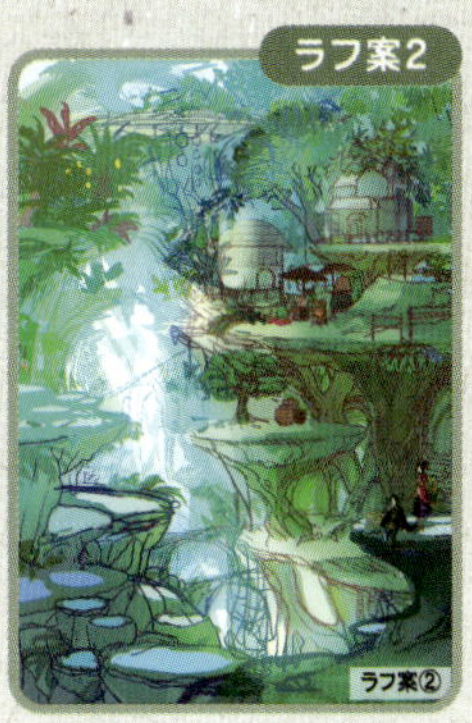

朧月　壮大な自然に囲まれた、ファンタジックな風景をテーマに制作しました。

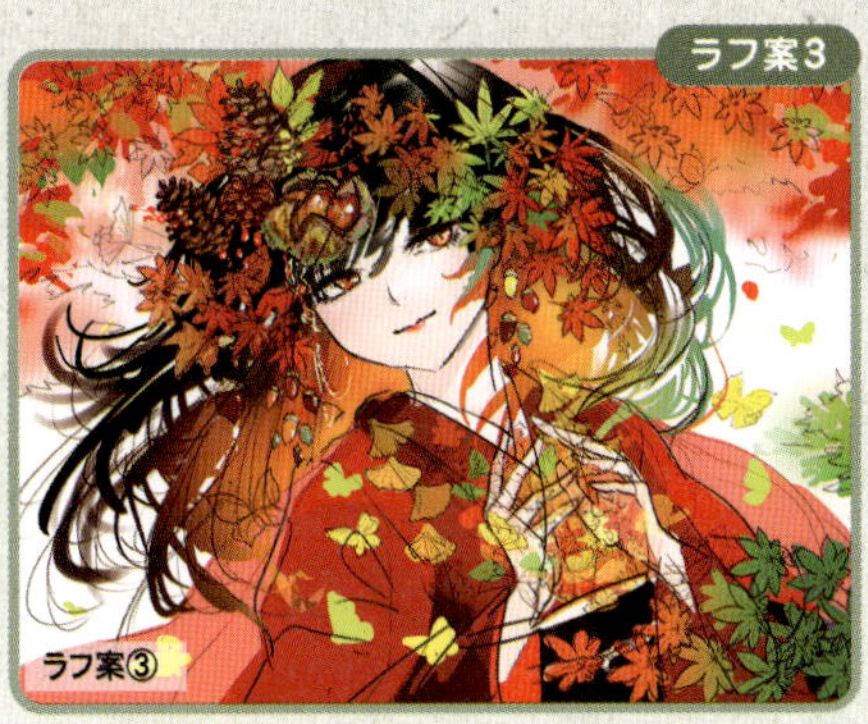

朧月　他の案や受賞作品とはイメージが異なる、キャラクターメインのイラストです。掲載する雑誌が発売される9月にあわせて、秋のモチーフを取り入れました。

step 2 > 線画を描く

ラフを元にカメラ位置を決め、パースに沿って建物や人物、背景を描き入れる

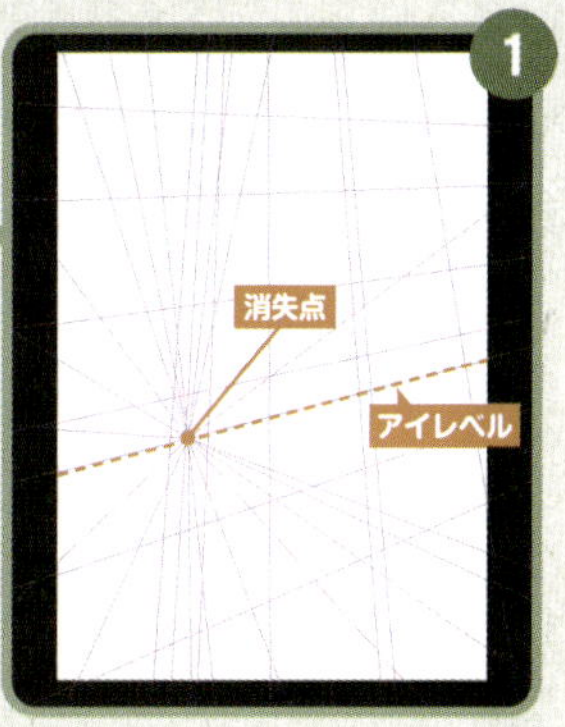

【パース定規】の機能を使って消失点とアイレベルを設定。放射状に広がる線が集結する先が「消失点」、消失点を通る斜線が「アイレベル」を指している。

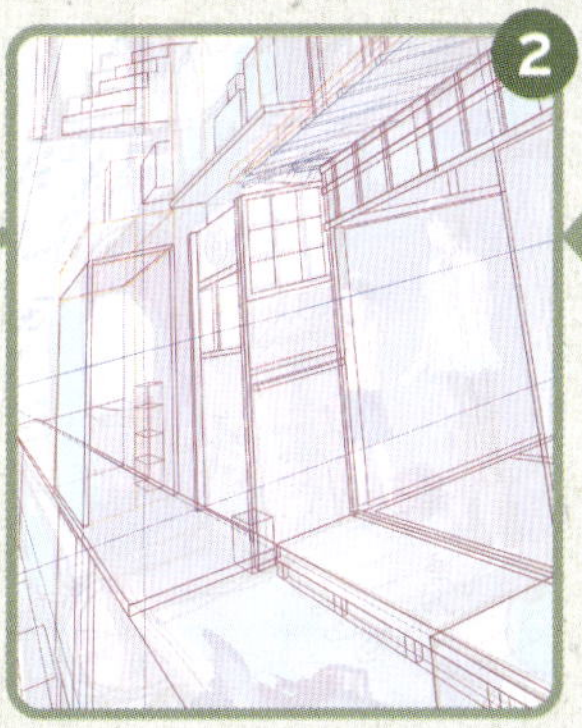

ラフ画を薄く敷き、建物のラインをパースに沿わせつつ紫色で引く。日本家屋の構造を意識しながら、壁や床、窓や梁の位置や厚みをこの工程で整えていった。

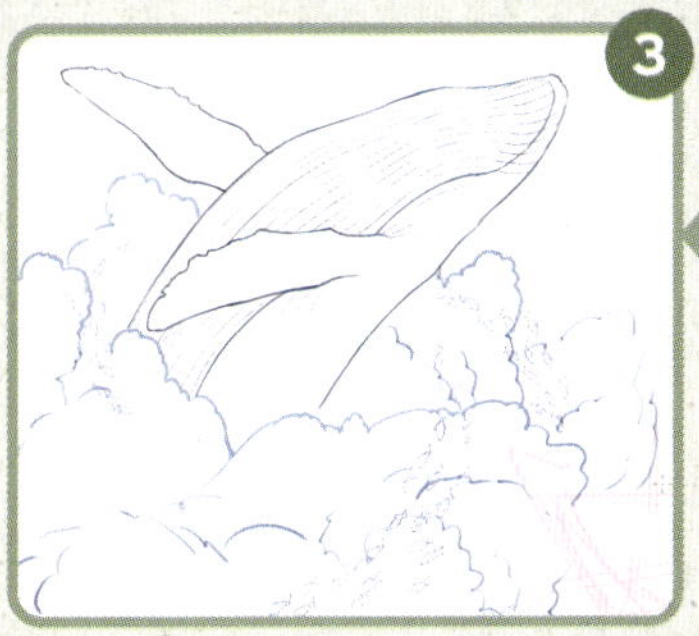

朧月　雲から現れるクジラの線画は濃くはっきりと引いて存在感を持たせます。雲は塗りで表現するのでアタリです。ふんわりした質感なので、筆圧をかけすぎずフラットな線を心がけます。

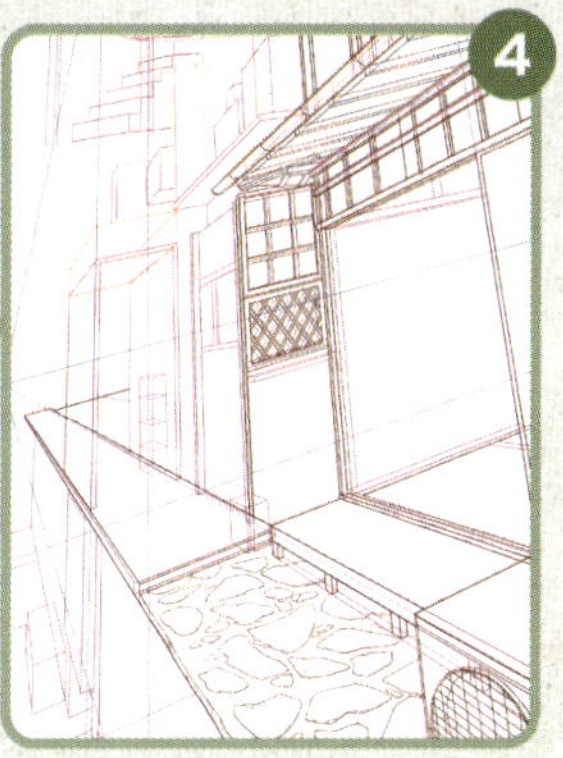

工程②の下描きを薄く敷いて日本家屋を清書する。【Gペン】を使い、固くしっかりとした線画にした。整った線を意識しつつ、縁側の石畳などの自然物は定規を使わずに描く。

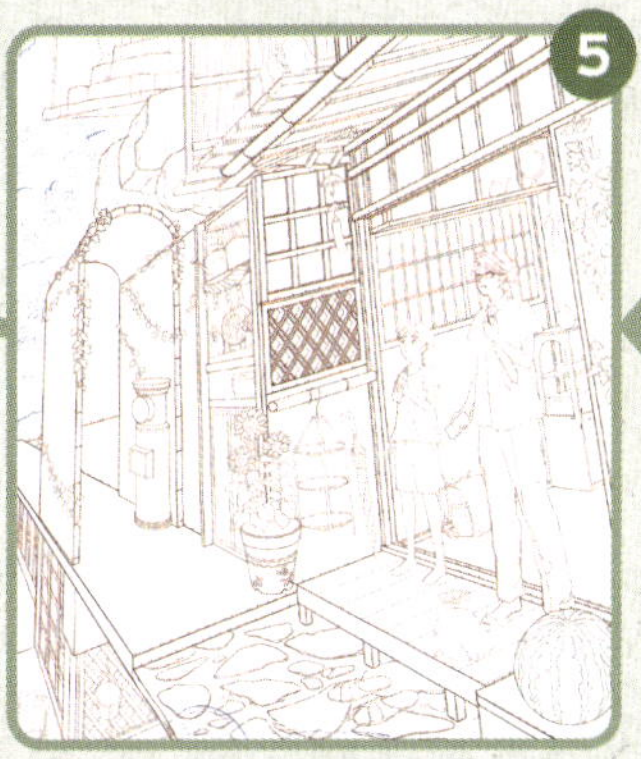

人物や家具を清書した状態。工程④の家屋の線よりも細いブラシサイズで線を引くことで質感に差が出る。画面にメリハリも生まれた。

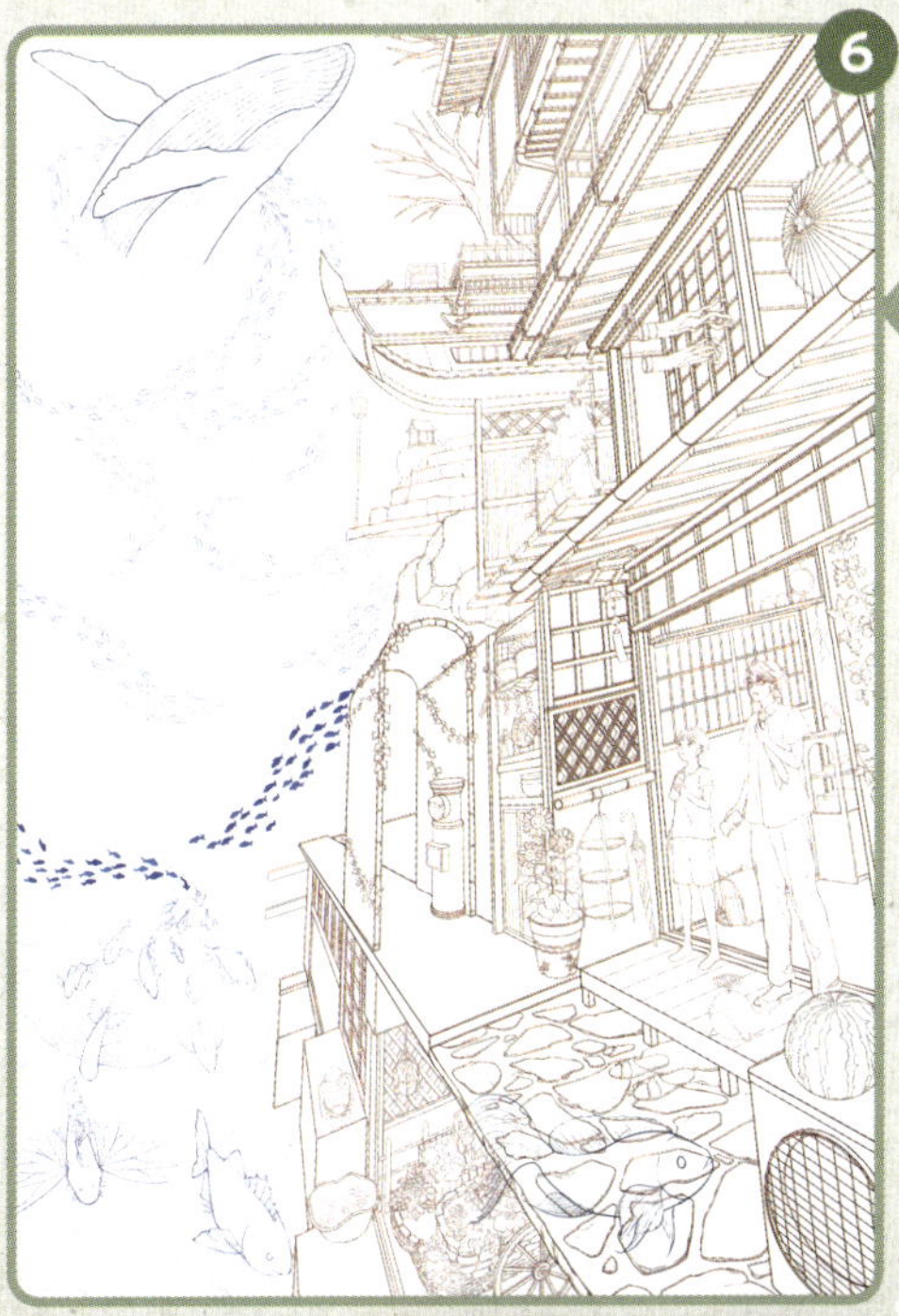

全体のバランスをチェックして線画を完成させる。線の色は最終的に変えるが、確認しやすいように手前の建物は茶系、奥の雲とクジラは青系にしている。朧月さんは色だけでなくレイヤーもパーツごとに細かく分けて描いていた。

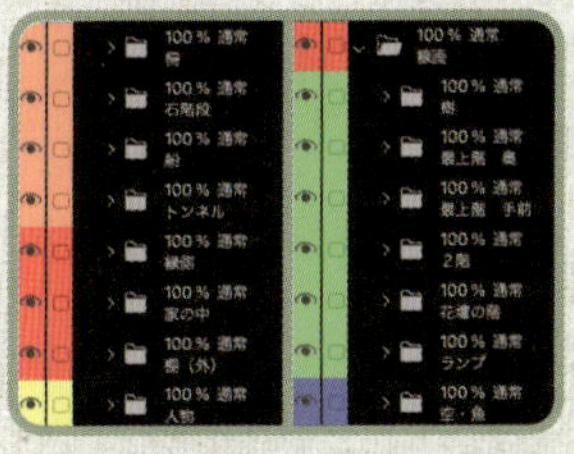

step 3 > 下塗りする

point > 使用ブラシ

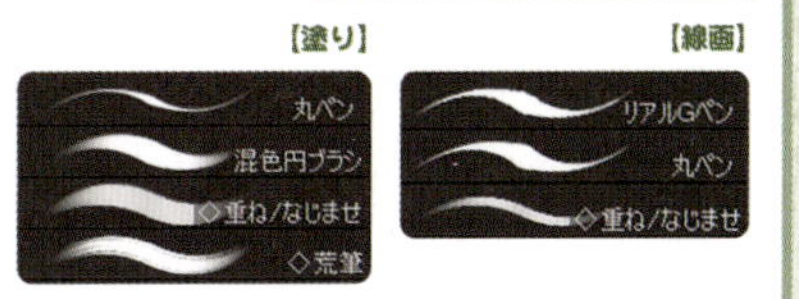

線画にも使った【丸ペン】のほか、塗り面をなじませる【混色円ブラシ(コンテンツID:1987920／制作者:ClipStudioOfficial)】などを兼用している。

シャープな【リアルGペン】【丸ペン】とあわせて、【重ね/なじませ】も兼用しながら質感にあわせた線を描く。

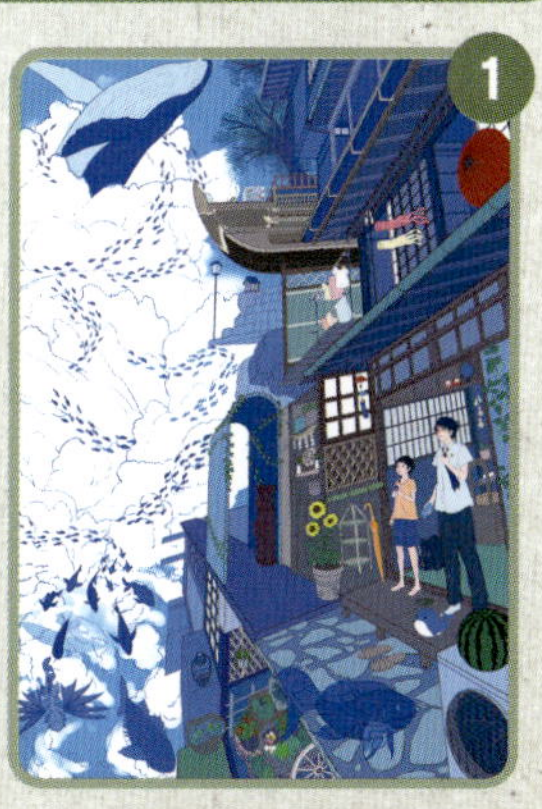

各パーツに色を乗せる。色のコントラストなどは気にせず、細部までひと通り塗りzきることを優先した。細かな色の調整は全体を描いてからおこなう。

step 4 > 人物を描く

空を見上げて驚く表情を見せる人物。夏の日差しの強さを明暗で表現する

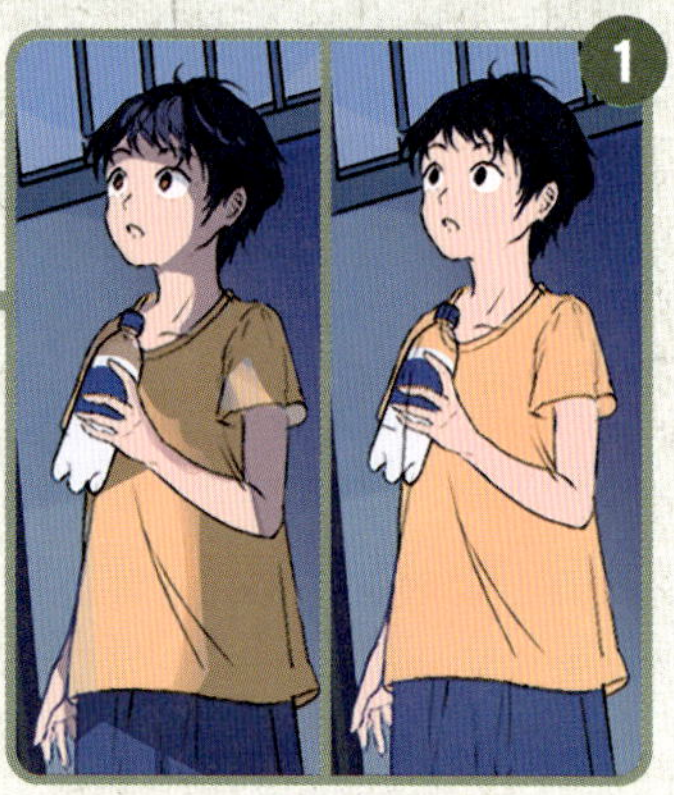

朧月　ベースを塗ったら光源を意識しながら、カゲをおおまかにつけます。細かい服のシワなどは無視して、単純な形と捉えながら描きます。

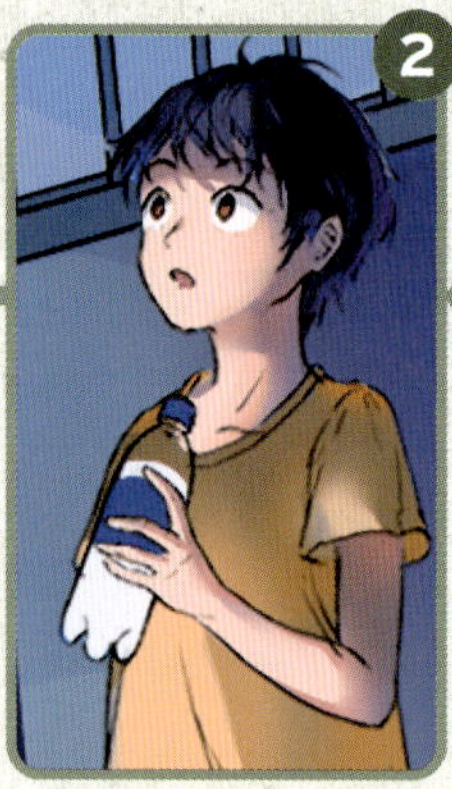

カゲの部分に青や赤を入れて深みを出した。反射光を加え、透明感や立体感を表現する。肌のカゲの境目にオレンジ色を置くことで血色が良くなる。

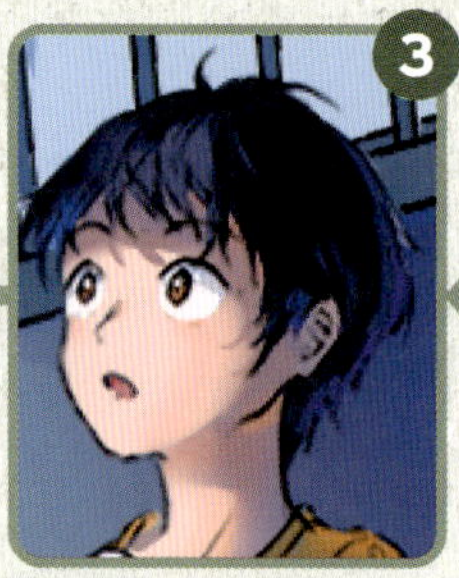

朧月　耳や頬などに赤系の色をつけていきます。目は人物のなかで最も大切なパーツなので、ハイライトと瞳孔、カゲをしっかりと描きます。

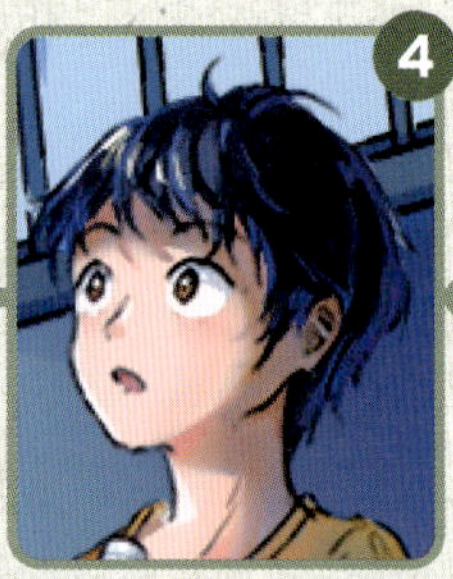

肌の輪郭や鼻筋にハイライトを入れて立体感を強める。髪の毛束に沿って入れるハイライトは、光源側に白色と黄色、反対側に水色を足して表現した。

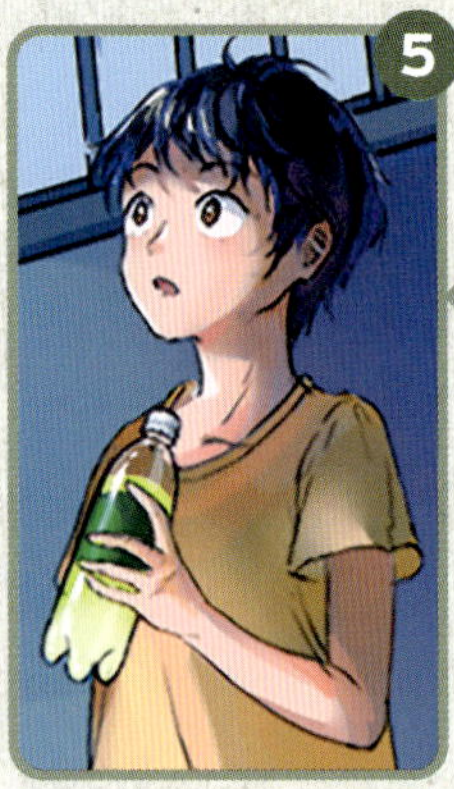

朧月　細部と全体を交互に見比べて、色を調節したら完成です。スマホやペットボトルも細部をしっかりと描き込みました。

step 5 > 蚊取り線香と蚊やりを描く

つぶらな瞳が愛らしいクジラの蚊やり。光やツヤの表現がポイント

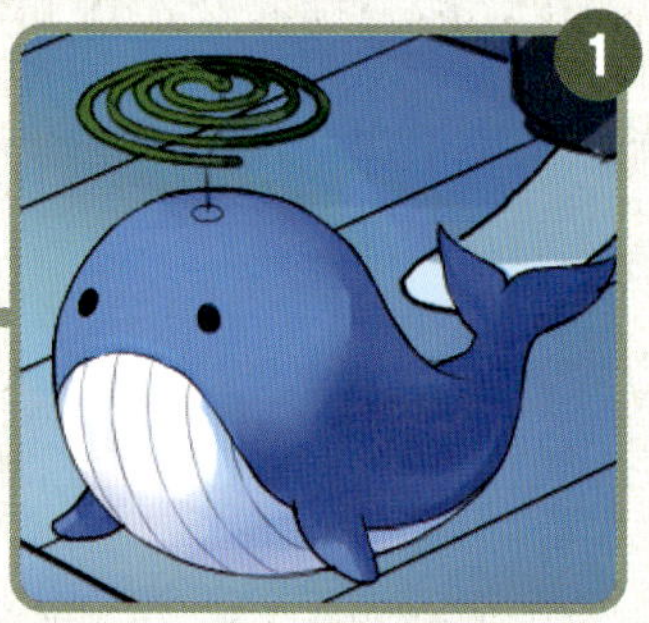

ベースの上に【丸ペン】と【重ね/なじませ】ブラシを併用して大まかな陰影をつける。パキッとした塗りを部分的ににじませて丸みを表現する。

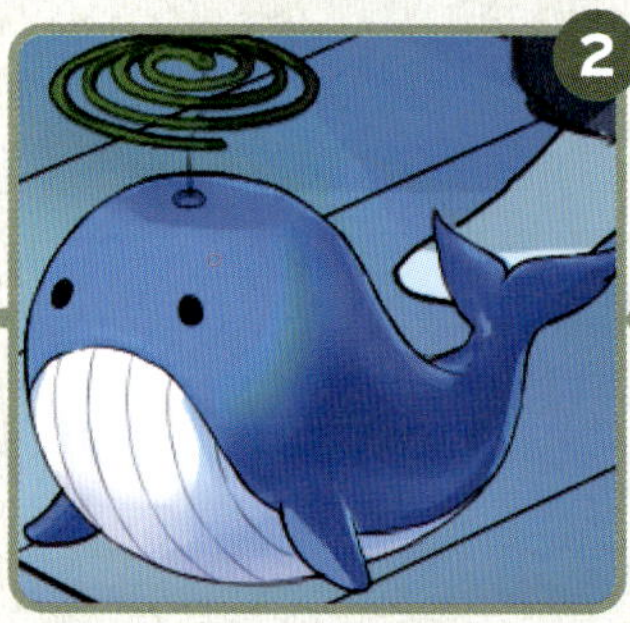

朧月　カゲの形を整えたり反射光を加えます。明暗の境界に鮮やかな色を加えて、強く差し込む光の存在を表現しました。

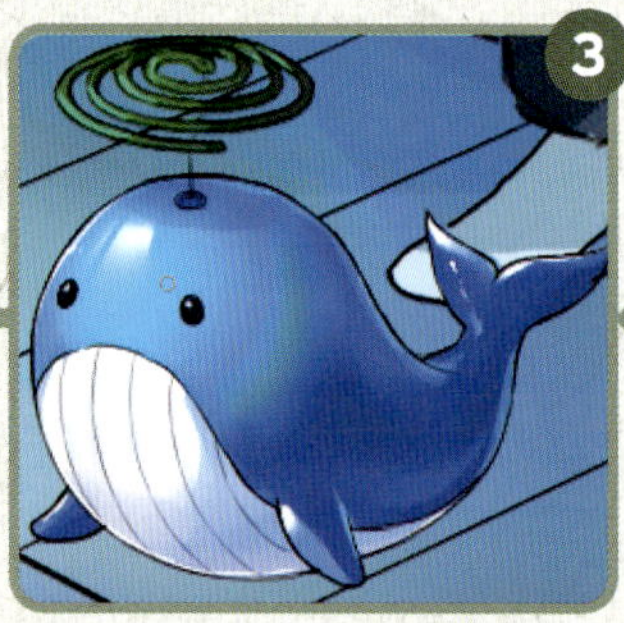

【丸ペン】でパキッとしたハイライトを乗せる。その一部を【指先ツール】でこすって塗りとなじませた。【消しゴムツール】で形を整えて、ツルッとした質感を表現する。

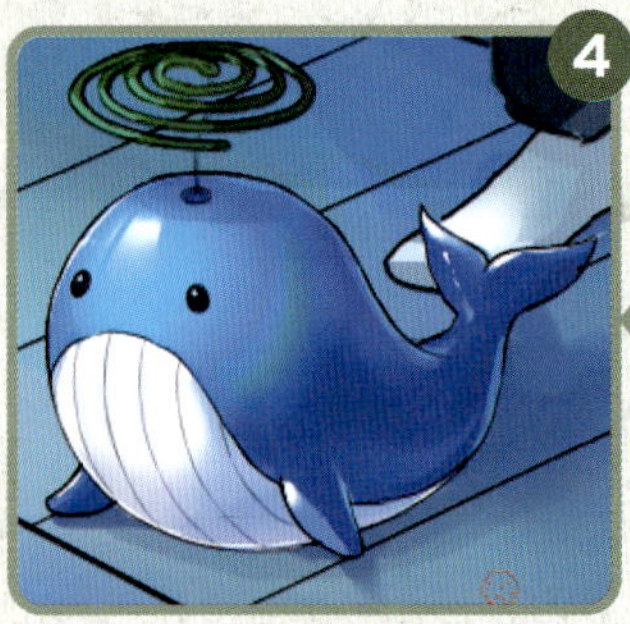

【重ね/なじませ】ブラシで、床に落ちる蚊取り線香のカゲを描いたら完成。光源と逆側に、輪郭をパキッとさせすぎずに描くのがポイント。蚊取り線香にも明暗をつけた。

step 6 > 空を泳ぐ魚を描く

迫力のある魚たちは、画面に近いほど情報量を増やすのがポイント

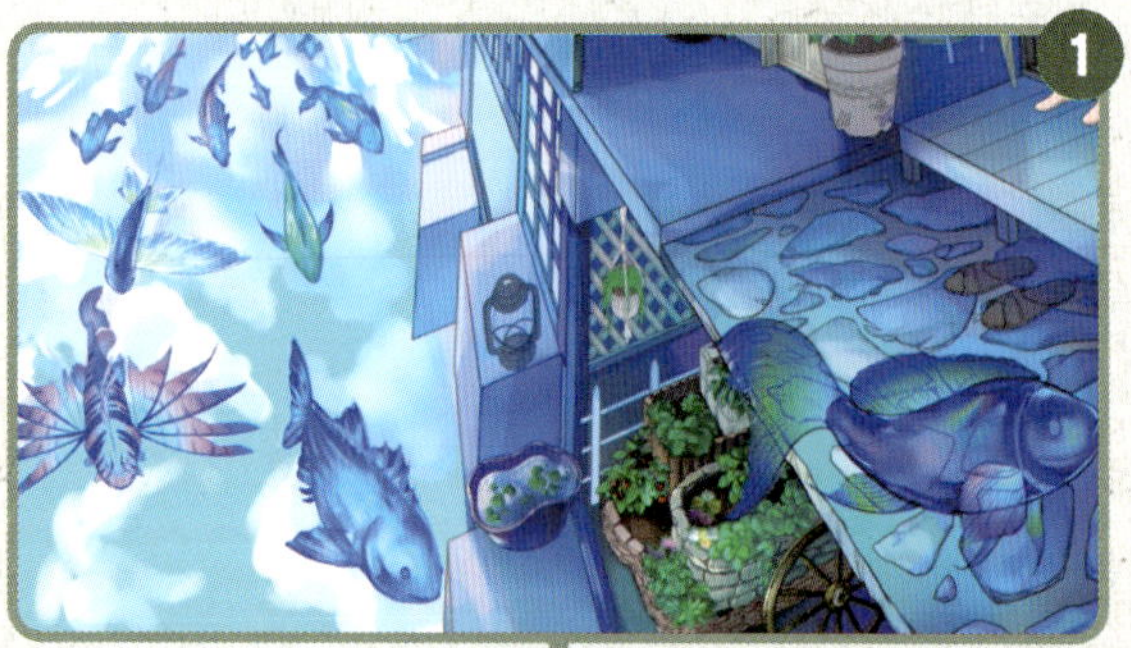

魚のヒレや尾をカラフルな色で塗っていく。また、内側を明るくしたり透明にすることで水のような質感を表現した。

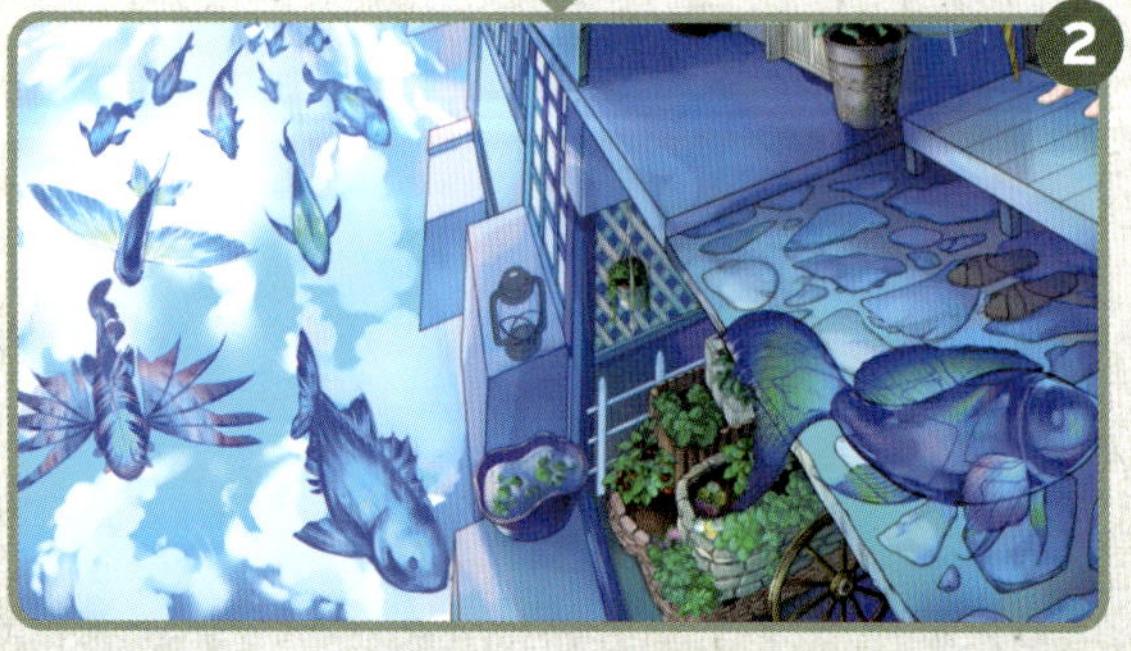

魚の陰影やフチにさらに濃い色を乗せていく。ミノカサゴは背景の色となじむように、明るい水色に変更した。

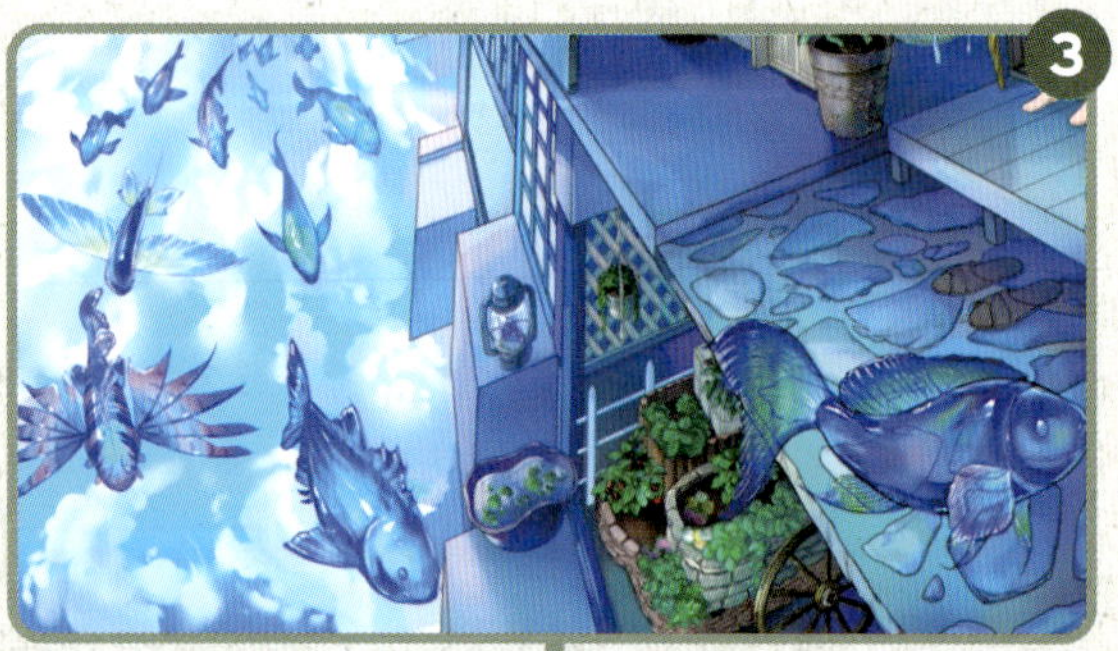

魚のハイライトをフチの部分や頭、胴体の盛り上がっている部分に置いて立体感を出す。

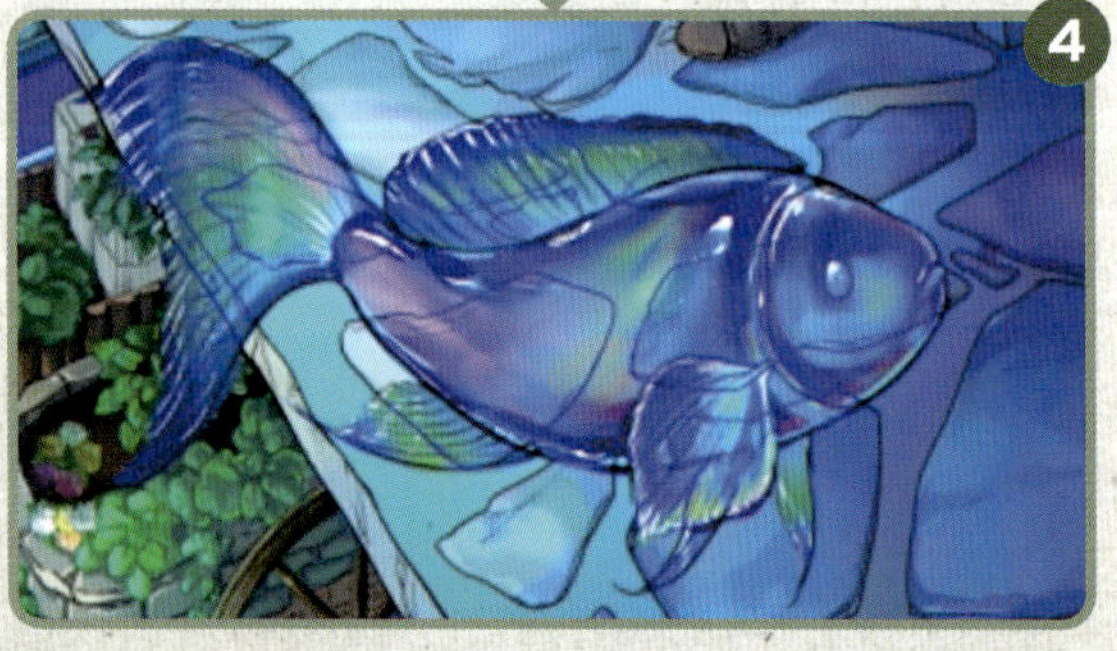

画面のいちばん手前にいる魚は色数やハイライトを追加して情報量を上げた。シャボン玉のような幻想的な配色だ。

step 7 ＞ 雲とクジラを描く

インパクトのある大きな入道雲と、そこから現れるクジラを描く。質感のついたブラシで立体感や臨場感をつけていく

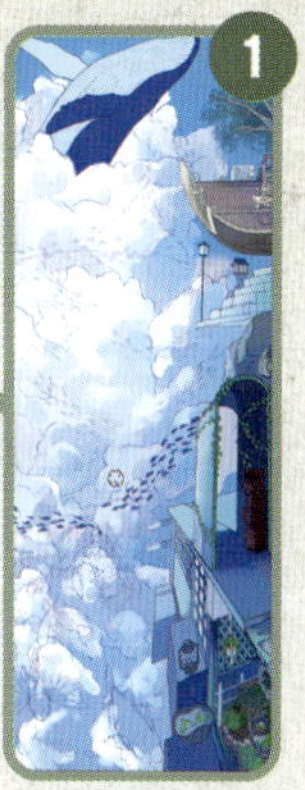

1 雲全体におおまかな陰影をつける。細かいカゲよりも雲全体の立体感やまとまりを意識した。ときどきキャンバスを反転させてバランスの確認をおこなう。

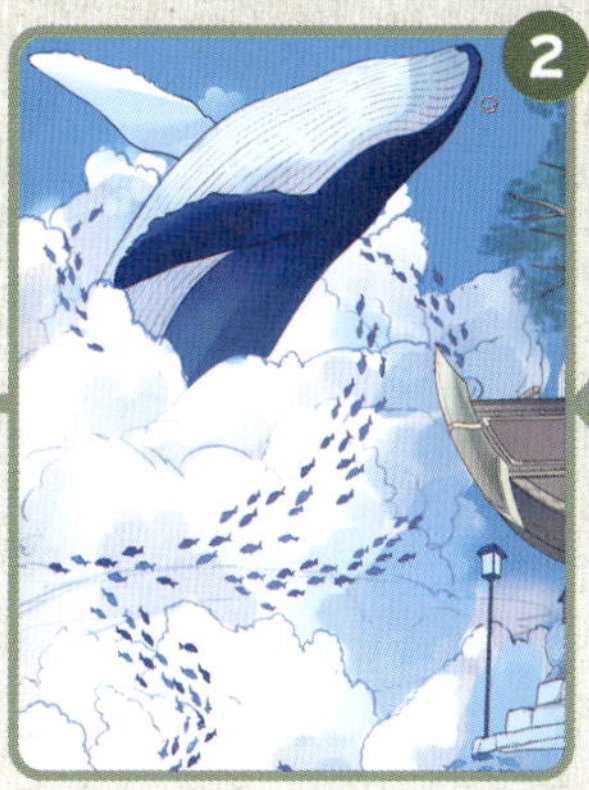

2 朧月　クジラの陰影は絵全体のバランスを見るため、雲と同時並行で塗り進めました。水色や紫など、さまざまな寒色を加えることで微妙なニュアンスが生まれます。

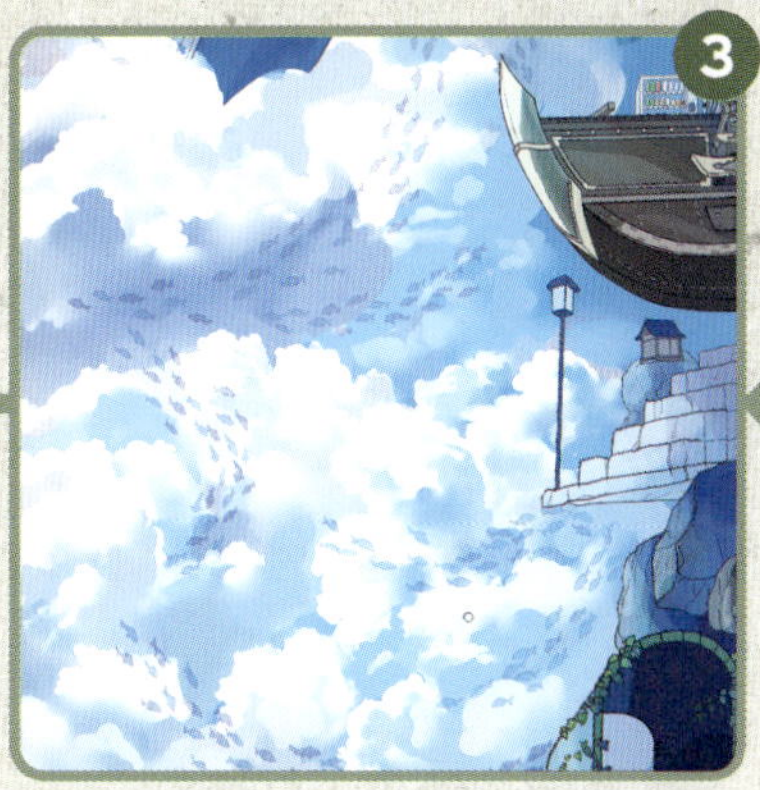

3 雲に細かい陰影をつけていく。色混ぜツール【ぼかし】を使い、カゲのフチを調整することで、ふんわりとやわらかな印象になる。

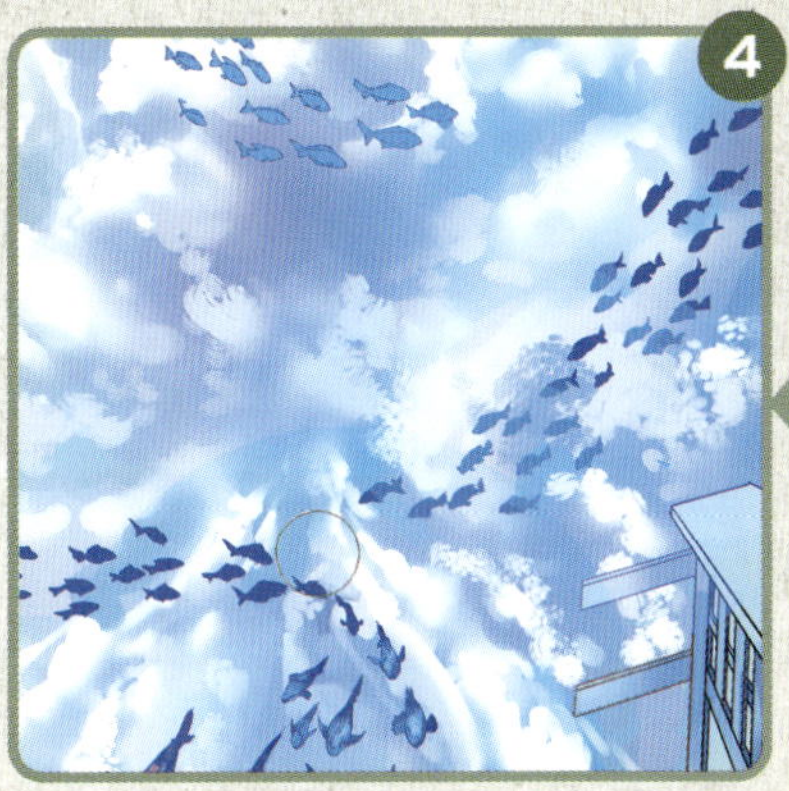

4 全体を塗り進めたら、【荒筆】ブラシを使って雲の質感を加筆する。雲のカゲのグラデーションは、エアブラシを使って表現した。

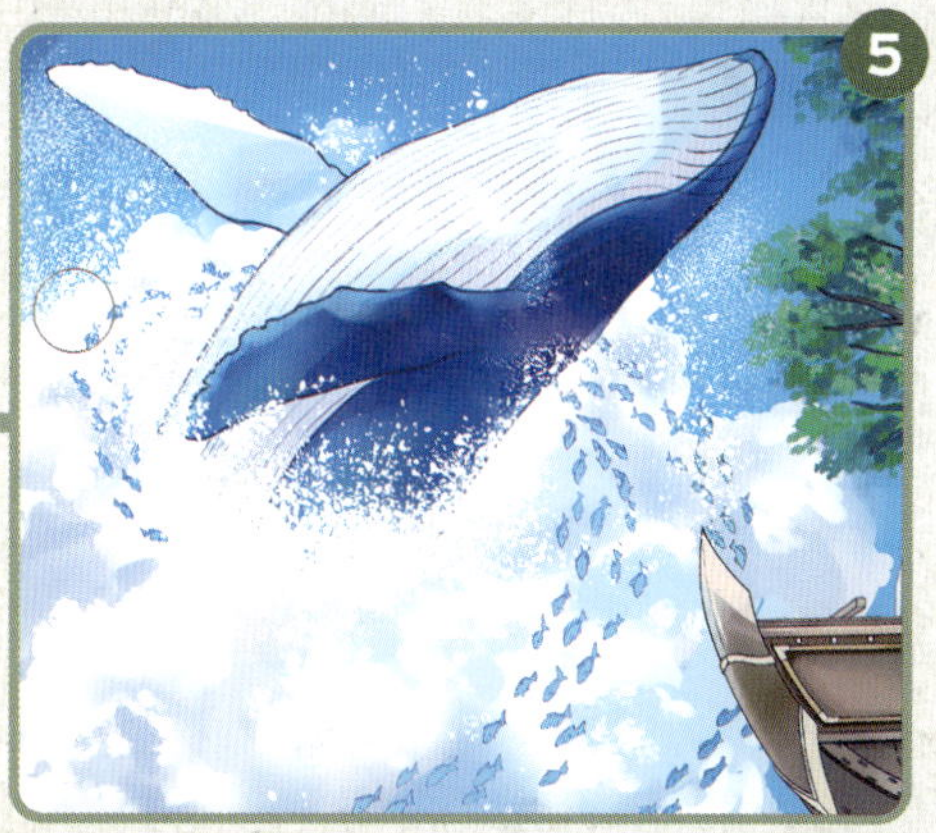

5 クジラの陰影を加筆して濃淡を複雑にしていく。エアブラシ【飛沫】ツールを使い、クジラの周りのしぶきを描くと臨場感がグッと増した。

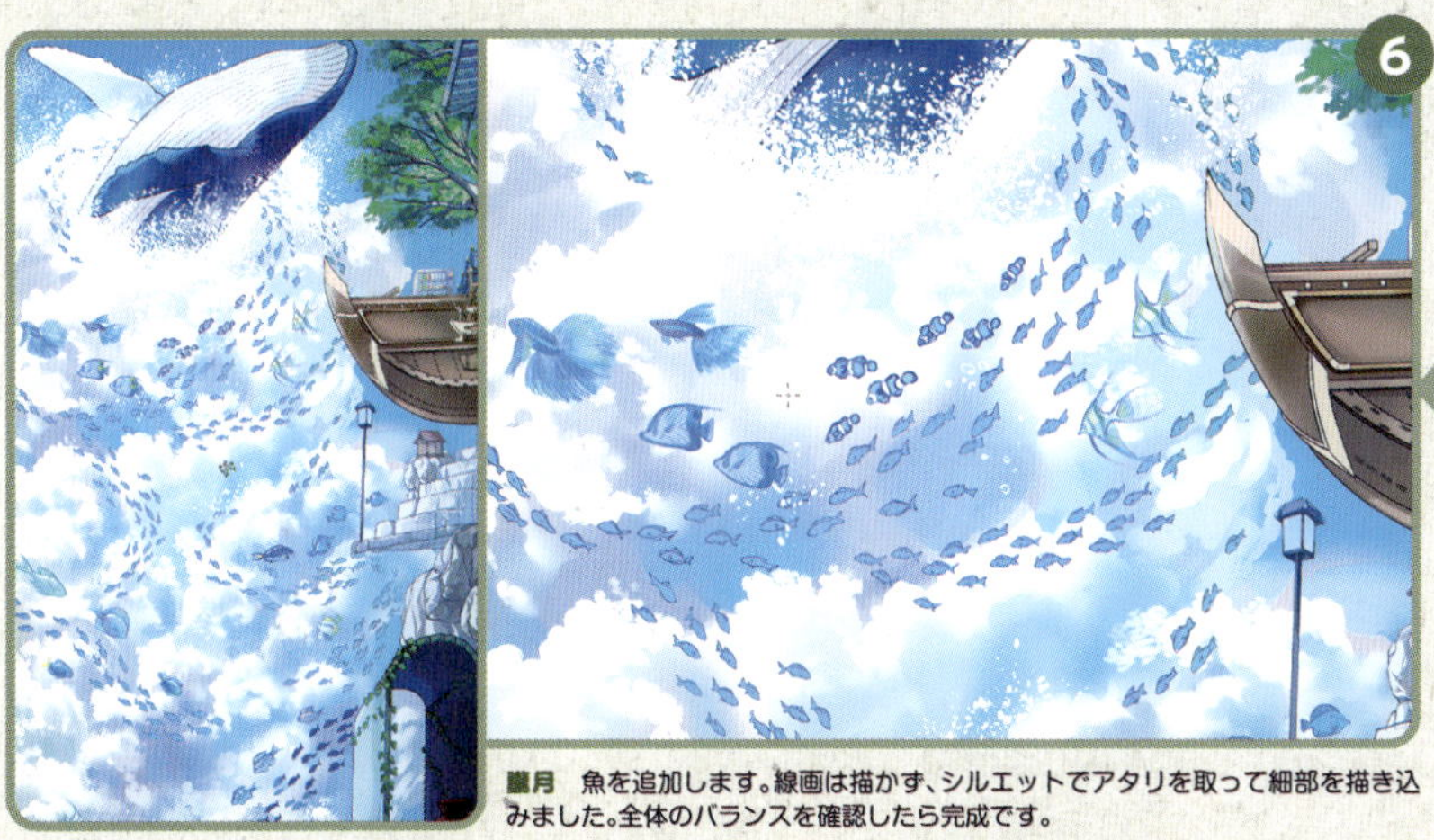

6 朧月　魚を追加します。線画は描かず、シルエットでアタリを取って細部を描き込みました。全体のバランスを確認したら完成です。

step 9 ＞ 仕上げ

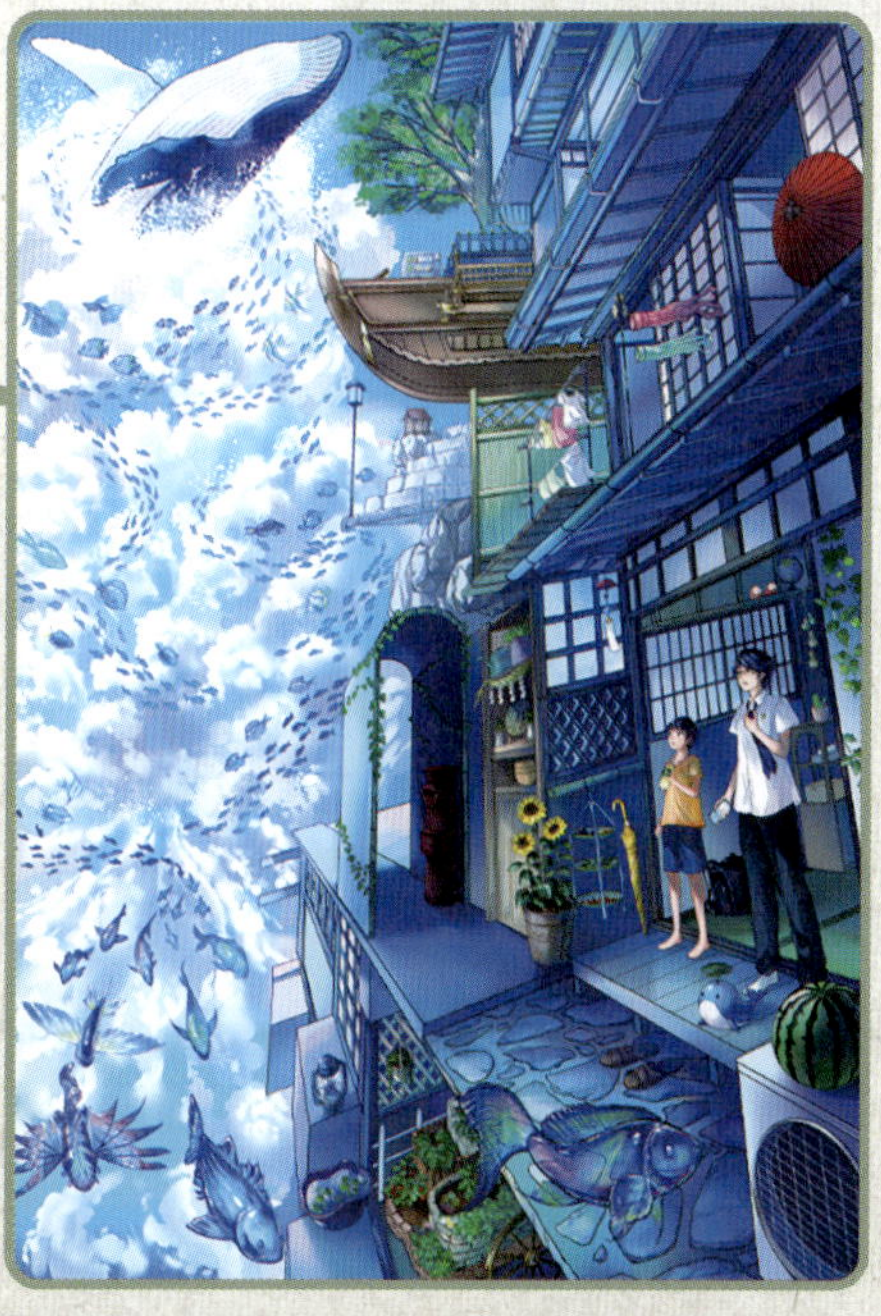

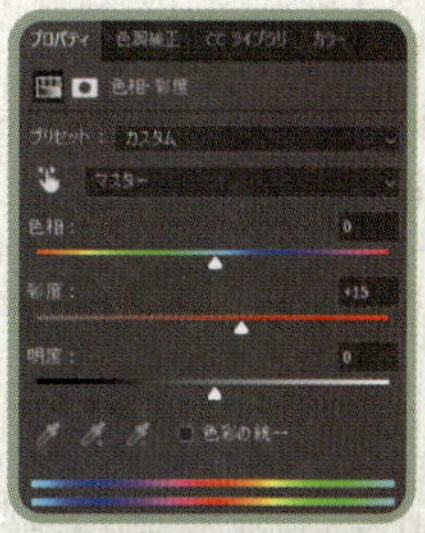

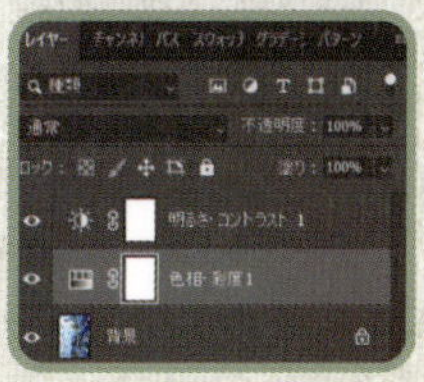

朧月　最後の調整はPhotoshopで行いました。色調補正レイヤーで【明るさ・コントラスト】や【色相・彩度】を調整して完成です。

完成

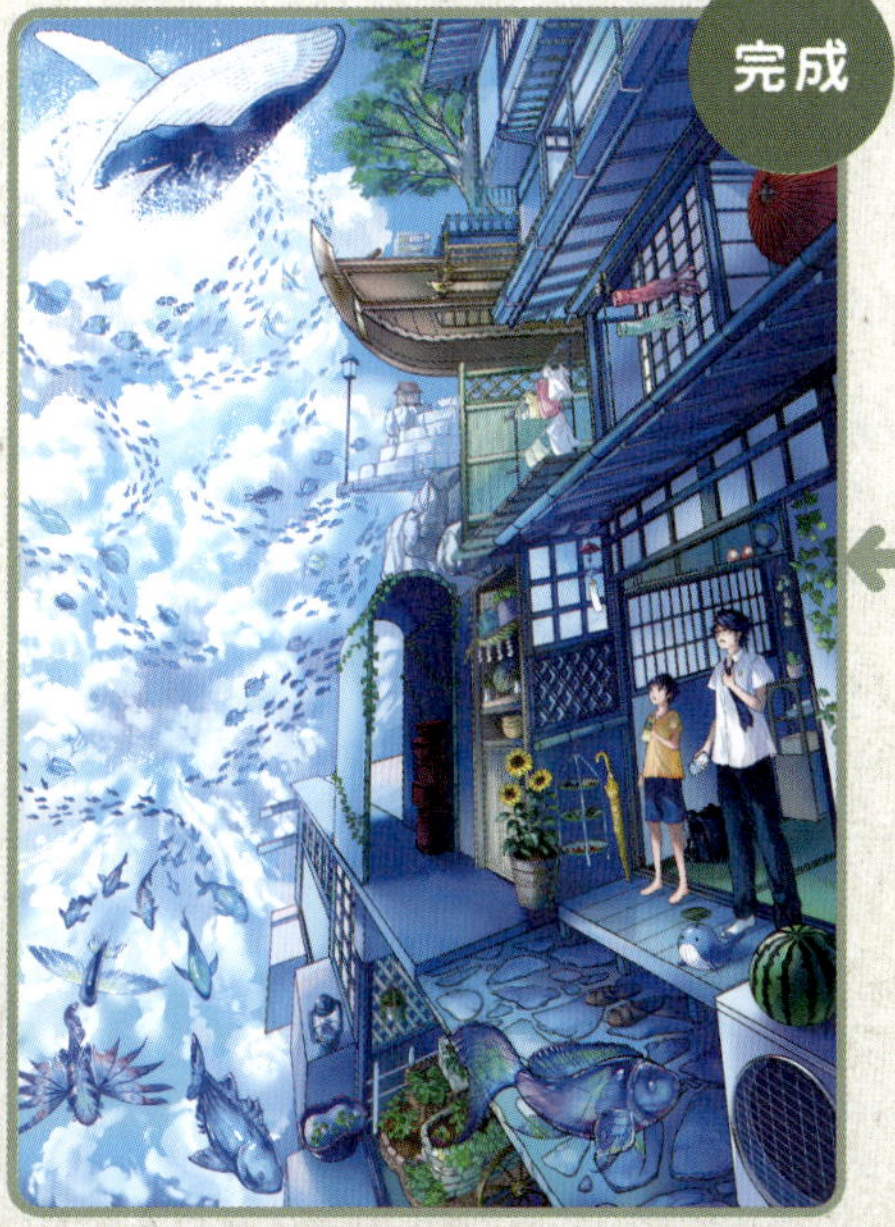

夏空を気持ちよさそうに泳ぐ魚たちと、それを見学する男の子たちの驚く表情に引き込まれます。建物の作画はパースのガイドを使用してシャープに引く一方で、自然物や人物の作画は立体感や質感を重視して描き分けています。どっしりと安定感のある建造物と軽やかに浮遊する魚たちのコントラストが、見ていて説得力を感じるところです。朧月さんの作品づくりのこだわりが伝わってくるメイキングを参考に、ぜひデジタルイラストを描いてみてください！

Profile

朧月／イラストレーター。緻密なタッチで日常と非日常が交錯したファンタジックな街並みを描く。生活感を感じる描写も魅力的。デジタルだけでなくアナログ画材でも作品を制作している。

X【@Oboro_duki00】　**pixiv id**【72129571】　**Instagram**【oboro_duki00】

ワコム協賛　季刊エス・スモールエス編集部 イラストコンテストのおしらせ

第19回「ペンタブレットdeアート投稿コンテスト」

一次審査通過作品をどこでも見られる「作品展WEB会場」の開催決定！

応募は締め切りました。たくさんのご投稿ありがとうございます！

■**応募参加資格**「ワコム製ペンタブレット作品」であれば不問（ペンタブレットの機種は自由です）

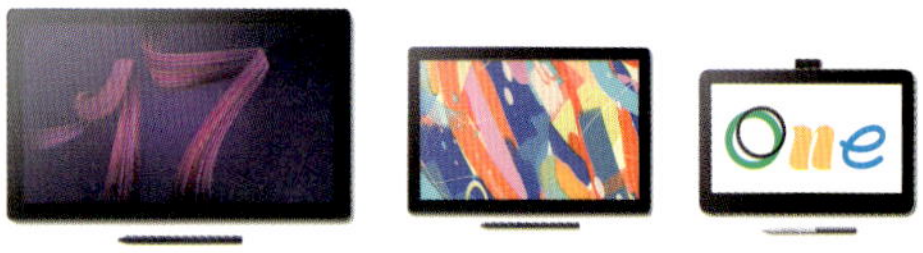

第18回【グランプリ】Σウルフ

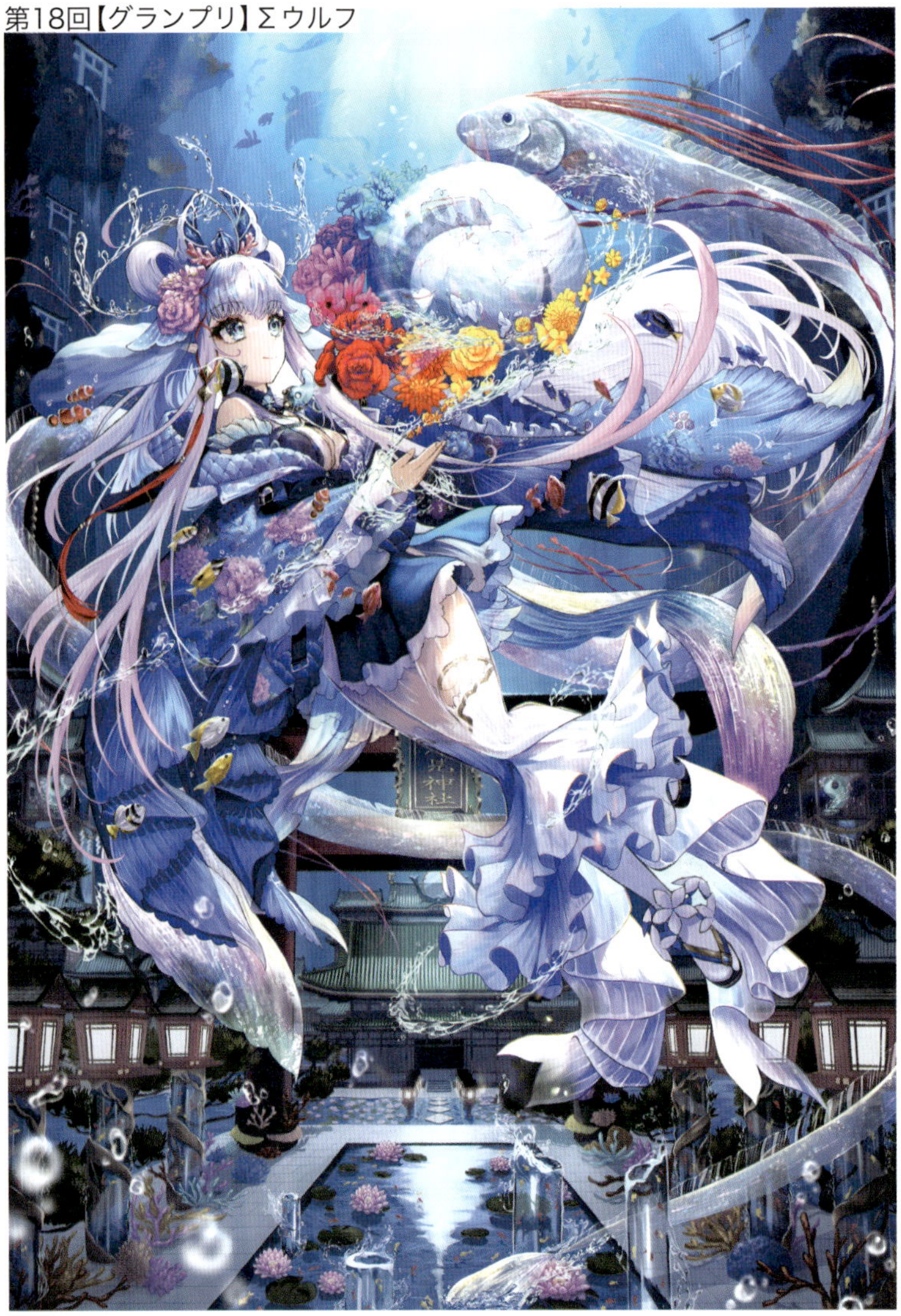

ペンタブレットメーカー（株）ワコムの協賛で行われる年に１度のイラストコンテスト。昨年は900点以上の力作が届きました。そのコンテストが、今年も開催され、大変多くの作品を投稿いただきました。誌面で発表する受賞者の決定に先駆け、一次審査を通過した作品を「作品展WEB会場」にて10/3より公開予定！　お気に入りの作品へ投票もできますので、ぜひご参加いただけたら嬉しいです。グランプリをはじめとした入選作品は季刊エス92号（12/17発売予定）の誌面で発表します。お楽しみに！

今年も「作品展WEB会場」で
作品を鑑賞&投票を受付できる！

第19回「ペンタブレットdeアート投稿コンテスト」

作品鑑賞方法・投票方法

①https://www.s-ss-s.com/
「季刊エス・SS公式サイト」へアクセス

▼

②第19回ペンタブレットdeアート投稿コンテスト
「作品展WEB会場」より鑑賞・投票できます

https://www.s-ss-s.com/c/contest2025

WEB投票期間
2025年
10/3（金）～
11/9（日）
まで

リアル会場での作品展示投票会も行います！

【福 岡 会 場】専門学校 日本デザイナー学院 九州校　10/3（金）～10/5（日）＊学園祭 特設会場

【大 阪 会 場】大阪総合デザイン専門学校　10/7（火）～10/12（日）＊B1ギャラリーホール

【新 潟 会 場】日本アニメ・マンガ専門学校　10/16（木）～10/21（火）＊ギャラリー蔵

【名古屋会場】専門学校 日本マンガ芸術学院　10/22（水）～10/28（火）＊3F 特設会場

【東 京 会 場】専門学校 東京デザイナー・アカデミー　11/1（土）～11/9（日）＊西神田校舎１Fギャラリー
※閉館日 11/3（月）・11/8（土）

参加イベント　**グランプリを当てよう！**

投票をいただいた作品がグランプリを授賞された投票者の中から
抽選で「3名様」に【Wacom Intuos Small】をプレゼント！

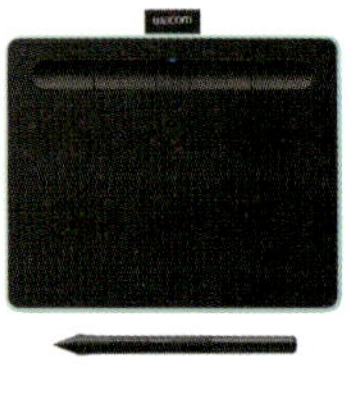

あなたの１票が
グランプリを決める！

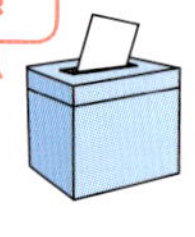

あなたの描いた初音ミクが「スモールエス」の表紙になる!!

「初音ミク×スモールエス」ピアプロ公式コラボ イラスト・オンガクコンテスト

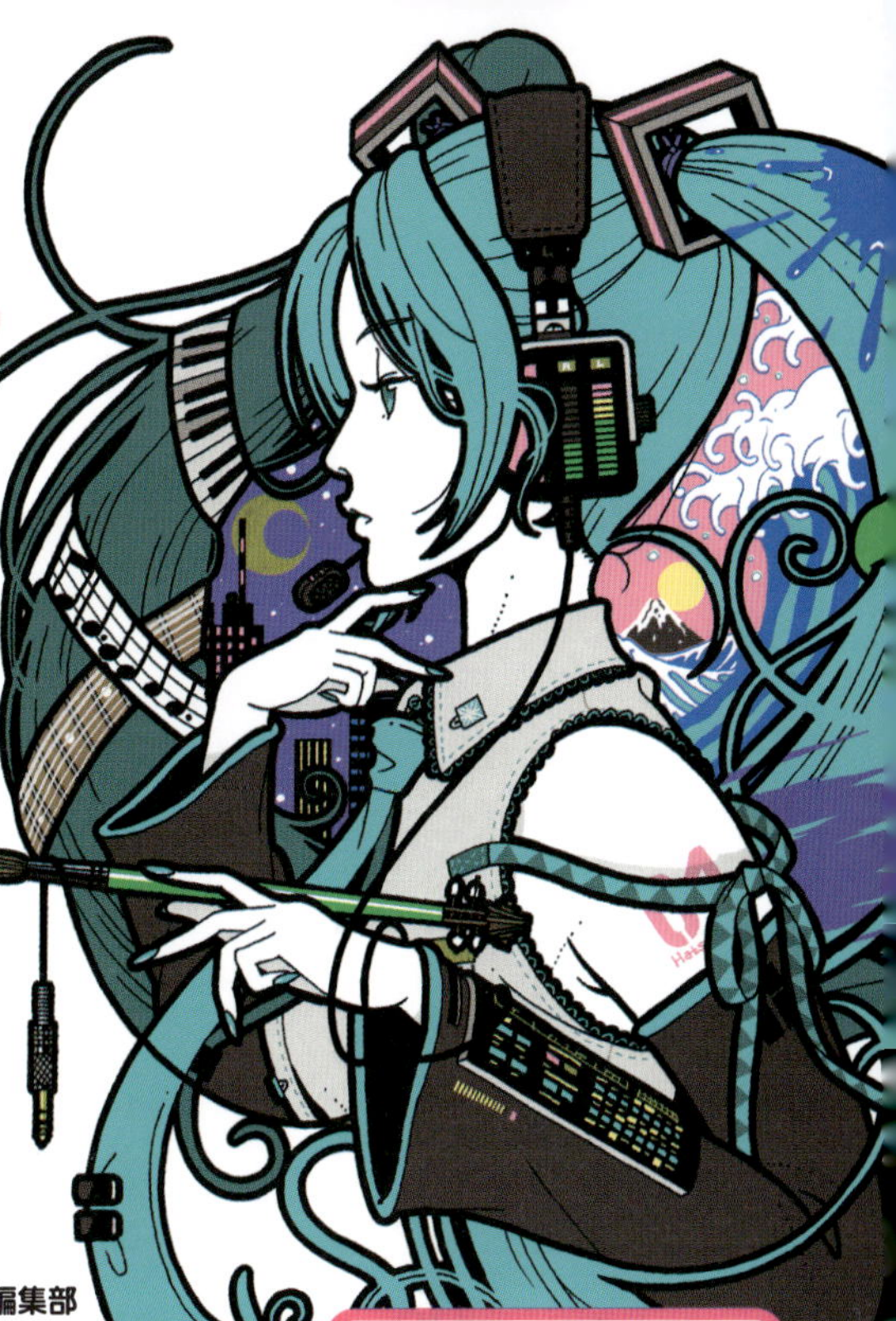

募集テーマ 共通コンテストテーマ

「ものづくりをする人を元気づけ、自分を表現することを楽しむ」

歌うこと、楽器を演奏すること、絵を描くことなど、創作する楽しさや面白さを伝えてくれる作品を募集いたします。

イラスト部門

「初音ミク」を通して、クリエイターを応援するイラストをお描きください。

キャラクターは「初音ミク」を単体としてお描きになるか、「初音ミク」を中心として、「ピアプロキャラクターズ」*をお描きください。ピアプロキャラクターズ以外のキャラクターやオリジナルキャラクターを描くのはお控えください。

受賞特典 入賞者や上位者のイラストはグッズ化いたします！

- 1等 20万円+「スモールエス」表紙に大抜擢！
- 2等 10万円
- 3等 5万円
- 4～10等 2万円

オンガク部門

クリエイターを応援する楽曲を制作ください。

受賞特典 入賞者や上位者の楽曲はイベント会場での使用予定

- 1等 20万円
  +SONICWIREよりバーチャルシンガー製品を進呈
  +雑誌「スモールエス」にて希望者はインタビューページ
- 2等 10万円
- 3等 5万円
- 4～10等 2万円

*「ピアプロキャラクターズ」とは、「初音ミク」「鏡音リン」「鏡音レン」「巡音ルカ」「MEIKO」「KAITO」の総称です。

審査員

- 中村佑介（イラストレーター）
- 株式会社パイ インターナショナル / エス編集部
- 株式会社PROOF

※審査員たちが協議の上、選考いたします。

応募期間

2025年 7/23（水）－9/22（月） 応募締切

主催

- 株式会社パイ インターナショナル / エス編集部
- 株式会社PROOF

Art by 中村佑介 © Crypton Future Media, INC. www.piapro.net piapro

イラスト部門、オンガク部門ともに、応募の決まりや注意事項の詳細は、ピアプロ公式コラボのページをご覧ください。

スモールエス公式サイト　ピアプロ公式コラボページ

イラスト・中村佑介

ニッカー絵具　名村大成堂　ミューズ

nnmファンミーティングレポート！

国内老舗画材メーカー三社による画材ファンのための『nnmファンミーティング』が6/27・28・29の3日間、SOOO dramatic! にて開催されました。

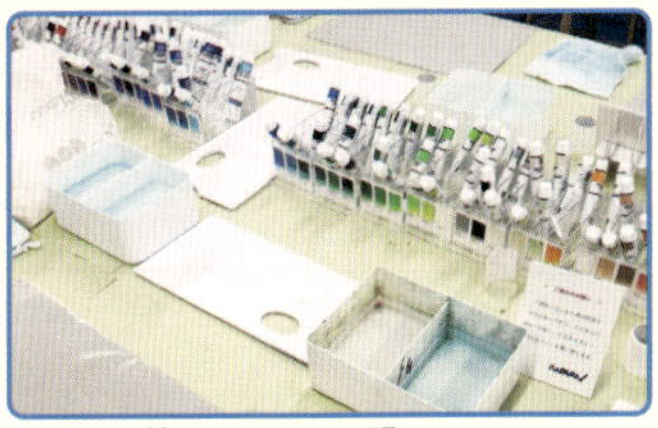

◆絵具・筆・紙 使い放題コーナー
お客さんと作家さんのふれあいも見られました。

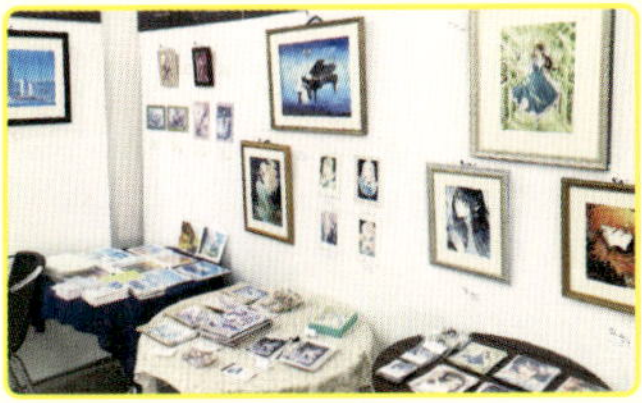

◆原画展示・グッズ販売
ライブペイントに参加する夏目レモンさんの原画展示も。

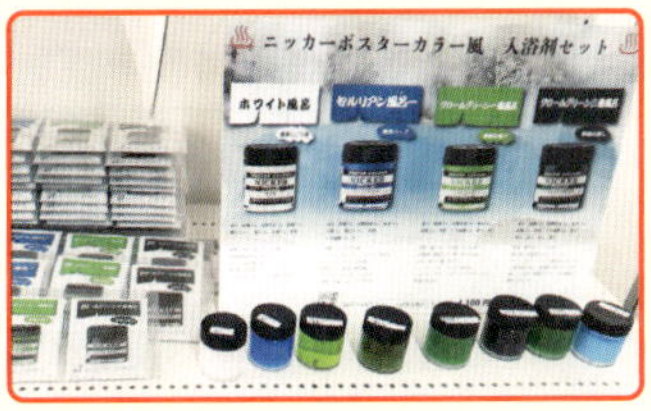

◆物販コーナー
画材の他、ここだけのオリジナルグッズも並びました。

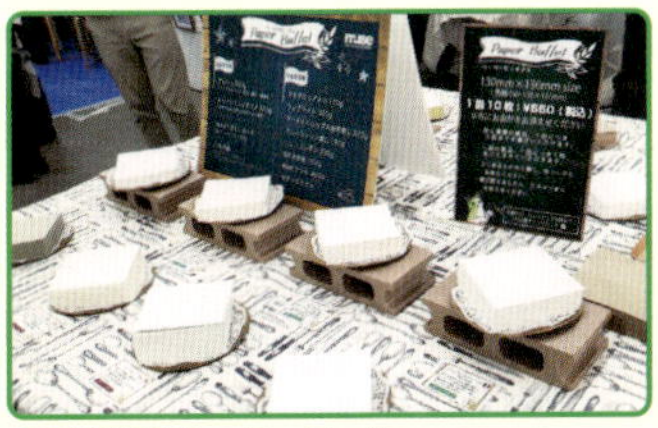

◆水彩紙ビュッフェコーナー
好きな用紙を組み合わせて購入する紙のビュッフェ！

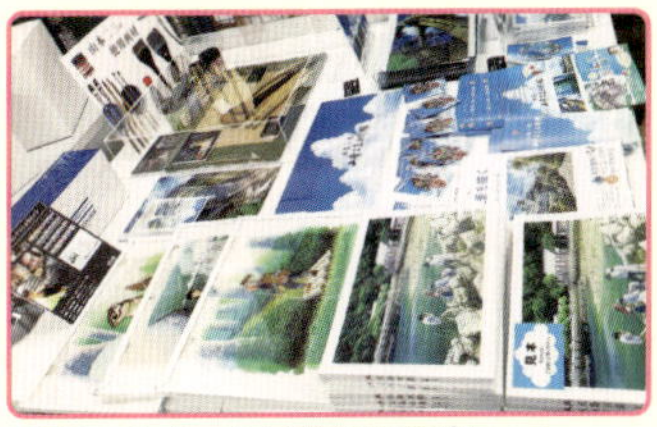

◆アニメーション背景美術関連コーナー
美術監督・山本二三さんの使用画材や原画の展示も。

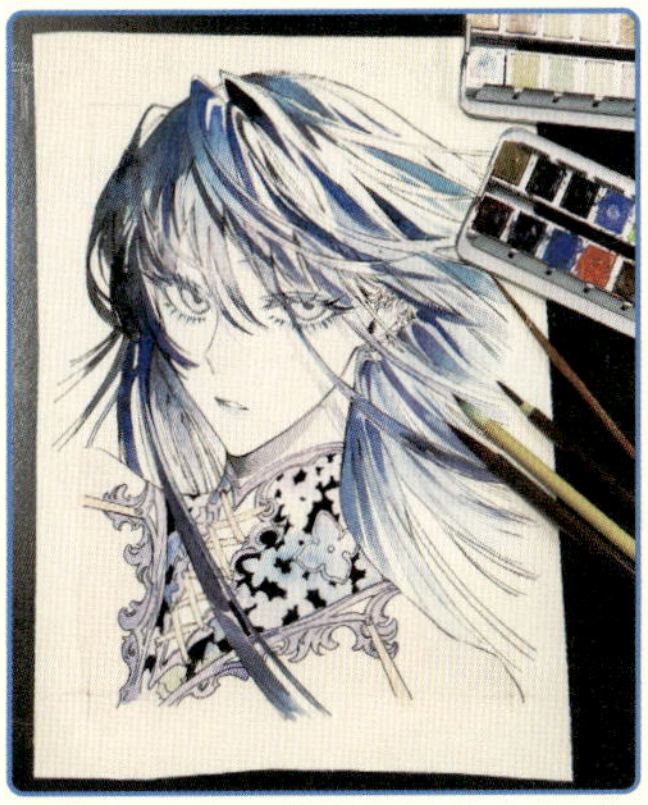

◆夏目レモンさんによるライブペイントイラスト

【出演クリエイター】夏目レモン / ホネ山 / 枯葉庭園 / 北英明 / こまちみゆた / 武重洋二 / 渡邊洋一 / 金子雄司 / 劉雨軒 / 小磯竜也 / 野村重存 他

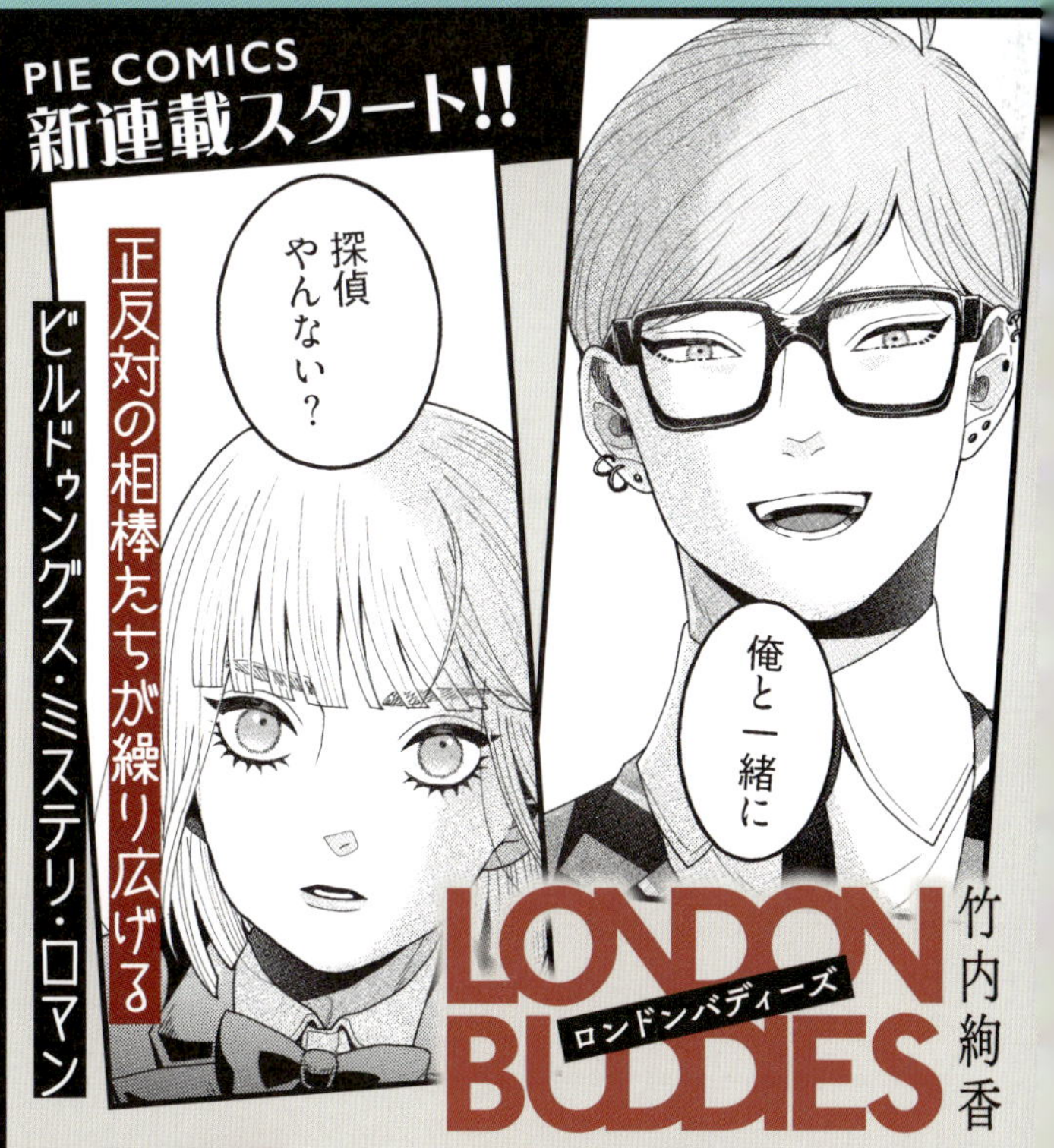

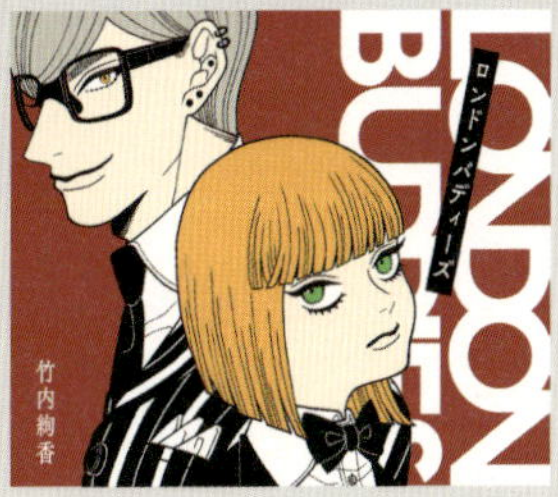

誰にも言えない秘密を抱え、ようやく見つけた下宿先へとやってきたクリス。そこで待ち受けていた同居人は、この上なくマイペースで、強引かつテキトーすぎる“探偵”キディだった。しかも、「一緒に探偵やんない？」と、まさかの助手にスカウトしてきて——？

＼無料で読める!!／
8月29日より毎月更新
第1話はこちらから

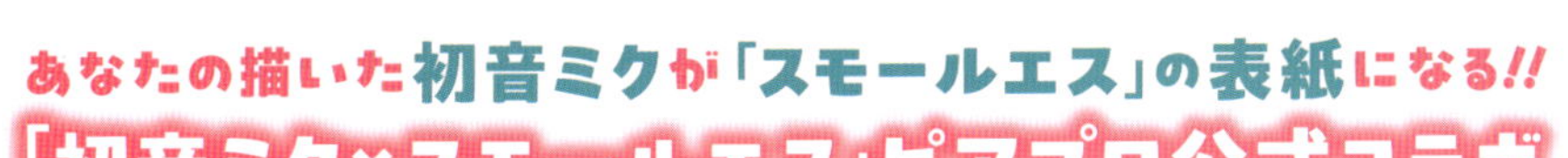

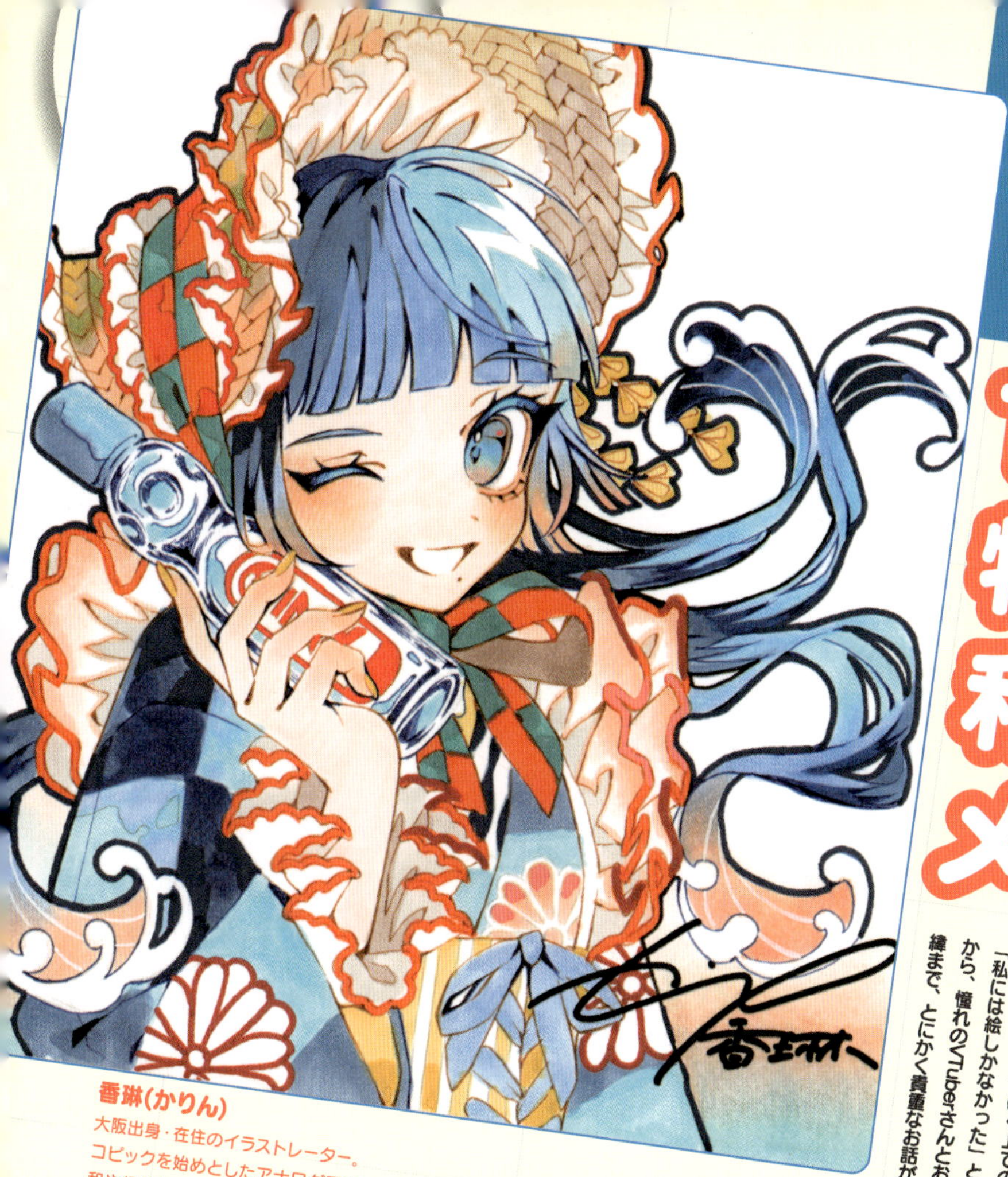

東京コミュニケーションアート専門学校

〒134-0088　東京都江戸川区西葛西5-3-1

http://www.tca.ac.jp/

※スペシャルイベントは定期的に開催中。
詳しくはウェブサイトで。

Twitter【@TCACRE】
YouTube【TCACRE】
Instagram【tca_cre】

YouTube　HP

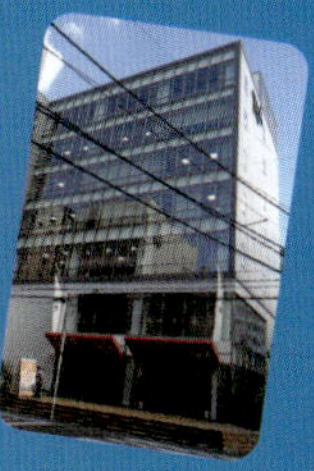

TCA香琳特別講義 和風イラストメイキング

六月二九日、東京・西葛西のTCA（東京コミュニケーションアート専門学校）にてイラストレーター・香琳さんの特別講義が開催された。香琳さんは、季刊エスの妹雑誌であるスモールエス82号（七月二三日発売）でも表紙を飾ったばかりだが、その表紙に描かれたレトロな和風メイドの女の子を、この特別講義では一足早くお披露目&メイキングしてくれた。

和や縁起物アイテムを得意とする香琳さんらしく、髪の毛には浮世絵風の波モチーフが取り入れられ、着物には髪の毛のカラーと合わせた市松文様に二種類の菊柄、さらには金魚をイメージした華やかなフリルがアクセントとしてあしらわれている。様々なアイデアが盛り込まれたこの作品を、コピックとコピックアクレアを用いて、およそ一時間半という講義のなかで、線画から完成まで仕上げていった。その鮮やかな手さばきを、参加する高校生や学生も真剣な眼差しで見つめているのが印象的だった。

特別講義では香琳さんの活動の軌跡や、イラストレーターを続けていく上での有意義なお話も展開。「私には絵しかなかった」と語る中学・高校生時代から、憧れのVTuberさんとお仕事をするに至った経緯まで、とにかく貴重なお話が盛りだくさんだった。

香琳(かりん)

大阪出身・在住のイラストレーター。
コピックを始めとしたアナログ画材で作品を制作し、SNSや展示をメインに創作活動を行っている。
和や縁起物、フリル、童話をモチーフとして取り入れた作品を多く描く。『コピック×色紙のきほん』にて「デビューセット全色で描く」メイキング、スモールエス82号表紙イラストを担当。
X【@11karin23】 Instagram【11karin23】 pixiv id【8978534】

香琳 イラスト メイキング

講義ではレトロな和風メイドの女の子を線画から完成までメイキングしましたが、ここでは当日のメイキングの中から一部の工程を抜粋してご紹介します！

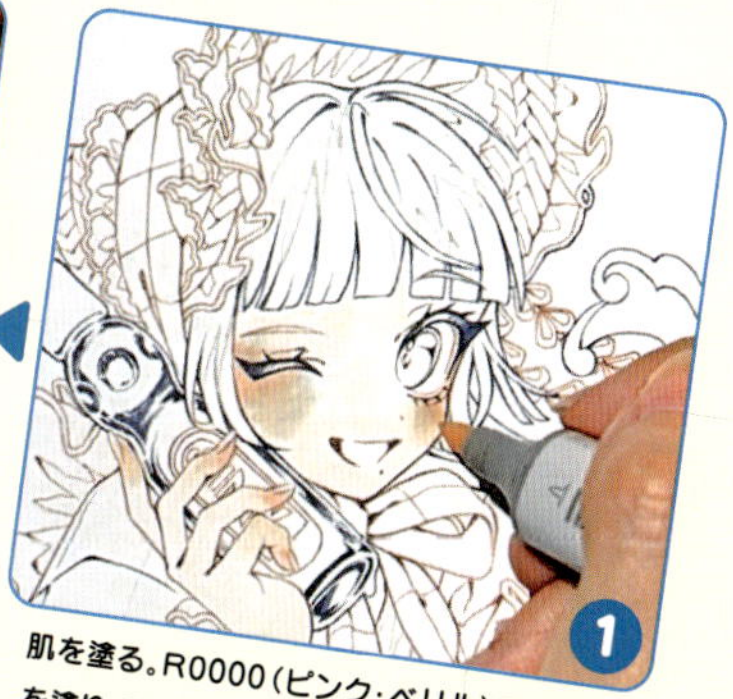

1 肌を塗る。R0000（ピンク・ベリル）で全体を塗り、R00（ピンキッシュ・ホワイト）で頬や指先に赤みを加える。

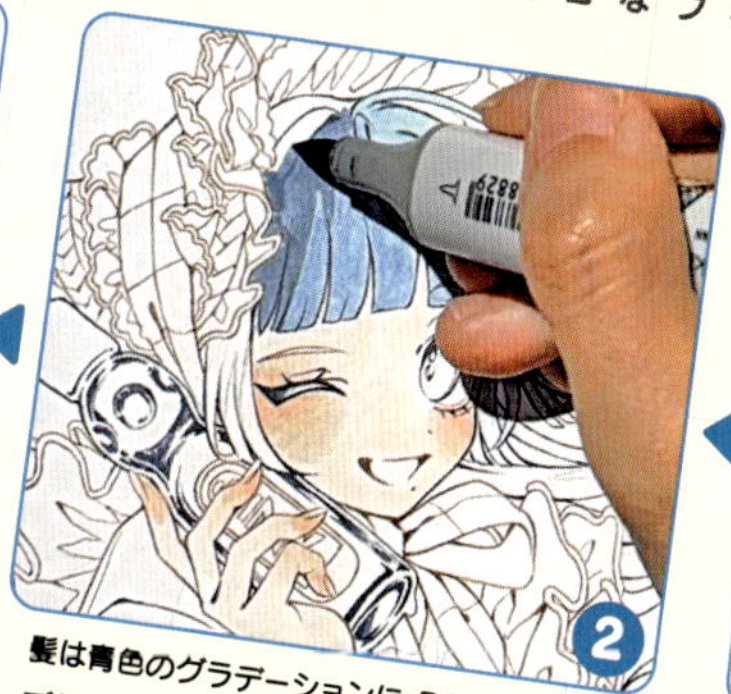

2 髪は青色のグラデーションに。B00（フロスト・ブルー）、B21（ベイビー・ブルー）、B95（ライト・グレイッシュ・コバルト）で塗る。

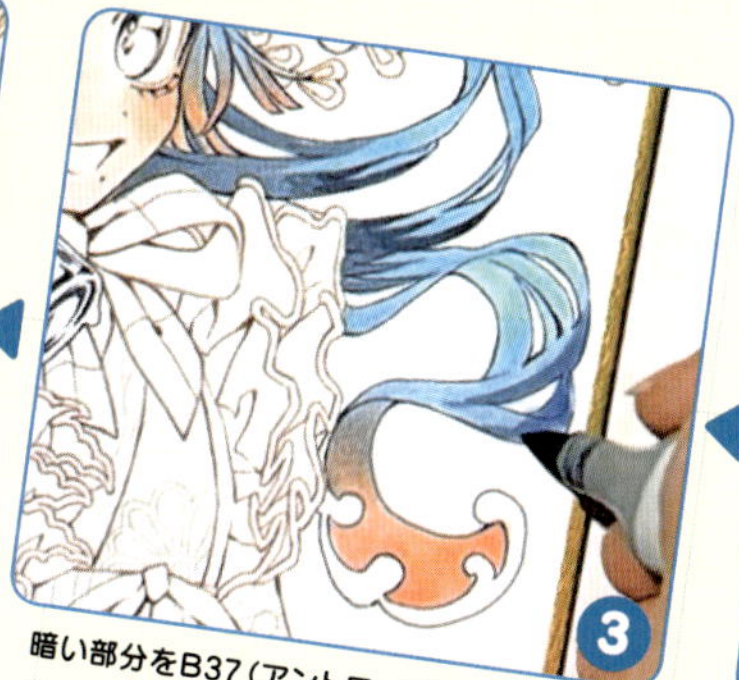

3 暗い部分をB37（アントワープ・ブルー）で塗り、毛先には差し色としてR30（ペール・イエロウィッシュ・ピンク）を入れ、グラデーションに。

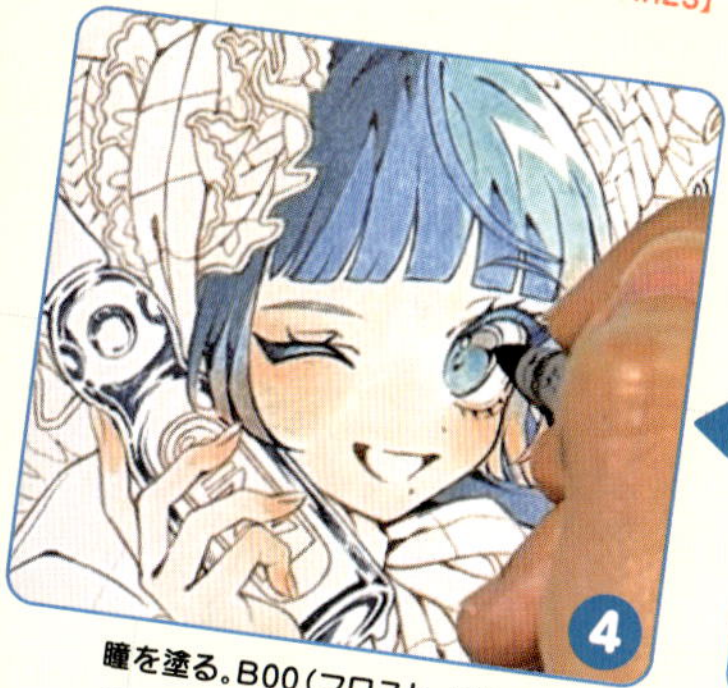

4 瞳を塗る。B00（フロスト・ブルー）で全体を塗り、上部にE71（シャンパン）、下部はR0000（ピンク・ベリル）を置く。

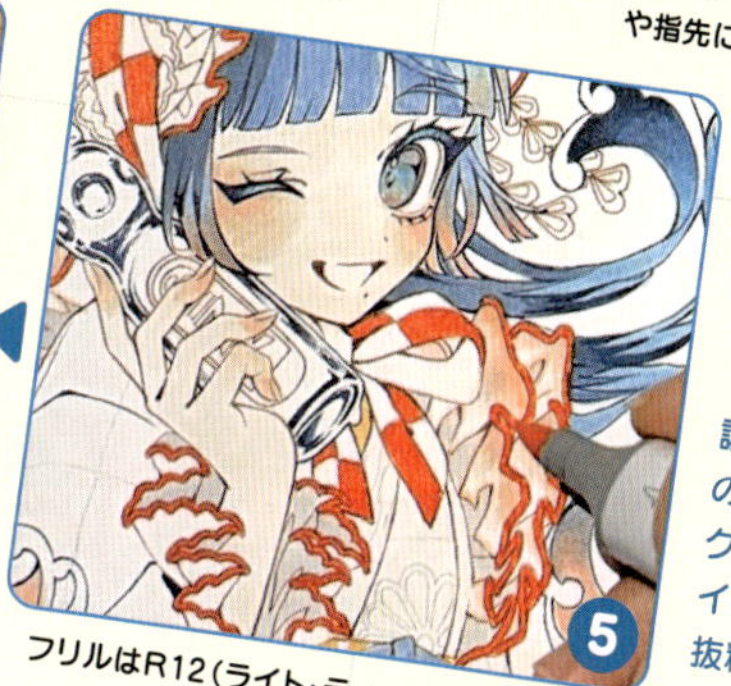

5 フリルはR12（ライト・ティー・ローズ）でカゲを入れ、パイピング部分はR05（サーモン・レッド）とコピックアクレアのトマトレッドで塗る。

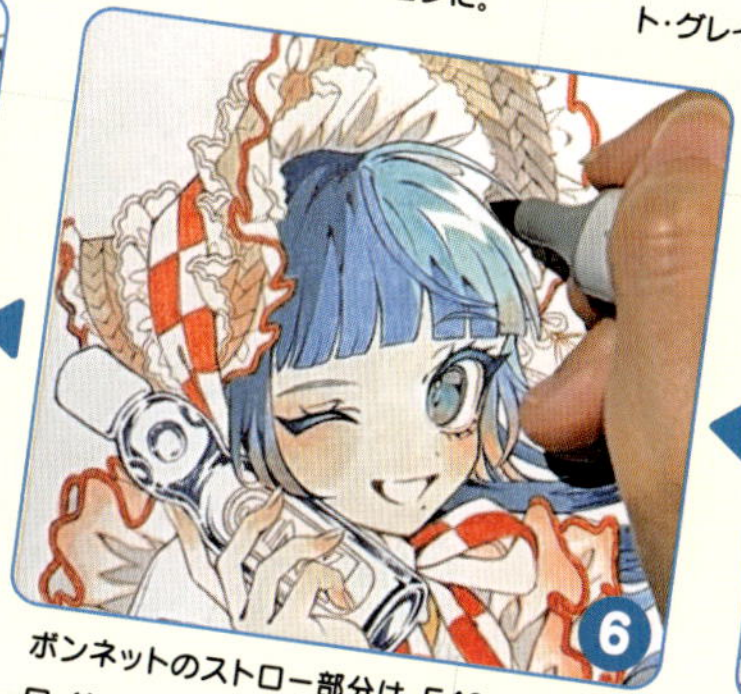

6 ボンネットのストロー部分は、E42（サンド・ホワイト）、E70（アッシュ・ローズ）、YG93（グレイッシュ・イエロー）を重ねて混色。

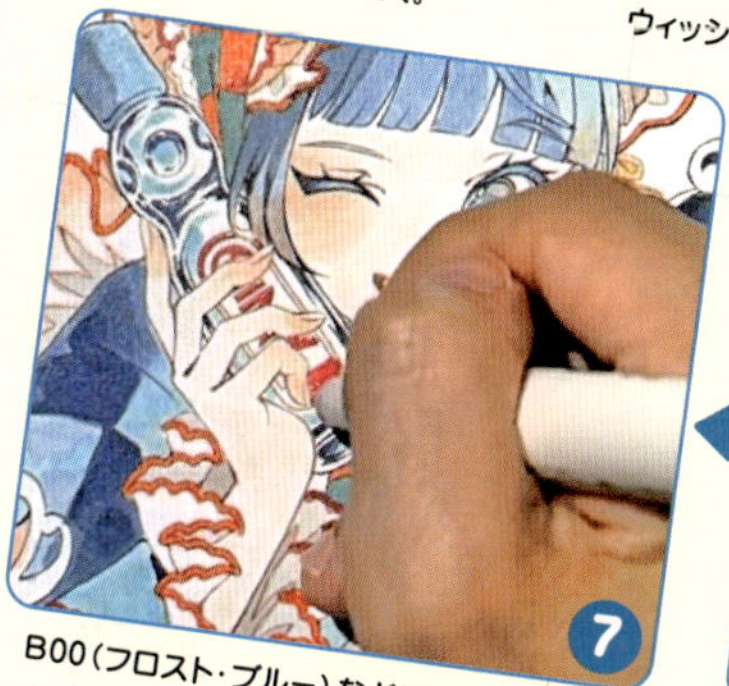

7 B00（フロスト・ブルー）などでラムネを塗る。ロゴや花模様はしっかり発色させたいので、コピックアクレアのトマトレッドで描く。

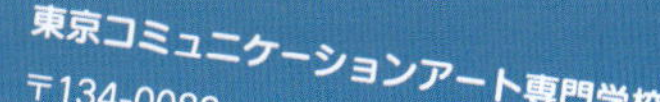

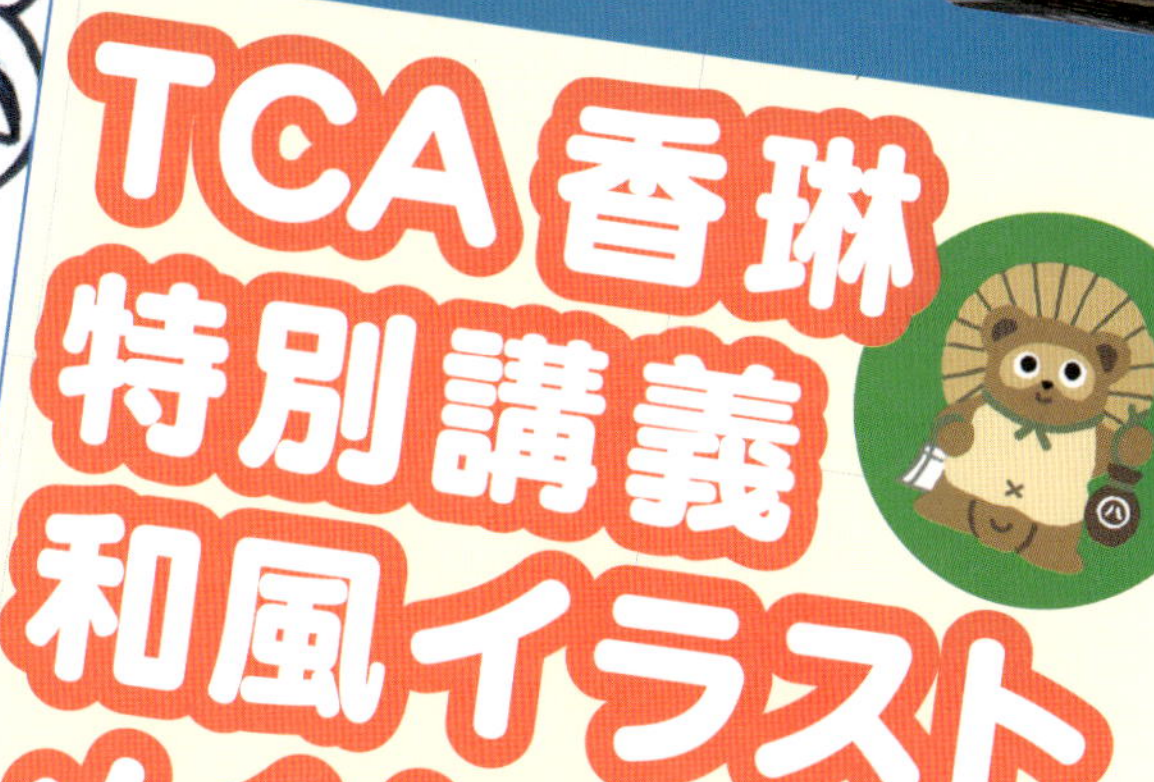

CLIP STUDIO PAINT × S

新コーナー3回目!

#推しアセおためし

CLIP STUDIO ASSETS TRY!

第3回 #推しアセット

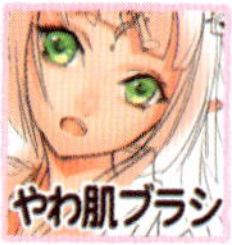

やわ肌ブラシ

コンテンツID:1582351
制作者:黑葉.K

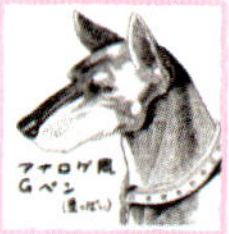

アナログ風Gペン(墨っぽい)

コンテンツID:1683885
制作者:ayaki

プロアマ問わず作画に欠かせない描画ソフト・CLIP STUDIO PAINT。イラストや漫画、アニメまで制作できます。すぐに使えるブラシや機能の豊富さが魅力ですが、さらに追加でブラシや素材のアセットがダウンロードできることも大きな特徴です。ただ、種類が豊富すぎるがゆえに使うきっかけや、自分に合っているアセットを探すのは大変かもしれません。そこで、お題のアセットを試し描きしてもらうコーナーをお届けします。第3回目のお題はモノクロとの相性も良い「アナログ風Gペン(墨っぽい)」＆やわらかい塗り面の「やわ肌ブラシ」が登場。新しいブラシの発見や追加素材の幅を広げるきっかけのひとつになれば嬉しいです!

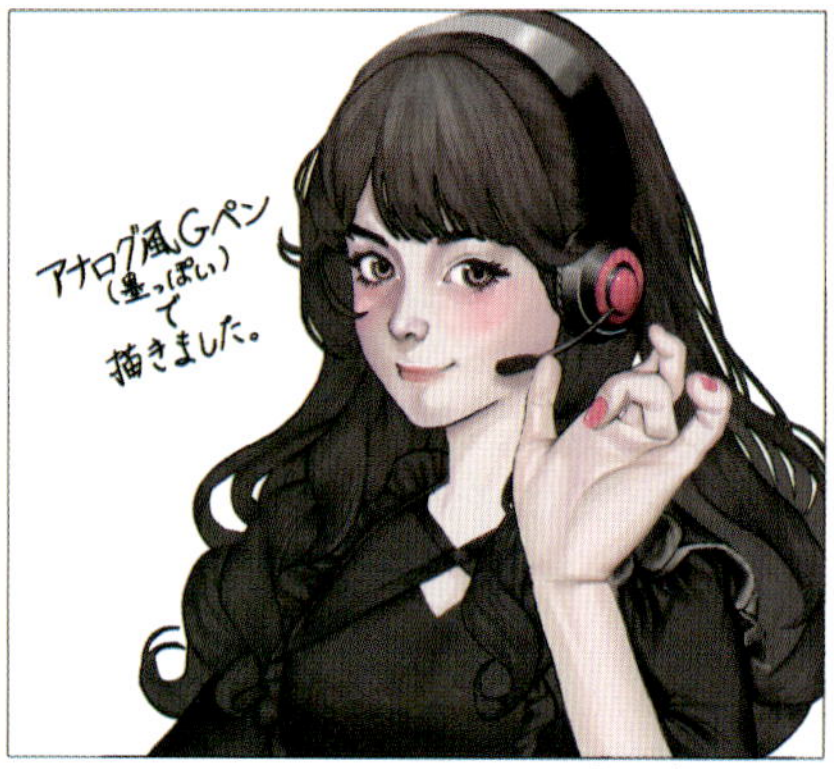

使用したアセット名 アナログ風Gペン(墨っぽい)
お名前 岡田高杏古言

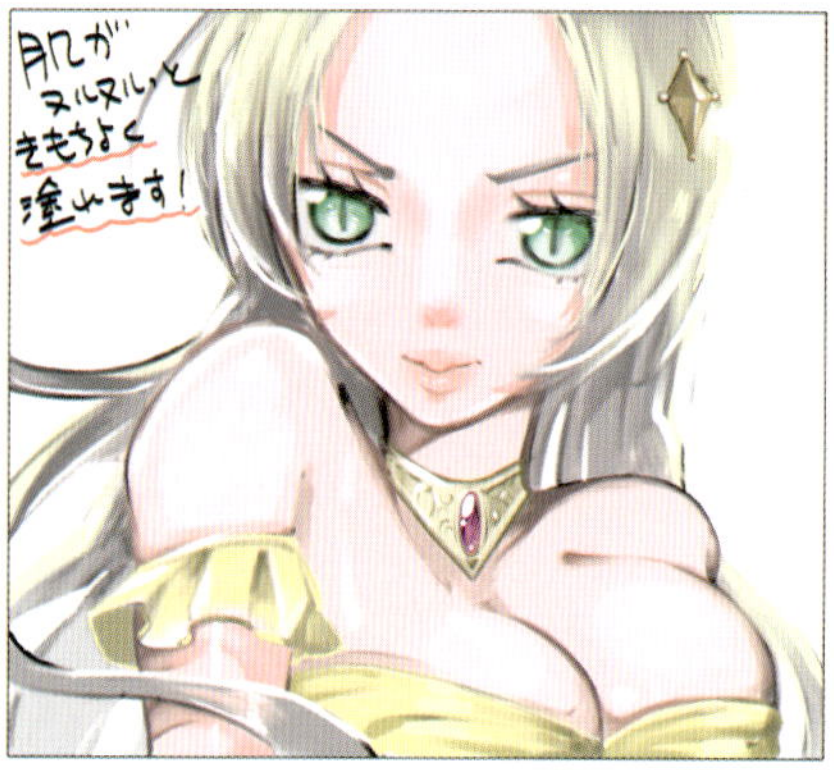

使用したアセット名 やわ肌ブラシ
お名前 カルボボナーラ

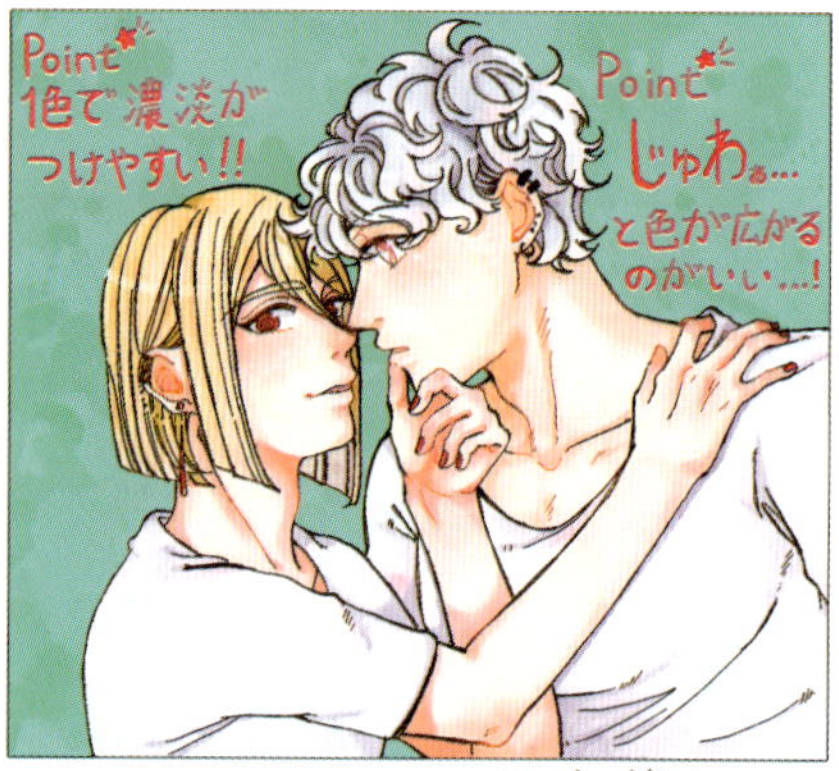

使用したアセット名 やわ肌ブラシ
お名前 羊兎苺和

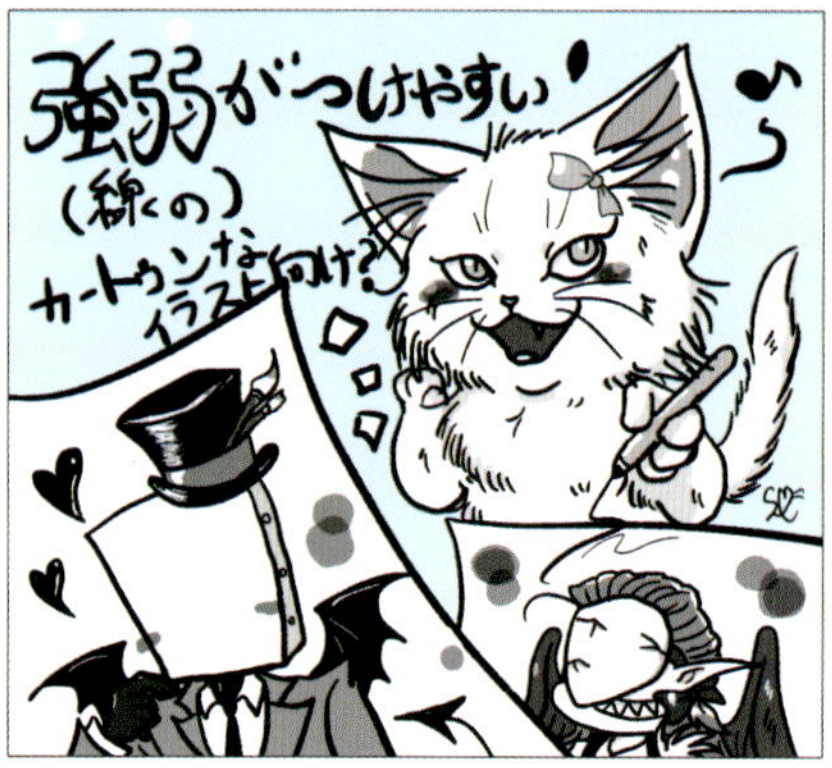

使用したアセット名 アナログ風Gペン(墨っぽい)
お名前 しろねこ

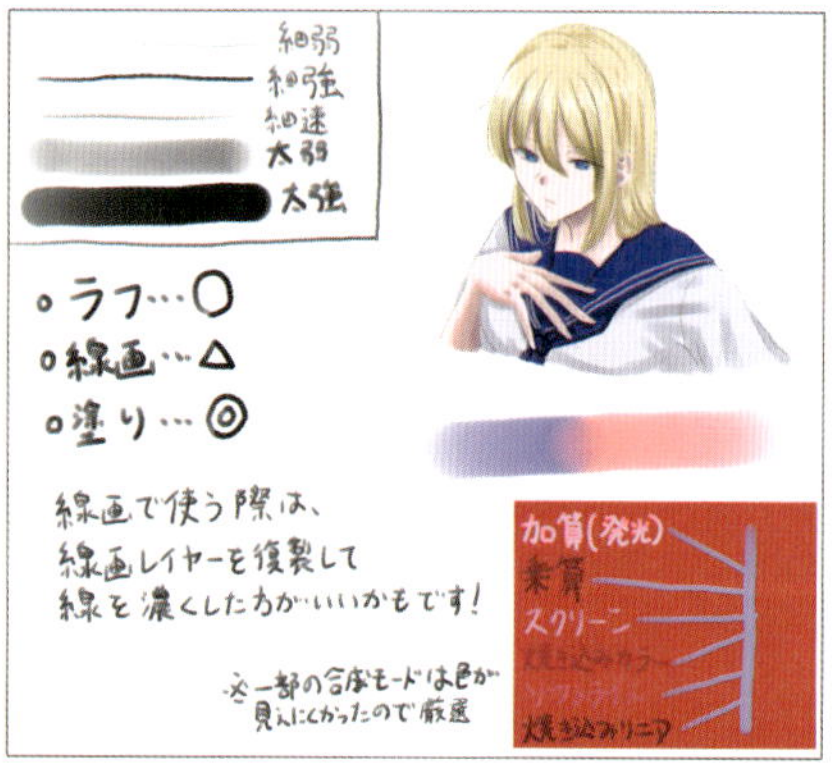

使用したアセット名 やわ肌ブラシ
お名前 Ogiumiya

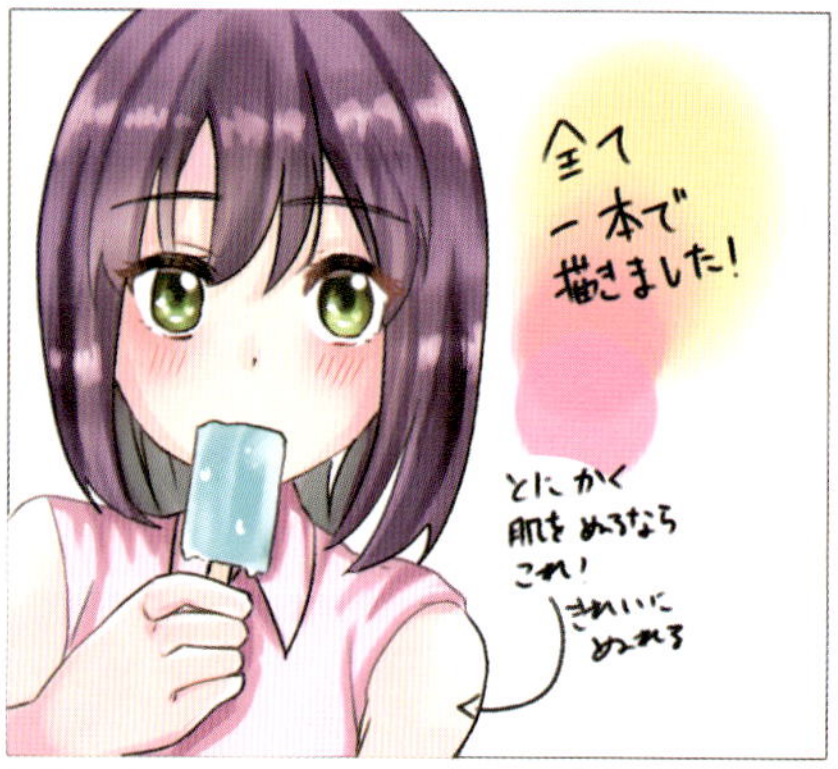

使用したアセット名 やわ肌ブラシ
お名前 じょにぴ

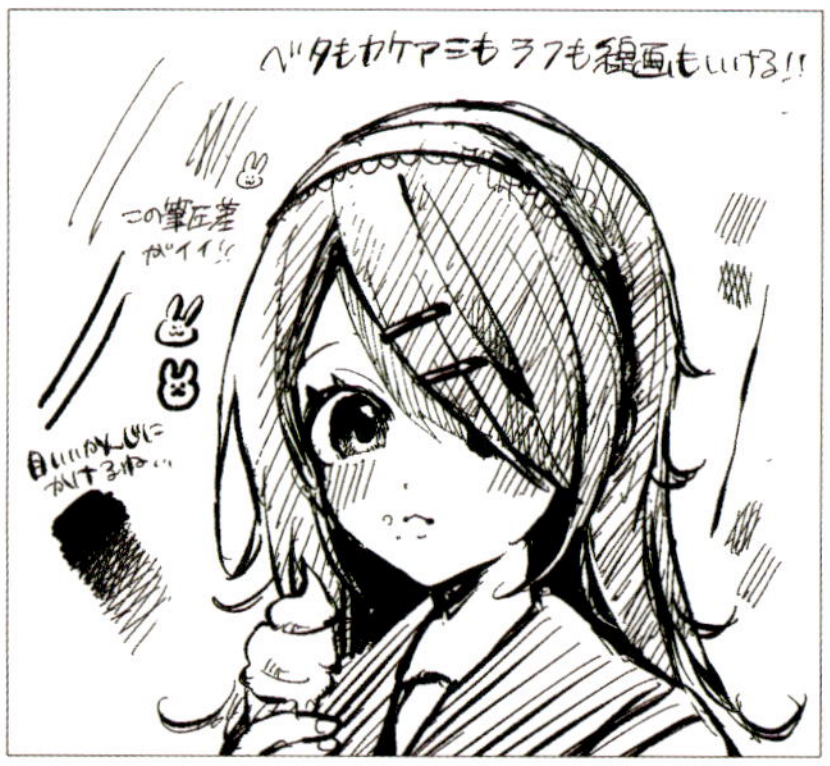

使用したアセット名 アナログ風Gペン(墨っぽい)
お名前 つんぱ

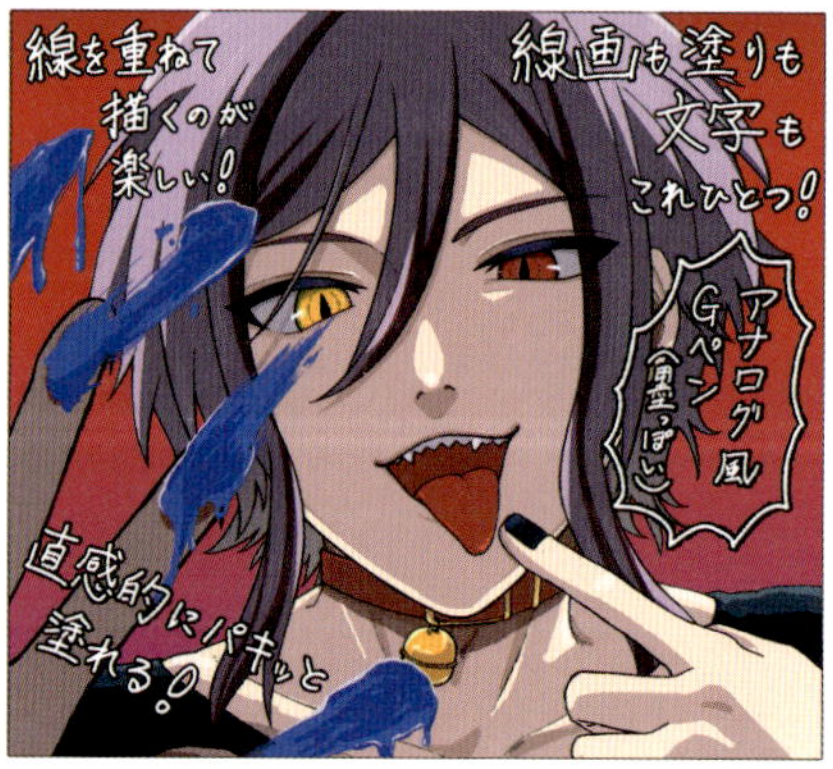

使用したアセット名 アナログ風Gペン(墨っぽい)
お名前 輝閃賛メライア

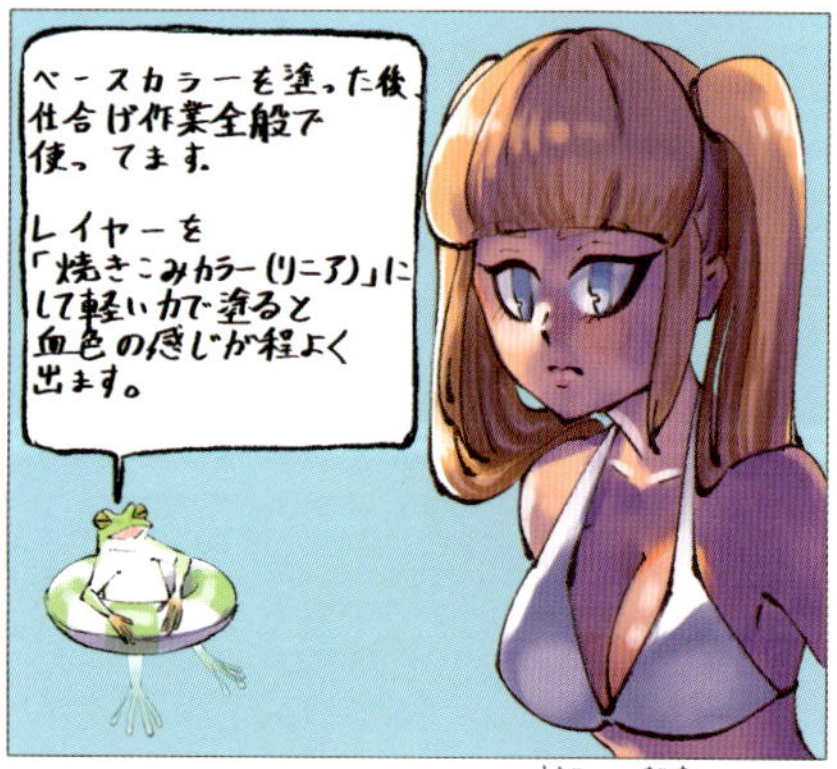

使用したアセット名 やわ肌ブラシ
お名前 時田《トキタ》夏名《ナツナ》

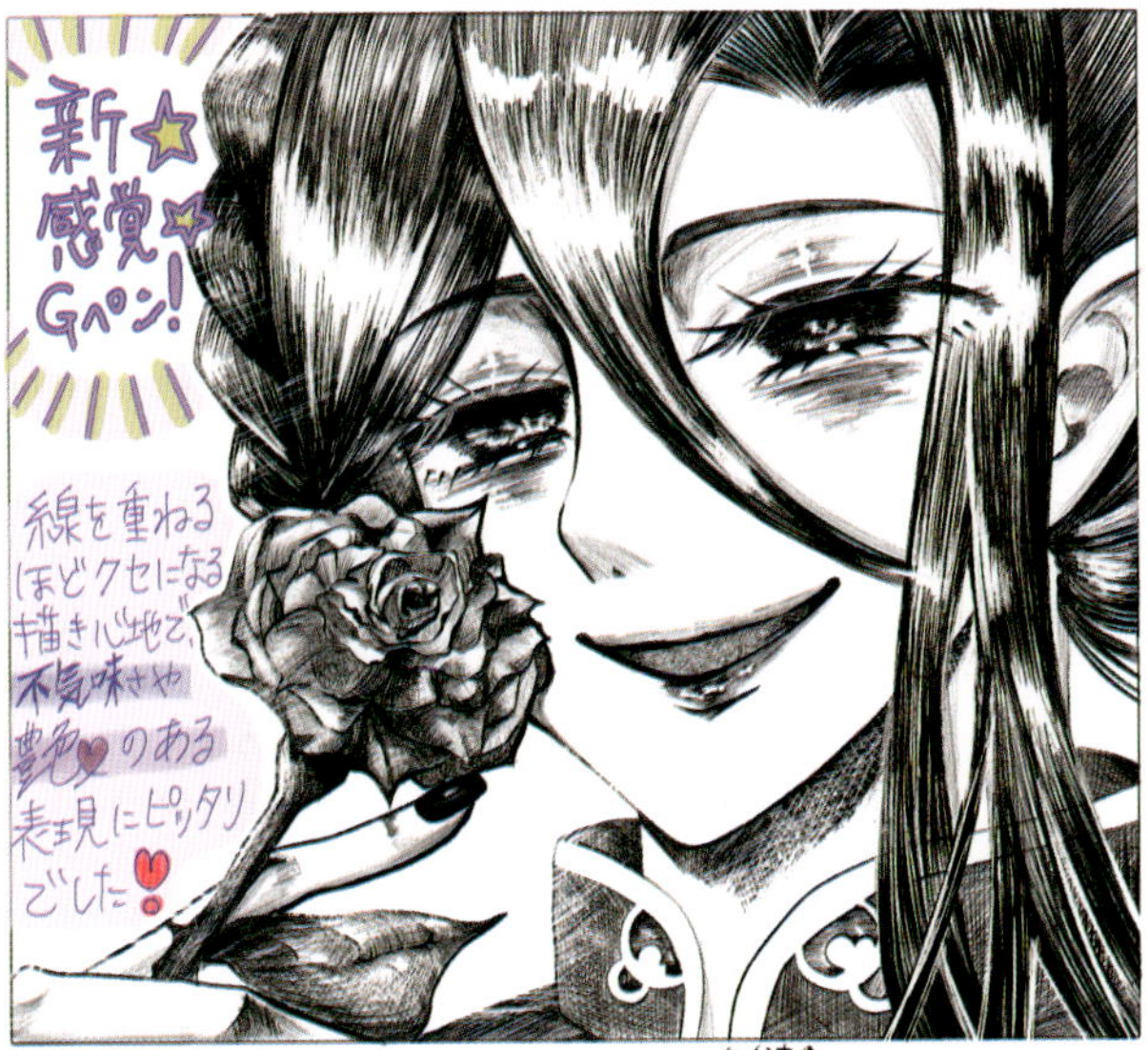

使用したアセット名 アナログ風Gペン(墨っぽい)
お名前 篁《たかむら》 おはる

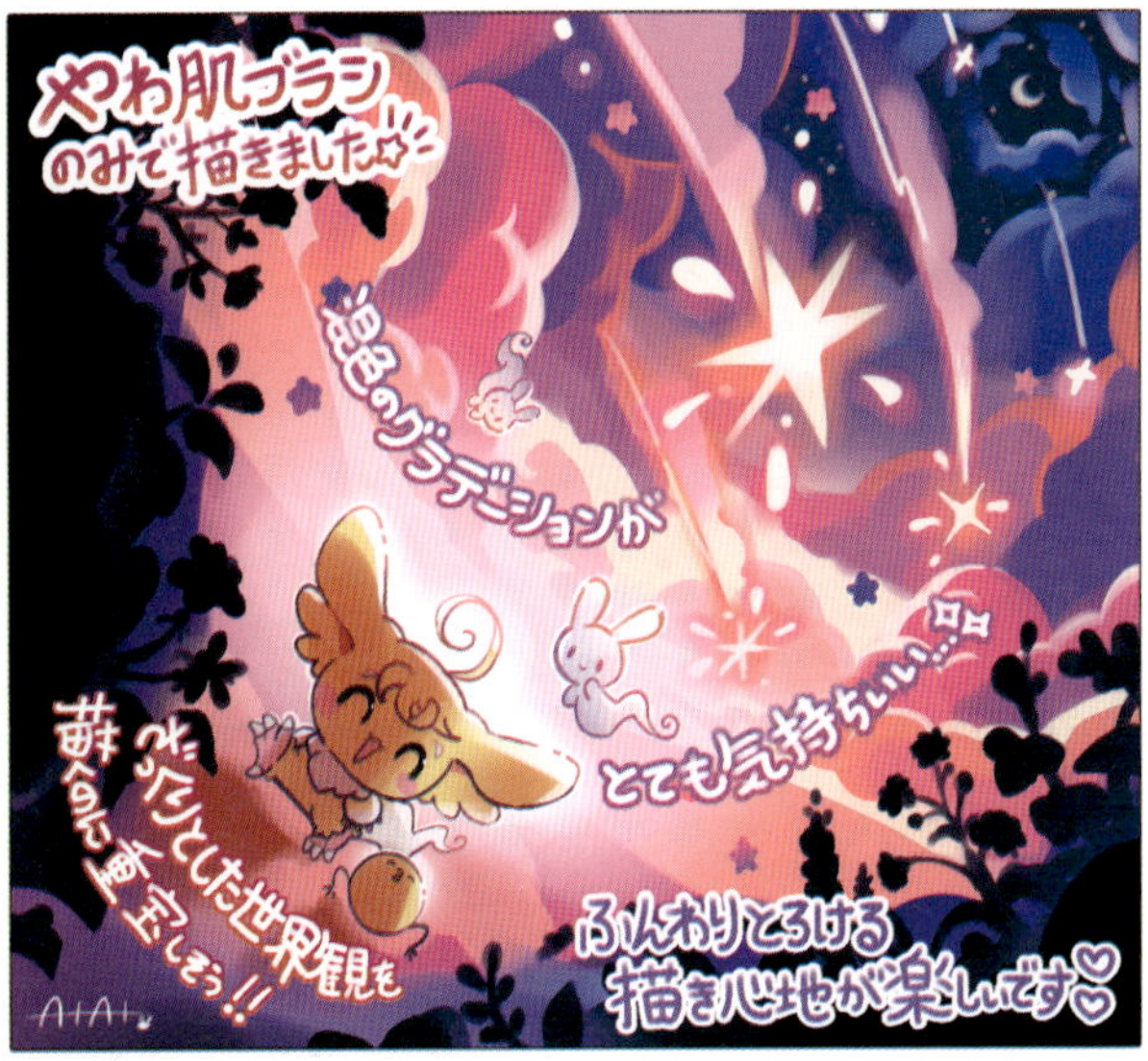

使用したアセット名 やわ肌ブラシ
お名前 A+A+

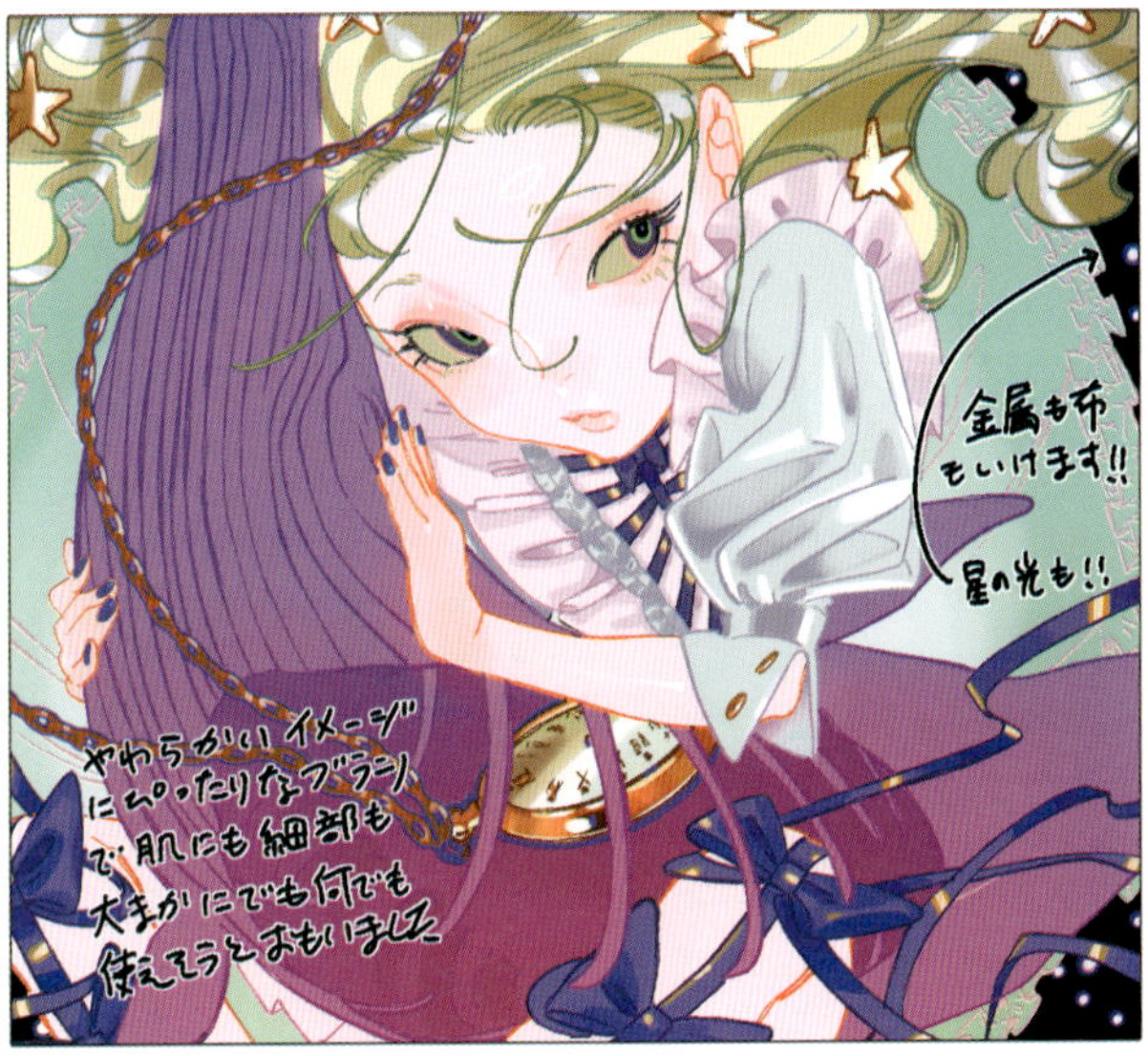

使用したアセット名 やわ肌ブラシ
お名前 雀 夏玄

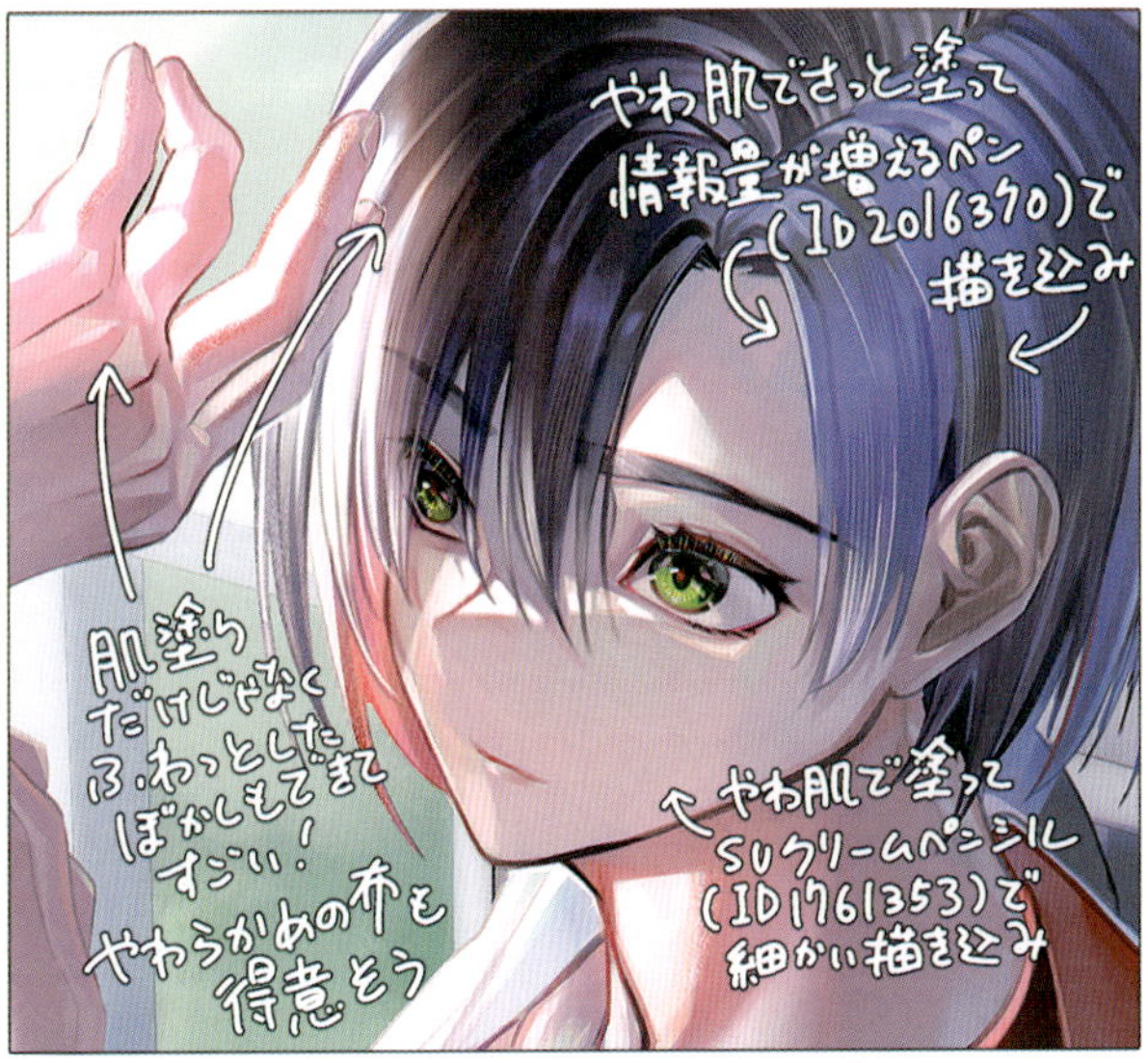

使用したアセット名 やわ肌ブラシ
お名前 マ魚

応募方法とCLIPPYのプレゼントについて

季刊エスのホームページ内にある「イラスト投稿」に設ける応募フォームを使ってお送りください。応募は随時募集しますが、「推しアセット」は毎号変わるので、応募の締め切りにご注意ください。募集中の「推しアセット」は誌面の他、ホームページでも発表します。
おひとりさま複数点の投稿が可能ですが、基本的に1点のみの掲載です。また、掲載枚数に関係なく贈呈は8,000CLIPPYになります。CLIPPYのお渡しは応募時のメールアドレスへご案内します。メールアドレスの間違いにご注意ください。メールの送付は掲載号の発売日より1ヶ月後ほどを予定しています。 ※「ss@s-ss-s.com」からのメールが受信できるように設定ください。

応募はコチラから
https://www.s-ss-s.com/events/90

第4回応募締め切り
2025年11月6日(木)

投稿ページと重ならない時期に応募期間を延長しました。ご応募お待ちしております!

応募フォーム

試し描きテンプレート

第4回募集 #推しアセット はコチラ!

※2つのブラシから、1種類を選んで試し描きしてください

使い方① クリスタの「素材」パレットより「ASSETSで素材をさがす」をクリックして、「CLIP STUDIO ASSETS」へアクセス(https://assets.clip-studio.com/ja-jp/)。

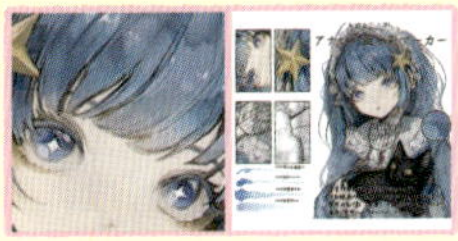

アナログ風水彩マーカー
コンテンツID:2097029
制作者:☕.
厚塗りだけれど、水彩絵具のにじみや透明感のある風合いが表現できるブラシ。細かな線が連なるハッチングやツヤを抑えたマットな質感が特徴です。

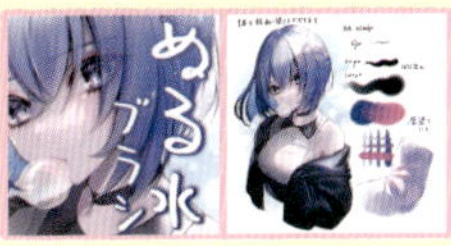

ぬる水ブラシ
コンテンツID:1850648
制作者:ここめ有
初期の水彩ツールに収録された【水多め】ブラシをカスタムしたブラシで、デジタルらしいすべすべした塗り面になる。髪や金属などツヤのある質感表現との相性も◎。

使い方② ダウンロードしたいアセットページから「ダウンロードボタン」をクリックします。

使い方③ ダウンロードした素材を、「サブツールを追加する」または「サブツールパレット」へドラッグすれば使用できます。

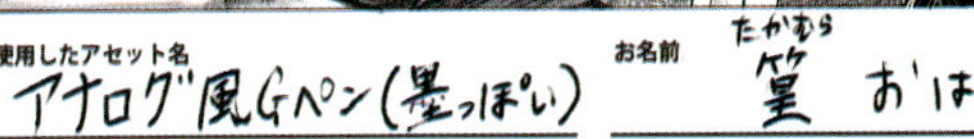

GALLERIA

テーマ
「西洋×かわいい」
「和×きれい」

第4回 GALLERIA イラストコンテスト

季刊エス89号で紹介し、pixivで作品を募っていた「GALLERIA イラストコンテスト」。1000点を超えるご応募ありがとうございます。特別審査員に「藤ちょこ」さん・「necömi」さんを迎え、WEBでも結果発表を行いました。季刊エスでは、最優秀賞と雑誌掲載賞の作品を紹介！　テーマごとにイメージするキャラクター造形、世界観づくりや配色が異なります。アプローチの違いにも注目しながらご覧ください。

最優秀賞（2作品）

賞品:GALLERIAからのお仕事依頼／クリエイターPC『GALLERIA DM7C-IG-C イラスト向けモデル』／BenQデザイナーモニター PD2506Q 25インチ（協賛:ベンキュージャパン株式会社）

副賞:審査員からのコメント／「季刊エス」への受賞作品の掲載

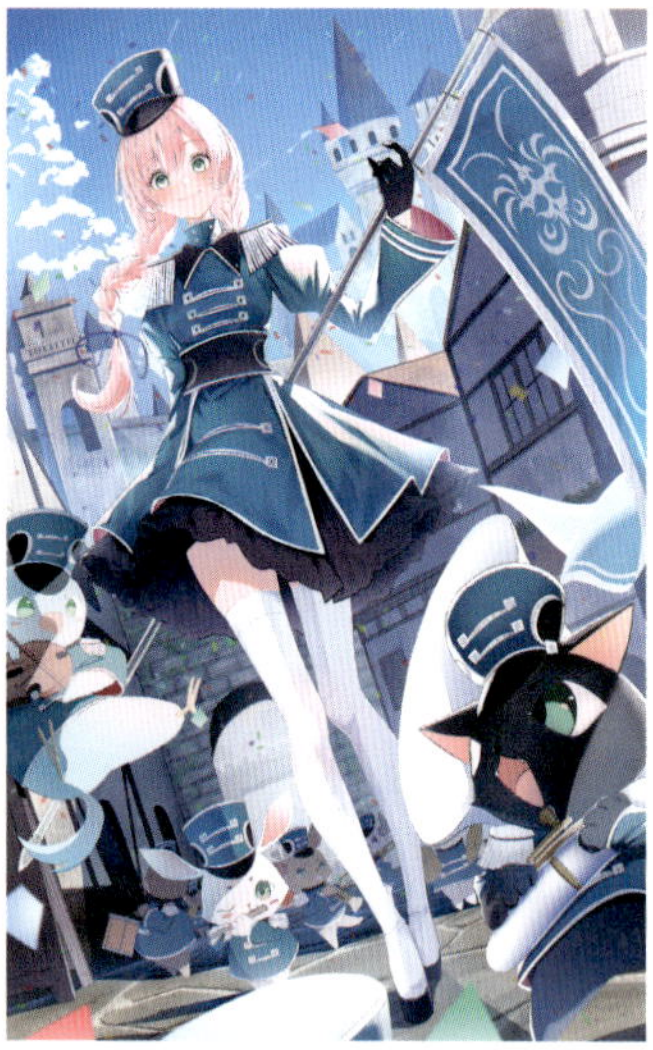

「西洋×かわいい」部門　**rin**「終わらないパレード」

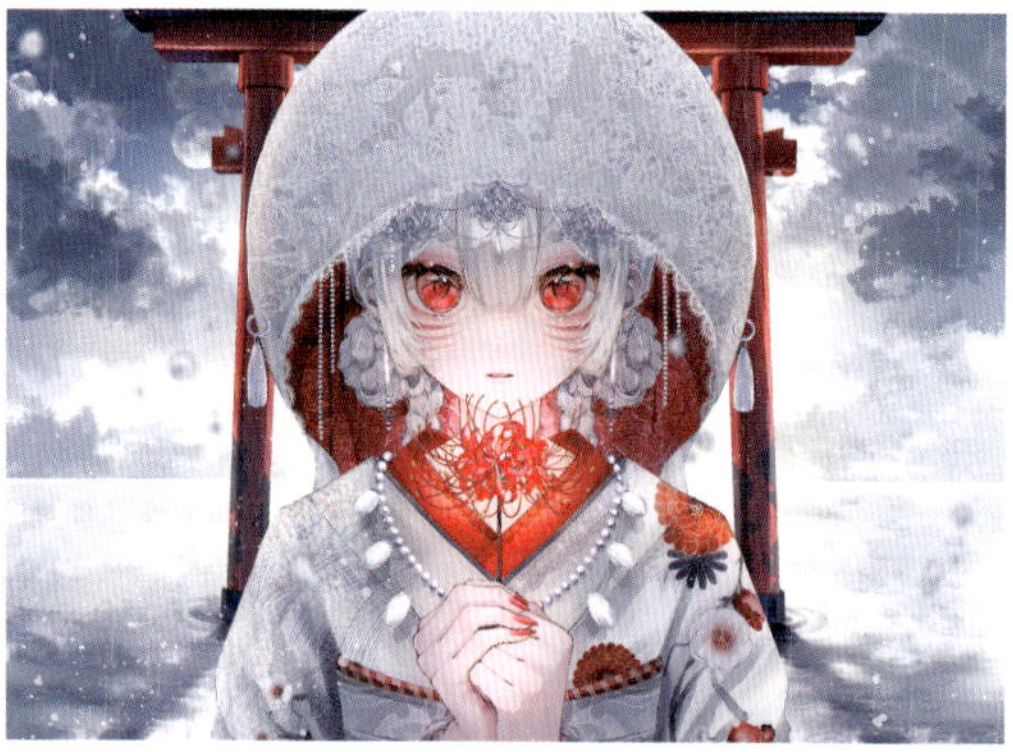

「和×きれい」部門　**チャス**「想うはあなたひとり」

雑誌掲載賞（10作品）

西洋×かわいい部門

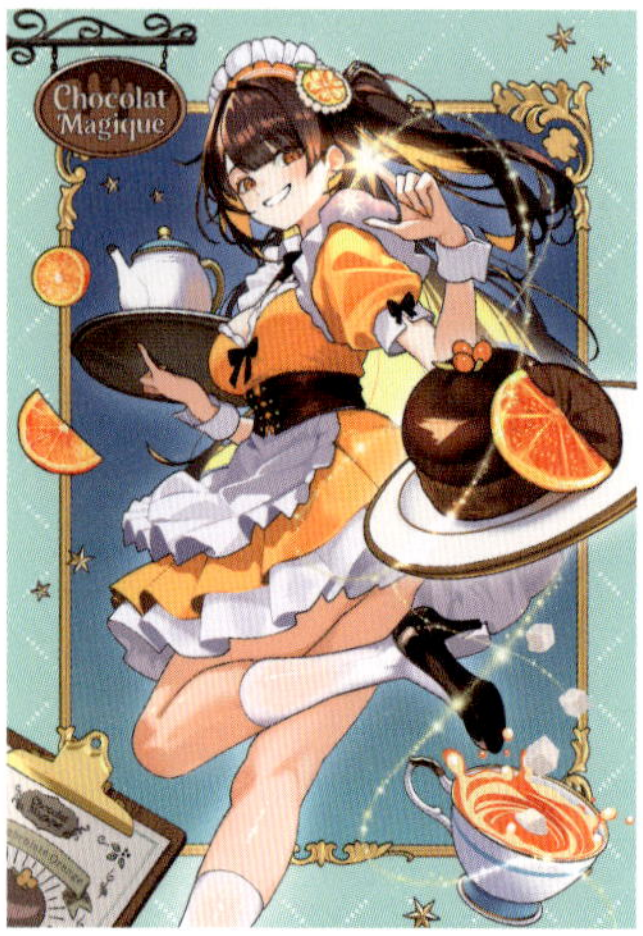

淡淡「Chocolat Magique」

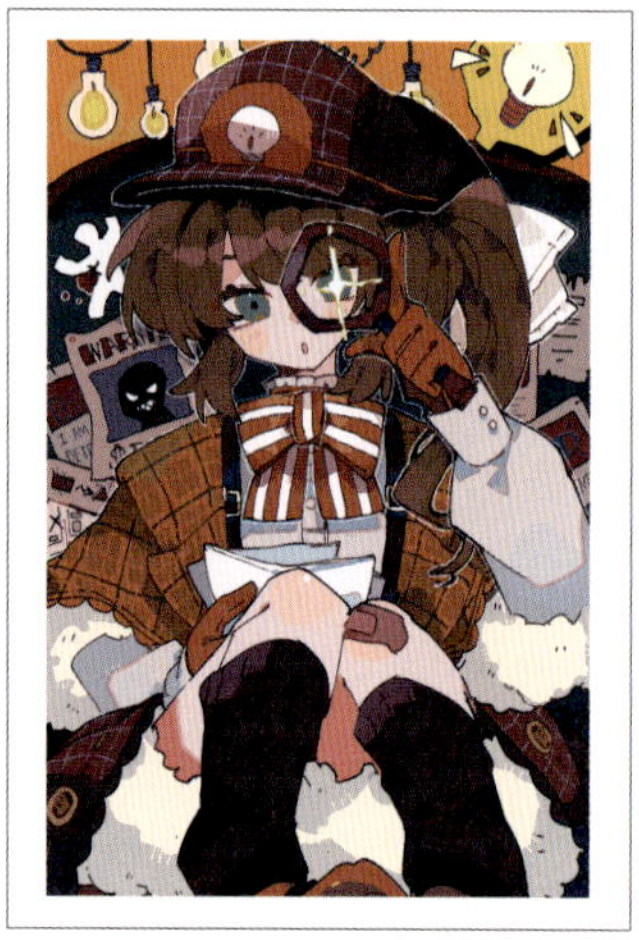

縞ゆうま「謎解きはお任せあれ！」

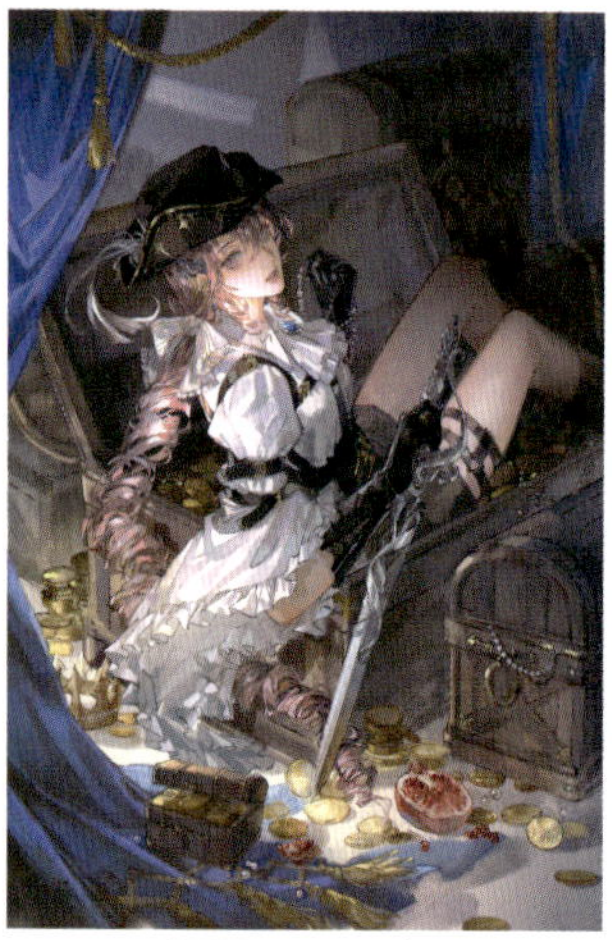

阿昭az「🐙×⚓」

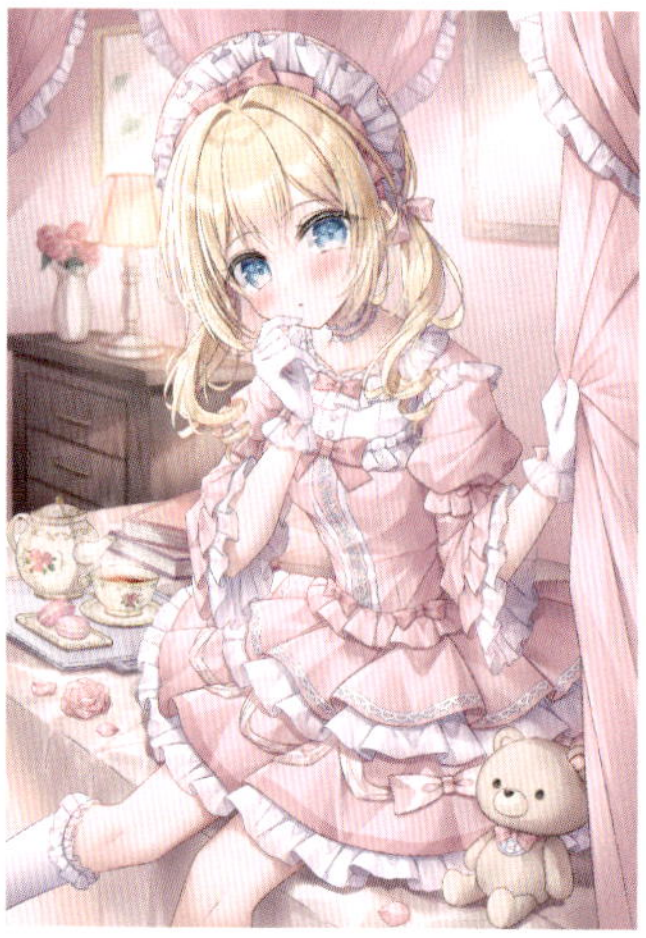

小日向ほしみ「Little Rose🌹」

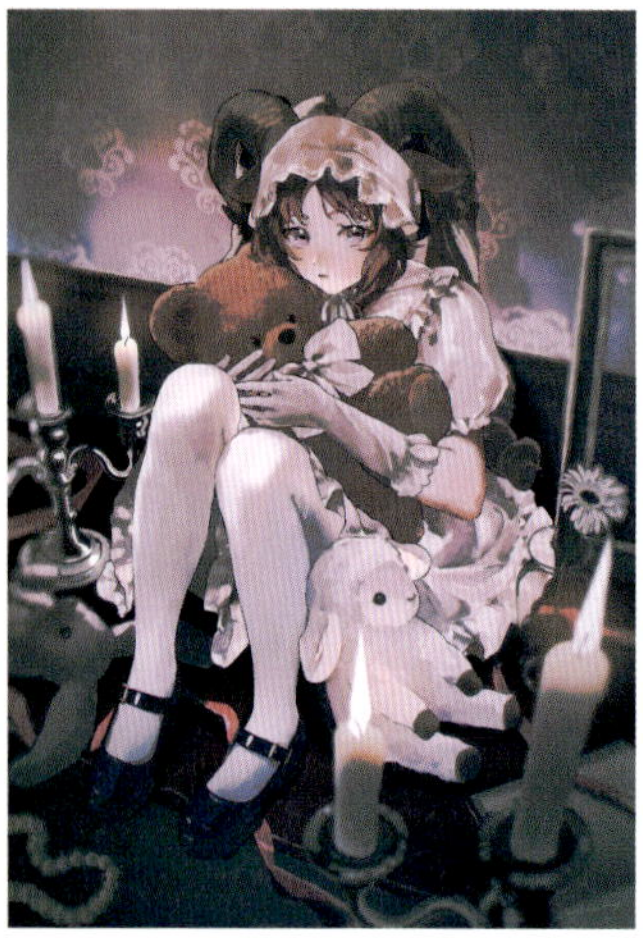

ヨス「Rêverie」

和×きれい部門

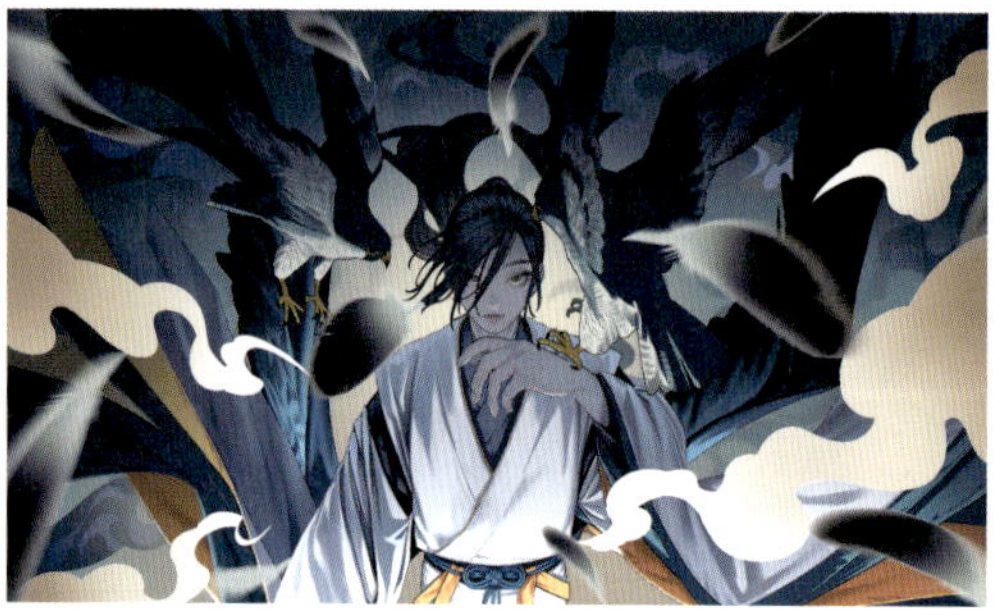

空木 甘「ハヤブサ」

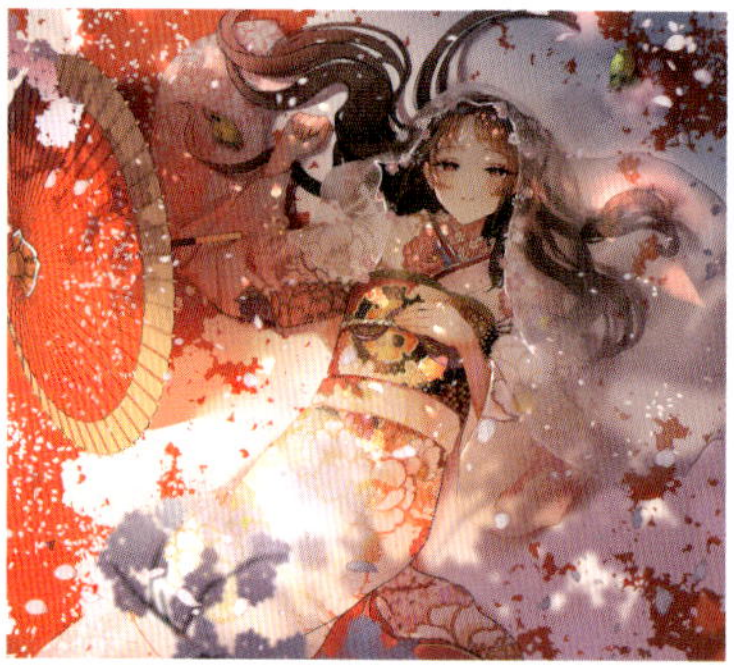

miyu
「桜花爛漫」

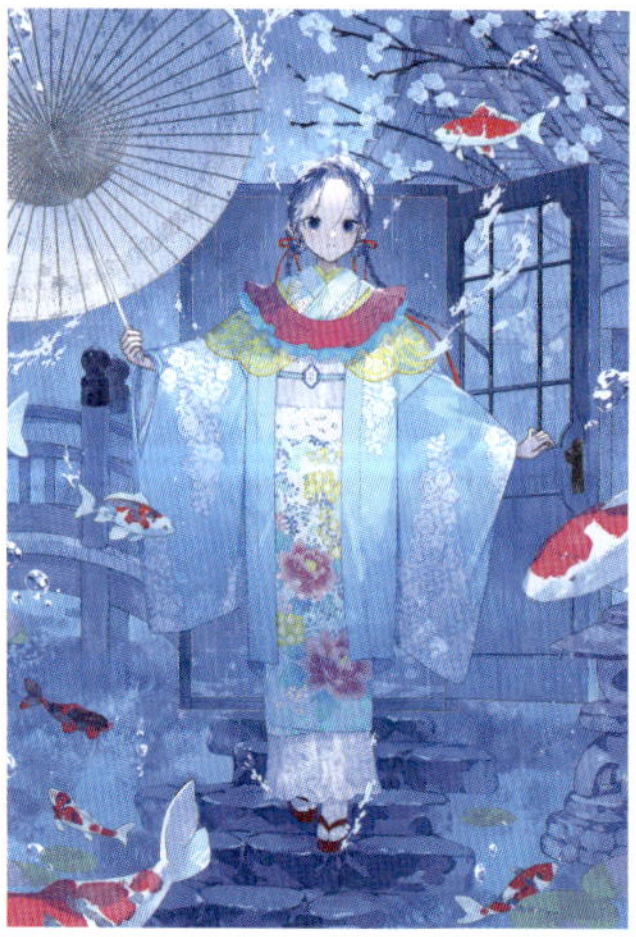

香「水中散歩」

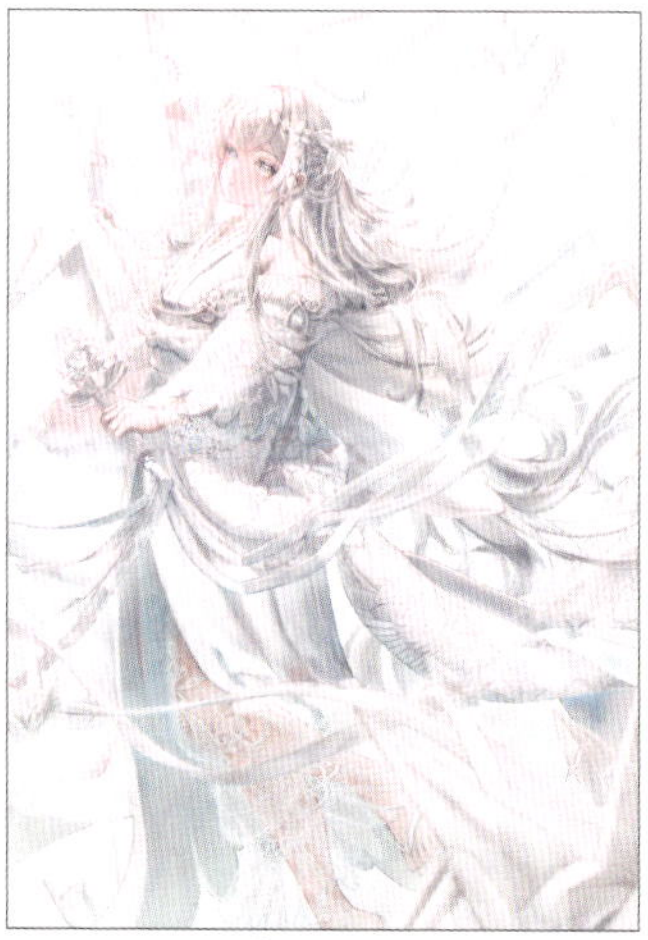

ゆうばり「白百合神楽」

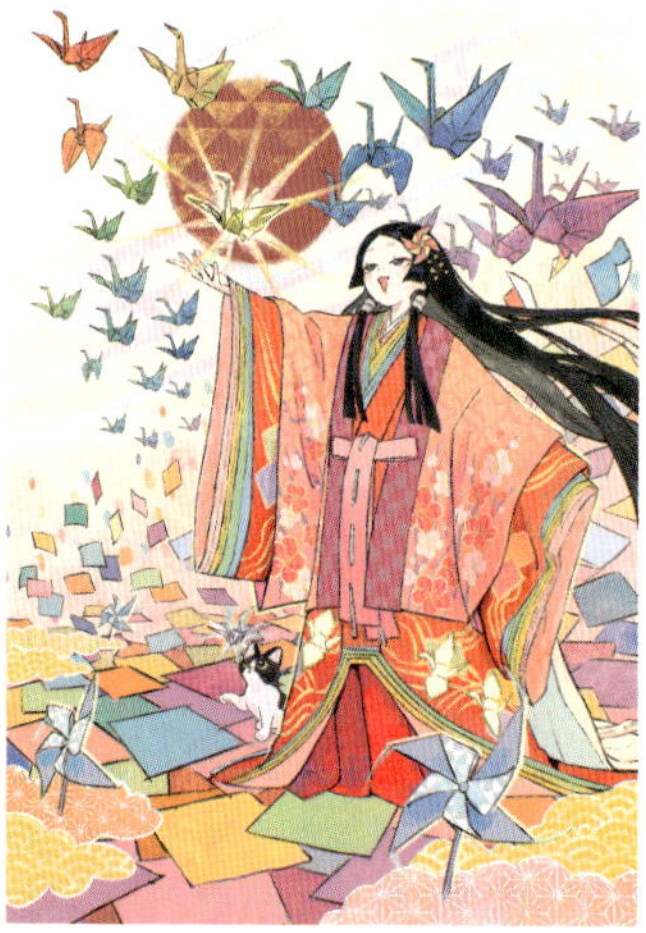

にゃんまろ「祈りの空」

第5回の開催決定！

9月開催予定
テーマは近日発表！

次回も雑誌掲載賞を設けます。
最新情報はガレリア公式のXアカウントから発信しますのでチェックしてください！

ガレリア公式Xアカウント▶

季刊エス・PIE賞 記念インタビュー

季刊エス賞・受賞作品

幻想的でやわらかい色合いと、黒猫を見つめる女性のやさしい眼差しが印象的。遠近感を意識した構図が視線を引き込むポイントになっている。

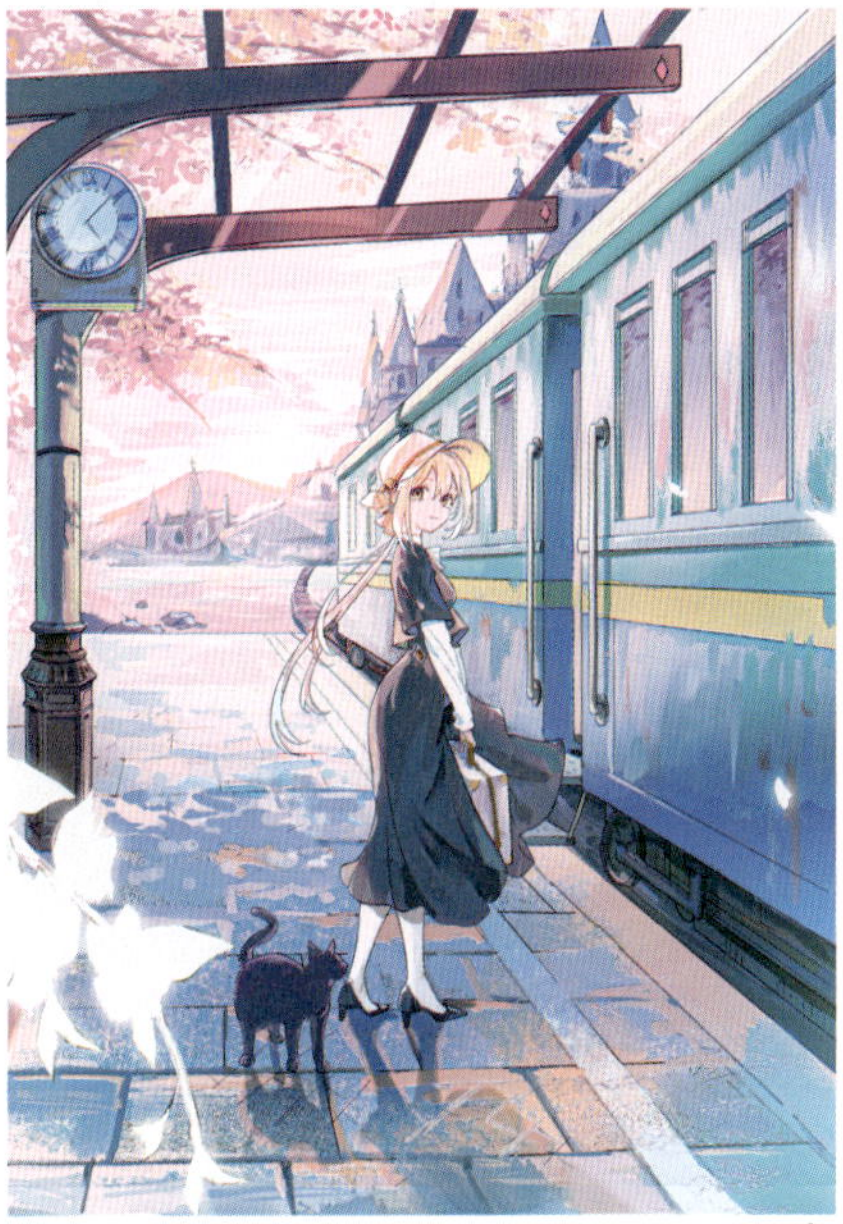

春の出会いと別れをモチーフにした作品です(涙塩)

作業環境	PC:Dell G15 描画ソフト:CLIP STUDIO PAINT ペンタブレット:Wacom Intuos Pro small
制作時間	約16時間です。ラフの段階にかなり時間をかけて構図や色合いを調整し、描き込みに入ると集中して一気に進めることが多いです。

涙塩

X【@rui_byoc12】

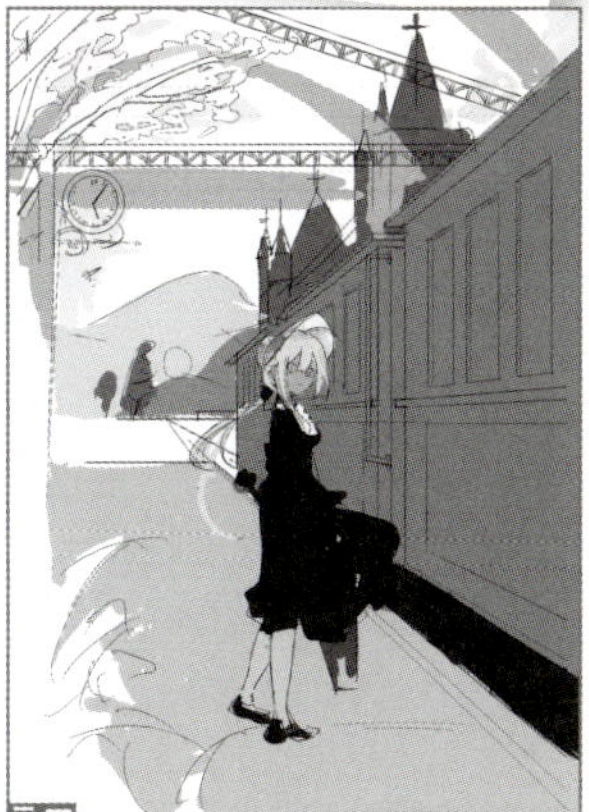

ラフ

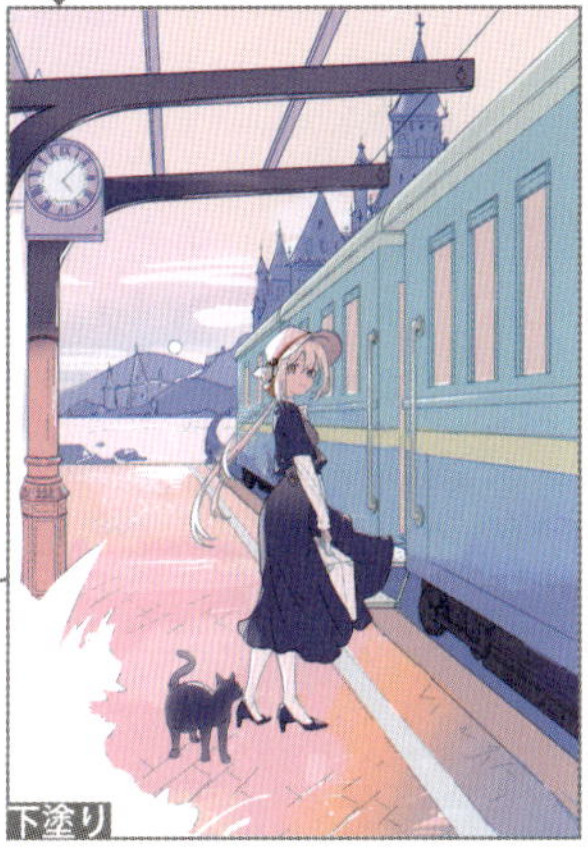

下塗り

Q1 「春の出会いと別れ」というモチーフと引き込まれました。受賞作品を描いた際の構想ややわらかな色づかい、舞台の描き方など、作画の際に大事にされたところをお聞きできますと幸いです。

A1 柔らかな光や風を感じられるような雰囲気を大切にしました。春は明るさと同時にどこか切なさを含んでいる季節だと思うので、色合いは淡く透けるピンクと青を中心にしつつ、人物の感情がにじみ出るように配置しました。舞台は物語性と遠近感を意識し、見る人がその場に立ち会っているように感じ、別れの瞬間の感情が届くよう心がけています。

Q2 涙塩さんが描かれる表情や仕草から、物語の想像が膨らみます。作品を描く際に欠かせないもの、描くのがお好きな モチーフについて伺いたいです。

A2 キャラクターの仕草や表情には必ず物語が宿ると考えているので、構想段階で自然とバックボーンを想像することが多いです。舞台設定も、その人物がどう生きてきたのか、これから何をするのかを補完する重要な要素になっています。作品に欠かせないものは「光」と「余白」で、描きすぎず残す部分にこそ想像の広がりがあると感じています。好きなモチーフは季節の移ろいを感じられるもの——花や雨、雪などです。

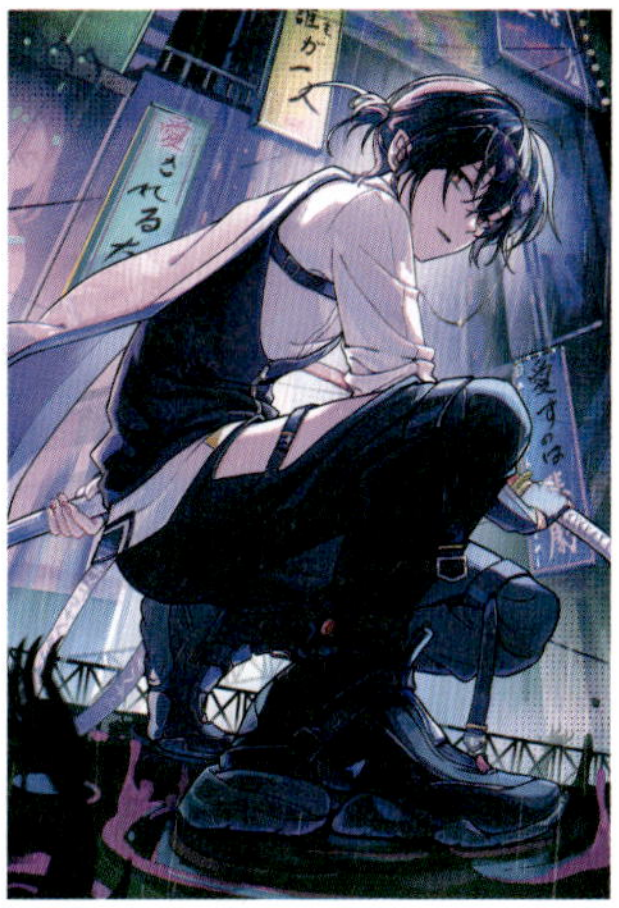

◀お気に入りの作品。静かな表情と迫力のある構図というギャップから、秘めた強さが伝わってくる。

Q3 今後描きたい世界観や創作活動で興味のあることを教えてください。

A3 今後は、もっと「時間の流れ」を強く意識した世界観を描いてみたいと思っています。例えば、一日の中で移ろう光や、キャラクターの一生の中の様々な瞬間など、合わせて見ることで一つの物語として感じられるような絵を描いてみたいです。また、イラスト以外でも装丁や展示など、作品が実際の空間に存在する形で表現されることにも関心があります。

PIE賞・受賞作品

和ファンタジーの世界観の表現方法と、色と線の美しさに引き込まれる。連想ゲーム風に決めるというモチーフの構成は、細部だけでなく全体のシルエットのかっこよさにも注目したい。

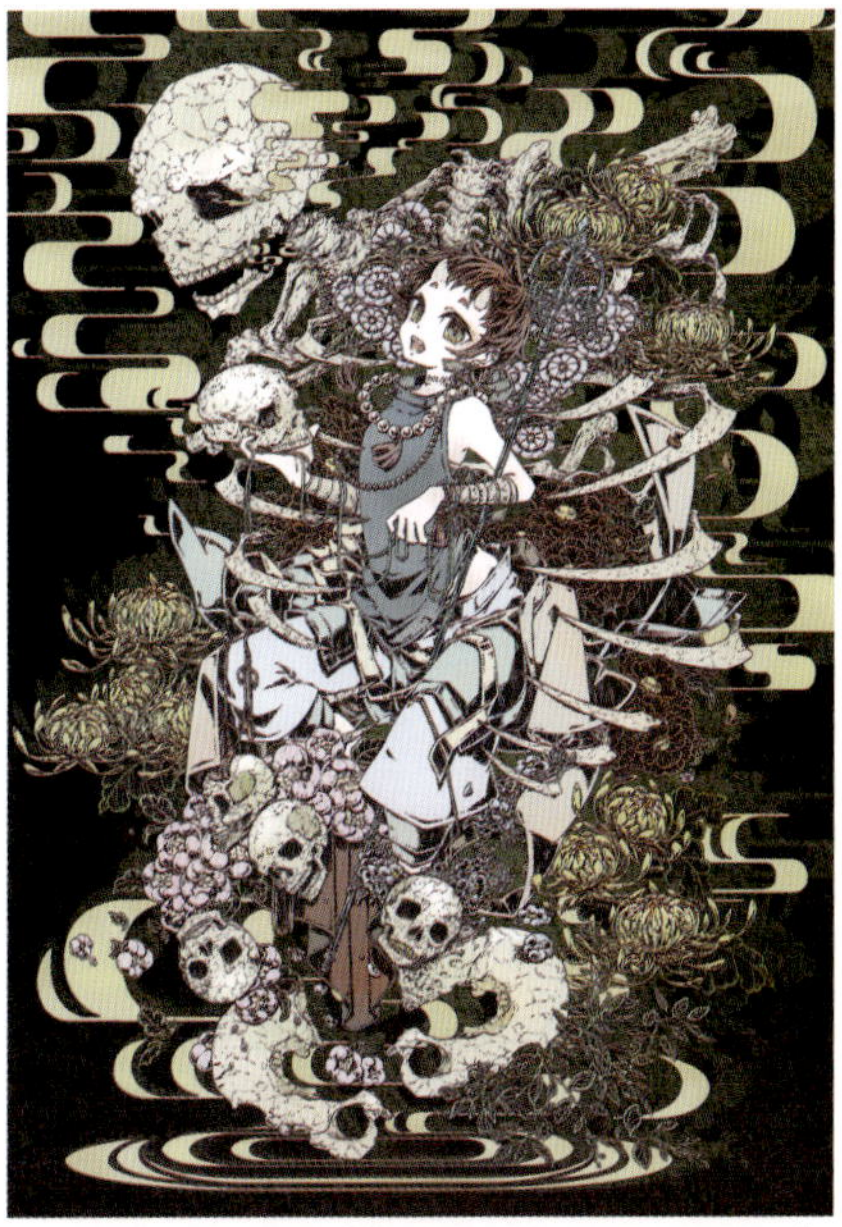

寂しがりな食いしん坊。可愛いあの子も愛しいその子も皆んなまるごと全部食べ尽くしたいけど、どうしても骨だけは歯が立たない。(匣)

作業環境	PC:MacBook Air 描画ソフト:CLIP STUDIO PAINT ペンタブレット:WacomIntuosSmall
制作時間	約3週間程度です。別の絵と並行して描いていたことや、もともとアナログ絵で描いていた絵を下絵にデジタルで再度ペン入れの加筆をしたため、明確な時間ではありません。

匣

Bluesky【@00500ko.bsky.social】
Misskey【@kk00500ko】
Xfolio【00500matome】

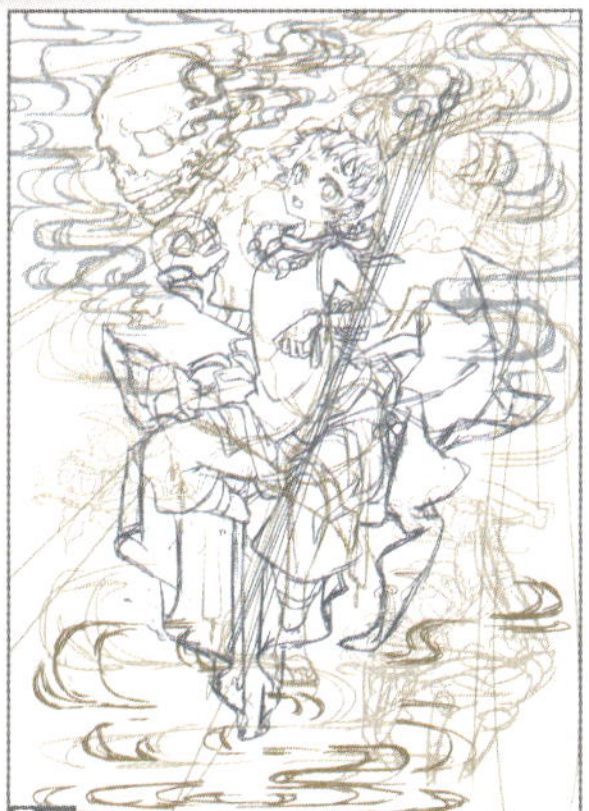

ラフ

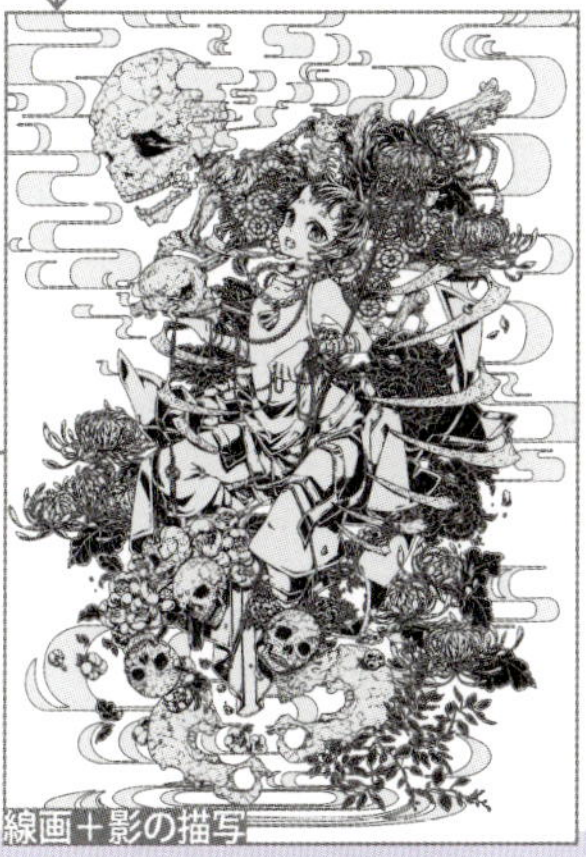

線画＋影の描写

Q1 「寂しがりな食いしん坊」という切なさやダークさのある物語性が印象的です。受賞作品の世界観を伝えるモチーフ選びで意識されたことを伺いたいです。

A1 絵を描く時はモチーフを連想ゲーム風で決めていきます。受賞作品を描いた頃は洋装を描くことが多かったので和風にすることを決めて、「骨と少年」からスタートしました。花を描くことも好きなので、そこに組み合わせて「骨→亡骸→死→菊」としてから、「何故少年は骨と一緒にいるのか?→死者の骨と生者の少年→寿命の違い→少年＝鬼→鬼は人を食べる→何故食べた?→友達とずっと一緒に居たくて」という流れで世界観を決めていきました。錫杖(しゃくじょう)を持っているのは過去に僧侶のお友達がいたのだと思います。

Q2 匣さんの作品の魅力のひとつとして線の美しさがあります。線の描写でこだわられていること、大事にされていることをお聞きしたく思います。

A2 曲線は美しく、布は生き物だと思っています。下描きが不充分だとペン入れ時に、線画が雑だと着色時に気になって描き直すことになるので、妥協せず時間をかけて描いています。ペン入れは、直線や曲線ツールも使って線の太さが均一になるようにするんです。影は布が重なる場所に入れつつ、全体を確認しながら模様を入れる感覚で描いています。絵全体がシルエットになっても綺麗に見えるように心がけています。

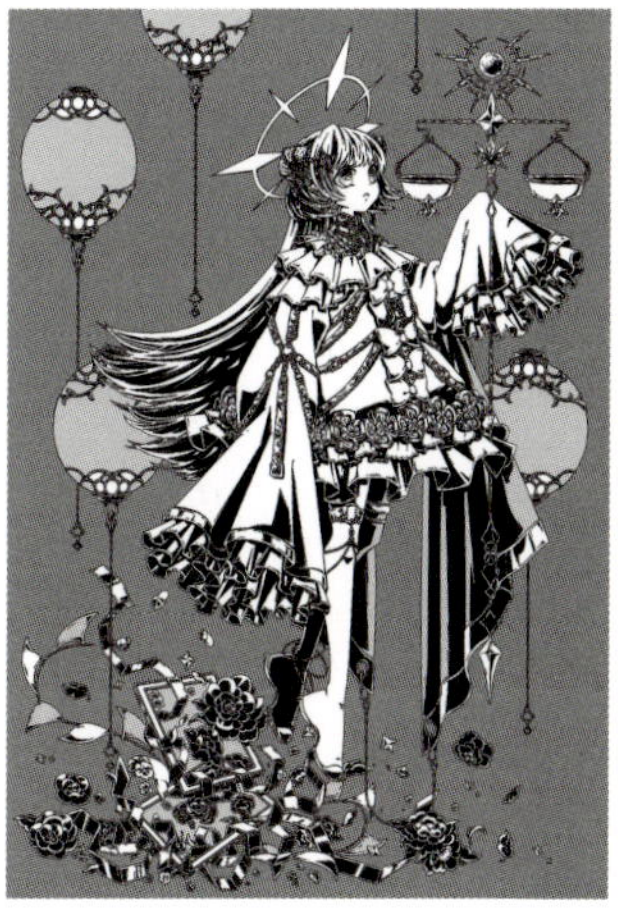

◀匣さんはモノトーンの作品も発表している。白と黒のバランスやシルエットの華やかさがより際立つ。

Q3 今後描きたい世界観や創作活動で興味のあることを教えてください。

A3 フリルやレースなどひらひらした布を描くのが好きなのですが、最近は民族系の重厚な布地や装飾品、深海生物の尾鰭などのひらめき具合や牙の鋭さ、独特な瞳の形などに惹かれています。それを絵にいかしたいなと思い画像や動画を見たり、小物を集めたりしています。挑戦したいことはたくさんあるのですが、まずはCLIP STUDIO PAINTの機能をもっと使いこなせるように勉強して作業速度をあげたいです。

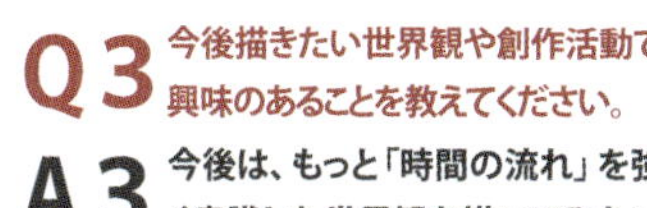

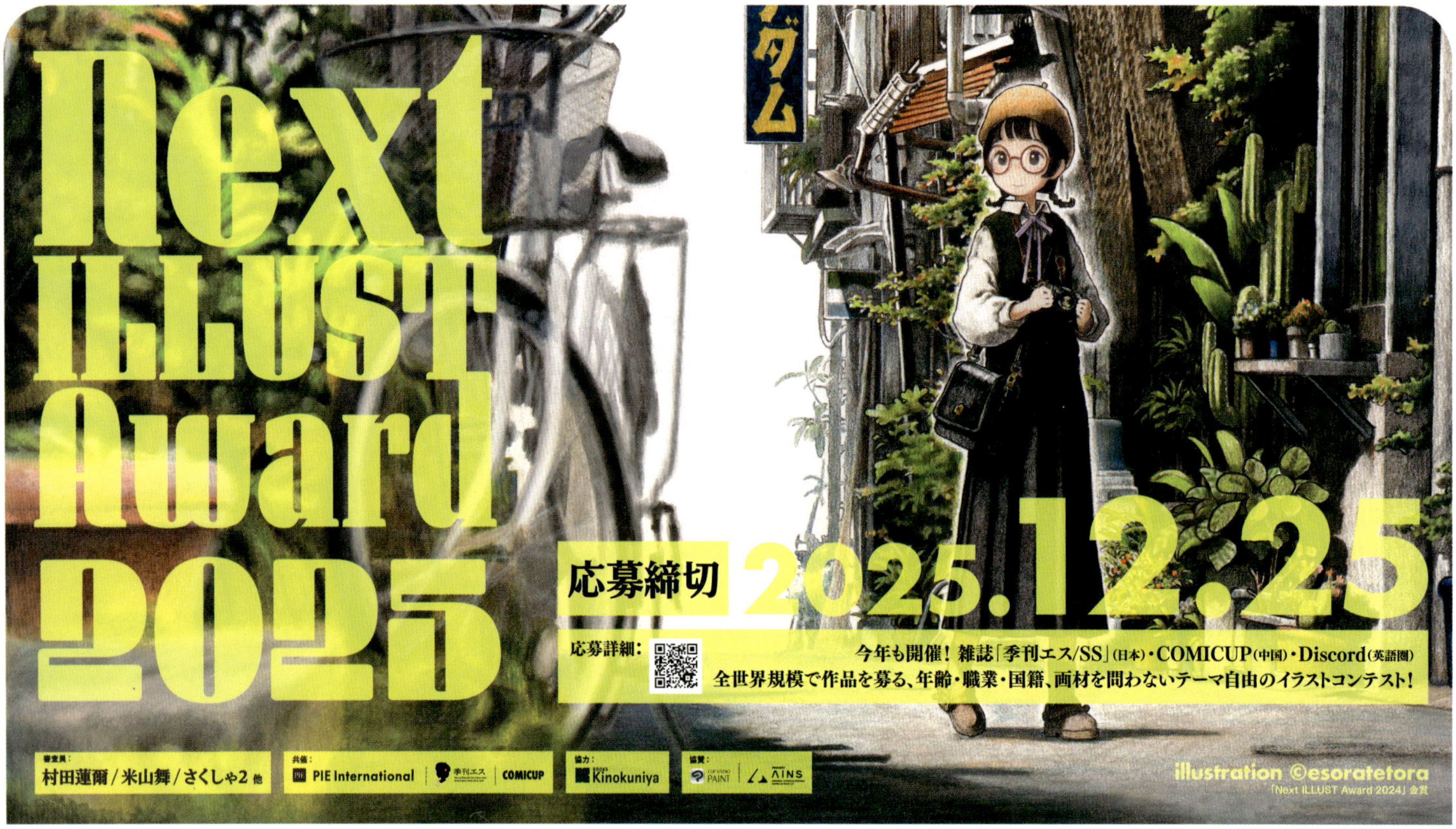

Next ILLUST Award 2025
応募締切 2025.12.25
応募詳細：
今年も開催！雑誌「季刊エス/SS」(日本)・COMICUP(中国)・Discord(英語圏)
全世界規模で作品を募る、年齢・職業・国籍、画材を問わないテーマ自由のイラストコンテスト！
審査員：村田蓮爾／米山舞／さくしゃ2 他
共催：PIE International　季刊エス　COMICUP
協力：Kinokuniya
協賛：CLIP STUDIO PAINT　AINS
illustration ©esoratetora
「Next ILLUST Award 2024」金賞

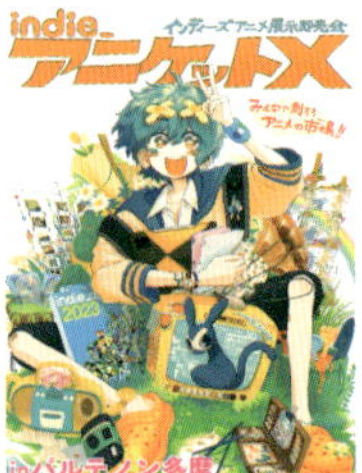

総勢100名のクリエイターが大集合するインディーズアニメ展示即売会
インディーアニメマーケットX！
2025 in パルテノン多摩

HP

イラスト｜10十10

開催日：2025年10月4日(土)・10月5日(日)
開催場所：パルテノン多摩
　オープンスタジオ……即売会／会議室……トークイベント
　市民ギャラリー…… 企業ブース ※市民ギャラリー入場無料
入場料（税込）：1日券 1,200円／2日通し券 2,000円
各トークイベント付き1日入場券 3,700円

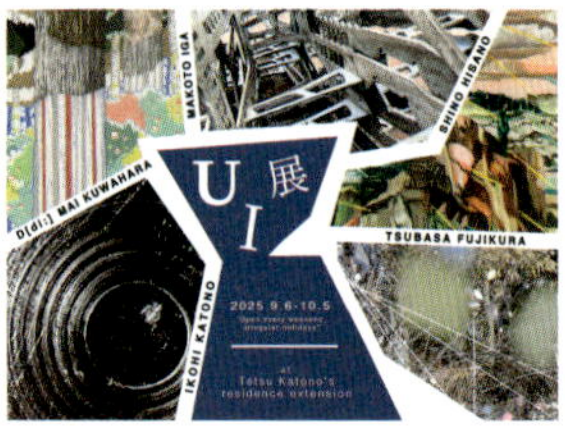

UI展　atelier UI group show vol.1
参加作家：上遠野いこひ、伊賀信、久野しの、藤倉翼、D[di:] MAI KUWAHARA

Instagram

会期：2025年9月6日（土）～10月5日（日）
（9月6日,7日,13日,14日,15日,20日, 21日,26日,27日,28日
10月3日,4日,5日の、13日間のオープンギャラリー）
入場無料／時間：11:00-16:00
会期中のイベントに関する詳細はInstagram＝ui_marchesをチェック
会場：「上遠野徹自邸増築棟」　札幌市南区川沿9条2丁目1-24

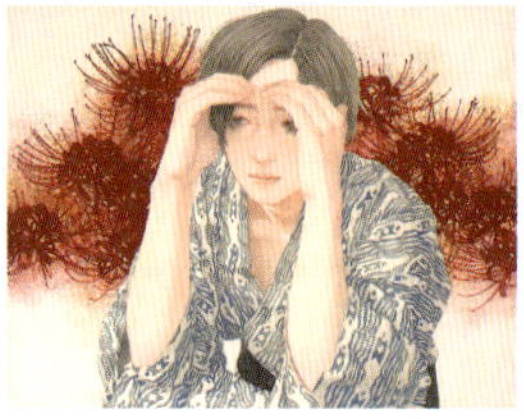

大山菜々子作品

展示「少年展V」
参加作家：KTDOLL、mumei's a n a、大山菜々子、シマザキマリ、神宮字光、高久梓、中村那由多、目黒詔子

会期：2025年11月11日（火曜日）～16日（日曜日）
会場：弘重ギャラリー
〒150-0022東京都渋谷区恵比寿南2-10-4　ART CUBE EBIS BF
今回は通常の作品に加え、全員でタロットカードを作ります！
お気に入りのカードは見つかるでしょうか？ 気になる作家はどのカード？
わいわい盛り上がって行きましょう！

Shop S midnight

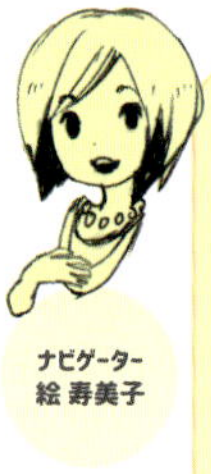

ナビゲーター
絵 寿美子

こんばんは！
『Shop S』
キャストの絵 寿美子です！
本日も素敵な商品をたくさん取り揃えて紹介しております～！

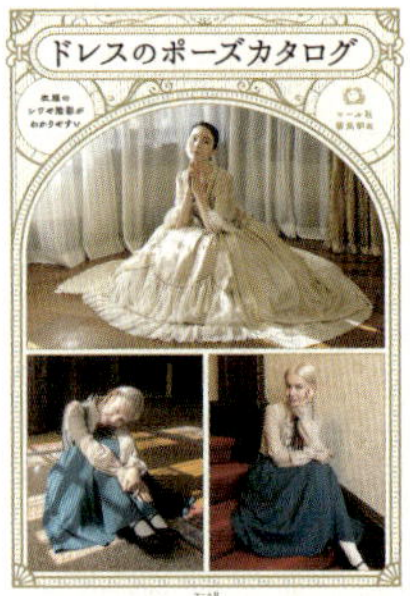

『ドレスのポーズカタログ』
マール社編集部 編

定価：2,970円（税込）
発行：マール社編集部

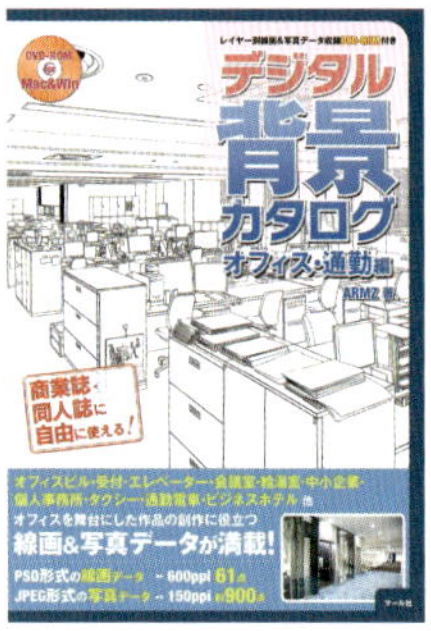

『デジタル背景カタログ オフィス・通勤編』
著者：ARMZ

定価：3,520円（税込）
発行：マール社編集部

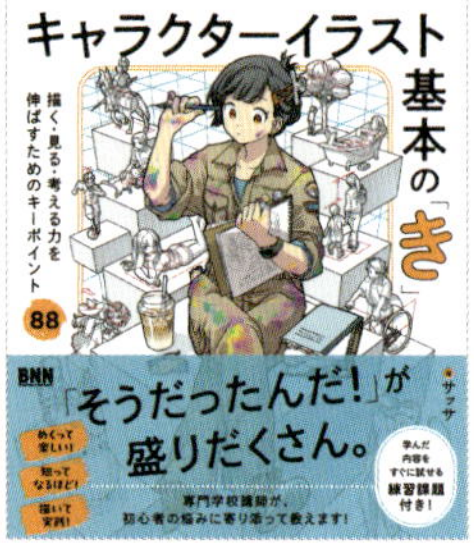

『キャラクターイラスト基本の「き」描く・見る・考える力を伸ばすためのキーポイント88』
著者：サッサ
デザイン：マツヤマチヒロ（AKICHI）

定価：2,420円（税込）
発行：ビー・エヌ・エヌ

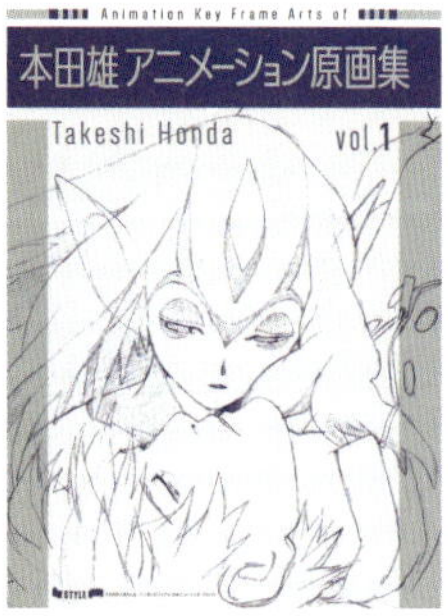

『本田雄 アニメーション原画集』vol.1
著者：本田雄

定価：8,800円（税込）
発行：スタイル

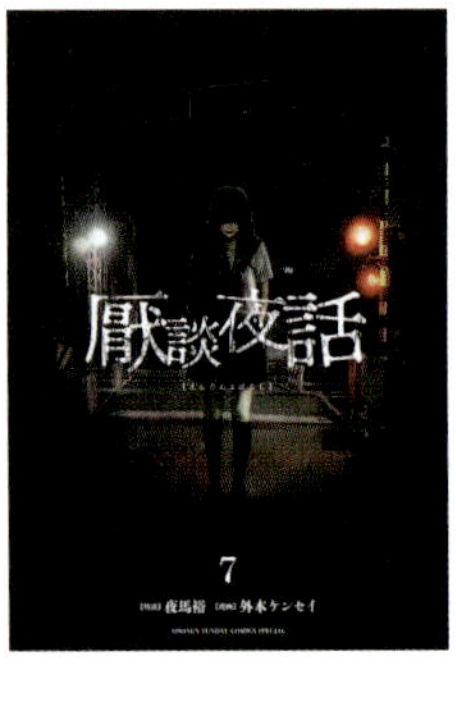

『厭談夜話』7巻
怪談：夜馬裕
漫画：外本ケンセイ

定価：770円（税込）
発行：小学館

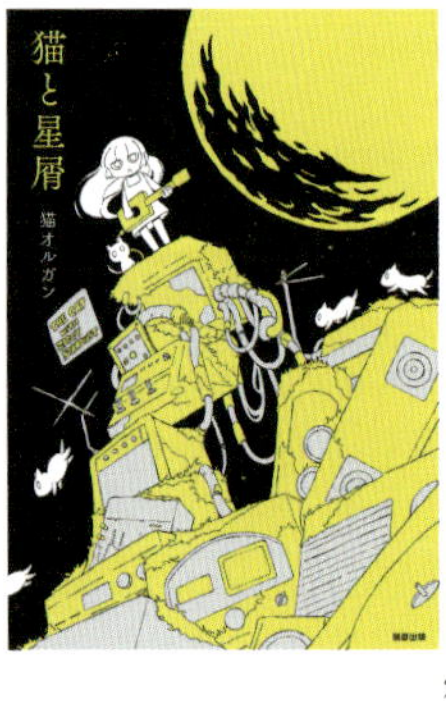

『猫と星屑』
著者：猫オルガン

定価：1,200円（税込）
発行：駒草出版

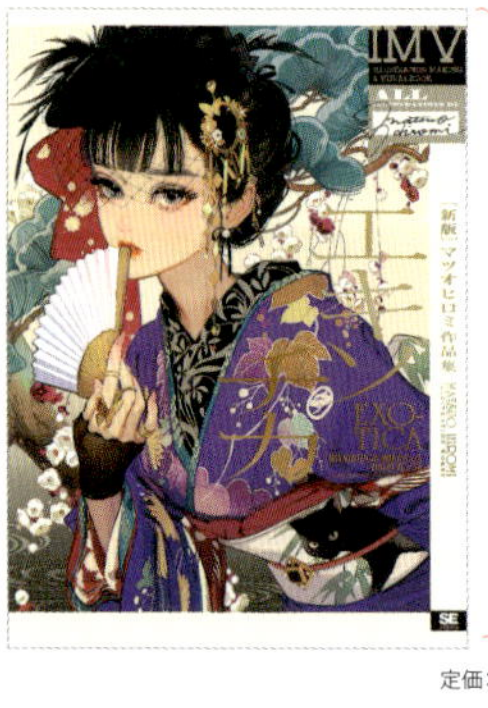

『［新版］エキゾチカ マツオヒロミ作品集 ILLUSTRATION MAKING & VISUAL BOOK』
著者：マツオヒロミ

定価：3,300円（税込）
発行：翔泳社

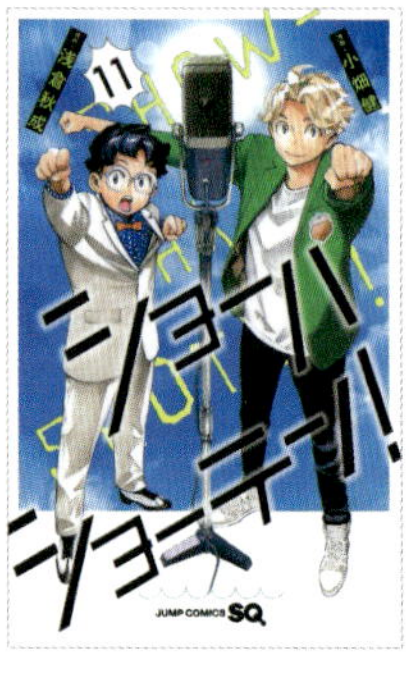

『ショーハショーテン！』11巻
原作：浅倉秋成
作画：小畑健

定価：616円（税込）
発行：集英社

ゆかしなもん教授による、永遠のおんなのこカルチャー講義！

昭和ガーリーカルチャー大学

文＝ゆかしなもん

ゆかしなもん
主に70～80年代の昭和ガーリーカルチャーを懐古＆発信する「昭和的ガーリー文化研究所（http://lineblog.me/yukacinnamon）」所長。小学30年生でもある。2010年より、同名の武露愚（ブログ）をスタート。ムック本「80'sガールズ大百科」にライターとして参加したほか、共著本『ファンシーメイト』も手掛ける。著書に「'80sガーリーデザインコレクション」「'80sガーリー雑誌広告コレクション」「'80s少女漫画ふろくコレクション」（発売：グラフィック社）がある。2023年5月には「ゆかしなもんの'80sガーリーカルチャーガイド」（グラフィック社）を発売。

50時限目

昭和的バッドガールズ、フォーエバー!!!の巻

こにゃにゃちわー、ゆかしなもん教授です！　今回は、もう冒頭に宣言してしまいます。私「バッドガール」が大好きです（大声）！　「バッドガール」に憧れて、今日まで生きてきました、といっても過言ではない（ちょっと過言か）。今回は押さえておきたい「昭和的ガーリーバッドガール」を独断と偏見で解説します♪

漫画「ビー・バップ・ハイスクール」
スケバン
三原山順子

まず絶対に忘れてはならないのが、昭和ツッパリ漫画の金字塔「ビー・バップ・ハイスクール」（1983年連載開始。きうちかずひろ作）。不良高校生コンビ・トオルとヒロシの友情や、他校とのケンカ、そして時々ラブ♡の物語です。トオルとヒロシのいる私立愛徳高校に転校してきたのが、三原山順子（名前の由来は国会議員の三原順子先生）。この順子さんはいわゆる「スケバン」で、めちゃくちゃにカッコいいの！　美人なうえにキモが据わってて、絶対にトオルとヒロシに惚れないし、なびかない。あとは他のスケバンともつるまない。孤高なんです。当然、他校のツッパリたちにもめちゃくちゃモテる！　漫画版も好きだけど、大ヒットした実写映画版の順子さん（宮崎萬純）をぜひ観て欲しい。ツッパリにしか着ることの許されない変形セーラー服の着こなしがとにかくカッコよくてね。髪型もシリーズによってソバージュだったりショートカットだったり、本当にクールビューティー！　スケバンキャラの最高峰だと思ってます。

TVドラマ「積木くずし―親と子の200日戦争―」
ヒロイン
香緒里

そして、もう1つ忘れてはならない「バッドガール」は、TVドラマ「積木くずし―親と子の200日戦争―」（1983年）のヒロイン、香緒里。当時社会現象にもなり、最終回の視聴率がなんと40%を超えたという大ヒットドラマです。ごく普通の内気な少女が、髪の色などを理由に他の生徒に因縁をつけられたことや家庭環境から徐々に非行に走り、シンナー、暴走族、家庭内暴力などにのめり込んでいくという実話を元にしたストーリー。当時、ツッパリや校内暴力などが問題になっていた、混沌とした時代で、リアリティのあるドラマの設定や描写に日本中が衝撃を受けたのでした。シンナーを吸うのが流行ってたんですよ、この時代…（美容と健康に悪いのにね）。もう、このヒロインのヘアスタイルとかメイクも怖くて怖くて。今で言うと、女子プロレスラーのヒール（悪役）みたいなメイクかな。なにがリアルって、ヒロイン役の高部知子ちゃん自身も素行不良で写真週刊誌に報道された正真正銘の「バッドガール」だったこと！　いや～、シビれましたね。これには（その後いろいろあったものの、立派に更生されました）。

アウトローな「バッドガール」って、なんか自由でカッコいいのよね。自分を持ってる！　だから憧れるんだろうな。危うくて儚い昭和の「バッドガール」たちよ、フォーエバー♡

S SAY COLUMN

行ったぜ！　女性用風俗

文＝しろねり

2回目

真冬の女風デビュー

こんにちは、今日は私が初めて女風に行った日の話を聞いてもらうために、少し拘束させていただきました。ここを開いてしまったあなたには強制的に読んでもらいます。よろしくお願いします。

あれは忘れもしない一月十七日。友達との新年会が早めにお開きになった帰り道、ふと「今じゃない？」という謎のスイッチが入り、そのまま勢いで予約。緊張で我に返り酔いが一気に冷め、期待と何やってんだろうという気持ちでぐちゃぐちゃになりながら、指定された場所へ向かいました。お店に完全お任せだったので期待していなかったのですが、現れたのは爽やかな細マッチョの面のいい男性。ここでは彼を「筋肉」と呼びます。緊張しすぎて会話どころか目も合わせられないまま、ラブホテルへ連れて行かれ、入室。まずカウンセリングをされ、利用の理由・性感の割合・性癖など赤裸々な質問を至近距離で手を握られながらされ、恥ずかしさで脳が焼けただれていくのを感じました。一息ついたとき筋肉が「一緒にシャワー入る？」と聞いてきて、「すいません一人ずつでお願いします」と即答をかましダッシュで風呂場へ、溜まり切ったパニックを発散するために小さい声で奇声を発しながら一人体を洗う姿はさぞ滑稽だったろうな。筋肉もシャワーを終えて登場。あらゆる毛がない、私なんてまだカミソリで毛剃ってんのに！

私はあまり筋肉に興味がなくどちらかというと細身の人が好みなのですが、初めて筋肉を綺麗だなと思いました。ベッドに座らされ、背後に筋肉が座りマッサージ開始。頭から足先までゆっくり撫でられる。マッサージって言っていたけどこれあれじゃん!!　もうとっくに始まっているから、前戯。のやつじゃん!!!　と脳内で大絶叫しながらパニックのゲージを下げる為に筋肉に顔を見られてない瞬間に白目をむく、という奇行に走ることにより、なんとか自我を保ち続け、だんだん触れる箇所が際どくなり、そのまま流れるように性感マッサージへ。

多分未成年も読んでいると思うので詳細は避けますが、良かったです。緊張のあまり気持ちよさに完全には乗り切れませんでしたが、ケアされたふわふわの唇でされるキスが良かったです。帰りはまた別々にシャワーを浴びて、駅まで手を繋いで歩き、最後は改札前でハグをされ、何が起こったのか理解できないまま一駅前で降りて、今日の出来事を何度も反芻しながら歩いて帰りました。

そして面倒で渋っていた全身脱毛に勢いで踏み出し今四回目です。ありがとう筋肉、ありがとう女性用風俗。

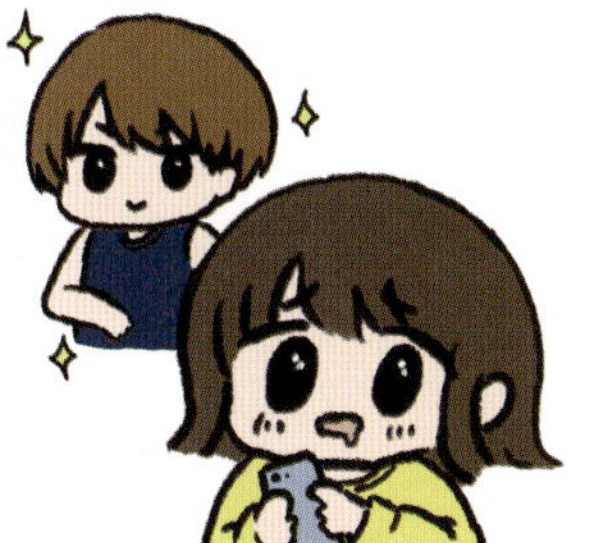

しろねり
趣味でお絵描きをしている性欲強めの都内の会社員。MBTIはINFP（仲介者）。

キャラクターデザインをつとめる映画『ふれる。』の配信がPrimeVideoをはじめ、各プラットフォームでスタートした田中将賀さん。
この赤ペン講座では数々の作品に携わる田中さんの経験をふまえたアドバイスを直接聞くことができます。キャラクターデザインやレイアウトなどの技術的なことだけでなく、行き詰まって凝り固まった考え方をほぐしたり、意識を変えるきっかけを投げかけてくれます。
第36限目はデジタル作画を練習中の学生「彗田うみ」さんとイラスト系の専門学校生「大佐」さん。プロの方から自分の絵がどう見えるのかを聞きたいということで応募してくださいました。違う視点から見てもらいたい方や絵の話を聞きたい方など、赤ペン講座は参加者を随時募集中。誌面で記事を見ている方も、SNSやサイトで初めて知った方もOKです。ぜひ気軽にご参加ください!

田中将賀のキャラクター赤ペン講座

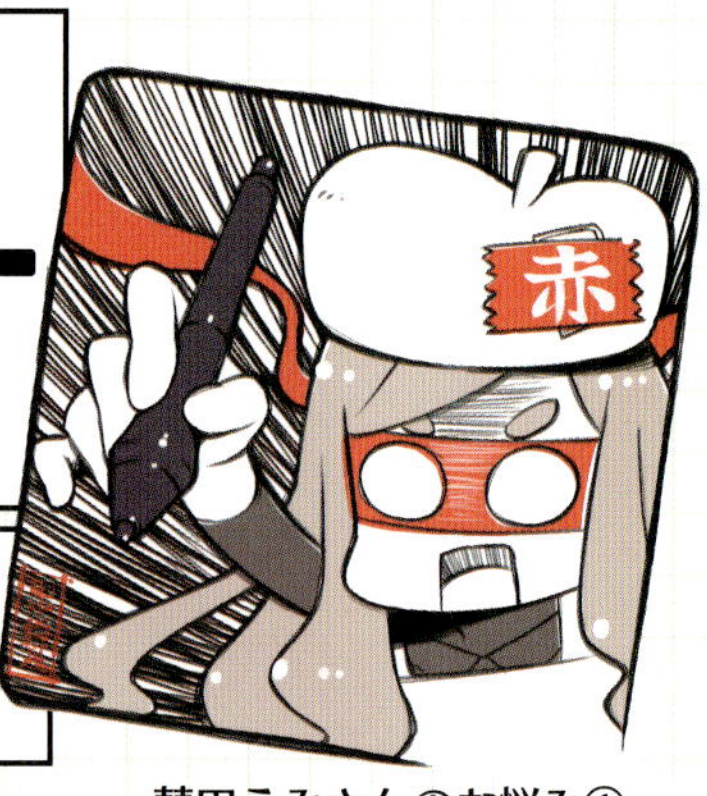

第36限目
「怖がらずに明暗をつけて見せたい場所を明確にしよう」

受講生
彗田うみさん
大佐さん

彗田うみさんのお悩み①

「ビビッドなハイライトや濃いカゲの表現、立体感が苦手です」

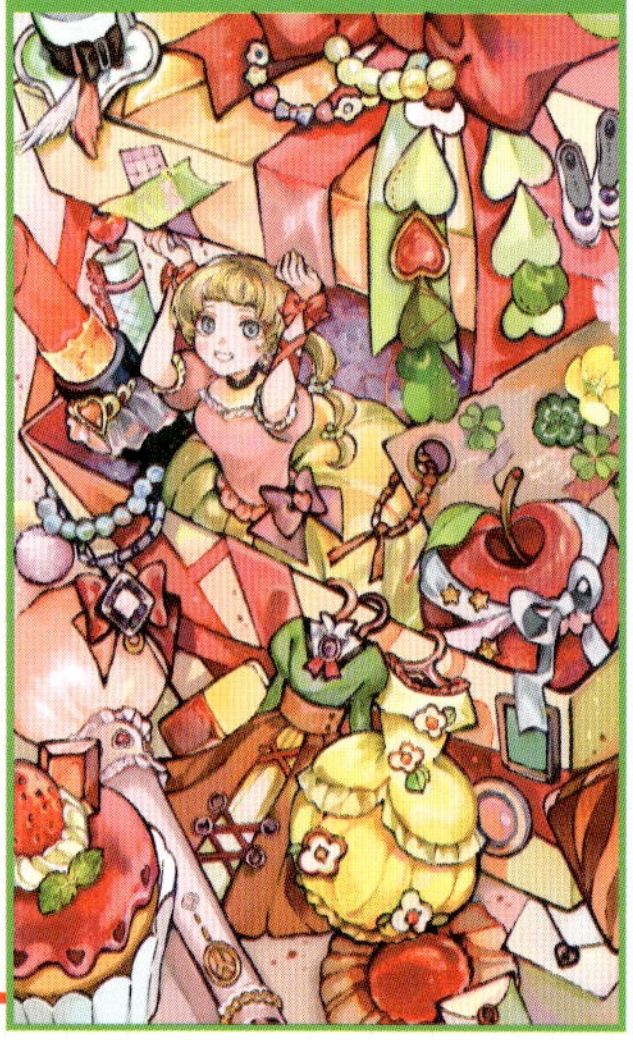

※見やすいようにグレーの下地に変更

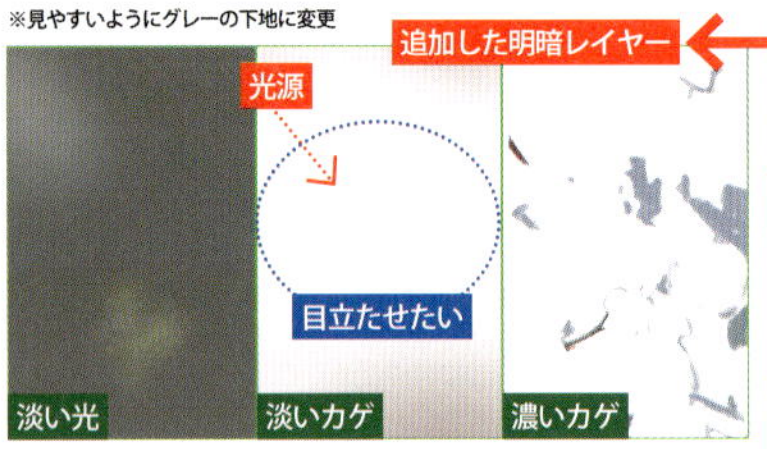

役割ごとにレイヤーを分けて明暗を乗せました。色に迷うなら少し濃いめのグレーで塗って、あとから色調整すれば良いです。色がケンカするときは色調を変えたり、明度を落としたりしながら加えてみてください。暗い場所を先に作ってから明るい光を足すのがポイントです。

意識すると良いポイント

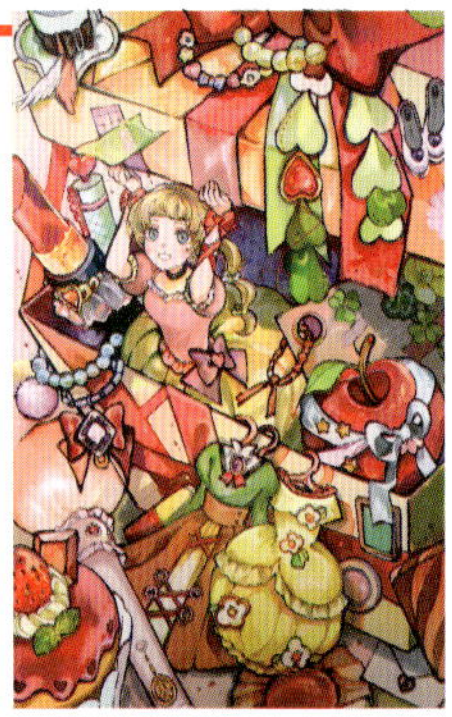

デジタルはレイヤーを分けられるので、思い切ってカゲをつけてみましょう。女の子に濃いカゲをつけなくても、周りの明度を落とすことで、アイテムに埋もれずパッと目がいくようになったのではないでしょうか。あわせて、アイテムの落ちカゲ(壁や床に落ちるカゲ)も丁寧に入れて、シルエットを引き立たせます。

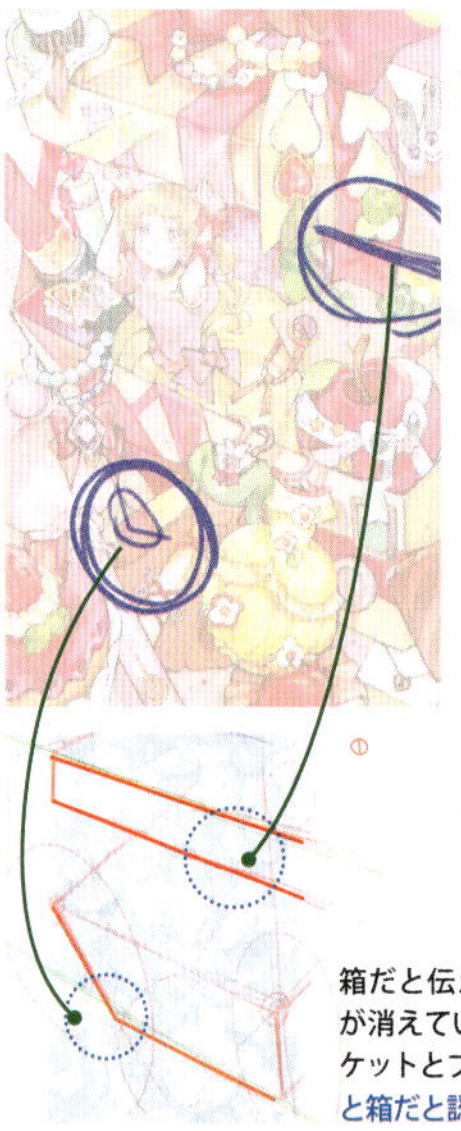

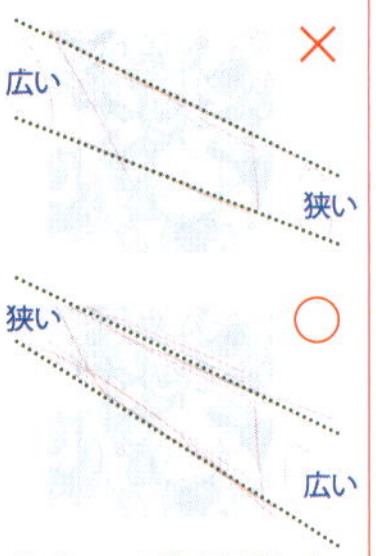

モチーフの角度に迷ったら、スマホのカメラで答え合わせをしてみると良いです。自分で描いたモチーフと、代用できそうな箱型のアイテムを並べて、同じ画角で撮ってみましょう。「なんか変?」だと思う原因に気づけますよ。

箱だと伝える「角」「フタのライン」が消えています。リボンの形やビスケットとブラシの位置を少し変えると箱だと認識しやすくなりますよ。

田中将賀さんのお答え

女の子の表情が可愛く描けているのが良いと思います。そこがまず大事なところです。次に重要なのが、プロとアマの差にも繋がる「見る側へどこまで配慮するのか」。1枚目はプレゼントの箱を認識できることがポイントです。それがクリアできれば、アメニティや化粧道具のサイズから女の子が小さいことは自然と連想できました。箱を強調するための方法は赤ペンで紹介したコツ以外にもあって、それが色変更です。「同じ色=同じもの」という認識をするので、シンプルな違いですが箱に目がいくようになります。

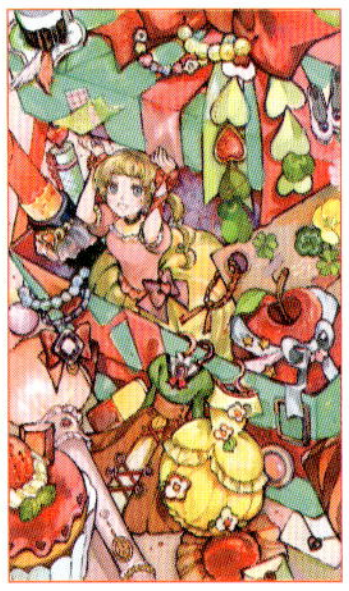

また、ハイライトには「一番明るいところ」以外に、「注目すべき重要なところ」という意味があることも意識すると良いですよ。ハイライトは、つい全体的に入れたくなりますが、それだと見せ場も弱くなります。それを避けるため、僕の場合は先にシャドウを入れて焦点を絞ってしまうんです。その上で必要なハイライトを入れます。「明暗の違い=見るべき優先度」と考えると、明るくするべき場所が絞りやすくなりますよね。絵に明暗がつくことで立体感にも繋がります。

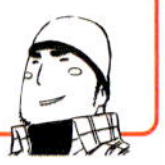

絵で伝えたい場所や主題と関連する場所の情報量を増やしていこう

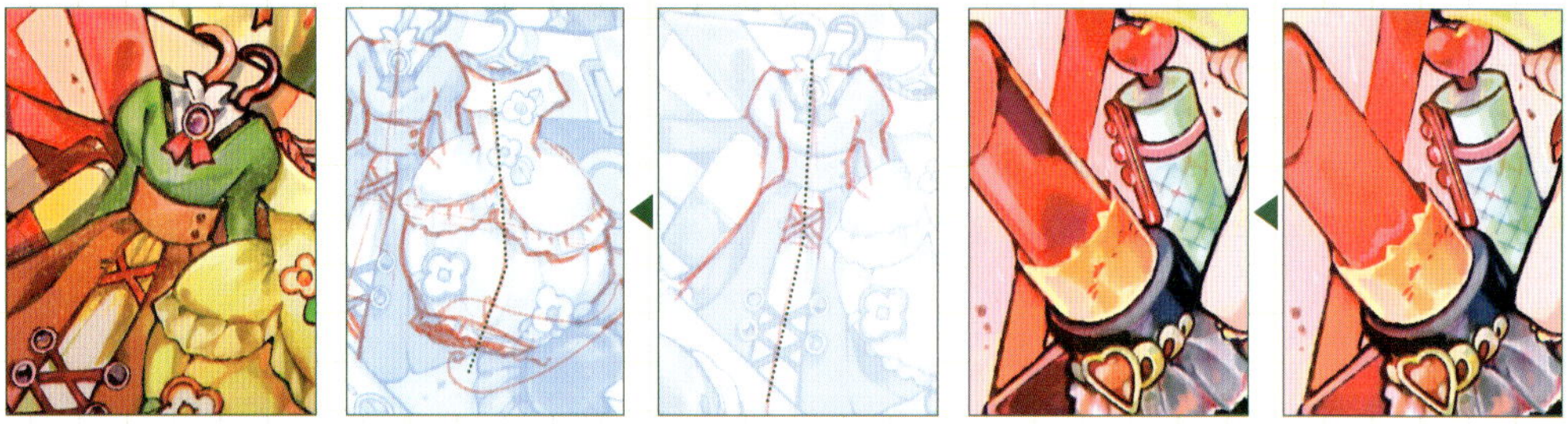

ラメ風の光沢を【トーンふわ削りブラシ】、ぼかしツール、覆い焼きカラーを組み合わせて乗せました。違う質感を加えて他よりも目立たせます。

口紅とあわせて優先度の高いアイテムがドレス。衣装はクラシカルになるほどシルエットが重視されるので丁寧に描きます。さらに着用していない服の作画も難易度が高め。「逆くの字」のガイドで床に着く状態をチェックしつつ、装飾が中心線からぶれないように気をつけて描きます。

キャラクターと距離が近く存在感のある口紅は、他の小物よりもしっかりと描き込むべきアイテム。明暗を入れるだけでなく照り返しも加えます。周にあるグリーンのアイテムの色を少し入れたり、別の方向から当たる光も細やかに入れることで存在感が増します。

シルエットを意識してデフォルメを加えてみよう

彗田うみさんのお悩み②

「魅力的なキャラクターデザインについて伺いたいです」

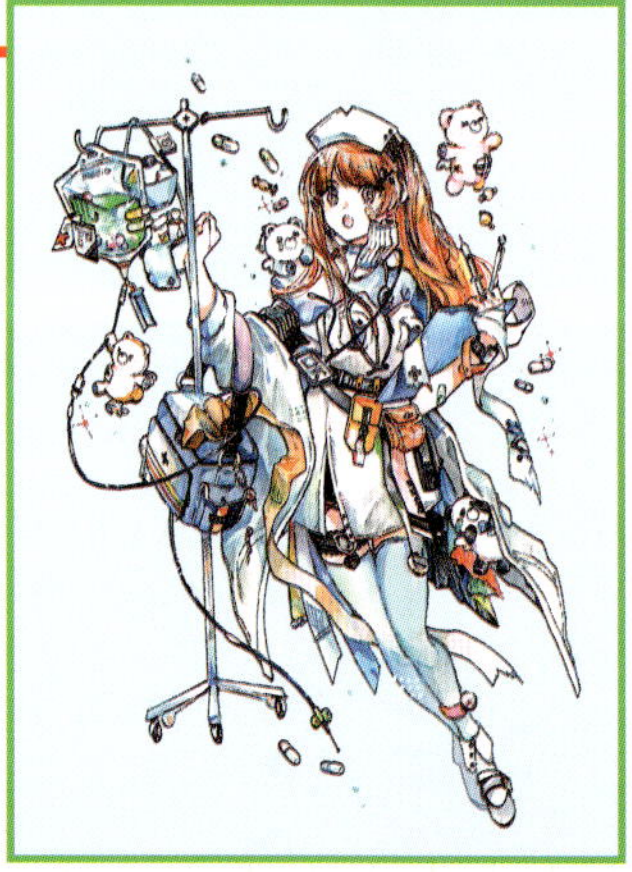

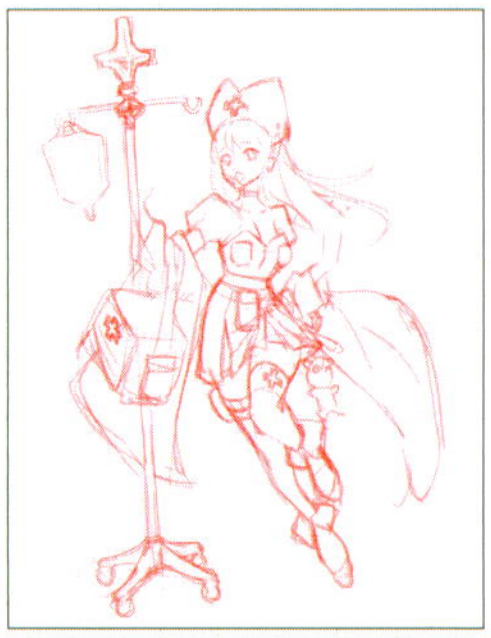

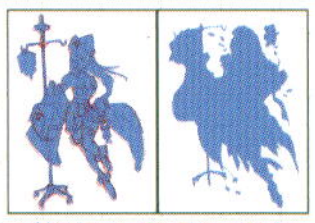

描いたら、シルエットを塗りつぶします。見せたいパーツやアイテムが埋もれていないかをチェック。体のラインや髪型でキャラを判別できることも重要な点です。

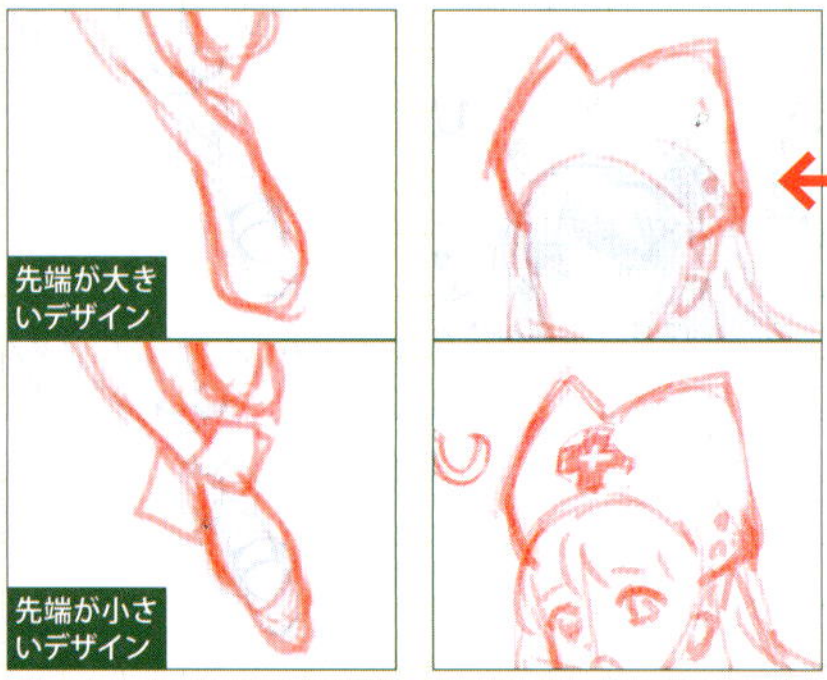

先端のフォルムには個性や作家の好みが出ます。悪役はシルエットが極端なので参考になりますよ。エヴァの使徒のシルエットも特徴的です。シンプルなラインに隠れたこだわりに注目してみてください。

シルエットと法則性のあるデザインを意識するのがポイントです。ナースキャップを大きくデフォルメしたり、属性と関連するマークを複数の箇所(3箇所くらい)に入れるとユニフォーム感が出ます。

受講を終えて

彗田うみさんからの感想

今回添削していただいたことで、自分ではうまく認識できていなかった課題だけでなく、創作に対する姿勢についても学ぶことが出来ました。また、キャラクターや小物のシルエットにメリハリをつけることの重要性も実感しました。今後は、見る人にとっての「わかりやすさ」を意識しながら、「この絵の中で何を一番伝えたいのか」を明確に表現できるよう、取り組んでいきたいと思います。このような貴重な機会をいただき、本当にありがとうございました。

X【@UmiSuita】

田中将賀さんのお答え

作画に入る前に、ライティングを意識した習作を描くと良いです。最初は白黒で良いです。色を気にせず考えられるので、表現したいことがまとめやすくなりますよ。細部も追わず描きたいモチーフを大まかに置きます。濃淡の階調を決めるときに大切なのは「何を見せたいのか」「どのシルエットを立たせるのか」です。細かいディテールはこの第一段階の習作では必要ないので、右図くらいの情報量で止めます。これ1枚をいじりながら考えるのではなく、ベストなライティングを探すためにたくさん作ることが大事です。絵を描くときの基礎づくりになりますし、画面を構成するバリエーションも増やせる手助けにもなってくれます。今回見せていただいたイラストでも、木やたんぽぽの位置がここで良いのか、キャラクターとのバランスがベストなのか…ということを習作の段階で行うと、描きながら悩むことも減りますよ。遠回りに感じるかもしれませんが、自分で考えてたどり着いてほしいし、それが健全だなと思うので、失敗しながらでも自分の方法を導き出してほしいなと思います！

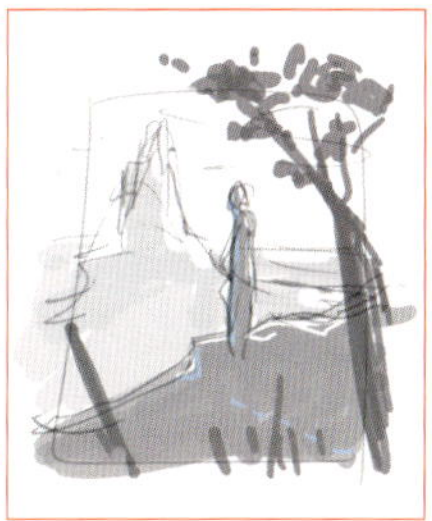

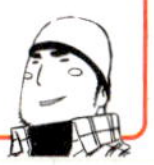

伝えたい印象を考えてトリミングしよう

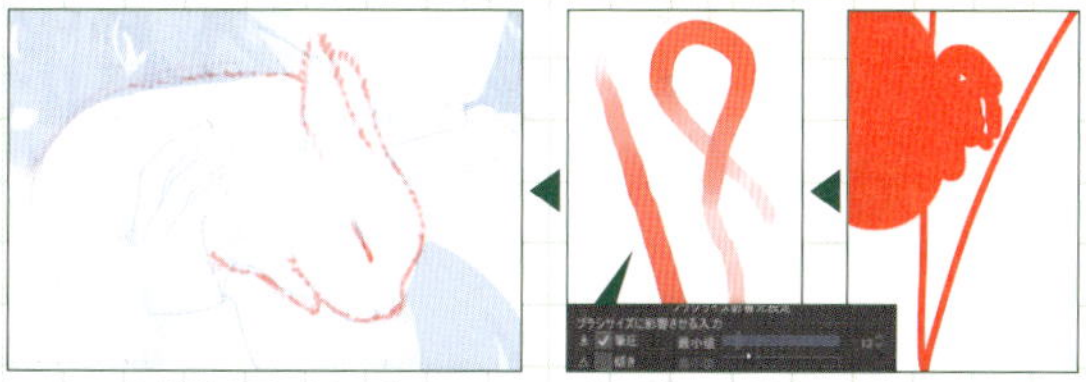

シャープな線質は硬い印象になるので、濃淡がつくブラシも使うのがおすすめ。やわらかい印象になります。モチーフにあわせてブラシを使い分けよう。

使用ブラシの設定にも注目してみてください。僕の場合はアナログでも使っている鉛筆と近い感覚になるように「筆圧の最小値」を調整しています。

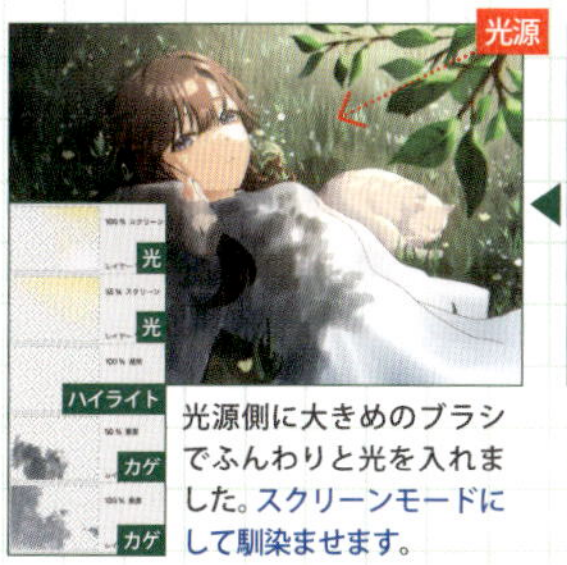

光源
光
光
ハイライト
カゲ
カゲ

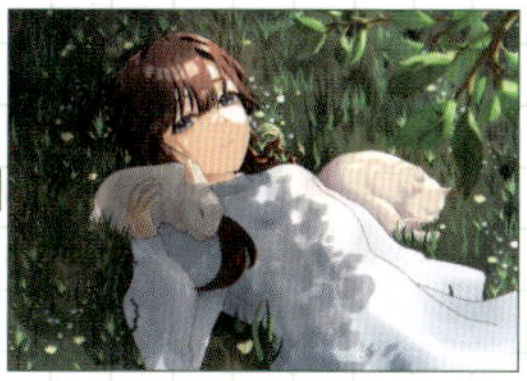

光源側に大きめのブラシでふんわりと光を入れました。スクリーンモードにして馴染ませます。

絵全体の光とカゲにも注目します。顔に強く光を入れるなら、輝度差を合わせるための暗さも必要。画面の手前側に木漏れ日をイメージしたカゲを追加します。

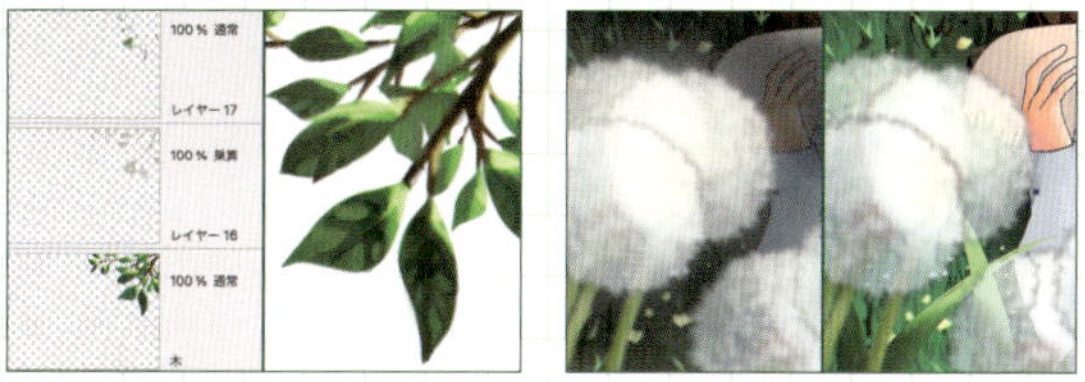

100 % 通常
レイヤー 17
100 % 乗算
レイヤー 16
100 % 通常
木

木の枝の葉にグレー（乗算モード）でカゲを入れたあと、透けている光（通常モード）を描きます。光源側にあるので、光を受ける様子を意識しました。

白いモチーフへオーバーぎみにブラシを入れて光を発散させます。濃いカゲを加えたことで、手前にあるたんぽぽのシルエットも見やすくなりました。

大佐さんのお悩み①

「被写界深度や視線誘導を意識して描いたのですが、作用しているか知りたいです」

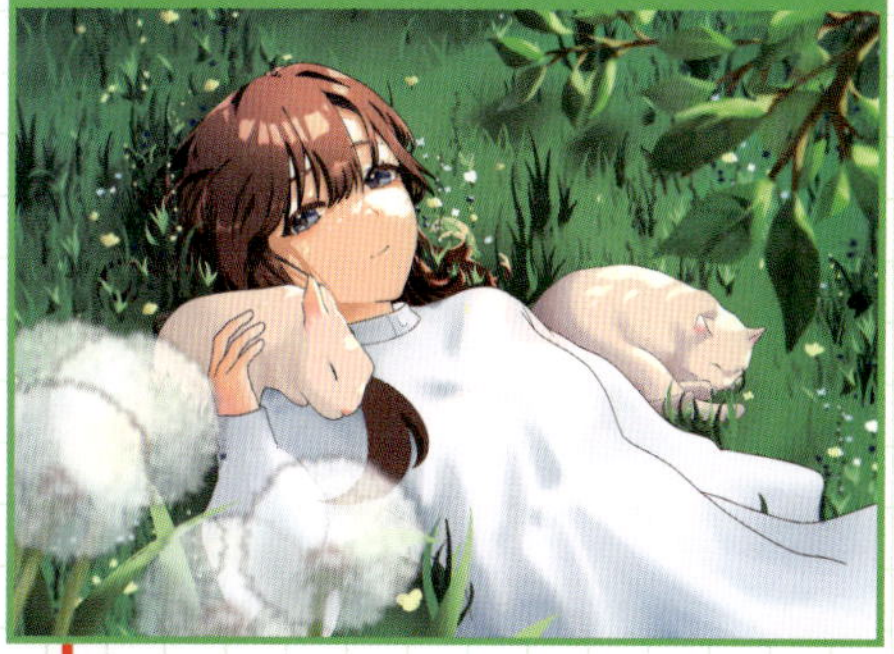

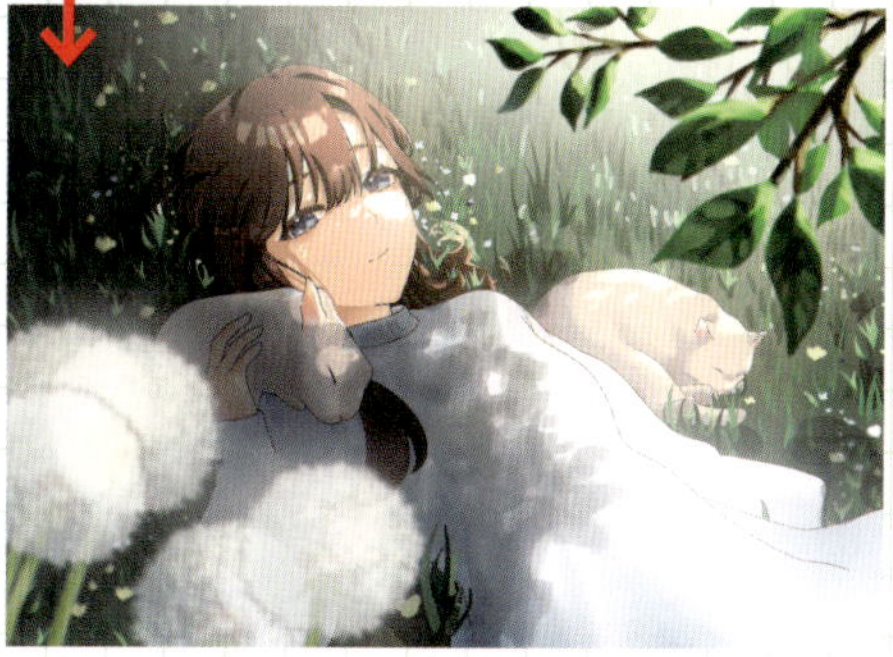

お客さん目線で気になったひとつが「たんぽぽの葉」。草原の一部とのことですが、違和感に繋がるのでたんぽぽの葉の方が良かったです。また、大佐さんは彩度が高めの色を拾いがちだと感じました。それがダメというわけではないのですが、草や木などの自然物と相性が悪いんです。ベースに塗った緑色の彩度を下げてから、少し明るい緑色で地道に隙間を埋めています。バランスを見て人物の彩度も抑えました。

伝えたい印象を考えてトリミングしよう

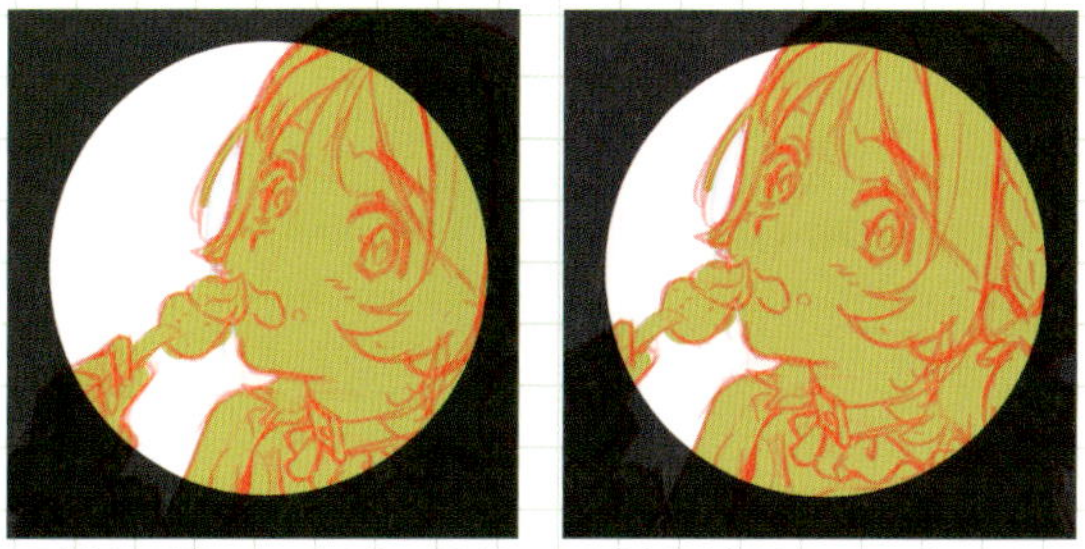

田中さんの別案。フォークを持つ手と顔の関係性を見せています。絵の見せ場が伝わるようにトリミングを考えました。

大佐さんが考えたトリミング。センターに顔が入って華やかです。キャラクター性が出ている仕草が切れている状態。

大佐さんのお悩み②

「アイコン用にトリミングするときの構図について聞きたいです」

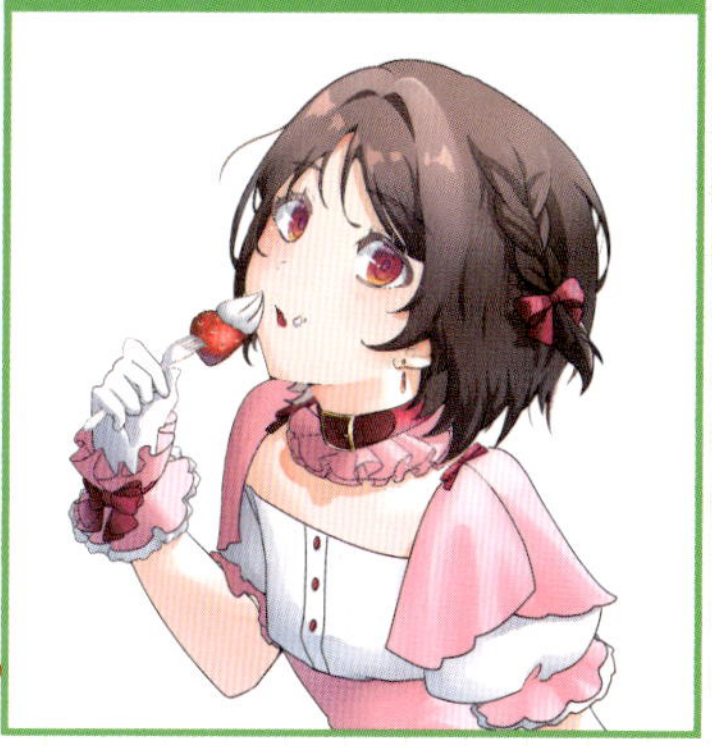

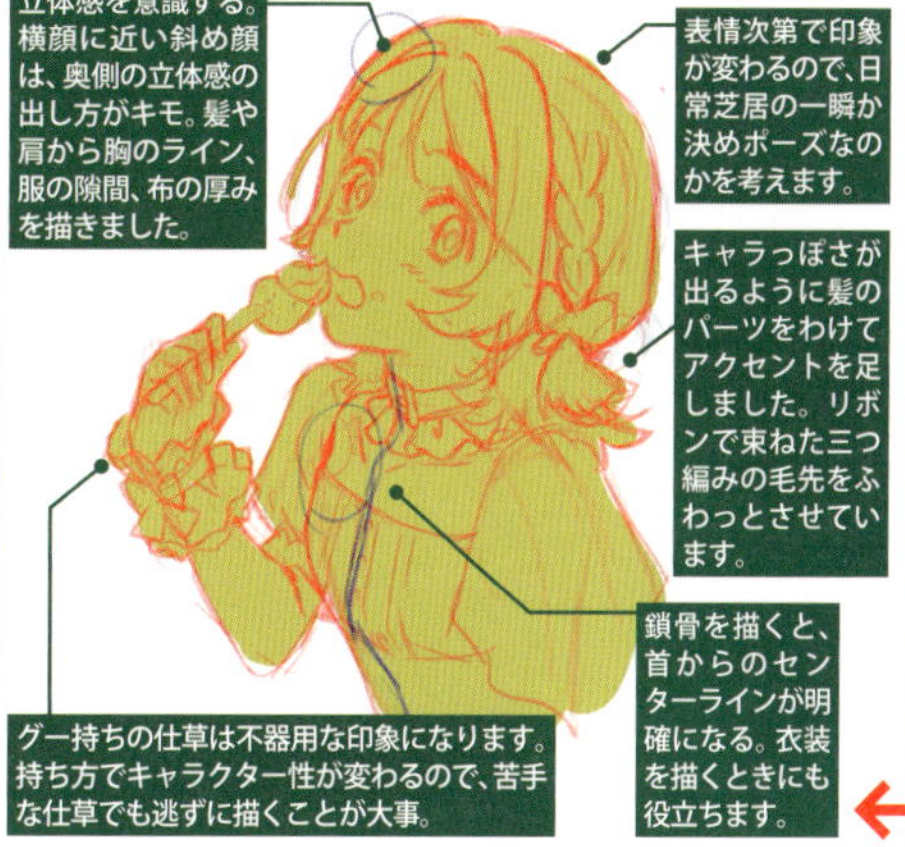

意識すると良いポイント
立体感を意識する。横顔に近い斜め顔は、奥側の立体感の出し方がキモ。髪や肩から胸のライン、服の隙間、布の厚みを描きました。
表情次第で印象が変わるので、日常芝居の一瞬か決めポーズなのかを考えます。
キャラっぽさが出るように髪のパーツをわけてアクセントを足しました。リボンで束ねた三つ編みの毛先をふわっとさせています。
鎖骨を描くと、首からのセンターラインが明確になる。衣装を描くときにも役立ちます。
グー持ちの仕草は不器用な印象になります。持ち方でキャラクター性が変わるので、苦手な仕草でも逃ずに描くことが大事。

赤ペン講座YouTubeのおしらせ

赤ペン講座の収録の様子を動画で見られます

どんな風に収録しているのか気になる方も多いはず。近年の講座から、少しずつ動画を作って公開していきます。チャンネル登録や通知をオンにしていただけたら嬉しいです！

受講を終えて

大佐さんからの感想

制作中に感じていた違和感やうまくいかなかった部分を、言葉にして整理していただけたことでとても理解が深まりました。その場で修正していく様子を拝見できたことも、大変参考になったところです。今回教えていただいたポイントを意識しながら、さらに知識を広げて実践につなげていきたいと思います。ありがとうございました。

X【@Taisa_fluitie】

田中将賀さんと絵の仕事の話をしたい、アドバイスをしてもらいたい方を随時募集！

●講座は基本的にGoogle Meetを通しておこないます。

●季刊エスの誌面に、添削する絵やアドバイスが載ります。

参加条件

・ネット環境がある方
・2時間程度、連続して収録できる環境や時間をとれる方
・パソコンで画像が開ける、見られる方
・通話用にヘッドギアを持っているか内蔵PCをお持ちの方
大きな音を出せる、聞こえても良い環境で会話できる方

●見てもらいたい作品を編集部にお送りください！

受講イラストは自作のオリジナル作品に限ります。

※版権作品が届いた場合、受講用にオリジナル作品をご用意いただきます。

必要点数：1～3枚程度

応募方法

・アナログで応募

ハガキ～A4サイズに描いたイラストをお送りください。
※作品は返却いたしません。原画のコピーでも結構です。

・データで応募

jpgまたはpsd形式で、季刊エスの特設サイトの応募フォームより、お送りください。→

・アナログで応募される方は、作品の裏面に以下をお書き下さい

① 郵便番号　② 住所　③ 氏名　④ペンネーム　⑤年齢、学年
⑥ 連絡先（電話番号、メールアドレス）
⑦ どんな悩みや、改善したいことがあるか、知りたいこと全般
⑧ 受けられる時間帯（平日や休日、お昼、深夜など）

・送付先

150-0041　東京都渋谷区神南1丁目13-3 アーク神南ビル2F
季刊エス編集部「赤ペン講座」係

※投稿イラストと同封する方は封筒の表書きに、コーナー名「赤ペン講座」を追加してください。

受講者には田中将賀さん作「赤ペンちゃん」ステッカーをプレゼント！

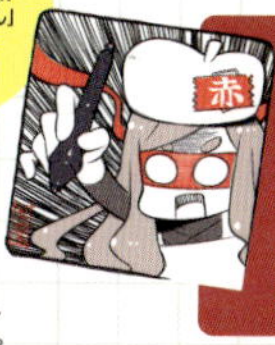

赤

絵を学ぶ学生（専門学校・美大生）や独学で勉強している方、絵の仕事をしている方も参加OKです。お気軽にお送りください！ アニメーション原画なども受け付けています！

随時募集しておりますが、次回の第37回締切は、2025年10月10日（金）・収録時期は、2025年10月下旬～11月中旬頃を予定しています。

お願いする方にのみ、編集部から連絡をします。1号につき、1～2名の掲載となるので、応募者がそれ以上集まった場合は、次号以降にお願いする可能性もございます。ご了承ください。

是都のおかしの描き方

VOL.50

ピーチタルト

是都さんのおかしの描き方・50回目。
ひと区切りとして今号で最終回となります。
是都さんが描くおかしや食べものはどれも「美味しそう」なだけでなく
可愛らしさや絵としての魅力にあふれています。
メイキングへの感想や描いてみたという声もくださり、ありがとうございました。
最終回で描くおかしは、淡いピンクの桃をたっぷりと乗せたピーチタルト。
スライスした果肉のデコレーションを見せたいので、ホールサイズで描きます。

●画材について

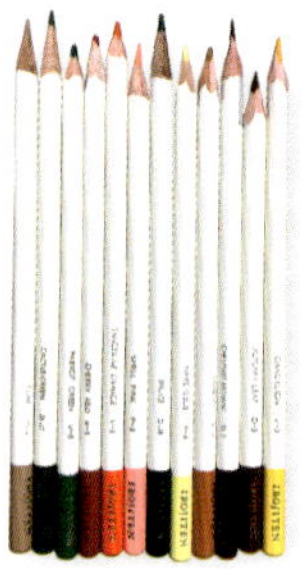

今回のメイキングで使用した色鉛筆。同じ色でも力加減や重ね方で濃淡を変えられるのが色鉛筆の特徴。

※メイキングに登場する色鉛筆の中で、色辞典(トンボ)という種類は色番号で表記しました。用紙はランプライト紙(ミューズ)を使用。

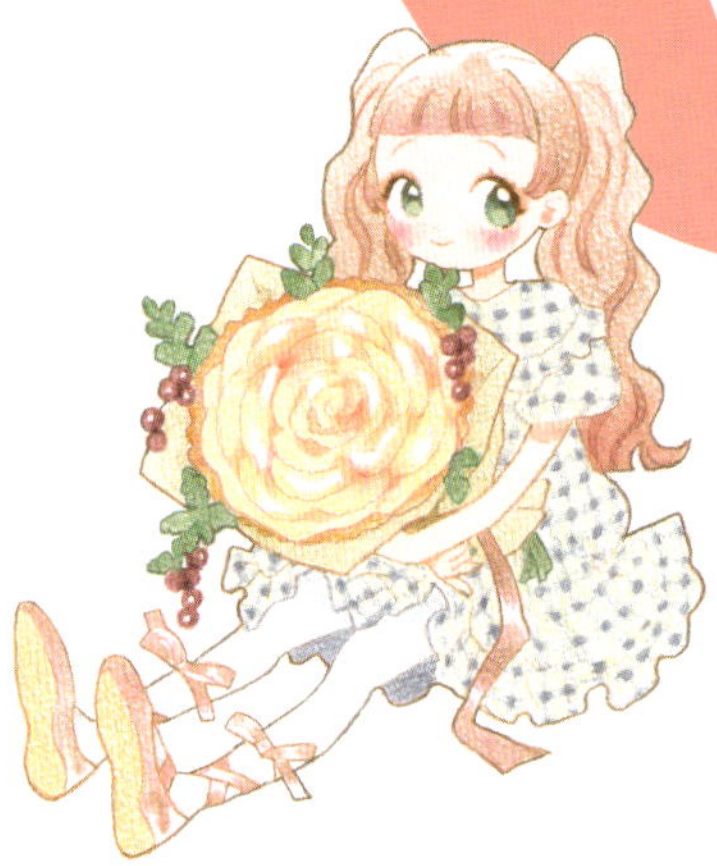

是都　みなさまにたくさんのおかしをお届けすることが出来て、私自身も甘く幸せなひとときを過ごすことができました。今までの感謝を込めて、ピーチタルトのスイートな花束を♪

タルトの土台と桃の果肉のアタリ

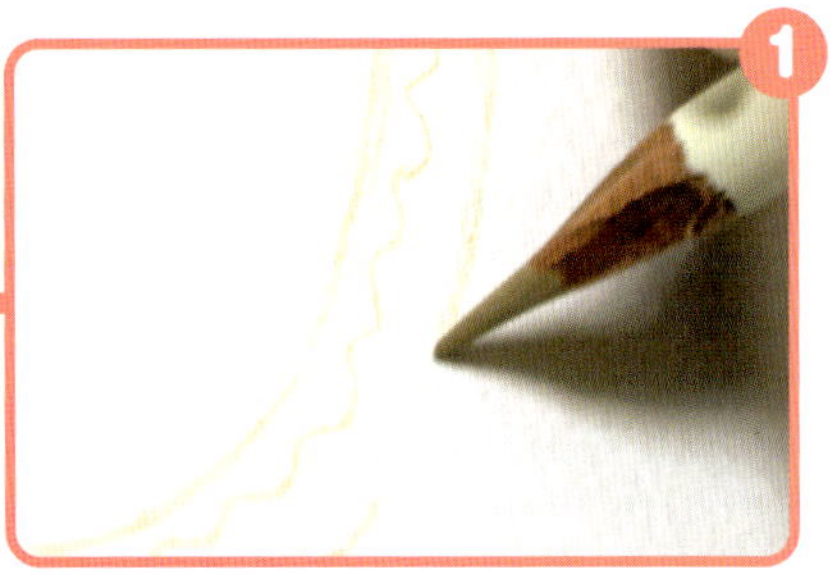

1 淡い茶色(LG2)でホールタルトのアタリを描く。波型のシルエットが特徴的。真上からではなく、側面も少し見える角度にした。

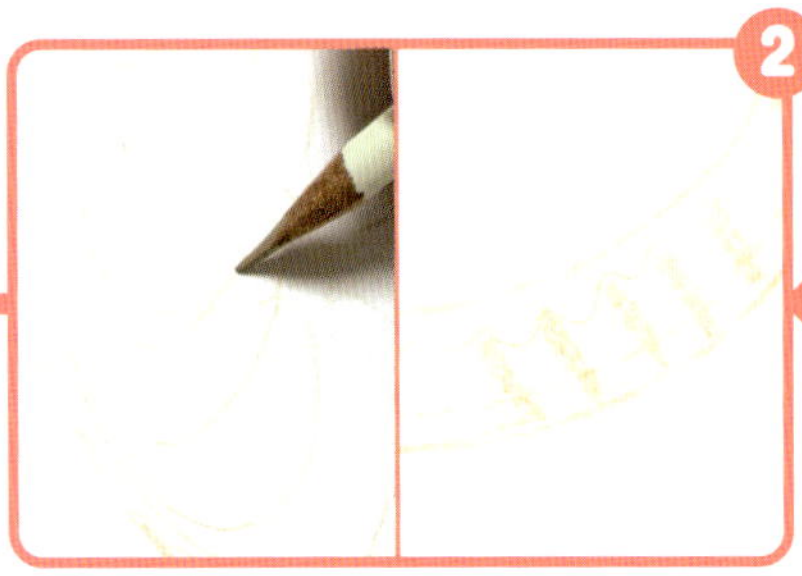

2 同じ淡い茶色(LG2)でタルトの波型に縞模様のような濃淡をつける。タルトに乗せるスライスした桃も描き入れた。

3 今回はスライスした桃を円状に並べる。花びらのように重ねたり、ゴロッとボリューミーに乗せるなど、並べ方を考えてみよう。

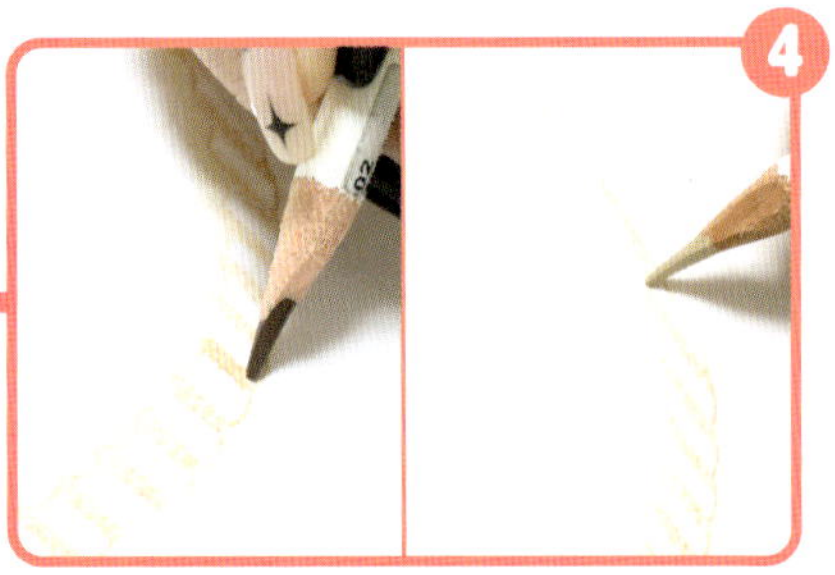

4 タルト生地の厚みを淡い茶色(LG2)で塗る。波型の凹凸の縞模様を入れたところには濃い茶色(D3)を足してメリハリをつける。

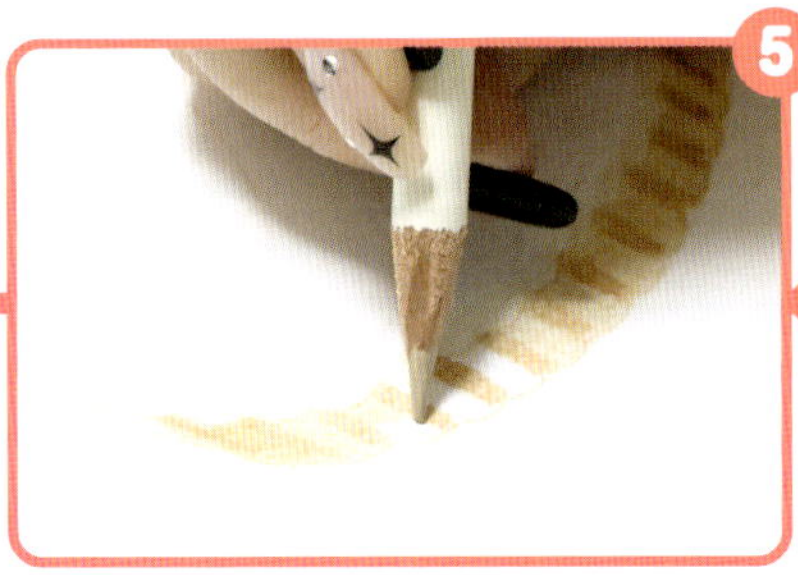

5 淡い茶色(LG2)をタルト生地の側面全体に塗る。凹み部分を先に塗っていたことで、濃淡に差が出て立体的に仕上がる。

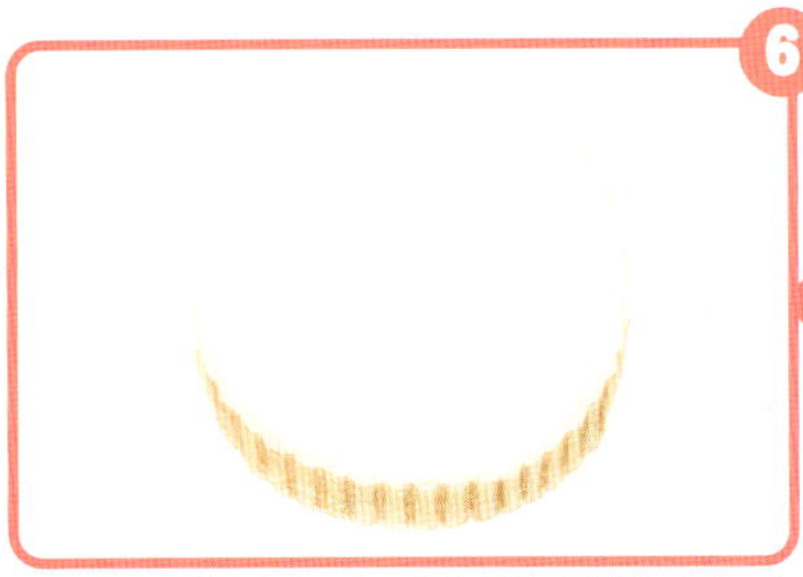

6 側面を見せる画角にしたことで、生地の凹凸が綺麗に見える。トッピングはフチのギリギリまで乗せると豪華な印象になる。

桃の果実の重なりを描く

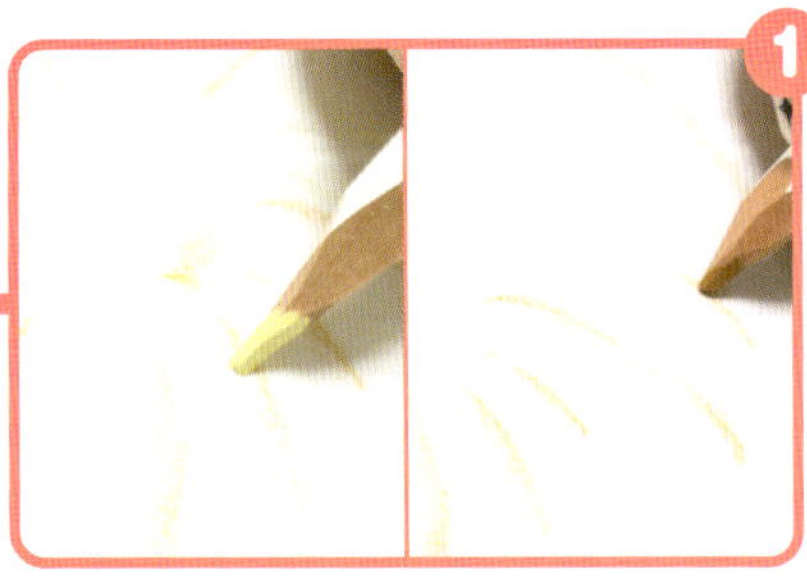

1 明るい茶色(D14)で桃の厚みを描く。放射状にナイフを入れる「くし形」にスライスしているので、片側だけに色を置いて厚みを出す。クリーム色(P4)はハイライトを避けて桃全体に塗った。

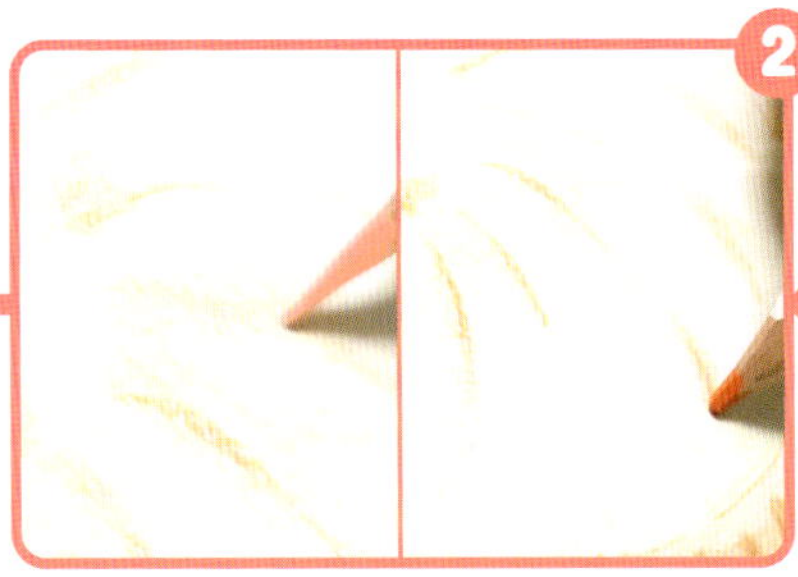

2 果肉の厚みにオレンジ色(V2)を乗せた。果肉の内側にはピンク色(P3)を塗って色を濃くしていく。桃の果肉はやわらかいので、ガシガシと塗り潰さず軽いタッチでふんわりと色を重ねる。

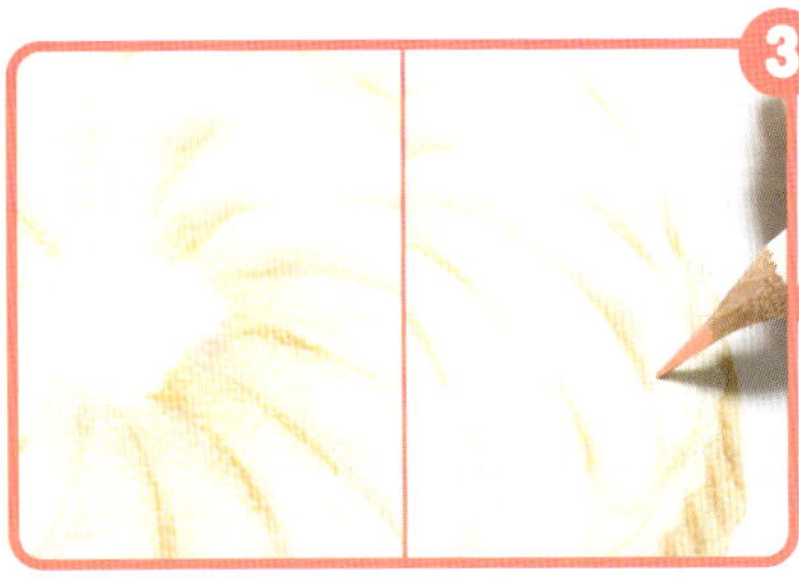

3 ピンク色(P3)で果肉の輪郭を描いた。色のバランスは、好みの桃の品種や熟し具合で変更しよう。是都さんは馴染みのある白桃をチョイスしたので全体的に赤みが控えめ。

桃とタルトの描き込み

1

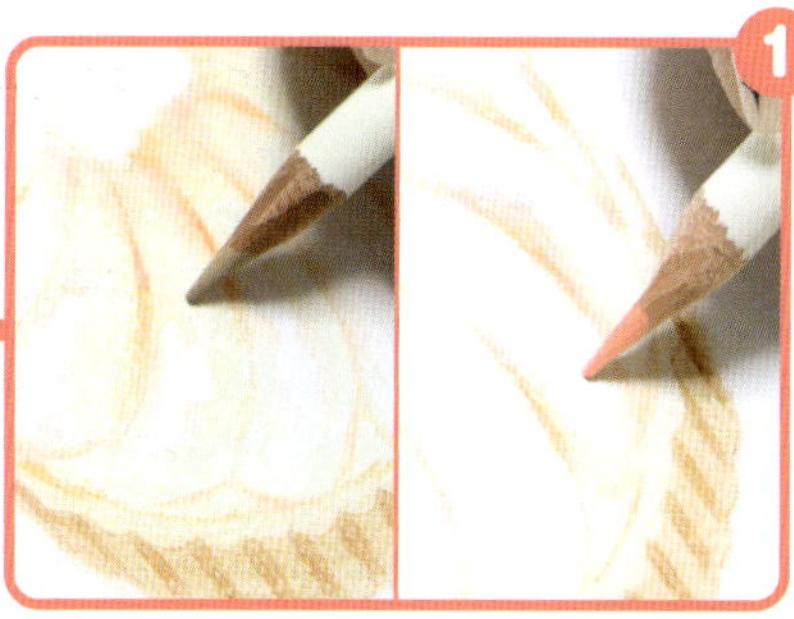

塗り残していた果肉のツヤのシルエットをピンク色(P3)でなぞる。その周りに淡い茶色(LG2)を薄く塗ってツヤを強調した。

2

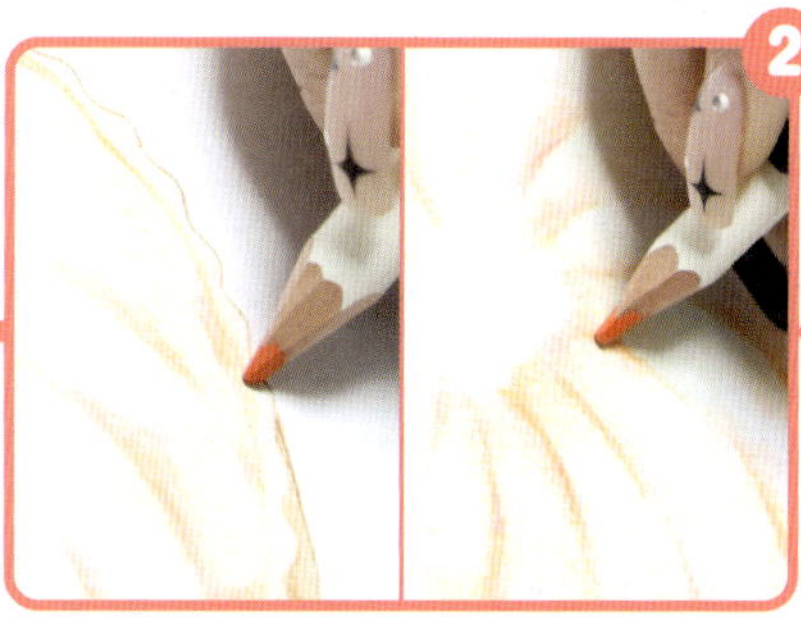

オレンジ色(V2)を果肉の端やタルト生地と果肉の隙間に塗る。ポイントで鮮やかな色を置くことで、絵が引き締まる。

3

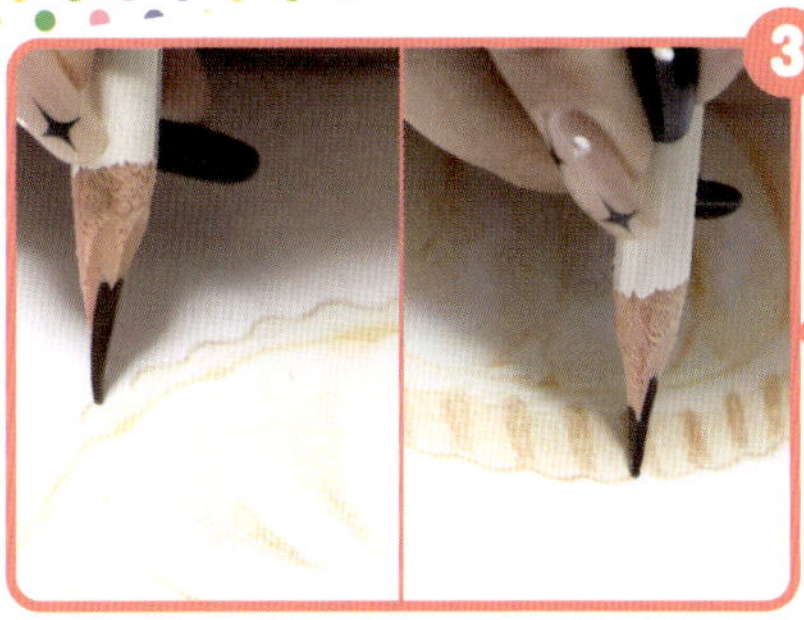

果肉を塗り終えたら生地の輪郭をこげ茶色(D3)と赤茶色(D2)で引く。アウトラインを明確にすると、シルエットが引き立つ。

ミントの葉を描く

1

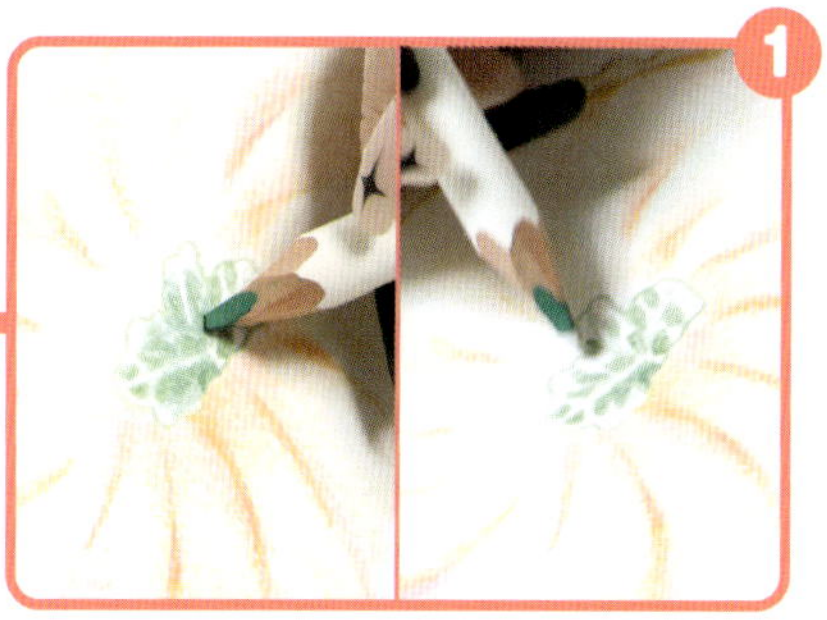

タルトの中央にミントの葉を描く。濃い緑色(D17)でアタリを描いたら、少し青みのある緑色(V5)を葉脈を避けながら塗る。

2

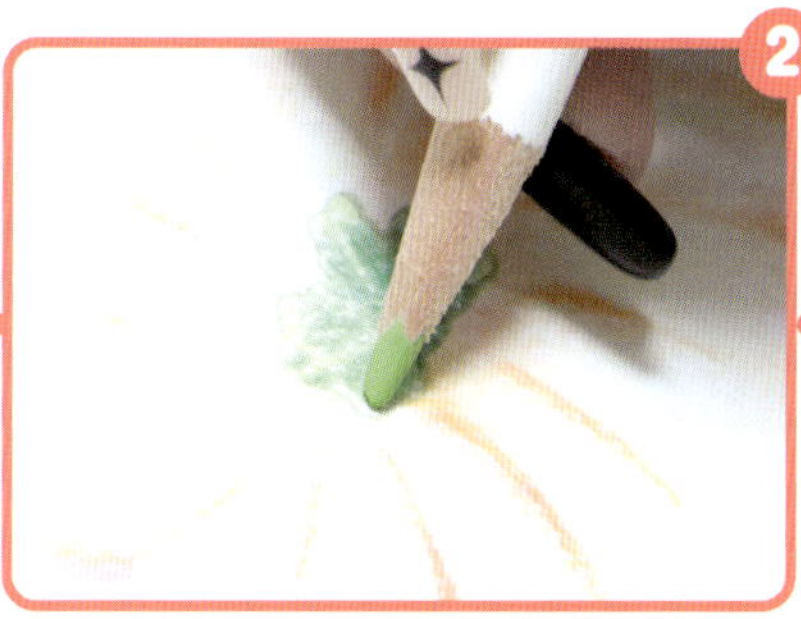

明るい黄緑色(P5)を葉全体に塗る。彩度が上がるだけでなく、塗り残していた葉脈に明るい色が入ってフレッシュな印象に。

3

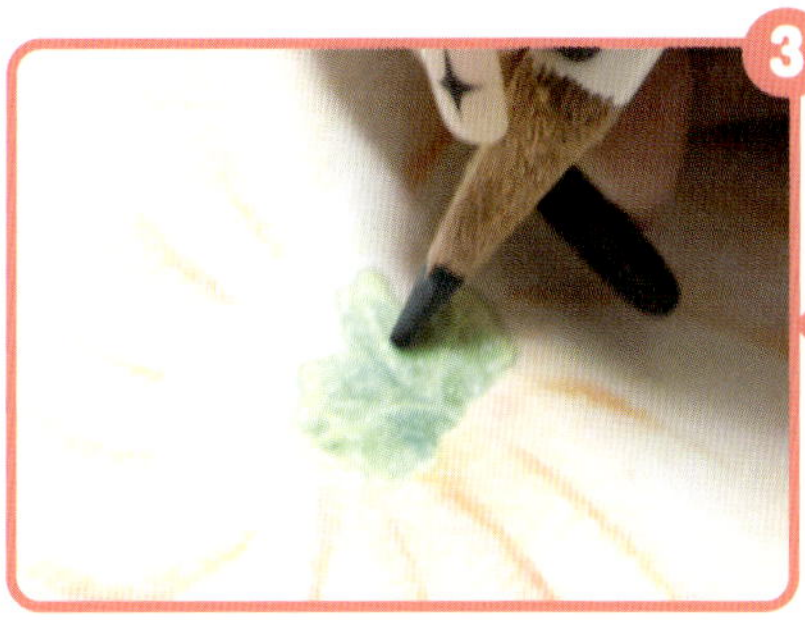

色調の近い色を重ねるとメリハリが減るため、濃い緑色(D17)をもう一度重ねて葉脈を描き起こす。

加筆する

1

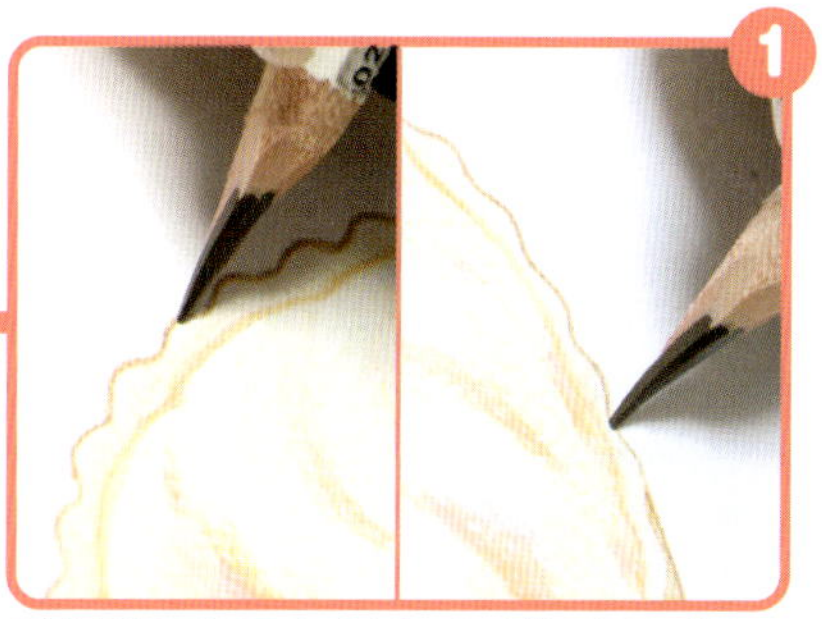

タルト生地のアウトラインをもう一度こげ茶色(D2)で描く。一度目よりも少し筆圧を強くした濃く引いていく。

2

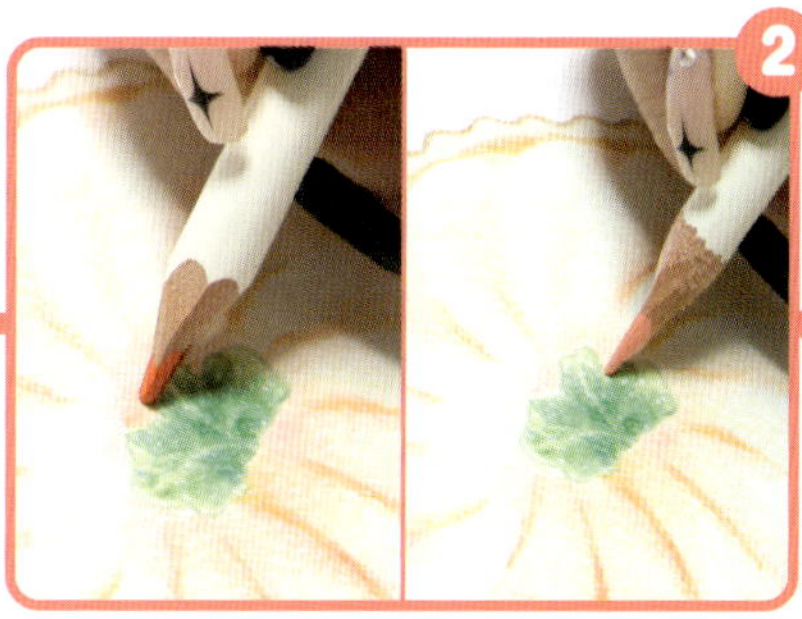

ミントの葉の周りの隙間をピンク色(P3)とオレンジ色(V2)で埋める。明度の近い色を塗ることで、緑色が浮いて見えない。

3

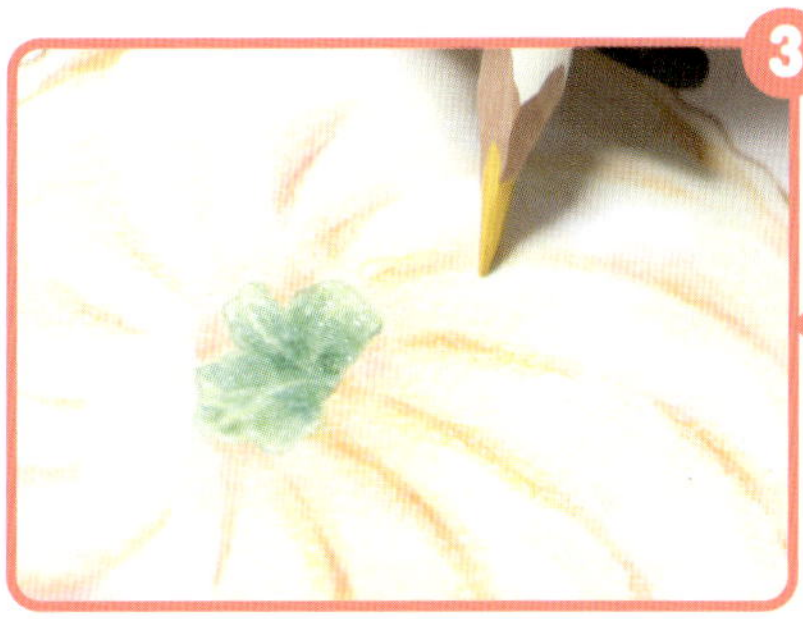

色のバランスを見て、部分的に黄色(V3)を乗せる。淡い色sが特徴の白桃らしさが減るので入れる量は控えめにした。

仕上げ

1

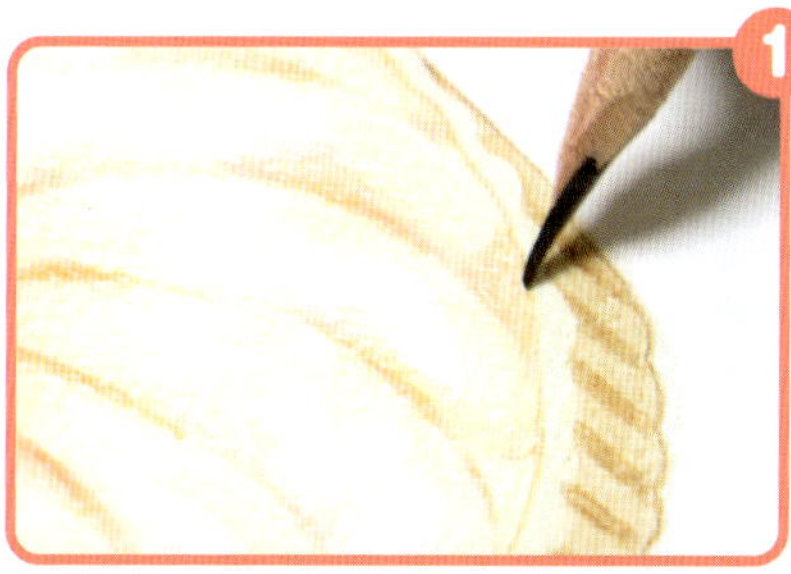

こげ茶色(D2)で果肉の輪郭をなぞる。内側にあるので、アウトラインよりも筆圧を弱くした薄い色で引くのがポイント。

2

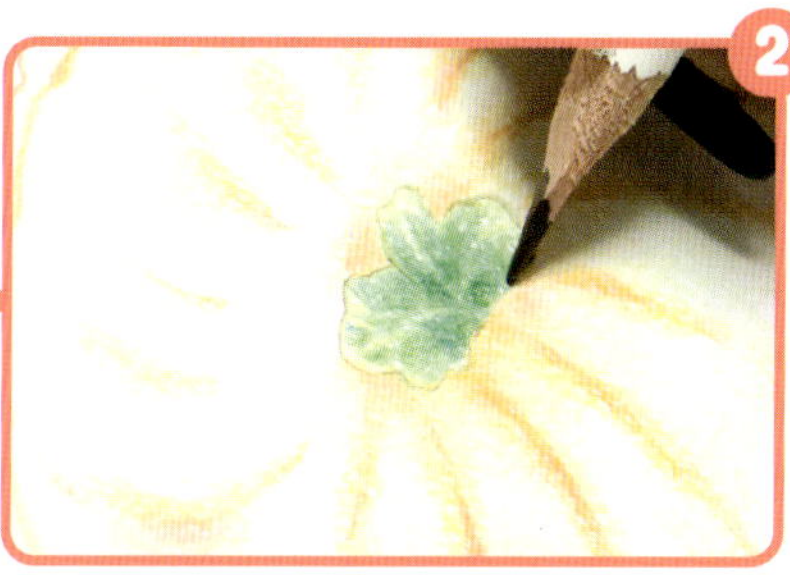

ミントの葉の輪郭線もこげ茶色(D2)で引く。同じように濃くなりすぎないように筆圧の加減を注意する。

完成

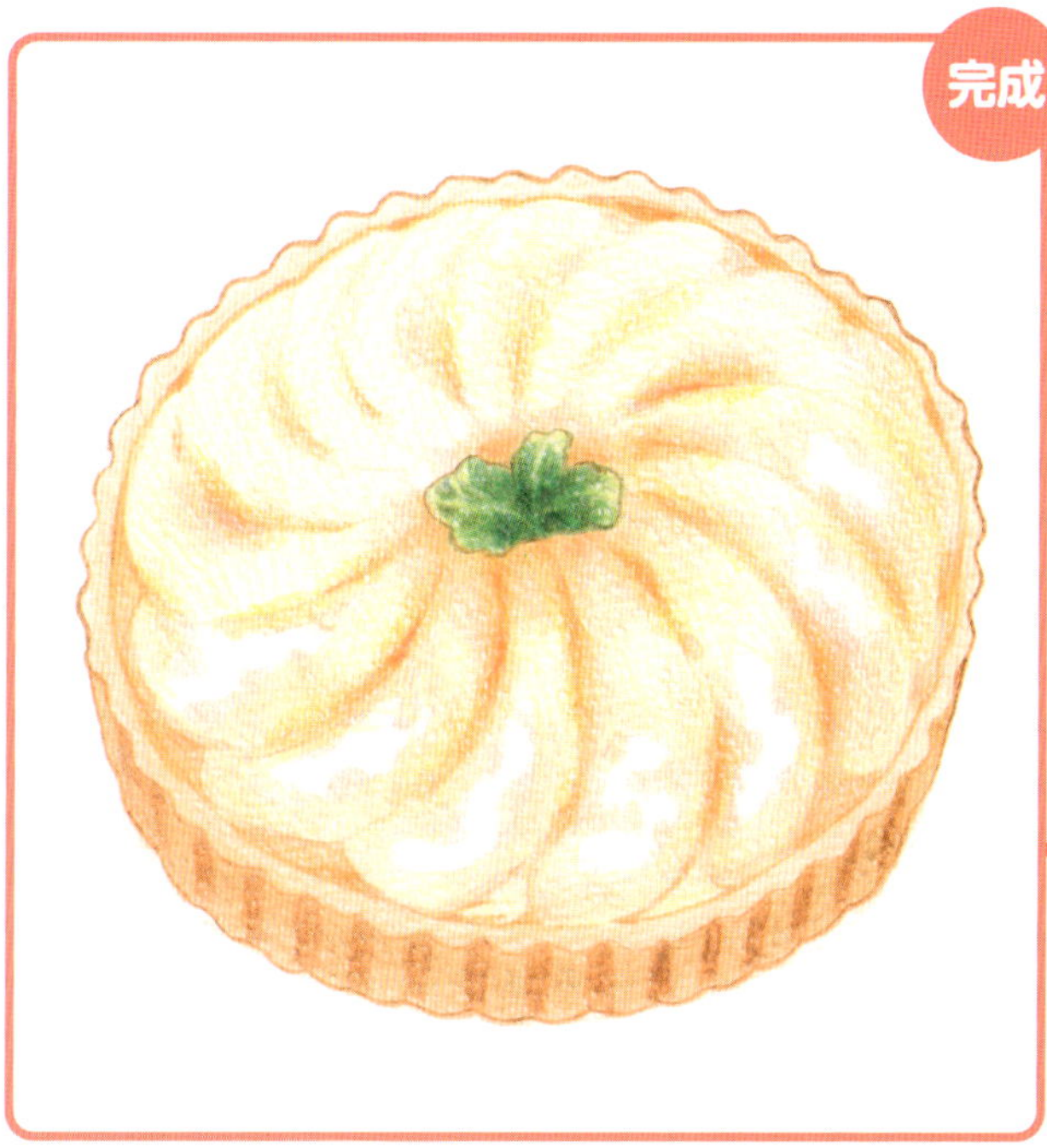

みずみずしい桃の果肉がたっぷりと乗った豪華なピーチタルトが完成！　これまでも何度かタルトを紹介していますが、ホールで描くとトッピングの華やかさが際立ちます。フルーツを変えたりミックスしたりしてカラフルに仕上げるのもオススメです。

まとめ

今回は桃がたっぷりと乗るタルトを描きました！　凹凸を明確に描いた密度のある生地と淡い濃淡で仕上げるやわらかい桃の、質感の違いを描き分けることがポイントです。
そして、今回でおかしの描き方の連載は最終回。約12年間ありがとうございました！　書籍にまとめたいと考えているので、今後の展開もお楽しみに。これからも、おかしをたくさん描いていきましょう！

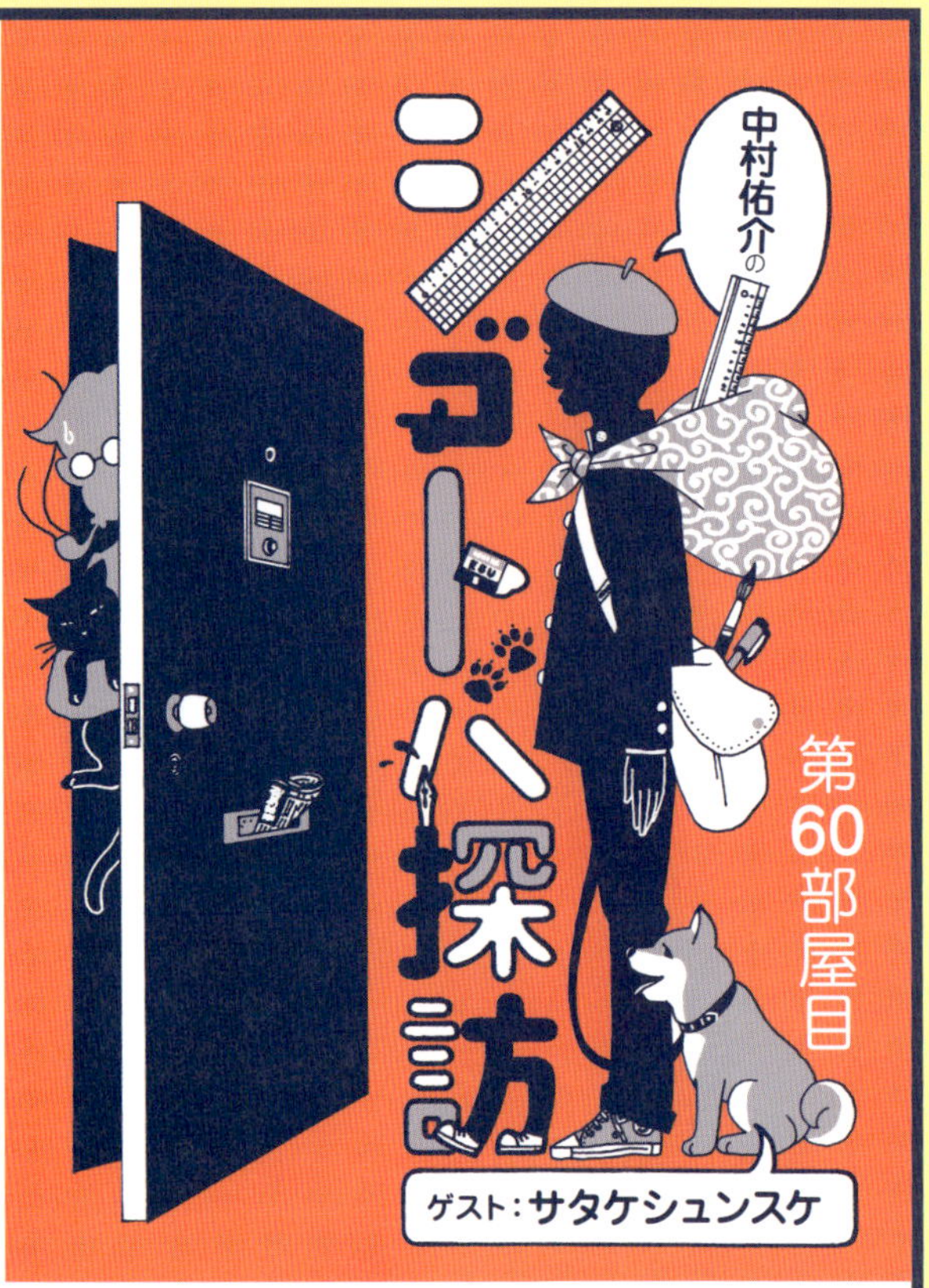

中村佑介が様々な仕事場に押しかける「中村佑介のシゴトバ探訪」。第60回目となる今回のゲストは、イラストレーターのサタケシュンスケさんです。フリーランス、関西在住、ほぼ同世代という共通点はあるものの、イラストレーターとしての活動スタイルは中村氏とはだいぶ違います。そんな二人がサタケさんの著書『イラストレーターのためのお金の話』の出版を記念して、対談イベント「イラストレーターの本音の話」（2025年7月26日@ロフトプラスワンWEST）を開催しました。およそ4時間に渡って、イラストレーターとして生きていく上での様々な本音、お金の話や年齢を重ねて変わる仕事観、苦悩や奮闘の軌跡を、それぞれの視点で包み隠さず語り合いました。そんな対談イベントより、熱のこもった貴重すぎるトークをたっぷりレポート！

©サタケシュンスケ

サタケ　去年の暮れに『イラストレーターのためのお金の話』という本を出したのですが、この本の制作中に中村さんからDMをいただき、今回の対談が実現しました。今日はイラストレーターとして生きていくことをテーマに、お金のこと、年齢で変わっていく仕事観など、いろんなお話をしていきたいと思っています。

中村　『イラストレーターのためのお金の話』は、まさにイラストレーターのお金まわりについて書かれた、とても貴重な本だと思います。サタケさんが、この本を書くためにXでアンケートを採ってらっしゃるのを見てすごく良いな、これは全然情報商材臭くないぞ！　と感銘を受けました（笑）。

サタケ　ありがとうございます、一歩間違うと…ね（笑）。

中村　ね（笑）。本って優しいんですよ。だって決まった値段の買い切りで無限に読めるわけですから。この本は日本のイラストレーターの歴史が始まって以来の偉業だと思います。やっぱり、お金のことってみんな話すのを嫌がるので。

サタケ　タブー視されてきましたよね。

中村　実は僕も二〇一五年に『みんなのイラスト教室』という、イラストにまつわる表現技法や進路についての本を出しました。そこで全部出し切ったと思っていたんですけど、出版社の方から、イラストレーターをやっていく上での心構えや考え方についての本も出しませんかと提案されて、面白そうだなって。それで、例えば「自分の絵が盗作された時にどうしたらいいのか」「炎上した時にどう精神的に打ち返すのか」みたいなことを、今まさにその本のなかで書いているところなんです。その本が本当はサタケさんの本と同じタイミングで出る予定だったので一緒に合同出版イベントをしましょう、というのが最初のお誘いでした。けれど僕のほうは予定通りに出せなかったので、まずはサタケさんの本の発売にあわせてお話することになりました。

サタケ　中村さんの本が出たら、また第二弾をやりましょう。

中村　うれしい！　ぜひ。僕たち二人の共通点は、関西在住のフリーランスのイラストレーターで、同年代ってことですよね。（中村氏：四七歳／サタケ氏：四三歳）

サタケ　ちょっと自己紹介をすると、僕は大阪府枚方生まれで、今は兵庫県神戸市に住んでいます。二一歳の時に梅田の路上販売からキャリアをスタートし、二〇二一年に会社を設立しました。教育、子育て関係の仕事が多いですが、わりとなんでもやるタイプです。

中村　サタケさんのお仕事のメインターゲットはファミリー層ですよね。

サタケ　まさに僕自身も子育て中なので、自分と近い境遇の方たちがメインのターゲット層です。一方の中村さんは宝塚出身で、最近まで宝塚で大きな展覧会「中村佑介展 in TAKARAZUKA 2025」も開催されていました。代表的なお仕事はCDジャケットや、小説・教科書など本の表紙ですね。

中村　本とCDの仕事が多いです。だいたい一〇代から四〇代までの男女がターゲット層の仕事が多いです。サタケさんは路上活動時代、神戸から梅田に通っていたんですか？

サタケ　当時は大阪の広告制作会社でデザイナーとして就職していたので、神戸でなく大阪に住んでいたんです。それで週末や金曜の晩に街へと繰り出し、路上で絵を売っていました。五年働いて会社を辞めたあと、また神戸に戻った感じです。

中村　デザイナーになる前はどうされていたんですか？

サタケ　神戸のデザイン専門学校に二年通っていました。僕は高校までは趣味で描いているだけだったので、デッサンなども専門学校で初めてやりました。中村さんは大阪芸大のデザイン学科のイラスト専攻ですよね？

中村　当時は視覚情報デザイン学科（現：デザイン学科）という名前でしたが、そこでコンピューターグラフィックスについて学んでいました。あの頃は、まだ一般家庭にパソコンが浸透しておらずCGもまだ黎明期で、コンピューターに触れられる場がほぼなかったんです。けれど僕はカプコンに就職したいと思っていたから、じゃあコンピューターを学ばなきゃいけないんだろうな、ということでその学科を選んだんです。三年生で専門分野に分かれる時に、やっぱりCGじゃないなと思ってイラストレーション専攻に進みました。

サタケ　中村さんはイラストレーターになるのに学歴は必要だと思いますか？

中村　明確に学びたいことがない限り、学校には行かなくても大丈夫と思います。というのは、今はインターネットでも絵は学べるし、スマホがあれば絵を描けるので。プロモーションもSNSでできますしね。昔はデザイン系の仕事をするなら、専門学校か美大を出ていないと道はつながっていなかったし、今以上に美術、クリエイター業界も学歴社会だったから、ほぼ必須でしたが。今はフリーランスも多いし、クリエイター界隈で「出身校はどこなの？」なんて話もしないですよね。

サタケ　あまり、お互いに話さないですよね。

中村　だから学歴のためなら、行かなくていいと思います。どうしても学びたいことがあるとか、憧れの先生が在籍しているなら、行けばいいんじゃないかな。

サタケ　確かにそう思います。さて、奇しくも絵で生計が立った年齢は二人とも二七歳で同じなんですよね。

中村　当時、どんな生活をしてました？　サタケさんは就職されていたんですよね。

サタケ　そうですね。僕は副業でイラストレーターを始めたので。

中村　僕は就職してなかったので、地獄でしたよ（笑）。風呂なしアパートだし、食べ物はないし、電気は止められるし。それなのにイラスト以外の収入がなかったので。

サタケ　バイトはしてなかったんですか？

中村　してないです。

サタケ　最初からイラスト一本ですか！　ストイックですね…！

中村　ストイックというか、そうするしかなかったんですよ。なぜなら、僕は相手が誰であろうと基本的に遅刻するので。卒業後、大学に残って助手のバイトを二年間していた時もそうでした。さすがに入試の試験監督で遅刻するわけにはいかないじゃないですか。だから目覚まし時計をたくさん買って準備したにも関わらず、全部止めて寝ていた時には大したもんだなと思いましたよ（笑）。それで、みんなと足並みをそろえて働くのは無理だな、と就職を諦めたんです。だから食べていけるようになる二七歳までは本当に地獄のようでした。風呂もお金もないので、「ちょっと興味があるので会ってみませんか」と声をかけてくれる人に、ズルズルの格好にベトベトの髪で会いに行くわけですよ。当然、やばい奴が来たとなりますよね。ただ、それでも気に入ってもらえた人とは今もつながっています。

サタケ　今もつながっているのは素晴らしいことだと思います。

中村　アジカンのゴッチ（ASIAN KUNG-FU GENERATION・後藤正文）もゲントウキの田中潤さんもそうです。でも初めてライブに現れた僕を見た時は「刺されるのかと思った」と後に話していましたけどね（笑）。頭ベトベトで伸び伸びのシャツを着た、いかにも怪しい男が、デカい絵を裸で持って客席にいきなり現れるわけですから。怖いですよ（笑）。でもネットが無い時代なので、対面で見せるしかアピールする方法がなかったんです。

サタケ　でも絶対にインパクトはあったでしょうし、一目見たら忘れられないでしょうね。

中村　しかも風貌のわりには絵がうまいので、

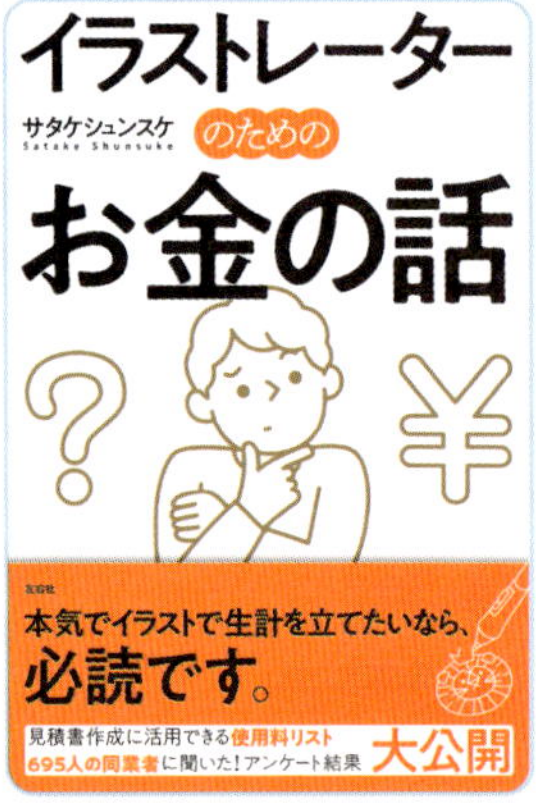

『イラストレーターのための
お金の話』

●著者：サタケシュンスケ
●発売：左右社
●単行本価格：2,530円（税込）
●Kindle版価格：2,200円（税込）

見積もりの提示の仕方から、ギャラ交渉、海外クライアントの依頼対応まで、絵を描くことを生業にしようと決めた人が、必ずぶち当たる〈お金〉の悩みに、イラストレーター歴20年超の著者が、自身の経験をもとに具体的に答えてくれる貴重な1冊。

サタケシュンスケの駆け出し時代

イベント前半では、それぞれに過去作品をスクリーンに映しながら、駆け出し時代を振り返る時間も。

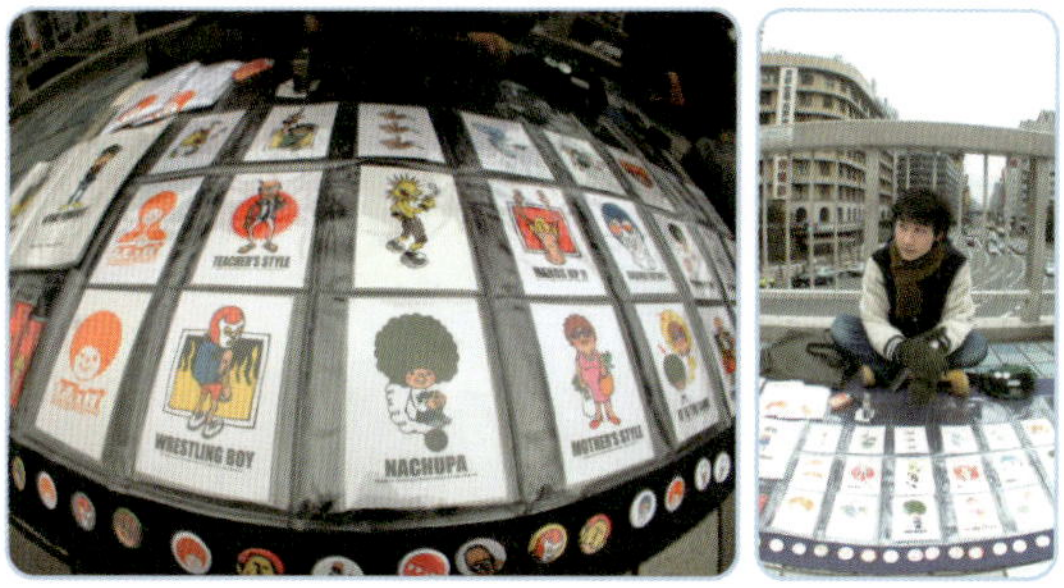

①路上活動

中村氏に「余裕が見えるので外見がダメ」と不当な評価を受ける路上活動期のサタケさん。ポップなキャラクターのポストカードには確かに「WRESTLING BOY」の文字が……。

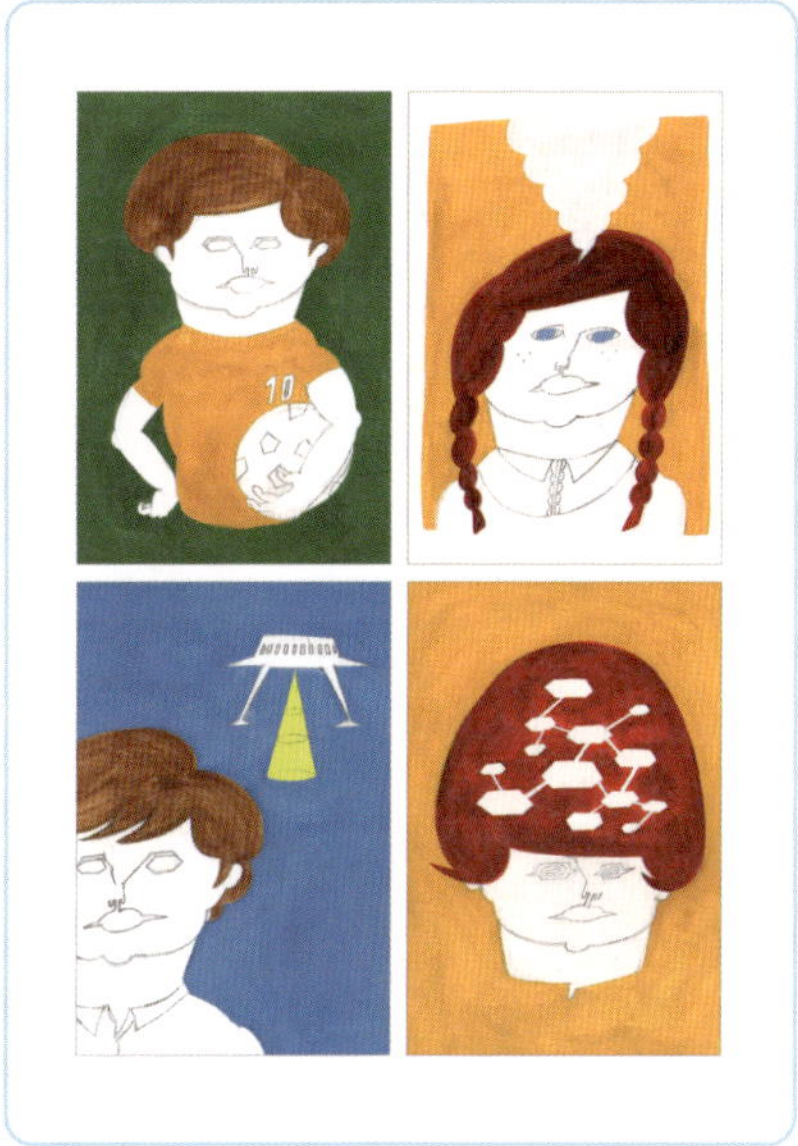

②個展活動

路上活動に見切りをつけ、定期的に個展を開催。ガッシュで描かれた作品は、色面で塗り分けるスタイルや色彩センスに現在の片鱗も見られる。背後に描かれたUFOがやや不穏なムード。

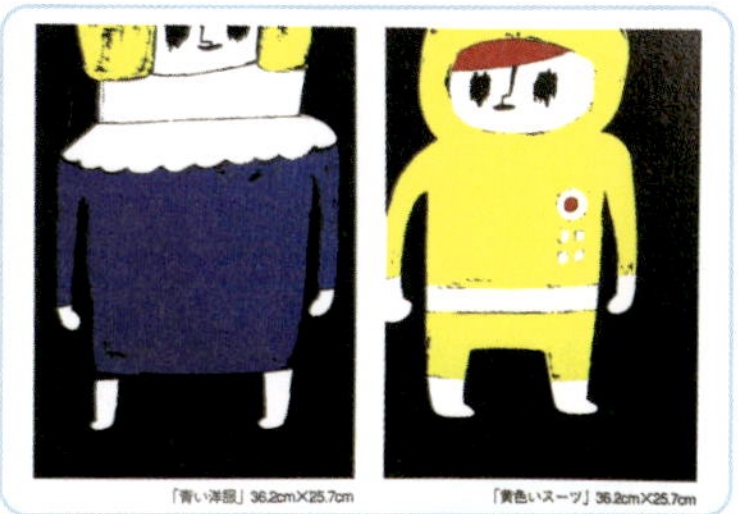

③TheChoice入選

入選してしまったがゆえに、「少し遠回りをしました」とサタケさんが語る負（？）の記念碑的作品。作品だけを見ればダークなムードながらポップで可愛い。ただし「闇堕ちしているような目」は、確かに商業の仕事にはつながりにくそう。

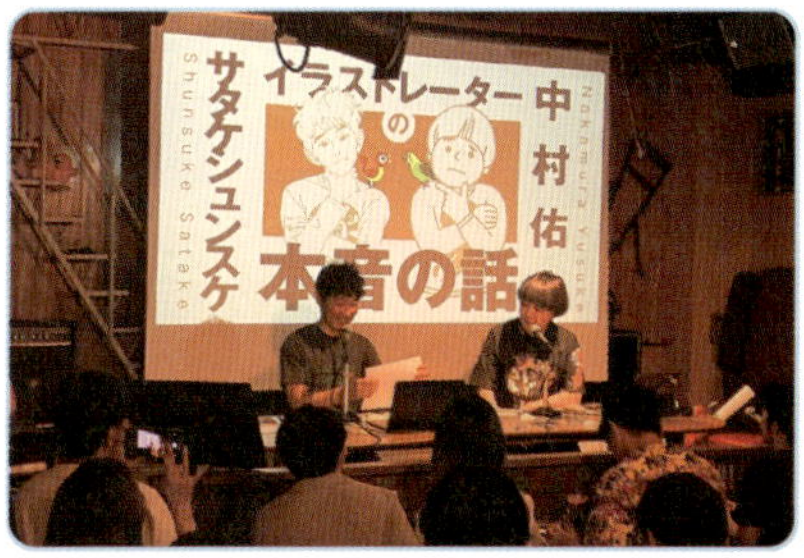

イベント「イラストレーターの本音の話」より

そことの落差もあるんですよ。あ、絵はキレイ！　ちゃんと風呂入ってそう！　みたいな（笑）。

サタケ　スタートから壮絶ですね。当時を知る人たちは、中村さんがこんなにも成功されて嬉しいでしょうね。人に歴史ありです。

中村　今や家にお風呂もつきました！　サタケさんはどうでしたか？　この本の中にも路上活動時代の写真や作品が一部載っていましたが……まずは、サタケさんの外見がダメですね。髪がベトついてない。余裕が見えるので助けなくても大丈夫そう！

サタケ　確かに（笑）。路上活動時代はキャラっぽい絵のポストカードを売っていました。気に入ってくれたら一枚どうぞみたいな。値段は百円ぐらいだったと思います。

中村　売れました？

サタケ　売れなかったです。

中村　この時も作家ではなく商業での活動を目指していたんですよね？

サタケ　そうです。それこそCDジャケットの仕事をしたいと思っていました。ですから前を通る人の中にバンドマンがいてくれたらいいなと思ったりして。けれど当時の絵を見ると、見た目だけで何を伝えたいのかも分からないし、中身は空っぽですね。

中村　今日はお互いに駆け出しの頃の絵も持ち寄っているんですけど……路上時代は少年漫画っぽいタッチで格好いい感じですね。ただ、自分でもちょっと物足りなさを感じているのか、絵の下に「WRESTLING BOY」と書いちゃってますね。デザインができる人って、こういう誤魔化し方をする。これは自信のない人の特徴！（笑）

サタケ　絵だけじゃ伝わらないので文字を入れて誤魔化してますね。

中村　この時代はSNSもなく、まだ、みんなネットに絵をアップしていなかった頃で、326さんや「グルーミー」の森チャックさんなど、キャラクターイラストを描く人が路上からたくさんデビューしていました。

サタケ　まさに、そういう活動に憧れていました。でも路上で全然ダメだったので、このあと初めて個展をするんです。当時、人の顔をドーンと描くのが流行っていたのでガッシュでそんなふうに描いていました。まあモノマネですね。

中村　でもデザイナー的発想ですよね。なんとしても自分の絵柄でやっていきたいということではないですもんね。

サタケ　とにかく仕事をもらいたかった。それで自分の絵柄をつくろうと思って、目や口の描き方に特徴を出してみたり。

中村　なんとなく可愛いし、才能の片鱗が垣間見えますね。色づかいは、すでに今と近いですし、サタケさんの明るい作風は、この頃から確立されているとも思います。けれど、仕事としては使い道の難しい絵という感じがしますよね。それで個展の作品は売れました？

サタケ　まったく売れないです。でも売れていたら勘違いしていたので、それでよかったと思います。そこから構図を変えてみたり、アナログ感を出してみたり、人に見せて相談したり。でも「なんか面白いね」とか「ちょっと見えてきたね」みたいな反応なので、どこに向かえばいいか分からない期間が長かったですね。

中村　かわいそう！　その時のサタケさんを抱きしめてあげたい（笑）。サタケさんはこの頃、UFOが好きだったんですか？　けっこう絵の中に出てきますけど……これは奇をてらっているだけですよね？

サタケ　よくないんでしょうけど、みんな好きでしょ、と思って描いてました（笑）。

中村　じゃあこの当時、サタケさんが本当に好きなものは何だったんですか？

サタケ　キース・ヘリングとか、それこそ326さんの絵とか、分かりやすくてメッセージ性のある作品が好きでしたね。ちなみにこの流れで雑誌「イラストレーション」のコンテスト「the Choice」に入選しちゃったんですよ。それで少し遠回りをしましたね。この作風でいいんだと思って、闇落ちしているような目と真っ黒な背景で突き進んでいき、もちろん仕事は全然来なかったです。

中村　審査員にもよりますけど、「the Choice」が必ずしも商業的な作品に賞を与えるわけではないですもんね。

サタケ　ちなみに僕の作品を選んでくださった審査員が、佐野研二郎さんだったんですよ。東京オリンピックのロゴ問題でちょっと炎上してしまった人。当時はまだ博報堂に在籍されていたので、博報堂までこの絵を持って会いにいきました。それで「選んでいただいてありがとうございます。僕、仕事を辞めようと思います！」と言ったら、止められました。

中村　（笑）。いやいや、辞めないで！　待って！　って？

サタケ　そこまでの責任は負えませんと。というわけで、そこからも右往左往するんですけど、だんだん人物も動物もデフォルメが利いていき、今の絵柄になっていくという。それで闇落ちしたような目の表現をやめたら、ぽちぽち仕事をいただけるようになりました。結論として、インパクトよりも需要を考えないといけない、というところに落ち着いたんです。

中村　納得です（笑）。そんなこんなで現在に至り、僕もサタケさんも本の仕事をしているわけですが、僕は小説、サタケさんは実用書が多いですよね。

サタケ　そうですね、子供向けのドリルとか。ですから本の仕事と一口に言っても、中村さんと僕では全然ジャンルが違います。

中村　小説のなかでも、ライトノベルと一般書籍、時代物とミステリーでは、全然違うタイプのイラストレーターさんが起用されますしね。サタケさんはご自身の著書として絵本も出されていますよね。

サタケ　はい、最近になって。本以外の仕事だと広告系の仕事として、商業施設のリニューアルオープンのビジュアルなどを描いたりしています。僕の場合はあくまでデザインの一部としてイラストを使われることが多いので、自分の名前が前面に出る仕事はあまりないです。中村さんの場合は、広告の仕事でもクライアントとコラボレーションする形が多い印象です。

中村　ですね、作家的な見られ方をしていると思います。でも収入はサタケさんのほうが絶対、多いはずですよ！　だいたい相場は分かってるんだから！　そもそもメインとして数える仕事に著作が入っているのは強いですよ、印税一〇%がもらえるわけだから。僕も著作として画集は出していますけど、絵本に比べると長く売れるものではないです！

サタケ　絵本も当たればいいですけど、なかなか厳しい世界だとは思います。というわけで、ここからは「ギャラのリアルと交渉のコツ」について話していきたいと思います。中村さんは全然稼いでないとおっしゃいますが、きっと、そんなことないと思われていますよ。

中村　そんなことあるんです。例えば本の表紙の仕事って、一見華やかじゃないですか。けれど相場で言えば、文庫なら一番下は三万円くらいからだったりします。けれど三万円だろうが二五万円だろうが、こちらの労力は変わらないわけで。まずもって、その本を読まないといけないわけだから、すごく時間はかかるんですよ。三万円からちょっと高くなると六～八万円になり、この人が表紙を描けば売れるというような作家になると十二～十五万円になる。そうして三〇代を超えると、よくて二五万円あたりが天井。よっぽどの売れっ子で、大手出版社の仕事だとしても四〇万円も貰える人はわずか。それ以上の額は聞いたこともないです。ただ、これは一般書籍の話ですからね。ライトノベルの場合はイラストレーターさんの名前で購入する読者も多いし、挿絵もたくさん描くので、お話を書いている作家さんと印税を分配するケースも多いです。でも僕らがやっているような一般書籍は払い切りじゃないですか。

サタケ そうですね。その本がどれだけ売れようが、基本的には一回ギャラを貰ったら終わり。ちなみに僕の本の中では、本の表紙のギャラは八〜十五万円と書いています。僕は子供向けのドリルなども多いので、自分の感覚だとそれ以上貰ったことはないです。

中村 でも、平均値はそんな感じだと思います。小説の表紙の場合、八万円の仕事がどんなものかと言えば、新人作家など、いきなり文庫で出すような本ですね。だから、本の表紙一枚描いて一ヶ月暮らせるのかと言えば暮らせません。

サタケ 露出、人気と比較して、そんなに貰っているわけじゃないということですよね。

中村 CDも印税でなく払い切りという点では一緒です。ただ昔は、本の二倍ぐらいの金額は貰えましたね。本の表紙が六万円の頃に、CDのシングルなら十二万円、アルバムなら二五万円は貰えていました。ただ、今はCDが売れない時代なので、これからデビューする人たちは、もう少しギャラの相場は下がるかもしれないです。

サタケ 売り上げが立たないと、予算も立たないですからね。

中村 なので、基本的に知名度とイラスト料は比例しないです。それから僕は広告代理店から来る仕事って、やらないんですよ。だからコンペも一回もやったことがありません。

サタケ ああ、ありますよね。代理店から打診があって、候補の一人に挙げてもいいですか、というお話。それでコンペに通ったら初めて仕事になるという。

中村 要はコンペって、代理店の段階で「決めかねています」という状態でしょう。ということは、クライアントはもっと決めかねているわけで当然、何のビジョンもないということなんです。それが嫌で。でも代理店を通した仕事ってギャラはめちゃくちゃいいんですよ。それこそ一枚描いて百万円、二百万円ということもある。でも僕はそれを絶対にやらない。なぜかと言うと、無限に来る意図の分からない修正によって、絵の濃度がどんどん薄まっていくから。そうなると結果としてファンは喜ばない絵に仕上がってしまうんです。今までイラストレーターをやってきて代理店を通した仕事が二回だけありますが、その二回ともに喧嘩して、モンスタークレーマーみたいになりました！

サタケ 強い！

中村 そりゃ、ハタチそこそこのペーペーイラストレーターが「この修正は一体誰の意見ですか？ 責任者を呼んでください」なんて言えば、喧嘩にもなりますよね（笑）。

サタケ 喧嘩できるのがすごいですね。普通は我慢して泣き寝入りですよ。

中村 家に風呂がないから強いんですよ。守るものも失うものもないから。というわけで同じ力で一枚描いて一〇万円の仕事もあれば、百万円の仕事もあるという詐欺みたいな世界なんです。だから僕は基本的には、自分が時給で稼げるちょっと上ぐらいの額を貰えたら満足しないといけないなと自分に言い聞かせています。影響力が大きいからと、一枚描いて三百万貰える仕事というのは、絶対に作家のイメージを消費させることになるので、僕は逆に怖いです。作家としてのイメージを前借りして切り売りしていると、六〇歳の時には活躍できなくなると思うんです。

サタケ その考えはなかったです。いわゆる売れっ子のイラストレーターさんって、多くの方のイメージでは、単価もどんどん上がっていき、一枚につき駆け出しの頃の一〇倍のギャラが貰えるみたいなイメージを持っている人が多いと思います。

中村 ギャラに関しては、確かに続けていれば自然と上がっていきますね。おそらく知名度と関係なく三〇代になったら絶対に上がるし、年齢を公表していれば四〇歳でもう一段上がる。逆に二〇代は安く使っていいと思われているので、安いです。でも、それでいいと僕は思っていました。いい絵が描ければ、その絵でグッズや画集をつくるとか、他の仕事につなげるとかして、後からお金は取り返せるので。

サタケ ……つまり、中村さんは金額交渉をしないということですよね？

中村 したことがないです。ただあまりに不当な条件は先に仕事自体断ります。

サタケ 金額を上げてくれと交渉するわけではないんですね。

中村 しないです。だって予算は決められているので、僕が上げてくれと言ったところで担当者が困るだけじゃないですか。決められた予算内で、イラストレーター、デザイナー、広告代理店にギャラを振り分けるなかで、「少なめに言ってやれ！」みたいな意地悪な人はいないと思うんですよ。フルパワーでその金額なのだとしたら、交渉しても仕方ないので。

サタケ 無理はしないと。

中村 ただ、ギャラと関係なく、賭けてみる価値があると思った仕事は受けます。その場合は、たとえ三万円しか貰えなくてもフルパワーで描く。基準は三つあって、一つは、この人しかできないと信じて頼んでくれている仕事。二つ目は、これは一番受けることが多いんですけど、部数が多いとか露出が大きいとか、見せられる人の数が多い場合です。だって自分で新聞広告を出そうと思ったら、すごく小さい枠でも五〇万円くらい出さないといけないんですよ。新聞広告以上のPR効果がある仕事なら、むしろこちらが三万以上払っても、お釣りが返ってくるぐらいなので。

サタケ 単純に金額だけで判断するのではなく、損して得取れということですね。

中村 そうです。そして最後の一つは可能性が感じられる仕事。例えば無名な作家さんだけど出す意義のある本だと感じたり、この人の表紙を僕が描くことで読者が増えたらいいな、と思ったら無理してでも描きます。そのうちの一つがアジカンですからね。どうなるかなんて分からないんですよ。アジカンも最初は誰も知らないバンドだったわけですから。

サタケ デビューから携わっているということは、相手にもまだ実績がない頃から全力で描いているということですよね。だからこそ、これだけ関係性が続いているということにも納得しました。相手の実績やギャラだけで断っていたら、今の関係はないわけで。

中村 ないと思います。それに、今の状態で暮らせているのだから、自分のキャパシティ以上のお金を貰って、自分のイメージが大きくなりすぎるリスクのほうが僕は怖いです。

サタケ 大きい仕事ってそういう側面がありますよね。佐野研二郎さんのオリンピックのロゴ問題もそうですけど、注目される仕事にはそれなりのリスクがついてくる。

中村 その通りです。それから、やっぱり代理店を経由しない仕事ってめちゃくちゃ面白いんですよ。浅田飴もグラニフも本当に面白い。要は自社の中にきちんとアートディレクション部があるということなので。みんな自分の責任で仕事をしているし、修正に関しても、誰の意見なのか、何のための修正なのかをちゃんと言ってくれるんです。ただ、これらは僕の話なので、ギャラ交渉に関しては困っている人もいると思いますね。サタケさんはどうしてますか？

サタケ 僕は交渉することもあります。駆け出しの頃から貰っている仕事を、そのまま安い金額で続けていると、どこかのタイミングで交渉しないと自分も苦しくなるので。非常に言いづらい感じで、もし可能でしたら一〇%アップって難しいですかね、とか言うんですけど、そうすると半分の仕事はなくなってしまうんですよ。一〇%にこだわったがために。申し訳なさそうに「じゃあもう頼めないってことですね…他の人を探します」みたいな。

中村 それは悲しいけれど…でも、いいんです！ そうやって若いアーティストに席を譲ることで、次世代につながっていくわけですから。オジサンは自分から席を降りないといけない！

サタケ そういう意味ではいいことをしたのかもしれない（笑）。

中村 ですよ！ やっぱり年齢を重ねていくと、家族が増えたり、ライフスタイルが変わったりして、お金ももっと必要になるわけだから、同じギャラでいいわけがないんです。それで合わなくなった仕事は、下の世代に譲るのが自然な流れです。

サタケ そもそも年齢を重ねると自分の意思と関係なく、若い頃と同じ働き方はできなくなっていきますよね。じゃあ、どうしたらいいのか、という話を以前にXのスペースでもしましたけど、中村さんの答えは「老害になるぐらいでいいんじゃない？」というものでした。

中村 老害を引き受けるというかね。年上が偉そうに振る舞うことは、時に若い人たちにとっては安定感にもつながるので。自分と若者たちが同じ目線だと思わず、嫌われることを恐れず、ドンと構えることも大事だと思います。もちろんセクハラやパワハラは絶対にダメですよ。でも僕らはもうテレビを観ていても、全員知らない人しか出ていないような中年なんですよ。それくらい遅れているということを自覚しないといけない。

サタケ 自覚は必要ですね。いつまでも若い人に合わせようとしたり、若く見られようとするのは確かに違うと思います。それで言うと、キャリアも二〇年を超えてくると、それまでに来なかったような仕事もいただくようになりますよね。

中村 審査員として呼ばれたりしますよね。昔は自分が審査される側だったのに。

サタケ そうなんです。それで勝手に持ち上げられていると感じることは多々あって、いや、まだ自分はそこには至ってないのに…とプレッシャーに思うこともあります。持ち上げられた先は落ちるしかないと思っちゃうから、ちょっと焦るというか。僕は四〇代、これからまだまだ仕事をしたいと思っているので。

中村 サタケさんも僕も、自分としてはずっと同じ感覚でやってきたし、ファンじゃない方からしたら、今も昔も分からないぐらい同じ作風で続けているイラストレーターという見方をされている。それなのに、仕事の内容は変わっていくじゃないですか。特に四〇代になると、かつてやっていた仕事を、もう自分じゃない若い人がやることも増えますよね。クライアントからしたら、もともと若年層にリーチしたい広告だとしたら、そこはリアルに二〇代の作家さんをあてたほうがいいわけで。あとは純粋にギャラの問題もある。四〇代を超えているから相応の金額を出さないといけないけれど、その予算が出せないので身を引こう、ということもたくさん出てくると思います。

サタケ 出てきますね。そこでふるいにかけられる。

中村 僕は四〇歳になった時にそれが怖かったんですよ。きれいに若手向けの仕事からベテラン向けの仕事にシフトするわけではなく、いきなりこれまでの仕事がなくなり、けれどタイミングよく四〇代らしい大きい仕事が来るわけでもないという空白期間。その時はめちゃくちゃ悩みました。

サタケ かといって、中村さんは自分から営業することはなかったんですよね？ 僕だったら何かアクションを起こすと思います。

中村 僕は昔から一貫してそうなんですけど、いらないよ、困ってないよ、というポーズを取りがちなんです。クライアントに会う時は別ですよ、可愛がってほしいなと思いますし。でも一度も「今、空いてます！ 仕事ください！」と言ったことはないです。ポートフォリオを持って営業しにいったこともありません。常にドーンと構えて待っているだけ。金銭的にキツくても精神的には余裕ですよという態度を取り続けてきた。

サタケ ちょっとドキドキしながら（笑）。

サタケシュンスケの仕事

デフォルメの利いたポップで愛らしい動物たちの姿がパッと目に飛び込んでくるサタケさんの現在のお仕事の数々。ドリルや絵本から水族館の公式キャラクターのデザインまで多岐に渡る。

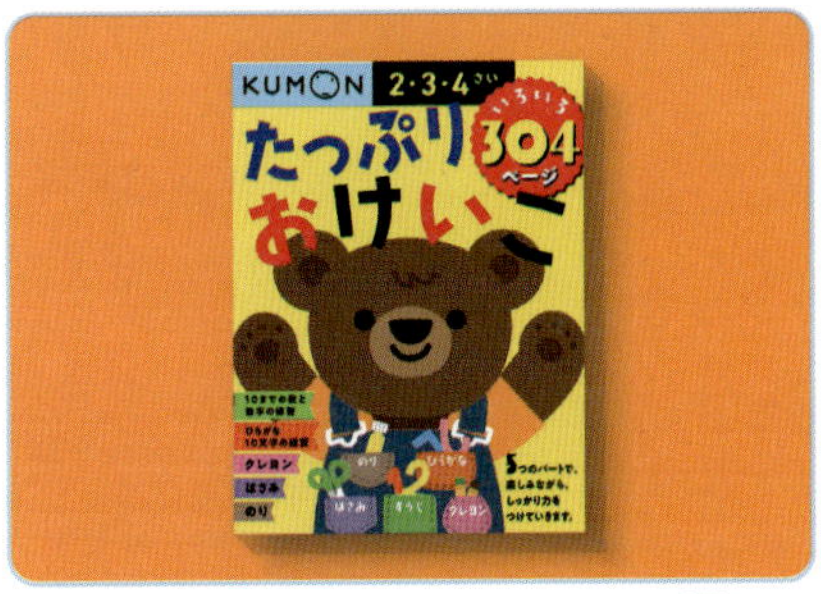

「くもん たっぷりおけいこ」カバーイラストレーション制作

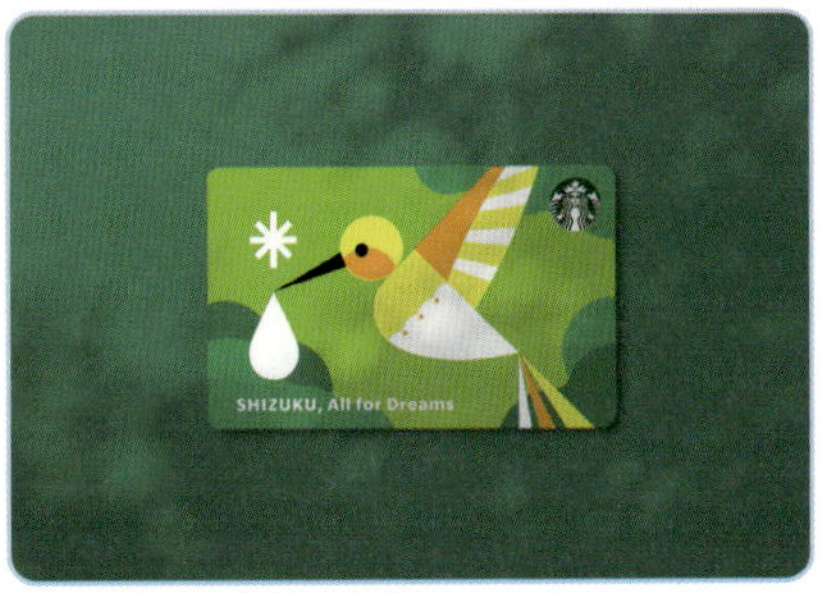

「ハミングバード プログラム2024」スターバックスコーヒージャパンの子ども支援プログラムのカードデザイン

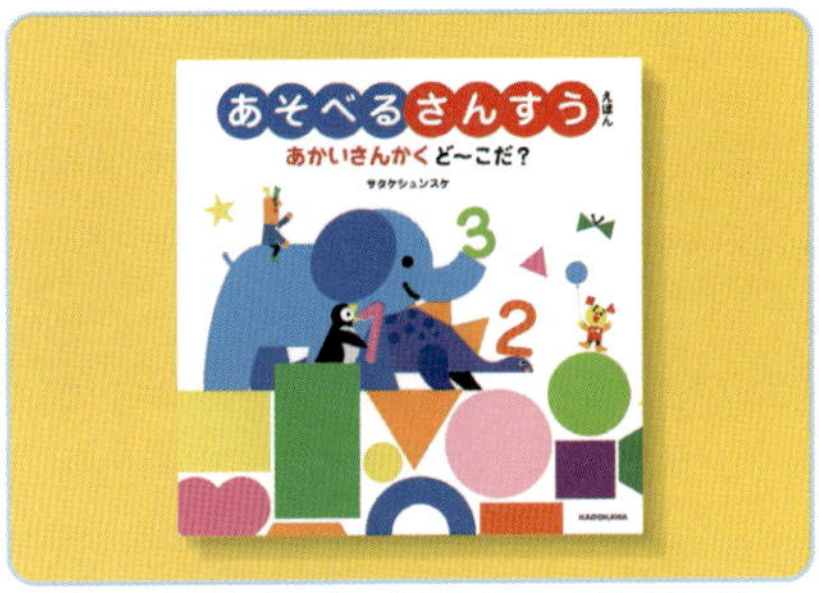

絵本『あそべるさんすうえほん あかいさんかく ど〜こだ？』デザインおよびイラストレーション制作

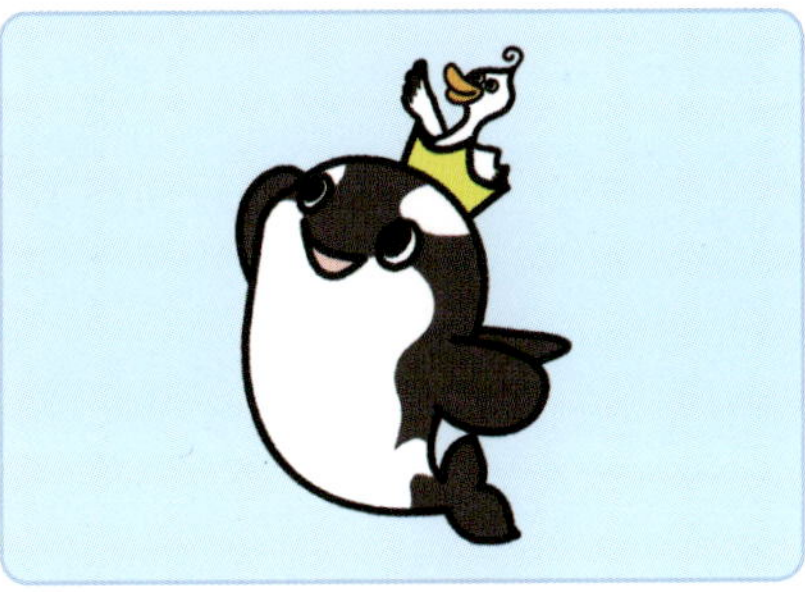
神戸須磨シーワールド水族館公式キャラクター「オルシー」デザイン

中村　ちょっとどころじゃなく、バクバクです（笑）。でもそれがクライアントの安心感につながるんじゃないかなって。だって「なんでもやります！」みたいな人に仕事を任せたくないですよね？　だから、そういう時は、余裕ぶっこいてインターネットラジオを録ったりしていますね。僕は、最終的に死ぬときに収支が合っていたらいいと考えているので、波があるのも当然だと思っているんです。けど内心めちゃビビってるから、三回ぐらいえべっさんにお参りに行って五千円ぐらいお賽銭をしましたけどね（笑）。

サタケ　えべっさんにも可愛がってもらおうと（笑）。

中村　四〇代まで仕事を続けていると、そういう〝波〟は必ず来ると思います。自分が変わっていなくても世の中が変わるので。サタケさんもありましたよね？

サタケ　もちろんありましたよ、今まで来ていた仕事がなくなることは。でも、僕はドーンと構えているわけではなかったです。それでも確かに「今、手が空いています」とは言わなかった。それを言っちゃうと、やっぱり終わりの始まりを周りに知らせることになるから。あの人は、もうダメなんだと思われそうで怖かった。誰もそんな人に仕事は頼まないですからね。

中村　サタケさんも今まで身の周りにたくさん同世代の作家、バンドマン、演劇人とかがいたと思うんです。でも、この歳になると、そのほとんどが結婚やら引っ越しやらを機にやめるじゃないですか。もっと言えば、売れなくなってやめた人も、たくさんいると思うんですよ。すごく心細くなっていく。サタケさんはこの仕事を続けるために何かやっていることって、ありますか？

サタケ　自分も常々、仕事が来なくなったら終わりだなと思っています。稼げなくなったら別の収入源を考えなきゃいけないから、そうなった時は就職でもなんでもしようという気持ちで独立しました。ただ、絵を描くこと自体はたぶんやめないと思うんですよね。僕、実は毎年個展をしているんですよ。個展では仕事と関係なく、自分の好きな絵を描いて出すということをルーティンにしていて、かれこれ十五年以上続けています。それが五年越しぐらいで次の仕事につながっているのを感じるんです。

中村　個展で新しいことを試しているわけですね！

サタケ　そうです。もし、それをやっていなかったら、どこかでひきだしがなくなっていたと思うし、そういう場を持つことで、僕は長く続けられていると自分では感じています。ずっと同じことだけを続けていたら不安で仕方がないので、新しいことをすることで不安も和らぐというか。仕事じゃないので失敗もできますしね。中村さんには、長く活動を続けていくための秘訣って何かありますか？

中村　僕には山中さんという僕の知る限り一番古いファンがいて、山中さんはいつも、どんなイベントにも来てくださるんです。それはイラストと関係のないトークイベントから僕がやっているバンドのライブまで、基本的には全部。山中さんに、僕の前に誰か応援していた人はいるのかと訊いたら、わりといろんなアーティストの方を挙げるんです。でもやめてしまったり、追いかけきれなくなったりしたそうで。そんななかで、今のところ僕のことは存在そのものを面白がってくださっている。だから、そういう僕の核が絵の中にも面白さとして出ている限りはファンでいてくれるのかなと思っていて。逆に言えば、山中さんが来てくれなくなった時は、僕の核がなくなって終わりかけている時だろうと思うんです。そんなことを考えていたある日、とある講演会で山中さんの姿がどこにも見つからないことがあったんですよ。学生を前にして偉そうに仕事の話をしているんだけど、内心では、ああ、僕のイラストレーター生命はもう終わりだ！　とパニックでしたね。

サタケ　講演会どころではない（笑）。

中村　終わってすぐにFacebookから山中さんに連絡して、あまりに強く行くのもどうかと思ったので、「今日はどうされたんですか？」と探る感じで聞いて。そしたら「今日の講演会は抽選だったんですよ、当たらなくて」と言われてホッとしました。だから、僕が自分の核さえ失わなければ、どんなに変容していっても、作家としてのユニークさはきっと変わらないと思うので、僕が長く続けるためにやっていることは山中さんをチェックするということですね（笑）。

サタケ　山中さんを通して、自分を客観視すると。

中村　そうです。絵でも文章でもトークでも、それは表現のガワでしかないので、自分の核さえ大切にしていればいいんだなと思っています。ちなみに、サタケさんは将来に対する不安が払拭されたタイミングって、いつ頃でしたか？　だって二七歳の時は、三〇歳を過ぎたらもう仕事が来ないかもしれないと思っていましたよね？

サタケ　思っていましたし、そう思っていた期間はけっこう長かったです。でも二回、三回とリピーターで仕事をくださる方の割合が増えてきた時に、だいぶ不安が和らぎましたね。でも、ようやく一〇年前ぐらいですよ。中村さんはどうですか？

中村　僕は払拭されたタイミングは、ないですね。

サタケ　そうなんですか？

中村　払拭できてないから毎年えべっさんに行ってるのかも。サタケさんは実用的なイラストレーターさんだと思うんです。広告や実用書のイラストなど、どちらかと言うと機能として認められているところが大きい。けれど僕の場合は何らかのコラボに呼ばれるとか、作家的な立ち位置を求められることが多いんです。そう考えた時に、よくこれだけ続いているな、よく一〇年前に飽きられなかったなとは常々思っています。

サタケ　でも確かに、中村さんみたいな一時代を築くような売れ方をしたイラストレーターさんって、失礼ですけど、そのあと絶対に見なくなりますよね。そういう人たちが多いなかで、中村さんはそれを乗り越えて、一〇年、二〇年ずっと第一線で活躍されているのは本当に凄いことだと思います。それって他の人と何が違うんだろうと思っていたんですよ、こうして中村さんご本人とお話するまでは。

中村　え、何か分かりました!?　僕は分からないから教えてほしいです（笑）。

サタケ　たぶんご自身の中の軸がしっかりしていて、やること／やらないこと、受ける仕事／受けない仕事の線引きが明確ですよね。あとは、とにかく優しさに尽きると思います。クライアントに対しても、絵を見てくれる人に対してもその優しさがブレないから、飽きられる飽きられないの話ではなく、伝わるべき人ちゃんと伝わって、ずっと愛されているんだろうなと思いました。

中村　僕の思いは山中さんに伝わっていると。

サタケ　山中さんはその結晶ですよね。

中村　確かに自分としては一所懸命やってはいるんだけれど、そんなものと世の中の流れは関係ないですからね。実直に努力して成長していても、消費されて飽きられる人はたくさんいますし。だから、いまだにずっと怖いし感謝です。

サタケ　でも逆に中村さんの今の気持ちを聞いて安心しました。〝アガリ〟なんてないんだなって。そんなもの幻想だと。

中村　幻想ですね。死ぬ前しか答えは分からないのかなあと。

サタケ　本当ですね。今日はありがとうございました。また第二弾もやりましょう。

中村　ぜひお願いします！

中村佑介

イラストレーター。1978年兵庫県生まれ、大阪芸術大学デザイン学科卒業。ASIAN KUNG-FU GENERATIONなどのCDジャケット、『夜は短し歩けよ乙女』『謎解きはディナーのあとで』などの書籍カバー、音楽の教科書、浅田飴やロッテのチョコパイのパッケージ、など数多くのイラストを手がける。また、アパレルブランドグラニフとのコラボ企画、動画配信、執筆など表現は多岐にわたる。著書は画集『Blue』『NOW』、教則本『みんなのイラスト教室』、CDジャケット全集『PLAY』（全て飛鳥新社）など。スティーブとダスティンを描き下ろした「ストレンジャー・シングス」×グラニフのTシャツは9/9から発売中。

サタケシュンスケ

イラストレーター、キャラクターデザイナー。株式会社ひととえ代表。京都芸術大学講師。1981年大阪府枚方生まれ、神戸市在住。「イラストレーションを通して人と社会を繋ぐ」をテーマに、主に教育や子育て、まちづくり、防災の分野で活動。著書に『イラストレーターのためのお金の話』（左右社）、『サタケシュンスケ作品集 PRESENT』（玄光社）や『iPadアプリ Adobe Fresco イラストテクニック』（玄光社）など。その他国内外で絵本の出版。主な実績としてNHK おかあさんといっしょ「ガンバラッパ★ガンバル〜ン」やベネッセ こどもちゃれんじ「おしゃべりシュッポ」、スターバックスジャパン カードデザインなどがある。

直感通信

小田島等×長尾謙一郎

第54回目

長尾　いま、新宿歌舞伎町でフランスの映画監督ジャン＝リュック・ゴダールの展示（七月四日〜八月三一日）が開催されているらしいけど、オダジは観てきたんだってね？　どうだった？

小田島　ロケーションがまず凄かったんだ。王城ビルという元キャバレーの怪しげな古い建物が会場だったんだよね。展示内容は『イメージの本』というゴダール最後の長編映画の断片が布にプロジェクションされていて、廃ビル内部全体がゴダールの映像コラージュという様相。夢の中のような空間だったな。ゴダール本人の映像はほんの一部で、ほとんどが白人社会とアラブ諸国で作られた戦争映画や報道映像などの断片。かなり政治的メッセージを帯びていたよ。

長尾　しかし、ゴダールの展示って少し唐突な印象だな。ゴダール直撃世代は年齢的にもう後期高齢者になっているわけで、結局九〇年代のゴダールリバイバル世代をターゲットにしているのかな？　うちらの世代は何げにゴダールって必須だったよね？　観ていて当たり前の世代。あれって「STUDIO VOICE」のゴダール特集が引き金だったのかな？　それとも、信藤三雄さんの一連のMVの影響なんだろうか？

小田島　唐突な印象、まさにそれってゴダール的なやり方かもしれない。新宿の駅前で反戦デモとかやってるじゃない？　そういった流れのものだと思う。ゴダールって政治思想が強いでしょう。ケンちゃんの言う信藤三雄さんの話はご明算。今回のゴダール展のヴィジュアル・デザインは北山雅和さんだった。北山さんは現在の日本のリベラル運動の中心人物の一人で信藤氏の弟子筋。九〇年代にゴダールが流行ったのは八〇年代のアカデミズムからの流れとは、確かに様子が違うね。ライトにデザイン的に需要された印象がある。ゴダール映画はとにかくロゴやポスター、スチール写真がファッション誌のようにお洒落で洗練されているんだよね。そこらへんが実はゴダール映画の「わけわかんなさ」に拍車をかけている。

長尾　日々創作を続けていると、ふと政治を芸術の原動力にしてしまいそうになる。けれどそれは本当に危なっかしいことだと感じる。ポリコレ的な話ではなく、意識の階層の話、創作物のもつ神聖性から墜落していくような感覚。ゴダールも『勝手にしやがれ』（一九六〇年）のままバランスよく創作を続けて欲しかった、といきなり冒頭から言ってしまうのは無慈悲な話だろうか？　近頃、ブライアン・ウィルソンやスライ・ストーンが亡くなって、芸術家の一生について考えさせられることが多い。ゴダールの人生はあれで幸せだったのだろうか？

小田島　ケンちゃんが足早に話そうとしている何かは、もちろんわかるんだ。しかし、ゴダールの扱った政治性は、いわゆる左派右派対立的な話をしているようには見えなくってね。一九六八年に同じくヌーヴェルヴァーグの映画監督フランソワ・トリュフォーと共に「パリの五月革命」で、カンヌ国際映画祭をボイコットするよね。ブルジョワ的な商業映画に対する抵抗。しかし二人は急に喧嘩別れをする。トリュフォーはあくまで「個人の感情や人間ドラマ」を描く映画を信じ続けると。そして、ゴダールの行う政治化を「映画を殺している」と罵るんだ。かたやゴダールは映画をますます政治の武器にしていく。けれど、ゴダールがずっと政治性に囚われていたかと言うと違う。「愛」「生」「死」「神」をテーマにしていた時期もあった。映画そのものをどう再発明するか？　という探究がそもそもの基盤ではあるだろう。もとより、ゴダールは政治というものを「巨大な物語」として、便利に利用しているようにも見えるんだよね。

長尾　しかし、当時も今も西側諸国でコミュニストを標榜して映画を撮ることは自殺行為に近いんじゃないかな。ハリウッドのレッドパージがゴダール登場の数年前の出来事なわけで、それが何を意味するかは理解していただろうし。ひょっとして当時の五月革命を目の当たりにして本当にひっくり返るとでも思ったのだろうか？　賭け、だったのかな？　あと、これは最近気づいたことなんだけど、ゴダールはシチュアシオニスト（前衛芸術家らによって形成された社会革命的国際組織）のギー・ドゥボールの影響を受けているのかなと。もちろん自己幻想の範疇ではあるけど、ゴダールの映画をシュルレアリスムだと解釈すると、なんとも合点がいくんだよな。ギー・ドゥボールはコミュニストだったらしいけど、その影響もあっただろうか？　と考えるとますます合点がいく。ただシュルレアリスムはマルクス主義の影響はあるけど、共産主義ではないんだよな……。因習的なものへの転倒が目的であって、政治の話ではないのかなと。とはいえ、時代の中での芸術家の興味の動向に正解も不正解もないとは思う。たとえ晩年まで『勝手にしやがれ』みたいな作品を撮っていたとしても、それはそれでつまらない。いやぁ〜、観客席ってのはほんとワガママな連中ばかりですなぁ（笑）。

小田島　うんうん。ギー・ドゥボールはわりと好きなんだ。で、「観客」の話で言えばこんな一節がある。これ、ノートにメモったんだ。

「スペクタクルの社会で中心を占めるのは徹底して受動的な消費生活をおくる『観客』、すなわち保守的な中間階層（いわゆるサラリーマン層）であり、搾取の場は工場よりも日常生活となり、労働と生産をめぐる闘争よりも余暇と消費をめぐる闘争が重要となる」。

　ゴダールが〝防ごうとしていた何か〟とは、戦後に巻き起こったこうした日常の中の闘争に対するものだったように思う。『暮らしの手帖』を創刊した花森安治も似たようなことを話している。しかし、初期作品はホントに良いからねぇ。『女は女である』『小さな兵隊』『女と男のいる鋪道』『はなればなれに』。素晴らし過ぎる。ジャストだ。『アルファヴィル』が格別に好きだよ。ゴダールが明示したジャンプカットや引用モンタージュ、ダラ撮り、不連続な編集は型破りなアンチ・ハリウッドとしてしっかり機能していると思う。でね、私が思うのはゴダールは映画監督というより編集者なんじゃないかなと。ゴダールが生きていた時間、彼は類い稀なる編集能力で裏から世界を編集していたようにも思う。そう、衝撃は死に際だよね。英国のエリザベス女王が死去した同日にゴダールは尊厳死を選ぶ。世界中のメディアに女王陛下とゴダールの死のニュースが同着で並んだ。メディアによる伝播力を知り尽くした男の〝最後のカットイン〟だったのかもしれない。

長尾　そう、オダジの言う通り鮮烈に世界を駆け抜けた芸術の巨人でした。『勝手にしやがれ』のジーン・セバーグがラストシーンで、突然カメラ目線で話し始めた時に感じたインパクトは忘れられない。こんなことが許される世界だったことにハッとしたものです。あ、自由だった！ってね。その時の感情感覚をいまだに大事にしながら創作活動をしていると言っても過言じゃないです。文字のインサート、看板のアップ、アンナ・カリーナのハサミのシーン、とにかく格好良かった。リテラシーに対する忖度ばかりの今、もう一度ゴダールを思い出してみたい衝動に駆られる時は確かにあるんだよ。そういえば、ヌーヴェルヴァーグは日本映画『狂った果実』の影響で始まったと言われているんだよね。『狂った果実』と言えば、石原裕次郎主演の太陽族を描いた映画ですが、当時の日本映画の中では若干荒々しいカット割りで、確かに『勝手にしやがれ』に通ずるものはある。ちなみにプロデューサーは「独占！　女の60分」（一九七五年〜一九九二年放送のバラエティ番組）の司会者・水の江瀧子さん。いやあ、俺たち毎週土曜にある意味ヌーヴェルヴァーグを観ていたようなもんですよ。違うか！（笑）

小田島　ありがとう。ターキー（笑）。芸術は娯楽か、あるいは社会を変えるための道具か。そこを看過してゴダールは語れない。これは永遠の命題だよなぁ。しかし、映画は芸術だ。観る側にも自由が与えられている。思想と切り離して浴びるように観たっていい。というか、百年経てばそういったイデオロギーは芸術作品から蒸発してしまって、最終的には映像そのものになっちゃうだろう。ゴダールは絵筆のようにカメラや編集機器を使って、一種乱雑に新しい映画を作った。〝センス一発〟で象徴的な絵を現した。イイ女とイイ男、JAZZ。最高のシチュエーションがあれば、なんと〝映画〟が立ち上る。ほとんど錬金術。しかし、ゴダール映画のような、ストーリーから切り離された映画がもっとフツーに作られ、流通する世の中があってもいいと思うんだよね。むしろ、メジャー映画はだいたいアヴァンギャルド風、みたいにならないものか。ラップのライムなんてジャンプカットだらけなわけだから。今の若い子たちは理解できると思うんだよ。

長尾　まずアヴァンギャルドの効力が今の時代にあるのか、を考える必要があるかな。意味のわからない作品を僕らはたくさん観てきたわけだけど、例えば日本だと鈴木清順さんなんかはメジャー映画会社で普通にアヴァンギャルドな作品を撮っていた。『殺しの烙印』なんて全盛期の日活でしょう。それからヌーヴェルヴァーグに呼応した大島渚の松竹作品とか、ATGとか。学生の頃、このあたりを貪るように観たものだけど、結局カタルシスを感じることは難しいんだよね。感情を揺さぶられないと「つまらない」と判断する人は多いだろうな。

小田島　まあ、もちろんそうなるよな。しかし、ヌーヴェルヴァーグのカタルシスとは映画の存在そのものが示すものだろう。ポスターやその映画の佇まい。そして、チケットを買って並ぶ側。鑑賞する人々の中にも存在する気がする。アヴァンギャルド感といえば、宮崎駿『君たちはどう生きるか？』は軸となるストーリー、カタルシスの効果を補完する箇所もありつつ、アヴァンギャルド感があったと思う。庵野秀明『シン・エヴァンゲリオン劇場版』も。それからデヴィッド・リンチ映画はストーリーをぶっ壊しながらも、カタルシス効果が画面から滲んでいる。

長尾　確かにリンチは物語のシュルレアリスムを見せてくれたよね。「わからない」を共有するような関係性だったな。近頃SNSで完成度の低い映像をたくさん見ているせいか「よくできたモノ」を欲する傾向はあるな。そういえばリンチの天気予報ってあったじゃん？　あれ、いわゆるTikTokで垂れ流される粗悪映像に似てるよね。あーあ、また今回もSNSにぶち当たってしまいました。

小田島　毎日食べるものは、なるべくヘルシーなものがイイって思うのは当たり前なんだけど、映像もそうあるべきかもしれないね。質の良くない粗雑なものに接していたら、脳も痩せて不健康になるかもしれない。SNSというか、スマホで観る動画も映像史上にあるものなんだけれど、そう思うのは難しい。かのリュミエール兄弟が百年以上前に開発した、動き出す〝映像〟がポケットの中にあるとは思えないんだよね。実感が湧かない。どんどん噴き出る情報が

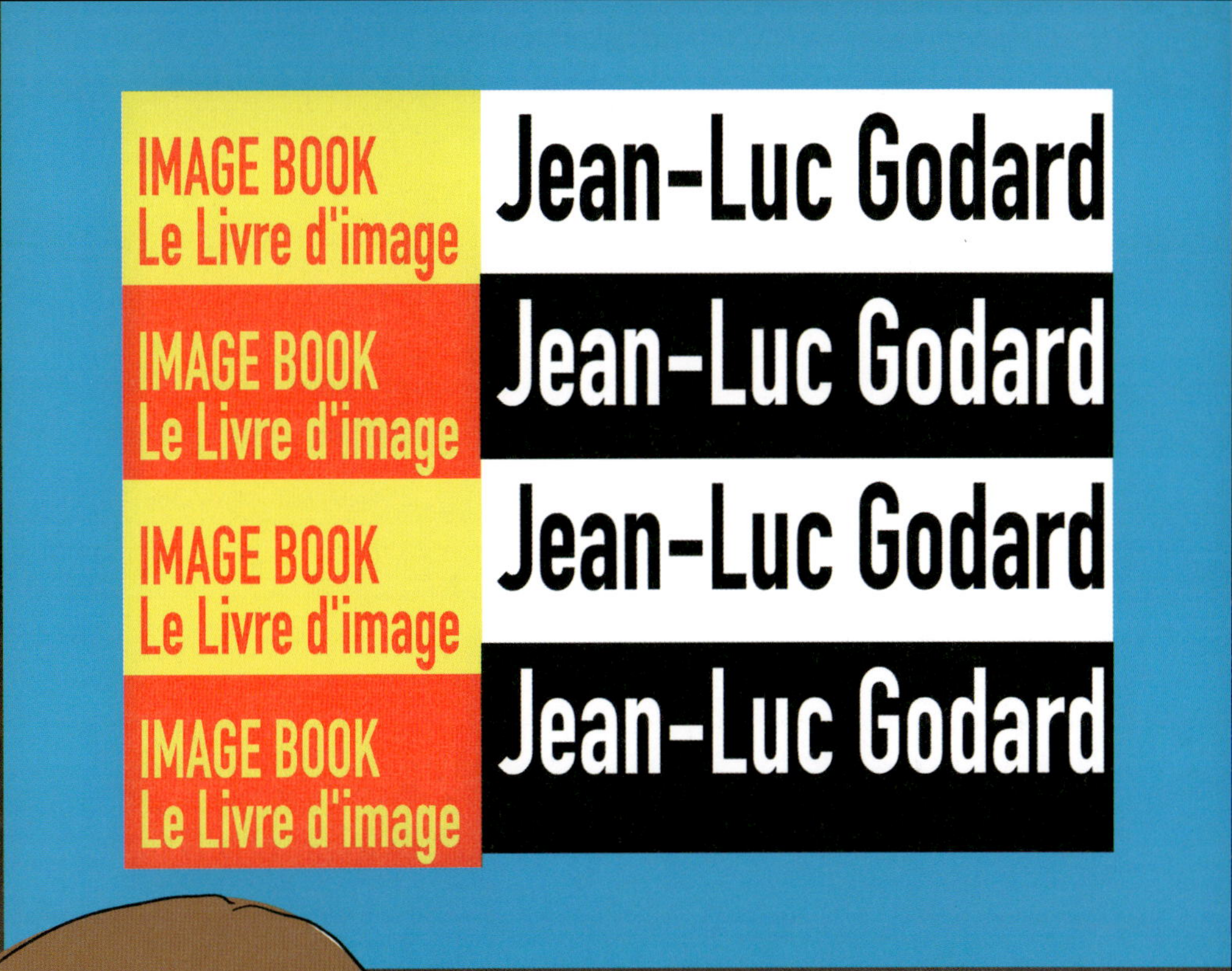

そう思わせるのだろうか。あらゆる芸術にとって良いんだか悪いんだか。漫画で言えば物語に。絵画で言えば素材や重量に。デザインで言えば軽やかな情報伝達に。文章で言えば深い示唆に。確かなものがきっとあるに違いない。そうして〝頼りになるもの〟を集めるよりほかないよな。では、現在の世の中がギー・ドゥボールが警告する「大衆は、好む好まざるに関わらず観客席の位置に押し込められた状況」なのか？ と考えてみると、実はスマホも強かで、特にApple社のiPhone広告はyouthfulなイメージ作りに長けている。魅惑の煽り方が上手い。しかし、そうしたファッショナブルな映像表現のルーツにはゴダールが存在するという、パラドックス。歌舞伎町のゴダール展で観た空間は、そういった映像イメージの覇権にも向けられているように思った。混濁した社会を一回再編集し並置しジャッジしていた。

長尾　メディアがある程度成熟すると、そこにゴダールのような破壊者が現れアンチテーゼを展開するのが自然な流れでしょう？ しかしSNSに関してはいまだゴダールは現れず、ついにはイデオロギーの灯台のように社会の交通整理をしているわけで、しかもそこには政治的なものから、これはまだ憶測の範疇だけれど他国の思惑まで入りこんでしまっていると…そんな世界に人々は冷や汗を垂らし、まるで狂ったピエロのように生きている。くそったれだぜ、勝手にしやがれ！

（小田島等／長尾謙一郎）

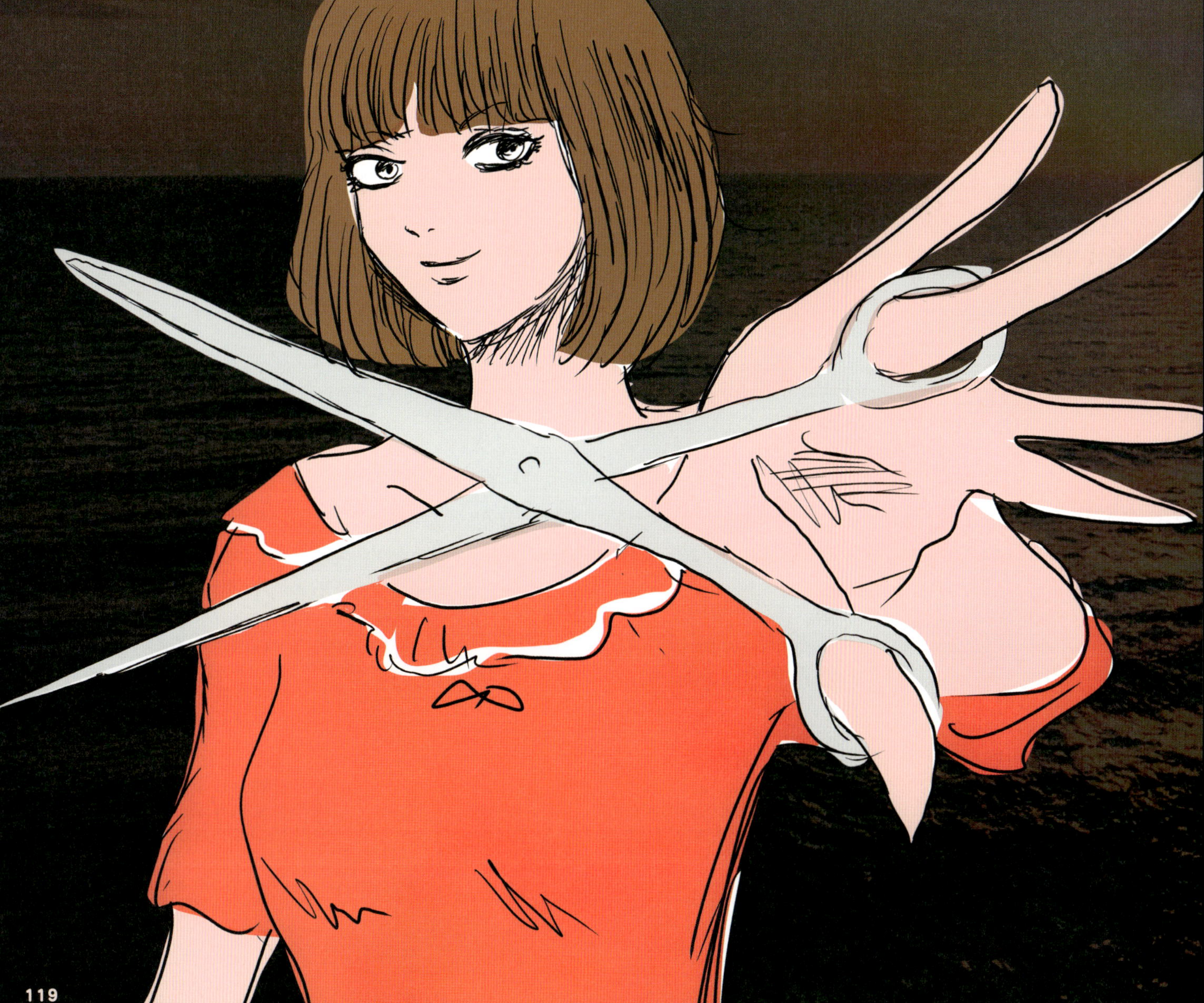

JAM日本アニメ・マンガ専門学校

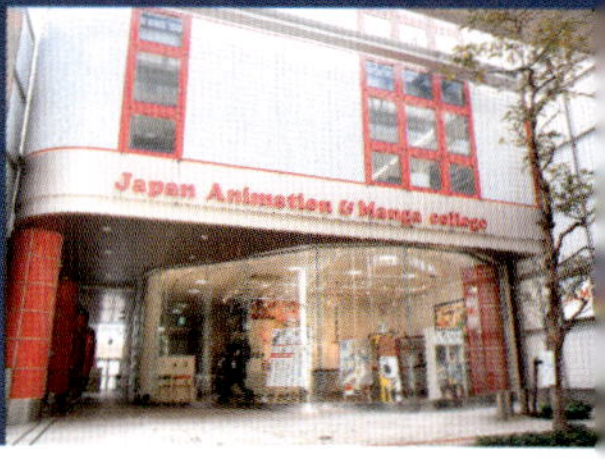

イラストレーター科（2年制）
マンガ・イラスト・キャラクター科（3年制）
トータルクリエイター科（4年制）

在学生のインタビュー

マンガ・イラスト・キャラクター科
3年制
吞-のめ-さん（新潟県出身 2年生）

コミックイラスト科 2年制
（現：イラストレーター科）
uwozaさん（福島県出身 2年生）
茅乃さん（新潟県出身 1年生）

——JAM日本アニメ・マンガ専門学校（以下、JAM）に入学を決めたキッカケを教えてください。

吞-のめ- 新潟県内の専門学校を探していてJAMを知りました。3年制では、マンガやゲーム、イラスト分野の授業が取れて、どのコースに進むかを1年生の終わり頃に決められます。どの分野に進むか余裕を持って考えられるJAMの3年制に魅力を感じました。

uwoza 実家から通える専門学校を探しており、JAMのOCに参加しました。米山舞さんの特別授業が楽しかったです！

茅乃 絵の仕事がしたいと思い、イラストの授業に特化しているJAMに決めました。学校の明るい雰囲気にも惹かれたんです。

——入学してから印象的な授業について教えてください。

吞-のめ- 『デッサン』と『クロッキー』です。『デッサン』は、円柱など静物デッサンで立体感を学びます。『クロッキー』は一人のモデルを囲み、10分ほどで素早く描きます。基礎を学んで絵を描くのがより楽しくなりました。

uwoza 二年生になると希望者だけ『選択デッサン』を受けることができます。先生から一人一人にあったアドバイスをもらえて、自分の描きたい絵が見えてきました。

茅乃 『背景パース・クロッキー』です。奥行きや手前にいる人の大きさなど遠近感を考えるのが楽しかったです。仕組みを理解して描けるようになりました。

——では、実際に入学してから成長を感じたことについて教えてください。

吞-のめ- 入学前は背景を描くことに苦手意識があったのですが、学びを通して少しだけ寄り添えるようになりました。

uwoza 「上手な絵」ではなく、「いい絵」を描きたいと意識が変わったところです。前まではただ絵を描くだけでしたが、今は見た人の心を揺さぶるような作品を作りあげたいと思っています。

茅乃 しゃがんでいたり足が隠れたりとするとうまく描けませんでしたが、クロッキーをしてから身体の構造が分かるようになりました！

——いいですね。では、学校の雰囲気について教えてください。

吞-のめ- 先生に話しかけやすいですし、友達と共通の趣味で盛り上がってとても楽しいです！

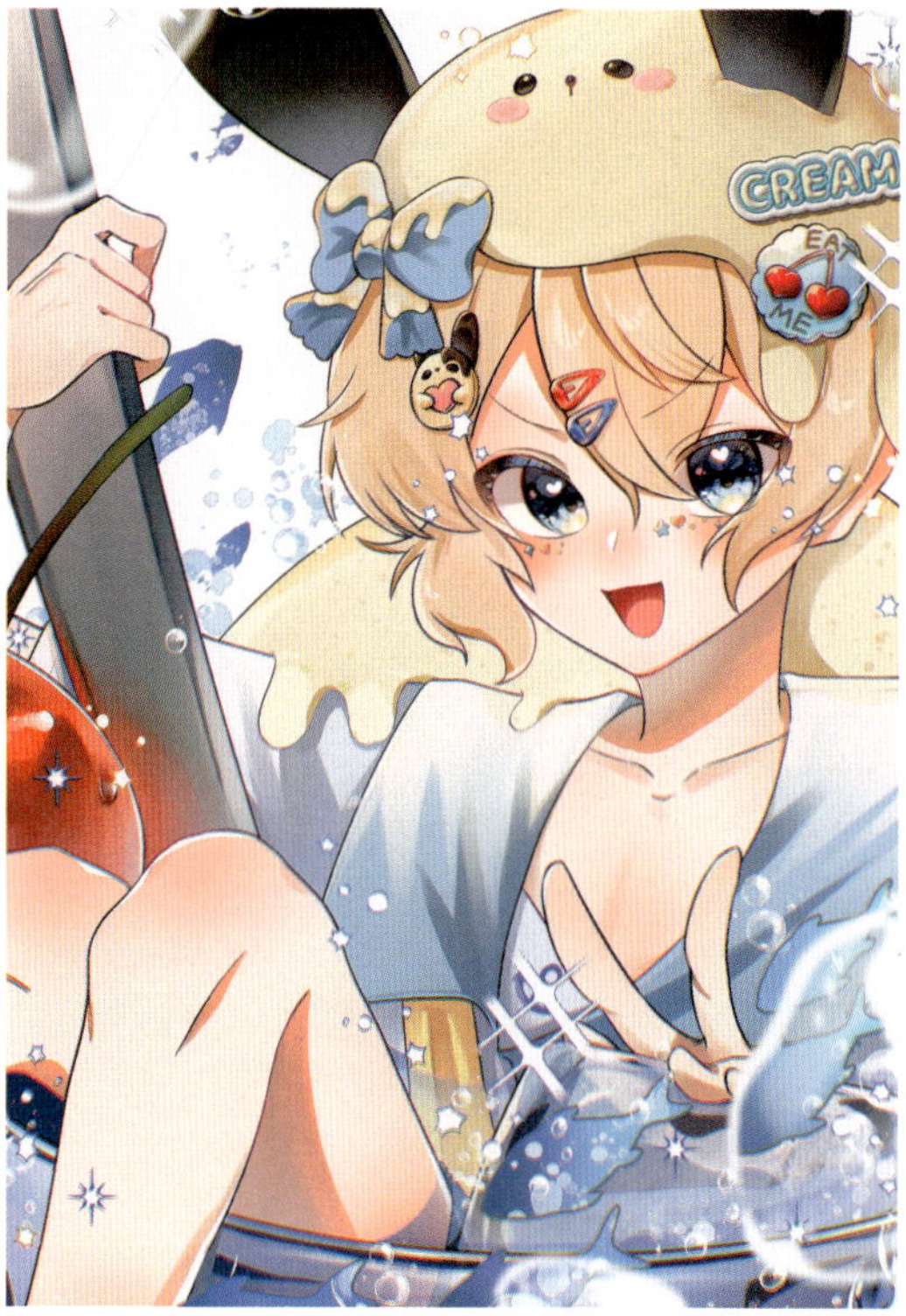

吞-のめ-さんの作品「空色クリームソーダ」 X=@_no_me_000

イラストを描いて自分の人生を生きていくために

先生のインタビュー

イラストレーター科（旧称 コミックイラスト科）
草野佳子先生

イラストレーターの仕事は、紙媒体の他、YouTuber・VTuberのキャラビジュアル、MV動画用イラスト等、多岐に渡るようになりました。そうした幅広いニーズに対応できるよう、デジタルとアナログ、イラストとデザイン、動画編集技術等、様々に伸ばしつつ、「要望に応えられるイラストを描く力」を身につけていきます。また、実際に外部企業からお仕事依頼を受け、実践的な経験も積みます。そして「イラストを描いて自分の人生を生きていくにはどういう手段を取ったらいいか」も一緒に考えていきます。卒業時にイラストのお仕事がたくさんある状態になれるのが一番いいのですが、人によっては卒業後、軌道に乗るまでに長い時間がかかる場合もあります。そこも見越して、別で収入を得ながら作家活動を続けるための具体的方法も、卒業生の事例など紹介しながら考え、在学中にその人にあった人生計画を立てていきます。

基礎画力を養いながら自分に合った業界を決める

先生のインタビュー

マンガ・イラスト・キャラクター科
廣野美樹先生

絵に関わる仕事をすると言っても、ストーリーを考える漫画家、クライアントの依頼にあわせて絵を描くイラストレーター、会社に所属してキャラクターを生みだすゲーム業界では、仕事で求められる能力はまったく違います。ただ高校生の段階で、漠然と絵の仕事に就きたいとは思っていても、具体的に何をやりたいのかわからず、どの学科に進むべきか決められない人たちはいると思います。そういう人たちに向けて、マンガ・イラスト・キャラクター科では、まず一年次に基礎画力を養いながら一通りの仕事のやり方を練習することで、学校に入ってから自分に合った業界を決めることができます。そして残りの二年間で、目指す進路に特化した勉強をしていきます。

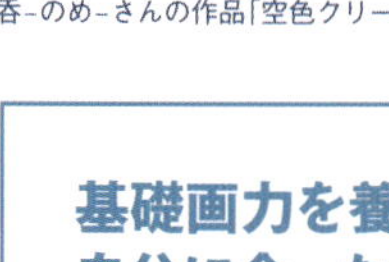

uwoza　クラスのみんなが絵を描く人なので仲間意識が芽生えました。気軽に絵の進捗状況を相談できるし、絵のモチベーションも上がります。

茅乃　これまで周りに絵を描く人がいなかったので、描いている人だからこその意見や感想をもらえて刺激的です。また、分からないことがあっても、気軽に聞けたり悩みを相談しやすい環境だと思います。

――最後に皆さんの今後の目標について教えてください。

呑-のめ-　YouTuberや歌い手さんのMVに携われるイラストレーターになりたいです！

uwoza　卒業までに自分だけのスタイルを確立し、絵で食べていけるだけの実力を身につけたいです。

茅乃　グッズ制作をしたいです。まず、目の前の課題に追いつけるようになります！

――みなさんのご活躍、楽しみにしています！　本日はありがとうございました。

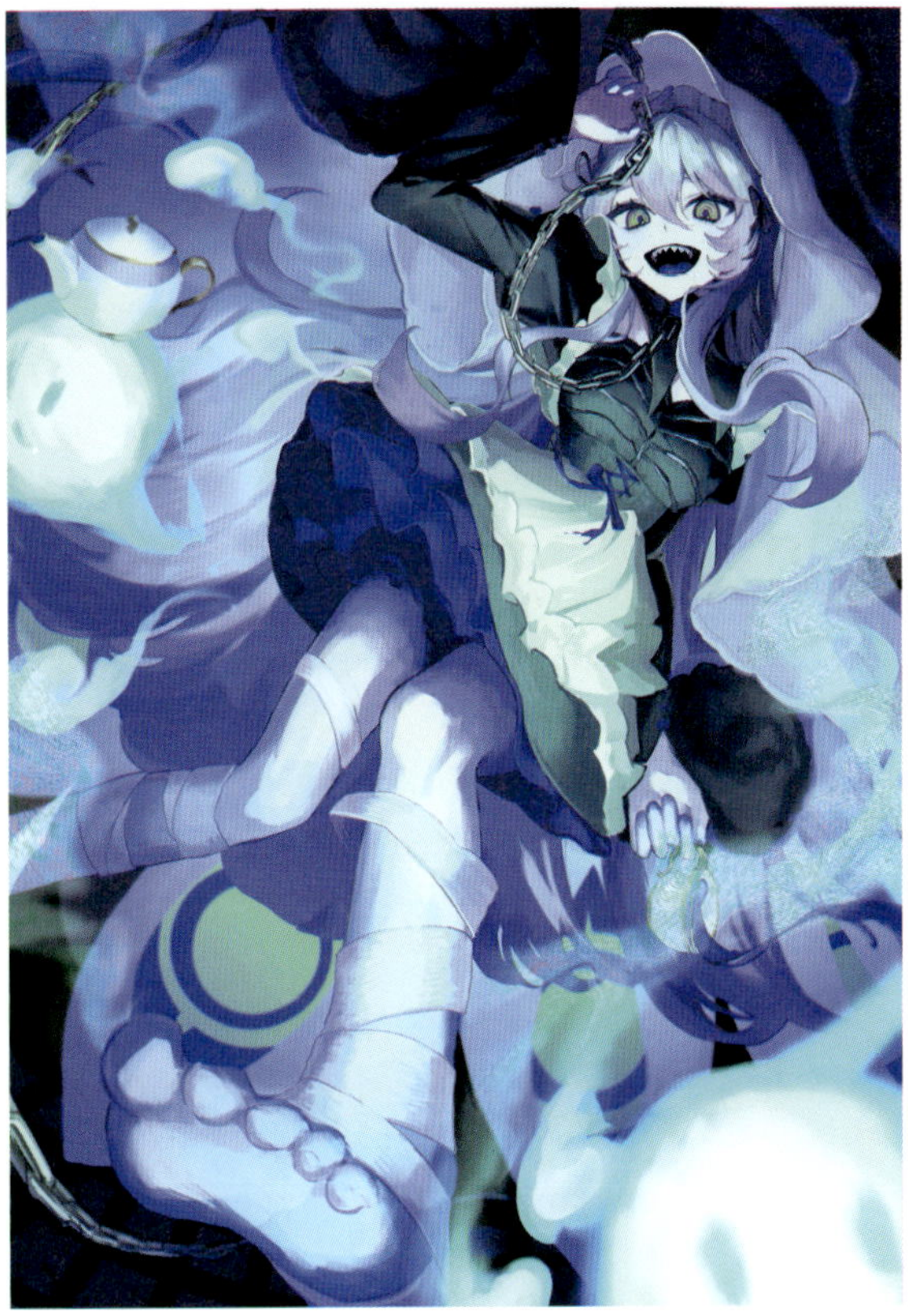

uwozaさんの作品「幽霊屋敷のティーパーティー」　X=@osakana_mamire

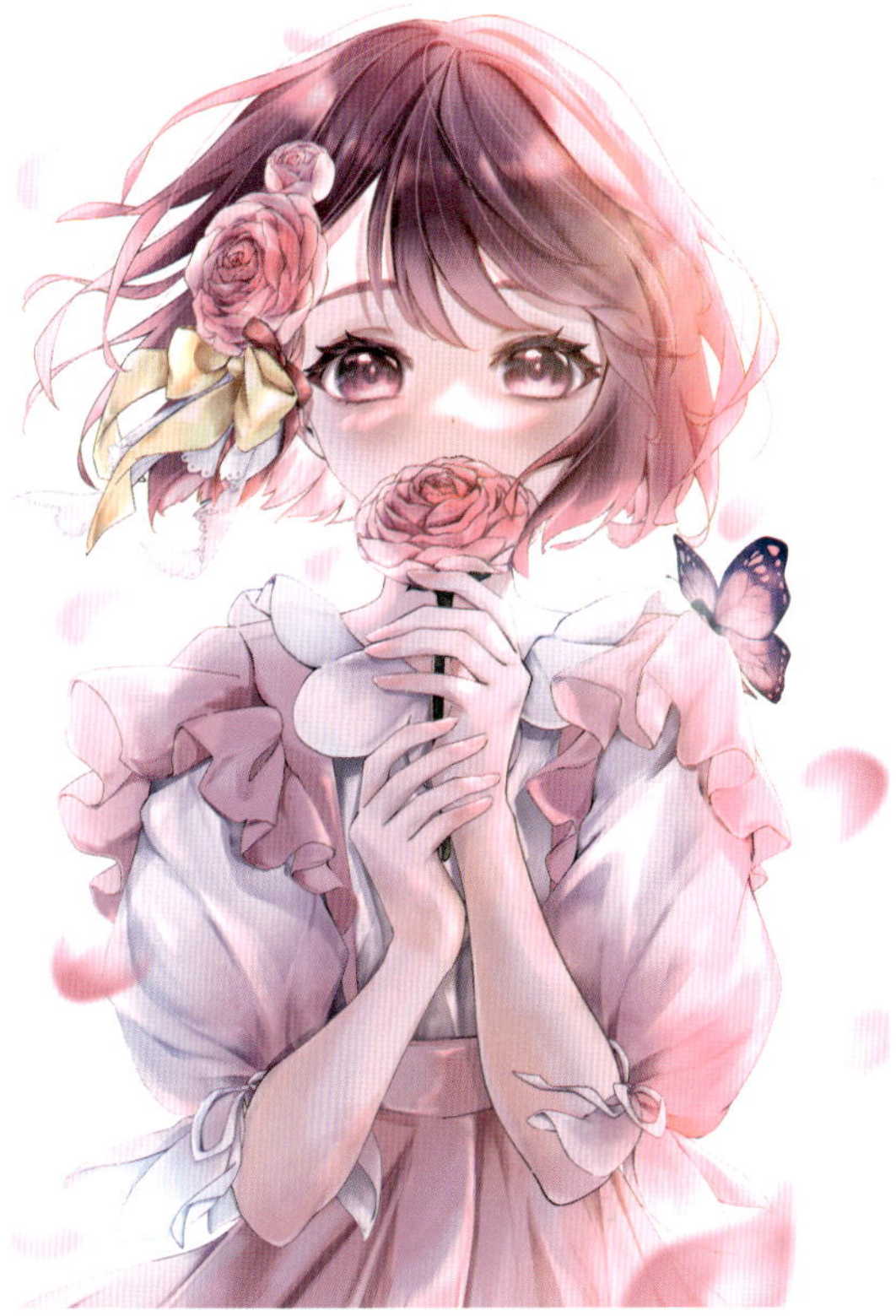

茅乃さんの作品　X=@kayano_247

目指す進路やライフスタイルに合わせて学科を選ぼう！

JAMには1年制学科～4年制学科まであります！
学科によって目指す進路や、年数によって学ぶ速度・深度が変わってきます。
詳しくは、JAM公式ホームページやオープンキャンパスで！
あなたにぴったりの学科を選びましょう！

第14回キャラクターイラストコンテスト開催中！

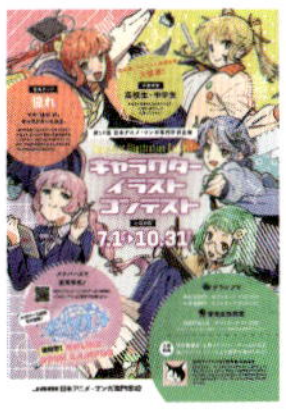

高校生・中学生を対象とした「JAMキャラクターイラストコンテスト」の作品を募集中。テーマは「憧れ」で、JAMのベースキャラクター5体を使って自由に表現。アナログ・デジタルどちらも応募可能。グランプリや審査員特別賞、団体特別賞など賞が多数あり、応募者にはプロによる作品講評が付きます。

メタバースオープンキャンパスでJAMを知ろう！

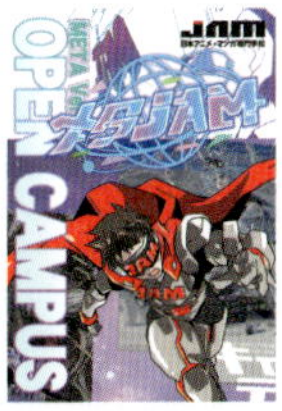

JAMの世界をバーチャル体験！
【メタJAM】は、いつでも、どこでも参加OK。
作品展示や学科説明も。憧れの夢への第一歩を今ここから踏み出そう。入試・学費相談もオンラインで安心。保護者参加も歓迎！スマホでも参加可。全国OK。

JAM日本アニメ・マンガ専門学校

〒951-8063　新潟県新潟市中央区古町通5番町602-1　フリーコール　0120-964-308
ホームページ　http://www.web-jam.jp/　メール　jam@nsg.gr.jp

学科

- アニメーター科
- キャラクターデザイン科
- マンガ・イラスト・キャラクター科（3年制）
- CGクリエイター科（3年制）
- マンガアニメ・大学科（4年制）
- マンガクリエイト科
- イラストレーター科
- デジタルイラスト科（1年制・2年制）
- トータルクリエイター科（4年制）
- イラスト・キャラクター・情報大学科（4年制）

オープンキャンパス日程

2025年
9/6(土)・20(土)
10/18(土)
11/1(土)・15(土)
12/6(土)・13(土)
2026年
1/17(土)・24(土)
2/7(土)・14(土)・28(土)
3/7(土)・21(土)

HP　LINE　X　出願受付中！

国際アート＆デザイン大学校

コミックマスター科
（現コミックイラスト科3年制）
コミックイラスト科

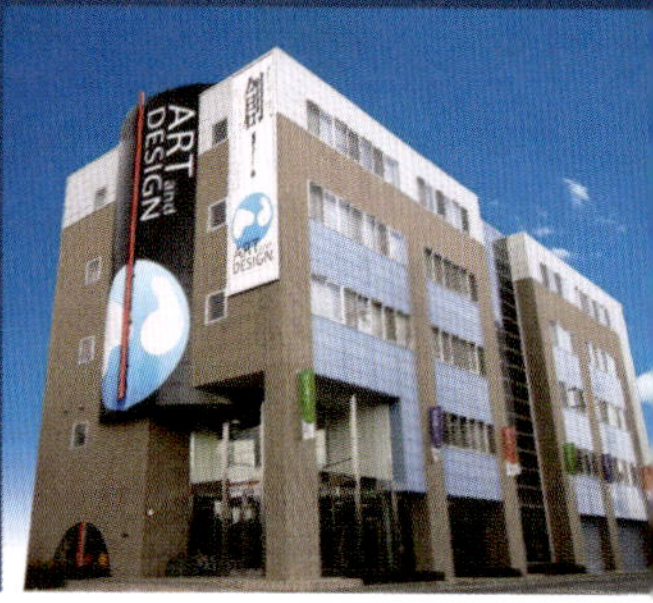

在学生のインタビュー

コミックイラスト科　2年
兎丸《うさまる》うなぎさん（福島県出身）

コミックイラスト科　2年
109vir《イチマルキューヴィール》さん（福島県出身）

コミックイラスト科　2年
椿姫《つばき》みなさん（福島県出身）

――まず、国際アート＆デザイン大学校（以下、Ａ＆Ｄと表記）に入学したきっかけを教えてください。

兎丸　中学の美術部で絵を描くことが好きだと気づいたのですが、受験で美術系の高校に落ちてしまい、しばらくは絵から離れていました。けれど高校卒業後の進路を選ぶ際に担任の先生からＡ＆Ｄを勧められて。オープンキャンパスへ訪れたところ、明るい雰囲気で在校生の方たちも優しく、授業に関する説明もすごく魅力的だったんです。「ここなら私のやりたいことができる」と思えたので、入学を決めました。

109vi　幼少期から絵を描くことが好きだったので、高校もイラスト科への進学を視野に入れていたのですが、当時はまだ絵の道に進む覚悟がありませんでした。けれど高校卒業の際、「やっぱり絵を学びたい」という気持ちが残っていたので、福島県内でイラストを学べる学校を探し、Ａ＆Ｄに進学を決めました。Ａ＆Ｄにはコミックイラスト科のほかに、マンガクリエイト科やグラフィックデザイン科もあって、絵を学ぶ上での選択肢が多いことも魅力に感じました。

椿姫　初めて絵を描いたのは高校一年の体育祭です。クラスの大きな旗を描くのを頼まれた時に「あ、これ好きかも」と気づきました。そこから、もっと絵を学びたいと思い専門学校への進学を考えていたら、美術部の友人からＡ＆Ｄをオススメされたんです。オープンキャンパスに行ったところ、クロスオーバーゼミという学科の垣根を越えた授業があったり、産官学連携が豊富で在学中から企業の依頼でお仕事ができる話などを聞いて、「ここに入学したい！」と思いました。

――実際に入学してみて、特に面白かった授業を教えてください。

兎丸　私はクロスオーバーゼミです。特にマンガクリエイト科のマンガを描く授業は、資料を集め、構成を考え、漫画として仕上げるという初めての経験がとても新鮮で。「漫画を描くのも楽しいんだ」という気づきが得られました。

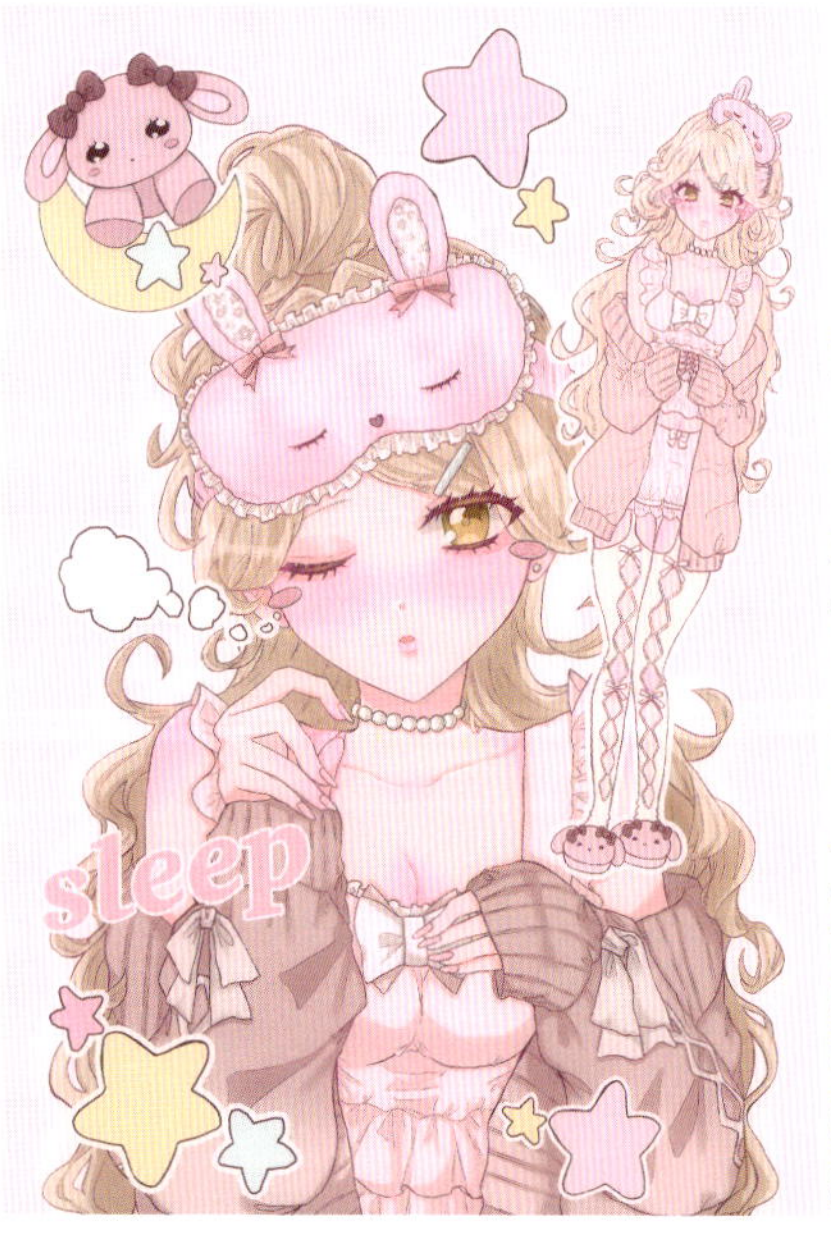

兎丸うなぎさんの作品『すりーぷ♡がーる』【X】@usamaru_unagi

109vi　私は「イラストライティングゼミ」という授業がとても勉強になっています。イラストにおける光の演出や、光による感情表現などを学ぶ授業です。例えば「なぜ、反射光はこんなふうに入るのか」というのを、先生が

国際アート＆デザイン大学校公式キャラクター
エディコ イラストコンテスト 2025開催!!

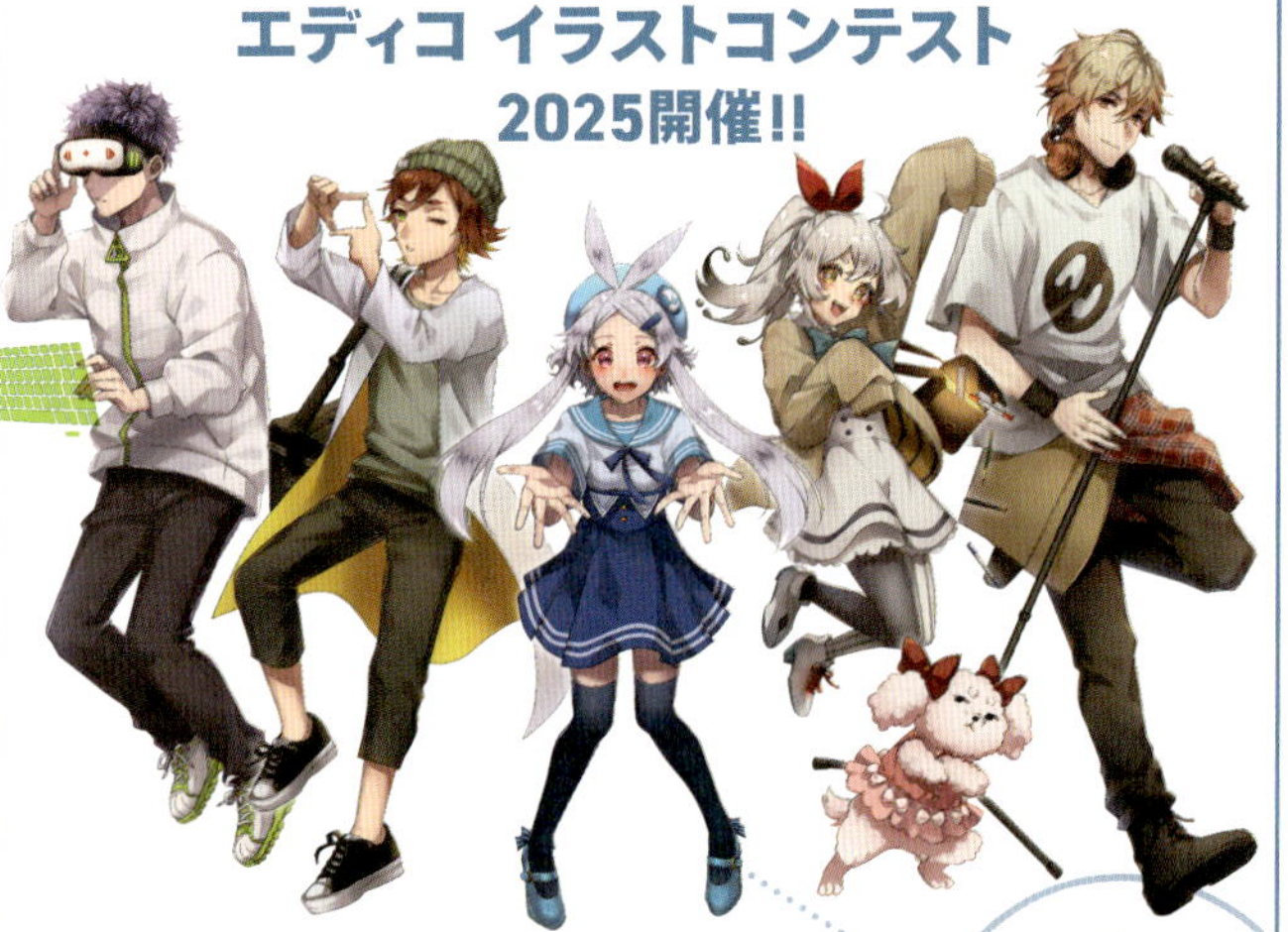

エディコ
国際アート＆デザイン大学校公式イメージキャラクター。音楽、イラスト、ゲームが大好き！「かわいい」が口癖の女の子。

若手クリエイター育成、
発掘のためのイラストコンテスト2025開催!!
最優秀賞はワコムペンタブレットをプレゼント!
その他、郡山市長賞は
図書券1万円分プレゼント!!

応募部門　❶ ぬりえ部門（小学生対象）（中学生・高校生対象）
❷ イラスト部門（中学生対象）（高校生対象）（19歳〜22歳対象）

応募方法　応募用紙に必要事項を記入のうえ、紙で応募してください。
応募用紙はHPから簡単にダウンロードできます！
ぜひチェックしてください。

応募締め切り　2025年11月28日（金）必着
結果発表　2026年1月9日（金）※国際アート＆デザイン大学校ホームページで結果発表します。

ぬりえの線画は
HPからダウンロードできます♪

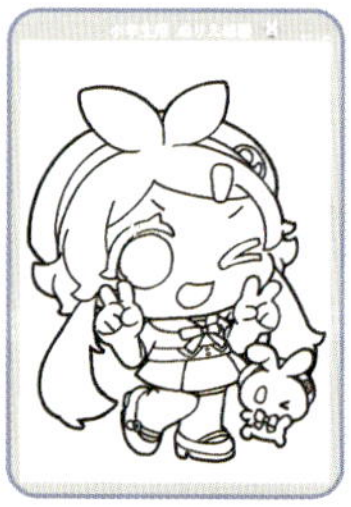
小学生用のぬりえ線画は在校生のぷぷあさんが描きました！

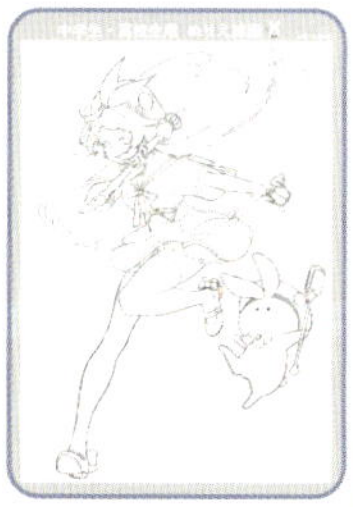
中学生・高校生用のぬりえ線画は卒業生のあきの彩さんが描きました！

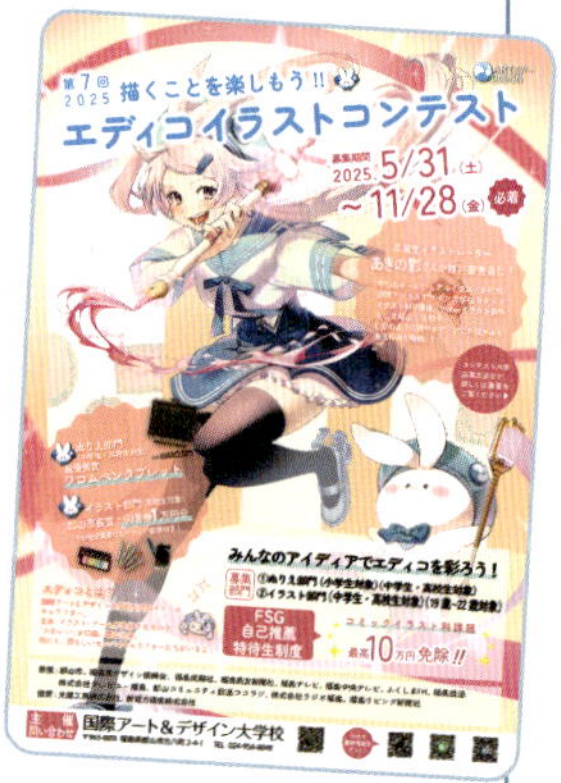

● 詳しい情報は以下をチェック！
https://www.art-design.ac.jp/contest_lp/

109virさんの作品『星輝』【X】@109vir1

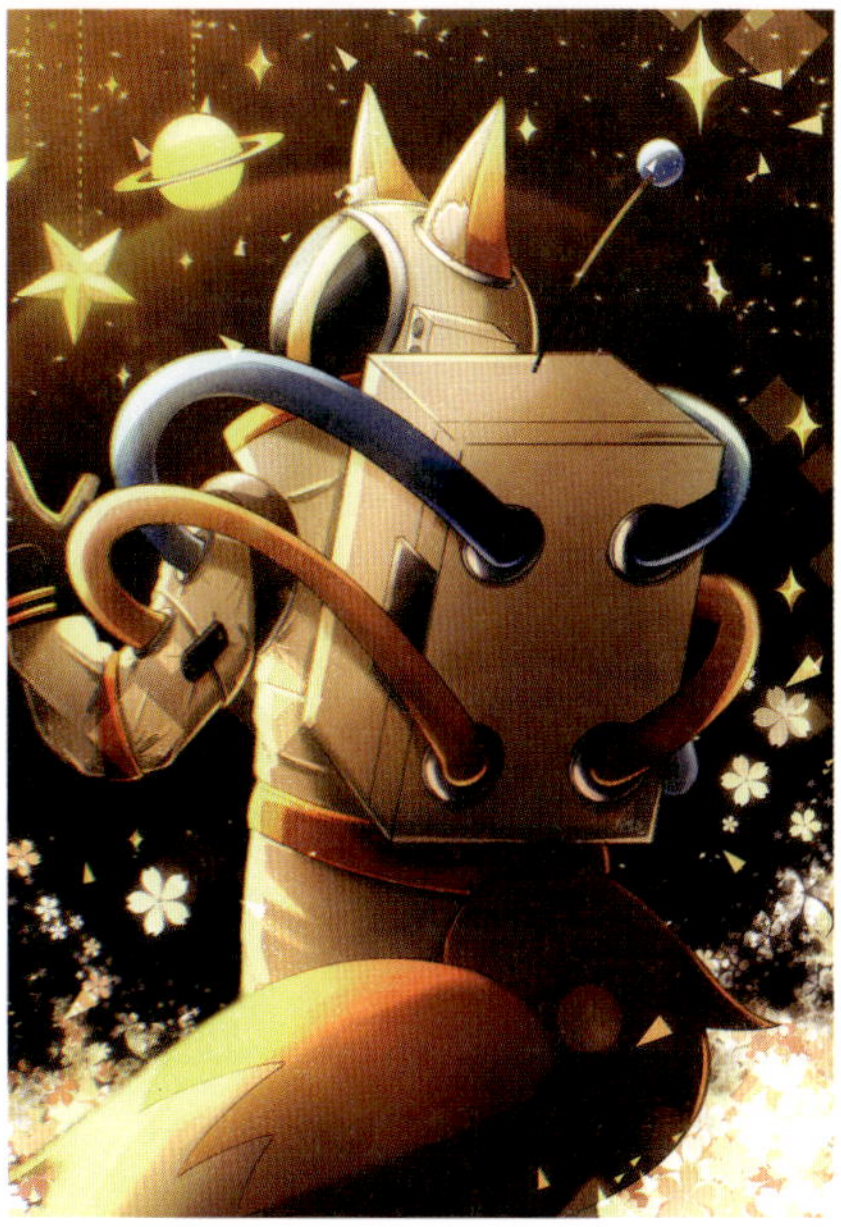

実例を見せながら、原理まで詳しく説明してくださるおかげで、前よりも絵が良くなった実感があります。

椿姫　一年生の時に受けた産官学連携のデザインの特別授業です。先生にアドバイスをもらいながら自分で初めてデザインをやったのが楽しかったです。クライアントの方とのやりとりで、お仕事をする上での言葉づかいも学べましたし、デザインした作品が賞をいただいたことで自信にもなりました。

――いいですね。学校のイベントで楽しかったことも教えてください。

兎丸　「ADVENTUERS Project」という県内の同人誌即売会に、学校でサークルを作って参加したのが楽しかったです。事前に準備を進め、オリジナルのグッズを作り、お客さんと直接交流するという良い経験ができました。

109vi　私はペットカーニバルというイベントにペットの似顔絵を描くブースで参加したのが楽しかったです。先生から誘われ、最初は自信がなくて断ったのですが、「大丈夫だから」と背中を押してもらって参加したら楽しくて！　依頼を受けて絵を描く経験もできたし、お客さんも笑顔で絵を受け取ってくれて嬉しかったです。

椿姫　私は学園祭が楽しかったです。学園祭では、みんなでコスプレをするので、それだけでも楽しいのですが、去年はお客さんがゲームで遊びながら休憩できるブースを作り、運営する側の気持ちを体験することができました。今年はコミティアみたいな即売会イベントをするので楽しみです。

――では入学前と比べて成長したと感じるところは？

兎丸　授業では人体の描き方から背景に構図、ライティングまで細かい技術を教えていただき、同級生や先輩からはたくさんの刺激を受け、いろんな面で成長できたと思います。

109vir　もともと人間より人外キャラを描くほうが好きだったのですが、周りはみんな人間を描いていたので、入学当初は人外キャラを描くことに自信がありませんでした。けれど一年の修了制作で先生から、「人外キャラはあなたの強みだよ」と言われたことで、自信を持って人外キャラを描けるようになったことが一番の成長だと思います。

椿姫　入学当初は絵を始めたばかりで、なんでもやりたくなってしまうがために、常に絵柄が違うことに困っていました。けれど先生から添削やアドバイスをしてもらうなかで「あ、私がやりたいのってこれだったんだ！」気づくことができました。最近は画風も安定して描きたいものを描けるようになってきたと思います。

――最後に今後の目標を教えてください。

兎丸　今よりもさらに絵を描くことが好きになり、将来的にも絵を描き続けていくことが目標です。近い未来の目標としては、お仕事の依頼を受けたいです。

109vir　これからも自信を持って絵を描き続けることと、誰かを笑顔にしたり幸せにしたり、何かのきっかけや勇気を与えられるような絵を描けるように成長したいです。

椿姫　フリーランスのイラストレーターになることが目標です。今現在、ありがたいことにいくつか依頼をいただいているのですが、今後は自分からも営業していきたいです。それと、VTuberの立ち絵の仕事をやってみたいです。

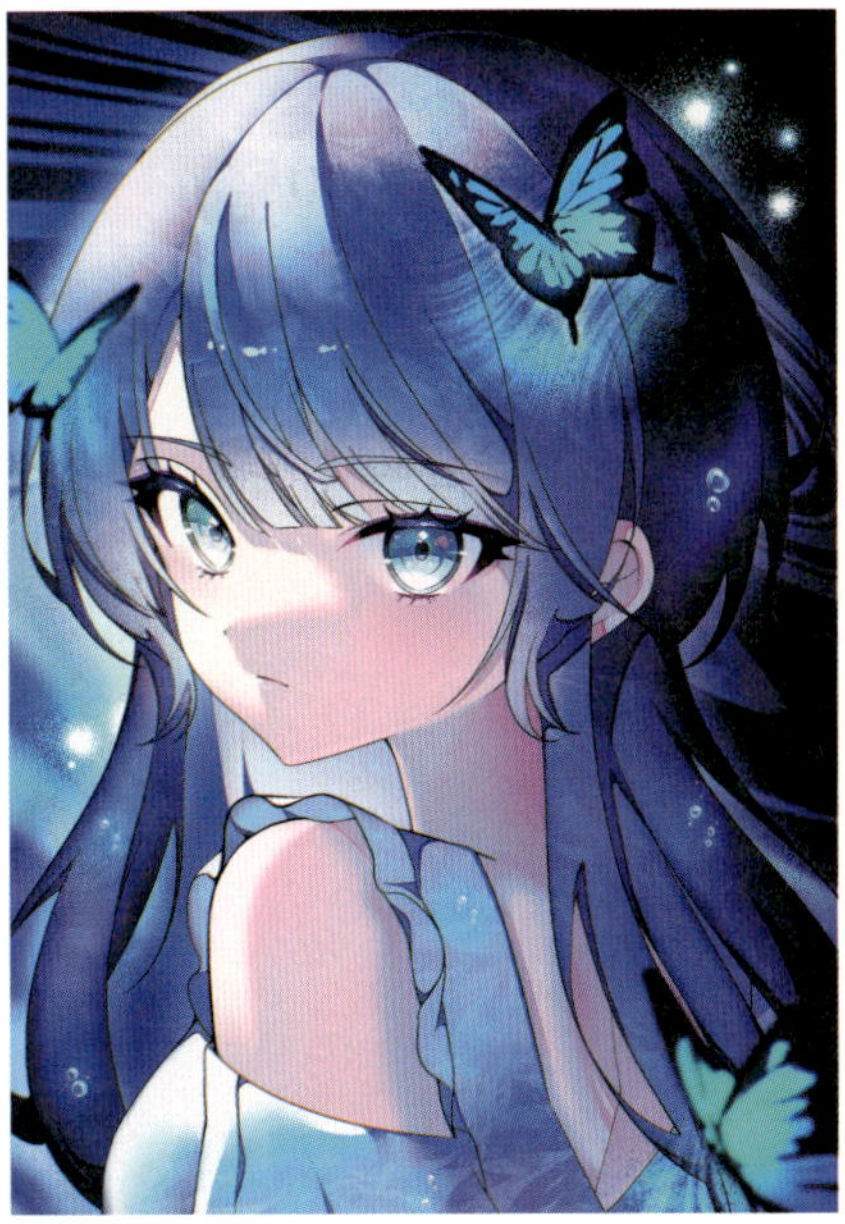

椿姫みなさんの作品『深い海のアゲハ』【X】@kapu_miina

21世紀アカデメイア 専門学校 福岡デザイナー・アカデミー

(2024年4月 専門学校 九州デザイナー学院より校名変更)

イラストレーション学科／マンガ学科

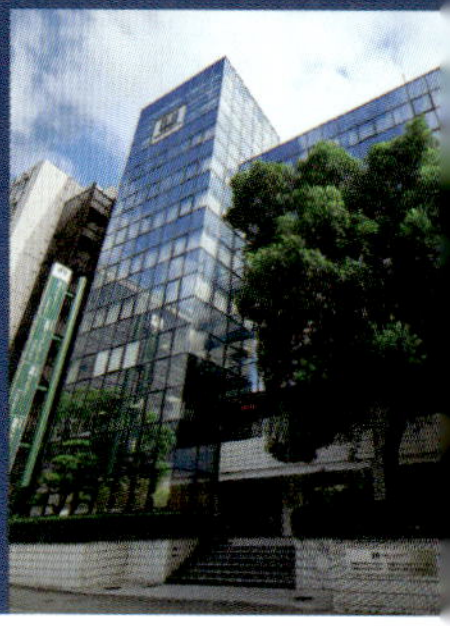

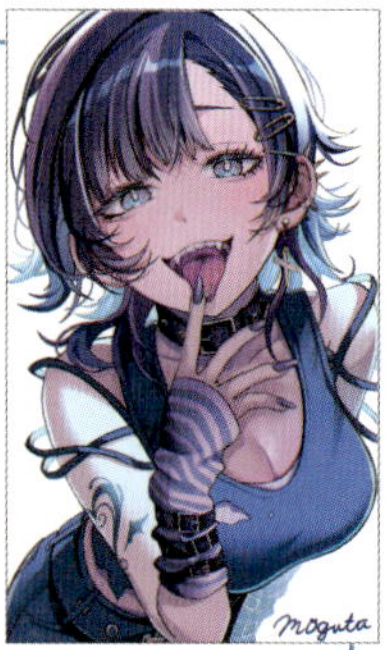

先生のインタビュー

イラストレーション学科 講師
moguta先生

――担当している授業について教えてください。

moguta　2年次の「版権イラスト作画実践」という授業を担当しています。版権や特定のキャラクターに絵柄を寄せるときのポイントを扱います。制作会社に就職したり個人で仕事を受けるとしても、クライアント様のコンテンツには、作品ごとにレギュレーションがあるんです。特にゲームの制作会社では、みんなで絵柄を揃えて同じキャラクターを描くことが多いので、それを想定した課題を行なっています。

――授業のなかで大事にされていることを伺いたいです。

moguta　企業の方が見て「仕事を任せたい」と思ってもらえる力を身につけて欲しいと思っています。私自身のゲーム会社に勤めた経験や、フリーで仕事をするなかで感じることを課題に盛り込んでいるんです。特に仕事の創作物と自身の創作では求められることが異なるので、絵の良さだけでなく、仕事としてのクオリティを意識した視点でも課題作品を見るようにしています。それが作家の強みにもなると感じるので。私が学生だった頃よりも全体的にレベルが上がっているので、画力を出し切る作品や自信につながる物量が、より必要とされていると感じるんです。そこから逃げずに力強く創作してほしいと思っています。

moguta先生　プロフィール
フリーのイラストレーター。バーチャルライバーの衣装デザインやモデリング、カードゲームのイラストなどを手がけている。
X【@moguta9】 pixiv id【34012272】
HP【https://gohanmogumoguoishii.myportfolio.com/】

在学生のインタビュー

イラストレーション学科 2年生
P.N.**まんまるめがね**さん(福岡県出身)
マンガ学科
コミックイラスト専攻 2年生
P.N.**たまごかけたまご**さん(福岡県出身)

――進路を決める際、福岡デザイナー・アカデミーが良いとなと感じたところを教えてください。

まんまるめがね　企業との関わりが作れる実践形式の課題もあることが魅力的でした。高校も美術系だったので入学前からイラスト関係の仕事に興味があったんです。

たまごかけたまご　運動部だったので、独学で絵を描いていたんです。漫画を描く姉の影響もあって、仕事をするなら好きなことをしたいと進路を探しました。学校は卒業生や学生作品を見つつ、決め手になったのはオープンキャンパスでイラストレーション学科の先生と話せたことでした。

――どんな話をされたんですか？

たまごかけたまご　内面や人生観について話してくれました。実際に入学後もサポートくださり、作品へアドバイスもしてもらいました。

――先生との出会いは代え難いものですね。まんまるめがねさんは、入学されてみていかがしたか？

まんまるめがね　技術を身につけるだけでなく、絵を描くクラスメイトから得られる経験も良かったところです。男の子を描くのが上手な友人ができて。その子から刺激をもらって、女の子ばかりじゃなく男の子や幅広い年齢層も描けるようになってきました。自力で解決できなかった問題が進展する環境だと思います。

たまごかけたまご　僕の場合は、専攻する学科だけでなく別の授業や実習も受けてました。そこで先生から作品にリアクションをしてもらえたことで自分の課題が具体的に見えてきたんです。あとは、デッサンの根本の考え方のズレに気付けたり、業界のリアルな仕事を知って進路を改めたりしました。

――作品づくりや将来について気づきがあることは大きいですね。最後にこれからの目標を教えてください。

まんまるめがね　まさに今日、作品を見てもらって作品の課題を言語化してもらいました。顔以外にも意識して描くことをクリアしたいです！

たまごかけたまご　自分自身がすごい作品に惹かれて絵の道に進もう思ったように、関わる作品が誰かの進路を変えるようなきっかけになれたら良いなと思っています。

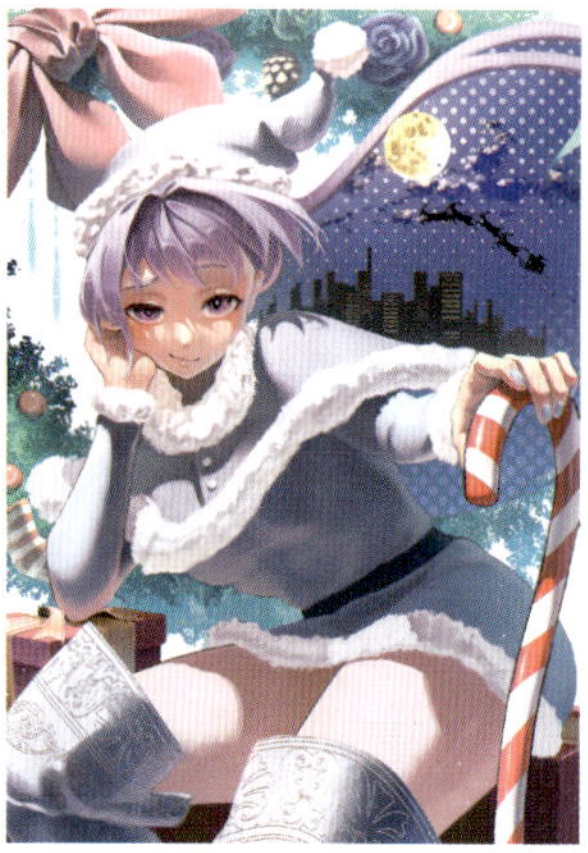

たまごかけたまごさんの作品。学外向けのオープンキャンパス情報紙の表紙デザインを飾った。表情や仕草に惹きつけられる。
[X]@saku28364931

まんまるめがねさんが描く、キラキラな瞳と色とりどりのヘアピンがポップな作品。ネイルや装飾は細部まで見ていて楽しい！
[X]@marume_0021

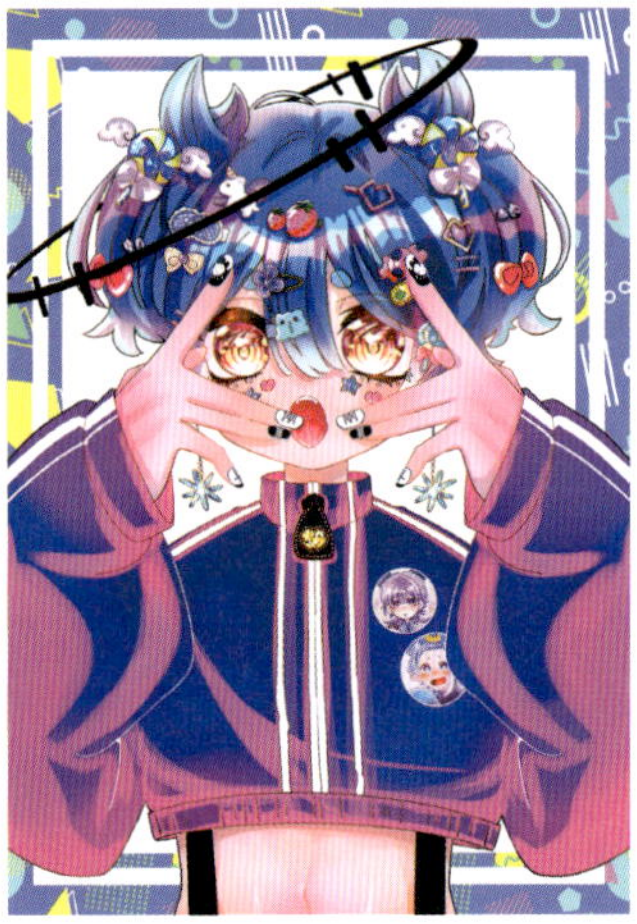

21世紀アカデメイア

専門学校 名古屋デザイナー・アカデミー

（2024年4月 専門学校 名古屋デザイナー学院より校名変更）

マンガ学科　マンガ専攻・コミックイラスト専攻

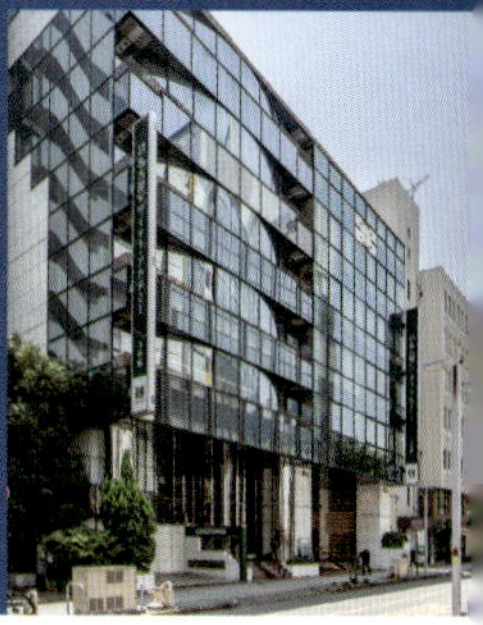

学生インタビュー

マンガ学科 マンガ専攻 2年生
犬飼優羽さん（愛知県出身）

マンガ学科
コミックイラスト専攻 2年生
P.N.**ニござ**さん（愛知県出身）

――名古屋デザイナー・アカデミーに入学したいと思った決め手を教えてください。

犬飼　高校の頃から漫画家を目指しつつも、具体的に行動できていませんでした。オープンキャンパスで描き方や持ち込みの方法を教えてもらえて、高校の卒業前に担当がついたんです。入学前から私の将来について考えてくださる先生方や、学校の雰囲気の良さもあって入学を決めました。

ニござ　最初はグラフィックデザインを学ぼうと考えていたのですが、この学校で相談したときに「絵を描くことと、その絵をデザインすること、どちらをやりたいの？」と聞かれて、進路も含めて後悔しないように、コミックイラスト専攻へ変更しました。

――学校生活はいかがですか？

犬飼　マンガ学科は他の学科よりも自主性が求められるので、積極的に先生へ作品を見せています。その話を友達と情報共有しあって刺激をもらっています。

ニござ　デッサンの授業が新鮮です。何時間もかけてひとつの絵を仕上げる授業は専門学校に入ってはじめて経験しました。最初は下手でしたが、先生が回りながらアドバイスしてくれて、描けるようになってきたことが嬉しいです。

――描く作品で変化したことを教えてください。

ニござ　もともと背景は描いてなかったんですが、褒められたことがあって「得意なのかも！」と調子に乗ってどんどん描くようになりました。

犬飼　私も背景ですね。入学前は本当に苦手でしたが、授業を通して描く力が身につきましたし、漫画の作画にもいきていると思います。

――最後に今後の目標や描きたい作品について伺いたいです。

犬飼　漫画家として活動していくことです。いまは読み切り作品を描いているので、それが無事に掲載されるように頑張っています。

ニござ　私は読むことも好きな、ライトノベルの表紙を手がけることが人生の目標です。

©犬飼優羽/小学館

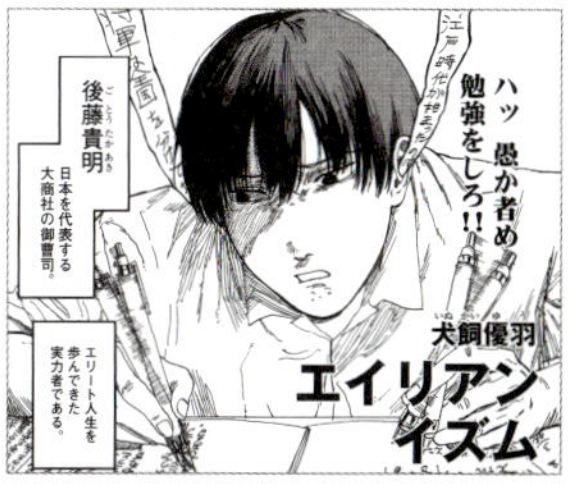

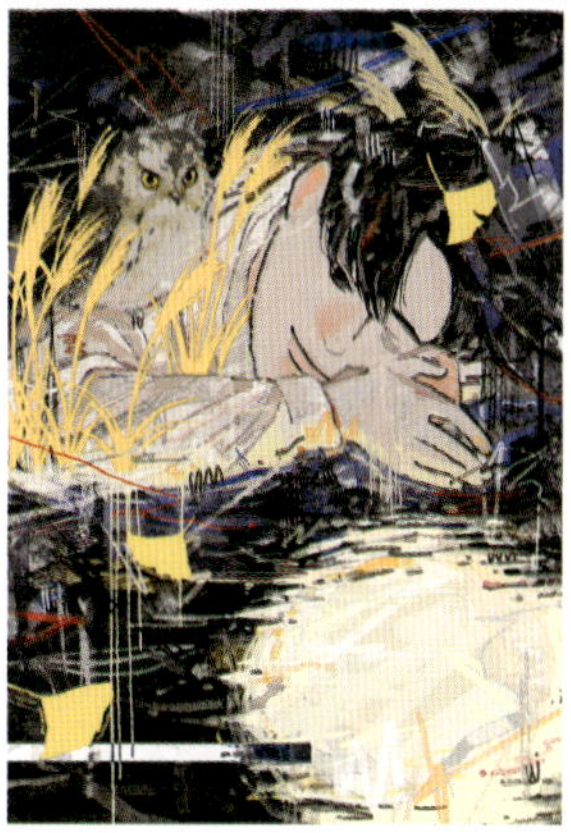

第406回スピリッツ賞で佳作となった『エイリアンリズム』。2025年9月号に掲載され、WEBでも公開中。真面目な御曹司の後藤とクラスメイトの高根さんとのひとクセある交流に引き込まれます。イラストも風合いのあるタッチで魅力的。

先生のインタビュー

マンガ学科
講師 **藤井孝太**先生

藤井孝太先生プロフィール
イラストレーター・デザイナー。自身でデザイン会社の代表も務める。名古屋市を中心に、企業キャラクターのデザインや広告のイラストレーション、デザイン制作など幅広く手がけている。
HP【https://www.fourc-s.jp/】

――担当している授業について教えてください。

藤井　Illustratorの授業を担当しています。イラストの作画で使われることは少ないですが、デザインに関わる仕事では「Illustratorを使える学生が増えてほしい」という話を耳にするなど、仕事に直結するスキルなんです。また、他の先生と一緒に学科を超えて卒業制作も見ています。現在は企業広告のイラストレーションを主に手がけていますが、もともと漫画家を目指していたことや、仕事では絵柄を限定せず幅広いタッチで描くので、その経験をもとに学生それぞれの作風にあわせたアドバイスをしています。

――仕事をするなかで大切だと感じることを伺いたいです。

藤井　人との繋がりです。僕自身が人脈や周りにいる人たちに助けられていると感じます。学生にもその機会を作ってもらいたくて、積極的に声をかけるようにしています。例えば、ごはんを美味しそうに描く学生にカフェのメニューを作画してもらったり、絵本と相性が良さそうな絵柄の学生へ出版社を紹介するなど、これまで関わってきた人脈からも広げたいと思っているんです。SNSだけでなくリアルでの行動力も大事ですよ。

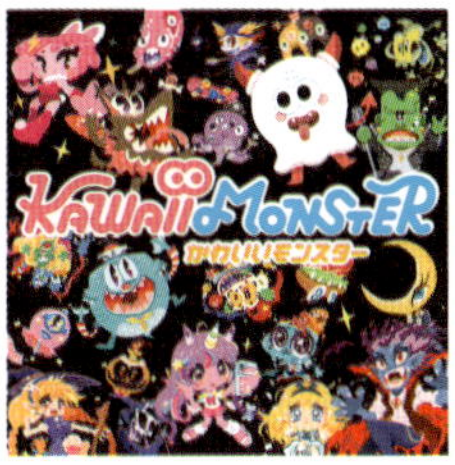

ニござさんの作品。透明なカプセルをじっと見つめる表情と光の表現が相まってドラマチックです。魚眼パースも印象的。【X】@Fta53dayo

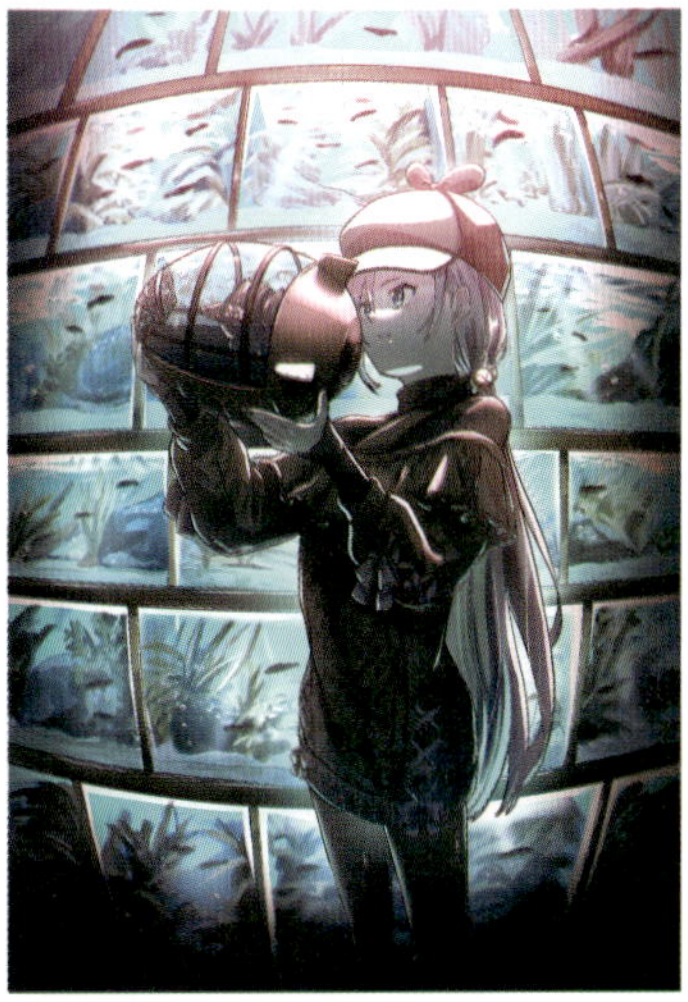

日本デザイナー芸術学院
日本マンガ芸術学院
名古屋校
コミックイラストコース

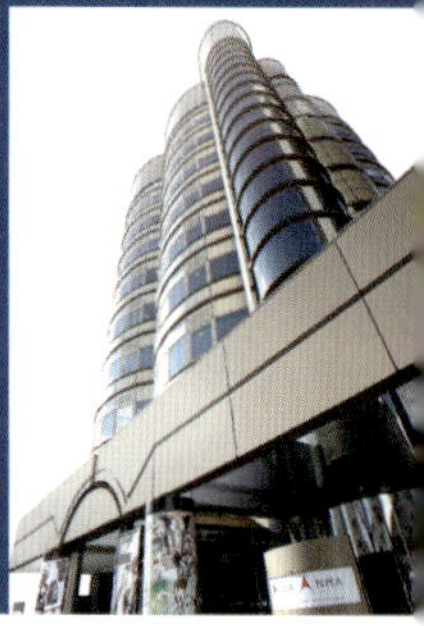

在学生のインタビュー

コミックイラストコース　2年
PN・みつぐんさん（岐阜県出身）
PN・雪珠《ゆきみ》さん（愛知県出身）

――まずは日本マンガ芸術学院（以下、ニチマ）に入学した経緯を教えてください。

みつぐん　現在二四歳で大学を一度卒業しましたが、外国語学部でいろんな考えに触れたことで、安定のために就職するより、絵の仕事をしたいと思うようになりました。それで専門学校を探したところ、ニチマのパンフレットに絵の仕事をしたいと思うきっかけになった藤ちょこ先生のイラストが載っていたんです！　オープンキャンパスに訪れた際も、自由にやりたいことができる雰囲気だったので進学を決めました。

雪珠　私は大学受験に落ちて、もう一年勉強するかどうかという時に、大好きなイラストレーターであるマツオヒロミ先生の展示を見て、こう思ったんです。「こんなにも素敵な絵を描く人がいて、私だって描きたいと思っているのに、何をしてるんだろう」って。そこから進路をイラストの専門学校に変更しました。色々調べたなかで、自分が一番やりたい一枚絵について学べるのがニチマのコミックイラストコースだったんです。

――実際に入学して、印象的だった授業や特に学びが多かった授業は？

みつぐん　一年生の頃、スモールエスに投稿する絵を描く授業があって、「背景を必ず入れてね」と言われたんですが、いざ描いてみると全然できなくて。先生に相談すると、すぐに使えるようなテクニックを教えていただきました。特にパースは、先生のやり方を目の前で見ることで、理解度がぐっと高まりました。

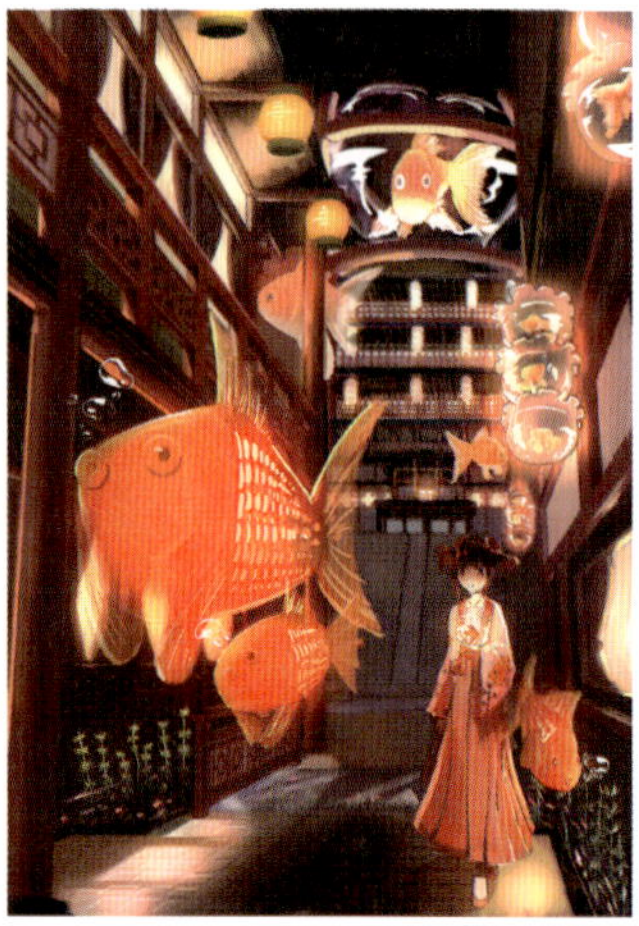

みつぐんさんの作品「猩々、揺蕩う」
X@5MiT_GuN

雪珠　私は先日受けた芦屋マキ先生の特別授業が印象的でした。「どうしても参加したい！」と要望を出したところ、参加することができました。特別授業では、前々から好きだったイラストレーターさんに会えて間近で作業を見られるので、とても楽しいです。

――では授業以外でニチマの好きなところや、好きなイベントを教えてください。

みつぐん　年上だからと変に気をつかわれることもなく、同級生くらいの感覚で楽に話せる環境ですね。昨日もちょうど一年生との交流会があって、最初はちゃんと話せるか不安でしたが、雪珠さんのように企画をいろいろ考えてくれる子もいて楽しかったです。

雪珠　私はニチマの一大イベントである学院祭です。毎年グッズ販売をするのですが、みんなで意見を出しながら、困っている時には手を差し伸べ助け合う感じなので、クラスみんな仲良しです。

――いいですね。では入学後に成長したと感じるところは？

みつぐん　光とカゲをうまく使えるようになったところだと思います。入学前はのっぺりした絵が多かったのですが、逆光などの知識を得たことで背景に磨きがかかりました（笑）。

雪珠　私は人物の自然なポージングが苦手で、重心の置き方もよくわかっていなかったんです。でも入学後にデッサンやクロッキーをするようになってからは、ようやく自分の描きたいものを描けているという実感が芽生えました。

――素晴らしい成長ですね！　最後に、今後の目標を教えてください。

みつぐん　いずれはフリーランスでやっていきたいです。やってみたいお仕事はゲームの背景デザインやコンセプトアートです。

雪珠　書籍の表紙を描いてみたいです。また、私が個展を見て進路を決めたように、誰かの心に触れられるような、アナログ作品を展示する個展を開きたいです。

――ありがとうございました。ふたりとも頑張ってくださいね！

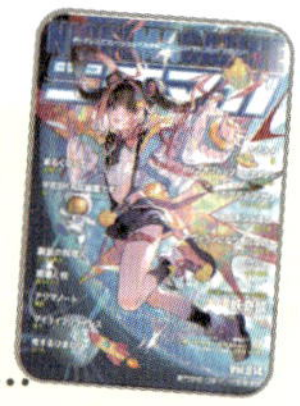

毎号、表紙は藤ちょこ先生描き下ろし！
『ニチマガジン』

略して「ニチマガ」。在学生からも親しまれている350ページを超えるニチマのオリジナル作品集。各コースの作品などが掲載されており、ニチマ在校生の活動内容や実力が凝縮されています。体験入学来校者などへ配布中！

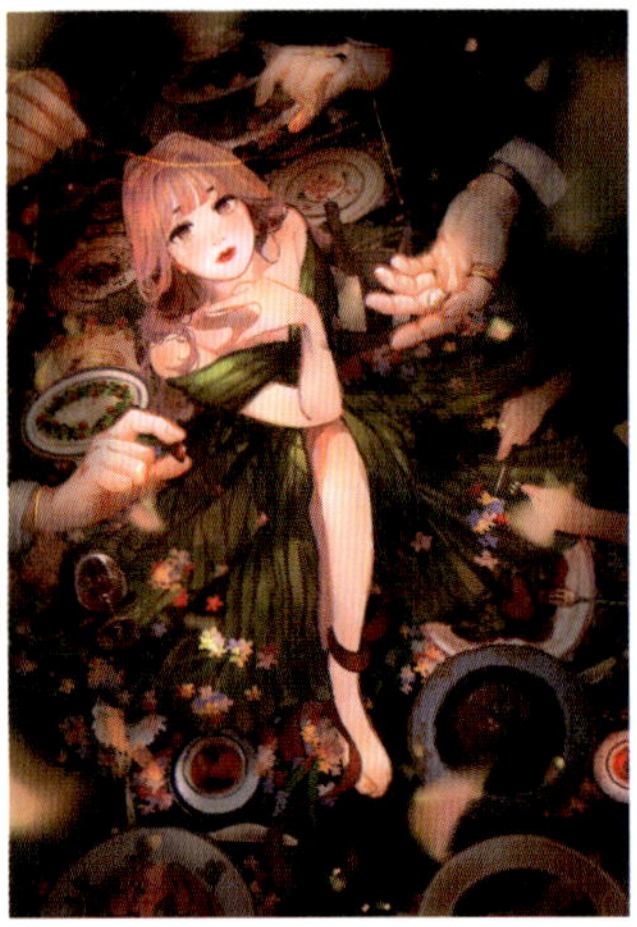

雪珠さんの作品「dressing」
X@yukimin_0723

学校法人 敬道学園　**専門学校　日本デザイナー芸術学院　名古屋校**
専門学校　日本マンガ芸術学院　名古屋校

〒453-0804 名古屋市中村区黄金通1-16　0120-802-816（ニチデ）0120-353-816（ニチマ）

ニチデLINE@　ニチマLINE@　HP

学科

専門学校日本デザイナー芸術学院
■専門課程昼間部
○ビジュアルデザイン学科
・グラフィックデザインコース　3年課程・2年課程
・イラストデザインコース　3年課程
・総合デザインコース　3年課程
・キャラクターデザインコース　3年課程・2年課程
・動画クリエイターコース　3年課程
○こども学科
・保育コース　2年課程

専門学校日本マンガ芸術学院
■専門課程昼間部
○メディアアート学科
・マンガコース　3年課程・2年課程
・コミックイラストコース　3年課程・2年課程
・小説クリエイトコース　3年課程

体験入学実施日程（9〜12月）
9/20(土)
10/11(土)、10/25(土)
11/8(土)、11/22(土)
12/6(土)、12/20(土)
資料・体験入学のお申込は、フリーコールまたはホームページで。

NDA　NMA

ホームページ
https://www.ndanma.ac.jp
e-mail: info_nda@keido.jp

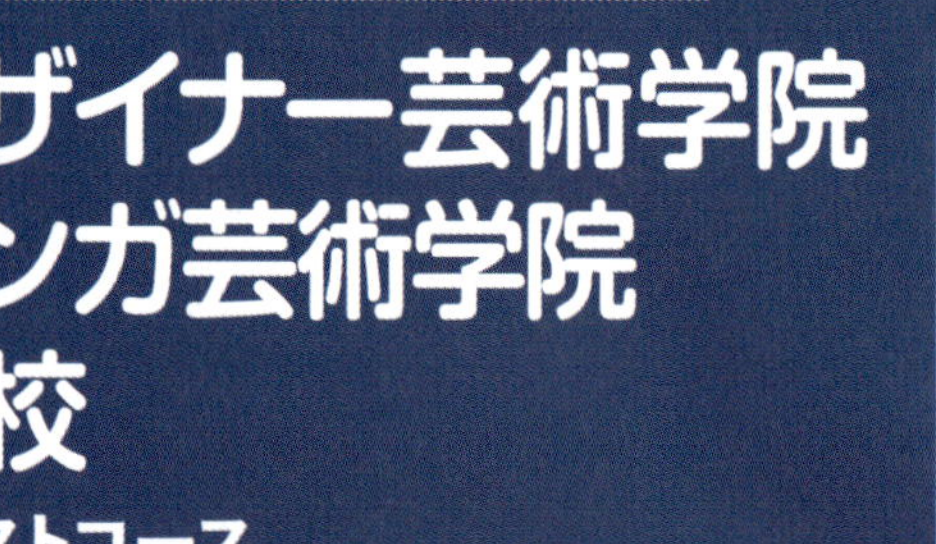

専門学校 日本デザイナー芸術学院 仙台

マンガ科/コミックイラスト科/イラストレーション科/デジタルアニメ科/ゲームCG科

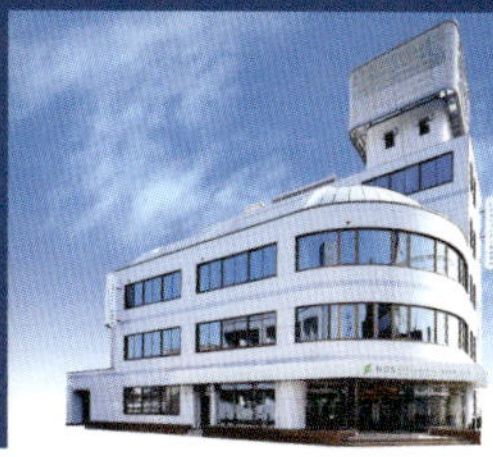

在学生のインタビュー

コミックイラスト科 2年
P.N.かいりさん(岩手県出身)
イラストレーション科 1年
蛇子珂乃さん(青森県出身)

——まず、専門学校日本デザイナー芸術学院(以下、ニチデ)に入学した経緯を教えてください。

かいり 出身地の岩手県ではデジタルイラストを学べる環境がなく、高校の美術部も真面目に活動しているのは私だけでした。そんななか、「ニチデアートグランプリ」というニチデが主催するコンテストのチラシが高校に届き、仙台にデジタルイラストを学べる学校があることを知りました。オープンキャンパスに参加したところ、絵を描くための環境が整っていて、絵を描きたい人たちが集まるこの学校に進学したいと思いました。

蛇子 私は普通科の高校だったので途中から美術の授業もなくなり、デジタルイラストも全然描けなかったんです。でも絵を描くのはずっと好きで、アナログもデジタルも両方学べる学校を探していたところ、ニチデを知りました。両方学べる上に、現役で活躍するイラストレーターさんなど、業界と関わりの深い講師の方々に直接指導してもらえる環境がいいなと思い、進学を決めました。

——実際に入学して、面白かった授業を教えてください。

かいり モブキャラクター作成の授業が面白かったです。もともと一人のキャラクターをデザインするのは好きでした。けれど、同じ世界線で、関係性を考えながら三人とマスコットキャラクターをデザインするのはとても頭を使い、大変だった印象があります。

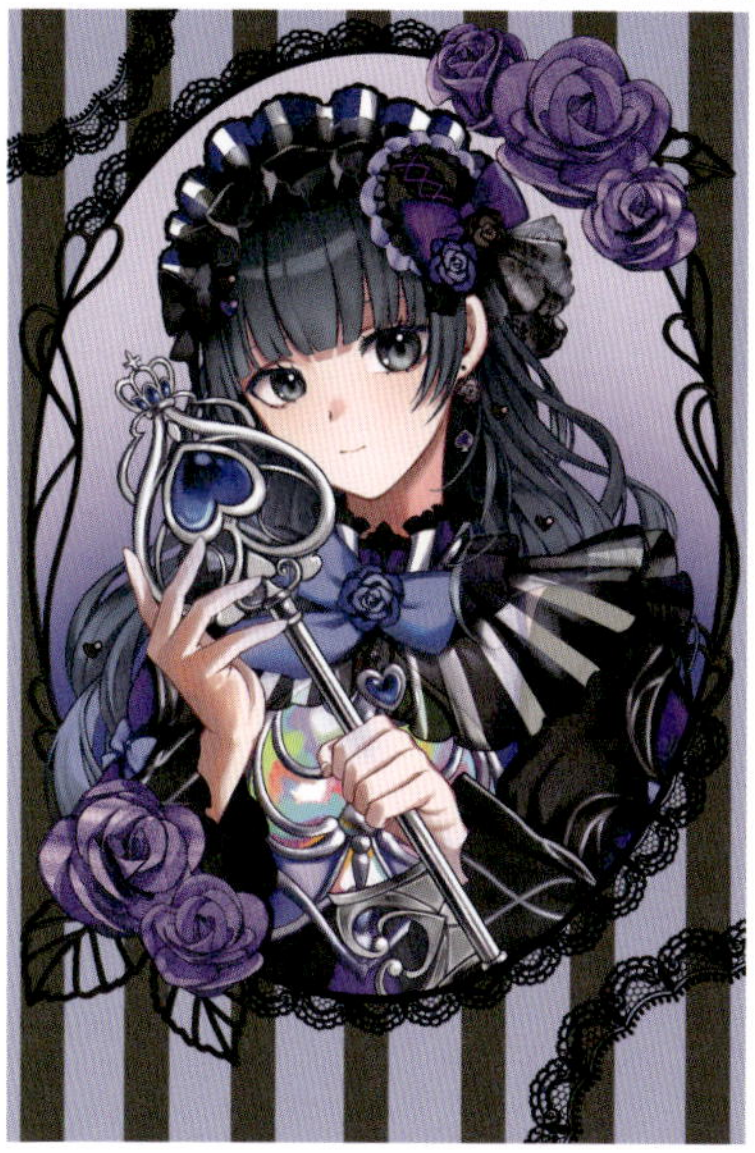

かいりさんの作品「♠」

蛇子 「イラスト基本テクニック」という授業です。画材や筆の種類を学んだあと、砂や卵の殻など、今まで絵では使ったことがないような素材を使って、マチエール作りをしました。予想もしなかったものが生まれ、今後の作品にも活かせそうな発見もあって面白かったです。

——では、入学前と比べて成長したと感じるところを教えてください。

かいり 先生方から個別に絵を添削していただけるので、自分では気づけなかった点を指摘してもらい、成長を実感しながら描ける環境で、かなり上達したと思います。

蛇子 高校と比べて、毎日全部絵の授業というのが入学当初はとても新鮮でした。最初はついていけるか不安でしたが、同じ絵を描く仲間が集まる環境にいると「自由でいいんだな」と思えて、個性を活かして制作できるようになったと思います。

——素敵ですね。授業や絵の勉強に限らず、ニチデに入って良かったことを教えてください。

かいり 絵を見せ合い、褒めたり相談したりできる仲間ができたことです。また授業でコンテストに参加するなど、自分の絵を多くの人に発信できる機会があるのも、ためになります。

蛇子 うまく描けないと、どうしても周りがすごく上手に見えてしまうんですが、それぞれの個性なので比べないようにする意識が生まれたことです。

——それでは最後に、今後の目標を聞かせてください。

かいり 将来はイラストレーターになるのが目標で、最近は有償依頼を受けるためにキャラクターデザインの練習をしつつ、skebから始めようと準備をしています。

蛇子 学校でいろんなコンテストがあるので、在学中にできるだけ多く参加して、経験をたくさん積みたいと思っています。

——ありがとうございました! 頑張ってくださいね!

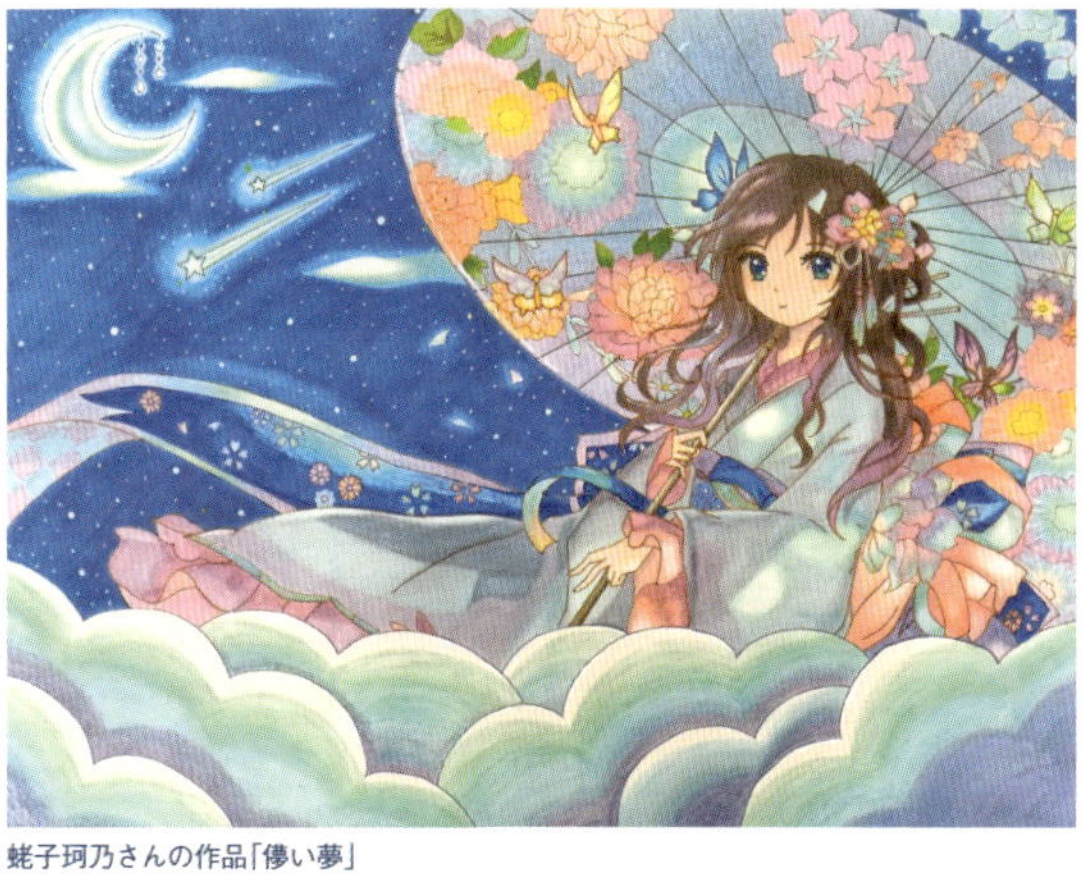

蛇子珂乃さんの作品「儚い夢」

学校法人 英智学園 **専門学校 日本デザイナー芸術学院 仙台**

〒984-0051 仙台市若林区新寺3-2-1 0120-025-370

学科 デザイン芸術学科(定員:100名 男女 昼間2年制)

- ●マンガ科
- ●コミックイラスト科
- ●イラストレーション科
- ●デジタルアニメ科
- ●ゲームCG科
- ●写真映像科
- ●クリエイティブデザイン科(グラフィックデザイン/Webデザイン)

デザイン芸術学科(定員:10名 男女 昼間3年制)

- ●クリエイティブデザイン科(グラフィックデザイン/Webデザイン)

オープンキャンパス日程

2025年 10/11(土)、11/8(土)
12/6(土)、1/17(土)
2026年 2/7(土)、3/7(土)、
3/14(土)、3/28(土)

資料・オープンキャンパスのお申込は、フリーコールまたはホームページで。

LINE公式アカウント
情報発信
常時1:1トーク

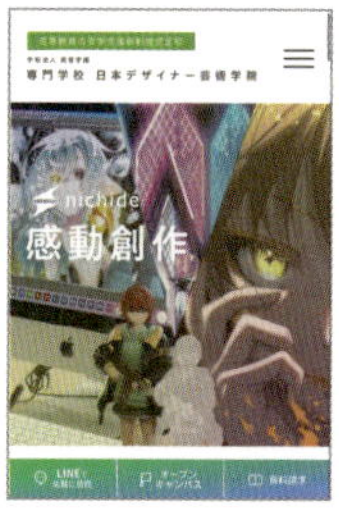

HP
ホームページ https://nichide.ac.jp/

金賞
6ポイント

［秘密の休憩所］
大阪府・econoco

使用画材：透明水彩、アルシュ紙

色んな世界を見て回るうちにたどり着いた二人だけの不思議な休憩所。「明日はどこへ行こうか」

人物と猫がひと休みしている空間を描いたeconocoさんの作品が金賞。石造りの街並みには複雑に配管がはりめぐらされ、蒸気が吹き出すというスチームパンク的な世界。建物の構造を描くのが楽しそうに見えて、機械的ではあるが、穏やかなカラーリングであたたかみも感じる点が魅力的。旅の楽しさも伝わってきて素晴らしい（ノ）

第42回 StarS

季刊エスの投稿コーナーStarSとSpaceSに、たくさんのご投稿ありがとうございます！今後もページ増でお届けします！

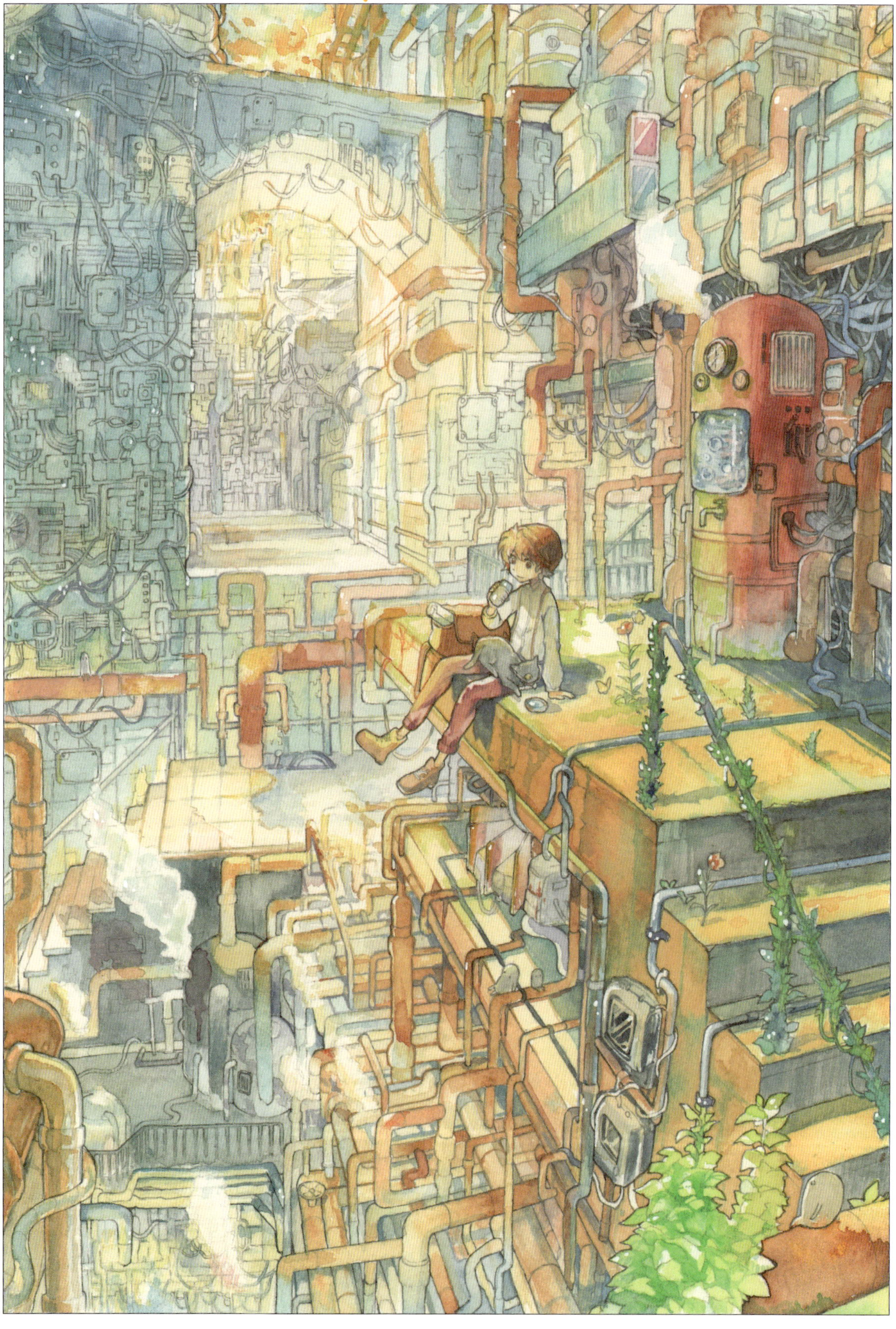

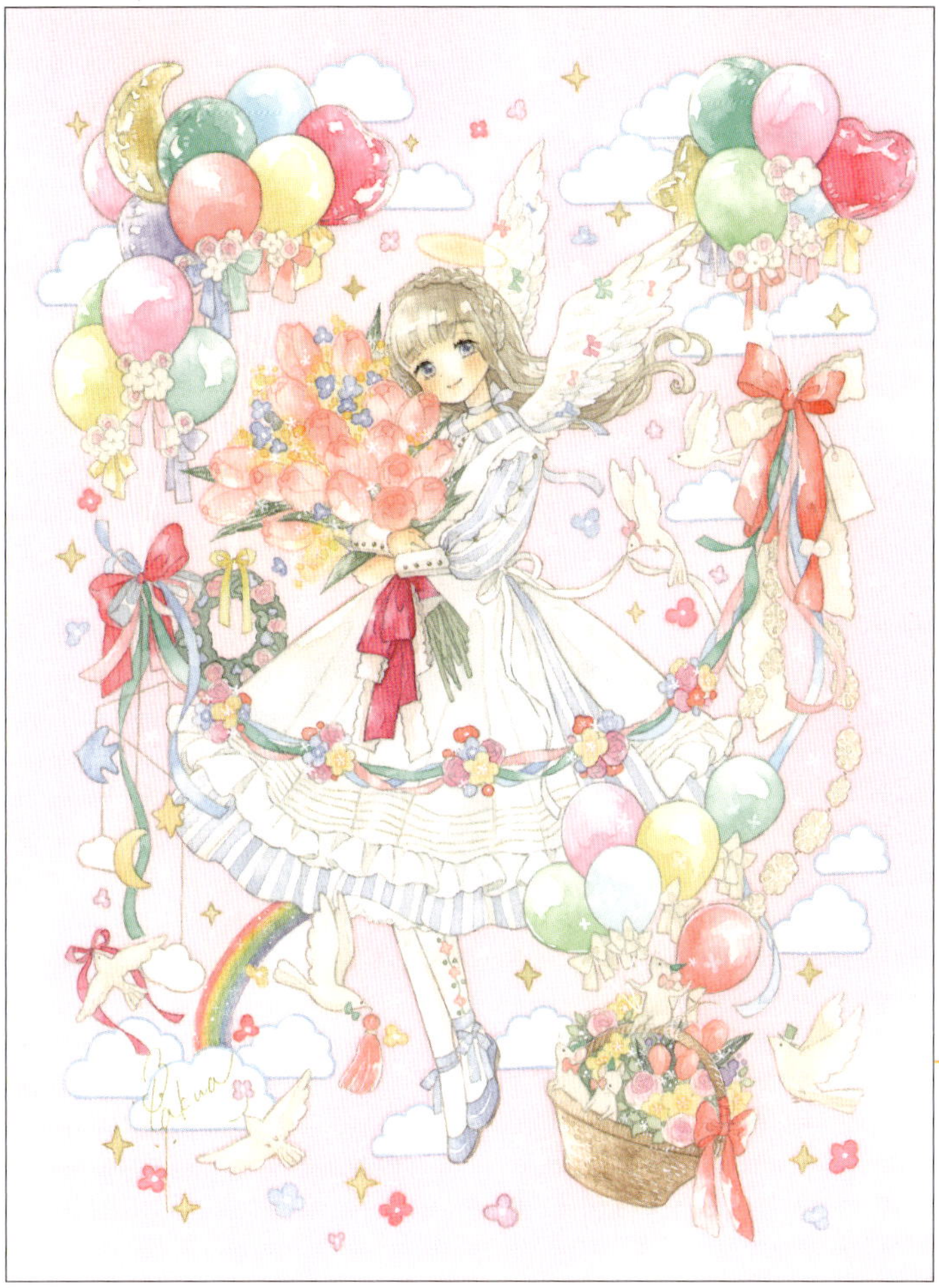

[フルールアンジュ]

静岡県・咲久亜

使用画材：透明水彩、ガッシュ、色鉛筆

花屋の天使の女の子を描きました。ご注文の花束を空からお届け中のイラストです。可愛い色合いと優しい雰囲気をテーマに構図や配色を決めていきました。

空からお花を届けようとする天使の花屋さんを描いた作品。バスケットの小動物やお花のついた風船など、優しい色味のモチーフが画面を賑やかにしている。女の子の衣装と表情も愛らしさ満点です（ノ）

銀賞

5ポイント

キャラクター会社デザイナー賞

やわらかくて可愛らしい雰囲気がとても好きです。パステルカラーの中で濃いマゼンタが効いていてステキ！

今回の審査員

山村日向さん
アニメの演出家。

Sさん
キャラクター会社のデザイナー。

入江亜季さん
漫画家。

せんちゃさん
イラストレーター。

佐藤hmr.さん
ぬいぐるみ作家。

きむらほたてさん
イラストレーター。

大場渉さん
㈱雪割草の編集者。
『漫画の原理』著者。

中津さん
毎日新聞出版の方。

Mさん
ゲームやライトノベルの企画、編集をしている。

F田さん
マイナビ出版の編集者。

F山さん
画材メーカーの方。

M芳さん
パイ インターナショナルの方。

斉藤さん
パイ インターナショナルの書籍編集者。

アルペジオさん
デザインの仕事をしている。

おむすびさん
デザインやブランディングに関わる仕事をしている。

夢っちさん
漫画やイラストに関わる仕事をしている。

海陽さん
サブカルファッションが好きな妖怪研究者。

おさむさん
詩とダンスの関係者。

ぐしゃっぴーさん
ギャラリー関係者。

ぱてぃーさん
児童小説編集者。

ノピさん
本誌編集長。

[賑やかcabinet]

栃木県・畑野まめ

使用画材：ウォーターフォード水彩紙、透明水彩、アクリル絵具

アンティークとメイドをテーマに様々なものが賑やかにキャビネットに集った場面を描きました。アンティークで落ち着きのあるアイテム達を散りばめ賑やかに宴をしている様な感じにしました。

シックな色づかいと、あたたかみを感じるタッチが素敵！　アンティークの小物は見応えがあり、ケーキやティーカップが漂う様子からは賑やかな様子を感じる。メイドの子にイタズラをするおばけ（?）もとってもかわいいです♡（お）

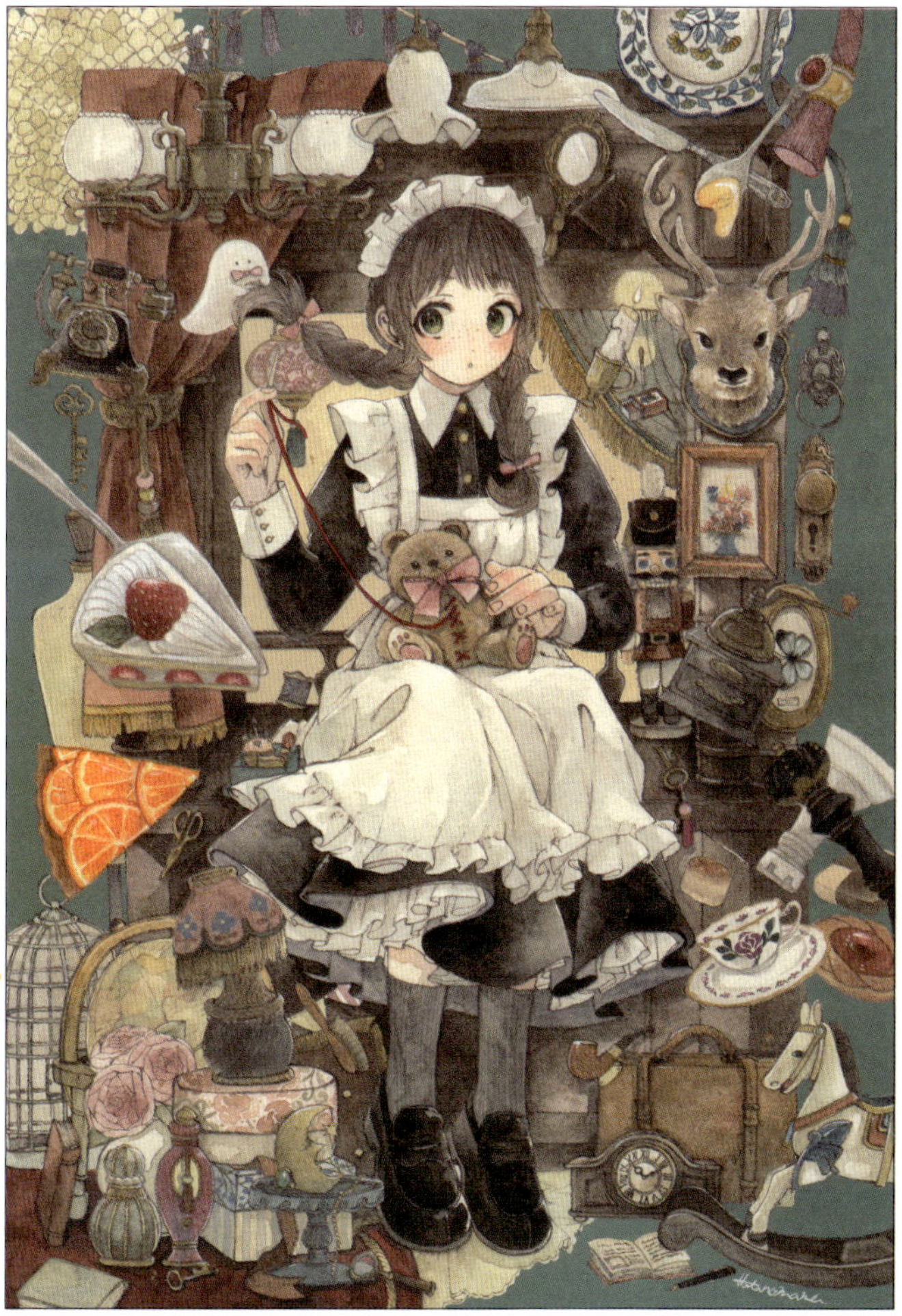

銅賞

4ポイント

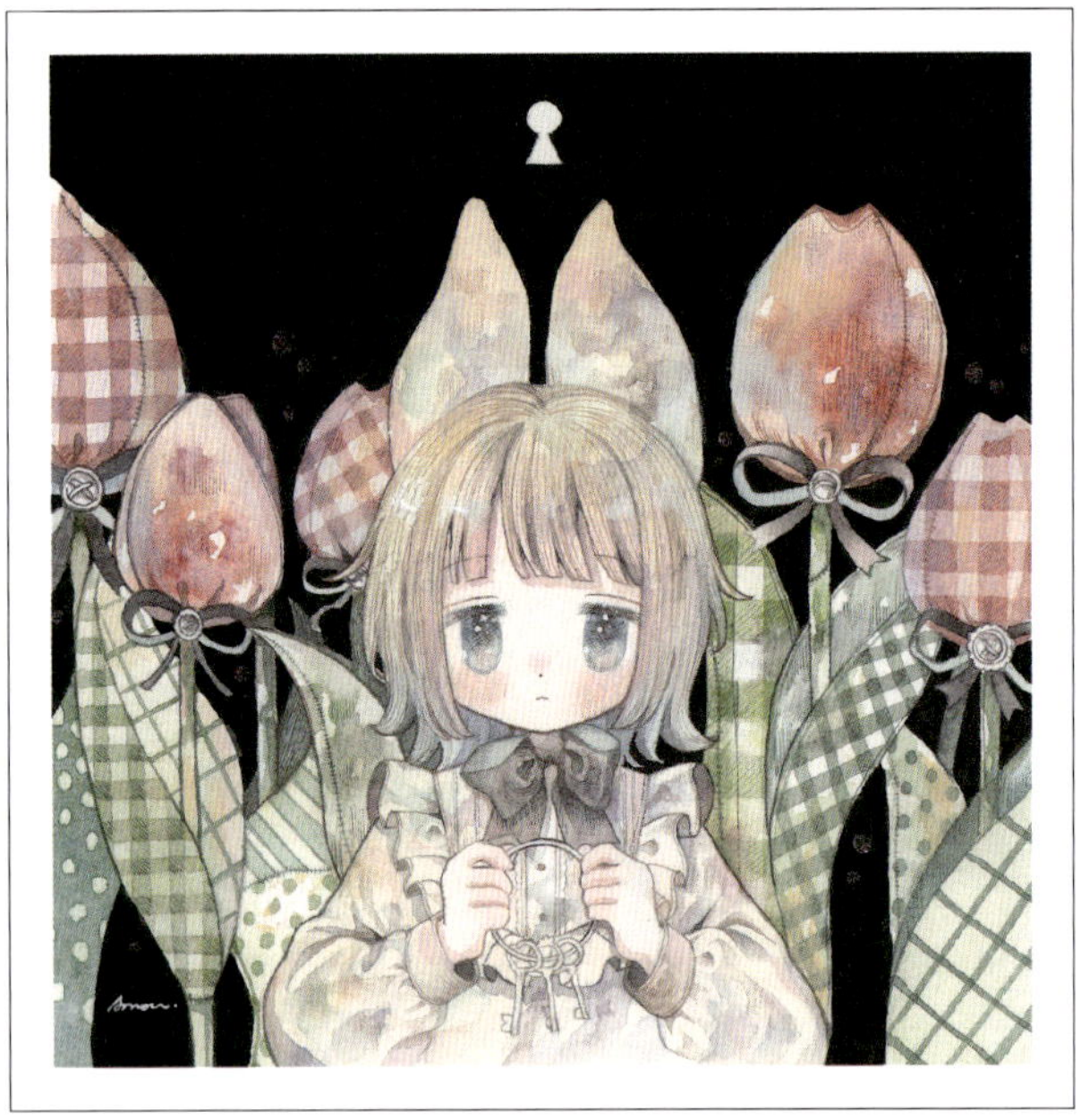

［Embroidered Spring］兵庫県・天羽しいら

使用画材：透明水彩、アクリルガッシュ、色鉛筆

布でできたチューリップ畑を描きました。

水彩の淡い色が幾重にも重なり、柔らかで優しい印象を与えてくれます。きらめく瞳にきゅっと結んだ唇が愛おしい。鍵穴の向こうにはどんな景色があるのかな？（ア）

［移動］神奈川県・餃子サイダー。

使用画材：コピック

移動教室の女の子たちを描きました

腕を絡ませ横並びになる女の子たちの気だるげで近い距離感からリアリティを感じる。鮮烈なカラーリングに鋭い瞳はミステリアスで惹きつけられる（お）

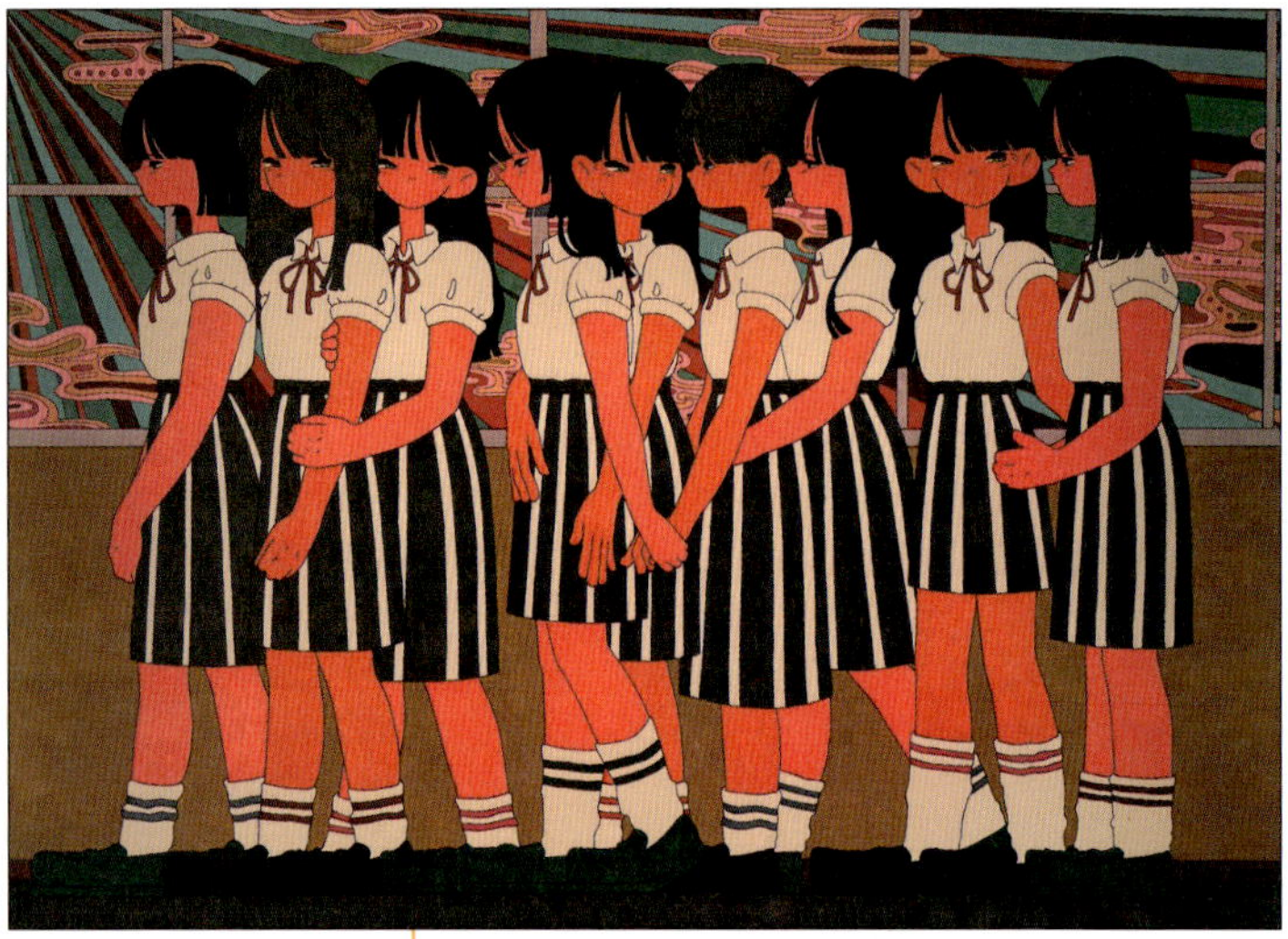

アニメ演出家山村日向賞

どの作品よりも光っていました。別の場所へ目を沿らしてもつい惹きよせられてしまう圧倒的な構図、色使いで大好きです。餃子サイダー。さんにしか描けない世界観をもっと見たくなりました！

［夏休みのおはよう］愛知県・Mujyo

使用画材：CLIP STUDIO PAINT、Photoshop

小学生の夏休みに町内会のラジオ体操に参加したことと、毎朝体操が終わると、その都度お菓子を頂けたことを思い出して描きました。

猫又お兄さんとラジオ体操に通う子たちの交流が微笑ましい。イレズミのような模様があるボディとサンダル、ミニポニテの気だるさが好きです。背景は肉球スタンプラリーになっていてワクワクする一枚！（お）

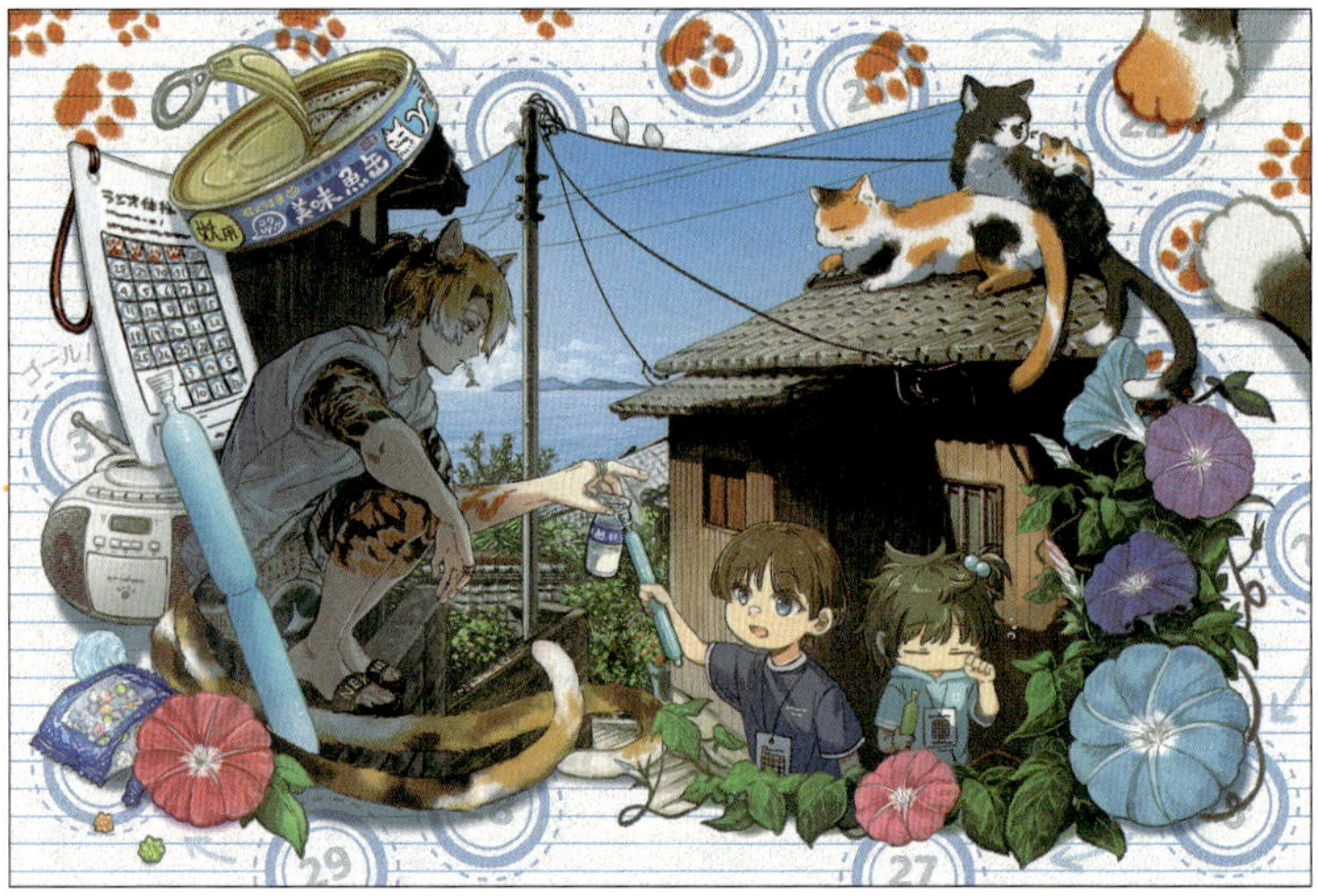

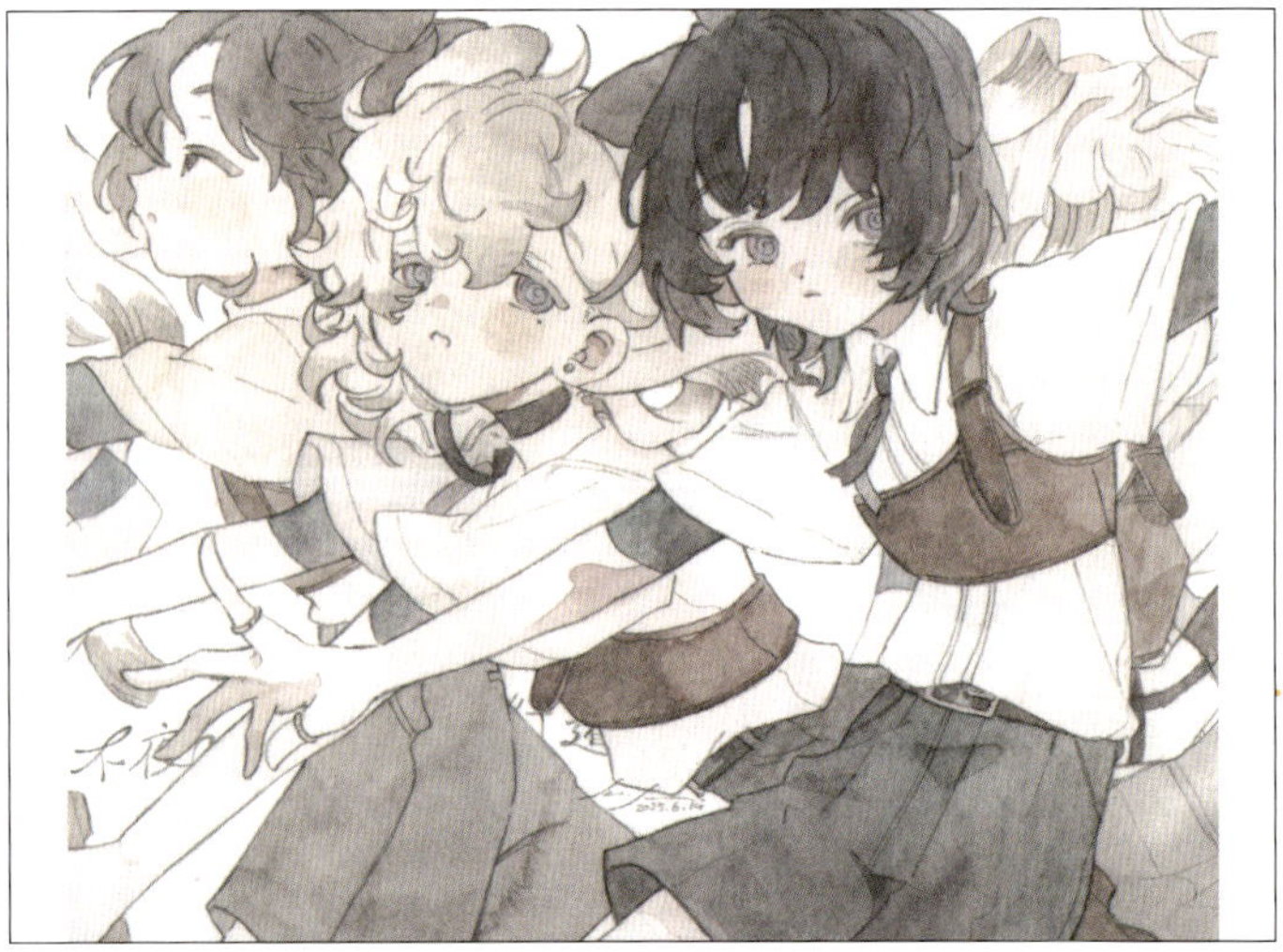

［不夜行進］兵庫県・瀬戸すばる

使用画材：水彩絵具、水彩紙

騒がしく転がり出る日

ふんわりとした色彩とタッチから、どこかノスタルジーを感じさせる一枚。キャラクターの一人一人が可愛らしくも躍動感のある動きを見せ、個性に溢れている。後ろの「不夜行進」の文字も美しい（海）

優秀賞 3ポイント

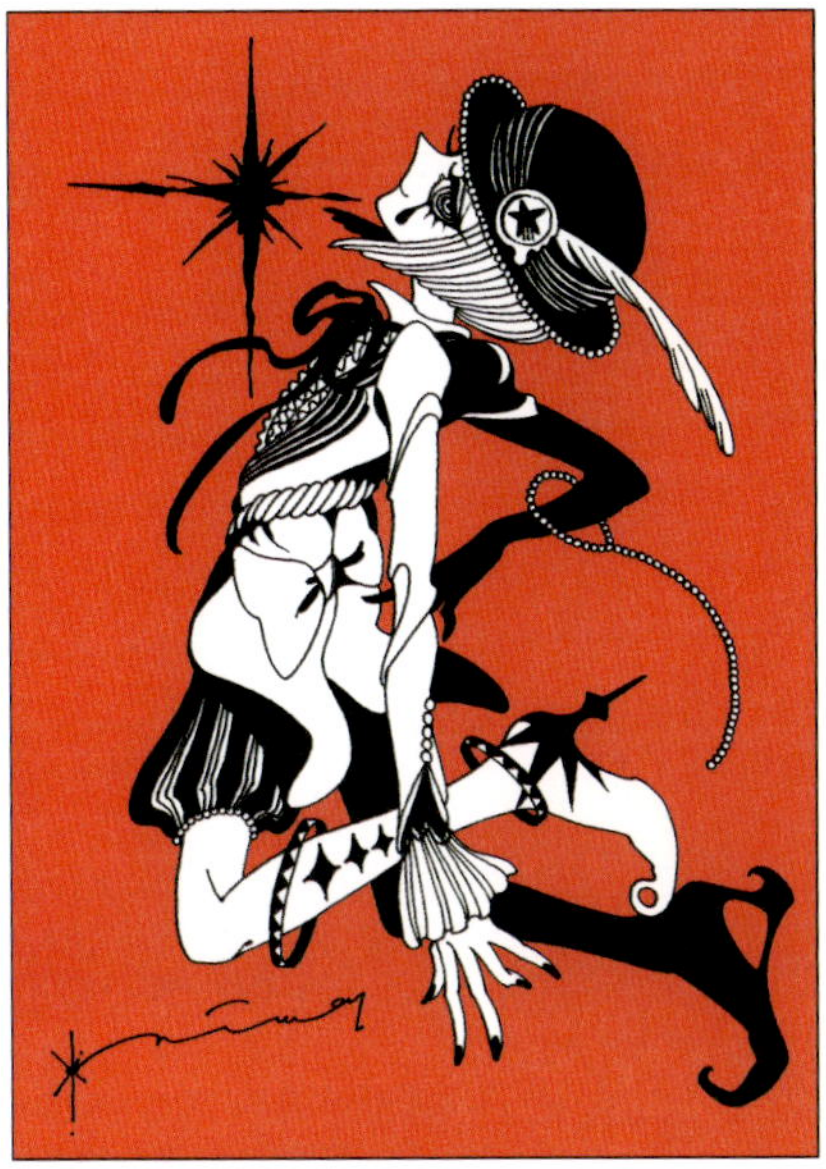

[怪盗・黒い星] 石川県・庭一

使用画材：シグノ黒（0.38、0.5）、Photoshop

神出鬼没の怪盗「黒い星」！　あなたのところにも現れるかも？

鮮烈な赤い背景に怪盗「黒い星」の姿が浮き上がって見えてとても華々しい。ニヤリとしたような、ミステリアスな表情が心をくすぐる（お）

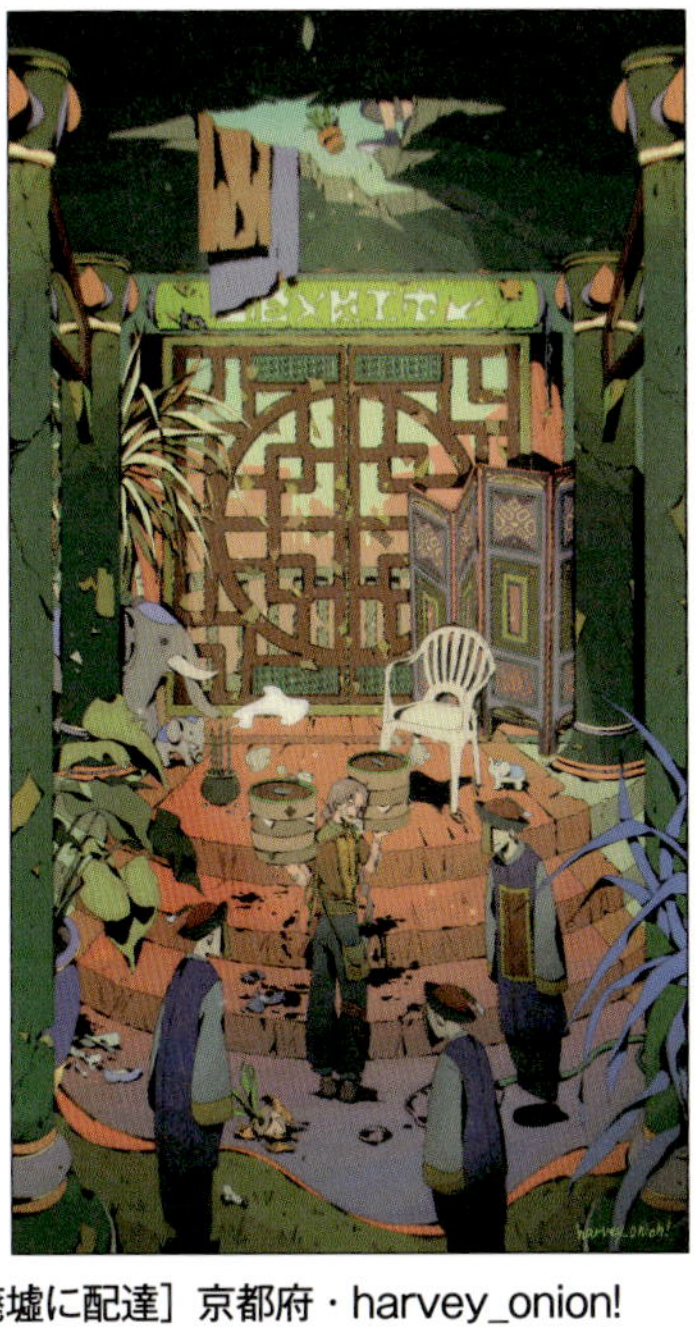

[廃墟に配達] 京都府・harvey_onion!

使用画材：アイビスペイント

廃墟の中キョンシーに囲まれても物怖じしないキャラにどこか緩和を感じます。天井をよく見ると人の足が…？　見どころ満載（夢）

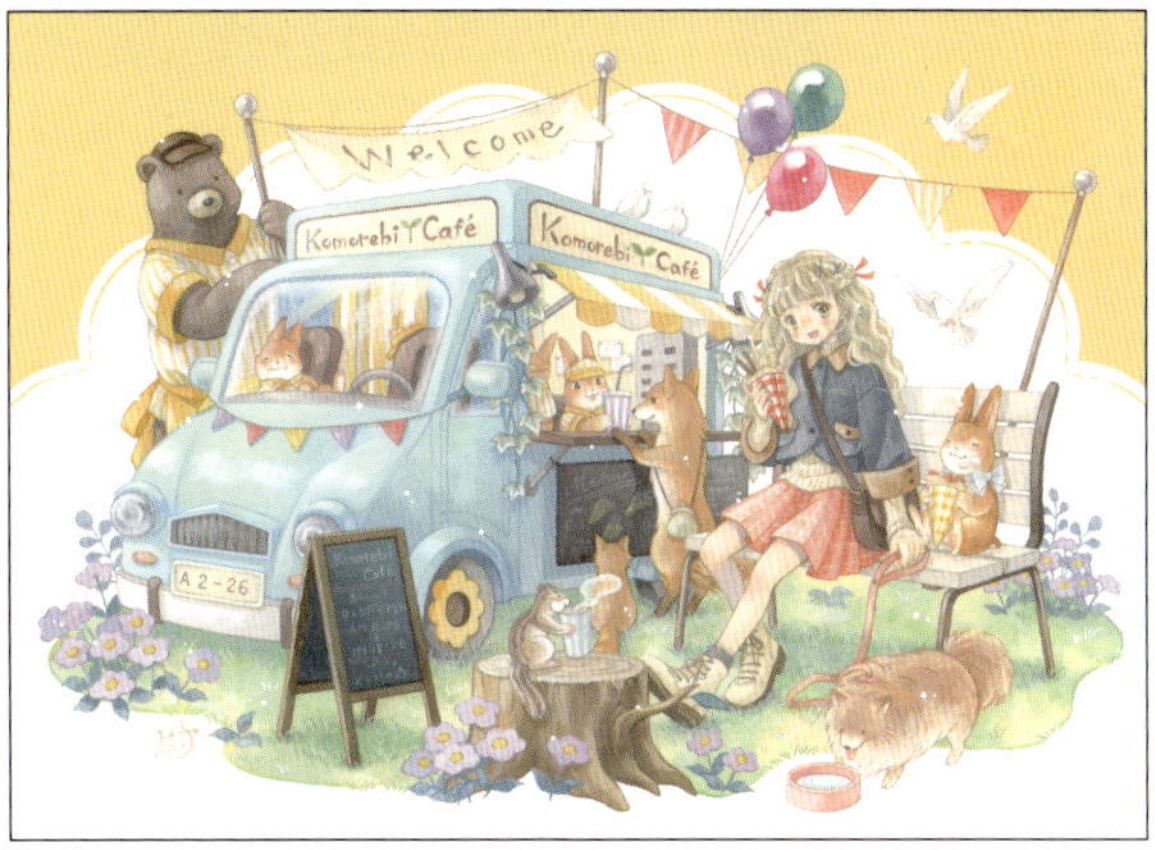

[どこかの森のおみせやさん]

大阪府・まり子＊

使用画材：リキテックスガッシュアクリリックプラス、色鉛筆、ホワイト、ホワイトワトソン

運が良ければ出会えるかもしれない、各地をまわる動物たちのキッチンカーと、愛犬のお散歩中にそのキッチンカーを見つけた女の子の一幕を書きました。

各地をまわる動物キッチンカーというアイデアがステキ！　動物と女の子を丁寧に描かれていて、どこ切り取っても心があたたまるシーン（夢）

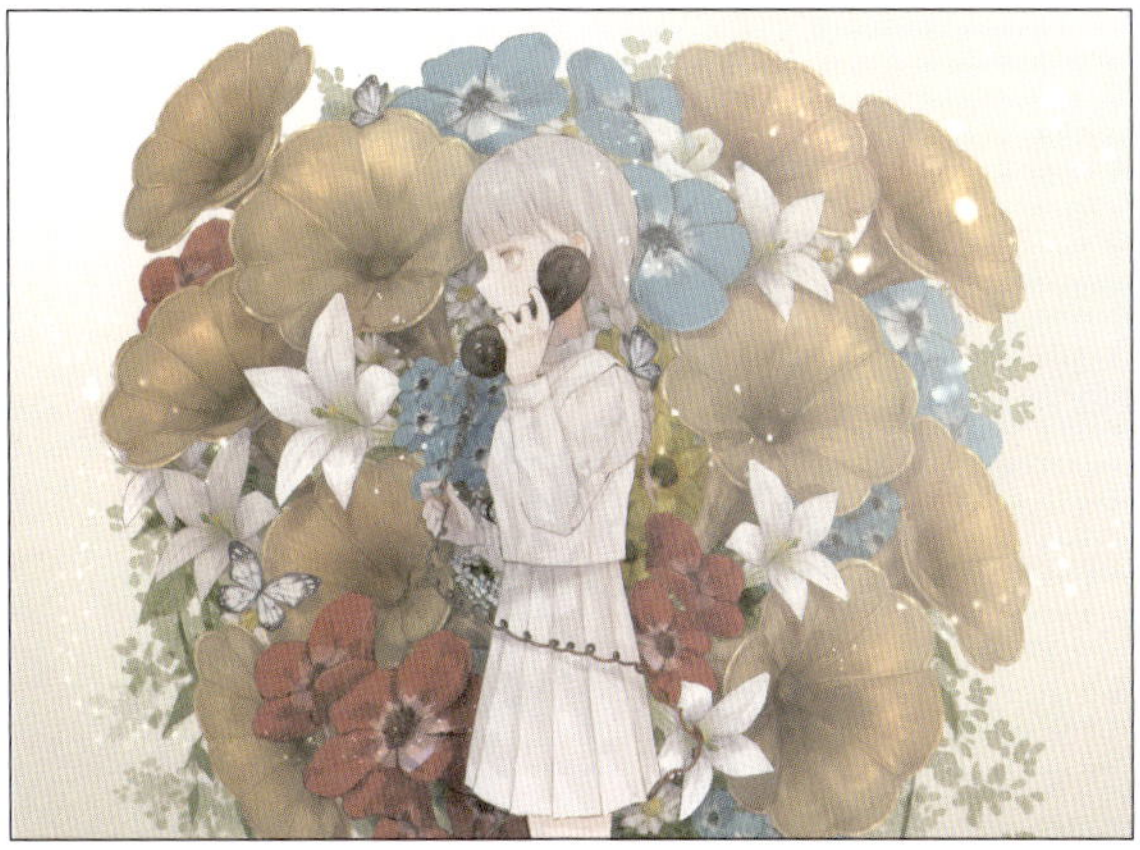

[trace] 千葉県・左脳

使用画材：CLIP STUDIO PAINT

自分の言葉や声が軌跡となって色々な出来事や物事に形作られている、というテーマで制作しました

繊細なタッチで世界観が表現されていて、左脳さんの大切にしているテーマが伝わってくる。色彩も美しく、華やかさと儚さを感じる（む）

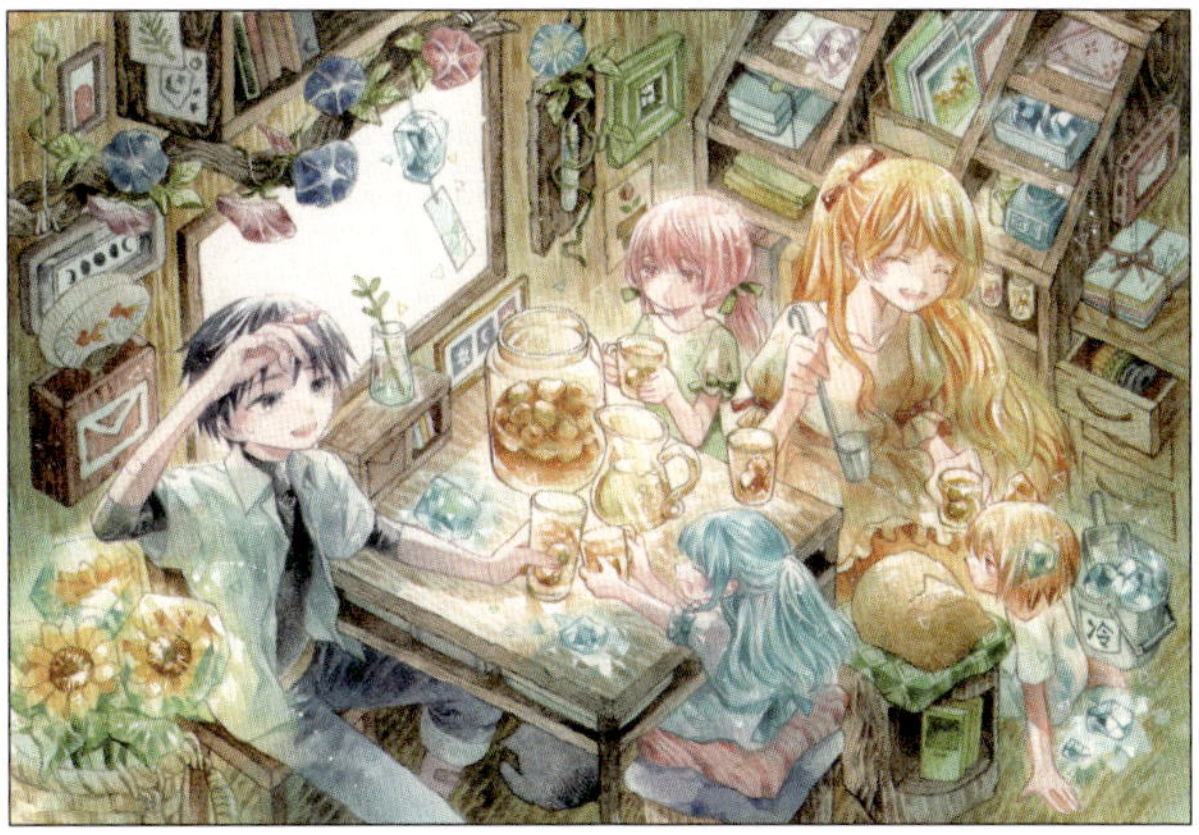

[花涼み]

栃木県・言花めぐみ

使用画材：Beアートペーパー、ミリペン、水彩絵具

暑そうだけど、涼しそうなひととき。

みんなでお茶を飲みながらのんびりしている様子にとっても癒されます♪　乾杯の明るい声がきこえてきそうです（お）

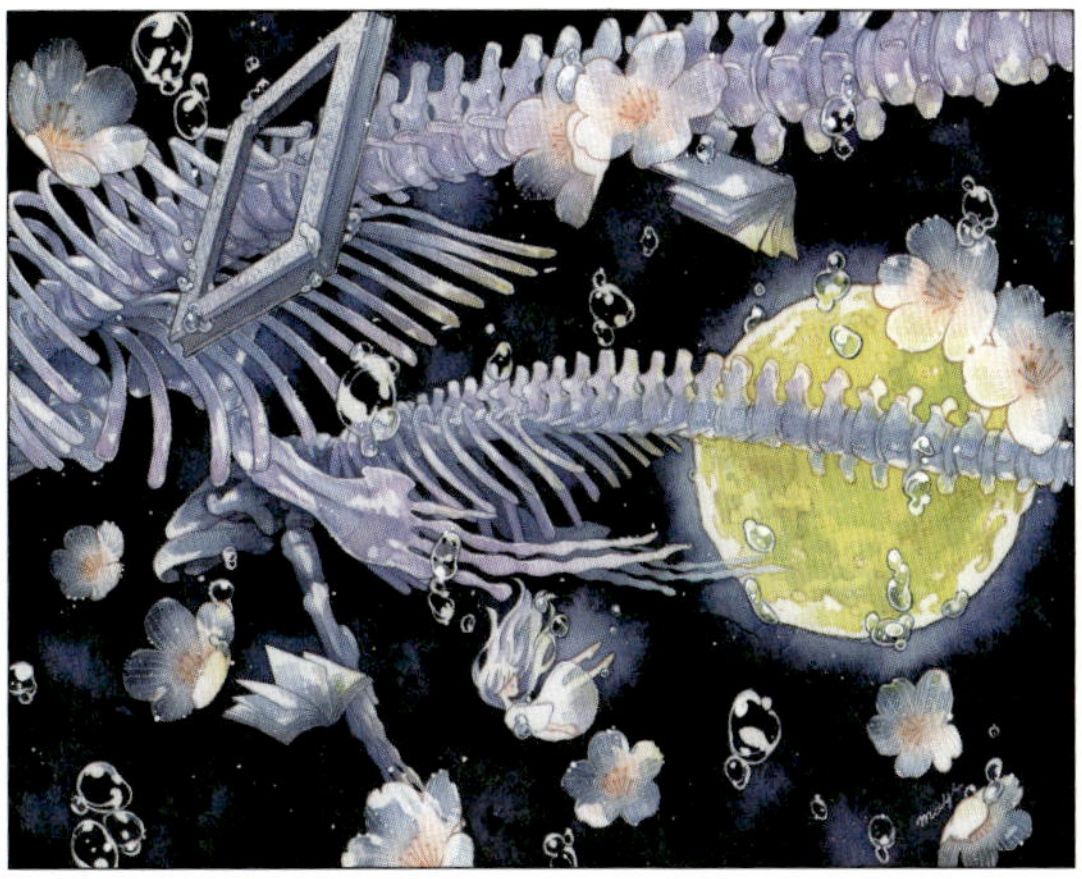

[夢に沈む] 大阪府・七生まゆ

使用画材：アクリル絵具

意識が遠のき沈んでいくようなあの時間

意識が沈むような夢の感覚を、落ちていく小さな少女と大きな骨や花々の幻想的な光景で見せてくれた作品。深い紺色も印象深い（ノ）

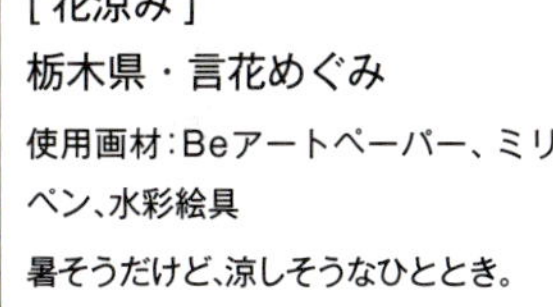

優秀賞 3ポイント

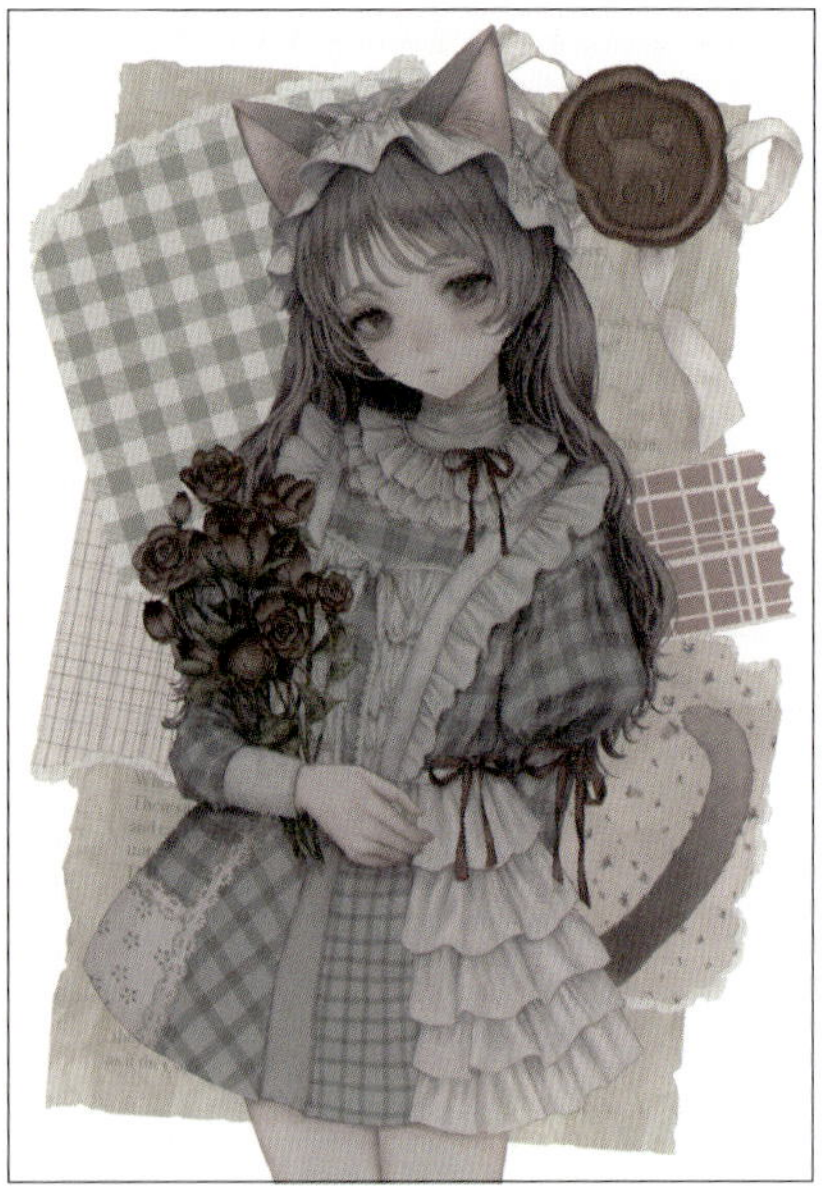

[Chiffon cat] 大阪府・白ノ

使用画材：CLIP STUDIO PAINT

どこか眠たげでアンニュイな雰囲気の猫の少女、フリルやレース、チェック柄の異素材を組み合わせたほんの少し癖あるかわいい洋服を描きたくて制作しました。繊細で丁寧に描き込みをしつつも、ふわりと柔らかな質感の塗りになるようこだわりました。

たくさんの素材が使われたお洋服がとても可愛いです。緻密な描写で柔らかさが出ており、アンニュイな雰囲気がありつつもどこか優しさを感じる一枚（む）

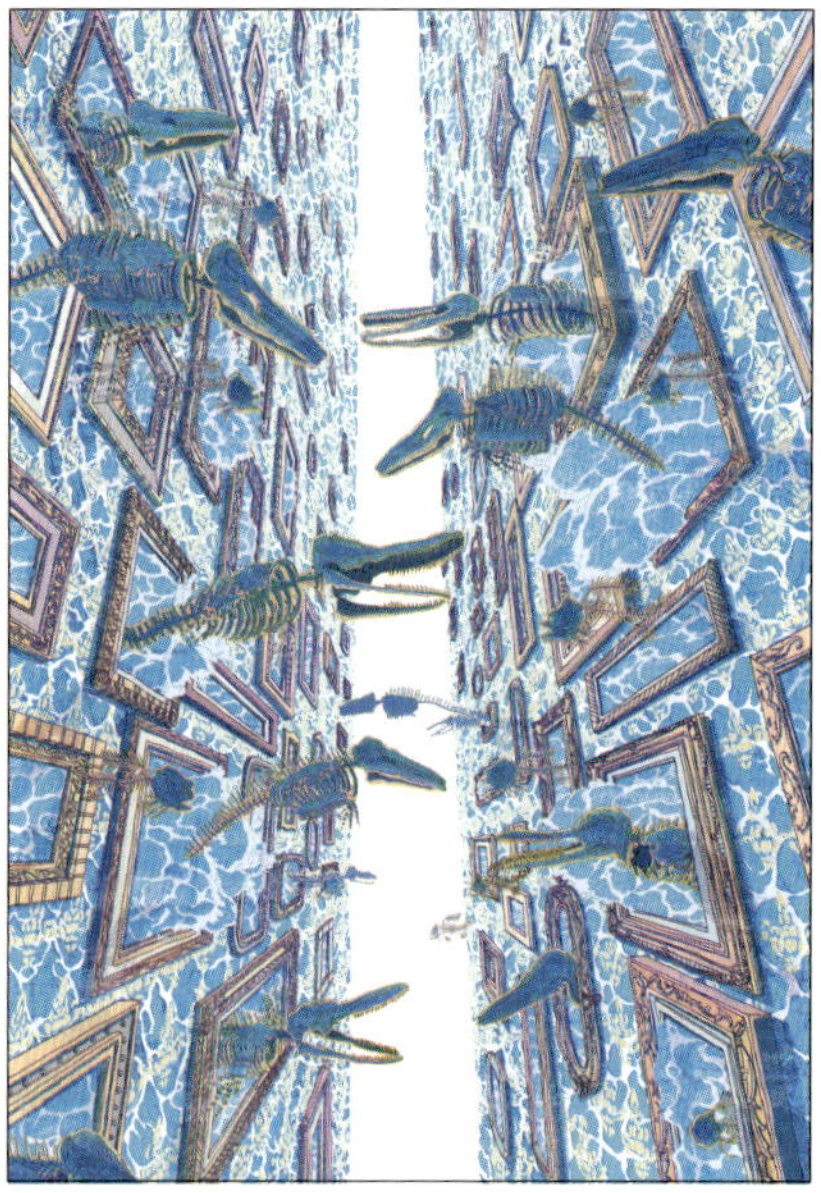

[表現の可能性] 愛知県・OA

使用画材：アクリルガッシュ、ペン、Photoshop

自分でできる可能性を水を使い表現しました。

生物の骨や額縁という重厚なモチーフを、鮮やかなブルーと差し色のイエローで表現することで、爽快感のある作品に仕上げている（海）

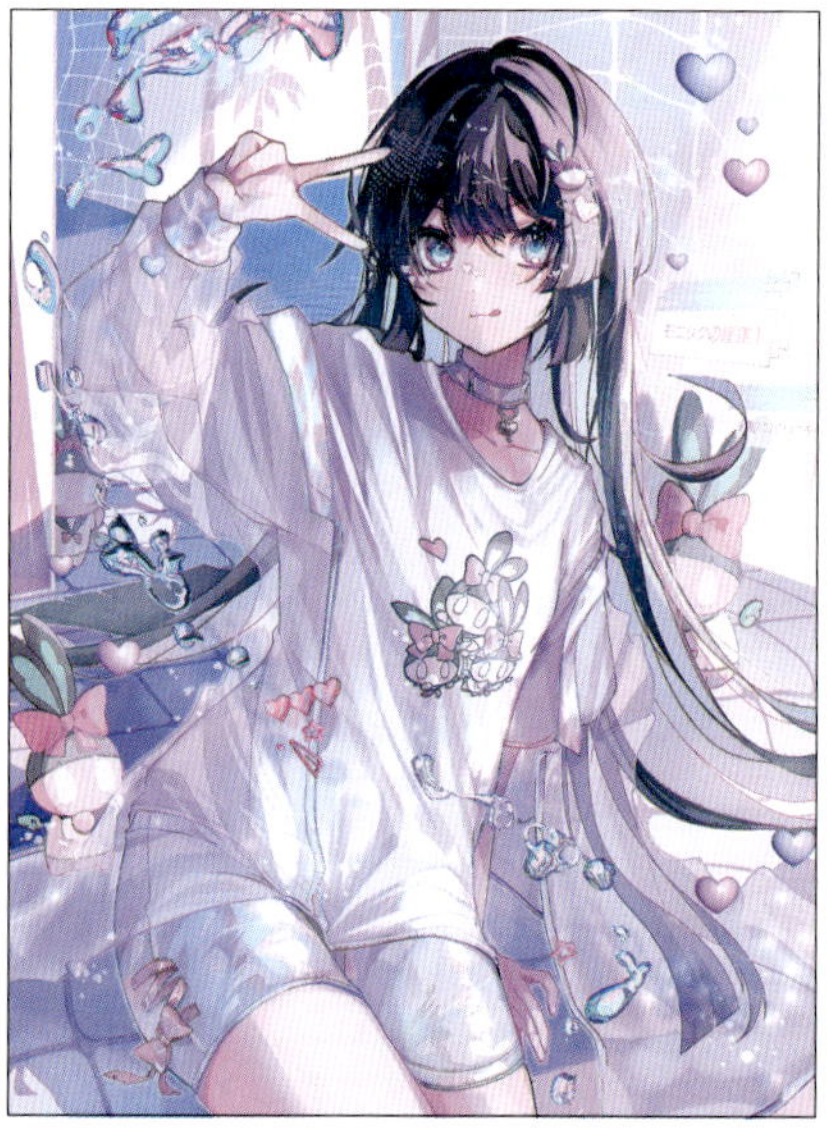

[モニックの崖錐 1] 愛知県・海谷内藤

使用画材：アイビスペイント

私が好きなピンクとブルーの色合いと、ヴェイパーウェーヴぽい、ビビットでキャッチーなモチーフをかきました。後ろのウィンドウの単語の羅列がお気にいりです。

ヴェイパーウェイヴ的なモチーフや色味で、電子的なポップ&レトロの不思議さと気持ちよさがある。アクセサリー類も可愛い（ノ）

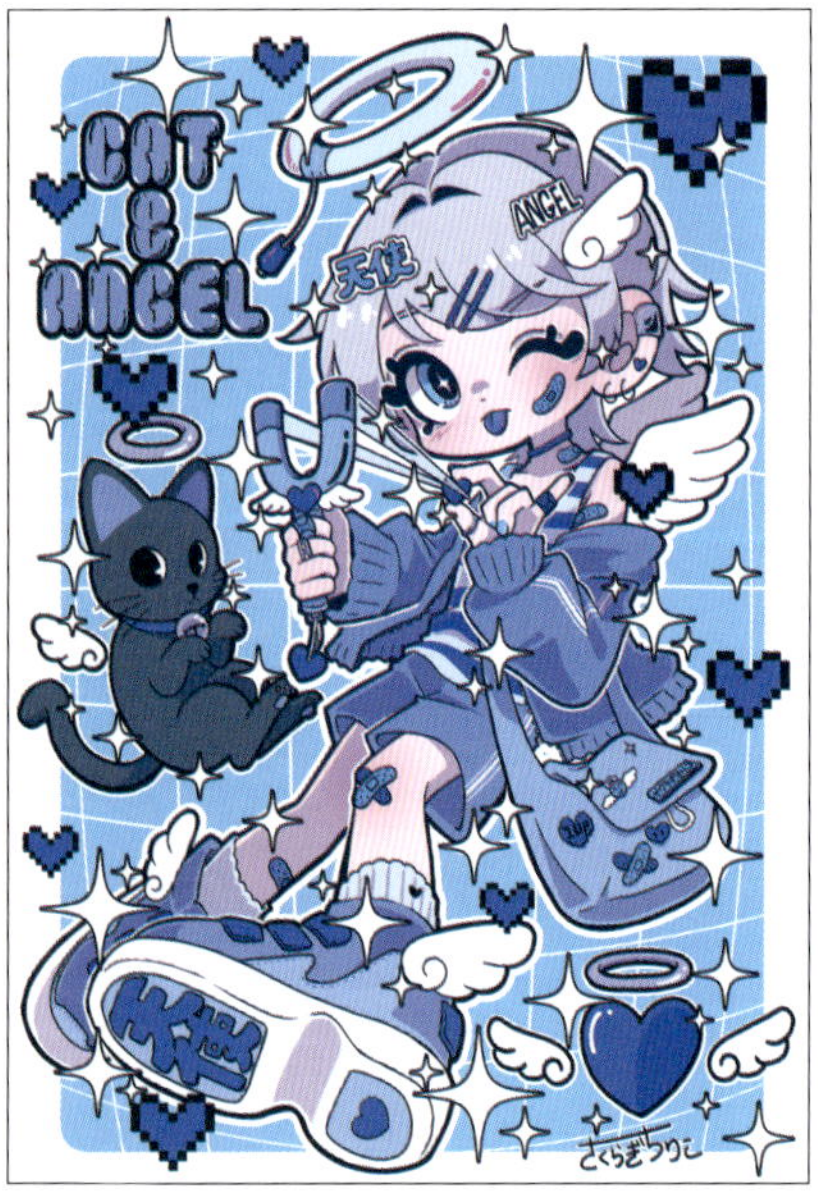

[CAT&ANGEL]

神奈川県・さくらぎちりこ

使用画材：CLIP STUDIO PAINT

天使×魔法少女のデザインです

デフォルメとデザイン性が効いたポップな天使界隈少女の作品。いたずらっぽい表情の人物に対し、澄まし顔の黒猫もキュート（海）

（株）雪割草賞

ふしぎと、何度も見たくなる一枚。細かな部分に遊びが感じられて楽しいです。

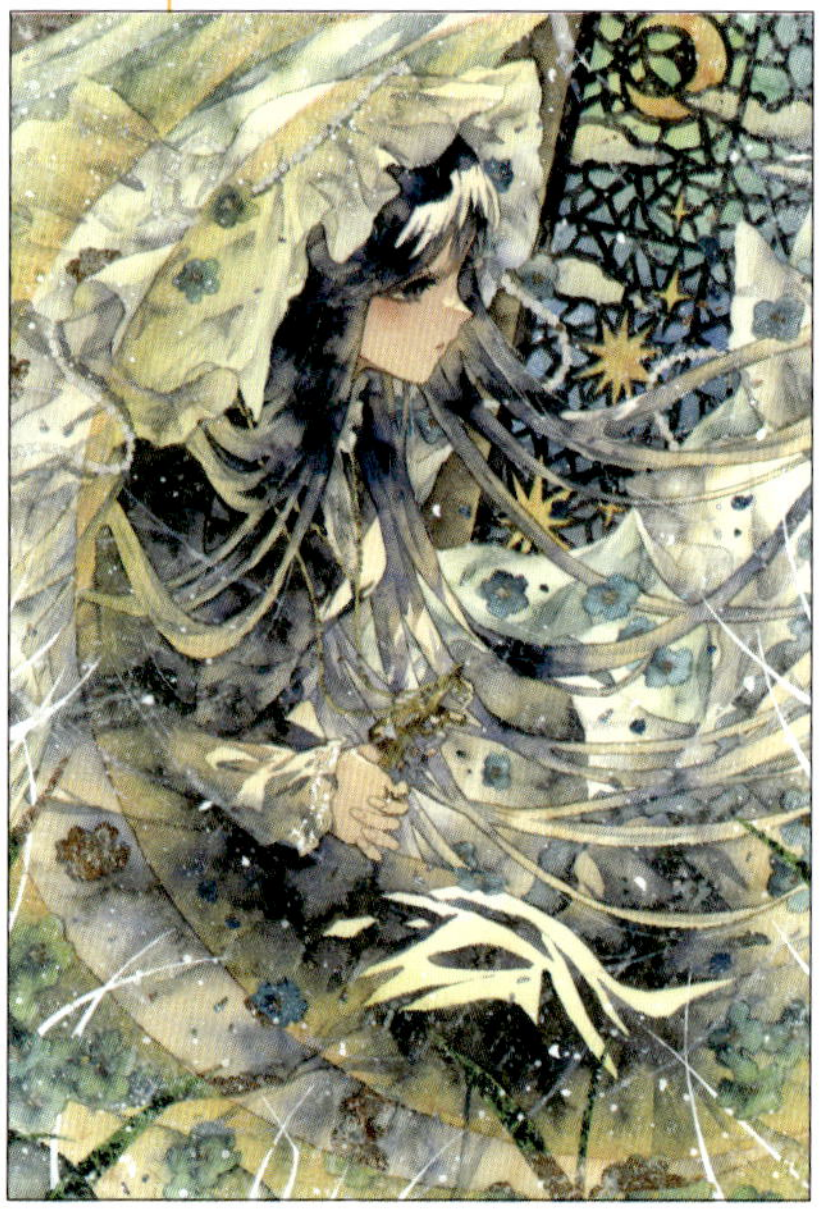

[月に願いを] 大阪府・potato

使用画材：透明水彩、コピックマルチライナー、ウチハク

街から離れた、こじんまりとした教会に住む女の子です！掃除やお花の手入れをしたりしながら暮らしています！思いやりのある子で、お祈りが日課です！

風に花と光が舞う、幻想的な夜。祈りを捧げる横顔が切なげで美しい。月灯りの表現や、水彩の滲みの扱い方が巧みな作品（ア）

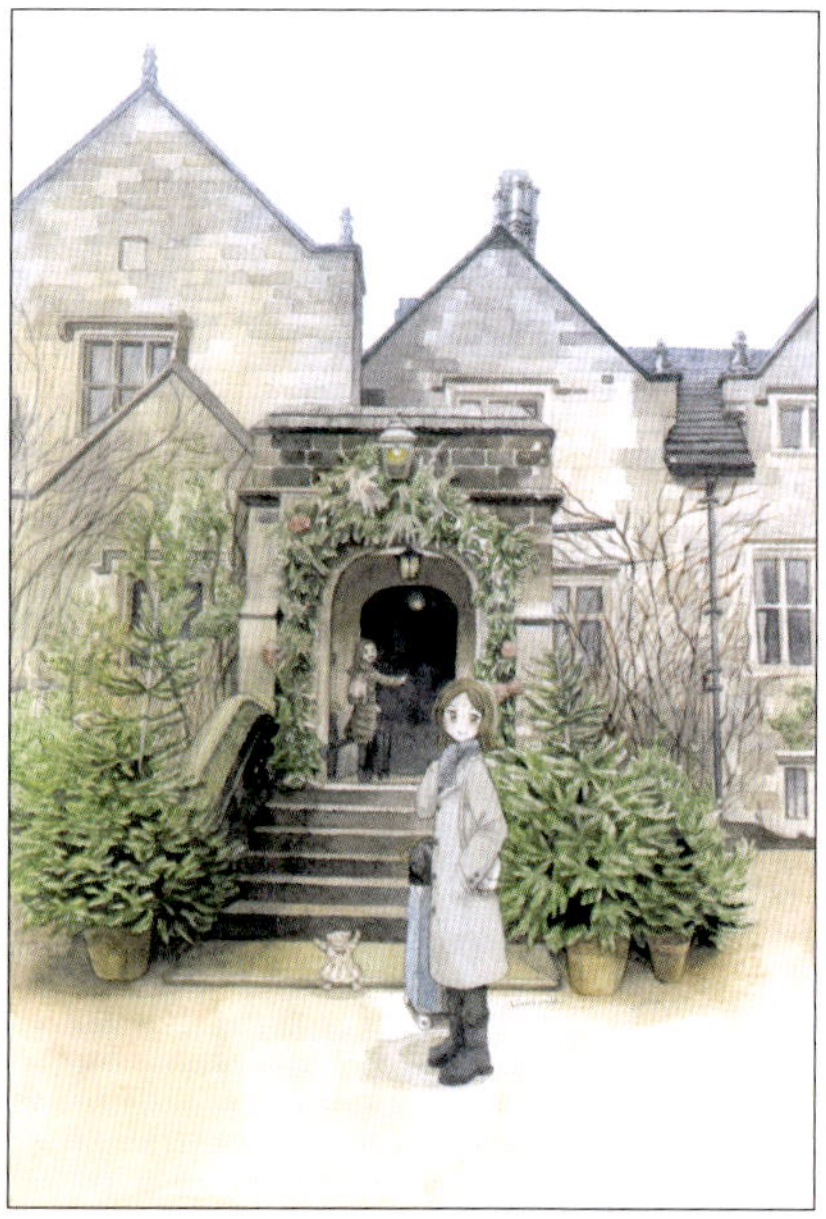

[マナーハウスの玄関で] 大阪府・ひまつだあき子

使用画材：透明水彩

母と訪れたイギリスのマナーハウスの玄関口を描きました。何度かこの建物をモチーフに描いてますが、どこを見ても絵になる本当に素敵な場所でした。

マナーハウスのレンガ造りや玄関に装飾される植物が素敵！空に抜けていく明るさの表現が巧みで、洗練された美しさを感じます。また、お二人の楽しげな様子が伝わってきます。小さなクマさんも♡（お）

佳作 2ポイント

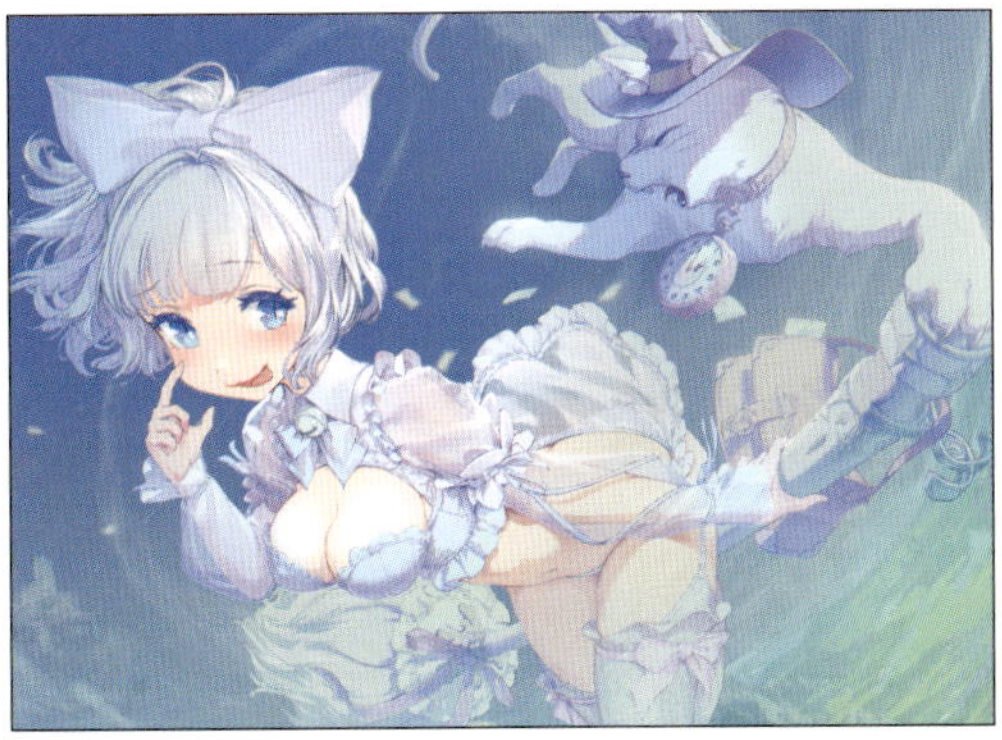

［白猫特急便!?］福岡県・だいぞう

爽やかでダイナミックな構図が物語を感じさせます。柔らかな髪と布の描写が良い。おちゃめな表情もLOVE...（ア）

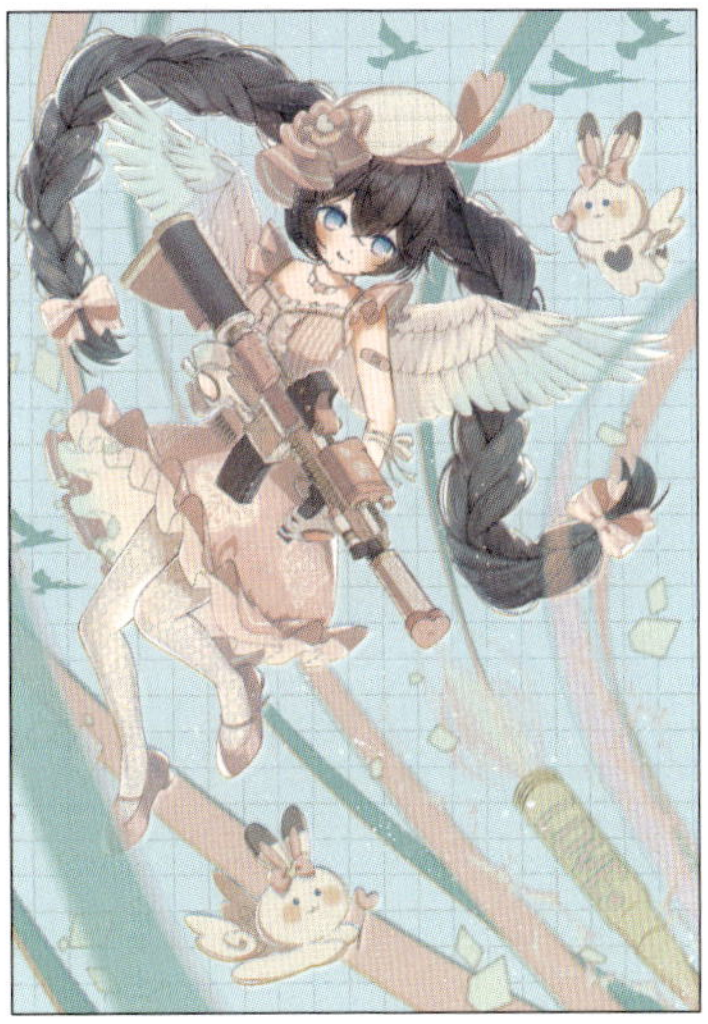

［ラブショット］北海道・opti

パステル調の可愛らしい雰囲気の中に、重厚なライフルがしっかりと調和されて描かれているのが素晴らしい（海）

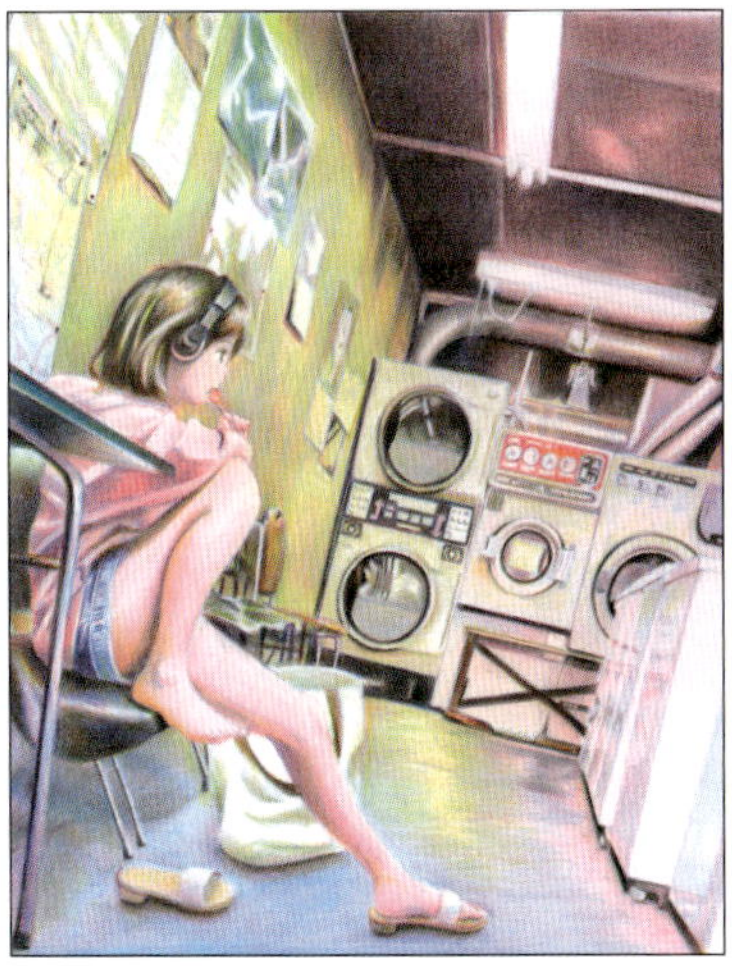

［荒川浪漫］神奈川県・つくし

ドリーミーな色づかいでレトロなコインランドリーが魅力的に表現されている。少女が何を考えているのか、見る人へ物語を想像させる（夢）

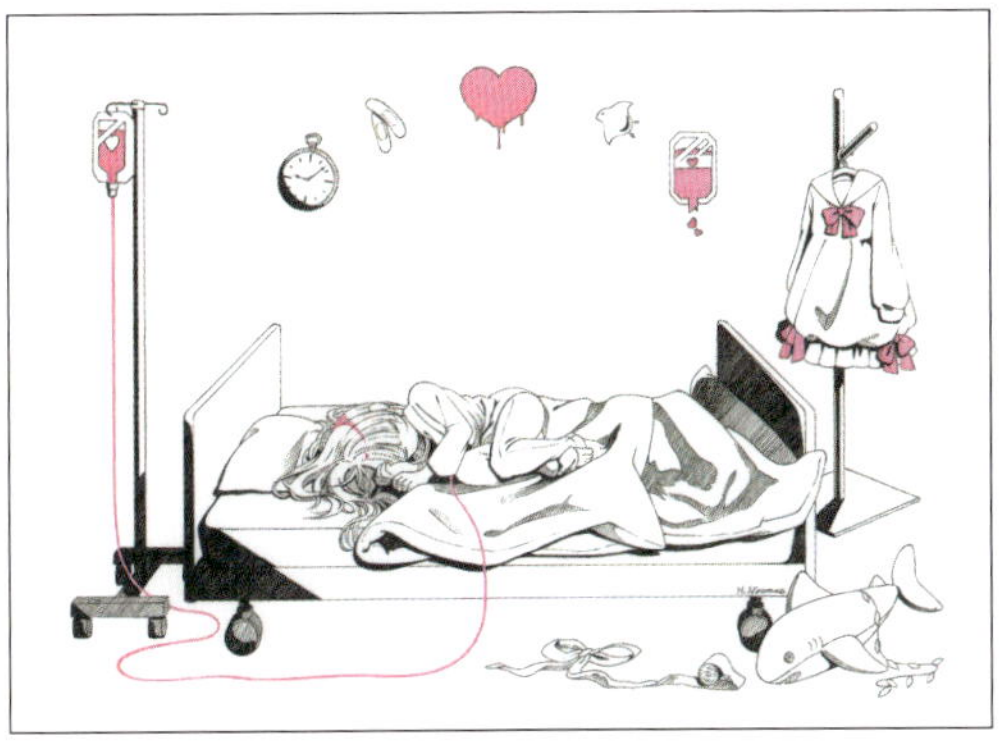

［静かな愛で満たされていく］大阪府・一八月

血液パックにハートマークがあったり、床の包帯がリボンになっていたり、発想と画面構成がとても良い（ノ）

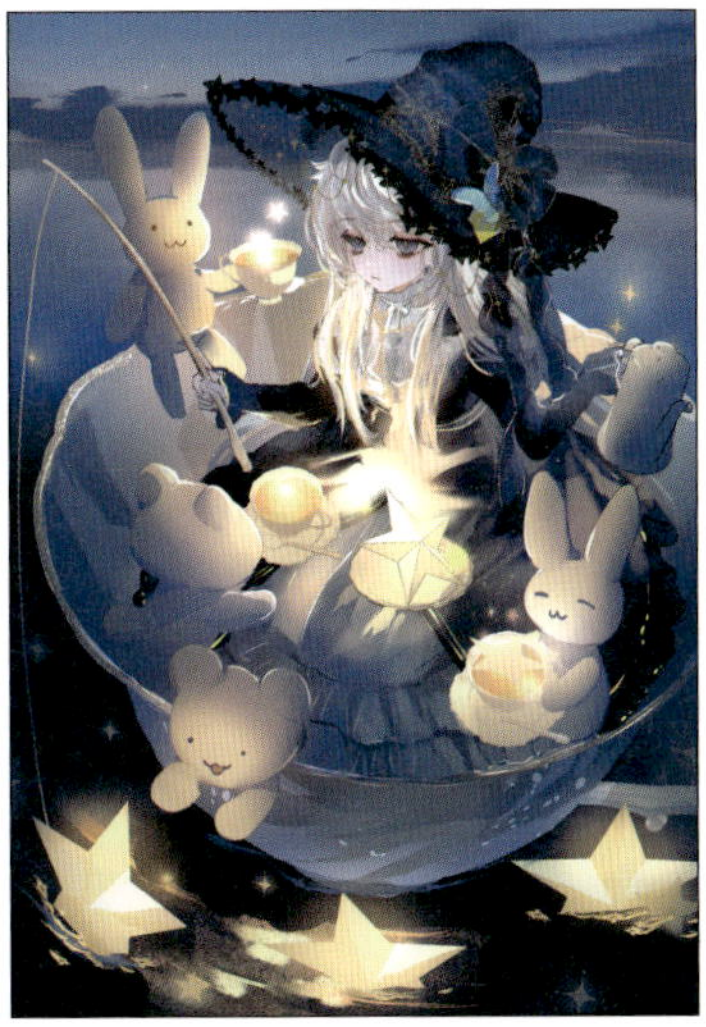

［星を釣る魔女］兵庫県・こもりひっき

星を釣るという発想が斬新で素敵です。魔女が乗っているのがティーカップというのも面白い（夢）

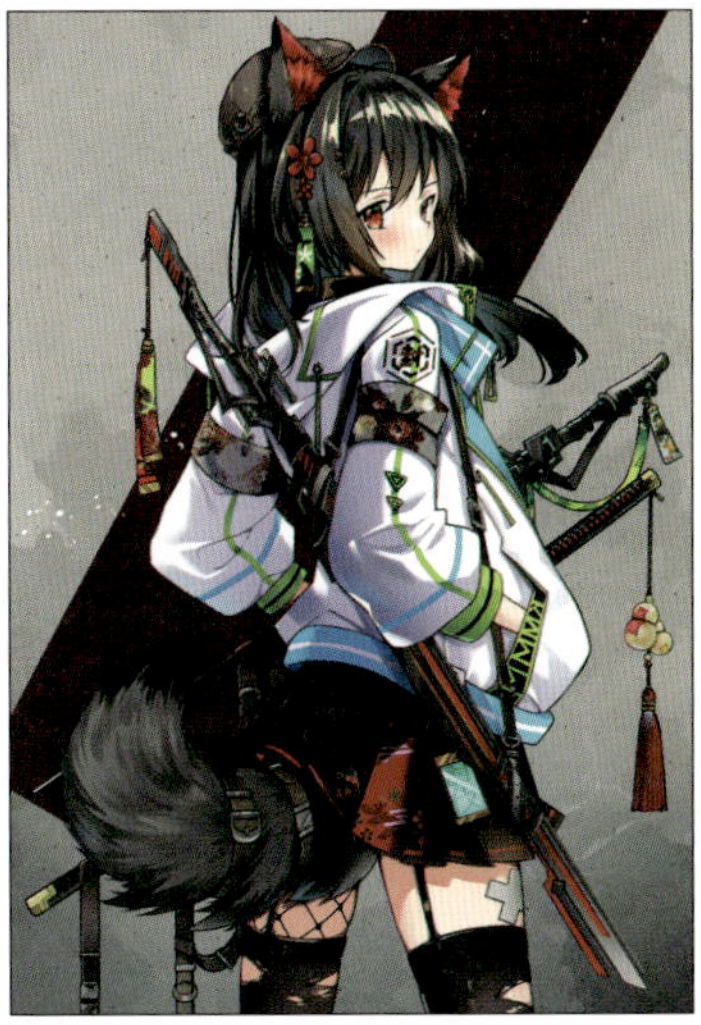

［Soldier FoX］広島県・とうか

ケモミミとスタイリッシュな和風ストリートファッションの組み合わせが絶妙。小物も細かく描きこまれている（海）

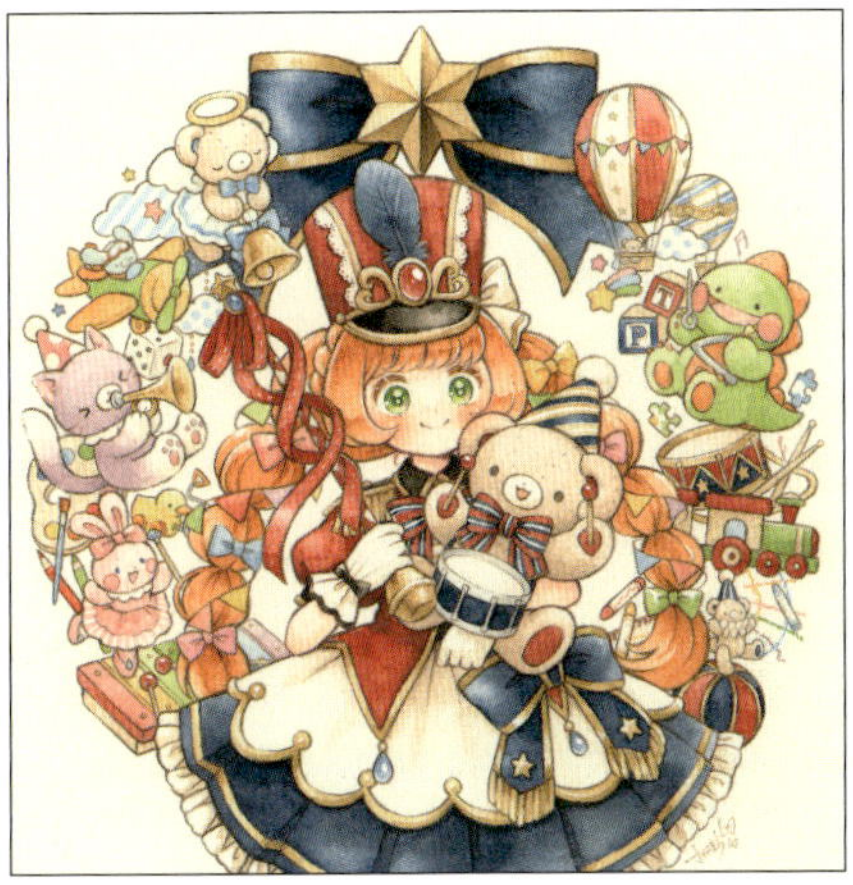

［Toys wreath］東京都・さかのまち

女の子を囲むおもちゃの表情が生き生きとして楽しそう！見ていて心がホッとあたたかくなります（夢）

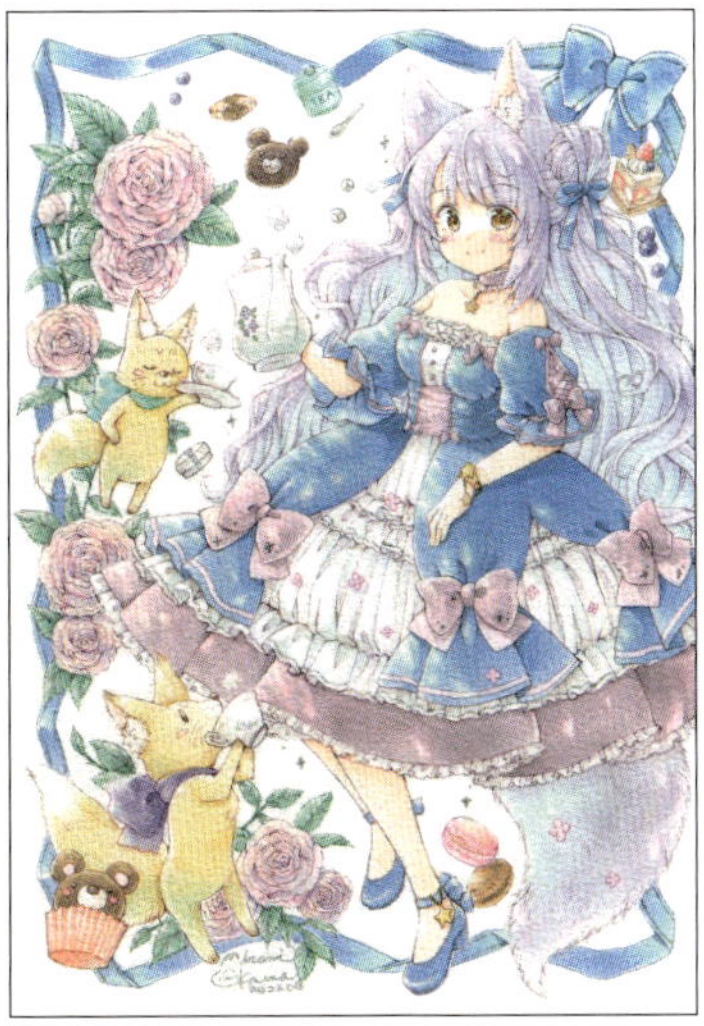

［きつねちゃんティータイム］埼玉県・みなみかわ

獣耳の女の子の衣装や花の描写がとても美しく、楽しそうなティータイム。背景のスイーツも美味しそう（ノ）

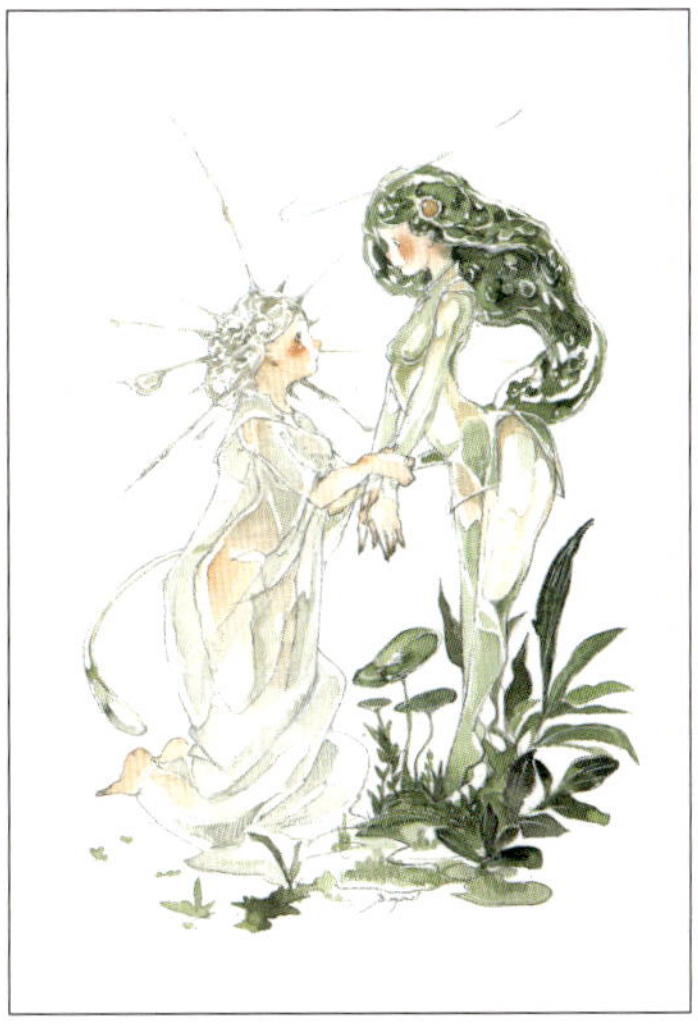

［水棲のエデン］東京都・しの原しの

あたたかな色合いと艶めきは、生命の神秘やエネルギーを感じさせつつ、見ていて優しい気持ちになる（海）

佳作 2ポイント

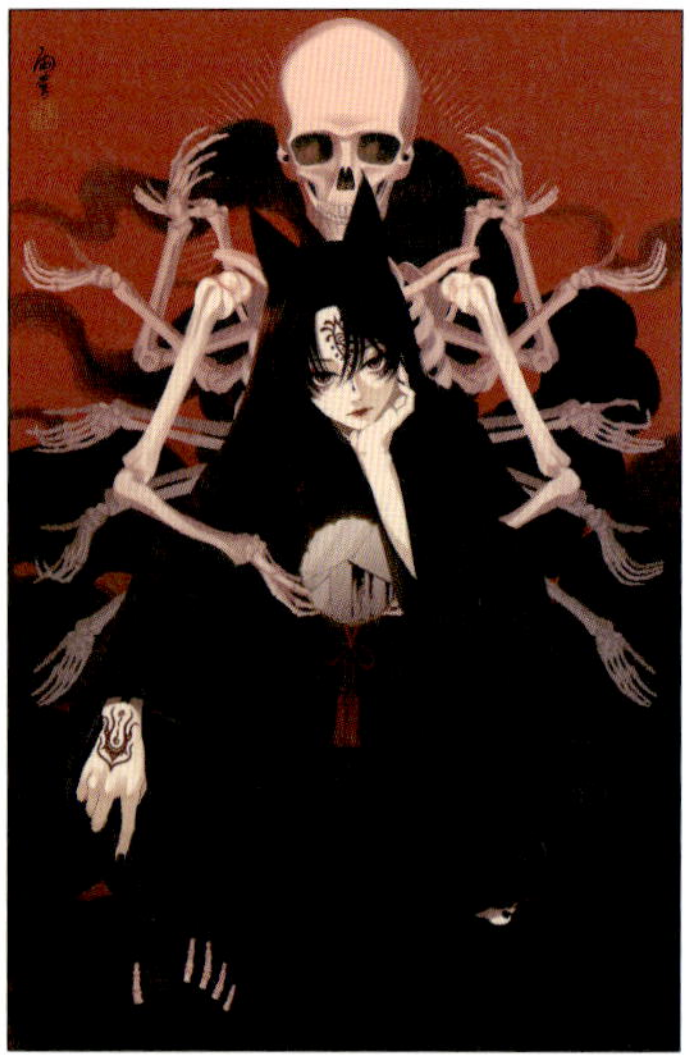

［無所畏］岐阜県・丑山雨

たくさんの骸骨に囲まれながらも強い目で落ち着く様子の人物が魅力的。赤の配色も効いていて良い（ノ）

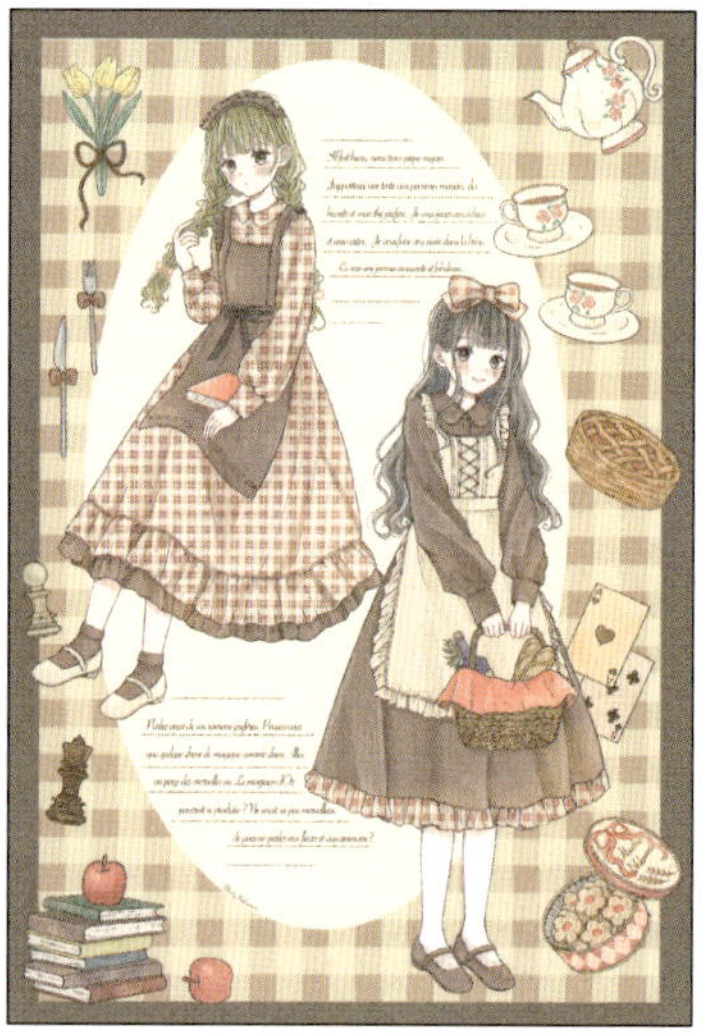

［like］北海道・ぬく森ましゅ

ポスターの様に洗練された構図とシックなカラーで、お洒落に仕上がっている。キャラクターの衣装もメルヘン（海）

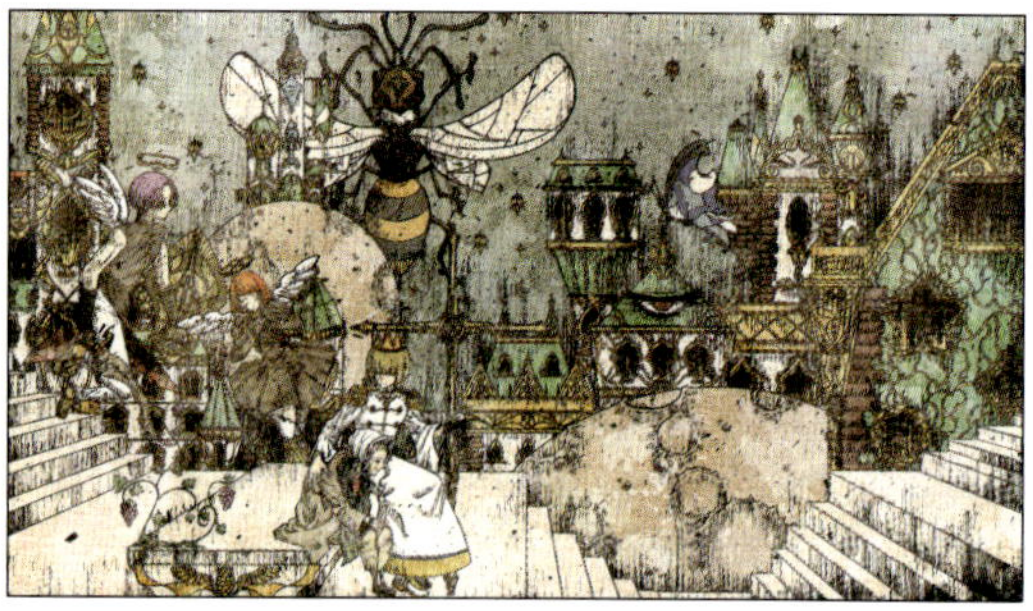

［God bears the burden］群馬県・来栖彰

一生の旅路をイメージして描かれた作品。壁画のようなかすれたタッチからも、守護天使のいる世界の神秘性を感じる（お）

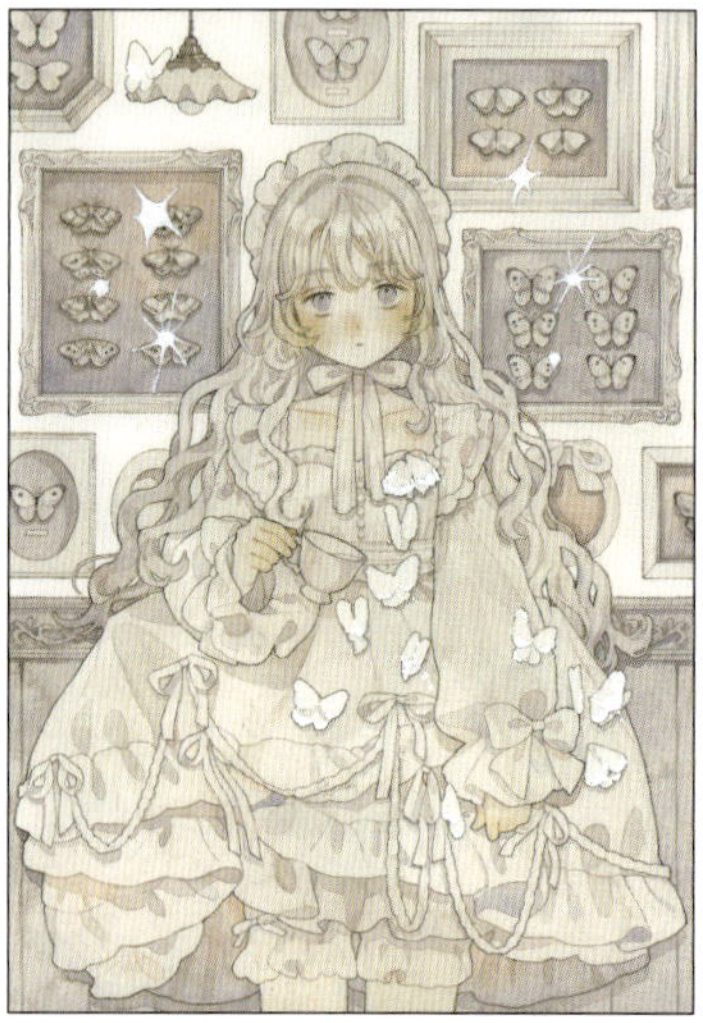

［蝶々の砂糖漬け］大阪府・ねこい

淡く、ふわふわの世界の中にキラリと光るお星様。コントラストの差がとても印象的で不思議と見続けてしまう作品です◎（む）

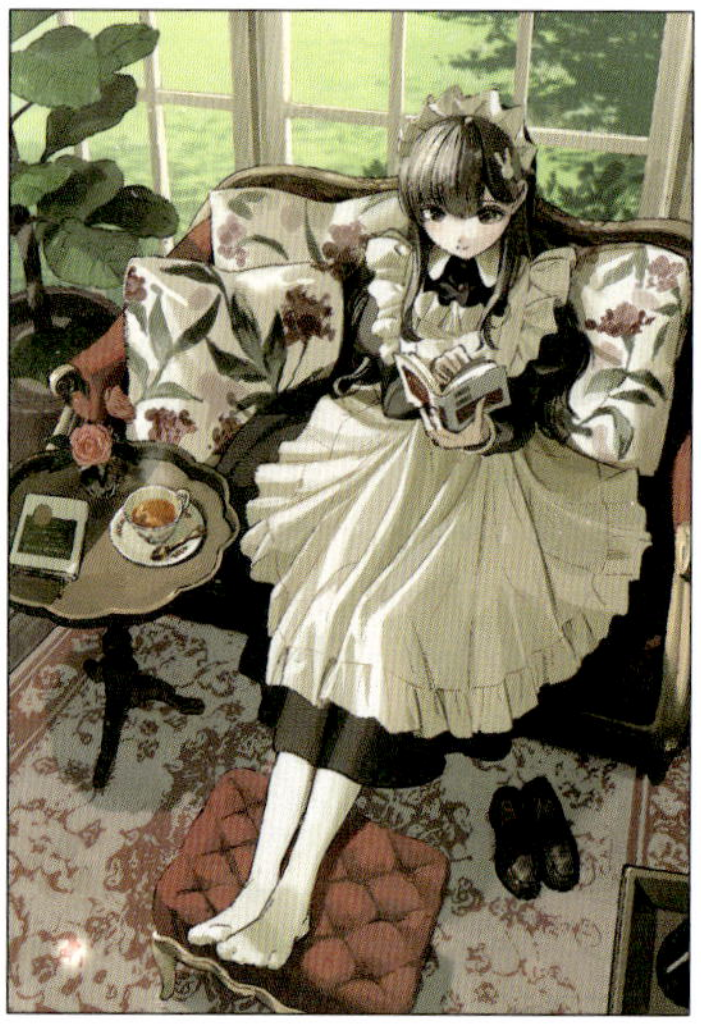

［紅茶と物語と陽光と］東京都・栞しい

靴を脱いでマットに足を置き、くつろぐ様子が細やかに表現されている。クッションの植物も鮮烈で素敵（ノ）

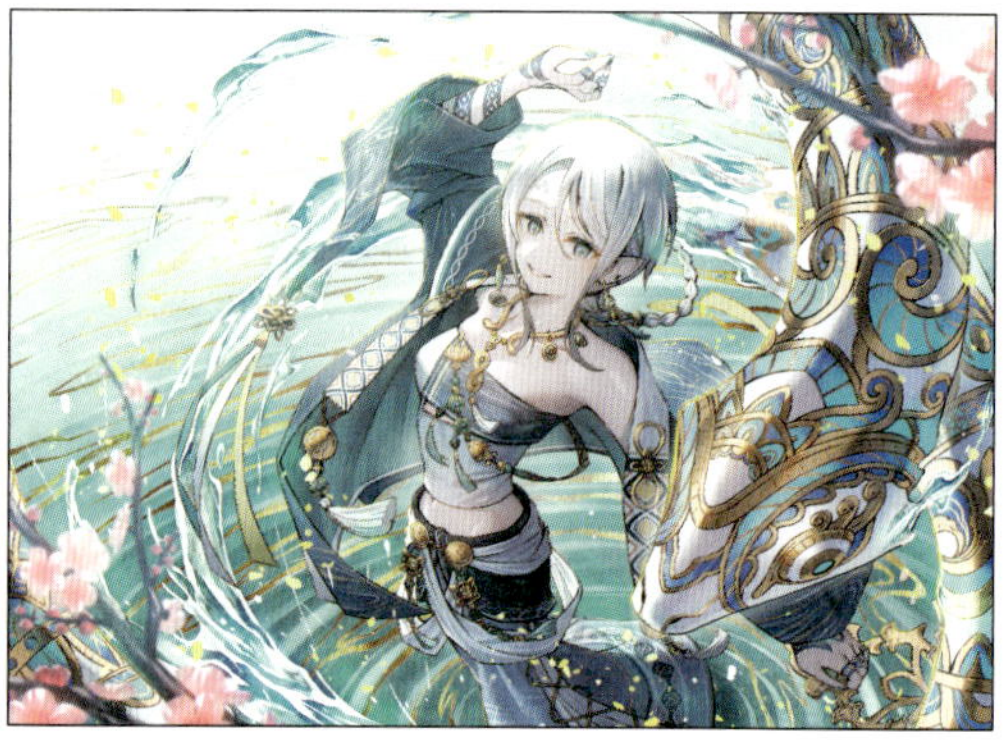

［永遠を踊る］広島県・syow

神秘的な世界観を緻密に表現していて目に残る。ふわりと舞う羽織や水、花びらも人物と一緒に踊っているよう…（む）

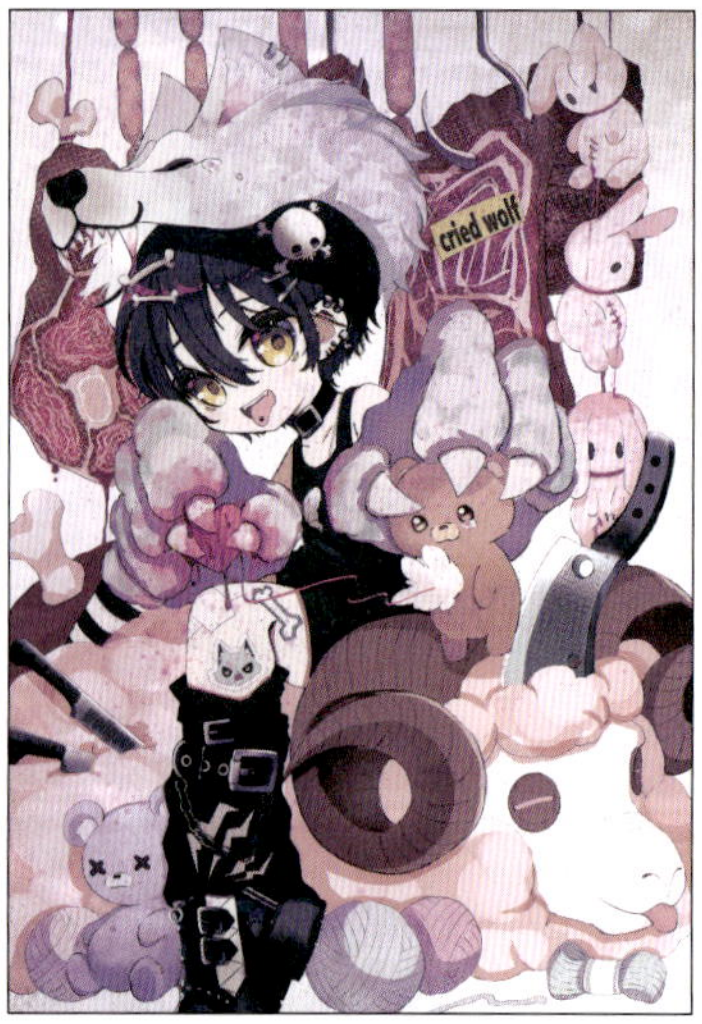

［狼少年］東京都・海月幽玄

くまちゃんのハートを毟り取るオオカミっ子の表情が無慈悲で無邪気…！　吊られたうさぎたちのお腹が縫われてて何か詰められていそうな…。可愛いタッチの酷さがたまりません～♡（お）

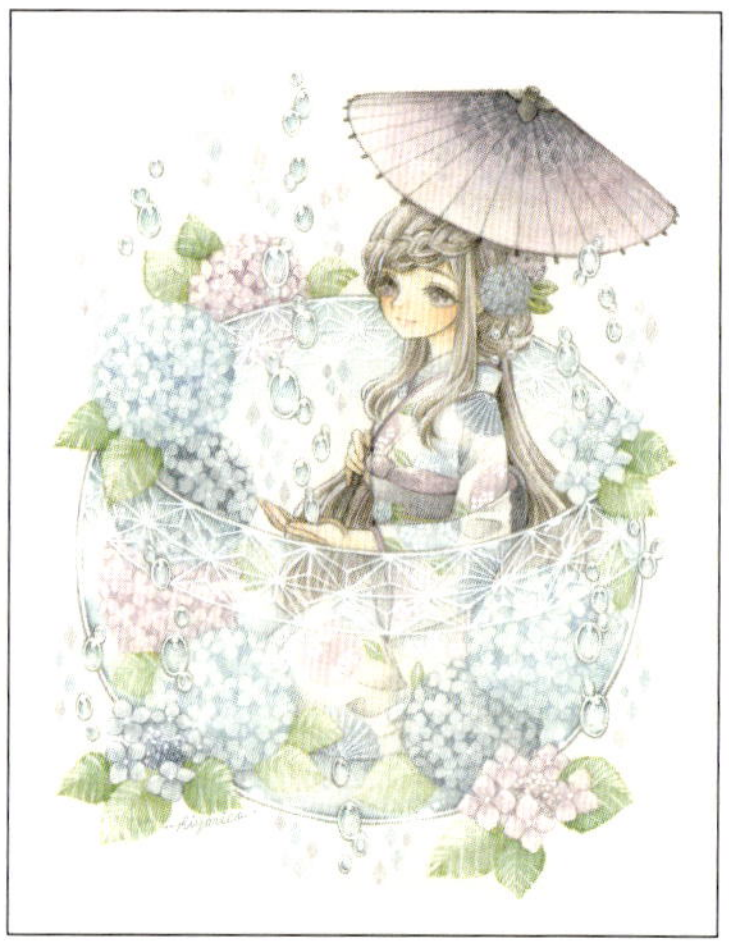

［手毬花の雫］香川県・ひよりこ

涼しげな色づかいと柔らかなタッチが素敵。紫陽花の一つ一つが丁寧に描かれており、作者のこだわりを感じる（海）

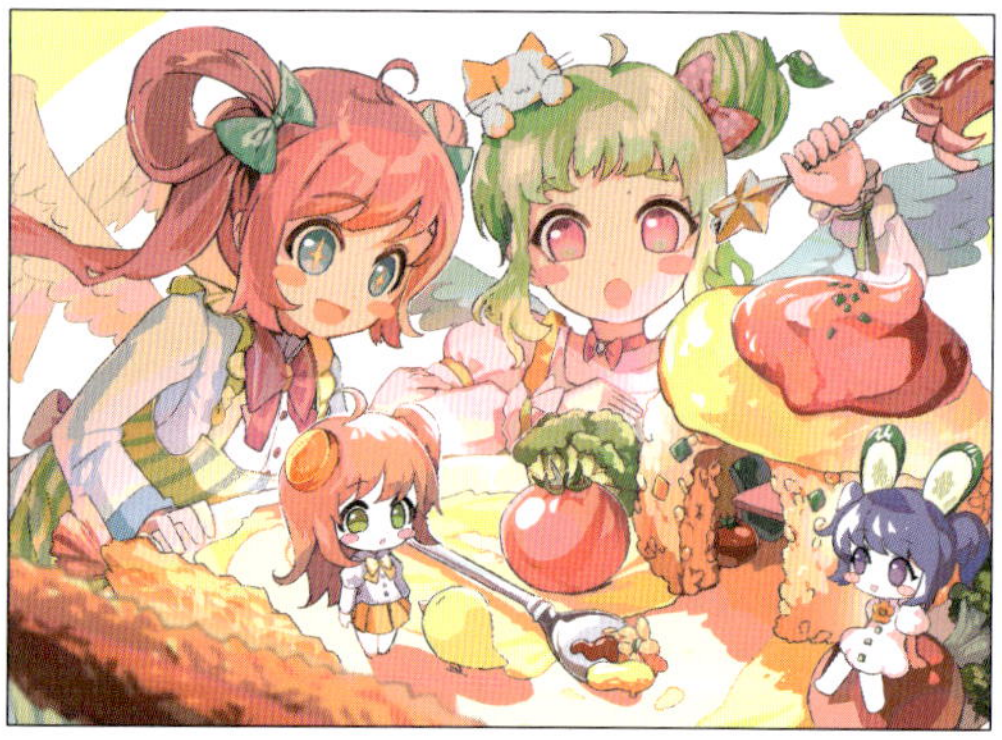

［天使のクッキング］千葉県・あめほしあか

天使の二人が仲良く料理する姿がとても微笑ましくなります。オムライスがとても美味しそう！（夢）

佳作 2ポイント

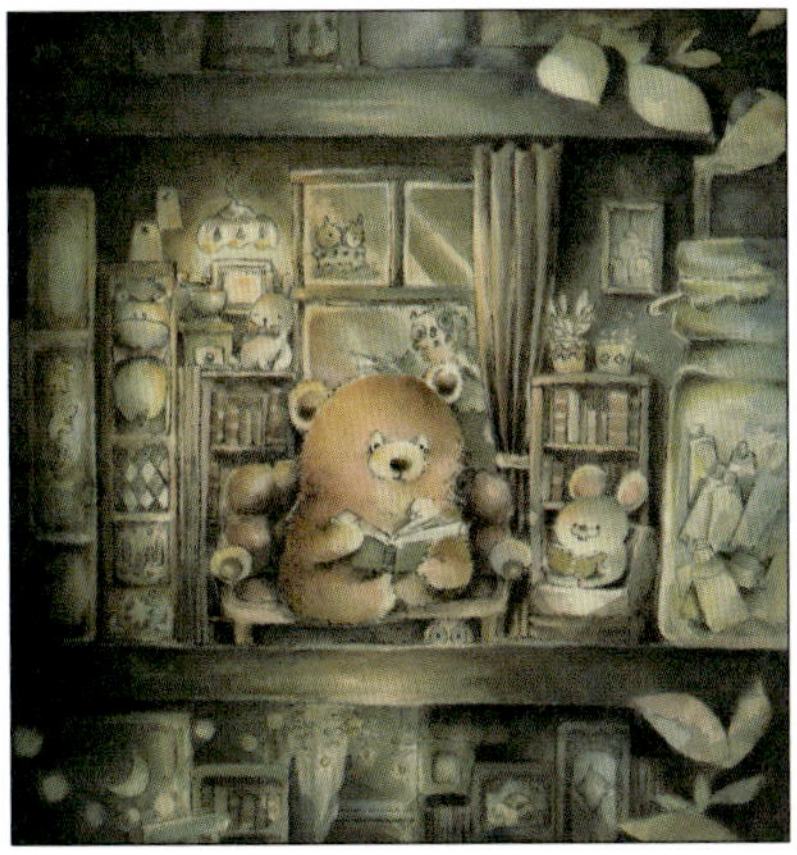

[読書の時間] 東京都・みずき

しっとりと落ち着いた色彩にほっこりします。この居心地良さそうな空間に混ざりたいです。ソファーの下にも…！（ア）

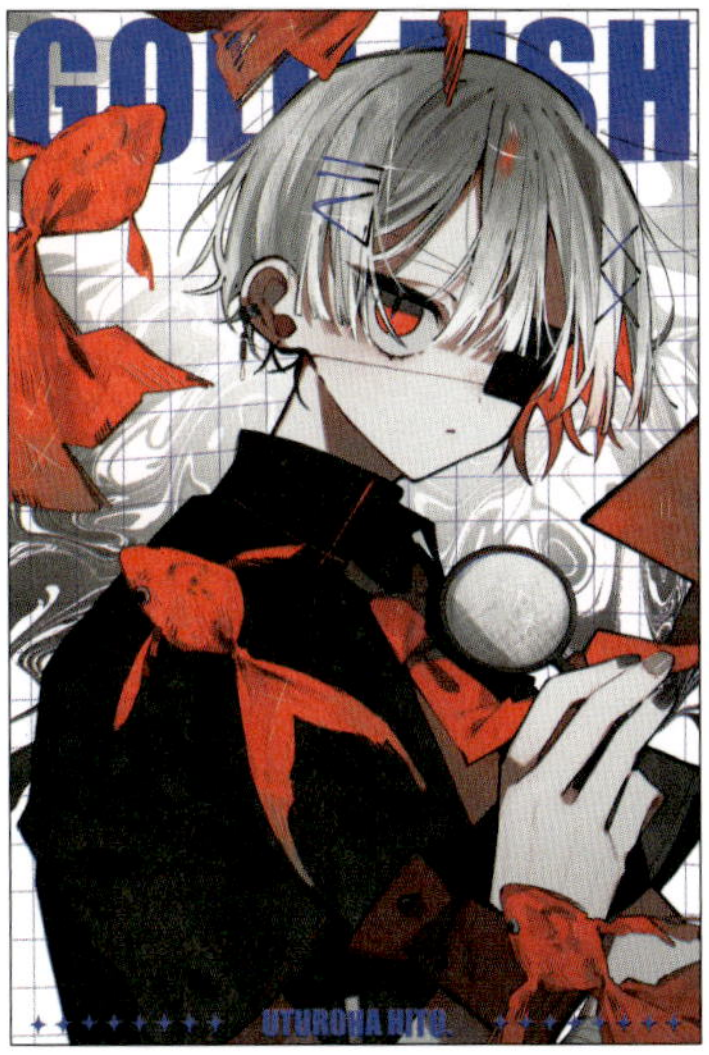

[対照的存在] 埼玉県・虚葉弌。

ビビットカラー×モノトーンがかっこよい！　瞳と金魚の赤などアクセントカラーを用いた視線誘導が巧みな作品（ア）

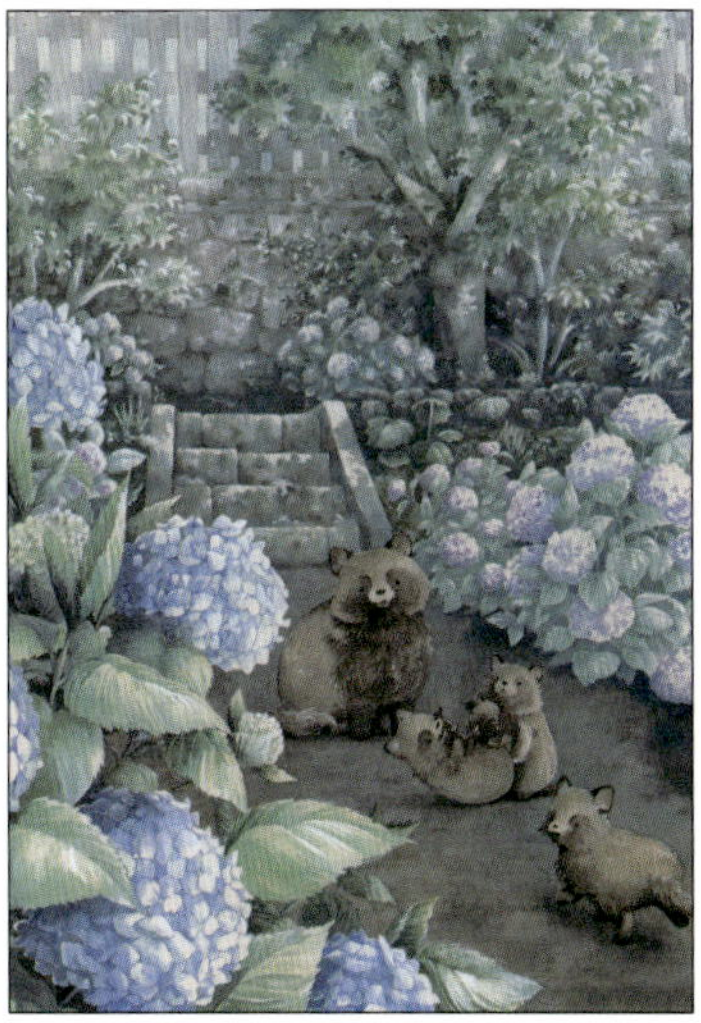

[ぼくのくらし、きみのくらし]山口県・はしむすび

たぬきの家族のくらしをのぞき見て、あたたかな気持ちに包まれます。小たぬきたちがじゃれあって、ポコポコしてる様子がとても可愛い（お）

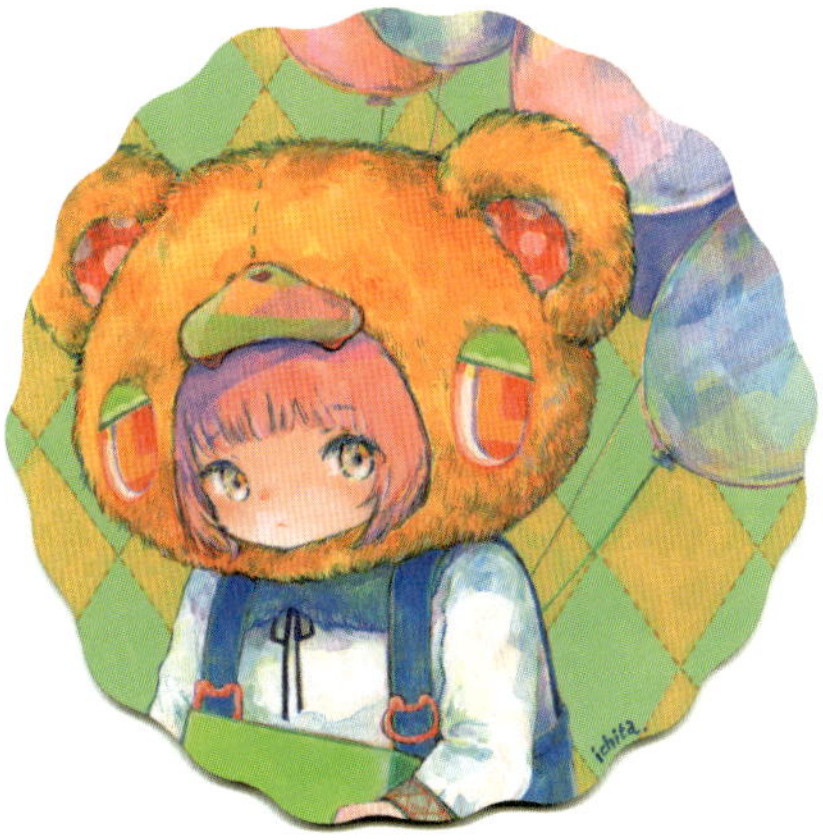

[おひっこし] 東京都・壱太助丸・41歳

繊細なタッチで、クマの被り物のフサフサした質感が伝わってくる。作品全体のカラフルな色づかいもファンシー（海）

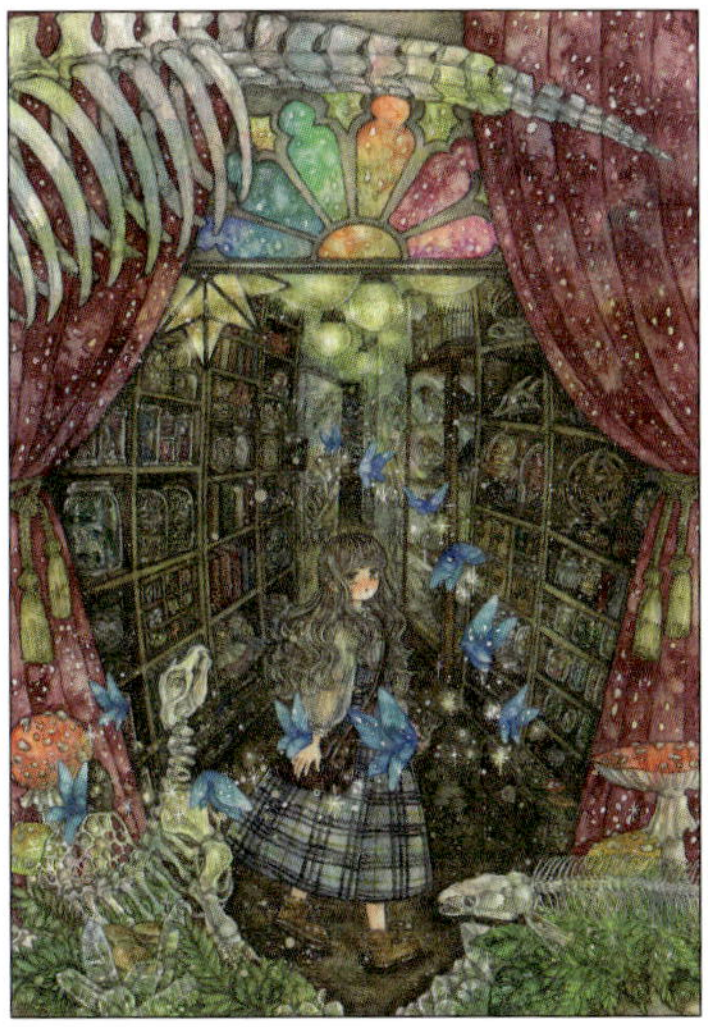

[Re:Collection Museum] 栃木県・黒猫のら

長い歴史と浪漫を感じさせる空間。棚の中に鎮座する博物たちの描写が素晴らしい。奥へと誘う青い蝶が素敵（ア）

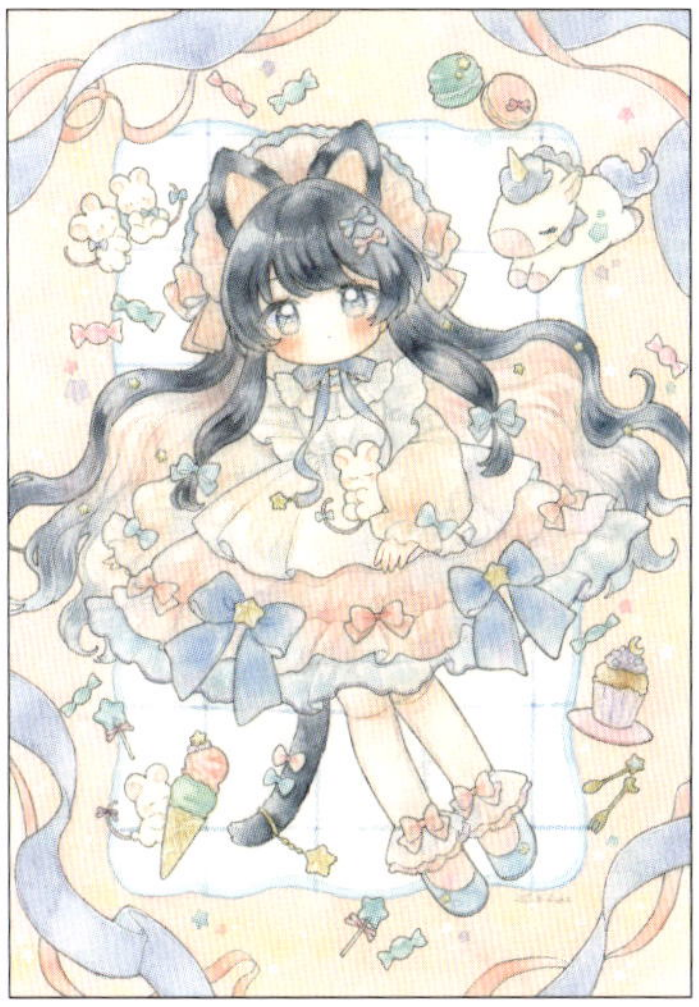

[優しい夢時間] 静岡県・梨茶

ふわふわでやわらかい世界は夢の中にいる様で優しく温かい気持ちにしてくれる。ちいさな生き物たちがとっても Cute ♡（む）

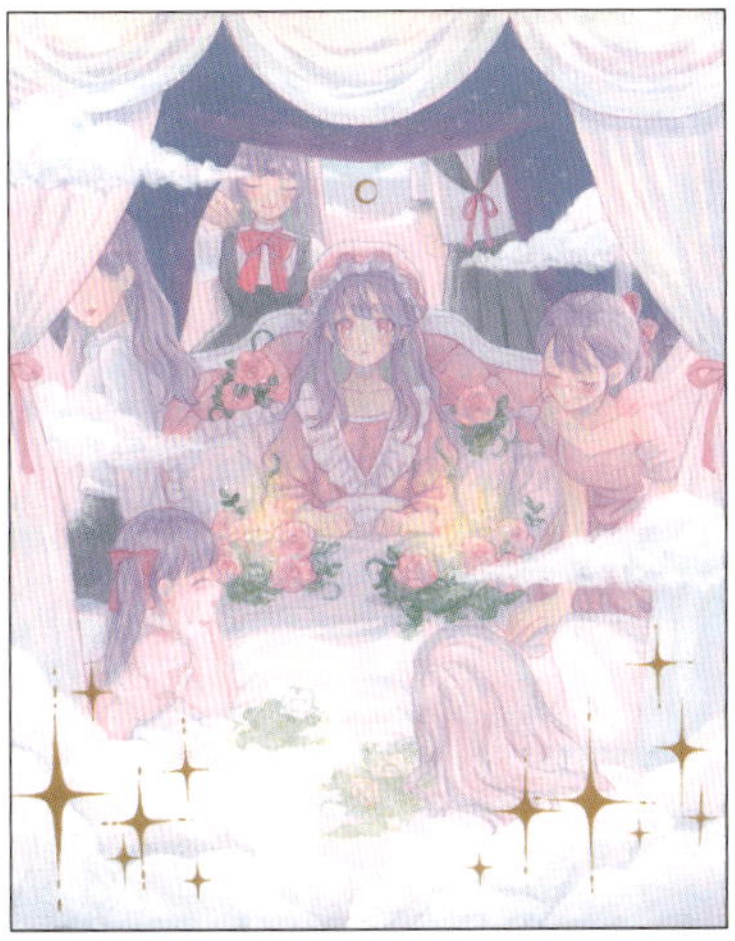

[夢遊病] 埼玉県・みしょう

柔らかな線と夢色で描かれた美しい世界に、物語の始まりを想起させるモチーフたち。絵本の様に見て楽しい一枚（海）

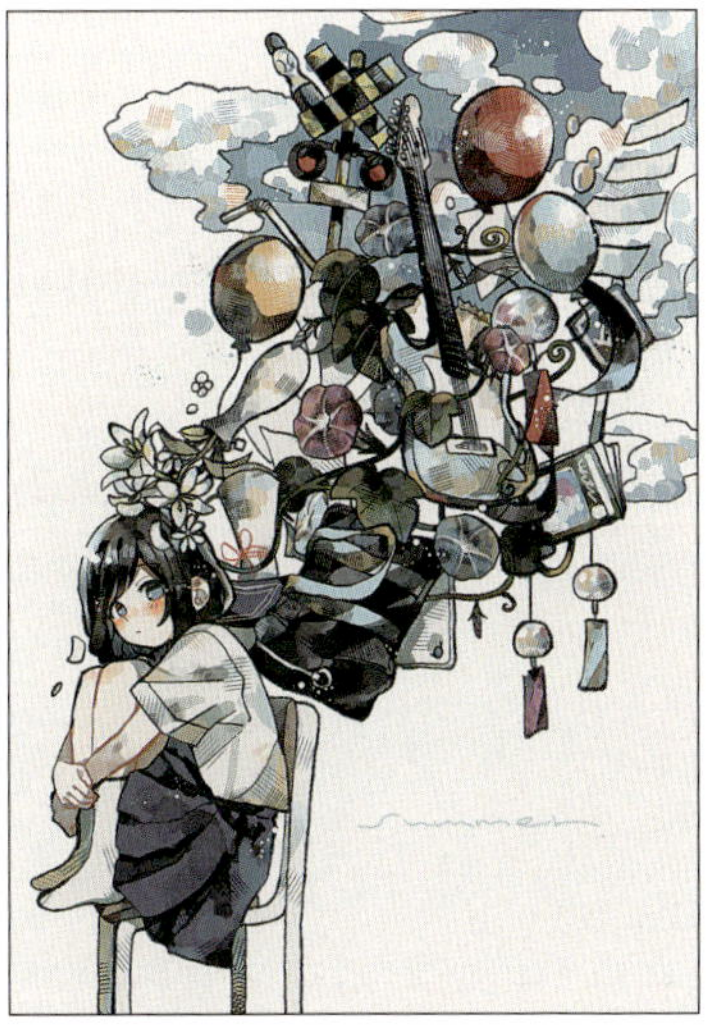

[居残り夏休み] 広島県・桜庭

セーラー服の女の子が過ごしたような〝夏休み〟のときめきが溢れている。色塗りに斜線のタッチを加えた手触り感が魅力的です（お）

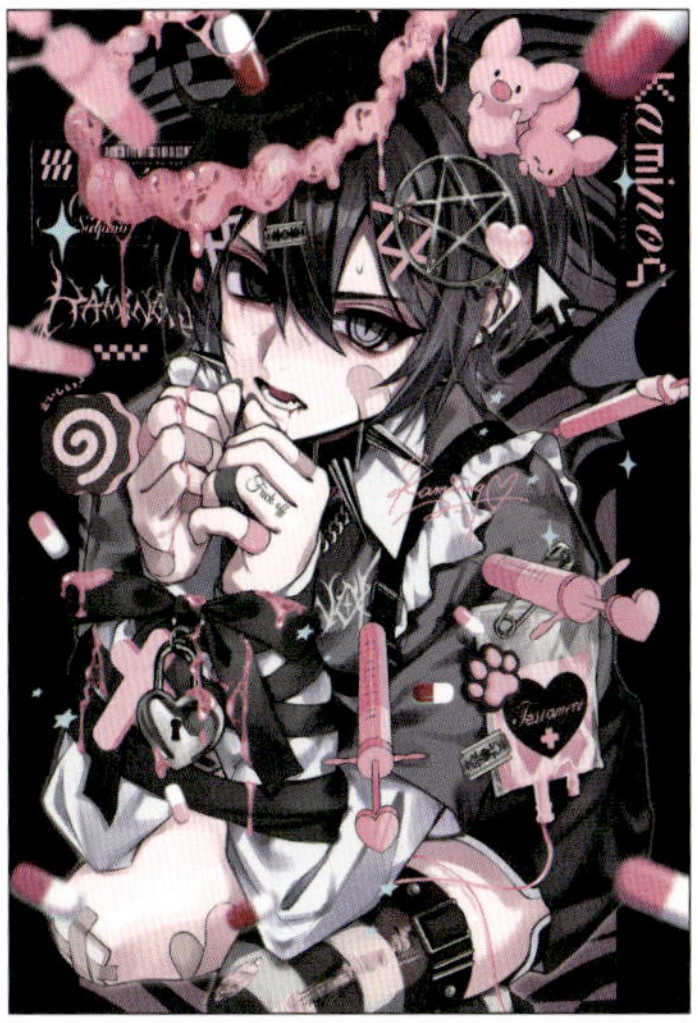

[Gift Wrapping?] 京都府・上ノ句

毒に侵されているような危なっかしい表情がイイ！ポップな色合いとタッチでより毒々しさが際立ち、脳裏に残ります（お）

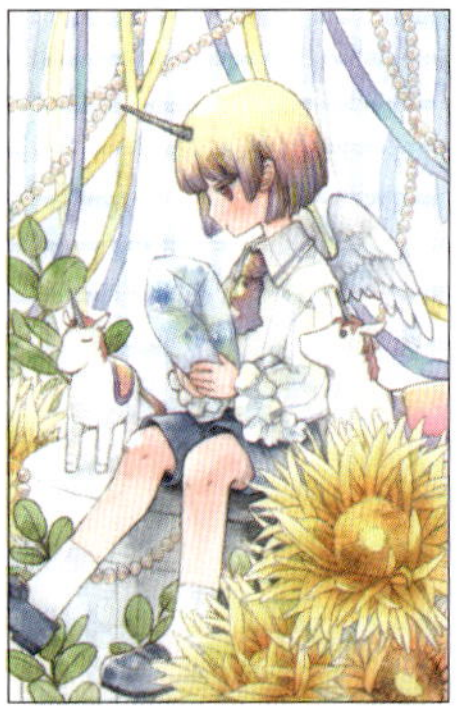

[フラワーボックス] 東京都・セキ

幼い頃に見た夢の中にいるような、幻想的なモチーフと柔らかな雰囲気に心が癒される（海）

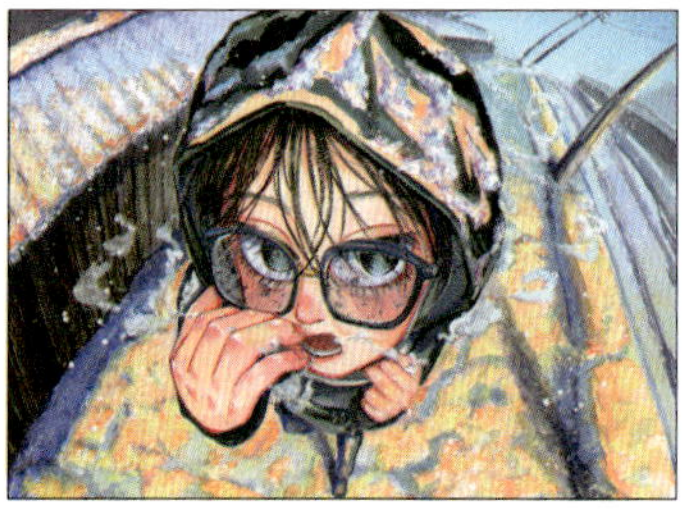

[冷たくてあたたかい] 新潟県・某アノ子

雪に光が反射してキラキラ色づいている様子が美しく、冷たい冬も暖かく感じられる素敵な作品です（む）

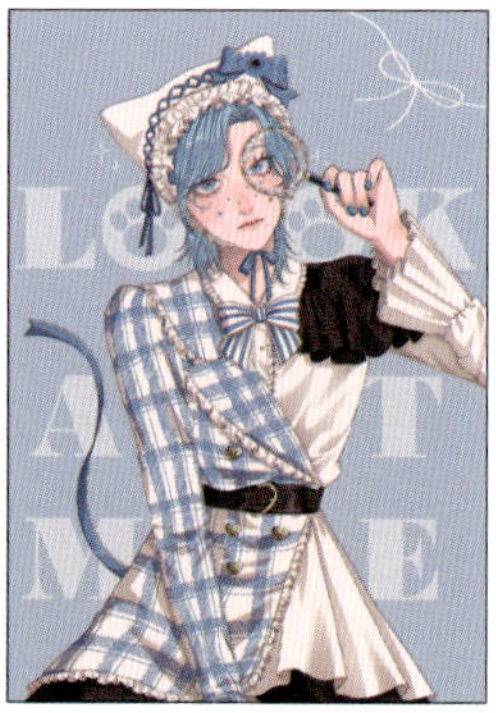

[私を見て] 広島県・3ゑkey

衣装が見事で、しっぽのようなリボンも良い。割れた虫眼鏡が想像力をかきたてる（ノ）

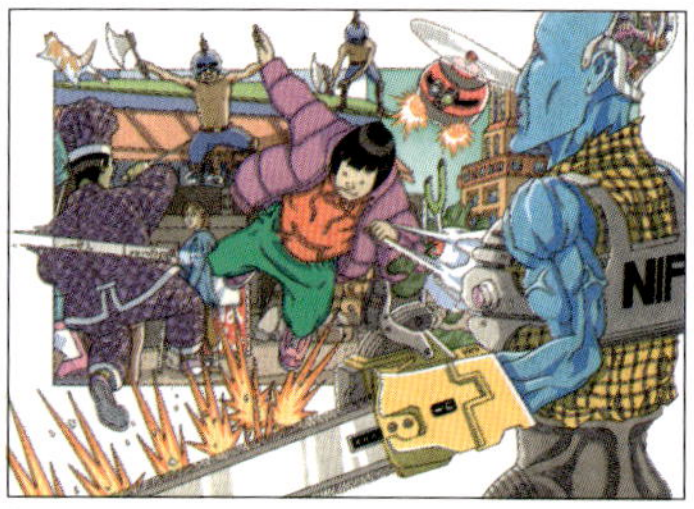

[鳴沢さんの奥さんハンパおまへんな II]
兵庫県・Buchberg

四方八方からの敵と軽やかな身のこなしで戦う奥さん。街の平和は彼女にかかっています（ア）

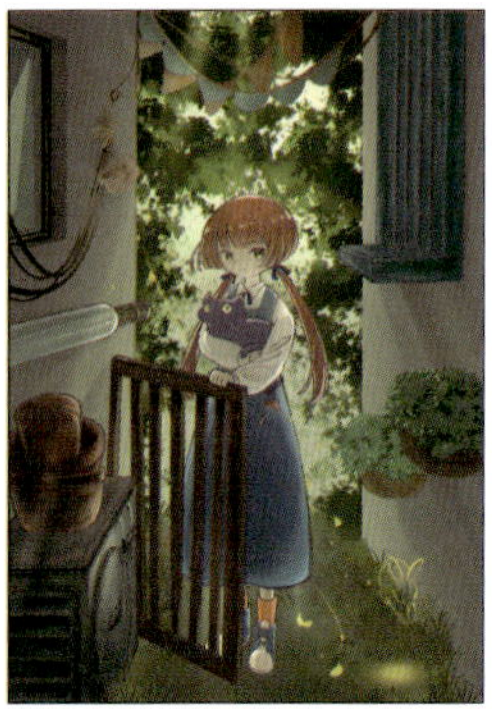

[路地裏の秘密] 新潟県・たかしーか

柵の向こうの別世界という、童話や映画のようなワンシーンが想像力を掻き立てる（海）

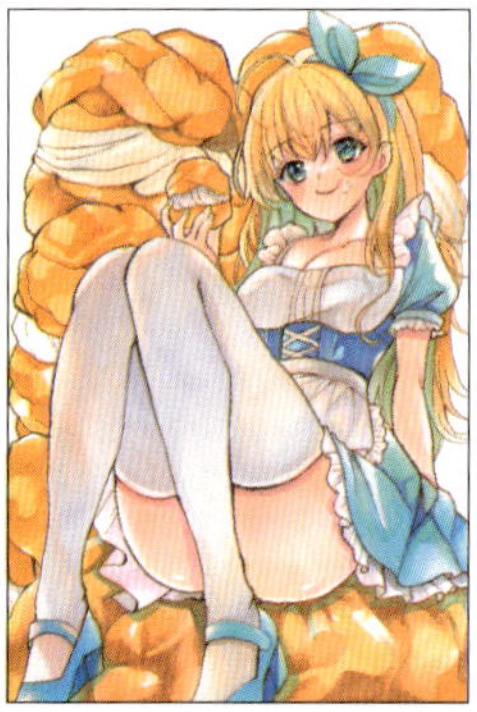

[スイート・ワンダーランド] 富山県・ろこもこ・32歳

クリームをほっぺにつけた、きらきらおめめがかわいいアリス！ 艶やかな太腿も良き（ア）

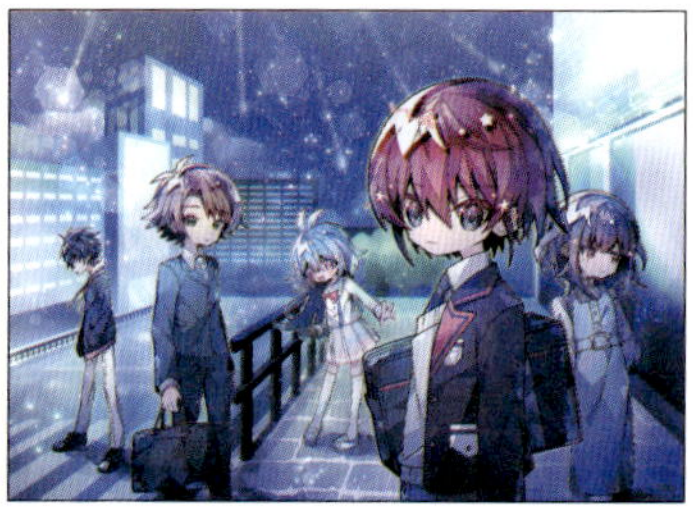

[夜の中] 富山県・天音れもん

煌びやかな夜の街並みに個性的なキャラクターたち。一体どんな物語背景があるのだろうか（海）

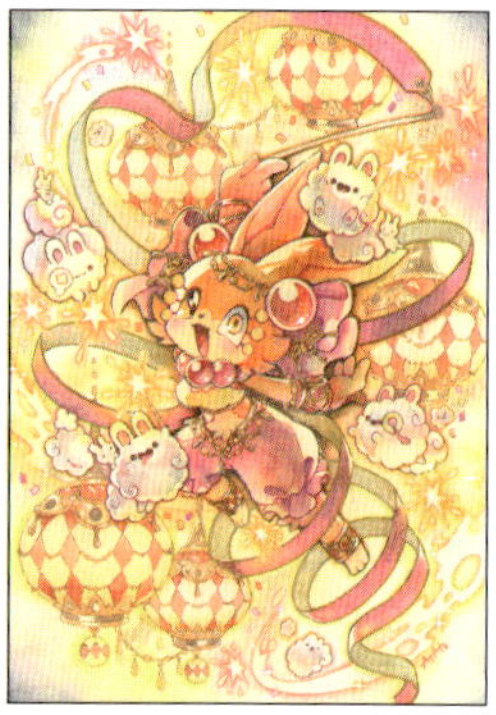

[跳ねる光とリボンの舞] 埼玉県・AtAt

リボンを回すダンサーの躍動感と愛らしいキャラクター性が相まって楽しい作品（ノ）

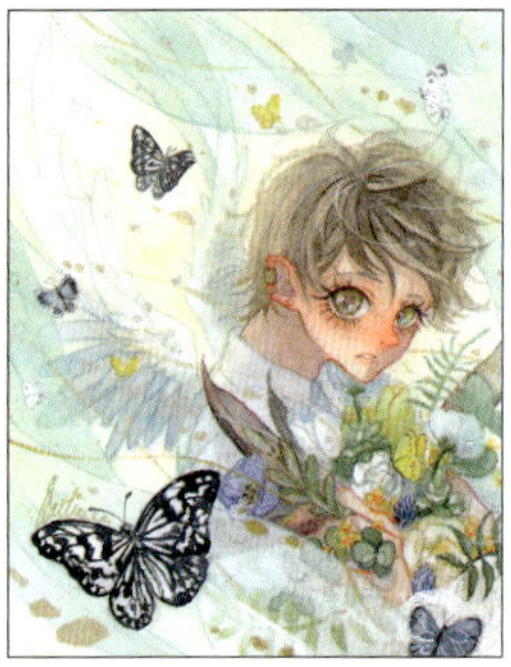

[春、またたき] 山形県・clarté

春が恋しくなって描いた作品とのことで、蝶や花のモチーフが生き生きして魅力的（ノ）

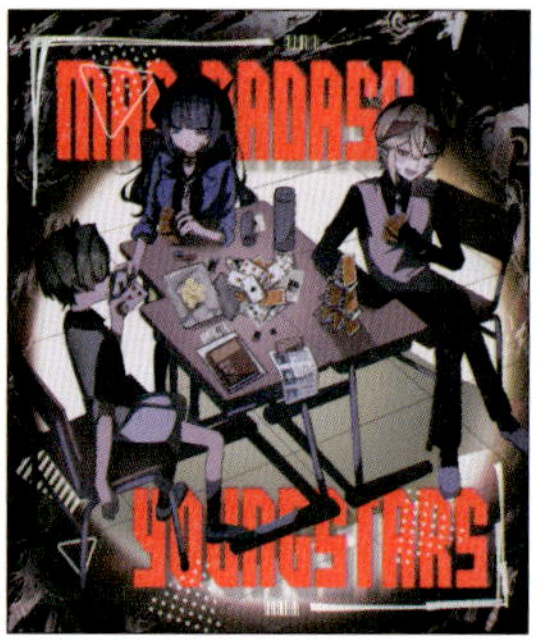

[カードゲーム] 埼玉県・小池じぇい・20歳

カードゲームのヒリついた空気とゆるい仕草のコントラストがクセになる…！（お）

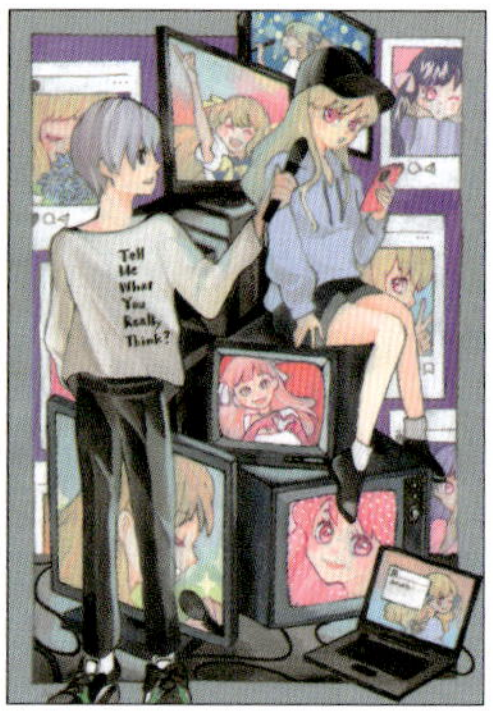

[君の本当を聞かせて?!] 埼玉県・新倉なつな・40歳

SNSやモニター、PCに映る華やかな姿と、普段の姿とのギャップが好き。色合いも可愛い（お）

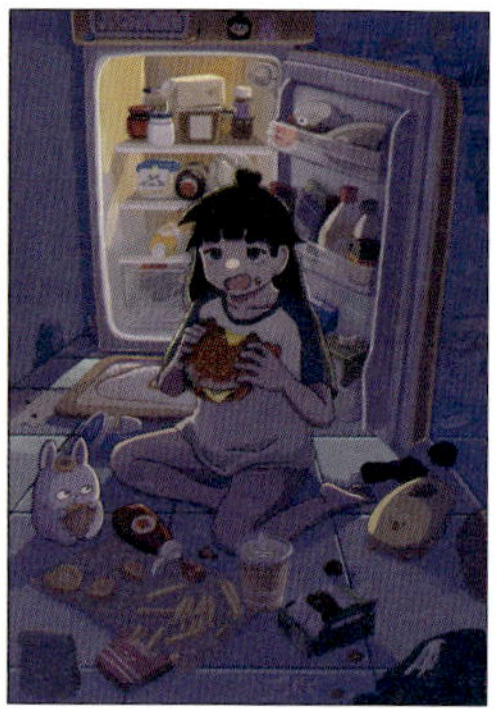

[お腹がすく日] 大阪府・たなか

冷蔵庫から漏れ出る明かりが、背徳感のある真夜中の一場面を優しく照らしている（海）

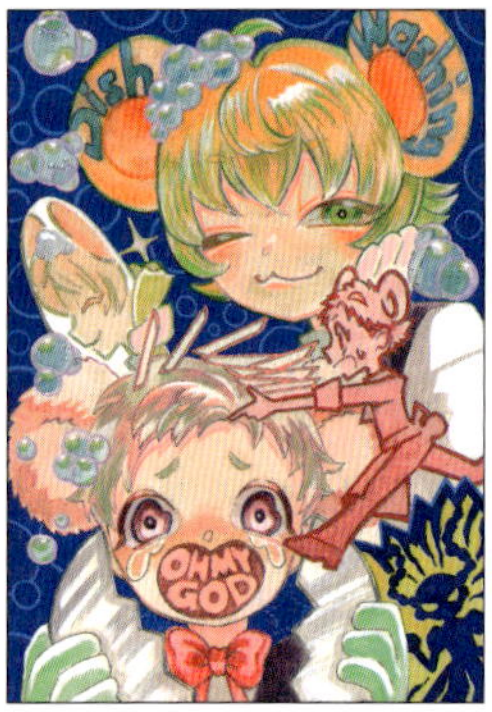

[Dish washing] 東京都・えい

コミカルな表情がカワイイくまのウェイターくん！ 泡の形もくま型。次は気をつけてね…！（ア）

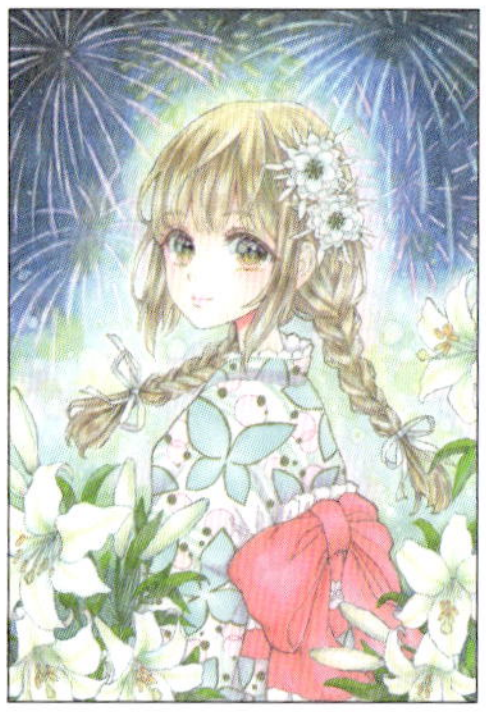

[花のように] 茨城県・タラコ

こちらを振り返り微笑む女の子という構図が、少女漫画の一コマのようでドラマチック（海）

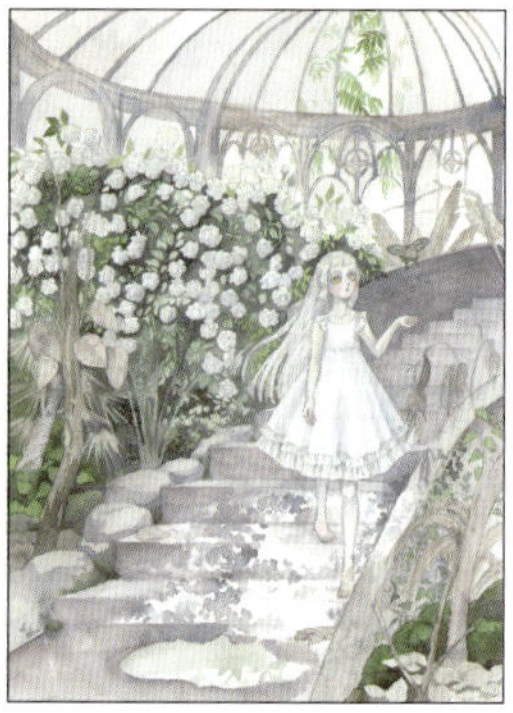

[Cemetery Rose] 奈良県・照留セレン

温室の廃墟を描いた作品。白髪の少女の美しい姿に惹かれる。白のバラが印象深い（お）

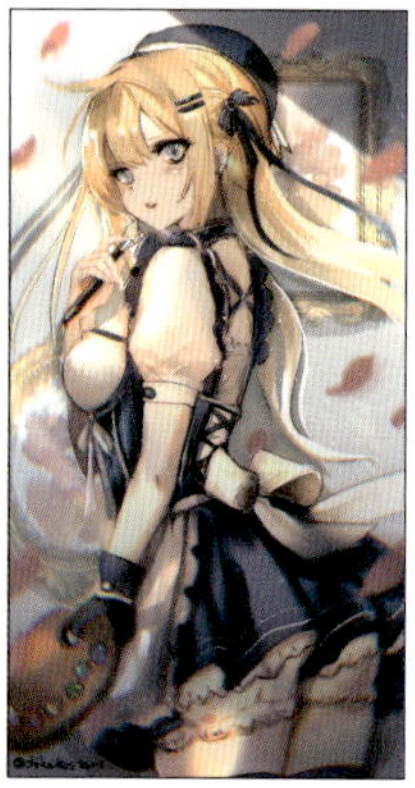

[私を描いて] 神奈川県・真実

レンズが揺れている効果でより女の子との出会いがドラマチック。見返り美人（お）

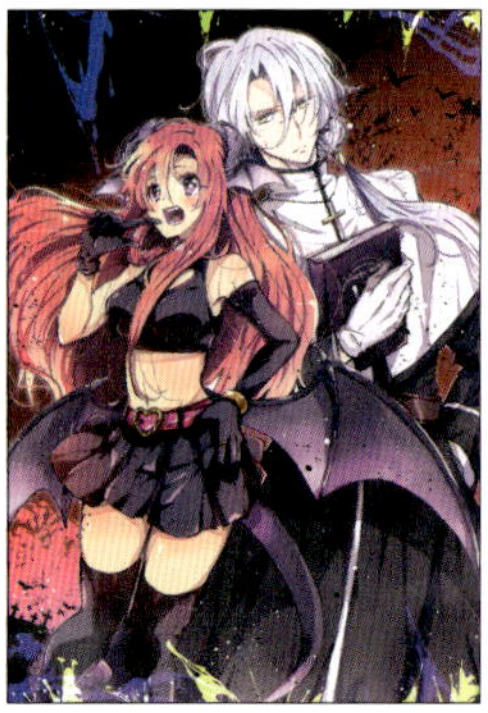

[悪魔ちゃんと祓魔師さん] 山口県・hana

華やかなキャラクターが動き出しそうなくらい生き生きと描かれていて魅力的（ノ）

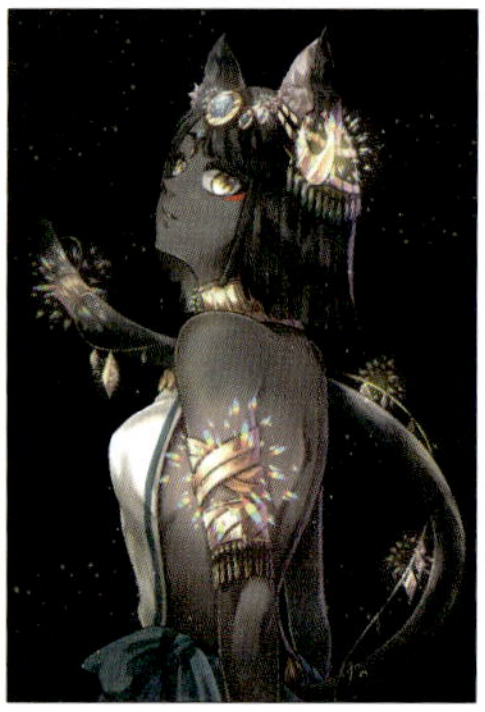

[猫の女神] 石川県・なかだ絵眞

眩い光の中にある柔らかな肌や、サラサラな髪が印象的で触れたくなる。表情も艶めきがあり◎（む）

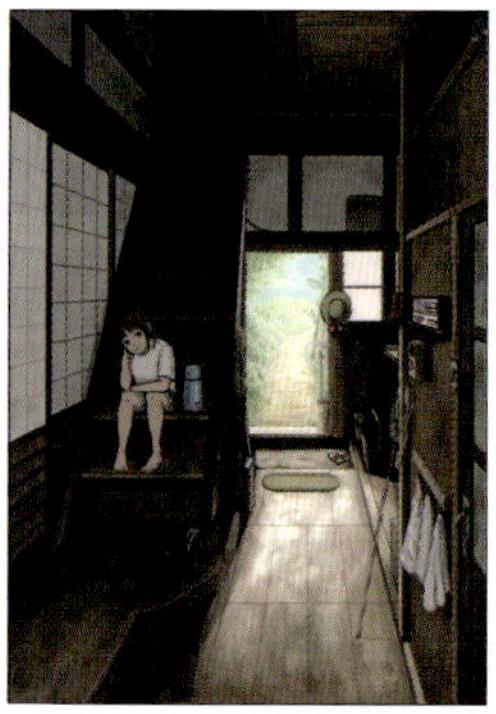

[何かがいる] 愛知県・guutarou1

祖父の家を参考にした一枚。明暗表現も見事で情緒深く、臨場感に満ちた一枚（ノ）

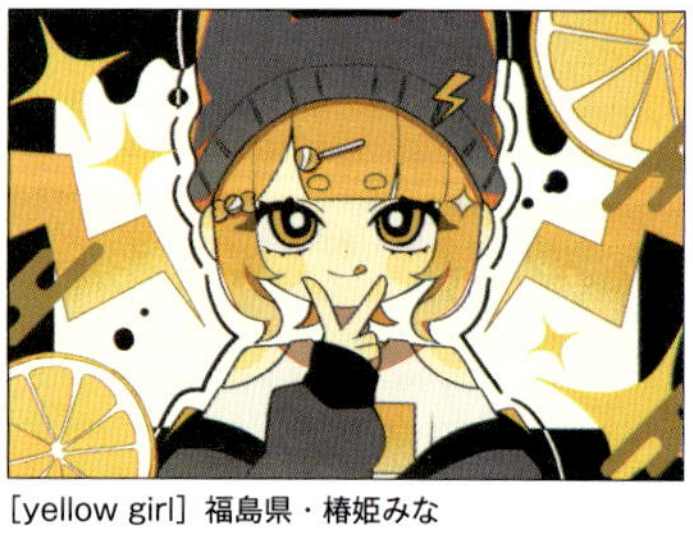

[yellow girl] 福島県・椿姫みな

ビビッドな黄色が映えていてイラストと目が合う。ポップで見ている人を元気にする一枚です！（む）

入選

1ポイント

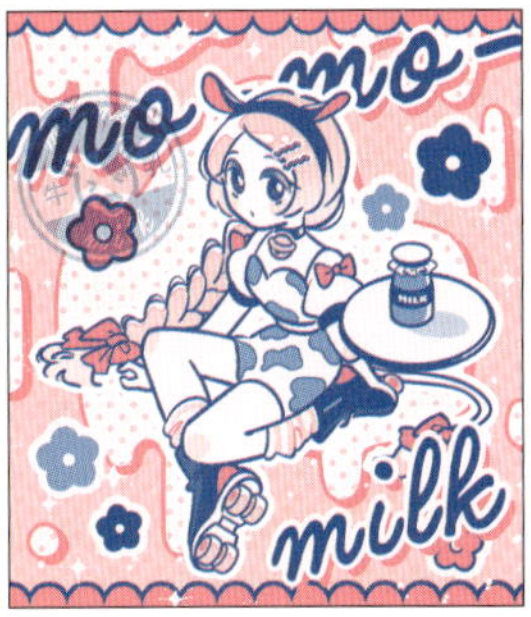

［mo-mo-milk］神奈川県・hoka
牛のコスチュームが愛らしく、背景のグラフィックも賑やかでポップな魅力がある（ノ）

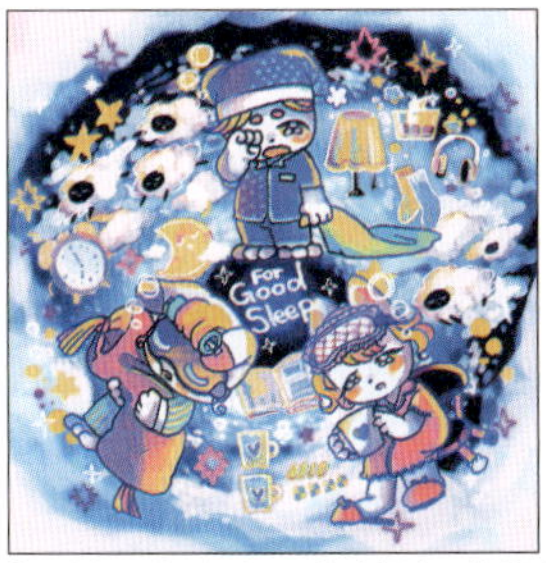

［より良眠りのために…］京都府・笹蒲ぼこ
いろんな夜に寄り添う３匹の姿。カラフルで優しい温もりを感じる一枚です。素敵！（ア）

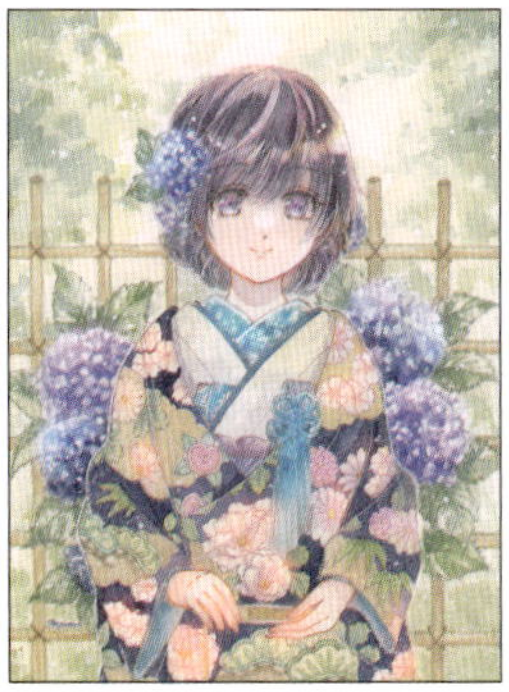

［慶び］大阪府・なずみ紫帆
着物の柄の描きこみが細やかで美しい。暖かな日差しの感じられる背景から多幸感が伝わる（海）

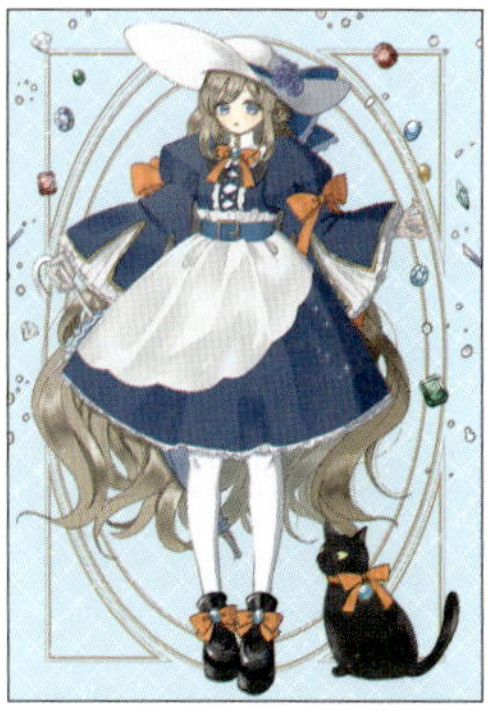

［宝石の国のお嬢さん］大阪府・尽
ふわふわな髪型と大きなスカートに目が惹かれます。とても可愛らしいデザインです♡（夢）

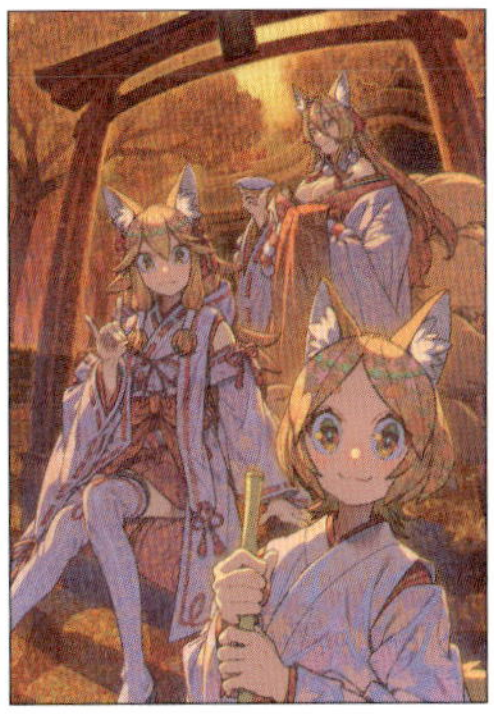

［稲荷神社の三姉妹］東京都・ノビル
モチーフの至る所に紅葉や銀杏の模様を描くこだわりが、作品の情報量を底上げしている（海）

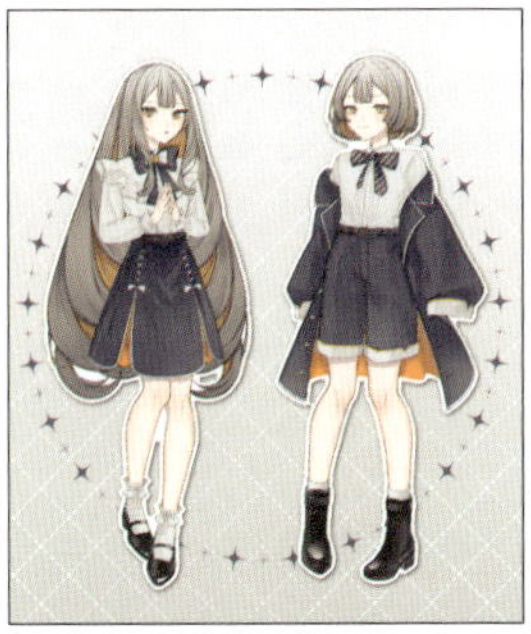

［双子ちゃん］兵庫県・瀬田マキ
双子の表情や仕草に個性が出ていて素敵です。お洋服にも統一感があり可愛らしいです（夢）

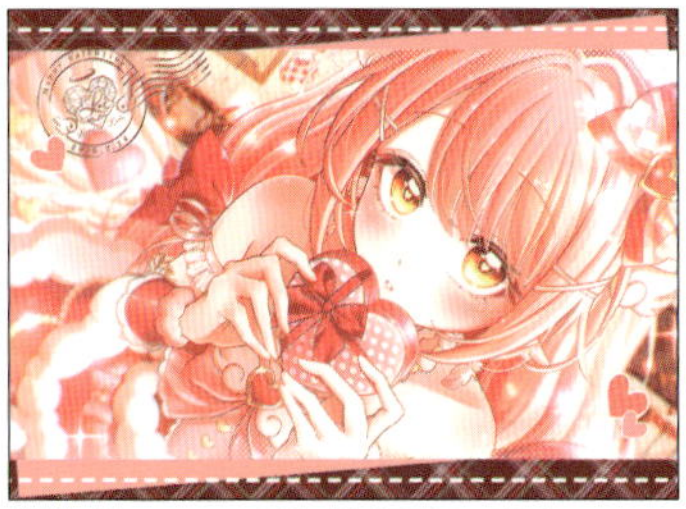

［射抜くショコラの隠し味］福岡県・春雷
か、かわいい〜♡　赤らんだ頬と肩、潤んだ瞳、上目遣いで見つめられたらもう目が離せません！（む）

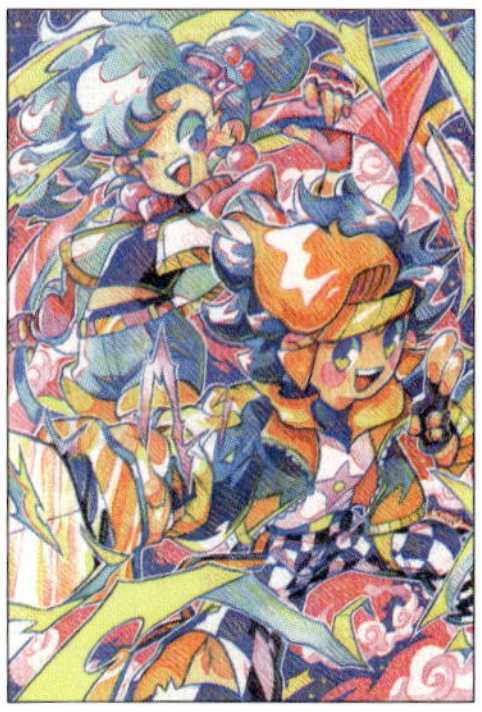

［NiNnin］愛知県・kimu
カラフルな色合いが魅力的な忍者たち。エフェクトも迫力があって、マンガの登場シーンのよう（海）

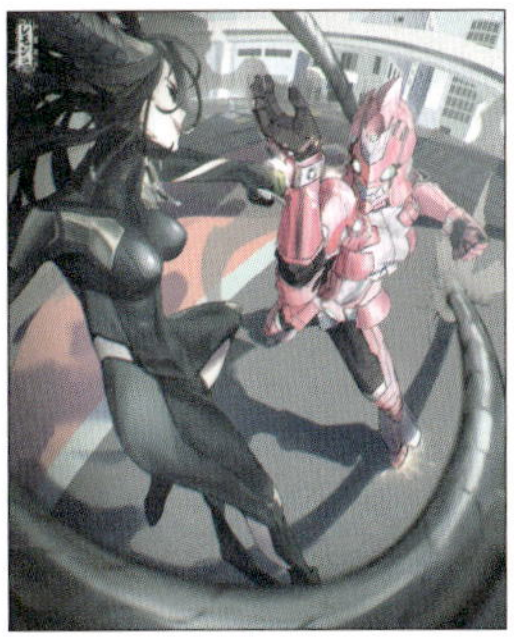

［無題］イタリア・LMN3
ヒーローの活躍を描いた一枚。画面の歪みと地面に落ちたカゲが迫力を出している（ノ）

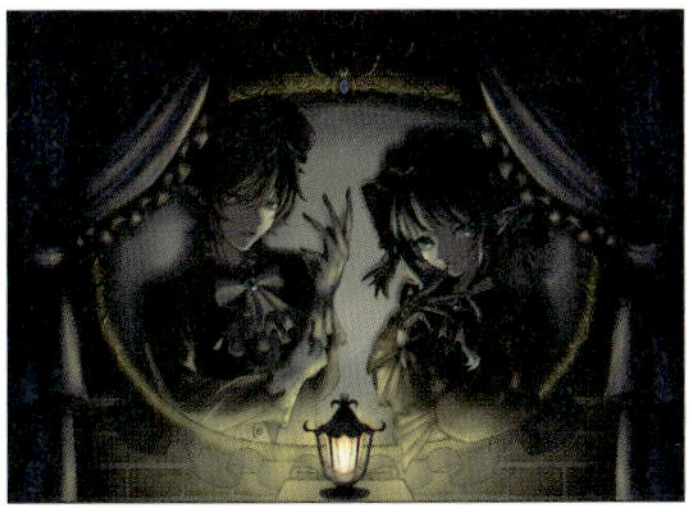

［隠した姿］大阪府・彩凪凛
ゴスロリ姿の二人が麗しく世界観に魅入られる。なりたい姿が映る鏡には自分はどう映るのだろう（む）

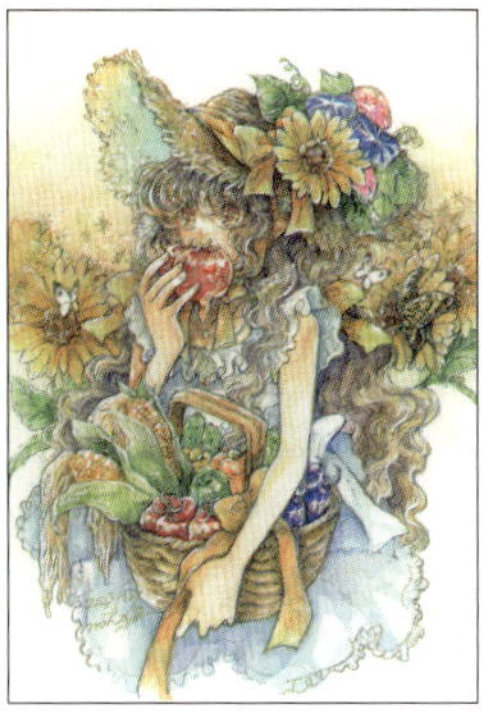

［まなつのテイスティタイム］宮城県・星宙みか
透明水彩で描かれた作品。口いっぱいに野菜を頬張る姿に夏らしさを感じる一枚です（夢）

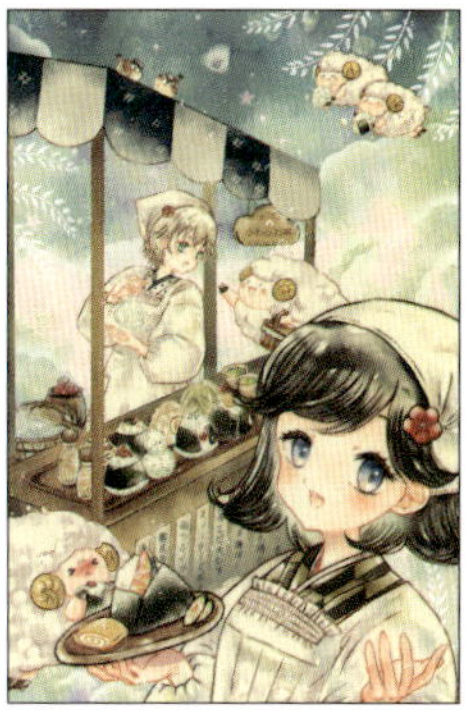

［雲のおにぎり屋さん］群馬県・ビーフあおチキン
美味しそうなおにぎりに、メニュー表からは遊び心が感じられ、見ていてとても楽しい（海）

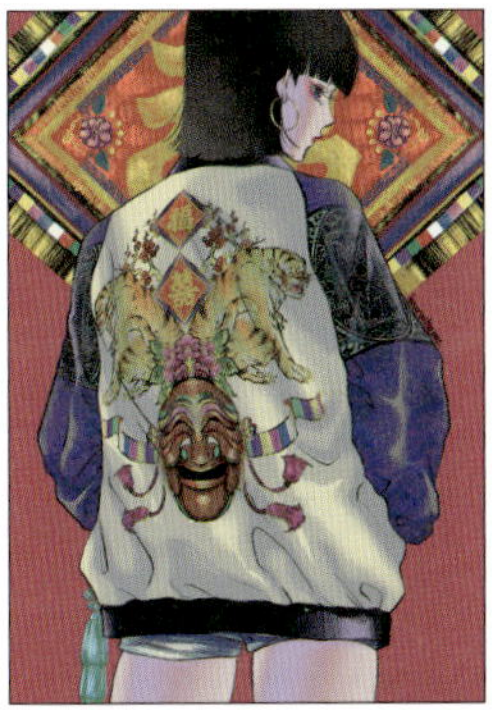

［フクキタル］大阪府・ほうらいー
「服を着る」と「福が来る」がかかって、着ることのパワーに満ちた素敵な一枚（ノ）

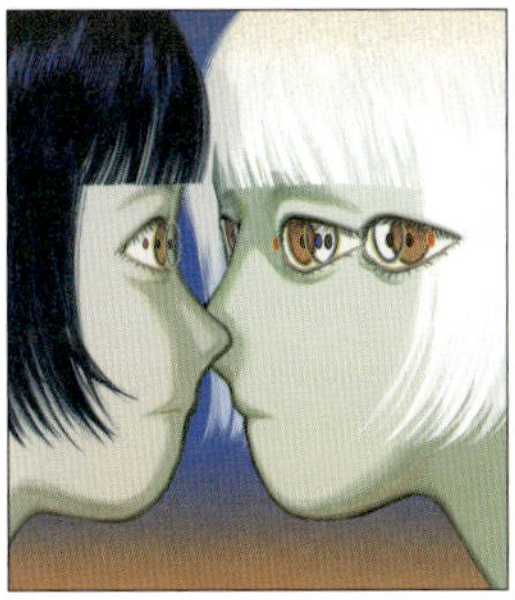

［惑星］東京都・希こ・19歳
至近距離で見つめ合う構図と、瞳で宇宙を表現するアイデアが斬新でかっこいい（海）

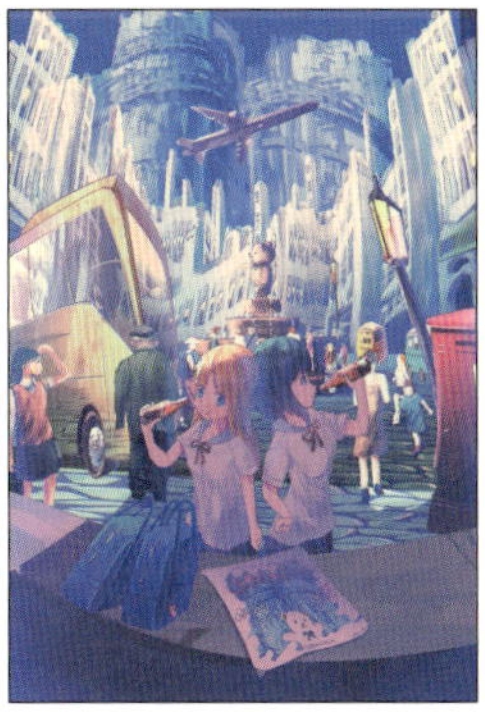

［夏のコーラ］新潟県・星野かわうそ
未来都市のような壮大な世界観。女の子がコーラを飲む姿にどこか青春を感じます（夢）

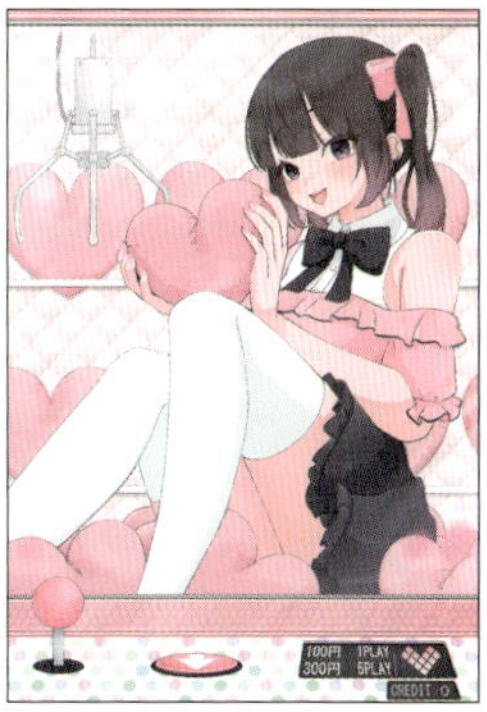

［クレーンゲーム］奈良県・NAGISA
クレーンゲームでハートを持つ女の子。悪戯っぽい可愛さが生きる設定で良い（ノ）

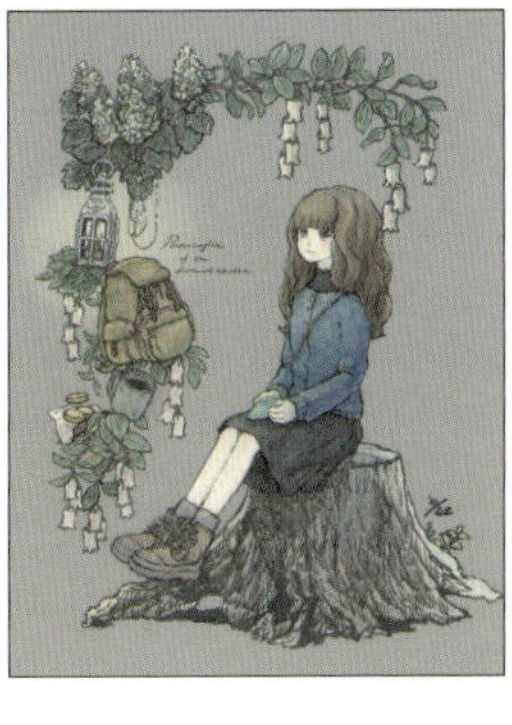

［座るのにちょうど良い切り株］神奈川県・赤沼漂
女の子を優しく照らすランプ。作品全体に穏やかな雰囲気が伝わってきます（夢）

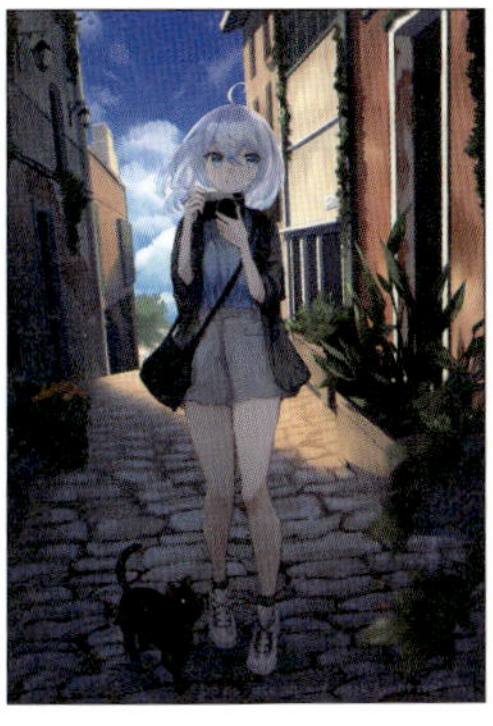

［裏路地探索］大阪府・New3kin
少しカゲに入ってきて静けさも感じる風景。旅の気持ちよさが伝わってくる（ノ）

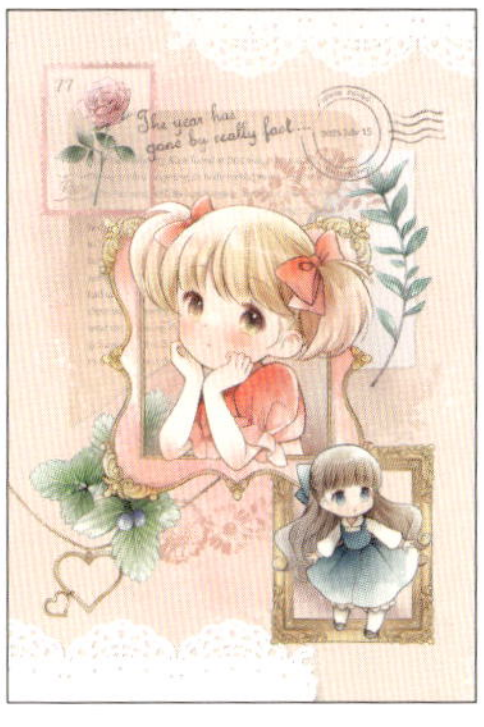

［わたしの好きなもの］北海道・ぽぽ田んぽぽ
丸みのある可愛らしいモチーフたちを、コラージュデザインでお洒落に仕上げている（海）

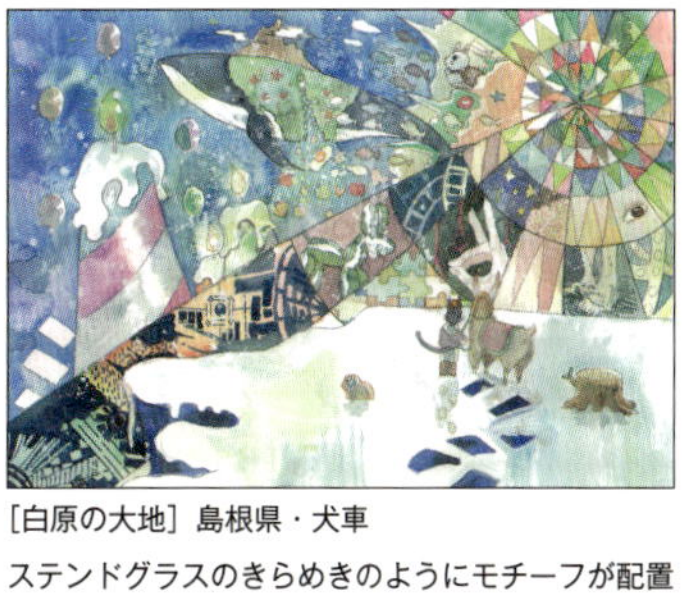

［白原の大地］島根県・犬車
ステンドグラスのきらめきのようにモチーフが配置され、どこか不思議で美しい。色づかいも素敵◎（む）

入選

1ポイント

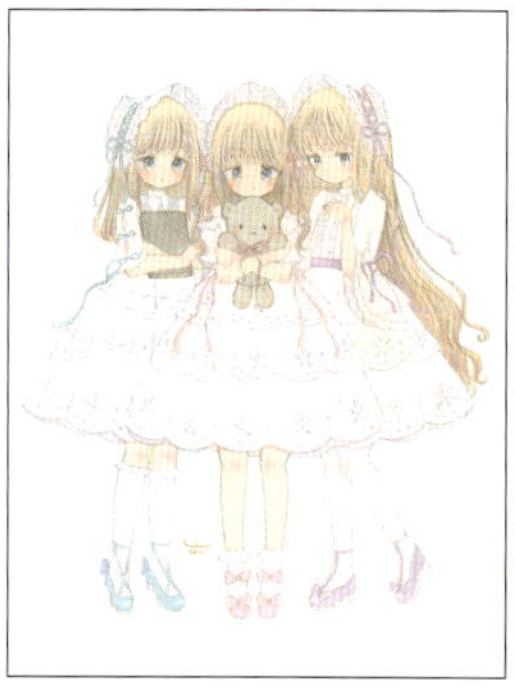

［trois soeurs］奈良県・ましゅまろここあ
ドーリーな装いに身を包んだ三姉妹。ぎゅっと抱きしめられたクマのぬいぐるみもキュート（海）

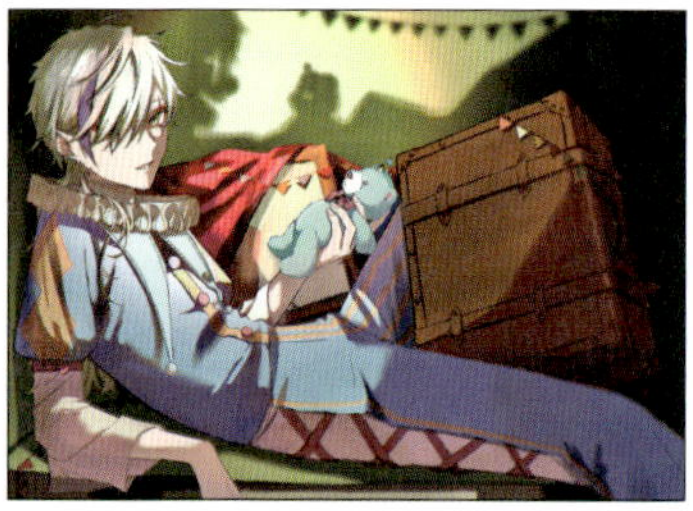

［秘密の会話］福島県・庵冥
ポップな色合いで明るい雰囲気の中、奥のカゲが不敵な笑みを浮かべていて印象に残る（む）

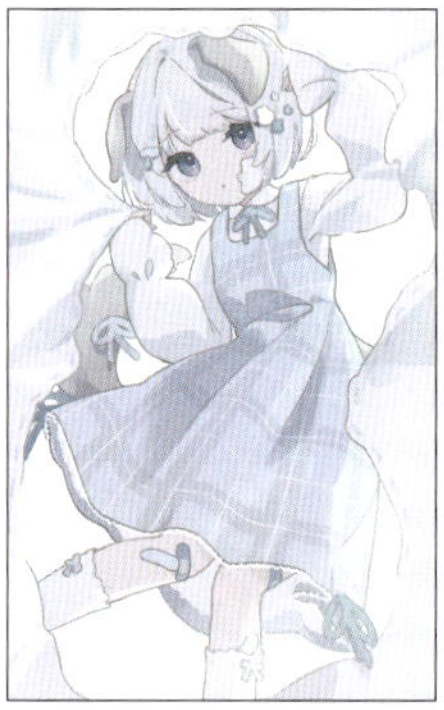

［しーつ］愛知県・淡科りぬ
淡い色のふんわりとしたタッチが素敵。絆創膏がたくさん貼られている姿に庇護欲をそそられる（夢）

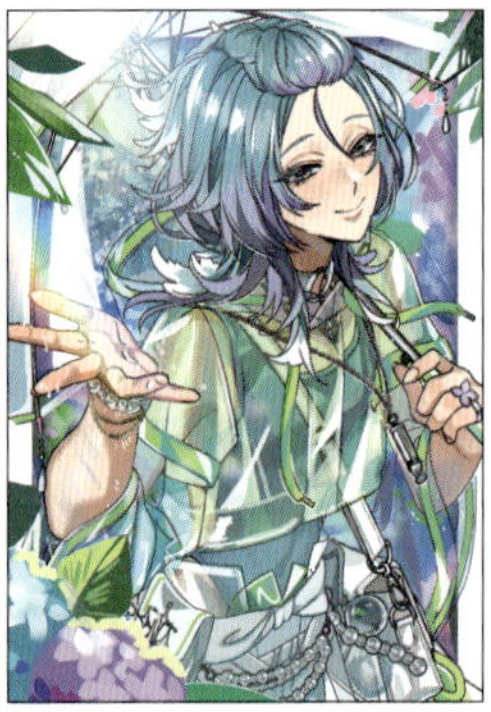

［雨のち晴れ］埼玉県・NOGAMI
透明のレインコートなど衣装が素敵で、雨上がりの虹色の光が差すのも美しい光景（ノ）

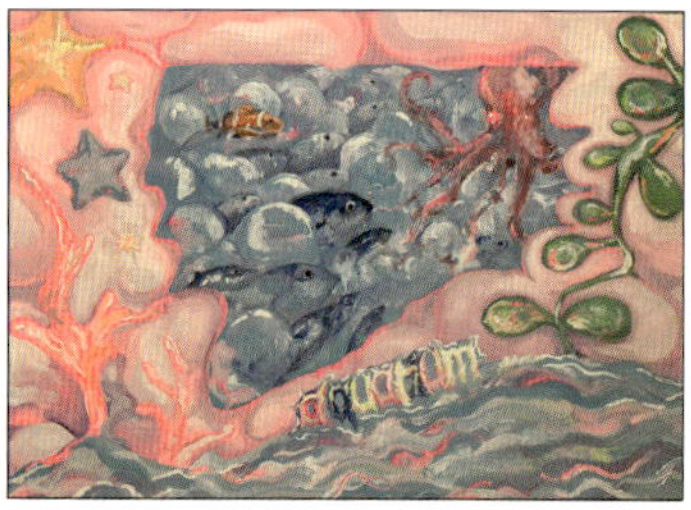

［水族館］愛知県・まる
ピンクと青の可愛らしくドリーミーな色合いの水族館。よく見るといろんな種類のお魚たちが…！（ア）

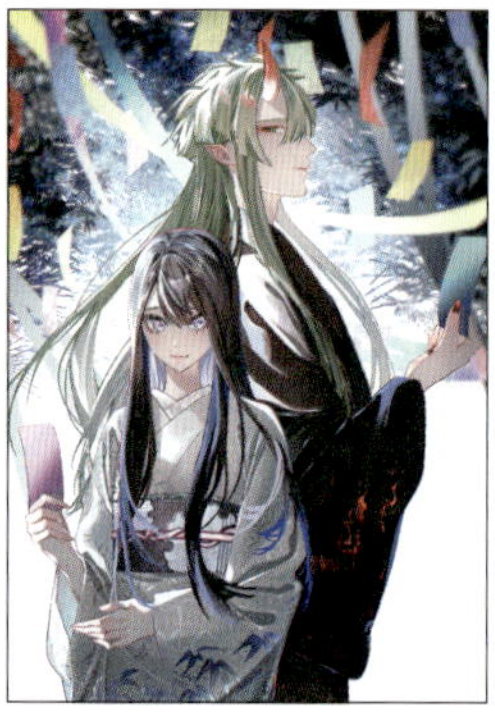

［さらさら］大阪府・忠嘉都五郎八
七夕の夜の二人。お互いの表情が甘酸っぱく、短冊に何を願ったのか気になります（夢）

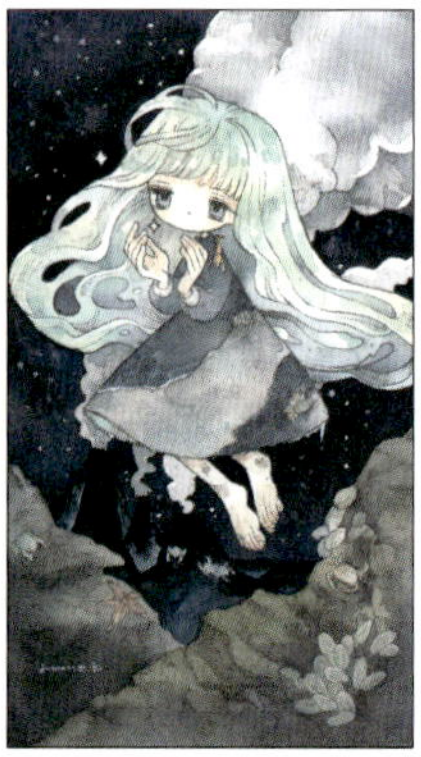

［深くあたたかい場所］大阪府・鼎ニーナ
深海底で何か見つけた少女。奥底に眠る宝物のようなロマンを感じます（夢）

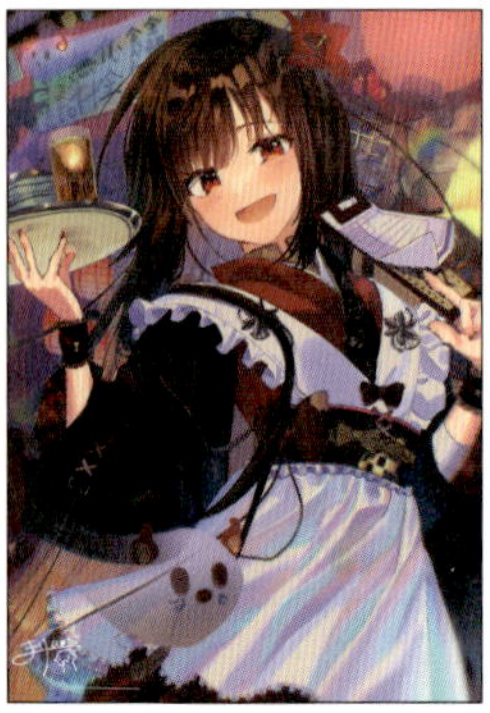

［摩訶不思議な喫茶店］京都府・まりまり
和風メイドの衣装が素敵。看板娘の表情や背景から、妖しげなストーリー性が感じられる（海）

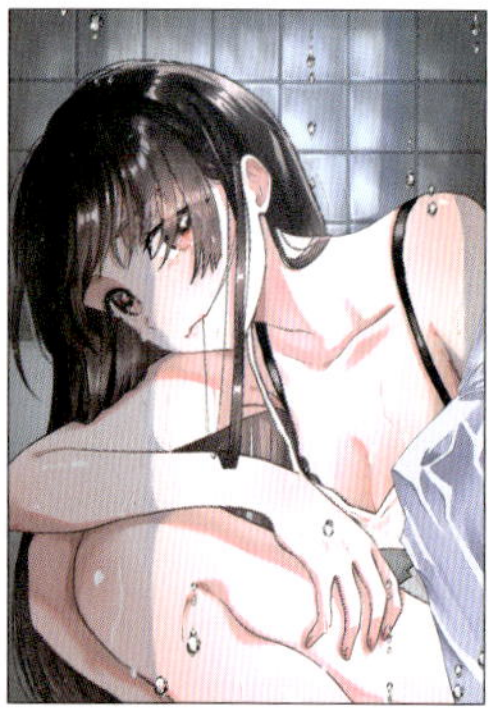

［シャワールーム］愛知県・r・i・n
シャワーで涙を流す女の子。画面全体で人物を捉えてインパクトを高めた一枚（ノ）

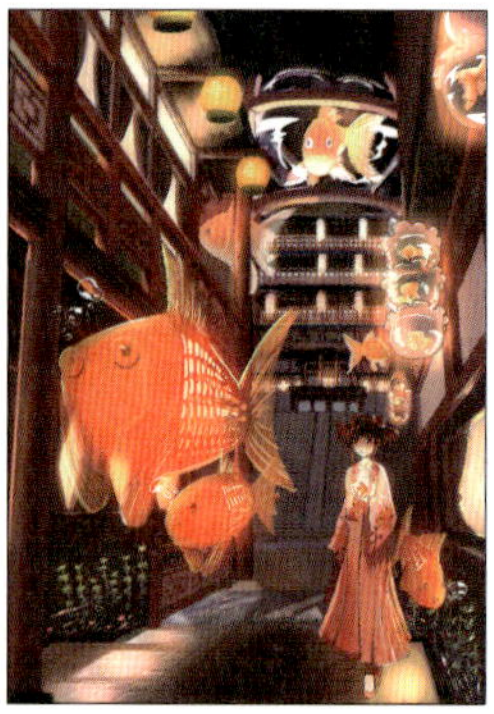

［猩々、揺蕩う］岐阜県・みつぐん・24歳
金魚の鮮やかな光に照らされた、幻想的な和風の街並み。もっとこの世界を散策してみたい（海）

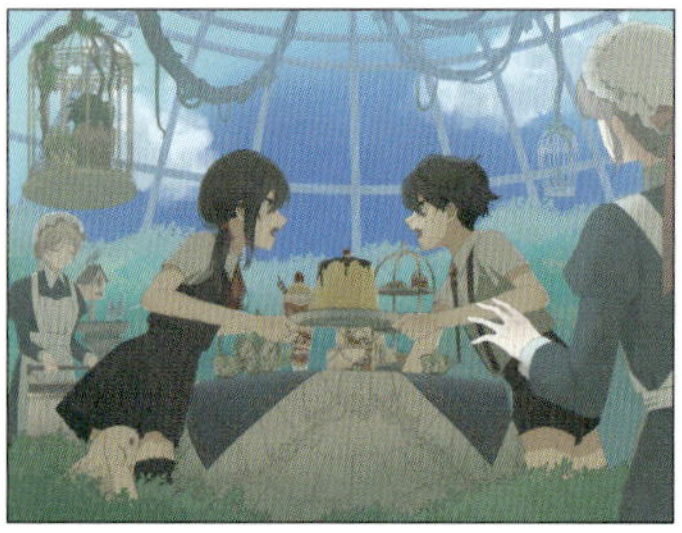

［鳥籠の茶会］石川県・マツノ
爽やかな夏空のなか、大きなプリンの取り合いをしている二人が賑やかでかわいくてずっと見ていたい（む）

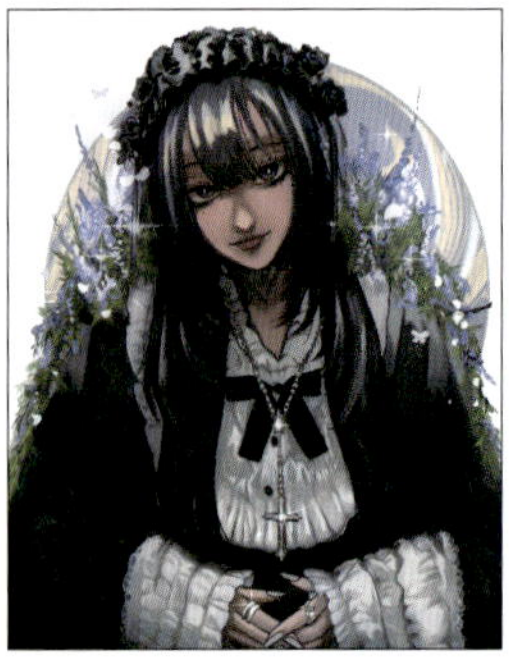

［無題］フィリピン／オーストラリア・R.U.F.Y
背景のラベンダーがきらめいて、重厚なフリルの衣装の美しさも生きた一枚（ノ）

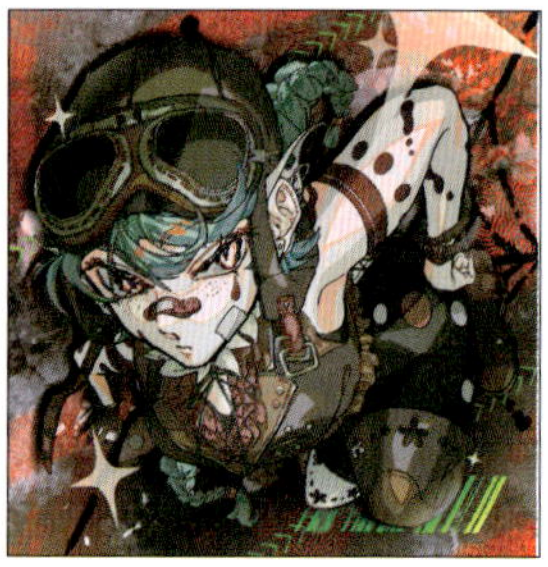

［次はどうしようか？］新潟県・化2。
どこへでも冒険できそうな格好が素敵！　身を乗り出す躍動感あるポーズが◎（お）

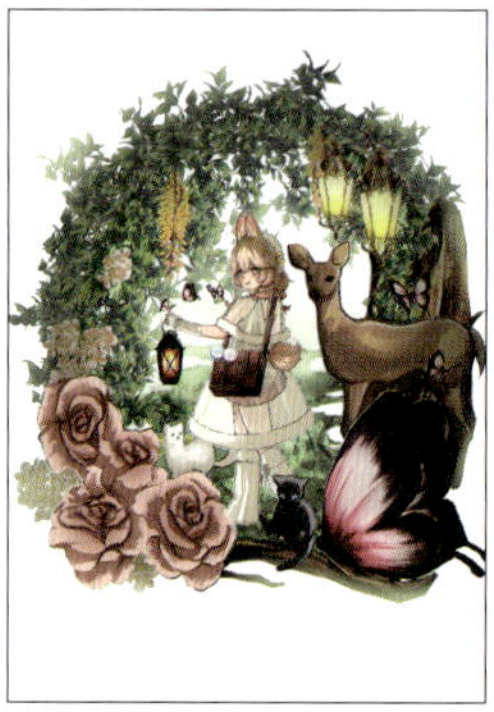

［無題］福島県・鏑木
森に住む少女と動物が可愛いです。自然物の描写も丁寧で見どころ満載です（夢）

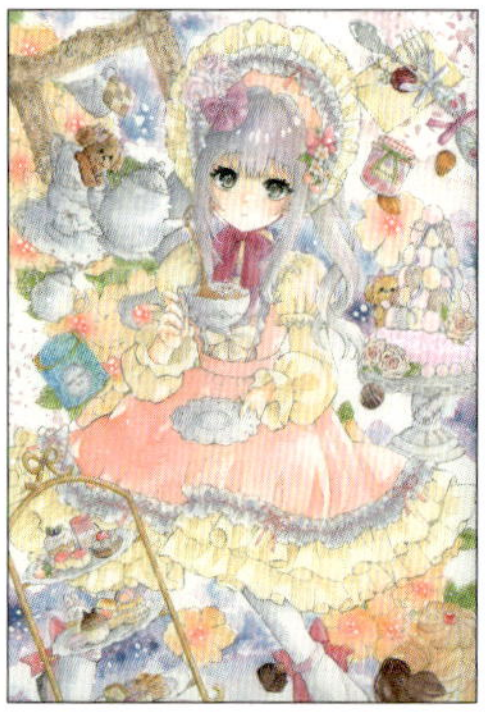

［子犬の甘いおもてなし］新潟県・もねぎ
フリルたっぷりのドレスに美味しそうなお菓子がスイート。表情豊かなプードルも可愛い（海）

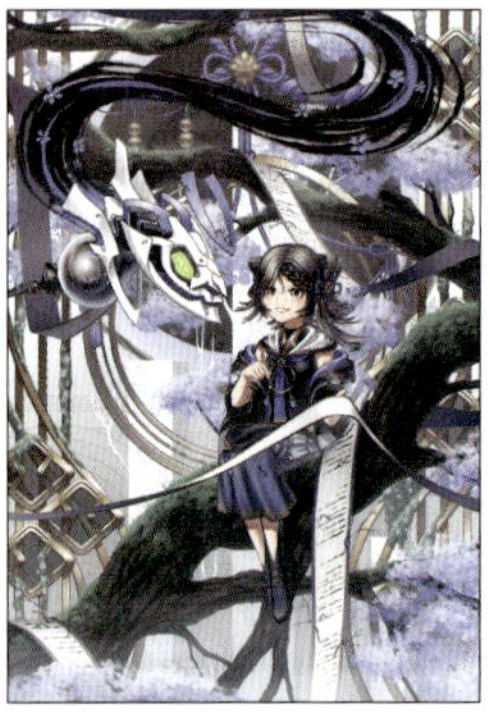

［画流咲生々］広島県・RLYØ
メカ的な蛇と木々の枝が画面に動きを出して、人物も生かした上で躍動感もある（ノ）

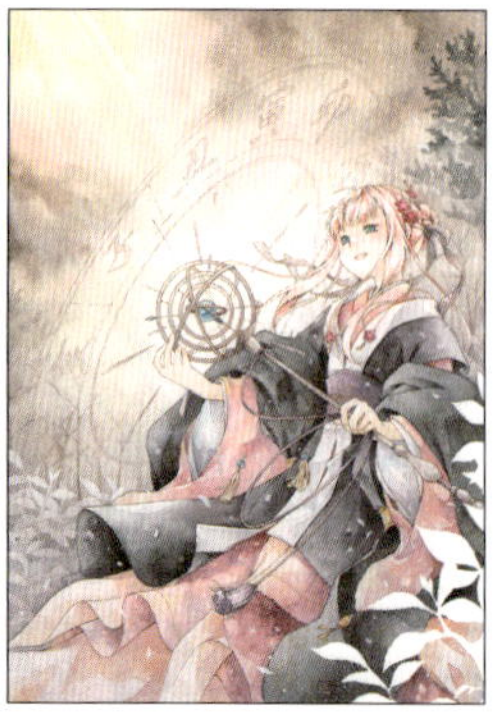

［東風解凍（はるかぜこおりをとく）］東京都・ゆきみ
水彩の柔らかな画風と色使いが、春をモチーフにしたキャラの雰囲気によく合っている（海）

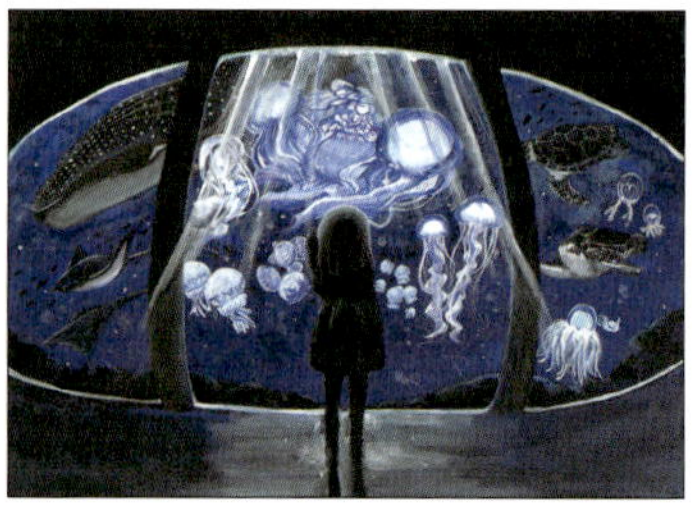

［星空のような水族館］愛知県・くら・19歳
色づかいが繊細で美しくクラゲのような少女の神々しさが演出されている。たくさんの青も美しい（む）

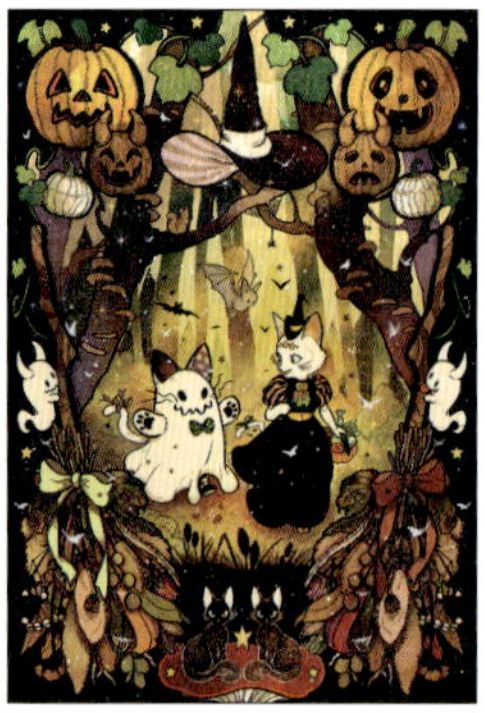

［Halloween（猫の姉妹）］北海道・samantha
おばけになりきった妹が姉を追いかける楽しそうな光景。画面デザインも見事（ノ）

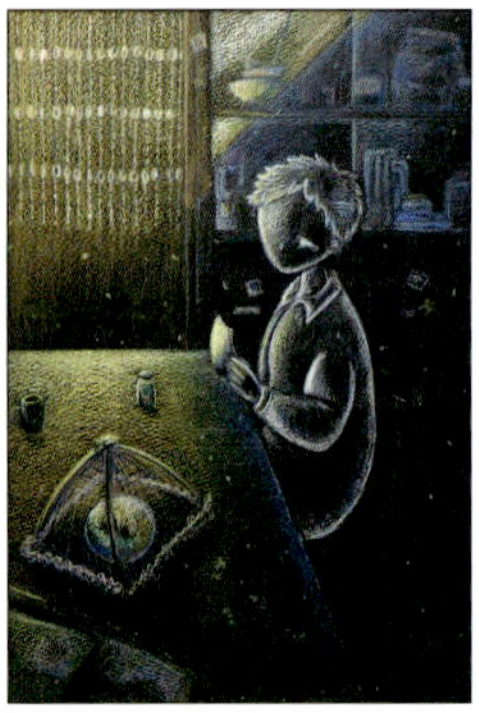

［短い手紙］大阪府・田中童夏
色鉛筆で描いた作品。黄色と青で明暗を表現され、キャラの心情を語っているようだ（夢）

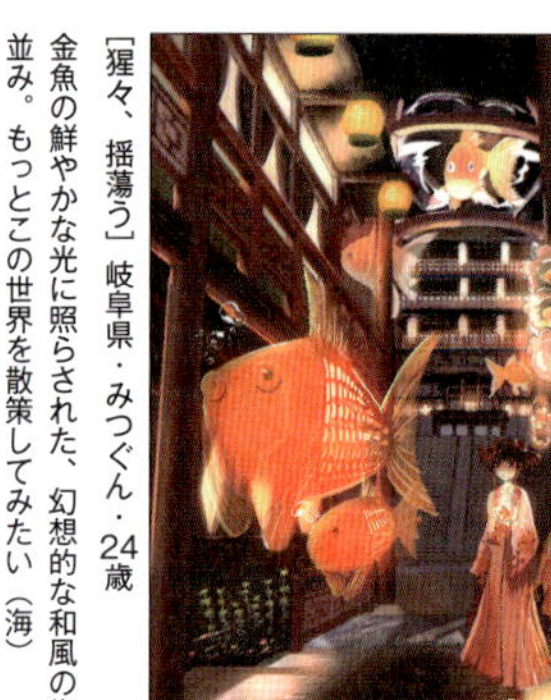

入選

1ポイント

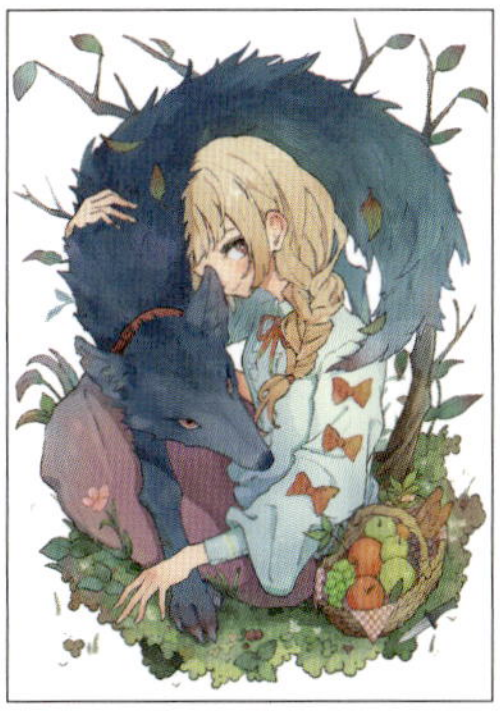

[騎士 /Knight] 愛知県・shixpe

力強い眼差しの狼の青い色味とポーズが印象的。女の子の目も心に残る力がある（ノ）

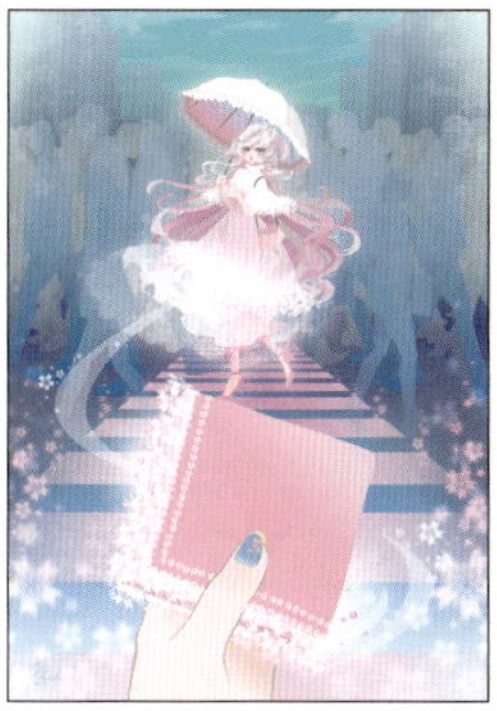

[春が始まる] 東京都・東シマ

青とピンクが対比になって、中心の人物に自然と視線誘導させる構図が◎（夢）

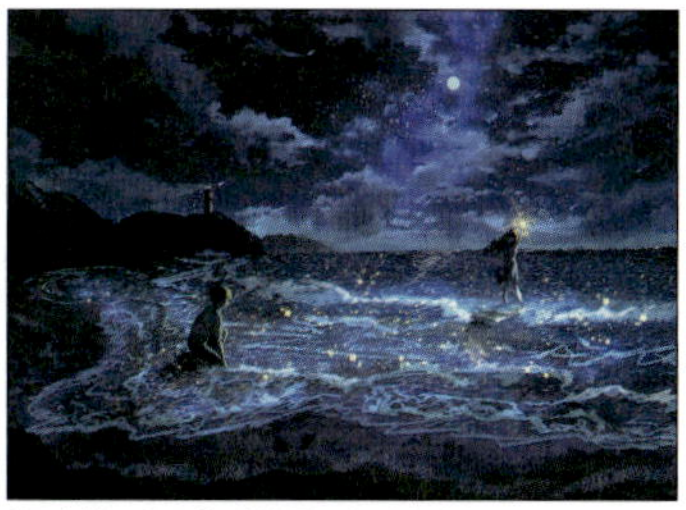

[星を拾った日] 千葉県・おくらさと

漂着した星の輝きにも劣らないキラキラとした二人の輝きが眩しく、鮮明に記憶に残る（む）

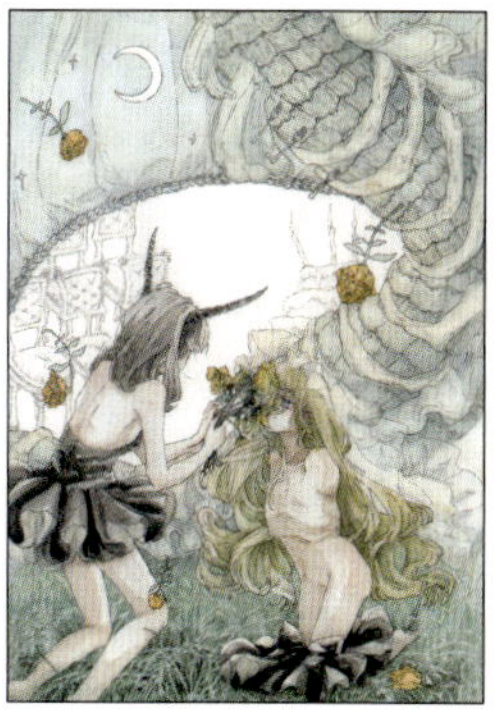

[ほころびの珊瑚花] 神奈川県・安藤言

ふわりと揺れるベールやフリルの中に段々と崩れ落ちていく少女の表情が儚く、切ない（む）

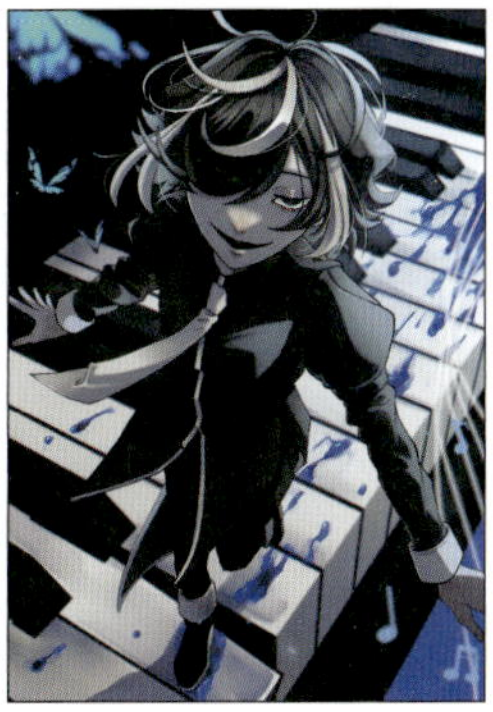

[不穏なメロディーと歩む君] 北海道・雨宮伊吹

こちらを見上げる少年の眼差しや、青と黒の組み合わせがダークな雰囲気を醸し出している（海）

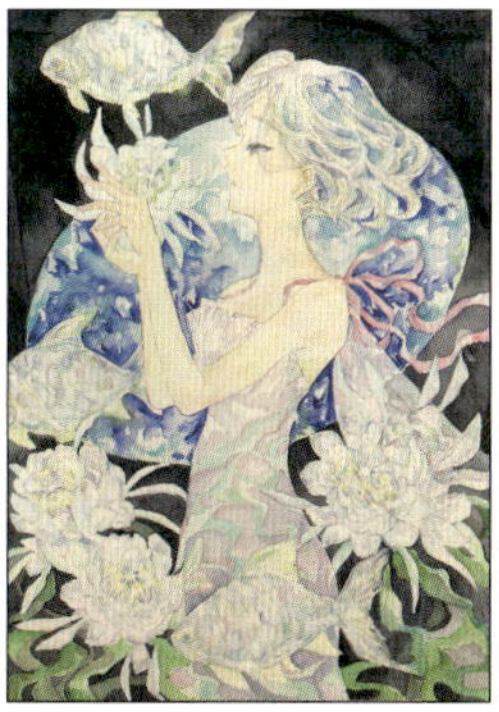

[白銀（はくぎん）に薄く黄光を灯す] 愛知県・Silcot

淡く細やかな着彩が美しく、人物のはかなげな表情もあいまって神秘性がある（ノ）

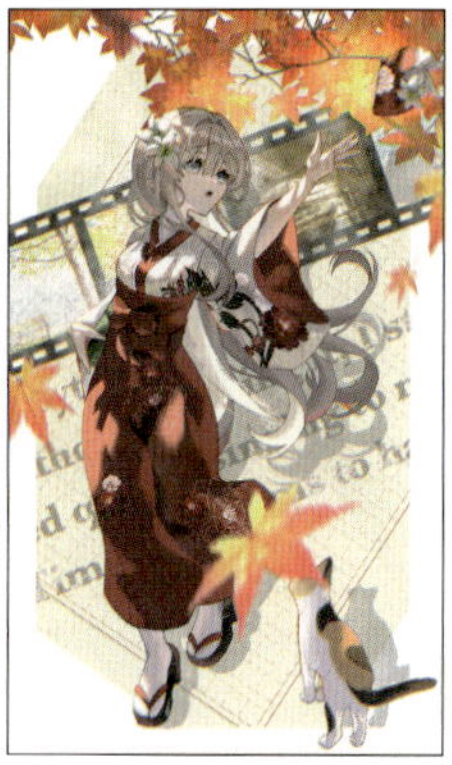

[穏やかに秋] 香川県・杜ラヴェ子・19歳

紅葉の鮮やかな色彩に心惹かれる。フィルムや原稿といったアイテムからも物語を想像させられる（お）

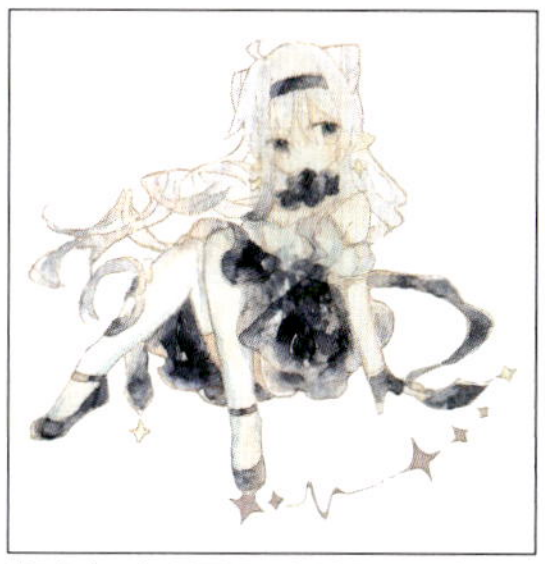

[通信中…] 長野県・まりも・19歳

モールス信号をモチーフとしているのが素敵です。衣装も可愛らしい！　髪のなびきが好きです（ア）

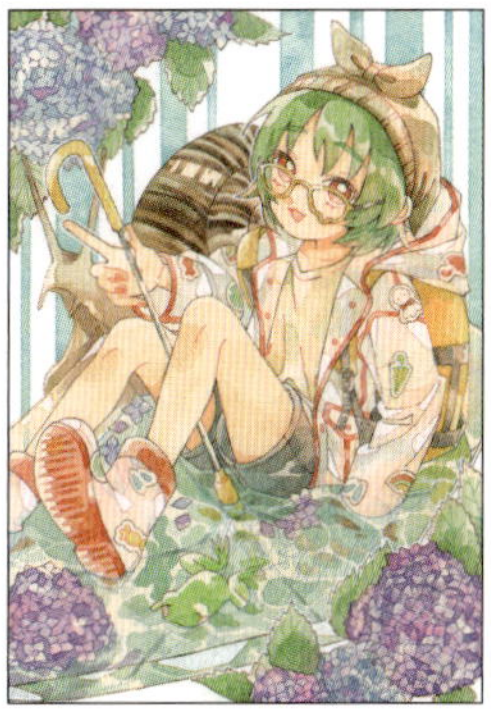

[爽やかな梅雨] 愛知県・日常かんぱにー

カタツムリや紫陽花など梅雨らしいモチーフと、傘の内側に水たまりを描く斬新な発想が◎（夢）

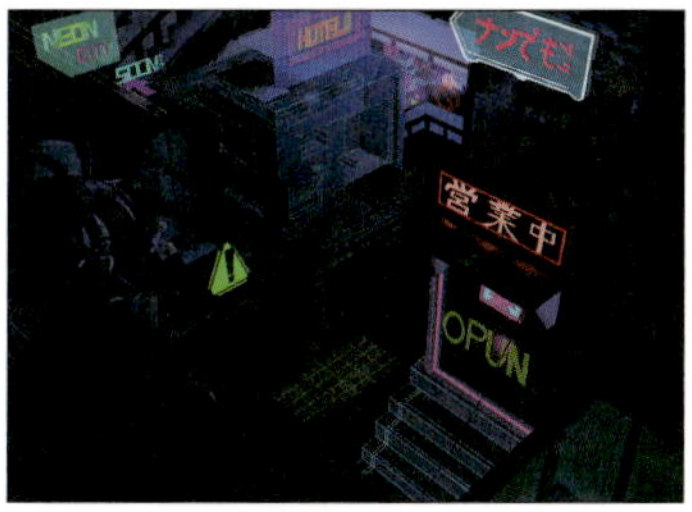

[近未来の人間の街を観察しに ...]

石川県・イチジク・19歳

ネオンが賑やかな街を演出していて、人ではないキャラクターとの隔たりを感じる世界観が◎（む）

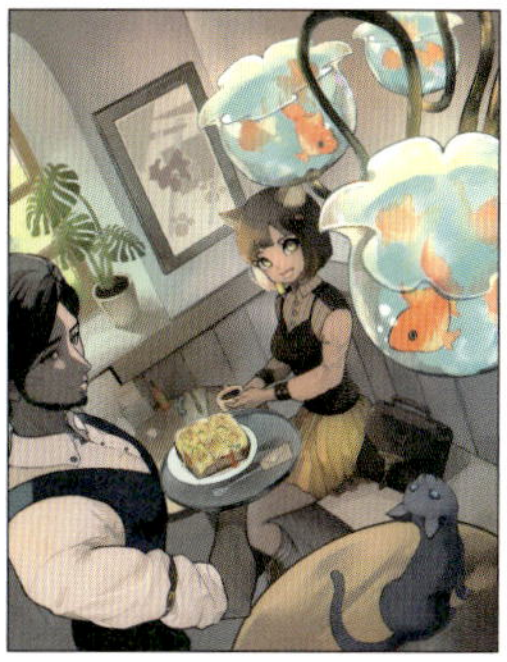

[猫と金魚鉢のカフェ] 埼玉県・桔紺ちゃ（KICOchiya）

金魚鉢をランプにする発想がとっても素敵。ダンディな店員も魅力的で、ぜひ訪れてみたい（海）

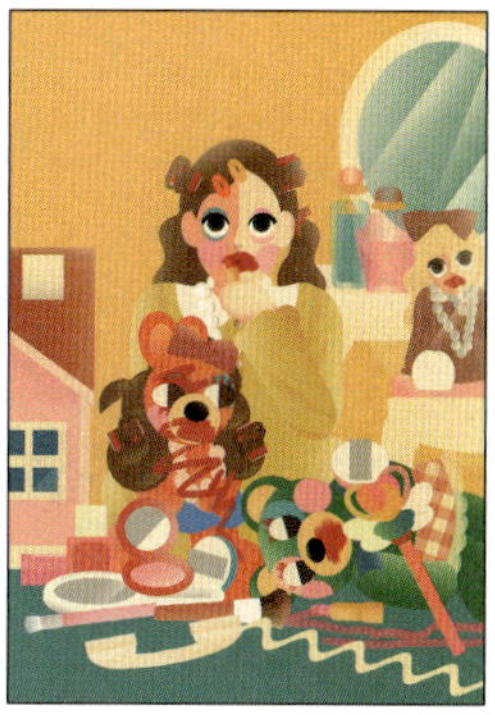

[Home alone] 三重県・tAk´a´

色面で構成されたタッチが独特で、モチーフのグラフィカルな捉え方も魅力的（ノ）

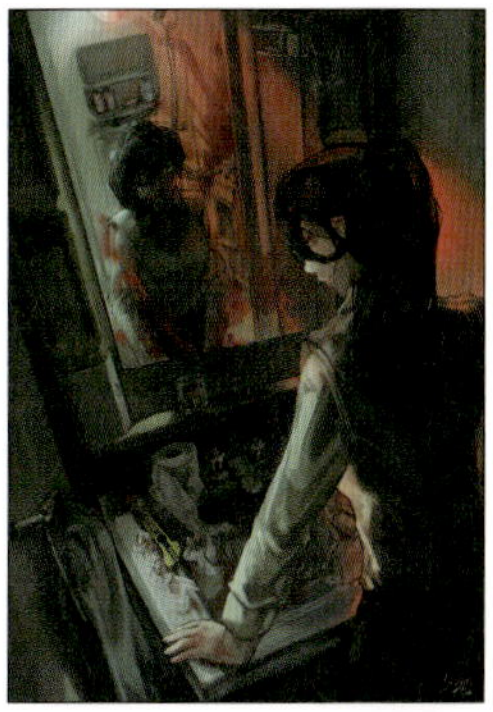

[鏡の奥に悪魔がいる] 岡山県・via Livaney

ミステリアスで想像をかき立てられる作品。それぞれの目の違いも印象的で良い（ノ）

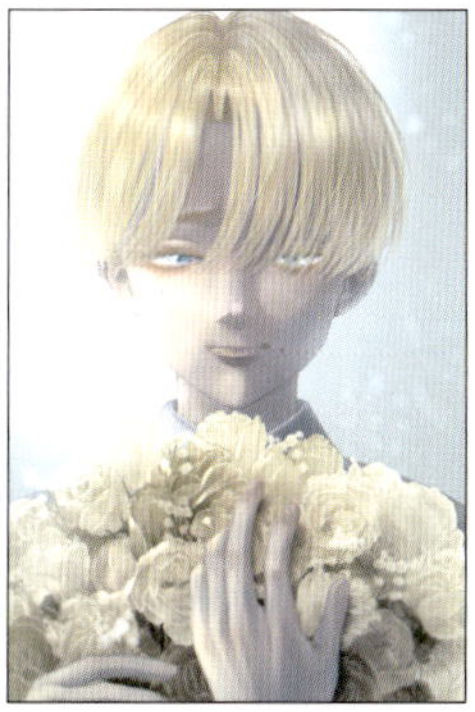

[この恋が枯れるまで] 宮城県・虚月はる

失恋をした彼の心の内側をのぞきこむような作品。色のない花束を抱えて切ない（お）

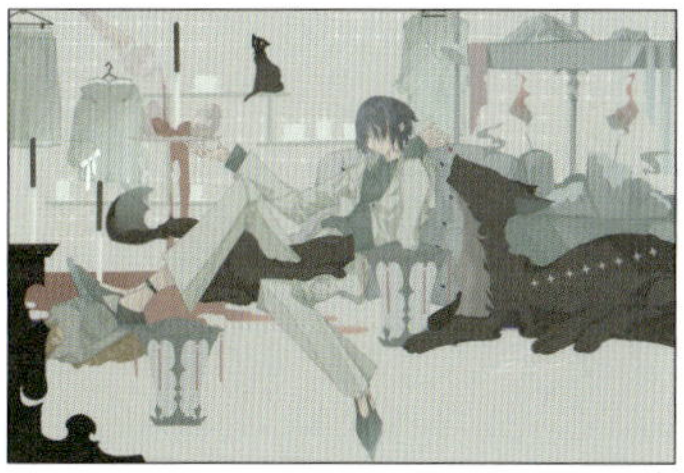

[塩梅] 愛知県・アシュバイツ

色味に統一感があり、細かに描かれた世界観を引き出している。物語性も感じる魅力的な一枚（む）

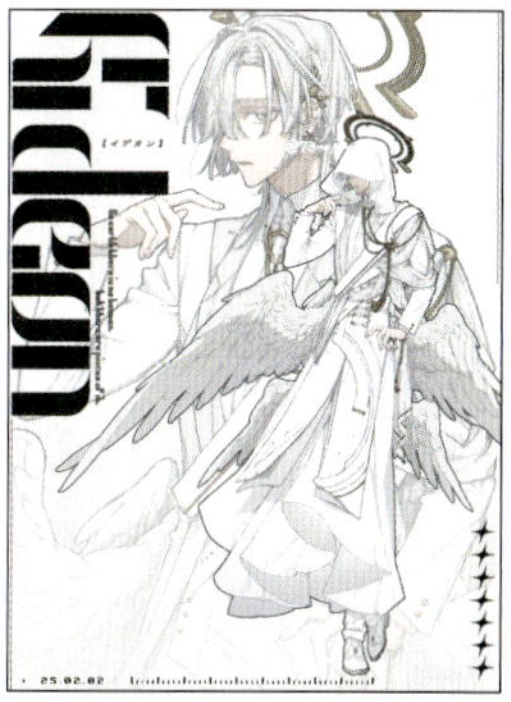

[天使] 静岡県・波野ウヲ

レイアウトにセンスが光ります。キャラと衣装が魅力的で、金属が差し色として際立つ（夢）

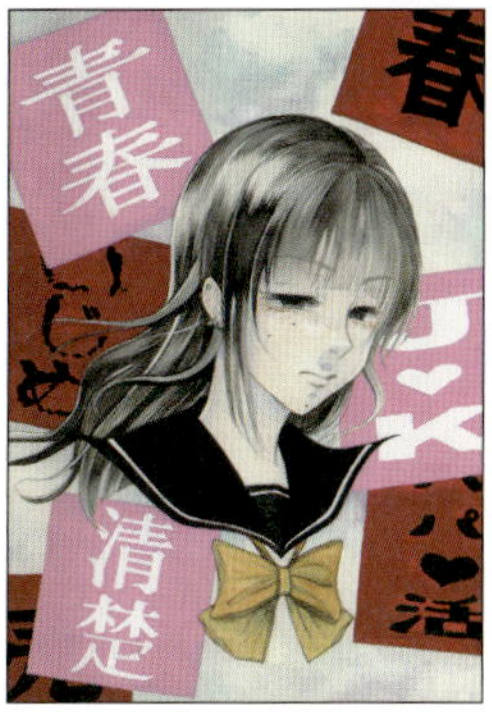

[レッテル] 東京都・背水光

少女の周りに「レッテル」が貼られ、暗く険しい表情が切ない。言葉の数々に心が抉られる（お）

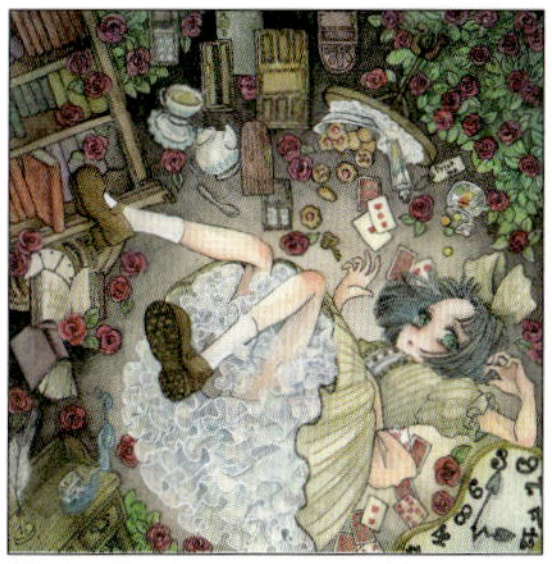

[落ちる先はわたしの世界…？] 愛知県・ぶーじゃむ

アリスモチーフに囲まれた不思議空間。画面の赤色が効いています。ふわふわフリルのドレスが可憐（ア）

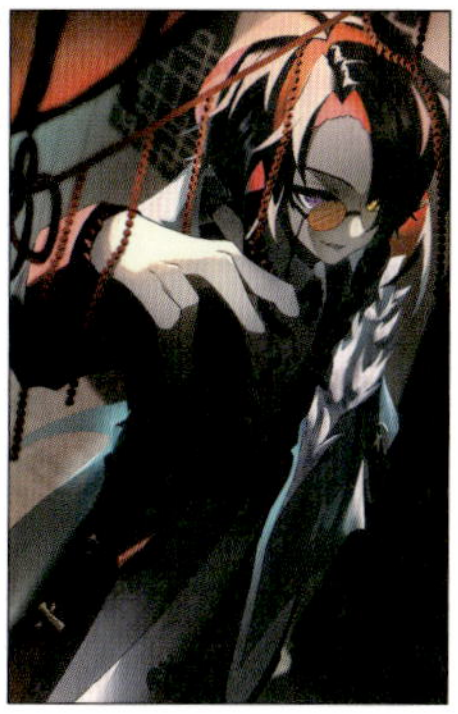

[裏社会] 福島県・九雲

のれんをくぐるカメラワークが◎　胡散臭いイケメンに私も騙されたいです～（お）

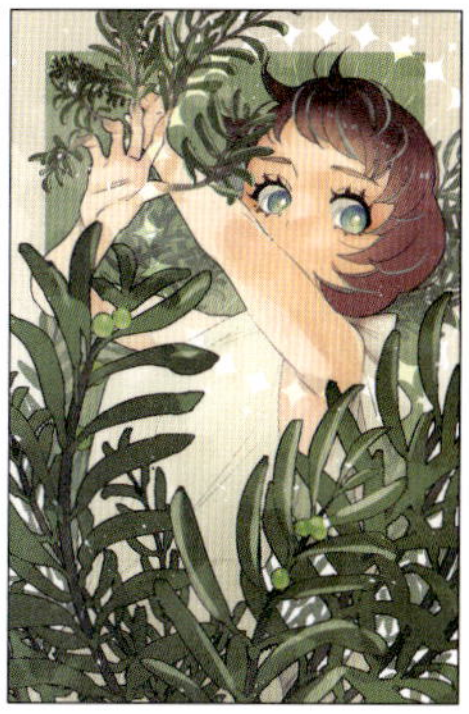

[ダフネー] 北海道・yonaka

月桂樹へ姿を変えるダフネー。ニュムペーの人ならざる気高さや神秘性がよく表現されている（海）

入選
1ポイント

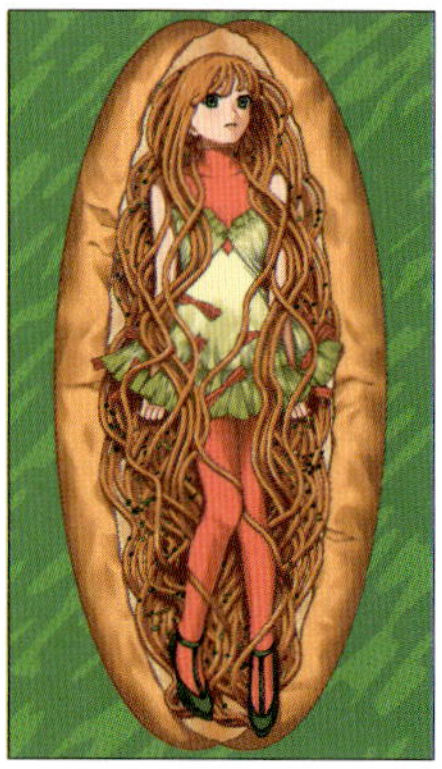

［焼きそばパン］神奈川県・あいおい暦
ユニークな焼きそばパンの擬人化。可愛らしさと美味しさ両方がしっかりと詰まっている（海）

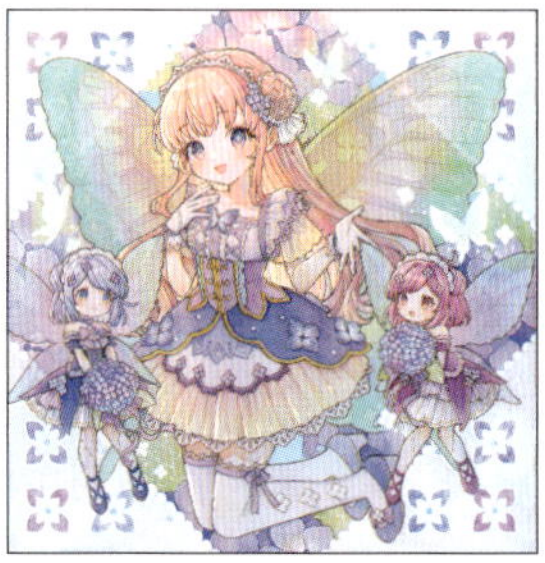

［紫陽花の妖精たち］大阪府・waki
衣装デザインが可愛らしく、色彩の綺麗な作品。花やレースや模様が丁寧で細やかです（ア）

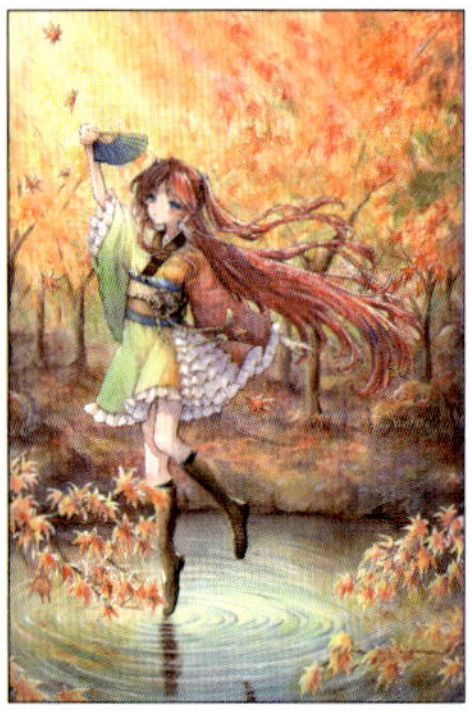

［紅映ゆる秋］埼玉県・葉山そら
紅葉のグラデーション色をした着物が素敵。葉音が感じられるような神秘的なシーンです（ア）

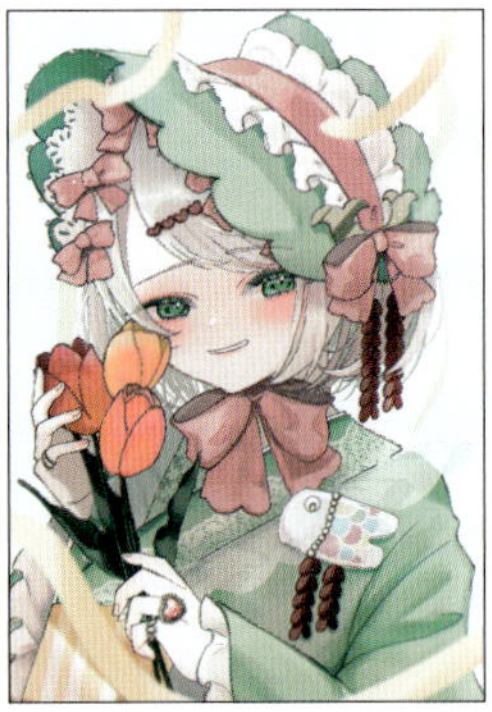

［端午とチューリップ］福島県・沓沢イヲ
柏餅カラーなヘッドドレスが素敵！ もちもちしたフォルムで愛らしさが溢れる（お）

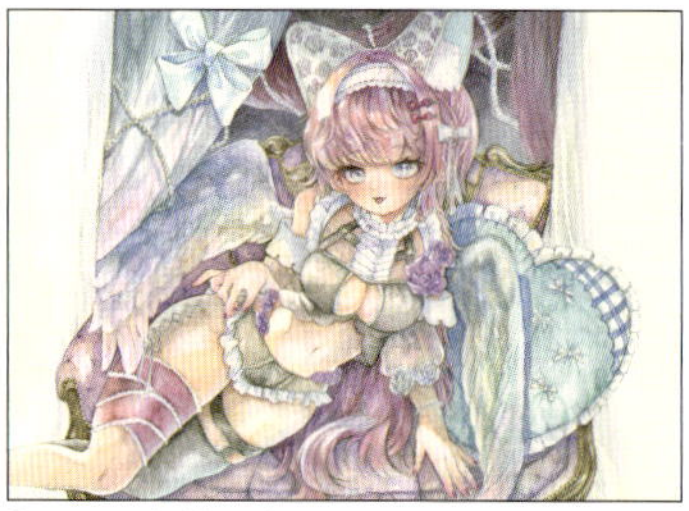

［フリルの蠱惑］神奈川県・あしもとニカニ
天使の羽に対し、扇情的な表情とむっちりした肉付きから、サキュバス味が感じられる（海）

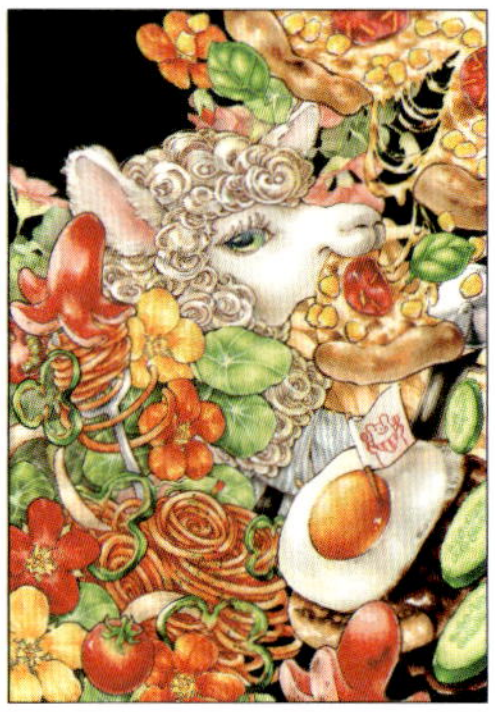

［アルパカと洋食］千葉県・林檎椿
得意げにピザを頬張る巻き毛のアルパカちゃん！ 画面全体が美味しそうでお腹が減っちゃいます（ア）

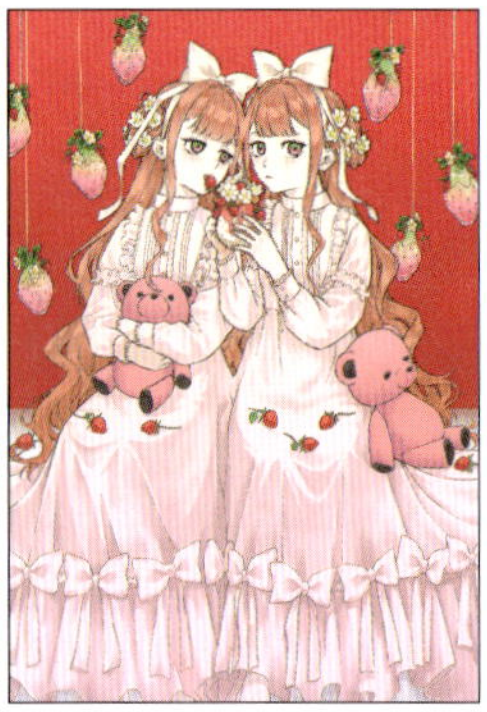

［いちごのマグケーキ］福岡県・湖野れん
お揃いの髪型のふたり、白苺のマグケーキ、甘酸っぱいベリーな空間、すべてが可愛いです♡（ア）

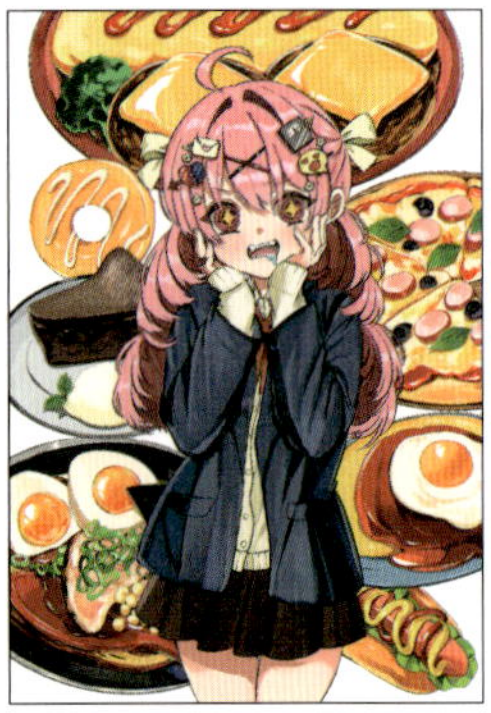

［た、食べたい～～!!］兵庫県・あきら〇
食べ物の美味しさとハイカロリーが伝わる艶感が綺麗。女の子の豊かな表情もチャーミング（海）

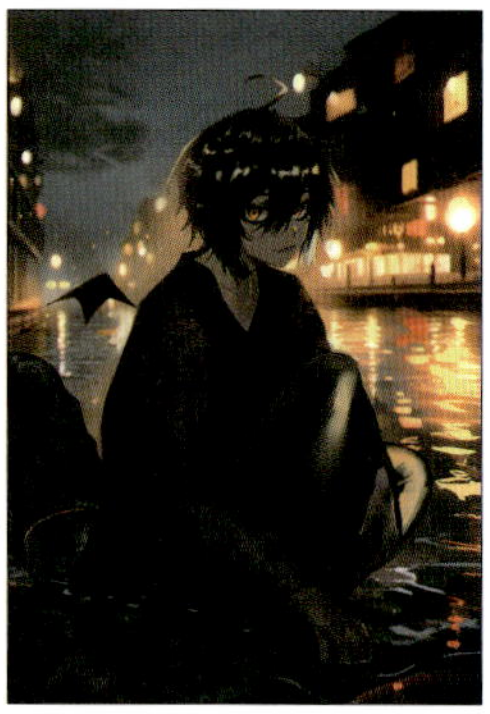

［黒い小悪魔］大阪府・あんのごま・19歳
夜闇を照らす明かりと、それを受けて輝く水面が美しい。その中に佇む小悪魔にもドキッとする（海）

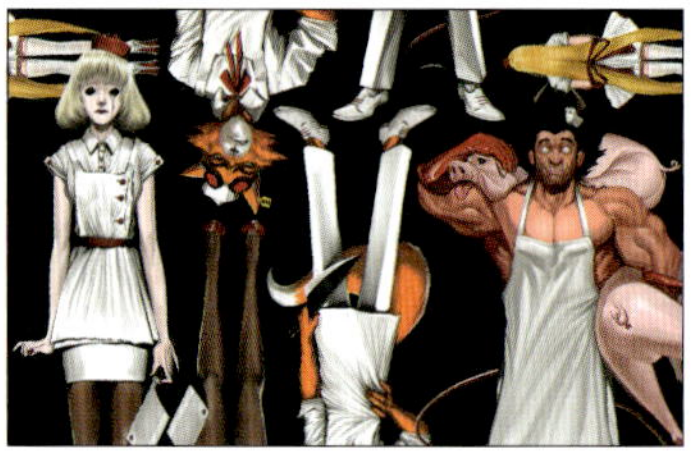

［無題］アメリカ・Stars
パズルのように配置されたキャラクターがキャッチー。筋肉や服の描写も◎（む）

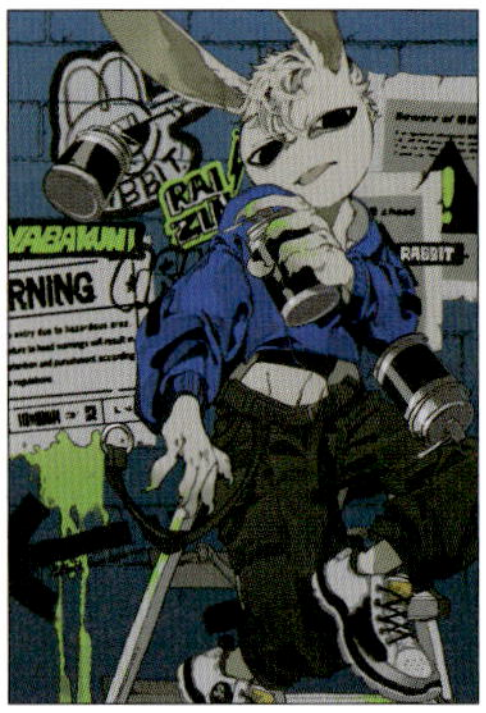

［St.］岐阜県・鱧瓦
スタイリッシュなポーズと背景のグラフィティーがダウナーな印象を持たせとてもかっこいい（む）

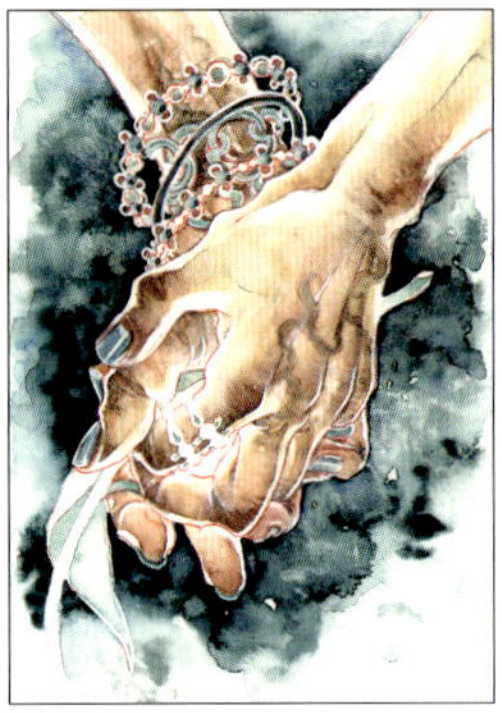

［こぼす］北海道・佐口想
繋がれている中からこぼれる光。皺や爪、血管や骨格など描写から人間性が伝わる（お）

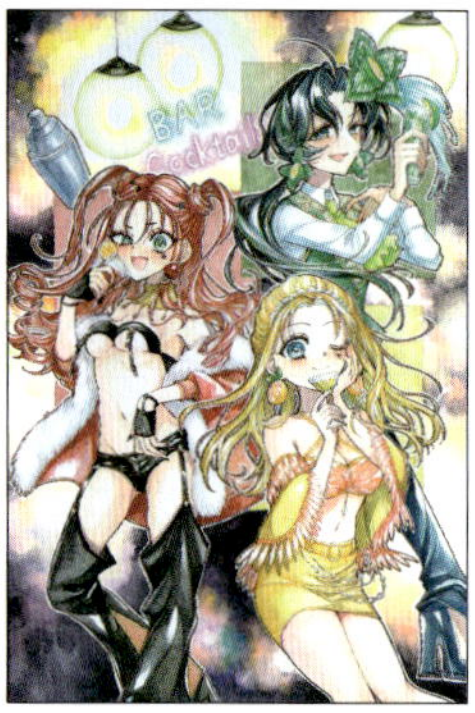

［カクテル擬人化］北海道・咲良なこ
カクテル擬人化な子たちのカラフルで刺激的なビジュアルがイイ！ 呑みたいです♪（お）

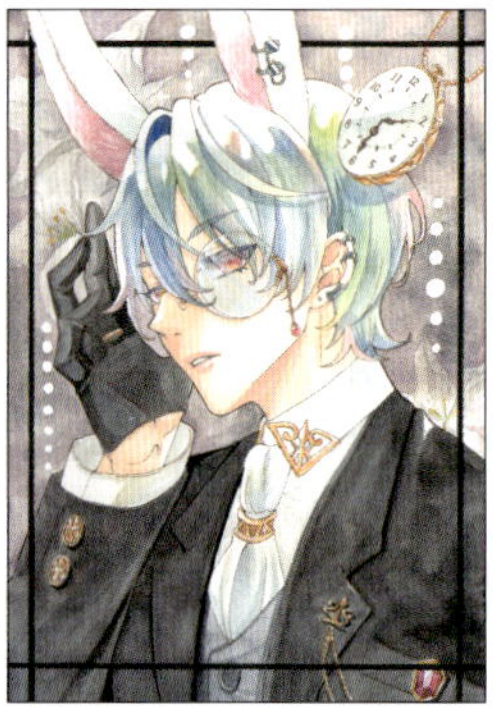

［不思議の国の執事］東京都・あかば
片眼鏡や襟の飾りなどファッションが人物を魅力的に彩っている。手袋もセクシー（ノ）

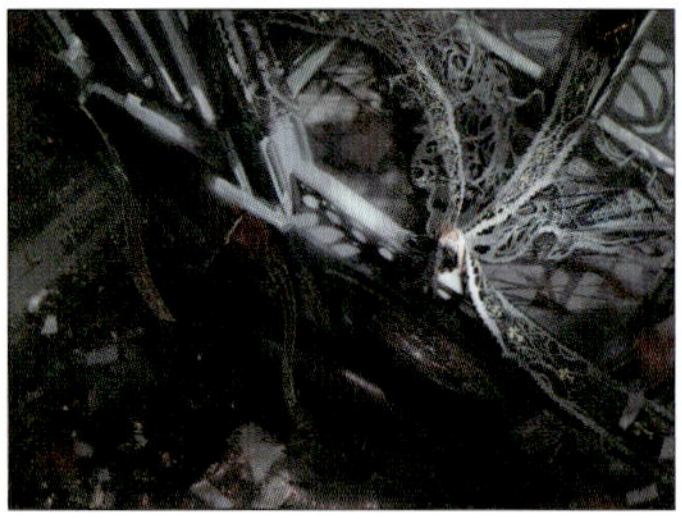

［無題］イギリス・Olive
レースや建物の質感など、描写力が秀逸。仄暗い色合いも相まってイラストに説得力がある（む）

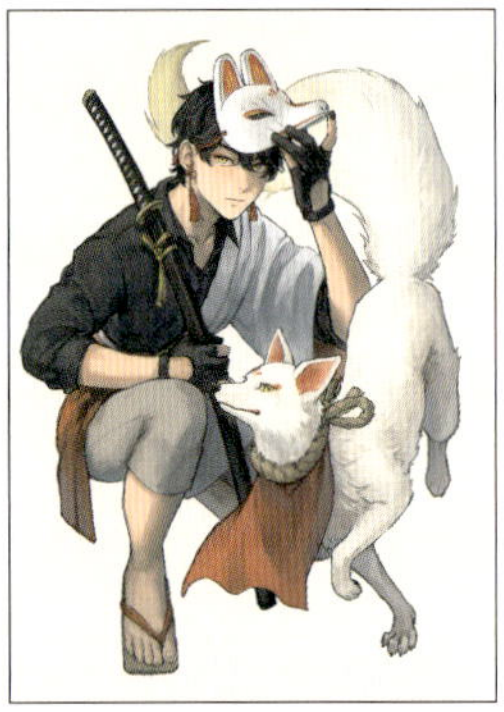

［狐］山口県・オオムラサキ
狐のふさふさした毛並みに触れたくなる。二人がどんな関係性なのかも気になるところ（海）

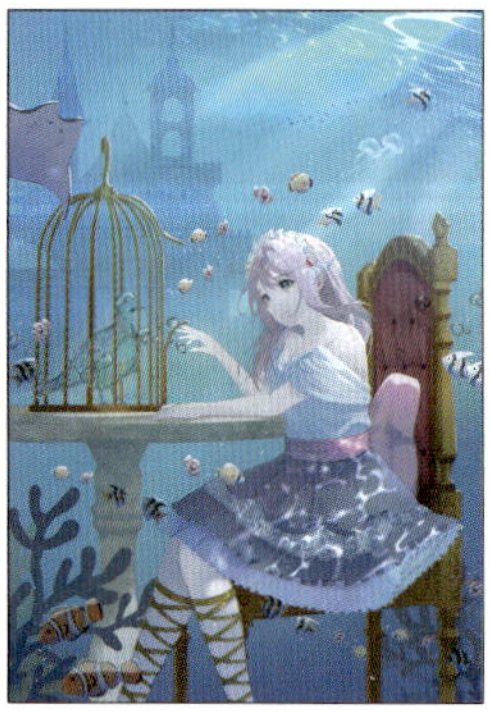

［泡の夢］石川県・おみず・18歳
どこか憂いを帯びた少女の表情や、檻の中の鳥というモチーフにメッセージ性が感じられる（海）

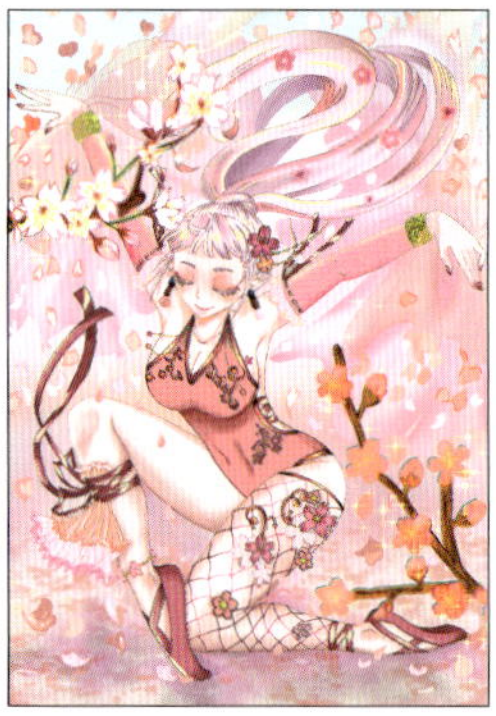

［春の祝福］大阪府・篁おはる
桜の中を華やかに舞うエルフ。桜が随所に散りばめられた衣装のデザインが素晴らしいです（ア）

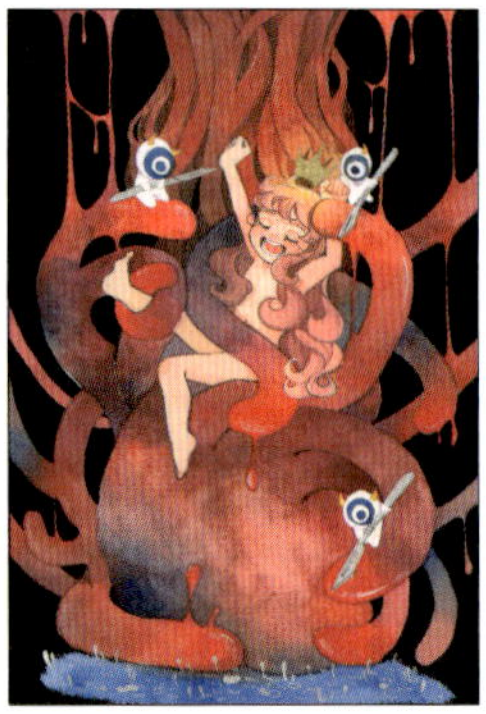

［Queen of heart］兵庫県・羊兎苺和
心臓に絡みつかれながら目覚める女の子が愛らしく、ダークそうな題材ながら楽しく刺激的！（む）

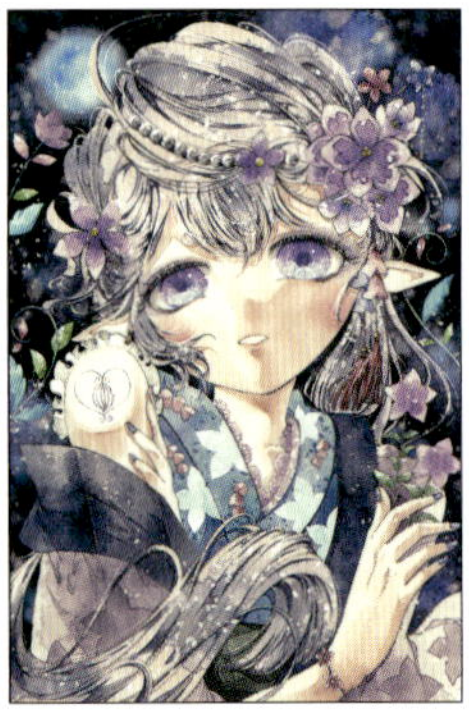

［恋煩い］埼玉県・桜木
キキョウの精である彼女の、訴えかける眼差しに心奪われる。きらめく描写が素敵（お）

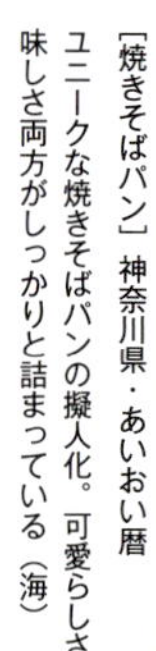

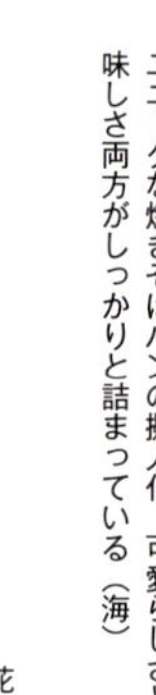

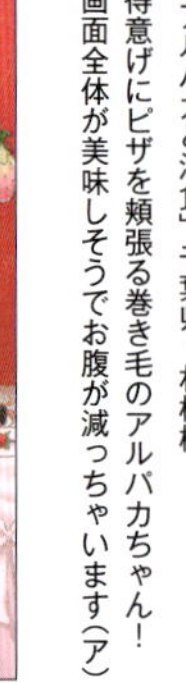

入選

1ポイント

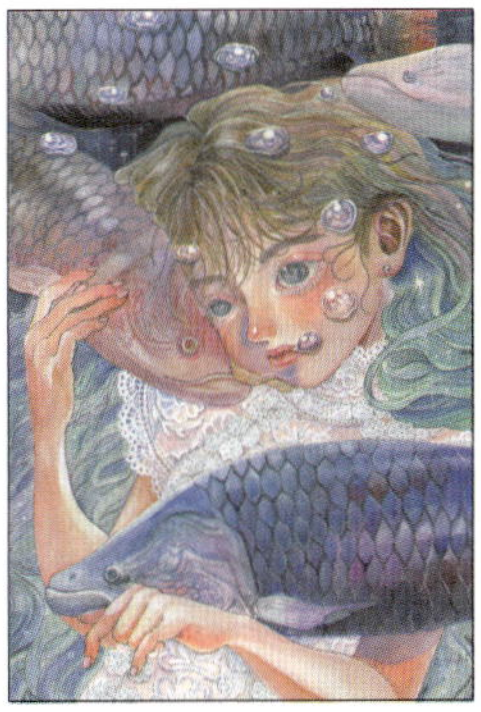

［恒温］神奈川県・かとうゆき

水中に、血色のある人物の肌がよく映える。ピラルクの鱗や質感も丁寧に表現されている（海）

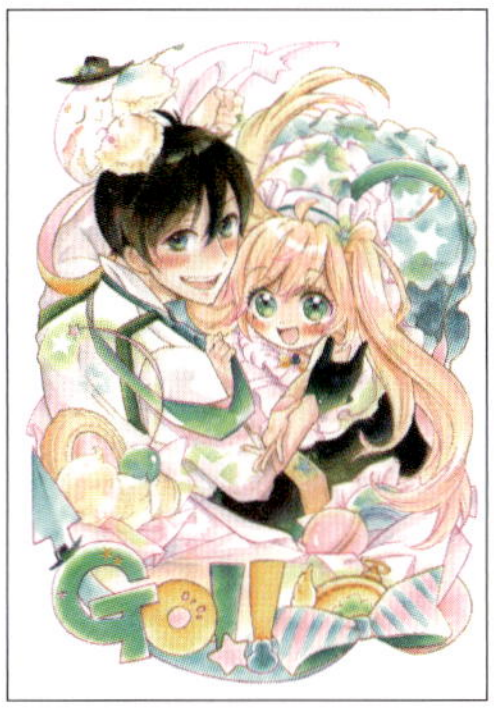

［GO!!］福島県・風波

二人の表情が生き生きとしていて、仲の良さが伝わってくる！ 花束のような構図も素敵です（夢）

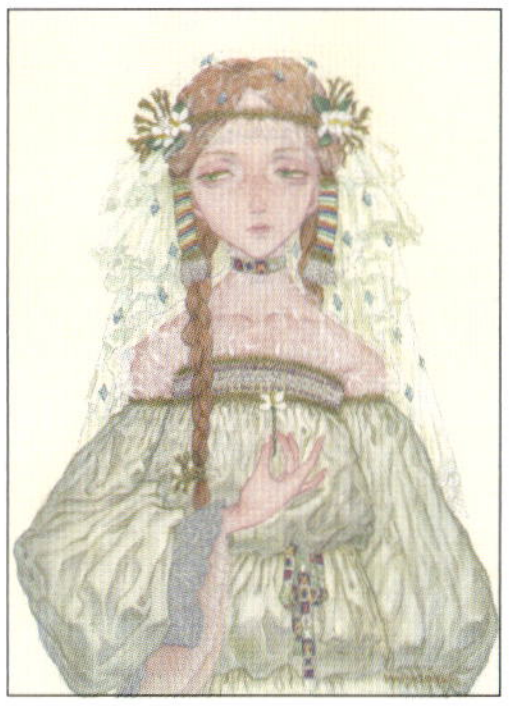

［追憶］宮崎県・三山犬造

マリッジブルーを意識して描かれた作品。虚げな眼差しと、ドクダミが印象深い（お）

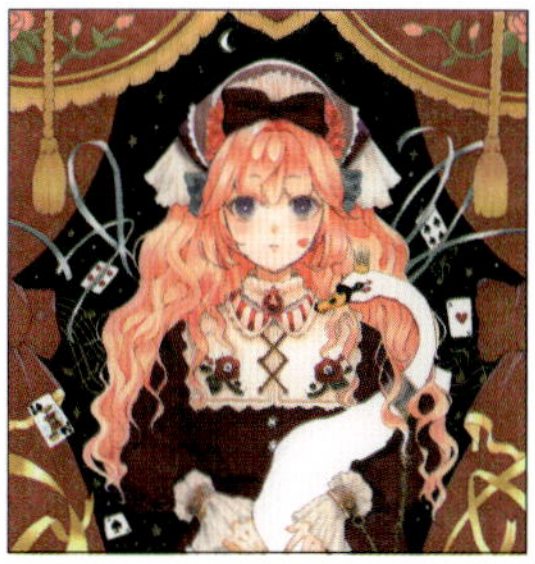

［お遊戯］神奈川県・sushidog

クラシカルな衣装の可愛らしい少女。異形な白鳥と繋がれた二人の関係が気になります（ア）

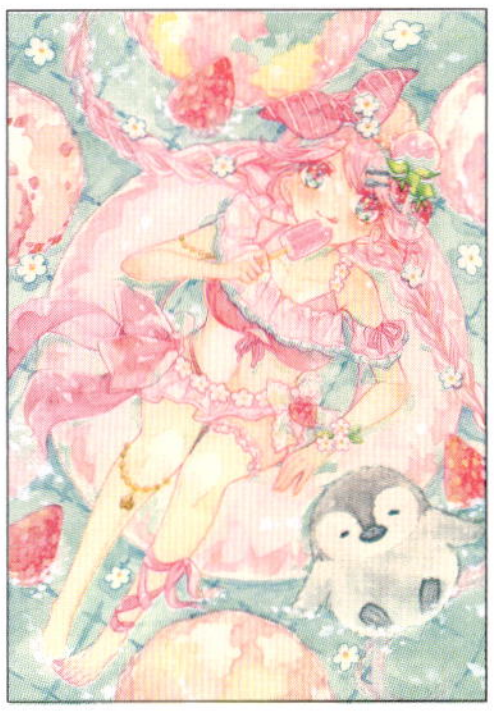

［夢見るStrawberry Float］東京都・沫雪なの

光る水面とラブリーなピンクがぎゅっと詰まっていて、可愛い雰囲気に見惚れます♡（夢）

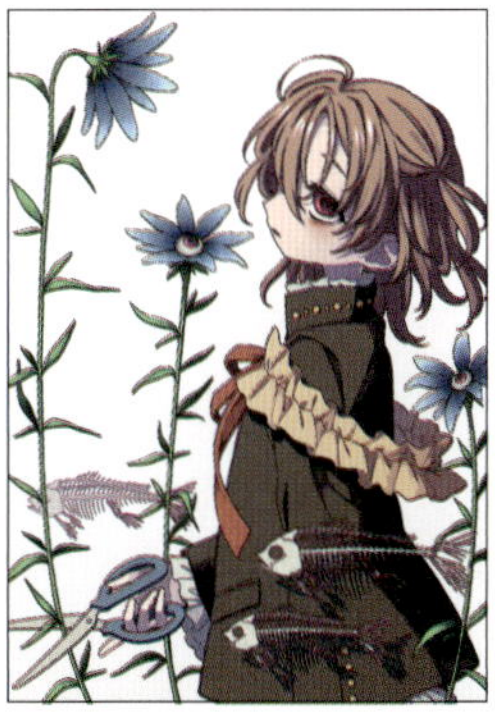

［さよならサンクチュアリ］宮城県・四ノ末まぐ

不気味なモチーフから独自の世界観を築き上げている。虚ろな人物の表情も魅力的（海）

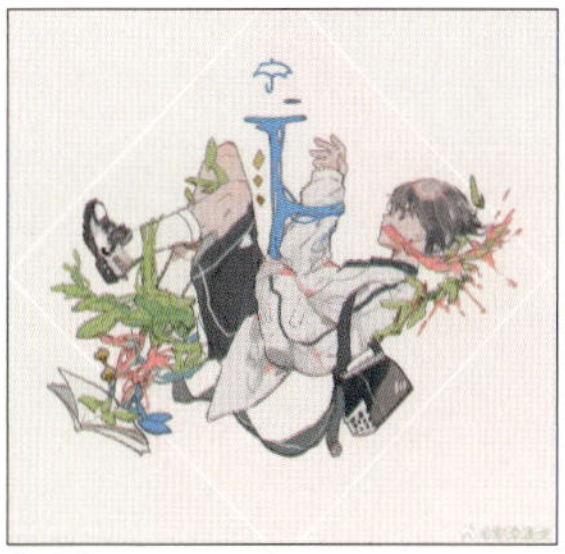

［無題］アメリカ / 中国・Kitano

植物がテーマのキャラクター。浮遊する構図がどこかミステリアスな印象を与えます（ア）

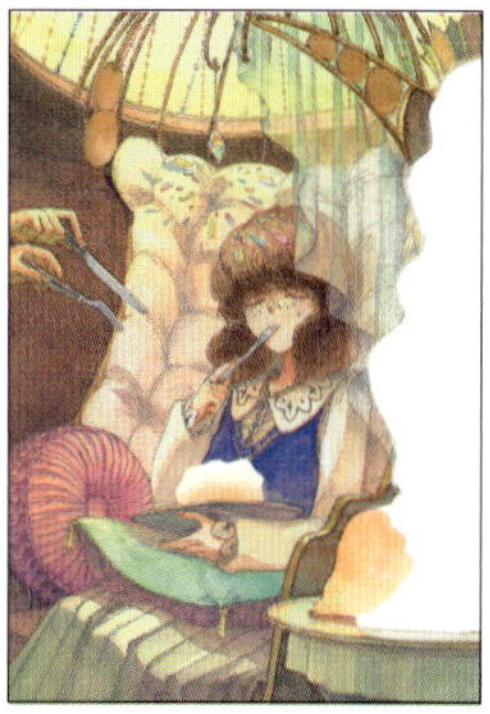

［ぜんぶ食べましょう］埼玉県・ガラスダマ

柔らかな雰囲気の中に不穏さを感じるモチーフや画面端の空白。どんな物語が起こるのだろう（海）

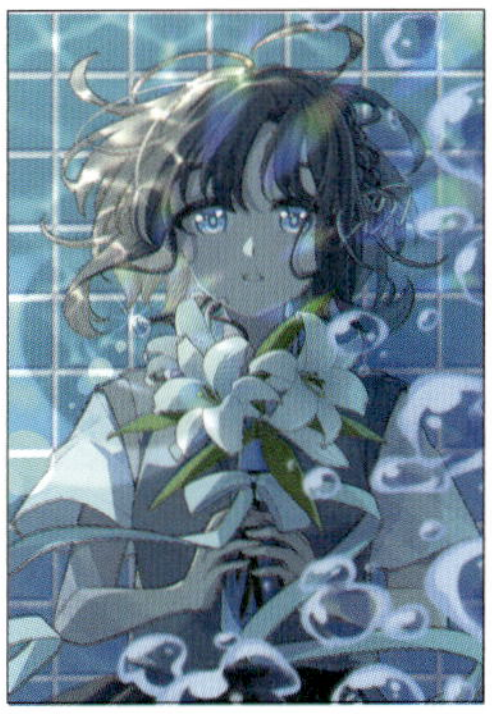

［微睡］静岡県・こず

儚げな表情でこちらを見つめ、水底に沈む少女。「青春の清濁」をこの一枚に感じた（海）

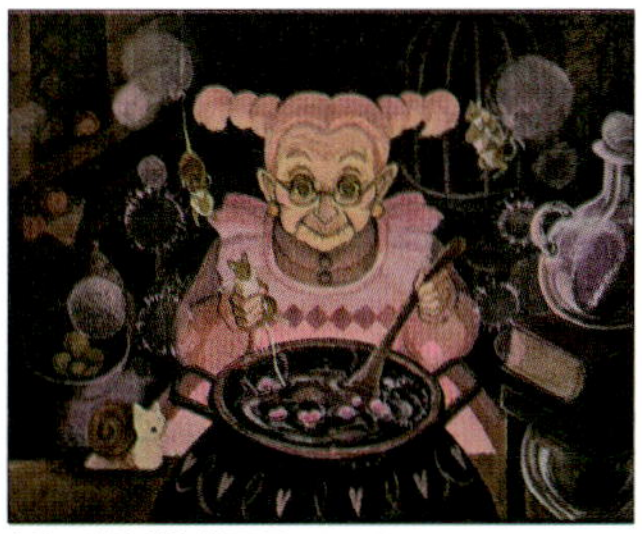

［愛の魔法薬］埼玉県・DenDen

可愛らしいおばちゃんと周りのちょっと不思議な生き物がキャッチー！ 黒とピンクの色合いが◎（む）

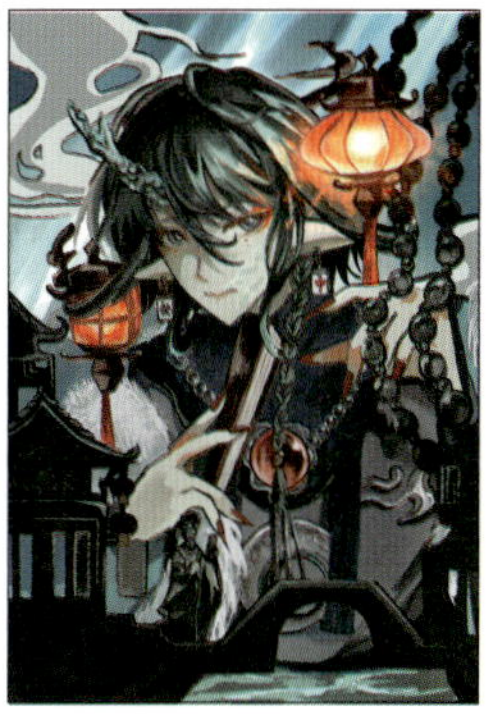

［山塘街を守る龍］京都府・目次

淀んだ空気感から妖しさが伝わってきます。キャラデザがとても好みで、アイラインの赤色が素敵（夢）

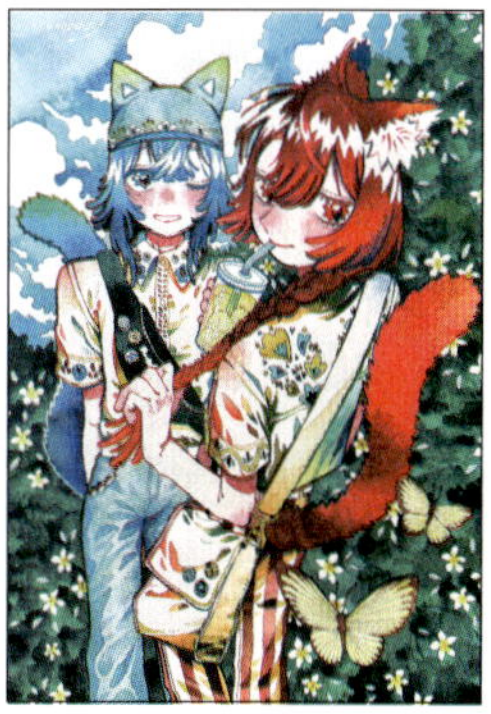

［夏風とお散歩］福岡県・七瀬なごり

ガサッと手触りのある水彩と色鉛筆の質感で二人のもふもふ感が伝わってきます…！（お）

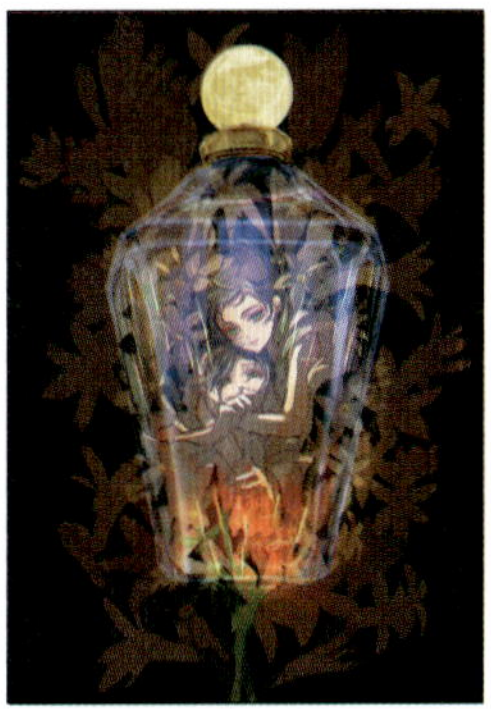

［月下香］東京都・謝花茉憂

美しい香水瓶の中にいる溺れているような人物が印象的。鮮やかなオレンジがアクセントになって◎（む）

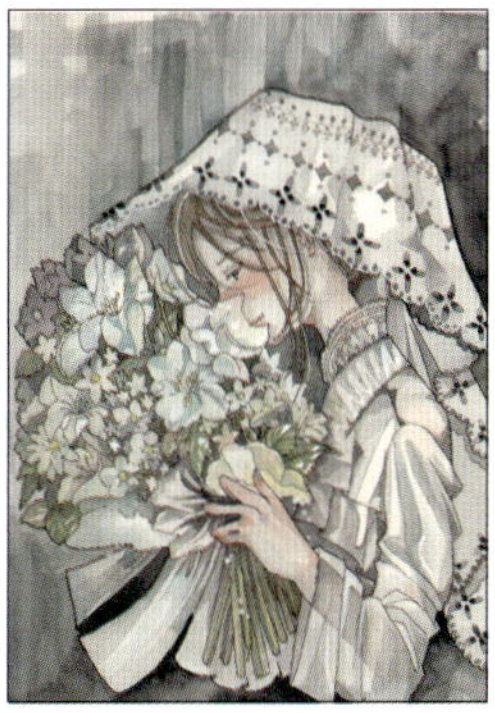

［誓い］千葉県・さざはら

冥婚をテーマに描いた作品。花束に顔を埋める横顔が切ない。レース模様が綺麗（お）

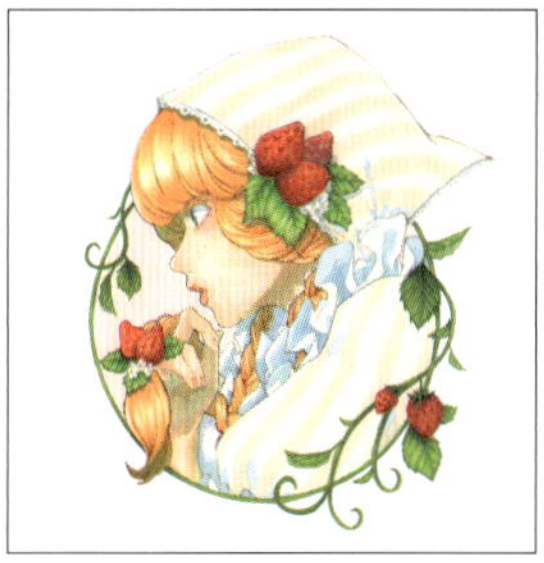

［Country girl］栃木県・Amie

そばかす三つ編みがキュートな横顔。まろやかな黄色のストライプにいちごが映えます（ア）

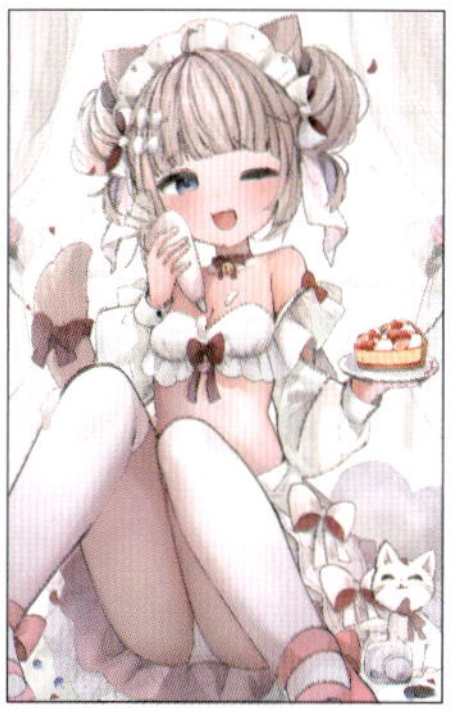

［ベリーにゃん］山口県・野乃々のっち

甘いフリルに、ピンクと白でまとまったカラーリングがとてもキュート！（夢）

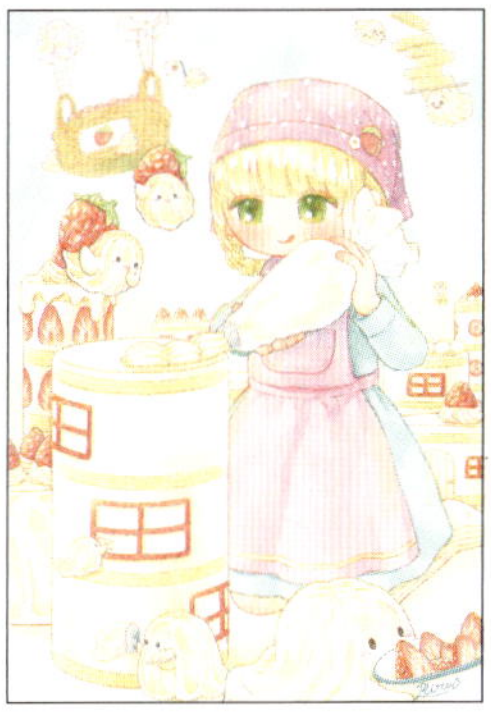

［みんなでまちづくり］大阪府・融月りる

優しい色づかいと、あどけない少女の表情に愛らしさが溢れます。ケーキが美味しそう（夢）

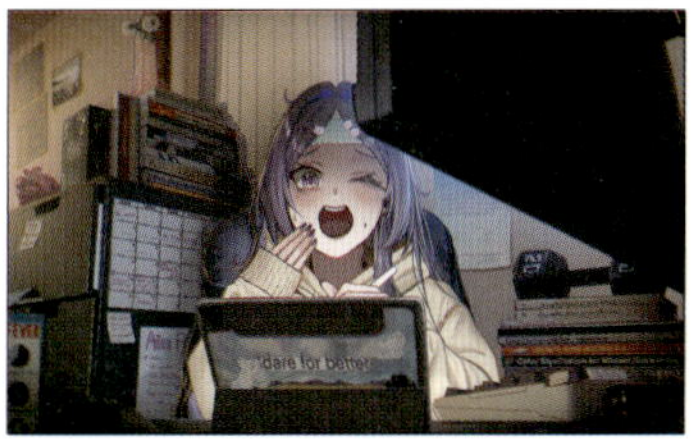

［Sleepless Nights］アメリカ・aiz

不安や葛藤と戦う姿がとても印象に残る。共感性が非常に高く、背景にも説得力があって◎（む）

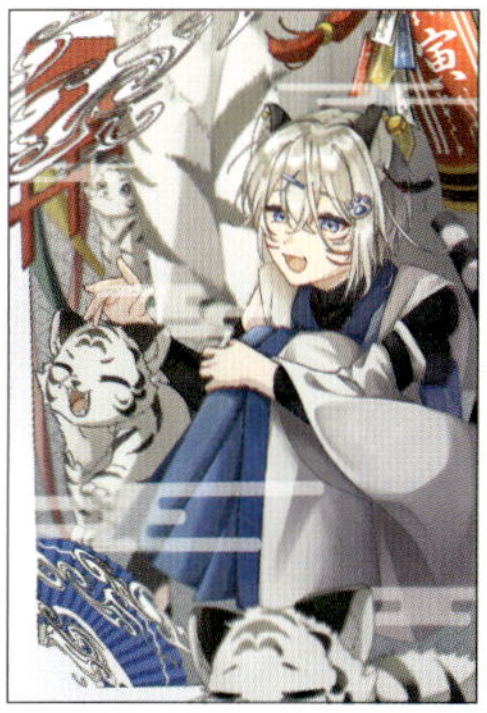

［十二支・寅］千葉県・秋巴よみ

ホワイトタイガーたちの笑顔ににっこり。見切れている大きな子の存在感も…！（お）

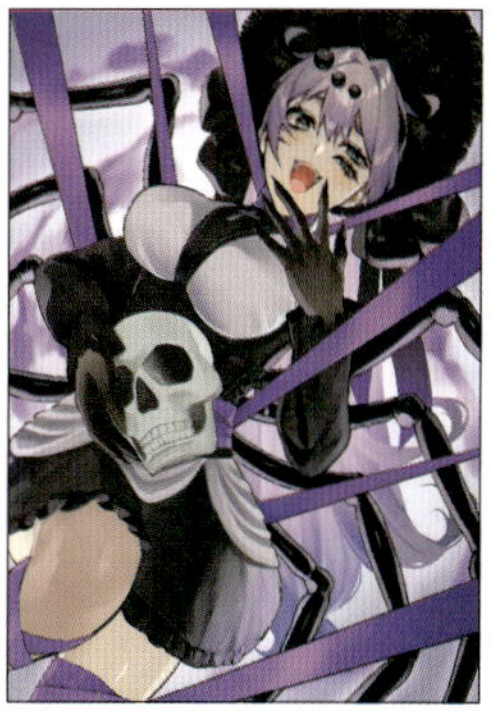

［蜘蛛］岐阜県・すぅ

蜘蛛のホラーな要素とセクシーな雰囲気が、黄金比のようにバランスよく纏まっている（海）

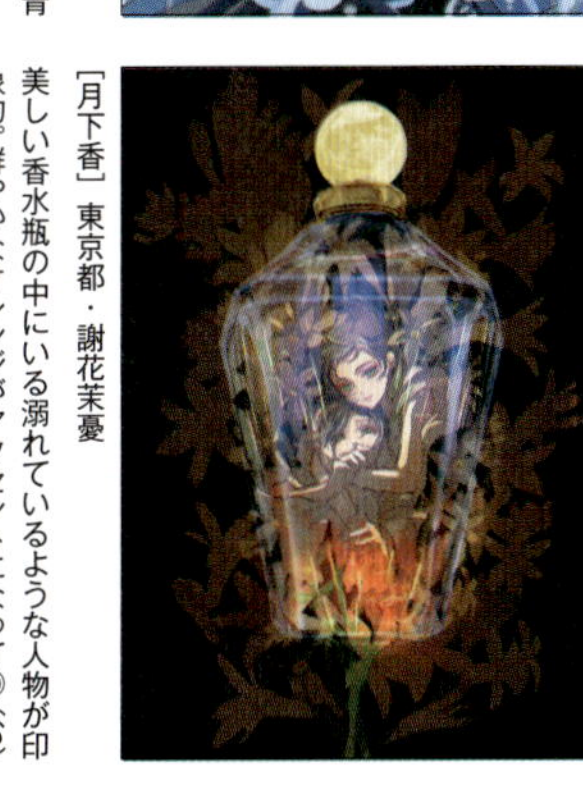

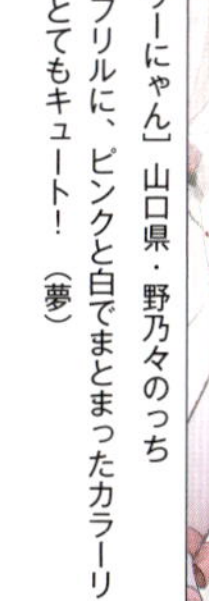

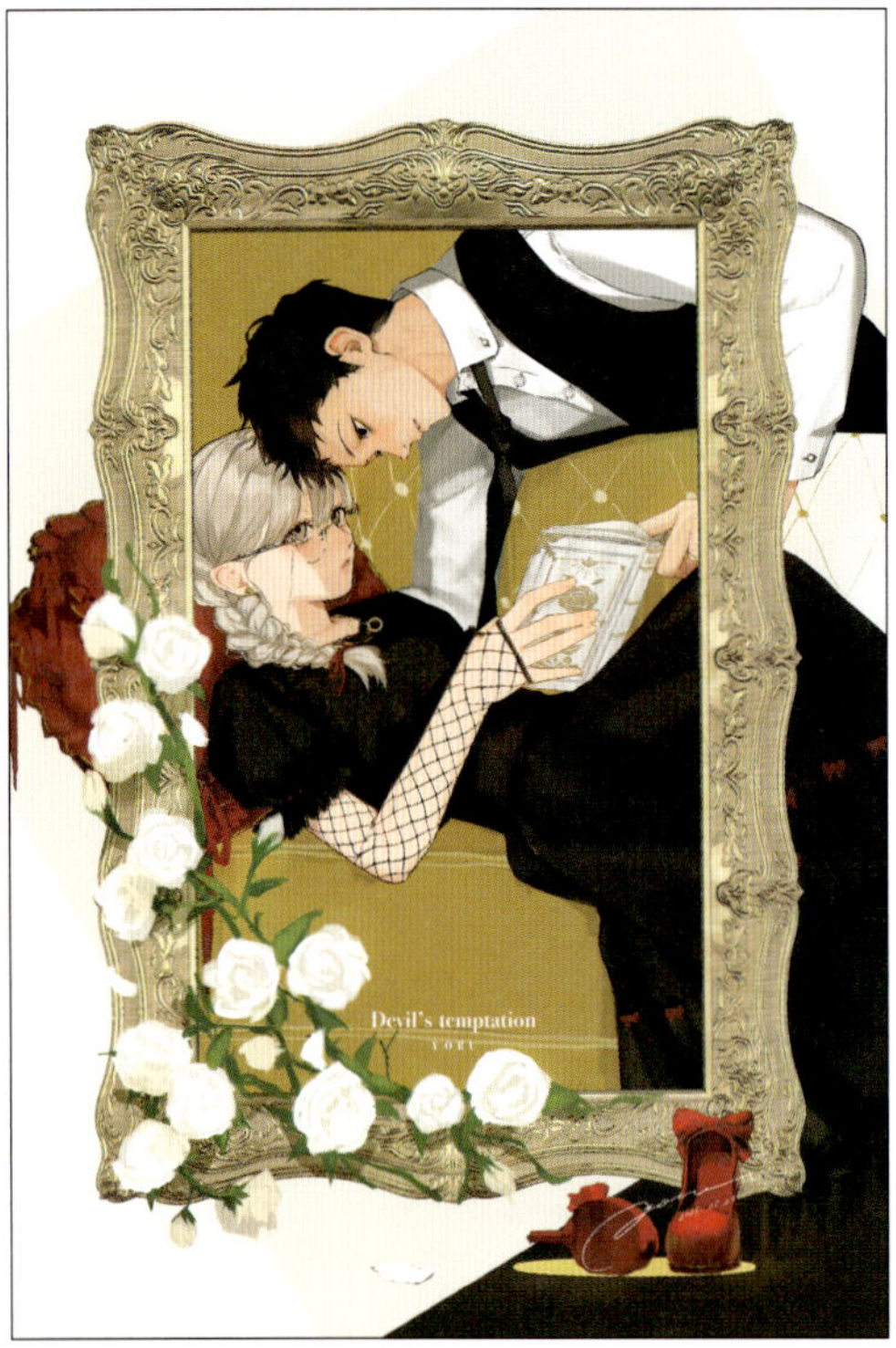

［無題］兵庫県・YORU

使用画材：CLIP STUDIO PAINT

配色がお気に入りです

赤らんだ表情の少女の目線の先は…少女漫画の表紙の様な美しさと、ときめきを感じる作品です！ お洋服や配色が上品で美しい（む）

注目賞

3ポイント

［綰霞］海外・fufu

使用画材：Photoshop

半人半エビの美少女邪神

半人半エビという個性的なキャラデザ。木漏れ日から落ちる光がとても美しく、神々しくみえます（夢）

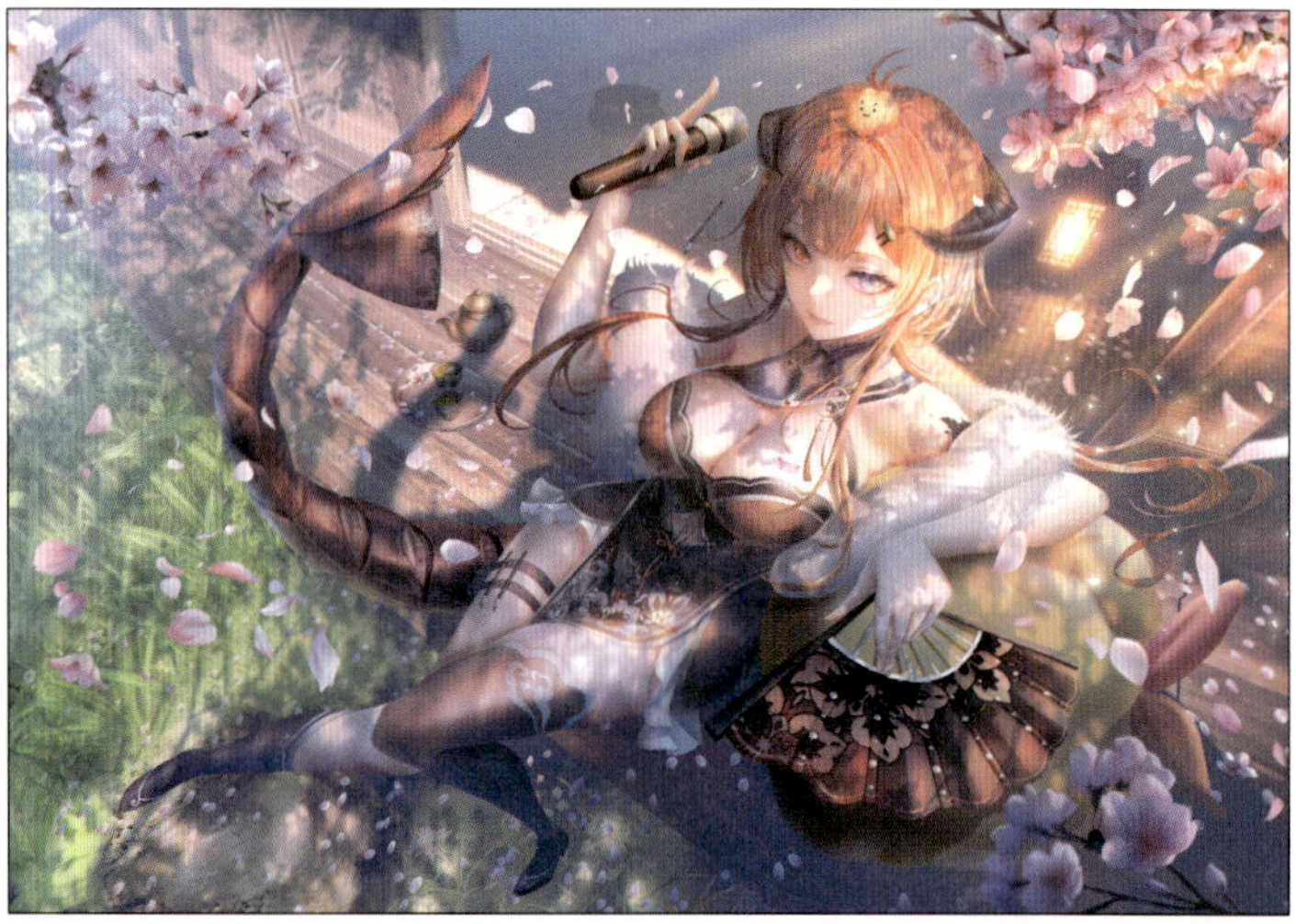

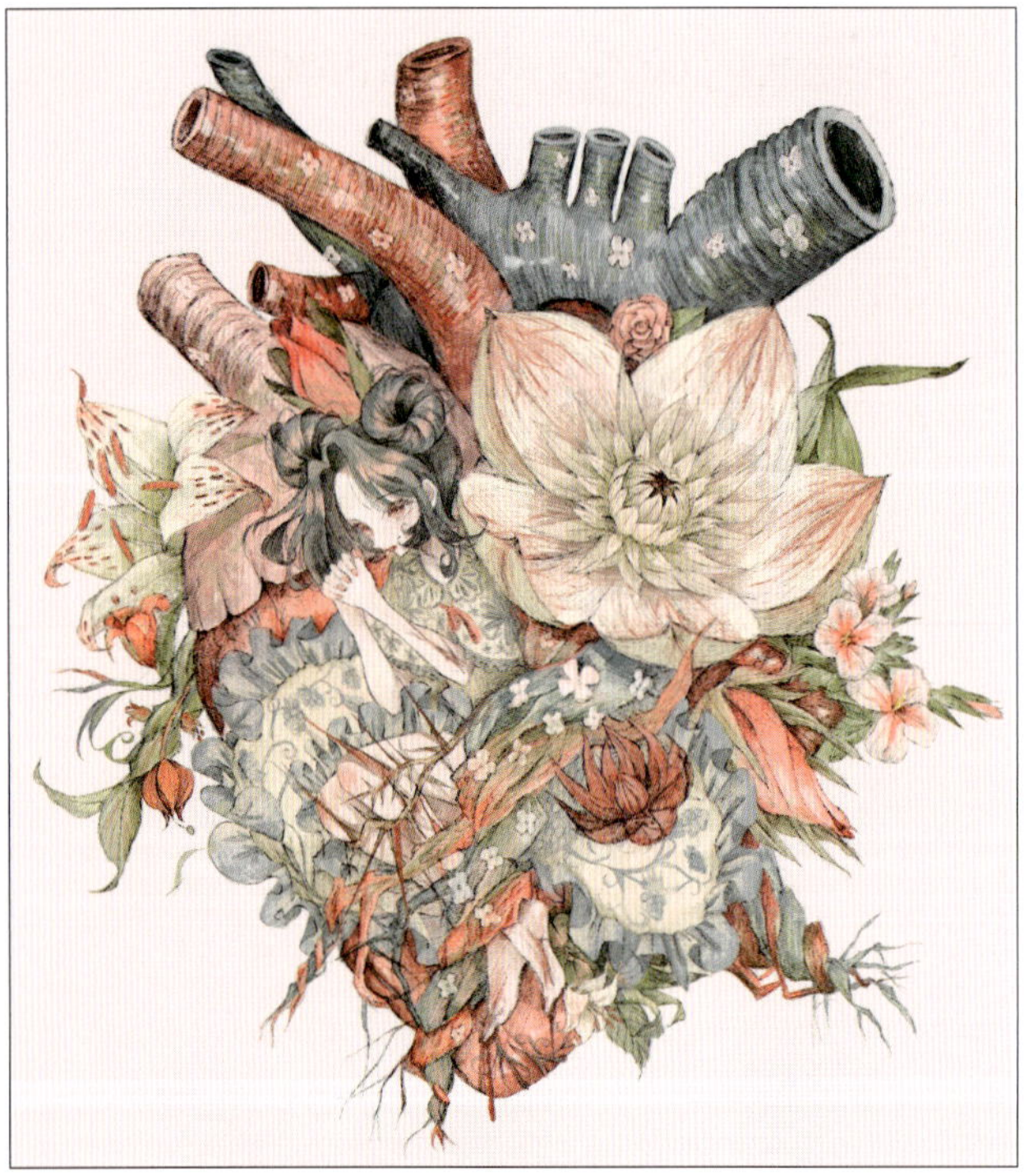

［世界中の脈拍と沈黙］東京都・あおれもん

使用画材：Procreate

心臓をかけて楽しかったです

心臓と植物、人物のモチーフの組み合わせがダーク。さらにそれをシックな色合いでまとめることで、不思議な魅力を放っている（海）

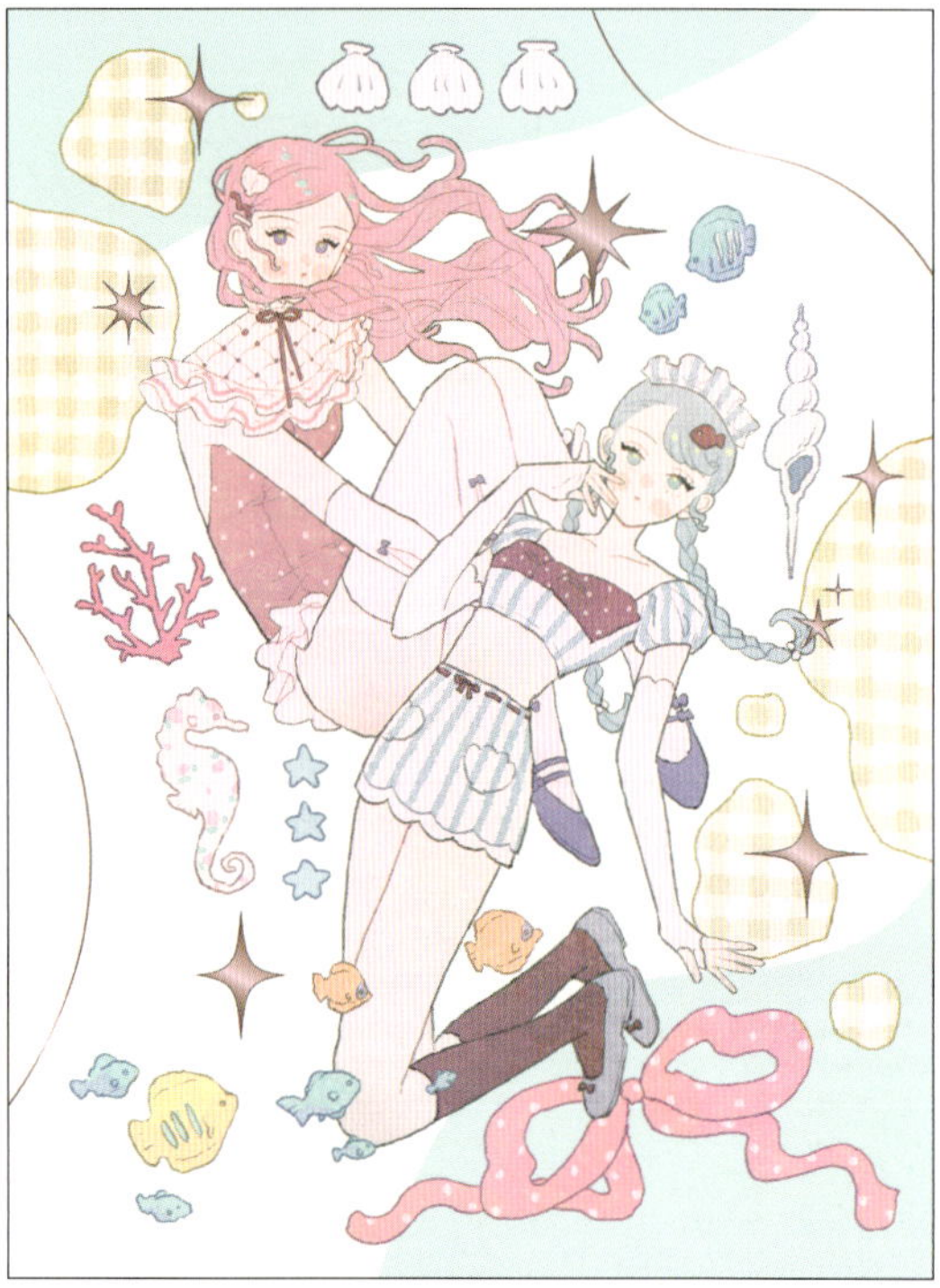

［seaside］東京都・巴ゆも

使用画材：Procreate、CLIP STUDIO PAINT、Illustrator

白い砂浜とエメラルドの透き通った海、貝殻から聴こえるさざなみの音や、星の砂の瓶のようなイメージで描きました。浅瀬のイメージなので、衣装や色合いは明るくポップでカラフルにまとめています。

星の砂の瓶を揺らしているような、ときめく浮遊感を感じられる。小さな魚たちも、フリルの衣装を着た女の子も可愛すぎます！（お）

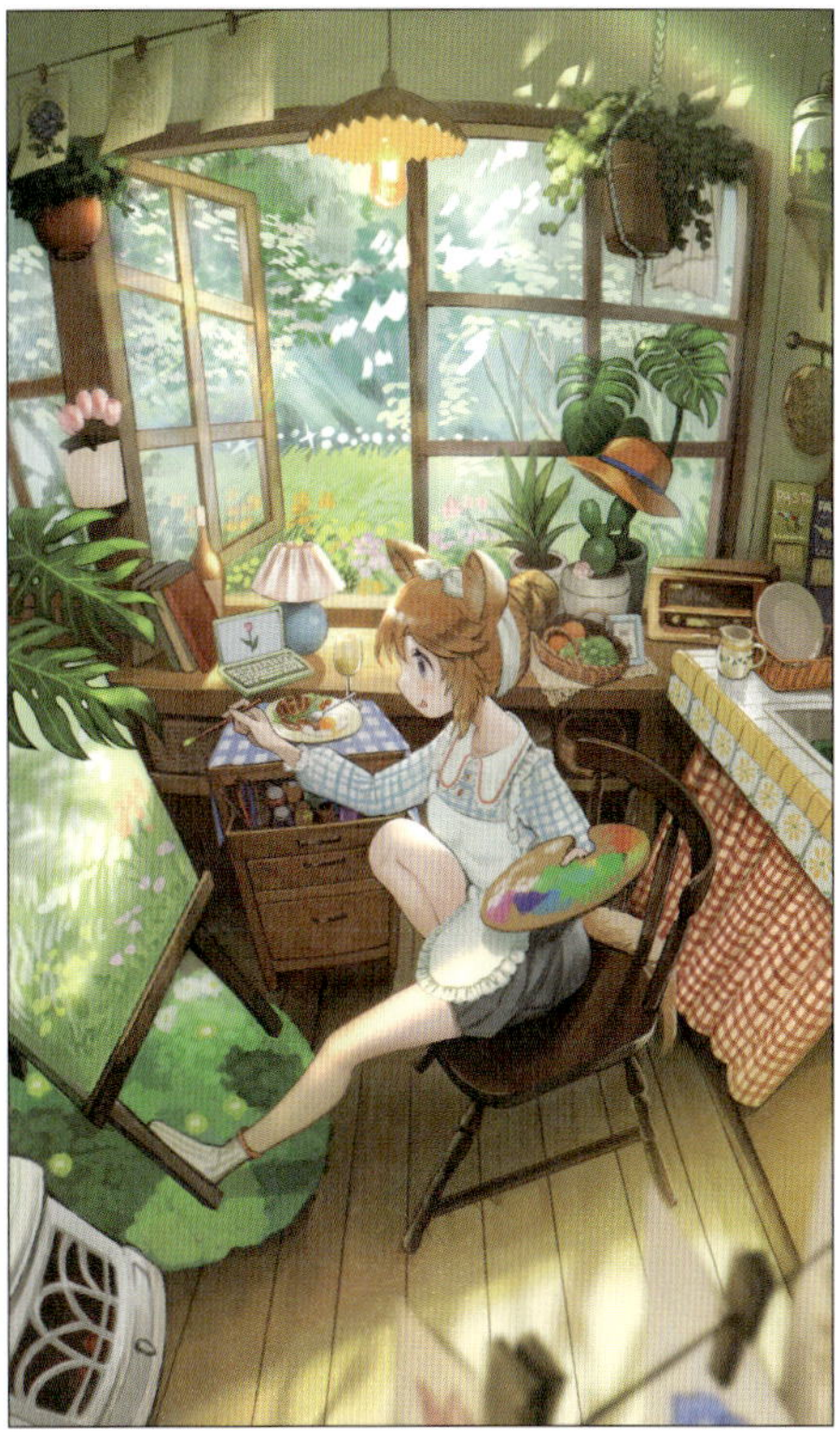

［おもうままに描く］神奈川県・海夏

使用画材：CLIP STUDIO PAINT

春のあたたかな光を感じられる絵が描きたいと思って描きました。

あたたかな光が降り注ぐ夢のような窓辺…！　ケモミミの女の子が絵を描く楽しさや、リラックスした様子が伝わってきます。こんなお部屋に住みたいです～！（お）

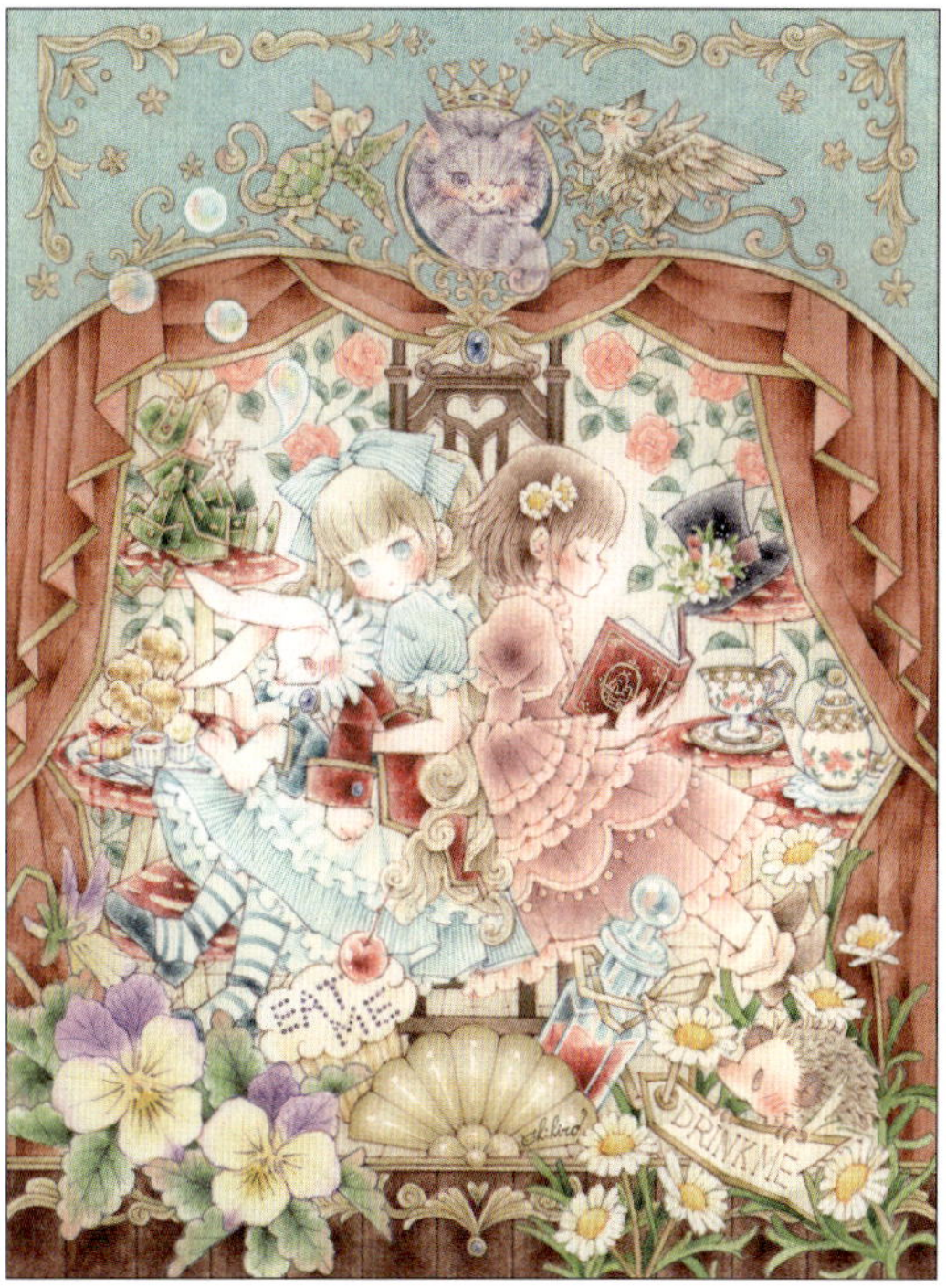

［アリスとアリスの物語］

兵庫県・チヒロ＊あんずみるく

使用画材：透明水彩、色鉛筆、顔彩、水彩紙

物語が大好きな少女アリスと物語の中の少女アリス。
どちらのアリスが見た夢なのか？　それとも現実？
夢と現実は隣り合わせで、何気ない日常も実は夢で満ち溢れているというメッセージを作品に込めました。「想像力は日々を楽しくしてくれる力」です。観てくださる方が色々と創造して楽しんでくださったら幸いです。

衣装や背景のアイテムが、柔らかい色味ながらデザイン性も高いタッチで美しい。上部の装飾模様にも美意識が行き届いている（ノ）

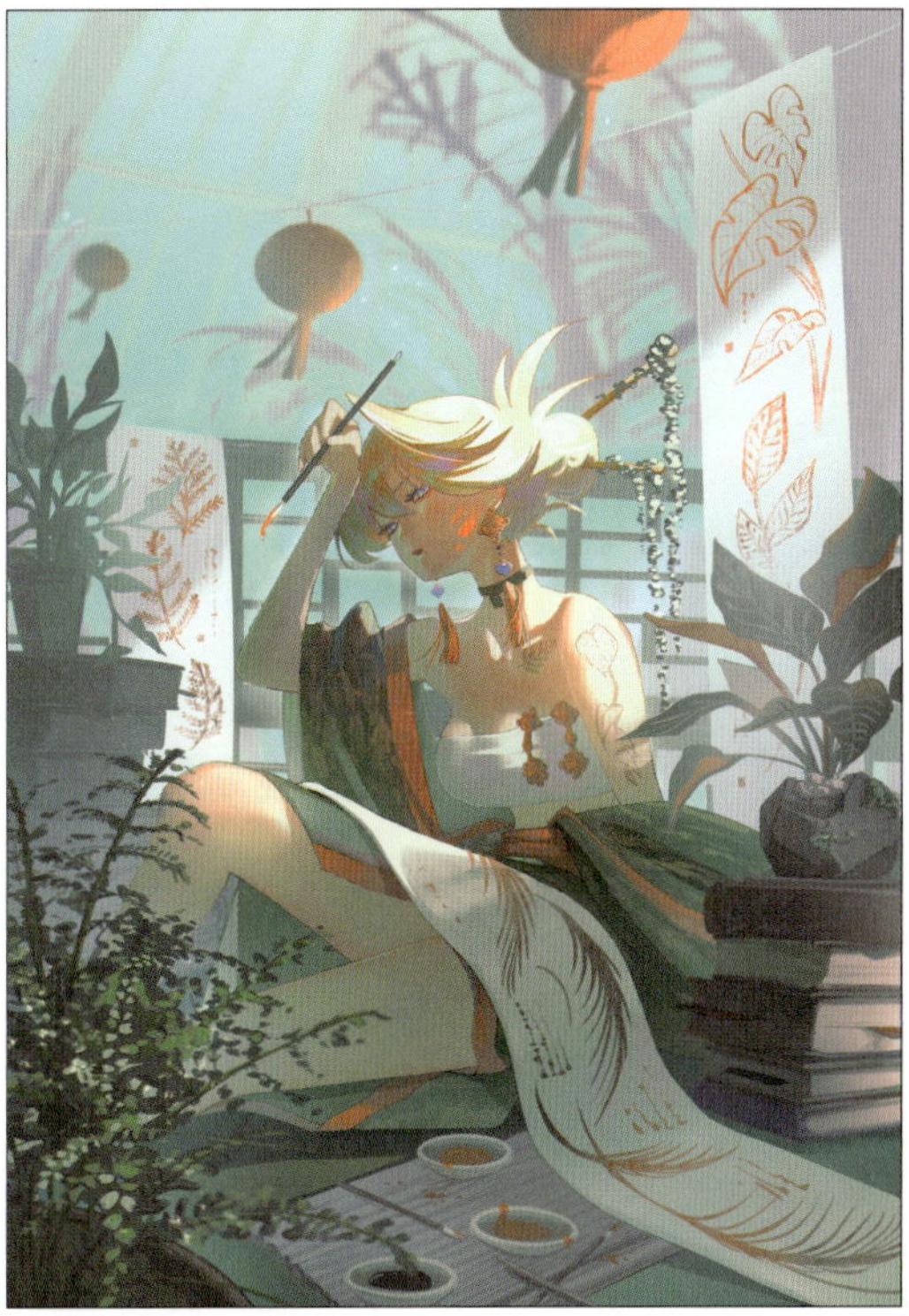

［植物絵師］兵庫県・巛須てと

使用画材：Procreate

光の表現に力を入れて制作しました。

落ち着いた美しい色に光の効果も鮮烈で素晴らしい。全体にある東洋的なモチーフも見ていて楽しく、ものの配置や構図も良い（ノ）

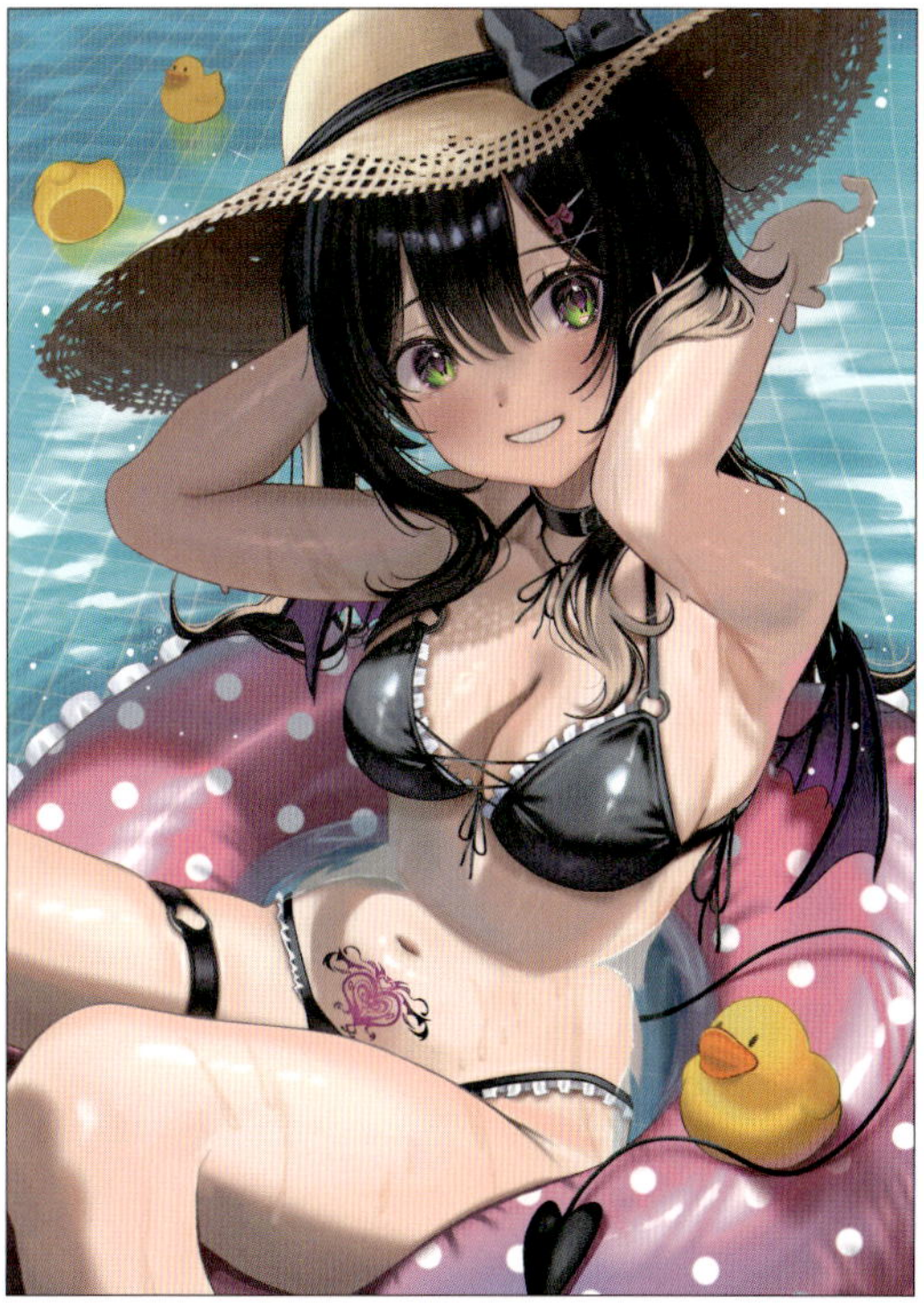

［ぷかぷか］滋賀県・きのこ先輩

使用画材：アイビスペイント

黒いビキニが可愛いサキュバスちゃん^_^

はにかみ笑顔が可愛らしいサキュバスちゃん！　おなかには淫紋が…♡
肉感のある艶やかな肌とビキニの質感が最高です（ア）

入選
1ポイント

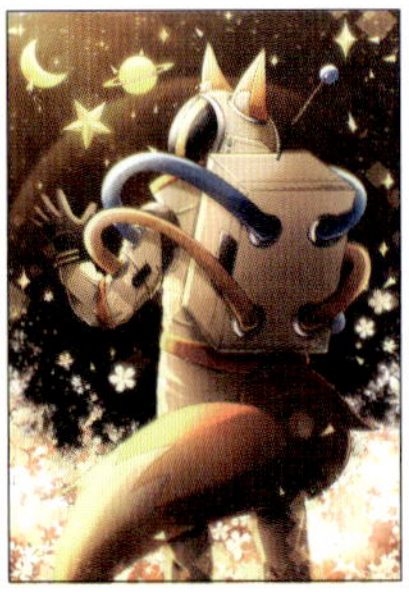
［星輝］福島県・109vir

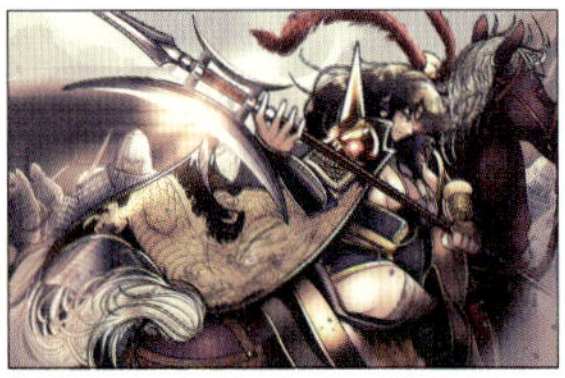
［飛将を継ぐもの］愛知県・髙橋螢参郎

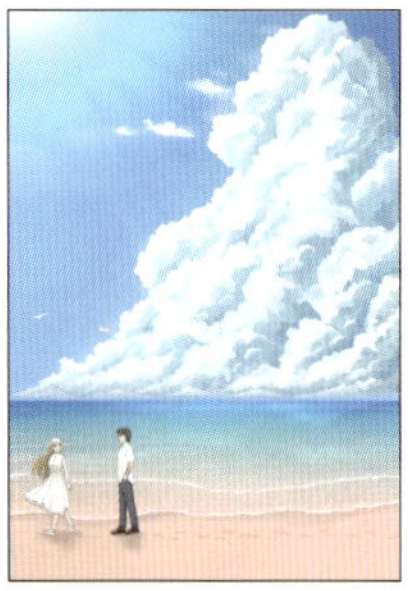
［シーサイドランデブー］岐阜県・いくら

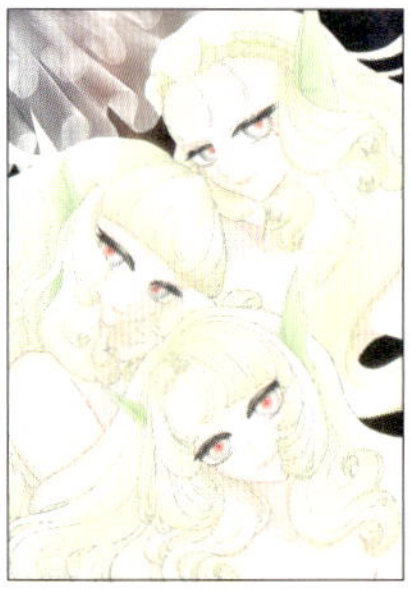
［人魚］埼玉県・プロト

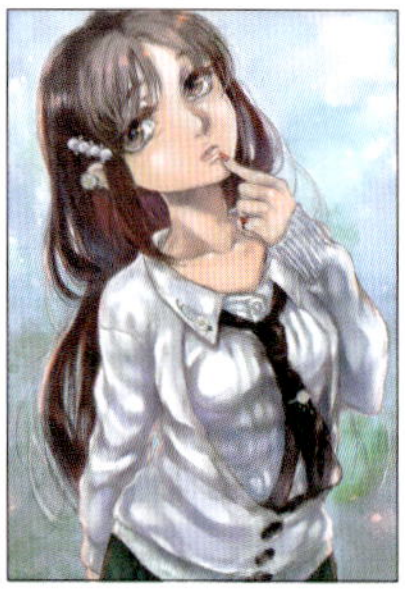
［想う］秋田県・あいうねこ

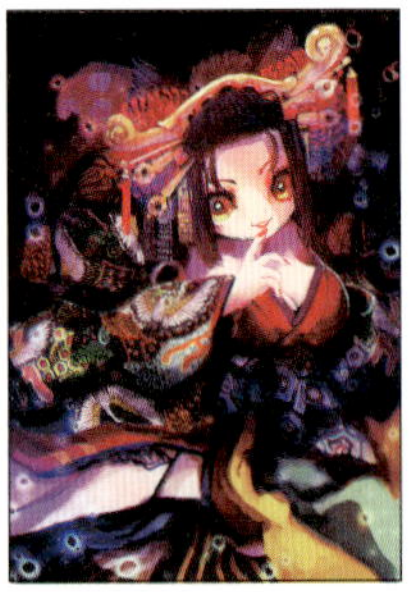
［艶やかな華］青森県・ほほと

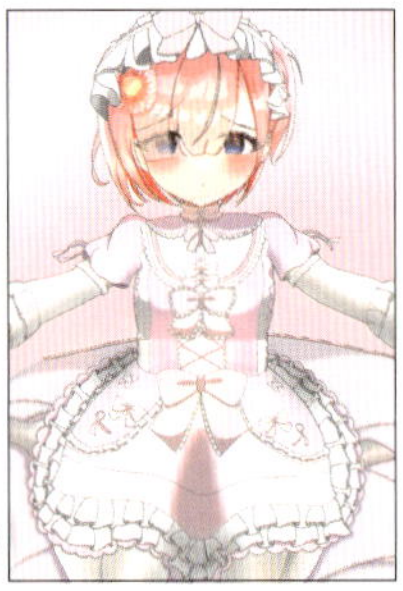
［こっちきて…？］千葉県・いしにゃん・19歳

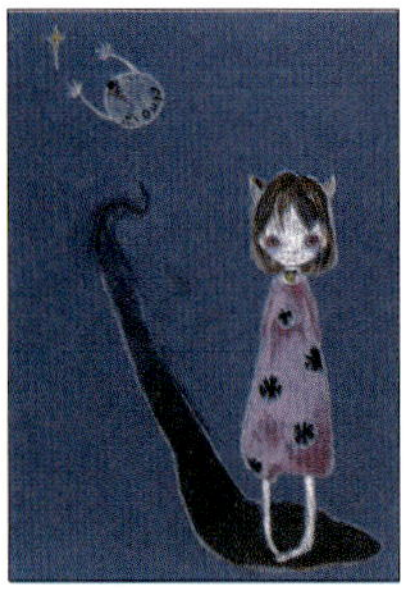
［私の気持ち取らないで］徳島県・砂名りす

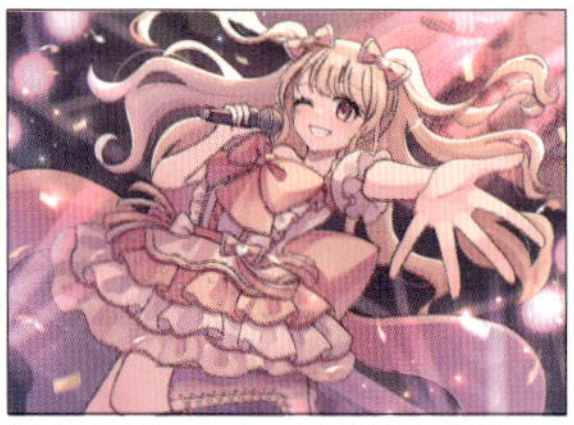
［キラキラをあなたに！］新潟県・煌星るな

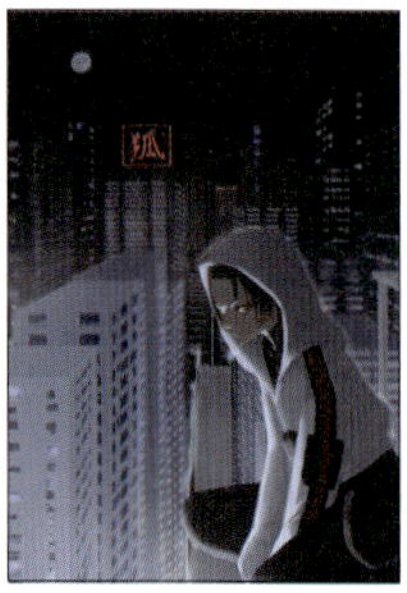
［狩りの時間］福島県・398

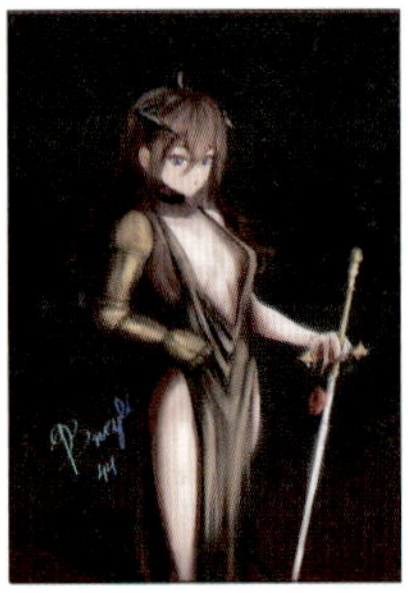
［無題］カナダ・Bweyti_44

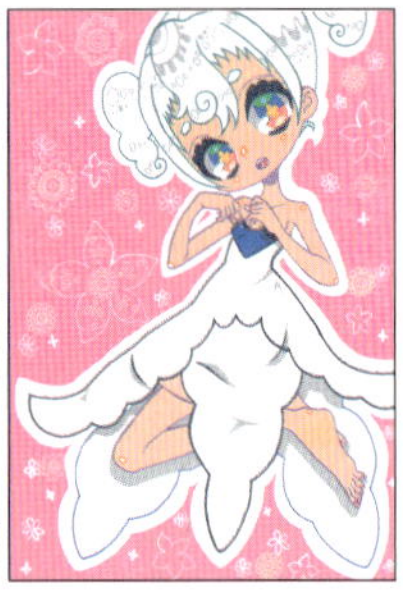
［とにかくかわいい］兵庫県・タロ・34歳

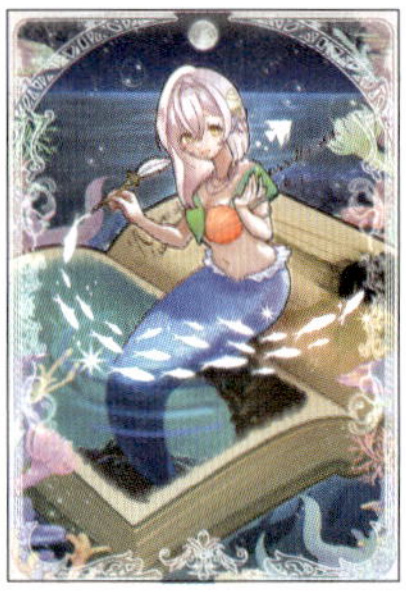
［Mermaid Story］東京都・うにとろ

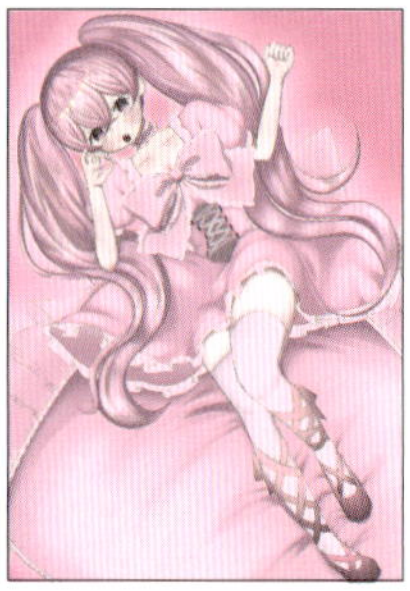
［pink］埼玉県・まりあ・18歳

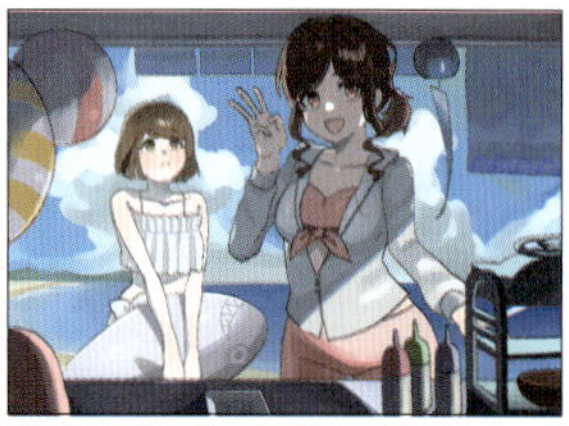
［白亜紀］富山県・白亜紀・18歳

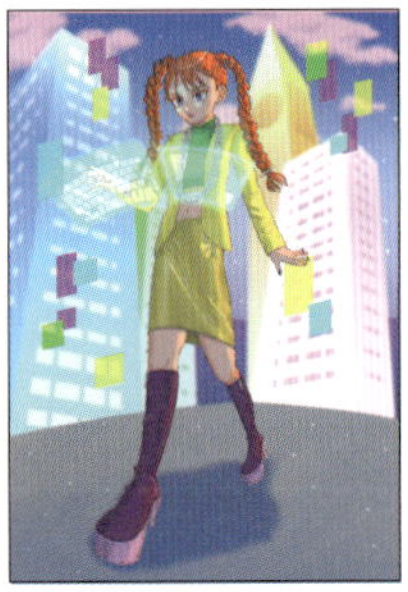
［サイバーパンク女子］愛知県・おー

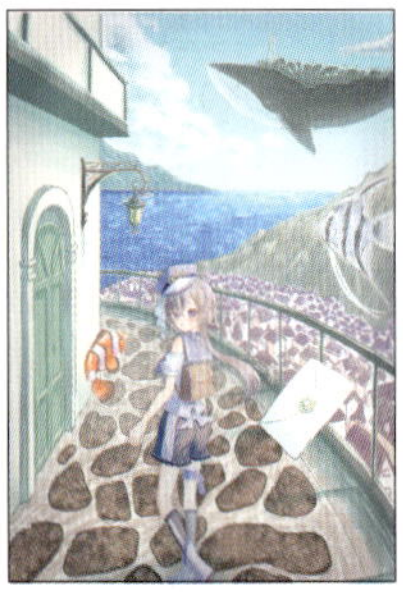
［無題］千葉県・みつみしい

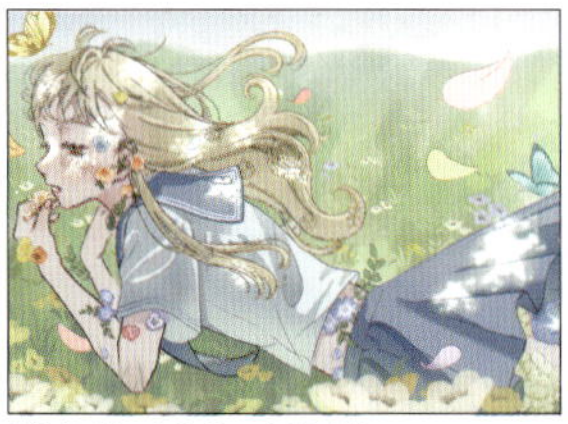
［花喰み］千葉県・水推びす

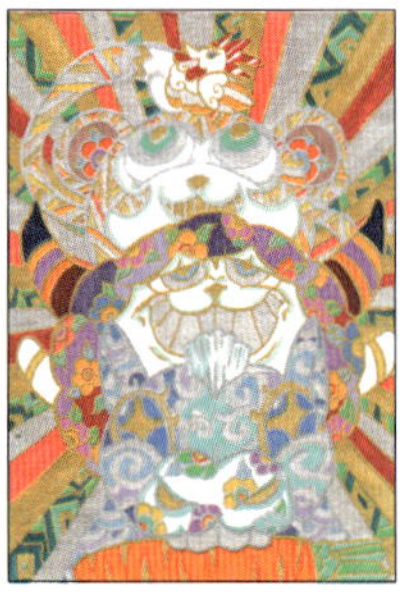
［馬、羊、申様トーテム!!!］茨城県・天使のサンダル

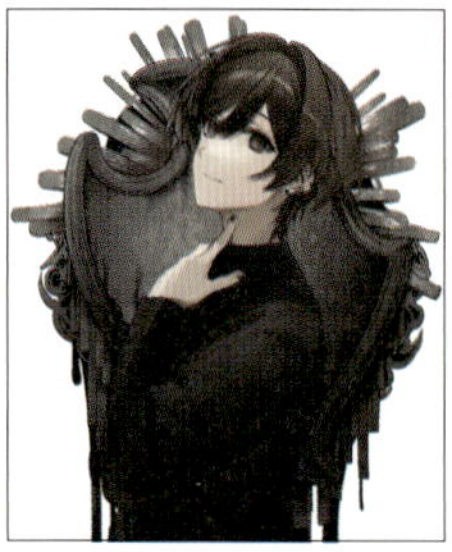
［Enigma］神奈川県・CL

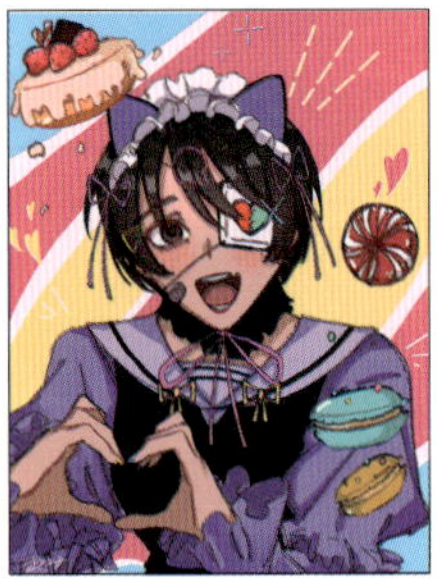
［無題］マレーシア・imo oishii

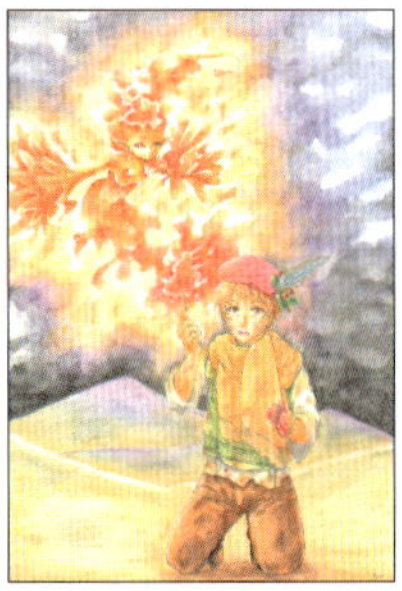
［火霊の燐寸（マッチ）］神奈川県・璃緒

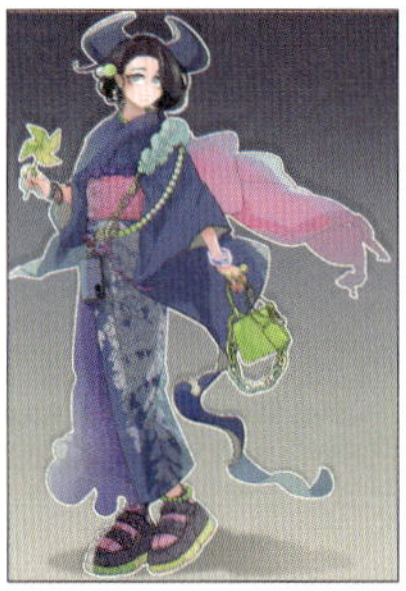
［無題］千葉県・ヤび

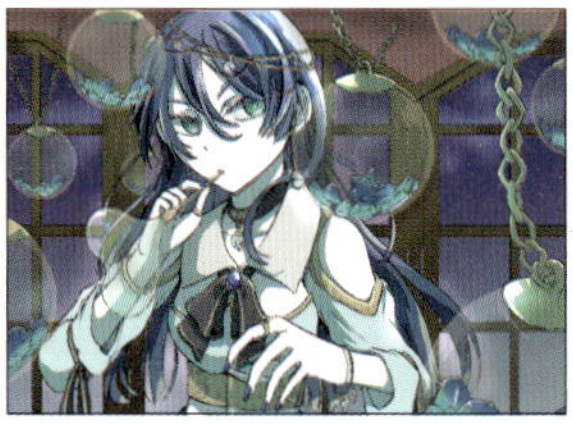
［ガラス玉］千葉県・上総かなえ

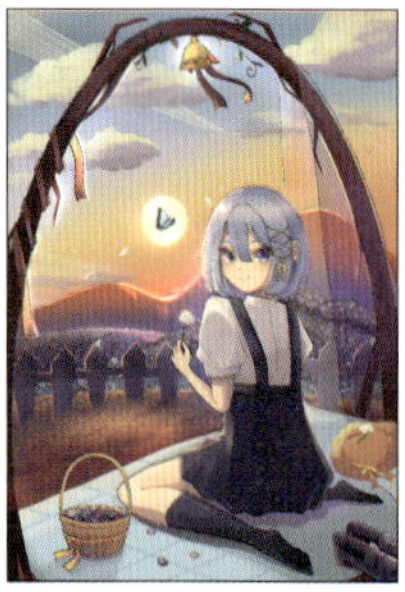
［秘密の場所］石川県・カナト

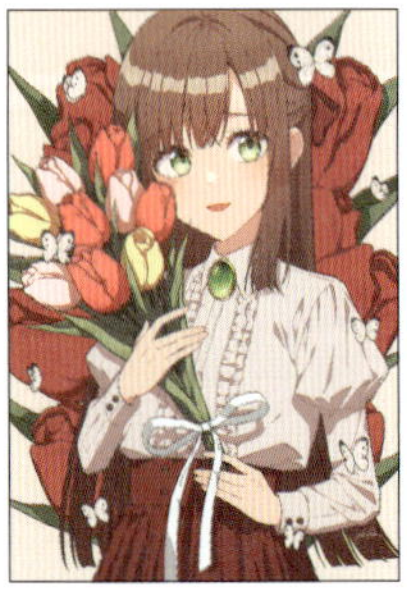
［それでも、私はあなたと一緒にいたいよ］神奈川県・KaiRa

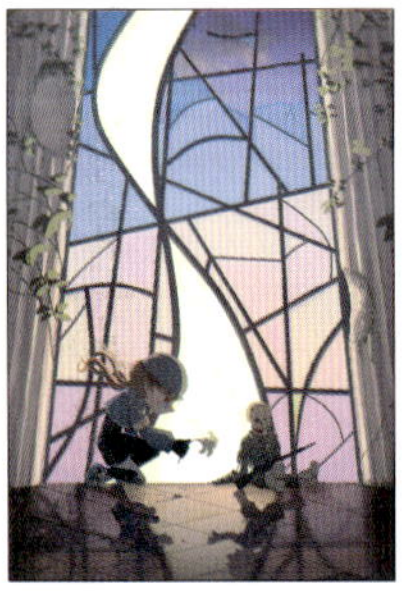
［変遷 7年］静岡県・カランカ

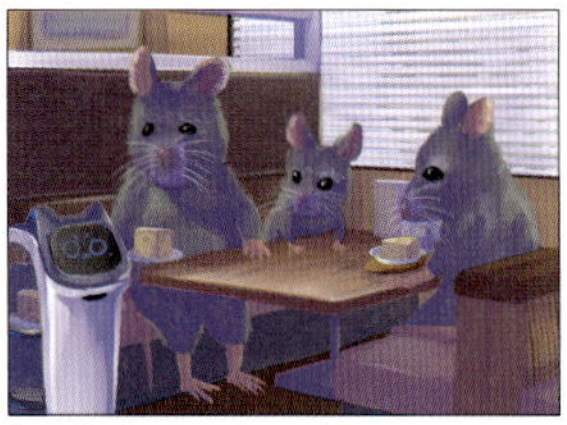
［逆転］大阪府・時田夏名

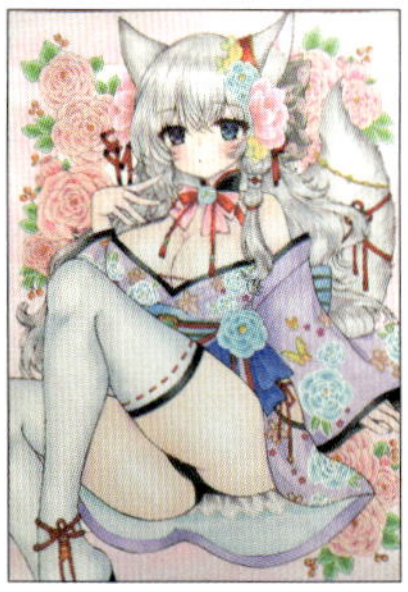
［お狐さま］長崎県・ゆにこ

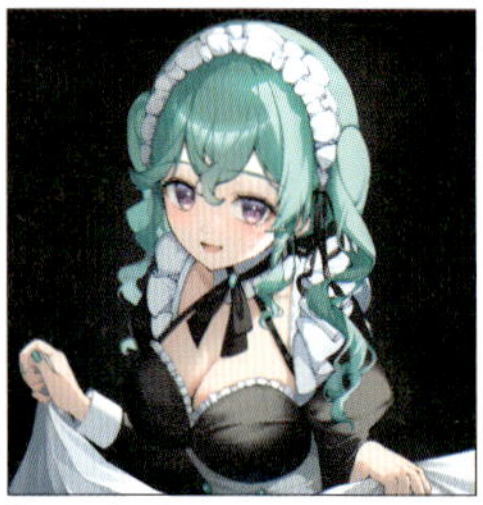
［メイド］愛知県・詩聖きなこ

入選

1ポイント

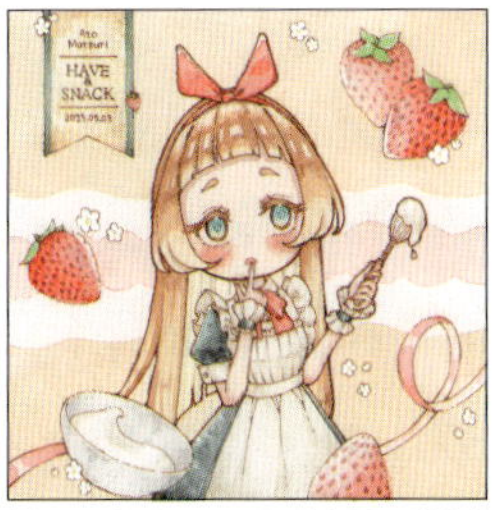

[今日のおやつは…] 兵庫県・彩音まつり

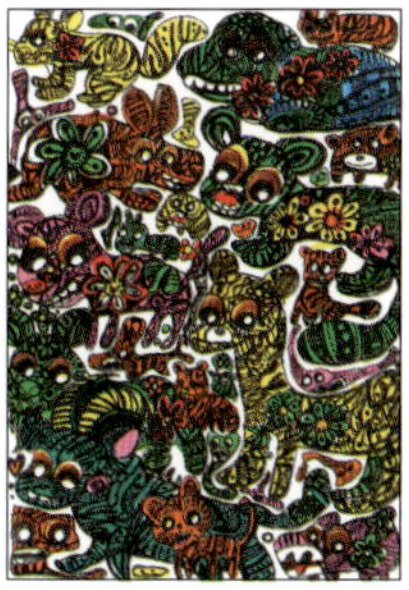

[沢山いるよ!! カラフルアニマル] 東京都・ひろくまひろみ

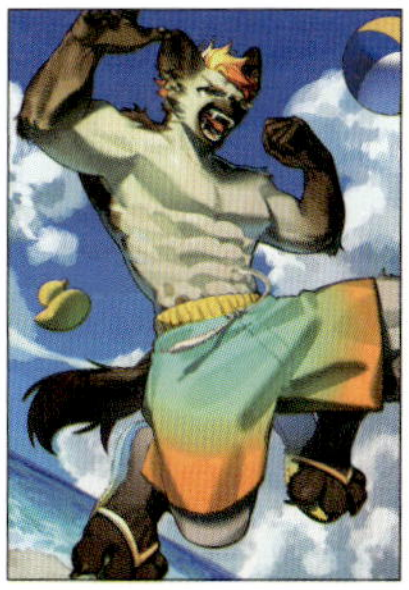

[エンジョイサマー] 富山県・じじゃあ

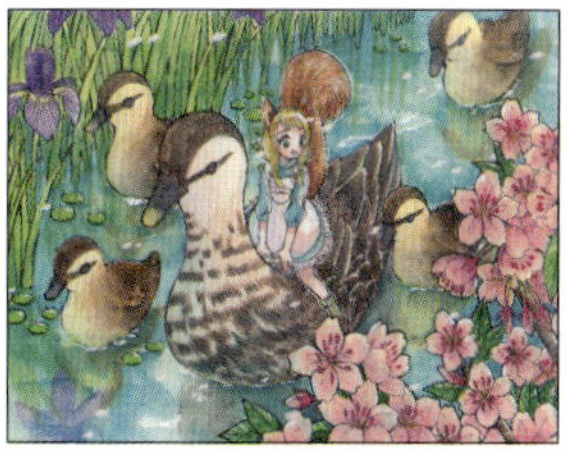

[春探し] 東京都・加藤もりあ

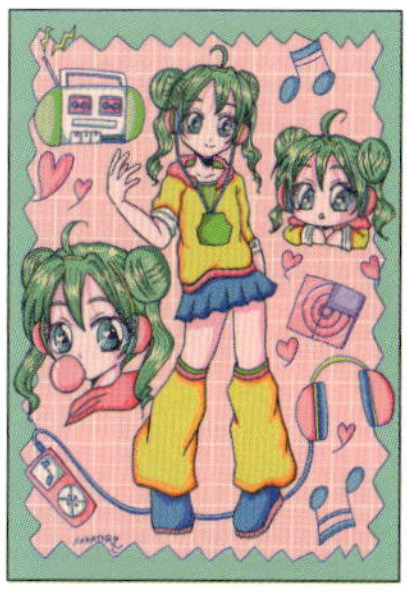

[ビビっとミュージック] 兵庫県・Katori

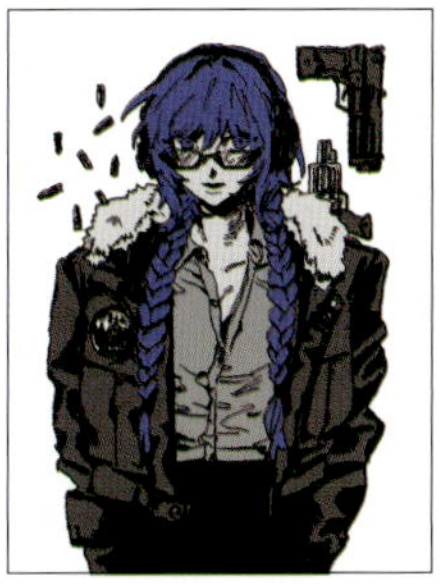

[レディガン] 新潟県・knD

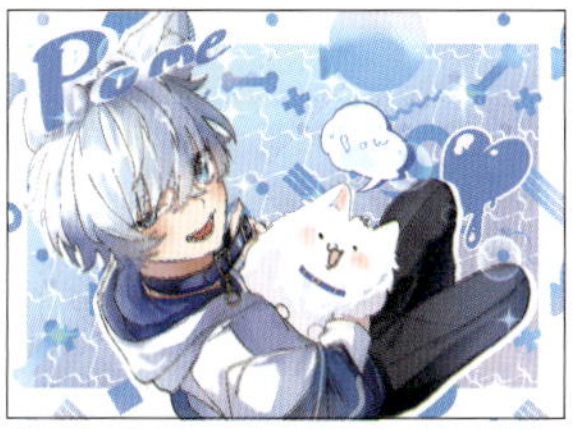

[陽気なポメラニアン]福島県・りんごなし。

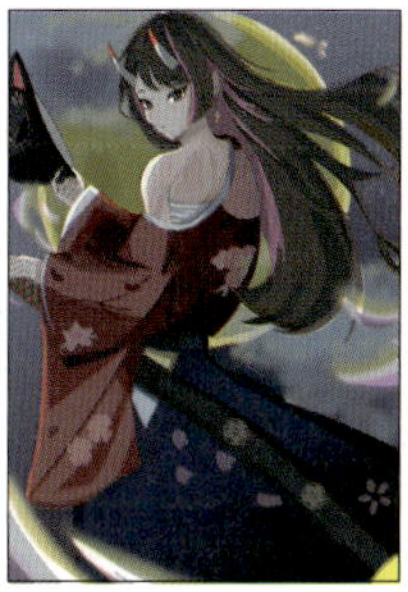

[月夜] 福島県・よつば・20歳

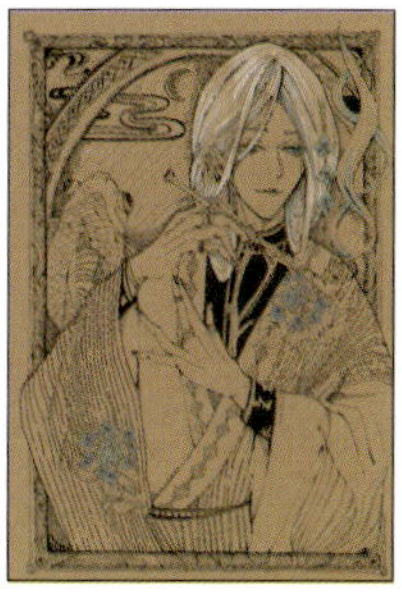

[雨月夜] 千葉県・kohakuko

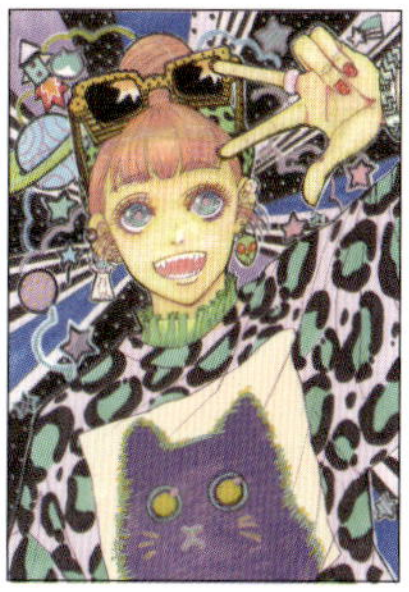

[魅惑の宇宙] 福島県・ジョンブリアン

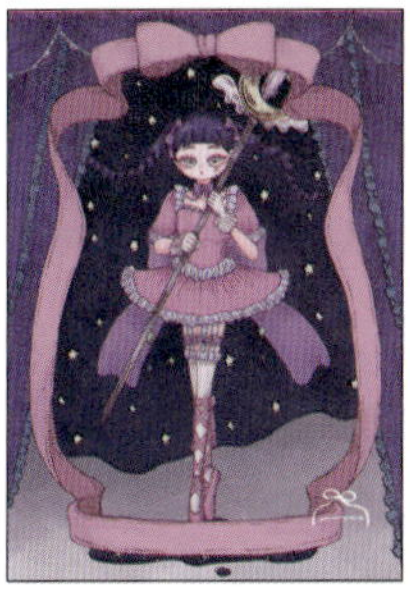

[無題] 福岡県・シロリボン

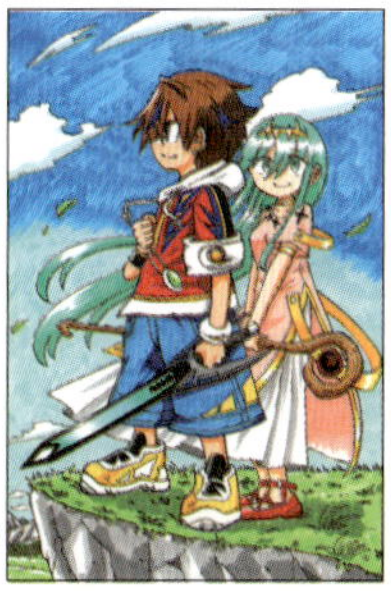

[The Tempest Blue] 大阪府・山﨑純・32歳

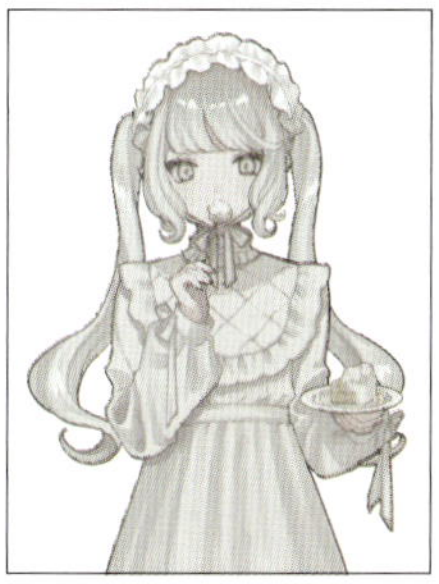

[whip] 三重県・らいせ

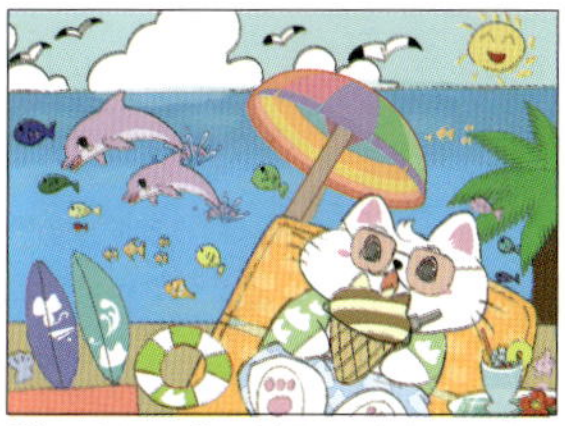

[猫のバカンス] 石川県・ゆうな・20歳

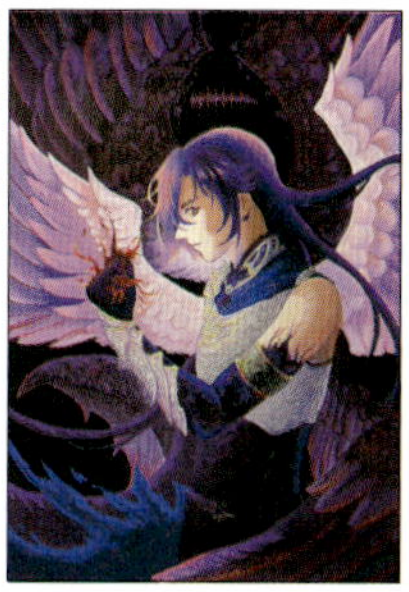

[喰・爆・獏] 兵庫県・Luca

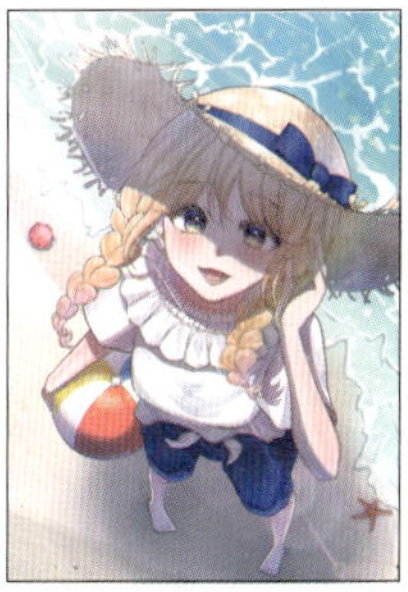

[いっしょに遊ばない?] 岐阜県・Luna--n・19歳

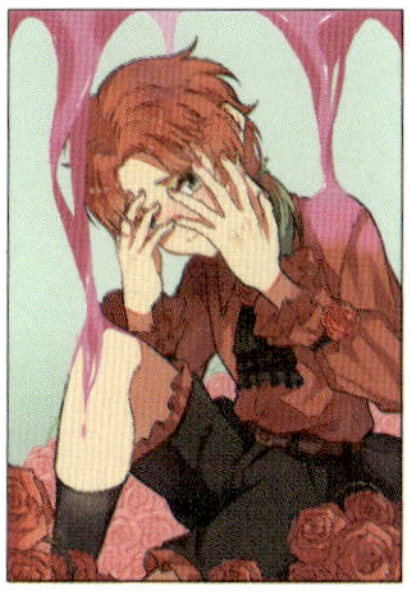

[愛に狂う薔薇] 新潟県・ラクらっくん

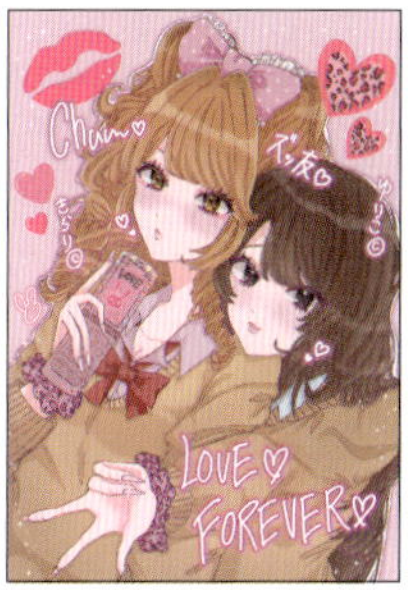

[ズッ友 LOVEFOREVER…♡] 福島県・兎丸うなぎ

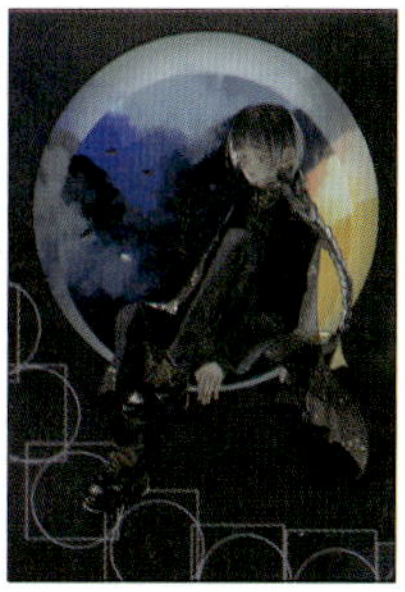

[水槽] 福島県・せきう

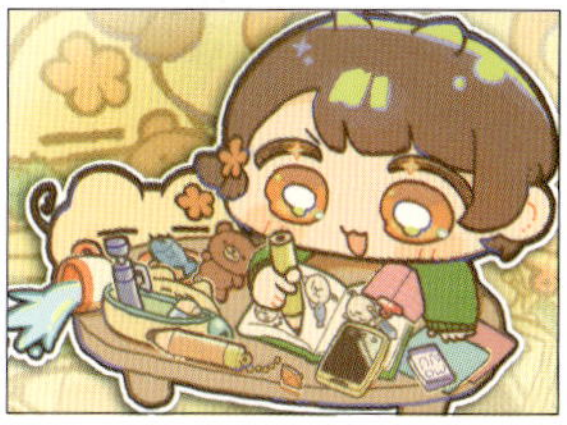

[はちゃめちゃ優先順位！]福島県・ふぷあ

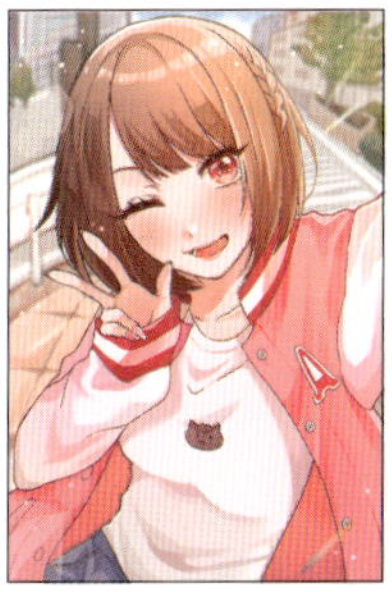

[街角ピース！] 福島県・そのだ

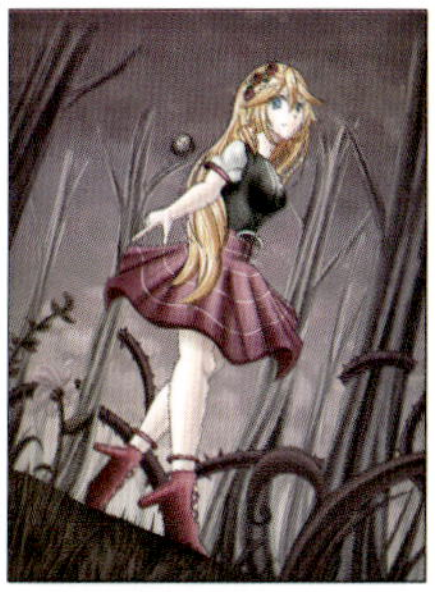

[あかいくつ] 埼玉県・島崎風

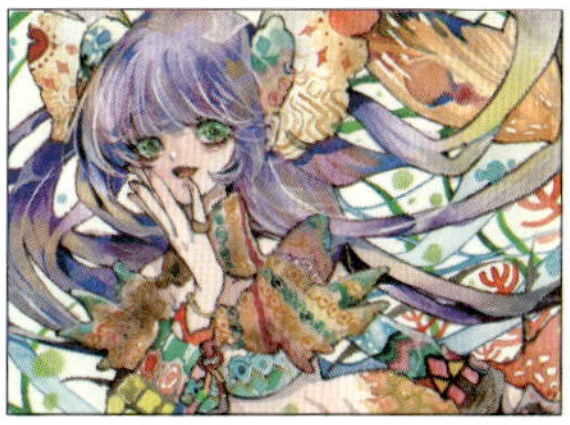

[彩り] 長崎県・ばん

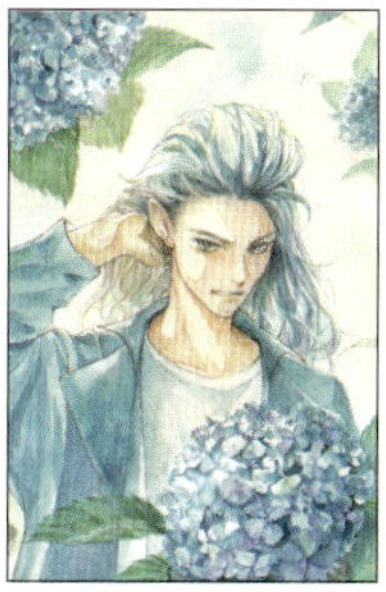

[晴れ男] 熊本県・makuran

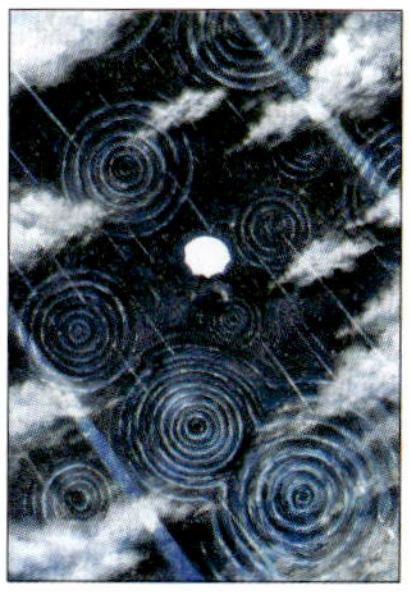

[曇のち流星雨] 大阪府・葵野ケイコ

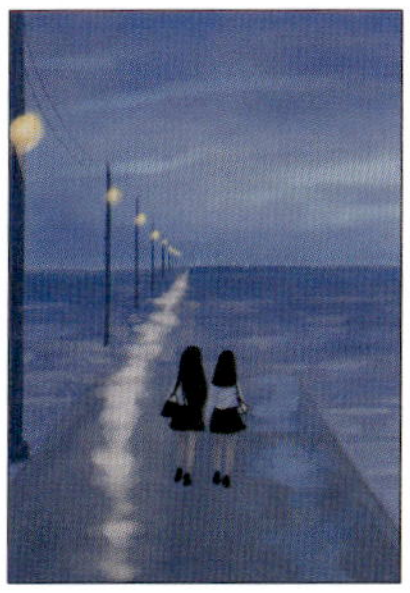

[無題] イタリア・Midori

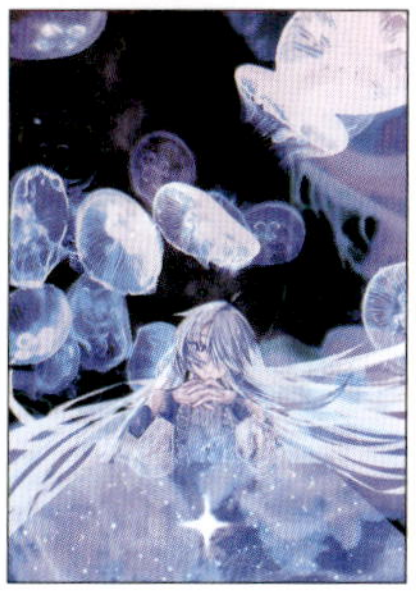

[あなたのことをおしえて] 岐阜県・越前

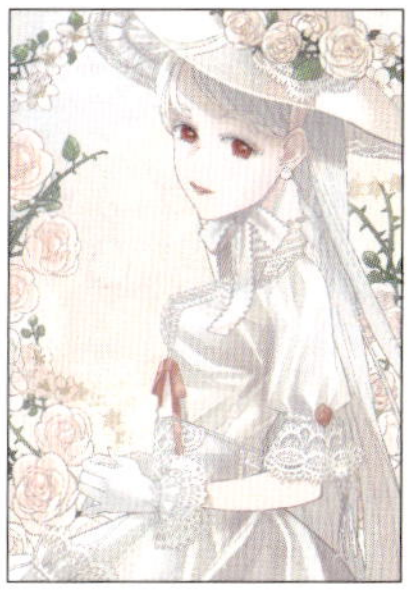

[白と薔薇] 滋賀県・東英莉

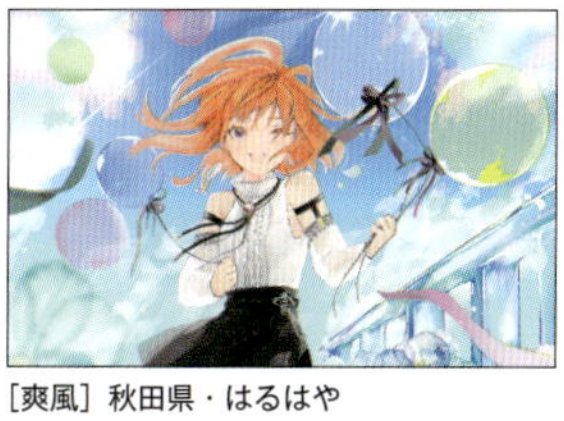

[爽風] 秋田県・はるはや

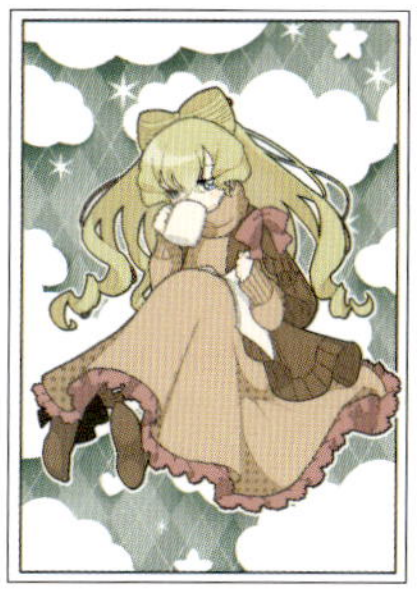

[午後9時のリラックスタイム] 愛知県・たまごたぬき

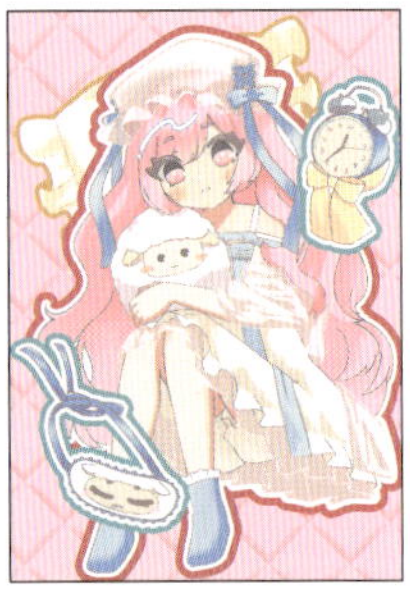
[睡眠] 福島県・花宮華

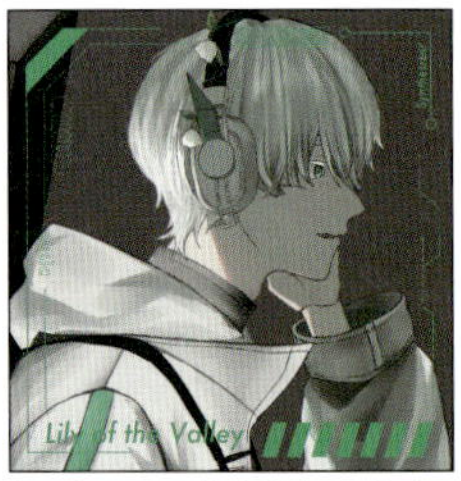
[スズランの音] 大阪府・にしん

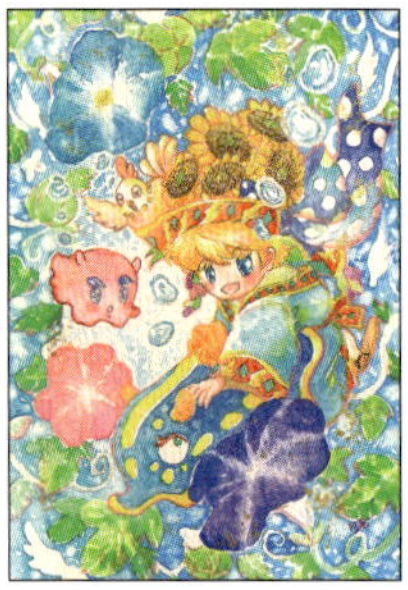
[水中朝顔] 神奈川県・デミ☆グラス

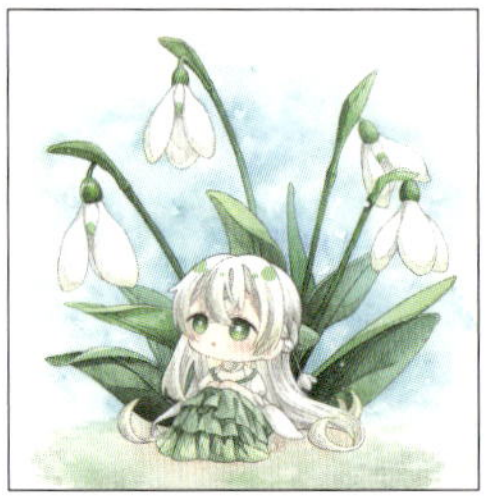
[まちあわせはあの場所で] 大阪府・ねこの庵

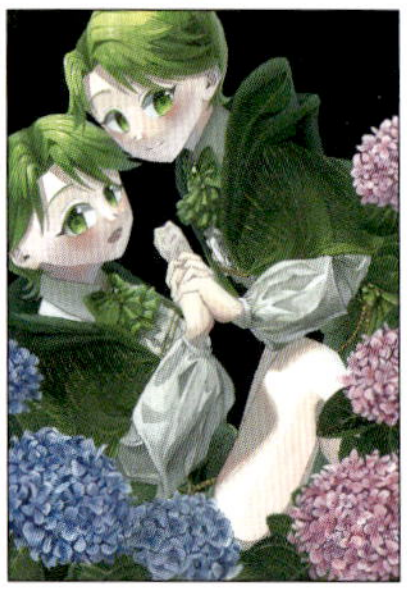
[Gemini] 大阪府・Mist

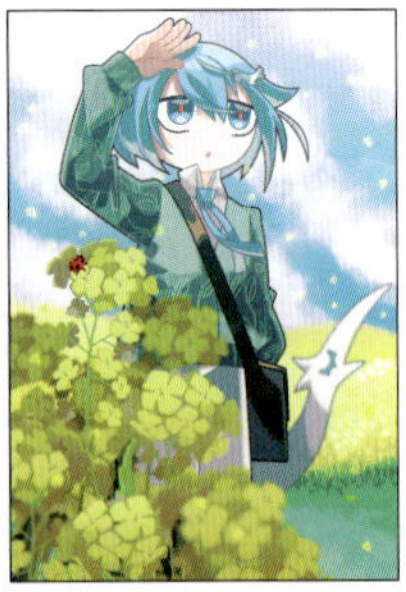
[菜の花と青色] 福島県・MITSUKADO

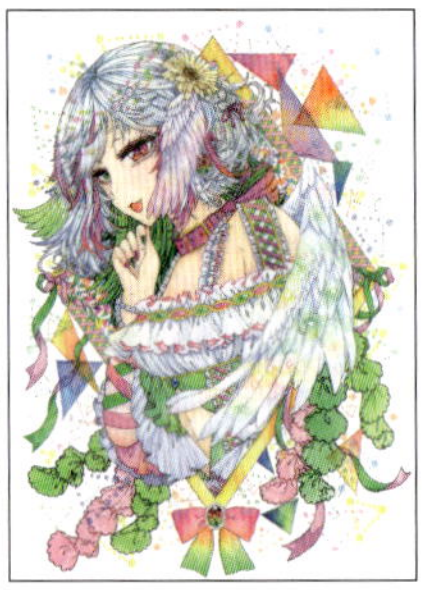
[はなやぐツバサ] 福岡県・藤宮いすみ

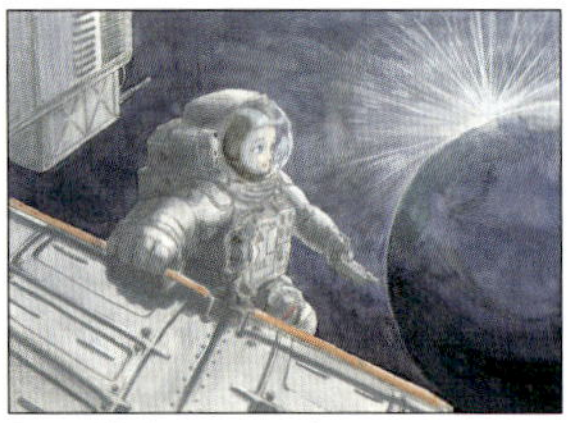
[日の出] 大阪府・ニギリメシ

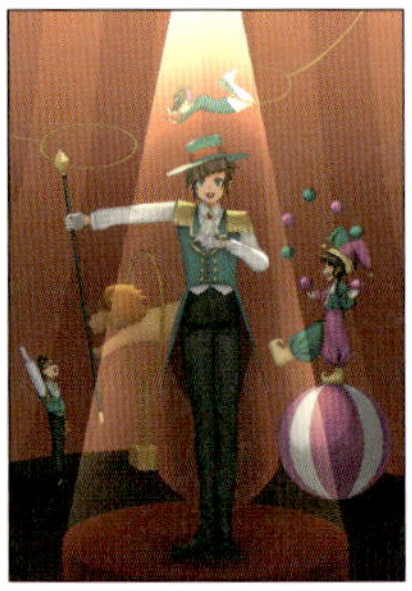
[ようこそ! 小さなサーカス団へ!] 愛知県・デルタルト

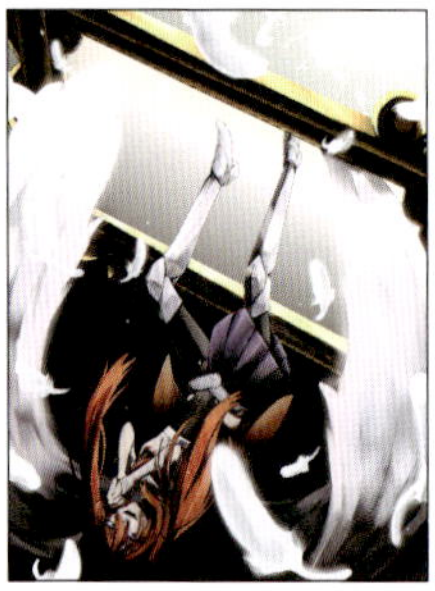
[英雄天使] 東京都・紅城黎

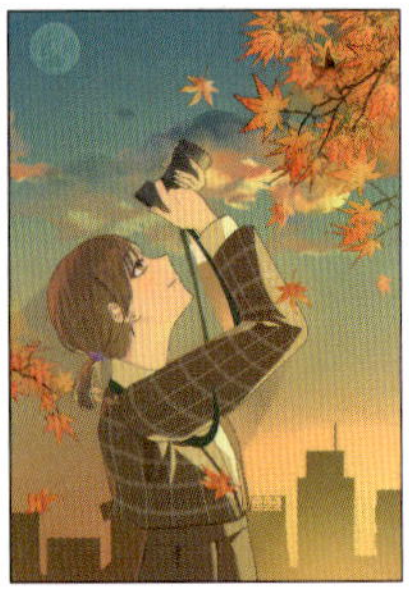
[カメラマン] 香川県・とり

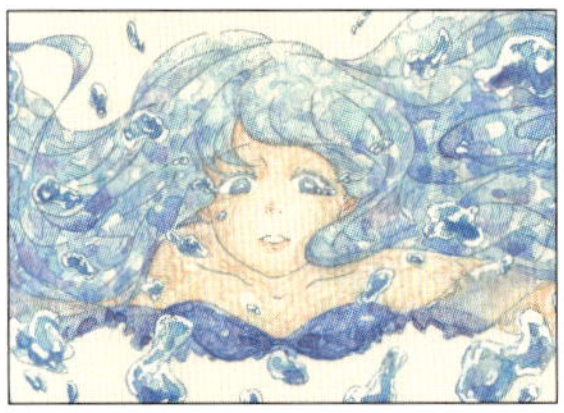
[消えゆくとき] 千葉県・すずしろ

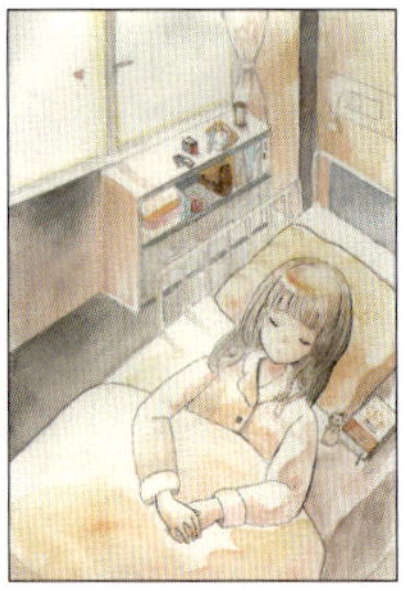
[夢みるあの子はいつも] 兵庫県・佐藤いすず

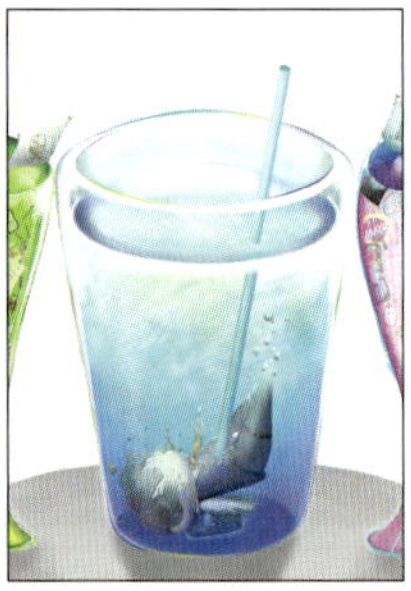
[否定] 岡山県・N

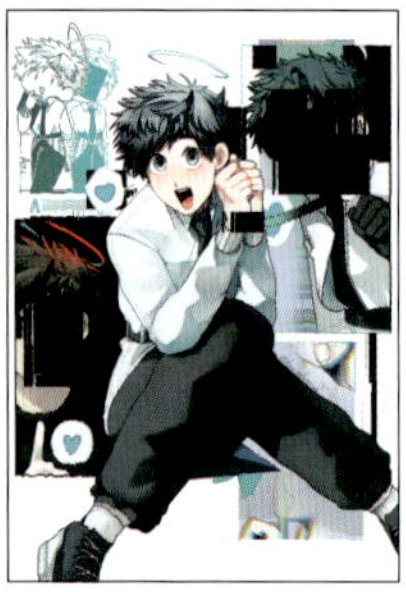
[foreverrrrr] 北海道・独り猫・17歳

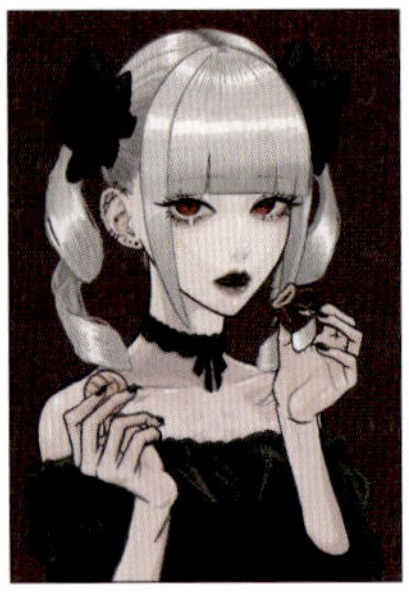
[無題] 福島県・natsu

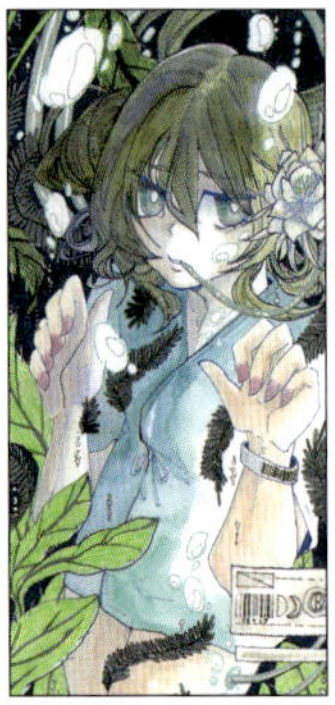
[夜につまる] 愛知県・紫綾

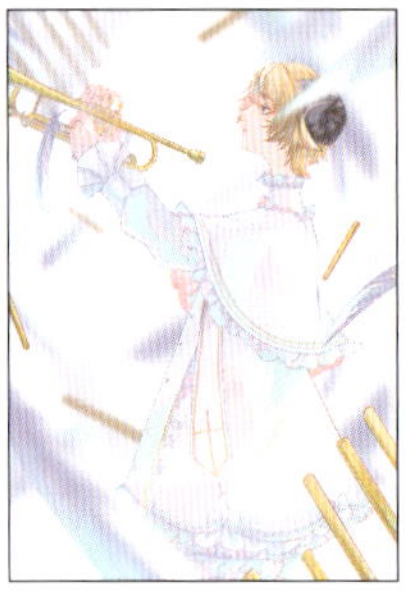
[鎮魂歌] 東京都・煤知鈴あこ

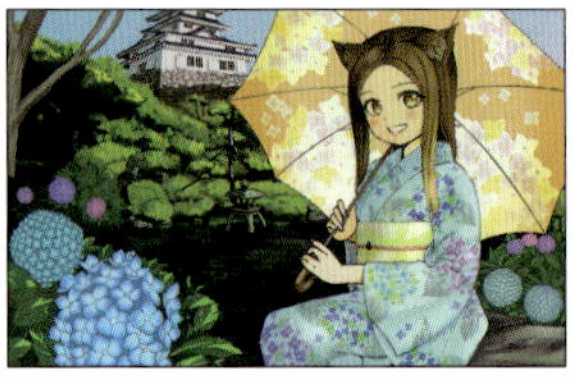
[日本庭園にて] 大阪府・しどうかいと・39歳

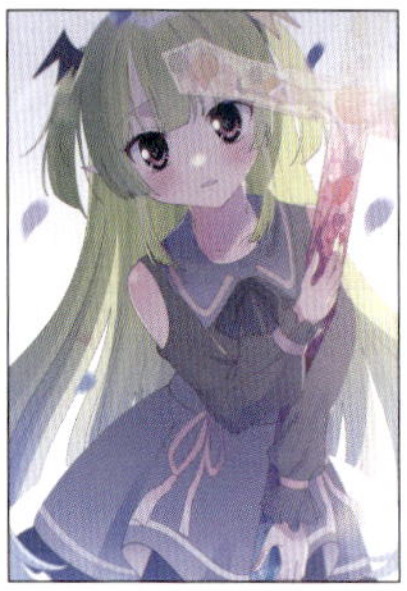
[Succubus] 東京都・ななうみ

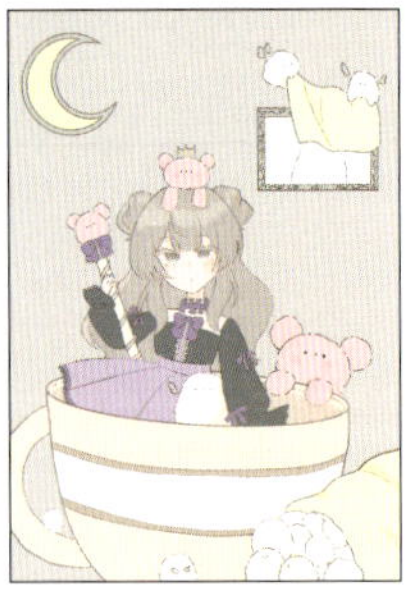
[甘く、苦く] 愛知県・ねも

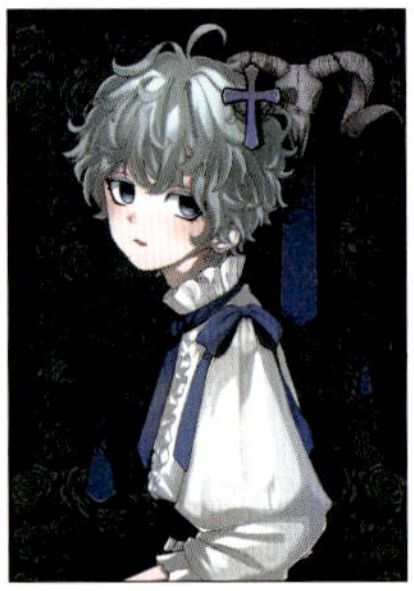
[薔薇×十字] 岡山県・白鳩

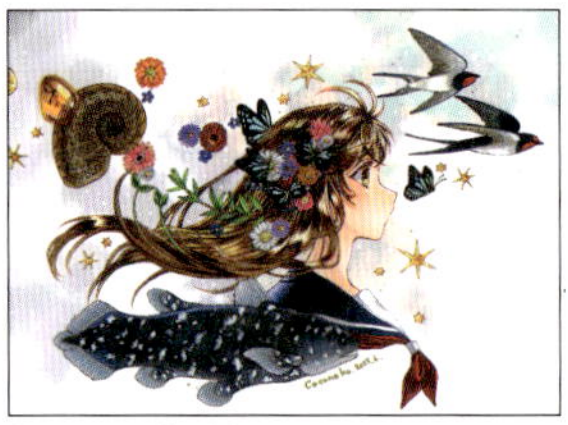
[Evolution] 神奈川県・ここねこ

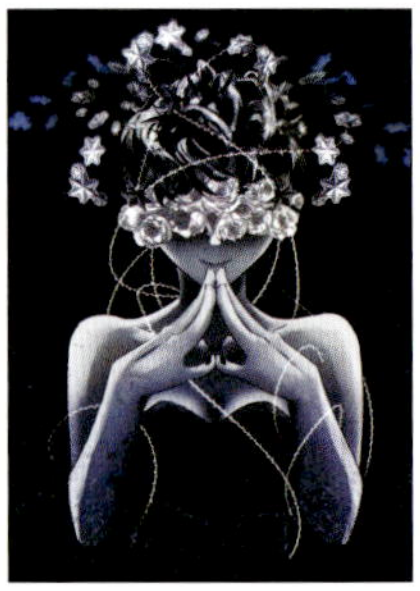
[『ねぇ』] 福岡県・秋月ラノ

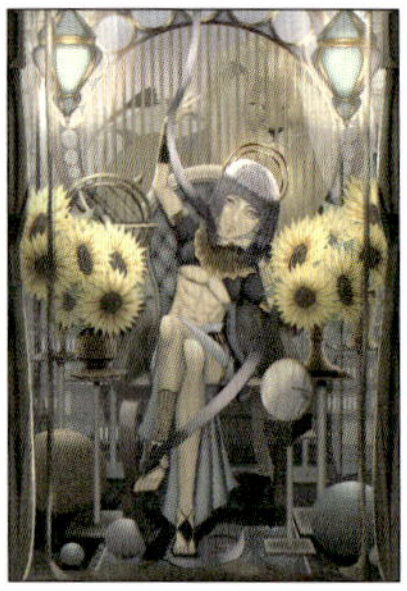
[日は夜を知らず] 福井県・Nem.

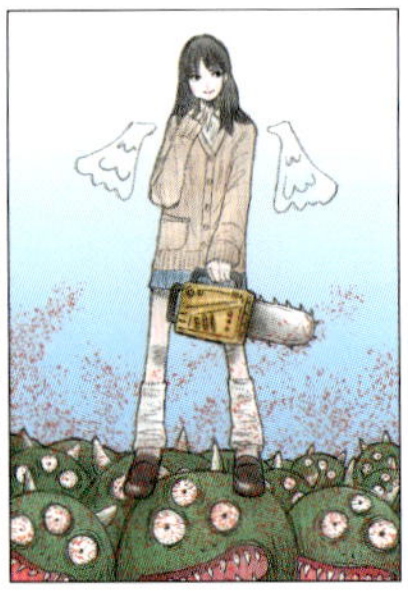
[チェンソーガール] 長野県・初冬

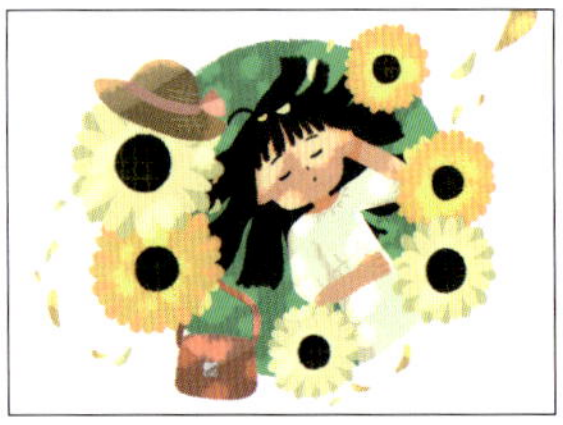
[夏のひだまり] 香川県・オトカワ

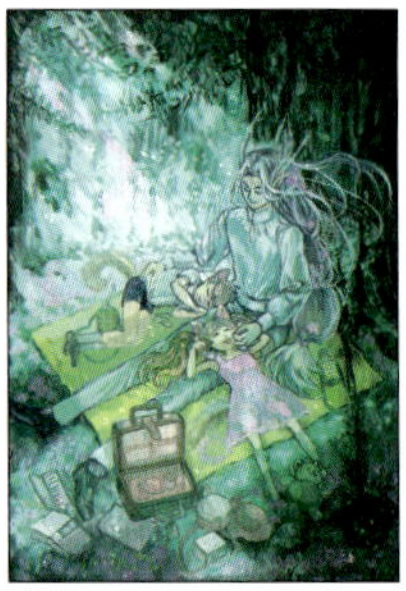
[午睡] 鳥取県・rosyemu

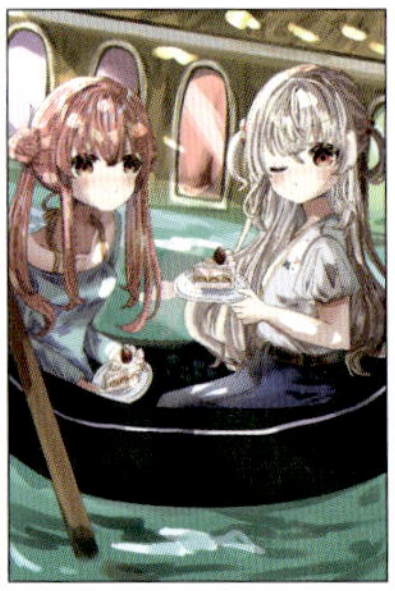
[ヴェネツィアの贅沢観光] 神奈川県・のにのー

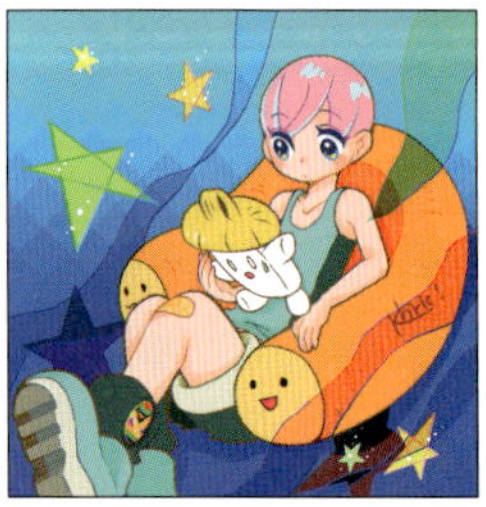
[星海浮遊] 大阪府・コハルカ

入選 1ポイント

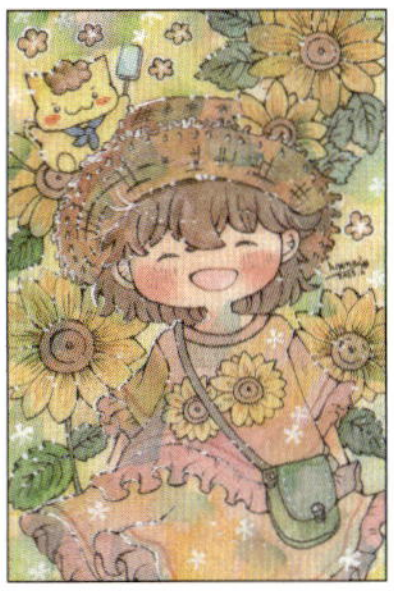
［太陽の日差し～向日葵～］神奈川県・はなのひよの

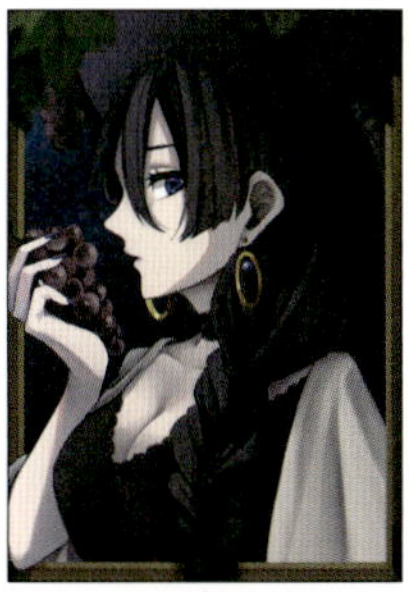
［魔女］東京都・TUKIKO

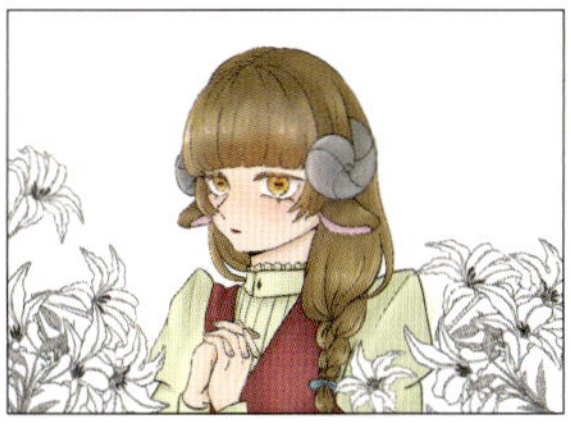
［羊獣人ちゃん］岡山県・えびちり

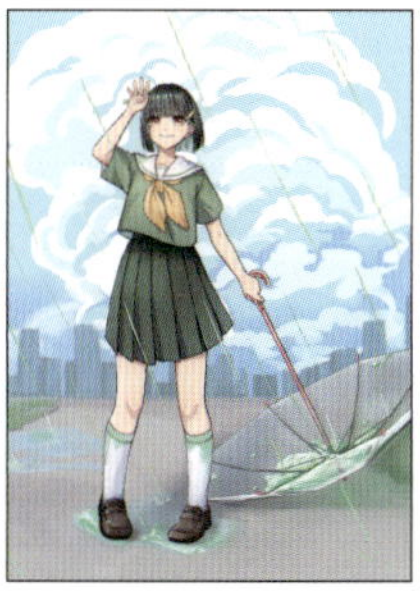
［雨のちメロンソーダ］岡山県・小倉ふうり（ろーれらい 改め）

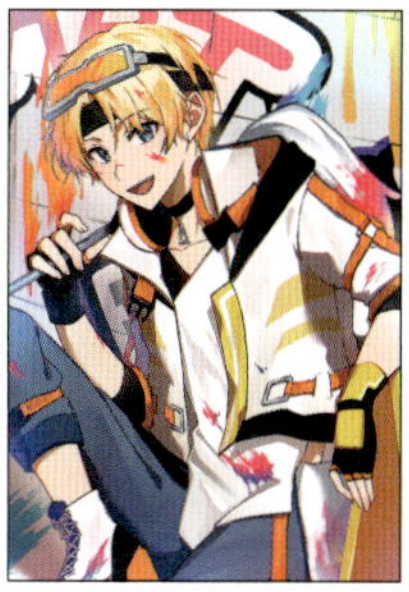
［PAINTING］愛知県・柊無・19歳

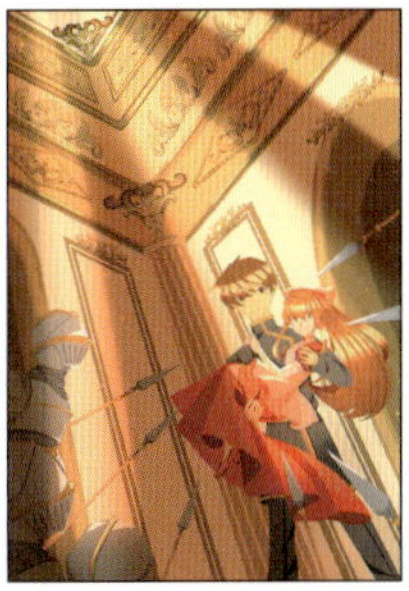
［無題］マレーシア・Tulip Biru

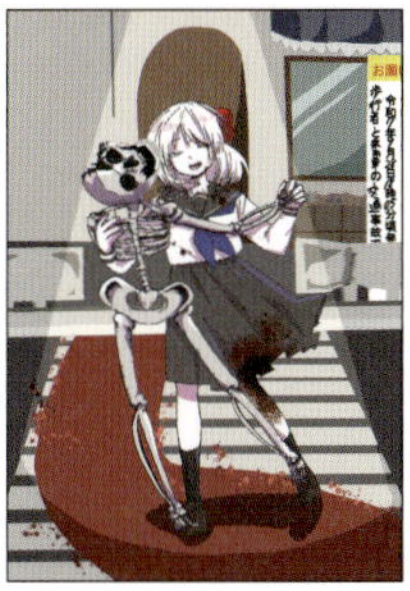
［redcarpet］香川県・望月蒼

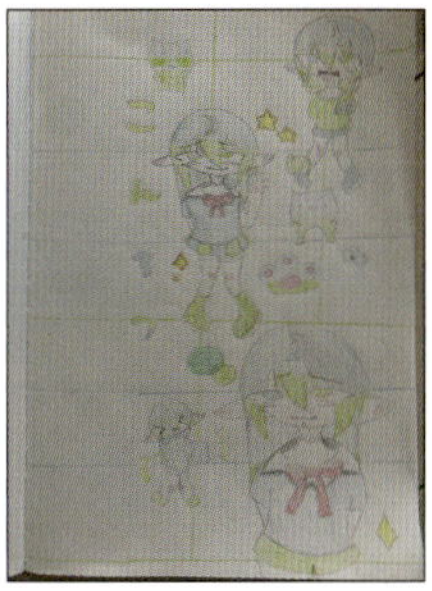
［こんちワ］東京都・ハニービー・10歳

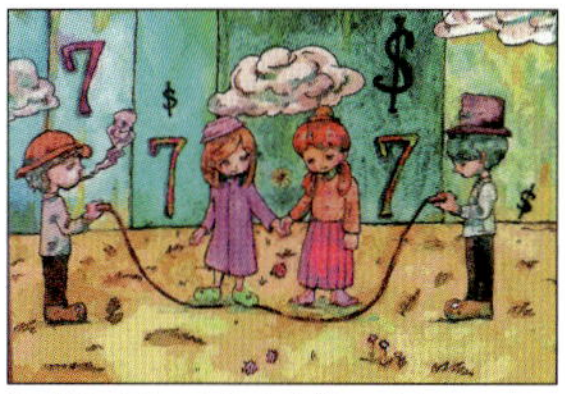
［飛ぶしかないね］東京都・イオ

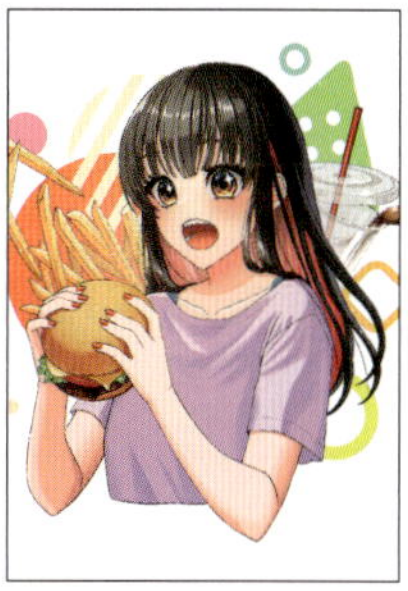
［ハンバーガー］静岡県・真田由貴

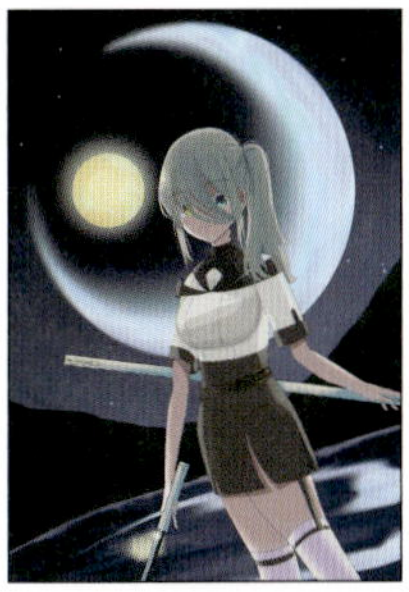
［月隠］石川県・ハヤテン

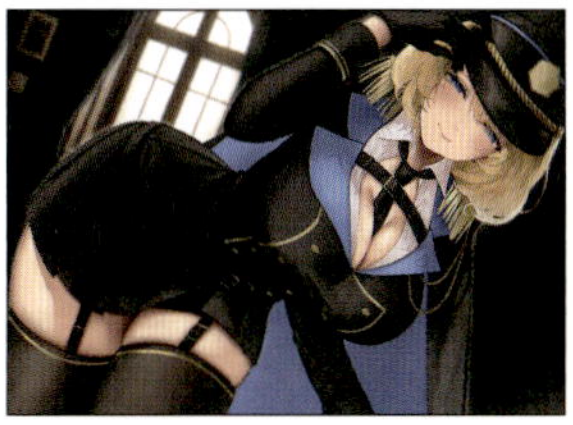
［軍警に捕まって…］岩手県・yata

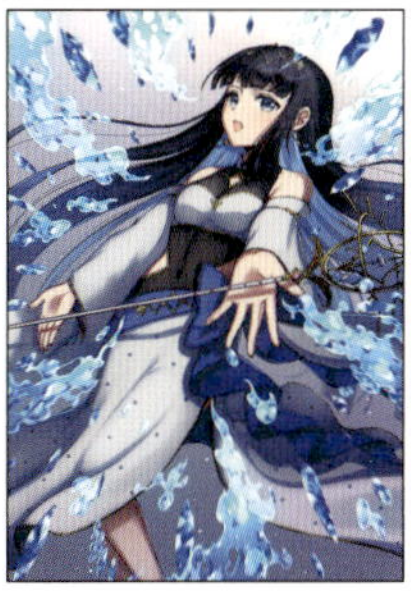
［サファイア］秋田県・星崎おぼん

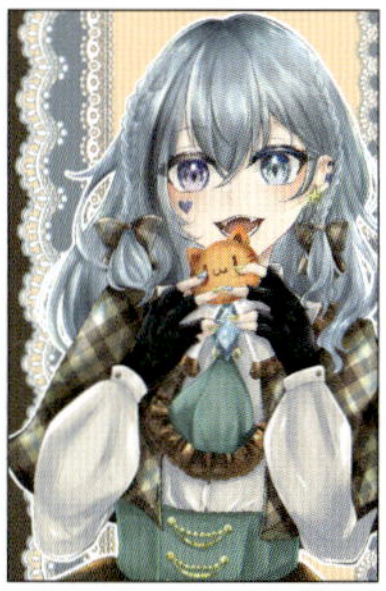
［Quatre-Quarts］東京都・夢葉

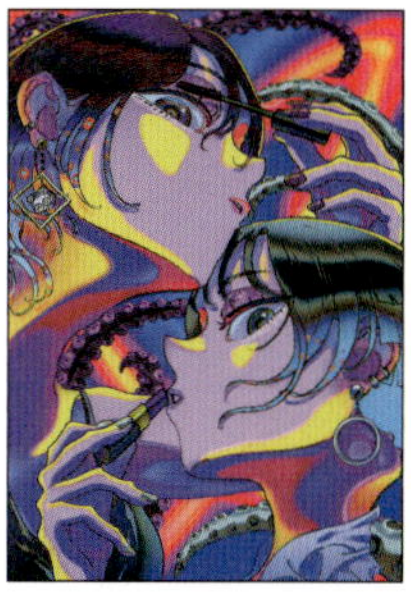
［無題］佐賀県・UMiUSHi

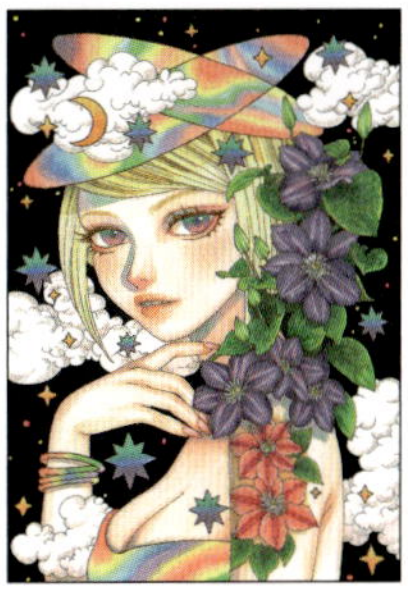
［メルヘンみたいに。］宮城県・YOKO

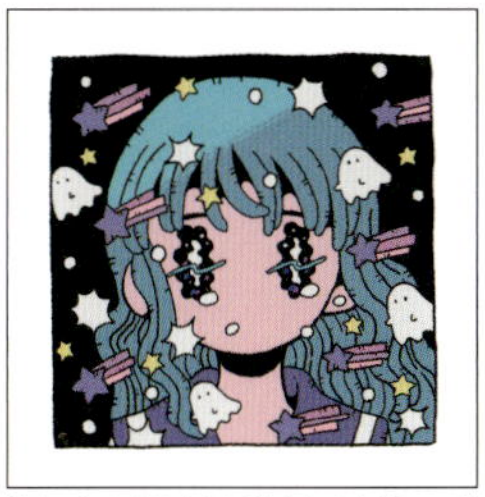
［涙の中で、きらきらは生まれるんだって。］
岡山県・宮地みず

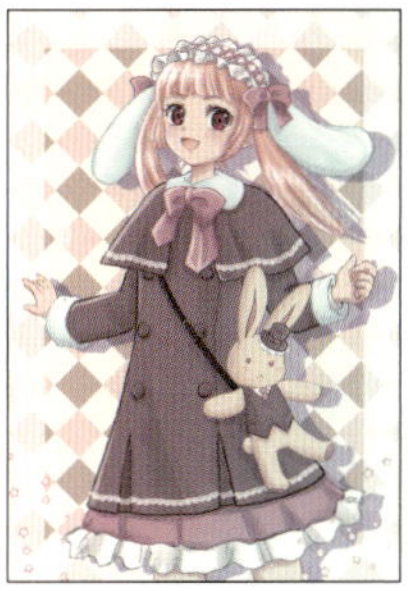
［うさみみコート］神奈川県・ぷちぷち

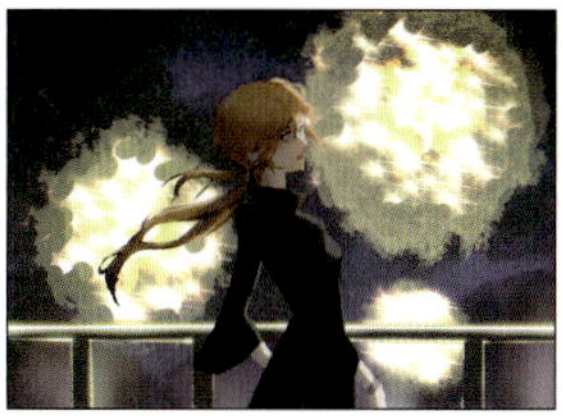
［花火］岡山県・Yarlin

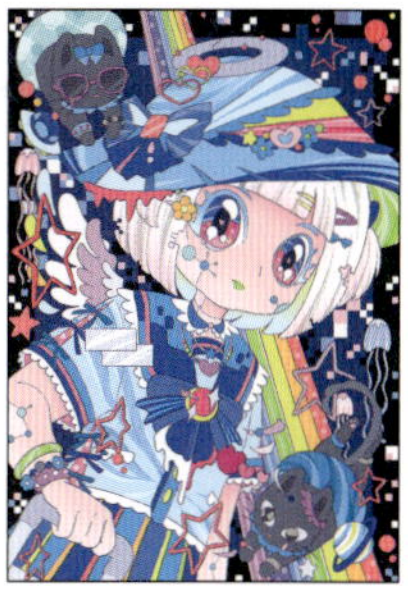
［future］京都府・星乃春花

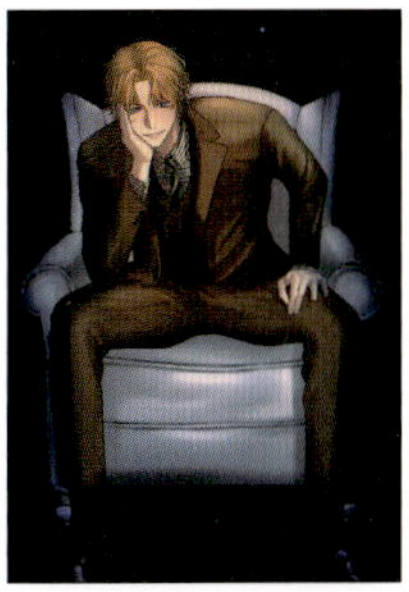
［Cheerfulness Elite］福島県・辻間エツ

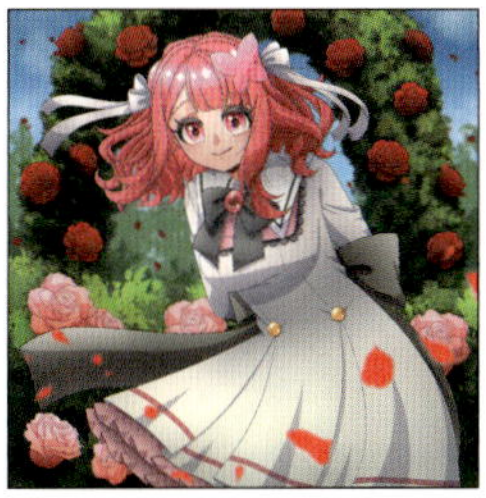
［美しい庭の中で］新潟県・NEVE

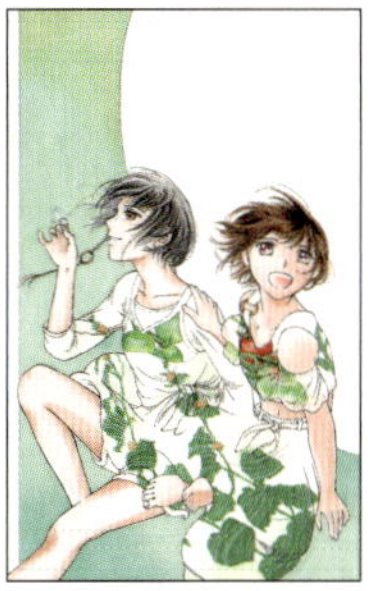
［収穫］福岡県・陽信

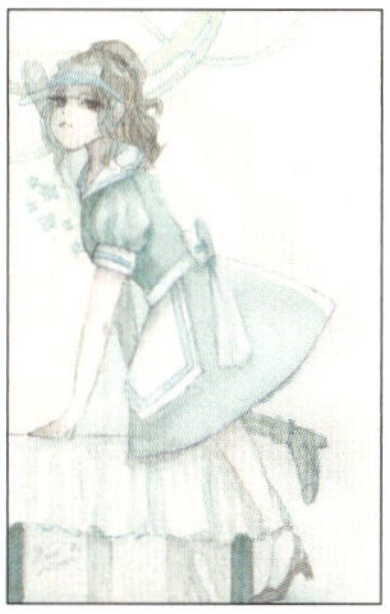
［不機嫌ミントガール］千葉県・ふるーにょん

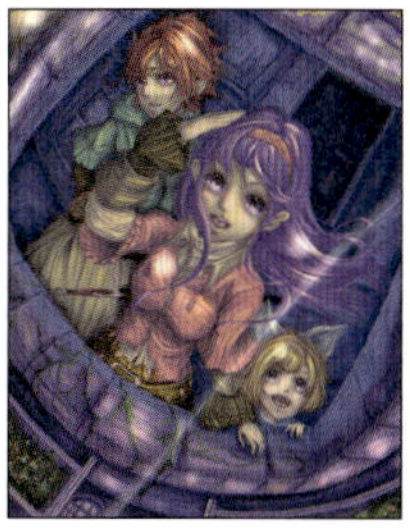
［華火］大阪府・カズ・41歳

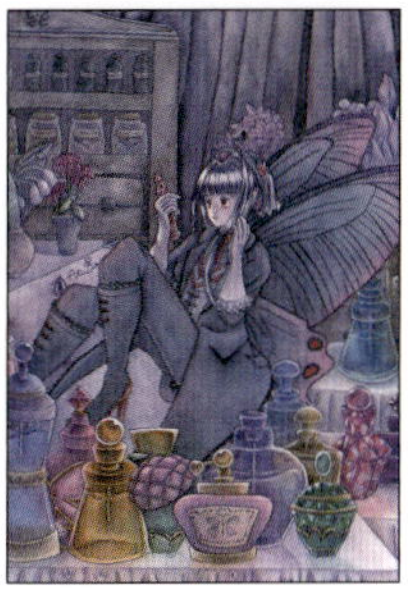
［parfumerie papillon］兵庫県・あつと

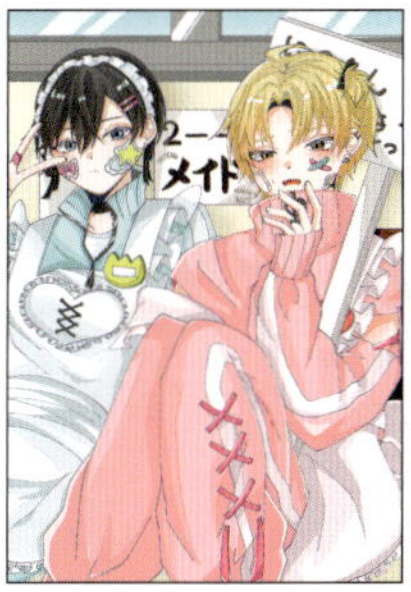
［文化祭のお兄さん］新潟県・路山

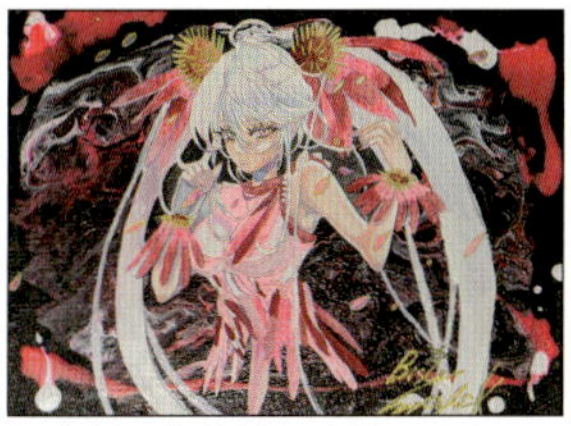
［エキナセア］兵庫県・☆ビスマルク

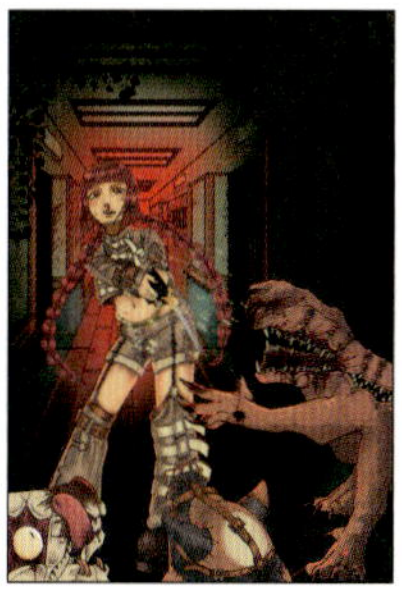
［ピンチ］新潟県・フレア・19歳

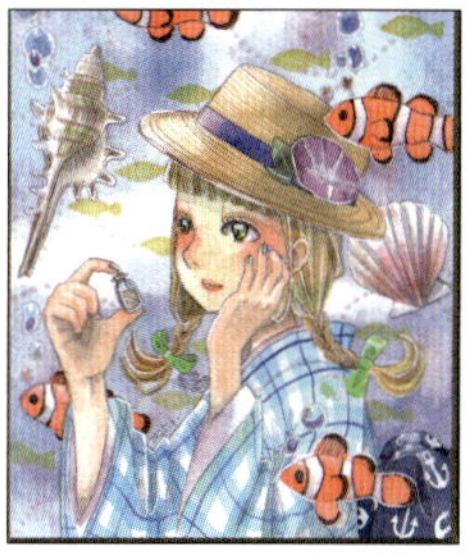
［憧れ］岐阜県・兎亜

審査員賞

3ポイント

きむらほたて賞

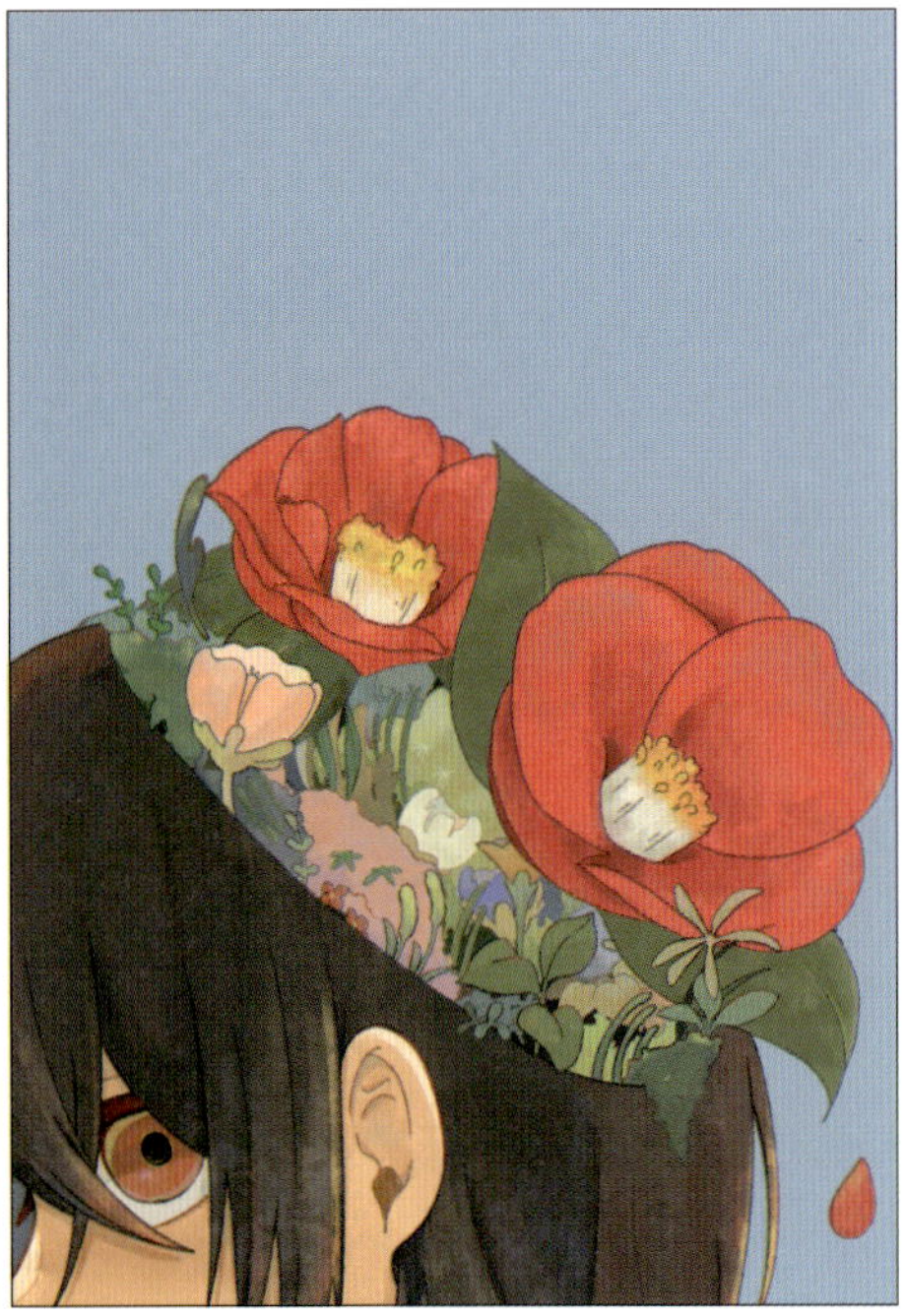

［無題］岡山県・はいろいろ

植物の力づよさに目をうばわれました。ビビットな色とかわいくもあるフォルムがステキです。

ノビ賞

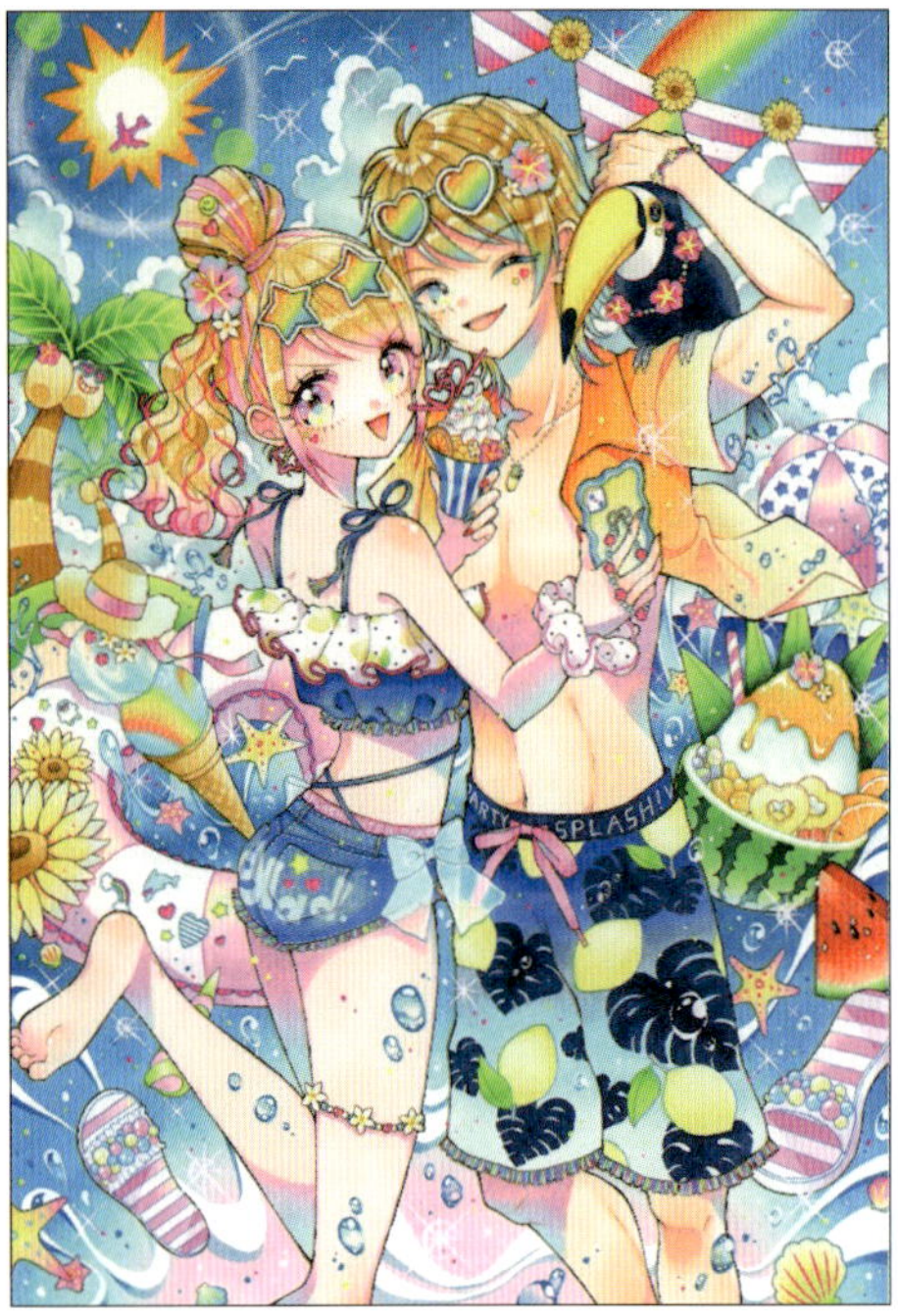

［みんなでブチアゲ！うぉ～た～ぱ～てぃ～］
岡山県・瀬戸見ゆら

夏のモチーフが満載で、カラフルで賑やか、元気なパワーにあふれた一枚。表情もすごく良い。

画材メーカーＦ山賞

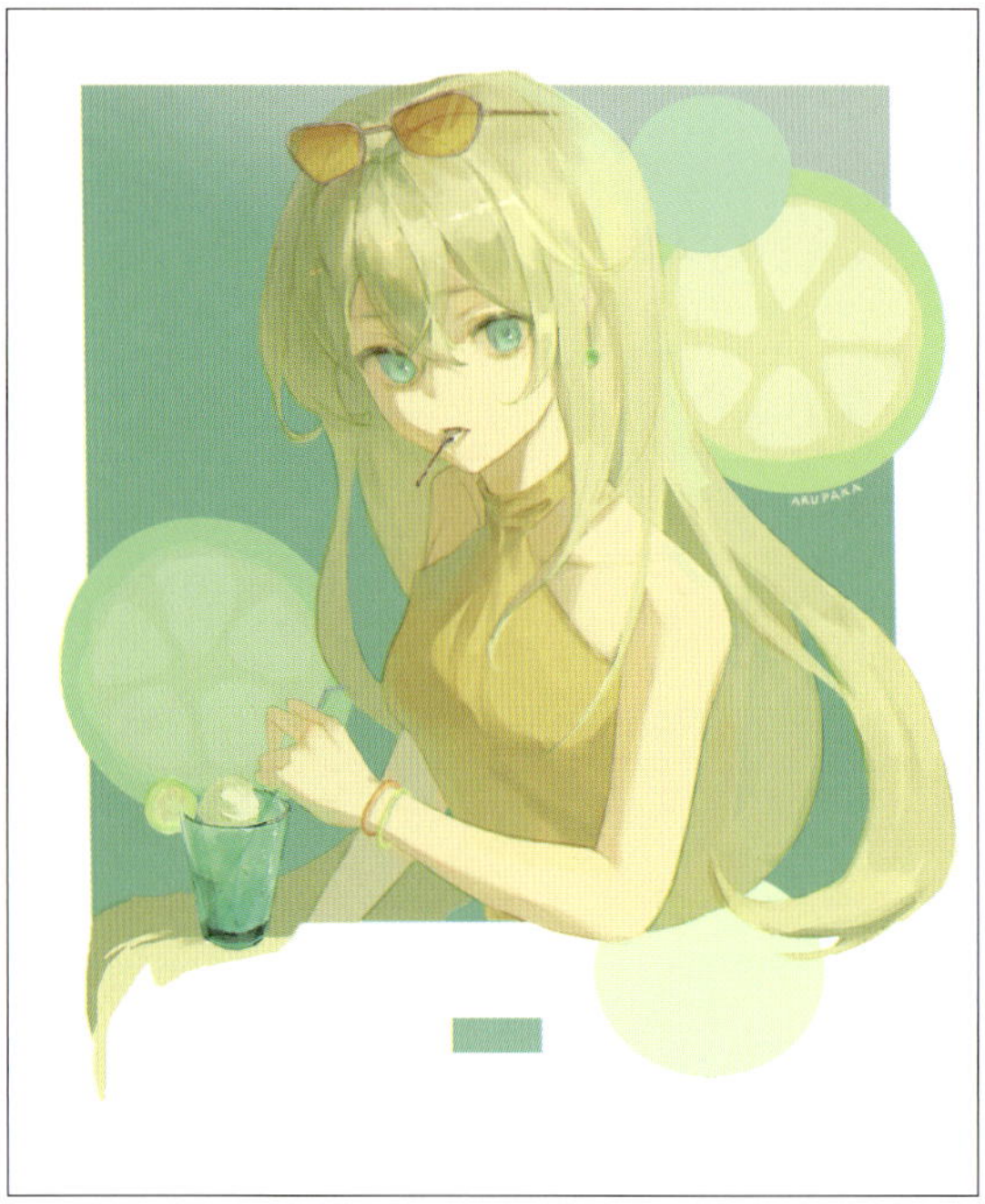

［夏］岡山県・アルパカ

艶感のある塗りと瞳のきらめきが印象的な作品です。グラスやサングラスなど小物の描き込みもさりげなく光るポイントで、つい見とれてしまう魅力があります…！

漫画家入江亜季賞

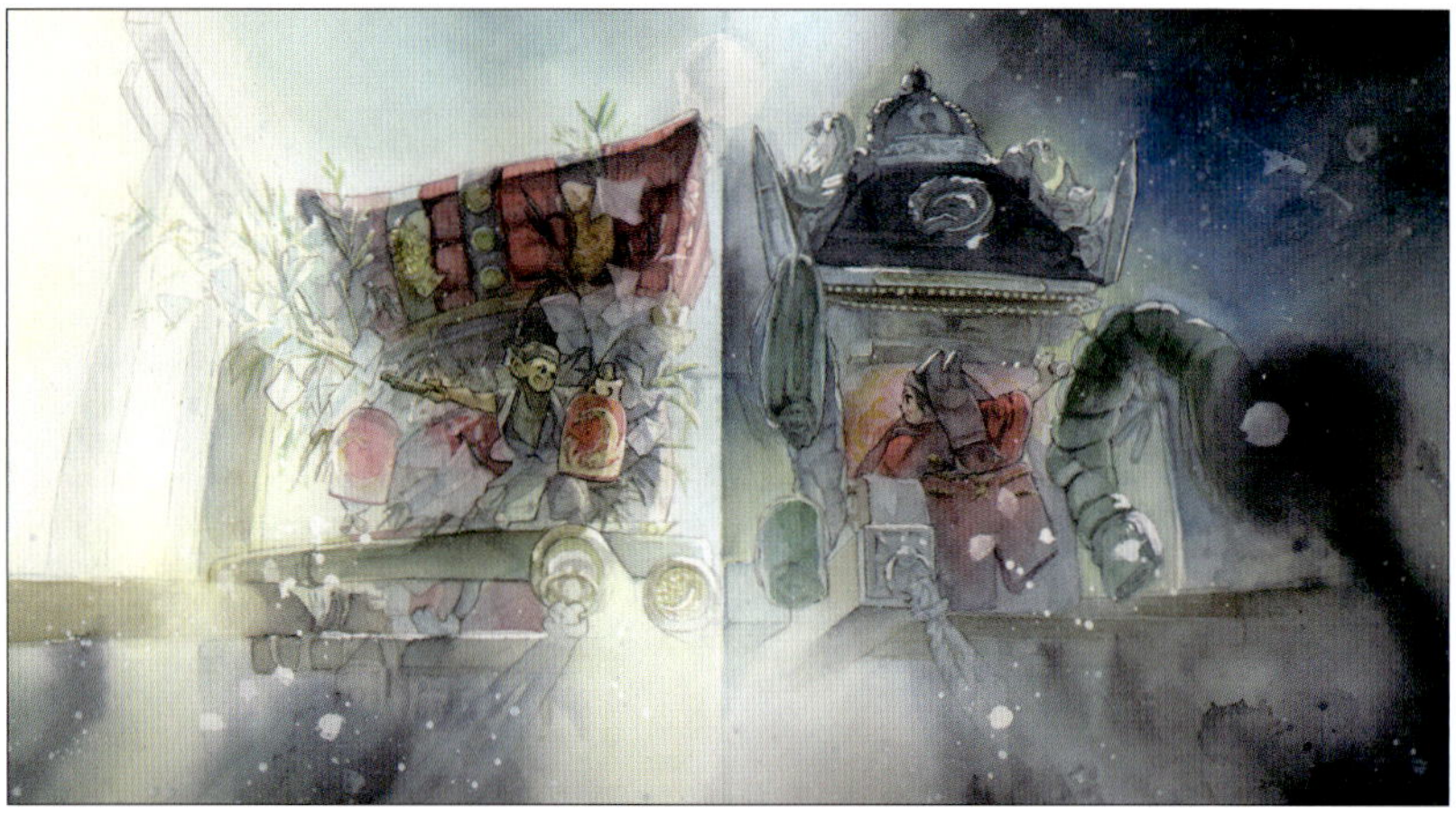

［練合／宵暁］兵庫県・戎井幸一

おごそかで美しい激しい空気が伝わります。これからも美しいものを描いてほしい。
あなたの知る美しさをどんどん豊かにしていってください。

（株）パイ インターナショナル斉藤賞

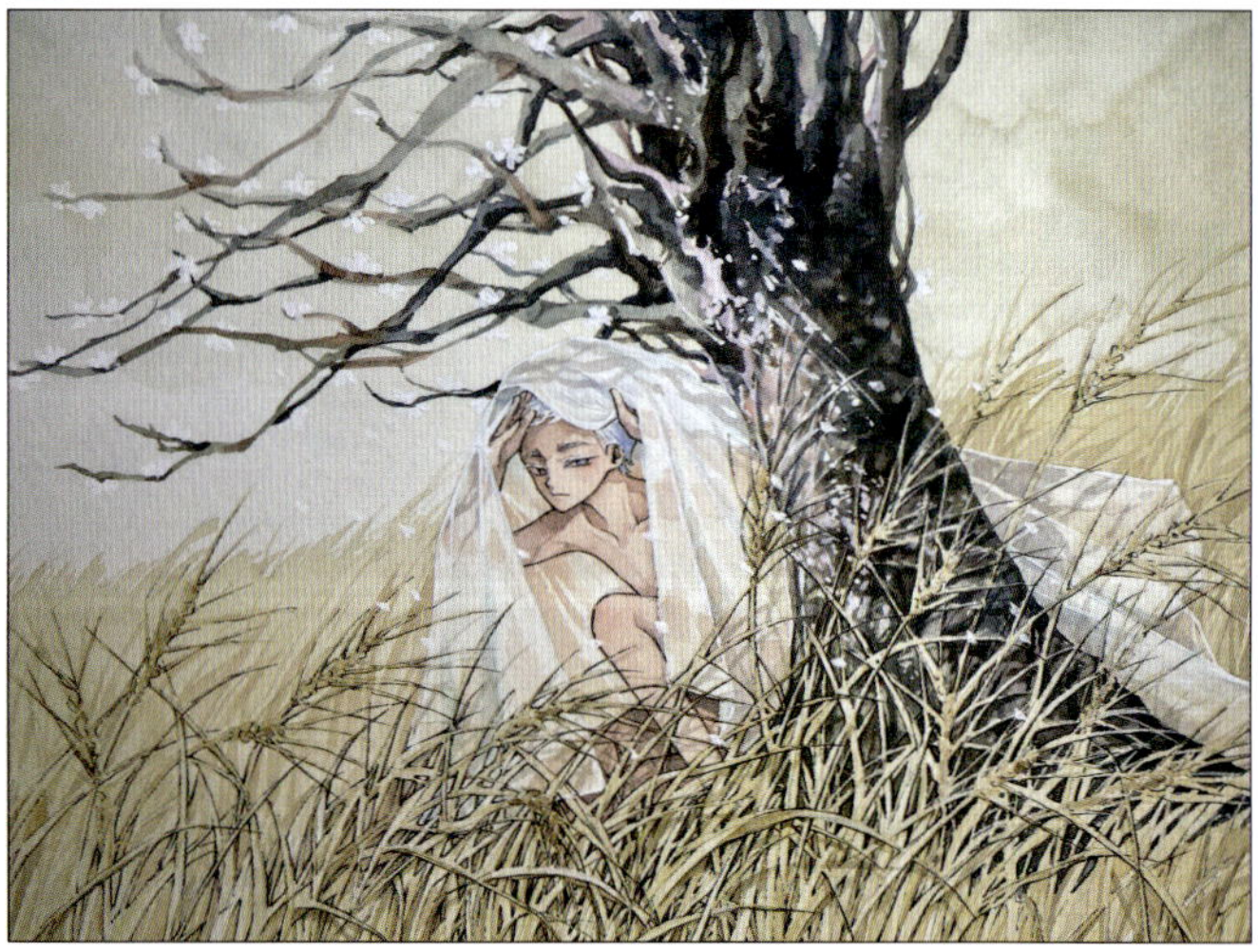

［無題］イギリス / 香港・Rika

枯野に潜む精霊の姿。荒涼感の中にロマンを感じました。

(株) パイ インターナショナル M 芳賞

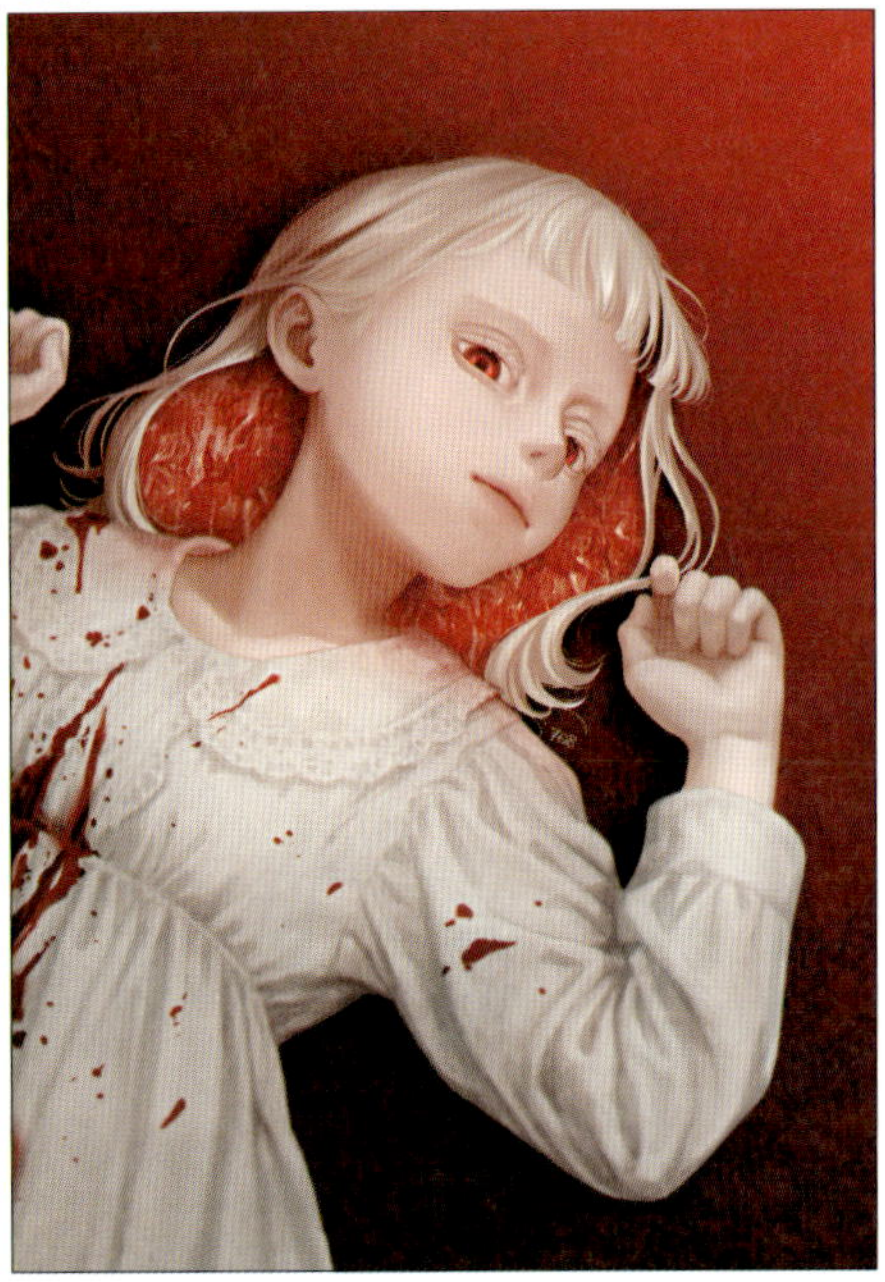

[華也] 北海道・708

赤で統一された配色にくぎづけになりました。

毎日新聞出版賞

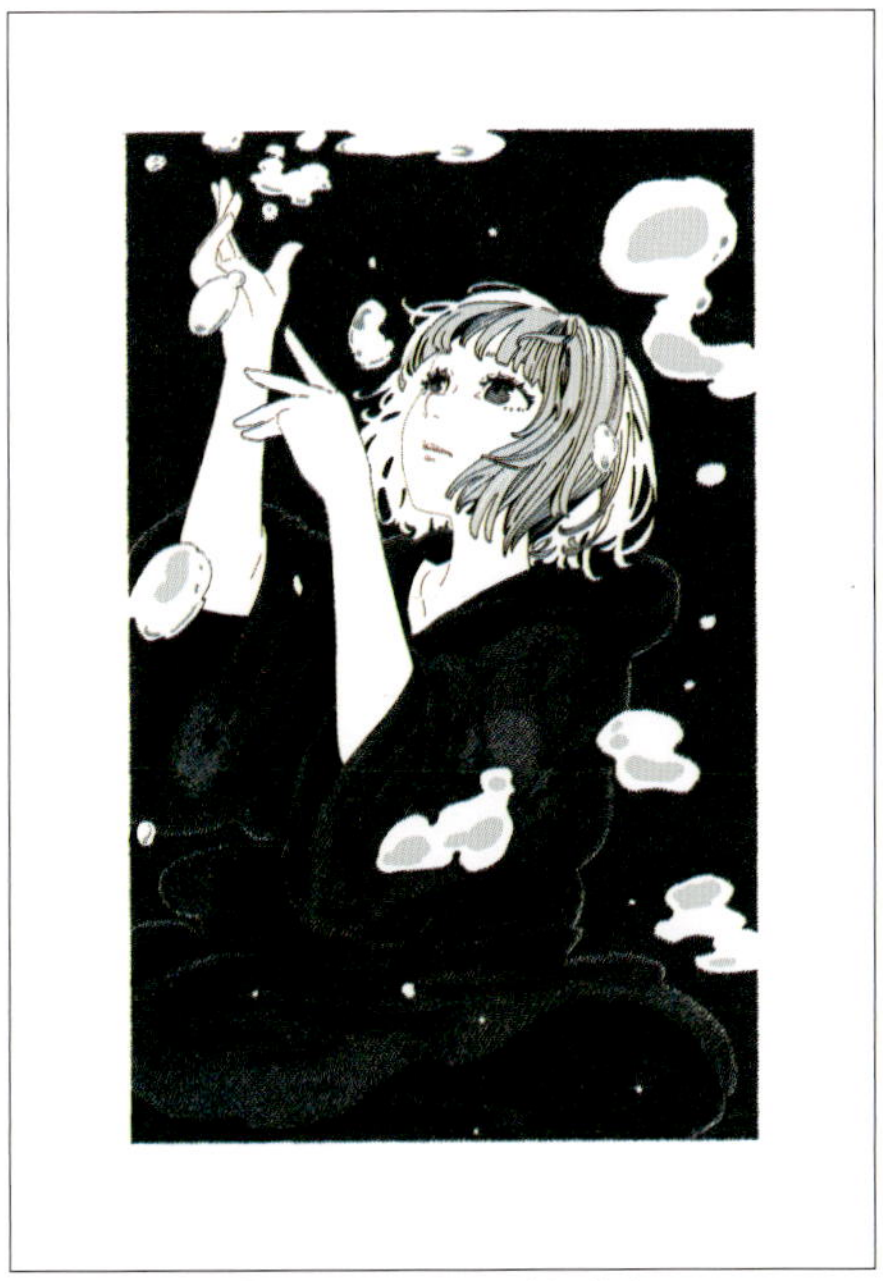

[みちしるべ] 石川県・みぎわ悠

ボールペンのテクニックが巧い。小林系さんを目指してがんばってほしい。

佐藤 hmr. 賞

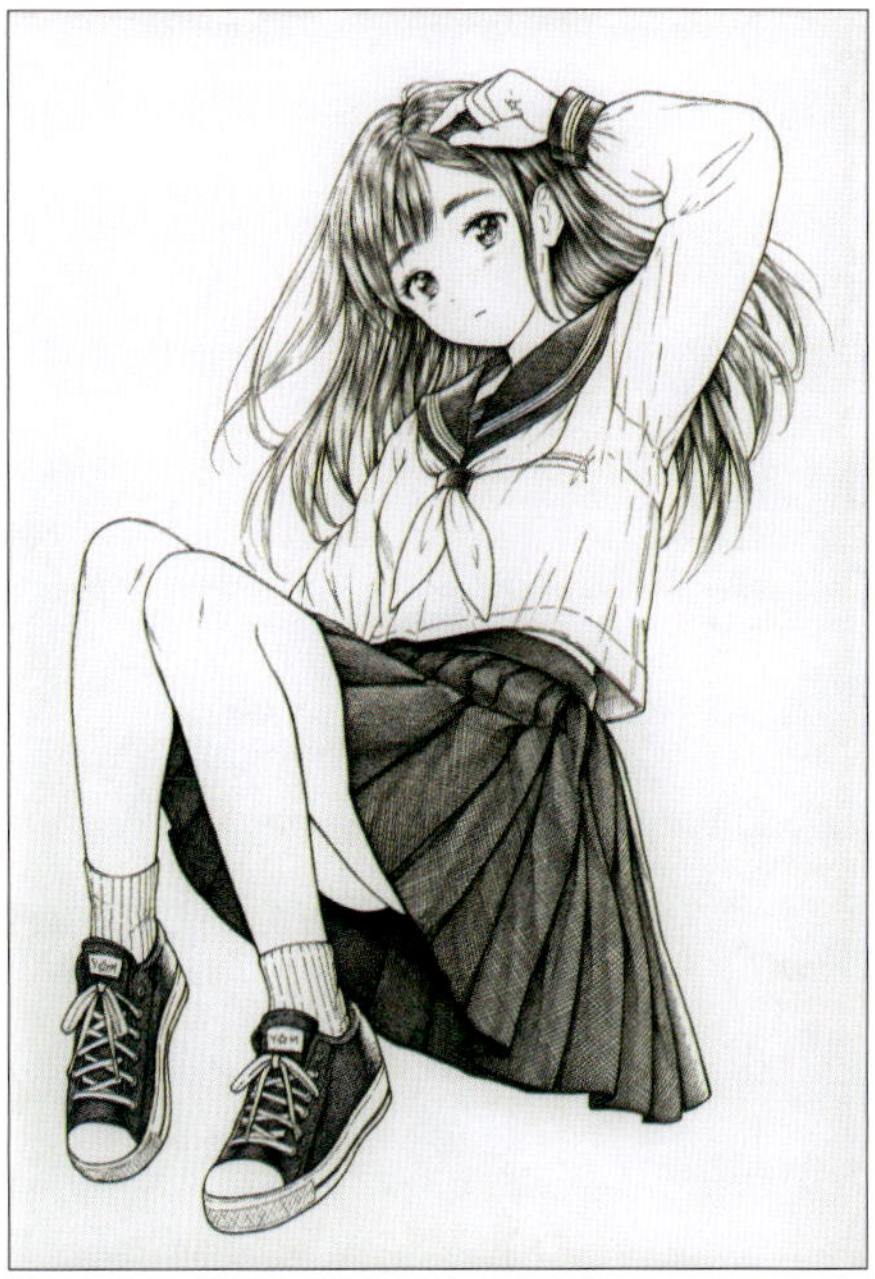

[セーラー服ちゃん]
新潟県・yumemi

繊細でやわらかく、ポーズもとても魅力的でした。

せんちゃ賞

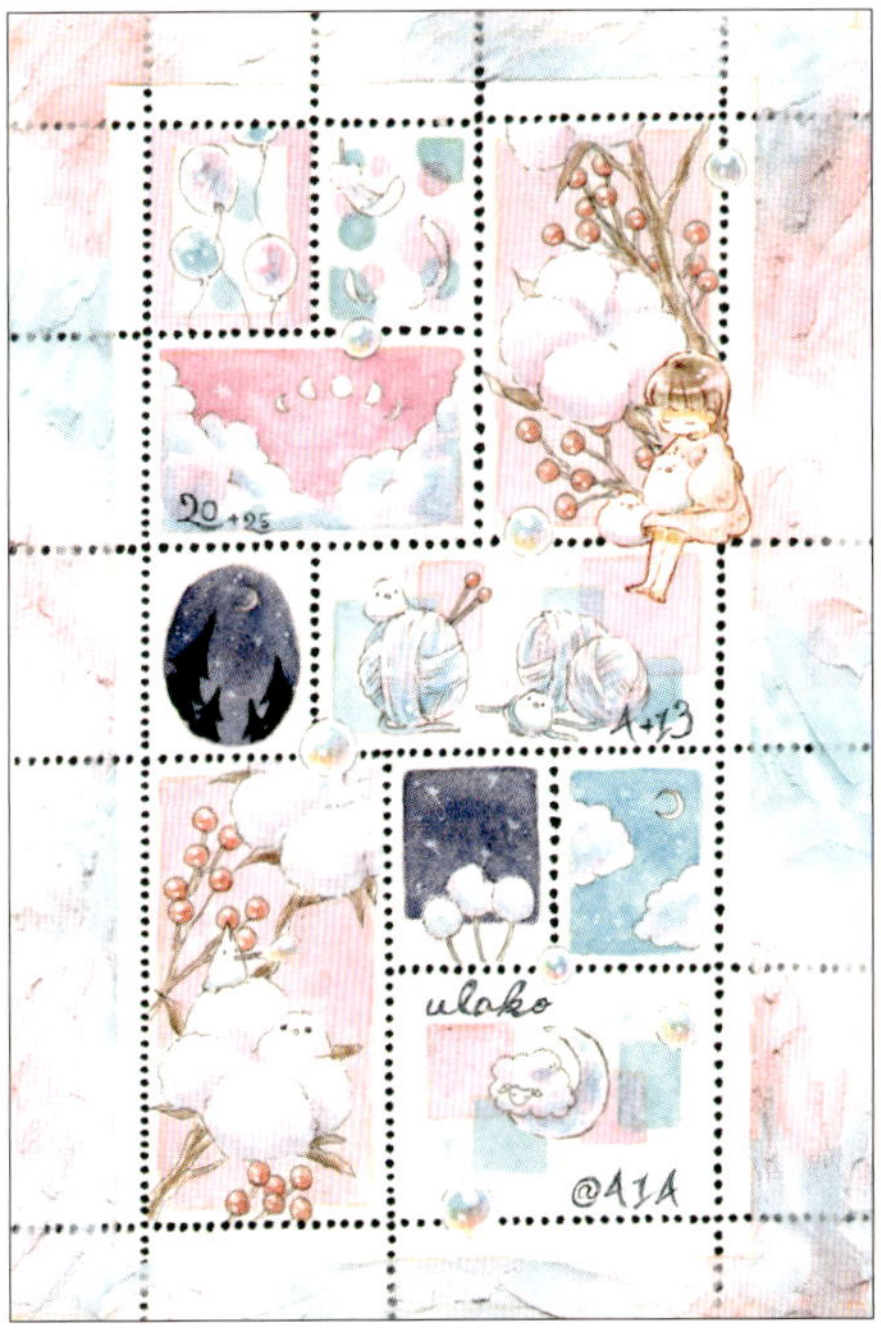

[ふわふわ] 三重県・ulako

切手のデザインとピンクと水色のパステルカラー、ふわふわなモチーフがとても可愛かったです！

(株)マイナビ出版F田賞

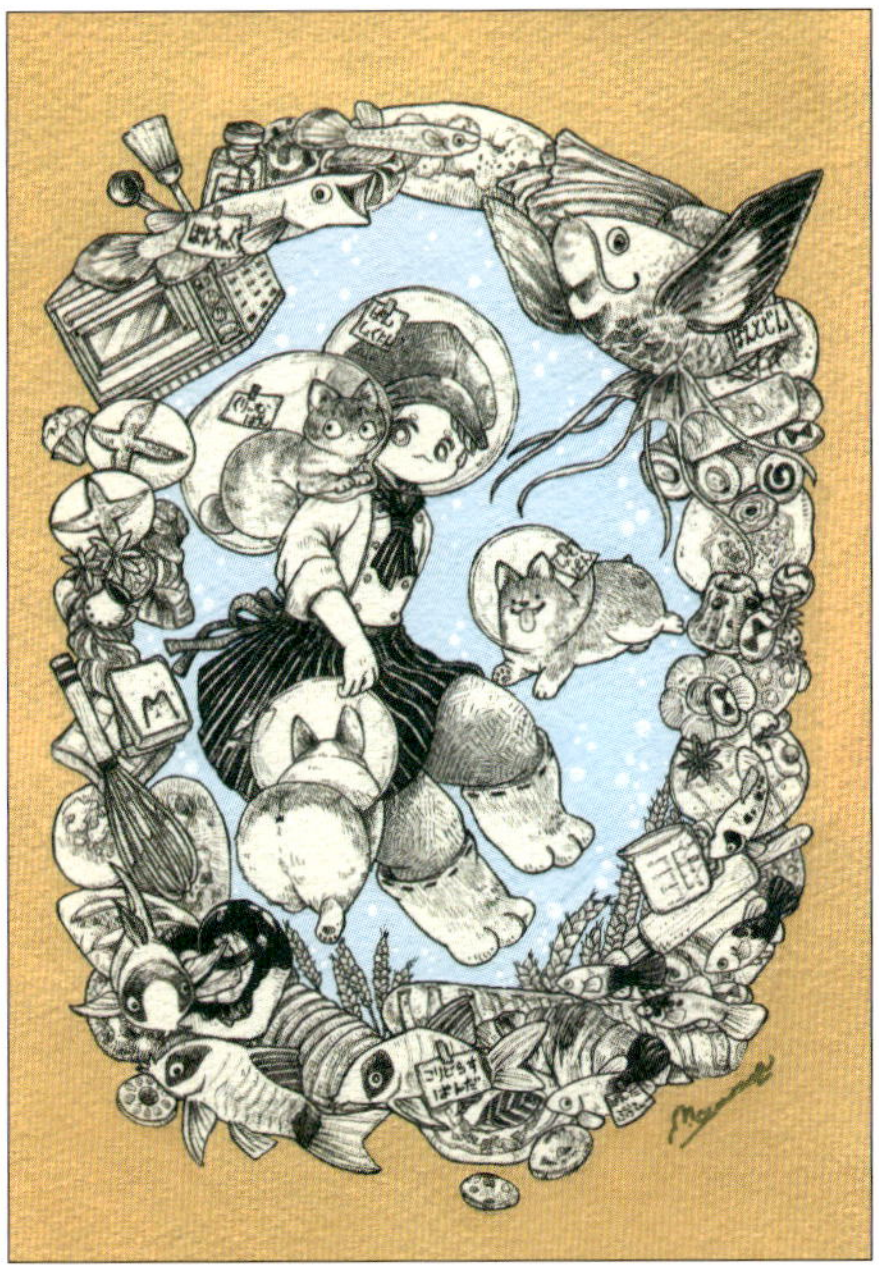

[魅惑のパン水槽] 栃木県・まうら

モノクロで描かれたキャラクターたちのお茶目な表情とレイアウトのかわいさが光る一枚でした！

クラウドゲート・M賞

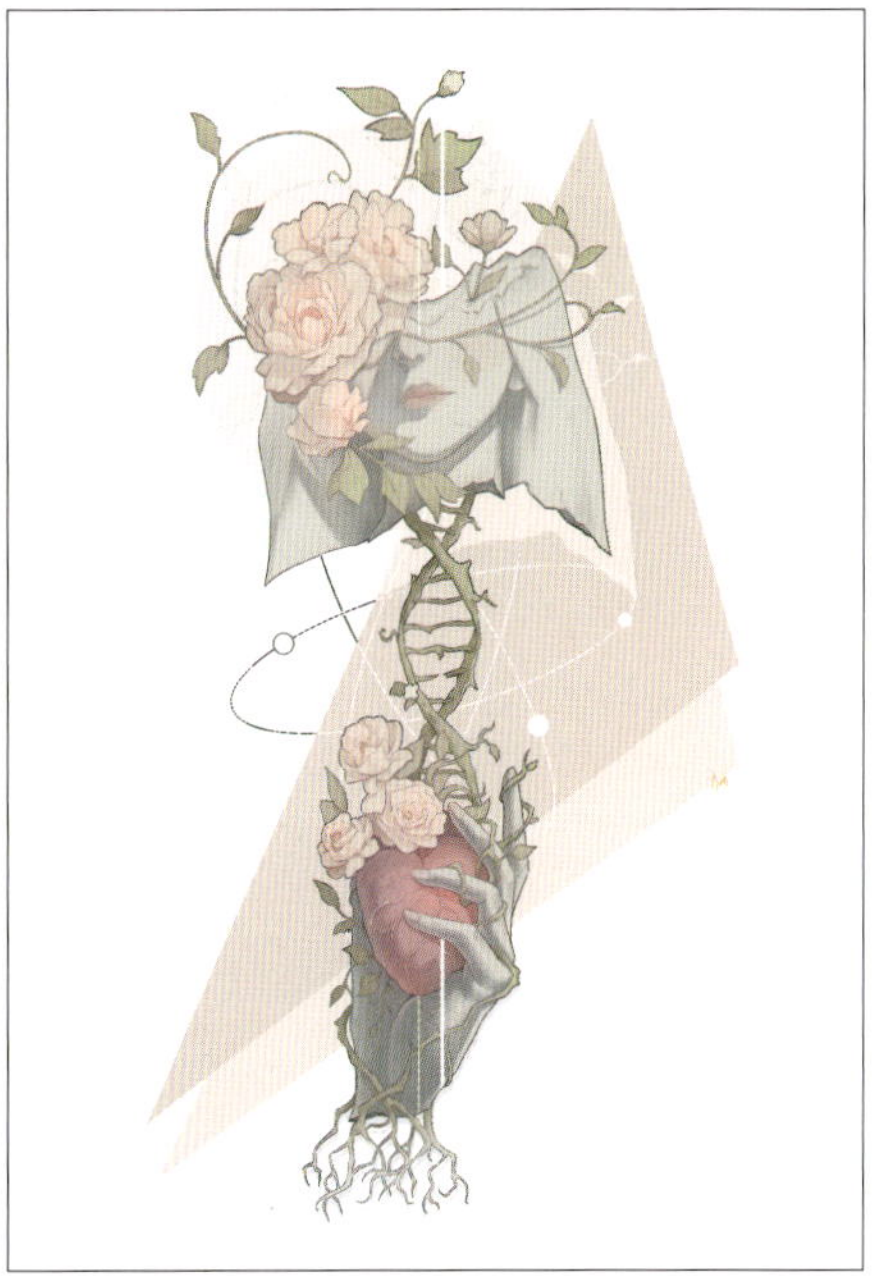

[科学と命のつながり]
岡山県・C202 号室・23 歳

テーマと世界観が非常にマッチしておりすぐにお仕事の相談をしたいレベルと思いました

審査員賞
3 ポイント

初投稿賞

2ポイント

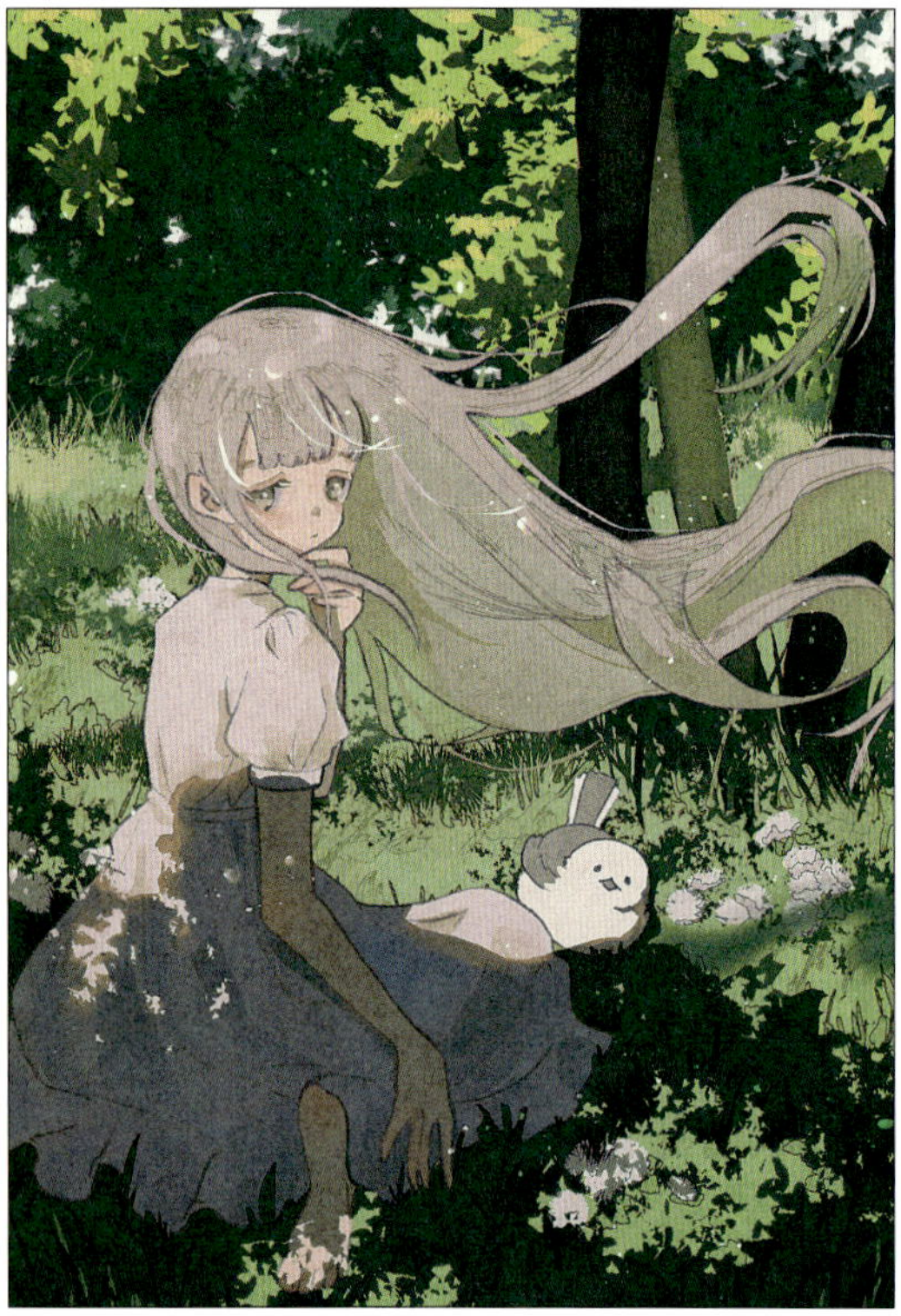

[陽だまり] 石川県・nekory

風に揺られる優しい葉のさざめきが聴こえてきそう。振り向く女の子がどこか儚げでドキッとする。もちもちな小鳥が可愛いです♡（お）

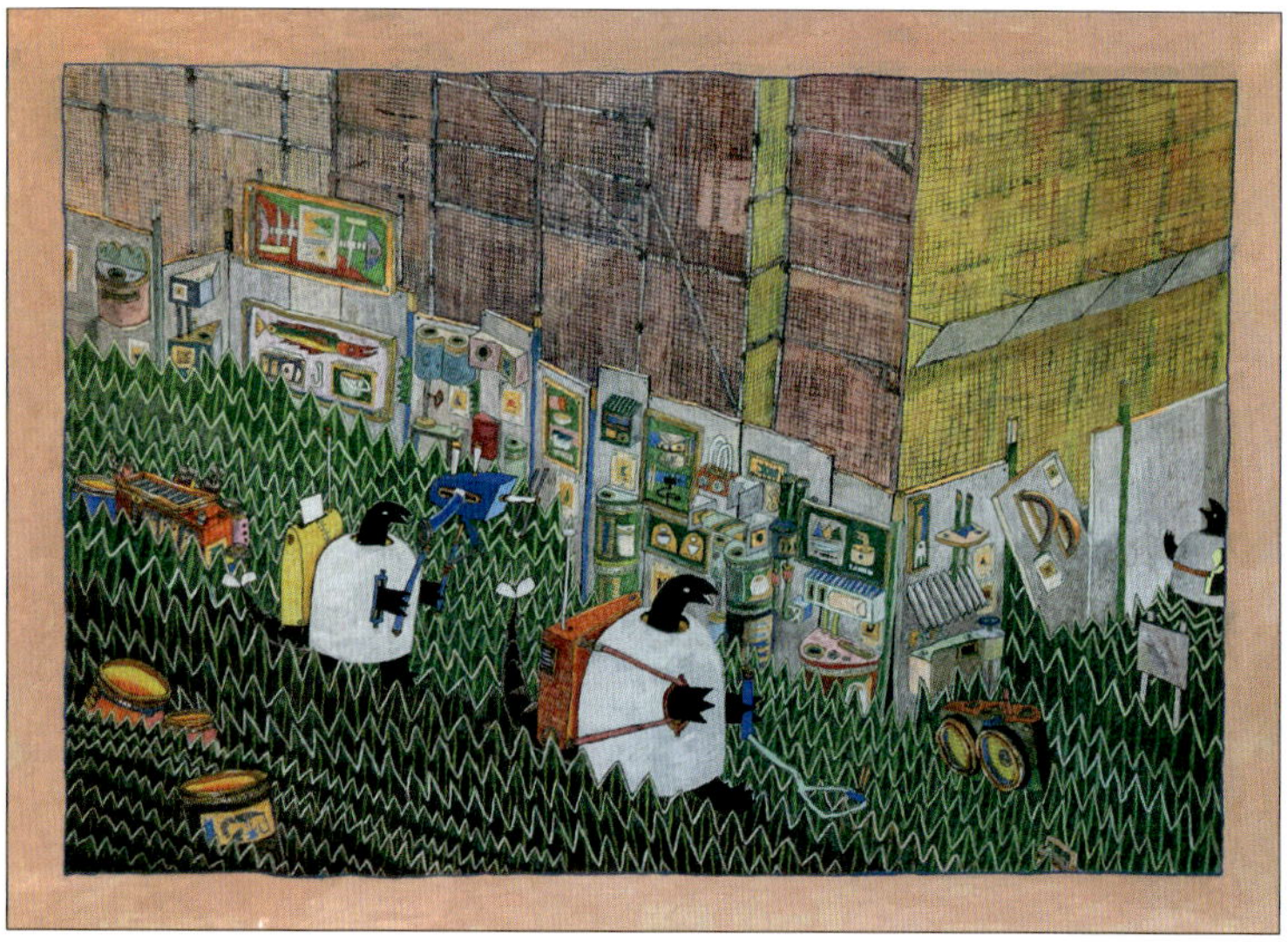

[メッシュシートの外側] 東京都・ツバキハラタカマサ

個性的なキャラクターと、細部までしっかりと描かれた背景から、まるで絵本の一ページのような独自の世界観が生まれている（海）

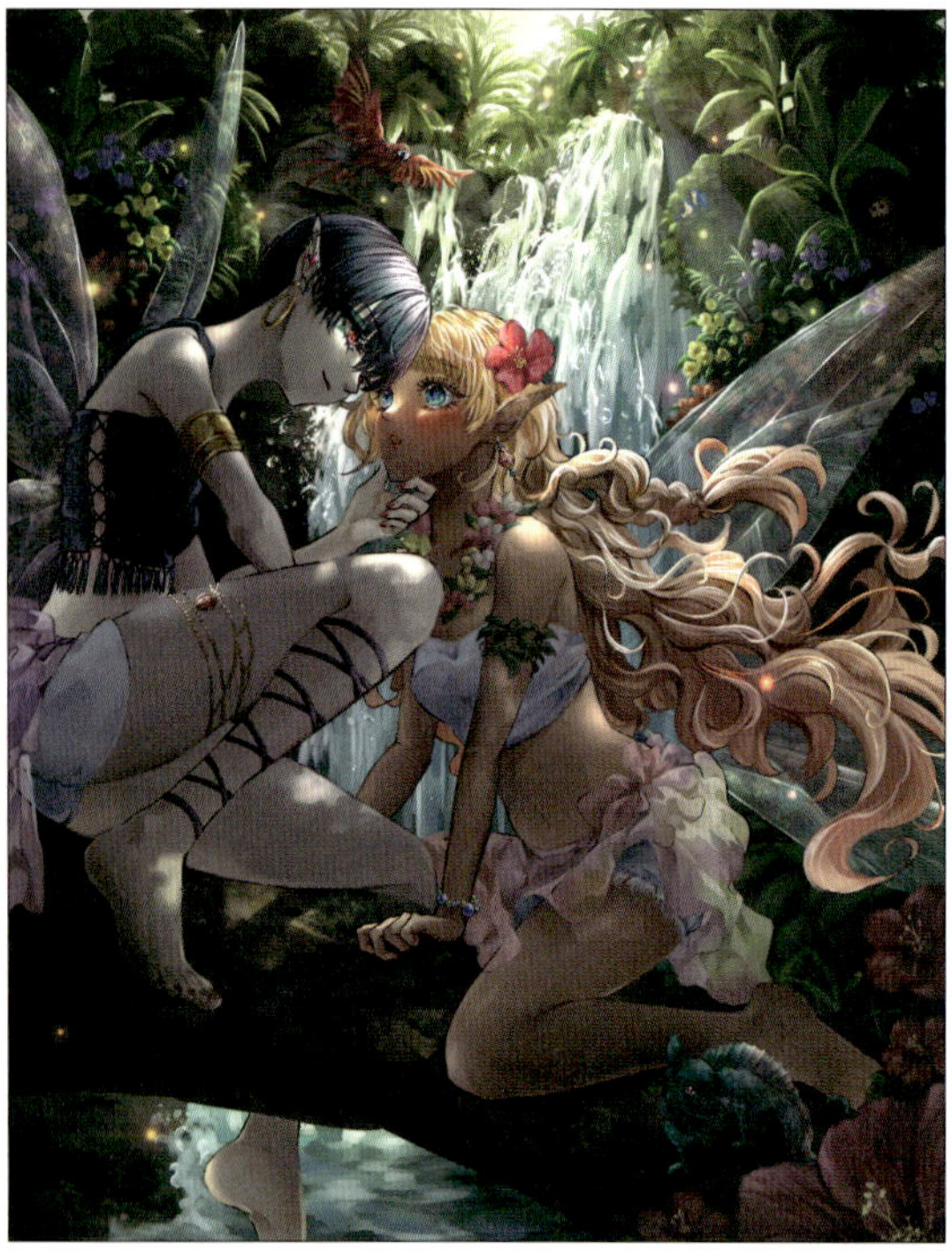

[ジャングル・ラプソディ] 東京都・ちりん

二人の妖精が出会い惹かれ合うその表情が鮮やかで美しく、とても愛らしい。周りの景色にも細やかなこだわりを感じる素敵な一枚です◎（む）

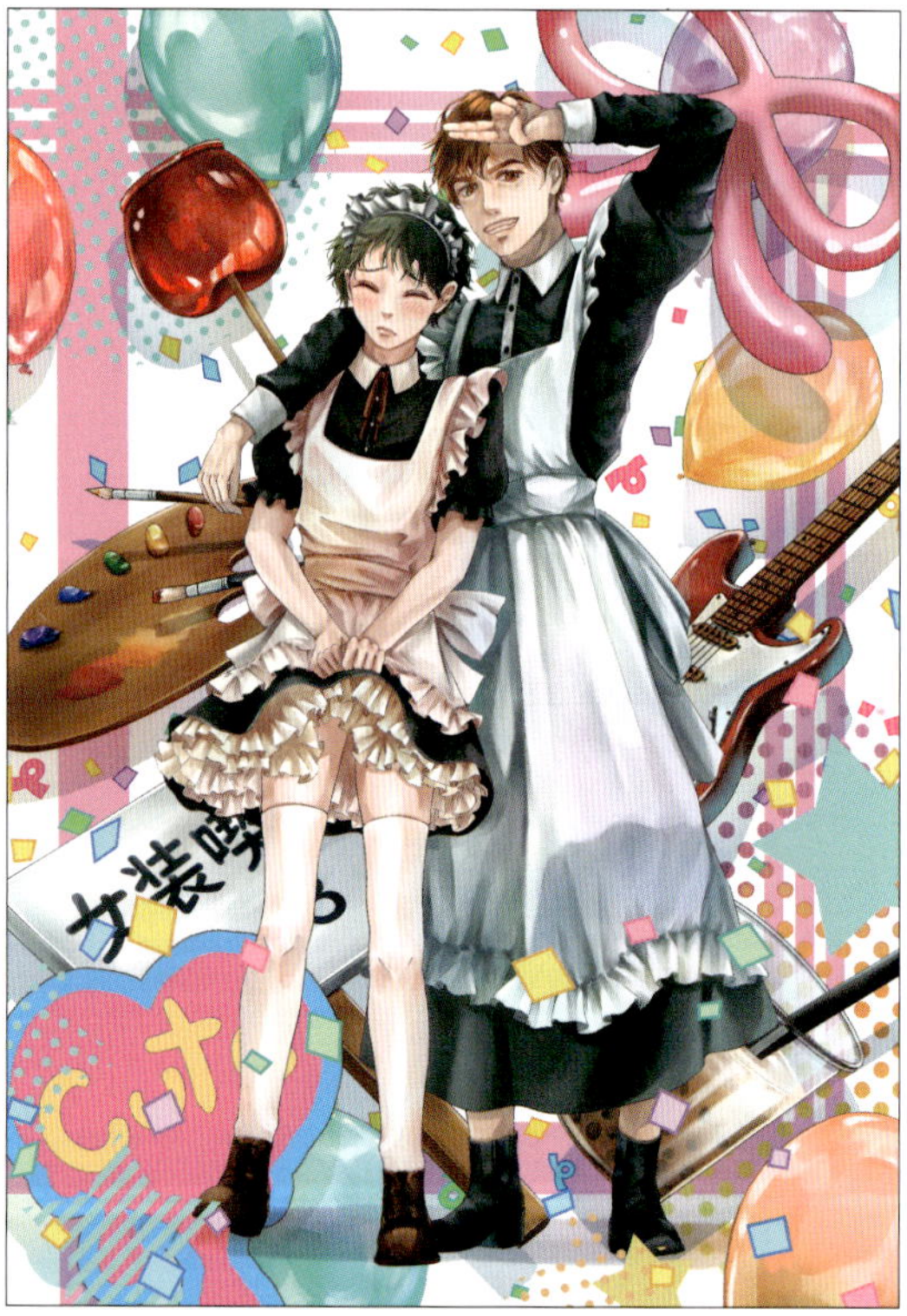

[学園 Festival] 大阪府・ゆうみ

メイド服を着て、恥ずかしがる子とノリノリな子のテンション差が面白いです！　二人の関係性がとても気になります（夢）

※ Star S への応募方法は **158** ページに記載しています。次号もみなさまのご投稿、お待ちしています！

starS 累計ポイント グランプリ発表！

「季刊エス」50号から始まった「star S」は「季刊エス」90号で41回を迎えました。毎号、たくさんの投稿をいただきありがとうございます。今号では第31～40回を振り返り、総合ポイントを集計して、審査員票と読者人気投票をあわせて高い評価を得た作家を表彰します。今回の集計結果は、1位：咲久亜さん、2位（同率）：黒猫のらさん、言花めぐみさん、wakiさん、5位：白峰かなさん、という順位になりました。star S審査員もイラストやマンガ業界に携わる編集者をはじめ、毎回20名以上の方々に来ていただいております。その場で原画を見てもらい興味を持たれることもあるでしょうし、人に見せる事で可能性は広がるもの。雑誌に載っていろんな絵と隣り合うことで見えてくることもあります。自分の絵を客観的に見るという意味でもstar Sは活用できるので、これからも皆さんの投稿を待ちしております。

歴代金賞受賞者

S80 第31回 唯
S81 第32回 咲久亜
S82 第33回 ほしづきせれな
S83 第34回 壱太助丸
S84 第35回 言花めぐみ（mg3/めぐみ）
S85 第36回 咲久亜
S86 第37回 なかだ絵眞
S87 第38回 フミカ
S88 第39回 畑野まめ
S89 第40回 あかれもん

starS 第31回～第40回、通算総合ポイントランキング結果&受賞者ミニインタビュー

1位 咲久亜

X=@stardust_sorbet
HP:https://xfolio.jp/portfolio/sakua

Q1 咲久亜さんは愛らしい女の子が、小さな生き物たちと共存する世界から、植物や食べ物に囲まれている姿までさまざまに描かれていると思います。好きなモチーフや世界観について教えてください。

A1 アンティーク風な雑貨や装飾品を描くのが好きです。草花も大好きでできるだけ時期や花言葉も合わせて選ぶようにしています。ひとつひとつは日常に普通に存在するけど合わせると非日常になるような組み合わせで不思議な雰囲気を出すのもとても好きです。それとモチーフと少し違うかもしれませんが、手足の仕草、体の流れをできる限り美しく見えるように心がけています。これだけで人物の雰囲気がぐんと変わると思います。絵を見てくれた方がモチーフや人物から絵の中のお話を読み解きたくなるような、物語を感じる作品を描けたらなと思っています。

Q2 咲久亜さんの作品は、みずみずしいタッチとくすみカラーが印象的だと感じております。咲久亜さんが色づかいで気をつけていることなどを伺いたいです。

A2 配色で一番気をつけていることはメインで使いたい色とほかの色とのバランスです。私はたくさんのモチーフが集まった絵を描くことが多いので失敗すると絵の中でバラバラに散乱してしまいます。そのため水彩紙に描き始める前にラフの段階でiPadを使って細かい部分まで配色を決めてしまいます。色を決めていくときは、メインの色が主役になっているか、一番見てほしい部分に目がいくか、差し色が悪目立ちしていないかに気をつけています。色のバランスが悪ければここで描き足したり移動したりします。植物を塗るときは単色の絵具よりも混色を作るようにしています。その方が柔らかく自然な印象に仕上がる気がします。アンティークな小物や優しい雰囲気の絵が好きなのでくすみカラーは相性が良くよく使用します。ダニエルスミスのパフチタニウムは何に混ぜてもくすみカラーに近づけてくれるので愛用しています。

Q3 最後に今後、ご自身の活動でチャレンジしたいとがありましたら教えてください。また、告知できることがございましたらお知らせください。

A3 仕事と両立しながらではありますがこれからも絵を描き続けていきたいと思っています。作品集もまた作りたいしマスキングテープやクリアファイルなどグッズも作ってみたいです。個展も憧れています。12月と3月に大阪での展示に参加する予定なのでまずはそこに向けて作品作りを頑張りたいと思います。

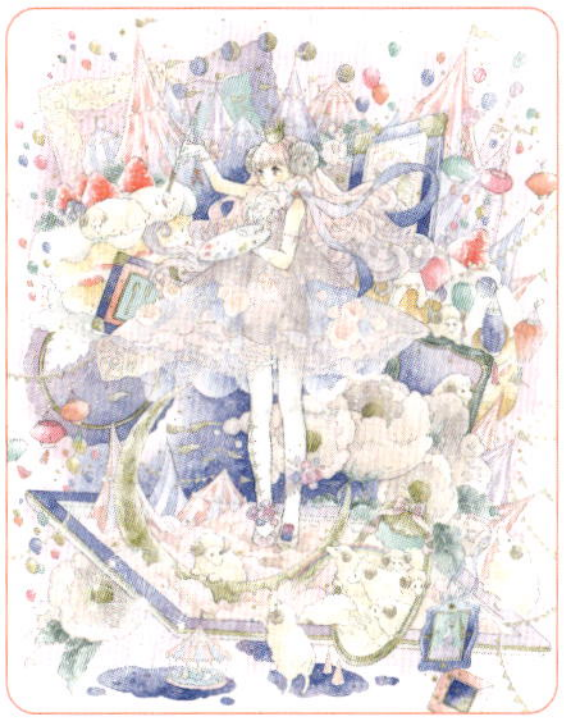

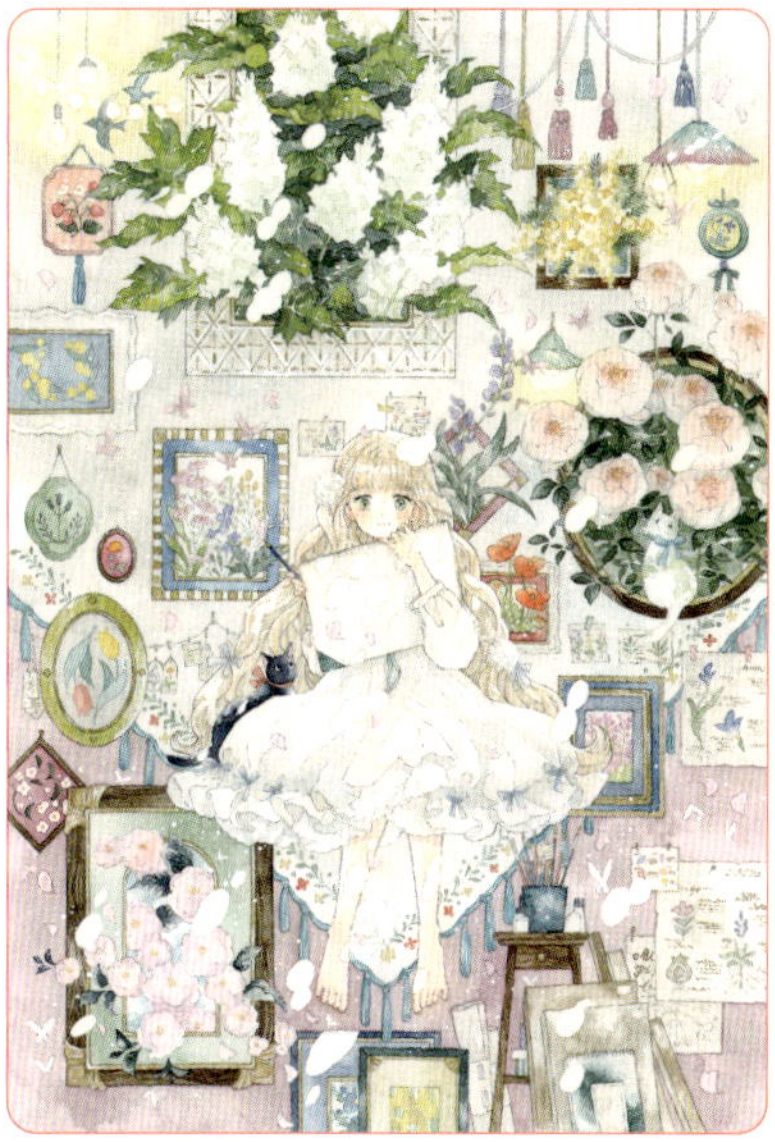

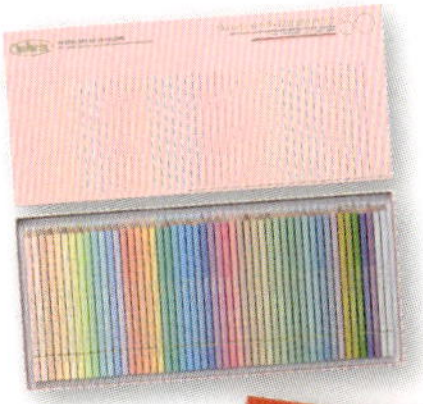

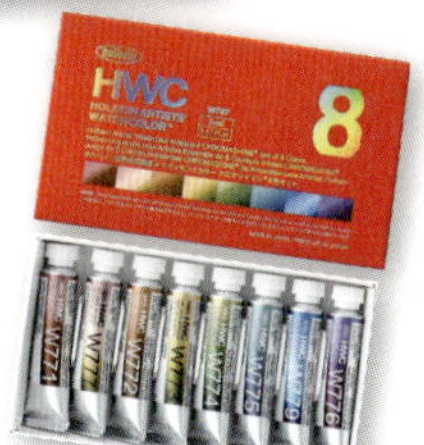

★エス編集部から仕事依頼

★「アーチスト色鉛筆 OP936 パステルカラー 50色 紙箱セット」
★「透明水彩絵具［イリデッセントカラーズ］5mlチューブ クロマシャイン8色セット（W797）」
提供：ホルベイン画材株式会社
https://www.holbein.co.jp

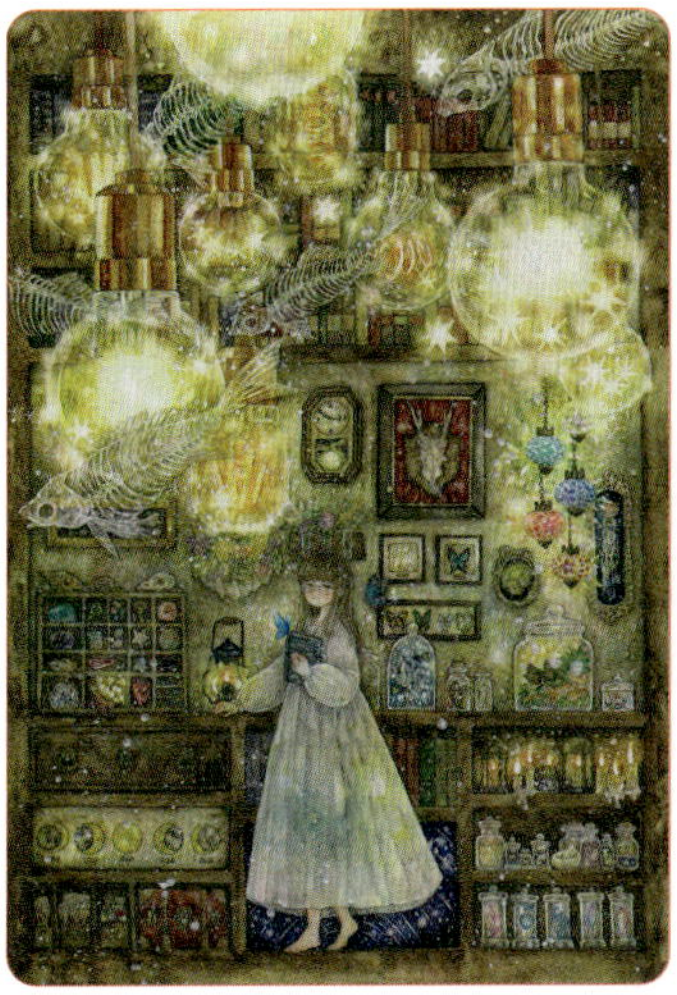

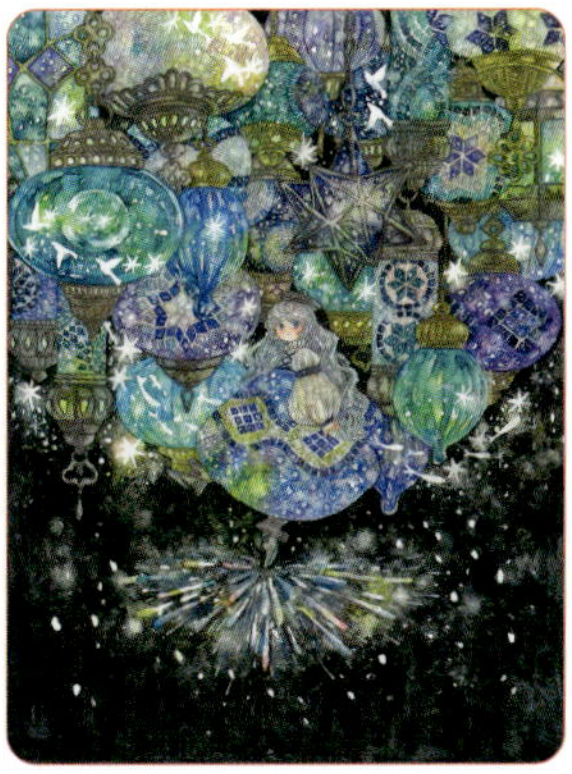

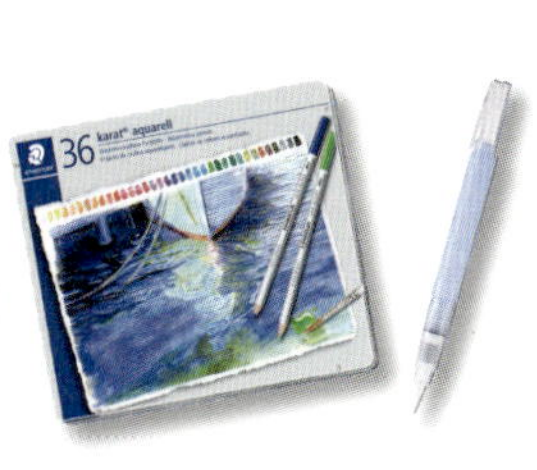

★「カラト アクェレル水彩色鉛筆 36色セット」
★「ウォーターブラシ 中筆」1本
提供：ステッドラー日本株式会社
https://www.staedtler.jp

2位 黒猫のら

X=@mitikusaburari
HP:https://xfolio.jp/portfolio/mitikusaburari

Q1 標本物や鉱石、本棚、時計、絵、鳥籠など…、ちいさなお部屋をそっとのぞきこんでいるような気持ちになります。 黒猫のらさんが好きなテーマやモチーフについて教えてください。

A1 好きなテーマやモチーフにつきまして、標本箱や骨格、ランプが好きでよく描いています。あたたかな灯りとほんの少しの寂しさを抱きながらふらりと迷い込めるようなせかいを描いています。鉱物などは実際に自分が集めているものをモデルにしたりしていて、最近はトルコランプ作りをしたこともあり、トルコランプを描きたい気持ちが湧いています。

Q2 流れる星々やあたたかなランプ、月、たゆたう海洋生物など 幻想的な光をとじこめたようなタッチに心ときめいております。 美しいきらめきをどのように生み出されているのでしょうか？

A2 ありがとうございます！ きらきらするものが好きで、自分で表現できたらなと試行錯誤しているのでとても嬉しいです。ちらちらと光る星くずのような光は丸を描くように紙の色を残して、少し眩しく感じる灯りはマスキングをして描いています。灯りにもいろんな種類があることを意識してひとつずつ大切に灯すよう心がけています。温度感が伝わる灯りになっていれば嬉しいです。

Q3 最後に、黒猫のらさんが今後描いてみたいテーマがありましたら教えてください。 また、告知できることがございましたらお知らせください。

A3 ステンドグラスやトルコランプをもっと描きたいなと思っているのと、水族館や博物館が大好きなのでそんなテーマも良いなと思っています。また、読書や音楽も大好きなので挿絵や装丁、CDジャケットのイラストなども大変興味があります。今後の予定は10月に大阪の展示会に参加させて頂くのと、東京の展示会にも参加したいなと思っています。また来年に個展を控えておりますので、もしご興味ありましたら頭の片隅に置いていただけますと嬉しいです。

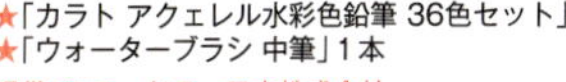

2位 waki

X=@yachi_waki
Instagram=YACHI/waki

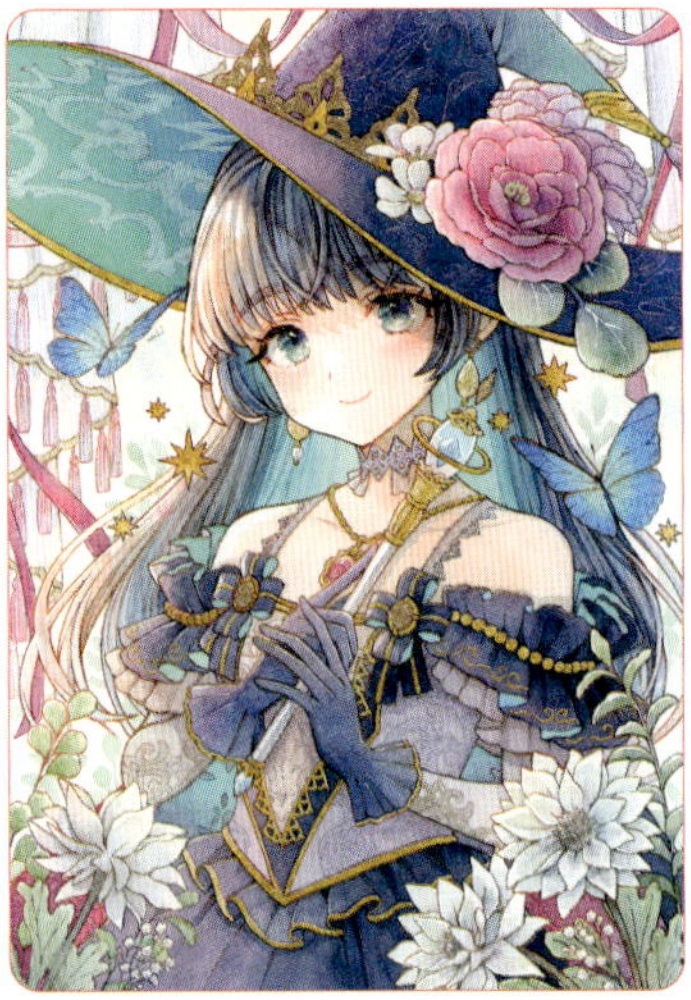

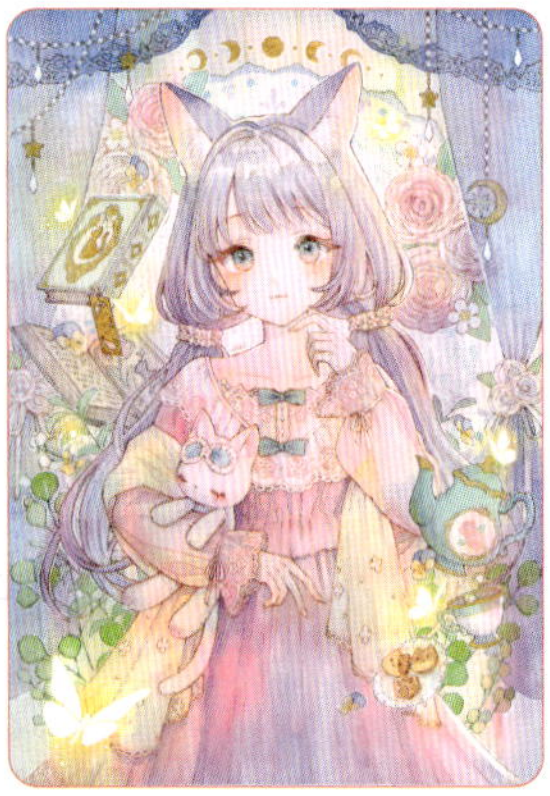

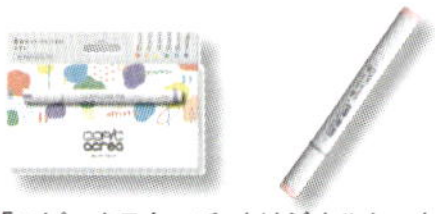

★「コピックスケッチ オリジナルセット」
★「コピックアクレア 6色セット ライト」
★「コピックウォレット 24本用 ブラック」
提供:株式会社トゥーマーカープロダクツ
https://copic.jp

Q1 wakiさんの描かれる、きらめく魔法をかけてくれる魔女や透き通る羽を持つ妖精、猫やうさぎのもふもふなケモ耳を持つ、ファンタジックな女の子たちにときめいております。女の子を描く楽しさや、大事にしていることについて教えてください。

A1 ファンタジーモチーフの女の子は、流行を気にせず自由にデザインできるところがとても好きです。魔女の帽子や妖精の羽のような特徴的なシルエットや、現実にはない構造の衣装や模様を描けるのも大きな魅力です。また、もともとハンドメイドをしていたことから装飾を考えるのも好きで、自然と作品に取り入れるようになりました。女の子を描くときに一番大事にしているのは、顔まわりを可愛く魅力的に描くことです。納得いくまで何度も描き直したり、自分の絵柄を見返したりしながら少しずつ理想に近づけています。

Q2 wakiさんは透明水彩だけでなくアクリル絵具や岩絵具、万年筆用のインク、ビーズやリボンなど様々な画材を使って作品をつくられていると思います。ここ最近の中でお気に入りの画材について教えてください。

A2 最近のお気に入りの画材は、万年筆用インクです。独特のにじみや発色に夢中になっていて、もっと自由に扱えるようになりたいなと思っています。それ以外では、LEATHER VILLAGEの水彩ミックスメディアコットンペーパーもとても気に入っています。少し癖があって扱いは難しいのですが、とても良い雰囲気の絵が描けるのでオススメです。これから挑戦したいのは、ビーズ刺繍を直接キャンバスに縫い込んだアクリル作品を制作してみたいです。装飾と絵を組み合わせて、より立体的で華やかな作品を作れればと思っています。

Q3 最後に、wakiさんが今後してみたい活動やお仕事がありましたら教えてください。また、告知できることがございましたらお知らせください。

A3 これからも幅広く活動していきたいので、お仕事はどんな内容でもありがたくお受けしたいなと思っています。その中でも、本や書籍に関わるお仕事にも挑戦してみたいですし、最近だとVTuberさんとのお仕事や、キャラクターデザインのお仕事にも強く惹かれています。また、いろいろな画材に触れるのが好きなので、画材そのものと関われるお仕事も出来たら嬉しいなと思っております。告知ですが、定期的に関西を中心にイベントや展示に参加させて頂いておりますので原画を見ていただけたら嬉しいです。

2位 言花めぐみ

X=@onehurmans
HP:https://www.mg3.website

Q1 言花めぐみさんの作品で描かれる、お部屋にぎゅっと詰め込まれた小物の描写が大好きです。登場人物たちが、そこで過ごす日々の暮らしを想像させられます。お部屋の描き進め方や、描く楽しさについて教えてください。

A1 お部屋を描くときは、まずメインとなる人物が部屋のどの位置で何をしているのかを決めて、その周りに家具を置いて、その上に小物を置いて…と考えていきます。また、絵の中の季節に合わせてどんなものを置くかも考えます。あたたかみある木彫の空間をよく描くのは、自身がそういった場所を好んでいるからだと思います。「自分だったらこういう絵柄のお皿を使いたい」「こんな模様の額縁が欲しいな」と、楽しくイメージを膨らませて描いています。出来上がった絵を見て、そのワンシーンをいつか物語(漫画)に描き起したいなとよく思います。

Q2 言花めぐみさんのオリジナル漫画『花の手紙屋』では、人型結晶〝花人(はなびと)〟の少女・リーティアと、花を含む結晶を主に加工する職人の少年・ヨルべの交流が描かれていると思います。『花の手紙屋』はどのように着想されたのでしょうか?

A2 まず「うちの子」を作りたいという思いから、絵の中に固定で登場するキャラクターを描くことがキャラ形成のきっかけでした。また「花の手紙屋」では、この世界特有の「結晶」という物質が登場しますが、結晶の絵は漫画を考える前からよく描いていました。透明な水晶のようなものの中に、好きな花や、食べ物、風景…等を閉じ込めたりする絵で「印象的な記憶を留めたもの」として描いていました。記憶や気持ち、言葉を形にとどめ、誰かに届けるお店があったら…と、描いてきた絵とキャラから物語を考え始めたのが『花の手紙屋』です。

Q3 最後に、言花めぐみさんが今後描いてみたいテーマがありましたら教えてください。また、告知できることがございましたらお知らせください。

A3 描いてみたいテーマは色々あり「和風」「妖怪」「神様」「陶芸」「人魚」「ポストアポカリプス(終末世界)」…等です。また最近、男の子キャラ絵を描くことも好きなので、ブロマンス的な関係性フェチをくすぐるような作品も描いてみたいです。ふと描いた一枚の絵が、もしくは描き続けていたキャラやモチーフが、そのうち物語となって漫画に描き起こされているかもしれません。今後とも作品を楽しんで見て頂けたら幸いです!

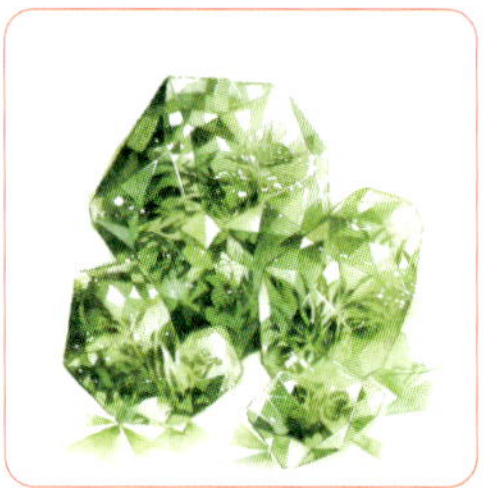

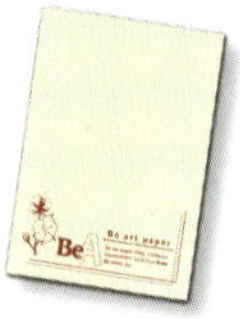

★「Be アートペーパーパッド A4」
提供:株式会社ミューズ
https://www.muse-paper.co.jp

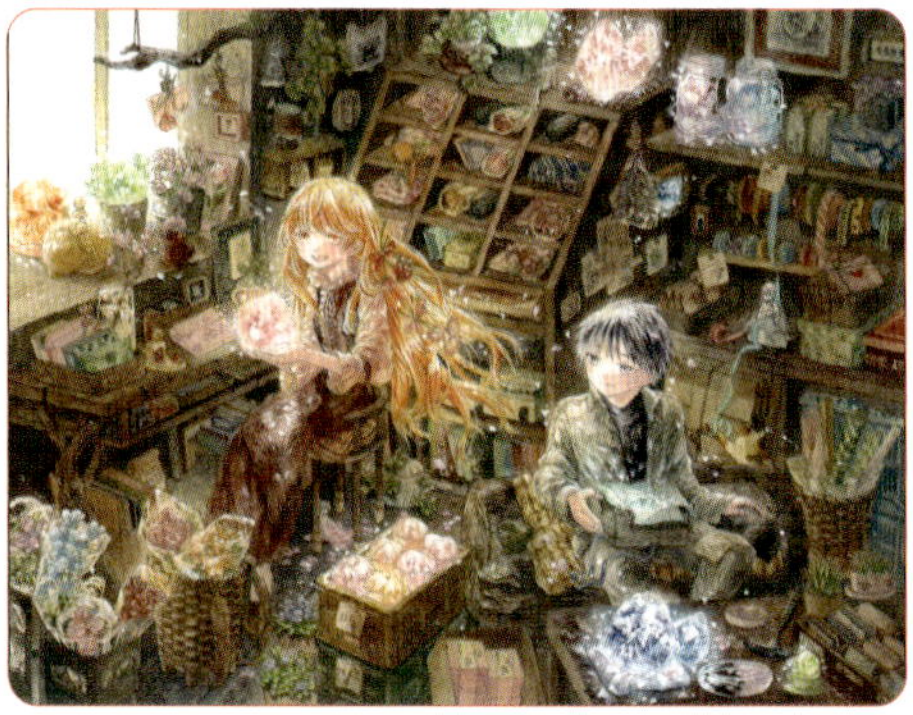

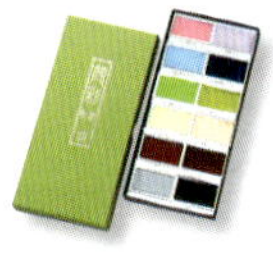

★「顔彩耽美 四季ニュアンスカラーセット」
★「顔彩耽美 36色セット」
提供:株式会社呉竹
https://www.kuretake.co.jp

5位 白峰かな

X=@Shiromine_Kana
HP:https://potofu.me/shiromine-kana

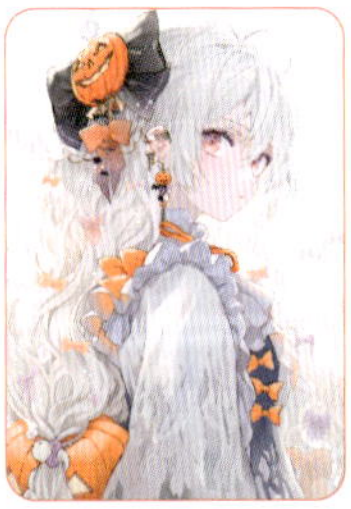

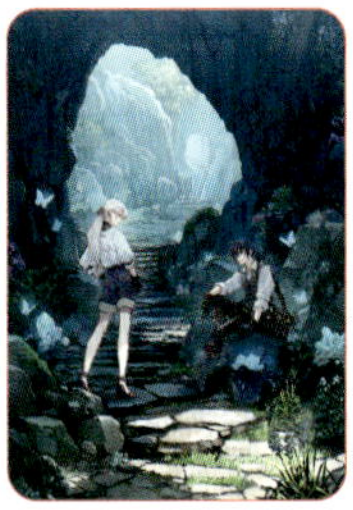

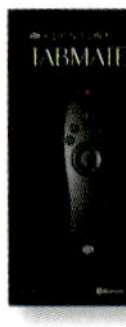

★「クリップスタジオ タブメイト2」
提供:株式会社セルシス
https://www.celsys.com

Q1 白峰かなさんが描かれる、剣や魔法、ドラゴン、天使やツノの生えた子など、ファンタジックな世界観に惹かれております! 白峰かなさんが好きなテーマやモチーフについて教えてください。

A1 好きなテーマは「冒険ファンタジー」です。もう少し現実に寄せると、日常の合間に少しの不思議(例えば妖精や小人等)と遭遇する「日常系非日常」といったテーマも好きです。具体的なモチーフは、先程に挙げていただいたものの他に、美しくもどこか恐ろしさを感じる人外、モンスター、水や植物、星や鉱石、インテリアや雑貨も好きですし、空や大地、海や洞窟など、どこまでも続く世界を感じさせるモチーフも好きです。

Q2 白峰かなさんが描かれるキャラクターたちは装飾的なビジュアルだけでなく、物語の奥行きを感じさせる表情や情景の描写が素晴らしいです。白峰さんがキャラクターを描くときに大事にしていることについて教えてください。

A2 キャラクターデザインの一端を担う服飾や持ち物が、彼ら自身が自分で選んだ(または誰かに選んでもらった)一品であることを意識しています。室内の小物やインテリアも同様です。そのキャラクターにも自我と尊厳があり、意志があること、彼らが生きており、日々選択しているという前提を大切にしています。

Q3 最後に、白峰かなさんが今後描いてみたいテーマがありましたら教えてください。また、告知できることがございましたらお知らせください。

A3 今は「見てくださる人に楽しんでもらえるイラスト」を重視して描いているのですが、今後は自分の描きたい世界観を深めたり、作家として独自性を育てたりしたいと考えています。商業画集を出すことは目標の一つです。書籍の挿画やVTuberさんのイラスト、企業さんとのコラボイラスト、あとはゲーム全般が好きなので、アナログゲームからコンピューターゲームまで、何かしらに携われたら嬉しいです。

第31回〜40回 審査員ゲスト

天嶺ジウさん/幾原邦彦さん/石川真衣さん/いづなよしつねさん/ウエダハジメさん/ERIMOさん/okamaさん/小川雅史さん/こむぎこ2000さん/こゆびたべるさん/Simaoさん/さくしゃ2さん/shukeiさん/白井もも吉さん/たそやマロさん/問七さん/ととまめさん/夏目レモンさん/撫荒武吉さん/はなぶしさん/PALOWさん/平尾アウリさん/藤ちょこさん/博さん/ほうき星さん/六七質さん/村田蓮爾さん/米山舞さん/ワダアルコさん (※エス編集部20周年記念展会場審査を含む)

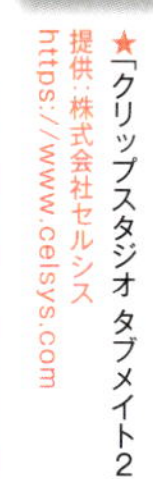

spaceS

ここからはモノクロ投稿コーナー「spaceS」がはじまります！
たくさんのご投稿ありがとうございました。次号もみなさんのご投稿、お待ちしています！

石川県・庭一

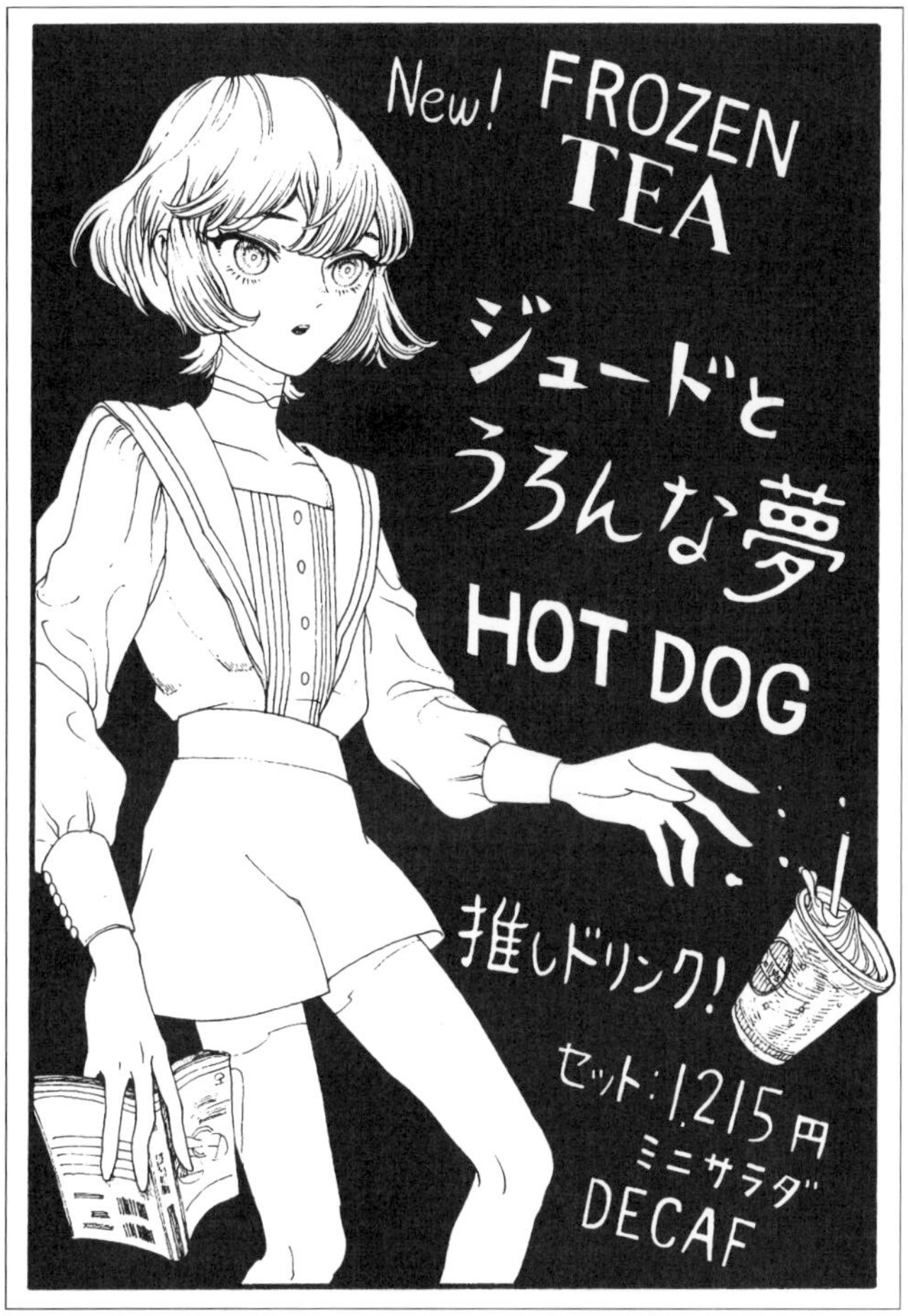

愛媛県・匣

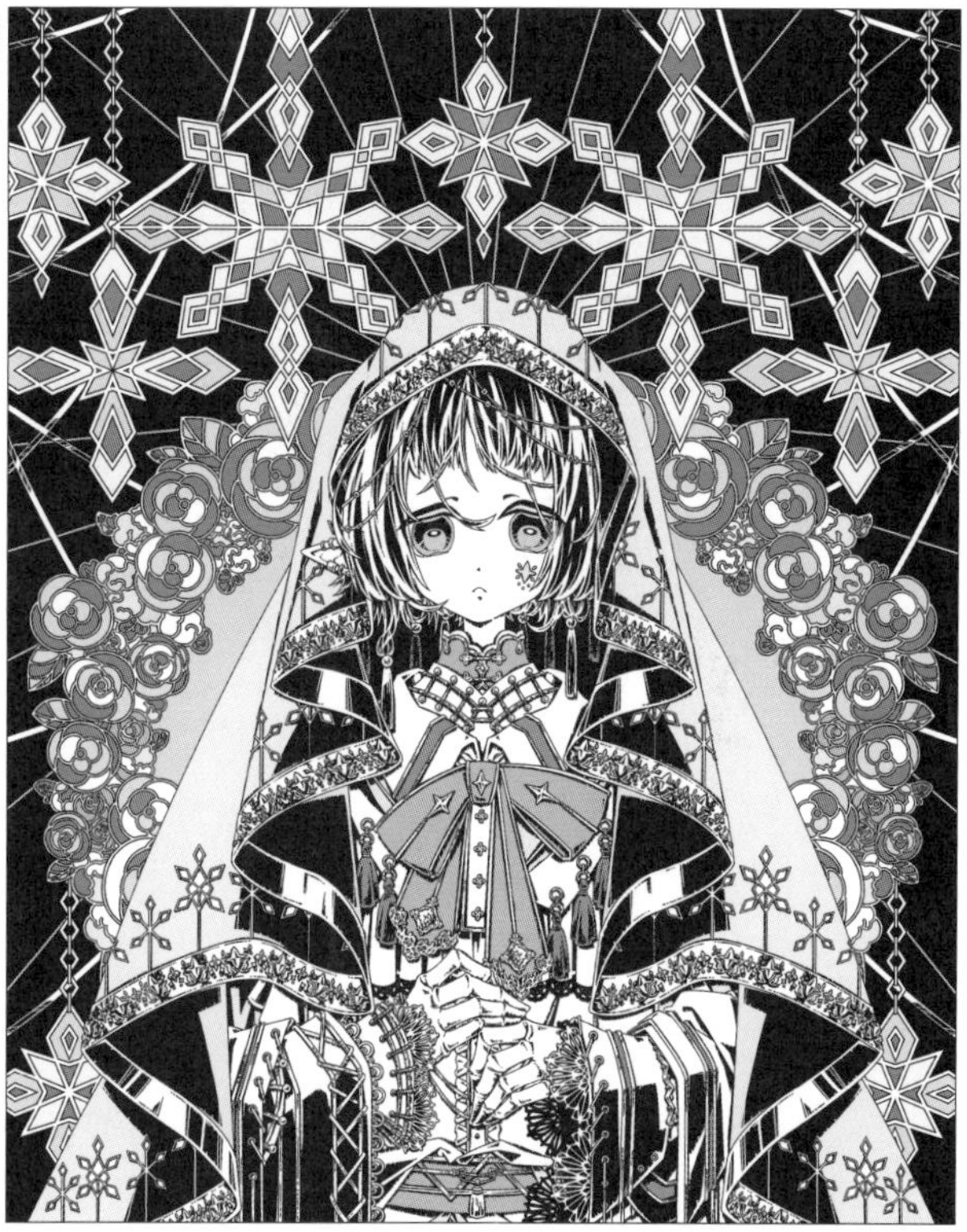

長崎県・ばん

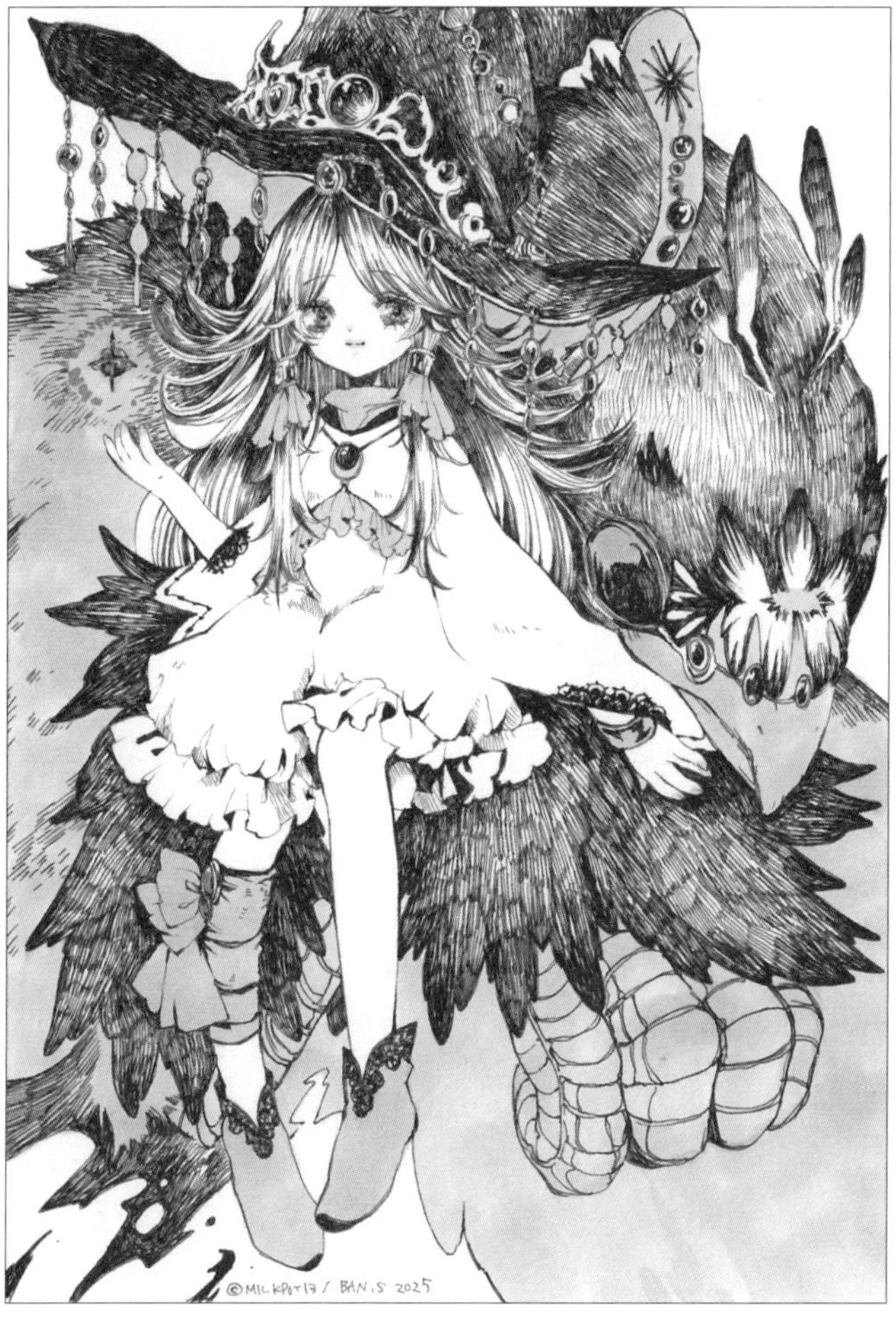

神奈川県・璃緒

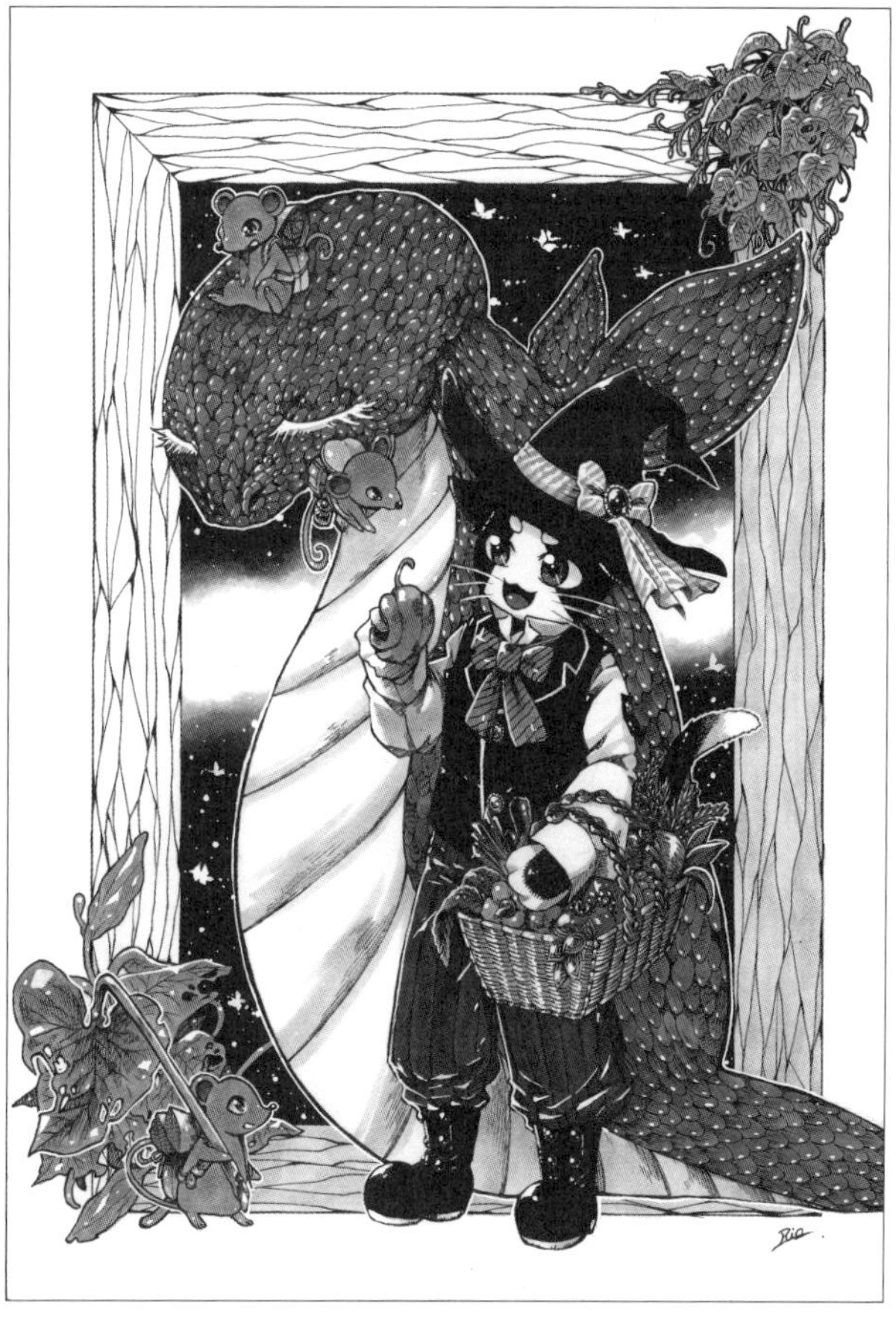

東京都・海野

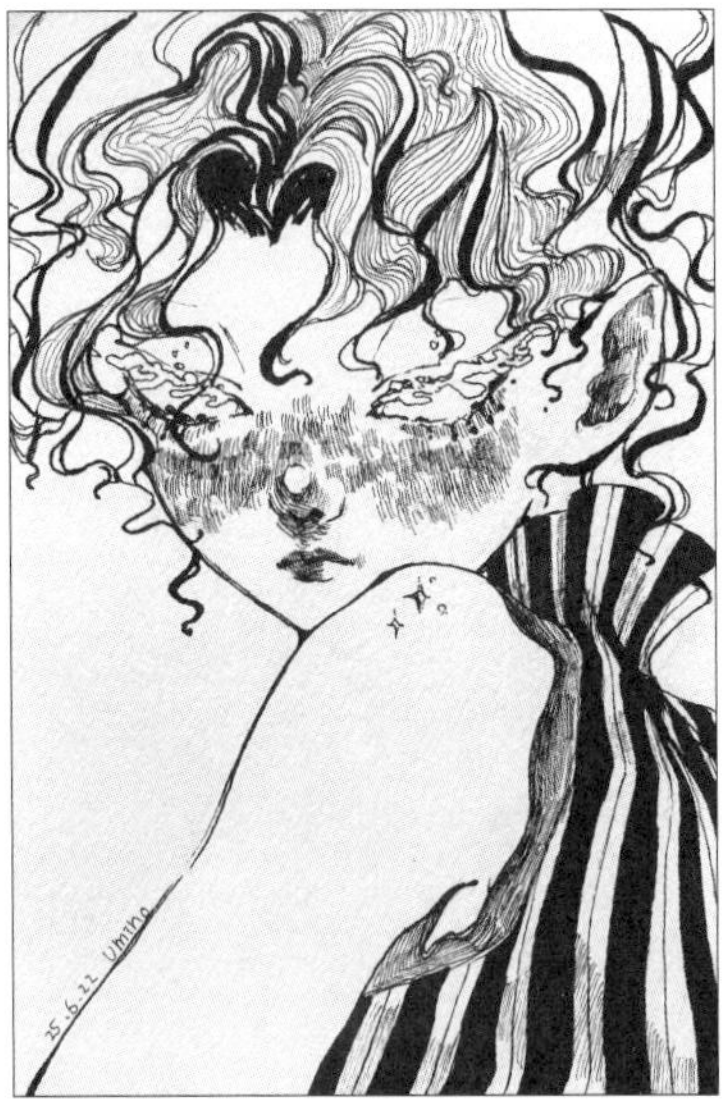

千葉県・都栄

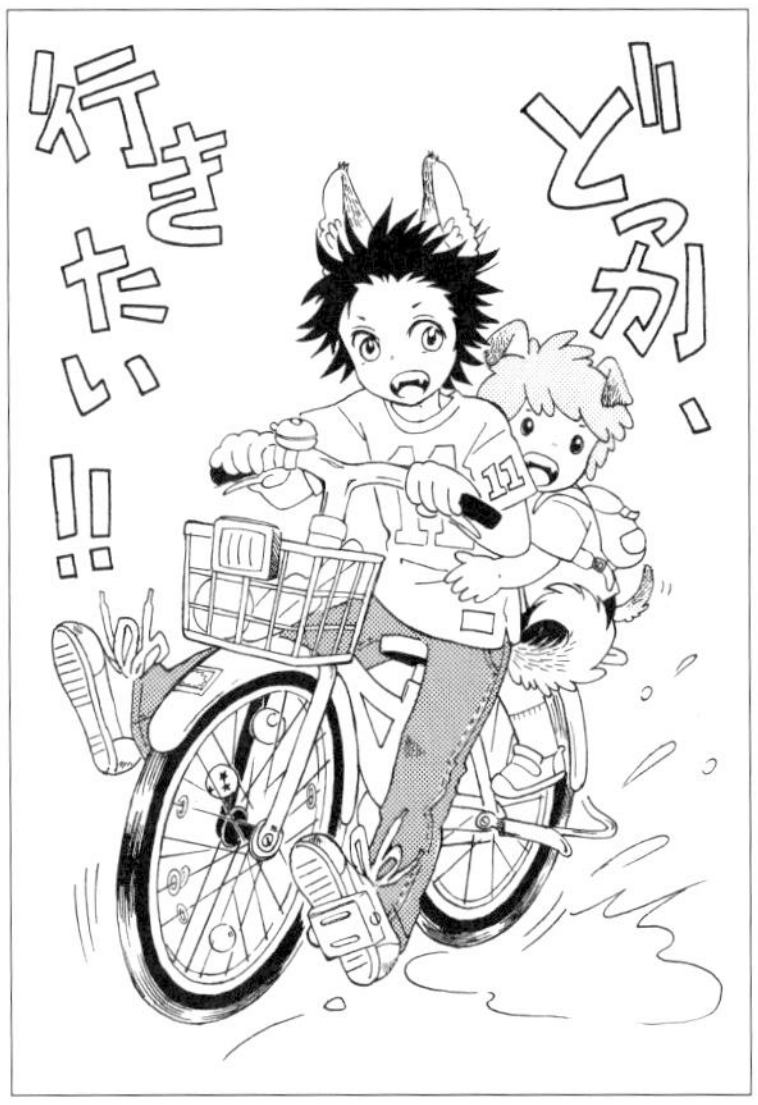

神奈川県・かとうゆき

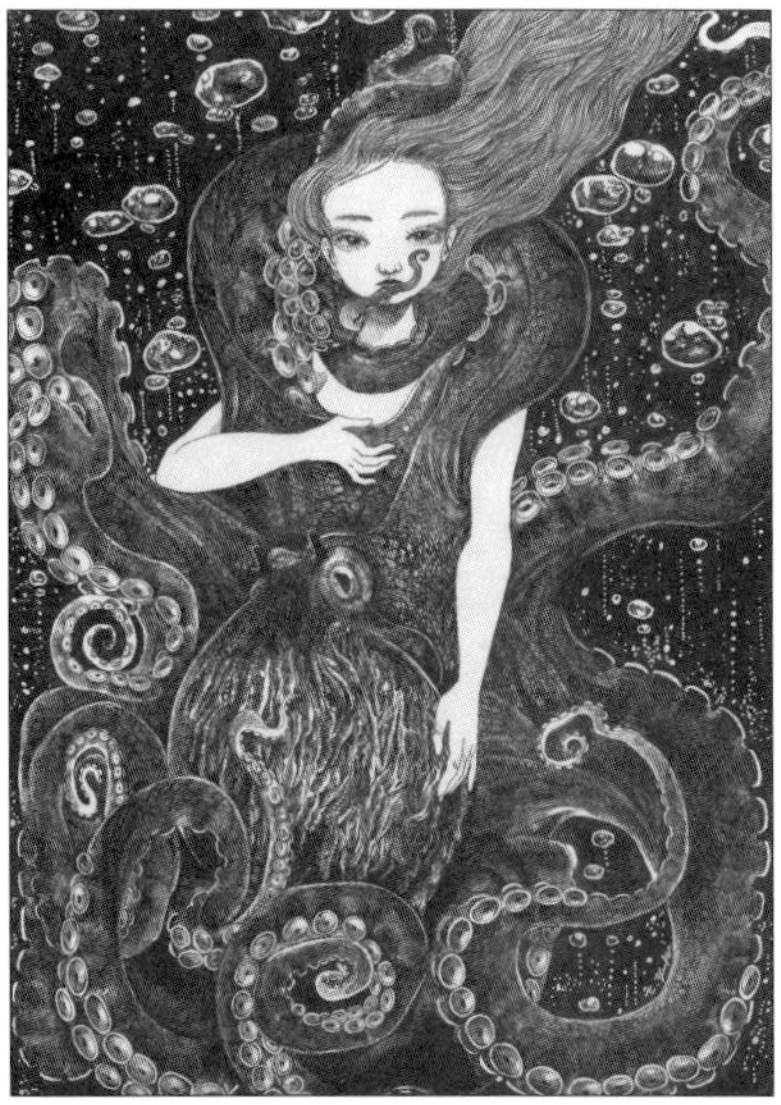

千葉県・武田和子・73歳

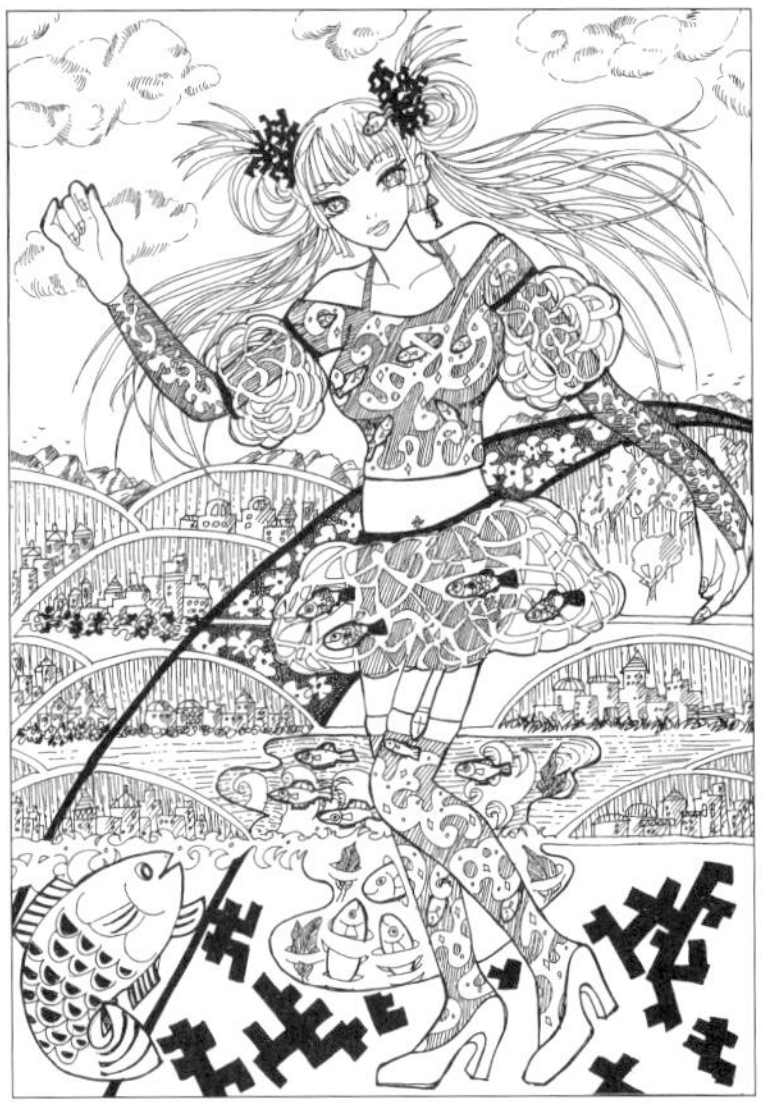

福島県・りんね

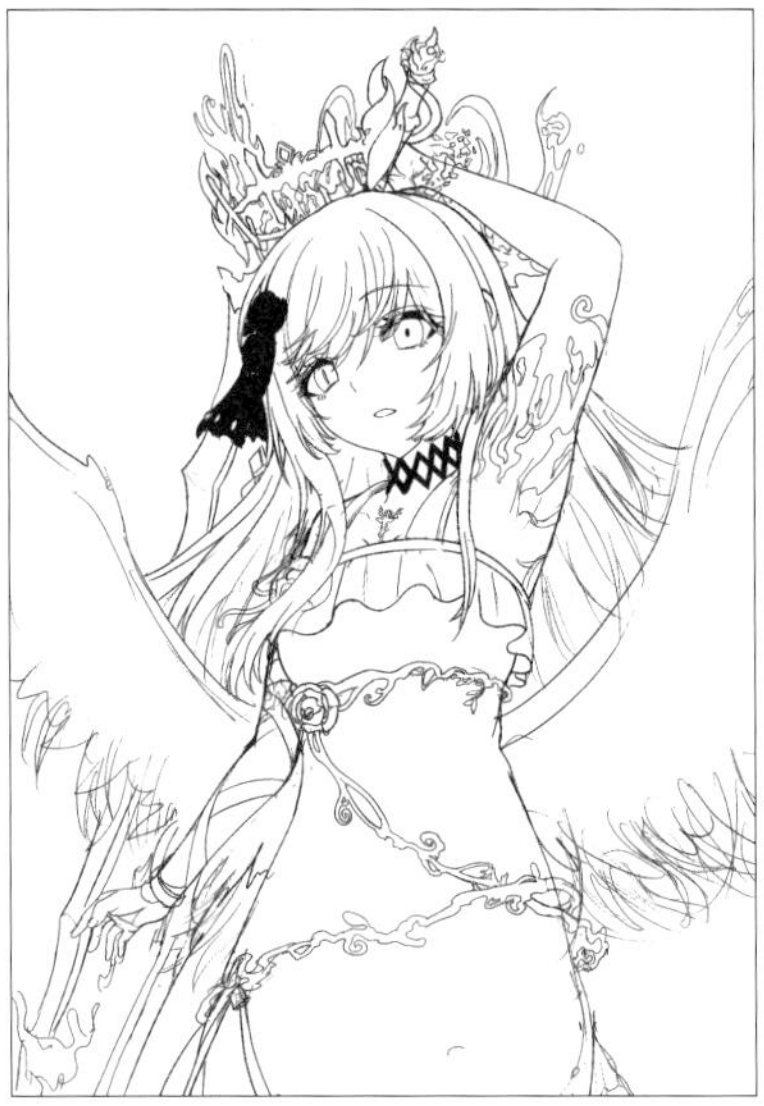

神奈川県・のさん

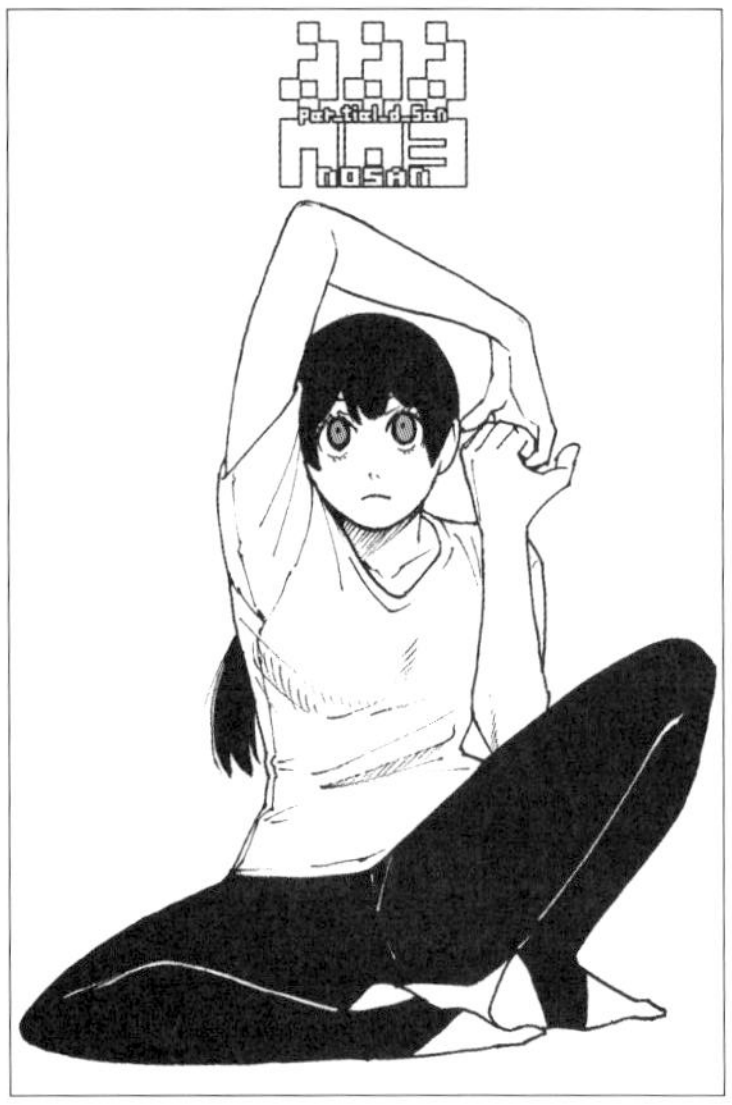

福岡県・まがり竹

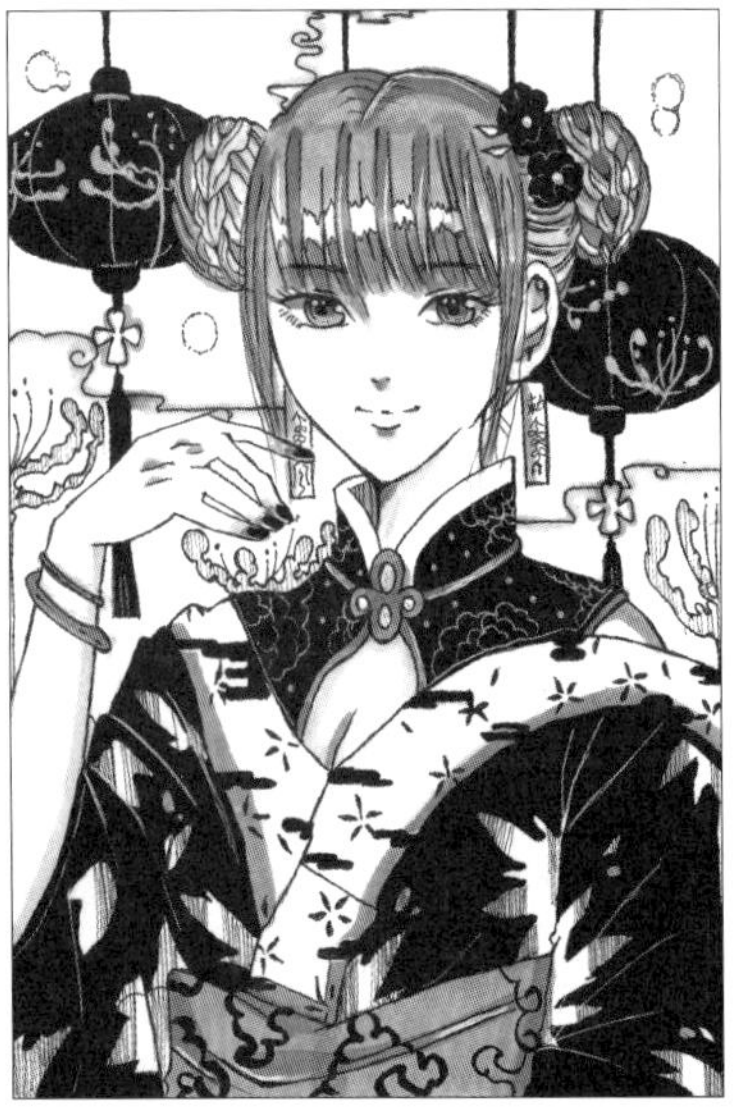

兵庫県・タロ・34歳

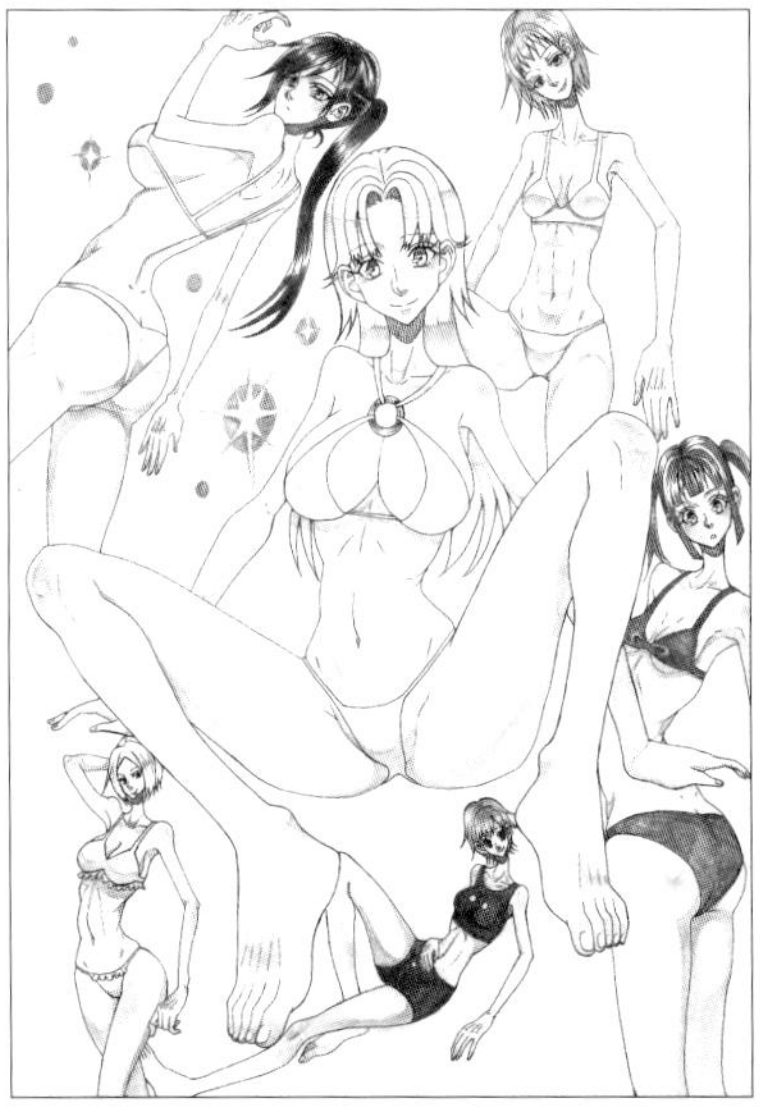

北海道・緋澄

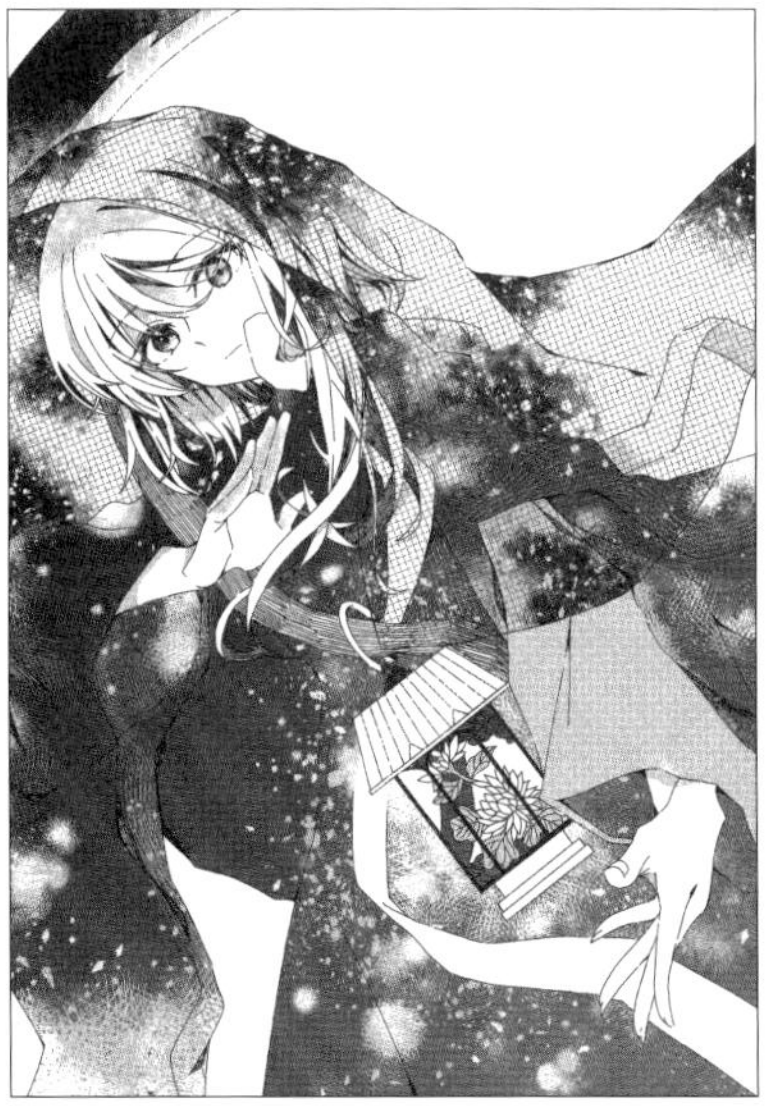

滋賀県・うるるん

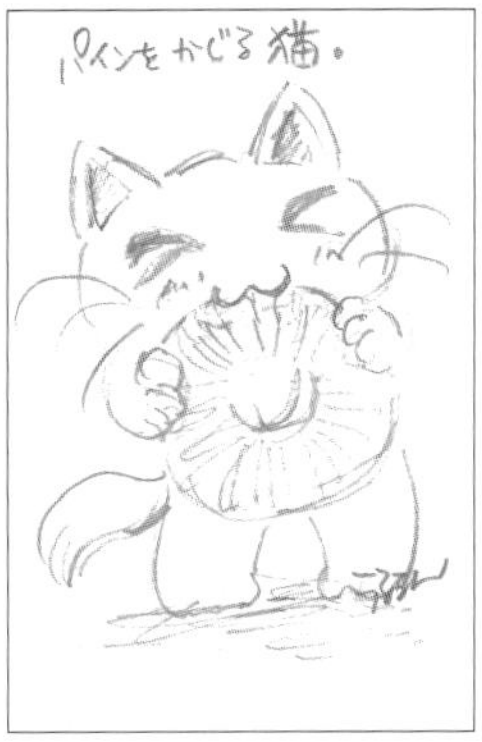

宮城県・レージン

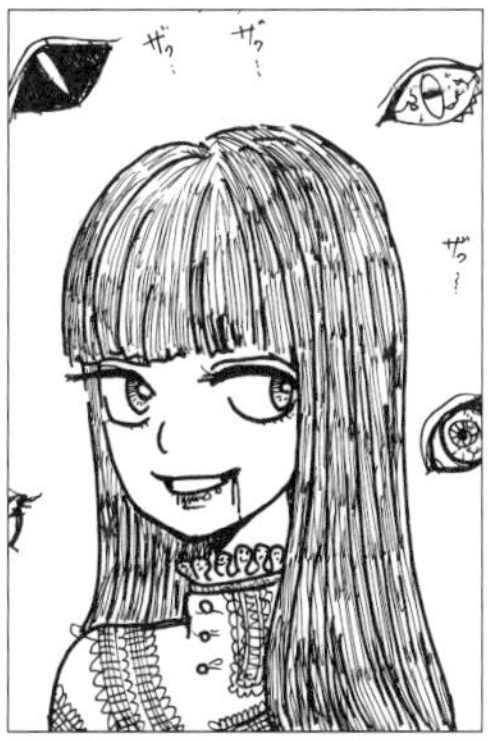

山口県・haichoru

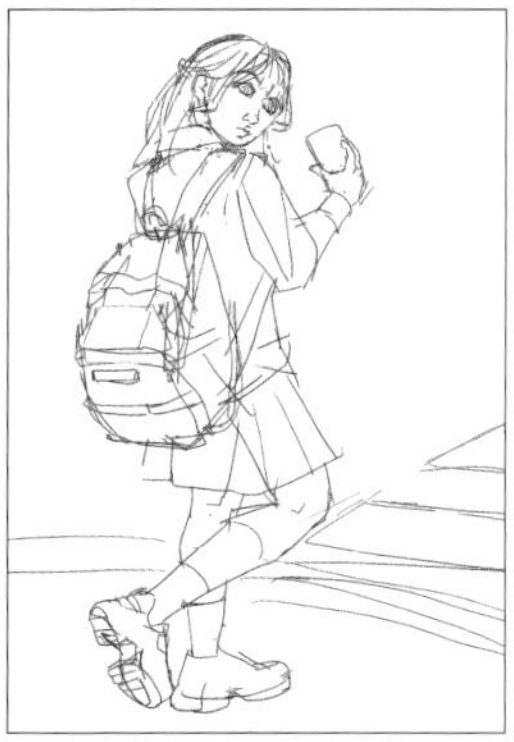

宮城県・ちあ。

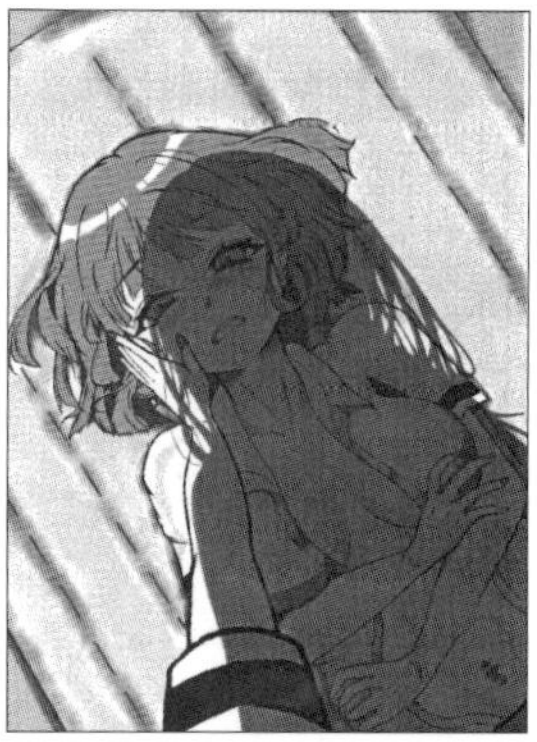

大阪府・融月りる

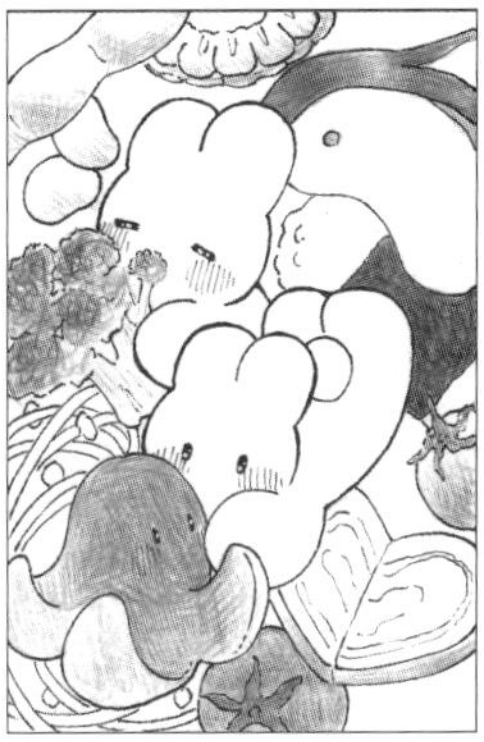

愛知県・つむジロ

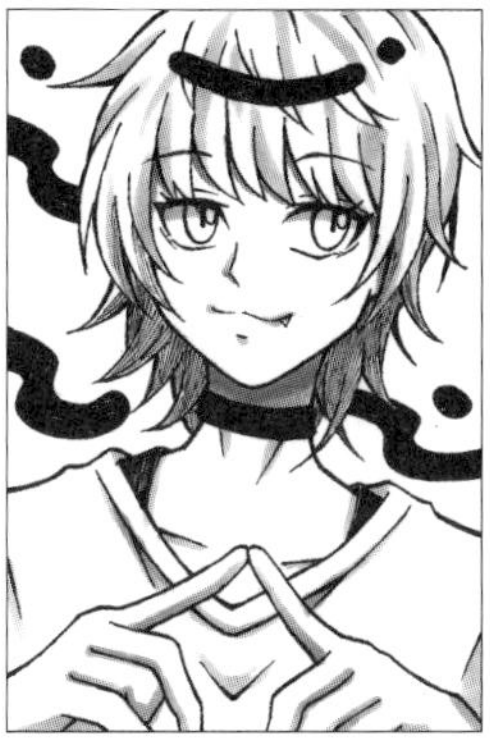

茨城県・天使のサンダル・38歳

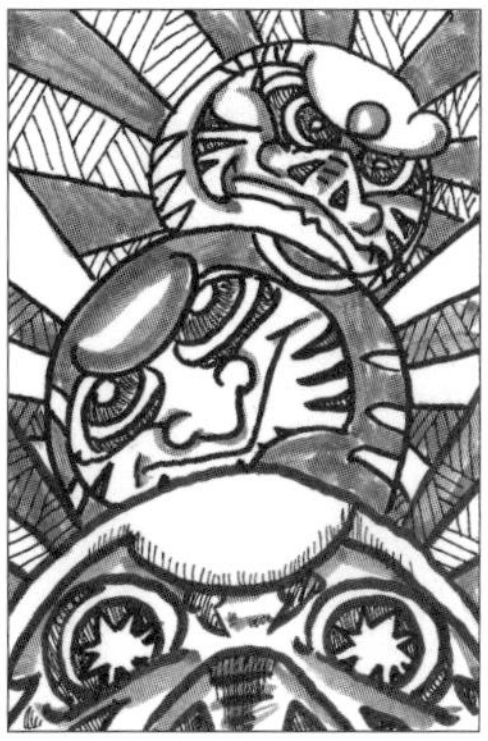

東京都・ひろくまひろみ

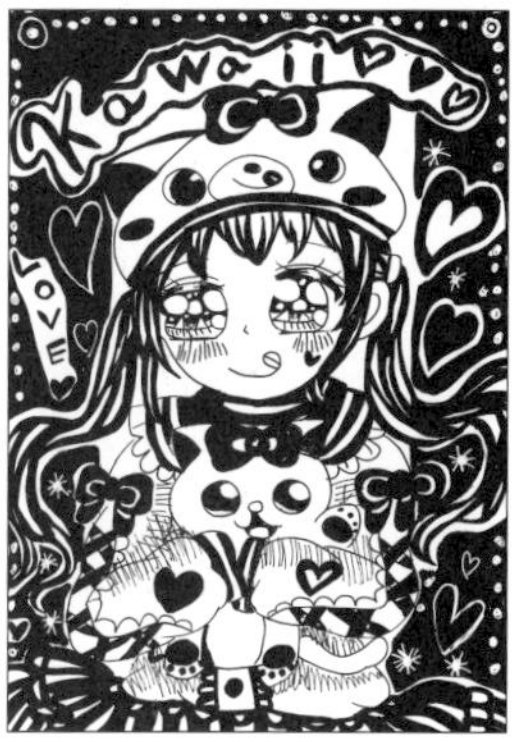

神奈川県・ぷうせんき・16歳

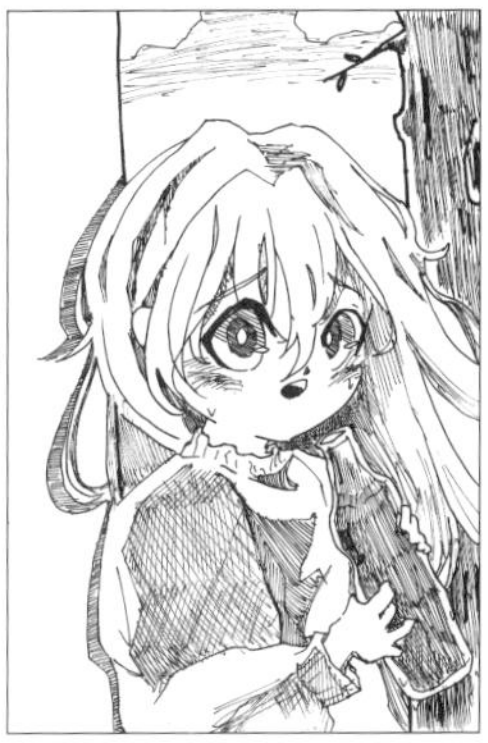

神奈川県・マイケル百姓・13歳

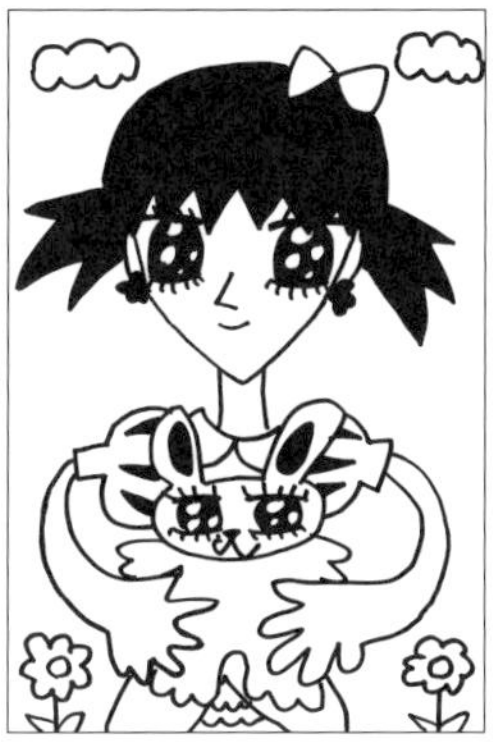

東京都・品一そとと

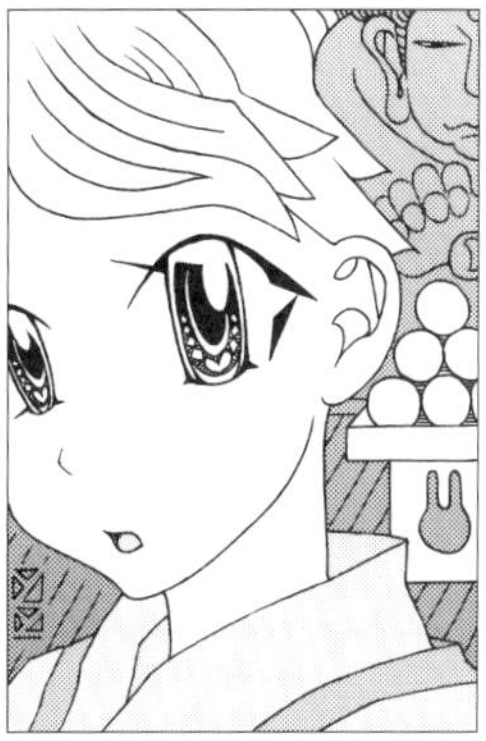

兵庫県・羊兎苺和

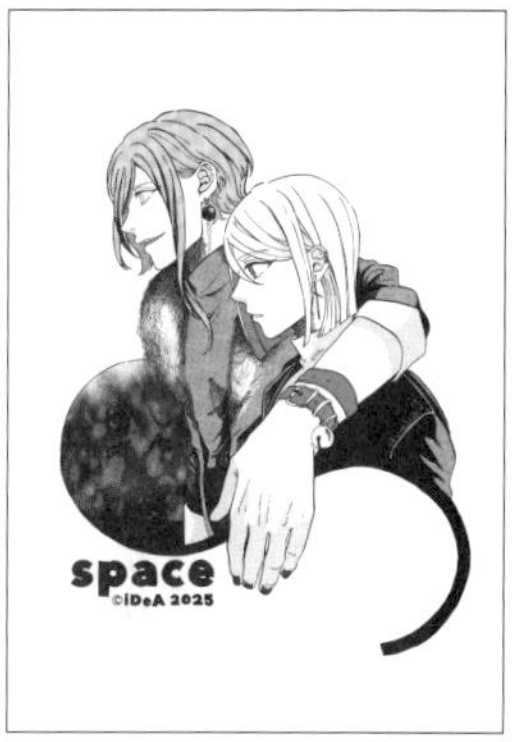

埼玉県・ねじねじ

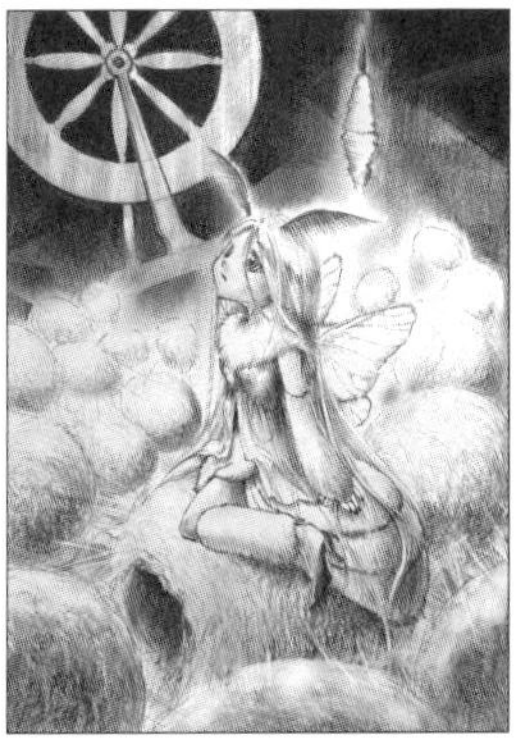

福島県・ジョンブリアン

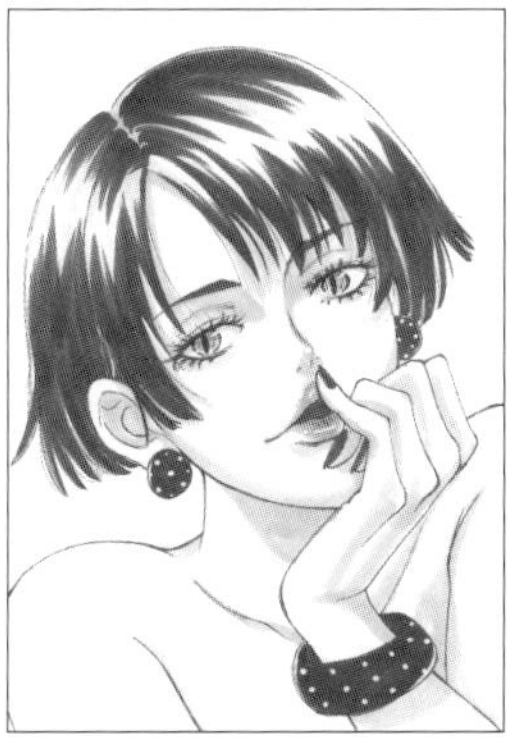

埼玉県・クレマチス

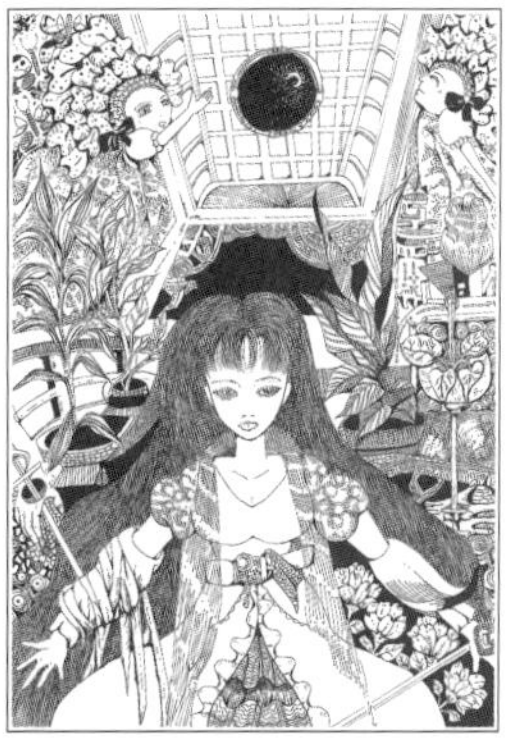

福島県・NAVY

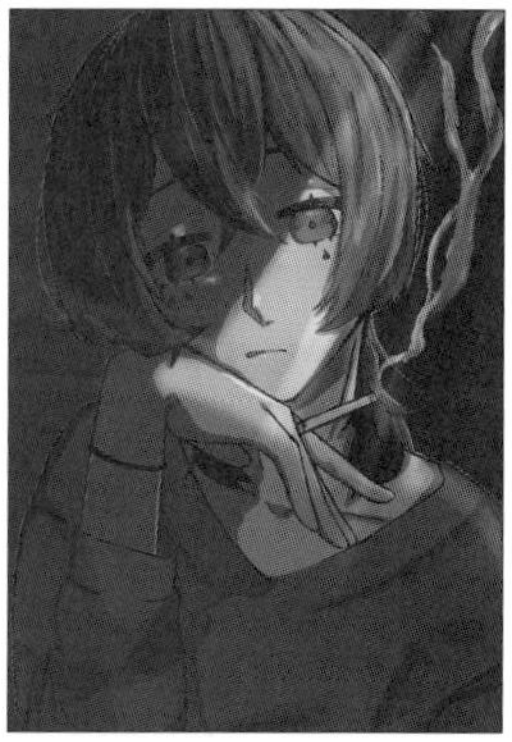

大阪府・山﨑純・32歳

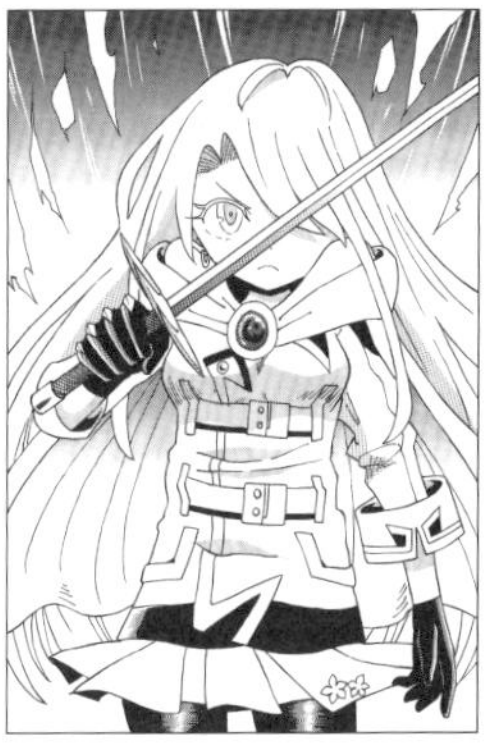

神奈川県・Y・2

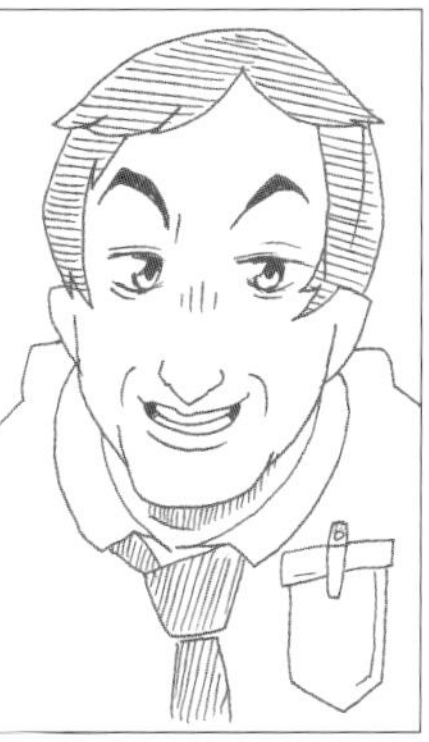

神奈川県・羽ばっさーん

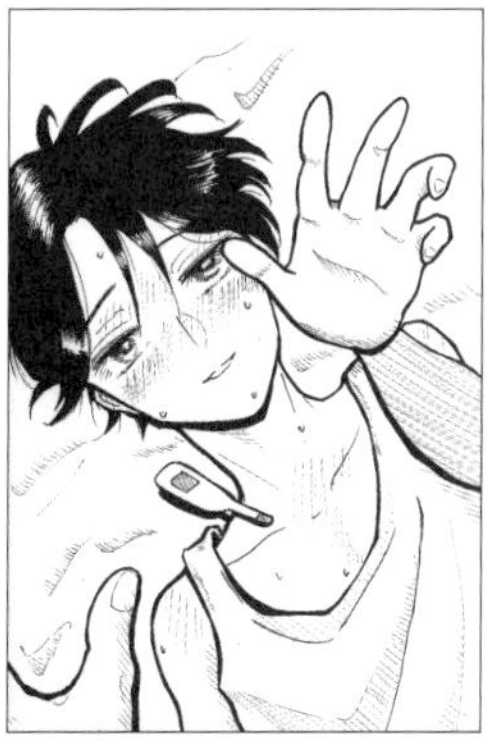

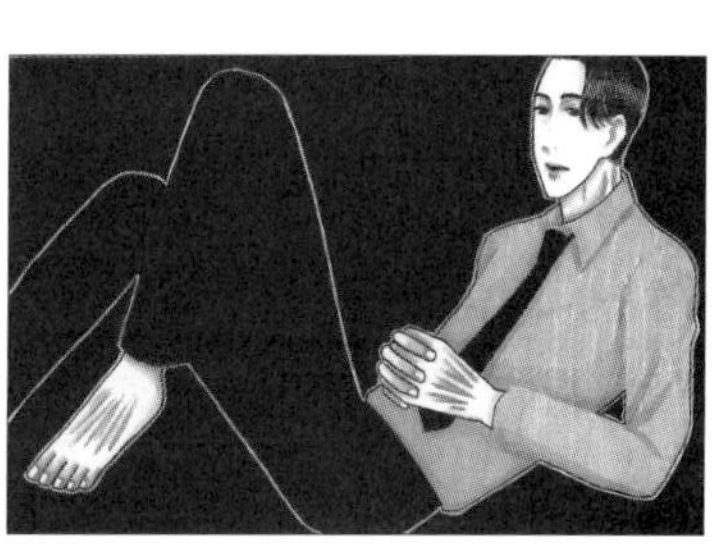

埼玉県・さかいえり

福岡県・えがおくらげ。

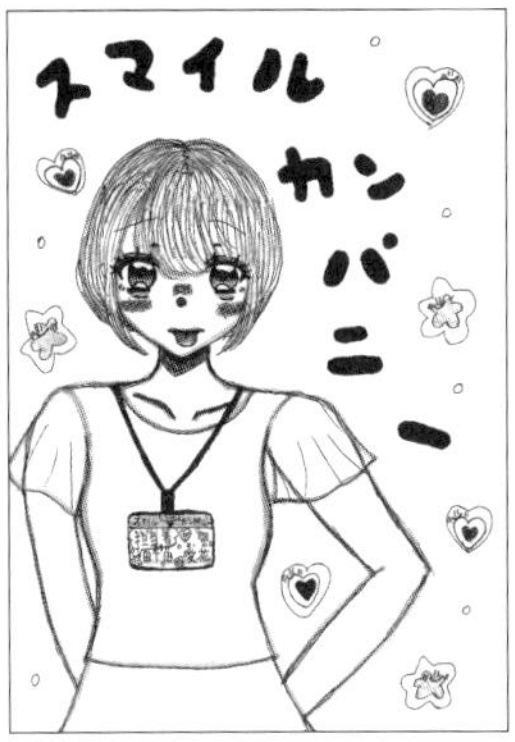

北海道・木村マ衣

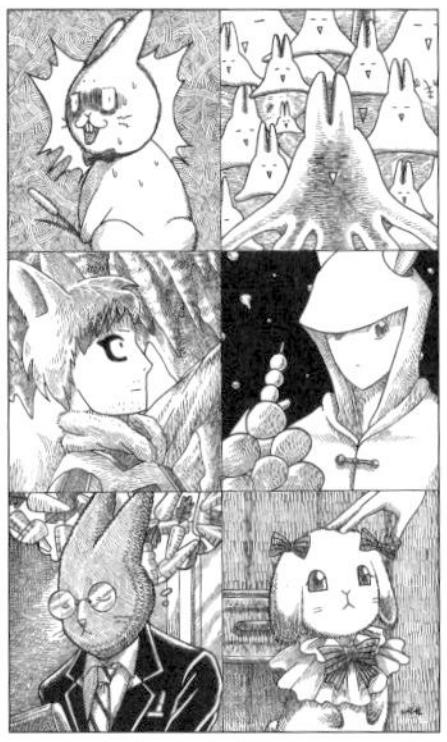

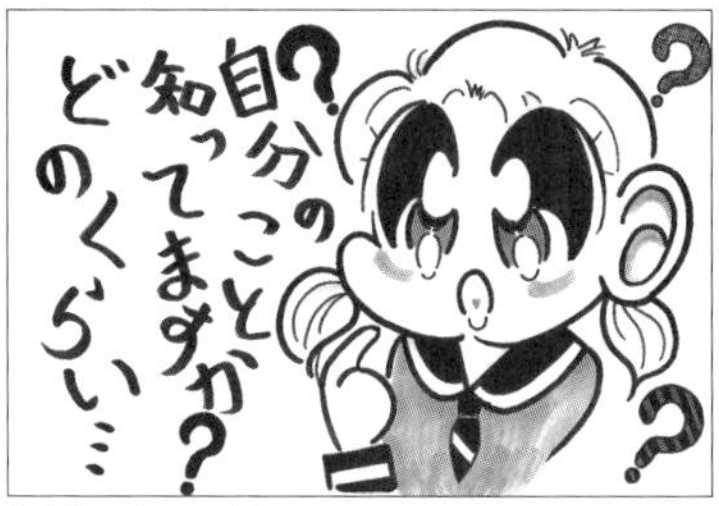

東京都・やえこまち

東京都・たかび

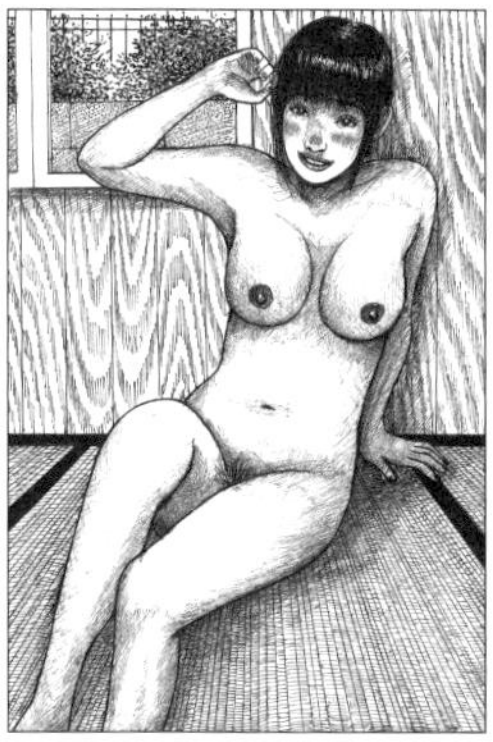

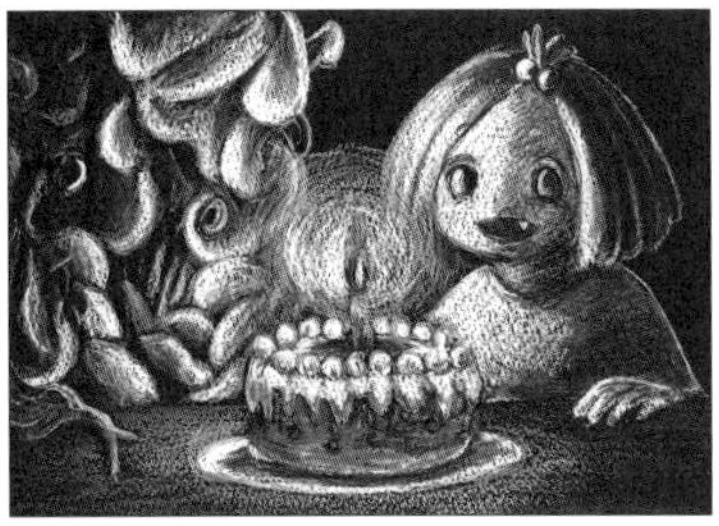

大阪府・田中童夏

香川県・岡ペン・18歳

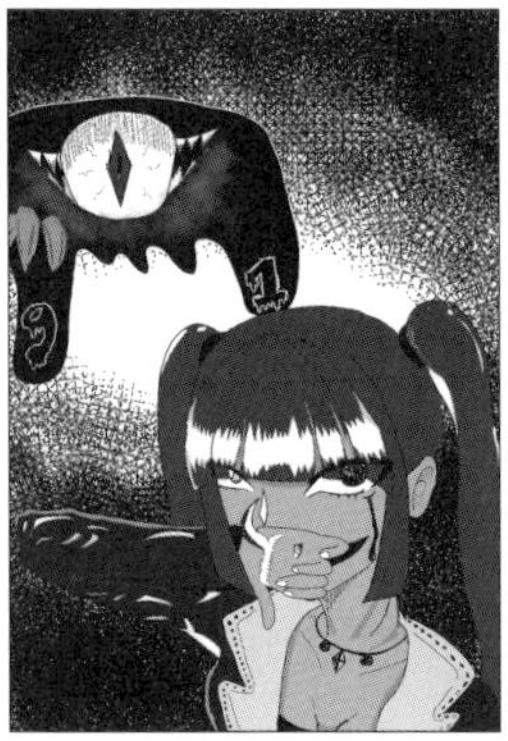

新潟県・ルリ烏

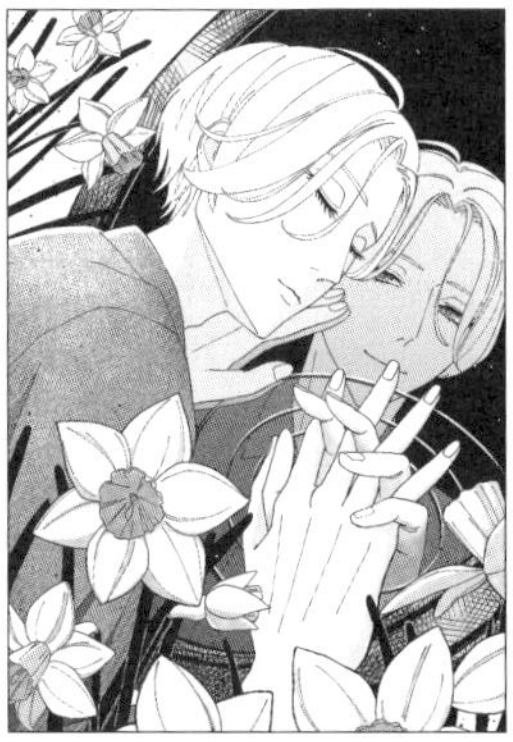

鹿児島県・ミセト

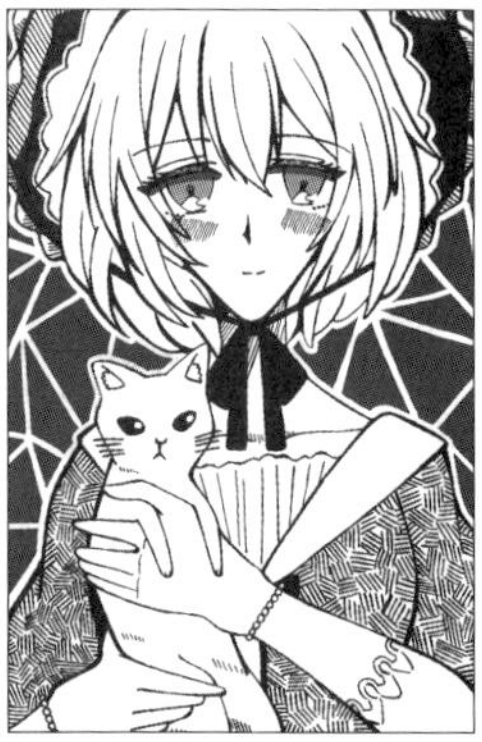

千葉県・潮田ひろみ

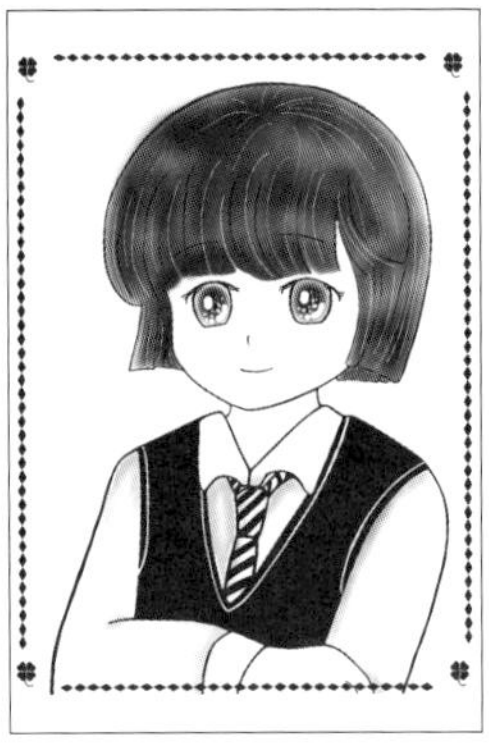

埼玉県・青魚

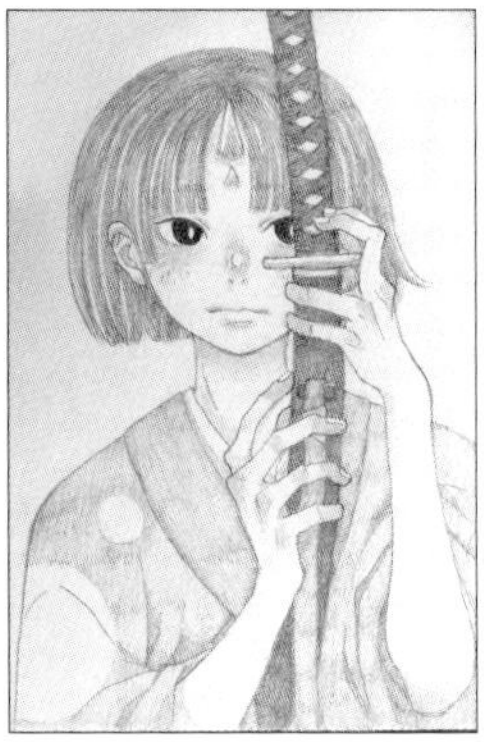

福岡県・七瀬なごり

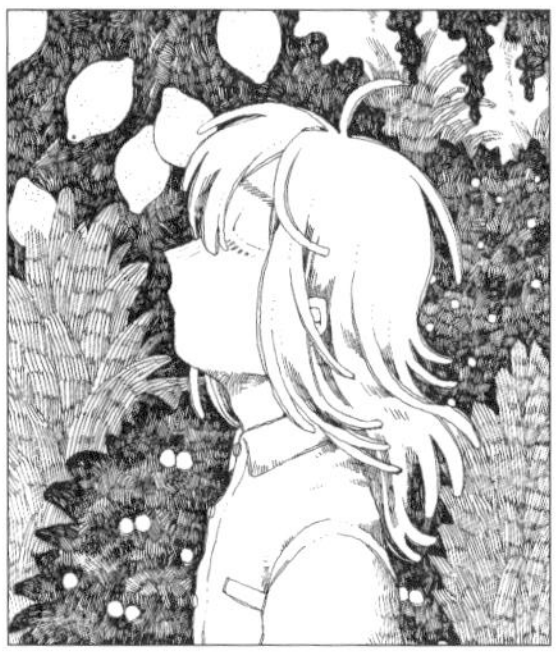

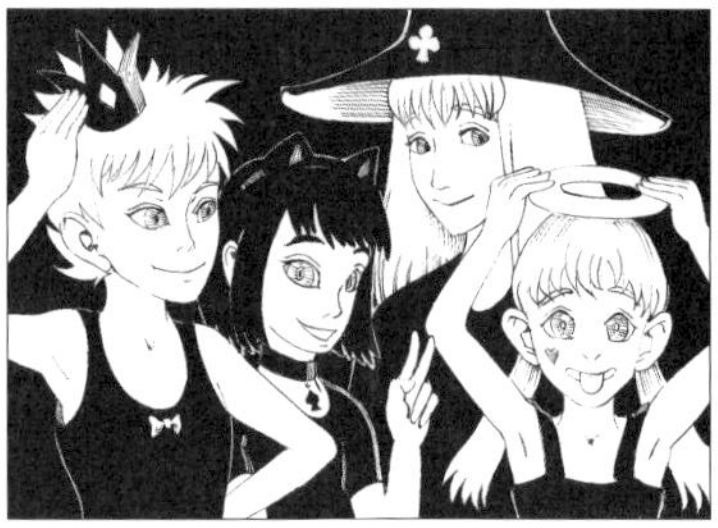

東京都・grimalkin

兵庫県・もちづき。・35歳

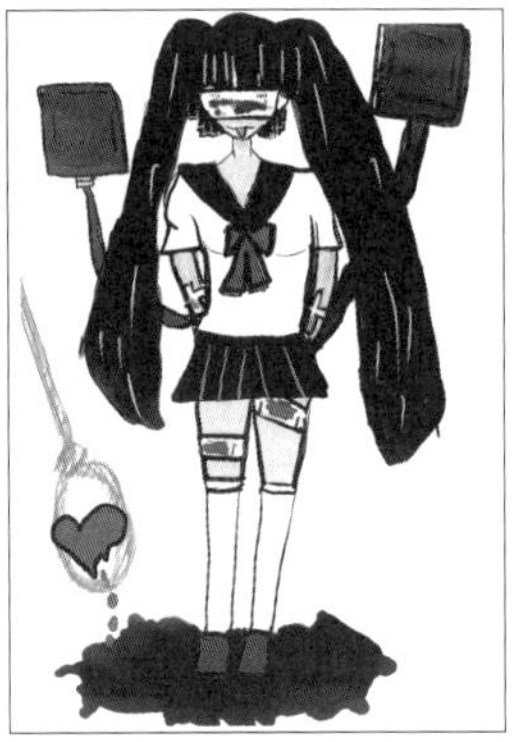

秋田県・あいうねこ

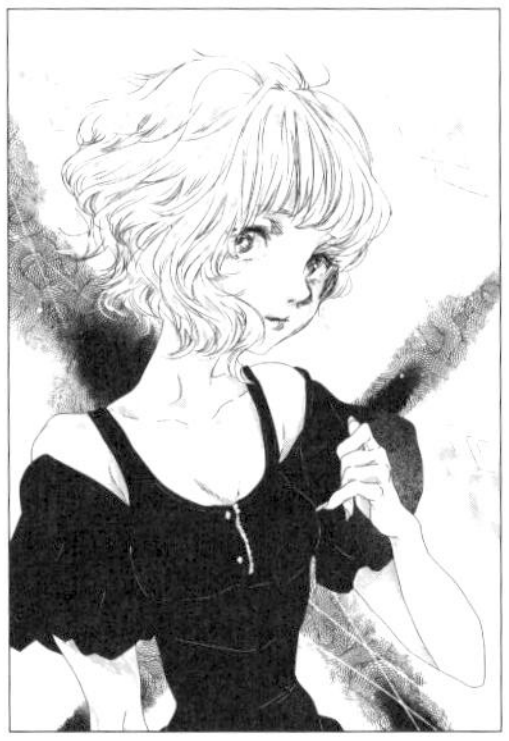

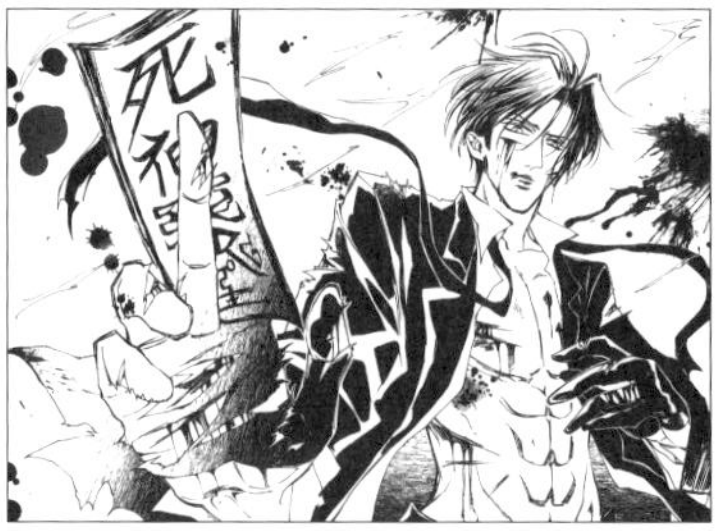

大阪府・大井淑世・37歳

北海道・佐口想

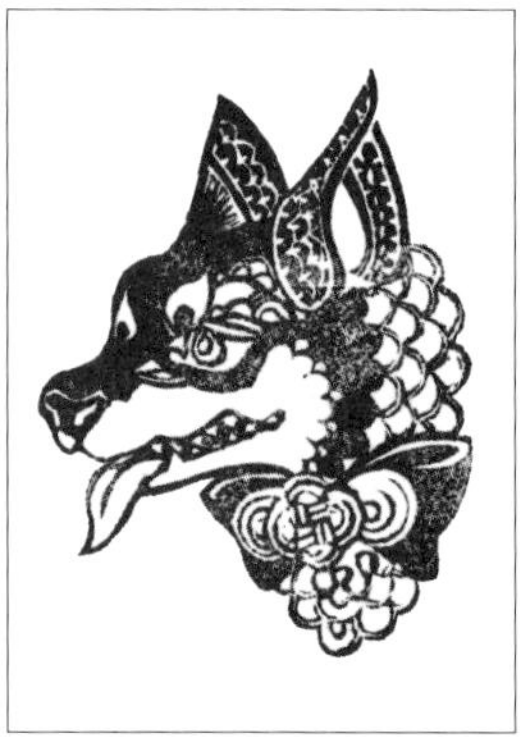

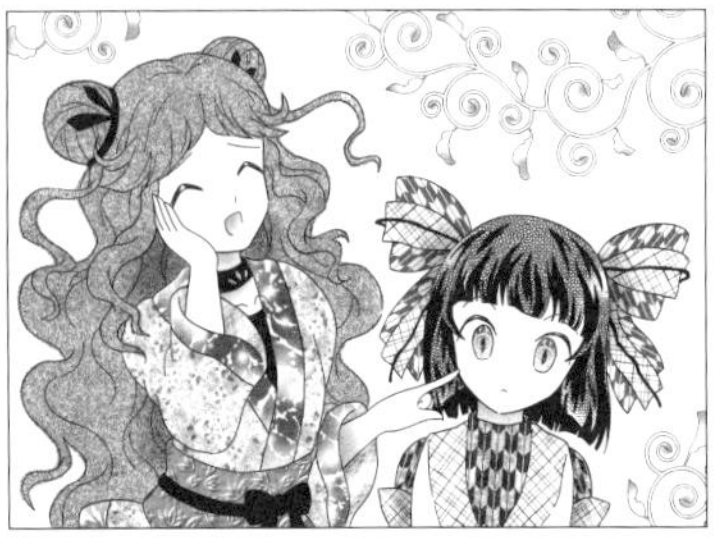

東京都・三田由子

広島県・高本健一

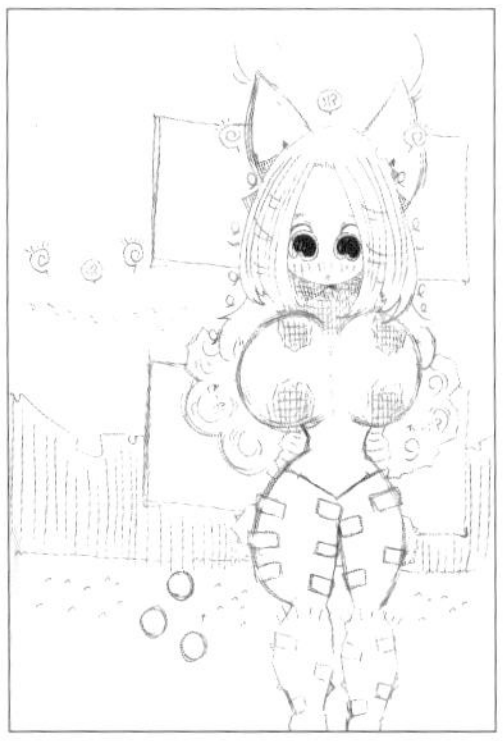

千葉県・鷹野眞二郎・76歳

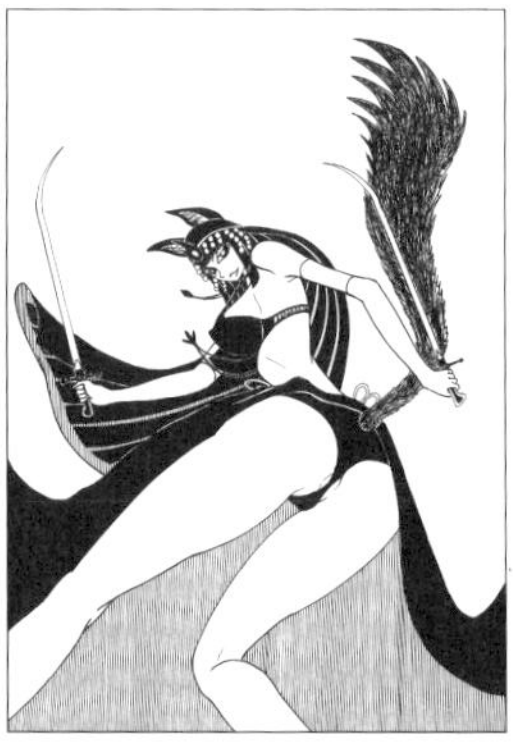

長野県・谷川りおん

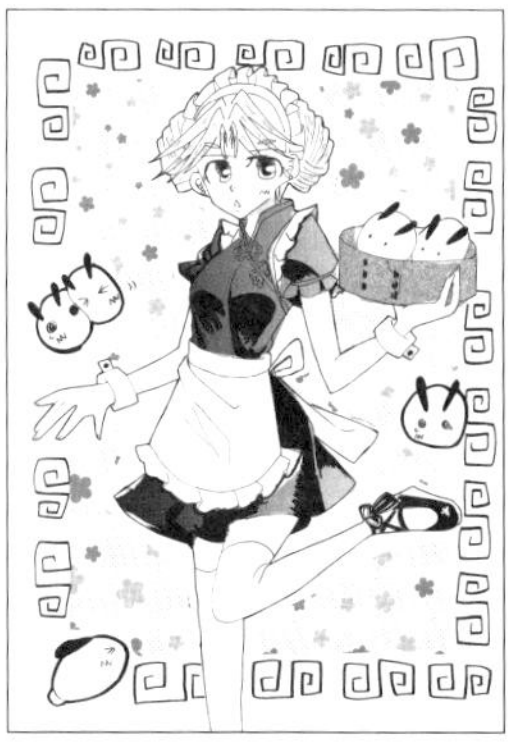

埼玉県・黎羽月雫

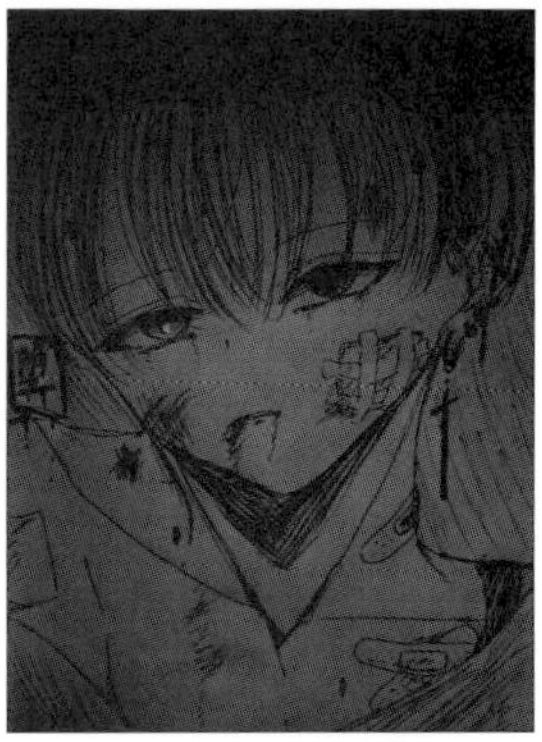

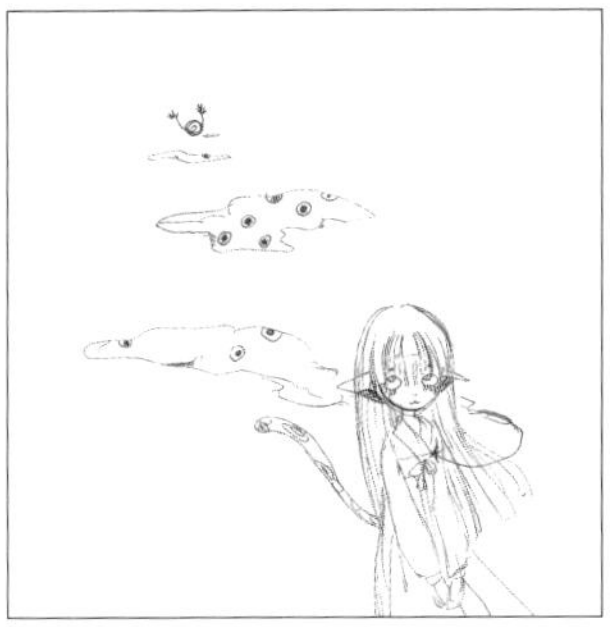

徳島県・砂名りす

広島県・夜万尋

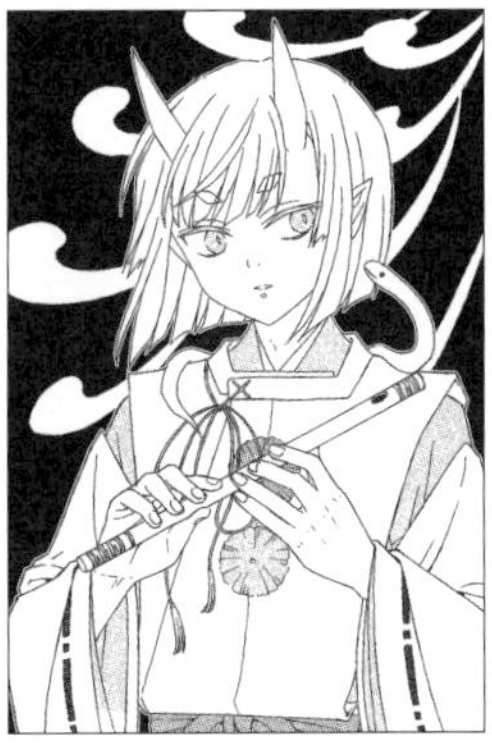

埼玉県・島崎風

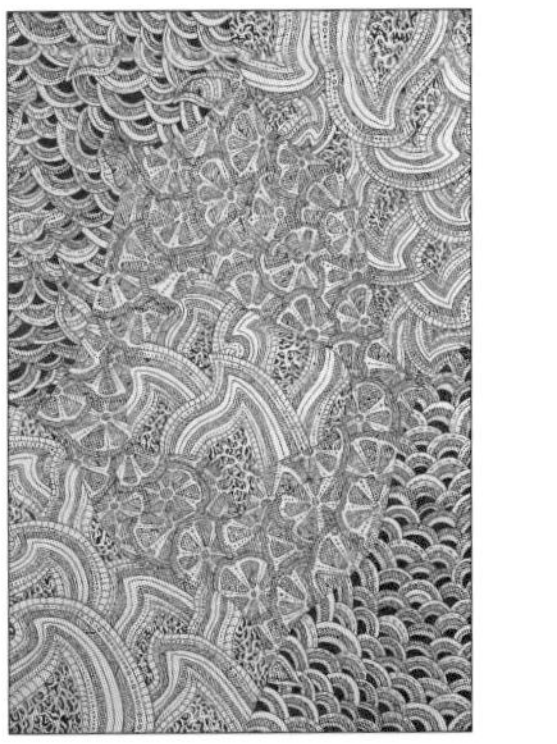

三重県・しろねこ

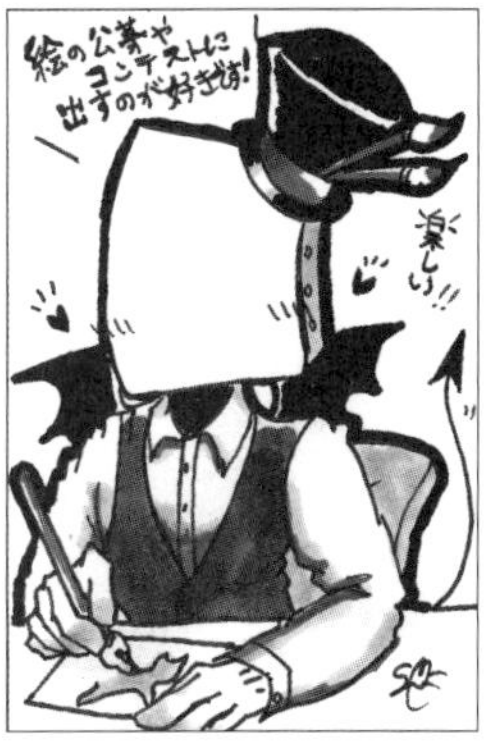

埼玉県・AtAt

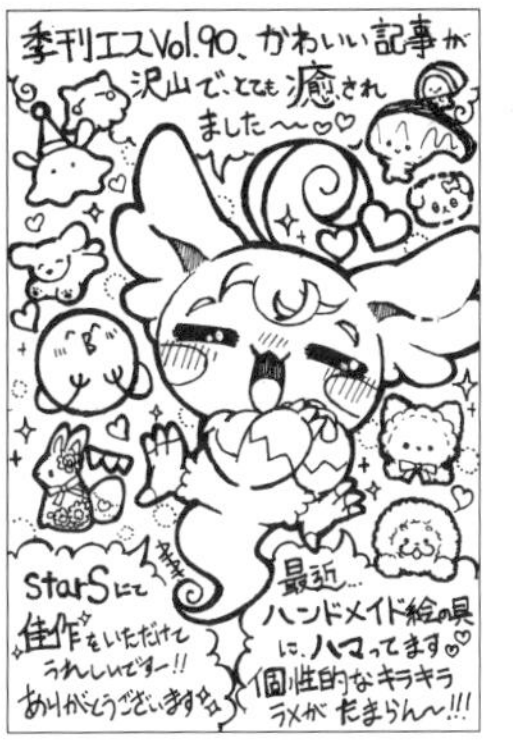

愛知県・風海ろっく

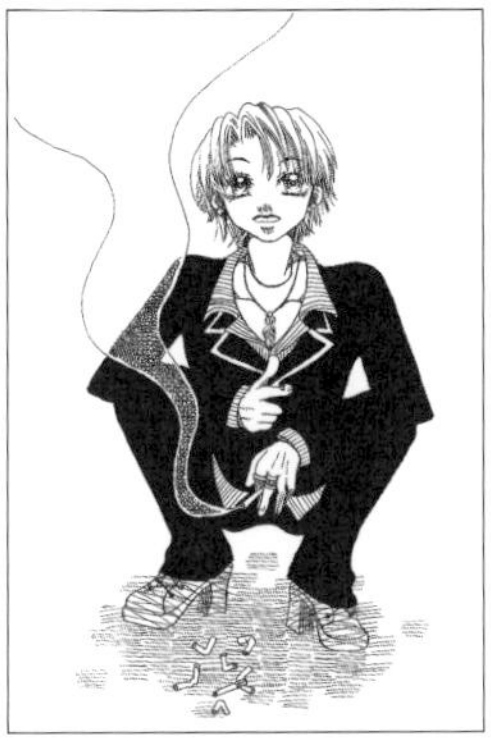

福島県・木野雷哉

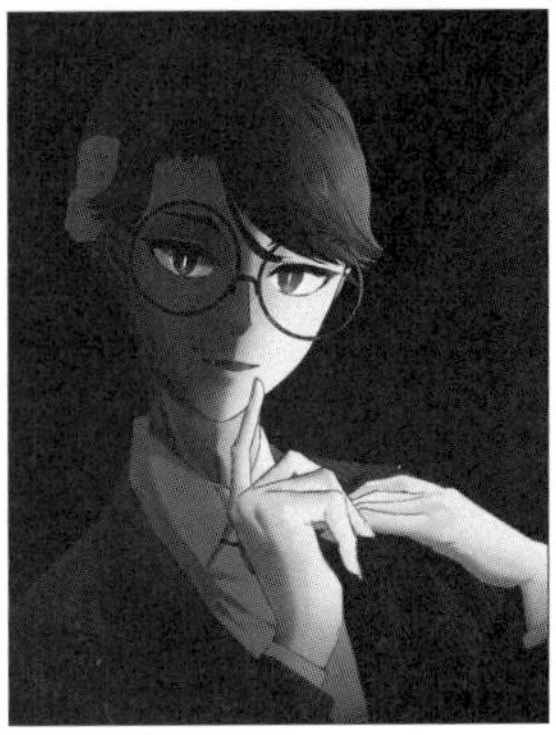

ピクラ☆ランデブー

今月もピクラ☆ランデブーにおハガキありがとうございますぅ。

それでは、今回もピクピクッとお便りコーナー始まるよ〜!

●表紙がキラキラ光ってる!? ホロ加工ってやつですか? キラキラ光るこの表紙、私の童心を呼び起こします。昔は十円でカードを出していたものです。

茨城県・さかさまアロハ・38歳

前号の森倉円さんの表紙の感想ありがとうございますぅ。表紙全体に、オーロラのようにキラキラ輝く加工がかかっていました〜。最近の「季刊エス」は表紙を豪華にしていますが、今号の小畑健さんの表紙も、ロゴや文字のところを、金箔のピンクメタリックバージョンにしています。今号もキラキラして綺麗ですよね〜。

小畑さんはピンク一色のカラーで塗っているから、今回のメタリック箔とマッチしているよね。装飾的な衣装は、ペンで細かく描き込まれていて圧巻! 黒もベタ塗りではなく、カケアミによる線の重ねで出来ているんですよね。

ホントねん! ととが絵を描くときは、ほわほわした淡い線だから、本当にすごくてびっくりしちゃう。皆さんメイキングを見てみてください〜。

●「しろくておいしいたべもの」の作家さんの作ったぬいぐるみがどれもカワイイ!! SNSのアカウントが載っていたので、早速みにいっています。ととまめ先生のゆるくてほんわかする四コマもよかったです。

大分県・夕日奏

前号の記事の感想をありがとうございます〜。たくさんのキャラクターを紹介したのん。ととまめさんも以前は「まぁるくてかわいいまるまるなもの」というキャラクター紹介ページに出ていただいたのです。連載してもらっている「うさにん」はとっても愛らしいですよね。LINEスタンプも可愛いですよ〜。

編集部のスタッフも可愛いキャラクターが好きだったりして、ぬいぐるみや造形作品がエス編集ルームにはたくさん飾られています。ピクラのぬいぐるみも作って欲しいなぁ。

ピクラより、ととのぬいぐるみのほうが売れるねん! メイド姿のゆるふわで癒すねん! ととぬいも発売!

●絵師様のグッズ(紙モノ)を集めています。しかしイベントに行ける機会が限られてしまって集めるのが難しいことが悩みです…。(限定グッズほしい…)。

長野県・谷川りおん

イラストレーターさんのグッズはとても買ってるねん。コミティアやコミケもそうだけど、展覧会とか、最近はポップアップをやっている作家さんもいるから、楽しいですよね〜。ととは同人誌を買って集めてますよ〜。

エス編集部がある渋谷では、この夏はrurudoさんのポップアップがやっていたから、みんなポストカードやトランプ、公式図録にぬいぐるみも買ったりしていましたよ〜。谷川りおんさんは紙モノのグッズを集めているんですね。デジタルイラストだと、アクリルグッズを集めたり、アナログイラストだと、紙のグッズを集めたりする人が多いですよね。紙だと複製色紙がエス編集部のギャラリーエクリでも人気です〜。

●イラストレーターも漫画家も、1本でやっていくには難しいけど兼業すると体力がもたない。でもお金はほしいし、絵も描きたいジレンマ。

神奈川県・人間

創作活動一本で、作家として自立するのは大変ですよね。漫画家さんも単行本を定期的に出せるようにならないといけないし、イラストレーターさんもライトノベルのシリーズを複数持つか、定期的に依頼をしてくれるメーカーさんと数社つながっていないと、安定した作家生活は送れないですものね…。

なるほどなのねん。ただ、人間さんが言うように、別の仕事をしながらの創作活動は、夜や休日に描くことになるから疲れてしまう…。

でも作家さんたちに過去のお話を聞くと、ほとんどの方は別の仕事をしながら、活動をされていたそうですね。だから絵の依頼が増えてきて、独立寸前の頃は徹夜で描いて仕事に行ったり…。なので描くことを楽しいと思えたり、頑張りたいことをやり抜くための体力と気力が大事なのでしょうね…。

次回も身の回りのこと、漫画やイラストのお話、悩みなどを聞かせてねん! ととたちの絵も描いてね〜。

次号もピクピクっとお便りお待ちしてま〜す♡

最後に、メイド編集部員のととがおこなっているYouTubeのご紹介! 新しいナビゲーターのもともとむぎも加わっています。二人はスモールエスの森に棲む妖精だよ〜。ととが作家さんとおこなう動画も更新予定! QRコードをチェック↓

☆とと・ピクラのイラスト投稿も募集中!

spaceS

ONE MANGA

シリアスからギャグまで
みんなの1Pマンガを
紹介するコーナー

東京都・たかぴ

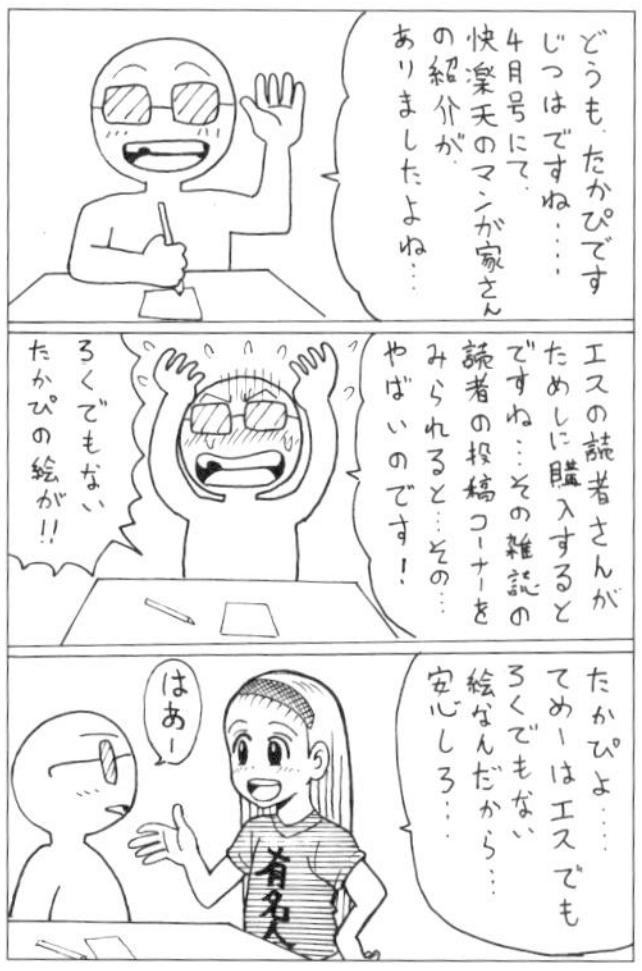

東京都・三田由子

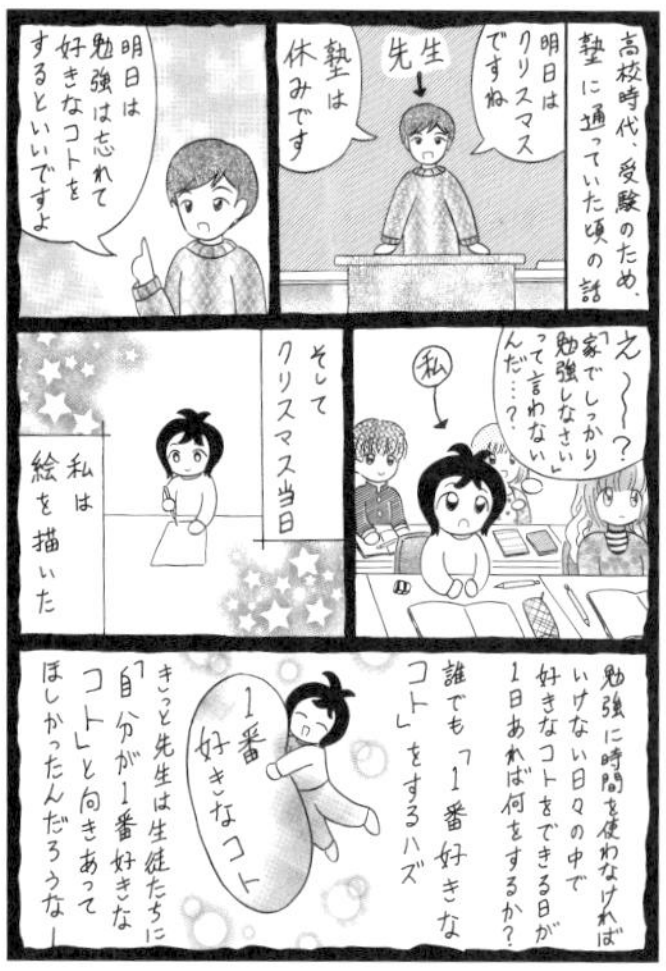

埼玉県・風見☆鶏・68歳

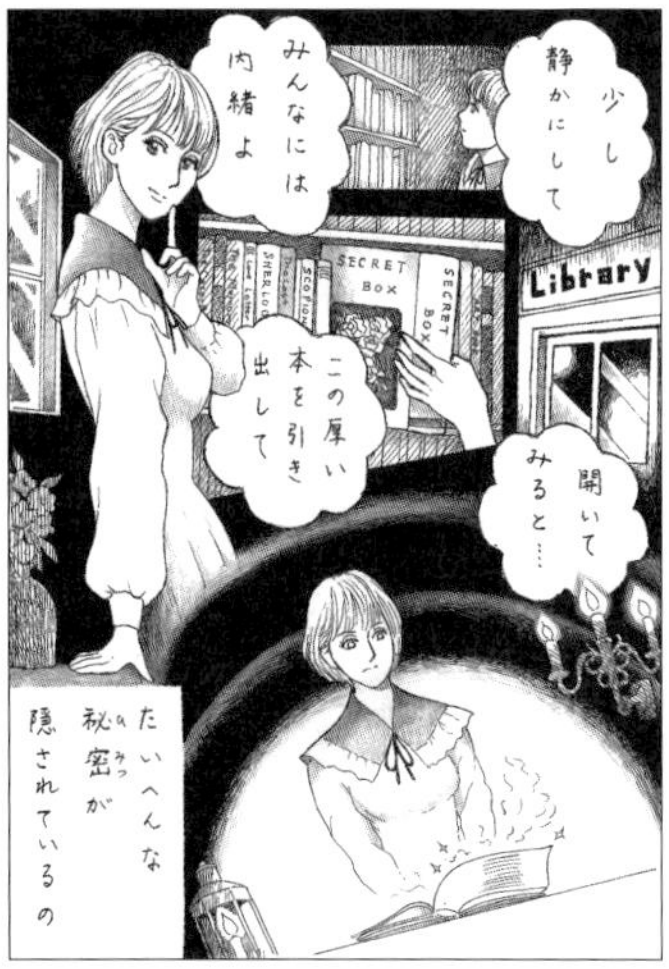

鳥取県・rosyemu

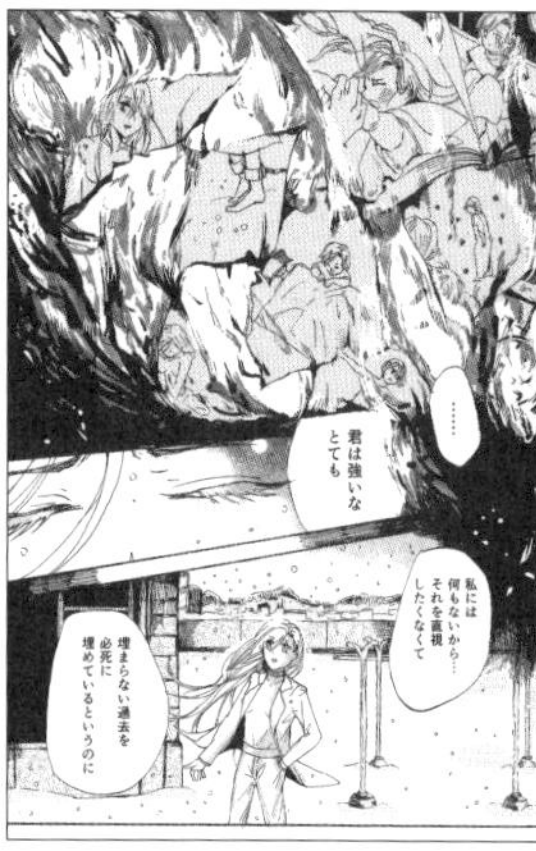

福島県・yumemisor@

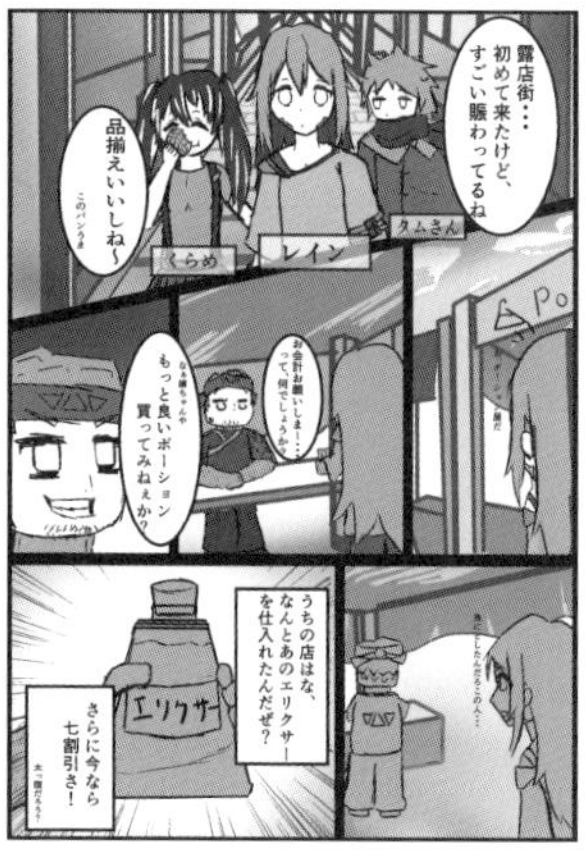

長野県・チェインミラァ

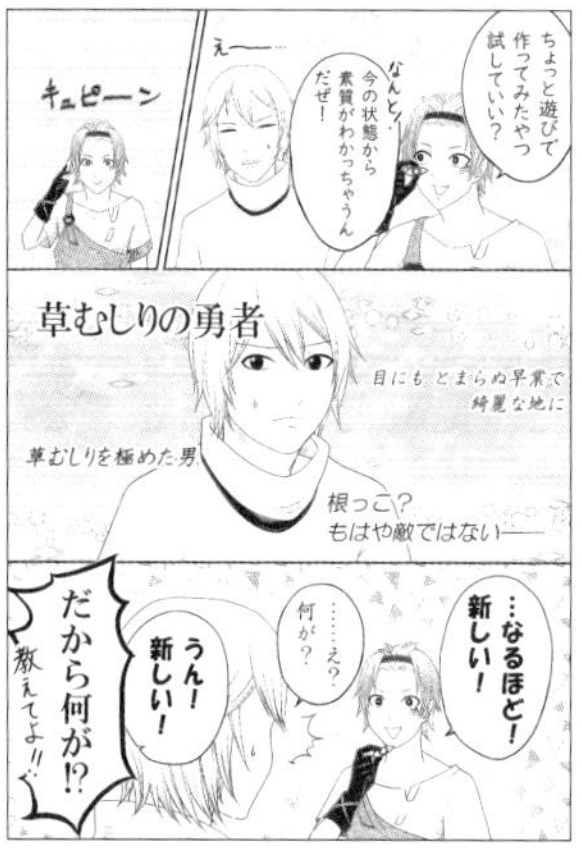

兵庫県・日向涼子

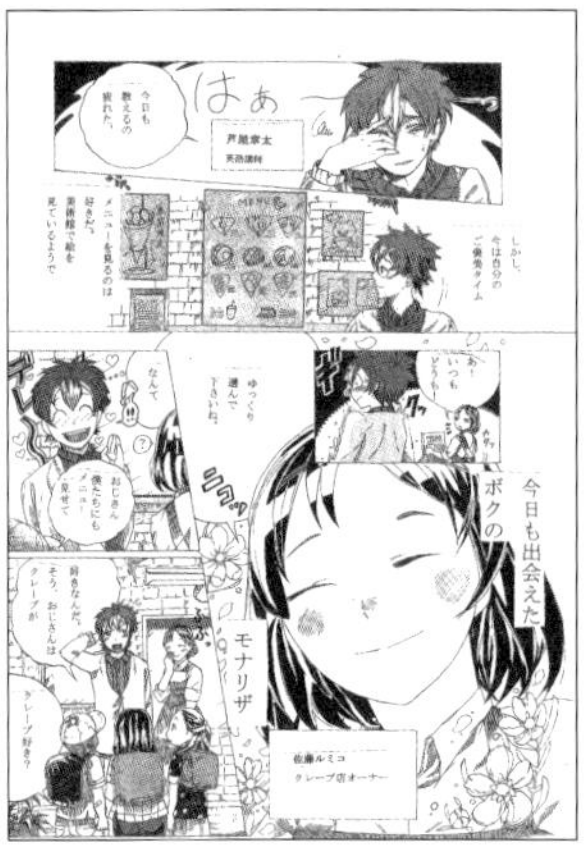

starS & spaceS 応募の決まり

★ starS
カラーを中心としたメイン投稿コーナー

★ spaceS（作品タイトルは不要です）
「じゆうとうこう」 白黒の自由な絵を送るコーナー
「ONE MANGA」 1Pの漫画を投稿するコーナー
「ピクラ☆ランデブー」 近況や気になる話題、質問したい事を送る文字投稿コーナー
「トークイラスト」 近況や好きなものの話題をイラストつきで送って下さい。「SS」の「Ssay」と同じコーナーです!

● 郵送でおくる場合

★ 応募要項
以下の要項を作品の裏面に記入してください（複数作品応募される場合も必ず個別に書いて下さい）

1 投稿するコーナー名（例：「starS」「spaceS じゆうとうこう」など）と、S何号宛のイラストなのか必ず記入してください
2 郵便番号、住所、氏名、ペンネーム、年齢（**非公開希望の方は「非公開」と記入してください**）、電話番号またはメールアドレス
3 作品のタイトル（**※ Space S では不要**）
4 使用画材（絵具や描画ソフト、紙の種類など）
5 作品に関して一言
6 投稿経験（初投稿は特に明記。Xやインスタのアカウント、エスやSSへの掲載歴を記載ください）

★ 使用画材
画材は何でもOKです。「starS」宛は白黒、カラーは問いません。「spaceS」はモノクロページでの掲載なので、白黒で描いてください。

★ その他注意
・天地（作品の上下）左右がわかりにくいイラストは裏に明記して下さい。

★ 作品の返却を希望する際のキマリ
1 投稿時と同額の切手を貼った、自分の住所氏名を書いた封筒を同封すること
2 作品の裏に赤で「要返却」と書くこと
3 複数枚数の場合は、全部で何枚あるか全てのイラストの裏面に必ず書くこと（例えば3枚投稿した場合、1／3、2／3、3／3と書いて下さい。
1枚の場合でも1／1と記載してください）

★ 作品のサイズ
用紙サイズはA4（21×29.7cm）以内でお願いします。A4より大きい用紙は不可です。

★ 応募締め切り
2025年10月20日（月）当日消印有効

★ 送付先
〒150-0041
東京都渋谷区神南1丁目13-3
アーク神南ビル2階
季刊エス編集部
「starS」または「spaceS」係
（応募するコーナーの係宛に送って下さい）

● インターネットでおくる場合

季刊エスサイト
http://s-ss-s.com/s/
「投稿のおしらせ」より応募要項をご確認いただきメールフォームに沿って投稿ください。

★ 応募締め切り
2025年10月20日（月）当日送信まで有効

◎ 発表 2025年12月17日発売号

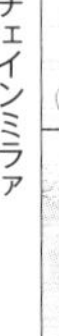

spaceS ONEMANGA

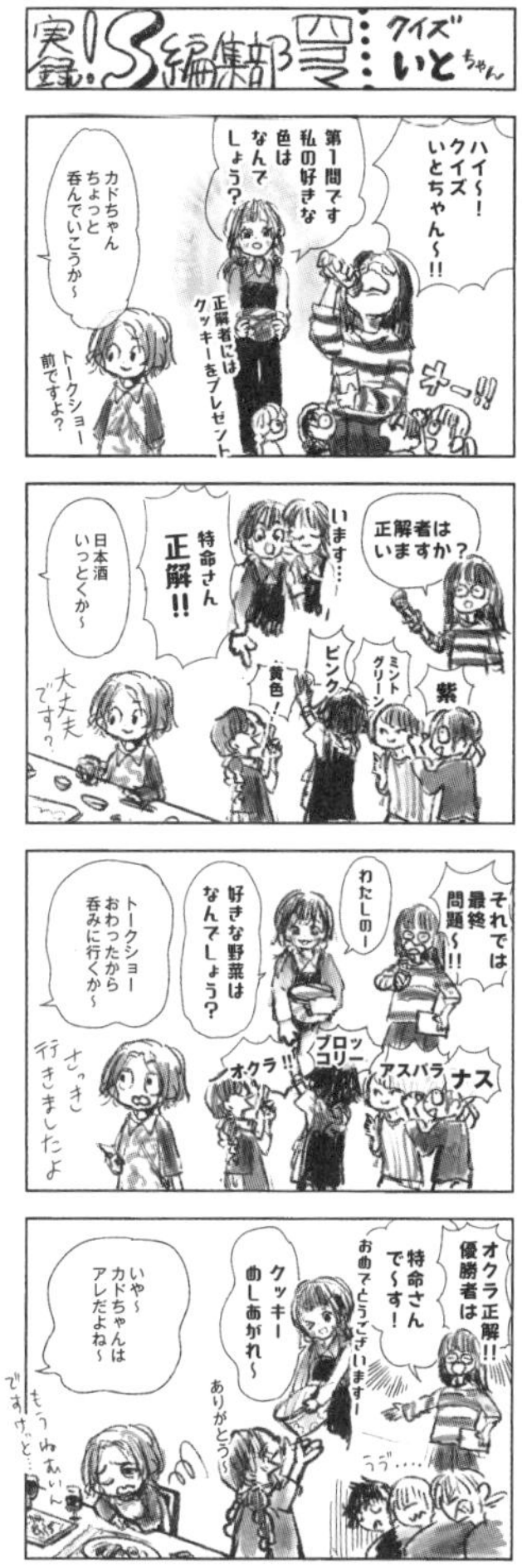

クイズや大喜利の参加者募集

Gallery ecrii ギャラリー エクリ 東京・渋谷にあるエス編集部に隣接したミニギャラリー

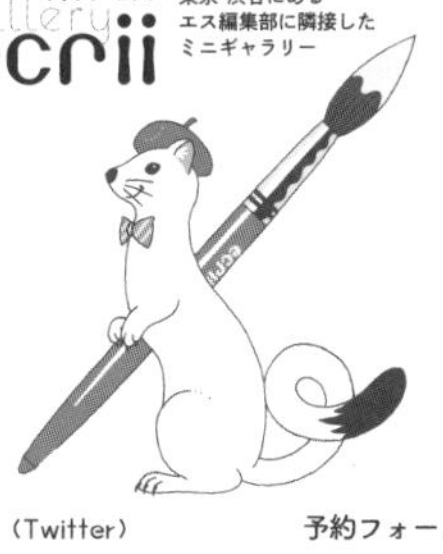

X（Twitter） 予約フォーム

石川県・庭一

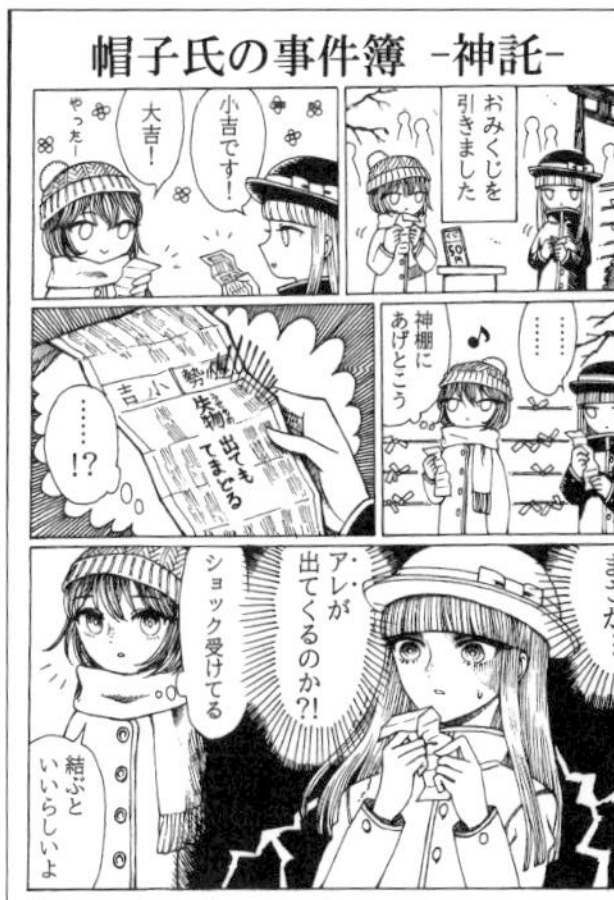

福岡県・とりり

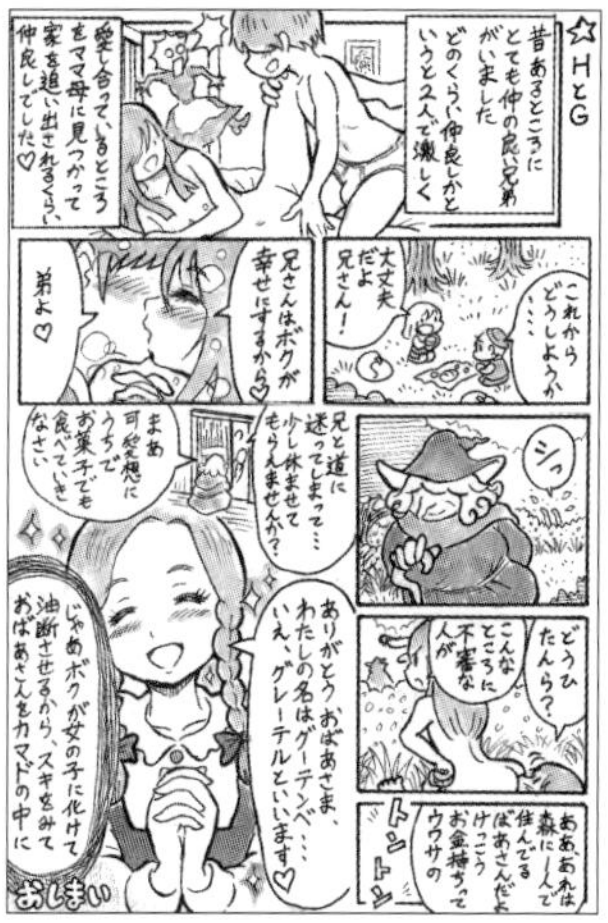

東京都・ひろくまひろみ

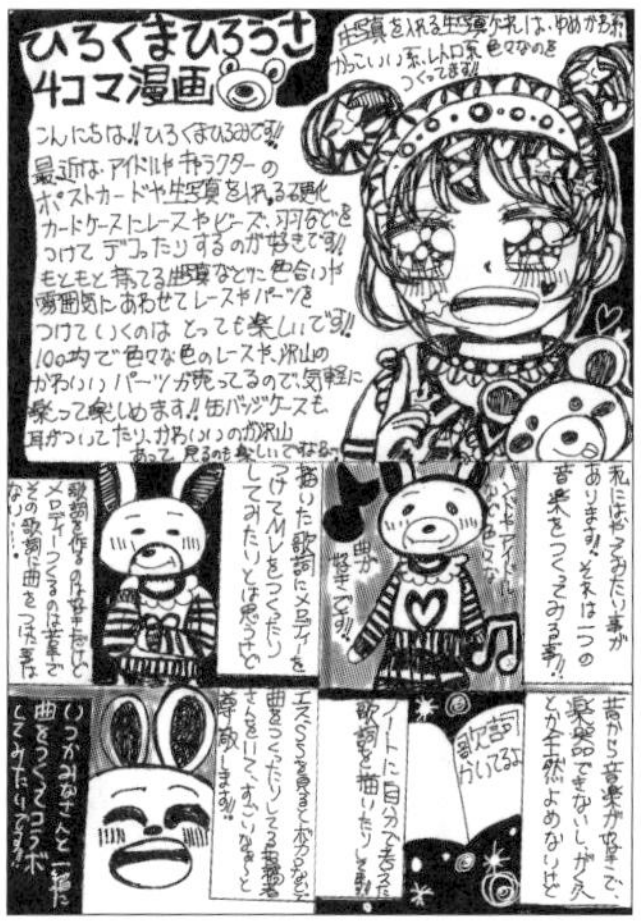

兵庫県・羊兎苺和

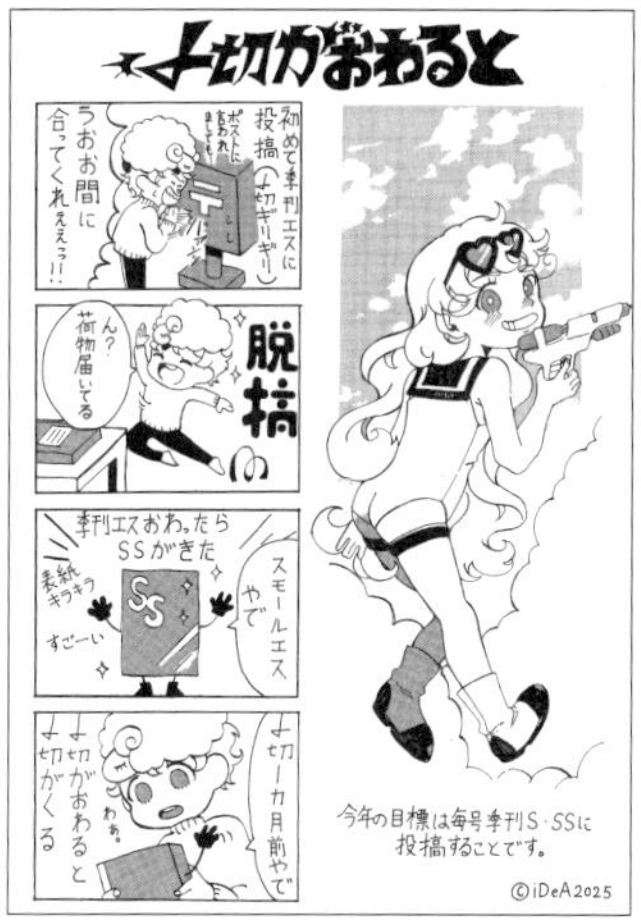

長野県・谷川りおん

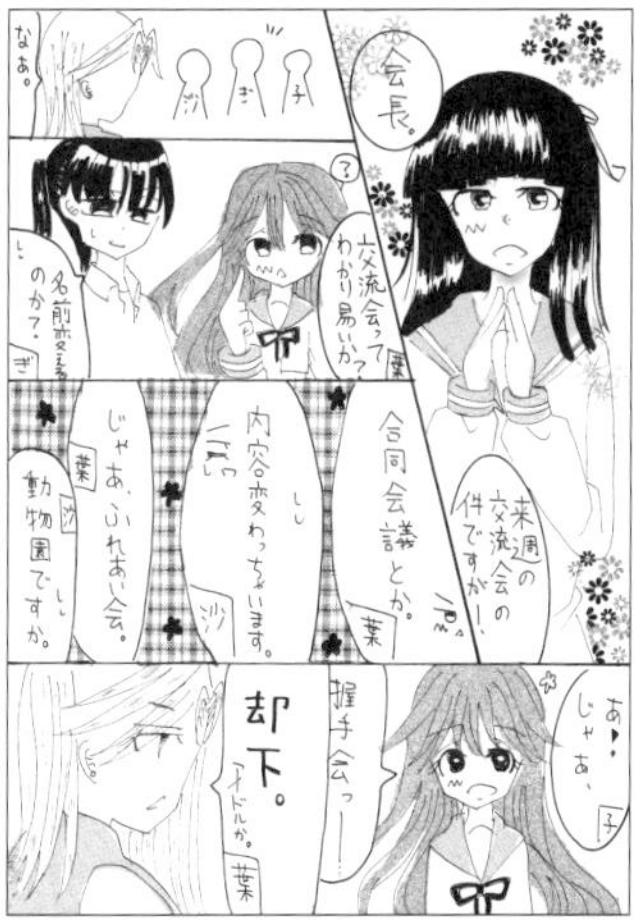

福岡県・えがおくらげ。

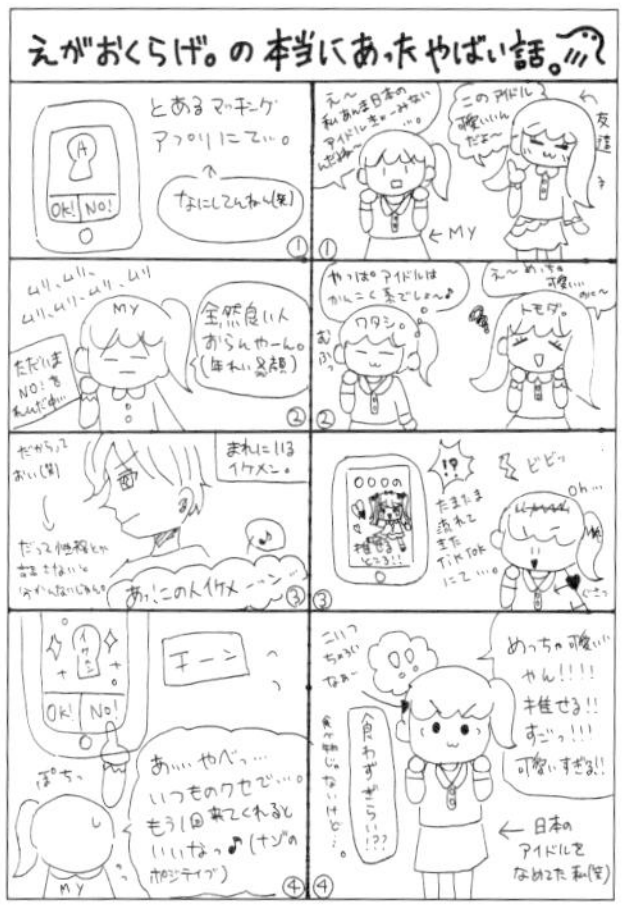

StarS 読者投票・結果発表！

本誌アンケートハガキに記入欄のある、気に入ったイラストアンケートの結果発表。審査員の意見に加えて、広く皆さんの意見を取り入れるために実施しています。投票で上位に入ったイラストには、読者ポイントも加算されますので、「この人の絵がもっとみたい！」という思いもこめて、是非、投票して下さい。

・第41回 StarS 読者投票結果

1位 ニヌ 5ポイント
2位 しにま 4ポイント
3位 とうか 3ポイント
3位 よいち
3位 桃寸（もす）
6位 葉山そら
7位 斑鳩 -ikaruga-
7位 琥珀雨
7位 ノビル
7位 お子

4位～10位の方には、2ポイント加算されます。

総合結果

1位 ニヌ
2位 しにま
3位 斑鳩 -ikaruga-
3位 桃寸（もす）
3位 よいち
6位 お子
6位 しの原しの
6位 ノビル
6位 とうか
10位 畑野まめ
10位 葉山そら

StarS のポイントは 10 回ごとに集計し、その結果からグランプリ受賞者を決定します。上位ポイント獲得者には、画材や描き下ろし原稿料をかねた賞金が贈られます。皆様からの投稿お待ちしております～♡

ととちゃん、ピクラの似顔絵やトークコーナーにもご投稿下さい！

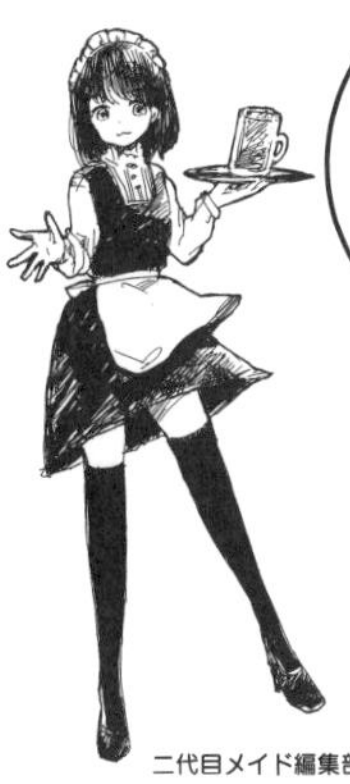

二代目メイド編集部員 ととちゃん

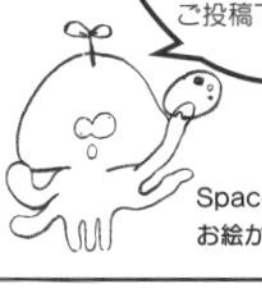

SpaceS ナビゲーター お絵かき宇宙人ピクラ

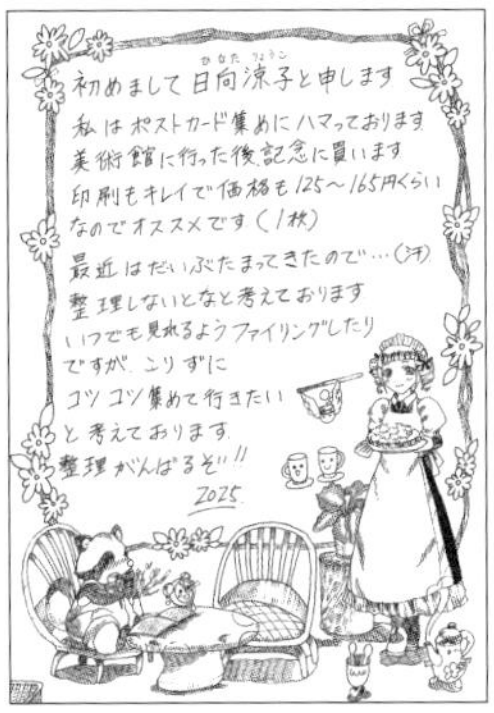

兵庫県・日向涼子

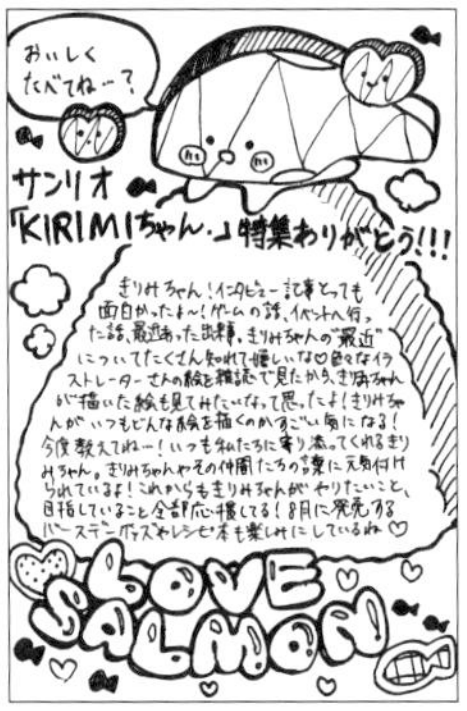

神奈川県・あすたきさんちん

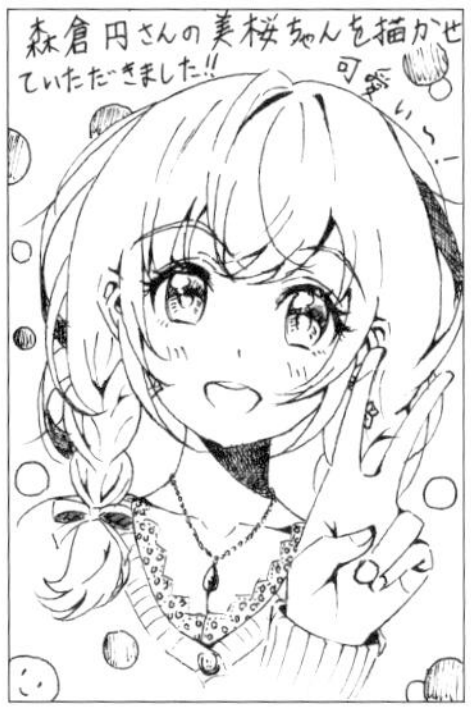

愛知県・はむ

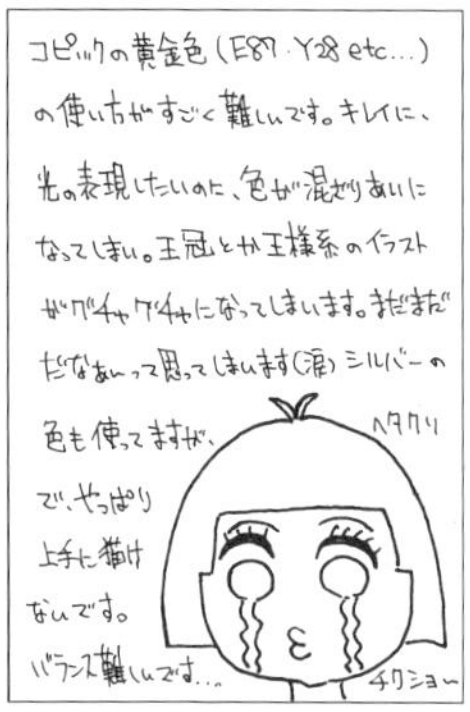

大阪府・You&You

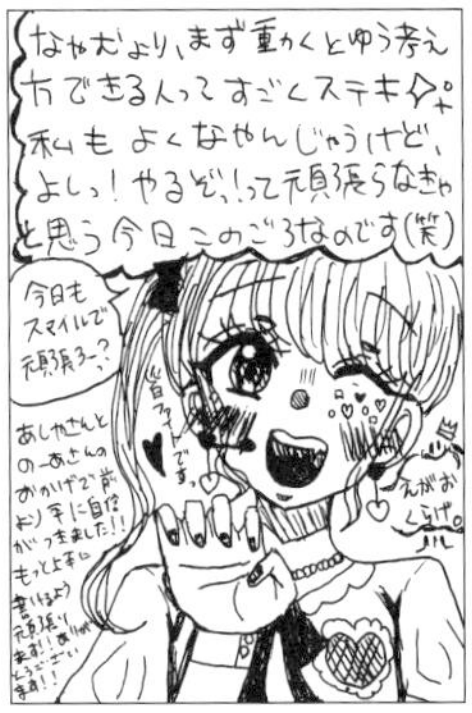

福岡県・えがおくらげ

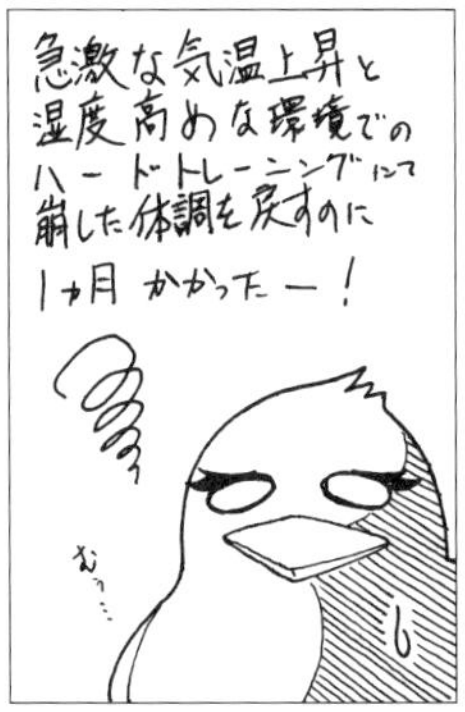

大阪府・しどうかいと

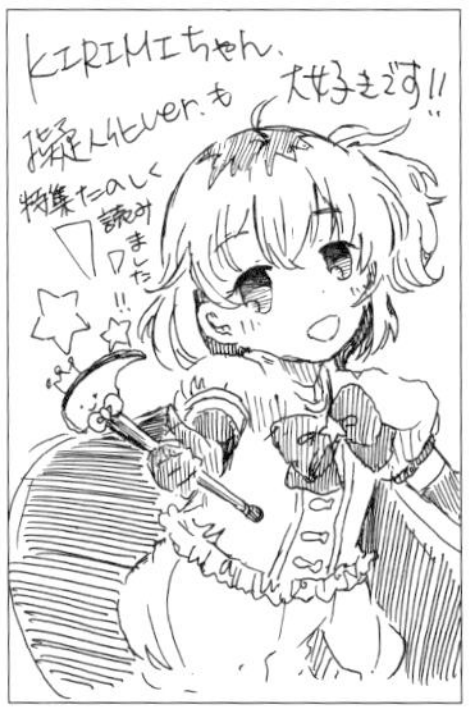

神奈川県・さっくくーん

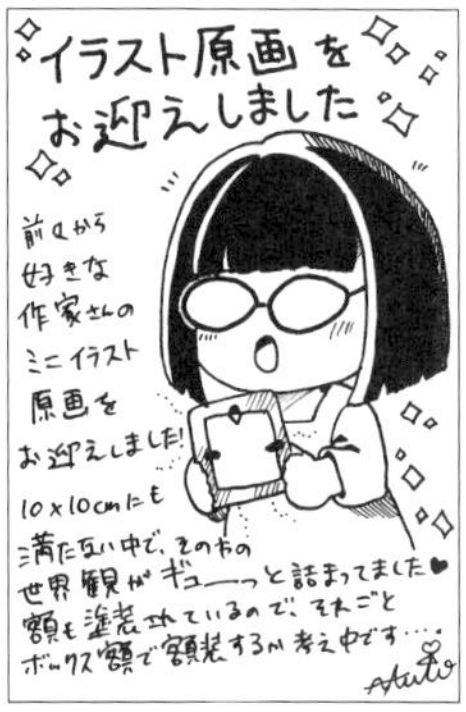

兵庫県・あつと

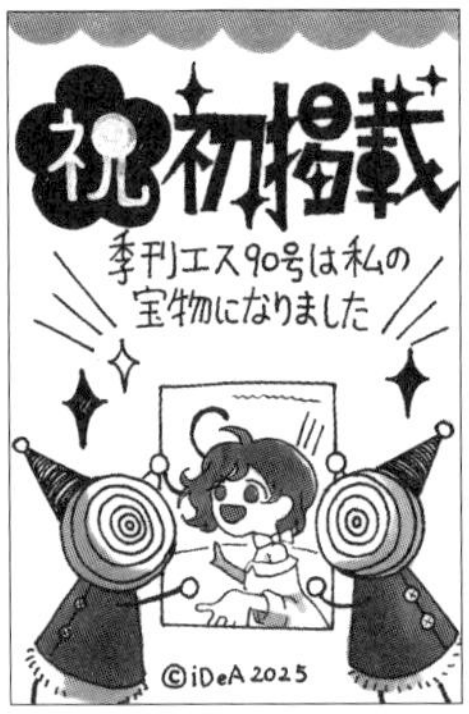

兵庫県・羊兎苺和

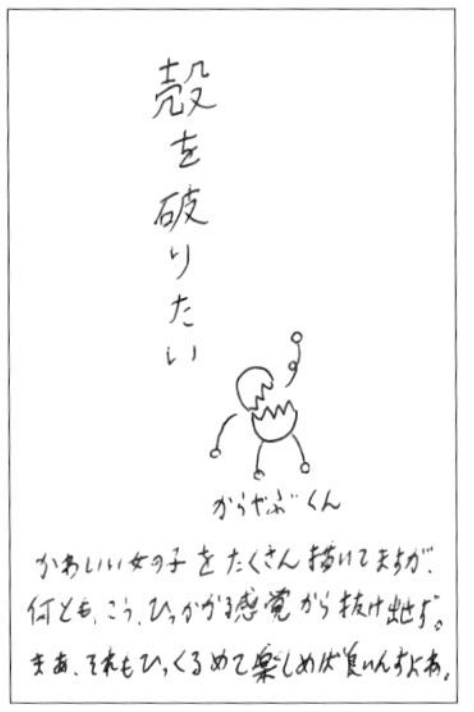

京都府・gunknown

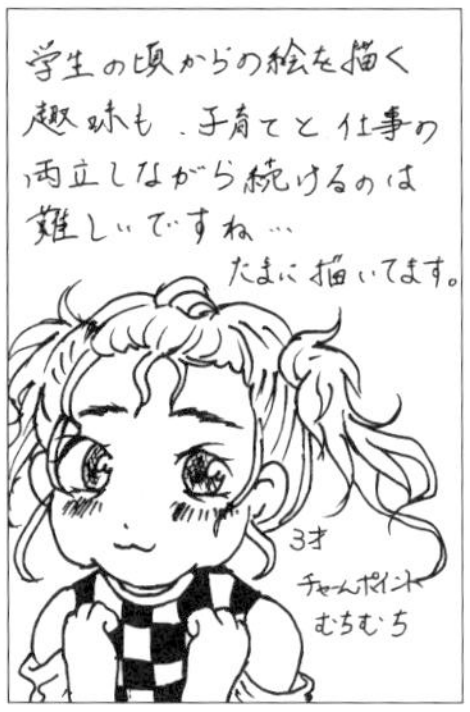

北海道・ちやとも

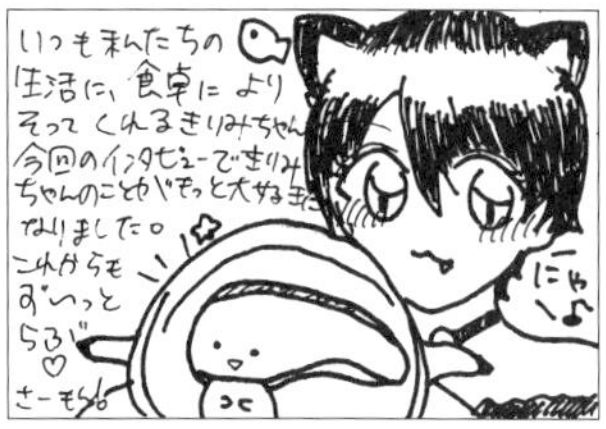

神奈川県・つなまよ

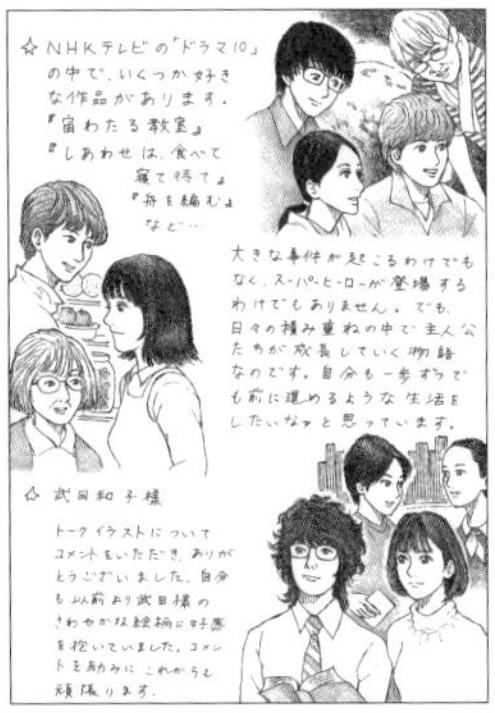

埼玉県・風見☆鶏・68歳

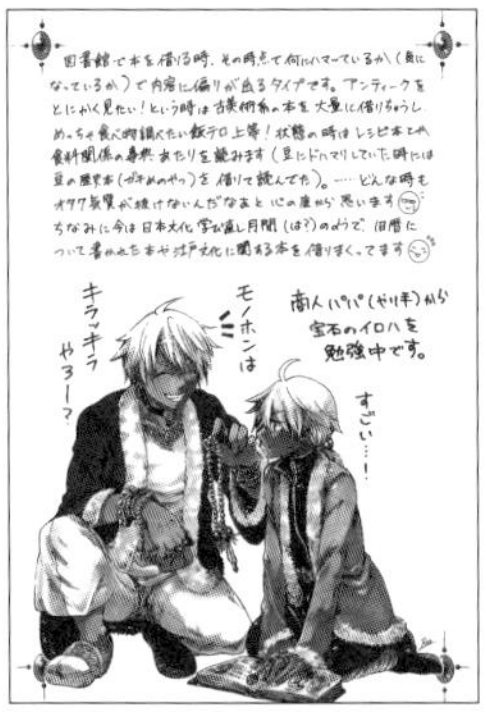

神奈川県・璃緒

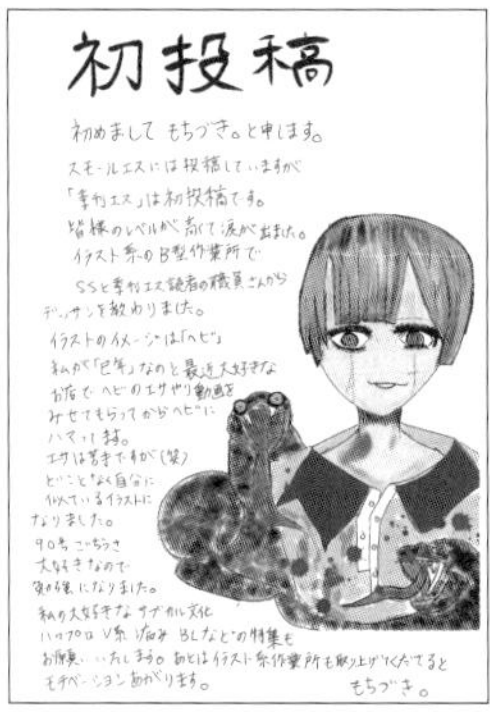

兵庫県・もちづき。・35歳

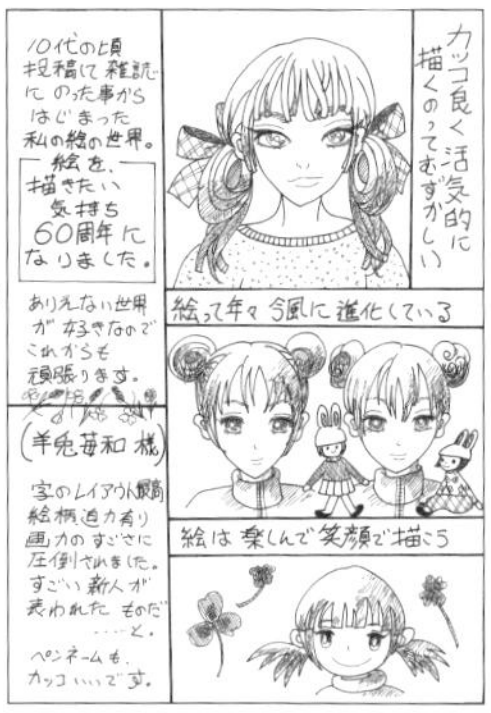

千葉県・武田和子・73歳

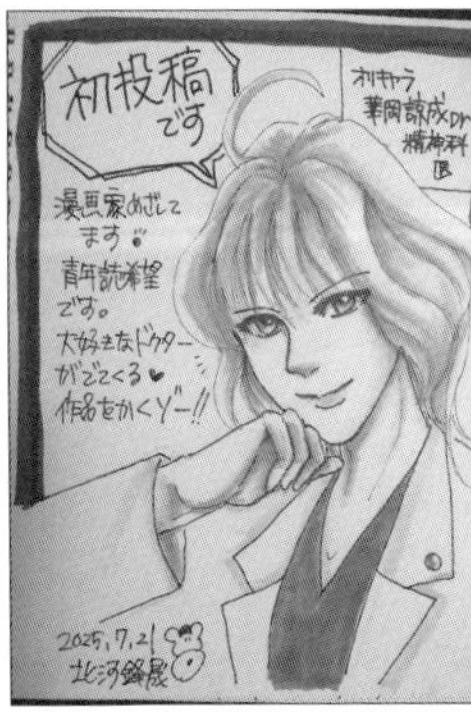

京都府・北河鋒晟

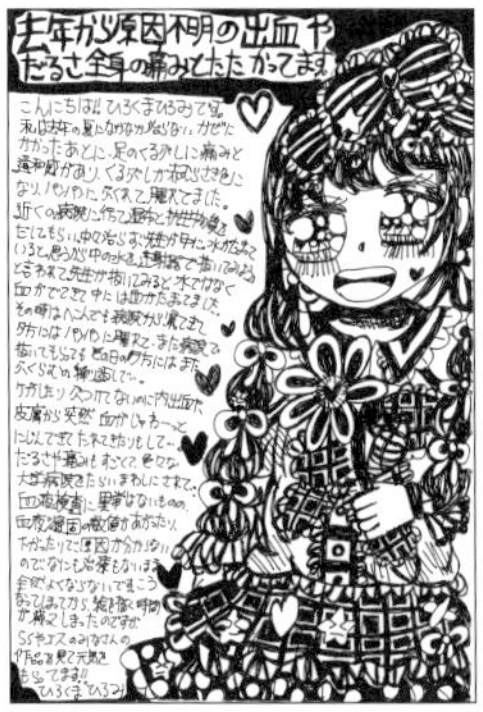

東京都・ひろくまひろみ

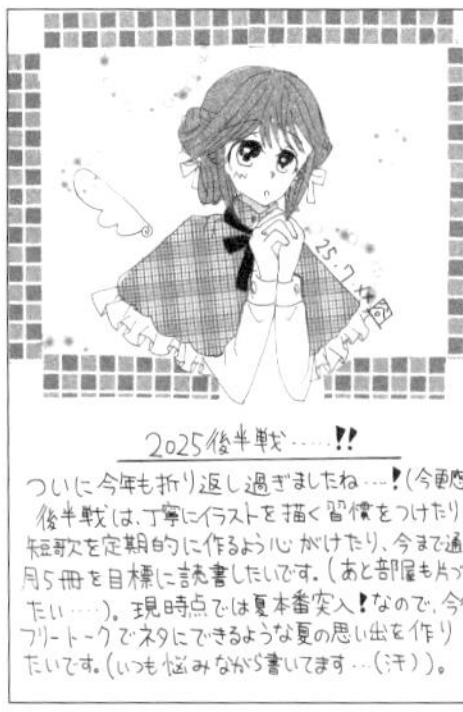

長野県・谷川りおん

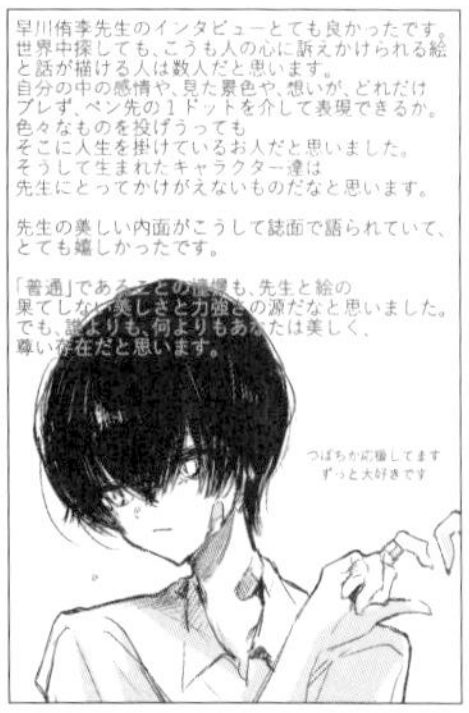

東京都・匿名

好評受付中！

「季刊エス」と「SS」は、年間定期購読ができます！

「季刊エス」と「SS」では便利な年間定期購読システムを行っています。
書店で探さずとも毎号確実に季刊エスやＳＳが手に入るのが
年間定期購読です。 お申し込みはインターネット、スマートフォンから！

季刊エス 定期購読

SS 定期購読

■季刊エス定期購読申し込み方法

WEBサイトから
http://www.fujisan.co.jp/kikans

■スモールエス定期購読のお申し込み方法

WEBサイトから
http://www.fujisan.co.jp/ss

※年間購読の申し込みはFujisan.co.jpになります。 お申し込みはFujisan.co.jp記載の利用規約に準じます。
★Fujisan.co.jpでは季刊エスとスモールエスのバックナンバーを購入することもできます！

スモールエスと季刊エスのバックナンバー販売中

■販売中のスモールエス
※電子書籍も発売中
72号(表紙:キナコ)
73号(表紙:寺田てら)
74号(表紙:WOOMA)
75号(表紙:上倉エク)
76号(表紙:南野葵)
77号(表紙:村カルキ)
78号(表紙:優子鈴(ゆこりん))
79号(表紙:七神マナ)
80号(表紙:ヤマコ HoneyWorks)
81号(表紙:ワダアルコ)
82号(表紙:香琳)

■販売中の季刊エス
83号(表紙:米山舞)
84号(表紙:rurudo)
85号(表紙:なもり)
86号(表紙:山口つばさ)
87号(表紙:あらゐけいいち)
88号(表紙:加藤和恵)
89号(表紙:mignon)
90号(表紙:森倉円)

NEXT ISSUE

2025年12月17日発売予定

特集：ホラー（仮）

ホラーは小説、映画などでたくさんの作品がありますが、ヴァンパイア、ゾンビ、怪物など、長く描かれ続けるキャラクターを生み出してきました。実際に起こったとされる怖い体験も語られることから、フィクションとドキュメントの両方で描かれることがあり、ビジュアルで見せるものもあれば、語りだけの怪談も人気です。恐怖を呼び起こすホラーはとても広くあらゆる表現で生み出されるもの。次回はそんなホラーの世界に迫ります。

編集後記

今号の表紙は小畑健さん。長年お世話になっている作家さんですが、小畑さんが手塚賞を受賞されて今年で40周年になります。エス編集部の前身であるComickersが小畑さんにはじめて取材をしたのが30年前の1995年。その5年後に「水瓶3」として、田島昭宇さんと浅田弘幸さんと一緒に合作表紙を描いていただきました。その3人の画業30周年として「季刊エス」では10年前に再度の合作表紙をお願いしています。本当に折に触れて小畑さんには登場いただき、感謝しています。今回は幼少期から各漫画作品に至るまでたくさんお話を聞けて印象深い取材になりました。小学生の頃から学校で絵を頼まれ、中学からは有料で絵を描いていたというエピソードはとても面白いです。その頃から締切に追われて徹夜をしていた。人生のほとんどが、絵を依頼されて描いてきた日々ということになります。そして今回のエスからの依頼については、地雷メイクの女の子をモチーフに、ペン画メインで仕上げたいということでした。今でも新しいことにチャレンジしたい気概にあふれていて感銘を受けました。小畑さんは昔から、カラーインク、アクリル、エアブラシ、コピック、鉛筆などいろんな画材を使って、人物もメカも描き、リアルからデフォルメまで多彩なタッチをお持ちです。漫画を描き続けながら、これほどの１枚絵も同時に追求する姿勢でいる作家さんは類いまれです。これからも小畑さんの作品を追い続けようと思っています。

また、今回はBadGirlやBadBoy、はみだすパワーを持つ人物像にも焦点を当てましたが、そのなかでも、ねむちまさんとみぅたんさんは編集部でも人気の方々です。ねむちまさんは「かわいいやさんでち」「ちょおえけえけでち」といった「ちま語」の言葉遣いや喋り方がとても独特で刺激的です。コンカフェがオープンするそうで、すごい空間になりそうです。みぅたんは、地雷系っぽいファッションで、ちょっと大変な男とのやりとりを伝えて「いいおんなきょうしつ」を開いてくれていますが、お話の内容が面白く、口調は可愛くてクセになるところがあります。エスはいろんな表現をする方々を記事にしてきましたが、ワクワクさせられる人はまだまだいますので、これからも紹介できたらと思っています（ノ）

イラスト投稿ガイド

158ページとあわせてよく読んでね！

● イラスト送付先住所（編集部は渋谷です！）
〒150-0041 東京都渋谷区神南1丁目13-3 アーク神南ビル2F
季刊エス編集部「（応募コーナー名を書いてください）」

78号から、投稿の送付先の住所が渋谷に変更！お間違えないように！

投稿イラストの裏面に必要事項を記入する
※読み間違いを防ぐために、丁寧に書いて下さい！
★住所、氏名などの必要事項は、必ず全てのイラストの裏に記入して下さい。封筒や別紙に記入するのは不可です！

これは StarS に１枚 SpaceS に２枚、合計３枚を返却希望で送る場合の図解です

返却希望の場合は「要返却」と**赤字**で記入して下さい。黒字はNGです。また、返却封筒の同封も必要になるので、忘れないよう、お気をつけ下さい。

返却用封筒の用意
イラストを返却する時に、これに入れてお返ししますので、返却を希望する場合に必ず必要となります。返却用封筒が無いとイラストの返却が出来ませんので注意して下さい！

返却時に必要な料金分の切手を貼って下さい

ご自分の住所、氏名を書いて下さい

イラストの返却を希望する場合
イラストの返却が不要の場合

宛名（編集部の住所、コーナー名）、差出人を書いた封筒に入れ、切手を貼る
リターンアドレスが書かれているか、切手の料金が足りているか確認！郵便料金は下の料金表を参考にして下さい。
★重さは自宅のキッチンスケールで量れます。はかりが無い場合など、必要な料金が分からない時は郵便局の窓口で出しましょう。

23.5cm×12cmよりも大きなもの、または厚みが1cmよりもあるものは定形外郵便の料金となるので要注意!!

郵便料金表

	定型内	定形外	角形2号厚み3cm以上の定形外
25gまで	110円	140円	260円
50gまで	110円		
100gまで		180円	290円
150gまで		270円	390円
250gまで		320円	450円

★2024年10月1日以降の新価格を掲載！
※A4、B5、A5サイズ等は定形外郵便となるため郵送には最低140円かかります。

投稿やハガキに記載された情報は、投稿作掲載、原稿依頼、プレゼント発送という誌面での企画にしか使用いたしません。

POST CARD

料金受取人払郵便

渋谷局承認

9391

差出有効期限
令和9年3月
14日まで

切手は不要なので送ってね！

150-8790

202

東京都渋谷区神南1-13-3
アーク神南ビル2F
株式会社パイ インターナショナル
「季刊エス」編集部
S91号
アンケート 係

サイン色紙は転売・譲渡禁止。当選者にはその契約を締結した後に発送します。

希望プレゼント番号： 第1希望 ◯ 第2希望 ◯
AとBなど複数あるプレゼントは「1-A」というように、希望を◯内に書いてください

住所：□□□-□□□□
都道府県

氏名：
ペンネーム：
性別：
職業：
年齢：
□掲載時に年齢を載せない
電話番号：
メールアドレス：

※太枠内は投稿作品を載せる際に誌面に掲載します。

プレゼントの応募締切りは2025年10月20日(月)消印有効です

「S～エス～」プレゼントコーナー！

プレゼントの応募締切は
2025年10月20日（月）当日消印有効です

1
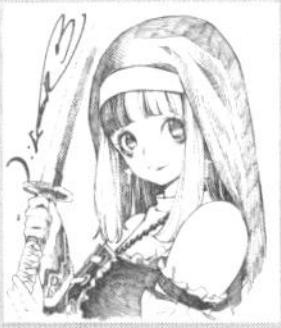
小畑健
直筆サイン色紙
1名様

2
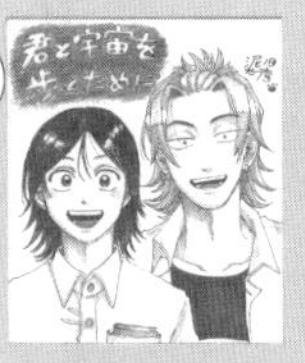

泥ノ田犬彦
直筆サイン色紙
1名様

3
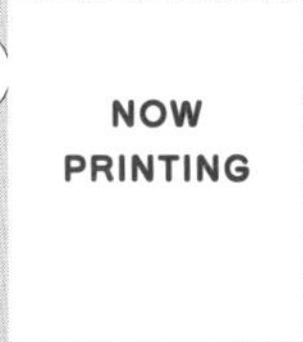

卯月ココ
直筆サイン色紙
1名様

4
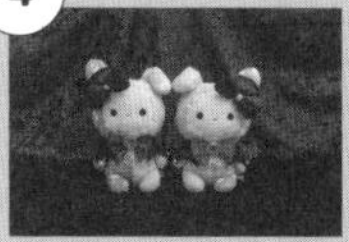
センチメンタルサーカス
あつめてぬいぐるみ（全2種セット）
1名様
提供：サンエックス株式会社

5
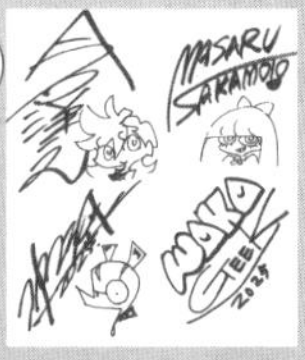

『New PANTY & STOCKING with GARTERBELT』
（今石洋之、若林広海、コヤマシゲト、坂本勝）
直筆サイン色紙
1名様

6
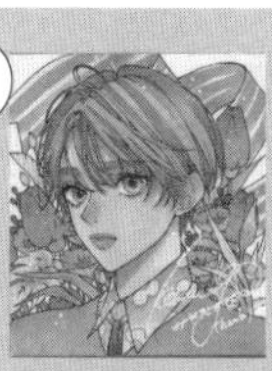
みやたかな
直筆サイン色紙
1名様

7
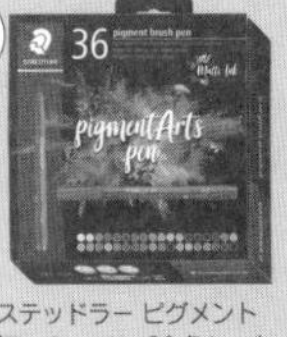

ステッドラー ピグメント
ブラッシュペン 36色セット
1名様
提供：ステッドラー日本株式会社

8
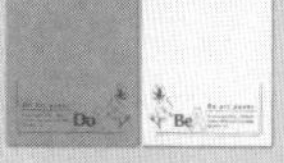

ドゥーアートペーパー
ビィーアートペーパー
パッド2冊セット 5名様
提供：株式会社ミューズ

9

CLIP STUDIO PAINT PRO
1デバイス2年版アクティベーションコード
1名様
提供：株式会社セルシス
（Win/mac/iPad/iPhone/Android/Chromebook
のいずれか1台で利用可能）

10
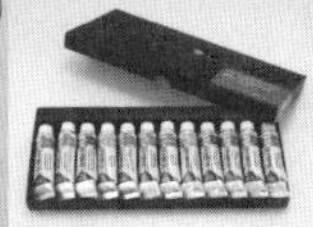
レンブラント水彩絵具
グラニュレーション 12色セット
2名様
提供：株式会社ターレンスジャパン

11
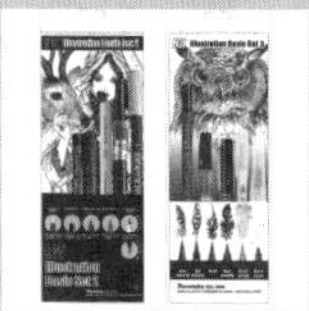
ZIG ILLUSTRATION BASIC SET3 筆ぺん
5本セットとSET2 筆ぺん 5Vのセット
3名様
提供：株式会社呉竹

季刊エス・スモールエス運営の「ギャラリーエクリ」のお知らせ

「ギャラリーエクリ」では、季刊エスやスモールエスに
ゆかりのある作家さんの展示を開催！
詳しくはSNSをチェックください！

★アクセス　渋谷駅から徒歩7分
東京都渋谷区神南1丁目13-3
アーク神南ビル2F

Googleマップで
「ギャラリーエクリ」で表示！
【X】@galleryecrii　はこちらです→

「S～エス～」91号 2025年秋 Maverick ―はぐれもののストライヴ―

「S」2025年 秋 91号
「Maverick ―はぐれもののストライヴ―」

季刊エスの本誌やSNSでコメントを紹介することがあります。
ペンネーム掲載以外を希望の方は、「□」にチェックしてください。
□掲載NG　□匿名希望

フリースペース（絵や文章など、SpaceS投稿用にもどうぞ！）
投稿コーナー名
ペンネーム

■今回登場した作家、作品への感想をどうぞ

■この雑誌で面白かった記事は？（上記のリスト番号から5つまで）
[　　][　　][　　][　　][　　]

■128～150ページの「StarS」投稿イラストで気に入った絵の作家名を教えてください（3人まで）　※お手数ですが掲載ページもご記入ください
（P.　　掲載）（P.　　掲載）（P.　　掲載）

■季刊エスの「表紙描き下ろし＆巻頭大特集」で見てみたい作家や内容は？

■好きなイラストレーターを教えてください

■今後「季刊エス」を買うとしたら、何が決め手になると思いますか？（2つまで）
□表紙の作家　□付録の内容　□有償特典グッズ　□漫画家記事　□投稿イラストコーナー
□好きな作家が複数出ている　□描きおろしイラスト　□メイキング記事　□連載の絵や記事

■怖い話、ホラー作品で好きなものを教えてください（3つまで）
□ホラーゲーム　□映画（物語系）　□ホラー小説　□実録の怪談　□実録再現系
□妖怪、民話　□モキュメンタリー　□心霊検証動画　（恐怖体験ある人は右に書いてね→）

■絵に魅力を感じるときの決め手を教えてください（3つまで）
□努力が見える　□好きな題材　□上手くて巧み　□デフォルメが良い　□癒される
□可愛い　□格好いい　□美麗さ　□色気がある　□細かく緻密　□世界観、物語性

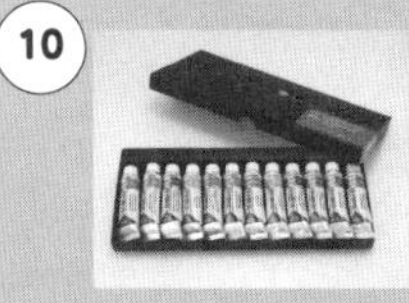

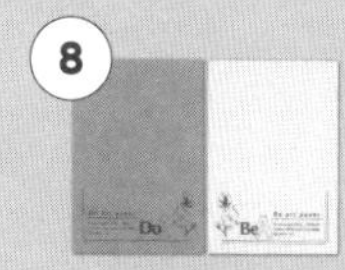